JUSTICE & CASSATION

Revue annuelle des avocats au Conseil d'État et à la Cour de cassation

Éditions Dalloz 10, place des Vosges
Tour Lefebvre-Dalloz - CS 90358
92072 Paris La Défense Cedex
Tél. : 01 40 64 54 54

Ordre des avocats au Conseil d'État et à la Cour de cassation
Secrétariat de l'Ordre des avocats aux Conseils

5 quai de l'Horloge 75001 Paris
Tél. : 01 43 29 36 80
contact@ordre-avocats-cassation.fr
www.ordre-avocats-cassation.fr

Éditions Dalloz
10, place des Vosges - Tour Lefebvre Dalloz - 92400 Courbevoie

Justice & Cassation

Dossier

L’environnement

Lefebvre Dalloz

Dalloz

En 2024, l'Ordre se met au vert !

Thomas Lyon-Caen

Président de l'Ordre des avocats
au Conseil d'État et à la Cour de cassation

Depuis presque vingt ans qu'elle existe, la revue *Justice & Cassation* s'attache à saisir les grands enjeux de notre temps avec l'œil pluridisciplinaire qui fait la marque des avocats aux Conseils.

Quel meilleur thème, pour un vingtième numéro, que celui de l'environnement pour se prêter à ce regard transversal et constituer ainsi le sujet du dossier traité en première partie de la revue ?

En effet, on le sait, l'environnement irrigue toutes les branches du droit sans égard pour les distinctions classiques, en particulier entre droit public et droit privé.

Pour saisir ce phénomène de verdissement du droit, en identifier les enjeux et en tracer les perspectives, *Justice & Cassation*, fidèle à son esprit, donne la plume à des professeurs de droit, des magistrats et des avocats aux Conseils pour que chacun, de son poste d'observation, vienne enrichir le débat.

D'article en article, le lecteur embarquera pour un passionnant voyage – garanti sans empreinte carbone – qui le mènera du droit pénal, négocié ou non (Vincent Delbos, Jean-Baptiste Perrier, Xavier Samuel), au droit constitutionnel (François-Régis Boulloche et Clémence Hourdeaux) en passant par la jurisprudence de la troisième chambre civile de la Cour de cassation (Laurence Abgrall) sur la protection des sols et le contentieux résultant de l'implantation d'éoliennes, qui sera également abordé sous l'angle du droit public (Cédric Uzan-Sarano, Denis de La Burgade).

Une place sera réservée au contentieux climatique devant les juridictions administratives (Stéphane Hoynck) et à une importante mise en perspective du préjudice écologique (Xavier Tarabeux). Le devoir de vigilance (Marie de Pinieux), sans lequel le périple n'aurait pas été complet, accompagnera le lecteur au cours de son voyage, qui passera par l'Europe et son ordre conventionnel (François Guy Trébulle).

Les « générations futures », qui comptent tant lorsque l'on parle de protection de l'environnement (Bénédicte Vassallo), seront également mises à l'honneur avec l'étude de droit de l'Union européenne, de grande qualité, réalisée par des étudiantes en Master 2 de Droit de l'environnement de l'Université Paris 1 Panthéon-Sorbonne dans le cadre du partenariat noué avec l'Ordre des avocats aux Conseils (Valentine Arnal, Rose Bathelier, Léa Corbière, Anna-Lisa Lafay, Mathilda Lorkin, Justine Van Wyngene).

Arrivé au terme de son aventure, le lecteur aura appris à écrire le droit de l'environnement avec les maux de la société (Delphine Hedary) et assisté à de belles rencontres, notamment celle, extrêmement stimulante, de la négociation « écologique » et de la négociation « sociale » (Gilles J. Martin).

Le dossier est accompagné des décisions, rapports et conclusions qui donnent à voir la grande richesse du contentieux de l'environnement.

La seconde partie de la revue est marquée par la diversité, à l'image de ce que fut la vie de l'Ordre cette année : conférences de l'Ordre (Marie-Laure Denis, Idris Fassassi, Cécile Barrois de Sarigny), conférence du stage (François Molinié, Benjamin Rottier), interventions orales lors de colloques et de rencontres de la chambre criminelle (Claire Leduc, Laurent Goldman), sans oublier les savantes études de nos diplômés du CAPAC (dont certains ont prêté serment avant la parution de ce numéro), la première, commune à la matière civile et à la matière administrative, sur les conditions du pourvoi incident (Dorothée Féliers), la deuxième sur l'excès de pouvoir devant la Cour de cassation (Antoine Dianoux) et la troisième sur la distinction entre demande et moyen (Alexis Posez).

Un numéro passionnant, labellisé « Imprim'Vert », qui peut se lire en plusieurs fois : le marque-page « édition spéciale » devrait vous permettre de vous y retrouver.

Bonne lecture à toutes et à tous !

Sommaire

Éditorial

Dossier

L'environnement

Notes, rapports & conclusions

Conseil d'État

Cour de cassation

Conférence de l'Ordre

Conférence du stage des avocats aux Conseils

Miscellanées des titulaires du CAPAC

Contributions diverses

Dossier

L'environnement

L'environnement dans la jurisprudence de la troisième chambre civile de la Cour de cassation

Deux illustrations : la protection des sols et le contentieux résultant de l'implantation d'éoliennes

Laurence Abgrall

Conseillère à la Cour de cassation

Constituée de deux sections, la troisième chambre civile de la Cour de cassation connaît de tous les contentieux relatifs à l'immeuble, de la construction jusqu'à la vente ou l'expropriation, en passant par l'ensemble des baux (commerciaux, ruraux, d'habitation), la propriété, les servitudes, la copropriété, les sociétés civiles immobilières, les aspects civils du droit de l'urbanisme, la promotion immobilière, l'assurance construction, notamment. S'ajoute à cette liste l'environnement.

C'est principalement dans le domaine du droit des déchets, et plus encore dans celui des ventes de sites pollués, que s'est développée la compétence environnementale de la chambre, mais aussi dans les dossiers de baux commerciaux portant sur le même type de biens. La vente d'immeuble pollué, que celui-ci relève ou non de la législation des installations classées pour la protection de l'environnement, est devenue le cœur du contentieux environnemental de la chambre, dans lequel elle a affirmé et affiné sa jurisprudence, caractérisée par la recherche d'une protection des sols la plus efficace possible. Cette jurisprudence constituera le premier temps de notre étude (I).

À ce contentieux « classique », est venu s'ajouter depuis quelques années un contentieux émergent, celui constitué par le développement de l'implantation de nouvelles infrastructures de production d'énergies renouvelables, et plus particulièrement, d'éoliennes, lesquelles posent des questions aussi diverses qu'inédites. Il s'agira du second temps de l'étude (II).

Mais avant d'examiner en détail ces deux questions, il est essentiel de souligner qu'aujourd'hui, les questions environnementales ne sont plus seulement abordées à travers la mise en œuvre de dispositifs législatifs dédiés à certains domaines particuliers, elles innervent peu à peu et nourriront plus encore à l'avenir, tous les domaines du droit, directement ou indirectement.

Tous les contentieux dont connaît la chambre sont en effet concernés et sont en train de se transformer, plus ou moins profondément, plus ou moins rapidement, par la prise en compte de ces préoccupations et notamment des conséquences du changement climatique.

En droit rural par exemple, la chambre a validé à deux reprises une extension de la notion de compromission de la bonne exploitation du fonds, à la préservation des caractéristiques environnementales de celui-ci, retenue par des cours d'appel. Ainsi, l'utilisation d'intrants dans le sol, longtemps considérée comme une amélioration culturale (laquelle ouvre droit à indemnité en sortie de bail), ou l'arrachage de haies, qui peut constituer un avantage cultural, dès lors qu'il permet de réunir deux parcelles pour les exploiter en un seul tenant, ont été considérés comme une compromission de la bonne exploitation du fonds justifiant le non-renouvellement ou la résiliation du bail, au regard notamment de la réduction d'absorption des eaux et de la perte de biodiversité qu'ils entraînaient et de l'absence d'autorisation du bailleur [1]. Même si ces décisions ne sont pas nombreuses et restent dépendantes des constatations de fait retenues par les juges du fond, elles témoignent d'une certaine évolution.

La chambre vient également de juger que l'arrachage de haies, dès lors que ses effets sur la bonne exploitation du fonds perdurent après le renouvellement du bail, peut justifier la résiliation de celui-ci [2].

Dans le domaine de la construction, la transformation, à ce jour encore limitée, s'annonce beaucoup plus profonde, dans la mesure où les immeubles bâtis sont directement impactés par le changement climatique et ce, à un double titre ainsi que l'a exposé M. le conseiller référendaire Jean-François Zedda dans une récente étude [3] :

- d'une part, l'immeuble subit des dommages de plus en plus nombreux, récurrents et graves, du fait de la multiplication des épisodes de sécheresse, tempêtes et autres pluies diluviennes, portant atteinte à sa solidité, ce qui a des conséquences à la fois juridiques, économiques et sociales (fragilisation de l'équilibre du système assurantiel, appréciation différente de la notion de force majeure : ce qui était imprévisible le devient de moins en moins) ;
- d'autre part, la construction et la vie d'un immeuble jouent un rôle dans le changement climatique, ce qui a conduit le législateur à adopter de nouvelles normes environnementales, plus rigoureuses et surtout plus contraignantes qu'auparavant, tant pour la construction d'immeubles neufs (objectif de neutralité carbone en 2050 – réglementation environnementale 2020) que pour les immeubles existants (interdiction progressive de louer les immeubles classés G à E entre 2025 et 2034 – loi climat et résilience du 22 août 2021).

Ces normes ont fait naître un contentieux de la performance énergétique, pouvant être sériel, comme celui généré par la pose de panneaux photovoltaïques, qui repose sur des mécanismes classiques de responsabilité civile (travaux mal exécutés, toiture endommagée...), mais qui posent et poseront aussi des questions entièrement

(1) Civ. 3e, 19 nov. 2020, n° 19-21.348, Revue pratique du recouvrement - EJT 2021. 31, chron. R.-J. Aubin-Brouté ; Civ. 3e, 17 nov. 2021, n° 20-10.934, Revue pratique du recouvrement - EJT 2022. 27, chron. R.-J. Aubin-Brouté.

(2) Civ. 3e, 14 déc. 2023, n° 22-20.257, [publié], D. 2023. 2239, (violation des art. L. 411-28, L. 411-31, I, 2°, et L. 411-50 du code rural et de la pêche maritime).

(3) J.-F. Zedda, Climat et bâtiment, Lettre de la troisième chambre civile n° 10, avr. 2023, Focus.

nouvelles : qui subit le dommage en cas de dépassement des indices environnementaux de la réglementation 2020, le maître de l'ouvrage, la collectivité, l'environnement ? Et comment réparer ce préjudice ? Le coût environnemental d'une démolition pourra-t-il, devra-t-il, être pris en compte au titre du contrôle de proportionnalité ?

Ces nouveaux contentieux posent aussi la question plus générale de l'adaptation de la loi Spinetta conçue pour des constructions et matériaux neufs, à des dispositifs de réemploi de matériaux de construction, ou de modification de l'existant [4].

Enfin, l'on ne peut manquer de souligner que les outils juridiques à la disposition des juridictions, pour statuer sur des litiges mettant en cause la protection de l'environnement au sens large, se sont enrichis au cours de ces dernières années de l'intégration de la Charte de l'environnement dans la Constitution et de plusieurs décisions du Conseil constitutionnel consacrant et renforçant la valeur constitutionnelle de ses articles [5]. Ces outils, encore assez peu invoqués devant le juge judiciaire et la troisième chambre civile en particulier, le seront certainement davantage à l'avenir, ce qui sera sans doute, là aussi, de nature à faire évoluer la jurisprudence.

I. La protection des sols contre les pollutions

Les problématiques de vente d'immeubles pollués ne sont pas nouvelles et ont conduit de longue date la jurisprudence à mobiliser tous les outils du droit de la vente et du droit des contrats (que sont notamment les vices du consentement et les obligations du vendeur) pour prévenir et/ou sanctionner la découverte d'une pollution, afin de mieux protéger l'acquéreur.

Mais, les conséquences engendrées par la présence d'une pollution inconnue ou sous-estimée, étant très rapidement insurmontables pour les parties en raison des coûts de remise en état qui peuvent dépasser de très loin le prix de vente, ces conséquences pouvant, en outre, porter atteinte à la sécurité, à la santé des personnes et, au-delà des parties, à l'environnement, c'est-à-dire à un intérêt collectif majeur, qui constitue, aux termes de l'article L. 110-1 du code de l'environnement, le « patrimoine commun de la nation » et dont la protection est devenue un objectif de valeur constitutionnelle [6], le législateur est venu compléter les outils traditionnels du code civil, en adoptant des législations spéciales de protection de l'environnement constituant des mesures de police administrative, d'ordre public, qui ont une incidence directe sur les droits et obligations des parties à l'acte de vente, c'est tout particulièrement le cas de la législation relative aux installations classées pour la protection de l'environnement (ICPE) [7].

Dans un contexte de diminution de la ressource foncière en raison de l'objectif de limitation voire d'interdiction de

(4) Un début de réponse a été apporté sur ce second point : Civ. 3e, 21 sept. 2022, n° 21-20.433, D. 2022. 1704 ; *ibid.* 2308, chron. B. Djikpa, L. Jariel, A.-C. Schmitt et J.-F. Zedda ; RDI 2022. 667, obs. C. Charbonneau, publié (les panneaux photovoltaïques ne relèvent pas des dispositions de l'article 1792-7 du code civil s'ils participent à la réalisation de l'ouvrage de couverture dans son ensemble).

(5) Not., Cons. const. 8 avr. 2011, n° 2011-116 QPC, AJDA 2011. 762 ; *ibid.* 1158, note K. Foucher ; D. 2011. 1258, note V. Rebeyrol ; *ibid.* 2298, obs. B. Mallet-Bricout et N. Reboul-Maupin ; RDI 2011. 369, étude F. G. Trébulle ; Constitutions 2011. 411, obs. F. Nési consacrant l'existence d'une obligation de vigilance environnementale s'imposant à chacun.

(6) Cons. const. 31 janv. 2020, n° 2019-823 QPC, AJDA 2020. 264 ; *ibid.* 1126 ; *ibid.* 425, tribune V. Goesel-Le Bihan, note F. Savonitto ; D. 2020. 1159, et les obs., note B. Parance et S. Mabile ; *ibid.* 1012, obs. V. Monteillet et G. Leray ; *ibid.* 1761, obs. N. Reboul-Maupin et Y. Strickler ; *ibid.* 1970, obs. L. d'Avout, S. Bollée et E. Farnoux ; *ibid.* 2021. 1308, obs. E. Debaets et N. Jacquinot ; AJCT 2020. 340, étude G. Bailly ; RFDA 2020. 501, chron. A. Roblot-Troizier ; Constitutions 2019. 594, Décision. La préservation de l'environnement a même été élevée au rang d'intérêt fondamental de la Nation, Cons. const. 12 août 2022, n° 2022-843 DC, AJDA 2022. 1655 ; D. 2022. 2140, et les obs., note N. Lenoir ; *ibid.* 2023. 975, obs. V. Monteillet et G. Leray ; *ibid.* 1235, obs. E. Debaets et N. Jacquinot ; Cons. const. 27 oct. 2023, n° 2023-1066 QPC, AJDA 2024. 216, note J.-C. Rotoullié ; *ibid.* 2023. 1965 ; D. 2023. 1950, et les obs. ; AJCT 2024. 35, obs. M. Moliner-Dubost.

(7) Les obligations d'information ciblées résultant de l'article L. 271-4 du code de la construction et de l'habitation ne seront pas évoquées dans la présente étude car elles concernent les pollutions ou vices affectant les immeubles bâtis.

l'artificialisation de nouvelles terres, qui a pour conséquence que les projets de construction se réalisent souvent sur d'anciens sites industriels réhabilités, les questions de pollution revêtent une grande acuité.

À la lumière d'un certain nombre d'arrêts, l'étude essaiera de montrer comment la jurisprudence de la chambre s'est attachée à offrir à l'acquéreur une large palette de moyens d'action, ceux du droit commun de la vente et des contrats comme ceux issus du droit spécial de l'environnement, conduisant à renforcer les obligations d'information pesant sur le vendeur afin qu'il révèle la pollution, puis, en cas de pollution effective, à désigner celui qui en assume les conséquences et dans quelle ampleur. À travers la protection de l'acquéreur, cette jurisprudence tend aussi à protéger l'environnement.

Le renforcement des obligations d'information, les outils de révélation de la pollution

1. Ces obligations sont tout d'abord celles issues du droit des contrats et du droit de la vente

Il s'agit des obligations générales d'information développées au fil du temps par la jurisprudence, de nature contractuelle ou précontractuelle, fondées sur les articles 1134 et 1382, devenus 1103, 1104 et 1240 du code civil, c'est-à-dire de manière globale, sur l'exigence de bonne foi qui pèse sur les deux parties mais plus souvent encore sur le vendeur.

L'obligation précontractuelle a été codifiée dans l'article **1112-1 du code civil** issu de l'ordonnance du 10 février 2016, elle pèse sur chacune des parties à un contrat [8].

Il s'agit, ensuite, de l'obligation contractuelle d'information qui pèse spécialement sur le vendeur, en application de l'article **1602 du code civil** (selon lequel le vendeur est tenu d'expliquer clairement ce à quoi il s'oblige) [9].

La chambre a ainsi jugé, sur le fondement du manquement à une obligation précontractuelle d'information (antérieure à la réforme du 10 février 2016 – arrêt du 21 novembre 2019, pourvoi n° 18-18.826), que le vendeur d'un immeuble qui se trouvait dans le voisinage d'un élevage avicole industriel, devait informer son acquéreur des nuisances subséquentes et du doublement de la capacité de cette installation venant d'être autorisée par le préfet.

Les sanctions de ces défauts d'information sont, outre des dommages-intérêts, l'annulation, ou la résolution du contrat si la gravité du manquement le justifie.

2. Il s'agit ensuite de celles issues du droit spécial de l'environnement

a) **L'article L. 125-5 du code de l'environnement** prévoit, dans sa version issue de la loi climat et résilience du 22 août 2021, que tout vendeur (ou bailleur) d'un bien immobilier (pas seulement d'un immeuble bâti contrairement à l'article L. 271-4 du code de la construction et de l'habitation) est tenu d'une **obligation d'information lorsque l'immeuble est situé dans une zone à risque** naturel (inondation, sismicité, radon, auxquels ont été ajoutés, le risque minier et le recul du trait de côte) ou dans une zone à risque technologique (proximité de sites industriels) [10].

(8) « Celle des parties qui connaît une information dont l'importance est déterminante pour le consentement de l'autre doit l'en informer dès lors que, légitimement, cette dernière ignore cette information ou fait confiance à son cocontractant. […] ».

(9) Les parties font, en outre, un usage quasi systématique, du moins entre professionnels, des conditions suspensives pour réaliser des études de sols et autres diagnostics afin de révéler les pollutions.

(10) La loi d'août 2021 a ajouté une obligation d'information sur l'existence de risques dès l'annonce immobilière et une obligation de remise d'un état des risques aux visiteurs, sans prévoir de sanction particulière, ce qui laisse la possibilité de recourir éventuellement au droit commun de la responsabilité.

L'absence de remise de l'état des risques au jour de la promesse de vente (ou de l'acte authentique, à défaut de promesse) est sanctionnée par la résolution du contrat ou la diminution du prix et, si la vente entre dans le champ de l'article L. 271-1 du CCH, la faculté de rétractation offerte par ce texte ne commencera à courir qu'à compter de la remise effective de l'état des risques.

Procédant à une lecture combinée des articles L. 125-5 et L. 271-5 du CCH, la troisième chambre civile a jugé, sous l'empire du droit antérieur à la loi climat et résilience (19 sept. 2019, pourvois n°s 18-16.935, 18-17.562, 18-16.700, publié) que « si, après la promesse de vente, la parcelle sur laquelle est implanté l'immeuble objet de la vente est inscrite dans une zone couverte par un plan de prévention des risques naturels prévisibles prescrit ou approuvé, le dossier de diagnostic technique est complété, lors de la signature de l'acte authentique de vente, par un état des risques ou par une mise à jour de l'état des risques existants. »

b) C'est surtout **l'obligation spéciale d'information de l'article L. 514-20 du code de l'environnement** qui a donné lieu à une abondante jurisprudence [11].

Dans sa dernière version, issue de la loi du 24 mars 2014, l'article L. 514-20 dispose :

« *Lorsqu'une installation soumise à autorisation ou à enregistrement a été exploitée sur un terrain, le vendeur de ce terrain est tenu d'en informer par écrit l'acheteur ; il l'informe également, pour autant qu'il les connaisse, des dangers ou inconvénients importants qui résultent de l'exploitation.*

Si le vendeur est l'exploitant de l'installation, il indique également par écrit à l'acheteur si son activité a entraîné la manipulation ou le stockage de substances chimiques ou radioactives. L'acte de vente atteste de l'accomplissement de cette formalité.

À défaut, et si une pollution constatée rend le terrain impropre à la destination précisée dans le contrat, dans un délai de deux ans à compter de la découverte de la pollution, l'acheteur a le choix de demander la résolution de la vente ou de se faire restituer une partie du prix ; il peut aussi demander la réhabilitation du site aux frais du vendeur, lorsque le coût de cette réhabilitation ne paraît pas disproportionné par rapport au prix de vente. »

La modification introduite par la loi ALUR a consisté à subordonner la mise en œuvre des sanctions prévues par le texte à l'existence d'une pollution.

La troisième chambre civile a rendu de nombreuses décisions à propos de cet article, et plus particulièrement de la première phrase du premier alinéa, afin de préciser la nature de cette obligation, son domaine d'application dans le temps et dans l'espace.

Elle a ainsi jugé :

- qu'il s'agit d'une **obligation de résultat**, c'est-à-dire d'une obligation d'information formelle et absolue pour le vendeur, qui s'applique même si l'acquéreur en a connaissance par lui-même : Civ. 3e, 12 janv. 2005, n° 03-18.055, Bull. civ. III, n° 8 ; Civ. 3e, 21 sept. 2022, n° 21-21.933, publié, et même si le vendeur soutient qu'il l'ignorait : Civ. 3e, 11 mars 2014, n° 12-29.556.

(11) Il existe d'autres obligations d'information comme celle prévue et sanctionnée aux articles L. 125-6 et L. 125-7 du code de l'environnement, relative aux secteurs d'information des sols (SIS), créée par la loi n° 2014-366 du 24 mars 2014, lesdits secteurs devant être déterminés par l'État (arrêtés préfectoraux) et publiés sur le site Géorisques du ministère de l'Environnement, mais tous les départements n'en sont pas encore pourvus, et ces textes n'ont pas à ce jour fait l'objet de décisions de la chambre.

Cette jurisprudence est parfois jugée trop sévère pour les vendeurs. Mais il convient d'avoir à l'esprit que l'objectif du texte étant de reconstituer l'historique des sites dans un but d'intérêt général de préservation des sols, ce qui dépasse les intérêts des parties lors des mutations successives, la qualification d'obligation de résultat est la seule qui permette de donner une force effective à cette disposition, en évitant tout débat sur la preuve de la connaissance ou non de l'existence d'une installation.

Sur ce point, la chambre a privilégié la protection de l'environnement sur le droit de la vente, les intérêts collectifs sur les intérêts individuels ;

- qu'il ne s'applique qu'aux installations qui relevaient d'un régime d'autorisation (l'enregistrement a été ajouté par la loi du 11 juin 2009), **à l'époque où elles étaient exploitées, et non au jour de la vente** : Civ. 3e, 17 nov. 2004, no 03-14.213, Bull. civ. III, no 204. Le même arrêt confirme (en creux) que l'obligation d'information s'applique, en revanche, aussi aux installations qui ont cessé d'être exploitées avant l'entrée en vigueur de la loi du 19 juillet 1976 ;

- qu'il ne s'applique qu'aux installations qui **ont cessé d'être exploitées**, et pas aux sites en cours d'exploitation au jour de la vente qui sont, eux, soumis aux dispositions des articles L. 516-2 / L. 512-18 (selon qu'ils correspondent à une certaine catégorie) : Civ. 3e, 9 avr. 2008, no 07-10.795, Bull. civ. III, no 70 ;

- que l'obligation de l'article L. 514-20 ne s'appliquait pas, indifféremment, à la vente de tout terrain issu de la division d'un site de plusieurs hectares ayant abrité diverses activités industrielles, certaines soumises à la législation des ICPE et d'autres non, seules les parcelles ayant effectivement accueilli une installation de ce type y étant soumises : Civ. 3e, 22 nov. 2018, no 17-26.209, publié.

En termes de protection des sols et de traitement des pollutions, il y aurait eu du sens à élargir la notion de « terrain » de l'article L. 514-20 à celle « d'unité d'exploitation » suggérée par le demandeur au pourvoi dans la mesure où la pollution circule en sous-sol. Mais cette acception est apparue trop large à la chambre, en faisant peser sur le vendeur une obligation trop lourde pour lui. Bien que relevant d'une disposition de police de l'environnement, l'article L. 514-20 reste un outil de droit contractuel et doit y demeurer adapté.

La recherche de l'équilibre entre intérêts collectifs et individuels a cette fois bénéficié aux vendeurs ;

- qu'en revanche, **dès lors que le terrain vendu faisait partie du « périmètre de l'installation classée », cette cession est soumise à l'obligation spéciale, peu important que la parcelle vendue corresponde seulement au terrain d'assiette de l'entrée et de la maison du gardien de l'ICPE** : Civ. 3e, 21 sept. 2022, no 21-21.933, publié.

L'information relative au périmètre exact de l'ICPE doit figurer dans la demande d'autorisation aux termes des articles R. 512-2 et R. 512-6 du code de l'environnement, ce qui permet au vendeur de la retrouver.

B. En cas de pollution avérée, quels recours pour l'acquéreur ?

Là encore, le droit spécial de l'environnement et le droit commun des contrats et de la vente se complètent, voire se superposent, pour offrir plusieurs voies d'action à l'acquéreur, mais également pour permettre au vendeur de circonscrire le risque, compte tenu du coût évoqué en introduction, que peut représenter une dépollution.

1. Droit spécial de l'environnement : l'obligation de remise en état pesant sur le dernier exploitant

Cette obligation, qui figure aujourd'hui aux articles L. 512-6-1 (pour les installations soumises à autorisation), L. 512-7-6 (pour celles soumises à enregistrement) et L. 512-12-1 pour celles soumises à déclaration du code de l'environnement, est une application du principe pollueur-payeur instauré par la loi n° 76-663 du 19 juillet 1976 relative aux ICPE.

C'est une obligation qui pèse seulement sur le dernier exploitant (et sur son ayant droit – sauf clause d'exclusion du passif environnemental –, ce qui est important pour les pollutions historiques dont les exploitants initiaux n'existent plus en tant que tels), mais ce n'est ni le propriétaire du terrain ni un tiers à qui l'on peut confier contractuellement cette charge, en tout cas, à l'égard de l'administration et à l'égard de l'acquéreur.

Ce schéma a toutefois été un peu modifié par la loi ALUR, l'article L. 512-21 du code de l'environnement prévoyant désormais qu'un tiers intéressé pourra demander au préfet de se substituer au dernier exploitant, avec son accord, pour réaliser les travaux de réhabilitation en fonction de l'usage que lui-même envisage pour le terrain concerné. Il sera reconnu débiteur de l'obligation par l'autorité administrative, laquelle aura procédé à un contrôle de ses capacités techniques et financières, ainsi que sur l'usage du terrain proposé, le dernier exploitant redevenant le débiteur légal en cas de défaillance du tiers.

Il en résulte principalement que, lorsque l'installation est mise à l'arrêt définitif, le dernier exploitant doit placer le site dans un état tel :

- qu'il ne puisse porter atteinte aux intérêts de l'article L. 511-1 du code de l'environnement (c'est-à-dire notamment pour qu'il ne puisse présenter un danger ou des inconvénients pour la santé, la sécurité et la salubrité publiques, la protection de la nature, de l'environnement et des paysages) ;

- et qu'il permette un usage futur du site déterminé, selon plusieurs modalités définies par les textes réglementaires (qui diffèrent selon que l'installation a été autorisée avant ou après le 1er janvier 2004 ; usage comparable à celui de la dernière exploitation, usage déterminé en concertation avec le maire...).

La chambre a jugé que **la méconnaissance de l'obligation de remise en état, qui résulte d'une loi de police spéciale et qui est d'ordre public, constitue une faute délictuelle** du dernier exploitant qui engage sa responsabilité civile délictuelle (Civ. 3e, 16 mars 2005, n° 03-17.875, Bull. civ. III, n° 67 ; Civ. 3e, 9 sept. 2009, n° 08-13.050, Bull. civ. III, n° 186), même s'il est par ailleurs, vendeur, et donc engagé dans un rapport contractuel. Les éventuelles clauses insérées dans son acte seront donc radicalement inopérantes.

La chambre a jugé récemment (Civ. 3e, 11 mai 2022, n° 21-16.348, publié), que l'obligation pesant sur un locataire – dernier exploitant –, s'appliquait à lui sans qu'il puisse invoquer l'intention du bailleur de reprendre l'exercice de l'activité industrielle, dès lors qu'il a notifié à l'administration l'arrêt définitif de l'installation (la succession d'exploitants obéit à d'autres règles, résultant également de la police des installations classées).

Et tant que le locataire n'a pas procédé aux mesures de remise en état, il est tenu de payer une indemnité d'occupation au bailleur, même s'il a restitué les lieux, et sans pouvoir reprocher au bailleur de ne pas avoir repris l'exploitation ou mis le site en location.

En revanche, dès lors qu'il a rempli son obligation, sa responsabilité ne peut plus être recherchée : Civ. 3e, 7 mars 2019, nº 17-28.536, et le coût de la dépollution supplémentaire lié au changement d'usage voulu par l'acquéreur est à la charge de ce dernier. C'est ce que la chambre a rappelé dans un arrêt du 29 juin 2022, nº 21-17.502, publié.

2. Le droit des contrats et de la vente

a) Le dol

En cas de pollution, **la réticence dolosive ou le comportement dolosif du vendeur** est souvent invoqué pour fonder une **action en annulation, ou une action en responsabilité** en vue d'obtenir des dommages-intérêts ou d'écarter l'application de clauses d'exonération de passif ou de tout autre type de garantie de passif.

Ce qui est reproché au vendeur, c'est le fait d'avoir dissimulé volontairement à son cocontractant une information qu'il savait déterminante de son consentement. Ce qui le distingue du manquement à l'obligation d'information c'est son caractère délibéré, c'est-à-dire la volonté de tromper.

Le cumul de l'action en garantie des vices cachés et de l'action en annulation pour dol est possible et les deux sont souvent invoqués ensemble (Civ. 1re, 6 nov. 2002, nº 00-10.192, Bull. civ. I, nº 260 ; Civ. 3e, 17 nov. 2004, nº 03-14.958, Bull. civ. III, nº 206).

La jurisprudence admet également que l'action en garantie des vices cachés n'est pas exclusive de l'action en responsabilité délictuelle fondée sur le dol ou la réticence dolosive commis avant ou lors de la conclusion du contrat : Civ. 3e, 23 sept. 2020, nº 19-18.104, publié.

À cet égard, et c'est là **une illustration de la superposition des fondements, favorable à l'acquéreur** évoquée à titre liminaire, la chambre a jugé dans un arrêt du 30 septembre 2021, nº 20-18.665, que, le fait de constater un manquement à l'obligation d'information de l'article L. 514-20 du code de l'environnement n'était pas exclusif de l'application du dol, de sorte qu'en l'espèce, si la cour d'appel a sanctionné le vendeur en écartant la clause de garantie de passif stipulée à la charge de l'acquéreur, ce n'est pas parce qu'elle a appliqué une sanction non prévue par l'article L. 514-20 (et donc violé cet article, comme il était soutenu par le moyen), mais parce qu'elle a aussi retenu l'existence de déclarations mensongères de la part du vendeur (sur la présence d'une ICPE et les obligations qui pesaient sur lui en tant que dernier exploitant), donc d'une faute dolosive.

b) La garantie des vices cachés

Il est jugé de façon constante que, lorsque le défaut dont l'immeuble vendu est atteint le rend impropre à l'usage auquel il était destiné, ou en diminue tellement l'usage que l'acheteur ne l'aurait pas acquis ou l'aurait acquis à moindre prix, il s'agit d'un vice caché et que seule l'action en garantie contre ce vice est ouverte à l'acquéreur pour obtenir la résolution du contrat, la réduction du prix et/ou des dommages-intérêts.

Les clauses d'exclusion de garantie insérées dans les actes peuvent y faire partiellement ou totalement échec, sauf si le vendeur est de mauvaise foi, le vendeur professionnel étant toujours réputé connaître le vice.

Cette jurisprudence s'applique aussi bien à l'inconstructibilité d'un terrain : Civ. 3e, 15 mars 2002, nº 97-19.959, Bull. civ. III, nº 61 ; Civ. 3e, 20 mai 2014, nº 13-12.685 ; qu'à la pollution d'un terrain (le rendant inconstructible) : Civ. 3e, 8 juin 2006, nº 04-19.069, Bull. civ. III, nº 145, y compris lorsque l'acquéreur a été informé d'un risque de pollution mais pas de son ampleur (dans cette affaire toute construction se révélait dangereuse pour la santé et la sécurité des participants aux chantiers comme pour les futurs utilisateurs).

En revanche, dès lors que le risque a été suffisamment précisé dans l'acte de vente (Civ. 3e, 18 nov. 2009, nº 08-19.052), il importe peu que toutes les conséquences n'aient pas été envisagées, l'acquéreur ayant de fait accepté le risque en s'abstenant de procéder ou faire procéder à des vérifications de l'ampleur du problème décrit (dans le même sens : Civ. 3e, 10 sept. 2008, nº 07-17.086, Bull. civ. III, nº 130).

De même, lorsque la pollution n'entraîne pas une véritable impropriété à l'usage, l'action en garantie des vices cachés est rejetée. En cas de pollution du terrain, cette solution est retenue lorsque ladite pollution ne rend pas toute construction impossible, mais impose seulement des précautions : Civ. 3e, 24 sept. 2013, nº 11-26.642 ; Civ. 3e, 7 mars 2019, nº 17.28-536.

La question du degré de connaissance de la pollution par le vendeur et donc de sa mauvaise foi éventuelle faisant échec à la mise en œuvre de la clause d'exclusion de garantie, ainsi que celle de la connaissance ou de la conscience que l'acquéreur a pu avoir du risque qu'il prenait à la lumière des informations fournies par le vendeur (et donc la qualification du vice), sont très largement dépendantes de la qualité des parties. S'agit-il de professionnels ou non, le cas échéant, de professionnels de même spécialité ou non ?

C'est ainsi que le dernier exploitant d'un garage automobile vendant l'immeuble, qui avait aussi été exploité par son père, a été considéré comme ne pouvant ignorer les vices affectant les locaux et, en conséquence, comme ne pouvant se prévaloir de la clause d'exonération de garantie : Civ. 3e, 29 juin 2017, nº 16-18.087, Bull. civ. III, nº 84.

En toute hypothèse, ce vendeur ne peut pas s'exonérer si la pollution décelée après la vente relevait de l'obligation légale de remise en état – d'ordre public – qui lui incombait en tant que dernier exploitant (Civ. 3e, 3 nov. 2011, nºs 10-14.986 et 10-30.549).

Sur le vice proprement dit, la chambre a récemment jugé (Civ. 3e, 15 juin 2022, nº 21-13.286, publié) qu'il ne pouvait être écarté au motif que celui qui était invoqué consistait en un « phénomène extérieur, naturel dont la survenue était imprévisible », la loi ne formulant pas d'exclusion dans ces circonstances. Il s'agissait de l'échouage d'algues sargasses sur la côte atlantique de la Martinique, phénomène récurrent depuis 2011, toxique par les émanations d'hydrogène sulfuré qu'il engendre.

Cette décision ne concerne pas un cas de pollution de sols, mais la souplesse admise dans la définition de la notion est intéressante à relever.

c) L'obligation de délivrance

Elle semble être devenue l'outil privilégié par un certain nombre de vendeurs, qui y voient une technique de gestion des risques particulièrement adaptée aux cessions de sites pollués mais aussi par les acquéreurs, qui tentent d'échapper aux règles de prescription plus rigoureuses de la garantie des vices cachés (deux ans à compter de la découverte du vice – pour le délai d'action –, contre cinq ans à compter de la délivrance), ou la démonstration de l'impropriété de la chose à son usage.

La Cour de cassation a opté de longue date pour une conception de l'obligation de délivrance limitée à une conformité matérielle, ce qui signifie que pour que l'obligation soit remplie, il faut que la chose vendue soit identique à celle spécifiée au contrat.

Le juge ne s'attache donc qu'aux stipulations contractuelles pour déterminer l'étendue de cette obligation, ce qui confère une grande responsabilité aux rédacteurs de ces actes.

En ce qui concerne la pollution (du sol, du sous-sol ou d'un bâtiment), il s'agit, ainsi qu'il a été dit précédemment, comme pour la constructibilité d'un terrain, d'un vice caché dès lors qu'elle rend l'immeuble impropre à l'usage auquel il était destiné (ou en diminue substantiellement l'usage).

En revanche, **la présence d'une pollution constitue un manquement à l'obligation de délivrance si l'acte mentionne ou laisse entendre que l'immeuble a fait l'objet d'une dépollution et est donc présenté comme dépollué** : Civ. 3e, 29 févr. 2012, no 11-10.318, Bull. civ. III, no 37 ; Civ. 3e, 12 nov. 2014, no 13-25.079. C'est ce qui a de nouveau été retenu dans un arrêt du 30 septembre 2021, nos 20-15.354 et 20-16.156, publié. Le vendeur initial (également dernier exploitant d'une station-service), avait inséré dans l'acte de vente une clause d'exonération de tout recours en raison de l'état du sol ou du sous-sol pouvant être imputable à l'activité précédemment exercée (et régulièrement déclarée). Mais, les premiers travaux de terrassement ayant révélé une pollution particulièrement importante aux hydrocarbures, et l'acte de vente comportant en annexe un « rapport de synthèse de dépollution » faisant état de travaux de réhabilitation et d'une lettre de la DRIRE déclarant les travaux conformes aux obligations résultant de l'article R. 512-74 du code de l'environnement, les juges du fond ont estimé que ces éléments accréditaient l'idée d'une dépollution complète du site entrant dans le champ contractuel, et ont retenu qu'en conséquence, le vendeur avait manqué à son obligation de délivrance d'un terrain dépollué.

La clause d'exonération de responsabilité voulue par le vendeur a été totalement inefficace et d'une certaine manière, s'est retournée contre lui.

Cette clause, non reprise dans l'acte de vente intervenu entre le vendeur intermédiaire et le sous-acquéreur, n'a pas pu profiter à ce dernier dans son recours contre son propre vendeur. Il a donc obtenu la condamnation du vendeur initial à l'indemniser de ses préjudices, puisqu'il bénéficie de tous les droits et actions dont disposait son vendeur, mais pas celle de son vendeur direct. Il a alors tenté de soutenir que le défaut de constructibilité engendré par la présence de la pollution constituait un défaut de délivrance « par nature », la vente d'un terrain constructible impliquant qu'il soit dépollué. Mais cette affirmation qui n'est pas adaptée à la diversité des situations ni à la complexité de certaines clauses, ne correspond pas à la conception de la délivrance ci-dessus rappelée : dès lors que le défaut rend le terrain inconstructible, donc impropre à son usage, y compris lorsqu'il s'agit d'une pollution, la seule voie ouverte à l'acquéreur est celle de la garantie des vices cachés, or dans cette espèce, le sous-acquéreur n'avait pas invoqué ce fondement.

II. Le contentieux émergent : celui des éoliennes

La nécessité de développer des énergies décarbonées afin de lutter contre le réchauffement climatique conduit notamment à favoriser l'implantation de parcs éoliens [12]. L'insertion de ces aérogénérateurs ne se fait toutefois pas sans difficultés, en raison des nuisances diverses qu'ils peuvent engendrer, c'est pourquoi ils sont à l'origine d'un contentieux nouveau.

A. Dans quels cas le juge judiciaire peut-il statuer sur un litige impliquant une éolienne ?

Il convient de rappeler que les éoliennes sont, depuis le 13 juillet 2011, date d'entrée en vigueur de la loi n° 2010-788 du 12 juillet 2010 portant engagement national pour l'environnement, des installations classées pour la protection de l'environnement et relèvent à ce titre des pouvoirs de police spéciale correspondants, du préfet. Auparavant, elles faisaient aussi l'objet d'autorisations administratives notamment au titre du droit de l'urbanisme, que le juge judiciaire a eu à connaître, sous l'angle des troubles du voisinage, ou du risque à l'atteinte à la biodiversité.

En application des textes relatifs à la séparation des autorités administratives et judiciaires (loi des 16 et 24 août 1790, décret du 16 fructidor An VIII) et de la jurisprudence du Tribunal des conflits, le contentieux de l'implantation des éoliennes, soit les contestations des autorisations ou des refus d'autorisation délivrés par les préfets, ainsi que les contentieux liés aux risques engendrés globalement par ces installations, et ceux relatifs à l'arrêt de leur exploitation et à leur enlèvement relèvent de la compétence du juge administratif (sauf si l'implantation est irrégulière, Civ. 1re, 14 févr. 2018, n° 17-14.703, Bull. civ. I, n° 32).

Cependant, aux termes de la jurisprudence du Tribunal des conflits, le **juge judiciaire** est **compétent** pour connaître de l'action dirigée contre l'exploitant de l'installation, par un tiers, sur le fondement de la responsabilité civile de droit commun ou de la théorie des troubles anormaux de voisinage, non seulement pour obtenir **l'indemnisation de son préjudice** résultant de la présence ou du fonctionnement de l'installation, mais également, pour obtenir « **les mesures propres à faire cesser le préjudice** que cette installation pourrait causer dans l'avenir », à la condition, toutefois, « que ces mesures ne contrarient pas les prescriptions édictées par l'administration dans l'intérêt de la société et de la salubrité publique » (T. confl. 23 mai 1927, n° 755, *Consorts Neveux et Kohler* ; T. confl. 13 oct. 2014, n° 3964, *EURL Pharmacie Cornuel* ; v. aussi en matière d'antennes relais : T. confl. 14 mai 2012, n° 3844, *M. B. c/ Sté Orange* ; T. confl. 13 avr. 2015, n° 3996, *M. et Mme R. c/ Sté Orange*).

(12) Ce que le législateur a confirmé par le vote de la loi n° 2023-175 du 10 mars 2023 relative à l'accélération de la production d'énergies renouvelables, qui prévoit un assouplissement, pour les éoliennes, des conditions d'obtention de la dérogation administrative à l'interdiction de destruction d'espèces protégées.

La Cour de cassation applique très régulièrement cette jurisprudence.

La troisième chambre civile a ainsi récemment retenu, dans un arrêt du 30 novembre 2022 qui sera évoqué plus en détail ci-après, **la compétence judiciaire** pour statuer sur la demande d'une association environnementale tendant **à l'indemnisation de son préjudice moral** résultant de la destruction, par des éoliennes, de spécimens d'une espèce protégée en l'absence de la dérogation prévue par la loi.

En ce qui concerne les **demandes tendant à faire cesser le préjudice,** la Cour de cassation veille au respect de l'exigence de non-immixtion du juge judiciaire dans l'exercice de la police spéciale des ICPE et a jugé, à plusieurs reprises, que le juge judiciaire n'était pas compétent pour ordonner le déplacement d'une telle installation, ni la fermeture de l'établissement.

Plus récemment, elle a jugé que le juge judiciaire n'était pas compétent pour statuer sur une demande d'enlèvement d'éoliennes régulièrement implantées, au motif qu'une telle demande le conduirait à substituer sa propre appréciation à celle que l'autorité administrative a portée sur les dangers ou inconvénients que peuvent présenter ces installations, ce qui constituerait une immixtion du juge judiciaire dans l'exercice de la police spéciale des ICPE : Civ. 1re, 25 janv. 2017, n° 15-25.526, Bull. civ. I, n° 28 ; et pour une demande d'interdiction de l'exploitation : Civ. 1re, 8 nov. 2017, n° 16-22.213.

La même solution s'applique aux autres polices spéciales comme celle de l'eau : le juge judiciaire ne pouvait enjoindre à une société exploitant une station de traitement et d'épuration de l'eau de cesser le rejet d'effluents dépassant les prescriptions réglementaires, sans rechercher si cette injonction ne contrariait pas celles d'un arrêté ultérieur pris par le préfet : Civ. 1re, 9 sept. 2020, n° 19-17.271, publié.

Dans un **arrêt très récent du 21 décembre 2023** [13], la troisième chambre civile a jugé, à propos de l'exploitation d'une carrière, qui relève comme les éoliennes du régime des ICPE soumises à autorisation, qu'une demande en référé tendant à la suspension de tous travaux au motif du trouble manifestement illicite résultant de l'absence de dérogation à l'interdiction de destruction d'espèces protégées (par les articles L. 411-1 du code de l'environnement et les arrêtés des 23 avr. 2007 et 29 oct. 2009 – oiseaux et chiroptères notamment) **ne relevait pas de la compétence du juge judiciaire,** dès lors que l'exploitant bénéficie d'une autorisation environnementale délivrée en application des articles L. 181-1 et suivants du code de l'environnement.

Lesdites autorisations sont, en effet, uniques et globales et tiennent lieu de toutes autorisation, déclaration ou autre dérogation, notamment celle relative aux espèces protégées, le Conseil d'État ayant précisé, dans son avis n° 463563 du 9 décembre 2022, que le système de protection des espèces résultant des textes précités, imposait d'examiner si l'obtention de cette dérogation était nécessaire, dès lors que des spécimens d'une de ces espèces étaient présents dans la zone du projet.

B. Les éoliennes, un trouble normal pour le voisinage ?

Dans un arrêt rendu le 17 septembre 2020 (**Civ. 3e, 17 sept. 2020, n° 19-16.937**), la chambre a rejeté le pourvoi formé contre un arrêt de cour d'appel qui avait écarté

(13) Civ. 3e, 21 déc. 2023, n° 23-14.343, AJDA 2024. 12 ; JA 2024, n° 694, p. 11, obs. J.-M. Pastor.

l'existence d'un trouble anormal de voisinage résultant de la présence et du fonctionnement d'éoliennes situées à proximité des résidences secondaires des plaignants.

La chambre s'est fondée sur les motifs des juges du fond selon lesquels, d'une part, les nuisances sonores et visuelles, invoquées par les riverains, ne dépassaient pas les seuils prévus (s'agissant du bruit) ou acceptables (s'agissant de l'atteinte au paysage), compte tenu de la présence d'un rideau d'arbres atténuant les nuisances et du caractère rural ordinaire des lieux et, selon lesquels, d'autre part, nul n'avait de droit acquis à la conservation de son environnement, le trouble s'appréciait en fonction des droits respectifs des parties et « **eu égard à l'objectif d'intérêt public poursuivi par le développement de l'énergie éolienne », la dépréciation de 10 ou 20 % de la valeur vénale** des immeubles, alléguée par les plaignants, dans un contexte de morosité du marché immobilier local, « **ne dépassait pas,** par sa gravité, **les inconvénients normaux du voisinage** ».

Si l'existence d'un trouble anormal du voisinage est une notion laissée à l'appréciation souveraine des juges du fond, et si l'on voit qu'ils se sont attachés à poser un certain nombre de conditions notamment quant aux seuils des nuisances effectives, ce qu'il convient de retenir est que la troisième chambre civile a validé la prise en compte de l'objectif d'intérêt général tenant à la production d'énergie décarbonée dans l'appréciation des intérêts des parties.

C. Les éoliennes et le risque d'atteintes à la biodiversité

1. Les conditions de mise en œuvre d'une demande de démolition d'éoliennes fondée sur l'article L. 480-13 du code de l'urbanisme

Dans un arrêt du **11 janvier 2023 (Civ. 3e, 11 janv. 2023, no 21-19.778)**, la troisième chambre civile a statué sur une demande de démolition d'un parc éolien après l'annulation par la juridiction administrative du permis de construire, sur le fondement de l'article L. 480-13 [14] du code de l'urbanisme.

Dans cette affaire, la société ERL, après l'annulation définitive du premier permis de construire sept éoliennes qui lui avait été délivré en 2004, a obtenu un deuxième permis par arrêté préfectoral du 24 avril 2013, lequel a également été annulé par la cour administrative d'appel de Marseille le 26 janvier 2017 en raison de l'insuffisance de l'étude d'impact réalisée au regard de la présence d'aigles royaux dans la zone d'implantation des éoliennes (rejet du pourvoi par un arrêt du Conseil d'État du 8 novembre 2017), cette annulation étant toutefois intervenue après que les éoliennes ont été édifiées conformément à ce permis (certificat de conformité des travaux délivré par le préfet le 19 juillet 2016).

Sur la saisine de deux associations environnementales, auxquelles une troisième s'est jointe en cours de procédure, la cour d'appel de Montpellier, par un arrêt du 19 février 2021, a infirmé le jugement du tribunal judiciaire de la même ville qui avait accueilli la demande de démolition des éoliennes.

La question principale posée par le pourvoi formé contre cet arrêt était la suivante :

(14) Rappelons que selon ce texte, lorsqu'une construction a été édifiée conformément à un permis de construire, le propriétaire ne peut être condamné par un tribunal de l'ordre judiciaire à la démolir du fait de la méconnaissance des règles d'urbanisme ou des servitudes d'utilité publique que si, préalablement, le permis a été annulé pour excès de pouvoir par la juridiction administrative et, sauf si le tribunal est saisi par le représentant de l'État dans le département sur le fondement du second alinéa de l'article L. 600-6, si la construction est située dans l'une des zones limitativement énumérées.

La construction d'un parc éolien réalisée conformément à un permis de construire ultérieurement annulé en raison de **l'insuffisance de l'étude d'impact constitue-t-elle une « méconnaissance des règles d'urbanisme ou des servitudes d'utilité publique » au sens de l'article L. 480-13 du code de l'urbanisme,** ouvrant droit à l'action en démolition ? Ou bien ne s'agit-il que de la violation de simples règles de procédure n'ouvrant pas la voie à cette action, comme l'a retenu l'arrêt attaqué ?

La chambre a retenu que **cette notion pouvait concerner des vices de forme**, comme le soutenait le moyen, et n'était donc pas limitée aux seuls vices de fond.

Après avoir visé et cité les articles L. 480-13 du code de l'urbanisme et 1240 du code civil, elle a posé le principe suivant :

« *11.* **Il en résulte que toute méconnaissance des règles d'urbanisme ou des servitudes d'utilité publique peut servir de fondement à une action en démolition d'une construction édifiée conformément à un permis de construire ultérieurement annulé, dès lors que le demandeur à l'action démontre avoir subi un préjudice personnel en lien de causalité directe avec cette violation.** »

Elle a donc censuré l'arrêt attaqué.

La cour d'appel de renvoi (Nîmes) a, par un arrêt du 7 décembre 2023, ordonné la démolition des éoliennes et la remise en état du site dans un délai de quinze mois, sous astreinte de 3 000 euros par jour de retard à l'expiration de ce délai.

Un nouveau pourvoi a été formé contre cette décision.

2. Le fonctionnement des éoliennes et la destruction d'espèces protégées

Le fonctionnement des éoliennes peut être à l'origine de graves dommages à l'environnement, tout particulièrement à des espèces d'oiseaux protégées, par le mouvement de leurs pales.

C'est de l'une de ces situations dont la chambre a été saisie et qui a donné lieu à un arrêt du **30 novembre 2022, n° 21-16.404, publié**, qui posait la question de la difficile conciliation entre des objectifs environnementaux antagonistes.

Dans cette affaire, sept sociétés ont, entre 2006 et 2013, construit et mis en service trente et une éoliennes dans le département de l'Hérault. Les sites d'implantation de ces éoliennes (Causse d'Aumelas, de la plaine de Villeveyrac-Montagnac et de la plaine de Fabrègues-Poussan), sont classés en zone de protection spéciale (ZPS) en application de la directive 2009/147/CE du 30 novembre 2009 du Parlement européen et du Conseil sur la protection des oiseaux sauvages (dite directive « oiseaux »).

En 2011 et 2012, la découverte au pied des installations de plusieurs cadavres de faucons crécerellettes, relevant de cette directive, a été signalée. Malgré la mise en place de dispositifs de détection et d'effarouchement des oiseaux (DT-Bird) prescrits par le préfet, de nouveaux cadavres de faucons crécerellettes ont été découverts, ce qui a conduit l'association France Nature Environnement (FNE) à engager la responsabilité des exploitants des sites et de leur gestionnaire, EDF, en indemnisation du préjudice moral causé par la destruction de spécimens d'une espèce protégée.

Par un arrêt du 2 mars 2021, la cour d'appel de Versailles a déclaré recevable cette action (confirmation du jugement), l'a déclarée bien fondée (infirmation du jugement) au visa de l'article 1240 du code civil et a condamné les sept sociétés à verser 500 euros de dommages-intérêts à FNE.

Les trois moyens constituant le pourvoi formé contre cette décision ont été rejetés par la chambre. La réponse à ces moyens a été l'occasion de rappeler ou de poser les règles suivantes :

Première question : **la recevabilité de l'action de FNE.**

Il était soutenu que l'association n'était pas recevable à agir devant le juge civil sur le fondement de l'article L. 142-2 du code de l'environnement sans qu'ait été préalablement constatée l'infraction pénale invoquée.

La Cour a rejeté ce moyen en retenant que : « **la recevabilité de l'action est** *[seulement]* **subordonnée à l'existence de faits susceptibles de revêtir une qualification pénale entrant dans le champ des dispositions susmentionnées.** »

Le moyen se fondait notamment sur la rédaction de l'article L. 142-2 (alinéa 1er), selon lequel : « *Les associations agréées mentionnées à l'article L. 141-2 peuvent exercer les droits reconnus à la partie civile en ce qui concerne les faits portant un préjudice direct ou indirect aux intérêts collectifs qu'elles ont pour objet de défendre* ***et constituant*** *une infraction aux dispositions législatives relatives à la protection de la nature et de l'environnement, [...]* ».

Mais l'usage du verbe « constituer » est dépourvu de portée. Il est acquis en procédure pénale que la recevabilité de la constitution de partie civile est distincte du bien-fondé de la réparation demandée. De la même manière, les juridictions civiles jugent dans tous les domaines du droit que le bien-fondé d'une action n'est pas une condition de sa recevabilité.

Il convient, en outre, de rappeler que les conditions de mise en œuvre de l'habilitation législative prévue par l'article L. 142-2 n'ont cessé d'être élargies par la jurisprudence [15] et que cet élargissement de la recevabilité des actions des associations de défense de l'environnement s'inscrit aussi dans la mise en œuvre des dispositions de la convention d'Aarhus du 25 juin 1998 pour l'accès à l'information et la participation du public au processus décisionnel et l'accès à la justice en matière d'environnement (art. 9), à laquelle la France est partie.

Deuxième question : **la compétence du juge judiciaire – violation du principe de la séparation des pouvoirs.**

Il était soutenu qu'en faisant droit à l'action en responsabilité de FNE, le juge judiciaire avait violé le principe de la séparation des pouvoirs et substitué son appréciation à celle de l'autorité administrative qui avait, par les arrêtés préfectoraux de 2014, laissé fonctionner les éoliennes en prescrivant seulement l'installation des systèmes DT Bird.

(15) Il est renvoyé, s'agissant de l'action civile engagée par les associations environnementales devant le juge pénal, à l'étude, dans la présente revue, de M. le conseiller Samuel. S'agissant des mêmes actions devant le juge civil, il peut être rappelé que la jurisprudence retient non seulement que l'action fondée sur l'article L. 142-2 peut être engagée sans avoir été « partie civile » devant une juridiction pénale (Civ. 2e, 7 déc. 2006, no 05-20.297 ; Civ. 2e, 24 oct. 2013, no 12-14.384, Bull. civ. II, no 209), mais elle peut aussi être engagée, en l'absence de toute infraction pénale et donc hors du champ de l'habilitation législative, de l'article L. 142-2, sous la seule réserve qu'une atteinte directe ou indirecte ait été portée aux intérêts collectifs défendus : Civ. 3e, 26 sept. 2007, no 04-20.636, D. 2007. 2535, obs. A. Vincent ; *ibid.* 2757, chron. A.-C. Monge et F. Nési ; *ibid.* 2008. 2894, obs. P. Brun et P. Jourdain ; RTD civ. 2008. 305, obs. P. Jourdain.

La Cour, après avoir rappelé que ces arrêtés préfectoraux étaient intervenus en application de la police spéciale autonome régissant le fonctionnement des installations classées pour la protection de l'environnement (ICPE), a considéré, conformément aux principes rappelés ci-dessus, que ne constitue pas une atteinte au principe de la séparation des pouvoirs le fait pour le juge judiciaire, saisi d'une action en responsabilité civile, de constater la violation, par les exploitants du parc éolien, des dispositions de l'article L. 411-2, 1°, du code de l'environnement interdisant la destruction d'espèces sauvages protégées sans être titulaires de la dérogation prévue à l'article L. 411-2, 4°, du même code. Cette dérogation était, en effet, le seul acte susceptible de constituer un fait justificatif exonératoire de responsabilité pour les sociétés exploitantes.

Troisième question : **les éléments constitutifs de l'infraction d'atteinte à la conservation d'une espèce animale non domestique prévue par l'article L. 415-3 du code pénal et la demande de saisine de la Cour de justice de l'Union européenne (CJUE) d'une question préjudicielle.**

S'agissant des éléments constitutifs de l'infraction, la chambre a retenu que l'infraction était constituée, dans son élément matériel, par la seule violation des interdictions prévues par l'article L. 411-1 et les règlements pris en application de l'article L. 411-2, **sans qu'il soit nécessaire**, contrairement à ce que soutenait le moyen, **de démontrer en outre une atteinte à la conservation de l'espèce**, celle-ci résultant de la constatation de la destruction d'un spécimen.

L'atteinte à la conservation de l'espèce est donc prise en compte au stade du classement de cette espèce sur la liste de celles qui doivent être protégées (sur le plan européen comme sur le plan national par les autorités compétentes), puis, au stade d'une éventuelle demande de dérogation à l'interdiction de destruction d'un animal (ou d'un habitat) protégé prévue par l'article L. 411-2, 4°, déjà cité, mais pas au stade des interdictions prévues par l'article L. 411-1. L'on peut d'ailleurs se demander comment une telle démonstration serait réalisable, infraction par infraction, pour les autorités de poursuite comme pour les associations de défense de l'environnement.

Là encore, l'obtention de la dérogation telle que prévue par l'article L. 411-2, 4°, était le seul moyen, pour les sociétés exploitantes, de faire disparaître l'élément légal de l'infraction, puisqu'elle constitue un fait justificatif exonératoire de responsabilité.

Quant à l'élément moral de l'infraction, la chambre, reprenant la jurisprudence de la chambre criminelle, a retenu qu'**une faute d'imprudence suffisait à le caractériser.**

À l'arrêt Crim. 1er juin 2010, nº 09-87.159, Bull. crim. nº 96, l'on peut ajouter un arrêt plus récent : Crim. 18 oct. 2022, nº 21-86.965, publié : « une faute d'imprudence ou de négligence suffit à caractériser l'élément moral du délit d'atteinte à la conservation d'espèces animales non domestiques protégées, prévu par l'article L. 415-3 du code de l'environnement ».

La cour d'appel n'avait donc aucune recherche à faire sur le comportement des sociétés exploitantes, celles-ci soutenant qu'elles avaient tout mis en œuvre pour remédier au problème de destruction des faucons.

Enfin, **sur la question préjudicielle** qu'il était demandé de poser à la CJUE, les sociétés exploitantes soutenaient que, même si l'état de conservation de l'espèce n'avait pas à être pris en compte pour caractériser l'infraction, un doute existait sur la portée de l'interdiction prévue par l'article L. 411-1 lorsque la destruction des spécimens de l'espèce protégée était accidentelle et résultait, comme dans le présent dossier, d'une activité licite.

Ellcs faisaicnt valoir que l'interprétation restrictive donnée par la CJUE dans un arrêt récent du 24 mars 2021 (CJUE 24 mars 2021, aff. C-473/19 et C-474/19, *Skydda Skogen*) de l'article 12 de la directive 92/43/CEE du 21 mai 1992 concernant la conservation des habitats naturels ainsi que de la faune et de la flore sauvages (directive dite « habitats »), ne devait pas être étendue à l'article 5 de la directive « oiseaux », sur lequel elle ne s'était pas prononcée.

La troisième chambre civile a rejeté cette demande et estimé qu'il n'existait pas de doute raisonnable sur la portée à donner à l'interdiction prévue à l'article L. 411-1 du code de l'environnement en cas de destruction d'une espèce d'oiseaux protégée causée par des éoliennes, après avoir développé le raisonnement suivant :

- l'article 14 de la directive « oiseaux » autorise les États membres à prendre des mesures de protection plus strictes que celles prévues par cette directive ;

- la législation nationale, par les articles L. 411-1 et L. 411-2, 4°, du code de l'environnement, a étendu à toutes les espèces protégées, y compris les oiseaux, les mesures de protection stricte édictées par la directive européenne 92/43/CEE du 21 mai 1992 (directive « habitats ») dont l'interprétation de l'article 12 a été donnée par la CJUE dans l'arrêt du 4 mars 2021 précité ;

- et cette interprétation s'oppose à ce que l'interdiction de destruction d'espèces protégées soit limitée, en cas d'exercice d'une activité licite, aux seuls cas d'incidence négative sur l'état de conservation de l'espèce concernée.

***

Au terme de cette étude, il apparaît essentiel de souligner que la jurisprudence de la troisième chambre civile, rendue dans le domaine de l'environnement ou dans des contentieux qui ont une dimension environnementale, est constamment à la recherche d'un équilibre, parfois difficile à trouver, entre les différents intérêts en présence, ces intérêts, individuels ou collectifs, étant eux-mêmes évolutifs dans le temps.

Le droit constitutionnel de l'environnement

François-Régis Boulloche

Avocat au Conseil d'État et à la Cour de cassation

Clémence Hourdeaux

Avocat au Conseil d'État et à la Cour de cassation

« Dans chaque homme, dans chaque feuille, chaque étoile, il y a quelque chose qui nous concerne » (Edgar Morin, Terre Patrie, 1993).

L'urgence environnementale

« *Notre maison brûle et nous regardons ailleurs* » [1]. La formule du président Chirac est connue de tous; elle a, en son temps et depuis 2002, été largement saluée et reprise. Et pourtant, au moment de la prononcer devant l'assemblée plénière du quatrième sommet de la Terre, le président Chirac est déjà mis en cause pour son inertie face à l'enjeu environnemental.

Deux décennies plus tard, la formule n'a pas perdu de son acuité. La réalité et la gravité du changement climatique sont désormais largement documentées et les crises environnementales promettent d'atteindre à court terme un stade paroxystique: réchauffement de la surface de la terre et des océans, événements climatiques extrêmes, pollution des sols, recul préoccupant de la biodiversité... Chaque jour plus alarmistes, les scientifiques nous intiment, à chacun de nous et aux responsables politiques et publics au premier chef, « *d'ouvrir les yeux* » [2]. Pour autant, la prise de conscience s'avère lente et hésitante, difficile, pénible même parfois, toujours présentée comme récente ou sur le point d'advenir. Début 2021, le président-directeur général de Total n'affirmait-il pas devant ses actionnaires que l'année 2020 avait été celle « *de la prise de conscience de la fragilité de la planète* » quand en 2015 déjà, il tenait des propos similaires... Si les consciences s'éveillent, le sursaut et le changement de paradigme tardent à venir. Ils sont pourtant nécessaires. De fait, nous ne pourrons à la fois persévérer à endommager notre environnement pour soutenir les rythmes de croissance actuels et « *dire que nous ne savions pas* » [3].

Le verdissement du droit

La science juridique n'est pas demeurée totalement extérieure à cette prise de conscience de l'urgence environnementale. Un mouvement de « verdissement »

(1) M. le président Jacques Chirac, Discours devant l'assemblée plénière du IV sommet de la Terre, le 2 septembre 2002.

(2) *Ibid.*

(3) *Ibid.*

du droit s'en est trouvé opéré, en ce compris le droit constitutionnel. À la faveur de la révision constitutionnelle du 1er mars 2005, la Charte de l'environnement a été intégrée au bloc de constitutionnalité. Si certains représentants de la doctrine ont pu initialement émettre des doutes sur la portée juridique de ce supposé « droit mou », la Charte s'est rapidement imposée comme un texte mobilisable devant le juge administratif mais aussi constitutionnel. Ce dernier lui a en effet progressivement permis, dans ses différents contrôles, pour partie au moins, de déployer ses effets (I). Pour autant, des actions restent à mener pour lui assurer une effectivité constitutionnelle autrement plus intense (II).

***

I. La constitutionnalité des droits environnementaux

Le contenu de la Charte de l'environnement

Suivant l'exposé des motifs de la loi du 1er mars 2005, la Charte de l'environnement a pour ambition de faire de « *l'écologie humaniste* » une composante du pacte républicain français. Le texte, rédigé sur la base des travaux de la commission Coppens, comporte un préambule, divisé en sept considérants, et dix articles. Contrairement aux devoirs, les droits consacrés par la Charte sont limités, au nombre de deux : le « *droit de vivre dans un environnement équilibré et respectueux de la santé* » (art. 1er) et le « *droit [...] d'accéder aux informations relatives à l'environnement détenues par les autorités publiques et de participer à l'élaboration des décisions publiques ayant une incidence sur l'environnement* » (art. 7 – principe d'information). En réciproque, toute personne doit « *prendre part à la préservation et l'amélioration de l'environnement* » (art. 2), « *prévenir les atteintes qu'elle est susceptible de porter à l'environnement ou, à défaut, [d']en limiter les conséquences* » (art. 3 – principe de prévention) et « *contribuer à la réparation des dommages qu'elle cause à l'environnement* » (art. 4 – principe pollueur-payeur). Se trouvent également consacrés le principe de précaution imposé aux autorités publiques (art. 5), le développement durable et, par suite, un principe de conciliation entre la protection et la mise en valeur de l'environnement avec le développement économique et le progrès social (art. 6). Il y est encore précisé que l'éducation et la formation à l'environnement doivent contribuer à l'exercice des droits et devoirs définis dans la Charte (art. 8).

La constitutionnalisation de la Charte de l'environnement

La valeur constitutionnelle de la Charte de l'environnement a été affirmée dans les décisions *Commune d'Annecy* et *Loi OGM* respectivement rendues par l'Assemblée du Conseil d'État le 3 octobre 2008 [4] et le Conseil constitutionnel le 19 juin 2008 [5]. Dans cette dernière décision, le juge constitutionnel a d'abord fait référence à la Charte aux côtés de la Constitution. Puis, dans le considérant 18, il en a expressément cité l'article 5 et précisé que « *ces dispositions, comme l'ensemble des droits et devoirs définis dans la Charte de l'environnement, ont valeur constitutionnelle* ». Dans le commentaire de sa décision, le Conseil constitutionnel a par ailleurs ajouté que la loi constitutionnelle du 1er mars 2005 avait « *nécessairement entendu conférer une valeur constitutionnelle à la Charte* ». Par ses décisions du 7 mai 2014 [6] et du

(4) CE, ass., 3 oct. 2008, n° 287931, *Commune d'Annecy*.

(5) Cons. const. 19 juin 2008, n° 2008-564 DC, *Loi relative aux organismes génétiquement modifiés*, AJDA 2008. 1232 ; *ibid.* 1614, note O. Dord ; D. 2009. 1852, obs. V. Bernaud et L. Gay ; *ibid.* 2448, obs. F. G. Trébulle ; RFDA 2008. 1233, chron. A. Roblot-Troizier et T. Rambaud ; Constitutions 2010. 56, obs. A. Levade ; *ibid.* 139, obs. Y. Aguila ; *ibid.* 307, obs. Y. Aguila.

(6) Cons. const. 7 mai 2014, n° 2014-394 QPC, *Société Casuca*, D. 2014. 1039 ; AJDI 2014. 541, obs. C. de Gaudemont.

31 janvier 2020 [7], il a par la suite jugé que cette appréciation devait être étendue au préambule de la Charte et à ses sept considérants.

L'intégration de la Charte dans le contrôle de constitutionnalité

Le Conseil constitutionnel opère une distinction entre les contrôles *a priori* et *a posteriori* des lois. S'agissant du contrôle *a priori*, les sept considérants de principe placés en tête de la Charte ainsi que les dix articles qui la composent sont invocables. S'agissant du contentieux QPC (contrôle *a posteriori*), le juge constitutionnel a reconnu l'invocabilité des articles de la Charte sur lesquels il s'est d'ores et déjà prononcé, à l'exclusion de l'article 6 [8] et de l'ensemble des considérants de principe, aucun de ces sept alinéas « *n'instituant un droit ou une liberté que la Constitution garantit* » [9]. Il a en outre émis une réserve sur l'invocabilité du principe de précaution [10]. Ainsi, toutes les dispositions de la Charte ne sont pas invocables devant les juges de la rue Montpensier dans le cadre du contrôle *a posteriori*. Cette non-invocabilité doit cependant être nuancée, pour n'être, selon toute vraisemblance, parfois que provisoire [11]. Il a ainsi pu être jugé que la méconnaissance du principe de développement durable ne peut « en elle-même » être invoquée à l'appui d'une QPC. La plus large partie de la doctrine plaide cependant pour que toutes les normes sans exception contenues dans la Charte puissent être invoquées.

Parmi les dispositions dont il reconnaît l'invocabilité, certaines fondent plus de décisions que d'autres. L'article 7 de la Charte, qui consacre le droit à l'information et à la participation du public, semble être la disposition la plus invoquée au soutien d'une QPC [12]. Le Conseil constitutionnel a ainsi pu notamment circonscrire la notion de « *décision publique ayant une incidence sur l'environnement* » au sens de ce texte.

Réciproquement, il s'est très peu saisi du principe de précaution [13] pourtant très couramment manié par les juridictions administratives [14].

La protection de l'environnement comme objectif de valeur constitutionnelle

Saisi d'une question prioritaire sur certaines des dispositions de la loi du 30 octobre 2018 dite loi Égalim, le Conseil constitutionnel a, par décision QPC nº 2019-823 du 31 janvier 2020 [15], jugé que la protection de l'environnement, « *patrimoine commun des humains* », constitue un objectif de valeur constitutionnelle. S'appuyant sur le préambule de la Charte de l'environnement, le juge constitutionnel a énoncé que « *l'avenir et l'existence même de l'humanité sont indissociables de son milieu naturel* », que « *l'environnement est le patrimoine commun des êtres humains* » et que « *la*

(7) Cons. const. 31 janv. 2020, nº 2019-823 QPC, *Union des industries de la protection des plantes*, AJDA 2020. 264 ; *ibid*. 1126 ; *ibid*. 425, tribune V. Goesel-Le Bihan, note F. Savonitto ; D. 2020. 1159, et les obs., note B. Parance et S. Mabile ; *ibid*. 1012, obs. V. Monteillet et G. Leray ; *ibid*. 1761, obs. N. Reboul-Maupin et Y. Strickler ; *ibid*. 1970, obs. L. d'Avout, S. Bollée et E. Farnoux ; *ibid*. 2021. 1308, obs. E. Debaets et N. Jacquinot ; AJCT 2020. 340, étude G. Bailly ; RFDA 2020. 501, chron. A. Roblot-Troizier ; Constitutions 2019. 594, Décision.

(8) Cons. const. 23 nov. 2012, nº 2012-283 QPC, AJDA 2012. 2246 ; D. 2012. 2743 ; *ibid*. 2014. 104, obs. F. G. Trébulle, rappelée dans sa décision nº 2014-394 QPC.

(9) Cons. const. 7 mai 2014, nº 2014-394 QPC, préc.

(10) M. Deffairi, *La portée constitutionnelle des dispositions de la Charte de l'environnement*, publications du Conseil constitutionnel, nº 8, avr. 2022.

(11) Cons. const. 18 juin 2012, nº 2012-254 QPC, *Fédération de l'énergie et des mines*.

(12) V. M.-A. Cohendet et M. Fleury, *Droit constitutionnel de la Charte*, RJ envir. 2018. 756.

(13) Le Conseil constitutionnel a émis une réserve sur l'invocabilité du principe de précaution dans son contrôle *a posteriori* ; J. Bétaille, Le principe précaution, un « droit » garanti par la Constitution ?, RFDC 2016. 29 à 60.

(14) CE 6 avr. 2006, nº 283103, *Ligue pour la protection des oiseaux*, AJDA 2006. 1584, chron. C. Landais et F. Lenica ; CE, 4e et 5e sous-sect. réun., 24 sept. 2012, nº 342990, *Valence (Cne)*, Lebon ; AJDA 2012. 1764 ; *ibid*. 2122, note E. Untermaier ; D. 2014. 104, obs. F. G. Trébulle ; AJCT 2013. 57, obs. M. Moliner-Dubost ; RFDA 2013. 367, chron. C. Mayeur-Carpentier, L. Clément-Wilz et F. Martucci ; Constitutions 2012. 651, obs. N. Huten ; RTD eur. 2013. 880, obs. A. Bouveresse ; CE, ass., 12 avr. 2013, nº 342409, *Association coordination interrégionale Stop THT et autres, Association coordination interrégionale stop THT*, Lebon ; AJDA 2013. 767 ; *ibid*. 1046, chron. X. Domino et A. Bretonneau ; D. 2013. 1008, obs. E. Royer ; *ibid*. 2014. 104, obs. F. G. Trébulle ; AJDI 2013. 531, obs. S. Gilbert ; *ibid*. 2014. 16, étude S. Gilbert ; RDI 2013. 305, obs. A. Van Lang ; AJCT 2013. 421, obs. M. Moliner-Dubost ; RFDA 2013. 610, concl. A. Lallet ; *ibid*. 891, chron. C. Santulli ; *ibid*. 1061, étude M. Canedo-Paris ; *ibid*. 1231, chron. C. Mayeur-Carpentier, L. Clément-Wilz et F. Martucci ; Constitutions 2013. 261, obs. E. Carpentier ; RTD eur. 2013. 880, obs. A. Bouveresse.

(15) Cons. const. 31 janv. 2020, nº 2019-823 QPC, préc.

préservation de l'environnement doit être recherchée au même titre que les autres intérêts fondamentaux de la Nation ». Pour le Conseil, il en découle que le législateur doit assurer la conciliation des objectifs de valeur constitutionnelle de protection de l'environnement et de la santé [16] avec l'exercice de la liberté d'entreprendre qui découle pour sa part de l'article 4 de la Déclaration des droits de l'homme et du citoyen. C'est qu'en effet la protection de l'environnement n'est pas un droit absolu et doit être conciliée avec d'autres exigences, ainsi qu'il résulte des termes mêmes du préambule de la Charte (« *La préservation de l'environnement doit être recherchée au même titre que les autres intérêts de la Nation* ») et de son article 6 (« *Les politiques publiques doivent promouvoir un développement durable. À cet effet, elles concilient la protection et la mise en valeur de l'environnement, le développement économique et le progrès social* »).

La reconnaissance d'un droit des générations futures

Par sa décision n° 2022-843 DC du 12 août 2022 [17], le Conseil constitutionnel s'est prononcé sur des dispositions de la loi portant mesures d'urgence pour la protection du pouvoir d'achat. Étaient notamment contestés l'article 29 de la loi déférée, relatif au régime de maintien en exploitation d'un terminal méthanier flottant, ainsi que son article 30 prévoyant les règles de procédure applicables au projet d'installation d'un terminal méthanier flottant sur le site portuaire du Havre. À cette occasion, par une réserve d'interprétation, le Conseil constitutionnel juge qu'il résulte du préambule de la Charte de l'environnement que la préservation de l'environnement « *doit être recherchée au même titre que les autres intérêts fondamentaux de la Nation et que les choix destinés à répondre aux besoins du présent ne doivent pas compromettre la capacité des générations futures à satisfaire leurs propres besoins* ». La référence aux générations futures sera reprise un an plus tard. Par sa décision n° 2023-1066 du 27 octobre 2023, le Conseil constitutionnel, se fondant sur l'article premier de la Charte de l'environnement éclairé par le septième alinéa de son préambule, décide en effet que « *lorsqu'il adopte des mesures susceptibles de porter une atteinte grave et durable à un environnement équilibré et respectueux de la santé, le législateur doit veiller à ce que les choix destinés à répondre aux besoins du présent ne compromettent pas la capacité des générations futures et des autres peuples à satisfaire leurs propres besoins, en préservant leur liberté de choix à cet égard* » [18]. Le Conseil constitutionnel a ainsi défini le rôle que le législateur doit jouer dans cette interprétation dynamique de l'article 1er, combiné à l'alinéa 7 du préambule de la Charte, s'agissant de la protection des générations futures. Il a également précisé le contrôle de proportionnalité auquel celui-ci doit se livrer. En prolongeant ce qu'il avait énoncé dans sa décision du 10 décembre 2020 [19], le juge constitutionnel a précisé que les limitations imposées par le législateur à l'exercice du droit de vivre dans un environnement équilibré et respectueux de la santé « *ne peuvent être justifiées que par des exigences constitutionnelles ou des motifs d'intérêt général, et doivent être proportionnées à l'objectif poursuivi* ». Pour autant, cette décision n'est pas sans soulever d'importantes interrogations au regard de la définition des notions employées. Il appartiendra ainsi au juge constitutionnel de préciser ce qu'est une atteinte durable ou encore d'apprécier les conditions tenant à la réversibilité de l'atteinte [20].

(16) Le droit à la protection de la santé est un objectif à valeur constitutionnelle reconnu par la décision Cons. const. 16 mai 2012, n° 2012-248 QPC, AJDA 2012. 1036 ; D. 2013. 1235, obs. REGINE ; *ibid.* 1436, obs. F. Granet-Lambrechts ; AJ fam. 2012. 406, obs. F. Chénedé ; RDSS 2012. 750, note D. Roman ; RTD civ. 2012. 520, obs. J. Hauser.

(17) Cons. const. 12 août 2022, n° 2022-843 DC, *Loi portant mesures d'urgence pour la protection du pouvoir d'achat*, AJDA 2022. 1655 ; D. 2022. 2140, et les obs., note N. Lenoir ; *ibid.* 2023. 975, obs. V. Monteillet et G. Leray ; *ibid.* 1235, obs. E. Debaets et N. Jacquinot.

(18) Cons. const. 27 oct. 2023, n° 2023-1066 QPC, *Meuse nature environnement (Assoc.)*, AJDA 2024. 216, note J.-C. Rotoullié ; *ibid.* 2023. 1965 ; D. 2023. 1950, et les obs. ; AJCT 2024. 35, obs. M. Moliner-Dubost.

(19) Cons. const. 10 déc. 2020, n° 2020-809 DC, § 14, *Loi relative aux conditions de mise sur le marché de certains produits phytopharmaceutiques en cas de danger sanitaire pour les betteraves sucrières*, AJDA 2021. 1340, note G. Wernert ; *ibid.* 2020. 2467 ; D. 2021. 1004, obs. G. Leray et V. Monteillet.

(20) Arbitrage et pas de côté. Chronique relative à l'application de la Charte de l'environnement par le Conseil constitutionnel, M. Fleury, M.-A. Cohendet, RJ envir. 2023. 879-891.

Dans le cadre de son contrôle, le Conseil constitutionnel a ainsi progressivement permis à la Charte de l'environnement de déployer une partie de ses effets. Pour autant, différents constats invitent à s'interroger sur l'effectivité des droits environnementaux ainsi reconnus par les juges de la rue Montpensier.

II. L'effectivité des droits environnementaux

La rareté des déclarations de non-conformité

L'ensemble des décisions favorables à la protection constitutionnelle de l'environnement sont des décisions de conformité. Par sa décision QPC précitée du 31 janvier 2020, le Conseil constitutionnel a déclaré conformes les dispositions attaquées de la loi Égalim. Par sa décision n° 2022-843 DC du 12 août 2022, le Conseil constitutionnel a déclaré conformes les dispositions de la loi portant mesures d'urgence pour la protection du pouvoir d'achat et notamment l'article 29 relatif au régime de maintien en exploitation d'un terminal méthanier flottant, ainsi que l'article 30 prévoyant les règles de procédure applicables au projet d'installation d'un terminal méthanier flottant sur le site portuaire du Havre. Par sa décision n° 2023-1066 QPC du 27 octobre 2023, le Conseil constitutionnel a validé la constitutionnalité du stockage en couche géologique profonde des déchets radioactifs. Les deux dernières décisions attestent d'une logique particulière du Conseil constitutionnel qui « *consiste à admettre la violation d'un droit ou d'une liberté pour aussitôt la justifier* » [21]. De fait, la violation en cause n'a, par la suite, pas de réelle incidence sur la décision qui, *in fine*, s'avère de conformité. Si le Conseil constitutionnel enrichit sa jurisprudence, mettant en avant des arguments nouveaux (« le droit des générations futures » en particulier), valorisant le contrôle de constitutionnalité de la Charte, il donne dans le même temps « *une assise constitutionnelle aux atteintes qui lui sont portées* » [22]. Et pourtant, on peut légitimement se demander si l'urgence née du contexte écologique ne devrait pas justifier une interprétation moins neutralisante des dispositions constitutionnelles de la Charte.

Les atermoiements du pouvoir constituant

Plusieurs tentatives d'incorporation de la Charte de l'environnement dans le corps du texte de la Constitution ont échoué [23]. En dernier lieu, le projet de loi constitutionnelle du 20 janvier 2021, reprenant la proposition de la convention citoyenne pour le climat et devant être soumis à référendum, a finalement été abandonné en juillet 2021, faute d'accord des deux assemblées sur le texte. La modification de l'article 1er de la Constitution, en particulier, a fait l'objet de nombreux débats puisqu'en première lecture, alors que l'Assemblée nationale avait adopté les termes du projet selon lesquels « *la République garantit la préservation de l'environnement et de la diversité biologique et lutte contre le dérèglement climatique* », le Sénat a souhaité restreindre cette disposition en adoptant la formulation suivante : « *[La République] préserve l'environnement ainsi que la diversité biologique et [agit] contre le dérèglement climatique, dans les conditions prévues par la Charte de l'environnement de 2004* ». En seconde lecture, un nouveau débat s'est ouvert sur la question de savoir si la formulation devait inclure le verbe « *garantit* » selon la version de l'Assemblée nationale (plus

(21) I. Boucobza et P. Rrapi, À propos de la décision n° 2023-1066 QPC du 27 oct. 2023, https://questions-constitutionnelles.fr/le-message-du-conseil-constitutionnel-aux-generations-futures-a-nous-la-souverainete-energetique-a-vous-les-dechets-nucleaires/.

(22) *Ibid.*

(23) Projet de loi constitutionnelle pour une démocratie plus représentative, responsable et efficace du 9 mai 2018, projet de loi de révision constitutionnelle pour un renouveau de la vie démocratique du 29 août 2019.

contraignant selon le Conseil d'État [24]) ou seulement le verbe « *agit* », selon la version du Sénat. L'absence d'adoption d'un texte dans les mêmes termes a mis fin à la possibilité de modifier le corps du texte de la Constitution pour y inclure la protection de l'environnement. Différentes considérations peuvent expliquer cette apparente frilosité.

D'abord, la croyance erronée selon laquelle la constitutionnalisation progressive du droit de l'environnement en ferait un droit absolu. Celui-ci doit toujours en effet être concilié avec d'autres droits fondamentaux et ne saurait constituer le seul critère décisionnel. Cette nécessaire conciliation est d'ailleurs expressément prévue par le texte même de Charte (6e considérant et art. 6).

Ensuite, l'idée selon laquelle ne pourrait être constitutionnalisé un droit en perpétuelle mouvance. La matière environnementale est en effet largement tournée vers l'avenir et fondée sur des anticipations et des prévisions, par hypothèse incertaines. L'objectivé conduit à faire état de la réflexion de M. Al Gore dans son discours d'acceptation du prix Nobel de la paix en 2007 : « *Le 21 septembre dernier, alors que l'hémisphère nord s'éloignait du soleil, des scientifiques ont rapporté avec une détresse sans précédent que la calotte glaciaire du pôle Nord "tombait d'une falaise". Une étude estime qu'elle pourrait disparaître complètement en été en moins de 22 ans. Une autre nouvelle étude, qui sera présentée par des chercheurs de la marine américaine plus tard cette semaine, prévient que cela pourrait se produire d'ici sept ans seulement. Dans sept ans.* » [25]

Or, bien que réduite, il semble que la calotte glaciaire du pôle Nord n'aura pas disparu à l'été 2029. Ces incertitudes ont d'ailleurs logiquement été prises en compte par le Conseil constitutionnel, qui s'est régulièrement fondé sur « *l'état des connaissances* » pour justifier une relative prudence de sa part [26]. Le Conseil d'État statue dans le même sens [27]. Le Conseil constitutionnel applique, là également, sa jurisprudence classique suivant laquelle il ne dispose pas du pouvoir général d'appréciation et de décision de même nature que celui du Parlement, si bien qu'il ne doit pas substituer son appréciation à celle du législateur [28].

Enfin, la dernière explication tient sans doute également à la lassitude ressentie devant une « *substitution de l'action par la phrase* » [29], certains estimant que « *la rédaction d'un nouveau texte ne pourra jamais être la solution efficace au manque d'action publique* » [30].

La non-consécration du principe de non-régression [31]

Le principe de non-régression emprunte au mécanisme de l'effet cliquet. Tel que défini au 9° du II de l'article L. 110-1 du code de l'environnement, il prévoit que la protection de l'environnement ne peut faire l'objet que d'une amélioration constante, compte tenu des connaissances scientifiques. De nombreux universitaires ont œuvré en faveur de sa consécration, faisant en particulier valoir que l'article 2 de la Charte impose à tous, et donc au législateur,

(24) Pour lequel « *le projet imposerait aux pouvoirs publics une quasi-obligation de résultat* » (CE, avis, 14 janv. 2021, n° 401868, AJDA 2021. 1140, étude N. Pauthe).

(25) https://perspective.usherbrooke.ca/bilan/servlet/BMDictionnaire/1884 : « *Last September 21, as the Northern Hemisphere tilted away from the sun, scientists reported with unprecedented distress that the North Polar ice cap is "falling off a cliff." One study estimated that it could be completely gone during summer in less than 22 years. Another new study, to be presented by U.S. Navy researchers later this week, warns it could happen in as little as 7 years. Seven years from now* ».

(26) Cons. const. 4 août 2016, n° 2016-737 DC, cons. 38, AJDA 2016. 1605 ; Constitutions 2016. 487, chron. K. Foucher ; 25 oct. 2018, n° 2018-771 DC, cons. 17, AJDA 2018. 2107 ; 27 oct. 2023, n° 2023-1066 QPC, préc., cons. 11.

(27) CE 1er déc. 2023, n° 467.331, Lebon.

(28) Cons. const. 23 nov. 2012, n° 2012-282 QPC, cons. 8, *Association France nature environnement*, AJDA 2012. 22462012-282 QPC ; D. 2012. 2743 ; *ibid.* 2014. 104, obs. F. G. Trébulle.

(29) S. Sayedoff, *La tentative échouée de l'inscription de la protection de l'environnement dans le texte constitutionnel : rencontre entre juridique et linguistique*, LPA janv. 2022, p. 22, spéc. p. 23.

(30) S. Sayedoff, préc., p. 24 ; v. J. Bétaille, Inscrire le climat dans la Constitution : une fausse bonne idée pour de vrais problèmes, Dr. envir. 2018, n° 266, p. 130.

(31) Y. Aguila *et a*, Pour une consécration constitutionnelle du principe de non-régression, JCP 2020, n° 47.

« *le devoir de participer à la préservation et à l'amélioration de l'environnement* » [32]. Il a fait d'ores et déjà l'objet d'une consécration par le Conseil d'État [33] qui en a néanmoins circonscrit les effets puisqu'il n'est « *pas invocable lorsque le législateur a entendu en écarter l'application dans un domaine particulier ou lorsqu'il a institué un régime protecteur de l'environnement et confié au pouvoir réglementaire le soin de préciser les conditions de mise en œuvre de dérogations qu'il a lui-même prévues à ce régime* » [34]. Le Conseil constitutionnel s'est jusqu'alors refusé à lui donner une consécration constitutionnelle.

Le bénéfice à retirer de la consécration du principe de fraternité ?

Par décision du 11 juillet 2018 [35], le Conseil constitutionnel a déduit de la reconnaissance du principe constitutionnel de fraternité la liberté « *d'aider autrui, dans un but humanitaire sans considération de régularité de son séjour sur le territoire national* ». Selon un auteur [36], « *le principe de fraternité pourrait justifier la promotion d'une nouvelle conception du vivre ensemble à travers l'affirmation d'un principe de solidarité environnementale* ». Souhaitons que la prise en compte du droit des générations futures par le Conseil constitutionnel soit une première étape dans l'affirmation de cette exigence de fraternité.

***

La nécessité de maintenir les consciences éveillées

« *Je fais un rêve qui revient souvent. On est dans une maison, il y a une fête, on mange. Et puis, tout à coup, je sens la fumée. Je me dis : "Il y a le feu !" Je regarde autour de moi et je vois que personne ne réagit. Je m'alarme : "C'est grave, la maison flambe et personne ne réagit." Comme disait Jacques Chirac, il ne faut pas cesser de dire aux gens que la maison brûle, même si pour le moment ils continuent de regarder ailleurs.* » [37]

(32) V. la contribution extérieure présentée par quinze universitaires dans l'affaire 2020-809 DC mise en avant par M. Deffairi, La portée constitutionnelle des dispositions de la Charte de l'environnement, publications du Conseil constitutionnel, n° 8, avr. 2022.

(33) CE 8 déc. 2017, n° 404391, Lebon ; AJDA 2017. 2438 ; CE 26 juin 2019, n° 415426, Lebon ; AJDA 2019. 1370 ; AJCT 2020. 109, tribune A.-S. Denolle ; CE 24 juill. 2019, n° 425973, Lebon ; AJDA 2019. 1609 ; CE 25 sept. 2019, n° 427145, Lebon ; AJDA 2019. 1903 ; D. 2020. 1012, obs. V. Monteillet et G. Leray ; CE 9 oct. 2019, n° 420804, Lebon ; AJDA 2019. 2025 ; D. 2020. 1012, obs. V. Monteillet et G. Leray.

(34) CE 27 mars 2023, n° 463186, cons. 14, *Réseau « sortir du nucléaire » (Assoc.)*, Lebon ; AJDA 2023. 593.

(35) Cons. const. 6 juill. 2018, n° 2018-717/718, *M. Cédric H. et autre*.

(36) M.-A. Cohendet et M. Fleury, *Droit constitutionnel de la Charte*, RJ envir. 4/2018.

(37) H. Reeves, [entretiens avec Sophie Lhuillier], *Je chemine avec Hubert Reeves*, Seuil, 2019, p. 59-60.

La raison impérative d'intérêt public majeur des projets d'installations de production d'énergies renouvelables soumis à dérogation « espèces protégées »

Denis de La Burgade

Docteur en droit, avocat au Conseil d'État
et à la Cour de cassation

Formule reprise fidèlement du droit de l'Union européenne, la raison impérative d'intérêt public majeur, le plus souvent désignée sous l'acronyme RIIPM, ne lasse pas de troubler.

Elle agglomère deux expressions, où l'« intérêt public majeur » vient, de façon pléonastique, accentuer la « raison impérative » [1]. Pour autant, il n'y a pas forcément deux composantes à distinguer, le Conseil d'État usant d'ailleurs d'une synecdoque (c'est-à-dire figure de rhétorique qui consiste notamment à prendre une partie pour le tout) en mentionnant indifféremment l'une et l'autre des deux expressions dans ses décisions pour viser la RIIPM [2].

La formule désigne avant tout une notion fonctionnelle, qui conditionne l'octroi de la dérogation « espèces protégées » que les projets d'installations de production d'énergie peuvent parfois nécessiter pour être autorisés. L'existence d'une RIIPM va notamment permettre de déroger à l'interdiction de destruction des espèces protégées (animales ou végétales) et/ou de leurs habitats.

Le législateur a, toutefois, fait récemment le choix de rendre la RIIPM automatique pour différents projets d'installations de production d'énergies renouvelables ou EnR – c'est-à-dire énergie produite à partir de sources non fossiles renouvelables, comme le précise l'article L. 211-2 du code de l'énergie depuis 2021 – afin d'en faciliter l'accélération.

Alors qu'elle était devenue, à l'épreuve du contentieux, une condition déterminante de la dérogation « espèces protégées » (**I**), la RIIPM est désormais, avec la loi n° 2023-175 du 10 mars 2023, JO 11 mars 2023 [3], tenue pour acquise s'agissant des projets EnR, à la faveur d'une présomption qui défie le principe de l'interdiction de destruction des espèces protégées (**II**).

(1) V. not. R. Radiguet, note sous CE 3 juin 2020, n° 425395, *Ministre de la Transition écologique et solidaire*, Lebon ; AJDA 2020. 1999 ; D. 2021. 1004, obs. G. Leray et V. Monteillet ; EEI 2020/10, n° 32.

(2) V. not. O. Fuchs, concl. sur CE 3 juin 2020, n°s 425395, 425399, 425425, préc.

(3) V. not. J.-C. Rotoullié, La loi n° 2023-175 du 10 mars 2023 relative à l'accélération de la production d'énergies renouvelables, RDI 2023. 268.

I. Une condition éprouvée de la dérogation « espèces protégées »

La RIIPM jaillit au détour d'une disposition du code de l'environnement, sous la forme d'un motif « balai » à l'occasion d'une transposition littérale du droit de l'Union européenne (**A**). Au fil du temps, elle s'est révélée comme un motif déterminant de l'octroi de la dérogation « espèces protégées » (**B**).

A. Un motif « balai »

Le code de l'environnement, à son article L. 411-1, interdit toute atteinte aux espèces animales non domestiques ou végétales non cultivées ainsi que la destruction, l'altération ou la dégradation d'habitats naturels ou des habitats de ces espèces, lorsqu'un intérêt scientifique particulier, le rôle essentiel dans l'écosystème ou les nécessités de la préservation du patrimoine naturel justifient leur conservation.

Le principe d'interdiction est fondé sur le caractère irréversible des atteintes qu'il prévient [4]. Il admet néanmoins des dérogations – à interpréter strictement, comme toute dérogation – notamment en application du 4° du I de l'article L. 411-2 du même code, si trois conditions distinctes et cumulatives – comme le Conseil d'État l'a jugé [5] – sont réunies :

- les deux premières conditions – négatives – consistent, d'une part, en l'absence d'une autre solution alternative au projet envisagé, d'autre part, en l'absence de nuisance au maintien, dans un état de conservation favorable, des populations des espèces concernées dans leur aire de répartition naturelle ;

- la troisième condition – positive – réside dans la satisfaction de l'un des cinq motifs limitativement énumérés, dont ceux énoncés au c), à savoir « *l'intérêt de la santé et de la sécurité publiques* » ou « *d'autres raisons impérieuses d'intérêt public majeur, y compris de nature sociale ou économique* ».

La RIIPM est ainsi entrée en 2006 dans le code de l'environnement à la faveur d'« *une sorte de disposition "balai"* » [6], qui transpose en droit interne l'article 16 de la directive « Habitats » 92/43/CEE du Conseil du 21 mai 1992 concernant la conservation des habitats naturels ainsi que de la faune et de la flore sauvages (JOUE, 22 juill. 1992).

Spontanément générale et imprécise, la RIIPM laisse à penser qu'elle va faire la pesée entre des intérêts contradictoires, qu'elle va arbitrer entre les impératifs économiques et les enjeux environnementaux, entre la densité économique ou sociale d'un projet et l'ampleur de ses atteintes potentielles à la biodiversité. D'autant que la raison impérative peut s'entendre intuitivement comme le motif absolu.

Mais en réalité, la capacité à être mis en balance avec l'objectif de conservation de la biodiversité constitue seulement l'un des critères intrinsèques de l'intérêt public majeur : pour justifier une dérogation « espèces protégées », le projet doit, selon la formulation retenue par la Cour de justice de l'Union européenne [7] et reprise

(4) V. not. J. Burguburu, concl. sur CE 25 mai 2018, n° 413267, *PCE (Sté)*, Lebon ; AJDA 2018. 1062.

(5) V. not. CE 9 oct. 2013, n° 366803, *SEM Nièvre aménagement* ; CE 30 déc. 2015, n° 371748, *Ministre de l'Écologie, du développement durable et de l'énergie* ; ou encore CE 24 juill. 2019, *société PCE et autres*, Lebon.

(6) O. Fuchs, concl. sur CE 3 juin 2020, préc.

(7) V. not. CJUE 16 févr. 2012, aff. C-182/10, §§. 73-77, *S. c/ Région Wallonne*, RFDA 2012. 961, chron. C. Mayeur-Carpentier, L. Clément-Wilz et F. Martucci ; RTD eur. 2015. 226, obs. E. Saulnier-Cassia ; ou encore CJUE 29 juill. 2019, aff. C-411/17, § 155, *Inter-Environnement Wallonie ASBL c/ Conseil des ministres*, AJDA 2019. 2291, chron. P. Bonneville, C. Gänser et S. Markarian.

par le Conseil d'État [8], présenter un intérêt tout à la fois public et majeur, ce qui implique qu'il présente une importance telle qu'il peut être mis en balance avec l'objectif de conservation de la biodiversité. Ce n'est qu'une fois en présence de cet intérêt public majeur que le projet peut, eu égard aux atteintes qu'il porte aux espèces protégées, être autorisé s'il n'existe pas d'autre solution satisfaisante et si la dérogation ne nuit pas au maintien, dans un état de conservation favorable, des populations des espèces concernées dans leur aire de répartition naturelle.

B. Un motif déterminant

La RIIPM est peu ou prou devenue le fondement principal des demandes de dérogation « espèces protégées » [9]. Mais la RIIPM, « c'est pas automatique » ; et la contestation de son existence dans les projets d'installations de production d'énergie a débouché sur une œuvre jurisprudentielle en mouvement. D'aucuns y ont vu jusqu'à une « *forteresse environnementale* » [10] comme si la RIIPM était imprenable. La barre est haute [11], car il s'agit d'organiser une dérogation ; elle n'est cependant pas infranchissable.

Peut-être l'appréciation de la RIIPM, pour le juge administratif en charge d'en contrôler l'existence, n'est-elle pas toujours aisée. Il est vrai que cette appréciation laisse place nécessairement à une approche casuistique, projet par projet, « *sans faire découler la qualification* [de RIIPM] *de la seule nature de l'installation, y compris pour celles destinées à la production d'énergie renouvelable* » [12].

Pour autant, la jurisprudence a balisé le cadre d'analyse, de sorte que celui-ci est connu : d'une façon générale, un projet, même s'il émane d'une personne privée, peut revêtir un intérêt public majeur ou supérieur s'il met en œuvre de façon spécifique une politique publique d'ampleur. Le projet n'a pas forcément besoin d'être exceptionnel ou absolument indispensable.

En matière d'installations de production d'EnR, Nicolas Agnoux rappelait dans ses conclusions inédites [13] sur la décision du Conseil d'État *association NENY et autre* n° 443420 du 29 juillet 2022, qu'il ne s'agit pas simplement de constater *in abstracto* que le projet serait susceptible, du fait de son interconnexion, de contribuer à un objectif général d'approvisionnement électrique ou de développement des énergies renouvelables, mais il s'agit de vérifier *in concreto* que le projet est de nature à constituer une partie intégrante et significative d'un objectif national ou, à défaut, à participer de façon déterminante d'un objectif propre défini à une plus petite échelle [14].

La RIIPM fait figure, à première vue, de « *jeune notion* » [15]. Mais à bien y regarder, l'intérêt public majeur érigé au rang de raison impérieuse n'est qu'une occurrence parmi d'autres de l'intérêt général à faire prévaloir [16] : à l'instar de l'intérêt

(8) V. not. CE 3 juin 2020, préc.

(9) V. C. Giordano, L'appréciation de l'« *intérêt public majeur* » d'un projet portant atteinte à des espèces et/ou habitats protégés, JCP A 2022, n° 2146.

(10) D. Guinard, La raison impérative d'intérêt public majeur, forteresse environnementale bâtie sur du sable (mouvant ?), JCP A 2022, n° 2147, note sous CE 30 déc. 2021, n° 439766, *Sablière de Millières (Sté)*, Lebon ; AJDA 2022. 14.

(11) Pour reprendre les mots d'Olivier Fuchs, dans ses conclusions sur CE 17 déc. 2020, n° 439201, *association Natur'Jalles et autres*.

(12) N. Agnoux, concl. sur CE 29 juill. 2022, n° 443420, *association Non aux éoliennes entre Noirmoutier et Yeu et autre*, Lebon ; AJDA 2022. 1590.

(13) Consultables sur ArianeWeb

(14) V. par ex. CE 15 avr. 2021, n° 430500, *Société pour la protection des paysages et de l'esthétique de la France*, Lebon ; AJDA 2021. 833 ; ou encore CE 28 déc. 2022, n° 447339, *association « Sans offshore à l'horizon » et autres*, Lebon 876. *A contrario* : CE 15 avr. 2021, n° 432158, *Ministre de la Transition écologique et solidaire c/ association FNE Midi-Pyrénées et autres* ; ou encore CE 10 mars 2022, n°s 439784, 439786, *Ministre de la Transition écologique et solidaire c/ association Sauvegarde des Avant-Monts*.

(15) V. not. D. Guinard, Nouvelles récentes d'une jeune notion en droit administratif : à propos des caractéristiques de la raison impérative d'intérêt public majeur, *in* N. Kada (dir.), *Droit et climat. Interventions publiques locales et mobilisations citoyennes*, Dalloz, 2022. 13-27.

(16) V. not. M. Deguergue, Intérêt général et intérêt public : tentative de distinction, *in Mélanges en l'honneur de Didier Truchet*, Dalloz, 2015. 131-142.

général (*c'est-à-dire* étymologiquement, ce qui importe à l'ensemble), elle sert à ajuster le curseur entre le « *temple de la consommation* » et une « *nature sanctuarisée* » [17]. La dérogation « espèces protégées » est à ce prix, si l'interdiction de destruction posée à l'article L. 411-1 du code de l'environnement a encore un sens.

II. Une présomption défiant l'interdiction de destruction des espèces protégées

Depuis la promulgation de la loi n° 2023-175 du 10 mars 2023, la RIIPM n'est plus à démontrer pour les projets d'installations de production d'EnR. La démonstration s'efface au profit d'une présomption. Mais la simplification qui en résulte *a priori* (**A**), n'est pas sans questionner le principe de l'interdiction de destruction des espèces protégées (**B**).

A. Une simplification conjecturée

C'est l'article 19 de la loi n° 2023-175 du 10 mars 2023 qui insère un nouvel article L. 411-2-1 au sein du code de l'environnement, lequel dispose que « *sont réputés répondre à une raison impérative d'intérêt public majeur, au sens du c du 4° du I de l'article L. 411-2 du présent code, les projets d'installations de production d'énergies renouvelables ou de stockage d'énergie dans le système électrique satisfaisant aux conditions prévues à l'article L. 211-2-1 du code de l'énergie* » [18]. Le même article 19 insère également au sein du code de l'énergie l'article L. 211-2-1 qui énonce la nature des conditions à remplir (type de source d'énergie renouvelable, puissance prévisionnelle totale de l'installation projetée et contribution globale attendue des installations de puissance similaire à la réalisation des objectifs fixés) – définies par décret en Conseil d'État [19] – pour être réputé répondre à une RIIPM de nature à justifier la délivrance d'une dérogation « espèces protégées ».

Sans modifier le libellé de l'article L. 411-2 du code de l'environnement, la loi n° 2023-175 du 10 mars 2023 vient ainsi le nuancer immédiatement après, en instaurant, à l'article L. 411-2-1, une présomption de RIIPM pour les projets EnR concernés [20]. Autrement dit, il n'est plus besoin d'en justifier : par principe, « *les énergies renouvelables sont ainsi d'intérêt public majeur* » [21].

La présomption de RIIPM qui figurait à l'article 4 du projet de loi, n'allait pas de soi. Le Conseil national de la protection de la nature, dans son avis unanimement défavorable du 16 septembre 2022 sur le projet de loi [22], y voyait quand même une « *sérieuse régression environnementale* ». Supprimée lors des travaux en commission à l'Assemblée nationale [23], la présomption fut finalement réintroduite en séance et adoptée.

Mais la loi – promulguée dans un contexte d'urgence climatique – s'aligne sur le plan REPowerEU présenté par la Commission européenne le 18 mai 2022 et sur le règlement (UE) 2022/2577 du 22 décembre 2022 établissant un cadre en

(17) C.-M. Alves, Nature sanctuarisée ou temple de la consommation ? Le Conseil d'État se fait sa religion [note sous CE 24 juill. 2019, *société PCE*, n° 414353], AJDA 2020. 576.

(18) Depuis lors, l'article 12 de la loi n° 2023-491 du 22 juin 2023 relative à l'accélération des procédures liées à la construction de nouvelles installations nucléaires à proximité des sites nucléaires existants et au fonctionnement des installations existantes (JO 23 juin 2023), a institué une présomption similaire pour la réalisation d'un réacteur électronucléaire.

(19) Le décret n° 2023-1366 du 28 déc. 2023, JO 30 déc. 2023, a fixé les seuils de puissance au-delà desquels les projets EnR sont réputés répondre à une RIIPM.

(20) V. not. D. Guinard, La présomption de raison impérative d'intérêt public majeur des EnR, JCP A 2023, n° 2130.

(21) M. Verpeaux, L'accélération de la production des énergies renouvelables devant le Conseil constitutionnel, JCP 2023, n° 405.

(22) V. CNPN, délibération n° 2022-38 du 16 sept. 2022, avis relatif au projet de loi relatif à l'accélération des énergies renouvelables.

(23) V. not. H. Alphandari et E. Bothorel, Rapport n° 526 sur le projet de la loi, t. I, AN 16e lég., 26 nov. 2022 ; et le CR de la séance du 14 déc. 2022 sur l'article 4 précédemment réservé.

vue d'accélérer le déploiement des énergies renouvelables (JOUE, 29 déc. 2022) qui prescrivait, au 1 de son article 3, une présomption d'intérêt public supérieur (et de l'intérêt de la santé et de la sécurité publiques) pour toute planification, construction et exploitation d'installations de production d'énergie à partir de sources renouvelables.

Saisi de l'article 19 de la loi, le Conseil constitutionnel l'a validé dans sa décision 2023-848 DC du 9 mars 2023 [24]. Il a notamment considéré que le nouvel article L. 411-2-1 ne méconnait ni les dispositions de la Charte de l'environnement, ni le droit à un procès équitable ou encore à un recours juridictionnel. Bien qu'invité à le faire, le cas échéant sous la forme d'une réserve d'interprétation [25], il n'a pas précisé si la présomption ainsi instituée était simple ou irréfragable, alors que le règlement (UE) 2022/2577 du 22 décembre 2022 n'envisageait expressément que l'introduction d'une « *présomption simple* » pour les projets dans le domaine des énergies renouvelables [26]. Le libellé de la décision du Conseil constitutionnel ne semble, en définitive, laisser que peu de doute sur le caractère quasi irréfragable de la présomption, à partir du moment où le projet EnR répond aux critères du code de l'énergie.

De la sorte, sous couvert de simplification, l'accélération de la production d'EnR a eu raison de la RIIPM, perçue comme un obstacle à lever qui retarderait le déploiement des projets EnR.

B. Une simplification questionnée

L'institution d'une présomption légale de RIIPM ne change peut-être pas grand-chose pour les projets EnR concernés, d'après certains commentateurs qui n'y décèlent aucun bouleversement du droit positif [27].

Il est vrai que, dans son avis rendu public n° 405732 des 15 et 22 septembre 2022 sur le projet de loi relatif à l'accélération des énergies renouvelables [28], le Conseil d'État avait reconnu qu'« *au regard des critères dégagés par la jurisprudence, ceux prévus par le projet de loi, à savoir le type de source renouvelable et la puissance prévisionnelle totale de l'installation projetée, eu égard à la contribution globale attendue des installations de puissance similaire à la réalisation des objectifs pour cette source d'énergie, compte tenu des volets pertinents de la programmation pluriannuelle de l'énergie (PPE), permettent de présumer cette qualification* » d'opération répondant à une RIIPM (pt 14).

Reste que la présomption de RIIPM, pour les projets EnR qu'elle concerne, revient à supprimer un point de vigilance pour déroger à l'interdiction de principe de destruction des espèces protégées. À moins qu'il ne s'agisse que d'une présomption simple et réfragable, ce qui pourrait inciter les porteurs de projet EnR à justifier de l'intérêt public majeur même si le projet peut se prévaloir de cette présomption.

La RIIPM est un point de vigilance d'autant plus significatif que son appréciation relève en cassation d'un contrôle de qualification juridique [29], à l'instar de

(24) V. cons. 20-31.

(25) V. not. la contribution extérieure de FNE.

(26) V. cons. 8 : « *L'une des mesures temporaires consiste à introduire une présomption simple selon laquelle les projets dans le domaine des énergies renouvelables relèvent de l'intérêt public supérieur et de l'intérêt de la santé et de la sécurité publiques aux fins de la législation environnementale pertinente de l'Union, sauf lorsqu'il est clairement établi que ces projets ont des incidences négatives majeures sur l'environnement qui ne peuvent être atténuées ou compensées.* »

(27) V. D. Guinard, La présomption de raison impérative d'intérêt public majeur des EnR, JCP A 2023, n° 2130 : « *La loi EnR ou la promotion législative de normes jurisprudentielles : un (quasi) non-bouleversement du droit positif* ».

(28) Consultable sur ConsiliaWeb.

(29) V. CE 24 juill. 2019, n° 414353, *PCE (Sté)*, Lebon ; AJDA 2020. 576, note Carlos-Manuel Alves ; *ibid.* 2019. 1605 ; D. 2020. 1012, obs. V. Monteillet et G. Leray : « *cette question présente une densité juridique suffisante pour relever en cassation d'un contrôle de qualification juridique des faits* » (S. Hoynck, concl. sur CE 24 juill. 2019, *société PCE et autres*, préc.).

la notion d'intérêt général [30]. En revanche, les deux autres conditions requises pour la dérogation « espèces protégées » – tenant à l'absence d'une autre solution satisfaisante et à l'absence de nuisance au maintien, dans un état de conservation favorable, des populations des espèces concernées dans leur aire de répartition naturelle – ne sont contrôlées en cassation que sous l'angle de la dénaturation des pièces [31]. Le moyen est certes prisé, mais rarement accueilli, pour ne censurer que les aberrations.

Si Stéphane Hoynck a pu proposer dans ses conclusions sur la décision *SPPEF* nº 430500 du 15 avril 2021 (communes aux décisions nºs 430497, 430498 et 432168) de soumettre la condition de l'absence de solutions alternatives satisfaisantes à un contrôle d'erreur de qualification juridique – en soulignant qu'il s'agissait, non pas seulement de prendre position sur l'existence de solutions alternatives, mais plus encore d'évaluer la pertinence de ces solutions alternatives –, il n'a pas été suivi par le Conseil d'État. La proposition paraissait pourtant digne d'intérêt, résultant manifestement d'une réflexion arrivée à maturation, puisque le même rapporteur public avait envisagé, deux ans plus tôt dans ses conclusions sur la décision *société PCE et autres* nº 414353 du 24 juillet 2019, de s'en tenir à un contrôle de dénaturation.

L'institution d'une présomption de RIIPM pourrait inciter à revoir le degré de contrôle en cassation de ces deux dernières conditions de la dérogation « espèces protégées » [32]. Il est vrai que, là où le juge administratif tient dorénavant un rôle décisif comme vigie environnementale, un contrôle un peu plus poussé mériterait d'être envisagé dans les cas où la RIIPM a été rendue automatique par la loi.

(30) V. par ex. pour la notion d'intérêt général de nature à justifier le recours à la procédure de révision simplifiée du PLU : CE 23 oct. 2013, nº 350077, *Crolles (Cne)*, Lebon ; AJDA 2013. 2122 ; RDI 2014. 57, obs. P. Soler-Couteaux.

(31) Comme l'indiquait Nicolas Agnoux dans ses conclusions sur la décision *association NENY et autre* nº 443420 du 29 juillet 2022 : « *ces conditions ne se prêtent, en cassation, qu'à un contrôle de dénaturation. Vous l'avez jugé explicitement au sujet de la condition relative à l'absence d'autre solution satisfaisante par votre décision SPPEF du 15 avril 2021 précitée, fichée sur ce point. Il nous semble que la même approche doit prévaloir en ce qui concerne le maintien des espèces dans un état de conservation favorable, laquelle appelle essentiellement une appréciation très factuelle propre à chaque espèce et ne comporte pas la densité juridique propre à l'appréhension de la RIIPM qui justifierait de votre part un contrôle plus poussé* ».

(32) V. not. D. Guinard, La nature à l'épreuve de la dénaturation : brèves remarques sur l'intensité du contrôle du juge de cassation dans le contentieux de l'interdiction de destruction des espèces protégées, JCP A 2022, nº 2290, note sous CE 29 juill. 2022, *association NENY et autre*.

Le devoir de vigilance environnementale des entreprises et ses cinquante nuances de vert

Marie de Pinieux

Maître de conférences à l'École de droit de la Sorbonne, Université Paris 1 Panthéon-Sorbonne

L**'entreprise, une source de menaces pour l'environnement** – Ici, comme ailleurs, les yeux sont rivés sur la responsabilité climatique de l'entreprise. Les prétoires abondent de requêtes cherchant à la contraindre à réduire ses émissions de gaz à effet de serre (GES) [1] ou encore, à lui imposer de réparer les dommages qui en résultent [2]. Il serait erroné d'y voir une lubie de certaines ONG : sa responsabilité est également recherchée par les États [3] et les industriels [4]. Les associés eux-mêmes n'hésitent plus à déposer des résolutions [5] ou encore à saisir le juge afin que les dirigeants sociaux tiennent davantage compte du changement climatique [6]. Les multiples écrits sur le sujet reflètent également l'intérêt porté par la doctrine à la responsabilité climatique de l'entreprise [7]. Intérêt qui se comprend aisément tant les conséquences découlant du dérèglement du climat sont graves (feux de forêt, augmentation du niveau de la mer, tempêtes, sécheresses, *etc.*) et qu'il y a urgence à agir. Il ne faudrait pour autant pas négliger les autres atteintes à l'environnement que les activités de l'entreprise engendrent. Les *Principes directeurs de l'OCDE à l'intention des entreprises multinationales*, dans leur dernière version, le rappellent. L'entreprise est aussi à l'origine de nombreuses pollutions, contribue à la déforestation, à la dégradation des océans, à une consommation excessive des ressources naturelles, à la production de déchets ou encore, nuit au bien-être animal [8]. Autant de nuances de vert qui s'imposent donc à elle.

(1) V. par exemple, en France, TJ Paris, 6 juill. 2023, n° 22/03403, Rev. sociétés 2023. 793, obs. A. Danis-Fatôme et N. Hoffschir ; aux Pays-Bas, Tribunal de La Haye, *Milieudefensie et al. v. Royal Dutch Shell*, 26 mai 2021, C/09/571932 / HA ZA 19-379.

(2) V. par exemple, en Allemagne, *L. L. v. RWE AG*, à propos de la fonte d'un glacier à laquelle les émissions de l'entreprise RWE participent et des conséquences qui en découlent pour les requérants (https://climatecasechart.com/non-us-case/lliuya-v-rwe-ag/).

(3) V. par exemple, *State of Minesota v. American Petroleum Institute* (https://climatecasechart.com/case/state-v-american-petroleum-institute/).

(4) V. par exemple, *Pacific Coast Federation of Fishermen's Associations, Inc v. Chevron Corp* (ND Cal) 3 :18-cv-07477, Complaint (2018) ; le recours a été introduit par une entreprise de pêche contre des entreprises pétrolières. Elle estime que leurs émissions de GES ont contribué à la prolifération d'une algue sur les côtes, en Californie et dans l'Oregon, empêchant la pêche au crabe.

(5) V. not. E. Schlumberger, Les résolutions climatiques à l'épreuve du droit des sociétés, BJS, n° 6, 2020 ; I. Parachkévova-Racine, Les résolutions climatiques ou les prémices d'un dialogue actionnarial pensé pour l'entreprise durable, BJS 2023 ; I. Urbain-Parleani, Les relations assemblées et organes de direction : les résolutions climatiques, Rev. sociétés 2023. 494.

(6) V. not. M. de Pinieux, T. Duchesne, Vers une meilleure prise en compte de l'environnement et des droits humains par les dirigeants de l'entreprise mondialisée ? Réflexions à partir de l'affaire *ClientEarth v. Shell's board of directors*, EEI janv. 2024.

(7) En France, v. not. A.-M. Ilcheva, *La responsabilité climatique des entreprises*, th. Université Côte d'Azur, 2020 ; G. Leray, Contentieux climatique et devoir de vigilance, Rev. sociétés 2023. 601 ; A. Stevigon, L'émergence de la vigilance climatique, source de contentieux, Revue Internationale de la Compliance et de l'Éthique des Affaires n° 06, 11 déc. 2023, dossier 282 ; à l'étranger, v. not. C. Macchi, *The climate change dimension of Business and Human Rights : the gradual consolidation of a concept of 'Climate Due Diligence', Cambridge University Press*, 2021, vol. 6(1), p. 93-119 ; C. Bright, K. Buhmann, *Risk-Based Due Diligence, Climate Change, Human Rights and the Just Transition, Sustainability 2021, 13, 10454.*

(8) OCDE (2023), *Principes directeurs de l'OCDE à l'intention des entreprises multinationales sur la conduite responsable des entreprises*, Éditions OCDE, Paris, p. 37 s. ; v. M. de Pinieux, La protection de l'environnement et des droits humains dans la version révisée des Principes directeurs de l'OCDE à l'intention des entreprises multinationales sur la conduite responsable des entreprises, EEI, avr. 2024.

La vigilance environnementale, chamboule-tout du droit des sociétés –L'entreprise, sous la pression de la société civile, a d'abord commencé à tenir compte de ces différentes préoccupations au sein de codes éthiques et autres initiatives volontaires (audits, labels, *etc.*), avant qu'une logique plus contraignante ne prenne progressivement le pas sur la précédente. Elle est ainsi devenue débitrice, en France, au titre de l'article L. 225-102-1 du code de commerce, retouché par l'ordonnance nº 2023-1142 du 6 décembre 2023, d'une obligation de *reporting*, laquelle lui impose, entre autres choses, d'indiquer comment elle appréhende les atteintes à l'environnement dans le cadre de ses activités, de celles de ses filiales et de ses relations d'affaires. Ses dirigeants sont également débiteurs d'une obligation de gestion durable dont les articles 1833 du code civil et L. 225-35 du code de commerce constituent les supports. C'est surtout d'une obligation spéciale de vigilance dont l'entreprise – et plus précisément les plus grandes sociétés qui en constituent le principal véhicule juridique – est désormais débitrice au titre de l'article L. 225-102-4 du code de commerce ; obligation qui, si elle ne constitue en réalité que la déclinaison singulière, la version renforcée de l'obligation de vigilance incombant à tout un chacun au titre des articles 1240 et 1241 du code civil [9], n'en a pas moins déjà fait couler beaucoup – trop ? – d'encre [10]. C'est que celle-ci impose à gros traits à l'entreprise d'identifier, de prévenir et de remédier aux atteintes négatives qu'elle peut avoir sur l'environnement et les droits humains et l'invite, ce faisant, à repenser son modèle d'affaires. Or, fait certainement le plus remarquable, ce n'est pas le droit de l'environnement qui constitue le principal réceptacle de cette obligation ; c'est le droit des sociétés. À la vérité, et même si cela a été critiqué, l'infusion de ce corps de règles par les enjeux environnementaux (et sociaux) se comprend aisément. La société, principale structure d'accueil de l'entreprise, a longtemps été conçue comme un instrument juridique au service de la maximisation du profit des associés. Le droit des sociétés était alors perçu, à tort ou à raison, comme un outil au service de cette ambition [11]. Se désintéressant des enjeux environnementaux et se focalisant sur l'enrichissement des associés, il a alors largement facilité, ou à tout le moins, n'a rien fait pour empêcher l'entreprise de nuire à l'environnement et aux droits humains [12]. C'est d'ailleurs pourquoi, les *Principes directeurs des Nations unies relatifs aux entreprises et aux droits de l'homme* rappellent que les États doivent, au titre de leur obligation de protéger les droits humains face aux entreprises, « faire en sorte que les autres lois et politiques régissant la création et l'exploitation courante des entreprises, comme le droit des sociétés, n'entravent pas mais favorisent le respect des droits de l'homme par ces entités » [13]. Le droit des sociétés ne doit ainsi plus se contenter d'organiser le fonctionnement de la société dans l'ordre interne et externe ; il doit également soutenir le développement d'une activité économique durable et soutenable [14].

Retour sur la construction de la vigilance environnementale – C'est à cette mutation et à ce verdissement du droit des sociétés que contribue – même si beaucoup reste encore à faire – le devoir

(9) V. not. F. G. Trébulle, La responsabilité des entreprises de diminuer leurs émissions de gaz à effet de serre : réflexions à propos d'une décision du tribunal de district de La Haye, EEI, nº 11, nov. 2021, comm. 86 ; F. G. Trébulle, Propos conclusifs – juger la conduite des entreprises et leur rapport aux risques auxquels elles contribuent, RLDA févr. 2024, 200.

(10) V. par exemple, parmi les articles les plus récents, I. Grossi (dir.), Dossier : la société vigilante, JCP E 2023, 1237 ; B. Parance, J. Rochfeld, Discussions sur les conditions des actions en conformité au devoir de vigilance – À propos de l'ordonnance du tribunal judiciaire de Paris du 6 juillet 2023, JCP nº 46, 20 nov. 2023 ; A. Danis-Fatôme, N. Hoffschir, La loi sur le devoir de vigilance rendue ineffective par le juge, Rev. sociétés 2023. 793 ; B. Laniyan, P. Mougeolle, Les nouvelles obligations climatiques des entreprises – Les sentinelles de la vigilance climatique, Revue internationale de la Compliance et de l'éthique des affaires, nº 06, 11 déc. 2023, dossier 283 ; M. de Pinieux, T. Duchesne, Libres propos sur le devoir de vigilance, Revue Droit & Affaires Paris II Panthéon-Assas, janv. 2024.

(11) J. Macey, *The central role of myth in corporate law, European corporate governance institute*, 2020.

(12) V. not. B. Sjafjell, *How Company Law has Failed Human Rights – and What to Do About It, Business and Human Rights Journal.* 2020 ;5(2) :179-199 ; l'auteur évoque, aux côtés de la *shareholders value*, l'autonomie de chaque entité du groupe de sociétés ou encore, la limitation de responsabilité des actionnaires.

(13) ONU, *Principes directeurs relatifs aux entreprises et aux droits de l'homme. Mise en œuvre du cadre de référence « protéger, respecter et réparer » des Nations unies*, 2011, *op. cit.*, Principe 3.

(14) V. not. J.-M. Moulin, Les zones frontières de l'entreprise socialement responsable, *Mélanges en l'honneur d'A. Couret, Un juriste pluriel*, Dalloz, 2020 ; I. Urbain- Parleani, Les sociétés saisies par la vertu, *in Mélanges en l'honneur de G. Parleani*, IRJS, 2021 ; I. Parachkevova-Racine, La place de la transformation écologique dans le cadre normatif du droit des sociétés, RLDA, nº 189, 1er févr. 2023.

de vigilance. Force est pourtant de constater que son volet environnemental était à l'origine limité [15] et qu'il ne s'est construit qu'au fil du temps [16]. Le devoir spécial de vigilance des entreprises trouve essentiellement sa source dans les travaux de l'ONU et plus particulièrement dans les *Principes directeurs relatifs aux entreprises et aux droits de l'homme* de 2011. Or, ce texte se concentre sur les droits humains et ne se réfère à aucun moment au climat ou à l'environnement [17]. Certes, le principe 12 prend soin de préciser que, « suivant les circonstances, il peut être nécessaire pour les entreprises d'envisager d'autres normes » et donc, celles du droit de l'environnement. Certes, encore, les atteintes à l'environnement peuvent être appréhendées indirectement, par le truchement des droits humains [18]. C'est l'approche qui est d'ailleurs retenue par la Cour européenne des droits de l'homme ainsi que par la plupart des organes de protection des droits de l'homme. La Commission philippine des droits de l'homme a ainsi pu apprécier, à la demande de Greenpeace, les atteintes aux droits humains résultant des activités des Carbon Majors [19]. Cette approche anthropocentriste n'en demeure pas moins trop restrictive. Elle laisse notamment de côté les atteintes à l'environnement qui seraient dénuées de conséquences pour la personne humaine et ce alors qu'elles peuvent être tout aussi graves (disparition d'espèces animales ou végétales, par exemple). Une approche holistique du devoir de vigilance, revêtant une dimension environnementale à part entière, devrait donc être retenue.

Les acteurs de la construction – Le législateur (I), d'une part et le juge (II), d'autre part, jouent à cet égard un rôle majeur, en façonnant, tous deux, la vigilance environnementale dont le contenu s'avère largement protéiforme.

I. La vigilance environnementale imposée par le législateur

Émergence de lois spéciales – Plusieurs législations ont commencé à se faire les relais du devoir de vigilance des entreprises, contribuant ce faisant à le faire sortir de la sphère de la *soft law* [20]. Le législateur, lorsqu'il s'est saisi de ce devoir afin de discipliner l'entreprise mondialisée, ne l'a toutefois pas toujours revêtu d'une dimension environnementale apparente, préférant se concentrer, à l'image des *Principes directeurs relatifs aux entreprises et aux droits de l'homme*, sur les droits humains. Le *Dutch Child Labour Due Diligence Act*, adopté en 2019 aux Pays-Bas, envisage ainsi exclusivement les pires formes de travail des enfants [21]. La loi norvégienne sur le devoir de vigilance [22] est également dépourvue de dimension environnementale. Elle ne traite que des droits humains et des conditions de travail au sein de la chaîne d'approvisionnement. L'ordonnance suisse sur le devoir de diligence et de transparence dans les domaines des minerais et des métaux provenant de zones de conflit et du travail des enfants, entrée en vigueur le 1er janvier 2022, en est également dépourvue. Cette lacune est d'autant plus regrettable que l'initiative populaire pour les « entreprises responsables » envisageait

(15) La vigilance environnementale se trouvait ainsi déjà présente, au stade embryonnaire, dans les anciennes versions des Principes directeurs de l'OCDE ou encore, dans le *Projet de Normes sur les Responsabilités des sociétés transnationales et autres entreprises commerciales en matière de droits de l'homme*, E/CN.4/Sub.2/2003/12 (2003), mais sans qu'elle ne soit toujours vraiment formalisée et n'y fasse l'objet d'une construction d'ensemble.

(16) C. Macchi, *The climate change dimension of Business and Human Rights : the gradual consolidation of a concept of 'Climate Due Diligence', op. cit.* ; C. Bright, K. Buhmann, *Risk-Based Due Diligence, Climate Change, Human Rights and the Just Transition, op. cit.*

(17) C. Macchi, *The climate change dimension of Business and Human Rights : the gradual consolidation of a concept of "Climate Due Diligence", op. cit.* ; C. Bright, K. Buhmann, *Risk-Based Due Diligence, Climate Change, Human Rights and the Just Transition, op. cit.*

(18) V. not. *Working Group on the issue of human rights and transnational corporations and other business enterprises, Information Note on Climate Change and the Guiding Principles on Business and Human Rights*, juin 2023 ; *Human rights due diligence and the environment (HRDD + E), A guide for business.*

(19) *National Inquiry on climate change, report*, 2022.

(20) G. Quijano, C. Lopez, *Rise of Mandatory Human Rights Due Diligence : A Beacon of Hope or a Double-Edged Sword ?, Business and Human Rights Journal*, 2021, vol. 6, n° 2.

(21) V. néanmoins le projet de texte en discussion qui, lui, se réfère à l'environnement : *Responsible and Sustainable International Business Conduct Bill in the Netherlands.*

(22) *Norwegian Transparency Act* ; sur ce texte, v. not. M. Krajewski *et alii.*, *Mandatory Human Rights Due Diligence in Germany and Norway : Stepping, or Striding, in the Same Direction ?, Business and Human Rights Journal*, 2021.

d'inscrire au sein de la Constitution suisse un devoir de vigilance qui pour sa part, était teinté de vert [23]. Certaines obligations de vigilance sont au contraire expressément dotées d'un volet environnemental. Plusieurs modèles coexistent à cet égard (A), dont il convient de préciser les avantages et les inconvénients (B).

A. L'exposé des modèles

L'obligation spéciale de vigilance environnementale imposée au niveau national – L'obligation de vigilance environnementale peut être ciblée. *L'Australian Illegal Logging Prohibition Act* de 2012 et le *UK Environment Act* du 9 novembre 2021 font ainsi peser sur l'entreprise une obligation de diligence raisonnable concernant l'importation illégale de bois et la déforestation. D'autres textes introduisent au contraire une obligation de vigilance environnementale plus générale. L'article L. 225-102-4 de notre code de commerce impose ainsi à certaines sociétés de prévenir et de remédier aux atteintes graves aux droits humains et à « l'environnement » qui pourraient résulter de leurs activités propres, de celles de leurs filiales ou encore de leurs fournisseurs et sous-traitants avec lesquels une « relation commerciale établie » est entretenue. Un choix du législateur français qui fut d'ailleurs largement conforté par la décision QPC du 31 janvier 2021 au sein de laquelle le Conseil constitutionnel a affirmé – et cette affirmation est extrêmement stimulante dans la logique de la reconnaissance des obligations extraterritoriales des États [24] – que « l'objectif de protection de l'environnement ne se limite pas à la protection de l'environnement national. Il revêt une portée universelle dont s'infère la possibilité pour le législateur de promouvoir cette protection partout sur la planète » [25]. L'obligation spéciale de vigilance environnementale permet ainsi de donner corps à cette puissante affirmation. Le droit allemand oblige de son côté les entreprises de plus de 1 000 employés, et ce depuis le 1er janvier 2024 [26], à déployer un processus de vigilance afin de gérer les risques que leurs activités font peser sur l'environnement. Il le fait toutefois de façon plus restrictive que le droit français. Alors que ce dernier vise, de manière générale, les atteintes à « l'environnement », la loi allemande énumère de façon précise, en annexe, les atteintes à l'environnement que les entreprises doivent gérer. Elles sont ainsi tenues, entre autres, d'exercer leurs activités conformément aux conventions de Minamata *sur le mercure* [27], de Bâle *sur le contrôle des mouvements transfrontières des déchets dangereux et de leur élimination* [28], de Stockholm *sur les polluants organiques persistants* [29] ou encore de prévenir et de remédier aux pollutions de l'eau, des sols ou de l'air dès lors que lesdites pollutions ont un impact négatif sur les droits humains (santé, accès à l'eau, à la nourriture, *etc.*) [30]. On ne peut ici que regretter l'approche excessivement anthropocentriste retenue, ces pollutions pouvant être extrêmement graves indépendamment de toute atteinte portée à un intérêt humain. Une approche qui détonne d'ailleurs avec les Principes directeurs de l'OCDE qui rappellent que les impacts négatifs sur l'environnement doivent être entendus comme « des changements significatifs de l'environnement ou des biotes qui ont des effets dommageables sur la composition, la résilience, la productivité ou la capacité d'accueil des écosystèmes naturels et gérés, ou sur

(23) V. not. N. Bueno, Diligence des entreprises, travail des enfants et minerais, 2021, *Plädoyer* 24-27.

(24) V. not. M. Krajewski, *The State duty to protect against human rights violations through transnational business activities, Deakin Law review*, 2018, vol. 23 ; en français, M. de Pinieux, *Entreprise et dignité humaine*, Thèse Paris 1, 2023, §§ 105 s.

(25) Comm. de la décis. du Cons. const., 31 janv. 2020, n° 2019-823 QPC, AJDA 2020. 264 ; *ibid*. 1126 ; *ibid*. 425, tribune V. Goesel-Le Bihan, note F. Savonitto ; D. 2020. 1159, et les obs., note B. Parance et S. Mabile ; *ibid*. 1012, obs. V. Monteillet et G. Leray ; *ibid*. 1761, obs. N. Reboul-Maupin et Y. Strickler ; *ibid*. 1970, obs. L. d'Avout, S. Bollée et E. Farnoux ; *ibid*. 2021. 1308, obs. E. Debaets et N. Jacquinot ; AJCT 2020. 340, étude G. Bailly ; RFDA 2020. 501, chron. A. Roblot-Troizier ; Constitutions 2019. 594, Décision.

(26) Au 1er janv. 2023, seules les entreprises de plus de 3 000 employés étaient visées.

(27) Convention de Minamata *sur le mercure*, 10 oct. 2013.

(28) Convention de Bâle *sur le contrôle des mouvements transfrontières des déchets dangereux et de leur élimination*, 22 mars 1989.

(29) Convention de Stockholm *sur les polluants organiques persistants*, 22 mai 2001.

(30) V. not Section 2-2-9 et 2-3 de la loi allemande.

le fonctionnement des systèmes socio-économiques, ou sur les individus » [31]. Les atteintes à l'environnement devraient ainsi retenir l'attention des entreprises, indépendamment des répercussions qu'elles ont sur la personne humaine.

L'obligation spéciale de vigilance environnementale imposée au niveau européen – Le législateur européen s'est lui aussi saisi de la vigilance environnementale. Il l'a d'abord imposée de manière sectorielle au travers, par exemple, du Règlement Bois de l'Union européenne (RBUE) de 2013 qui ambitionne de lutter contre l'importation de bois illégal [32], avant de l'envisager de manière plus englobante au sein de la directive sur le devoir de vigilance [33]. L'article 3 de ce texte, tel qu'adopté par le Parlement européen en avril 2024, enjoint à certaines entreprises de prévenir et de remédier à leurs incidences négatives sur l'environnement, lesquelles sont entendues comme celles « *résultant de la violation de l'une des interdictions et obligations énumérées à l'annexe, partie I [...] et à la partie II de l'annexe de la présente directive* ». Une méthode similaire à celle employée par le législateur allemand, procédant par renvoi à des conventions a donc été retenue. Le texte européen est toutefois plus complet. Si l'on y retrouve la plupart des conventions envisagées par le droit allemand (conventions de Minamata, de Bâle ou encore de Stockholm), y figurent aussi la Convention *sur la diversité biologique* [34], la Convention *CITES* [35] ou encore, la Convention de *Ramsar* sur les zones humides [36]. Surtout, la pollution des mers par les navires, initialement occultée, a fini par être intégrée au sein de l'annexe 2 de la directive. On y trouve désormais une référence au riche corpus juridique élaboré ces dernières années sous l'égide de l'OMI et traitant des rejets d'hydrocarbures, de substances nocives ou encore de déchets en mer par les navires (Convention « Marpol » et ses annexes, *etc.*). La Convention des Nations unies sur le droit de la mer de 1982, dite de Montego Bay, y apparaît elle aussi. On peut en revanche regretter que seul son article 210, relatif à la pollution par immersion soit évoqué et ce alors qu'un renvoi à l'article 192, parce qu'il inclut toutes les pollutions du milieu marin, paraissait plus judicieux. Ces ajouts n'en sont pas moins très positifs, le transport de marchandises par voie maritime ayant vocation à croître au cours des prochaines années. À ces atteintes à l'environnement *per se*, doivent être ajoutées, dans une logique là encore excessivement anthropocentriste, certaines atteintes à l'environnement qui, parce qu'elles ne doivent être traitées par les entreprises que lorsqu'elles portent atteinte à un intérêt humain, ont été insérées dans la partie 1 de l'annexe relative aux droits humains [37].

L'obligation spéciale de vigilance environnementale imposée au niveau international – Le projet de traité sur les entreprises et les droits de l'homme, en discussion depuis le 26 juin 2014 au sein des instances de l'ONU, ne contenait initialement aucune référence spécifique à la vigilance environnementale [38]. Celle-ci fut finalement ajoutée au gré des nombreuses retouches qu'a connues le texte. La version de 2022 visait ainsi, en son article 1-3, les atteintes au droit à un environnement sain et durable. Cette dernière référence fut toutefois, et on ne peut que le déplorer, supprimée dans la dernière version du projet de traité, en date de juillet 2023 [39]. Un retrait qui se comprend assez mal et se situe à rebours des initiatives les plus

(31) OCDE (2023), *Principes directeurs de l'OCDE à l'intention des entreprises multinationales sur la conduite responsable des entreprises*, Éditions OCDE, Paris, *op. cit.*, § 68.

(32) Ambition renforcée par le Règlement (UE) 2023/1115 du Parlement européen et du Conseil du 31 mai 2023 *relatif à la mise à disposition sur le marché de l'Union et à l'exportation à partir de l'Union de certains produits de base et produits associés à la déforestation et à la dégradation des forêts, et abrogeant le règlement (UE) n° 995/2010.*

(33) Commission européenne, *Proposition de directive du Parlement européen et du Conseil sur le devoir de vigilance des entreprises en matières de durabilité et modifiant la Directive (UE) 2019/1937*, COM(2022) 71 final, 2022/0051 (COD), 23 févr. 2022.

(34) Convention *sur la diversité biologique*, 5 juin 1992.

(35) Convention *sur le commerce international des espèces de faune et de flore sauvages menacées d'extinction*, 3 mars 1973.

(36) Convention *relative aux zones humides d'importance internationale particulièrement comme habitats des oiseaux d'eau*, 1971.

(37) Art. 15 et 16 de l'Annexe 1.

(38) V. not. *Zero draft, 2018.*

(39) Pour une critique, v. la CCDH, Avis sur le projet actualisé de traité Entreprises et droits de l'homme (A - 2023 - 3).

récentes. Si, et cela a déjà été dit, la dimension environnementale du devoir de vigilance a été considérablement musclée dans la dernière version des Principes directeurs de l'OCDE, l'UNDP et l'*UN Working Group on Business and Human Rights* ont surtout, dans la continuité de la reconnaissance par l'Assemblée générale de l'ONU, le 26 juillet 2022, du droit à un environnement sain, élaboré un guide sur la dimension environnementale du devoir de diligence des entreprises dont l'objectif est de pallier les lacunes des *Principes directeurs relatifs aux entreprises et aux droits de l'homme* à cet endroit [40].

B. La comparaison des modèles

L'insuffisance de l'obligation de vigilance ciblée – Il ressort de ce rapide tour d'horizon que lorsque le législateur a fait le choix de formaliser une obligation spéciale de vigilance environnementale, il l'a fait, si l'on force un peu le trait, de deux manières : soit de manière sectorielle, en envisageant telle ou telle atteinte spécifique à l'environnement (la déforestation, par exemple), soit de manière plus générale. Si la première méthode n'est évidemment pas dénuée d'intérêt, elle n'en demeure pas moins – en tout cas à elle seule – insuffisante. Le législateur ne devrait pas se contenter d'une obligation de vigilance ciblée, mais plutôt s'en servir afin de renforcer l'obligation de vigilance environnementale dans certains domaines particulièrement à risques.

Pour une conception englobante de l'obligation de vigilance environnementale – Retenir une approche générale de l'obligation de vigilance environnementale est sans aucun doute la meilleure solution. Encore faut-il s'entendre sur la formule choisie, sa généralité étant susceptible de degrés. Il est possible d'opter, à l'image du droit français, pour une référence englobante à « l'environnement » ; une approche qui, compte tenu de la souplesse de cette dernière notion, permet de s'adapter aux différents impacts négatifs sur l'environnement résultant des activités de l'entreprise et qui varient sensiblement d'un secteur d'activité à un autre. Elle permet surtout de ne pas entendre la vigilance environnementale de manière trop restrictive, en oubliant et négligeant certains impacts. Le jeu du renvoi à des atteintes spécifiques ou à des conventions, utilisé par les législateurs allemand et européen, s'il offre peut-être davantage de sécurité juridique aux entreprises, présente aussi un inconvénient majeur, celui de l'incomplétude. Une incomplétude pouvant résulter tant des carences du droit international lui-même, qui n'appréhende pas toutes les atteintes à l'environnement au sein des traités [41], que des oublis (plus ou moins volontaires) du législateur lorsqu'il façonne le devoir de vigilance. Un risque d'oubli qui n'est d'ailleurs pas seulement théorique. Comme cela a été relevé, plusieurs atteintes à l'environnement ne sont pas couvertes par la loi allemande à défaut de renvoi opéré à une convention spécifique. De nombreuses omissions pouvaient également être recensées au sein de la directive « vigilance », telle que conçue par la Commission [42]. Certes, des correctifs ont été finalement apportés. Le texte n'en demeure pas moins incomplet [43], l'oubli le plus inquiétant concernant le dérèglement climatique. La seconde partie de l'annexe de la directive n'évoque à aucun moment l'accord de Paris ou tout autre texte poursuivant une ambition similaire. Ce silence ne constitue à la vérité qu'une manifestation supplémentaire de l'appréhension décevante de cette problématique par le législateur européen [44]. Certes, un article entier est consacré au changement climatique. L'article 22 impose aux entreprises

(40) *Human rights due diligence and the environment – A guide for business* ; le texte a fait l'objet d'une consultation publique qui s'est achevée en janvier 2024.

(41) Les sols ne sont par exemple appréhendés qu'à la marge par le droit international et ce alors qu'ils assurent des fonctions écologiques majeures.

(42) Absence de référence aux pollutions maritimes ou encore à la convention de Ramsar ; en ce sens, v. T. Bonnefour, Les atteintes à l'environnement dans la proposition de directive sur le devoir de vigilance des entreprises, D. actu. 2022.

(43) Il n'y a, par exemple, aucune référence à la convention sur la désertification.

(44) En ce sens, v. également A. Stévignon, L'article 15 de la proposition de directive sur le devoir de vigilance : signe d'un renforcement normatif de la RSE ?, RLDA févr. 2023, n° 189.

« d'adopter et de mettre en œuvre un plan de transition pour l'atténuation du changement climatique qui vise à garantir, en déployant tous les efforts possibles, la compatibilité du modèle économique et de la stratégie économique de l'entreprise avec la transition vers une économie durable et avec la limitation du réchauffement climatique à 1,5° C conformément à l'accord de Paris ». Si cette disposition fut améliorée au cours du processus d'adoption de la directive, des exigences spécifiques ayant notamment été formulées concernant le contenu de ce plan [45], elle n'en demeure pas moins lc support d'une obligation rappelant davantage le *reporting* que la vigilance. Surtout, l'article 29 ne retient pas au titre des comportements susceptibles d'enclencher une action en responsabilité civile, les manquements à l'article 22 et donc l'insuffisante prise en compte du dérèglement climatique par l'entreprise [46]; une carence qui ne se comprend que difficilement compte tenu du contentieux particulièrement fouillé en la matière. La vigilance climatique fait figure d'obligation au rabais, ce que l'on ne peut que déplorer. Espérons que les autorités de contrôle, chargées de surveiller l'adoption et la conception de ce plan, sauront faire preuve d'une exigence et d'une sévérité à la hauteur des enjeux [47].

II. La vigilance environnementale imposée par le juge

Le recours au droit commun de la responsabilité civile délictuelle - Le législateur ne formalise pas toujours le devoir spécial de vigilance environnementale de l'entreprise ; une carence que le juge détient le pouvoir de palier sur le fondement du droit commun de la responsabilité civile délictuelle. Ce dernier, en sanctionnant le manquement à un comportement considéré comme normalement prudent et diligent – et donc, le manquement au devoir de vigilance qui incombe à tout un chacun au titre des articles 1240 et 1241 du code civil – lui fournit un puissant levier afin d'imposer aux acteurs économiques une obligation de vigilance environnementale [48]. Si cette solution n'est pas la panacée, dans la mesure où elle est tributaire du bon vouloir du juge et de longues procédures judiciaires, elle n'en reste pas moins intéressante. Connue pour avoir permis d'imposer une obligation de vigilance climatique à l'entreprise (A), elle a aussi pu être employée afin de la contraindre à respecter l'environnement de manière plus globale (B).

A. La vigilance climatique

L'obligation de vigilance climatique des *Carbon Majors* – Le droit commun de la responsabilité fut exploité par le célèbre jugement *Shell v. Milieudefensie* du 26 mai 2021 afin de faire peser une obligation de vigilance climatique sur l'entreprise éponyme. Pour ce faire, le juge hollandais a procédé à une lecture stimulante de l'article 162 du code civil imposant à l'auteur d'une faute d'en réparer les conséquences dommageables ; faute qui, pouvant découler de la violation « d'une norme de conduite non écrite », fut notamment interprétée à l'aune des Principes directeurs onusiens, desquels il ressort que « la responsabilité des entreprises commerciales de respecter les droits de l'homme, telle que formulée par ce texte, est une norme

(45) Doivent ainsi figurer dans le plan des « *objectifs assortis d'échéances liées au* changement climatique *pour 2030 et par étapes quinquennales jusqu'en 2050* »; « *une description des leviers de décarbonation recensés et des mesures clés prévues pour atteindre les objectifs visés au point a)* »; ou encore « *une explication et une quantification des investissements et des financements soutenant la mise en œuvre du plan de transition pour l'atténuation du changement climatique* ».

(46) La réparation du préjudice écologique semble elle-aussi être exclue. Le texte dispose en effet que « Les États membres veillent à ce *qu'une entreprise puisse être tenue pour responsable d'un dommage causé à une personne physique ou morale, à condition que* : a) *l'entreprise ait manqué, intentionnellement ou par négligence*, aux obligations prévues aux articles 10 et 11, *lorsque le droit, l'interdiction ou l'obligation énumérés dans l'annexe de la présente directive vise à protéger la personne physique ou morale*» *(nous soulignons)*.

(47) L'article 25 dispose que « *Les États membres exigent des autorités de contrôle qu'elles surveillent l'adoption et la conception du plan de transition pour l'atténuation du changement climatique conformément aux exigences prévues à l'article 22, paragraphe 1* »

(48) V. not. F. G. Trébulle, La responsabilité des entreprises de diminuer leurs émissions de gaz à effet de serre : réflexions à propos d'une décision du tribunal de district de La Haye, *op. cit.*

mondiale de conduite attendue pour toutes les entreprises commerciales, où qu'elles opèrent. [...]. Elle existe au-delà du respect des lois et réglementations nationales protégeant les droits de l'homme » [49]. Le juge a ainsi pu en déduire l'obligation pour *Shell* de réduire ses émissions de GES pour l'avenir. Ce jugement s'est révélé particulièrement inspirant. Sur le fondement – entre autres – de l'article 41 de la loi fédérale complétant le code civil suisse imposant à celui « qui cause, d'une manière illicite, un dommage à autrui, soit intentionnellement, soit par négligence ou imprudence » de le réparer, les habitants d'une île indonésienne saisirent le juge, en juillet 2022, afin que la responsabilité climatique d'*Holcim* soit retenue [50]. Plus précisément, il fut demandé aux juridictions helvétiques, d'une part, de condamner l'entreprise à réparer les préjudices résultant de son inaction climatique et d'autre part, dans une logique prospective similaire à celle de *Shell v. Milieudefensie*, de réduire progressivement ses émissions par rapport à 2019 (43 % d'ici à 2030 et 69 % d'ici à 2040). L'initiative est intéressante dans la mesure où il n'existe pas encore en Suisse, d'obligation de vigilance environnementale générale [51]. Dans la même logique, en Italie, douze requérants, soutenus par des ONG, ont introduit un recours, le 9 mai 2023, contre l'entreprise *ENI*. En ne réduisant pas ses émissions de GES, elle aurait sensiblement contribué aux atteintes aux droits des requérants (droit à la santé, à la sûreté, à la propriété, *etc.*). Le juge italien est ainsi invité, sur le fondement – notamment – de l'article 2043 du code civil, de la contraindre à réparer les dommages dont elle est responsable et de lui enjoindre de réduire ses émissions de GES (de 45 % d'ici à 2030 par rapport aux émissions de 2020) [52]. L'intérêt de cette affaire ne se situe d'ailleurs pas uniquement à cet endroit. Sont également visés par ce recours deux des principaux actionnaires d'*ENI*, à savoir le ministère italien des finances et de l'économie et une banque détenue par l'État italien [53]. Alors qu'ils avaient, tous deux, en leur qualité d'actionnaires majoritaires, la capacité d'influencer la politique de l'entreprise, ils se seraient, à tort, abstenus de le faire. L'argument est intéressant et ne va pas sans rappeler ce qui a déjà été affirmé par le PCN norvégien en 2013 [54]. Celui-ci a en effet pris soin de souligner, dans sa décision *Lok Shakti v. Posco*, qu'un actionnaire, même minoritaire, est tenu par les Principes directeurs de l'OCDE et doit donc déployer un processus de diligence raisonnable dans le cadre de ses activités. Il doit à cet égard utiliser l'influence qu'il détient – et qui n'est pas uniquement tributaire de sa participation au capital social – afin d'influer sur la politique d'entreprise, que ce soit en déposant des résolutions, en exerçant son droit de vote ou encore même, en cédant ses actions. De quoi donc nourrir le raisonnement du juge italien. Certes, rendu à propos d'atteintes aux droits humains, l'analyse qui fut proposée par le PCN norvégien n'en concerne pas moins l'ensemble des Principes directeurs de l'OCDE et est par conséquent duplicable en matière d'environnement. Ensuite, le raisonnement livré pour l'actionnaire minoritaire est *a fortiori* valable pour l'actionnaire majoritaire. Enfin et surtout, il ne s'agit pas de n'importe quel actionnaire mais bien de l'État et de l'une de ses banques, tous deux tenus à un devoir d'exemplarité que le principe 4 des *Principes directeurs relatifs aux entreprises et aux droits de l'homme* prend soin de formaliser : « Les États devraient prendre des mesures plus rigoureuses pour exercer une protection contre les violations des droits de l'homme commises par des entreprises qui leur appartiennent ou sont contrôlées par eux, ou qui reçoivent un soutien et des services conséquents d'organismes publics tels que des organismes de crédit à l'exportation et des organismes officiels

(49) § 4.4.13.

(50) *Asmania et al. v. Holcim* : cité par v. *Global Trend in climate change litigation : 2023 Snapshot*, p. 36.

(51) V. *supra*.

(52) *Greenpeace Italy et. Al. v. ENI S.p.A., the Italian Ministry of Economy and Finance and Cassa Depositi e Prestiti S.p.A* : cité par *Global Trend in climate change litigation : 2023 Snapshot*, p. 36.

(53) Sur les devoirs et la responsabilité des actionnaires, v. not. R. Dumont, *Les devoirs de l'actionnaire*, LGDJ, 2022, tome 28 ; T. Duchesne, *La responsabilité pour faute de l'actionnaire*, préf. A. Gaudemet, LGDJ, 2023.

(54) F. G. Trébulle, La reconfiguration des devoirs de l'actionnaire par la prise en compte de la RSE, Gaz. Pal. 2016, hors-série n° 2, p. 55 ; M. de Pinieux, *Entreprise et dignité humaine*, Thèse Paris 1, 2023, §§ 1081 s.

d'assurance ou de garantie des investissements, y compris, le cas échéant, en prescrivant l'exercice d'une diligence raisonnable en matière de droits de l'homme ».

Au-delà des *Carbon Majors* : les banques et autres acteurs de la finance – Le droit commun de la responsabilité est ainsi source d'une obligation de vigilance climatique pour les entreprises du secteur extractif et énergétique, dont le rôle dans le dérèglement du climat est désormais bien connu [55]. Rien ne fait néanmoins obstacle à ce qu'il déploie ses effets au-delà des *Carbon Majors* et plus particulièrement auprès des entreprises du secteur financier. Le financement d'énergies fossiles et d'activités polluantes constitue un frein à la transition énergétique, raison pour laquelle des obligations climatiques doivent être imposées aux banques. La directive fait à cet endroit figure de trompe-l'œil. En visant expressément les acteurs du secteur financier parmi les entreprises entrant dans son champ d'application, la directive donne l'impression que ces derniers sont pleinement soumis au devoir de vigilance [56]. Il ne s'agit pourtant que d'une illusion. Une lecture attentive du texte révèle que les entreprises financières n'auront à déployer un processus de vigilance que sur une partie de leur chaîne d'activités, l'amont (achat de produits et de matériels, par exemple). L'aval, et donc tous les services financiers rendus par les banques comme l'octroi de prêts d'argent à leurs clients, semble en revanche exclu, ce que l'on ne peut que déplorer tant les risques sont ici grands. Cette exclusion résulte d'une définition étriquée de la « chaîne d'activités » entendue *en aval* comme « *la distribution, le transport et le stockage d'un produit* », sans qu'aucune référence ne soit donc faite aux « services ». Le devoir de vigilance des entreprises financières en ressort atrophié à l'excès. Une position qui n'est guère compatible avec les instruments de *soft law* et plus particulièrement les Principes directeurs de l'ONU et de l'OCDE qui rappellent, tous deux, que toutes les entreprises, indépendamment de leur secteur d'activité, sont tenues à un devoir de diligence raisonnable [57]. Une affirmation qui a été exploitée et détaillée par des guides sectoriels [58] ainsi que par certains PCN de l'OCDE. Rappelant que le devoir de diligence s'appliquait évidemment aux acteurs de la finance [59], ils ont ainsi pu préciser les implications de ce dernier dans le contexte singulier du changement climatique [60]. Le PCN hollandais, saisi en 2017 par quatre ONG, apporta des clarifications sur la vigilance climatique des banques. Il affirma à cette occasion que certes, déterminer leur contribution au changement climatique était une opération complexe, cette contribution étant pour l'essentiel indirecte puisque passant par le financement de projets émetteurs de GES. Cette difficulté ne les dispense pour autant pas, selon le PCN, de tenter d'évaluer leur part d'émissions de GES et de mettre en place des objectifs afin de réduire celles-ci, le tout conformément à l'Accord de Paris. De la même manière, la Commission philippine des droits de l'homme, dans son rapport de 2022 [61], ne s'est pas contentée d'analyser la responsabilité des *Carbon Majors*. Elle s'est également intéressée à celle des banques sans lesquelles les premières ne pourraient pas exercer leurs activités. Selon la Commission, parvenir aux objectifs fixés par l'Accord de Paris, commande nécessairement que les acteurs de la finance cessent de financer les énergies fossiles et investissent dans des énergies propres [62]. Là-encore, le juge dispose d'un

(55) *The Carbon Majors database, CDP Carbon Majors report 2017.*

(56) V. art. 3 ; l'"article 2 précise néanmoins que « *La présente directive ne s'applique ni aux gestionnaires de FIA au sens de l'article 4, paragraphe 1, point b), de la directive 2011/61/UE du Parlement européen et du Conseil ni aux organismes de placement collectif en valeurs mobilières (OPCVM) au sens de l'article 1er, paragraphe 2, de la directive 2009/65/CE du Parlement européen et du Conseil* ».

(57) V. le Principe 14 des *Principes directeurs relatifs aux entreprises et aux droits de l'homme* : « *La responsabilité qui incombe aux entreprises de respecter les droits de l'homme s'applique à toutes les entreprises indépendamment de leur taille, de leur secteur, de leur cadre de fonctionnement, de leur régime de propriété et de leur structure* ».

(58) *OECD Investment Committee (2014) Scope and application of « business relationships » in the financial sector under the OECD Guidelines for Multinational Enterprises, Global Forum on Responsible Business Conduct*, http://mneguidelines.oecd.org/global-forum/GFRBC-2014-financial-sector-document-2.pdf; OECD, *Responsible business conduct in the financial sector*, https://mneguidelines.oecd.org/rbc-financial-sector.htm

(59) *PCN norvégien, Lok Shakti v. Posco, op. cit.* ; ou encore PCN suisse, *initial assessment, specific Instance regarding UBS group AG submitted by the Society for threatened peoples switzerland*, 20 janv. 2021, p. 5-6.

(60) C. Macchi, N. Bernaz, *Business, Human Rights and Climate Due Diligence : Understanding the Responsibility of Banks, Sustainability* 2021 ; 13(15).

(61) V. *supra*.

(62) Report, *op. cit.*, p. 132 s.

terreau fertile afin d'imposer une véritable obligation de vigilance climatique aux acteurs de la finance, couvrant tant l'amont que l'aval de leur chaîne de valeur. Plusieurs affaires en cours lui en donneront peut-être prochainement l'occasion [63].

B. Au-delà de la vigilance climatique

L'intégration prétorienne des autres atteintes à l'environnement au sein du devoir de vigilance : l'exemple du juge anglais – Rien n'impose au juge de restreindre la vigilance environnementale à sa seule dimension climatique. Les autres atteintes à l'environnement peuvent – doivent – aussi y être intégrées. La jurisprudence anglo-saxonne est à cet égard très stimulante. La responsabilité de sociétés mères domiciliées en Angleterre fut appréciée à différentes reprises à l'aune du *duty of care*, lequel pourrait être violé dès lors qu'elles ont fait preuve de négligence en s'abstenant de prendre des mesures suffisantes pour empêcher leurs filiales établies à l'étranger de porter atteinte à l'environnement et aux droits humains [64]. L'existence d'un lien capitalistique ne suffit néanmoins pas à déclencher la responsabilité de la mère. Encore faut-il que trois conditions, posées par l'arrêt *C. v. Cape* soient remplies – « *three-stage test* » : le dommage doit être prévisible ; une relation de proximité doit exister entre les parties (ce qui nécessite souvent – paradoxalement – que la société mère soit intervenue dans les activités litigieuses de la filiale) et il doit être juste et raisonnable de rendre la société mère débitrice d'un tel devoir. Ce *duty of care* a reçu plusieurs applications prometteuses en matière environnementale – même si les promesses offertes par celui-ci pourraient être compromises en raison du *Brexit*, de l'inapplication du Règlement Bruxelles 1 *bis* qui en résulte et donc, du retour du forum *non conveniens* [65]. Nonobstant ces évolutions, ce dernier a pu servir dans l'affaire *Vedanta*. Cette dernière concernait les pollutions émises par une des filiales de la société Vedanta, KCM, laquelle exploitait une mine de cuivre en Zambie. Ces activités polluèrent les cours d'eau, pollutions qui, par ricochet, avaient porté atteinte aux droits des populations avoisinantes (droit à l'eau, à l'alimentation, *etc.*). L'arrêt rendu par la Cour suprême, le 10 avril 2019, ne portait certes que sur des questions procédurales (la cause était-elle ou non suffisamment sérieuse pour se poursuivre devant les juridictions anglaises ?). Une transaction entre les parties fut en outre conclue, si bien que le juge anglais n'eut guère l'occasion de se prononcer sur le fond. La Cour suprême n'en a pas moins affirmé à cette occasion que Vedanta s'était suffisamment immiscée dans les activités de sa filiale, de sorte qu'il était tout à fait plausible de considérer qu'elle avait manqué à son *duty of care* à l'égard des requérants. Cette position fut réitérée en 2021 par la Cour suprême dans l'arrêt *O. v. Shell*, là encore à l'occasion de pollutions environnementales [66]. Le *duty of care* a également donné lieu à un arrêt d'appel très intéressant, l'arrêt *H. B. v. Maran* du 10 mars 2021 [67]. Intéressant, cet arrêt l'est tout d'abord car il concerne un domaine particulier, celui du démantèlement des navires et de ses conséquences sanitaires et environnementales. La requérante est en effet la veuve d'un travailleur bangladais qui travaillait sur le chantier de démantèlement de Chattogram, au Bangladesh, et qui perdit la vie à l'occasion de cette

(63) V. par exemple, en France, les allégations contre la BNP Paribas, à laquelle il est reproché d'avoir manqué à son devoir de vigilance climatique (https://www.novethic.fr/actualite/gouvernance-dentreprise/entreprises-controversees/isr-rse/bnp-paribas-assignee-en-justice-sur-son-devoir-de-vigilance-vers-un-proces-historique-151353.html) ; ou aux Pays-Bas, les allégations similaires contre ING (https://www.reuters.com/sustainability/boards-policy-regulation/dutch-bank-ing-be-sued-financing-fossil-fuel-projects-friends-earth-say-2024-01-19/).

(64) V. not. R.H Weber, B. Rainer, *Liability of Parent Companies for Human Rights Violations of Subsidiaries, European business law review* 27.5 (2016) : 669-695 ; R. Chambers, *Parent company direct liability for overseas human rights violations : lessons from the UK Supreme Court, University of Pennsylvania journal of international law* 42.3 (2021) : 519-579).

(65) E. Aristova, *The Future of Tort Litigation against Transnational Corporations in the English Courts : Is Forum [Non] Conveniens Back ?, BHR Journal*, 2021, vol. 6, n° 3, p. 399-422 ; pour une illustration, v. not. M. de Pinieux, L'enrichissement injustifié au service de la réparation des atteintes aux droits humains au sein de l'entreprise mondialisée. Perspectives d'Outre-Manche – Note sous *Limbu v. Dyson Technology Ltd*, 19 oct. 2023, RLDA févr. 2023.

(66) *O. & others v. Royal Dutch Shell Plc and another* (2021) UKSC 3.

(67) *B. v. Maran (UK) Ltd (Rev1) [2021] EWCA Civ 326 (10 March 2021).*

opération [68]. Intéressant, il l'est ensuite car, même si l'affaire n'en est encore qu'au stade procédural, le juge n'en a pas moins d'ores et déjà précisé qu'il était possible de reconnaître que la société défenderesse, dans la mesure où elle contrôlait la vente du navire et savait parfaitement où il serait détruit, était débitrice d'un *duty of care* à l'égard de la veuve du défunt [69]. Intéressant, cet arrêt l'est enfin, car ce contrôle découlerait de l'existence du contrat liant les parties et dont la société défenderesse aurait pu – dû – se servir en y insérant des clauses permettant de s'assurer que le navire serait détruit dans des conditions environnementales et sanitaires correctes. Ce qu'elle n'a, à tort, pas fait [70]. Le juge anglais a ainsi pu rappeler, à plusieurs reprises, que le droit commun de la responsabilité n'était pas simplement vecteur d'une obligation de vigilance climatique mais qu'il était plus généralement la source d'une obligation de vigilance environnementale. Mais n'est-ce pas ce que rappelle également, de notre côté de la Manche, le Conseil constitutionnel lorsqu'il affirme, sur la base de la Charte de l'environnement, que chacun – y compris donc les entreprises – est tenu à une obligation de vigilance environnementale [71] ?

Propos conclusifs – la vigilance environnementale, une panacée ? – La formalisation du devoir spécial de vigilance environnementale était une nécessité. Elle contribue à un renouvellement du droit des affaires et ce faisant, à un verdissement des activités économiques. Ce n'est toutefois pas une panacée [72]. Encore faut-il qu'il intègre toutes les nuances de vert existantes et ne soit pas entendu de manière trop restrictive. Surtout, le devoir de vigilance doit être correctement appliqué par les entreprises, ce qui implique notamment qu'elles soient sanctionnées lorsque tel n'est pas le cas. Or, quelques défaillances ont pu être constatées à cet endroit, le juge faisant parfois preuve de frilosité [73]. En France, le jugement *La Poste* laisse toutefois augurer – on peut en tout cas l'espérer – des temps meilleurs [74]. Mais n'est-ce pas plus fondamentalement notre modèle économique ainsi que notre rapport à la nature que nous devrions repenser ?

(68) Sur les problèmes que cela pose, v. not., *Human Rights Watch, Trading lives for profit : how the shipping industry circumvents regulations to scrap toxic ships on Bangladesh's beaches*, sept. 2023.

(69) *B. v. Maran*, préc., §§ 67/68.

(70) Sur le rôle du contrat, v. not. Y. Queinnec, Le contrat durable, pour une conciliation contractuelle effective des enjeux économiques, sociaux et environnementaux, AJ contrat 2020 ; N. Ida, Contrat et devoir de vigilance des sociétés, JCP E n° 28, 13 juill. 2023, p. 17-26 ; M. de Pinieux, Le contrat, un outil au service de la mise en œuvre du devoir de vigilance en matière de droits humains : réflexions à partir des travaux de l'*American Bar Association*, RLDA 194, juill. 2023.

(71) V. not. Cons. const., 8 avr. 2011, n° 2011-116 QPC, § 5, AJDA 2011. 762 ; *ibid.* 1158, note K. Foucher ; D. 2011. 1258, note V. Rebeyrol ; *ibid.* 2298, obs. B. Mallet-Bricout et N. Reboul-Maupin ; RDI 2011. 369, étude F. G. Trébulle ; Constitutions 2011. 411, obs. F. Nési.

(72) En ce sens, v. S. Deva, *Mandatory human rights due diligence laws in Europe : A mirage for rightsholders ?, Leiden Journal of International Law* 2023, 36(2) :389-414.

(73) A. Danis-Fatôme, N. Hoffschir, La loi sur le devoir de vigilance rendue ineffective par le juge, *op. cit.*

(74) V. not. C. Michon, A. Stevignon, Devoir de vigilance : mise à l'honneur des parties prenantes dans la première décision de condamnation d'une entreprise, D. actu., 19 déc. 2023 ; M. Tirel, Durabilité et devoir de vigilance, Dr. sociétés, n° 1, janv. 2024.

CUVIER

La CJIP environnementale : émergence de nouveaux processus judiciaires pour prévenir, réprimer et réparer les atteintes à l'environnement

Vincent Delbos

Inspecteur général de la Justice honoraire,
chargé d'enseignement à Sciences Po Paris,
expert auprès du Conseil de l'Europe

I. Introduction

La crise écologique s'accélère. L'année 2023 aura été la plus chaude de la planète. Les dérèglements climatiques s'enchaînent avec les phénomènes réitérés de canicules et leurs lots d'embrasements multiples entraînant la perte d'une large part des forêts méditerranéennes, d'inondations aussi. Comme en parallèle, la forte surexploitation des fonds marins au bord de l'asphyxie par les plastiques, démonstration des fractures multiples dans la biodiversité. Tels sont quelques-unes des composantes de cette crise systémique qui a conduit au déploiement de multiples politiques publiques dont l'une des caractéristiques majeures semble être la fragmentation. L'enjeu aujourd'hui, plus que jamais, semble se concentrer autour de l'effectivité des dispositifs de régulation issus du droit de l'environnement [1].

Cette production normative, abondante, met à mal, par sa complexité, bien des théories du droit, comme la fameuse pyramide de Kelsen, en bouleversant les hiérarchies dans la norme de droit par un lacis de sources interdépendantes, issues du droit international, européen ou national comme de la *soft law*. Elle y perd certainement en efficacité.

Des notions nouvelles apparaissent comme celles de conformité, de diligence raisonnable ou de nécessaire coopération des parties prenantes, conçues dans des démarches participatives. Plus généralement, vu sous l'angle des systèmes de justice et de l'application du droit, en dépassant la *summa divisio* du droit pénal, civil, public et constitutionnel, un important besoin de spécialisation émerge, pour tenir compte aussi de la fertilisation croisée d'un droit fondé sur un état des connaissances et des évolutions dans la science, qui amènent notamment à repenser la détermination et l'exercice des responsabilités [2].

Ces dernières années, comme en attestent les travaux du *Sabin Center* de

(1) V. Delbos est coauteur du rapport d'évaluation, Une justice pour l'environnement, établi conjointement avec D. Agoguet D. Atzenhoffer de l'Inspection générale de la justice et le CGEDD : https://www.justice.gouv.fr/justice-lenvironnement

(2) V. D. Agoguet, Une révolution citoyenne pour la justice et l'écologie : vers un juge de la protection environnementale, RJ envir. 2020/3 (vol. 45).

l'université de Columbia à New York, les attentes des citoyens à l'égard de la justice dans les domaines environnementaux et climatiques se sont multipliées sous des modalités de saisines diverses. Si les litiges environnementaux ne représentent guère des volumes importants d'affaires, en revanche, ils sont, pour certains, d'une grande complexité, posant aux juges des questions inédites, avec, de surcroît, des exigences élevées des parties. Dans cette progression, apparaissent à la fois de nouveaux instruments, de nouvelles modalités de l'intervention judiciaire et aussi une forte créativité des juges qui ne refusent pas de juger, « sous prétexte du silence, de l'obscurité ou de l'insuffisance de la loi ».

Dans la pratique judiciaire, une place importante surgit pour la négociation, y compris lorsqu'il s'agit d'opérer un traitement pénal des atteintes à l'environnement. C'est dans ce contexte que la convention judiciaire d'intérêt public (CJIP) trouve sa place. Elle apparaît, comme une sanction originale à des manquements aux obligations environnementales pesant sur des acteurs économiques dont la contribution à la crise écologique est loin d'être négligeable.

Au préalable, pour mettre en perspective les problématiques de la CJIP, il faut en décrire la mécanique qui est ainsi instituée, en quelques termes simples.

Une entreprise commet un manquement à des obligations environnementales sanctionné pénalement, pour lesquelles elle reconnaît sa responsabilité mais non sa culpabilité. Le procureur, parmi les voies de poursuite, soumet d'abord l'entreprise, en reconnaissance de sa responsabilité pénale, au paiement d'une amende d'intérêt public environnemental au Trésor public d'un montant variable calculé le cas échéant au regard des avantages tirés des manquements constatés, dans la limite d'un pourcentage de son chiffre d'affaires.

Il propose simultanément à la personne morale la conclusion d'une convention comportant les mesures correctrices nécessaires pour rétablir ou prévenir les défaillances constatées. Elle peut comporter aussi des mesures de réparation et d'indemnisation des préjudices subis. La convention ainsi discutée est soumise en audience publique à la validation du président du tribunal judiciaire.

Avec le concours d'une agence publique chargée de la surveillance du respect des termes de la convention, le procureur dispose d'une vigie qui lorsqu'elle constate des défauts lui redonne la possibilité de saisir le tribunal.

Lorsque le déroulé de la convention ne suscite pas de difficultés et que les obligations qu'elle comporte sont respectées, il y a effacement de toute trace pénale.

La CJIP réussie évite la réitération, répare les dégâts opérés sur l'environnement et peut compenser les effets des manquements.

Pour aborder l'originalité et la singularité de cette convention, il convient d'abord d'en décrire ses origines et expliquer la trajectoire dans laquelle elle se situe.

Un peu plus de trois ans après son entrée dans notre procédure pénale, un premier bilan s'impose pour en montrer les lignes de force et les promesses tout en révélant quelques faiblesses.

Une dynamique particulière semble s'être emparée de la CJIP environnementale (CJIPE) qui appelle certainement un accompagnement particulier.

Ce plaidoyer pour son développement en matière environnementale s'inscrit dans la lignée de la proposition qui avait été faite dans un rapport des inspections générales de la justice et de l'écologie en 2019, confortée par les travaux du groupe de travail présidé par M. François Molins, alors procureur général de la Cour de cassation, et alimentée par l'examen des premières CJIP environnementales signées et validées.

II. Aux origines de la CJIP environnementale

A. Émergence d'un nouveau processus judiciaire ou naissance d'un nouveau type de sanction ?

La question des origines est déterminante pour forger l'identité d'une procédure.

Parmi les sources plus immédiates de la CJIP, et cette nouvelle perspective dans laquelle le juge trouve une nouvelle forme de légitimité dans ses capacités à réguler les conflits dans les sociétés contemporaines, il faut aller de l'autre côté de l'Atlantique, dans le droit anglo-saxon qui influence les échanges internationaux par la place donnée aux contrats.

La convention judiciaire d'intérêt public (CJIP), nouvelle sanction introduite par la loi dite « Sapin 2 », trouve son inspiration dans des dispositions du droit criminel des États-Unis, le *deferred prosecution agreement.* Cette disposition a été popularisée en France par quelques ouvrages qui ont largement souligné sa grande efficacité, dans la mesure où elle « *permet d'offrir une alternative intéressante aux entreprises confrontées aux incertitudes et risques d'un procès pénal, ainsi qu'un outil pragmatique aux autorités répressives*[3] ».

Le *deferred prosecution agreement* (DPA) qui prend ses origines au début des années 90 aux États-Unis est, en quelque sorte, importé dans le droit continental, tout du moins en France, par un ouvrage et deux articles fondateurs. « *Deals* de justice » est le titre d'un ouvrage dirigé par Pierre Servan-Schreiber et Antoine Garapon qui popularisent le DPA auprès de la communauté juridique et judiciaire[4]. Dans l'un des chapitres de ce livre, Me Daniel Soulez Larivière, grand introducteur de certaines des meilleures dispositions du droit pénal anglo-saxon, l'évoque ainsi : « *C'est le mérite de l'amour du droit réel et virtuel et de la peur d'être montré du doigt dans une société mondiale encore terriblement barbare, mais où la grosse sanction financière, la* blame culture *et la* shame culture *sont des régulateurs puissants.* »

Les articles de deux avocates, Me Astrid Mignon Colombet et Me Pauline Dufourcq, avocates associées au sein du cabinet de Daniel Soulez Larivière, serviront de référence doctrinale à l'explication des travaux du législateur dans la fabrication de la loi Sapin 2 et l'introduction sous l'article 41-1-1 du code de procédure pénale d'une première mouture de la CJIP[5].

La loi du 9 décembre 2016, dite loi Sapin 2, se met en place, avec une agence dédiée notamment au déploiement de la CJIP et à son suivi : l'agence française

(3) D. actu. 12 mai 2017, La convention judiciaire d'intérêt public : apports de ce nouveau dispositif transactionnel, P. Dufourq.

(4) A. Garapon et P. Servan-Schreiber (dir.), Deals de justice – le marché américain de l'obéissance mondialisée, 2013.

(5) A. Mignon Colombet, La convention judiciaire d'intérêt public : vers une justice de coopération ?, AJ pénal 2017. 68 ; D. actu. 12 mai 2017, préc.

anticorruption (AFA). Aux marches des palais, se raconte cette histoire, dont on ne sait pas si elle est apocryphe, de deux établissements financiers faisant l'objet d'investigations pour des pratiques illicites d'optimisation fiscale. L'un d'eux, par l'entremise de ses conseils, accepte la conclusion d'une CJIP avec le parquet national financier, avec un montant record d'amende d'intérêt public frisant le milliard d'euros. Tandis que l'autre refuse et fait le choix d'aller à l'audience dont il ressort avec une substantielle amende, en première instance, du triple, au maximum légal. Il se dit que les cabinets d'avocats d'affaires spécialisés dans le *white collar crime*, faisaient dès le lendemain, le siège du parquet national financier pour obtenir chacun leur CJIP, au lieu de tergiverser devant de longues investigations et d'encourir une sévère application de la loi pénale, non compris le *court shaming*.

Pourtant la montée en puissance de cette forme de CJIP est très progressive, sans doute liée au temps nécessaire et incompressible d'infusion propre à la dissémination des innovations, alors qu'elle a en quelque sorte un négociateur unique, le parquet national financier.

Il faut aussi dire combien, en se penchant sur la genèse de la CJIPE, la pensée de Mireille Delmas Marty, a été à plusieurs égards déterminante. D'abord parce qu'elle pousse face à la mondialisation et aux crises qu'elle génère et amplifie, notamment climatique et écologique, à faire appel aux « forces imaginantes [6] » du droit. Afin de ne pas sombrer dans la seule loi du plus fort, Mireille Delmas Marty apporte des orientations soucieuses de l'état de droit en s'appuyant sur une boussole des possibles. Ensuite, parce que sa pensée est au cœur d'une redéfinition du rôle et des missions des systèmes de justice, s'appuyant plus sur la discussion des termes des débats et de la recherche des solutions discutées que sur un impensé imposé. Cette démarche se traduit pratiquement dans ce que les Québécois dénomment la justice résolutive de problèmes.

En début 2019, quand les ministres de la Justice et de la Transition écologique confient à leurs services d'inspection générale une mission d'évaluation sur les rapports entre la justice (judiciaire, civile et pénale) et les sujets environnementaux, le constat est assez simple : la justice judiciaire n'est pas à la hauteur des attentes politiques et sociétales pour traiter des contentieux environnementaux... À partir de ce constat, les inspections générales proposent aux pouvoirs publics de changer résolument de paradigme en proposant un agenda de réforme en 21 recommandations et propositions [7]. Parmi celles-ci, pour transformer l'appréhension par notre système de justice de la question environnementale, figure la proposition de donner aux procureurs et aux juges les moyens de concilier prévention, répression et réparation par la définition d'une nouvelle sanction, la CJIP environnementale. Tel est le libellé de la recommandation n° 14 de ce rapport « Une justice pour l'environnement » : « Renforcer la responsabilité des personnes morales et à cette fin, en s'inspirant de la convention judiciaire d'intérêt public en matière de corruption et de fraude fiscale, créer une convention judiciaire d'intérêt public écologique, négociée entre la personne morale et le parquet, homologuée par la juridiction pour l'environnement en audience publique, avec un garant technique chargé de veiller à sa mise en œuvre effective. »

La CJIP en tant que sanction est originale en ce sens qu'elle mélange deux approches, l'une, principalement pénale, par la reconnaissance d'une responsabilité dans la commission d'une infraction, au code de l'environnement pour ce qui est de la

(6) Pour reprendre l'intitulé du cours professé par Mireille Delmas-Marty au Collège de France (publié aux éditions du Seuil).

(7) V. le rapport aux ministres de la transition écologique et solidaire et de la justice : https://www.justice.gouv.fr/justice-lenvironnement. V. également l'interview à la Gazette du Palais 2 juin 2020 : https://www.labase-lextenso.fr/gazette-du-palais/GPL379w7.

CJIP environnementale (CJIPE), consacrée par le paiement d'une amende. Mais aussi une autre, concomitante, de nature civile, consacrée par les mesures de réparation du dommage ou la mise en conformité de processus résultant d'obligations civiles, commerciales ou administratives.

La CJIPE marque une innovation supplémentaire « en proposant une nouvelle gamme de sanctions axées sur la prévention et la détection des comportements infractionnels à travers la mise en place de programmes de *compliance* et la mise en place d'enquête interne [8] », pertinente pour la prévention en matière environnementale. Mais, c'est sa richesse, elle ne se limite pas à une simple remise en conformité.

B. Le cheminement de la proposition jusqu'à l'atterrissage dans la loi du 24 décembre 2020

S'il existait de longue date, dans le traitement des atteintes environnementales, une forme de discussion par l'usage de la transaction pénale, comme le rappelle le groupe de travail présidé par M. Molins, la CJIPE en propose une forme de dépassement en matière environnementale. La transaction met seulement en face-à-face une entreprise et une administration. Elle présente des limites sérieuses en droit, tenant à la certaine opacité de son déroulement, de surcroît n'associant pas les magistrats du siège. Elle ne permet pas, surtout, de vérifier la réalité de mesures correctrices prises par la personne morale. Dès 2005, d'ailleurs, un rapport d'inspection préconisait de « *renoncer à l'extension des procédures de transaction pénale au bénéfice de l'administration* » [9].

L'objectif principal de la création d'une CJIPE va placer dans une autre dimension le renforcement de la responsabilité des personnes morales, et l'efficacité de la réponse pénale en matière de lutte contre les atteintes à l'environnement [10].

Cette nouveauté doit également permettre de remédier aux délais, souvent trop longs, dans lesquels se déroulent les procédures judiciaires, rendant la répression en matière environnementale peu dissuasive.

L'un des principes de la justice négociée dont la CJIPE est l'un des outils, est l'invitation faite à une des parties, la personne morale en cause, à coopérer. Ainsi, cette dernière doit accepter le montant de l'amende pénale réclamée par le Parquet et prévue dans une fourchette fixée par la loi en contrepartie de l'absence de poursuites et de condamnation. En effet, « *l'ordonnance de validation n'a pas les effets d'un jugement de condamnation et n'est pas inscrite au casier judiciaire de la personne morale* [11] ». Selon les négociations, et la volonté de l'entreprise à ne pas être poursuivie et condamnée, le montant de l'amende peut alors rapidement être significatif.

L'entreprise évite ainsi l'audience correctionnelle, perçue comme attentatoire à sa réputation, malgré le principe de présomption d'innocence. Mais c'est un accord « gagnant-gagnant », puisque la contrepartie de cette voie est l'engagement, contractuel, de l'entreprise à mettre en place un ensemble de dispositions correctrices. Et si les clauses du contrat ne sont pas respectées, ce sera le passage devant la juridiction correctionnelle.

(8) D. actu. 12 mai 2017, préc.

(9) V. le rapport « Renforcement et structuration des polices de l'environnement » : https://medias.vie-publique.fr/data_storage_s3/rapport/pdf/054000633.pdf.

(10) Exposé des motifs – Projet de loi Parquet européen et justice pénale spécialisée : http://www.senat.fr/leg/exposes-des-motifs/pjl19-283-expose.html.

(11) L. Picavez, Convention judiciaire d'intérêt public : l'État mise sur le droit pénal pour protéger l'environnement – Actu Environnement Le Mensuel, n° 400.

L'inscription des infractions en matière environnementale dans le code de l'environnement [12], prive ou limite, dans ce domaine, l'autorité de poursuite d'une forme d'incitation à la négociation existante en matière de fraude fiscale ou d'atteinte à la probité, consistant dans l'éviction des marchés publics résultant d'une condamnation pénale, selon le code de la commande publique [13].

Cependant, la seule amende pénale est en soi insuffisante à remédier aux comportements fautifs, en ce sens qu'elle a peu d'effet sur les agissements à venir de la personne morale en cause.

Surtout, à elle seule, l'amende n'est pas une garantie que la personne morale condamnée effectuera les diligences nécessaires pour remettre en état les désordres qu'elle a causés par son comportement fautif ou non, ni qu'elle changera les processus ayant conduit au trouble environnemental, ni encore qu'elle se mettra en conformité avec la réglementation en vigueur. Souvent, elle préfèrera répercuter sur le consommateur final le cout de l'amende plutôt que de prendre les mesures correctrices. Et c'est sans doute là qu'intervient l'intérêt majeur de la CJIP : discuter avec l'entreprise d'un programme de mise en conformité, de réparation, de correction de mauvaises pratiques, essentiel dans le domaine environnemental.

Force est de constater qu'en matière environnementale, la part de la négociation avec les acteurs, même fautifs, est souvent aussi efficace que la pure répression. Il y a un défi d'ordre pédagogique. Dans ce domaine, la justice pénale se voit assigner non seulement le rôle de faire cesser le trouble majeur à l'ordre public environnemental mais, dans le même temps, de s'assurer qu'une remise en état appropriée et effective se mettra en place, tout en prévenant la réitération.

Même si cette proposition est finalement peu soutenue par certains cercles ayant une appréhension abstraite des véritables enjeux judiciaires [14], elle est inscrite dans le projet de loi comportant une dizaine d'articles sous un titre intitulé « Dispositions relatives à la lutte contre les atteintes à l'environnement ». La loi promulguée, fort heureusement, deviendra « loi relative au parquet européen, **à la justice environnementale** et à la justice pénale spécialisée », manifestant un certain pragmatisme tant de l'exécutif que de la représentation nationale.

Ainsi, Mme Naima Moutchou, corapporteure de la commission mixte paritaire qui adoptera ce qui allait devenir la loi du 24 décembre 2020 relève : « *[...] Nous avons donné un plus grand relief au chapitre consacré au droit de l'environnement. Sur les seize articles additionnels que nous avons adoptés, huit portent sur cet aspect. Nous avons institué des juridictions civiles spécialisées dans le contentieux de l'environnement ; nous avons précisé les compétences des structures existantes. Nous avons aussi franchi un palier en octroyant des compétences en matière de police judiciaire aux inspecteurs de l'environnement. [...] J'entends vos inquiétudes, mais j'ai été convaincue par le Gouvernement, qui structurera par voie réglementaire un véritable service d'enquêtes environnementales. C'est une avancée, même si nous devrons rester vigilants sur sa mise en œuvre* » [15].

(12) Le législateur a fait le choix d'inscrire les renforcements récents des sanctions encourues pour des atteintes à l'environnement dans le code de l'environnement, contrairement à ce que le rapport précité « Une justice pour l'environnement » recommandait et que, dans un premier temps, les ministres de la Transition écologique et de la Justice avaient endossé dans un long entretien dans le *Journal du dimanche* du 16 nov. 2020.

(13) Code de la commande publique, Chapitre Ier : Motifs d'exclusions de la procédure de passation (art. L. 2141-1 à L. 2141-14).

(14) V. par exemple https://www.actu-environnement.com/ae/news/droit-penal-environnement-interview-jean-philippe-rivaud-afme-37650.php4.

(15) V. le rapport fait au nom de la commission mixte paritaire chargée de proposer un texte sur les dispositions restant en discussion du projet de loi relatif au Parquet européen, à la justice environnementale et à la justice pénale spécialisée, par Mme N. Moutchou, rapporteure, députée et M. P. Bonnecarrère, rapporteur, sénateur, https://www.senat.fr/rap/l20-230/l20-2300.html.

L'article 8 du projet de loi relatif au Parquet européen et à la justice pénale spécialisée propose la création d'une convention judiciaire d'intérêt public environnementale (CJIPE) [16].

Le Conseil d'État, dans son avis du 30 janvier 2020 relatif à ce projet de loi, estime que « *la convention d'intérêt public est de nature à contribuer à assurer une plus grande effectivité et un meilleur respect des prescriptions du code de l'environnement* [17] ». Des propositions de renforcement du projet de loi ont ainsi été suggérées par le Conseil d'État : « *Le Conseil d'État propose de modifier la rédaction du projet pour clarifier et mieux garantir le respect des engagements souscrits par la personne morale en vue de régulariser sa situation au regard des lois et règlements, dans le cadre d'un programme de mise en conformité et de réparer le préjudice écologique résultant des infractions commises* [18] ».

De ces travaux parlementaires, deux opinions ressortent qui ne seront pas suivies par la représentation nationale :

- d'une part, la volonté de limiter le nombre de CJIP environnementales qu'une personne morale peut conclure [19] ;
- d'autre part, la volonté d'intégrer les victimes et les associations à la procédure. Un amendement [20] lui aussi rejeté, proposait qu'« à leur demande, le procureur de la République entend les victimes du préjudice écologique subi et/ou les associations de protection de l'environnement agréées avant la conclusion de la convention judiciaire d'intérêt public ».

Il faut reconnaître que plusieurs dispositions préconisées par le rapport précité des inspections générales n'ont pas été retenues par le Gouvernement ni par le Parlement. Ainsi notamment, deux verrous étaient préconisés pour anticiper de possibles dérives de la CJIP :

- la soumission de la convention à l'avis préalable de l'autorité indépendante dont elle préconisait par ailleurs la création [21] qui aurait pu faire valoir des observations (si le parquet est en désaccord avec les observations de l'autorité indépendante, les parties pourront porter leur différend devant la juridiction spécialisée) ;
- la constitution d'un garant technique indépendant des mesures mises en œuvre dans le cadre de la procédure de remise en état.

C. Quelques points saillants dans les dispositions de l'article 41-1-3

Finalement, l'article 15 de la loi du 24 décembre 2020 insère un nouvel article 41-1-3 au code de procédure pénale qu'il est nécessaire de citer *in extenso* :

(16) Si, par facilité de langage, cette CJIP est aussi bien qualifiée d'écologique ou d'environnementale, cette dernière précision est plus exacte, puisque cette sanction ne s'applique qu'aux infractions au code de l'environnement.

(17) Avis du Conseil d'État du 30 janvier 2020 sur un projet de loi organique et un projet de loi relatif au Parquet européen et à la justice pénale spécialisée.

(18) Avis du Conseil d'État du 30 janvier 2020 sur un projet de loi organique et un projet de loi relatif au Parquet européen et à la justice pénale spécialisée.

(19) J.-P. Lecoq, U. Bernalicis, Un amendement, finalement rejeté, proposait que le recours à la CJIP soit limité à deux fois. Ugo Bernalicis précise qu'« interdire la possibilité d'y recourir une deuxième fois n'est pas du tout contraire au principe d'opportunité des poursuites, car le parquet dispose encore de nombreuses options : entre autres choses, il peut demander une enquête préliminaire, voire l'ouverture d'une instruction, qui débouchera sur un procès – ce qui n'implique pas nécessairement qu'il y aura condamnation ». Selon les propos de J.-P. Lecoq, cette CJIP environnementale participe à une « financiarisation de la justice ».

(20) Amendement n° CL41 présenté par Mme Untermaier, Mme Karamanli, M. Saulignac, Mme Jourdan, M. Leseul et les membres du groupe Socialistes et apparentés. Les auteurs de cet amendement soulignaient que cette justice négociée bénéficiait aux entreprises et qu'en contrepartie il fallait permettre « aux victimes et ou associations de faire valoir leurs observations avec la conclusion de la CJIP ».

(21) La création d'une autorité indépendante en charge des droits de l'environnement a été exprimée à plusieurs reprises dans ce rapport des Inspections générales mais aussi dans les propositions du rapport du groupe de travail présidé par M. F. Molins. Une parlementaire en mission avait établi un rapport sur ce sujet et, en 2023, dans le cadre d'une niche parlementaire, une proposition de loi constitutionnelle portant création d'un Défenseur de l'environnement avait également été débattue et rejetée. La multiplicité de ces initiatives, auxquelles il faut ajouter celle de la Convention citoyenne pour le climat est révélatrice d'un besoin d'une instance, indépendante, en surplomb des institution existantes.

« Tant que l'action publique n'a pas été mise en mouvement, le procureur de la République peut proposer à une personne morale mise en cause pour un ou plusieurs délits prévus par le code de l'environnement ainsi que pour des infractions connexes, à l'exclusion des crimes et délits contre les personnes prévus au livre II du code pénal, de conclure une convention judiciaire d'intérêt public imposant une ou plusieurs des obligations suivantes :

1° Verser une amende d'intérêt public au Trésor public. Le montant de cette amende est fixé de manière proportionnée, le cas échéant au regard des avantages tirés des manquements constatés, dans la limite de 30 % du chiffre d'affaires moyen annuel calculé sur les trois derniers chiffres d'affaires annuels connus à la date du constat de ces manquements. Son versement peut être échelonné, selon un échéancier fixé par le procureur de la République, sur une période qui ne peut être supérieure à un an et qui est précisée par la convention ;

2° Régulariser sa situation au regard de la loi ou des règlements dans le cadre d'un programme de mise en conformité d'une durée maximale de trois ans, sous le contrôle des services compétents du ministère chargé de l'environnement ;

3° Assurer, dans un délai maximal de trois ans et sous le contrôle des mêmes services, la réparation du préjudice écologique résultant des infractions commises.

Les frais occasionnés par le recours par les services compétents du ministère chargé de l'environnement à des experts ou à des personnes ou autorités qualifiées pour les assister dans la réalisation d'expertises techniques nécessaires à leur mission de contrôle sont supportés par la personne morale mise en cause, dans la limite d'un plafond fixé par la convention. Ces frais ne peuvent être restitués en cas d'interruption de l'exécution de la convention.

Lorsque la victime est identifiée, sauf si la personne morale mise en cause justifie de la réparation de son préjudice, la convention prévoit également le montant et les modalités de la réparation des dommages causés par l'infraction dans un délai qui ne peut être supérieur à un an.

La procédure applicable est celle prévue à l'article 41-1-2 et aux textes pris pour son application. L'ordonnance de validation, le montant de l'amende d'intérêt public et la convention sont publiés sur les sites internet du ministère de la justice, du ministère chargé de l'environnement et de la commune sur le territoire de laquelle l'infraction a été commise ou, à défaut, de l'établissement public de coopération intercommunale auquel la commune appartient. »

Le garant de la procédure de mise en conformité et de réparation du préjudice écologique sont les « *services compétents du ministère chargé de l'environnement* ».

Une exégèse sommaire du texte appelle plusieurs remarques :

- d'abord, la limitation du champ de la CJIPE aux seules infractions au code de l'environnement. Il s'agit d'une première étape, de prudence certes, mais qui finalement restreint les capacités d'emblée, alors même que l'imbrication des infractions pénales issues des codes forestier, minier et rural, ne se résume pas à la connexité avec une infraction prévue au code de l'environnement ;
- ensuite, le calcul de l'amende d'intérêt public est un élément décisif du dispositif, notamment pour qu'il y ait un avantage compétitif en quelque sorte à choisir cette voie

de traitement de l'infraction tout en conservant un effet dissuasif substantiel. L'équilibre de ce point de vue semble atteint dans la théorie du texte et il conviendra de suivre attentivement l'évolution dans les CJIP validées ;

- le contenu des conventions est défini par la loi, puisque celles-ci doivent comporter un programme de mise en conformité d'une durée maximale de trois ans, sous le contrôle des services compétents du ministère chargé de l'Environnement. Elles doivent également prévoir la réparation du préjudice écologique résultant des infractions commises. On s'interrogera sur cette introduction du préjudice écologique, notion de nature civile laissée à l'appréciation du procureur de la République, pour souligner la nature en quelque sorte hybride de la CJIP, de nature pénale matinée de considérations civiles ;

- enfin, le garant défini par la loi est un service compétent du ministère en charge de l'Environnement. Cette disposition, résultant d'un arbitrage interministériel au profit de ce département n'est pas sans soulever quelques questions qui seront abordées plus loin.

D. Un point de vue bienveillant de la doctrine

La doctrine parait avoir connu deux temps, celui de la promulgation de la loi et celui de sa mise en œuvre. Autant la première vague, pionnière, décrit les potentialités du point de vue de la justice négociée et d'une approche pragmatique et opérationnelle aux atteintes de nature pénale portées à l'environnement, autant la vague plus récente, composée essentiellement d'avocats d'entreprises, tend à tirer la CJIP vers la *compliance* au détriment d'une démarche plus systémique. Il ne ressort pas toutefois des arguments décisifs pour réduire à cette seule dimension la CJIP environnementale qui doit s'inscrire dans un ensemble intégré d'instruments contribuant à la protection judiciaire de l'environnement.

Le professeur Jean-Baptiste Perrier [22], favorable à l'introduction de cette procédure, souligne que « tant l'on sait que les infractions en la matière [environnementale] sont parfois complexes, en raison de la réglementation applicable mais aussi en raison des opérations réalisées. Pour cette raison, il semble possible, comme l'envisage le projet de loi en créant un article 41-1-3 dans le code de procédure pénale, et même souhaitable de transposer [le dispositif existant matière financière à la matière environnementale] ? ». Il remarque aussi que dans ces affaires « l'articulation des responsabilités est souvent complexe, tout comme la preuve du lien de causalité », ce qui rend la collaboration de la personne morale pertinente.

La professeure Hautereau-Boutonnet [23] souligne les multiples intérêts du mécanisme introduit par cette CJIP environnementale et estime qu'« outre qu'il peut permettre de sanctionner plus fortement le délinquant et que la publicité dont il bénéficie peut avoir des vertus dissuasives, il l'implique dans la protection de l'environnement en lui imposant d'accomplir certains actes qui font l'objet d'un suivi ». De plus, cette procédure permettra un meilleur suivi des réparations en nature d'un préjudice écologique. Elle souligne cependant une réticence des entreprises à user de cette procédure car elles pourraient craindre « que, dans l'opinion publique, la convention emporte déclaration de culpabilité, malgré le fait que le législateur s'y oppose expressément ».

(22) J.-B. Perrier, La convention judiciaire pour les infractions environnementales : vers une compliance environnementale, D. 2020. 396.

(23) M. Hautereau-Boutonnet, La loi relative au parquet européen, à la justice environnementale et à la justice pénale spécialisée, D. 2021. 176.

III. Un bilan empirique des premières CJIP validées

A. Une montée en puissance rapide

Sans prétendre à l'exhaustivité, et sur la seule base des conventions judiciaires publiées, a été effectué pour la rédaction de cet article un premier décryptage des CJIP environnementales [24]. Il n'existe pas à ce jour d'autres analyses publiques de ce type et si les résultats proviennent d'un examen empirique qui devrait être approfondi par des travaux de recherches ou d'études conduites par la Chancellerie, ils permettent de donner une première figure des CJIP en cours.

La source de cet examen provient de la publication sur les sites internet des ministères de la Justice et de la Transition écologique des termes des conventions, des ordonnances de validation par les présidents des tribunaux judiciaires, éventuellement des amendes d'intérêt public ordonnées par les parquets et des communiqués de presse. Il convient de noter que les deux sites ne comportent pas exactement les mêmes informations puisque certaines des présentations sont absentes de l'un et présentes sur l'autre, sans doute révélateur de la faiblesse de la coordination institutionnelle entre les deux ministères [25].

Pour conduire cet examen des vingt CJIPE publiées entre janvier 2022 et décembre 2023, ont été regardés une série de paramètres :

- les personnes morales parties à la convention, suivant l'intuition résultant des premières CJIPE d'une proportion sensible des personnes morales de droit public *vs* personnes morales de droit privé ;
- le montant des amendes : la croissance du montant ;
- les clauses des conventions et notamment celles ayant trait à la réparation ;
- le dispositif de suivi et de supervision : la fragmentation.

Portant sur un total de 20 CJIPE, ce nombre est trop étroit pour en tirer des enseignements significatifs mais ils fournissent d'ores et déjà des indications intéressantes. D'abord d'ordre quantitatif : puisqu'en 2023, dix CJIP fraude fiscale ont été signées et autant en matière environnementale, montrant l'intérêt et la diffusion rapide de ce processus dans le champ des atteintes à l'environnement.

Il est ainsi relevé que les natures d'infractions visées sont en nombre encore plus restreint que le champ défini par le texte lui-même. Le premier alinéa de l'article 41-1-3 ne fait entrer dans le périmètre de la CJIP environnementale que les infractions prévues par le code de l'environnement, ce qui n'est pas rien, tant ce code est prolixe dans l'accompagnement pénal des politiques publiques de protection de l'environnement. Mais comme cela a été remarqué plus haut, et même si le texte prévoit d'inclure dans le champ les infractions connexes, il y a tout un pan de la protection de l'environnement par le droit pénal qui échappe au domaine de la CJIP.

Un élargissement rapide du cercle des parquets initiant des CJIPE et des présidents de juridictions les validant est observable. Le mouvement lancé par

(24) Analyse des 21 CJIP homologuées entre le 4 janv. 2022 et le 31 déc. 2023, rendues publiques sur les sites du ministère de la Justice et de la Transition écologique (analyse portant sur).

(25) Une publication de la CJIP est prévue sur les sites internet des ministères de la Justice et de l'Environnement et de la commune sur le territoire duquel a été commise l'infraction ou, à défaut, sur celui de l'établissement public de coopération intercommunale auquel la commune appartient.

le parquet du Puy-en-Velay n'a cessé en une année de s'agrandir. Entre les parquets des pôles régionaux environnementaux et ceux des TJ de droit commun, ces derniers sont très largement majoritaires.

Il existe une certaine concentration dans les juridictions ayant initié et validé des CJIPE, puisque celles-ci proviennent des ressorts de seulement six cours d'appel [26]. Aucune à la date de cet article n'avait été signée et validée dans les cours d'appel de Paris, Versailles ou Douai par exemple, ce qui n'exclut pas que des négociations soient en cours.

Il est à cet égard intéressant de relever que tout semble se passer comme si, une fois testée, les parquets d'un ressort s'en emparent, et vont en faire un instrument central de leur politique pénale environnemental. Il en est ainsi par exemple du TJ du Puy-en-Velay, dont le parquet a été le premier à initier de telles CJIPE et qui en était encore fin 2023, le plus grand « pourvoyeur ». Il paraît exister un effet multiplicateur de la diffusion au sein d'une cour d'appel.

Contrairement à ce qui avait pu être supposé à l'origine, il n'existe pas de coïncidence entre les pôles régionaux environnementaux et les CJIP environnementales. À l'exception des parquets de Nancy, Besançon et Marseille, les neuf parquets ayant initié des CJIP depuis le 4 janvier 2022, ont gardé la compétence prévue par la loi du 24 décembre 2020 pour les affaires environnementales ne comportant pas de complexité. Ceci révèle que l'instrument de la CJIPE est utile pour des infractions simples au code de l'environnement commises par des personnes morales.

On voudrait relever ici la communication faite par les parquets. La quasi-totalité des parquets diffuse une fois la CJIPE validée, un communiqué de presse, ce qui relève d'un souci d'information conforme aux exigences en matière environnementale issue notamment de la convention d'Aarhus. Mais d'autres se contentent de mettre en ligne la convention judiciaire et l'ordonnance de validation du président du tribunal judiciaire, sans que soit précisé le montant de l'amende requise, rendant délicat le calcul du montant des amendes décidées.

Cette hétérogénéité dans la publicité souligne, malgré deux circulaires prônant le développement de la CJIPE, des lacunes de pilotage certaines de la part de la Chancellerie.

Les amendes prononcées sont en constante augmentation. Leurs montants, pour celles qui sont connues, varient entre 1 000 euros et possiblement 1,695 M d'euros. Au total, pour les premières CJIPE prononcées, ce sont donc 350 00 euros d'amendes qui auront été versées au Trésor public. L'une des CJIP contient des dispositions particulièrement intéressantes puisqu'elle prévoit un montant variable de l'amende en fonction des infractions venant à être découvertes, ce qui est assez original au regard des principes du droit pénal mais manifeste un souci indéniable d'effectivité de la réponse pénale.

Remarquable est la progression des amendes dans leur montant, comme si les parquets gagnaient en confiance en soi, soutenus en cela par la Chancellerie.

Les montants atteints sont encore loin de ceux existant dans les CJIP en matière de fraude fiscale ou d'atteintes à la probité. Tout semble se passer comme si, compte tenu des contentieux visés (l'eau) et des montants prononcés, il y avait une forme d'effets de substitution à la transaction pénale par le recours à la CJIPE. Cet effet est positif puisqu'il

(26) Sept pour la cour d'appel de Besançon, six pour Lyon, trois pour Rouen, deux pour Nancy et Aix-en-Provence et une à Saint-Denis de la Réunion, la seule provenant du ressort d'une cour d'appel ultramarine.

pallie les inconvénients de la transaction pénale. Cette tendance, si elle se confirme devra être sans doute approfondie dans les années à venir.

Les personnes morales parties à la CJIPE sont de nature assez homogène. Les personnes morales visées sont des entreprises de toutes dimensions, puisqu'on y trouve aussi bien des petites ou moyennes entreprises locales que des firmes multinationales (Lactalis, Nestlé ou Veolia). Mais ce qui ressort de manière significative est le nombre de personnes morales de droit public. Ceci s'explique par la prévalence des CJIPE engagées pour des infractions dans le domaine de l'eau. Il faut aussi souligner qu'une collectivité territoriale est partie à une CJIP (la ville de Besançon).

Cette présence des personnes de droit public, dont certaines sont dirigées ou présidées par des élus territoriaux, est sans doute un levier important pour la diffusion de cette sanction, la préférence pour la négociation étant certainement plus forte chez ces représentants que la comparution en audience correctionnelle perçue comme infamante nonobstant la présomption d'innocence. Mais on peut faire l'hypothèse que justement ces personnes morales seront attentives à la réalisation effective des programmes des conventions auxquelles elles sont soumises.

Les contenus des conventions s'enrichissent au fur et à mesure que les parquets, les entreprises et leurs conseils s'approprient la mesure. Les contenus des conventions sont variables, tenant à la nature des faits et des programmes de conformité. Parfois très simples, comme celles du tribunal judiciaire du Puy-en-Velay, elles ont le mérite de fixer des objectifs et des modalités de réparation sous la surveillance d'un des services du ministère en charge de l'Environnement.

Elles peuvent être extrêmement techniques comme celles du tribunal judiciaire de Marseille, détaillant les modalités de calcul des émissions de soufre pour justifier le montant de l'amende et préfigurer le programme de mise en conformité.

Elles peuvent ne relever que de la collation successive d'engagements déjà pris de la partie à la CJIP, comme à Charleville-Mézières, sans qu'il soit possible de qualifier de programme de conformité les dispositions qui y figurent mais davantage comme un arrangement efficace et sous contrôle judiciaire d'engagements pris par une entreprise soucieuse de mettre un terme à un contentieux récurrent.

Une mention particulière doit être faite pour la CJIPE conclue à Lisieux entre la SAS Cerza, exploitante d'un parc zoologique à Hermival-les-Vaux, et le parquet de Lisieux. Il s'agissait d'infractions multiples à la convention de Washington sur le commerce illégal des espèces protégées. La convention contient des dispositions prospectives tant sur les examens à réaliser pour déterminer la provenance de certains des animaux que pour l'amende encourue dont la variabilité est prévue par la convention en fonction d'infractions successives non contestées dans leur principe mais dont les éléments matériels peuvent différer. Cette convention inventive permet de régler pour le présent et l'avenir la mise en conformité de cet opérateur. Cette CJIP est particulièrement intéressante puisqu'elle a une sorte de caractère glissant dans le temps, permettant une adaptation des conditions de réalisation de la convention à l'évolution des constatations faites par les services enquêteurs. Elle souligne les potentialités créatrices et imaginatives que recèle la CJIPE dans un domaine mouvant comme celui des atteintes à l'environnement.

L'analyse des contenus dénote ainsi d'une grande diversité. À la différence de l'autre forme de CJIP, on relèvera l'absence de cadre méthodologique qui serait issu d'un manuel ou d'un guide de la CJIPE, comme aussi bien le Parquet national financier (PNF) que l'agence française anticorruption ont pu produire. Cette approche diverse permet aux procureurs d'adapter les contenus aux particularités de son ressort et cette flexibilité est certainement préférable à un cadre standardisé.

Les ordonnances de validation par les présidents du tribunal judiciaire acquièrent parfois des motivations fort étayées. Les ordonnances de validation quant à elles, prononcées par le président du tribunal judiciaire à l'issue d'une audience publique (par renvoi à la procédure de la CJIP de l'article 41-1-2 [27] du code de procédure pénale) lorsqu'elle est rendue publique sur les sites des ministères de la Justice et de la Transition écologique, ont des motivations assez différenciées, allant du très lapidaire, le juge se contentant d'un contrôle purement formel de la légalité externe de la convention qui lui est soumise, à un véritable contrôle aussi bien du consentement des parties à la convention que de la discussion conduite par le parquet et des garanties dont il a pu s'entourer, notamment dans la prise en considération de parties prenantes aux faits mais absentes de la procédure.

L'une d'entre elles mérite un détour, la présidente du tribunal judiciaire ayant particulièrement développé une argumentation autour de la publicité de l'audience, mais aussi retracé la teneur des débats, montrant que la validation n'est pas un simple constat de l'accord de la personne morale mais que le juge a un office à jouer. Présumons que cette tendance devrait se développer.

Si les autres parties prenantes au litige environnemental sont absentes de la convention, elles trouvent parfois une place dans le processus qui y conduit comme dans la mise en place. Comme il vient d'être dit, les seules parties à la CJIP sont la personne morale et le parquet.

Les associations souvent à l'origine de la dénonciation des faits au parquet expriment une frustration à se trouver exclues du processus.

Toutefois, il faut noter, comme cela est mentionné dans les documents publiés, que les parquets dans certaines situations ont eu le souci de prendre l'attache des associations et, implicitement, de veiller à ce que leurs demandes de réparations soient effectivement intégrées dans la convention. Le choix, souverain, du parquet de choisir de recourir à la CJIP, dans certaines affaires considérées comme emblématiques par des associations a pu en irriter certaines. Alors que leurs stratégies de plaidoyer reposaient sur la publicité de l'audience, certains choix effectués par des parquets de recourir à la CJIP plutôt qu'à la poursuite et au renvoi à une audience correctionnelle ont pu renforcer cette défiance. Après quelques mois de mise en place, la CJIPE continue de susciter toujours quelques réserves, nous y reviendrons plus loin. Celles-ci se fondent sur des éléments tirés de quelques CJIP dans lesquelles, alors qu'elles étaient à l'instigation des investigations, les associations de protection de l'environnement se sont trouvées dépossédées des suites données par le biais de la CJIP.

Les avocats sont une autre partie prenante essentielle, qui peuvent et doivent jouer un rôle essentiel dans la discussion avec le parquet comme avec leur client pour expliquer les enjeux et accompagner les entreprises.

(27) « II. – Lorsque la personne morale mise en cause donne son accord à la proposition de convention, le procureur de la République saisit par requête le président du tribunal judiciaire aux fins de validation. »

Ce rôle essentiel de conseil stratégique ne s'improvise pas et devrait être renforcé. À la lecture de quelques chroniques rédigées par des avocats qui ont fleuri ces derniers temps, l'exacte dimension de la CJIPE comme instrument adapté d'une transformation écologique responsable ne parait pas toujours évidente, de nombreux écrits limitant la CJIPE à un programme de mise en conformité, alors qu'elle est bien plus que cela. Cet effort de formation des barreaux devrait être soutenu, comme s'y emploie par exemple l'école de formation du barreau de Paris en mettant en place la première formation qualifiante en contentieux environnemental qui devrait donner une place de choix à la CJIPE.

Les organismes chargés du suivi de l'exécution sont moins dispersés que la loi ne le permet. Une mention doit être faite des services désignés pour vérifier la bonne exécution de la convention. À la suite d'un arbitrage en faveur du ministère de la Transition écologique et de la cohésion des territoires (MTECT), le suivi de la réalisation des CJIP a été confiée aux services et agences sous la tutelle ou l'autorité du MTECT. On reviendra plus loin sur les inconvénients de cette formule mais il faut constater qu'à ce stade, les services de l'Office français de la biodiversité (OFB) ont investi ce suivi. Il existe cependant une crainte que la dispersion dans l'organisation du suivi ne prive les services du ministère de la Transition écologique de l'acculturation nécessaire et de réelles capacités d'un contrôle sous l'autorité d'un parquet. Il existe pourtant un modèle connu et inspirant, dans les conditions dans lesquelles des services de probation s'assurent du respect des obligations d'un sursis probatoire.

Aucune des CJIP n'étant arrivée à son terme, il n'est pas possible de décrire pour l'heure les conditions dans lesquelles les possibles difficultés d'exécution ont été gérées par les parquets sur le fondement des rapports d'incidents. Toutefois quelques remarques peuvent être formulées à cet égard.

Tout d'abord, dans le déploiement de la CJIPE, comme cela a été noté précédemment, il n'existe pas d'autres lignes directrices que les deux circulaires de politique pénale du directeur des affaires criminelles et des grâces et à notre connaissance pas d'orientations sur le suivi et l'exécution par le ministère en charge de la Transition écologique. Cela conduit à une grande diversité finalement tant dans la formulation des exigences des conventions que dans les dispositifs de suivi mis en place. Si une tradition jacobine se satisferait davantage d'un cadre normatif uniforme, suivant des dispositions analogues, il semble à l'inverse que la confiance dans les acteurs déconcentrés que sont les procureurs de la République réponde à une adaptabilité de la CJIPE à des contextes locaux divers et à des besoins qui s'évaluent dans la connaissance fine des défis écologiques de proximité. C'est ce qui semble ressortir de la géographie des conventions exposée plus haut, sous réserve d'une étude sociologique plus précise.

Une analogie peut être faite entre le déploiement de la CJIPE et le développement de la peine de travail d'intérêt général (TIG). Comparaison n'est pas raison et toutes choses égales par ailleurs, qu'il soit permis ici de faire un parallèle avec l'instauration, il y a quarante ans, de la peine de travail d'intérêt général à la suite de la loi du 10 juin 1983, tant il peut y avoir quelques similarités, dans l'origine (le *community service order* est une mission confiée par Robert Badinter à Pierre Kramer sur cette sanction dans l'État de New York) que dans les modalités, telles que l'implication dans une approche coopérative de parties prenantes certes différentes mais réunies dans la poursuite d'un objectif d'intérêt général, une politique pénale adaptée aux réalités qui redéfinit le rôle et la place de la sanction par-delà le choix binaire entre prison et amende.

À cette époque, et sans disposer des ressources statistiques et technologiques existant aujourd'hui, la Chancellerie avait fait un double choix. D'une part, il s'agissait d'initier des collectes de données, au traitement largement manuel, pour assurer un suivi étroit au niveau national des exécutions de TIG, permettant une connaissance en temps réel non seulement des postes offerts mais aussi du contenu et des conditions dans lesquelles ces postes étaient occupés. D'autre part et principalement, en poursuivant une dynamique d'animation par l'administration centrale qui venait en région appuyer la recherche de postes intéressants, en lien avec les chefs de cour et de juridictions, les juges d'application des peines mais aussi les organismes bénéficiaires.

Comme l'écrivait le sociologue Michel Crozier « on ne change pas la société par décret ». Il semble acquis qu'une politique pénale mettant l'accent sur le développement de la CJIP, si elle doit reposer sur des notes et des circulaires de la direction des affaires criminelles et des grâces, ne saurait avoir un effet réel sur le développement prôné qu'au travers d'un travail d'accompagnement et d'appui, à l'instar de celui conduit par l'Inspection générale de la justice (IGJ) pour le déploiement des pôles régionaux environnementaux.

Par-delà ces premiers éléments, il est sans doute nécessaire et indispensable d'initier un processus récurrent d'analyse par la recherche de l'ensemble des CJIP.

Ces quelques éléments ne prétendent pas à un examen exhaustif de la richesse des CJIP. Ils mériteraient des études ou des recherches plus approfondies. Selon les informations disponibles, seul un travail de recherche portant sur la CJIP en général est en voie d'achèvement et il serait certainement bénéfique pour en assurer la diffusion et la valorisation d'initier un tel champ, comme l'Institut des études et de la recherche en droit et justice (IERDJ) l'a effectué dans un appel d'offres récent.

B. CJIP financières et CJIP environnementales : des mécanismes en miroir, des mises en œuvre à rapprocher

Indéniablement le législateur a suivi une logique de décalque entre la CJIP contre la corruption et la CJIP pour l'environnement, avec quelques différences très notables.

La première des différences pourrait tenir à la concentration des compétences de négociation du parquet dévolue au parquet national financier comme au suivi, tandis que dans la CJIPE ces capacités se trouvent décentralisées à l'ensemble des parquets et le contrôle à une cinquantaine de services dans le giron du ministère chargé de l'Environnement, comme cela vient d'être évoqué.

Mais l'examen des CJIP les plus récentes en matière financière montre que plusieurs parquets s'en emparent, notamment lorsqu'ils sont siège d'une juridiction interrégionale spécialisée, comme c'est le cas à Marseille. On relèvera aussi, sans savoir s'il s'agit de l'amorce d'un mouvement de fond, cette CJIP financière conclue par la procureure de Belfort qui montrerait qu'une voie est en train de s'ouvrir de diffusion plus large de cette forme de convention. Pourquoi souligner cette évolution ? Parce qu'en réalité, comme le montrent de nombreuses études internationales, il existe un lien profond entre corruption et atteintes à l'environnement.

L'utilité de la CJIPE est dépendante de sanctions pénales dissuasives. S'il existe une réelle différence entre les deux CJIP, elle tient dans le montant des amendes d'intérêt public prononcées, sans commune mesure. La principale inquiétude des praticiens et de la doctrine réside dans l'intérêt qu'une entreprise pourrait tirer de cette CJIP environnementale, notamment au regard des peines encourues devant les tribunaux [28]. Cette vision est confirmée par d'autres praticiens qui soulignent que « le renforcement des sanctions ne peut qu'inciter à l'utilisation de la CJIP » [29].

D'autres auteurs considèrent aussi qu'il faut à côté de la CJIP « un levier répressif puissant qui permettrait de négocier » [30].

Ce levier dépendra en partie de l'application (et de l'applicabilité pour certaines d'entre elles) des sanctions attachées aux délits portés par la loi climat et résilience [31]. Le rehaussement des amendes encourues peut jouer cet effet de levier.

Il n'en demeure pas moins que, même si cette disposition est peu utilisée en matière environnementale, le risque de condamnation pénale valant exclusion des marchés publics peut être un incitateur puissant pour préférer reconnaitre sa responsabilité mais pas sa culpabilité et aller à Canossa plutôt qu'à l'audience correctionnelle. Il convient à cet égard de souligner l'assurance progressive prise par les parquets dans le montant des amendes d'intérêt public, renforçant ainsi l'efficacité de la mesure. Ainsi à Annecy, dernière CJIPE publiée, le parquet a-t-il ordonné dans une affaire de pollution de l'eau deux amendes de 25 000 euros.

La publicité qui entoure les CJIPE se révèle pertinente pour en assurer la diffusion. Certains auteurs ont remarqué la dimension territoriale de la publication qui « vise à prendre en compte les intérêts des acteurs locaux, riverains ou groupes d'intérêts, qui ont potentiellement subi les conséquences d'une atteinte à l'environnement, en portant à leur connaissance l'existence de la convention conclue et les informant par-là de la possibilité de recours judiciaires en rapport avec les faits objet de la convention » [32].

Les communiqués de presse et plus généralement la communication effectuée autour de cette démarche ne peut avoir que des effets positifs, les analyses du DPA aux États-Unis montrant bien que les entreprises sont davantage enclines à effectuer les mesures correctrices dans une publicité finalement positive (j'ai mal fait mais je m'engage à rectifier) plutôt qu'au terme d'un long processus.

Cette dimension sociétale de la CJIPE est certainement à analyser, la première étape de la publication conjointe sur les sites des deux ministères concernés devant être suivie avec rigueur dans le temps.

Il reste à faire prospérer un lien entre les deux formes de CJIP qui ne sont ni tout à fait la même ni tout à fait une autre. Comme cela a été souligné plus haut, l'article 41-1-3 est inséré après

(28) L'avocat X. Delassault expliquait alors que « l'intérêt pour l'entreprise d'accepter le principe d'une CJIP est a priori discutable, d'autant que cette dernière expose à une amende d'intérêt public qui peut s'élever à 30 % du chiffre d'affaires, outre l'obligation de réparation du préjudice écologique. Or, pour que le principe d'une CJIP fonctionne, il faut que l'entreprise y trouve un intérêt, ce qui n'est pas en l'espèce évident », Quelle place pour la nouvelle CJIP environnementale, S. Bridier, 2 mars 2021 https://www.dalloz-actualite.fr/dossier/quelle-place-pour-nouvelle-cjip-environnementale.

(29) L'avocat B. Denis cité dans l'article de S. Bridier (note précédente) relève que, de la même manière, « face à l'aggravation des sanctions, face à la création de nouvelles incriminations et donc face à l'augmentation du risque pénal pour les entreprises, à partir du moment où elles seront mises en cause, et que l'analyse des risques démontrera que la procédure pénale va durer des années, que les noms des sociétés seront jetés en pâture – à juste titre ou à tort – dans la presse, qu'elles ont des probabilités d'être condamnées, je pense qu'elles auront intérêt à se saisir de l'outil CJIP ».

(30) J.-B. Perrier, préc.

(31) Projet de loi portant lutte contre le dérèglement climatique et renforcement de la résilience face à ses effets, n° 3875.

(32) M. Pennaforte et J.-N. Citti, Convention judiciaire d'intérêt public en matière environnementale : contrat de confiance ou marché de dupes ?, D. actu., Le droit en débats, 19 juin 2020.

l'article 41-1 -2. Il ne s'agit pas d'une simple tautologie mais bien d'un lien à développer entre les atteintes à la probité et celles portées à l'environnement.

Aussi bien Interpol que les conférences des parties aux conventions de Palerme et Merida ont souligné cette corrélation, finalement assez évidente dès lors que le droit de l'environnement est rempli de dispositions de permis et d'autorisations propices dans leur délivrance à tous les abus.

Si l'on admet que la corrélation est fondée, alors sans doute des conventions prises sous le double fondement des articles 41-1-2 et 3 devraient être envisageables. Il faut d'ailleurs remarquer à cet égard deux CJIP, l'une conclue par le parquet d'Évreux, l'autre conclue par le PNF avec la société Dauphin environnement qui met en lumière ce lien.

IV. Apprécier les impacts, approfondir les processus, européaniser la formule

A. CJIP : affaire de toutes les parties prenantes au litige environnemental

Les réticences ou les oppositions des ONG constituent une difficulté largement surmontable. Pour quelles raisons les ONG sont réservées à l'égard de la CJIP ? L'argument principal des ONG, repris de ceux développés lors de la mise en place de la CJIP de la loi Sapin 2, tient à l'opacité de la procédure. Alors que les associations de protection de l'environnement sont aux côtés des organes d'enquêtes comme l'Office central de lutte contre les atteintes à l'environnement et à la santé publique (OCLAESP) ou l'Office français de la biodiversité (OFB), dès lors que la voie de la CJIP est ouverte, elles s'en trouvent exclues. Pourtant leur apport sur l'évaluation des dommages, comme sur la connaissance des processus qui ont pu conduire à l'atteinte par leurs réseaux de lanceurs d'alerte, est essentiel. Il y a sans doute là une faille qui de surcroît ne semble pas de nature à faciliter le droit d'accès à la justice en matière environnementale issu de la convention d'Aarhus.

De surcroît, les premiers développements de la CJIPE n'ont pas nécessairement rassuré les ONG à cet égard. Plusieurs entretiens de l'auteur avec des grandes organisations de la société civile ont montré que, de manière pratique, des parquets sollicités dans des affaires emblématiques pour ces associations auraient, selon elles, pris l'orientation de la CJIPE afin d'éviter la confrontation avec ces organisations dans un débat judiciaire contradictoire.

Une des façons de lever ces reproches pourrait consister à donner de la vigueur au débat contradictoire autour de l'audience de validation et renforcer la place du juge. En donnant une plénitude de pouvoirs au juge ou à la juridiction, il y aurait là un moyen important de donner aux ONG défiantes de la confiance dans la mesure.

En outre, le rôle qui serait ainsi dévolu au juge permettrait de répondre à l'objectif à valeur constitutionnelle conféré par le Conseil constitutionnel à la « *protection de l'environnement, patrimoine commun des êtres humains* [33] », le Conseil reconnaissant

(33) Cons. const. 31 janv. 2020, n° 2019-823 QPC, AJDA 2020. 264 ; *ibid.* 1126 ; *ibid.* 425, tribune V. Goesel-Le Bihan, note F. Savonitto ; D. 2020. 1159, et les obs., note B. Parance et S. Mabile ; *ibid.* 1012, obs. V. Monteillet et G. Leray ; *ibid.* 1761, obs. N. Reboul-Maupin et Y. Strickler ; *ibid.* 1970, obs. L. d'Avout, S. Bollée et E. Farnoux ; *ibid.* 2021. 1308, obs. E. Debaets et N. Jacquinot ; AJCT 2020. 340, étude G. Bailly ; RFDA 2020. 501, chron. A. Roblot-Troizier ; Constitutions 2019. 594, Décision : « *Il en découle que la protection de l'environnement, patrimoine commun des êtres humains, constitue un objectif de valeur constitutionnelle.* »

que cet objectif pouvait justifier une restriction à la liberté d'entreprendre [34]. Or peut-on imaginer que de telles restrictions relèvent de la seule autorité du parquet ? Ou que par une ordonnance de validation, le président du tribunal porte une atteinte à la liberté d'entreprendre ?

Dès lors, ceci assurerait une sécurité juridique aux procureurs dans les discussions, leur permettant d'envisager des limitations qui pourraient être prévues dans la convention, comme de ne pas opérer de nouvelles installations tant que celles existantes ne seraient pas mises en conformité.

L'exigence de transparence dans la négociation serait aussi une voie à développer. Des mesures simples, à législation constante, permettraient d'assurer une plus grande transparence de la négociation :

- la première pourrait consister pour le parquet à recueillir des informations de toutes les parties prenantes. Si la discussion reste duale, en revanche rien n'interdit que soient mis sur la table des discussions sur l'ensemble des éléments portés à la connaissance du parquet. Bien au contraire, une conception intelligente du principe du contradictoire devrait exiger cette transparence sans que puisse être opposé un secret des affaires, notion extensible pour atténuer sa responsabilité.

Faute d'une procédure aussi rude que le *Discovery* étasunien, il faut constater d'ailleurs que cette mesure devrait s'appliquer à l'ensemble des parties, y compris donc la personne morale partie à la convention. De surcroît, si l'on veut atteindre l'objectif souhaitable d'ouvrir la CJIP à des atteintes graves à l'environnement, le parquet doit pouvoir être en position de négocier d'égal à égal avec des entreprises et leurs conseils qui n'ignorent rien des détails de l'atteinte et des motifs techniques ou financiers qui y ont conduit. L'exemple des États-Unis dans l'application du DPA est à cet égard particulièrement intéressant, faisant finalement de l'avocat le vérificateur interne de la mise en conformité ou de la réalisation des mesures correctrices sans pouvoir opposer le secret professionnel ;

- la seconde disposition repose sur la nécessaire concertation que les parquets devraient conduire, à froid, avec les acteurs de la société civile engagés dans la protection de l'environnement, à chaud, dans le cadre de la préparation d'une CJIP, l'état d'esprit de cette mesure relevant davantage de logiques de coopération que de compétition.

Une juste appréciation des oppositions, comme le souci de la transparence devrait être établie par les parquets généraux, par exemple en instaurant une communication régulière avec ces grandes organisations représentatives dans leurs ressorts, faute de quoi ces antagonismes risquent de devenir une hostilité finalement préjudiciable à ce nouvel ordre public environnemental que les CJIP contribuent à dessiner.

La diffusion large de la CJIP implique un effort de formation et d'information en direction de l'ensemble des parties aux litiges environnementaux, à commencer par procureurs et avocats. Outre la nécessité de guides et de manuels ou de lignes directrices, complétant les nécessaires orientations de politique pénale, il ne faut pas non plus se voiler la face et se plonger dans une montée en compétences de négociation des parquets. L'ENM a sans doute un rôle déterminant à jouer, comme certaines associations qui assurent la

(34) *QPC « pesticides » – bref commentaire* par Me B. Busson, 3 févr. 2020.

promotion de nouvelles formes de justice négociée notamment. Car la construction d'une convention exige de fabriquer un compromis, un deal, certes un peu forcé pour l'entreprise mais qui, pour atteindre son objectif de réparation doit être acceptable.

Mais de l'autre côté de la table aussi, les conseils de la personne morale doivent disposer de quelques prérequis dans la négociation de tels arrangements. Là encore, la problématique n'est pas exactement identique à celle qui a cours dans la défense pénale classique.

Les premières analyses des CJIPE conduisent à interroger le processus de suivi de l'article 41-1-3 2° qui devrait être révisé. L'avant-dernier alinéa de l'article 41-1-3 définit comme les garants du respect des dispositions conventionnelles les services et agences du ministère de la Transition écologique : « 2° Régulariser sa situation au regard de la loi ou des règlements dans le cadre d'un programme de mise en conformité d'une durée maximale de trois ans, sous le contrôle des services compétents du ministère chargé de l'environnement ».

Cette formule résulte d'un arbitrage politique favorable au MTECT dans les discussions interministérielles préalables au dépôt du projet de loi. Une autre formule avait été envisagée par le rapport des inspections générales visant à confier à une autorité indépendante le soin de cette garantie, notion préférée à celle de contrôle finalement retenue. Mais la perspective de créer une nouvelle autorité indépendante, au moment de l'examen du projet de loi, et bien que la Convention citoyenne pour le climat ait elle-même préconisé la création d'un Défenseur constitutionnel de l'environnement, apparaissait trop hardie.

Ce point de vue, déjà exprimé dans le rapport des inspections générales précité, a été abondamment soutenu par le groupe de travail présidé par l'ancien procureur général de la Cour de cassation François Molins [35].

Le professeur Jean-Baptiste Perrier [36] considère qu'il faut, pour contrôler l'exécution de la CJIP, une agence ou une autorité chargée de surveiller le respect des programmes de conformité environnementale « sur le modèle de l'Agence française anticorruption ». C'était aussi le point de vue soutenu par les magistrats de la mission d'inspection « Une justice pour l'environnement ».

L'argument majeur visant à créer une autorité indépendante tient aux risques de conflits d'intérêts que contient la dévolution du contrôle des CJIPE aux services compétents du ministère de l'Environnement. Il ne faut pas sombrer dans la fiction que d'imaginer un service dans une direction régionale de l'environnement, de l'aménagement et du logement (DREAL) chargée du contrôle de la bonne exécution d'une CJIPE sous le contrôle du procureur pour une affaire de déchets tandis que le même service, placé sous l'autorité du préfet, effectue des mises en demeure pour la même entreprise. Une affaire récente montre qu'il ne s'agit pas d'une hypothèse d'école (voir le préfet de la Vienne qui suspend un contrôle d'installations phytosanitaires ordonné par le procureur sous la pression des syndicats d'exploitants agricoles). Sans doute serait-il judicieux de ne pas attendre la réalisation de telles situations pour adapter le texte.

(35) L'avocat B. Denis considère qu'il « faudrait idéalement que l'exploitant qui s'engage dans une CJIP puisse également avoir comme interlocuteur l'administration [en plus du parquet, ndlr] pour savoir "à quelle sauce il va être mangé" au plan administratif, notamment dans le cadre du plan de conformité qui lui sera demandé ». Car il « voit difficilement l'administration – les directions régionales de l'environnement (DREAL) – ne pas se saisir des CJIP publiées pour en tirer les conséquences au plan administratif ». S. Bridier, Quelle place pour la nouvelle CJIP environnementale, 2 mars 2021.

(36) J.-B. Perrier, préc.

La mission d'inspection proposait une autre formule en faisant de l'audience un temps d'examen contradictoire du contenu de cette convention [37]. Ce débat devrait permettre d'une part, de répondre au souci de transparence et d'information du public, et d'autre part de satisfaire au principe de participation de public à la décision environnementale, conformément à l'exigence de nature constitutionnelle issue de la Charte de l'environnement [38].

De plus la mission, dans son rapport, estimait que le juge pour l'environnement, ou un juge spécialisé, devrait, une fois l'ordonnance rendue, en devenir le juge de l'exécution en cas d'incident. Ainsi en ayant une plénitude compétence en aval de l'ordonnance, et, au terme d'un débat contradictoire, il pourrait accorder un délai pour la mise en œuvre de certaines obligations ou révoquer la CJIPE, dans des termes voisins à la procédure applicable devant le juge de l'application des peines qui a souvent une latitude sur les modalités d'exécution d'une peine. Cette phase serait d'autant plus importante à constituer que les situations des personnes morales comme celles des personnes physiques sont évolutives et que la justice doit, de ce point de vue faire preuve d'une certaine adaptabilité.

À cet égard, la question fondamentale est celle du vérificateur de la convention. Celui-ci serait nommé par la même ordonnance de validation du président du tribunal judiciaire pour s'assurer de l'effectivité de la mise en œuvre des mesures de mise en conformité et de remise en état. Il agirait en quelque sorte comme un agent de probation du respect des dispositions de la convention, en adressant au juge mandant des rapports périodiques relatifs à sa mise en œuvre.

Le texte adopté par le Sénat (art. 41-1-3 nouveau 2°) précise que la bonne exécution des prescriptions de la CJIPE s'effectue *sous le contrôle des services compétents du ministère chargé de l'Environnement*. En effet, « *l'absence de contrôle pourrait laisser subsister, sous couvert de cette convention, des situations irrégulières* » [39].

Le professeur Perrier préconise, comme la mission conjointe, qu'« *un autre choix* [*de vérificateur*] *pourrait être fait, pour assurer le contrôle effectif et concret de ces mesures* ».

Celui-ci pourrait s'appuyer sur des compétences techniques issues d'organismes tels que la Caisse des dépôts et consignations et sa filiale CDC Biodiversité, l'Office français de la biodiversité ou l'ADEME lorsqu'il s'agit de questions relatives à des risques industriels [40].

Le contrôleur devrait nécessairement être placé sous l'autorité du parquet, partie à la convention, ou plus certainement de la juridiction pour l'environnement (pôle régional environnemental), celle-ci étant, par l'effet dévolutif de ses compétences, en charge de la bonne exécution de ses décisions.

L'orientation retenue à la demande du MTECT, pourrait soulever une question de garantie d'indépendance et d'impartialité du vérificateur, susceptible d'être évoquée à juste titre par l'autre partie à la convention, la personne morale. En effet, le service du MTECT en charge de vérifier la bonne exécution de la convention pourrait également être en situation, au

(37) Qui peut être une audience publique ou une audience en chambre du conseil, cette solution qui n'est pas incompatible avec l'organisation d'un débat contradictoire pouvant permettre de préserver le secret des affaires.

(38) Art. 7 de la Charte de l'environnement : « Toute personne a le droit, dans les conditions et les limites définies par la loi, d'accéder aux informations relatives à l'environnement détenues par les autorités publiques et de participer à l'élaboration des décisions publiques ayant une incidence sur l'environnement ».

(39) L. Picavez, Convention judiciaire d'intérêt public : l'État mise sur le droit pénal pour protéger l'environnement, Actu Environnement Le Mensuel, n° 400.

(40) La mission a ainsi examiné diverses possibilités pour constituer cet organe de contrôle, notamment CDC Biodiversité, filiale de la Caisse des dépôts chargée par cet établissement public de mettre en place des mesures de compensation. Cette entreprise dispose de la compétence technique et des méthodologies adaptées pour remplir cette mission. De même, dans leurs champs de compétences, le nouvel Office français de la biodiversité, comme l'ADEME (autour des installations classées pour la protection de l'environnement) disposent des compétences techniques pour effectuer cet exercice de surveillance.

titre de ses compétences de police administrative, d'user de ses compétences de négociation, par le biais de mises en demeure par exemple, qui iraient à l'encontre de l'objectif recherché. Cette question de l'impartialité est d'ailleurs au cœur de plusieurs litiges environnementaux.

Un rôle particulier pourrait être dévolu à l'AFA ou à une autorité indépendante dédiée. Lors des débats parlementaires sur le projet de loi issu des travaux de la Convention citoyenne pour le climat, des députés avaient déposé plusieurs amendements évoquant l'Autorité française anticorruption (AFA) comme autorité de contrôle et de suivi des décisions de justice rendues au visa des articles 67, 68 et 69 du projet de loi portant lutte contre le dérèglement climatique et renforcement de la résilience face à ses effets.

Ainsi dans l'exposé sommaire, les auteurs de cet amendement précisent qu'« il apparaît comme pertinent de confier cette mission de contrôle à l'AFA, un service indépendant, afin d'assurer le suivi des décisions dans l'intérêt du juge et des parties civiles au procès »[41].

Mais le déploiement accéléré des CJIPE pose la nécessité de produire quelques lignes directrices tout en laissant de l'autonomie aux parquets. L'un des mérites de l'AFA a été, lors du mandat de son premier directeur général, de produire un certain nombre de guides et de manuels proposant des lignes directrices en la matière. Ainsi plusieurs documents publics permettent dans l'optique de développer des programmes de compliance adaptés et performants de produire des méthodologies adaptées. Une transposition au domaine environnemental serait bienvenue sans pour autant brider la créativité des procureurs dans la discussion mais en permettant d'établir une forme d'égalité des armes.

De ce point de vue, les modes participatifs d'élaboration de tels guides, associant des représentants du parquet, les services du ministère de la Transition écologique et des entreprises, voire en y adjoignant des représentants d'ONG, sous l'égide de la Chancellerie et des ministères de tutelle, permettraient de construire des lignes directrices solides complétant utilement les orientations fortes de la circulaire de politique pénale prônant la promotion de la CJIP environnementale.

Cette option semble cruciale pour maintenir la position du parquet dans la discussion des termes d'une CJIP alors que l'on assiste au développement d'un véritable secteur marchand de la compliance, assuré par les organismes de vérification ou des entreprises d'audit et de conseils qui en ont l'expertise. Mais fleurissent aussi une noria d'entreprises s'autoproclamant spécialistes de la conformité, sans dispositif de régulation mis en place par les pouvoirs publics.

Une affectation différente du produit des amendes issues de la CJIP environnementale devrait être recherchée. Il avait été suggéré de déroger à ce principe sacrosaint des finances publiques en permettant qu'une partie du montant des amendes collectées au titre des deux CJIP soit reversée au ministère de la Justice pour améliorer son fonctionnement dans ces domaines de spécialisation. Des suggestions avaient également été faites pour

(41) Présenté par Mme Zitouni, M. Mbaye, Mme Galliard-Minier, M. Testé, M. Delpon, Mme Brulebois, Mme Vanceunebrock, Mme Lakrafi, Mme Meynier-Millefert, M. Bonnell et Mme Lenne. L'amendement no 1230 est ainsi rédigé : *Article 67 Compléter cet article par l'alinéa suivant : « Les missions de garant du contrôle et du suivi de l'effectivité de la décision de justice inhérentes aux articles 67, 68 et 69 du présent projet portant lutte contre le dérèglement climatique et renforcement de la résilience face à ses effets sont assurées par une autorité administrative indépendante, dont les modalités seront définies par décret[s] établis en Conseil d'État. »* L'amendement no 1461, présenté par ces mêmes auteurs, mentionne expressément l'AFA : *ARTICLE 67 Compléter cet article par l'alinéa suivant : « Le contrôle de l'effectivité des décisions de justice rendues au visa des articles 67, 68 et 69 du présent projet est assuré par l'Agence française anticorruption. »*

que les montants ainsi récupérés viennent alimenter un fonds de réparation de la nature, sur le modèle du Fonds de garantie de l'indemnisation des victimes de terrorisme. La loi climat et résilience du 23 août 2021 avait demandé à l'exécutif de produire dans un délai de trois mois à compter de la promulgation de la loi un rapport sur l'affectation du produit des amendes versées. Ce rapport n'avait pas à la date de cet article été rendu public. Il serait sans doute utile que le Parlement s'enquière de ce sujet. Dès lors que les amendes d'intérêt public finalement collectées par l'autorité judiciaire se multiplient et que le montant cumulé commence à atteindre des montants substantiels, la question peut être légitimement posée de l'affectation de ces sommes, par dérogation au principe de reversement indifférencié au budget de l'État, « dans les caisses de Bercy ».

L'expérience de la CJIP dans le champ de la lutte contre la corruption et de la fraude fiscale montre que celle-ci est génératrice de ressources importantes pour le Trésor public. Mais un intéressement de la justice à cette sanction permettrait de la doter sans délai des moyens nécessaires à son développement.

Cet intéressement serait particulièrement adapté à la justice environnementale afin d'accompagner son essor.

En transposant au champ de la justice environnementale des solutions préconisées dans le domaine de la lutte contre la délinquance financière et la prévention de la corruption, un adossement du déploiement des pôles régionaux environnementaux, particulièrement pour appuyer les recrutements d'assistants techniques, à un contrat de modernisation qui serait financé par un intéressement conditionnel au produit de la CJIPE constituerait un puissant levier pour leur mise en place.

Il serait enfin pertinent d'apporter une suite aux propositions du groupe de travail présidé par M. François Molins sur le droit pénal de l'environnement. Le procureur général honoraire de la Cour de cassation François Molins a conduit un groupe de travail sur le droit pénal de l'environnement qui a formulé treize propositions très opérationnelles, dans une forme d'écho aux recommandations du rapport des inspections générales précitées. Sous un axe central de renforcer l'effectivité du droit pénal de l'environnement, le rapport soutient fortement le développement de la CJIP avec la création d'une autorité indépendante en charge du contrôle de leur application.

Cette proposition s'inscrit dans un même mouvement et sous une forme de continuité, que les préconisations du rapport « Une justice pour l'environnement » et les propositions issues de la mission confiée à une députée en 2021 sur la création d'un défenseur de l'environnement.

Même si elles n'ont pas eu de suites législatives, ces préconisations semblent avoir largement inspiré les orientations de politique pénale de l'automne 2023.

B. Donner une portée européenne à la CJIPE

Imaginons un instant qu'une papeterie dont le siège social est situé dans les Balkans, avec une filiale aux Pays-Bas et dont les usines sont en Belgique et en France à proximité de la Meuse. Par un malheureux concours de circonstances, et une obsolescence des installations destinées à réduire les rejets de chlore dans la Meuse ou ses affluents, l'entreprise déclenche une pollution des eaux de ce fleuve s'étendant aux trois pays riverains et provoquant des dégâts à des installations classées pour le traitement de déchets urbains. Une véritable infraction d'atteinte transfrontalière dans le domaine de l'eau ou des déchets que l'on espère relever de la fiction.

Plusieurs parquets sont mobilisés pour diriger les enquêtes. Tous les instruments de coopération horizontale sont existants, par le biais d'Eurojust ou d'Europol comme pour les pièces d'exécution nécessaires à l'investigation pénale. L'entreprise auteure de l'atteinte ayant bénéficié de subventions de l'Union européenne pour assurer une mise à jour de ses installations au titre des aides régionales ou de crédits d'appui à la mise en place de la directive eau, on pourrait imaginer une saisine collatérale du Parquet européen, au titre de sa compétence en matière de défense des intérêts financiers de l'Union [42].

Mais l'entreprise admet très rapidement ses responsabilités et, disposant de capacités financières importantes se déclare prête à mettre en œuvre un programme de mise en conformité de ses installations. Mais le droit belge comme le droit néerlandais ne connaissant pas la CJIP, les trois autorités de poursuite risquent de se livrer une forme de concurrence dans l'exercice des poursuites alors que s'il existait une disposition de portée européenne, l'un des parquets, avec la coopération des deux autres, pourrait élaborer une forme de convention de nature transnationale.

Ni la loi du 24 décembre 2020, ni la future directive de l'Union européenne sur la protection de l'environnement par le droit pénal n'ont prévu ni même envisagé la possibilité d'une mise en place de la CJIP environnementale, ou d'un mécanisme équivalent, adjacente aux compétences assurant la mise en place du Parquet européen.

Pourtant la loi du 24 décembre autorise ainsi le procureur européen délégué à recourir en France à la convention judiciaire d'intérêt public. L'article 40 du règlement [43] est consacré aux procédures simplifiées en matière de poursuite visant au règlement définitif d'une affaire selon les modalités fixées d'un commun accord avec le suspect dont peut user le Parquet européen. Or, les dispositions de la loi du 24 décembre 2020 dans sa partie relative à l'adaptation de la procédure pénale au Parquet européen sont assez discrètes à ce sujet puisque la CJIP n'y figure que par un simple renvoi à l'article 41-1-2 du code de procédure pénale alors même que cette procédure négociée aurait naturellement vocation à s'appliquer aux infractions entrant dans le champ de compétence du parquet européen. La récente résolution présentée par Mme Moutchou et visant à élargir la compétence du Parquet européen aux affaires environnementales n'aborde pas cette dimension.

Pourtant également, dans la communication de la Commission présentée le 20 mai 2020, et relative à sa stratégie pour la biodiversité [44] il est indiqué notamment que « *la Commission s'efforcera, en coopération étroite avec les États membres et les réseaux européens d'agences pour l'environnement, d'inspecteurs, d'auditeurs, de services de police, de procureurs et de magistrats, d'améliorer l'assurance de la conformité.* » Cette

(42) Cette approche serait certainement facilitée en étendant la compétence du Procureur européen aux atteintes à l'environnement, comme l'avaient suggéré des parlementaires européens lors des débats sur la directive protection de l'environnement par le droit pénal, et plus récemment comme y invite une proposition de résolution européenne déposée par Mme Moutchou, vice-présidente de l'Assemblée nationale https://www.assemblee-nationale.fr/dyn/16/textes/l16b2395_proposition-resolution-europeenne

(43) Règlement (UE) 2017/1939 du Conseil du 12 octobre 2017 mettant en œuvre une coopération renforcée concernant la création du Parquet européen : https://eur-lex.europa.eu/legal-content/FR/TXT/PDF/?uri=CELEX:32017R1939&from=FR.

(44) Communication de la Commission au Parlement européen, au Conseil européen, au Conseil, au Comité économique et social européen et au Comité des régions relative à la stratégie de l'UE en matière de biodiversité à l'horizon 2030. 20.05.2020 COM (2020) 380 final.

notion très novatrice d'amélioration de l'assurance de la conformité, trouve évidemment une résonance dans le mécanisme de la CJIP dont elle est l'essence même.

Pour éviter l'argument de l'arrogance française, il serait nécessaire de dénommer cet arrangement différemment en lui redonnant l'identité de ses origines, par exemple en évoquant un « accord judiciaire de poursuites environnementales différées » [45].

Il est certain que si une telle proposition venait à prospérer avec le soutien stratégique de quelques États membres, alors le droit de l'environnement, par-delà les rives de la Meuse, mais aussi et peut être surtout les droits du vivant, y gagneraient singulièrement en efficacité sur le vaste territoire susceptible d'être couvert par ce traité. Le champ géographique du Conseil de l'Europe permettrait aussi de disposer de possibilités de réponses pénales adaptées et négociées par-delà les frontières de l'Union européenne et de la nouvelle directive de l'Union européenne sur la protection de l'environnement par le droit pénal, silencieuse sur ce sujet.

Conclusions

N'hésitons pas à relever quelques paradoxes de la CJIP.

Une convention ? Celle-ci classiquement implique une réciprocité et une certaine égalité entre les personnes qui s'y obligent. Rien de tel en ce domaine, puisque le procureur tient en quelque sorte la plume, sous la menace d'utiliser d'autres voies de poursuite.

Judiciaire ? Certes, la convention doit être validée par un juge du siège mais il ne s'agit que d'une validation, n'appelant aucune participation active sauf à y voir une vision très étroite de ce qu'est l'office du juge.

D'intérêt public ? Encore faudrait-il avoir une vision claire des contours d'un tel intérêt. S'apprécie-t-il au regard d'un manquement formel ? D'un dommage réel ? Pour quels territoires ? Face à quelles entités juridiques, humaines seulement ou non humaines ?

Quant à la référence au domaine environnemental, le législateur a restreint la CJIP aux seules infractions du code éponyme, certes en y adjoignant les infractions connexes mais en excluant celles contenues dans d'autres codes, forestier, rural, minier, rendant d'emblée hors d'usage le processus pour des champs qui pourraient fort judicieusement trouver une place.

Pourtant, de ces paradoxes peuvent surgir de nouvelles et riches perspectives, comme nous y invitaient récemment lors d'un des colloques du cycle « Engagement, contrat et risque environnemental » organisé par la Cour de cassation, les professeures Mathilde Hautereau-Boutonnet, Béatrice Parance et Judith Rochfeld [46].

D'abord, parce que la CJIP introduit le contrat au procès pénal et que, d'une certaine manière, cette entrée redonne

(45) C'est une proposition de l'ONG *Wild Legal* soutenue par les autres ONG représentant plus de 100 organisations à l'échelle européenne qui, toutes, participent comme observatrices aux travaux du groupe de travail du Conseil de l'Europe pour rédiger une convention « Protection de l'environnement par le droit pénal » (www.wildlegal.eu).

(46) V. La convention judiciaire d'intérêt public et l'utilisation du contrat comme alternative aux poursuites : quelle pertinence et quelle efficacité ?, colloque à la Cour de cassation 21 nov. 2023, https://www.courdecassation.fr/agenda-evenementiel/la-convention-judiciaire-dinteret-public-et-lutilisation-du-contrat-comme, avec M. Hautereau-Boutonnet, modératrice, J.-B. Perrier, professeur à l'université d'Aix-Marseille, F. Molins, ancien procureur général près la Cour de cassation, F. Labrousse, avocate, A. Lozano, juriste, représentante de France nature environnement (FNE).

aux parties des horizons de discussion, sous l'article 6 de la Convention de sauvegarde des droits de l'homme, en affirmant quelques principes issus de l'équité, comme l'égalité des armes, le contradictoire, l'accès au juge.

Parce qu'ensuite, la CJIP, réservée aux fautes des personnes morales, si elle est une convention, pourrait parfaitement s'ouvrir à toute personne reconnaissant de sa responsabilité dans la protection du vivant [47]. Il y aurait là une possibilité très intéressante pour mettre un terme à des différends collectifs de voisinage, comme la proximité d'infrastructures bruyantes mais sans atteindre un seuil pénal ou l'usage de produits phytosanitaires en quantités limitées mais provoquant des gênes à un entourage.

Enfin, la CJIP est une sentence agile et disruptive, aux confins de la nécessaire sanction des atteintes mais aux potentialités préventives et correctives colossales, dans le champ pénal et civil en même temps. Aux magistrats de se saisir de cette opportunité pour remplir la confiance que les citoyens portent en la justice pour apporter des réponses efficaces et pratiques aux troubles environnementaux croissants. Une manière d'allier prévention, répression et réparation, qui devrait être le mantra des systèmes de justice dans ces domaines.

(47) V. D. Agoguet, V. Delbos, Une responsabilité universelle pour la planète, Quelques réflexions sur la responsabilité environnementale, Archives de philosophie du droit 2021/1 (tome 63).

CONSEIL D'ETAT

Écrire le droit de l'environnement avec les maux de la société

Delphine Hedary

Conseiller d'État,
rapporteur à la Section des travaux publics

La participation à la réalisation de plusieurs grands moments de concertation qui ont accompagné des étapes importantes du droit de l'environnement au cours des vingt dernières années, de la Charte de l'environnement à la Convention citoyenne pour le climat, ainsi que l'analyse de la production normative récente inspirent cette libre réflexion personnelle sur la façon dont le droit de l'environnement répond aux maux de la société en intégrant les mots des citoyens.

La place croissante des mots de la société dans le droit de l'environnement

Le droit des personnes à s'exprimer dans les processus de prise des décisions a concerné, dès l'Ancien Régime [1], les décisions que l'on qualifierait aujourd'hui comme « ayant une incidence sur l'environnement » [2], afin de recueillir les informations sur leurs « commodités et incommodités », ou les « avis et consentements ». Après la Révolution, le régime napoléonien a réorganisé et développé le recours aux enquêtes, portant par exemple sur le dessèchement des marais [3] ou les établissements qui étaient alors qualifiés d'insalubres [4], ancêtres des installations classées pour la protection de l'environnement, avant même que ne soient organisées les enquêtes d'utilité publique en cas d'expropriation [5] sous la Restauration, époque de réalisation de nombreux grands travaux publics. La loi dite Bouchardeau [6] a unifié et précisé le régime des enquêtes publiques pour les décisions affectant l'environnement, mais elle n'a pas créé la participation, de même que la loi Barnier [7] puis la Charte de l'environnement n'ont eu qu'un caractère recognitif du principe de participation.

Ces quelques points de repère mettent en lumière deux faits.

Le premier est que les décisions qui ont trait à l'environnement ont un impact sur la vie quotidienne des personnes tellement direct et évident qu'il est apparu nécessaire

(1) Fr. Graber, Entre commodité et consentement. Des enquêtes publiques au XVIIIe siècle, Participations. Revue de sciences sociales sur la démocratie et la citoyenneté, 3, 2012, p. 93-117.

(2) Art. 7 de la Charte de l'environnement ; chapitre III du titre II du livre Ier du code de l'environnement.

(3) L. du 16 sept. 1807 sur les dessèchements.

(4) Décr. impérial du 15 oct. 1810 relatif aux manufactures et ateliers qui répandent une odeur insalubre ou incommode.

(5) L. sur l'expropriation pour cause d'utilité publique, 28 févr. 1831.

(6) L. no 83-630 du 12 juill. 1983 relative à la démocratisation des enquêtes publiques et à la protection de l'environnement.

(7) L. no 95-101 du 2 févr. 1995 relative au renforcement de la protection de l'environnement.

d'organiser la possibilité de prendre en compte leurs avis pour éviter qu'ils ne s'expriment de façon désordonnée voire violente, ou n'entravent le cours d'une exploitation, avant même que ne s'installent des régimes démocratiques. Le premier code de l'environnement ne date que de l'an 2000 [8] mais les décisions ayant un impact sur l'environnement ont commencé à être écrites avec la participation des citoyens plusieurs siècles avant, que ne soient employées les expressions de « démocratie participative » ou de « démocratie environnementale ».

À travers les siècles demeurent des constantes, dans les problématiques liées à l'environnement comme dans la façon de les traiter. Ainsi le décret impérial du 15 octobre 1810 vise « les plaintes portées par différents particuliers contre les manufactures et ateliers dont l'exploitation donne lieu à des exhalaisons insalubres ou incommodes » et organise la possibilité de les prendre en compte *a priori*, avant la délivrance de l'autorisation administrative qu'il rend obligatoire, en prévoyant que « tout particulier sera admis à présenter des moyens d'opposition » pendant le délai d'affichage de la demande d'autorisation. C'est l'ancêtre du décret de 1977 [9] sur les installations classées pour la protection de l'environnement. Et si l'autorisation environnementale unique [10] a unifié et regroupé des décisions devenues nombreuses et mal coordonnées pour un même projet, les principes fondamentaux des procédures d'autorisation n'ont pas été remis en cause.

Cependant le champ des procédures de participation a été étendu jusqu'à certains actes réglementaires, et les formes se sont diversifiées, vers la simplification avec les consultations par voie électronique, ou vers la complexification avec les débats publics avec ou sans l'encadrement de la Convention nationale du débat public. Et contrairement à ce qui était espéré par les porteurs de projet, les concertations préalables ne suppriment pas les contestations contentieuses ultérieures. Au point que le recueil des mots des citoyens dans les procédures relevant du droit de l'environnement devient décrié comme la source de maux pour la société : la trop grande difficulté à réaliser des projets, y compris favorables à l'environnement comme la construction d'installations d'énergie renouvelable.

Le second est que les décisions qui ont une incidence sur l'environnement sont aussi les révélateurs des grands moments de vie d'une société, qui sont à la fois ses maux et ses moyens de développement. Ainsi le dessèchement des marais marque une époque de conquête du territoire par son assainissement qui apporta des progrès pour le développement économique et pour la santé humaine. Les ateliers et manufactures « insalubres » caractérisent l'expansion de l'activité industrielle, source de richesses et de nuisances. Leur difficile et parfois tragique coexistence avec les habitations a donné naissance à des jalons importants du droit. On peut penser en particulier à la notion de la préexistence comme tempérament dans la théorie jurisprudentielle des troubles anormaux de voisinage, codifiée à l'article L. 112-16 du code de la construction que le Conseil constitutionnel a jugé ne pas méconnaitre les articles 1er à 4 de la Charte de l'environnement [11]. Ou encore à la loi sur les risques [12] instaurant notamment les plans de prévention des risques technologiques pour éviter que ne se reproduisent des tragédies comme l'explosion de l'usine AZF à Toulouse le 21 septembre 2001 qui tua 31 personnes en raison de sa proximité avec des zones intensément urbanisées et d'autres usines avec lesquelles l'effet domino des risques cumulés n'était jusqu'alors pas pris en compte.

(8) Ord. n° 2000-914 du 18 sept. 2000.

(9) Décr. n° 77-1133 du 21 sept. 1977 pris pour l'application de la loi n° 76-663 du 19 juill. 1976 relative aux installations classées pour la protection de l'environnement.

(10) C. envir., art. L. 181-1 et s., issus de l'ordonnance n° 2017-80 du 26 janv. 2017.

(11) Cons. const. 8 avr. 2011, n° 2011-116 QPC, AJDA 2011. 762 ; *ibid.* 1158, note K. Foucher ; D. 2011. 1258, note V. Rebeyrol ; *ibid.* 2298, obs. B. Mallet-Bricout et N. Reboul-Maupin ; RDI 2011. 369, étude F. G. Trébulle ; Constitutions 2011. 411, obs. F. Nési.

(12) L. n° 2003-699 du 30 juill. 2003 relative à la prévention des risques technologiques et naturels.

Ce dernier exemple illustre un changement de nature de l'objet de la participation. Les tables rondes sur les risques industriels, qui furent organisées après cet accident, ne visaient plus seulement à recueillir les avis des personnes directement concernées par un projet spécifique mais à permettre une expression et une conciliation des points de vue sur la façon de faire coexister différents intérêts : industrie et environnement, activité salariée et qualité du cadre de vie, proximité des activités mais protection des habitants... Opérer la conciliation entre environnement, activité économique et facteur social, c'est une des définitions du développement durable, une de celles que la Charte de l'environnement consacre. L'adoption de la Charte de l'environnement a été elle-même faite au terme d'un processus de participation qui a permis, grâce à la multiplicité des vecteurs, d'associer plus de quinze mille personnes de façon directe (par des questionnaires, la participation à des assises et colloques, un forum internet) et bien davantage par la large diffusion médiatique du projet portant sur l'écriture d'un texte constitutionnel. Ainsi, c'est le pacte social, le projet de société que résume la norme suprême, qui est devenu l'objet du recueil des mots des citoyens. L'année consacrée à la préparation de la Charte a été placée sous le thème « Participez à l'écriture de la Charte de l'environnement », avec pour illustration un crayon fait d'un rameau bourgeonnant.

Recueillir les mots, faire débattre dessus, pour établir démocratiquement la façon dont la société entend répondre à ses maux : tels ont été l'ambition et l'enjeu des grandes concertations nationales qui ont marqué des étapes importantes dans l'élaboration du droit de l'environnement, non seulement par la production normative qui en est issue, mais aussi par la portée politique et médiatique qui les a accompagnées. Outre la Charte de l'environnement, le Grenelle de l'environnement en 2007-2008, les états généraux de la modernisation du droit de l'environnement en 2013-2014 et la convention citoyenne pour le climat en 2019-2020 ont été les plus médiatisés et les plus marquants pour le droit de l'environnement.

Des mots des voisins sur l'impact d'un projet aux mots des citoyens sur les choix de société, l'environnement a été l'occasion de faire progresser la démocratie, et réciproquement.

Le droit de l'environnement pour répondre aux maux de la société

Lorsqu'il a annoncé qu'il proposerait aux Français « d'inscrire le droit à l'environnement dans une charte adossée à la Constitution, aux côtés des droits de l'homme et des droits économiques et sociaux »[13], Jacques Chirac alors président de la République candidat à sa réélection, défendait la conviction que « le droit à un environnement protégé et préservé » devait être considéré « à l'égal des libertés publiques » dans l'intérêt de l'ensemble de la société et même de la planète. C'est en effet animé de la même conviction qu'il prononça la très célèbre formule « notre maison brûle et nous regardons ailleurs » au sommet de la Terre à Johannesburg le 2 septembre 2002. Au cours des travaux de préparation de la Charte, qui conduisirent les juristes à envisager trois vecteurs différents pour « adosser » à la Constitution une charte de l'environnement, le président Chirac fit personnellement le choix de l'option juridiquement la plus forte, celle inscrivant le texte dans le Préambule de la Constitution à la suite de la Déclaration des droits de l'homme et du citoyen de 1789 et du Préambule de 1946 afin de l'intégrer au bloc de constitutionnalité. C'est également lui qui trancha parmi les options présentées par la commission Coppens

(13) Discours à Orléans le 3 mai 2001 et discours à Avranches le 18 mars 2002.

pour que le « principe de précaution » soit inscrit en tant que tel et défini précisément dans le texte, sans renvoi à la compétence du législateur contrairement à la prévention, à la réparation et à la participation, afin que sa portée ne puisse pas en être limitée.

Hisser le droit de l'environnement au même niveau que les droits civiques et politiques, que les libertés économiques et les droits sociaux apparaissait alors la solution pour répondre aux maux de la société que sont l'épuisement des ressources naturelles, les pertes accélérées de biodiversité, le changement climatique et ses conséquences négatives naturelles et humaines, les pollutions nuisibles à l'environnement et à la santé. Placer à égalité les trois piliers du développement durable était aussi conçu comme une forme de justice et de solidarité entre les peuples et entre les générations, comme l'exprime le septième considérant de la Charte, auquel le Conseil constitutionnel a récemment donné [14], en combinaison avec l'article 1er du texte, la portée d'une obligation pour le législateur « lorsqu'il adopte des mesures susceptibles de porter une atteinte grave et durable à un environnement équilibré et respectueux de la santé, [de] veiller à ce que les choix destinés à répondre aux besoins du présent ne compromettent pas la capacité des générations futures et des autres peuples à satisfaire leurs propres besoins, en préservant leur liberté de choix à cet égard ». Ainsi la valorisation du droit de l'environnement doit répondre aux maux qu'engendre l'égoïsme du court terme par la prise en compte de la responsabilité de chacun sur les conditions de vie de tous.

La Charte de l'environnement est un texte de principes, rédigé avec l'ambition d'influencer durablement le droit et la société, les choix publics et les comportements privés. Comme tel, il vit et prend au fil du temps une portée que les juges et les administrateurs adaptent aux nécessités du temps, à l'instar de la Déclaration des droits de l'homme et du citoyen dont la portée et l'interprétation ne pouvaient probablement pas être soupçonnées par ses auteurs. Les grands textes de principes traversent les siècles parce que leurs mots simples et universels permettent des interprétations jurisprudentielles adaptables aux évolutions des besoins et des maux des sociétés.

Pour en décliner des conséquences opérationnelles, le Grenelle de l'environnement a été lancé au printemps 2007 afin de traiter un certain nombre des maux subis par l'environnement et la société en valorisant le dialogue environnemental : biodiversité et ressources naturelles, changement climatique, déchets... On peut observer que les secteurs sur lesquels ont porté les engagements contenus dans la loi « Grenelle I » du 3 août 2009 se retrouvent très largement dans les thématiques de la convention citoyenne pour le climat dix ans plus tard : logement pour inciter à la rénovation thermique ; transports pour diminuer la place des véhicules polluants et favoriser le train ; agriculture pour accroitre la part du bio et réduire l'usage des pesticides ; énergie pour favoriser celles qui sont renouvelables... La nouveauté dans les modalités d'organisation du recueil des mots des citoyens a été tellement valorisée médiatiquement avec la convention citoyenne [15] qu'elle a occulté la continuité des problématiques de fond et des solutions préconisées. La conscience de l'urgence climatique est certes devenue beaucoup plus grande et moins contestée qu'au moment de la préparation de la Charte de l'environnement puis du Grenelle de l'environnement, mais les maux ont si peu changé que les réponses ne peuvent être foncièrement différentes.

(14) Cons. const. 27 oct. 2023, n° 2023-1066 QPC, AJDA 2024. 216, note J.-C. Rotoullié ; *ibid.* 2023. 1965 ; D. 2023. 1950, et les obs. ; AJCT 2024. 35, obs. M. Moliner-Dubost.

(15) Sur les nouveautés apportées à la démocratie participative par la convention citoyenne pour le climat, v. : D. Hedary, *The Citizens' Climate Convention : A new approach to participatory democracy, and its effectiveness on changing public policy, in* French Yearbook of Public Law, Issue 1, 2023.

Le droit de l'environnement cause des maux de la société

Pour autant, la perception de l'impact du droit de l'environnement sur la société demeure ambivalente. Ne doutons pas qu'un certain nombre d'entrepreneurs ont dû trouver au décret impérial imposant une procédure administrative avec une phase de publicité un fâcheux air d'atteinte à leur liberté d'entreprendre que la Déclaration des droits de l'homme et du citoyen avait depuis peu affirmée. Deux siècles plus tard, « l'environnement ça commence à bien faire ! » était donné comme gage lors d'une table ronde organisée au salon de l'agriculture par le même président de la République qui avait quelques années auparavant donné une grande ampleur au Grenelle de l'environnement, ce qui n'est pas sans rappeler un très récent salon de l'agriculture et les propos de semblable tonalité du président de la République qui avait quelques années avant donné une grande visibilité à la convention citoyenne pour le climat. Le « redressement productif » en 2012 et « le plan de relance pour l'industrie » dix ans plus tard ont aussi en commun de désigner le droit de l'environnement comme cause des maux de la société : désindustrialisation, appauvrissement des agriculteurs, lenteur de réalisation de projets d'intérêt général en particulier pour les énergies renouvelables ou pour l'irrigation, auraient en commun d'être victimes de la trop grande place donnée à la préoccupation environnementale, et du caractère contraignant voire bloquant du recueil des mots des citoyens qu'impose le droit de l'environnement ou qu'il nourrit par les contentieux qu'il inspire.

Dans les critiques adressées au droit de l'environnement, deux motifs peuvent être distingués.

L'un conteste un degré trop important d'exigence environnementale : comme les normes phytosanitaires et distances d'éloignement par rapport aux habitations nuisant à la productivité agricole, la protection d'espèces animales faisant obstacle à la réalisation d'infrastructures, les normes de performance énergétique renchérissant le coût du logement. Le reproche de « surtransposition » des règles européennes dans les normes nationales rejoint ces critiques. L'environnement aurait pris une place excessive dans le triptyque du développement durable ; le troisième pilier, tardivement hissé au même niveau que les deux autres, les aurait dépassés, déstabilisant l'édifice social. Les normes de fond sont aussi critiquées pour ce qu'elles peuvent comporter d'injonctions contradictoires entre elles.

L'autre reproche adressé au droit de l'environnement est de manquer d'efficience en imposant des contraintes procédurales trop lourdes qui ne garantissent pas une protection réelle de l'environnement. C'était le présupposé des états généraux de la modernisation du droit de l'environnement en 2012. C'est aussi la justification donnée pour des projets de textes récents qui tentent de réduire la « perte de temps » causée par les procédures d'autorisation et les contentieux qui y sont liés, qu'il s'agisse d'installations d'éoliennes, d'un terminal méthanier flottant dans le port du Havre, de certains projets d'installations classées pour la protection de l'environnement.

Mais ces deux reproches n'ont-ils pas en réalité un même point commun ? Que ce soit à raison de ses exigences de fond ou de procédure, le droit de l'environnement est critiqué parce qu'il restreint la liberté, celle des porteurs de projet et des décideurs publics, celles du citoyen peu scrupuleux qui voudrait jeter ses déchets n'importe où et construire son pavillon dans un environnement naturel loin de ses voisins mais proche de toutes les commodités. C'est alors qu'il faut se souvenir de la définition de la liberté qui est au fondement de notre démocratie moderne, celle énoncée par l'article 4 de la Déclaration des droits de l'homme et du citoyen : « la liberté consiste à pouvoir faire tout ce qui ne nuit pas à autrui ». On retrouve ainsi l'origine et la justification du droit de l'environnement : éviter de nuire à autrui, qu'il s'agisse du voisin aujourd'hui ou de l'être humain qui vivra dans plusieurs générations sur la planète dont les richesses et les aléas naturels ne connaissent ni les frontières administratives ni les échéances électorales.

Les maux des mots

Et si le problème ne venait ni des normes de fond ni des procédures, ni des maux de la société auquel le droit de l'environnement tente de répondre ni du temps pris par le recueil des mots des citoyens, préalables aux décisions ou dans les contentieux ultérieurs, mais des maux dont sont affectés les mots eux-mêmes ?

Le premier de ces maux, c'est la complexité.

Le droit de l'Union européenne en est une des sources. Il touche à un nombre croissant de domaines et tend à respecter de moins en moins les caractéristiques théoriques de chaque catégorie de norme du droit dérivé – ainsi des directives comportant des dispositions tellement précises qu'elles sont recopiées en guise de transposition. Le droit national incorpore ces règles sans toujours procéder aux adaptations du droit national préexistant qui seraient nécessaires pour donner une cohérence et une lisibilité d'ensemble. Ce fut par exemple le cas avec la loi transposant la directive sur la responsabilité environnementale [16] qui a ajouté une nouvelle police administrative de l'environnement applicable seulement à certains dommages causés à l'environnement par certaines activités, sans mise en cohérence avec les polices de l'environnement du droit interne.

C'est donc aussi la manière de s'approprier, d'intégrer dans notre droit, le droit de l'Union qui explique la complexité du droit national. Cela peut être inspiré par la crainte des contentieux en manquement pour une transposition qui ne serait pas jugée suffisante faute d'être littérale. Mais progressivement, cela devient aussi une tendance à perdre la manière de rédiger les normes de droit général. La concision du droit français, souvent illustrée par la simplicité tranchante du premier code pénal [17], et plus largement le système de droit continental se diluent dans les modes de rédactions inspirés des contrats anglo-saxons. Au principe selon lequel « ce qui n'est pas permis est autorisé », qui permet la concision, se substitue la suspicion que ce qui n'aura pas été détaillé pourra être contourné. Ce qui est parfois qualifié de génie législatif français s'efface. La perte de valorisation de la formation au service public et de ceux qui se dévouent à l'intérêt général n'y est probablement pas pour rien. Passer d'une « filière service public » où l'enseignement du droit public était roi à un « master affaires publiques » qui met en avant « le management des politiques publiques » est en soit révélateur et n'est pas dénué de conséquences sur la façon de concevoir le rôle des normes et donc de choisir les mots pour les écrire.

Le droit de l'environnement est un domaine qui souffre d'autant plus de la complexité et de la perte de clarté qu'il est au croisement des intérêts économiques et sociaux et qu'il interagit avec de nombreux domaines de la vie quotidienne. L'excès des précisions

(16) L. n° 2008-757 du 1er août 2008 relative à la responsabilité environnementale transposant la directive 2004/35/CE du 21 avril 2004.

(17) Tel que l'article 3 du code pénal, issu de la loi du 6 octobre 1791 : « *Tout condamné à mort aura la tête tranchée* ».

procédurales dont il est accusé peut en réalité être le révélateur du manque de confiance entre les parties prenantes impliquées dans son écriture et dans son application. Quand les mots du droit de l'environnement doivent à la fois satisfaire ceux qui sont « pour » en affirmant un principe et rassurer ceux qui sont « contre » en édictant des conditions de mise en œuvre très contraignantes, ils sont accusés d'être la cause d'une impuissance à faire alors qu'ils sont la conséquence d'une difficulté à prioriser. Les mots inscrits dans la norme sont utilisés comme des gages politiques et non plus seulement comme destinés à fixer des règles juridiques. Les dispositions relatives aux énergies renouvelables en sont une illustration, qui devient encore plus saillante quand elles sont combinées à celles relatives à la réduction de l'artificialisation et à la préservation de l'activité agricole.

La perte de confiance entre les parties prenantes semble aussi affecter les auteurs des normes les uns à l'égard des autres. Le législateur entre dans des degrés de détail qui ne sont pas du niveau des « principes » que lui assigne l'article 34 de la Constitution, par volontarisme politique mais aussi par défiance envers le titulaire du pouvoir réglementaire. Cela se répercute ensuite dans les décrets en Conseil d'État dont les auteurs se sentent obligés, pour appliquer une norme législative trop précise, d'ajouter encore des détails procéduraux. Les élus déplorent alors les atteintes que le droit de l'environnement porte aux libertés locales et modifient la loi pour tenter d'y remédier, sans nécessairement y parvenir puisque le paradigme de son écriture n'est pas modifié. Mais l'instabilité des mots, qui en résulte, devient un mal supplémentaire dont il est fait grief au droit de l'environnement.

« Le ZAN », selon l'expression des détracteurs de ce qui est vécu comme un processus contraignant pour l'urbanisation à court terme plutôt que comme un objectif utile pour l'environnement à long terme, fournit une illustration de ce phénomène. Le point de départ juridique est l'article 191 de la loi climat résilience [18] qui énonce un objectif national d'absence de toute artificialisation nette des sols en 2050 avec un objectif intermédiaire de réduction de la consommation d'espaces naturels, agricoles et forestiers entre 2021 et 2031 et renvoie à une application différenciée sur le territoire à préciser par le législateur. Celui-ci a modifié le code de l'urbanisme pour y intégrer l'objectif de réduction de l'artificialisation mais sans toucher à aucun des autres objectifs qui doivent déjà être pris en compte dans la planification et les décisions d'urbanisme, ce qui rend difficile de prioriser l'un par rapport à l'autre. Et il a fixé des modalités d'intégration de cet objectif dans les schémas régionaux d'aménagement, de développement durable et d'égalité des territoires (SRADDET), dans les schémas de cohérence territoriale (SCOT) et dans les plans locaux d'urbanisme d'une façon particulièrement complexe. Trouvant les objectifs qu'il s'était fixés et que le pouvoir réglementaire avait déclinés [19] trop ambitieux et les procédures trop contraignantes, le législateur est réintervenu dès juillet 2023 [20], avant que les règles édictées aient été mises en œuvre, et en rendant nécessaires de nouvelles modifications réglementaires [21]. Malgré les souplesses apportées au regard de l'objectif de réduction de l'artificialisation, « le ZAN » reste critiqué moins pour l'objectif lui-même de réduire l'artificialisation que pour la lourdeur des procédures de modification des documents de planification et surtout le sentiment de perte de liberté de chacune des collectivités territoriales.

(18) Chapitre III : « *Lutter contre l'artificialisation des sols en adaptant les règles d'urbanisme* » de la loi n° 2021-1104 du 22 août 2021 portant lutte contre le dérèglement climatique et renforcement de la résilience face à ses effets.

(19) Décr. n° 2022-762 du 29 avr. 2022 relatif aux objectifs et aux règles générales en matière de gestion économe de l'espace et de lutte contre l'artificialisation des sols du SRADDET et décret n° 2022-763 du 29 avr. 2022 relatif à la nomenclature de l'artificialisation des sols modifié par le décret n° 2023-1096 du 27 nov. 2023.

(20) L. n° 2023-630 du 20 juill. 2023 visant à faciliter la mise en œuvre des objectifs de lutte contre l'artificialisation des sols et à renforcer l'accompagnement des élus locaux.

(21) Décr. n° 2023-1096 du 27 nov. 2023 relatif à l'évaluation et au suivi de l'artificialisation des sols et Décr. n° 2023-1097 du 27 nov. 2023 relatif à la mise en œuvre de la territorialisation des objectifs de gestion économe de l'espace et de lutte contre l'artificialisation des sols.

Le respect de la hiérarchie des normes était présenté par Montesquieu comme l'une des conditions de la démocratie. En rester aux principes dans la loi, comme le prévoyait le Constituant en 1958, relève de cette logique. Car cela permet de conserver les objectifs d'une politique publique, d'un choix de société, tout en laissant la souplesse d'une mise en œuvre qui peut ainsi tenir compte de la démocratie locale. À l'inverse, la confusion des rôles quand les normes supérieures deviennent aussi précises que des arrêtés de spécifications techniques ou aussi déclamatives qu'un dossier de presse, crée de l'instabilité et une perte de confiance. Le droit de l'environnement ? Le miroir de la société.

Contentieux climatique : de l'écueil de la causalité au contrôle de la trajectoire

Stéphane Hoynck

Conseiller d'État

L'existence de problèmes environnementaux globaux, qui appellent une action convergente des États n'est pas sans précédents, ni sans succès. Citons ici deux exemples seulement à titre illustratif. La convention de Vienne conclue le 22 mars 1985 et le protocole de Montréal du 16 septembre 1987, qui ont pour objectif de réduire et à terme d'éliminer complètement les substances qui réduisent la couche d'ozone, ont permis non seulement cette élimination mais aussi de constater une sauvegarde de la couche d'ozone, nécessaire au filtrage de rayons UV particulièrement nocifs pour la santé humaine. Dans un tout autre domaine, la mise en place d'un moratoire à la chasse à la baleine en 1982 dans le cadre de la Commission baleinière internationale a permis de rétablir l'état de conservation de la baleine à bosse à un niveau faiblement préoccupant, alors que sa population globale avait diminué de plus de 90 % au cours du xxe siècle.

Dans ces deux exemples, la signature d'une convention internationale appelant des mesures d'exécutions précises et convergentes de la part des États parties a permis de mettre fin au problème environnemental visé, sans qu'une attention particulière du juge national ne soit requise, ni même semble-t-il sollicitée.

La question climatique est également un problème environnemental global, puisque c'est le cumul d'émissions de gaz à effet de serre (GES) au niveau mondial qui est à l'origine des dérèglements climatiques dont on ressent déjà les effets et qui ne vont aller qu'en s'accentuant. Plusieurs conventions internationales, depuis 1992, témoignent de la prise de conscience du problème mais les résultats peinent à devenir suffisamment tangibles. C'est dans ce contexte que le juge national est de plus en plus souvent sollicité, et le GIEC dans son dernier rapport [1] reconnaît pour la première fois l'importance des contentieux climatiques pour influencer les résultats et les ambitions de la gouvernance climatique.

Pourquoi une telle sollicitation? Probablement parce qu'à la différence des exemples cités plus haut, l'ampleur des mesures à prendre par chaque État et la nature de ces mesures n'est pas définie par les conventions internationales en cause, ce qui se comprend aisément par le fait qu'il ne s'agit pas simplement d'interdire une pratique de chasse de certains cétacés ou l'utilisation des chlorofluorocarbones dans des appareils électroménagers, mais bien d'organiser une transition complexe hors d'un système de production et de consommation où l'utilisation des énergies fossiles carbonées est devenue centrale. La

(1) GIEC Rapport AR6 WIII 13.4.2. V. M. Torre-Schaub, Le droit à l'honneur dans le dernier rapport du GIEC, JCP 2022. Actu. 545.

mise en œuvre des conventions internationales est plus difficile, son contenu est moins prédéterminé que dans les exemples précités.

La sollicitation du juge spécifiquement contre l'État interroge également. On note ainsi que les États-Unis concentrent la majorité des contentieux climatiques dans le monde (70 % du total mondial selon une étude [2]), mais que ceux-ci sont, à de très rares exceptions, dirigés non pas contre l'État fédéral mais contre des entreprises ou des collectivités locales, alors qu'en Europe, les contentieux mettant en cause l'inaction de l'État sont plus nombreux en proportion. Certains auteurs [3] expliquent cette différence par la place différente donnée à l'État dans la société et par l'abondance de normes de contrôle dans les États européens par comparaison avec les États-Unis.

Mais si les conventions internationales ne sont pas en mesure de définir précisément comment une obligation mondiale de réduction des GES pour parvenir à la neutralité carbone se traduit en obligation nationale, le juge national l'est-il davantage ? Comment parvenir à un rapport de commensurabilité entre l'enjeu global, le commandement par l'intention auquel procède l'accord de Paris sur le climat, et ce dont le juge peut être saisi dans le respect de la séparation des pouvoirs ? C'est tout l'enjeu juridique des contentieux climatiques qui portent sur l'atténuation [4].

Au-delà des classifications propres à l'office du juge dans chaque ordre juridique national, on peut avancer que les requérants cherchent principalement à engager des contentieux climatiques, soit en soutenant que les objectifs nationaux de réduction étaient insuffisants, quant au rythme et au niveau de réduction affiché, soit que les mesures mises en place pour atteindre ces objectifs n'étaient pas suffisantes pour espérer qu'ils soient atteints. Dans le premier cas, ils cherchent à obtenir du juge qu'il remette en cause, voire qu'il redessine la trajectoire de réduction qui s'impose à l'État. Dans le second cas, ils demandent au juge de contrôler le respect de la trajectoire fixée par les autorités nationales afin d'assurer l'effectivité des engagements pris.

I. Qui doit réduire les émissions de gaz à effet de serre et à quel rythme ? Le problème de la causalité

En résumant de façon excessivement sommaire le consensus scientifique sur cette question, l'humanité est, par le surplus d'émissions de GES dont elle est à l'origine depuis le commencement de l'ère industrielle, responsable d'un mouvement de réchauffement de la température moyenne du globe. Les scénarios les plus pessimistes du GIEC ont considéré possible un réchauffement supérieur à 4 °C d'ici 2100. De tels scénarios sont alarmants mais désormais peu probables car ils se fondent sur l'absence totale de politique climatique des États. Mais, malheureusement, le GIEC [5] a montré aussi qu'un réchauffement durable de 1,5 °C entraine déjà des conséquences catastrophiques, et un tel scénario est pour sa part très probable, puisque les politiques

(2) M. Burger & M. A. Tigre, *Global Climate Litigation Report: 2023 Status Review* (Sabin Center for Climate Change Law, Columbia Law School & United Nations Environment Programme, 2023).

(3) D. Esty et M. Hautereau-Boutonnet, Derrière les procès climatiques français et américains : des systèmes politique, juridique et judiciaire en opposition, Dalloz, 2022, p. 1606 s.

(4) Atténuation, par opposition ici à adaptation. Rappelons ici que la question climatique est double, comme la lecture de l'accord sur le climat adopté à Paris le 12 déc. 2015 l'expose : un enjeu d'atténuation des effets du changement climatique, par la réduction des émissions de gaz à effet de serre et un enjeu d'adaptation au changement climatique, voir notamment son article 2. Le présent article n'aborde que la question de l'atténuation, c'est-à-dire de la réduction des émissions.

(5) Rapport spécial du GIEC sur les conséquences d'un réchauffement planétaire de 1,5 °C par rapport aux niveaux préindustriels et les trajectoires associées d'émissions mondiales de gaz à effet de serre dans le contexte du renforcement de la parade mondiale au changement climatique, du développement durable et de la lutte contre la pauvreté, 2018.

climatiques en place (qui ne permettent pas d'atteindre la neutralité carbone au milieu du siècle) conduisent à une hausse de la température de l'ordre de 2,5° à 2,9 °C.

Même si les travaux scientifiques sont de plus en plus précis, la réaction politique et juridique a été assez prompte. Il y a plus de 30 ans, la Convention-cadre des Nations unies sur les changements climatiques, adoptée à New York le 9 mai 1992, indiquait déjà à son article 2 que « *L'objectif ultime de la présente Convention [...] est de stabiliser les concentrations de gaz à effet de serre dans l'atmosphère à un niveau qui empêche toute perturbation anthropique dangereuse du système climatique.* »

A. De l'objectif global de réduction aux contributions déterminées au niveau national

Après l'échec du protocole de Kyoto signé en 1997, l'accord de Paris signé en 2015 a conduit à une nouvelle méthode, fondée sur les « contributions déterminées au niveau national » (CDN), c'est-à-dire que chaque État signataire détermine les contributions qu'il doit apporter pour atteindre les objectifs du traité. L'article 3 exige que les CDN soient des « efforts ambitieux » en vue de « réaliser l'objet du présent Accord » et qu'ils « représent[ent] une progression dans le temps ». Ainsi la principale obligation des États est que chaque communication d'une nouvelle CDN soit porteuse d'un objectif plus ambitieux que la précédente CDN de l'État concerné.

La répartition de la responsabilité entre États de la réduction des émissions n'est en revanche pas définie par l'accord international lui-même, mais celui-ci donne, comme le faisait déjà la Convention cadre de 1992, quelques lignes directrices, dont notamment le principe selon lequel la réduction des GES est une responsabilité commune mais différenciée, ce qui renvoie au rôle prépondérant des pays industrialisés dans le cumul d'émissions de GES.

Assurer un contrôle du choix des objectifs de réduction des GES qu'un État se donne est, sans même parler de la norme de référence à laquelle confronter ce choix, particulièrement difficile, dans la mesure où à la fois les causes du réchauffement climatique (les émissions de GES attribuables à telle ou telle entité) et ses effets (les dommages subis en raison du changement climatique) sont dispersés : les émissions de GES d'un point A n'ont pas d'effets spécifiques à ce point A ni non plus à un unique point B. Il est difficile d'attribuer à un responsable particulier un dommage particulier. L'appréciation de cette causalité est un écueil du contentieux climatique.

Dans le fameux contentieux engagé devant les juridictions civiles néerlandaises par la fondation Urgenda [6], chacune des juridictions, en première instance, en appel puis en cassation, ont estimé, en suivant des raisonnements en partie différents, que le niveau de réduction des GES auquel s'étaient engagés les Pays-Bas pour l'année 2020, fixé à 20 %, était insuffisant, et qu'il devait être porté à au moins 25 %. Mais la tâche du juge était facilitée, au moins dans la détermination de ce qui pouvait être un niveau adapté de réduction, par le fait que le gouvernement néerlandais avait dans un premier temps, avant même l'accord de Paris, pris l'engagement de réduire les émissions nationales de 25 % d'ici 2020, avant de revoir à la baisse son ambition. Le juge avait donc une référence de ce que l'État estimait réalisable, pour constater qu'il avait décidé de faire moins.

(6) Cour de district de La Haye, 24 juin 2015, aff. C/09/456689/HA ZA 13-1396 ; CA La Haye, ch. civ., 9 oct. 2018, n° 200.178.245/01, *État des Pays-Bas c/ Fondation Urgenda* ; Cour suprême de La Haye, ch. civ., 20 déc. 2019, *État des Pays-Bas c/ Fondation Urgenda*.

Dans une décision récente, la cour d'appel de Bruxelles [7] a jugé que les autorités belges étaient tenues de réduire les émissions nationales d'au moins 55 % en 2030, en refusant d'aller jusqu'à ce que demandaient les requérants c'est-à-dire une réduction de 61 %. Elle a estimé que ce niveau de 55 % correspondait à la contribution minimale des autorités, en procédant à une extrapolation – qui nous semble n'avoir rien de mécanique – des données du GIEC quant au budget carbone résiduel au niveau mondial, c'est-à-dire la quantité totale de GES qui peuvent encore être émises (400 GtCO2) pour conserver deux chances sur trois de ne pas franchir un seuil de réchauffement de 1,5 °C.

Pour sa part, le juge constitutionnel allemand a censuré la loi allemande sur le climat, en se fondant sur les dispositions particulières de la Loi fondamentale, mais seulement pour imposer que le législateur « règle plus précisément l'ajustement des objectifs de réduction des émissions pour la période postérieure à 2030 ». Il lui est donc demandé de modifier sa trajectoire de réduction des GES, mais seulement pour la décennie future, ce qui peut surprendre [8] si l'on considère que c'est la décennie actuelle qui doit marquer les inflexions majeures des politiques climatiques nationales pour contenir les effets du réchauffement climatique.

À l'inverse, le tribunal suprême espagnol, dans un arrêt du 24 juillet 2023 [9] a refusé d'imposer au gouvernement espagnol de porter son obligation de réduction des GES de 23 % à 55 % en 2030. Celui-ci semble avoir retenu deux séries de considérations pour justifier ce refus : la conformité de l'objectif du gouvernement avec les obligations de réduction fixées au niveau de l'UE (*cf. infra*) et le souci de ne pas méconnaître la séparation des pouvoirs en imposant une obligation dont les conséquences sociales et économiques dépassent la question climatique.

B. Contentieux climatique ou justice climatique ?

La question du rythme de la baisse des émissions de GES est notamment discutée du point de vue de la philosophie morale : « *le niveau auquel le plafond global est fixé dépend de la façon dont les intérêts de la génération actuelle sont pondérés par rapport à ceux des générations futures. La manière dont les émissions sont distribuées sous ce plafond dépend quant à elle en partie de diverses convictions concernant le rôle que devrait prendre la consommation énergétique dans la vie des individus, l'importance de la responsabilité historique dans ce problème, et les besoins présents et aspirations futures des différentes sociétés* » [10].

Qu'il s'agisse de déterminer la responsabilité d'un État par rapport aux autres ou celle des générations actuelles par rapport aux générations futures, ces contentieux mettent ainsi en cause des considérations de « justice climatique ». Cette notion ne devrait pas se confondre avec celle de contentieux climatique. La notion de justice climatique part de l'idée que « *les dégradations environnementales génèrent des inégalités et aggravent les vulnérabilités des plus pauvres et des populations et peuples marginalisés* » [11]. Ceci renvoie donc

(7) CA Bruxelles, 30 nov. 2023, *Affaire Climat*. V., M. Petel, N. Vander Putten, *The Belgian Climate Case: Navigating the Tensions Between Climate Justice and Separation of Powers, VerfBlog*, 2023/12/05.

(8) V. not. : A. Gaillet, D. Grimm, La décision *Climat* de Karlsruhe, AJDA 2022. 166 : « *la difficulté de l'appréhension des violations des libertés dans le temps est patente si l'on observe que, d'un côté, la Cour ne constate pas de violation des droits fondamentaux pour la période précédant 2030 mais que, de l'autre côté, les violations constatées pour l'après 2030 ne s'expliquent que par l'insuffisance des mesures immédiates (on en revient au principe de proportionnalité dans le temps face à la notion de "budget carbone" ; si l'on ne fait rien aujourd'hui, les restrictions attendues plus tard, pour adapter le cadre législatif à l'objectif de neutralité carbone, seront indubitablement bien plus fortes). Pourquoi dès lors ne pas considérer que la loi Climat de 2019 viole déjà les droits à la liberté ?* »

(9) N. Lenoir, L'arrêt du Tribunal suprême espagnol du 20 juillet 2023 : un tournant dans les procès climatiques contre l'État, LPA oct. 2023, p. 51.

(10) S. M. Gardiner, *A perfect Moral Storm: Climate Change, Intergenerational Ethics and the Problem of Moral Corruption*, Environmental Values 15, 3, 2006, p. 397-413., traduit en français dans *Philosophie du changement climatique*, Vrin, 2023.

(11) Justice climatique, A. Michelot et M. Torre-Schaub, *in Dictionnaire juridique du changement climatique*, Mare et Martin, 2022.

essentiellement à des considérations historiques, sociales et économiques, difficilement détachables au niveau international de la notion de responsabilité commune mais différenciée retenue par les conventions applicables, et au niveau national de considérations politiques s'agissant des préférences et arbitrages à réaliser entre des considérations de court et de long terme, qui ont été résumées de façon saisissante mais peu juridique dans l'opposition entre « fin du monde et fin du mois ». Ceci évoque aussi une préoccupation et une conciliation plus formalisée de la définition du développement durable dans le rapport [12] de l'ONU de 1987: « Le développement durable est un mode de développement qui répond aux besoins des générations présentes sans compromettre la capacité des générations futures de répondre aux leurs », dont on trouve l'écho dans la charte de l'environnement de 2004 dans la Constitution française [13].

Ces contentieux doivent aussi à un moment ou un autre du raisonnement faire face à l'écueil de la causalité. Si un requérant soutient qu'une autre trajectoire nationale de réduction serait plus juste et qu'il appartient au juge de la reconnaître, quels arguments met-il en avant? S'il soutient qu'un niveau national de réduction trop peu ambitieux met en cause ses droits individuels à vivre dans un environnement sain (quelle que soit ici la source d'un tel droit), ne pourrait-on pas lui opposer qu'un effort trop peu important et pas assez rapide de réduction des émissions d'un seul État n'emporte pas par lui-même une atteinte aux droits individuels, puisque cela ne préjuge pas, en soi, de l'évolution des émissions au niveau global et donc des conséquences dommageables découlant du réchauffement climatique pour les droits d'un individu? L'insuffisance de l'action climatique d'un État ne paraît pas présenter par elle-même un lien avec la mise en danger des droits de chaque individu. Dit de façon complémentaire, si un requérant a intérêt à contester une trajectoire nationale en raison de ces effets sur sa situation, il n'y a pas de raison logique qu'il ne le fasse pas pour l'ensemble des États responsables d'émissions, ce serait même la seule façon de prévenir la survenance de ce dommage.

De ce point de vue, les contentieux précités apparaissent davantage incontestables dans la mesure où ils dégagent (de leur tradition juridique nationale ou d'une autre norme) le principe que chaque État doit agir de telle sorte qu'il apporte sa juste contribution à la lutte contre le réchauffement climatique, que lorsqu'ils s'efforcent de déterminer eux-mêmes quel pourrait être ce juste niveau. Mais le premier temps du raisonnement ne vient pas en soi énoncer un principe plus fort que celui qui découle de l'accord de Paris, si ce n'est qu'il vient souligner le rôle du juge national pour rappeler l'État aux obligations qu'il a souscrites.

Nul doute à cet égard que les réponses que la Cour européenne de sauvegarde des droits de l'homme et des libertés fondamentales doit apporter en 2024 [14] à différents contentieux mettant en cause les politiques climatiques des États partie à la Convention européenne et leur insuffisance alléguée au prisme de la Convention seront regardées avec le plus vif intérêt, tant les argumentations mises en avant par les requérants invitent à des lectures très innovantes des stipulations de la convention, la question de la causalité étant une difficulté centrale ici encore: les requérants, pour se prévaloir des droits qu'ils tirent de la Convention doivent établir qu'ils ont la qualité de victime [15] d'une violation de leurs droits par un État partie à la Convention, ils doivent donc être affectés directement et personnellement par les agissements d'un État partie.

(12) Notre avenir à tous. Rapport de la Commission mondiale sur l'environnement et le développement de l'ONU, présidée par Mme Gro Harlem Brundtland, avr. 1987.

(13) « Afin d'assurer un développement durable, les choix destinés à répondre aux besoins du présent ne doivent pas compromettre la capacité des générations futures et des autres peuples à satisfaire leurs propres besoins ».

(14) Après l'écriture de ces lignes.

(15) Art. 34, Conv. EDH.

II. Le contrôle de la trajectoire : à la recherche de l'effectivité des engagements pris

Les contentieux climatiques engagés devant le juge administratif français, aussi bien le contentieux *Commune de Grande-Synthe*[16] que le contentieux dit « affaire du siècle »[17] devant le tribunal administratif de Paris ont évité, pour l'essentiel, cet écueil de la causalité, tant au stade de la recevabilité des requêtes s'agissant de l'intérêt pour agir des requérants, qu'au fond, pour déterminer le fondement de l'obligation d'agir de l'État.

Sans ignorer la question de principe absolu (pour parvenir aux objectifs de l'accord de Paris, chaque État doit prendre sa part), le juge administratif français n'a pas eu à prendre position sur la question relative (quelle est la part de chacun est tenu de prendre). Quel que soit le juste niveau de réduction des gaz à effet de serre que la France devrait mettre en œuvre, il convient *a minima* qu'elle respecte les engagements qu'elle a pris. Engagement futur, à l'échéance de 2030 dans l'affaire devant le Conseil d'État, engagement passé et pour une période limitée à 2015-2018 dans le cadre du premier « budget carbone »[18] devant le tribunal administratif de Paris. C'est le contrôle du respect de ces engagements auquel se livre le juge administratif dans ces affaires.

A. Responsabilité environnementale et gaz à effet de serre

Devant le tribunal administratif de Paris, la question de l'intérêt pour agir s'est résolue assez simplement, en raison du caractère libéral de la reconnaissance à des associations de protection de l'environnement d'un intérêt pour agir dans le champ de leur objet social, ainsi que le prévoit l'article L. 142-1 du code de l'environnement, renforcé ici par la mise en œuvre de l'action en réparation du préjudice écologique prévu par l'article 1248 du code civil, action que la loi ouvre expressément aux associations qui ont pour objet la protection de la nature et la défense de l'environnement.

La particularité d'un contentieux de responsabilité fondé sur la réparation du préjudice écologique permettait également, dans une certaine mesure de rompre l'exigence de causalité entre le préjudice et la qualité de victime, puisque l'article 1248 n'exige pas cette qualité pour engager une action. Au-delà de l'affirmation inédite que les articles 1246 à 1248 du code civil pouvaient s'appliquer à un préjudice écologique dont le responsable serait l'État, l'aspect le plus audacieux du jugement du 3 février 2021 nous semble être l'application de l'article 1247 du même code, qui pose que le préjudice écologique consiste en une atteinte non négligeable aux éléments ou aux fonctions des écosystèmes ou aux bénéfices collectifs tirés par l'homme de l'environnement. En résumant très cursivement le raisonnement du tribunal, c'est l'excès d'émissions de GES par rapport au premier budget carbone que s'est fixé la France qui constitue un préjudice écologique en soi, sans qu'il soit nécessaire d'établir la preuve d'un préjudice de second niveau, c'est-à-dire une atteinte concrète à l'environnement (détérioration d'un écosystème, dommage écologique, effet sur la santé

(16) CE 19 nov. 2020, n° 427301, *Grande-Synthe (Cne)*, Lebon ; AJDA 2021. 217 ; *ibid*. 2115 ; *ibid*. 2020. 2287 ; *ibid*. 2021. 2115, note H. Delzangles ; D. 2020. 2292, et les obs. ; *ibid*. 2021. 923, obs. S. Clavel et F. Jault-Seseke ; *ibid*. 1004, obs. G. Leray et V. Monteillet ; RFDA 2021. 747, note A. Van Lang, A. Perrin et M. Deffairi ; RTD eur. 2021. 484, obs. D. Ritleng ; CE 1er juill. 2021, n° 427301, *Grande-Synthe (Cne)*, Lebon avec les conclusions ; AJDA 2021. 1413 ; *ibid*. 2115, note H. Delzangles ; D. 2021. 1287, et les obs. ; *ibid*. 2022. 963, obs. V. Monteillet et G. Leray ; RFDA 2021. 777, concl. S. Hoynck ; RTD eur. 2022. 600, obs. P. Thieffry ; CE 10 mai 2023, n° 467982, *Grande-Synthe (Cne) et autres*, Lebon ; AJDA 2023. 919 ; *ibid*. 1081, tribune B. Seiller ; JA 2023, n° 683, p. 11, obs. X. Delpech ; RTD eur. 2023. 808, obs. D. Ritleng.

(17) TA Paris, 3 févr. 2021, n° 1904967, AJDA 2021. 239 ; *ibid*. 2115 ; *ibid*. 2228 ; *ibid*. 2115, note H. Delzangles, note J. Bétaille ; D. 2021. 240, obs. J.-M. Pastor ; *ibid*. 709, chron. H. Gali ; *ibid*. 1004, obs. G. Leray et V. Monteillet ; JA 2021, n° 634, p. 12, obs. X. Delpech ; AJCT 2021. 255, obs. M. Moliner-Dubost ; RFDA 2021. 747, note A. Van Lang, A. Perrin et M. Deffairi ; TA Paris, 14 oct. 2021, n° 1904967, AJDA 2022. 929, note R. Radiguet ; *ibid*. 2021. 2063 ; D. 2021. 1924, obs. J.-M. Pastor ; 22 déc. 2023, n° 2321828/4-1.

(18) Art. L. 222-1 A., C. envir.

environnementale...) que cet excès de 15 millions de tonnes de CO_2 sur trois ans (à comparer aux 50 Gt de CO_2 émis chaque année au niveau mondial) aurait effectivement provoqué.

B. Des obligations pour 2030...

Devant le Conseil d'État, l'écueil de la causalité est d'abord surmonté s'agissant de l'intérêt pour agir de la commune de Grande-Synthe, qui faisait état de façon précise de sa situation particulière de commune littorale soumise à un risque accru de submersion marine, voire de perte d'une partie du territoire communal. La réponse du Conseil d'État est classique quant au maniement de l'intérêt pour agir, mais elle est intéressante et inédite du point de vue de la prise en compte des enjeux climatiques: « *Si ces conséquences concrètes du changement climatique ne sont susceptibles de déployer tous leurs effets sur le territoire de la commune qu'à l'horizon 2030 ou 2040, leur caractère inéluctable, en l'absence de mesures efficaces prises rapidement pour en prévenir les causes et eu égard à l'horizon d'action des politiques publiques en la matière, est de nature à justifier la nécessité d'agir sans délai à cette fin. Par suite, la commune de Grande-Synthe, eu égard à son niveau d'exposition aux risques découlant du phénomène de changement climatique et à leur incidence directe et certaine sur sa situation et les intérêts propres dont elle a la charge, justifie d'un intérêt lui donnant qualité pour demander l'annulation des décisions implicites attaquées* ».

De façon tout aussi classique, l'intérêt pour agir du maire de l'époque « *qui se borne, d'une part, à soutenir que sa résidence actuelle se trouve dans une zone susceptible d'être soumise à des inondations à l'horizon de 2040, d'autre part, à se prévaloir de sa qualité de citoyen* » n'est pas reconnu car trop indirect et trop incertain. C'est pourtant, de façon inattendue au vu de l'argumentation soumise au Conseil d'État, la question qui a suscité un recours de ce dernier devant la Cour européenne des droits de l'homme, recours pendant à l'heure où ses lignes sont écrites.

C'est sur le fond que la décision du Conseil d'État innove.

Pour déterminer si le refus de prendre toutes mesures utiles permettant d'infléchir la courbe des émissions de gaz à effet de serre produites sur le territoire national de manière à respecter les obligations consenties par la France était légal, il fallait tout d'abord vérifier si de telles obligations existaient et si elles étaient invocables devant le juge national. L'accord de Paris de 2015, par le mécanisme déjà mentionné de renvoi à l'édiction de NDC par les États eux-mêmes, n'était pas d'effet direct. Mais le Conseil d'État a considéré qu'il convenait d'interpréter le droit national à la lumière de cette convention internationale. L'article L. 100-4 du code de l'énergie posait pour sa part un objectif précis et chiffré de réduction des émissions de GES de 40 % entre 1990 et 2030. Le Conseil constitutionnel, avait jugé [19] que l'ensemble de l'article L. 100-4, dans sa rédaction antérieure, issue de la loi n° 2015-992 du 17 août 2015 relative à la transition énergétique pour la croissance verte, était programmatique au sens du vingtième alinéa (devenu vingt-et-unième) de l'article 34 de la Constitution et donc dépourvu de caractère normatif.

Le Conseil d'État a toutefois jugé que dans sa version applicable, issue de la loi n° 2019-1147 du 8 novembre 2019 relative à l'énergie et au climat, qui faisait une référence expresse à l'accord de Paris, les travaux préparatoires de la loi montraient que le législateur avait entendu donner désormais un caractère contraignant à cet objectif

(19) Cons. const. 13 août 2015, n° 2015-718 DC, AJDA 2015. 1567 ; D. 2016. 1779, obs. L. Neyret et N. Reboul-Maupin ; Constitutions 2015. 607, chron. B. Lormeteau.

particulier du 1° du I de l'article L. 100-4 pour mettre en œuvre l'accord de Paris. Cet objectif de réduction de 40 % en 2030 était donc une norme invocable devant le juge administratif. Il est intéressant de noter à cet égard une configuration particulière du dialogue des juges au sujet du 1° du I de l'article L. 100-4, puisque le Conseil constitutionnel a également jugé [20] en 2022 que cette disposition, dans sa rédaction issue de la loi de 2019 était bien une norme législative s'imposant au pouvoir réglementaire.

Par ailleurs, le règlement (UE) 2018/842 du 30 mai 2018 du Parlement européen et du Conseil du 30 mai 2018 relatif aux réductions annuelles contraignantes des émissions de gaz à effet de serre par les États membres de 2021 à 2030 contribuant à l'action pour le climat afin de respecter les engagements pris dans le cadre de l'accord de Paris, avait lui aussi au niveau de l'UE une fonction de mise en œuvre de l'accord de Paris, en assurant pour l'ensemble des États membres la détermination de leurs CDN. La rédaction retenue par ce règlement – à commencer par son intitulé – était sans ambiguïté sur le caractère contraignant de l'objectif de réduction des GES assigné à la France à l'échéance de 2030. Le juge national a évidemment à appliquer les règlements de l'UE lorsque ceux-ci sont invoqués par les parties.

C. ... dont le respect doit être contrôlé sans attendre 2030

Mais tant s'agissant de l'article L. 100-4 que du règlement de 2018, la difficulté pratique et théorique au regard de l'office du juge de l'excès de pouvoir était qu'il s'agissait d'obligations pour l'État à une date future, à savoir 2030.

Dans le champ du droit de l'Union, la manière habituelle d'appréhender le non-respect d'une échéance prévue par la réglementation de l'UE est que la Commission engage une procédure de manquement, une fois cette date échue, conduisant le cas échéant à un constat de manquement par la Cour de justice, nécessairement plusieurs années plus tard. Le juge national peut aussi être conduit à faire application du droit de l'Union lorsqu'une telle date est échue, comme le contentieux *Les amis de la Terre* [21], parmi de nombreux autres, mais dans un domaine voisin de celui commenté ici l'a illustré.

S'agissant de la norme purement nationale, l'office du juge de l'excès de pouvoir, qui apprécie la légalité d'un acte au moment où celui-ci ci a été édicté, s'accommode mal lui aussi du contrôle juridictionnel d'un refus de mettre en œuvre des mesures afin d'atteindre un objectif futur, quand bien même cet objectif correspondrait à une obligation juridiquement contraignante.

Le Conseil d'État a cependant accepté d'examiner si les mesures prises par l'État étaient de nature à assurer le respect de ses engagements pour 2030, par un contrôle *ex ante* plutôt qu'*ex post*, justifié par la particularité de la problématique des GES : ceux-ci, comme l'établit abondamment le GIEC, s'accumulent dans l'atmosphère pour accroître le phénomène de réchauffement climatique, de sorte qu'un objectif final tel que la neutralité carbone en 2045 ou 2050 ne peut pas être utilement contrôlé seulement lorsque cette date échoit. Tout retard dans l'engagement de la réduction des émissions obère la capacité de respecter des échéances futures, et accroît le risque que les émissions en excès aient

(20) Cons. const. 12 août 2022, n° 2022-843 DC, AJDA 2022. 1655 ; D. 2022. 2140, et les obs., note N. Lenoir ; *ibid*. 2023. 975, obs. V. Monteillet et G. Leray ; *ibid*. 1235, obs. E. Debaets et N. Jacquinot.

(21) CE 12 juill. 2017, n° 394254, *Association Les Amis de la Terre France*, Lebon ; AJDA 2018. 167, note A. Perrin et M. Deffairi ; *ibid*. 2017. 1426 ; D. 2017. 1474, et les obs. ; RFDA 2017. 1135, note A. Van Lang ; RTD eur. 2018. 392, obs. A. Bouveresse, et les décisions d'exécution qui ont suivi à compter CE, ass.,10 juill. 2020, n° 428409, *Association Les amis de la Terre France*, Lebon avec les conclusions ; AJDA 2020. 1447 ; *ibid*. 1776, chron. C. Malverti et C. Beaufils ; D. 2021. 1004, obs. G. Leray et V. Monteillet ; JA 2021, n° 632, p. 33, étude S. Damarey ; RFDA 2020. 818, concl. S. Hoynck ; RTD civ. 2021. 199, obs. P. Théry ; RTD eur. 2021. 481, obs. D. Ritleng.

des conséquences irréversibles. Si l'on accepte le principe que les actions du Gouvernement pour mettre en œuvre les obligations légales appellent ici aussi un contrôle du juge administratif, l'effet utile de ce contrôle ne peut s'opérer que par anticipation.

On voit, alors même que ces deux contentieux semblent épouser les deux voies contentieuses les plus distinctes qui s'ouvrent devant le juge administratif, celles de l'excès de pouvoir devant le Conseil d'État et celle du recours en responsabilité devant le tribunal administratif de Paris, qu'en définitive ils tendent à une même fin : prévenir l'aggravation du réchauffement climatique.

Ceci conduit donc le Conseil d'État à adapter la logique de l'excès de pouvoir en acceptant de se placer comme « juge de l'amont » [22]. Le contentieux en responsabilité porté devant le tribunal administratif de Paris était lui aussi atypique : le contentieux de la responsabilité devant le juge administratif est souvent qualifié de contentieux indemnitaire : il tend à indemniser le requérant du préjudice que lui a causé l'action de l'administration. Lorsque l'objectif du requérant est, en quelque sorte pour l'essentiel de « réparer un préjudice futur », on voit bien qu'il s'agit, en le disant autrement, là aussi de prévenir la survenance d'un préjudice, sans attendre sa survenance pour tenter d'en indemniser les conséquences.

D. La « responsabilisation de l'État » n'est pas la détermination des politiques publiques par le juge

Du point de vue de la théorie du droit, le constat de ce rapprochement entre ce qui est demandé au juge en utilisant des voies de droits aux finalités en principe divergentes a pu être synthétisé par la notion quelque peu iconoclaste de « responsabilité *ex ante* » [23], qui renvoie moins à l'idée de responsabilité de l'État avec tous les obstacles que cela comporte en termes de causalité mais à celle de « responsabilisation », dans une logique de droit de la compliance [24]. Cette approche semble en effet chercher à s'adapter à des risques à la fois diffus, systémiques et massifs : « *les dommages encourus sont si grands et si graves que le contentieux n'est pas seulement ce qu'il faut résoudre ; il est aussi ce qu'il faut éviter dans toute la mesure du possible. Le contentieux n'est pas seulement ce à quoi il faut répondre il est aussi ce qu'il faut anticiper et autant que faire se peut, prévenir* » [25].

Relevons pour conclure que même lorsque le juge ne quantifie pas lui-même le niveau des obligations qui pèsent sur l'État en matière de réduction des émissions de GES, il n'en demeure pas moins que l'on touche ici aux limites de l'office du juge, toujours plus délicat lorsqu'il lui est demandé de censurer une abstention d'agir plutôt qu'une action déterminée. Mais dans chacune des affaires commentées, on peut noter que le juge administratif se garde bien de substituer son appréciation à celle de l'administration quant aux voies et moyens pour atteindre les obligations légales qui s'imposent à celle-ci. Le juge ne définit pas, en lieu et place des autorités compétentes des priorités de politique publique qui permettraient d'atteindre cette obligation, il demande à l'administration de justifier que les choix retenus sont bien de nature à les atteindre.

De ce point de vue ces contentieux anticipent et ne sont pas contredits par les solutions de principe dégagées récem-

(22) Selon la formule du professeur Delvolvé, réappropriée dans les conclusions sur l'arrêt *Grande-Synthe II*, S. Hoynck, Le contentieux climatique devant le juge administratif, RFDA 2021. 777.

(23) M.-A. Frison-Roche, La responsabilité *ex ante*, *La responsabilité, Archives de philosophie du Droit*, t. 63, 2021, p. 105-115.

(24) N. Cayrol, Des principes processuels en droit de la compliance, *in* M.-A. Frison-Roche (dir.), *La juridictionnalisation de la Compliance, Journal of Regulation & Compliance (JoRC)* et Dalloz, coll. Régulations & Compliance, 2023, p. 213-224.

(25) *Idem*.

ment par l'assemblée du contentieux du Conseil d'État [26] : « *Lorsque le juge administratif est saisi d'une requête tendant à l'annulation du refus opposé par l'administration à une demande tendant à ce qu'elle prenne des mesures pour faire cesser la méconnaissance d'une obligation légale lui incombant, il lui appartient, dans les limites de sa compétence, d'apprécier si le refus de l'administration de prendre de telles mesures est entaché d'illégalité et, si tel est le cas, d'enjoindre à l'administration de prendre la ou les mesures nécessaires. Cependant, et en toute hypothèse, il ne lui appartient pas, dans le cadre de cet office, de se substituer aux pouvoirs publics pour déterminer une politique publique ou de leur enjoindre de le faire* ».

(26) CE, ass., 11 oct. 2023, n° 467771, *Ligue des droits de l'homme et autre, syndicat de la magistrature et autre*, Lebon ; AJDA 2023. 1804 ; *ibid.* 2105, chron. A. Goin et L. Cadin ; AJ pénal 2023. 561 et les obs. ; RFDA 2023. 1099, concl. F. Roussel ; CE, ass., 11 oct. 2023, n° 454836, *Amnesty International France et autres*, Lebon ; AJDA 2023. 1804 ; *ibid.* 2105, chron. A. Goin et L. Cadin ; AJ pénal 2023. 561 et les obs. ; RFDA 2023. 1079, concl. E. de Moustier.

Droit de l'environnement, négociation et représentativité

Variations sur la rencontre entre négociation « écologique » et négociation « sociale »

Gilles J. Martin

Professeur émérite de l'Université Côte d'Azur,
GREDEG CNRS

Le droit de l'environnement qui n'a été, pendant longtemps, qu'une collection de polices administratives s'imposant de l'extérieur aux activités humaines et spécialement aux entreprises, ne s'est pas construit sur le même modèle que le droit du travail. Si l'on accepte de caricaturer, il est possible d'écrire que le droit de l'environnement a plongé ses racines dans le droit administratif le plus traditionnel, tandis que son aîné, sans dédaigner la réglementation unilatérale, a saisi la relation entre l'employeur et le salarié à travers le contrat de travail et a promu l'accord collectif. Pourtant, et même si, tant « sur le plan chronologique que sur le plan idéologique, les préoccupations "sociales" et les préoccupations "écologiques" n'étaient point faites pour se rencontrer » [1], ces deux droits présentent certains traits communs, qui se manifestent, depuis l'origine, à travers leurs finalités. Rappelant les mots de Robert Poujade à propos de l'environnement [2], Michel Despax, écrivait dès 1993: « De fait, on peut considérer que le problème de la protection de l'environnement et du cadre de vie, même s'il n'a pas le même degré d'acuité, n'est pas sans présenter de profondes analogies avec ce qu'il était convenu d'appeler au siècle dernier la "question sociale" » [3]. L'analogie la plus évidente nous paraît tenir dans la revendication d'un monde meilleur et se manifeste à travers l'objectif consistant à défendre certaines valeurs qui, sans être totalement extérieures à l'entreprise, entrent en contradiction avec ses objectifs premiers, qui ont pu être parfois définis comme ses objectifs uniques [4].

À partir de ce constat, l'hypothèse développée dans les lignes qui suivent pourrait être ainsi formulée: au début du XXIe siècle, ce sont les finalités comparables de ces deux droits qui l'emportent sur la technique et la structure juridique initiale et qui les font se croi-

(1) M. Despax, droit du travail et droit de l'environnement, Rapport introductif, *Actes du colloque de la SFDE*, tenu à Toulouse les 30 sept. et 1er oct. 1993, SFDE, collection droit et économie de l'environnement, diffusion Litec, Paris, 1994, p. 11.

(2) « Le mot environnement recouvre une idée importante, l'une de ces idées, il n'y en a pas beaucoup dans chaque siècle, qui conduise une société à s'interroger sur ses raisons de vivre, sur ses valeurs, sur ses capacités de renouvellement » (R. Poujade, *Le Ministère de l'Impossible*, Calman-Levy, Paris, 1971, p. 7).

(3) M. Despax, *op. cit.*, p. 10.

(4) On songe évidemment à la fameuse phrase de Milton Friedman selon lequel *« there is one and only one social responsibility of business: to use its resources and engage in activities designed to increase its profits so long as it stays within the rules of the game, which is to say, engages in open and free competition without deception or fraud* (*A Friedman Doctrine: The Social Responsibility of Business is to Increase Its Profits. The New York Times Magazine*, Sept. 13, 1970).

ser et, peut-être, se nourrir mutuellement [5]. C'est ce croisement et cette fermentation potentielle qu'il peut être intéressant d'interroger en progressant prudemment en trois étapes. La première est sans doute la plus simple : le droit de l'environnement tend, en effet, à devenir chaque jour davantage un droit économique de l'environnement qui reconnaît à l'entreprise une place et une responsabilité majeures dans la poursuite de certains « buts monumentaux » [6], au sein desquels la protection de l'environnement voisine avec celle des droits humains et des droits sociaux. Pour ce faire, il donne à la négociation entre l'entreprise et les « parties prenantes » une place importante que les juges saisis des premiers contentieux renforcent au fil des décisions. La deuxième consistera à montrer que la négociation sociale ne peut ignorer les enjeux de la transition ou de la transformation écologique, ce qui se traduit déjà dans le droit positif. La doctrine de droit du travail la plus avancée a commencé à réfléchir aux mutations qui en découlent, comme aux interrogations qu'elles font naître, tant sur l'ampleur du mouvement que sur les conditions de sa réussite. La dernière, enfin – de très loin la plus délicate –, conduira à se demander si la négociation sociale élargie aux enjeux écologiques peut offrir un modèle à la négociation écologique conduite avec les parties prenantes extérieures à l'entreprise – notamment quant à la question centrale de la représentativité –, voire se combiner avec elle selon des modalités qui ne peuvent encore être qu'esquissées.

I. De l'entreprise objet de réglementation à l'entreprise vigilante : l'émergence de la négociation écologique

L'entreprise a été présente en droit de l'environnement avant même qu'il soit identifié comme tel. Faut-il rappeler que c'est un décret impérial du 15 octobre 1810 qui met en place la première législation relative aux « Manufactures et Ateliers qui répandent une odeur insalubre ou incommode », législation abrogée et remplacée le 19 décembre 1917 par la loi relative aux établissements dangereux insalubres ou incommodes, à laquelle succédera le 19 juillet 1976 la loi sur les installations classées pour la protection de l'environnement [7] ? Pour autant, depuis l'origine, elle n'est présente dans ce droit qu'en qualité de destinataire de la norme de police administrative. C'est seulement dans les années soixante-dix qu'en dehors de toute disposition législative environnementale, les entreprises deviennent actrices « volontaires » [8] en commençant « à communiquer au public des informations sur l'impact environnemental de leurs activités » [9]. Il faut cependant attendre l'article 116 de la loi du 15 mai 2001 relative aux nouvelles régulations économiques (loi NRE) pour que le code de commerce (et non le code de l'environnement) impose à certaines entreprises l'obligation de communiquer « des informations, dont la liste est fixée par décret en Conseil d'État, sur la manière dont la société prend en compte les conséquences sociales et environnementales de son activité » [10]. L'évolution allait se poursuivre à bas bruit, notamment lorsqu'en 2011, le Conseil constitutionnel affirma, au détour d'une décision ayant pour objet la question de savoir si la loi pouvait valablement exonérer de sa responsabilité une entreprise installée antérieurement au voisin victime

(5) Une publication récente illustre parfaitement cette évolution : A. Casado, *Droit social à vocation environnementale – Vecteur de durabilité de l'entreprise*, préface de B. Teyssié, coll. droit & Professionnels, LexisNexis, 2024.

(6) M.-A. Frison-Roche, *Les buts monumentaux de la compliance*, Thèmes et commentaires, Régulation et compliance, Paris, Dalloz, 2022.

(7) Sur cette évolution historique, v. M. Prieur *et alii, droit de l'environnement*, Précis Dalloz, 9e éd., Dalloz, Paris, 2023, nos 1036 s., p. 813 s.

(8) Comme le fait observer A.-S. Epstein, *Information environnementale et entreprise*, Institut universitaire Varenne, coll. des thèses, LGDJ-Lextenso éditions, Paris, 2015, p. 55, « le qualificatif "volontaire" ne désigne pas tant un phénomène spontané qui serait issu de la pure volonté des entreprises qu'une démarche qui s'est imposée sous la contrainte non pas juridique, mais sociale ».

(9) *Ibid.*

(10) Art. L. 225-102-1, C. com.

de nuisances [11], que « chacun est tenu à une obligation de vigilance à l'égard des atteintes à l'environnement qui pourraient résulter de son activité » [12]. Focalisée sur la question principale posée au Conseil, la doctrine n'attacha pas une grande importance à cet *obiter dictum*. C'est pourtant lui qui a ouvert la voie à la loi du 27 mars 2017 relative au devoir de vigilance [13] et donc, indirectement, à la proposition de directive européenne [14] définitivement adoptée après des négociations difficiles le 24 avril 2024 [15]. L'inflexion par rapport au droit classique de l'environnement est considérable : « ces textes redessinent totalement le paysage en ne faisant plus des opérateurs économiques de simples destinataires de la norme, mais des acteurs responsables du respect des "buts monumentaux" [16] définis par le système juridique » [17]. Mais ce qui doit surtout être retenu pour notre propos tient au fait que le législateur de 2017 a jugé nécessaire de prévoir, à l'article L. 225-102-4, I, alinéa 4, que le plan de vigilance obligatoirement rédigé par l'entreprise tenue à ce devoir « a vocation à être élaboré en association avec les parties prenantes de la société, le cas échéant dans le cadre d'initiatives pluripartites au sein de filières ou à l'échelle territoriale » [18].

Si les formules retenues, tant par le droit interne que par la proposition de directive sont maladroites, en ce qu'elles laissent entendre que cette « association avec les parties prenantes » demeure facultative, les juges français saisis des premiers contentieux ont donné une portée beaucoup plus forte à cette disposition. C'est le tribunal judiciaire de Paris qui, dans deux jugements identiques rendus le 28 février 2023 en état de référé [19], estime que cette rédaction traduit la volonté du législateur « de voir ce plan de vigilance élaboré dans le cadre d'une coconstruction et d'un dialogue entre les parties prenantes de l'entreprise et l'entreprise ». Le tribunal poursuit en affirmant qu'en « respectant la pluralité des points de vue des parties prenantes et en les associant à l'élaboration du plan, cette concertation, d'une part, est de nature à assurer une meilleure définition du périmètre de vigilance et, d'autre part, à réduire considérablement les risques de contentieux avec les parties prenantes ». Il conclut en retenant que la « mise en demeure, dont l'exigence poursuit un objectif de sécurité juridique et de développement des alternatives amiables de résolution des litiges, doit être suffisamment ferme et précise pour permettre d'identifier les manquements imputés au plan *et permettre la phase de négociation amiable préalable à la saisine du juge* » [20]. Statuant cette fois sur le fond, dans un litige opposant une organisation syndicale au

(11) C'est la question dite de la « pré-occupation » réglée, pour ce qui concerne le contentieux de la responsabilité civile, par l'article L. 113-8 du code de la construction et de l'habitation, qui dispose, dans sa version actuelle, que : « Les dommages causés aux occupants d'un bâtiment par des nuisances dues à des activités agricoles, industrielles, artisanales, commerciales, touristiques, culturelles ou aéronautiques, n'entraînent pas droit à réparation lorsque le permis de construire afférent au bâtiment exposé à ces nuisances a été demandé ou l'acte authentique constatant l'aliénation ou la prise de bail établi postérieurement à l'existence des activités les occasionnant dès lors que ces activités s'exercent en conformité avec les dispositions législatives ou réglementaires en vigueur et qu'elles se sont poursuivies dans les mêmes conditions. »

(12) Cons. const. 8 avr. 2011, nº 2011-116 QPC, AJDA 2011. 762; *ibid.* 1158, note K. Foucher; D. 2011. 1258, note V. Rebeyrol; *ibid.* 2298, obs. B. Mallet-Bricout et N. Reboul-Maupin; RDI 2011. 369, étude F. G. Trébulle; Constitutions 2011. 411, obs. F. Nési.

(13) L. nº 2017-399 du 27 mars 2017 relative au devoir de vigilance des sociétés mères et des entreprises donneuses d'ordre, JO 28 mars 2017 (C. com., art. L. 225-102-4 et L. 225-102-5).

(14) Proposition de directive du Parlement européen et du Conseil sur le devoir de vigilance des entreprises en matière de durabilité et modifiant la directive (UE) 2019/1937 - COM/2022/71 final.

(15) Résolution législative du Parlement européen du 24 avril 2024 sur la proposition de la directive du Parlement européen et du Conseil sur le devoir de vigilance des entreprises en matière de durabilité et modifiant la directive (UE) 2019/1937 (COM (2022)0071 – C9-0050/2022 – 2022/051 (COD).

(16) M.-A. Frison-Roche, préc.

(17) G. J. Martin, Le droit économique au service d'une protection sérieuse de l'environnement, *in Florilèges* (Boivin et C. Huglo, dir.), Mémoire du droit éd., Paris, 2024, à paraître.

(18) Une formule comparable est inscrite dans la proposition de directive qui dispose (notamment à l'article 6) que : « Le cas échéant, les entreprises procèdent également à des consultations avec les groupes potentiellement concernés, y compris les travailleurs et les autres parties prenantes, afin de recueillir des informations sur les incidences négatives réelles ou potentielles. » Dans cette proposition, les parties prenantes sont définies comme : « les salariés de l'entreprise, les salariés de ses filiales, les syndicats et les représentants des travailleurs, les consommateurs et d'autres individus, groupes, communautés ou entités dont les droits ou intérêts sont ou pourraient être affectés par les produits, services et activités de cette entreprise, de ses filiales et de ses partenaires commerciaux, y compris les organisations de la société civile, les institutions nationales des droits de l'homme et de l'environnement, ainsi que les défenseurs des droits de l'homme et de l'environnement ».

(19) TJ Paris, 28 févr. 2023, nos 22/53942 et 53943, D. 2023. 975, obs. V. Monteillet et G. Leray; JA 2023, nº 677, p. 13, obs. X. Delpech; RTD com. 2023. 369, obs. A. Lecourt.

(20) C'est nous qui soulignons. Il en ira de même par la suite pour tous les passages en italique.

groupe La Poste à propos, non de questions environnementales mais de questions sociales, le même tribunal réaffirme [21] que « selon l'article L. 225-102-4, 4° [du code de commerce] le mécanisme d'alerte et de recueil de signalements relatifs à l'existence ou à la réalisation des risques *est établi en concertation avec les organisations syndicales représentatives* » et précise que « la concertation s'entend comme la volonté d'élaborer une mesure ou une décision de concert et ne peut se limiter au simple recueil d'un avis sur un dispositif d'ores et déjà finalisé. » Plus loin dans le même jugement, le tribunal explique que si la loi « lui donne le pouvoir d'enjoindre à la société d'élaborer [...] des mesures de sauvegarde que cette dernière doit définir en association avec les parties prenantes [...], cette disposition *ne saurait conduire le juge à se substituer à la société et aux parties prenantes* ».

« Coconstruction », « dialogue », « concertation », si le terme de « négociation » est à peine prononcé, il est substantiellement présent dans ces analyses, que la nouvelle chambre consacrée aux « contentieux émergents » de la cour d'appel de Paris aura l'occasion de confirmer ou d'infirmer très bientôt. L'une des questions en débat est, en effet, de savoir si comme le soutiennent certaines ONG « la loi sur le devoir de vigilance n'impose aucune phase de discussion ou de conciliation obligatoire entre les entreprises et les associations » [22] ou si, au contraire, la négociation avec les parties prenantes est inhérente à la mise en place de ce dispositif qui doit conduire l'entreprise « à "inventer" les modalités de participation des parties prenantes [...], pour parvenir, par le dialogue et la négociation à coconstruire un plan de vigilance permettant d'atteindre les "buts fondamentaux" fixés de manière très générale par la loi » [23]. Nous soutiendrons volontiers que, s'agissant de la mise en œuvre du devoir de vigilance, le refus d'entrer dans une phase de négociation, s'il peut se comprendre en l'état des forces en présence, est une erreur et sans doute une faute, tant l'action et la négociation sont les deux facettes complémentaires du même combat.

D'ailleurs, quoi qu'on en pense, une certaine pratique de la négociation écologique, inspirée de la négociation sociale – et d'ailleurs souvent en lien très étroit avec elle –, est de plus en plus présente dans la réalité concrète. Des illustrations très variées peuvent en être données.

En rapport direct avec le devoir de vigilance – puisque l'évènement fut à l'origine des initiatives législatives en France et en Allemagne –, il faut rappeler, par exemple qu'à la suite du drame du Rana Plazza au Bangladesh [24], après la signature d'un simple *Memorandum of Understanding* (MoU), un Accord a finalement été conclu en 2013 entre entreprises, syndicats et ONG [25], à l'incitation et sous le regard de certains États. Sa mise en œuvre est pilotée par un *Steering Committee* composé de tous les signataires et il prévoit des clauses d'arbitrage pour résoudre les éventuels conflits. Des avancées concrètes et avérées ont été réalisées sur des questions situées au croisement de la protection de la sécurité des travailleurs et du contrôle des lieux de production: la mise en place d'un audit systématique des bâtiments (puis dans un deuxième temps de certains équipements tels que les chaudières), l'attribution aux salariés d'un droit de retrait, l'adoption d'une procédure de plainte gérée par un comité dédié dont les résultats sont publiés sur le site de l'Accord, en sont les résultats les plus saillants. La réalité de la négociation et son inscription dans la durée, malgré

(21) TJ Paris, 5 déc. 2023, n° 21/15827.

(22) Propos rapportés par S. Mandard (Environnement: une chambre pour juger les entreprises, *Le Monde* du 6 mars 2024, p. 6).

(23) J.-L. Gaffard et G.J. Martin, droit et économie de la transition écologique – Regards croisés, Mare & Martin, Paris, 2023, p. 84.

(24) Le 24 avril 2013, l'effondrement d'un bâtiment de production avait provoqué 1133 morts et de très nombreux blessés parmi le personnel essentiellement composé de femmes.

(25) *Accord on Fire and Building Safety in Bangladesh (Bangladesh - International Accord)*. Cet Accord a été conclu entre des grandes marques et des détaillants du prêt-à-porter (dans les deux cas, majoritairement européens), deux syndicats internationaux, huit syndicats locaux et des ONG, sous l'amicale pression du gouvernement allemand et avec l'accord informel de l'État du Bangladesh qui, sans en être signataire, a coopéré à sa mise en œuvre.

d'importantes difficultés, ont également été démontrées : après un renouvellement en 2018 pour trois ans, un nouvel Accord, plus large, a finalement été adopté à la fin de l'année 2021, puis amendé le 1er novembre 2023 [26].

Dans un contexte fort différent, moins dramatique, et au croisement d'enjeux professionnels et écologiques, on apprend très récemment qu'après un mois de fermeture de la pêche dans le golfe de Gascogne, consécutive à la décision du Conseil d'État du 23 mars 2023 [27] et à l'ordonnance de référé du 22 décembre de la même année [28], pêcheurs artisanaux, défenseurs de l'environnement et scientifiques ont entamé à l'hiver 2024 un dialogue direct et inédit pour tenter de limiter les captures accidentelles de dauphins, sans condamner la pêche [29]. S'ils se poursuivent comme il est prévu, ces premiers contacts devraient conduire à de véritables négociations ayant pour objectif de redonner aux entreprises de pêche artisanale et aux porteurs d'intérêts écologiques la maîtrise de l'organisation de la pêche dans cette zone, sans doute sous le regard attentif de l'État.

En revenant aux relations internes aux entreprises françaises, il est encore possible de retenir que dans l'esprit des réformes promues par la loi PACTE, qui a redéfini le contrat de société (C. civ., art. 1833, al. 2) et mis à la disposition des acteurs économiques des outils et des concepts de nature à permettre l'engagement de l'entreprise sur les voies d'une économie plus durable (la « raison d'être » [30] qui peut être inscrite dans les statuts ; la possibilité de constituer des sociétés à mission [31]), un certain nombre de sociétés ont été conduites à créer soit un Comité de mission (obligatoire pour celles qui ont opté pour le statut de « société à mission ») soit des « Comités de parties prenantes ». Dans tous les cas, ces Comités, distincts des organes sociaux, ont pour objet de permettre un dialogue entre l'entreprise, des experts et des porteurs d'intérêts extérieurs à l'entreprise, dans le but d'évaluer l'efficacité des actions conduites pour exécuter la mission ou pour prendre en considération les enjeux sociaux et environnementaux de l'activité. Ils doivent aussi (pour les Comités de mission) – ou peuvent (pour les Comités de parties prenantes) – rédiger un rapport annuel qui sera joint au rapport de gestion dans les sociétés à mission ou qui pourra être transmis aux organes sociaux dans les autres sociétés. Dans un « livret méthodologique » publié par l'Observatoire de la RSE en septembre 2021 [32], on peut lire, au titre des recommandations faites aux entreprises qui auraient recours à ce dispositif, qu'il « est intéressant d'aller au-delà d'un levier de consultation des parties prenantes. *Il est recommandé de tendre vers une co-construction avec le comité de parties prenantes et de penser à la manière dont il est possible d'associer cet organe dans les processus de décision* ». Dans cet esprit, il n'est pas inintéressant de relever encore que le législateur a précisé le rôle et les droits du Comité des parties prenantes dans l'hypothèse très particulière des éco-organismes. L'article L. 541-10, I, alinéa 4, du code de l'environnement dispose, en effet, que « [c] haque éco-organisme crée un comité des parties prenantes, composé notamment de producteurs, de représentants des collectivités territoriales compétentes en matière de gestion des déchets, d'associations de protection de l'environnement agréées en application de l'article L. 141-1 et d'associations de protection des consommateurs ainsi que d'opérateurs de la prévention et de la gestion des déchets, dont ceux de l'économie sociale et solidaire ». La suite du texte précise les « compétences » du comité, énonce qu'il peut « émettre des

(26) *Bangladesh Agreement on Health and Safety in the Textile and Garment Industry* et l'*Addendum to the International Accord for Health and Safety in the Textile and Garment Industry*, CSSP-Bangladesh-Agreement_public-version.pdf (internationalaccord.org).

(27) CE 20 mars 2023, n° 449788, *France nature environnement*, Lebon ; AJDA 2023. 526 ; *ibid.* 1294, note L. Peyen ; RTD eur. 2023. 812, obs. A. Bouveresse.

(28) CE, ord. réf., 22 déc. 2023, nos 489926, 489932, 489949.

(29) B. Hildebrandt de Pixabay, Captures de dauphins : pêcheurs et ONG entament un dialogue direct inédit, InfoNature Média, par AFP, 28 févr. 2024.

(30) C. civ., art. 1835.

(31) C. com., art. L. 210-10.

(32) Livret n° 2 – Un comité de parties prenantes repensé pour un dialogue renouvelé – Orse.org.

recommandations à destination de l'éco-organisme portant notamment sur l'écoconception des produits relevant de la filière », et dispose qu'il « a accès aux informations détenues par l'éco-organisme pour l'accomplissement de sa mission, dans le respect des secrets protégés par la loi ». Un décret est récemment venu décliner ces règles et permettre leur adaptation, pour tenir compte des « spécificités de chaque filière » [33]. Ces dispositions pourraient utilement inspirer des sociétés relevant d'autres secteurs.

Ainsi, est-il avéré que les enjeux écologiques font désormais de plus en plus souvent l'objet de consultations, de concertations et de négociations entre les entreprises (au moins les plus importantes) et leurs parties prenantes. Les pratiques de dialogue et de négociation qui sont à l'œuvre s'inspirent et croisent aussi de plus en plus souvent les procédures traditionnelles de négociation sociale. Or, dans le même temps, la négociation sociale s'ouvre aux enjeux écologiques.

II. L'élargissement de la négociation sociale aux enjeux liés à la transition écologique [34]

Tous les observateurs ont relevé que la plupart des organisations syndicales salariées sont aujourd'hui porteuses d'une ambition écologique. Toutes les centrales syndicales développent depuis un certain temps déjà un discours et prennent des initiatives, soit pour aider les représentants du personnel à faire un diagnostic sur la façon dont leur entreprise ou leur administration « prend en considération » les enjeux environnementaux [35], soit pour construire des propositions avec les salariés et intervenir dans les négociations internes à l'entreprise, notamment lorsque la question écologique fait peser des menaces sur l'emploi [36].

Certes, les questions environnementales sont présentes en droit du travail depuis plusieurs décennies. Mais, elles l'ont été d'abord sous l'angle des risques pour la santé et la sécurité des travailleurs. Rappelant « les articles fondateurs d'Alain Supiot [37] et de Michel Despax [38] », Tatiana Sachs relève que les « auteurs consacrent de longs développements à la manière dont questions sociales et questions environnementales s'entremêlent en matière de santé et sécurité au travail et proposent la catégorie de « risque mixte » [39]. Cette mixité se révèle jusque dans les renvois croisés que le code du travail et le code de l'environnement multiplient, notamment lorsqu'ils traitent de l'information et de la protection de la santé des travailleurs dans les entreprises « à risques » [40]. Si au fil des années, une certaine « autonomisation » de la prise en compte des enjeux environnementaux en lien avec la santé des salariés a pu se manifester, « la protection des personnes, et prioritairement des travailleurs, demeure la boussole du droit de la santé au travail » [41].

(33) C. envir., art. D. 541-90 à 98.

(34) L'auteur exprime toute sa reconnaissance à Tatiana Sachs pour lui avoir permis de consulter le Mémoire en vue de l'obtention d'une HDR, qu'elle a brillamment soutenu devant l'Université Paris Nanterre le 15 déc. 2023. Ce travail remarquable, qui sera souvent cité et dont on espère qu'il sera prochainement publié, comme les échanges avec son auteure, ont contribué de manière décisive à la rédaction des développements qui suivent, dont les faiblesses nous demeurent cependant intégralement imputables.

(35) V. par exemple le « radar travail environnement » construit par la CGT et le collectif « Pour un réveil écologique » : Radar travail et environnement – L'avenir de notre planète s'écrit avec notre travail (radartravailenvironnement.fr).

(36) Ainsi, dans le secteur de l'automobile, la CFDT fait des propositions en matière de transition de la filière : Automobile : comment relever le défi d'une transition juste ? - CFDT.

(37) A. Supiot, L'alerte écologique dans l'entreprise, Droit et ville, 1994, n° 37, p. 91.

(38) M. Despax, Droit du travail et droit de l'environnement, Droit et ville, 1994, p. 9.

(39) T. Sachs, La raison environnementale et le droit du travail, préc., p. 25. L'auteure renvoie également à la thèse de C. Vanuls (*Travail et environnement, Regards sur une dynamique préventive et normative à la lumière de l'interdépendance des risques professionnels et environnementaux*, PUAM, préf. A. Bugada, 2014), qui analyse de manière approfondie la catégorie de « risque mixte ».

(40) T. Sachs, *op. cit.*, p. 30 et 31.

(41) *Ibid.*, p. 38.

De même, c'est encore en termes de risques que le deuxième pont entre la question sociale et la question écologique a d'abord été perçu. Il s'agit alors non plus de risques sanitaires, mais de risques économiques, qui se déclinent à travers la préoccupation majeure de l'emploi. Le risque peut naître de phénomènes naturels catastrophiques qui, déstabilisant l'équilibre économique de l'entreprise, peuvent venir justifier des licenciements, ou de décisions de gestion, qui engageant la transition écologique de l'organisation, peuvent conduire au même résultat. Les deux questions rencontrées par le droit du travail sont alors celle du partage des conséquences du risque et de sa possible mutualisation ou socialisation, dans le premier cas, et celle de la justification du licenciement « économico-écologique », dans le second [42].

Il faut donc attendre la loi dite « Climat et résilience » du 22 août 2021 [43] pour que se manifeste clairement un changement de paradigme et que les questions environnementales ne soient plus seulement analysées à travers leurs conséquences sur la santé ou l'emploi des salariés, mais comme *des questions constituant en elles-mêmes un objet autonome du dialogue social.* C'est l'inscription dans les textes d'une idée qui s'est peu à peu imposée dans la pensée sociale et l'esprit du temps. Le Conseil économique, social et environnemental (CESE) l'avait exprimé un an plus tôt en affirmant qu'une « manière d'intégrer les objectifs de développement durable dans une stratégie des entreprises cohérente et comprise par les salariés et les salariées serait de développer un véritable dialogue social autour de ces objectifs » [44]. La doctrine s'est assez largement fait l'écho de ce mouvement d'idée : « Depuis quelques années, écrit Tatiana Sachs, la promotion d'un dialogue social environnemental est à l'œuvre en France, et plus largement en Europe. L'OIT en fait un des pivots d'une transition juste » [45]. Le législateur français l'a donc traduit en étendant la compétence du Comité social et économique (CSE) aux questions écologiques, à la fois au titre de sa compétence générale (C. trav., art. L. 2312-8) et au titre des procédures d'information-consultation récurrentes (art. L. 2312-17 du même code). Dans le même temps, il a amélioré les moyens mis à la disposition du CSE en disposant dans l'article L. 2312-18 du code qu'une « base de données économiques, sociales et environnementales rassemble l'ensemble des informations nécessaires aux consultations et informations récurrentes que l'employeur met à disposition du comité social et économique » [46]. Dans le même esprit et pour rendre plus intelligibles les informations communiquées, les articles L. 2315-87-1, L. 2315-89 et L. 2315-91-1 du code du travail disposent que la mission des experts-comptables est élargie aux éléments d'ordre environnemental [47]. Pareillement, ont été prévues les possibilités de formation des représentants du personnel sur ces questions (C. trav., art. L. 2315-63).

L'objet de la présente contribution n'est certainement pas de faire une analyse détaillée de ces dispositions [48], pas plus que d'interroger leurs faiblesses rédactionnelles. Il faut cependant retenir, au soutien de notre propos, que l'apport essentiel de la loi « est d'obliger l'employeur à produire, présenter et discuter une information en matière environnementale à destination des représentants du personnel.

(42) A. Casado, Le licenciement pour mobile écologique, Lexbase Social, févr. 2022; P. Morvan, L'arrêt de l'activité de l'entreprise pour cause environnementale en droit du travail, *in L'entreprise face aux défis environnementaux*, A. Casado, F. Safi (dir.), IRJS éditions, 2022, p. 117 s.; T. Sachs, *op. cit.*, p. 43 s.

(43) L. n° 2021-1104 du 22 août 2021 portant lutte contre le dérèglement climatique et renforcement de la résilience face à ses effets, JO 24 août 2021.

(44) *Favoriser l'engagement civique et la participation citoyenne au service du développement durable*, Avis présenté par T. Cadart, Les avis du CESE, Les éditions des Journaux officiels, oct. 2020, p. 52.

(45) *Op. cit.*, p. 54 et les nombreuses références citées. Dans le même sens, A. Casado, *Droit social à vocation environnementale – Vecteur de durabilité de l'entreprise*, préface de B. Teyssié, LexisNexis, 2024.

(46) Les indicateurs devant figurer dans cette BDESE peuvent être déterminés par un accord collectif. À défaut et *a minima*, ils le sont par le décret n° 2022-678 du 26 avril 2022 relatif aux indicateurs environnementaux devant figurer dans la base de données économiques, sociales et environnementales (BDESE) et aux formations économiques, sociales, environnementales et syndicales.

(47) On peut légitimement se demander si, en l'état de leur formation, ceux-ci sont réellement compétents sur ces enjeux; certains auteurs avaient proposé la création d'une expertise spécifique : v. M. Gilbert, Loi Climat et résilience : la CFE-CGC force de propositions, BJT 2022, n° 201a5.

(48) Pour une telle analyse, on se reportera une fois de plus avec profit à T. Sachs, *op. cit.*, p. 55 s., et aux nombreuses références mentionnées par l'auteure.

Ainsi, même si le CSE ne dispose pas de droit de veto en la matière, la logique procédurale table sur les vertus réflexives d'un échange organisé sur les conséquences environnementales de l'activité de l'entreprise » [49]. En dépit des limites – réelles – de ces dispositifs, il ne peut donc pas être contesté qu'une étape a été franchie, qui conduit à étendre le dialogue social aux questions environnementales et aux choix de l'entreprise dans ce domaine, indépendamment de leurs incidences directes sur la santé ou l'emploi des salariés.

C'est, sans doute, le franchissement d'une étape supplémentaire qui peut encore être attendu du fait de la naissance, encore timide mais bien réelle, d'initiatives visant à développer la négociation collective sur les enjeux environnementaux [50]. Comme l'ont montré les premières études parues sur le sujet, c'est d'abord une approche parcellisée, « fragmentée » [51] qui prévaut encore avec, par exemple, des négociations collectives intégrant la dimension écologique à la question de l'offre de formations aux salariés au sein des accords de gestion des emplois et des parcours professionnels, ou visant à favoriser les comportements « vertueux » du personnel, par exemple en matière de mobilité. Pareillement, l'article L. 3312-9 du code du travail prévoit la possibilité d'introduire dans les accords d'intéressement des critères de performance relevant de la responsabilité sociale des entreprises et certains auteurs plaident pour leur multiplication [52]. C'est précisément pour encourager une évolution vers une approche moins fragmentée que le 11 avril 2023 a été signé l'Accord national interprofessionnel sur la transition écologique et le dialogue social, négocié entre deux organisations patronales (MEDEF, CMPM) et deux centrales syndicales (CFTC, CFDT). Peu ambitieux et considéré par les spécialistes comme un simple « outil de *nudging* » [53], cet Accord doit cependant retenir l'attention. D'une part, il décrit l'objectif de transformation écologique comme « un objectif systémique, qui requiert d'ordonner et de hiérarchiser un ensemble de moyens, notamment l'arsenal du dialogue social » [54]; d'autre part, il fait l'inventaire de « repères pratiques » en vue d'améliorer par exemple l'élaboration des données destinées à figurer dans la BDESE et promeut le développement de la négociation collective sur les enjeux de la transition écologique à des niveaux pertinents comme le secteur ou le territoire.

En dépit des limites, des réserves, des ambiguïtés, qui sont légitimement soulignées, il faut mesurer le chemin parcouru en quelques années. Tout comme la négociation collective avec les parties prenantes sur les questions écologiques a peu à peu trouvé une place – à conforter et à parfaire – dans les modes de gouvernance des entreprises les plus grandes ou les plus conscientes [55], l'objet des négociations sociales s'est peu à peu étendu aux enjeux environnementaux, désormais de plus en plus souvent saisis en eux-mêmes et pour eux-mêmes. Ces deux évolutions ont connu des cheminements parallèles. Le temps est peut-être venu de rechercher si des croisements ou des synergies peuvent être esquissés ou, au moins, suggérés.

III. Quelles synergies imaginer entre négociation sociale et négociation écologique ?

Quand est abordée la participation de parties prenantes, extérieures à l'entreprise, à des Comités distincts des organes sociaux ou le dialogue et la concertation de ces mêmes parties prenantes avec l'entreprise tenue par la loi d'élaborer un

(49) *Ibid.*, p. 59.

(50) A. Bugada, La négociation collective environnementale, JCP S 2021, n° 50, 1317.

(51) T. Sachs, *op. cit.*, p. 73.

(52) V. par ex., A. Casado, La multiplication des accords d'intéressement "verts" répondrait à l'urgence sociale et environnementale, *Le Monde*, 7 nov. 2022; v. également V. Roche, Rémunération et environnement, JCP S 2021, 1320.

(53) T. Sachs, *op. cit.*, p. 74.

(54) *Ibid.*, p. 73.

(55) V. *supra*, I.

plan de vigilance « en association avec » elles, se pose immanquablement la question de la désignation et de la représentativité de ces parties prenantes. La longue expérience de la négociation sociale est-elle de nature à éclairer cette discussion ? Quoi qu'il en soit de son aboutissement, le développement de la négociation écologique, tant avec les parties prenantes extérieures à l'entreprise qu'avec ce que certains auteurs qualifient de « parties constituantes » pour désigner les salariés et leurs représentants, n'implique-t-il pas un rapprochement – et dans l'affirmative sous quelles formes ? –, entre organisations syndicales et organisations non gouvernementales porteuses des intérêts écologiques ? Au-delà des questions institutionnelles, ne faut-il pas commencer par ce qui pourrait être sans doute le socle commun de tout progrès en la matière, la formation ? Telles sont les trois questions qui nous paraissent devoir être posées aujourd'hui.

La question de la représentativité est une question majeure. En l'état du droit positif et des pratiques, dans la majorité des hypothèses, les membres des Comités de mission ou de parties prenantes sont désignés par les Conseils d'administration ou les Directions générales des entreprises qui font le choix d'avoir recours à de telles instances. Dans le cadre d'un éventuel dialogue autour de l'élaboration du plan de vigilance, ce sont les associations les plus actives qui « s'autodésignent » comme les interlocuteurs incontournables... à moins qu'elles soient au contraire écartées par l'entreprise au profit de partenaires jugés plus « souples ». Dans tous les cas, ces processus de désignation sont à mille lieues de ce qui paraît raisonnable et sont sans rapport aucun avec ce qu'ont patiemment construit les relations sociales. Il faut donc chercher dans cette histoire des négociations sociales quelques idées pour progresser [56].

Le droit français reconnaît l'existence d'associations « agréées pour la protection de l'environnement » auxquelles sont reconnus certains droits de participation et de concertation, mais limités à la délibération « publique ». Depuis 2011, il distingue même les associations bénéficiant de l'agrément « simple » (C. envir., art. L. 141-1.) et celles qui, déjà agréées, bénéficient d'un « super agrément » pour leur permettre « de siéger dans les instances consultatives ayant vocation à examiner de façon générale les politiques d'environnement et de développement durable en application de l'article L. 141-3 » du même code. L'institution de ces associations agréées peut faire penser à celle des « syndicats représentatifs » [57]. Pourtant, il n'existe rien de tel dans la sphère de l'entreprise et la question se pose de savoir sur la base de quels critères, une association pourrait être considérée comme légitime pour représenter les intérêts environnementaux/écologiques au sein de ou auprès de l'entreprise. Plusieurs pistes peuvent être explorées. La première, la plus simple mais sans doute pas la mieux adaptée à l'objectif, consisterait à recommander l'élargissement des dispositions relatives aux associations agréées à la sphère de l'entreprise, en décidant que les représentants des associations environnementales appelés à siéger en qualité de membres des comités de parties prenantes ou des comités de mission devront être choisis au sein de listes proposées par ces associations ou en négociation avec elles. On peut cependant considérer que les critères actuels de l'agrément, relativement vagues et imprécis, sont mal adaptés à la participation à des conseils ou à des comités chargés de

(56) Les développements qui suivent sont extraits du projet de rédaction d'un rapport préparé pour l'IERDJ et l'ADEME, sous la dir. de A.-S. Epstein, M.-A. Chardeaux et G. J. Martin, sur le thème de la transition écologique du droit économique. Ce rapport sera remis au mois de juin 2024 et pourra être publié lorsqu'il aura été accepté et validé.

(57) C'est la loi n° 2008-789 du 20 août 2008, JO 21 août 2008 portant rénovation de la démocratie sociale et réforme du temps de travail qui a établi sept critères légaux permettant de déterminer ce caractère représentatif : respect des valeurs républicaines ; indépendance, notamment financière ; transparence financière (respect des obligations comptables, par exemple) ; ancienneté minimale de deux ans dans le champ professionnel et géographique couvrant le niveau de négociation (à compter de la date de dépôt légal des statuts) ; influence caractérisée par l'activité et l'expérience ; effectifs d'adhérents et cotisations (le nombre d'adhérents doit être suffisant pour que leurs cotisations représentent la partie principale de leurs ressources) ; l'audience aux élections professionnelles, mesurée tous les quatre ans. Le syndicat doit avoir obtenu au moins 8 % des voix pour être représentatif au niveau national et interprofessionnel et 10 % dans l'entreprise.

définir les orientations environnementales des entreprises. Très logiquement et compte tenu des objectifs actuels de l'agrément, aucun élément relatif à l'activité économique, à la gestion ou plus généralement à la vie des entreprises n'est, en effet, pris en compte pour délivrer l'agrément, ce qui pourrait s'avérer problématique pour la qualité du dialogue et la participation aux décisions. Une deuxième piste pourrait conduire à présumer que toute association ayant pour objet social la protection de l'environnement a vocation à désigner des personnes susceptibles d'être choisies pour représenter les enjeux environnementaux au sein de ces conseils ou comités. La solution serait encore moins favorable : outre l'absence de toute ouverture aux questions économiques ou gestionnaires, le risque de voir apparaître des associations « maisons », manipulées par les entreprises [58], doit être pris en considération. Une autre voie pourrait conduire à retenir le système de l'agrément tel qu'il est prévu aujourd'hui mais en suggérant qu'il soit délivré, non par le ministère chargé de l'Environnement, mais par une autorité administrative indépendante. L'obstacle majeur à cette proposition est qu'elle ne répond pas aux objections sur les critères de l'agrément et surtout qu'elle se heurte à l'absence d'une telle Autorité dans le paysage français actuel. Une dernière possibilité, qui aurait notre préférence et qui se combinerait facilement avec la proposition précédente si elle prenait corps, pourrait consister à définir un cadre de négociation tripartite entre représentants des entreprises, représentants des syndicats de salariés et représentants des associations actuellement agréées pour définir les critères qui permettraient, au sein de ces dernières, de dresser une liste des associations « agréées RSE ». C'est au sein de ces associations que pourraient alors être désignées, soit par négociations soit sur une liste proposée par elles, les personnes appelées à siéger dans les instances destinées à représenter les parties prenantes extérieures à l'entreprise. Cette dernière suggestion serait aussi de nature à rapprocher syndicats de salariés et associations de protection de l'environnement. On sait que certaines organisations syndicales ont d'ores et déjà noué des liens étroits avec certains partenaires associatifs, notamment pour rédiger des textes communs en vue de croiser les enjeux sociaux et environnementaux [59]. Ce mouvement doit s'amplifier.

Le besoin de rapprochement entre les porteurs d'intérêts environnementaux et les organisations représentatives des salariés est impérieux pour des raisons qui tombent sous le sens. D'une part, il est avéré aujourd'hui que les questions écologiques ne peuvent plus être envisagées indépendamment des questions sociales. L'exigence du croisement tient, d'abord, à des arguments de fond. Mal identifiée en tant que telle par le droit comme par l'économie, l'entreprise peut être regardée comme un centre d'intérêt [60], c'est-à-dire comme le lieu où des intérêts divergents et souvent contradictoires s'expriment, se confrontent et négocient pour définir les orientations principales de la coalition politique qu'ils constituent [61]. Faciliter le rapprochement entre les porteurs naturels des enjeux sociaux et les forces représentatives des enjeux environnementaux participe à la construction de solutions prenant en compte ces intérêts et à leur diffusion dans les différentes instances de l'organisation. Un tel rapprochement est peut-être de nature à favoriser cette « refondation de l'entreprise » que Tatiana Sachs appelle de ses vœux [62]. Au-delà du fond, cette exigence tient aussi à des arguments « politiques » et d'acceptabilité sociale, tant il est vrai que les enjeux environnementaux ne pourront jamais s'imposer dans l'entreprise contre les salariés ou sans leur soutien actif. D'autre part, on a pris conscience que le sort de ces « nouveaux » intérêts collectifs que sont la protection de l'environnement ou la défense du consommateur dépendait plus

(58) Ici encore le souvenir des « syndicats maison » doit alimenter la réflexion.

(59) V. *infra*.

(60) G. Farjat, Entre les personnes et les choses, les centres d'intérêt – Prolégomènes pour une recherche, RTD civ. 2002. 221.

(61) J.-L. Gaffard et G.J. Martin, *op. cit.*, spécialement p. 73 s.

(62) *Op. cit.*, p. 1 s.

largement du droit relatif à la gouvernance des entreprises et des décisions prises et/ou négociées en son sein ou dans son environnement économique, que de la législation extérieure ayant pour objet affiché de les protéger [63]. Enfin, nous avons pu constater que les textes comme la pratique ont déjà inscrit ce rapprochement dans la réalité en prévoyant, par exemple, que les représentants du personnel devaient être informés et consultés sur les enjeux environnementaux des choix de l'entreprise, tandis que dans le même temps le Comité de mission doit « comporter au moins un salarié » et que les Comités de parties prenantes en comprennent aussi bien souvent. Le législateur comme la pratique ont perçu non pas l'identité des intérêts représentés par les uns et par les autres, mais leur parenté étroite et la nécessité de les croiser. Sous quelle forme, de tels rapprochements pourraient-ils s'organiser? Pour l'heure, ce sont des regroupements informels, de type « collectifs », qui ont vu le jour, comme le « Pacte du pouvoir de vivre » rassemblant la CFDT et 18 organisations de la société civile [64]. Peut-on imaginer aller au-delà dans un avenir proche? Le modèle associatif, par sa souplesse peut offrir des opportunités, mais notre préférence irait volontiers vers des structures plus adaptées et surtout tournées vers la collaboration sur des objectifs ou des projets communs, comme le groupement d'intérêt économique (GIE) peut l'être pour les entreprises. Ainsi pourrait-on peut-être songer à la création d'un « groupement d'intérêt social et environnemental » (GISE) qui permettrait à des syndicats professionnels et à des ONG de se regrouper pour conduire en commun des réflexions et participer, par exemple, à la formation de leurs membres sur les outils de la négociation collective sociale et environnementale.

La mise en place de formations communes doit sans doute être la première étape des rapprochements envisagés. Il existe, d'ores et déjà, d'importants instituts de formation consacrés aux salariés et à leurs représentants [65]. Des formations moins structurées s'adressent aussi aux ONG et à leurs membres, mais compte tenu de ce qui peut être constaté aujourd'hui et que nous avons essayé de décrire, il paraît essentiel de concevoir des sessions communes de formation permettant aux deux cultures de s'interpénétrer et de s'enrichir mutuellement. Les salariés et leurs représentants doivent avoir accès à des formations insistant sur les enjeux des transformations nécessaires à la réussite de la transition écologique, de même que les « associatifs » doivent être formés aux réalités et aux contraintes de l'entreprise et de la production.

Ces évolutions seront longues et difficiles à mettre en place. L'urgence des enjeux écologiques n'implique pas la précipitation, qui pourrait être source de chaos social; elle implique néanmoins que les orientations majeures soient rapidement définies et que les premiers pas s'inscrivent dès à présent sur le chemin de la transition juste.

(63) Évoquant la question des actionnaires plus ou moins « patients » en lien avec les problèmes d'emploi, Alain Supiot écrit: « Le fait que le droit des sociétés favorise l'une ou l'autre de ces deux formes d'actionnariat est évidemment beaucoup plus lourd de conséquences sur l'emploi que le caractère plus ou moins protecteur du droit de licenciement » (A. Supiot, *L'esprit de Philadelphie. La justice sociale face au marché total*, Paris, Le Seuil, p. 112).

(64) Sur le site de la CFDT, le Pacte est ainsi présenté: « Cette alliance inédite de 19 organisations pour agir ensemble, afin que les questions sociales et environnementales ne soient plus dissociées, répond à la nécessité de rassembler un large front d'acteurs syndicaux, associatifs, mutualistes autour d'un triple objectif: faire évoluer le débat public sur ces enjeux majeurs de société, faire entendre la société civile organisée et construire un rapport de force face à un exercice très vertical du pouvoir », Tout savoir sur le Pacte du pouvoir de vivre – CFDT.

(65) On songe, par exemple à l'Institut des Sciences sociales du travail (ISST) ou à l'Institut supérieur du travail (IST).

Le traitement judiciaire des infractions environnementales

Jean-Baptiste Perrier

Professeur à Aix-Marseille Université
(LDPSC – UR 4690), doyen de la Faculté de droit
et de science politique

« Nous sommes à un moment de l'histoire où nous devons orienter nos actions dans le monde entier en songeant davantage à leurs répercussions sur l'environnement. Nous pouvons, par ignorance ou par négligence, causer des dommages considérables et irréversibles à l'environnement terrestre dont dépendent notre vie et notre bien-être ». Plus de cinquante ans après cette déclaration de Stockholm [1], les mots prononcés conservent toute leur pertinence et étrangement toute leur actualité. Alors que le réchauffement climatique est régulièrement invoqué pour expliquer l'aggravation des phénomènes météorologiques et de leurs conséquences, il est frappant de constater que les risques, sinon les causes, étaient connus depuis fort longtemps, sans qu'un véritable mouvement ne se mette en marche pour les écarter, sinon les réduire.

Il serait toutefois excessif de considérer que rien n'a été fait depuis cinquante ans tant les progrès du droit visant à renforcer la protection de l'environnement ont été importants. De nos jours, les tribunaux sont régulièrement saisis d'actions visant à contester les atteintes à l'environnement, voire à contester l'inaction face au changement climatique. On pense ici au jugement rendu par le tribunal administratif de Paris, dans « l'Affaire du siècle » [2], qui a condamné l'État pour le non-respect de ses engagements environnementaux, lequel cause un préjudice à la nature. Ces récents procès et actions n'occultent toutefois pas le fait que la réglementation environnementale a longtemps été cantonnée à la prévision de normes, de seuils, de mesures à caractère administratif et d'objectifs non contraignants. L'insuffisance de ces normes non contraignantes était manifeste ; il n'est dès lors pas surprenant de constater ce recours au droit pénal pour sanctionner le non-respect de cette réglementation et plus encore les atteintes graves à l'environnement.

De précédentes études consacrées à ce mouvement [3] ont mis en évidence la richesse du droit pénal de l'environnement, au moins d'un point de vue quantitatif. Pour autant, l'existence de ces infractions environnementales ne signifie pas nécessairement que les faits seront sanctionnés ni même portés à la connaissance du juge pénal [4].

(1) Conférence des Nations unies, Stockholm, du 6 au 15 juin 1972.

(2) TA Paris, 14 sept. 2021, n°s 1904967-1904968-1904972-1904976.

(3) V. not., C. Courtaigne-Deslandes, *L'adéquation du droit pénal à la protection de l'environnement*, Thèse Paris II, 2010 ; P. Pignarre, *La répression pénale des atteintes à l'environnement causées par les entreprises*, Thèse Nice, 1996 ; v. encore *Des écocrimes à l'écocide. Le droit pénal au secours de l'environnement*, L. Neyret (dir.), Bruylant, 2015.

(4) Sur ce point, v. notre étude, Le procès environnemental devant le juge pénal, *in Le procès environnemental*, sous la dir. de M. Hautereau-Boutonnet et E. Truilé, Dalloz, Thèmes et commentaires, 2021.

À la suite d'une atteinte à l'environnement constitutive d'une infraction pénale, un choix s'offre aux autorités administratives : envisager des mesures administratives ou engager des poursuites pénales. Force est de constater que la première option est souvent privilégiée, moins par méfiance que par culture. De même, la victime de l'infraction, s'entendant le plus souvent de l'association représentant l'environnement, dispose également d'un choix, à savoir porter son action devant la justice civile ou devant la justice pénale [5]. Enfin, lorsque les faits sont constitutifs d'une infraction pénale, le procureur de la République peut décider de faire comparaître l'auteur devant une juridiction de jugement, mais il peut aussi mettre en œuvre une alternative aux poursuites, ou même classer sans suite. Or et alors que le taux d'élucidation des affaires en ce domaine est très élevé (85 % des affaires sont poursuivables), le taux de réponse pénale n'est que de 47 % et cette réponse est constituée à 75 % de mesures alternatives [6], principalement des rappels à la loi.

Ce constat est loin d'être satisfaisant, tant il fait apparaître qu'au-delà des intentions et des infractions introduites dans l'arsenal répressif, le droit pénal de l'environnement semble rester largement inappliqué. Tout l'enjeu est alors d'améliorer cette situation, de renforcer l'effectivité du droit pénal de l'environnement, en repensant le traitement judiciaire des infractions environnementales. À cette fin, plusieurs pistes ont été et sont encore explorées et de nombreuses propositions ont été faites [7]. Elles font apparaître un premier résultat, celui de la multiplicité des juridictions (**I**), et naître une ambition, celle de la multiplication des actions (**II**).

I. La multiplicité des juridictions

Alors que la compétence du juge judiciaire est affirmée, l'atteinte à l'environnement reste bien souvent entre les mains de l'administration [8], qui dispose en la matière de pouvoirs importants. La construction du droit de l'environnement et son caractère principalement administratif ne laissent au juge pénal qu'une partie réduite du contentieux relatif aux atteintes à l'environnement [9]. Face à ce « morcellement administratif » [10], la judiciarisation – mieux encore la pénalisation – des atteintes à l'environnement semblait nécessaire car, sans nier leur efficacité, on peut considérer que, pour de tels faits, les sanctions administratives ne présentent pas les mêmes valeurs répressive et dissuasive que les sanctions pénales [11]. De plus, la voie administrative ne permet pas aux victimes d'obtenir réparation. Le recours à la voie judiciaire est à l'évidence un préalable indispensable à l'effectivité du droit pénal de l'environnement et cette nécessité a conduit à la spécialisation des juridictions, afin de renforcer leur action (A) ; il n'est toutefois pas certain que l'objectif soit atteint, compte tenu des risques induits par cet enchevêtrement (B).

A. Une volonté de spécialisation

Compte tenu de la technicité de la matière et la complexité de la réglemen-

(5) Sur ce point, v. notre étude, Le choix du juge civil ou pénal en France ?, *in Actions en justice et environnement : approche de droit comparé*, sous la dir. de M. Hautereau-Boutonnet et E. Truilé, Confluences des droits n° 10, 2020.

(6) Circ. 11 mai 2021 visant à consolider le rôle de la justice en matière environnementale, NOR : JUSD2114982C, p. 2.

(7) V. par ex. le rapport « Une justice pour l'environnement », Mission d'évaluation des relations entre justice et environnement, CGEDD n° 012671-01, IGJ n° 019-19, oct. 2019, p. 71. La présente étude est surtout l'occasion de présenter les pistes de réflexion et propositions auxquelles nous avons eu le plaisir de participer et qui sont rassemblées dans l'ouvrage *Le traitement pénal du contentieux de l'environnement*, Rapport du groupe de travail relatif au droit pénal de l'environnement, présidé par François Molins, PUAM, 2023.

(8) Il serait plus exact de dire « les administrations », tant elles sont nombreuses : DDTM, DREAL, OFB, etc.

(9) J. Lagoutte, *La protection de l'environnement : répression administrative ou répression pénale ?*, Cujas, 2014, p. 281 ; v. égal. J. Lagoutte, M. Lassale, La réception de l'information environnementale par le droit pénal, Lexbase Pénal, juill. 2023.

(10) D. Agoguet, D. Atzenhoffer, V. Delbos, Les incriminations environnementales, Rapport de l'École nationale de la magistrature, La justice pénale environnementale.

(11) L. Dumont Saint Priest, M. Saby, 2021 : millésime du droit pénal de l'environnement ? - État du droit pénal de l'environnement : insuffisances actuelles et perspectives d'évolutions au regard de la loi portant lutte contre le dérèglement climatique, D. actu. 25 janv. 2021.

tation applicable, le traitement des infractions environnementales nécessitait sans doute une spécialisation des magistrats. Certes, l'enjeu environnemental peut parfaitement être saisi par des juges « ordinaires », mais il leur manque parfois les compétences ou les moyens pour traiter un contentieux aussi complexe que celui des rejets d'hydrocarbures par des navires en haute mer. Il n'est de ce point de vue pas surprenant de constater que les premières juridictions à compétence interrégionale ont vu le jour deux ans après le naufrage de *l'Erika*[12], affaire hautement symbolique et qui a mis en évidence la possibilité et l'opportunité de judiciariser une atteinte à l'environnement, mais aussi sa complexité. Pour tenter d'appréhender ce contentieux, les juridictions du littoral spécialisées (JULIS) ont été créées par la loi du 3 mai 2001 relative à la répression des rejets polluants des navires[13]. Il s'agissait d'une première réponse au manque de spécialisation des magistrats et ce processus n'a cessé de se renforcer. La création, par la loi du 24 décembre 2020, des pôles régionaux de l'environnement (PRE), est une avancée importante pour la spécialisation des juridictions. Instaurées dans le ressort de chaque cour d'appel[14], il s'agit toutefois des cinquièmes juridictions spécialisées susceptibles d'être compétentes en matière environnementale, aux côtés des JULIS, des juridictions interrégionales spécialisées (JIRS) et des pôles santé publique et environnement (PSPE) et accidents collectifs (PAC), lesquelles viennent en concurrence avec les tribunaux ordinaires, territorialement compétents.

La spécialisation du système répressif ne s'arrête toutefois pas à la seule organisation juridictionnelle : elle touche également les acteurs, qu'il s'agisse des forces de l'ordre[15], des procureurs ou des juges du siège. S'agissant des magistrats toutefois, les pôles régionaux environnementaux ont été conçus comme de véritables juridictions « environnementales », comme le révèle leur champ de compétence. Au-delà des infractions, les pôles régionaux environnementaux sont en effet compétents en matière civile pour connaître des actions relatives au préjudice écologique[16], des actions en responsabilité civile prévues par le code de l'environnement et des actions en responsabilité civile fondées sur les régimes spéciaux de responsabilité applicables en matière environnementale[17]. Adaptées à l'échelon régional, ces juridictions permettent un traitement judiciaire plus proche des enjeux locaux que les autres juridictions spécialisées avec lesquelles elles coexistent.

Sous réserve que ces pôles soient dotés de moyens suffisants, une telle spécialisation pourrait sembler opportune, en ce qu'elle permet de renforcer la compétence des magistrats et des auxiliaires de justice. La multiplication des juridictions compétentes présente toutefois un risque, celui d'une perte de lisibilité et d'un éclatement du contentieux pénal de l'environnement.

B. Un risque d'enchevêtrement

Quel que soit le contentieux en cause, il est évident que l'ajout d'une nouvelle juridiction compétente, venant concurrencer plusieurs juridictions déjà susceptibles de l'être à différents titres[18], conduit iné-

(12) F. Lagier, Le traitement pénal de la pollution des navires, Rapport de l'École nationale de la magistrature, La justice pénale environnementale, 2019.

(13) La compétence de ces juridictions est désormais prévue par les articles L. 218-1 à L. 218-86 du code de l'environnement.

(14) En application de l'article 706-2-3 du code de procédure pénale, la compétence du PRE s'étend au ressort de la cour d'appel pour l'enquête, la poursuite, l'instruction et le jugement des délits prévus par le code de l'environnement et le code forestier, des délits ayant pour objet les produits phytopharmaceutiques et les végétaux du titre V du livre II du code rural et de la pêche maritime, des délits d'exploitation illicite d'une mine des 1° et 2° du I de l'article L. 512-1 et à L. 512-2 du code minier et des délits de mise sur le marché de bois ou produits dérivés issus d'une récolte illégale prévus par l'article 76 de la loi n° 2014-1170 du 13 oct. 2014. Pour relever de la compétence des PRE ces affaires doivent être complexes, en raison notamment de leur technicité, de l'importance du préjudice ou du ressort géographique sur lesquels elles s'étendent.

(15) La loi n° 2020-1672 du 24 déc. 2020 a ainsi prévu que les inspecteurs de l'environnement avaient les mêmes pouvoirs que les officiers de police judiciaire ; v. encore le décret n° 2023-187 du 17 mars 2023. Cette même loi a prévu, à l'article 706-2 du code de procédure pénale, la possibilité de recourir à des assistants spécialisés en matière sanitaire ou environnementale.

(16) Actions fondées sur les articles 1246 à 1252 du code civil.

(17) Compétences prévues par l'article L. 211-20 du code de l'organisation judiciaire.

(18) La circulaire du 11 mai 2021 précise que les pôles régionaux sont dotés d'une compétence concurrente en matière d'atteinte à l'environnement, à l'exception des délits spécifiques relevant des JULIS et des JIRS, dont l'article 706-2-3 du code de procédure pénale fait expressément exclusion, Circ. 11 mai 2021, préc., p. 5.

vitablement à une complexification de l'organisation juridictionnelle et à un manque de lisibilité. S'agissant du contentieux pénal de l'environnement, certains déplorent cette complexité [19], d'autant que le taux de réponse pénale y est nettement plus faible que pour les autres infractions [20] ; la complexification risque dès lors d'accroître ce déficit de poursuites au profit de solutions alternatives, plus simples, ou de décisions de classement sans suite.

Pour autant, il ne s'agit pas de renoncer à la spécialisation des juridictions chargées du contentieux de l'environnement. On observe d'ailleurs que le mouvement de spécialisation des juridictions environnementales est un mouvement global : une étude réalisée pour le Programme des Nations unies met en évidence l'expansion considérable des « cours et tribunaux environnementaux » [21]. Dans les pays dits « développés », comme l'Australie et la Suède, comme dans les pays en voie de développement, comme l'Inde ou le Kenya, la spécialisation se développe et prend diverses formes. Des juridictions *ad hoc* spécialisées dans le traitement du contentieux environnemental ont ainsi été créées en Inde, en Australie, au Chili, en Nouvelle Zélande ou encore au Canada. D'autres pays ont préféré créer un parquet national spécialisé, notamment en Espagne [22], aux Pays-Bas, au Brésil ou en Argentine. D'autres encore ont choisi d'introduire des sections spécialisées de cours ou de tribunaux, notamment en Suède ou en Chine.

La spécialisation des juridictions environnementales doit donc être conservée [23], mais elle peut sans doute être repensée et simplifiée. Dans cet esprit, le rapport « *Une justice régionale pour l'environnement* » [24] préconise une « *spécialisation de l'urgence écologique* », en privilégiant les pôles régionaux environnementaux pour la mise en œuvre des référés civils et pénaux en matière environnementale. En accentuant cette logique, il serait possible d'envisager la création d'une juridiction environnementale, compétente à la fois en matière civile et en matière pénale.

« Sortant de la culture modélisée française » [25] et dépassant la dichotomie de l'ordre judiciaire français, il s'agirait de créer une juridiction environnementale de plein exercice qui agirait tant sur le volet civil que sur le volet pénal, sans que le premier soit nécessairement lié au second.

Particulièrement ambitieuse, cette proposition avait été formulée dès le rapport *Une justice pour l'environnement*, prenant comme modèle l'office du juge des enfants, compétent en matière civile et pénale pour statuer et prononcer des mesures alternatives de réparation mais également en charge de l'exécution des peines ; il s'agirait ici « de créer un juge prenant en compte les intérêts de l'environnement, à l'instar du juge des mineurs, dont la motivation des décisions est dictée par la recherche de l'intérêt supérieur de l'enfant » [26].

La création d'un véritable « juge de l'environnement » avec de telles prérogatives [27]

(19) Certains considèrent en effet que « cette complexité entrave tant le bon accès du citoyen au juge que l'identification par les administrations et les services d'enquête de leurs interlocuteurs dans les juridictions », *in Le traitement pénal du contentieux de l'environnement, op. cit.*, p. 88.

(20) V. *supra*.

(21) G. Pring et C. Pring, *Environnemental Courts & Tribunals: A guide for Policy Makers, Nairobi, UN Environnement*, 2016.

(22) Avec 250 procureurs scientifiques et de nombreux experts, le parquet national espagnol pour l'environnement et l'urbanisme semble d'ailleurs démontrer son efficacité : l'Espagne a triplé ses procédures et condamnations entre 2006 et 2014. V. sur ce point D. Agoguet, D. Atzenhoffer et V. Delbos, Les incriminations environnementales, ENM RJA, n° 25, juin 2021, p. 84.

(23) La mission d'évaluation, lors du rendu de son rapport, plaidait même pour un maintien des juridictions spécialisées : « *il faut maintenir les juridictions spécialisées qui traitent déjà de certaines questions d'environnement* », Rapport « *Une justice pour l'environnement* », CGEDD, préc., p. 79.

(24) Mission d'appui et de préfiguration des pôles régionaux spécialisés en matière d'atteinte à l'environnement, issus de la loi n° 2020-1972 du 24 déc. 2020 relative au parquet européen, à la justice environnementale et à la justice pénale, Rapport « Une justice régionale pour l'environnement », janv. 2022.

(25) *Le traitement pénal du contentieux de l'environnement, op. cit.*, p. 90.

(26) CGEDD, IGJ, Une justice pour l'environnement. Mission d'évaluation des relations entre justice et environnement, établi par B. Cinotti, J.-F. Landel, D. Agoguet, D. Atzenhoffer, V. Delbos, oct. 2019, p. 83.

(27) Ce juge pourrait connaître de tous les délits et contraventions qui répriment spécifiquement les atteintes à l'environnement, mais aussi réguler les litiges par les modes alternatifs de règlement tels que la médiation ou la convention judiciaire d'intérêt public environnementale (CJIPE). Cette juridiction serait également le juge naturel des actions engagées par les particuliers comme par les associations. Elle pourrait également être saisie de l'action de groupe environnementale prévue par l'article L. 142-3-1 du code de l'environnement.

constituerait une réponse plus aboutie au besoin de spécialisation. Cette création n'entrainerait pas pour autant la remise en cause de la compétence des JIRS, pour les infractions environnementales commises en bande organisée [28], ni celle des PSPE, qui continueraient à être saisis des affaires très complexes et dans l'hypothèse où il existerait des dommages corporels avérés ou des risques d'atteintes à la santé ; en revanche, la question du maintien des JULIS pourrait être posée. La création d'un juge de l'environnement supposerait également de créer des chambres de jugement spécialisées, permettant aux magistrats de maîtriser la variété des réglementations qui fondent les poursuites en cette matière et de mieux appréhender les questions soulevées à l'occasion de ce contentieux, notamment l'évaluation du dommage.

Enfin, une telle création « hisserait symboliquement la protection de l'environnement au rang des priorités d'actions du système judiciaire » [29]. Il conviendrait toutefois de veiller à ce que cette priorité soit assurée sur le terrain des moyens procéduraux. Au-delà de l'organisation juridictionnelle, il est essentiel que le contentieux de l'environnement puisse être appréhendé correctement par les juridictions, ce qui pose la question des actions pouvant être engagées.

II. La multiplication des actions

S'il faut encourager la spécialisation des juridictions chargées de traiter le contentieux pénal de l'environnement, il faut également souhaiter que, quelle que soit la juridiction compétente, les actions engagées puissent être menées efficacement. De nombreuses actions existent déjà, tant en matière civile qu'en matière pénale, mais des difficultés apparaissent ce qui permet d'identifier deux enjeux. Le premier tient au temps : la nécessité d'éviter la réalisation du dommage environnemental ou, à défaut, son aggravation implique de pouvoir agir rapidement dans ces affaires (A). Le second tient à l'espace : les atteintes à l'environnement ne connaissent pas de frontières, de telle sorte qu'une action coordonnée est parfois nécessaire ; sur ce point, la procédure pourrait encore évoluer, afin d'européaniser le traitement de ces dossiers (B).

A. Une nécessaire accélération

En matière environnementale, comme en d'autres matières, il est parfois nécessaire d'agir vite, afin d'éviter le dommage environnemental ou, plus souvent, son aggravation [30]. L'outil procédural est connu : les mesures de référés et les procédures accélérées permettent de traiter l'urgence, ici environnementale.

Le code de procédure civile prévoit à ce titre deux voies qui semblent être adaptées au contentieux environnemental. La première est prévue par l'article 834 et elle est fondée sur l'urgence [31]. La seconde est prévue par l'article 835, alinéa 1er, et elle est fondée sur l'existence d'un dommage imminent ou d'un trouble manifestement illicite [32]. Quoique

(28) Cette compétence est utile, notamment lorsque les faits sont commis par des réseaux criminels structurés de type mafieux, à l'instar des trafics de stupéfiants et du proxénétisme.

(29) *Le traitement pénal du contentieux de l'environnement, op. cit.*, p. 96.

(30) « En cas d'atteinte à l'environnement, il est essentiel d'agir vite sans attendre que la poursuite de la situation n'aggrave les dommages », CGEDD, IGJ, Une justice pour l'environnement. Mission d'évaluation des relations entre justice et environnement, préc. Dans le même sens, *v.* la réflexion conduite dans le cadre de la « Mission *flash* sur le référé spécial environnemental », dont la communication du 10 mars 2021 (préc.) relève qu'« agir rapidement est en effet fondamental en cas d'atteintes à l'environnement, car celles-ci conduisent souvent à des dommages irréversibles ».

(31) « Dans tous les cas d'urgence, le président du tribunal judiciaire ou le juge des contentieux de la protection dans les limites de sa compétence, peuvent ordonner en référé toutes les mesures qui ne se heurtent à aucune contestation sérieuse ou que justifie l'existence d'un différend ».

(32) « Le président du tribunal judiciaire ou le juge des contentieux de la protection dans les limites de sa compétence peuvent toujours, même en présence d'une contestation sérieuse, prescrire en référé les mesures conservatoires ou de remise en état qui s'imposent, soit pour prévenir un dommage imminent, soit pour faire cesser un trouble manifestement illicite ».

non spécifiques, ces référés sont des instruments efficaces, par leur célérité, pour mettre fin à une atteinte à l'environnement ou la prévenir. Le référé de l'article 835 présente d'ailleurs un intérêt particulier, car il ne suppose pas de se trouver dans un cas d'urgence, contrairement au référé de l'article 834. Afin de prévenir un dommage imminent [33] ou pour faire cesser un trouble manifestement illicite, le référé de l'article 835 permet au juge, même en présence d'une contestation sérieuse, d'ordonner des mesures conservatoires, telles que par exemple la remise en état d'un site, l'interdiction ou la suspension des travaux en cours, etc.

Il existe également plusieurs procédures de référé devant le juge administratif. D'abord et d'une façon générale, le référé-suspension [34], le référé-liberté [35], ou encore le référé-conservatoire [36] peuvent être utilisés face à un dommage à l'environnement. Ensuite et de façon plus spécifique, des procédures prévues par le code de l'environnement assurent directement ou indirectement la protection de l'environnement et permettent au juge, sans condition d'urgence, de prendre une décision provisoire visant à écarter un risque d'atteinte. On pense ici aux procédures visant à s'assurer de l'existence d'une étude d'impact ou d'une enquête publique lors de projets de travaux [37], suivant en cela la logique de l'article L. 123-16 du code de l'environnement [38]. Dans le même esprit, le référé prévu par l'article L. 122-12 permet de suspendre la décision d'une autorité administrative prise en l'absence d'évaluation environnementale. Ces différents mécanismes sont intéressants en ce qu'ils visent à garantir le respect d'une procédure qui, à travers l'étude d'impact, l'enquête publique ou plus encore l'évaluation environnementale, permet d'éviter un dommage à l'environnement.

Enfin, le référé pénal environnemental [39], prévu par l'article L. 216-13 du code de l'environnement, est sans doute l'instrument le plus efficace, en ce qu'il est au service de la réponse pénale. Selon ce texte, en cas de non-respect de certaines prescriptions, « *le juge des libertés et de la détention peut, à la requête du procureur de la République, agissant d'office ou à la demande de l'autorité administrative, de la victime ou d'une association agréée de protection de l'environnement, ordonner pour une durée d'un an au plus aux personnes physiques et aux personnes morales concernées toute mesure utile, y compris la suspension ou l'interdiction des opérations menées en infraction à la loi pénale* ». Le procureur de la République joue ici un rôle essentiel : pour assurer en urgence la protection de l'environnement, il lui appartient de requérir, d'office ou à la demande de l'autorité administrative, de la victime ou d'une association agréée, la mise en œuvre de ces mesures.

Destiné à assurer la protection de l'environnement, le mécanisme est utile et ce d'autant plus que la chambre criminelle a facilité sa mise en œuvre par un arrêt du 28 janvier 2020 [40], en considérant que l'application de ce dispositif n'était pas subordonnée à la caractérisation d'une faute pénale.

Le mécanisme est utile, mais son domaine est hélas limité : ce référé ne s'applique que pour certains manquements en matière environnementale, à savoir en cas de non-respect des règles

(33) Des propositions tenant à remplacer la notion de « dommage imminent » par celle « d'atteinte grave et durable » ont été faites dans le cadre de la « Mission flash sur le référé spécial environnemental », mission conduite pour la commission des lois de l'Assemblée nationale par Naïma Moutchou et Cécile Untermaier ; communication du mercredi 10 mars 2021.

(34) Art. L. 521-1 CJA.

(35) Art. L.-521-2 CJA.

(36) Art. L. 521-3 CJA.

(37) Ces différents mécanismes et exigences sont prévus par les articles L. 122-2 et L. 123-12 du code de l'environnement et par les articles L. 554-11 et L. 554-12 du code de l'environnement.

(38) « Le juge administratif des référés, saisi d'une demande de suspension d'une décision prise après des conclusions défavorables du commissaire enquêteur ou de la commission d'enquête, fait droit à cette demande si elle comporte un moyen propre à créer, en l'état de l'instruction, un doute sérieux quant à la légalité de celle-ci ».

(39) Si la procédure existe depuis la loi nº 92-3 du 3 janvier 1992, elle n'est qualifiée de « référé » que depuis la circulaire du 21 avril 2015 relative aux orientations de politique pénale en matière d'atteintes à l'environnement.

(40) Crim. 28 janv. 2020, nº 19-80.091, D. 2020. 864, note A. Dejean de la Bâtie ; AJ pénal 2020. 135, obs. A. Dumas-Montadre ; RSC 2020. 336, obs. E. Monteiro.

liées à la procédure générale d'autorisation environnementale ou en cas de non-respect des règles générales et spéciales de préservation de la qualité et de la réparation des eaux superficielles, souterraines et des eaux de la mer [41]. Il n'est pas applicable aux infractions générales de commission, telles que le délit de mise en danger, de pollution des eaux, de dépôt ou d'abandon de déchets.

Dès lors, afin de faire cesser les dommages causés à l'environnement et d'éviter leur aggravation, il est nécessaire de renforcer l'efficacité du référé pénal environnemental. Cette perspective peut d'ailleurs être articulée avec la proposition de création d'une juridiction environnementale unique, compétente en matière civile et en matière pénale. Il serait en effet possible de créer un référé unique permettant de prévenir et de faire cesser les dommages à l'environnement, sans distinction entre le référé en matière civile et le référé prévu à la suite d'une infraction [42]. Le champ d'application de ce référé environnemental pourrait alors être élargi et dépasser les limites de l'article L. 216-3 du code de l'environnement, sans exiger de condition d'urgence [43].

Cette proposition vise à renforcer l'efficacité du droit pénal de l'environnement en offrant aux magistrats du parquet la possibilité d'agir vite, pour prévenir une atteinte à l'environnement ou la faire cesser. Une telle évolution permettrait alors d'améliorer la réactivité des autorités face à une atteinte à l'environnement, mais il faut encore déterminer l'autorité compétente, notamment lorsque les faits ont une dimension internationale ou européenne.

B. Une possible européanisation

Les atteintes à l'environnement, particulièrement les faits de pollution de l'air ou de l'eau, ne connaissent pas de frontières, de telle sorte qu'une coopération politique est nécessaire pour éviter de telles atteintes [44]. Une coopération judiciaire est tout aussi nécessaire pour sanctionner ces atteintes, d'autant qu'il convient de rappeler que les atteintes à l'environnement sont la troisième activité la plus lucrative derrière le trafic de stupéfiants et les marchandises de contrefaçon, et devant la traite des êtres humains [45].

Face à cette évidence et ce constat, il est clair que l'efficacité du droit pénal de l'environnement ne peut être appréhendée à l'intérieur du seul territoire national. Il est donc heureux de constater qu'au sein de l'espace européen, la criminalité environnementale constitue l'une des dix priorités du cycle politique européen de lutte contre la criminalité organisée (EMPACT) pour la période 2022-2025 [46]. Plus encore, la nouvelle directive du 11 avril 2024 [47] remplaçant celle du 19 novembre 2008 [48], permettra de renforcer la protection pénale de l'environnement, en prévoyant de nou-

(41) Est en effet visé le non-respect des prescriptions imposées au titre des articles L. 181-12, L. 211-2, L. 211-3 et L. 214-1 à L. 214-6 ou des mesures édictées en application de l'article L. 171-7 du présent code ou de l'article L. 111-13 du code minier.

(42) Sur cette proposition, *Le traitement pénal du contentieux de l'environnement, op. cit.*, p. 103.

(43) Il serait également possible d'étendre la liste des personnes susceptibles de saisir le juge judiciaire par cette voie, notamment en permettant une saisine directe des associations.

(44) L'Union européenne a mis en œuvre un programme de financement des politiques liées à l'environnement et au changement climatique, le programme LIFE 2021-2027, régi par le règlement (UE) n° 2021/783 du 29 avr. 2021 établissant un programme pour l'environnement et l'action pour le climat.

(45) La criminalité environnementale génèrerait, selon un rapport de 2018 du Programme des Nations unies pour l'environnement et d'Interpol, entre 110 et 281 milliards USD par an.

(46) EMPACT renvoie à une « *méthodologie adoptée par l'Union européenne en 2010 pour s'attaquer aux principales menaces que la criminalité fait peser sur elle. Chaque cycle s'étend sur quatre ans et optimise la coordination et la coopération dans certains domaines de la criminalité* ».

(47) Directive (UE) 2024/1226 du Parlement européen et du Conseil du 11 avr. 2024 relative à la protection de l'environnement par le droit pénal et remplaçant les directives 2008/99/CE et 2009/123/CE. Ce texte met à jour la liste des actes liés à l'environnement qui sont considérés comme des infractions pénales au niveau européen et des sanctions connexes, afin d'assurer une application plus efficace de la législation environnementale au sein de l'Union européenne.

(48) Directive 2008/99/CE du Parlement européen et du Conseil du 19 nov. 2008 relative à la protection de l'environnement par le droit pénal..

velles sanctions ou en aggravant les sanctions existantes ; cette révision a également été l'occasion d'ouvrir le débat sur l'extension des prérogatives du parquet européen aux infractions environnementales.

Sur ce dernier point, le procureur européen français, Monsieur Frédéric Baab, considère que « *face à un système toujours inscrit dans un cadre intergouvernemental, et dont les limites sont aujourd'hui clairement identifiées, il faut une rupture. Et celle-ci passera nécessairement par un transfert de compétence au profit du Parquet européen qui sera lui en capacité de suppléer aux insuffisances du dispositif actuel* » [49]. Une telle perspective est intéressante, mais elle suppose une forte adaptation des règles de compétence du parquet européen, ainsi qu'une véritable volonté politique.

Depuis le 1er juin 2021 [50], le parquet européen est en charge des poursuites des infractions financières transfrontalières portant atteinte aux intérêts de l'Union, en matière de fiscalité et de probité publique, lorsqu'elles présentent une certaine gravité. Dès sa première année, le parquet européen a démontré son utilité [51] et ce succès conduit à envisager l'extension de ses prérogatives à la matière environnementale pour renforcer l'efficacité de la répression en ce domaine. Une telle perspective est d'ailleurs largement soutenue par la doctrine [52] ou encore par le Parlement européen [53] ; elle serait porteuse d'un symbole fort mais elle se heurte à certains obstacles.

L'extension de la compétence du parquet européen aux atteintes à l'environnement suppose en effet de déterminer un seuil de compétence, car cette extension doit être limitée à la criminalité transnationale grave. Le caractère transnational ne poserait pas de difficulté : comme observé, cette criminalité ne connaît guère de frontières. Pour autant, la dimension internationale ne saurait constituer le seul critère [54]. Le seuil de gravité serait lui plus difficile à déterminer. En matière de fraude, il était aisé de déterminer un seuil financier, au-delà duquel la fraude doit être considérée comme grave pour relever de la compétence du parquet européen ; or un seuil financier ne semble pas pertinent pour la matière environnementale, d'abord car certaines infractions environnementales graves peuvent ne pas être commises à des fins lucratives, ensuite car les montants prévus en matière de délinquance économique ne sont pas adaptés à la matière environnementale. Il conviendrait alors d'apprécier l'importance du dommage causé à l'environnement, ce qui n'est pas sans soulever certaines questions. La notion de « *dommage important* », utilisée depuis la loi du 24 décembre 2020 pour retenir la compétence des pôles régionaux environnementaux, est sans doute trop imprécise. En revanche, la notion de « dommage irréversible », visée par l'article L. 110-1 du code de l'environnement pourrait être utilisée. Des précisions pourraient être apportées, mais il faut ici observer que le critère utilisé pourrait être un critère souple : il ne s'agit pas de fonder une incrimination ou une sanction, ce qui exigerait une grande précision, mais de déterminer la compétence de l'autorité judiciaire chargée de diriger les investigations et les poursuites.

(49) F. Baab, Création d'un parquet vert européen, pourquoi attendre ?, JCP 9 mai 2022.

(50) Le parquet européen a été créé par le règlement n° 2017/1939 du 12 oct. 2017.

(51) Sur ce point, P. Le Fèvre, Parquet européen : bilan d'une première année d'activité, AJ pénal 2022. 365.

(52) M. Hautereau-Boutonnet et E. Truilhé, Des procès pour renforcer l'effectivité du droit de l'environnement, Cah. just. 2019. 431 ; M. Recotillet, Vue d'ensemble de la proposition de directive du Parlement européen et du Conseil relative à la protection de l'environnement par le droit pénal et remplaçant la directive n° 2008/99/CE, Rev. UE 2022, p. 50. V. encore la proposition faite par le groupe de travail présidé par François Molins, visant à étendre la compétence du parquet européen à la matière environnementale (*Le traitement pénal du contentieux de l'environnement, op. cit.*, p. 106 s.), dont les principaux arguments sont repris dans la présente étude.

(53) La Résolution du Parlement européen du 20 mai 2021 sur la responsabilité des entreprises dans les dommages causés à l'environnement « invite la Commission à étudier la possibilité d'étendre le mandat du Parquet européen, une fois qu'il sera pleinement établi et opérationnel, aux infractions contre l'environnement » (C-15/193, recommandation 33).

(54) Nous reprenons ici l'exemple proposé dans *Le traitement pénal du contentieux de l'environnement, op. cit.*, p. 112 : le non-respect des règles d'épandage peut avoir des conséquences de part et d'autre d'une frontière, mais de tels faits ne paraissent pas suffisamment graves pour relever de la compétence d'une autorité judiciaire européenne.

Les difficultés juridiques peuvent donc être surmontées, surtout s'il existe une volonté politique. Or, comme le relève Frédéric Baab, « *tout transfert de compétences au profit d'un ministère public européen est aussi un transfert de souveraineté que tous les États membres ne sont pas prêts à accepter* » ; le procureur européen reste néanmoins optimiste en considérant que la matière environnementale serait l'un des domaines « *où les États membres pourraient faire "cause commune" dans le contexte actuel de sortie de crise et de soutien à la transition écologique* » [55].

Cet optimisme pourrait toutefois ne pas être partagé par tous, surtout après les annonces destinées à soutenir certaines filières de production, qu'elles soient énergétique ou agricole, et qui ont à nouveau révélé la tension qui existe entre la protection de l'environnement, d'un côté, et la sauvegarde de l'économie, de l'autre. La délicate articulation entre l'une et l'autre, pour certains une opposition, pourrait être un obstacle, à tout le moins un frein, à une extension de compétence du parquet européen, car certaines autorités nationales pourraient ne pas souhaiter voir diligenter des poursuites européennes contre leurs entreprises.

Ces dernières réflexions mettent en évidence une nécessité, celle de mettre les paroles en actes. Alors que les enjeux climatiques n'ont jamais été aussi importants, de nombreuses solutions existent, que ce soit pour simplifier l'organisation juridictionnelle, et donc la rendre plus lisible et efficace, ou pour permettre de faire face à l'urgence ou au caractère transnational des faits. Il est dès lors essentiel de dépasser les seules bonnes intentions exprimées dans les discours pour doter la justice, nationale ou européenne, d'outils juridiques et de moyens permettant de prévenir et de lutter efficacement contre les atteintes à l'environnement.

(55) F. Baab, Création d'un parquet vert européen, pourquoi attendre ?, préc.

Aspects de l'action civile des associations de protection de l'environnement devant le juge pénal

Xavier Samuel

Conseiller à la chambre criminelle
de la Cour de cassation

La sensibilité de l'opinion publique aux questions environnementales, liée à la perception même qu'elle a de la fragilité de l'environnement et de l'importance des atteintes qu'il subit à raison notamment des développements technologiques inouïs des temps modernes, trouve tout naturellement un puissant écho dans l'office du juge pénal chargé tout à la fois de la répression des infractions constitutives de telles atteintes et, lorsque cela lui est demandé à cette occasion, de la réparation des préjudices qui en résultent.

Le législateur ayant attribué aux associations de protection de l'environnement de larges pouvoirs en la matière, la chambre criminelle a eu l'occasion d'en tirer récemment les conséquences juridiques en fonction des situations concrètes appréciées par les juges du fond, tant en ce qui concerne les conditions de recevabilité que la réparation du préjudice moral.

I. Une définition légale large des associations concernées et de leurs pouvoirs

A. Multiples associations, multiples infractions

La loi du 1er juillet 1901 relative au contrat d'association a reconnu aux associations déclarées le droit d'agir en justice. Elles ont ainsi le droit d'exercer l'action civile devant le juge pénal dans les conditions prévues par l'article 2 du code de procédure pénale, c'est-à-dire pour demander réparation du dommage directement causé par une infraction, quelle qu'elle soit, à condition qu'elles en aient personnellement souffert.

Allant plus loin, le législateur a conféré à certaines associations le droit de défendre des intérêts collectifs. Leur statut se rapproche alors de celui du ministère public dont elles peuvent ainsi pallier l'inertie ou le refus, fut-il justifié, d'engager des poursuites.

S'il a situé la plupart des dispositions de cette nature dans le code de procédure pénale (art. 2-2 à 2-25), c'est dans le code de l'environnement qu'il a finalement choisi d'insérer les dispositions permettant à certaines associations d'agir devant le juge pénal pour la défense d'intérêts collectifs liés à l'environnement, jusqu'alors regroupées dans le code rural par la loi du 2 février 1995 relative au renforcement de la protection de la nature.

Selon l'article L. 142-2 du code de l'environnement dans sa version issue de la loi n° 2016-1087 du 8 août 2016 pour la reconquête de la biodiversité, de la nature et des paysages, ces associations sont soit des associations de protection de l'environnement agréées au titre de l'article L. 141-1 du même code, soit des associations non agréées mais répondant à certaines conditions.

Les associations agréées sont, pour l'essentiel, d'une part, les associations régulièrement déclarées qui exercent leurs activités statutaires depuis au moins trois ans dans le domaine de la protection de la nature et de la gestion de la faune sauvage, de l'amélioration du cadre de vie, de la protection de l'eau, de l'air, des sols, des sites et paysages, de l'urbanisme, ou ayant pour objet la lutte contre les pollutions et les nuisances et, d'une manière générale, œuvrant principalement pour la protection de l'environnement, d'autre part, la Fédération nationale des chasseurs et les fédérations régionales, interdépartementales et départementales des chasseurs.

Les modalités d'obtention de l'agrément, délivré par le préfet du département ou le ministre chargé de l'Environnement, sont fixées par les articles R. 141-1 à R. 141-20 du code de l'environnement et notamment par l'article R. 141-2 qui en précise les conditions : effectivité d'une activité principale non lucrative tendant à la protection de l'environnement ; nombre suffisant de membres ; gestion désintéressée ; régularité de son fonctionnement et des obligations financière et comptable.

Ces associations dites « associations agréées de protection de l'environnement » peuvent exercer les droits reconnus à la partie civile en ce qui concerne les faits portant un préjudice direct ou indirect aux intérêts collectifs qu'elles ont pour objet de défendre et constituant une infraction aux dispositions législatives relatives à la protection de la nature et de l'environnement, à l'amélioration du cadre de vie, à la protection de l'eau, de l'air, des sols, des sites et paysages, à l'urbanisme, à la pêche maritime ou ayant pour objet la lutte contre les pollutions et les nuisances, la sûreté nucléaire et la radioprotection, les pratiques commerciales et les publicités trompeuses ou de nature à induire en erreur quand ces pratiques et publicités comportent des indications environnementales ainsi qu'aux textes pris pour leur application.

Ce droit est également reconnu à des associations qui ne sont pas agréées, mais qui sont régulièrement déclarées depuis au moins cinq ans à la date des faits et qui se proposent, par leurs statuts, à la sauvegarde de tout ou partie des intérêts visés à l'article L. 211-1 du code de l'environnement en ce qui concerne les faits constituant une infraction aux dispositions relatives à l'eau, ou des intérêts visés à l'article L. 511-1 du même code, en ce qui concerne les faits constituant une infraction aux dispositions relatives aux installations classées. Les intérêts ainsi visés sont par exemple la prévention des inondations et la préservation des écosystèmes aquatiques, des sites et des zones humides, au titre de l'article L. 211-1, et le respect des obligations résultant du classement pour les installations pouvant présenter des dangers ou des inconvénients notamment pour la santé publique, l'agriculture ou la protection de la nature et de l'environnement.

L'article L. 437-18 du code de l'environnement prévoit encore, notamment, que certaines fédérations ou associations agréées en matière de pêche peuvent exercer les droits reconnus à la partie civile en ce qui concerne les faits constituant une infraction au titre relatif à la pêche en eau douce et gestion des ressources piscicoles et portant un préjudice direct ou indirect aux intérêts collectifs qu'elles ont pour objet de défendre.

Là ne s'achève pas encore l'énumération, puisque toute association agréée de protection de l'environnement peut également exercer les droits reconnus à la partie civile en cas d'infractions aux dispositions des titres Ier, II, III, IV et VI du Livre IV du code de l'urbanisme fixant le régime applicable aux constructions, aménagements et démolitions (autorisations et déclarations préalables, etc.) sur le fondement de l'avant-dernier alinéa de l'article L. 480-1 du code de l'urbanisme et en cas d'infraction aux dispositions des plans locaux d'urbanisme ou en matière de coupes et d'abattages d'arbres, etc., en vertu de l'article L. 610-1 du même code.

On peut ainsi constater que le législateur a défini de manière particulièrement large non seulement le champ de l'activité des associations concernées, mais aussi celui des infractions en cause. Les droits qui en découlent ne sont pas moins étendus.

B. Droits à large spectre

Les droits liés à l'action civile que ces associations sont habilitées à exercer revêtent également, par leur nature même, une large portée puisqu'une association peut se constituer partie civile devant le juge pénal non seulement lorsque l'action publique a déjà été mise en mouvement, mais aussi aux fins de déclencher cette action publique, soit en citant directement une personne, physique ou morale, devant un tribunal correctionnel, soit en portant plainte et en se constituant partie civile devant un juge d'instruction.

En outre, comme en toute autre matière, l'action d'une partie civile peut n'être motivée que par le souci d'établir l'existence de l'infraction et de corroborer l'action publique, de sorte qu'une constitution de partie civile est recevable quand bien même la réparation du dommage causé par l'infraction échapperait à la compétence de la juridiction répressive [1], et alors même que ladite partie civile aurait manifesté l'intention de porter sa demande de dommages-intérêts devant la juridiction civile sans toutefois se désister de son action devant le tribunal répressif [2].

Enfin, une association, comme toute autre partie civile, peut faire appel même d'un jugement de relaxe et lorsqu'elle est seule appelante d'un tel jugement, peut obtenir réparation de la part de la personne relaxée en première instance, à condition toutefois de démontrer à la charge de cette dernière une faute civile à partir et dans la limite des faits objet de la poursuite [3].

Le droit français a ainsi largement anticipé l'impulsion donnée en la matière par la convention d'Aarhus [4] sur l'accès à l'information, la participation du public au processus décisionnel et l'accès à la justice en matière d'environnement. Cette Convention, entrée en vigueur depuis le 30 octobre 2001, a en effet pour objectif

(1) Crim. 30 juin 2009, n° 08-85.954, Bull. crim. n° 139, AJ pénal 2009. 419.

(2) Crim. 4 juill. 1973, pourvoi n° 72-91.482, Bull. crim. n° 315.

(3) Crim. 5 févr. 2014, n° 12-80.154, Bull. crim. n° 35, D. 2014. 807, note L. Saenko ; *ibid.* 1414, chron. B. Laurent, C. Roth, G. Barbier, P. Labrousse et C. Moreau ; AJ pénal 2014. 422, obs. C. Renaud-Duparc, et pour un exemple en matière d'environnement : Crim. 29 juin 2021, n° 20-82.245, publié, D. 2021. 2219, note J. Bourgais ; *ibid.* 2022. 963, obs. V. Monteillet et G. Leray ; JA 2021, n° 645, p. 12, obs. X. Delpech ; AJ pénal 2021. 425, obs. E. Daoud ; RSC 2022. 349, obs. E. Monteiro ; RTD civ. 2021. 897, obs. P. Jourdain ; J. Lagoutte, RCA, n° 10, oct. 2021, comm. 173 ; M. Bacache, JCP, n° 45, 8 nov. 2021. Doctr. 1182 ; E. Monteiro, RSC 2022. 351 ; Z. Jacquemin, Gaz. Pal. 21 sept. 2021, n° 32 ; J.-H. Robert, Dr. pénal n° 9, sept. 2021, comm. 147 ; V. Saintaman, A. Zouhal et B. Denis, EEI, n° 4, avr. 2022, comm. 27.

(4) 2005/370/CE : Décision du Conseil du 17 février 2005 relative à la conclusion, au nom de la Communauté européenne, de la convention sur l'accès à l'information, la participation du public au processus décisionnel et l'accès à la justice en matière d'environnement.

de contribuer à la protection du droit de chaque personne, des générations présentes et futures, de vivre dans un environnement convenant à sa santé et à son bien-être. À cette fin, elle engage les parties à accorder la reconnaissance et l'appui voulus aux associations, organisations ou groupes qui ont pour objectif la protection de l'environnement et à faire en sorte que le système juridique national soit compatible avec cette obligation (art. 3.4). Les principes en ont d'ailleurs été repris, dans le cadre du droit de l'Union de l'environnement, par la directive 2003/35/CE du Parlement européen et du Conseil du 26 mai 2003 prévoyant la participation du public lors de l'élaboration de certains plans et programmes relatifs à l'environnement, et dans la Charte de l'environnement [5].

Il n'en reste pas moins que, selon l'expression traditionnelle de la chambre criminelle, l'exercice de l'action civile devant les tribunaux répressifs constitue un droit exceptionnel. En raison de sa nature, il doit être strictement renfermé dans les limites fixées par le code de procédure pénale [6].

II. Des conditions de recevabilité strictement interprétées

La jurisprudence de la chambre criminelle illustre de diverses manières le souci de faire respecter les règles applicables, qu'elles relèvent du droit commun ou du droit spécifique résultant de l'article L. 142-2 précité.

A. Caractère personnel du dépôt de plainte simple, préalable obligatoire à une plainte avec constitution de partie civile devant le juge d'instruction

En application du deuxième alinéa de l'article 85 du code de procédure pénale, la recevabilité d'une plainte avec constitution de partie civile devant le juge d'instruction est subordonnée à l'absence de suite apportée, selon les modalités prévues à cet article, à une plainte simple préalablement déposée devant le procureur de la République ou un service de police judiciaire.

La chambre criminelle a jugé que la plainte préalable à la constitution de partie civile doit avoir été déposée personnellement par la partie civile et qu'elle ne peut bénéficier à une personne qui n'a pas suivi le circuit imposé par le texte précité. Par conséquent, la plainte avec constitution de partie civile déposée par une association de protection de l'environnement qui n'a pas préalablement déposé plainte simple est irrecevable à son égard, alors même qu'elle est déposée également au nom d'une autre association similaire ayant satisfait, quant à elle, à cette obligation [7].

B. Respect nécessaire des conditions de droit commun en cas d'absence d'agrément

Une deuxième illustration du respect strict des conditions fixées par le code de procédure pénale concerne à la fois l'application du droit commun et le lien entre l'association concernée et l'infraction alléguée.

(5) Pour application sur question préjudicielle, v. CJUE 8 mars 2011, aff. n° C-240/09, D. 2011. 2694, obs. F. G. Trébulle ; RFDA 2011. 1225, chron. L. Clément-Wilz, F. Martucci et C. Mayeur-Carpentier ; RTD eur. 2011. 662, obs. C. Flaesch-Mougin et I. Bosse-Platière ; *ibid.* 819, obs. L. Coutron ; *ibid.* 2012. 463, obs. P. Thieffry.

(6) Crim. 25 sept. 2007, n° 05-88.324, Bull. crim. n° 220, D. 2007. 2671 ; *ibid.* 2008. 109, chron. D. Caron et S. Ménotti ; AJ pénal 2008. 83, obs. C. Saas ; RSC 2008. 108, obs. A. Giudicelli.

(7) Crim. 8 sept. 2020, n° 19-84.995, publié, AJDA 2020. 1688 ; D. 2020. 1724 ; *ibid.* 2021. 1004, obs. G. Leray et V. Monteillet ; AJ pénal 2020. 471, obs. C. Liévaux ; RSC 2021. 85, obs. Y. Mayaud ; *ibid.* 372, obs. E. Monteiro ; H. Pauliat, JCP Adm., n° 24, 14 juin 2021, 2183 ; M. Moliner-Dubost, EEI, n° 11, nov. 2020, comm. 36 ; J.-H. Robert, Dr. pénal n° 11, nov. 2020, comm. 188 ; J.-M. Pastor, D. actu. 16 sept. 2020 ; Y. Mayaud, RSC 2021. 85 ; E. Monteiro, RSC 2021. 372.

En l'espèce, était en cause une association dont l'agrément n'avait pas été renouvelé. Dans un tel cas, l'association n'est pas recevable à se constituer partie civile sur le fondement de l'article L. 142-2 du code de l'environnement. Elle peut, en revanche, toujours se constituer partie civile, en application de l'article 2 du code de procédure pénale, mais alors aux conditions de droit commun, c'est-à-dire en s'appuyant sur des circonstances permettant au juge d'admettre comme possibles l'existence du préjudice allégué et la relation directe de celui-ci avec une infraction à la loi pénale [8].

La nécessité de respecter alors les conditions de droit commun a précisément été rappelée dans un arrêt rendu non en matière d'environnement, mais de corruption, qui a jugé que méconnaît les articles 2 et 2-23 du code de procédure pénale la chambre de l'instruction qui déclare recevable la constitution de partie civile d'une association de contribuables se proposant par ses statuts de lutter contre la corruption, alors que cette association, d'une part, n'était ni agréée ni déclarée depuis au moins cinq ans à la date de sa constitution de partie civile, d'autre part, ne justifie pas d'un préjudice personnel directement causé par les délits poursuivis [9].

Faisant application du même principe, mais en aboutissant à une conclusion inverse compte tenu des circonstances propres à l'espèce, la chambre criminelle a jugé, cette fois à propos de l'environnement, que la possibilité offerte par l'article L. 480-1, alinéa 5, du code de l'urbanisme aux associations agréées de protection de l'environnement d'exercer les droits de la partie civile en ce qui concerne les infractions en matière de permis de construire qui portent un préjudice direct ou indirect aux intérêts collectifs qu'elles ont pour objet de défendre, n'exclut pas le droit, pour une association non agréée, de se constituer partie civile à l'égard des mêmes faits, à condition de remplir les conditions prévues par l'article 2 du code de procédure pénale.

Une association ayant pour objet statutaire la protection de l'environnement, du cadre de vie, de la faune et de la flore d'un village peut donc se constituer partie civile de ces chefs [10].

En revanche, tel n'est pas le cas lorsqu'une association invoque le délit de mise en danger d'autrui. En tant que personne morale, elle ne peut en effet se prévaloir d'être exposée à un risque immédiat de mort ou de blessures de nature à entraîner une mutilation ou une infirmité permanente, élément constitutif de ce délit (art. 223-1). Sa plainte auprès du juge d'instruction ne peut donc qu'être déclarée irrecevable, faute de toute possibilité d'un préjudice personnel, même au regard des conditions de droit commun [11].

C. Caractère limitatif des infractions visées à l'article L. 142-2 du code de l'environnement

L'article L. 142-2 du code de l'environnement est un texte spécial, dérogatoire du droit commun.

Il ne s'applique par conséquent, de manière stricte, qu'à la condition que l'infraction dénoncée relève de la liste limitative des infractions aux dispositions législatives relatives à la protection de

(8) Crim. 27 mai 2009, n° 09-80.023, Bull. crim. n° 107, AJ pénal 2009. 363, obs. C. Duparc.

(9) Crim. 11 oct. 2017, n° 16-86.868, Bull. crim. n° 227, D. 2017. 2101 ; JA 2017, n° 569, p. 12, obs. X. Delpech ; AJ pénal 2018. 47, obs. L. Grégoire ; RTD com. 2017. 1018, obs. L. Saenko.

(10) Crim. 12 sept. 2006, n° 05-86.958, Bull. crim. n° 217, D. 2006. 2549 ; RDI 2006. 492, obs. G. Roujou de Boubée ; *ibid.* 492, obs. G. Roujou de Boubée ; AJ pénal 2006. 416, obs. M.-E. C. ; RSC 2007. 303, obs. J.-H. Robert ; J.-H. Robert, Dr. pénal n° 11, nov. 2006, comm. 141 ; RCA, n° 11, nov. 2006, comm. 330.

(11) Crim. 8 sept. 2020, préc.

l'environnement ou ayant pour objet la lutte contre les pollutions ou les nuisances énumérées par cet article [12].

Une association qui a pour objet de protéger le cadre de vie, la nature et l'environnement ne peut donc, sur le fondement de ce texte, se constituer partie civile pour le délit de mise en danger d'autrui en raison des carences alléguées des pouvoirs publics en matière d'exposition de la population aux polluants atmosphériques, ce délit s'attachant, comme précédemment évoqué, à la seule protection des êtres humains.

On doit souligner que la troisième chambre civile de la Cour de cassation a récemment jugé, pour sa part, de manière assez similaire, que la recevabilité de l'action en responsabilité engagée par une association devant le juge civil en application de l'article L. 142-2 du code de l'environnement est subordonnée à l'existence de faits susceptibles de revêtir une qualification pénale entrant dans le champ des dispositions législatives relatives à la protection de la nature et de l'environnement. Elle précise toutefois qu'une telle action n'est pas conditionnée à la constatation préalable d'une infraction, manifestant ainsi la nécessité de distinguer la recevabilité de l'action de l'appréciation de son bien-fondé [13].

C'est pour la même raison que l'appréciation stricte des conditions de recevabilité de l'action civile, telle qu'y procède la chambre criminelle, n'a pas de répercussion sur l'étendue du droit à réparation du préjudice une fois l'action déclarée recevable. Le principe de la réparation intégrale, sans perte ni profit, s'impose alors au juge pénal en cette matière comme en toute autre.

Reste que la notion de préjudice est par essence plastique et peut s'ouvrir, au fur et à mesure de l'évolution des sensibilités et de l'affinement des analyses juridiques, à de nouveaux types de préjudice [14] ou à de nouvelles modalités d'indemnisation d'un préjudice.

III. Aspects récents de la réparation du préjudice moral

Une conception relativement large du droit à réparation d'une association agréée s'est manifestée, à propos de décisions relatives au préjudice moral, par deux principes distincts et complémentaires qu'il convient de replacer dans le contexte de la jurisprudence passée de la Cour de cassation.

A. Les derniers arrêts de la chambre criminelle...

Ces principes ont été posés dans un arrêt [15] rendu à l'occasion du pourvoi formé contre la décision d'une cour d'appel qui, n'étant saisie que de l'appel d'associations agréées constituées partie civile contre un jugement de relaxe, ne pouvait se prononcer sur la caractérisation des infractions pénales poursuivies à l'initiative de ces parties civiles, mais à qui il était loisible de retenir des fautes civiles, pourvu qu'elles fussent démontrées à partir et dans la limite des faits objet de la poursuite.

(12) Crim. 8 sept. 2020, n° 19-85.004, publié, H. Pauliat, JCP A 2021, n° 2183; M. Moliner-Dubost, EEI, n° 11, nov. 2020, comm. 36; J.-H. Robert, Dr. pénal n° 11, nov. 2020, comm. 188; J.-M. Pastor, D. actu. 16 sept. 2020; Y. Mayaud, RSC 2021. 85; E. Monteiro, RSC 2021. 372.

(13) Civ. 3e, 30 nov. 2022, n° 21-16.404, publié, AJDA 2022. 2373 ; D. 2022. 2165.

(14) V. Par ex. le préjudice d'attente et d'inquiétude en matière d'attentat terroriste, Cass., ch. mixte, 25 mars 2022, n° 20-17.072, publié, D. 2022. 774, note S. Porchy-Simon ; *ibid.* 1934, obs. M. Bacache, A. Guégan et S. Porchy-Simon ; *ibid.* 2023. 34, obs. P. Brun, O. Gout et C. Quézel-Ambrunaz ; AJ pénal 2022. 262, note C. Lacroix ; D. actu. 5 avr. 2022 et A. Cayol, Bulletin juridique des assurances, n° 84, 1er janv. 2023, 1 ; L. Bloch, RCA n° 5, mai 2022, comm. 120 ; P. Jourdain, JCP, n° 16, 25 avr. 2022, act. 513.

(15) Crim. 29 juin 2021, n° 20-82.245, préc.

En l'espèce, la cour d'appel avait constaté l'existence de telles fautes qui résultaient de manquements à la réglementation applicable au sein d'une centrale nucléaire et provenant d'une défaillance de la procédure de dégazage en mode manuel, du contournement de la procédure de collecte et de traitement habituel des effluents gazeux en raison de l'absence totale de stockage et de la mise au contact de l'atmosphère d'effluents gazeux n'ayant pas fait l'objet d'un stockage préalable pour décroissance radioactive. L'exposé complet de la poursuite n'est, malicieusement, reproduit ici que pour montrer, au passage, la complexité de certaines infractions à laquelle le juge pénal peut être confronté en matière d'environnement...

Malgré le constat de ces fautes, la cour d'appel avait débouté les associations poursuivantes de leurs demandes indemnitaires au motif qu'elles ne démontraient pas que ces manquements avaient engendré la moindre atteinte environnementale ou avaient été de nature à créer un risque de réalisation de tels dommages.

Cassant cet arrêt, la chambre criminelle a tout d'abord jugé que la seule violation de la réglementation applicable est de nature à causer aux associations concernées un préjudice moral indemnisable.

Dans le même mouvement, elle a ensuite considéré qu'il résulte de l'article L. 142-2 du code de l'environnement que les associations agréées ou déclarées, répondant aux conditions qu'il fixe et qui ont notamment pour objet la protection de l'environnement ou la sûreté nucléaire, peuvent obtenir réparation du préjudice moral que cause aux intérêts collectifs qu'elles ont pour objet de défendre le non-respect de la réglementation destinée à la protection de l'environnement ou relative aux installations classées.

Cette jurisprudence a été confirmée dans un arrêt très récent où la chambre criminelle, saisie d'un pourvoi formé contre un arrêt statuant, cette fois, sur l'action publique et ayant déclaré une société coupable de l'infraction d'exploitation d'une installation classée sans respecter la mise en demeure préfectorale de remettre une étude des réseaux d'eaux usées, a jugé :

- tout d'abord, que la seule violation de la réglementation applicable, telle qu'elle résulte de la déclaration de culpabilité du chef d'exploitation d'une installation classée non conforme à une mise en demeure, est de nature à causer aux associations concernées un préjudice moral indemnisable [16] ;

- ensuite, que ces associations peuvent obtenir réparation du préjudice moral que cause l'atteinte portée, par le non-respect de la réglementation destinée à la protection de l'environnement ou relative aux installations classées, aux intérêts collectifs qu'elles ont pour objet de défendre.

Il résulte de ces principes que le juge pénal ne peut débouter les associations parties civiles de leurs demandes indemnitaires fondées sur un préjudice moral qu'elles portent au nom d'intérêts collectifs, au seul motif de l'absence de dommage ou même de risque de dommage.

La réglementation que les autorités publiques édictent pour chaque type d'activité particulière est présumée avoir pour objet et pour effet de prévenir les dommages que

(16) Crim. 28 nov. 2023, n° 22-86.567.

cette activité peut faire courir à l'environnement. Les associations qui s'attachent à en vérifier l'application et contribuent ainsi à en assurer le respect au titre des intérêts collectifs environnementaux que leur statut leur donne pour objet de défendre, subissent, du fait de l'atteinte causée à ces intérêts par le non-respect de ces prescriptions, un préjudice moral dont la réparation peut être sollicitée au titre même de la défense de ces intérêts collectifs.

Même s'il peut être apprécié au regard des efforts effectivement déployés et des moyens mis en œuvre par une association pour accomplir sa mission de protection de l'environnement, le préjudice en cause ne saurait se confondre ni avec le préjudice matériel éventuellement subi par ailleurs, ni avec le préjudice causé à l'environnement lui-même. Le préjudice moral peut donc constituer une autre facette des intérêts collectifs dont est chargée une association agissant sur le fondement de l'article L. 142-2.

B. ... s'inscrivent dans la continuité de la jurisprudence de la Cour de cassation

La chambre criminelle avait déjà admis *mezzo voce* la réparation d'un tel préjudice, comme dans cet arrêt 5 octobre 2010 [17], où elle avait validé, au titre de l'appréciation souveraine des juges du fond, l'indemnisation du préjudice moral d'une association agrééé, alors que le moyen soutenait que ne pouvait être indemnisé le préjudice résultant de la seule commission d'infractions aux dispositions relatives aux installations classées n'ayant causé aucun dommage à l'environnement et n'ayant même présenté aucun risque de pollution et auxquelles l'exploitant avait remédié avant même l'engagement des poursuites.

Quelques années plus tard [18], fut-ce sans reprendre elle-même la qualification de préjudice « moral », elle avait une nouvelle fois admis l'indemnisation d'un tel préjudice allouée par une cour d'appel, au motif que les infractions avaient causé un préjudice direct ou indirect aux intérêts collectifs que les associations avaient pour objet de défendre, au regard du risque qu'avaient fait courir à l'environnement la non-conformité fautive d'installations relatives à la gestion de déchets nuisibles ou dangereux et la mise en circulation d'informations environnementales inexactes.

Les principes posés récemment par la chambre criminelle, qui s'inscrivent dans une continuité certaine, doivent également être rapprochés, par les termes mêmes employés, de la position adoptée par la troisième chambre civile de la Cour de cassation. La Lettre [19] que publie mensuellement la chambre criminelle et dans laquelle elle relate en termes simples, pour en assurer une diffusion maximale, une sélection de ses arrêts, l'avait d'ailleurs souligné.

Cette chambre civile avait en effet jugé, dès 2010 également [20], qu'une cour d'appel pouvait retenir que, même si une mise en conformité était intervenue ultérieurement, l'infraction aux dispositions législatives ou réglementaires relatives à la protection de l'eau, de la nature ou de l'environnement avait causé un préjudice moral indirect et porté atteinte

(17) Crim. 5 oct. 2010, n° 09-88.748, D. 2011. 2694, obs. F. G. Trébulle ; M. Boutonnet et L. Neyret, Préjudice moral et atteintes à l'environnement : D. 2010. 912 ; C. Bloch, JCP, n° 48, 28 nov. 2011. Doctr. 1333.

(18) Crim. 25 juin 2019, n° 17-84.753.

(19) Lettre n° 12 de la chambre criminelle, sept. 2021, Préjudice des associations : nul besoin d'un dommage effectif à l'environnement, document à publication mensuelle accessible en ligne sur le site de la Cour de cassation ou sur abonnement gratuit.

(20) Civ. 3e, 9 juin 2010, n° 09-11.738, Bull. civ. III, n° 118 D. 2010. 2468, obs. F. G. Trébulle ; *ibid.* 2608, chron. A.-C. Monge et F. Nési ; JA 2010, n° 424, p. 12, obs. S. S. ; L. Neyret, L'extension de la responsabilité civile en droit de l'environnement, RCA n° 5, mai 2013, dossier 29.

aux intérêts collectifs que des associations agréées, l'une pour la protection de l'environnement, l'autre pour la protection des écosystèmes aquatiques, avaient pour objet de défendre.

Dans un autre arrêt [21], ellc avait décidé que les associations agréées ayant pour objet la lutte contre les pollutions et nuisances ont intérêt à agir en réparation du préjudice moral indirect causé par le non-respect des dispositions d'un arrêté préfectoral, pris au titre dc la réglementation des installations classées, de nature à créer un risque de pollution majeure pour l'environnement, indépendamment du fait que l'infraction en cause ait cessé à la date de l'assignation.

L'ensemble de cette jurisprudence permet donc de prendre en compte tout à la fois, d'une part, le rôle moteur des associations sur le terrain, en vertu duquel le législateur lui-même les a habilitées à agir, d'autre part, le risque que constitue pour l'environnement toute violation des dispositions législatives ou réglementaires, même d'aspect formaliste, régissant les activités susceptibles de lui nuire, et enfin l'incitation au respect scrupuleux de ces dispositions qu'implique la réparation d'un préjudice, fut-il simplement moral, causé par ces violations aux intérêts collectifs défendus par ces associations.

On relèvera enfin, que la chambre criminelle a par ailleurs jugé que l'indemnisation du préjudice moral d'une association habilitée à agir en raison de son agrément n'est pas exclusive d'une indemnisation du préjudice écologique et que ce principe s'applique nécessairement en cas d'indemnisation du préjudice moral résultant de l'atteinte portée aux intérêts collectifs [22]. Ce qui est une manière de tirer les conséquences de la distinction, posée par le Conseil constitutionnel dans sa décision n° 2020-881 QPC du 5 février 2021 sur la définition du préjudice écologique réparable, entre les préjudices subjectifs causés aux personnes, fussent-elles morales, et le préjudice objectif causé à l'environnement.

***

Ces quelques observations montrent combien la chambre criminelle veille à garantir aux associations concernées le plein usage des droits que le législateur a lui-même voulu leur octroyer, dans le respect des limites qu'il a fixées.

Le champ des possibles n'a évidemment pas été encore entièrement soumis à son contrôle. Aussi sera-t-il intéressant de suivre le sort qu'elle fera, au cours de l'année 2024, à un pourvoi pendant devant elle et qui soulève des question relatives, d'une part, à l'appréciation de la condition de l'agrément par le juge pénal, d'autre part, à l'interprétation qu'il convient de donner, pour décider de la recevabilité de la constitution de partie civile d'une association agréée, à l'article L. 142-2 en ce qu'il vise les pratiques commerciales et les publicités trompeuses ou de nature à induire en erreur quand ces pratiques et publicités comportent des indications environnementales : cette disposition vise-t-elle seulement les infractions prévues aux articles L. 121-1 et suivants du code de la consommation (pratiques commerciales déloyales) ou concerne-t-elle aussi le délit de tromperie prévu à l'article L. 441-1 du même code ? Il faudra patienter un peu pour connaître la réponse...

(21) Civ. 3e, 8 juin 2011, n° 10-15.500, Bull. civ. III, n° 101, D. 2011. 2635, obs. G. Forest, note B. Parance ; *ibid.* 2694, obs. F. G. Trébulle ; JA 2011, n° 443, p. 12, obs. E. Benazeth ; AJDI 2011. 875, obs. S. Prigent ; RTD civ. 2011. 765, obs. P. Jourdain ; B. Grimonprez, Envir. 2011, comm. 96 ; H. Hovasse, JCP E 2011, 1762.

(22) Crim. 25 janv. 2022, n° 21-84.366, JA 2023, n° 672, p. 33, étude S. Damarey.

Le préjudice écologique

Appréciation, évaluation et réparation – Mise en perspective

Xavier Tarabeux

Avocat général à la chambre criminelle
de la Cour de cassation

Alors que nous sommes confrontés à une mutation environnementale d'une envergure inédite et que l'érosion de la biodiversité ne cesse de se manifester, l'appréciation par le juge du préjudice écologique continue de soulever des questions, malgré les nombreux apports conceptuels de la doctrine et des écologues [1] ayant permis de repenser la manière d'appréhender les dommages environnementaux.

Cela tient sans doute à la nature et à la diversité des dommages en cause, dès lors surtout qu'il peut être difficile d'en mesurer les conséquences exactes dans le temps.

Il est indéniable que les enjeux liés à la qualité et à la préservation de l'environnement s'analysent à présent à l'échelle de la planète et se confondent avec le lien matriciel qui nous lie à la nature.

De ce point de vue, Mireille Delmas-Marty pensait que les atteintes massives causées à l'environnement appelaient à repenser le lien entre l'homme et la nature en vue de l'institutionnalisation d'une communauté mondiale de destin [2].

Cette communauté de destin ainsi mise en avant n'est pas sans faire écho avec les préoccupations générationnelles dont le juge est à présent saisi, en particulier le juge constitutionnel.

En témoigne une récente décision du Conseil constitutionnel intervenue en réponse à une question prioritaire de constitutionnalité relative au régime applicable à la création et à l'exploitation d'une installation de stockage réversible en couche géologique profonde de déchets radioactifs de haute et moyenne activité à vie longue [3].

Les requérants (l'association Meuse nature environnement et autres)

(1) Au nombre desquels figure notamment l'Office français de la biodiversité.

(2) M. Delmas-Marty, *Les forces imaginantes du droit. Vers une communauté de valeurs*, t. 4, Seuil, 2011. V. Également M. Delmas-Marty, I. Fouchard, E. Fronza et L. Neyret, *Le crime contre l'humanité*, PUF, Coll. Que sais-je ?, 2e éd., 2013, p. 122.

(3) Cons. const. 27 oct. 2023, n° 2023-1066 QPC, AJDA 2023. 1965 ; D. 2023. 1950, et les obs. ; AJCT 2024. 35, obs. M. Moliner-Dubost.

reprochaient aux dispositions contestées [4] de ne pas garantir leur réversibilité au-delà d'une période de cent ans, faisant ainsi obstacle à ce que les générations futures puissent revenir sur ce choix alors que l'atteinte irrémédiable à l'environnement, et en particulier à la ressource en eau, qui en résulterait pourrait compromettre leur capacité à satisfaire leurs besoins.

Dans des termes qualifiés d'inédits [5], le Conseil constitutionnel a énoncé « *qu'il découle de l'article 1er de la Charte de l'environnement éclairé par le septième alinéa de son préambule que, lorsqu'il adopte des mesures susceptibles de porter une atteinte grave et durable à un environnement équilibré et respectueux de la santé, le législateur doit veiller à ce que les choix destinés à répondre aux besoins du présent ne compromettent pas la capacité des générations futures et des autres peuples à satisfaire leurs propres besoins, en préservant leur liberté de choix à cet égard* » [6].

L'évocation du droit des générations futures n'est pas sans rappeler, toute chose égale par ailleurs, la décision de la Cour constitutionnelle fédérale allemande du 24 mars 2021 (aff. 1 BvR 2656/18, 1 BvR 96/20, 1 BvR 78/20, 1 BvR 288/20, 1 BvR 96/20, 1 BvR 78/20) prononcée au sujet de la loi du 12 décembre 2019 sur la protection du climat, *Klimaschutzgesetz*, relative aux objectifs nationaux pour protéger le climat ainsi que le volume des émissions annuelles de gaz à effet de serre permis jusqu'en 2030.

Dans cet arrêt, que les environnementalistes n'ont pas manqué de remarquer, la Cour constitutionnelle a considéré que les dispositions de la loi n'étaient pas conformes aux droits fondamentaux, notamment le droit à la vie et à l'intégrité physique, le droit à un avenir digne et le droit à un minimum vital environnemental, garantis par la loi fondamentale allemande, dans la mesure où n'étaient pas prévues des exigences suffisantes pour la réduction ultérieure des émissions à partir de l'année 2031 [7] ce qui repoussait irréversiblement à partir de 2030 des charges importantes en matière de réduction d'émission de gaz à effet de serre.

***

Le droit des générations futures, auquel concourt notamment le contentieux climatique, offre une vision juridique singulière [8]. Il s'agit en effet de considérer l'effectivité de normes au bénéfice de sujets de droit qui, au moment où elle est édictée sont en devenir sans constituer pour autant une anticipation des évolutions du droit à venir. Le droit des générations futures inclut ainsi « *une troisième dimension* » [9].

Cette mise en perspective, ce rapport au temps, n'est cependant pas nouveau. Il participe d'une prise de conscience écologique sur le plan international datant de la fin des années soixante et renvoie plus récemment au concept des neuf limites planétaires développé en 2009 par Johan

(4) Précisément les deuxième et troisième alinéas de l'article L. 542-10-1 du code de l'environnement ainsi que les troisième et quatrième phrases de son quatorzième alinéa. Étaient invoqués : « *le droit des générations futures à vivre dans un environnement équilibré et respectueux de la santé, ainsi que les principes de solidarité et de fraternité entre les générations [...]* ».

(5) À noter toutefois que dans une décision du 12 août 2022, le Conseil constitutionnel avait énoncé : « *Il résulte cependant du préambule de la Charte de l'environnement que la préservation de l'environnement doit être recherchée au même titre que les autres intérêts fondamentaux de la Nation et que les choix destinés à répondre aux besoins du présent ne doivent pas compromettre la capacité des générations futures à satisfaire leurs propres besoins. Dès lors, sauf à méconnaître l'article 1er de la Charte de l'environnement, ces dispositions ne sauraient s'appliquer que dans le cas d'une menace grave sur la sécurité d'approvisionnement en gaz* » (Cons. const. 12 août 2022, n° 2022-843 DC, *Loi portant mesures d'urgence pour la protection du pouvoir d'achat*, AJDA 2022. 1655 ; D. 2022. 2140, et les obs., note N. Lenoir ; *ibid.* 2023. 975, obs. V. Monteillet et G. Leray ; *ibid.* 1235, obs. E. Debaets et N. Jacquinot). Il s'évince par ailleurs de cette décision que toute disposition augmentant les émissions à effet de serre que justifie un intérêt national doit faire l'objet d'une compensation vérifiée et contrôlée.

(6) Communiqué de presse de la décision publié sur le site du Conseil constitutionnel. V. par ailleurs E. Chevalier et J. Makowiak, Dix ans de QPC en matière environnementale : quelle (r)évolution ? : Rapp. Final janv. 2020 (consultable en ligne).

(7) Selon les requérants, la loi qui ne contenait pas de disposition relative à la période postérieure à l'année 2030 mais renvoyait au gouvernement fédéral le soin de les fixer par décret en 2025 repoussait ainsi après 2030 des charges qualifiées de considérables en matière de réduction d'émissions.

(8) En 1992, le juge britannique Harry Woolf se demandait si l'autorité judiciaire n'était pas écologiquement myope : *Are the judiciary environmentally myopic?*, *Journal of Environmental Law*, 1992. Nous devons à présent regarder au loin alors que nous avançons souvent à tâtons...

(9) Selon l'expression de Mme Emilie Gaillard, maîtresse de conférences à Sciences Po Normandie.

Rockström dont le dépassement serait de nature à compromettre les conditions dans lesquelles l'humanité a pu se développer et vivre dans un écosystème sûr.

Déjà en 1972, la Déclaration de Stockholm énonçait le devoir de protéger et d'améliorer l'environnement pour les générations présentes et futures (principe 1).

Dix ans plus tard, la Conférence de Rio définissait le concept de développement durable (principe 4) après avoir affirmé que « *le droit au développement doit être réalisé de façon à satisfaire les besoins relatifs au développement et à l'environnement des générations présentes et futures* » (principe 3).

Plus près de nous, en 2015, le texte des Accords de Paris évoque dans son préambule l'équité intergénérationnelle.

Récemment, l'accord sur l'utilisation de la biodiversité de la haute mer, signé le 4 mars 2023 et adopté par l'ONU le 19 juin suivant, vise à assurer la conservation d'un usage des ressources pour les générations actuelles et futures avec la création d'aires marines protégées en haute mer (articles 18 et 19).

Plus directement, la Charte de l'environnement dispose « *qu'afin d'assurer le développement durable, les choix destinés à répondre aux besoins du présent ne doivent pas compromettre la capacité des générations futures et des autres peuples à satisfaire leurs propres besoins* » [10]. Cet énoncé renforce l'idée selon laquelle le droit de l'environnement côtoie les droits fondamentaux [11] sans que cela puisse étonner s'agissant d'enjeux à la fois planétaires et urgents [12].

Lorsqu'il est appelé à statuer sur le préjudice écologique, le juge judiciaire se trouve ainsi à l'épicentre de règles juridiques, pour certaines transversales [13], et d'analyses scientifiques complexes avec de potentielles conséquences sur la santé publique [14].

***

C'est ce contexte exigeant que le législateur a pris en compte en instituant, avec la loi n° 2020-1672 du 24 décembre 2020, les pôles environnementaux (C. envir., art. 706-2-3) dans le but de renforcer et d'unifier, par la spécialisation des intervenants judiciaires, le traitement des affaires environnementales présentant un degré de complexité [15] et ce à la faveur d'une gouvernance judiciaire plus efficace.

Force est en effet de constater que la complexité du droit de l'environnement entrave son effectivité, comme en témoignent les questions suscitées par l'appréciation du préjudice écologique (I) qui conditionne son évaluation et donc sa réparation, ainsi que l'illustre la jurisprudence récente (II).

(10) On citera également le principe de non-régression tel qu'il figure dans le code l'environnement et selon lequel « *la protection de l'environnement, assurée par des dispositions législatives et réglementaires relatives à l'environnement, ne peut faire l'objet que d'une amélioration constante, compte tenu des connaissances scientifiques et techniques du moment* » (C. envir., art. L. 110-1).

(11) Il est communément admis que les droits de l'homme et l'environnement sont interdépendants et il est considéré que les droits de l'environnement constituent une troisième génération de droits de l'homme. Dans une recommandation du 27 septembre 2022 (CM/Rec 2022-20), le Comité des ministres du Conseil de l'Europe a appelé les 46 États membres à envisager activement de reconnaître, au niveau national, le droit à un environnement propre, sain et durable comme un droit de l'homme lié à d'autres droits et au droit international.

(12) Le réchauffement climatique entraîne notamment une élévation du niveau des mers qui, en s'accélérant depuis les années 1990 paraît aujourd'hui inéluctable. Le recul du trait de côte a d'ailleurs fait l'objet d'un nouveau cadre juridique avec la loi n° 2021-1104 du 22 août 2021 dite « loi climat et résilience ».

(13) On rappellera que la dimension transversale du droit de l'environnement est chapeautée par le principe d'intégration (principe 4 de la déclaration de Rio, article 11 du traité sur l'Union européenne, article 6 de la charte de l'environnement).

(14) L'OMS place depuis plusieurs années la pollution au premier rang des déterminants de la mortalité. Le 7 juillet 2023, les pays de la Région européenne de l'OMS ont adopté la Déclaration de Budapest qui donne la priorité à une action urgente et de grande envergure face aux défis sanitaires liés au changement climatique, à la pollution environnementale, à la perte de la biodiversité et à la dégradation des sols.

(15) Aux termes de l'article L. 211-20 du code de l'organisation judiciaire, sont susceptibles, sur le plan civil, de relever de la compétence de ces pôles les affaires concernant : la réparation du préjudice écologique, la réparation de préjudices personnels occasionnés par un sinistre environnemental, les actions en responsabilité engagées sur le fondement de normes internationales.

Il est aisé de comprendre que des solutions apportées à ces difficultés dépendent la réparation du dommage environnemental et donc la lisibilité de l'intervention judiciaire.

I. Les questions suscitées par l'appréciation du préjudice écologique

La doctrine nous rappelle que les atteintes à l'environnement ont longtemps été conçues de manière essentiellement anthropocentrée, renforcée en cela par la division entre le droit des personnes et le droit des biens, ce dernier venant plus généralement compléter en la matière le droit public.

Il est ainsi classiquement fait appel au régime juridique des troubles anormaux de voisinage [16] qui permet par exemple aux riverains d'une usine d'invoquer le préjudice résultant de nuisances, facteurs de pollution.

Relève également de cette conception les régimes classiques de la responsabilité du fait des choses, tels que les déchets produits ou détenus au sens de l'article L. 541-1-1 du code de l'environnement ou encore de la responsabilité pour faute.

***

C'est à partir des années 2000, concomitamment à la codification du droit de l'environnement par l'ordonnance n° 2000-914 du 18 septembre 2000, qu'une approche écocentrée s'est développée.

En témoigne, notamment, l'article L. 110-1 du code de l'environnement aux termes duquel :

« *I. - Les espaces, ressources et milieux naturels, les sites et paysages, la qualité de l'air, les espèces animales et végétales, la diversité et les équilibres biologiques auxquels ils participent font partie du patrimoine commun de la nation.*

II. - Leur protection, leur mise en valeur, leur restauration, leur remise en état et leur gestion sont d'intérêt général. »

***

Le principe du pollueur-payeur énoncé dans la directive 2004/35/CE du 21 avril 2004 sur la responsabilité environnementale a ensuite été transposé en droit français par la loi n° 2008-757 du 1er août 2008 relative à la responsabilité environnementale.

Par ailleurs, l'article 4 de la Charte de l'environnement issue de la loi constitutionnelle n° 2005-205 du 1er mars 2005 est venu affirmer en 2005 que « *toute personne doit contribuer à la réparation des dommages qu'elle cause à l'environnement, dans les conditions définies par la loi* ».

(16) La théorie des troubles anormaux du voisinage a été appliquée pour la première fois en 1844 à la suite d'une pollution industrielle (Civ. 27 nov. 1884, DP 1885. 1. 13). Il s'agit d'une responsabilité objective, sans faute à prouver, « *dépassant la mesure des obligations ordinaires de voisinage* » (Civ. 3e, 6 déc. 2005, n° 04-17.715). Pour une application de l'article 8 de la Convention par la CEDH, v. not., CEDH 9 déc. 1994, n° 16798/90, *L. O. c/ Espagne*, AJDA 1995. 212, chron. J.-F. Flauss ; RTD civ. 1996. 507, obs. J.-P. Marguénaud.

Mais le mouvement s'est réellement affirmé de manière prétorienne avec l'arrêt prononcé par la Cour de cassation le 25 septembre 2012 dans l'affaire de l'*Erika*[17].

Intervenu à la suite d'une catastrophe maritime provoquant une marée noire d'ampleur[18] aux conséquences étendues, cet arrêt a reconnu et consacré la notion de préjudice écologique pur, c'est-à-dire la réparation d'une atteinte à l'environnement qui n'a pas eu d'impact sur l'homme.

Cette jurisprudence a trouvé son prolongement dans la loi n° 2016-1087 du 8 août 2016 pour la reconquête de la biodiversité, de la nature et des paysages, la réparation du préjudice écologique étant devenue possible sur le fondement des articles 1246 et suivants du code civil.

Aux termes de l'article 1247, le préjudice écologique consiste en « *une atteinte non négligeable aux éléments ou aux fonctions des écosystèmes ou aux bénéfices collectifs tirés par l'homme de l'environnement* ».

Il ne s'agit donc ni d'une lésion de droits patrimoniaux (préjudice économique dû à la pollution, préjudice matériel lié aux activités de dépollution), ni d'une lésion à des droits extrapatrimoniaux (préjudice moral résultant de la pollution), ni d'un préjudice mixte (préjudice corporel).

Les lésions réparables concernent les éléments composant les écosystèmes[19] (faune, flore, eau, air), les atteintes aux fonctions des écosystèmes (phénomènes physiques, chimiques et biologiques), les processus biologiques ayant une utilité directe sur l'homme (air sain, accès à l'eau, à l'alimentation, dans une dimension collective et inclusive).[20]

L'article 1247 du code civil retient donc une dimension objective du préjudice écologique, dès lors qu'une atteinte « *non négligeable* » à l'environnement est établie[21], le texte excluant une réparation intégrale du préjudice écologique.

Dans sa décision du 5 février 2021, le Conseil constitutionnel a jugé qu'en écartant de l'obligation de réparation des atteintes qui présentent un caractère négligeable (et en posant donc une exigence de gravité du préjudice), le législateur n'a pas méconnu le principe énoncé à l'article 4 de la Charte de l'environnement selon lequel toute personne doit contribuer à la réparation des dommages qu'elle cause à l'environnement (Cons. const. 5 févr. 2021, n° 2020-881 QPC, AJDA 2021. 305 ;

(17) Crim. 25 sept. 2012, n° 10-82.938, AJDA 2013. 667, étude C. Huglo ; D. 2012. 2711, et les obs., note P. Delebecque ; *ibid.* 2557, obs. F. G. Trébulle ; *ibid.* 2673, point de vue L. Neyret ; *ibid.* 2675, chron. V. Ravit et O. Sutterlin ; *ibid.* 2917, obs. G. Roujou de Boubée, T. Garé, M.-H. Gozzi, S. Mirabail et T. Potaszkin ; Just. & cass. 2017. 14, Intervention D. Guérin ; AJ pénal 2012. 574, note A. Montas et G. Roussel ; AJCT 2012. 620, obs. M. Moliner-Dubost ; Rev. sociétés 2013. 110, note J.-H. Robert ; RSC 2013. 363, obs. J.-H. Robert ; *ibid.* 447, chron. M. Massé ; RTD civ. 2013. 119, obs. P. Jourdain.

(18) Ce pétrolier battant pavillon maltais transportait 30 884 tonnes de fioul lourd lorsqu'il a fait naufrage le 12 décembre 1999 au large du Finistère laissant s'échapper environ 19 800 tonnes de fioul.

(19) Terme proposé pour la première fois en 1935 par le botaniste Arthur Georges Tansley (1871-1955) dans la revue *Ecology* pour représenter l'unité de base de l'environnement.

(20) Marie-Pierre Camproux Duffrène, professeur de droit privé et de sciences criminelles à l'université de Strasbourg, parle d'intérêt trans individuel, le préjudice écologique se définissant comme une atteinte à un intérêt commun additionnant l'intérêt environnemental pour lui-même et l'intérêt collectif humain et correspondant à une vision holistique des écosystèmes (Colloque « La protection de l'environnement en Mer Méditerranée », Toulon le 5 juill. 2019).

(21) Dans le droit fil de la définition retenue dans l'affaire de l'*Erika* (Paris 30 mars 2010, n° 08/02278, D. 2010. 967, obs. S. Lavric ; *ibid.* 1008, entretien L. Neyret ; *ibid.* 1804, chron. V. Rebeyrol ; *ibid.* 2238, chron. L. Neyret ; *ibid.* 2468, obs. F. G. Trébulle ; Rev. sociétés 2010. 524, note J.-H. Robert ; RSC 2010. 873, obs. J.-H. Robert ; *ibid.* 2013. 363, obs. J.-H. Robert ; RTD com. 2010. 622, obs. P. Delebecque ; *ibid.* 623, obs. P. Delebecque ; Crim. 4 oct. 2022, n° 21-85.290, D. 2023. 544, entretien G. Leray). La méthode retenue à cet égard relève de l'appréciation souveraine du juge (Crim. 4 oct. 2022, préc.) qui par ailleurs a l'obligation de chiffrer le préjudice écologique en recourant, le cas échéant, à l'expertise (Crim. 22 mars 2016, n° 13-87.650, AJDA 2016. 638 ; D. 2016. 1236, note A.-S. Epstein ; *ibid.* 1597, chron. B. Laurent, L. Ascensi, E. Pichon et G. Guého ; Just. & cass. 2017. 14, Intervention D. Guérin ; *ibid.* 60, Intervention H. Adida-Canac ; AJ pénal 2016. 320, note J.-B. Perrier ; RSC 2016. 287, obs. J.-H. Robert ; RTD civ. 2016. 634, obs. P. Jourdain : en l'espèce altération notable de l'avifaune et de son habitat pendant deux ans du fait de la pollution de l'estuaire de la Loire).

ibid. 926, note F. Savonitto ; D. 2021. 239 ; *ibid.* 709, chron. H. Gali ; *ibid.* 1004, obs. G. Leray et V. Monteillet ; RTD civ. 2021. 474, obs. N. Cayrol).

Le commentaire de la décision souligne que l'article 1247 « *présente la singularité, qui est d'ailleurs aussi son objet principal, de ne pas prévoir la réparation d'un dommage causé "à autrui" mais la réparation d'un dommage causé à l'environnement lorsque celui-ci ne peut, précisément, être rattaché à un préjudice personnel. Dès lors, la disposition contestée ne heurte en rien ce principe de responsabilité, dans le champ duquel elle ne se situe pas* ».

L'atteinte non négligeable à l'environnement figurant à l'article 1247 du code civil n'est pour autant pas définie [22] et certains commentateurs ont avancé qu'une telle atteinte pouvait contenir une part d'aléa.

***

Il revient cependant au juge de déterminer en quoi l'atteinte n'est pas négligeable [23].

On relèvera que le code de l'environnement emploie par ailleurs l'adjectif « négligeable » au titre :

- d'une atteinte au développement naturel de la faune et de la flore ou au patrimoine géologique (art. L. 332-25) ;
- du risque pour le public en matière d'épandage (art. R. 211-44) ;
- d'une quantité de matières premières de déchets critiques (au sujet du plan régional de prévention et de gestion des déchets – art. R. 541-16 d) ;
- d'un risque pour l'environnement et la santé publique (utilisation confinée des organismes génétiquement modifiés – art. L. 532-3).

Par ailleurs, le législateur a caractérisé l'atteinte environnementale en fonction de sa durée, de son intensité, de son caractère notoire ou du dépassement d'une limite perçue comme raisonnable.

Ainsi, l'étude d'impact répondant à la séquence « éviter, réduire, compenser » (ERC [24]) introduite en droit français en 1976 et qui vise à concilier développement économique et enjeux environnementaux en évitant les atteintes à l'environnement, en réduisant celles qui n'ont pu être suffisamment évitées et, si possible, en compensant les effets notables qui n'ont pu être ni évités, ni suffisamment réduits parle d'« *impact résiduel significatif* ».

La loi emploie les qualificatifs de « grave » et « mesurable » que les dommages soient causés aux eaux, aux sols, aux espèces ou aux habitats [25].

Les régimes spéciaux d'enregistrement et d'autorisation des installations

(22) Sachant que « *tous les dommages que suscite la vie en société ne donnent pas lieu à réparation* » (F. Terré, Y. Lequette, Ph. Simler, *Droit civil, Les obligations*, Précis Dalloz), de même que de nombreuses altérations de l'environnement, comme le fait d'utiliser un moyen de transport, sont socialement inévitables.

(23) Qui ne vaut pas la peine d'être pris en compte, en considération, selon le Littré.

(24) L'ERC est l'une des principales clés de la politique française de protection de la biodiversité (C. Huglo et C. Grenet ; Journ. sociétés 09/2021, n° 64, p. 11).

(25) Il est à noter que l'article L. P. 1530 du code de l'environnement de la Polynésie française paraît plus précis. Selon ses dispositions, constitue une atteinte préjudiciable au patrimoine commun de la Polynésie française, toute atteinte, mesurable, suffisante, quantifiable, non négligeable, notable, significative, substantielle, grave ou irréversible causée aux écosystèmes dans leur composition, leurs structures ou leur fonctionnement.

classées pour la protection de l'environnement (ICPE) potentiellement plus dangereuses s'analysent en termes de « *graves dangers ou inconvénients* ».

La loi n° 2021-1104 du 22 août 2021, dite loi « climat et résilience » retient les qualificatifs de « *grave et durable* » au titre de la temporalité des délits d'écocide, de mise en danger de l'environnement et de pollution générale.

Sont considérées comme ayant des effets graves et durables les atteintes susceptibles de durer au moins sept ans.

***

À défaut d'une méthodologie prédéfinie, le juge va donc devoir prendre en considération :

- les éléments relatifs au fait générateur constitués par le dépassement ou non des seuils fixés par une norme ; les propriétés de la pollution à l'origine de l'atteinte ; la gravité de l'infraction ;

- les éléments ensuite concernant le dommage occasionné au regard de critères quantitatifs, tels que l'étendue de l'atteinte, sa durée ou encore le nombre de spécimens atteints et/ou variété et pluralité des espèces atteintes et de critères qualitatifs tenant à l'intérêt patrimonial de l'écosystème touché, à sa fonction écosystémique ;

- à cela s'ajoute, le cas échéant, la prise en compte d'un régime réglementaire relatif à un habitat ou des espèces protégés (parc – réservoir biologique, C. envir., art. L. 214-17.1 1°) ;

- enfin et c'est peut-être le plus délicat, devront être prises en compte les conséquences sur le moyen et long terme car l'environnement dans lequel nous évoluons est lui-même en mouvement disposant même dans certains cas d'une capacité à s'autorégénérer (ce que prend d'ailleurs expressément en compte l'article R. 161-5, 3° du code de l'environnement).

En matière maritime, la terminologie du FIPOL [26] se réfère d'ailleurs au préjudice perdurable (entre le temporaire et le permanent).

De leur côté, les écologues parlent d'espèce et d'habitats déterminants, de sensibilité écologique (dépendance, tolérance, perturbations, dispersion).

Cela amène à considérer que le caractère non négligeable d'une atteinte va relever d'une démarche principalement casuistique.

En toute hypothèse, il importe de se prémunir du risque de cumul d'indemnité pour un même poste de préjudice tout comme d'un éventuel vide indemnitaire.

(26) Fonds international d'indemnisation mis en place pour le premier en 1978, à la suite de la marée noire du Torrey-Canyon en 1967.

II. Les questions tenant à l'évaluation et à la réparation du préjudice écologique

Du fait de l'accélération législative intervenue depuis vingt-cinq ans, le droit de l'environnement s'avère complexe [27], son caractère technique étant de surcroît inhérent à son objet comme a pu le souligner la chambre criminelle en 2016 (n° 15-80.944 [28]).

Le praticien doit donc s'approprier cette matière multidimensionnelle et il n'est d'ailleurs pas du seul office du juge d'apprécier le préjudice écologique dès lors que la question de sa nature et de son étendue se pose dès la constatation de la pollution et va déterminer les modalités d'exercice par les parquets de l'action publique [29].

En termes de politique pénale, la Chancellerie insiste depuis la circulaire du 21 avril 2015 sur la remise en état résultant de l'atteinte causée à l'environnement ce qui implique au préalable de déterminer les conséquences des dommages occasionnés.

On sait que le recours aux alternatives aux poursuites a été largement mis œuvre en la matière [30], offrant une souplesse à la réponse pénale, gage d'effectivité.

Toutefois, la circulaire de la Direction des affaires criminelles et des grâces du 11 mai 2021 (CRIM 2012-02/G3-11/05/2021) visant à consolider le rôle de la justice en matière environnementale, précise que la recherche de la remise en état ne doit pas conduire à différer l'engagement de poursuites (en rappelant la possibilité de saisir le juge des libertés et de la détention d'un référé environnemental sur le fondement des articles L. 216-13 et L. 485-4 du code de l'environnement).

On notera que l'étendue du préjudice écologique doit tout particulièrement être prise en compte dans la proposition éventuellement faite par le procureur de la République de conclure une convention judiciaire d'intérêt public environnementale, en application des articles 41-1-2, 41-1-3, R. 15-33-60-1 et R. 15-33-60-2 du code de procédure pénale. On pense ici à la définition du programme de mise en conformité [31].

Au demeurant, le recours à une telle convention laisse subsister la question de la recevabilité d'une action en indemnisation du préjudice écologique exercée postérieurement [32].

***

Nul n'est besoin de rappeler le rôle primordial des associations de protection de l'environnement [33] dans l'exercice des actions en réparation des préjudices écologiques.

Force est toutefois de constater que les dispositions issues de la loi du 8 août 2016 n'ont pas été, depuis leur entrée en vigueur, appliquées comme il pouvait l'être attendu.

(27) On compte aujourd'hui plus de 2000 Natinfs (nature d'infraction). La loi précitée n° 2021-1104 du 22 août 2021 comporte quant à elle plus de trois cents articles.

(28) Crim. 22 mars 2016, n° 15-80.944, D. 2016. 787 ; RSC 2016. 288, obs. J.-H. Robert. Pour relaxer les prévenus pour avoir exporté des déchets dangereux, la cour d'appel avait considéré que l'article L. 541-40 du C. envir. procédait à des renvois multiples qui avaient pour conséquence de rendre la réglementation applicable inintelligible.

(29) On citera à titre d'exemple la « *dégradation substantielle* » à laquelle se réfère l'article L. 231-2, C. envir., en matière d'abandon illégal de déchets qui constitue une infraction régulièrement constatée.

(30) V. notamment le rapport du groupe de travail relatif au droit pénal de l'environnement présidé par François Molins, procureur général à la Cour de cassation, Le traitement pénal du contentieux de l'environnement, p. 60 s.

(31) L'Office français de la biodiversité, dont les agents ont vocation à traiter les procédures judiciaires sous la direction du procureur de la République, est appelé à jouer en l'occurrence un rôle indispensable, en particulier dans le cadre du contrôle de l'exécution du programme.

(32) Sur ce point, v. Le droit des générations futures : quelles incidences pour les juridictions judiciaires ?, SDER 6/2023, p. 10-34 et 11-34.

(33) V. récemment Crim. 28 nov. 2023, n° 22-86.567 en matière d'ICPE.

Ce constat conduit à relire l'article 1248 du code civil relatif à l'action en réparation du préjudice écologique, sachant par ailleurs que le législateur de 2016 a entendu privilégier la réparation en nature [34] qui peut être, soit écartée (en cas d'impossibilité), soit complétée (en cas d'insuffisance des mesures), les dommages et intérêts prenant alors le relais sous la forme d'affectation (M. Hautereau-Boutonnet, *Responsabilité civile environnementale*, Dalloz corpus, 2020, p. 127).

Cet article 1248 dispose que « *l'action en réparation du préjudice écologique est ouverte à toute personne ayant qualité et intérêt à agir telle que l'État, l'Agence française pour la biodiversité, les collectivités territoriales [...] ainsi que les établissements publics et associations agréées ou créées depuis au moins cinq ans [...] qui ont pour objet la protection de la nature et la défense de l'environnement* ».

Bien que défenseur de la société et de l'intérêt général, qui ne se confond pas avec l'intérêt collectif, le parquet n'est pas expressément mentionné dans la liste qu'édicte cet article. L'État et le ministère public ont été distingués, le second ne prenant pas son droit à agir du premier.

Pour autant, cette liste comporte des organismes défendant un intérêt systématiquement collectif. Ainsi, le critère de la qualité à agir serait cette notion d'intérêt collectif défendu. Ce faisant, le ministère public, premier défenseur de l'ordre public comme agissant au nom de la société, devrait à ce titre être recevable à demander réparation du préjudice écologique, l'article 423 du code de procédure civile l'autorisant à défendre l'ordre public devant les juridictions civiles.

Cette analyse se trouve confortée par le régime spécifique de réparation en nature que privilégie l'article 1249 du code civil [35] qui prévoit aussi, en cas de réparation par indemnisation, l'attribution des sommes allouées, soit au titulaire de l'action (s'il a les moyens techniques et humains de les affecter à la réparation de l'environnement), soit à l'État qui se voit alors imposer l'affectation de ces sommes à cette même réparation.

S'inscrivant dans la défense d'un ordre public environnemental, ces dispositions permettraient au ministère public au regard des termes généraux de l'article L. 110-1 II du code de l'environnement, d'agir en réparation du préjudice écologique devant la juridiction civile au bénéfice d'un plus grand nombre d'actions en réparation.

Il est cependant à observer que la majorité des décisions judiciaires relatives au préjudice écologique résultent d'actions pénales, la preuve de l'atteinte à l'environnement étant alors apportée par l'enquête.

La détermination du préjudice écologique, à savoir son origine, sa nature et son étendue, est d'autant plus importante qu'elle va conditionner son évaluation et les modalités de sa réparation.

On rappellera succinctement que la réparation d'un préjudice est soumise à l'existence d'un fait générateur, d'un dommage réparable (dommage direct, certain, étant observé qu'il est dérogé en la matière à l'exigence du caractère personnel) et un lien de causalité entre les deux.

(34) L'évaluation monétaire du préjudice environnemental se heurte à la difficulté première d'attribuer une valeur monétaire à un préjudice non marchand (Nomenclature des préjudices environnementaux, LGDJ 2012. 79).

(35) Sur la réparation en nature : M. Hautereau-Boutonnet, *Responsabilité civile environnementale*, Dalloz corpus, 2020, p. 122 s.

La chambre criminelle juge qu'il incombe à la cour d'appel qui a reconnu l'existence d'un préjudice écologique du fait d'une pollution de le chiffrer en recourant, si nécessaire, à une expertise, nonobstant l'insuffisance ou l'inadaptation du mode d'évaluation proposé (en l'occurrence par la LPO ; Crim. 22 mars 2016, n° 13-87.650, AJDA 2016. 638 ; D. 2016. 1236, note A.-S. Epstein ; *ibid.* 1597, chron. B. Laurent, L. Ascensi, E. Pichon et G. Guého ; Just. & cass. 2017. 14, Intervention D. Guérin ; *ibid.* 60, Intervention H. Adida-Canac ; AJ pénal 2016. 320, note J.-B. Perrier ; RSC 2016. 287, obs. J.-H. Robert ; RTD civ. 2016. 634, obs. P. Jourdain).

Elle a aussi récemment rappelé que l'indemnisation du préjudice moral personnel d'une association habilitée n'était pas exclusive d'une indemnisation du préjudice écologique (Crim. 25 janv. 2022, n° 21-84.366, JA 2023, n° 672, p. 33, étude S. Damarey concernant le déversement en mer en Polynésie d'eau polluée par des hydrocarbures).

Ces décisions qui traduisent classiquement le contrôle exercé par la Cour de cassation sur la motivation des décisions donnant lieu à un pourvoi, ne peuvent masquer les difficultés soulevées devant les juges du fond ainsi que l'a notamment illustré l'arrêt rendu par la chambre criminelle le 4 octobre 2022 (Crim. 4 oct. 2022, n° 21-85.290, D. 2023. 544, entretien G. Leray).

En l'espèce, le parc national des Calanques s'était constitué partie civile dans le cadre d'une procédure pénale ayant abouti à la condamnation de braconniers s'étant livrés pendant plus de quatre ans au prélèvement, dans le périmètre du parc, en zone interdite, de mérous, corbs, loups, poulpes et oursins.

Dans son pourvoi qui faisait grief à l'arrêt attaqué d'avoir infirmé le jugement du tribunal correctionnel sur le montant des dommages intérêts, le parc soutenait que le préjudice écologique, consistant en l'atteinte à l'écosystème marin causée par les prélèvements des espèces précitées, imposait de prendre en considération le coefficient trophique des espèces prélevées pour quantifier la biomasse impactée (ce que les spécimens capturés ont dû absorber pour se former), l'essentiel des espèces concernées étant de niveau trophique supérieur, impactant ainsi l'ensemble de la chaîne alimentaire et l'habitat.

Se démarquant par la proposition d'une méthode d'évaluation dite loi de Koslovski [36], l'argumentation n'a pas été retenue par les juges d'appel en ce qu'elle aurait conduit à indemniser un préjudice hypothétique.

Ayant vérifié que la cour d'appel avait assuré la réparation intégrale du préjudice écologique dont elle avait retenu l'existence, la chambre criminelle a considéré que les juges du fond n'avaient fait qu'user de leur pouvoir « *d'apprécier souverainement la méthode qui lui avait paru la plus adaptée pour évaluer l'indemnité propre à le réparer* ».

Cette position, qui attribue au pouvoir souverain des juges du fond l'appréciation de la méthode la plus adaptée pour évaluer l'indemnité propre à le réparer, a été reprise dans une affaire récente concernant la capture de civelles portant atteinte là aussi à une espèce animale protégée ou à son habitat (Crim. 4 avr. 2023, n° 22-82.999).

Dans cet arrêt de rejet, la chambre a en effet jugé :

(36) Méthode d'évaluation reposant sur le fonctionnement de la chaîne alimentaire : le rapport massique de présence entre l'espèce et son prédateur étant de 1 à 10, ce dernier doit consommer 10 kg de proies pour former 1 kg de matière.

« *20. En se déterminant ainsi, la cour d'appel, tenue d'assurer la réparation intégrale du préjudice écologique dont elle a retenu l'existence et dès lors que M. T. n'a sollicité aucune expertise et ne s'est prévalu d'aucune autre méthode précise de calcul, n'a fait qu'user de son pouvoir d'apprécier souverainement, dans les limites des conclusions des parties, celle qui lui a paru la plus adaptée pour évaluer l'indemnité propre à le réparer.* »

Cette jurisprudence laisse ainsi au juge le soin d'apprécier au cas par cas, en fonction des contentieux, les demandes indemnitaires qui lui sont soumises, ce qui se comprend dès lors qu'en l'espèce la preuve a vocation à reposer sur des données scientifiques.

Cette situation a toutefois pour effet pratique de laisser à la main des partie civile les contours de ce préjudice au risque de contrarier une définition du préjudice écologique conforme à l'intérêt général.

***

Dans leur rapport conjoint déposé en octobre 2019, l'Inspection générale de la justice et le Conseil général de l'environnement et du développement durable [37] soulignaient « *l'absence de nomenclature permettant au juge* d'établir un *barème d'indemnisation spécifique d'une réparation du préjudice environnemental* », absence présentée comme source d'insécurité juridique (rapport p. 38).

Toute forme de référentiel est en effet de nature à guider le ministère public et la juridiction dans l'appréciation du dommage occasionné à l'instar par exemple du code d'apparence (BAOAC) dans le cadre de l'accord de Bonn du 13 septembre 1983 qui permet d'estimer visuellement depuis les airs les volumes d'hydrocarbures déversés en mer.

La recommandation formulée par la mission d'évaluation précitée, il y a maintenant quatre ans, est toujours d'actualité.

On se souvient qu'en 2012 une Nomenclature des préjudices environnementaux, réalisée de manière pluridisciplinaire à l'initiative des professeurs Laurent Neyret et Gilles J. Martin, définissait de façon innovante les différentes catégories de préjudices environnementaux en prenant en compte leur diversité, leur complexité et leur durabilité.

Cette nomenclature constitue à tout le moins une « *indéniable force inspiratoire* », pour reprendre l'expression de la professeure Catherine Thibierge. Elle est de nature à éviter les confusions qui ont pu être relevées entre les préjudices d'ordre subjectifs et objectifs (Crim. 22 mars 2016, nº 13-87.650, AJDA 2016. 638 ; D. 2016. 1236, note A.-S. Epstein ; *ibid.* 1597, chron. B. Laurent, L. Ascensi, E. Pichon et G. Guého ; Just. & cass. 2017. 14, Intervention D. Guérin ; *ibid.* 60, Intervention H. Adida-Canac ; AJ pénal 2016. 320, note J.-B. Perrier ; RSC 2016. 287, obs. J.-H. Robert ; RTD civ. 2016. 634, obs. P. Jourdain) en offrant un guide pour les parties et le juge dans la preuve des préjudices causés à l'environnement.

Ce point de vue est relayé par Jean-Baptiste Perrier pour qui l'évaluation et le chiffrage du préjudice écologique appellent une nomenclature précise et détaillée [38].

Laurent Neyret a pour sa part préconisé l'établissement – à l'instar de la

(37) « *Une justice pour l'environnement, mission d'évaluation des relations entre justice et environnement* », 10 oct. 2019.

(38) J.-B. Perrier, L'indemnisation et la nécessaire évaluation du préjudice écologique, AJ pén. 2016. 320.

nomenclature Dintilhac en matière de réparation du préjudice corporel [39] d'une éco-nomenclature prévoyant que les préjudices résultant d'une atteinte non négligeable à l'environnement soient déterminés, poste par poste, suivant une nomenclature non limitative des postes fixée par décret.

On ne peut que souscrire à l'utilité une telle démarche préconisée par plusieurs voix.

Elle se révèle d'autant plus utile que la réparation du préjudice écologique présente la singularité de devoir s'effectuer prioritairement en nature (v. *supra*, C. civ., art. 1249) ce qui induit de mesurer l'exacte ampleur de l'atteinte causée et ce d'autant qu'en cas d'impossibilité de retrouver le *statu quo ante*, la réparation est susceptible d'intervenir par compensation (reconstruction par équivalence) [40], dans les conditions que définit d'ailleurs le code de l'environnement aux articles L. 163-1 et suivants.

***

L'évaluation du préjudice écologique ne peut en définitive faire l'économie d'une méthodologie partagée de nature à assurer une réparation cohérente et harmonisée des dommages causés à l'environnement.

Il s'agit de répondre à une plus grande sécurité juridique alors que les générations futures doivent être prises en compte.

À cette fin, la traduction juridique de l'environnement doit correspondre autant que faire se peut à sa réalité scientifique. Ainsi que le souligne la professeure Hautereau-Boutonnet, « *le rapport sciences/droits s'avère plus que jamais au cœur des décisions judiciaires* [41] ».

Cette exigence accompagne déjà le développement du contentieux environnemental [42] dont elle constitue également une condition.

Une telle perspective appelle donc un dialogue renforcé entre les professionnels du droit et la communauté scientifique.

Le droit de l'environnement reste un droit pluridisciplinaire et complexe. Nous avons cependant toutes les raisons d'être confiants car par sa force créatrice du droit, le prétoire est le lieu désigné de la construction de la protection de l'environnement.

(39) Qui, à la différence de la matière environnementale, peut s'appuyer sur la jurisprudence beaucoup plus riche.

(40) V. not. M. Hautereau-Boutonnet, préc. 126 et 127.

(41) V. M. Hautereau-Boutonnet, préc. 120.

(42) Dont la répression a été renforcée avec notamment le délit d'écocide et celui de mise en danger de l'environnement (C. envir., art. L. 231-1, L. 231-2 et L. 231-3).

Quelques réflexions sur les conséquences de la prise en compte de l'environnement dans l'ordre conventionnel européen

François Guy Trébulle

Doyen honoraire de l'École de droit de la Sorbonne, Université Paris 1 Panthéon Sorbonne

Indépendamment du Contentieux climatique à propos duquel la Cour européenne des droits de l'homme (CEDH) doit se prononcer incessamment à l'heure où ces lignes sont écrites [1], les questions d'environnement ont désormais pris une place importante dans la perspective des droits de l'homme auxquels ils n'étaient pourtant originellement pas associés. Des Nations unies [2] à la CEDH [3] en passant par la Cour africaine [4] et la Cour interaméricaine [5], les références se multiplient et, avec elles, les actions. La CEDH retient évidemment l'attention dans la mesure où sa jurisprudence est désormais très importante, près de 300 décisions ayant été rendues sur le sujet [6]. Elles envisagent l'environnement sous le prisme de la qualité de vie dans une dynamique ancrée dans la vie privée et le domicile, sous celui de l'information et de la liberté d'expression, du droit à la vie ou encore du droit de propriété et embrassent tant les activités humaines et leurs conséquences que les catastrophes naturelles, le tout dans une approche liant environnement et santé.

La jurisprudence de la CEDH est également remarquable en ce que, par elle, des textes internationaux dépourvus de portée contraignante directe sont nécessairement pris en compte dans le cadre de l'appréciation de la conventionnalité. C'est ainsi que la CEDH non seulement invite les États à appliquer des normes internationales spécifiques [7] mais fait référence pour apprécier les situations qui lui sont soumises, et donc invite les juridic-

(1) V. CEDH, gr. ch., 9 avr. 2024, n° 53600/20, *Verein Klimaseniorinnen Schweiz et autres c/ Suisse*, D. 2024. 729, et les obs..

(2) Où après l'institution d'un expert indépendant sur les droits de l'homme et l'environnement, un rapporteur spécial sur les droits de l'homme et l'environnement a été créé v. https://www.ohchr.org/fr/special-procedures/sr-environment.

(3) Dont il a été dit qu'elle a pu « inventer, par des techniques qui lui sont propres, les droits de l'homme à l'environnement », J.-P. Costa et P. Titiun, La Cour européenne des droits de l'Homme et l'environnement, *in Mélanges offerts à Y. Jegouzo*, p. 31.

(4) V. Revue africaine de droit de l'environnement : La protection de l'environnement par les juridictions africaines : avancées nationales et régionales En hommage au professeur Stéphane Doumbé-Billé, n° 5/2020 : https://www.iucn.org/fr/news/world-commission-environmental-law/202012/la-protection-de-lenvironnement-par-les-juridictions-africaines-avancees-nationales-et-regionales-theme-du-numero-52020-de-la-revue-africaine-de-droit-de ; https://www.moged.ifdd.francophonie.org/index.php/fr/publications/download/92/883/19 ?method=view.

(5) V. not. son Avis consultatif OC-23/17 du 15 nov. 2017 affirmant que « la jouissance et l'exercice de plusieurs droits humains sont profondément liés à la protection de l'environnement et que « le droit à un environnement sain contribue à la jouissance d'autres droits fondamentaux » et le définissant « comme un droit humain autonome » ; v. L. Burgorgue-Larsen, Environnement et droits de l'homme : de l'audace du juge interaméricain des droits de l'homme, EEI 2018, n° 6, p. 55 ; L. Hennebel et H. Tigroudja, Le droit à un environnement sain comme droit de l'homme. Observations sur l'avis consultatif de la Cour interaméricaine des droits de l'homme n° 23, environnement et droits de l'homme : Ann. fr. dr. int. 2019, n° 65, p. 415 ; déjà F. de Salles Cavedon-Capdeville, L'écologisation du Système Interaméricain des droits de l'homme (SIDH) : commentaire de la jurisprudence récente (2010-2013), RJE 2014/3, p. 489.

(6) V. https://www.echr.coe.int/documents/d/echr/fs_environment_fra ; v. aussi le Guide sur la jurisprudence de la Convention européenne des droits de l'homme Environnement : https://www.echr.coe.int/documents/d/echr/Guide_Environment_FRA ; C. Nivard, Le droit à un environnement sain devant la Cour européenne des droits de l'homme, RJE 2020/HS20. 9.

(7) CEDH 27 janv. 2009, n° 67021/01, § 112, *T. c/ Roumanie*, AJDA 2009. 872, chron. J.-F. Flauss ; D. 2009. 2448, obs. F. G. Trébulle ; RTD eur. 2010. 333, étude A. Pomade.

tions internes à se référer, au titre du droit et de la pratique internationaux pertinents, non seulement à des conventions internationales telles que la convention d'Aarhus du 25 juin 1998 sur l'accès à l'information, la participation du public au processus décisionnel et l'accès à la justice en matière d'environnement, mais aussi à des textes dépourvus de toute portée contraignante tels que la déclaration finale de la conférence de Stockholm en 1972, la déclaration de Rio sur l'environnement et le développement de 1992 [8] ou encore à des textes adoptés par le Conseil de l'Europe, résolutions et recommandations de l'Assemblée parlementaire, recommandations du comité des ministres, voire conventions signées de certains États mais jamais entrées en vigueur [9]. On se souvient de la force de la formule retenue dans l'arrêt *D. et B.* revendiquant que « *lorsqu'elle examine le but et l'objet des dispositions de la Convention, elle prend également en considération les éléments de droit international dont relève la question juridique en cause. Ensembles constitués des règles et principes acceptés par une grande majorité des États, les dénominateurs communs des normes de droit international ou des droits nationaux des États européens reflètent une réalité, que la Cour ne saurait ignorer lorsqu'elle est appelée à clarifier la portée d'une disposition de la Convention que le recours aux moyens d'interprétation classiques n'a pas permis de dégager avec un degré suffisant de certitude* » [10].

On peut nourrir des sentiments partagés devant l'efflorescence jurisprudentielle. Elle est probablement inévitable : la généralité des enjeux environnementaux, leur gravité, leur universalité rendent le rapprochement avec les droits de l'homme inéluctable. Comme l'a relevé le Comité des droits de l'homme des Nations unies dans une décision du 20 septembre 2019 [11], reprenant un raisonnement présent dans de nombreuses décisions de la Cour de Strasbourg, « *Lorsque la pollution a des répercussions directes sur le droit à la vie privée et familiale et au logement, et que les conséquences négatives de cette pollution sont graves en raison de son intensité ou de sa durée et des dommages physiques ou mentaux qu'elle cause, la dégradation de l'environnement peut nuire au bien-être des individus et constituer une atteinte à la vie privée et familiale ainsi qu'au foyer* ».

À vrai dire il apparaît en effet que les droits de l'homme sont rendus illusoires si l'environnement dans lequel il s'agit de les exercer n'en permet pas une jouissance satisfaisante. Qu'est le droit à la vie dans un environnement méphitique ? Où est le droit à la vie privée et à la jouissance de son domicile si les odeurs, vibrations, menaces, empêchent toute jouissance paisible de celui-ci [12] ? On se souvient de la formule si forte de l'arrêt *L. O.* selon laquelle des atteintes graves à l'environnement peuvent « *affecter le bien-être d'une personne et la priver de la jouissance de son domicile de manière à nuire à sa vie privée et familiale* » [13].

L'environnement étant, par essence, ce qui nous environne, les droits humains sont nécessairement déclinés en lui et en interaction avec lui. C'est globalement que

(8) CEDH 27 janv. 2009, *T. c/ Roumanie*, préc.

(9) CEDH, gr. ch., 30 nov. 2004, § 59, *Ö. c/ Turquie*, citant notamment la Convention sur la responsabilité civile des dommages résultant des activités dangereuses pour l'environnement (STE n° 150 – Lugano, 21 juin 1993) et la Convention sur la protection de l'environnement par le droit pénal (STE n° 172 – Strasbourg, 4 nov. 1998).

(10) CEDH, gr. ch., 12 nov. 2008, n° 34503/97, § 76 s., 2008 *D. et B. c/ Turquie*, AJDA 2009. 872, chron. J.-F. Flauss ; D. 2009. 739, chron. J.-P. Marguénaud et J. Mouly ; RDT 2009. 288, étude N. Hervieu, la Cour revendique « que dans la recherche de dénominateurs communs parmi les normes de droit international, elle n'a jamais distingué entre les sources de droit selon qu'elles avaient ou non été signées et ratifiées par le gouvernement défendeur » et conclut, § 85, que « *quand elle définit le sens des termes et des notions figurant dans le texte de la Convention, peut et doit tenir compte des éléments de droit international autres que la Convention, des interprétations faites de ces éléments par les organes compétents et de la pratique des États européens reflétant leurs valeurs communes. Le consensus émergeant des instruments internationaux spécialisés et de la pratique des États contractants peut constituer un élément pertinent lorsque la Cour interprète les dispositions de la Convention dans des cas spécifiques* » et § 86 qu'il lui suffit « *que les instruments internationaux pertinents dénotent une évolution continue des normes et des principes appliqués dans le droit international ou dans le droit interne de la majorité des États membres du Conseil de l'Europe et attestent, sur un aspect précis, une communauté de vue dans les sociétés modernes* ».

(11) Comité des droits de l'homme des Nations unies : *P. C. et a c/ Paraguay* : CCPR/C/126/D/2751/2016 https://www.escr-net.org/sites/default/files/caselaw/portillo_caceres_v_paraguay_-_english_g1927913.pdf.

(12) V. J.-P. Costa et P. Titiun, préc. p. 32.

(13) CEDH 9 déc. 1994, n° 16798/90, § 51, *L. O. c/ Espagne*, AJDA 1995. 212, chron. J.-F. Flauss ; RTD civ. 1996. 507, obs. J.-P. Marguénaud ; on sait que cela vaut aussi pour le bruit. V. not. CEDH 21 févr. 1990, *P. et R. c/ Royaume-Uni*, sér. A, n° 172, p. 18, § 40 et surtout CEDH 16 nov. 2004, n° 4143/02, *M. G. c/ Espagne*, AJDA 2004. 2245 ; RDI 2005. 98, obs. F.-G. Trébulle.

le droit à un environnement sain [14] est désormais consacré, non seulement dans la jurisprudence de la CEDH mais encore dans le cadre le plus solennel des Nations unies. Le Conseil des droits de l'homme des Nations unies a reconnu dans sa résolution 48/13 d'octobre 2021 que disposer d'un environnement propre, sain et durable est un droit humain [15], l'Assemblée générale des Nations unies a adopté, le 28 juillet 2022 une résolution déclarant que l'accès à un environnement propre, sain et durable est un droit humain universel. Au-delà, c'est bien davantage, semble-t-il, l'environnementalisation des droits de l'homme qui doit être soulignée : on l'a dit, la vie peut se trouver menacée par des dégradations environnementales, un environnement dégradé peut être dégradant, porter atteinte à la dignité de ceux qui sont contraints d'y vivre. La justice en matière d'environnement doit répondre aux enjeux du procès équitable et peut renouveler certains de ses aspects. La vie privée et familiale est désormais entendue comme impliquant le droit à la jouissance paisible de son lieu de vie, et même celui à une certaine qualité de vie que la dégradation de l'environnement peut menacer avec plus ou moins d'intensité. La liberté d'expression même est mobilisée au soutien de la protection des opinions écologiques comme à celui de la diffusion d'informations relatives aux questions environnementales voire à la consécration d'un véritable droit à l'évaluation des risques auxquels on est exposé [16].

Il est troublant de constater combien la jurisprudence de la CEDH sur ces questions témoigne d'une unité de pensée et d'analyse, quel que soit le fondement employé. La Cour l'a d'ailleurs revendiqué, les analyses développées sur le fondement de l'article 8 de la Convention valent également lorsqu'elle est amenée à se prononcer sur celui de l'article 2 [17]. Pour ce qui est de la protection des droits nés des obligations négatives ou positives des États « les principes applicables sont assez voisins » [18].

Désireux d'envisager rapidement certaines des conséquences de la prise en compte de l'environnement dans l'ordre conventionnel européen on s'attachera à envisager, dans un premier temps, la réception de la jurisprudence européenne avant d'évoquer, dans un second temps, plus particulièrement ses effets en droit privé.

I. La réception de la jurisprudence européenne

Au-delà de la reconnaissance du droit à un environnement sain et protégé [19], ce qui est déjà beaucoup, on assiste à une fondamentalisation du droit de l'environnement dans ses différentes dimensions. Elle touche non seulement les polices administratives mais est aussi liée à l'information et à la responsabilité, y compris

(14) V. récemment P. Baumann, *Le droit à un environnement sain et la Convention européenne des droits de l'homme*, LGDJ 2021 ; F. Savonitto *et a.*, Dossier Le droit de vivre dans un environnement équilibré et respectueux de la santé, JCP A 2023. 2227.

(15) V. C. Perruso, L'affirmation d'un droit à un environnement propre, sain et durable universel, La Revue des droits de l'homme [En ligne], Actualités droits-Libertés, mis en ligne le 15 nov. 2021, consulté le 21 mars 2024. URL : http://journals.openedition.org/revdh/13063 ; DOI : https://doi.org/10.4000/revdh.13063 ; C. Perruso Le droit à un environnement propre, sain et durable en droit international – Origine et horizon du droit de vivre dans un environnement équilibré et respectueux de la santé JCP A 2023. 2228.

(16) V. CEDH 19 févr. 1998, n° 14967/89, § 60, *G. c/ Italie*, AJDA 1998. 984, chron. J.-F. Flauss ; D. 1998. 370, obs. J.-F. Renucci ; *ibid.* 371, obs. N. Fricero ; RTD civ. 1998. 515, obs. J.-P. Marguénaud, constatant que l'État défendeur a failli à son obligation de garantir le droit des requérantes au respect de leur vie privée et familiale en laissant les requérantes dans l'attente d'informations essentielles qui leur auraient permis d'évaluer les risques pouvant résulter pour elles et leurs proches du fait de continuer à résider sur le territoire d'une commune exposée au danger en cas d'accident dans l'enceinte de l'usine ; comp. 9 juin 1998, *M. et E. c/ Royaume-Uni*, Rec. 1998-III ; CEDH, gr. ch., 19 oct. 2005, n° 32555/96, § 162, *R. c/ Royaume-Uni*, AJDA 2006. 466, chron. J.-F. Flauss, à propos de tests pouvant avoir entraîné une exposition à des substances toxiques un ancien militaire « la Cour considère qu'il pesait sur les autorités une obligation positive d'offrir au requérant une "procédure effective et accessible" qui lui eût permis d'avoir accès à "l'ensemble des informations pertinentes et appropriées" et d'évaluer ainsi tout risque auquel il avait pu être exposé lors de sa participation aux tests ».

(17) V. par ex. CEDH 30 nov. 2004, n° 48939/99, § 90, *Ö. c/ Turquie*, AJDA 2005. 1133, note S. Rabiller ; *ibid.* 2004. 2301 ; *ibid.* 2005. 541, chron. J.-F. Flauss ; *ibid.* 1081, édito. Y. Jégouzo ; RDI 2005. 98, obs. F.-G. Trébulle ; RTD civ. 2005. 422, obs. T. Revet ; CEDH 20 mars 2008, nos 15339/02, 21166/02, 20058/02, 11673/02 et 15343/02), § 133, *B. et a. c/ Russie*, AJDA 2008. 1929, chron. J.-F. Flauss. « Il a été constaté que, dans le domaine des activités dangereuses, l'étendue des obligations positives au titre de l'article 2 de la Convention recouvre largement celle des obligations positives imposées sous l'angle de l'article 8 (*O.*, §§ 90 et 160). En conséquence, on peut également invoquer pour la protection du droit à la vie les principes développés par la Cour dans sa jurisprudence en matière d'environnement ou d'aménagement du territoire lorsqu'il est porté atteinte à la vie privée et au domicile ».

(18) CEDH, gr. ch., 8 juill. 2003, n° 36022/97, § 98, *H. c/ Royaume-Uni*, AJDA 2003. 1924, chron. J.-F. Flauss ; D. 2003. 2273, obs. F. Haumont ; CEDH 27 janv. 2009, *T. c/ Roumanie*, préc. § 87.

(19) V. *T. c/ Roumanie*, préc. § 112.

envisagées dans un cadre privé [20]. C'est ainsi le droit national qui doit, dans toutes ses dimensions, publiques comme privées [21], concourir à l'effectivité de la protection identifiée au titre des droits de l'homme, appréciés « *à la lumière des conditions actuelles* » [22] en tenant compte des « *nouvelles réalités* » [23]. La démarche de la CEDH qui intervient pour mettre fin à l'interprétation faite par une juridiction nationale d'un acte juridique qui « *apparaît comme étant déraisonnable, arbitraire* » ou, en flagrante contradiction avec des exigences de, ou « *plus généralement avec les principes sous-jacents* » à la Convention est absolument transposable aux enjeux environnementaux. Il s'agit simplement de constater que le contrôle de l'interprétation des actes juridiques n'a d'autre limite que celles de la Convention elle-même et que le travail du juge pourrait être conduit à prendre en compte, encore davantage qu'il ne le fait déjà, les considérations environnementales [24] dont la plupart relèvent d'ailleurs d'ores et déjà, d'une manière ou d'une autre, de l'ordre public.

Il ne suffit pas de constater qu'en cas de violation constatée de la Convention l'État aurait « *l'obligation juridique [...] de mettre un terme à la violation et d'en effacer les conséquences de manière à rétablir autant que faire se peut la situation antérieure à celle-ci* » [25], il est évidemment nécessaire que l'ensemble du droit concoure à la protection des droits concernés sans avoir à attendre qu'ils soient violés.

On peut s'interroger sur l'étendue de l'obligation de mettre en place un cadre législatif « visant une prévention efficace ». Est certainement visée une législation spéciale, reposant sur des polices administratives adaptées aux activités dangereuses [26]. C'est en ce sens que l'on doit lire la référence, de *Ö.* à *T.*, à « *une réglementation adaptée aux spécificités de l'activité en jeu notamment au niveau du risque qui pourrait en résulter* » appréciées par référence au « *risque d'être exposé aux dangers inhérents au domaine en cause* ».

C'est à un ensemble de principes et de mesures concrètes qu'il est davantage fait référence à propos du « processus décisionnel » à mettre en place ; la Cour évoque la réalisation des enquêtes et études appropriées « de *manière à prévenir et évaluer à l'avance les effets des activités qui peuvent porter atteinte à l'environnement et aux droits des individus, et à permettre ainsi l'établissement d'un juste équilibre entre les divers intérêts concurrents en jeu* » [27]. L'accès effectif du public aux études et informations doit lui permettre d'évaluer le danger auquel il est exposé et plus globalement garantir une prévention réelle [28].

(20) CEDH, gr. ch., *Ö. c/ Turquie*, préc. : « Les réglementations doivent par ailleurs prévoir des procédures adéquates tenant compte des aspects techniques de l'activité en question et permettant de déterminer ses défaillances ainsi que les fautes qui pourraient être commises à cet égard par les responsables à différents échelons ».

(21) V. CEDH 13 juill. 2004, n° 69498/01, *P. et P. c/ Andorre*, D. 2005. 1832, note E. Poisson-Drocourt ; *ibid.* 2114, obs. V. Brémond, M. Nicod et J. Revel ; RTD civ. 2004. 804, obs. J.-P. Marguénaud ; RDC 2005. 645, obs. J. Rochfeld, § 59 : « *Certes, la Cour n'est pas appelée, en principe, à régler des différends purement privés. Cela étant, dans l'exercice du contrôle européen qui lui incombe, elle ne saurait rester inerte lorsque l'interprétation faite par une juridiction nationale d'un acte juridique, qu'il s'agisse d'une clause testamentaire, d'un contrat privé, d'un document public, d'une disposition légale ou encore d'une pratique administrative, apparaît comme étant déraisonnable, arbitraire ou, comme en l'espèce, en flagrante contradiction avec l'interdiction de discrimination établie à l'article 14 et plus largement avec les principes sous-jacents à la Convention* ».

(22) CEDH 13 juill. 2004, n° 69498/01, préc., § 62.

(23) *Ibid.*

(24) J.-P. Marguénaud, Le titre 3 du livre 3 a-t-il un avenir européen ?, RDC 2011. 229 s. : « *Bien sûr, la jurisprudence P. et P. déjà citée n'a pas encore reçu beaucoup d'autres applications, mais elle est là, tapie dans l'ombre, prête à jeter le désordre dans l'esprit des contractualistes à la première hypothèse favorable venue. Il y a d'ailleurs dans cet arrêt du 13 juillet 2004 un autre élément extrêmement important du point de vue de l'interprétation des contrats. En effet, il donne l'impression d'estimer que l'interprétation des actes juridiques privés doit être soumise à la même méthode d'interprétation évolutive que la Cour applique elle-même à la Convention depuis l'arrêt M. du 13 juin 1979 (CEDH 13 juin 1979, n° 6833/74). En conséquence, l'acte juridique privé ne devrait plus être interprété par référence à la volonté de ses auteurs, mais à la lumière des conditions actuelles, ce qui augure une véritable révolution culturelle [...]* » ; v. J. Raynaud, L'impact des droits fondamentaux sur le contrat... dans les manuels de droit des obligations, RDLF 2019, chron. n° 01.

(25) CEDH 31 oct. 1995, n° 14556/89, § 34, *P. et a. c. Grèce*.

(26) V. la résolution n° 1430/2005 de l'Assemblée parlementaire du Conseil de l'Europe sur les risques industriels.

(27) *T.*, préc. Renvoyant à *H.*, préc. § 128, et CEDH 10 nov. 2004, n° 46117/99, §§ 118-119, *T. et a. c/ Turquie*, AJDA 2005. 541, chron. J.-F. Flauss ; RDI 2005. 98, obs. F.-G. Trébulle.

(28) Entendu au sens le plus large et faisant une place au principe de précaution qui, dans les termes de l'arrêt *T.* préc., § 109 « *recommande aux États de ne pas retarder l'adoption de mesures effectives et proportionnées visant à prévenir un risque de dommages graves et irréversibles à l'environnement en l'absence de certitude scientifique ou technique* ».

Lorsque la Cour relève que la Convention conduit à identifier des obligations positives imposant à l'État d'adopter des mesures raisonnables et adéquates pour protéger les droits des personnes, c'est l'ensemble du Droit qui est sollicité, dans tous les pays, en considération de l'autorité associée à l'interprétation proposée [29]. On l'a souligné, en présence de risques identifiés, il a été considéré que les États ont « *le devoir primordial de mettre en place un cadre législatif et administratif visant à une prévention efficace des dommages à l'environnement et à la santé humaine* » [30] mais au-delà de la réglementation spéciale devant être posée, de l'information, de l'accès à des voies de recours, c'est bien l'ordre juridique dans toutes ses dimensions qui doit être mis au service de la protection des intérêts identifiés [31].

L'importance du développement de la jurisprudence de la Cour de Strasbourg en matière environnementale implique d'envisager la portée de l'accueil de ce mouvement en droit interne. Tout particulièrement, on insistera sur le constat bien connu selon lequel « *il incombe à tout juge, judiciaire ou administratif, à quelque niveau qu'il se trouve, de procéder à ce contrôle de "conventionnalité"* » [32] car le juge national est « *le juge naturel de la Convention européenne des droits de l'homme* » [33] et il lui appartient, le cas échéant, de faire prévaloir la disposition conventionnelle sur la disposition interne qui conduirait à ne pas respecter les obligations nées de la Convention [34]. Soulignant la « réelle force persuasive et même une assez claire autorité interprétative » des arrêts de la CEDH, Jean-Marc Sauvé a pu relever que « *dans l'élaboration de leur jurisprudence, les juges nationaux sont tenus de les "prendre en considération"* » [35]. Pour Mattias Guyomar [36] « parmi les dialogues jurisprudentiels, celui que nourrissent les juges nationaux avec la Cour européenne des droits de l'homme est certainement le plus dense et le plus fructueux », précisément parce que le système conventionnel « fait du juge national le premier garant des droits conventionnellement protégés, implique et encourage un tel dialogue ». Selon les mots de Laurent Fabius, le Conseil constitutionnel lui-même ne se désintéresse pas « *du remarquable travail accompli par*

(29) V. J. Velu, Considérations sur quelques aspects de la coopération entre la Cour européenne des droits de l'homme et les juridictions nationales, *in Protection des droits de l'homme : la perspective européenne. Mélanges à la mémoire de Rolv Ryssdal – Protecting Human Rights : The European Perspective. Studies in Memory of Rolv Ryssdal*, Carl Heymanns, Cologne, 2000 ; S. Van Drooghenbroeck, Le droit international et européen des droits de l'homme devant le juge national : Larcier, 2014.

(30) Après *Ö.* préc. § 90, v. not. CEDH 20 mars 2008, n°s 15339/02, 21166/02, 20058/02, 11673/02 et 15343/02, §§ 129-132, *B. c / Russie*, AJDA 2008. 1929, chron. J.-F. Flauss ; CEDH 27 janv. 2009, n° 67021/01, § 88, *T. c/ Roumanie*, préc.

(31) C'est en ce sens que l'on peut lire l'obligation positive identifiée pour les États de prendre « toutes les mesures nécessaires à la protection de la vie des personnes relevant de leur juridiction ». V. CEDH 9 juin 1998, n° 23413/94, § 36, *L.C.B. c/ Royaume-Uni*, RTD civ. 1999. 498, obs. J.-P. Marguénaud, soulignant que cela va jusqu'à examiner si l'État a pris toutes les mesures requises pour empêcher que la vie de la requérante ne soit inutilement mise en danger ; *Ö. c/ Turquie*, préc. § 71 : cette obligation doit être interprétée comme valant dans le contexte de toute activité, publique ou non, susceptible de mettre en jeu le droit à la vie ; *B. et a. c/ Russie*, préc. § 128 s. qui relève (§ 129) que « cela implique pour l'État un devoir primordial d'assurer le droit à la vie en mettant en place une législation pénale concrète dissuadant de commettre des atteintes contre la personne ».

(32) G. Canivet, Nouveau rôle ou bouleversement de l'ordre juridique interne ? Cours suprêmes nationales et Convention européenne des droits de l'homme *in* Dialogue entre juges, Cour européenne des droits de l'homme, Conseil de l'Europe, 2005. 9 : https://www.echr.coe.int/documents/d/echr/dialogue_2005_fra ; v. aussi, La Cour de cassation et la Convention européenne des droits de l'homme, Actes du 50e anniversaire de la CEDH, éd. Nemesis, Bruylant, 2002. 256.

(33) G. Canivet, Éloge de la « bénévolance » des juges : http://v1.ahjucaf.org/Les-influences-croisees-entre,7177.html ; repris *in* Les influences croisées entre juridictions nationales et internationales : Éloge de la « bénévolance » des juges : RSC 2005, n° 4, p. 799 ; v. égal J. Chevalier, Au sujet de l'application par la juridiction française de la Convention européenne des droits de l'homme, JCP 1977. I. 2832 ; P. Estoup, La Convention européenne des droits de l'homme et le juge français : Gaz. Pal. 8 févr. 1990. Doctr. 110 ; M. Fabre, L'application de la Convention européenne des droits de l'homme et des libertés fondamentales par les juges nationaux, LPA, 1996, n° 93, p. 4 ; V. Lamanda, Le juge judiciaire juge naturel de la convention de sauvegarde des droits de l'homme et des libertés fondamentales, *in Mélanges en honneur de J.-P. Costa*, Dalloz, 2011. 363, souligne la singularité de la Convention « dans l'ordre interne français la Convention européenne prend rang au-dessus de la loi les arrêts de la Cour européenne bénéficiant de l'autorité de chose jugée quant au dispositif et de l'autorité de chose interprétée s'agissant des motifs de portée plus générale » ; P. Ducoulombier, Contrôle de conventionnalité et Cour de cassation : de la méthode avant toute chose, D. 2017. 1778 v. égal X. Dupré de Boulois, Le juge, la loi et la convention européenne des droits de l'homme, RDLF 2015, chron. n° 8.

(34) R. de Gouttes L'influence de la Convention européenne des droits de l'homme sur la Cour de cassation, Gaz. Pal. 2007, n° 163, p. 19.

(35) J.-M. Sauvé *in* Dialogue entre juges, Cour européenne des droits de l'homme, Conseil de l'Europe, 2015, p. 27 ; comp. B. Genevois Cour européenne des droits de l'homme et juge national dialogue et dernier mot *in Mélanges en honneur de J.-P. Costa*, Dalloz, 2011. 281 ; M. Guyomar, Le dialogue des jurisprudences entre le Conseil d'État et la Cour de Strasbourg : appropriation, anticipation, émancipation, *Mélanges en honneur de J.-P. Costa*, Dalloz, 2011. 311 pour lequel « le Conseil d'État s'attache à connaître précisément la jurisprudence européenne afin de l'appliquer correctement, de raisonnablement l'anticiper ou même [...] s'en écarter en toute connaissance de cause ». V. X. Dupré de Boulois, Le juge, la loi et la convention européenne des droits de l'homme, RDLF 2015, chron. n° 8 : « *Les juridictions françaises n'ont pas une conception uniforme de l'autorité de la chose jugée par la Cour EDH. Formellement, les juridictions administratives ne reconnaissent pas d'autorité particulière à l'interprétation délivrée par le Cour EDH en dehors de l'espèce qui a suscité cette interprétation [...] Traditionnellement, la Cour de cassation accorde une autorité plus importante aux interprétations de la Cour confirmant une plus grande appétence que son homologue du Palais Royal pour l'Europe* ».

(36) M. Guyomar, Le dialogue des jurisprudences [...], préc.

la CEDH depuis sa création » [37] ; ceci vaut évidemment pour l'ordre administratif [38] mais encore, cela est essentiel, dans l'ordre judiciaire [39].

Il y a là une illustration de « l'indispensable complémentarité entre l'ordre juridique interne et l'ordre international dans la mise en œuvre des droits fondamentaux » [40]. Un ancien président de la CEDH a même pu affirmer, à propos de la subsidiarité, que ce terme « *signifie que la tâche d'assurer le respect de la Convention européenne des droits de l'homme incombe d'abord au juge national, la Cour n'intervenant qu'en cas de défaillance du juge interne* » [41].

À propos de l'environnement, Laurent Fabius [42] a insisté sur le fait qu'« *En protégeant l'environnement, ce sont aussi les droits de l'homme que l'on protège, à savoir la santé, la sécurité et, au-delà, la dignité de la personne* ». Il a posé un constat fort : « *Compte tenu de l'aggravation des risques environnementaux, combinée au dramatique déficit d'ambition de certaines politiques, chacun pressent que le contentieux des droits de l'homme appliqué à l'environnement prendra de l'ampleur, faisant du juge, encore un peu plus, un acteur majeur de la construction de la justice environnementale* ». Cette justice environnementale est évidemment à placer dans la dynamique de l'article 6 de la Convention mais également dans celle des aspects procéduraux développés par la jurisprudence dans nombre de ses décisions rendues en matière environnementale.

Les États ont l'obligation de rendre effectifs les droits garantis par la Convention européenne des droits de l'homme (Conv. EDH), même et y compris entre personnes privées et ceci doit être envisagé dans la perspective des obligations positives [43] qui ne pèsent pas que sur l'État en tant que tel mais bien sur l'ensemble des acteurs. Il s'en déduit que toute atteinte à l'environnement, quelle qu'en soit l'origine, publique ou privée, est susceptible de caractériser un manquement justiciable au regard de la Convention dès lors que les conditions requises, notamment de gravité, seront remplies [44]. On relèvera au passage qu'un assez grand nombre de décisions de la CEDH a pour contexte des situations d'émissions industrielles et d'autres nuisances pouvant se rattacher au voisinage et très évidemment liées à des activités privées [45].

Dans un arrêt du 20 avril 2004 [46], la Cour a d'ailleurs pu le souligner « *si l'article 8 a essentiellement pour objet de prémunir*

(37) Discours de M. Laurent Fabius à l'audience solennelle de la Cour européenne des droits de l'homme Strasbourg, 25 janv. 2019 : https://www.conseil-constitutionnel.fr/sites/default/files/2019-01/20190128discours_president_CEDH_0.pdf ; v. égal. M. Guillaume, Question prioritaire de constitutionnalité et Convention européenne des droits de l'homme, NCCC 2011. 67.

(38) J. Andriantsimbazovina, La protection des libertés, fondement de la compétence du juge administratif ?, Revue générale du droit, Chronique de droit des libertés, 2019. 9 : « En tant que juge de droit commun de la Convention de sauvegarde des droits de l'homme et des libertés fondamentales, le juge administratif est en première ligne pour faire respecter cette convention à l'administration » ; pour un exemple très explicite, v. concl. F. Lenica, Une approche équilibrée de la gestion du bruit pour l'aéroport de Roissy-Charles-de-Gaulle, sous CE 26 oct. 2007, n° 298490, AJDA 2008. 95. Le Conseil d'État relevant dans sa décision que « la décision attaquée ne méconnaît pas […] les stipulations de l'article 8 de la Convention EDH ni celles de l'article 1er de son premier protocole additionnel ».

(39) V. not. J.-P. Marguénaud, L'exercice par la Cour de cassation d'un contrôle de conventionnalité, RDLF 2018, chron. n° 25, (www.rdlf.com) ; H. Fulchiron, La Cour de cassation, juge des droits de l'homme ?, D. 2014. 153, à propos d'un arrêt, en matière de filiation, dans lequel « *Au seul visa de l'article 8 de la Convention européenne des droits de l'homme, la Cour de cassation écarte l'application dans un cas particulier d'une disposition claire et précise du code civil français* » ; F. Chénedé, Deux leçons du droit naturel classique pour le contrôle de conventionnalité *in concreto* – Contribution à la réflexion de la Cour de cassation, D. 2021. 1142 ; J.-L. Gallet, Une approche des droits fondamentaux devant la Cour de cassation *in Mélanges en l'honneur de B. Stirn*, Dalloz 2019. 236.

(40) F. Tulkens *in* Dialogue entre juges, Cour européenne des droits de l'homme, Conseil de l'Europe, 2005. 7.

(41) D. Spielmann *in* Dialogue entre juges, Cour européenne des droits de l'homme, Conseil de l'Europe, 2015. 5.

(42) Préc.

(43) CEDH et droit privé, préc., 86 s.

(44) CEDH 9 juin 2005, n° 55723/00, § 69, *F. c/ Russie*, AJDA 2005. 1886, chron. J.-F. Flauss, « *les conséquences néfastes de la pollution de l'environnement doivent atteindre un minimum de gravité pour tomber sous le coup de l'article 8 de la Convention. L'appréciation de ce minimum est relative et dépend de l'ensemble des données de la cause, notamment de l'intensité et de la durée des nuisances ainsi que de leurs effets physiques ou mentaux. Il y a également lieu de tenir compte de la situation générale de l'environnement. Il ne peut y avoir de grief défendable sous l'angle de l'article 8 lorsque le préjudice allégué est négligeable rapporté aux risques écologiques inhérents à la vie dans n'importe quelle ville moderne* ».

(45) Parmi beaucoup d'autres, outre *F. c/ Russie*, préc., v. not. CEDH 19 févr. 1998, nos 14967/89, *G. c/ Italie*, AJDA 1998. 984, chron. J.-F. Flauss; D. 1998. 370, obs. J.-F. Renucci; *ibid.* 371, obs. N. Fricero; RTD civ. 1998. 515, obs. J.-P. Marguénaud; CEDH 2 nov. 2006, n° 59909/00, *G. c/ Italie*, D. 2007. 1324, note J.-P. Marguénaud; 27 janv. 2009, *T. c/ Roumanie*, n° 67021/01, préc.; 30 mars 2010, n° 19234/04, *B. c/ Roumanie*, D. 2010. 2468, obs. F. G. Trébulle; 3 mai 2011, n° 6854/07, *A. c/ Pologne*, D. 2011. 2694, obs. F. G. Trébulle; 13 juill. 2017, n° 38342/05, *J. et a. c/ Géorgie*; 24 janv. 2019, nos 54414/13 et 54264/15, *Cordella et a. c/ Italie*, AJDA 2019. 1803, chron. L. Burgorgue-Larsen; D. 2019. 674, et les obs., note S. Nadaud et J.-P. Marguénaud; *ibid.* 2020. 181, obs. J.-F. Renucci; *ibid.* 1012, obs. V. Monteillet et G. Leray; 11 oct. 2022, n° 31612/09, *Pavlov et a. c/ Russie*.

(46) CEDH 20 avr. 2004, n° 48995/99, § 59, *S. c/ Roumanie* ; 16 nov. 2004, n° 4143/02, *M. G. c/ Espagne*, préc.

l'individu contre les ingérences arbitraires des pouvoirs publics, il implique aussi l'adoption par celles-ci de mesures visant au respect des droits garantis par cet article jusque dans les relations des individus entre eux » [47]. Depuis l'arrêt *L. O.* [48], il est acquis que même si elles ne sont pas directement responsables des atteintes à l'environnement dont il s'agit, les autorités publiques (au sens large) doivent prendre les mesures nécessaires pour protéger les droits garantis par la Convention dans leur dimension environnementale.

Non seulement on ne peut pas ignorer la jurisprudence de la CEDH mais, bien plus, celle-ci, dans des matières dans lesquelles elle se construit de manière de mieux en mieux structurée, comme c'est le cas pour les questions environnementales, constitue une part du droit positif dont toutes les juridictions doivent se saisir [49]. C'est la raison pour laquelle « *La jurisprudence de la Cour de cassation tend à la reconstruction permanente d'un nouvel ordre cohérent à partir d'un pluralisme et d'une diversité voulus et assumés des sources de droit* » [50]. On peut approuver, ou non, cet effet normatif des arrêts de la CEDH [51] mais force est de constater que l'assemblée plénière de la Cour de cassation a explicitement rappelé, dans une formule désormais très bien connue, que « *les États adhérents à la Convention de sauvegarde des droits de l'homme et des libertés fondamentales sont tenus de respecter les décisions de la Cour européenne des droits de l'homme, sans attendre d'être attaqués devant elle ni d'avoir modifié leur législation* » [52]. Il s'ensuit qu'en matière environnementale comme en toute autre où elle est intervenue, la jurisprudence de la CEDH fait pleinement partie de l'ordre juridique interne qu'il appartient aux juges de faire appliquer et aux justiciables, quels qu'ils soient, de respecter.

L'extension environnementale du contrôle de conventionnalité sera d'autant plus importante qu'il a été observé que ledit contrôle se déplaçait de la règle générale vers des décisions prises dans des cas particuliers [53] et que l'influence de la jurisprudence européenne peut perturber la perception de la distinction du fait et du droit dans la mesure où elle est extrêmement attentive aux conséquences pratiques tirées des faits constatés [54]. Cela est illustré depuis longtemps en matière procédurale [55] et ne peut rester hors champ [56]. La dynamique du contrôle de conventionnalité a pu conduire à identifier une double nature à la fois abstraite pour ce qui est de la validité de la loi et concrète pour ce qui est des conséquences pratiques de sa mise en œuvre [57].

(47) La Cour y renvoie à CEDH 22 oct. 1996, n°s 22083/93, 22095/93, § 62, RSC 1997. 464, obs. R. Koering-Joulin ; *ibid.* 470, obs. R. Koering-Joulin.

(48) Préc.

(49) A. Gouron-Mazel, La Cour de cassation face à la Convention européenne des droits de l'homme : JCP 1996. I. 3937, pour laquelle « *tous les niveaux juridictionnels, depuis la première instance jusqu'à la Cour de cassation ou le Conseil d'État, se trouvent, désormais, transformés en rouages du mécanisme de contrôle du respect des droits de l'homme* ».

(50) G. Canivet, Nouveau rôle ou bouleversement de l'ordre juridique interne ?, préc.

(51) V. F. Chénedé, Les arrêts *Mennesson* et *Labassée* ou l'instrumentalisation des droits de l'homme, D. 2014. 1797.

(52) Cass., ass. plén., 15 avr. 2011, n°s 10-17.049, 10-30.313 et 10-30.316, D. 2011. 1080, et les obs. ; *ibid.* 1128, entretien G. Roujou de Boubée ; *ibid.* 1713, obs. V. Bernaud et L. Gay ; *ibid.* 2012. 390, obs. O. Boskovic, S. Corneloup, F. Jault-Seseke, N. Joubert et K. Parrot ; AJ pénal 2011. 311, obs. C. Mauro ; Constitutions 2011. 326, obs. A. Levade ; RSC 2011. 410, obs. A. Giudicelli ; RTD civ. 2011. 725, obs. J.-P. Marguénaud, pour lequel « *les arrêts du 15 avril 2011 constituent bien un raz-de-marée, une révolution d'une ampleur jamais égalée, en matière de sources du droit, depuis l'arrêt Société des cafés Jacques Vabre rendu par une chambre mixte de la Cour de cassation le 24 mai 1975* » dont l'apport le plus visible « *est d'avoir placé les arrêts de la Cour EDH rendus contre d'autres États que la France sur le même plan que les arrêts rendus contre la France* » ; v. égal B. Mathieu, Les décisions du Conseil constitutionnel et de la Cour européenne des droits de l'homme. Coexistence - Autorité - Conflits – Régulation, Nouveaux cahiers du Conseil constitutionnel 2011. 45.

(53) H. Fulchiron, La Cour de cassation, juge des droits de l'homme ?, préc., à propos d'un arrêt rendu, en matière de mariage, au seul visa l'article 8 de la Conv. EDH. Il y souligne une difficulté récurrente en matière de droits de l'Homme « *lorsque les droits fondamentaux sont en cause, et tout particulièrement l'article 8, la distinction entre juge du fond et juge du droit est très artificielle : il s'agit bien de vérifier le respect du droit, le respect des droits, dans un cas particulier.* »

(54) P. Chevalier, De nouveaux horizons pour le contrôle de conventionnalité à la Cour de cassation ?, Constitutions 2014. 350.

(55) V. R. de Gouttes, La convention européenne des droits de l'homme et le juge français, RID comp. 1999. 7, s'interrogeant notamment sur le caractère raisonnable de la détention.

(56) G. Canivet, Nouveau rôle ou bouleversement de l'ordre juridique interne ?, préc., a relevé ce point « *La situation des cours qui ne statuent qu'en droit, comme la Cour de cassation française, est à cet égard particulière puisqu'elles se trouvent placées entre deux juridictions qui se prononcent en fait autant qu'en droit, les juridictions nationales subordonnées, d'un côté, la Cour européenne, de l'autre. Il n'est donc pas rare que des violations de la Convention soient constatées par la Cour européenne, à partir d'éléments de fait relevés par une juridiction nationale, sur lesquels la Cour de cassation, juge du droit, n'a aucun contrôle. Certains y voient une forme d'incompatibilité. Même si elle n'est qu'apparente, il en résulte que la situation des cours dites "de cassation" semble paradoxale* ».

(57) M. Guyomar, Référé-liberté et contrôle de conventionnalité de la loi : nouveau mode d'emploi, Gaz. Pal. 2016, n° 28, p. 29 : « L'exercice du contrôle abstrait

Dans cette matière dans laquelle, nonobstant l'affirmation du principe de non-régression, les avancées semblent parfois bien fragiles, les apports de la jurisprudence de la Cour de Strasbourg revêtent une importance considérable et peuvent conduire à faire évoluer très profondément le regard porté sur des questions mettant potentiellement en jeu les thèmes sur lesquels la Cour s'est prononcée. Comme dans d'autres matières, les évolutions constatées à la Cour de Strasbourg vont permettre, en donnant toute son effectivité au mouvement qu'elle initie , « *de renforcer la mission du juge national et d'élargir son office, en lui fournissant une nouvelle "Charte" ou "Constitution" européenne des libertés et droits fondamentaux de l'homme, une sorte de Code de référence européen de l'État de droit, qui se voit conférer, en vertu de l'article 55 de la Constitution française, une autorité supérieure à celle des lois, et dont le juge va pouvoir faire application en renfort ou même au-delà de son droit interne, transformant par là même sa relation traditionnelle avec la loi nationale* » [58]. On perçoit ainsi combien le mouvement convergent de saisissement des enjeux associés à la Charte de l'environnement et d'accueil de la jurisprudence de la CEDH peut permettre de favoriser une lecture renouvelée de bien des règles préexistantes, les principes du droit européen ainsi dégagés pouvant d'ailleurs prévaloir sur la loi nationale [59].

À tout le moins est-il nécessaire de se poser la question de la compatibilité des solutions arrêtées avec la Convention. Illustrant cette situation, la Cour de cassation, le 16 janvier 2020 [60], a imposé au visa de l'article 8 de la Conv. EDH, de « rechercher concrètement » si des mesures de démolition d'une construction irrégulière étaient proportionnées au regard du droit au respect de la vie privée et familiale et du domicile des défendeurs [61].

II. Les effets de la fondamentalisation du rapport à l'environnement en droit privé

En matière d'environnement où la verticalité est omniprésente, notamment en raison d'une approche construite par le biais des polices environnementales depuis plus de deux siècles en matière industrielle [62] et depuis toujours en matière d'hygiène publique, il pouvait sembler que la consécration d'une approche fondée sur les droits de l'homme s'imposait essentiellement

de la validité de la loi manifeste, en débouchant sur le constat de sa compatibilité avec les exigences conventionnelles, le souci du juge administratif de faire une application mesurée du contrôle de conventionnalité dans les domaines où la Cour européenne reconnaît l'existence d'une marge d'appréciation nationale. Quant au contrôle concret exercé dans un second temps, il ne conduit pas le juge à écarter l'application de la loi mais seulement à constater, au regard des finalités qu'elle poursuit, que les effets de sa mise en œuvre portent une atteinte grave et manifestement illégale au droit au respect de la vie privée et familiale de la requérante » ; M. Guyomar souligne l'intérêt de compléter le raisonnement syllogistique par un contrôle des effets de la décision litigieuse et le fait que « Le juge du référé liberté intervient en amont du contentieux de la réparation, en temps utile lorsqu'il est encore possible d'éviter la réalisation du dommage en remédiant à une atteinte grave et manifestement illégale à une liberté fondamentale » et propose un parallèle avec le raisonnement développé par la Cour de cassation : Civ. 1re, 4 déc. 2013, n° 12-26.066, D. 2014. 179, obs. C. de la Cour, note F. Chénedé ; *ibid.* 153, point de vue H. Fulchiron ; *ibid.* 1342, obs. J.-J. Lemouland et D. Vigneau ; *ibid.* 2017. 123, chron. V. Vigneau ; AJ fam. 2014. 124, obs. S. Thouret ; *ibid.* 2013. 663, point de vue F. Chénedé ; RTD civ. 2014. 88, obs. J. Hauser ; *ibid.* 307, obs. J.-P. Marguénaud ; Dr. fam. 2014, comm. 1, obs. J.-R. Binet ; sur la proportionnalité v. égal. E. Piwnica, À propos du principe de proportionnalité, *in Mélanges en l'honneur de B. Stirn*, Dalloz 2019. 483 ; V. égal. le Rapport 2020 du groupe de travail de la Cour de cassation sur le contrôle de conventionnalité.

(58) V. R. de Gouttes, *op. cit.*

(59) V. Lamanda, Le juge judiciaire juge naturel de la convention de sauvegarde des droits de l'homme et des libertés fondamentales, préc. 368.

(60) Civ. 3e, 16 janv. 2020, n° 19-10.375, AJDA 2020. 143 ; D. 2020. 82 ; RDI 2020. 150, obs. P. Soler-Couteaux ; *ibid.* 377, obs. J.-L. Bergel ; RTD civ. 2020. 428, obs. W. Dross.

(61) Rappr. CEDH 27 nov. 2007, n° 21861/03, § 79, *H. c/ Belgique*, D. 2008. 88421861/03, note J.-P. Marguénaud ; *ibid.* 2390, obs. F. G. Trébulle ; *ibid.* 2458, obs. B. Mallet-Bricout et N. Reboul-Maupin ; AJDI 2008. 316, qui avait retenu dans un considérant remarquable que « si aucune disposition de la Convention n'est spécialement destinée à assurer une protection générale de l'environnement en tant que tel, la société d'aujourd'hui se soucie sans cesse davantage de le préserver. L'environnement constitue une valeur dont la défense suscite dans l'opinion publique, et par conséquent auprès des pouvoirs publics, un intérêt constant et soutenu. Des impératifs économiques et même certains droits fondamentaux, comme le droit de propriété, ne devraient pas se voir accorder la primauté face à des considérations relatives à la protection de l'environnement, en particulier lorsque l'État a légiféré en la matière » et poursuivait : « Les pouvoirs publics assument alors une responsabilité qui devrait se concrétiser par leur intervention au moment opportun afin de ne pas priver de tout effet utile les dispositions protectrices de l'environnement qu'ils ont décidé de mettre en œuvre », ce qui n'apparaît pas avec évidence dans l'arrêt de la Cour de cassation évoqué. V. les remarques critiques de W. Dross. préc. Comp. Civ. 3e, 17 déc. 2015, n° 14-22.095, Bull. civ. III, n° 601, AJDA 2015. 2467 ; D. 2016. 72 ; *ibid.* 1028, chron. A.-L. Méano, V. Georget et A.-L. Collomp ; AJDI 2016. 667, chron. F. Zitouni ; RDI 2016. 100, obs. P. Soler-Couteaux ; AJCT 2016. 283, obs. E. Péchillon ; RTD civ. 2016. 398, obs. W. Dross ; *ibid.* 449, obs. N. Cayrol ; Civ. 3e, 7 avr. 2016, n° 15-15.011, *SCI Les trois copains*, D. actu. 19 avr. 2016, obs. D. Poupeau, AJDA 2016. 698 ; Just. & cass. 2018. 230, rapp. Y. Maunand.

(62) V. J.-M. Sauvé, Intervention de clôture, Bicentenaire du décret impérial du 15 octobre 1810 relatif aux manufactures et ateliers qui répandent une odeur insalubre ou incommode, 21 mai 2010 : https://www.conseil-etat.fr/publications-colloques/discours-et-interventions/bicentenaire-du-decret-imperial-du-15-octobre-1810-relatif-aux-manufactures-et-ateliers-qui-repandent-une-odeur-insalubre-ou-incommode pour lequel « *la législation sur les installations classées a pu constituer, dès son origine, un "modèle de police administrative"* ».

dans une perspective de régénération des exigences vis-à-vis de l'État. Cette dimension, évidemment centrale, est toujours vraie et a même été renouvelée par l'identification des obligations positives pesant sur celui-ci [63]. Elle devra être prise en compte dans le cadre du travail du juge administratif qui déploie déjà ses analyses à ce sujet [64].

Mais le mouvement, précisément apprécié à la lumière de cette consécration des obligations positives [65], est beaucoup plus profond. Depuis vingt ans, la CEDH a souligné que le statut des personnes impliquées dans les circonstances d'une atteinte environnementale aux droits de l'homme n'est qu'un élément parmi d'autres à prendre en compte [66]. Il en résulte que « *l'article 8 peut trouver à s'appliquer dans les affaires d'environnement, que la pollution soit directement causée par l'État ou que la responsabilité de ce dernier découle de l'absence de réglementation adéquate de l'industrie privée* » [67]. Sur le fondement de l'article 2, la Cour a également retenu que l'État doit bien assumer l'obligation positive de prendre toutes les mesures nécessaires à la protection de la vie. Ceci implique donc non seulement « *le devoir primordial de mettre en place un cadre législatif et administratif visant une prévention efficace et dissuadant de mettre en péril le droit à la vie* », mais encore d'encadrer l'autorisation, la mise en place, l'exploitation, la sécurité et le contrôle afférents aux activités dangereuses, « *notamment au niveau du risque qui pourrait en résulter pour la vie humaine* ». On voit que les États ont, dans ce cadre, l'obligation d'imposer à toutes les personnes concernées « *l'adoption de mesures d'ordre pratique propres à assurer la protection effective des citoyens dont la vie risque d'être exposée aux dangers inhérents au domaine en cause* » [68].

Le constat du fait que le droit à l'environnement est bien désormais pleinement reconnu comme un droit fondamental, conduit à s'interroger sur l'étendue des conséquences qu'il faut en tirer dans l'ordre des relations interpersonnelles [69]. La question, à bien y regarder, n'est pas nouvelle, et a donné lieu à de très riches réflexions de Jean Rivero dans les mélanges Cassin, en 1969 [70]. Analysant la question de la protection des droits de l'homme dans les rapports entre personnes privées, il y soulignait le lien entre cette question et celle de la protection des droits de l'homme à l'encontre de l'État. Avec lui, et cela vaut évidemment pour les aspects environnementaux, il faut remarquer qu'il n'est pas acceptable de retenir la possibilité d'une distorsion entre deux éthiques différentes conduisant à accueillir « *deux conceptions opposées de l'homme, valables l'une dans les rapports publics, l'autre dans les relations privées* ». La reconnaissance d'un droit fondamental impose non seulement au législateur et à l'État de le respecter mais encore de le faire respecter, y compris dans les rapports entre particuliers. Se rattachant à la

(63) CEDH 9 déc. 1994, nº 16798/90, *L. O. c/ Espagne*, préc., § 51.

(64) On renverra parmi beaucoup d'autres aux chroniques annuelles de L. Marino et X. Dupré de Boulois, Jurisprudence administrative et Convention européenne des droits de l'homme, à la RFDA. Sur le rôle du juge administratif, dans un cas particulier, il est intéressant de souligner l'approche défendue par Mme Aurélie Bretonneau dans ses conclusions sous CE, ass., 31 mai 2016, nº 396848, *Mme G.-G.*, Lebon avec les conclusions ; RFDA 2016. 740. Elle y souligne que « le principe de subsidiarité qui a vocation à jouer dans la mise en œuvre de la Convention implique que vous (le Conseil d'État) n'attendiez pas, par principe, qu'une condamnation intervienne à Strasbourg pour tirer les conséquences d'une inconventionnalité que vous auriez détectée. Il en va non pas seulement de la préoccupation de ne pas exposer la France à des condamnations, mais aussi de l'assise de votre rôle de juge de droit commun de la compatibilité de la loi avec la Convention. Ce rôle ne doit sans doute pas vous conduire, s'agissant notamment de l'interprétation des stipulations de cette dernière, à prendre les devants sur la Cour en dégageant vous-mêmes, pour écarter la loi, des droits ou principes dont rien n'indique qu'elle entend les protéger. Il doit en revanche, lorsque vous nourrissez un doute sérieux, vous conduire à vous doter de tous les moyens de l'affronter ». V. aussi AJDA 2016. 1092 ; *ibid.* 1398, chron. L. Dutheillet de Lamothe et G. Odinet ; D. 2016. 1470, obs. M.-C. de Montecler ; *ibid.* 1472, note H. Fulchiron ; *ibid.* 1477, note B. Haftel ; *ibid.* 2017. 729, obs. F. Granet-Lambrechts ; *ibid.* 781, obs. J.-C. Galloux et H. Gaumont-Prat ; *ibid.* 935, obs. RÉGINE ; *ibid.* 1011, obs. H. Gaudemet-Tallon et F. Jault-Seseke ; AJ fam. 2016. 439, obs. C. Siffrein-Blanc ; *ibid.* 360, obs. A. Dionisi-Peyrusse ; RFDA 2016 754, note P. Delvolvé ; RTD civ. 2016. 578, obs. P. Deumier ; *ibid.* 600, obs. J. Hauser ; *ibid.* 802, obs. J.-P. Marguénaud ; *ibid.* 834, obs. J. Hauser ; RTD eur. 2017. 319, obs. D. Ritleng.

(65) V. J.-F. Akandji-Kombe, Les obligations positives en vertu de la Convention européenne des droits de l'Homme. Un guide pour la mise en œuvre de la Convention européenne des droits de l'homme, Précis sur les droits de l'homme, nº 7, Éd. Conseil de l'Europe 2006.

(66) CEDH, gr. ch., 30 nov. 2004, nº 48939/99, *Ö. c/ Turquie*, préc., § 73 et 90.

(67) CEDH, gr. ch., 8 juill. 2003, nº 36022/97, § 98, *H. et a. c/ Royaume-Uni*, préc. ; CEDH 27 janv. 2009, *T. c/ Roumanie*, nº 67021/01, § 87, préc. ; CEDH 18 oct. 2011, nº 21532/08, § 42, *M. M. c/ Espagne*, D. 2012. 2557, obs. F. G. Trébulle.

(68) CEDH, gr. ch., *Ö.*, préc.

(69) V. J.P. Costa et P. Titiun, préc., p. 38 relevant que « les atteintes à l'environnement ne sont pas, loin s'en faut, l'apanage des États ».

(70) J. Rivero, La protection des droits de l'homme dans les rapports entre personnes privées, in *René Cassin Amicorum Disciplorumque Liber*, Pedone, 1969, t. III, p. 311.

doctrine allemande de « *l'effet direct des droits constitutionnellement garantis sur les relations privées (Drittwirkung)* » [71], il souligne que le juge étant un organe de l'État, « *comme tel, il est lié par les principes constitutionnels qui régissent celui-ci* » [72]. Ceci implique que le juge ne peut s'abstenir de protéger les droits et libertés que l'État doit garantir, y compris dans les relations entre personnes privées [73]. Comme en miroir, cela implique évidemment que toute personne privée doit respecter les droits que toute autre personne tire des droits de l'homme [74]. Il est d'ailleurs troublant de constater que son affirmation [75] selon laquelle « *la reconnaissance de libertés qui demeureraient lettre morte dans les relations privées constituerait, de la part de l'État, une aberration, ou une hypocrisie* » trouve un écho puissant dans l'affirmation selon laquelle dans le cadre de la Conv. EDH « *la protection des droits de l'homme doit être concrète et effective et non théorique ou illusoire* ». Ceci a conduit la Cour à condamner la passivité de l'administration face à des pollutions sonores [76] et à formaliser ses exigences en matière procédurale afin de s'assurer que les exigences de protection des droits garantis par la Convention soient effectivement mises en œuvre « *et pour que, le cas échéant, les violations du droit en jeu soient réprimées et sanctionnées* » [77]. Peuvent être suivies les voies pénales, civiles, administratives ou même disciplinaires, selon les cas, l'essentiel étant que soit respectée « *l'obligation positive de mettre en place "un système judiciaire efficace"* » [78]. Lorsque la CEDH souligne que « *l'ensemble de la procédure, y compris la phase de jugement, doit satisfaire aux impératifs de l'obligation positive de protéger la vie par la loi* » [79], elle signifie qu'au-delà de la procédure c'est bien l'ensemble du droit national qui doit satisfaire à ces impératifs, la procédure n'en étant que l'ultime manifestation.

En ce sens, l'obligation de prévention qui pèse sur l'État ne peut pas ne peser que sur lui seul et il est bien nécessaire que l'ensemble du droit applicable contribue à garantir la réalité de la mise en place des mesures préventives concrètes nécessaires et suffisantes, par l'ensemble des acteurs, publics ou privés, pour parvenir à protéger les personnes menacées. Si la CEDH reste pragmatique, les mesures préventives aptes à pallier le risque identifié doivent être mises en œuvre par ceux, à commencer mais pas exclusivement par les autorités publiques, qui ont le moyen de les déployer [80].

La jurisprudence de la Cour de Strasbourg révèle qu'il est demandé aux États de mettre en œuvre des contrôles « *de nature à inciter les responsables à adopter des mesures propres à garantir la protection effective des citoyens* » l'objectif étant clairement

(71) Sur l'analyse allemande v. K. Rennert, Jurisprudence de la Cour administrative fédérale d'Allemagne - L'applicabilité des droits fondamentaux aux rapports entre personnes privées : RFDA 2020. 197 ; A. Seifert, L'effet horizontal des droits fondamentaux, RTD eur. 2012. 801 ; D. Capitant, Les effets juridiques des droits fondamentaux en Allemagne, LGDJ, 2001.

(72) *Op. cit.* p. 320.

(73) G. Cohen-Jonathan, Hommage à Jean Rivero (1910-2001) : droits fondamentaux, Revue du CRDH, n° 1, 2001, « *il est vrai que, pour que les droits de l'homme soient véritablement vécus, il est nécessaire de s'attacher à les faire respecter aussi dans les rapports entre personnes privées. À cet égard, Jean Rivero a bien dissipé l'ambiguïté éventuelle que pouvait contenir l'article 29 de la Déclaration universelle. Et, plus tard, dans le prolongement, René-Jean Dupuy pouvait s'écrier : "Si désormais l'humanité a des droits sur l'État, elle en a aussi sur l'homme. Elle attend de lui notamment qu'il la respecte dans les autres hommes, car toute violation de leurs droits méconnaît les siens"* » renvoyant à *L'humanité dans l'imaginaire des nations*, Julliard, 1991.

(74) Dans les termes de Rivero « *on voit mal comment un juge, organe d'un État qui a donné, à certaines libertés, la consécration juridique la plus haute, pourrait, lorsqu'il est sollicité de protéger cette liberté, refuser cette protection, c'est-à-dire donner gain de cause à celui qui a porté atteinte à un droit fondamental, sans se mettre en contradiction avec la règle constitutionnelle qui impose à tous les organes de l'État, chacun dans l'exercice de sa sphère de compétence, le respect des libertés* ».

(75) *Op. cit.* p. 322.

(76) CEDH 16 nov. 2004, n° 4143/02, § 61, *M. G. c/ Espagne*, préc. : « Une réglementation ayant pour objet la protection des droits garantis constitue une mesure illusoire si elle n'est pas observée de façon constante, et la Cour doit rappeler que la Convention vise à protéger des droits effectifs et non illusoires ou théoriques. Les faits montrent que la requérante a subi une atteinte grave à son droit au respect du domicile, en raison de la passivité de l'administration face au tapage nocturne ».

(77) À propos du droit à la vie dans un contexte environnemental v. CEDH, gr. ch., 30 nov. 2004, *Ö. c/ Turquie*, préc., § 91 s.

(78) *Ibid.* § 92, v. toutefois § 93 « *Dans les cas où il est établi que la faute imputable aux agents ou organes de l'État va au-delà d'une erreur de jugement ou d'une imprudence, en ce sens qu'ils n'ont pas pris, en toute connaissance de cause et conformément aux pouvoirs qui leur étaient conférés, les mesures nécessaires et suffisantes pour pallier les risques inhérents à une activité dangereuse, l'absence d'incrimination et de poursuites à l'encontre des personnes responsables d'atteintes à la vie peut entraîner une violation de l'article 2, abstraction faite de toute autre forme de recours que les justiciables pourraient exercer de leur propre initiative* ».

(79) *Ibid.*

(80) Dans l'arrêt *Ö.*, préc., § 107 « de l'avis de la Cour, la mise en place en temps utile d'un système de dégazage dans la décharge, avant que la situation ne devienne fatale, aurait pu constituer une mesure efficace, sans grever excessivement les ressources de l'État [...] ». Au contraire, cette mesure est présentée comme respectueuse de la réglementation turque et de la pratique générale en la matière.

que les autorités « *ne laissent pas les risques portés à leur connaissance s'aggraver au point de menacer des vies humaines* » [81]. On comprend bien alors que globalement l'état de droit doit conduire à l'effectivité d'une réglementation qui « *doit régir l'autorisation, la mise en fonctionnement, l'exploitation, la sécurité et le contrôle de l'activité en question, ainsi qu'imposer à toute personne concernée par celle-ci l'adoption de mesures d'ordre pratique propres à assurer la protection effective des citoyens dont la vie risque d'être exposée aux dangers inhérents au domaine en cause* » [82].

L'effectivité de la prise en compte des droits de l'homme, notamment en matière environnementale, passe par le constat selon lequel le juge est l'une de ces autorités par l'action desquelles celle de l'État se manifeste ; on parle d'ailleurs couramment de « l'autorité judiciaire ». Ainsi que l'a relevé Olivier Beaud [83], il est possible, à l'instar du droit allemand depuis l'arrêt *Lüth* de la Cour de Karlsruhe [84], de s'attacher à l'office du juge dans la protection des droits fondamentaux et de considérer, comme y invite Rivero, qu'en tant qu'autorité étatique ou publique, le juge doit nécessairement appliquer à tout litige l'ensemble des règles applicables, y compris celles découlant des droits fondamentaux. Olivier Beaud montre dans son analyse que la construction proposée par Rivero d'une « *théorie de l'application directe des libertés publiques aux rapports entre particuliers* » ne répond peut-être pas totalement au droit positif. Toutefois, comme il le relève, la décision *Michel Z* [85] évoque bien le fait que « toute personne » est tenue à une obligation de vigilance à l'égard des effets que son activité pourrait avoir sur l'environnement. Ceci est directement déduit par le Conseil constitutionnel du droit à un environnement équilibré et respectueux de la santé affirmé dans l'article 1er de la Charte de l'environnement. Cette référence, répétée dans les décisions du Conseil [86], tout comme l'emploi récurent de visas renvoyant au texte de la Conv. EDH permettent d'être plus optimiste. Le mouvement qui a été observé en matière de droits de la personnalité peut parfaitement être étendu aux différents aspects dans lesquels le rapport aux droits de l'homme peut être constaté. Si les parties en ont fait probablement un usage trop réservé, il est probable que leur invocation, spécialement dans le cadre environnemental, ira croissante.

Dans la perspective des aspects environnementaux des droits de l'homme, on ne peut qu'être saisi par l'idée exprimée par Jean-Marc Sauvé selon laquelle « *les autorités nationales doivent assurer, dans le respect de leurs obligations positives, une protection concrète et effective des garanties conventionnelles contre toute forme d'inertie publique ou contre toute ingérence de tiers dans l'exercice d'un droit* » [87]. La garantie contre l'inertie permet d'agir en situation de carence publique, la lutte contre l'ingérence de tiers dans l'exercice d'un droit, pour sa part, illustre les potentialités considérables d'enrichissement des

(81) Ö., préc., § 109.

(82) CEDH 24 janv. 2019, nos 54414/13 et 54264/15, § 159, *C. et a. c/ Italie*, AJDA 2019. 1803, chron. L. Burgorgue-Larsen ; D. 2019. 674, et les obs., note S. Nadaud et J.-P. Marguénaud ; *ibid.* 2020. 181, obs. J.-F. Renucci ; *ibid.* 1012, obs. V. Monteillet et G. Leray. Renvoyant *mutatis mutandis*, CEDH, gr. ch., 30 nov. 2004, no 48939/99, § 90, *Ö. c/ Turquie*, préc., et CEDH 24 juill. 2014, nos 60908/11 et 4 autres, §§ 101-102, *B. et a. c/ Malte*, Dr. soc. 2015. 719, étude J.-P. Marguénaud et J. Mouly.

(83) O. Beaud, Les obligations imposées aux personnes privées par les droits fondamentaux. Un regard français sur la conception allemande : *Jus Politicum*, no 10 [https://juspoliticum.com/article/Les-obligations-imposees-aux-personnes-privees-par-les-droits-fondamentaux-Un-regard-francais-sur-la-conception-allemande-737.html].

(84) Cour const. Féd., 15 janv. 1958 - 1 BvR 400/51, *Lüth - Rec. (BVerfGE)* 7, p. 198 s. « *Ce système de valeurs centré sur la personnalité humaine s'épanouissant librement au sein de la communauté sociale et sur sa dignité doit s'appliquer à tous les domaines du droit en tant que décision constitutionnelle générale ; la législation, l'administration et la jurisprudence en tirent des lignes directrices et des impulsions. Il a donc naturellement aussi une incidence sur le droit civil ; aucune disposition de droit civil ne doit être en contradiction avec lui, chaque disposition doit être interprétée dans l'esprit de ce système. La teneur juridique des droits fondamentaux en tant que normes objectives se déploie aussi dans le droit privé par le biais des dispositions dominant directement ce domaine juridique. [...]* » ; v. égal. H. Schulze-Fielitz, L'arrêt *Lüth* – 50 ans après, Trivium [En ligne], 30 | 2019 : http://journals.openedition.org/trivium/6764 ; DOI : https://doi.org/10.4000/trivium.6764.

(85) Cons. const. 8 avr. 2011, no 2011-116 QPC, *Michel Z.*, AJDA 2011. 762 ; *ibid.* 1158, note K. Foucher ; D. 2011. 1258, note V. Rebeyrol ; *ibid.* 2298, obs. B. Mallet-Bricout et N. Reboul-Maupin ; RDI 2011. 369, étude F. G. Trébulle ; Constitutions 2011. 411, obs. F. Nési.

(86) Cons. const. 16 mai 2019, no 2019-781 DC, *Loi relative à la croissance et à la transformation des entreprises*, AJDA 2019. 1077 ; *ibid.* 1560, étude M. Carpentier ; D. 2020. 1324, obs. E. Debaets et N. Jacquinot ; Rev. sociétés 2019. 493, obs. B. François ; RFDA 2019. 763, chron. A. Roblot-Troizier ; Constitutions 2019. 364, chron. P. Esplugas-Labatut ; RTD com. 2019. 617, obs. E. Claudel – Non-conformité partielle no 81 ; Cons. const. 10 nov. 2017, no 2017-672 QPC, § 14, *Entre Seine et Brotonne (Assoc.)*, AJDA 2018. 356, note J. Tremeau ; *ibid.* 2017. 2231 ; D. 2017. 2303 ; RDI 2018. 53, obs. P. Soler-Couteaux ; Constitutions 2017. 651, Décision.

(87) J.-M. Sauvé *in* Dialogue entre juges, Cour européenne des droits de l'homme, Conseil de l'Europe, 2015. 30.

rapports de droit privé. Au surplus cette nécessité de ne pas demeurer inerte impose aussi de s'attacher à la mise en œuvre d'une responsabilité effective en cas de violation des droits d'autrui. Récemment, la CEDH a pu revenir sur ce point [88] en prenant en compte l'insuffisance des amendes infligées à des entreprises polluantes dans le but d'inciter leur direction à prendre les mesures correctives ou de protection et l'absence de sanctions plus sévères, telles que la fermeture ou la suspension des opérations ; elle a également relevé qu'il convenait de tenir compte des mesures prises par les autorités publiques et par le secteur industriel privé [89].

On peut, avec Olivier Beaud, souligner que plutôt que de parler d'effet horizontal il faut probablement s'attacher au fait que les droits fondamentaux font naître des obligations dans le chef des personnes privées [90]. L'idée n'est alors plus de s'interroger sur le titulaire mais bien sur le débiteur des droits en cause et sur le fait que tous doivent respecter les droits fondamentaux de chacun. En premier lieu, c'est évidemment à l'État que revient la charge de respecter des droits fondamentaux, dans ses différentes missions, y compris sur le terrain des garanties procédurales ; mais, en second lieu, au-delà, c'est bien l'ensemble du droit qui doit être placé dans cette dynamique.

La « fondamentalisation » du rapport à l'environnement, qui se construit dans l'ordre européen sur la jurisprudence de la CEDH comme elle est assise dans l'ordre interne sur la Charte de l'environnement, va nécessairement avoir des effets dans les relations interindividuelles relevant traditionnellement du droit privé [91]. Si la Cour de Strasbourg a manifesté, dans un arrêt du 28 juin 2001 [92], que pour elle, il n'était « *pas souhaitable, encore moins nécessaire, d'élaborer une théorie générale concernant la mesure dans laquelle les garanties de la Convention doivent être étendues aux relations entre les personnes privées* », il n'en demeure pas moins que cette question est prégnante. Chacun peut revendiquer le bénéfice de ses droits, quelle qu'en soit la source, dans ses rapports avec un quelconque membre du corps social [93]. Cela a été remarqué, la Conv. EDH présente des potentialités considérables en matière de responsabilité. C'est vrai notamment de l'article 8 qui est souvent employé dans le domaine environnemental [94], mais cela va bien au-delà et au moins, évidemment au titre du droit à la vie de l'article 2 et probablement de l'article 1er du premier protocole additionnel en ce qu'il traite de propriété. Les potentialités sont aussi importantes en matière contractuelle ; il n'y a aucune raison pour que l'article 8 de la Convention ne puisse avoir la même force en matière environnementale que pour ce qui est de la possibilité d'héberger un proche à son domicile [95].

C'est bien ce qui explique la place qu'ont pris les droits de l'homme en droit

(88) CEDH 11 oct. 2022, n° 31612/09, § 87, *P. et a. c/ Russie*.

(89) *In fine* elle retient que la pollution atmosphérique industrielle n'a pas été suffisamment endiguée pour éviter que les habitants de la ville ne soient exposés à des risques sanitaires et que les autorités internes n'ont donc pas trouvé un juste équilibre dans l'exécution de leurs obligations positives de garantir le droit des requérants au respect de leur vie privée.

(90) O. Beaud, Les obligations imposées aux personnes privées par les droits fondamentaux. Un regard français sur la conception allemande : Jus Politicum, n° 10 [https://juspoliticum.com/article/Les-obligations-imposees-aux-personnes-privees-par-les-droits-fondamentaux-Un-regard-francais-sur-la-conception-allemande-737.html].

(91) V. notamment D. Spielmann, *L'effet potentiel de la Convention européenne des droits de l'homme entre personnes privées*, préf. L. Lambert, Bruylant, 1995 ; A. Debet, *L'influence de la Convention européenne des droits de l'homme sur le droit civil*, préf. L. Leveneur, Dalloz 2002 ; J. Raynaud, *Les atteintes aux droits fondamentaux dans les actes juridiques privés*, éd. PUAM 2003.

(92) CEDH 28 juin 2001, n° 24699/94, § 46, *VgT Verein Gegen Tierfabriken c/ Suisse*.

(93) *CEDH et droit privé, L'influence de la jurisprudence de la Cour Européenne des droits de l'homme sur le droit prive français*, dir. J.-P. Margénaud, Doc. fr. 2001 ; J. Rivero, La protection des droits de l'homme dans les rapports entre personnes privées, *in René Cassin Amicorum Disciplorumque Liber*, Pedone, 1969, t. III, p. 311.

(94) O. Lucas, La Convention européenne des droits de l'homme et les fondements de la responsabilité civile, JCP 2002. I. 111, pour lequel « *La Convention EDH offre au principe de précaution l'opportunité d'être libéré du carcan de la faute et, plus généralement, à la responsabilité civile la possibilité de recouvrer sa pleine acception* » et qui relève, plus globalement que « *que l'édification du droit européen de l'environnement se fait actuellement, en priorité, par le biais d'une diffusion horizontale de l'article 8 précité de la Convention EDH* ».

(95) Civ. 3e, 6 mars 1996, n° 93-11.113, D. 1997. 167, note B. de Lamy ; *ibid.* 1996. 379, obs. CRDP Nancy II ; AJDI 1996. 704, obs. B. Wertenschlag ; RDI 1996. 620, obs. F. Collart-Dutilleul et J. Derruppé ; RTD civ. 1996. 580, obs. J. Hauser ; *ibid.* 897, obs. J. Mestre ; *ibid.* 1024, obs. J.-P. Marguénaud ; Civ. 3e, 22 mars 2006, n° 04-19.349, D. 2006. 1184 ; *ibid.* 2007. 903, obs. N. Damas ; AJDI 2006. 637, obs. Y. Rouquet ; RTD civ. 2006. 722, obs. J.-P. Marguénaud ; RDC 2006. 1149, obs. J.-B. Seube.

social. Dans ce domaine, d'ailleurs, la CEDH elle-même [96] a condamné la Norvège pour ne pas avoir assuré l'application de la Convention dans des contrats de droit privé, et donc pour avoir privé d'effectivité les droits garantis par la Convention. L'originalité, remarquée notamment par Jean-Pierre Marguénaud [97], est que l'arrêt d'une part intervient dans un contexte dans lequel les relations des parties étaient régies par un contrat ce qui, pour lui permettait de « *mieux comprendre comment les techniques du droit européen des droits de l'Homme peuvent permettre de renouveler débats et solutions internes relatifs aux obligations de sécurité et d'information* ».

C'est également ce qui permet de comprendre que, au-delà des aspects liés au contrat de travail ou aux baux [98], c'est l'ensemble du droit des contrats qui doit être envisagé dans cette dynamique [99]. Ainsi, Muriel Fabre Magnan [100] a pu relever que « dans de très nombreuses décisions, la Cour de cassation a admis que soient écartées des clauses contractuelles portant atteinte à des droits et libertés garantis » par la Conv. EDH.

Si l'article 8 de la Conv. EDH doit être pris en compte par le contrat et qu'il ne peut être apporté de restriction aux droits qu'il consacre que dans une stricte limite (justifiée par la nature de la tâche à accomplir et proportionnée au but recherché en droit du travail) [101], ce mouvement ne peut être relatif et c'est bien dans toutes ses dimensions, y compris désormais environnementales, que le droit des contrats doit s'enrichir de façon assumée de cette dimension.

Il faut lire l'ensemble de la jurisprudence de la CEDH en matière environnementale à la lumière et selon les orientations dégagées dans la décision *Michel Z* déjà évoquée [102]. Dans une formule reprise plusieurs fois [103], a été affirmé qu'il résulte des articles 1er et 2 de la Charte de l'environnement que « *chacun est tenu à une obligation de vigilance à l'égard des atteintes à l'environnement qui pourraient résulter de son activité* » et que le législateur ne saurait « *restreindre le droit d'agir en responsabilité dans des conditions qui en dénaturent la portée* ». En ce sens il faut, avec Muriel Fabre Magnan [104], observer que rien ne s'oppose à ce que les droits environnementaux reconnus au niveau constitutionnel comme au niveau européen soient pleinement justiciables et aient la même structure (et dans l'ordre de la Conv. EDH le même fondement) que les autres dont la justiciabilité n'est pas sujette à discussion. Ainsi qu'elle l'a remarqué il s'agit bien de considérer que chacun doit supporter « *de nouvelles obligations : des obligations d'information mais aussi, plus directement encore, des obligations de respecter les droits sociaux et environnementaux* ».

À ce titre, la puissance de renouvellement de la Conv. EDH telle que lue par la Cour de Strasbourg sur les sujets liés à l'environnement ou la santé ne peut qu'avoir

(96) CEDH 5 déc. 2013, n° 52806/09 et 22703/10, *V. et autres c/ Norvège*, J.-P. Marguénaud, Consécration européenne d'une obligation précontractuelle d'information des salariés exerçant une activité intrinsèquement dangereuse, RDC 2014. 285, qui souligne qu'« *au titre de l'article 8, la Cour de Strasbourg met à la charge de l'État une obligation positive de faire assurer l'information d'un cocontractant par un autre qui est directement inspirée de la jurisprudence environnementale de la Cour : laquelle ne s'est pourtant pas précisément développée dans un contexte contractuel* ». Il poursuit son analyse en relevant que « *Cette pollinisation du droit des contrats en général et du droit du travail en particulier par le droit de l'environnement mérite une attention particulière pour mieux comprendre comment les techniques du droit européen des droits de l'Homme peuvent permettre de renouveler débats et solutions internes relatifs aux obligations de sécurité et d'information* ».

(97) Préc.

(98) Civ. 3e, 6 mars 1996, n° 93-11.113, préc. ; Civ. 3e, 22 mars 2006, n° 04-19.349, préc.

(99) V. L. Maurin, *Contrats et droits fondamentaux*, LGDJ, 2013, préf. E. Putman ; M. Fabre-Magnan, Et si les droits de l'homme étaient pris en compte dans le contrat ?, RDLF 2019, chron. n° 34.

(100) Et si les droits de l'homme étaient pris en compte dans le contrat ?, préc.

(101) Soc. 12 janv. 1999, n° 96-40.755, D. 1999. 645, note J.-P. Marguénaud et J. Mouly ; Dr. soc. 1999. 287, obs. J.-E. Ray ; RTD civ. 1999. 358, obs. J. Hauser ; *ibid*. 395, obs. J. Mestre ; JCP 1999. I. 149, n° 3, obs. B. Teyssié ; Soc. 13 avr. 2005, n° 03-42.965, D. 2005. 1248 ; RDI 2005. 284, obs. J.-P. Brouant et M. Carraz ; Dr. soc. 2005. 809, obs. J. Savatier ; RTD civ. 2005. 572, obs. J. Hauser ; Soc. 14 oct. 2008, n° 07-40.523, D. 2008. 2672, obs. L. Perrin ; *ibid*. 2009. 590, obs. G. Borenfreund, L. Camaji, A. Fabre, O. Leclerc, T. Pasquier, E. Peskine, J. Porta et C. Wolmark ; *ibid*. 1427, chron. P. Lokiec ; RDT 2008. 731, obs. G. Auzero ; Soc. 28 févr. 2012, JCP 2012, n° 18, doctr. 561, obs. M. Mekki.

(102) Cons. const. 8 avr. 2011, n° 2011-116 QPC, préc. ; v. aussi not. Cons. const. 16 mai 2019, n° 2019-781 DC, préc.

(103) V. *supra*.

(104) Préc.

des conséquences sur le droit privé. Ceci est vrai en matière contractuelle [105] où il est bien possible que soient identifiées des « obligations positives, nouvelles, non prévues par l'accord, à la charge de l'une des parties » [106] qu'en matière délictuelle où la nécessaire prévention des atteintes à l'environnement et à la santé peut également être identifiée comme impliquant, y compris pour les personnes privées, l'affirmation d'une obligation positive de mettre en œuvre des diligences raisonnables [107]. Il s'agit essentiellement d'aller jusqu'au bout de la formalisation du principe selon lequel les obligations positives inhérentes à un respect effectif de la vie privée ou familiale « *peuvent impliquer l'adoption de mesures visant au respect de la vie privée jusque dans les relations des individus entre eux* » [108]. Le législateur français a déjà franchi une part notable de la réception de ces obligations, pour les plus grandes sociétés du moins, avec la loi nº 2017-399 du 27 mars 2017 relative au devoir de vigilance des sociétés mères et des entreprises donneuses d'ordre [109] et l'on sait que le législateur européen est également engagé sur cette voie. Il y a là une convergence logique avec le constat également posé dans les Principes des Nations unies sur les entreprises et les droits de l'homme approuvés à l'unanimité par le Conseil des droits de l'homme dans sa résolution 17/4 du 16 juin 2011 et constatant que si « *c'est à l'État qu'incombent la responsabilité première et le devoir de promouvoir et protéger les droits de l'homme et les libertés fondamentales* », il convient d'insister sur « *la responsabilité qu'ont les sociétés transnationales et autres entreprises de respecter les droits de l'homme* ». La différence est évidemment que dans l'ordre européen, comme dans l'ordre interne on ne se trouve pas face à une norme qui demeure de droit souple mais bien à ce qui ne peut s'analyser que comme une obligation à part entière s'imposant à l'ensemble des sujets de droit [110], personnes physiques ou morales, privées comme publiques et l'on retrouve alors le défi de l'effectivité...

(105) F. G. Trébulle, La place du droit des contrats face aux problématiques environnementales, RDC 2023. 185.

(106) J. Rochfeld, Contrat et Convention européenne des droits de l'homme, RDC 2004. 231 qui poursuit « *tandis que la sphère contractuelle avait connu, au début du xxe siècle, l'explosion d'"obligations découvertes" ou "greffées" par le juge, il semble que le temps soit venu d'"obligations greffées" pour respect des exigences de la Convention européenne des droits de l'homme* ». Elle relève que « *si les juges n'imposent pas, à un individu, l'obligation positive qui permet de garantir, à un autre, l'exercice d'un droit ou d'une liberté, leur État pourrait se trouver exposé à une sanction de la part de la Cour européenne* ».

(107) V. F. G. Trébulle, Propos conclusifs – Juger la conduite des entreprises et leur rapport aux risques auxquels elles contribuent, RLDA 2024, nº 200, suppl. 1er févr. 2024, proposant de reconnaître dans l'ordre privé l'existence d'obligations positives pesant sur toute personne et de considérer que chacun est tenu d'une obligation positive de ne pas causer à l'environnement ou à autrui un dommage et donc de prévenir la réalisation de tout risque identifiable en exerçant une vigilance raisonnable.

(108) CEDH 26 mars 1985, nº 8978/80, série A, nº 91, *X. et Y. c/ Pays-Bas*.

(109) Cons. const. 23 mars 2017, nº 2017-750 DC, § 8, D. 2017. 2501, obs. G. Roujou de Boubée, T. Garé, C. Ginestet, M.-H. Gozzi, S. Mirabail et E. Tricoire ; Constitutions 2017. 234, chron. P. Bachschmidt ; *ibid.* 291, chron. B. Mathieu. Cette décision souligne, qu'il « est loisible au législateur de soumettre les sociétés entrant dans le champ d'application du paragraphe I de l'article L. 225-102-4 du code de commerce à différentes obligations ayant pour but de concourir au respect, par ces sociétés et leurs partenaires économiques, de différents droits et libertés » ; elle admet que « la responsabilité de la société à raison des manquements aux obligations fixées par le plan de vigilance est engagée dans les conditions du droit commun français, c'est-à-dire si un lien de causalité direct est établi entre ces manquements et le dommage » et que la loi permet, « le cas échéant, que la responsabilité d'une société puisse être engagée, sur le fondement de ces dispositions, à raison de dommages survenus à l'étranger ». V. B. Mathieu, Jusqu'où peut-on faire porter sur les entreprises un devoir de vigilance en matière de protection des droits de l'homme et de l'environnement ?, Constitutions 2017. 291 pour lequel « *Les entreprises sont déjà instituées en police du respect des droits fondamentaux, en matière de santé ou de non-discrimination, par exemple. L'on fait peser sur elles la réalisation de l'objectif constitutionnel du droit au travail, notamment, par la réglementation du licenciement. La compétence, dont l'exercice est imposé par ce texte, est beaucoup plus large. Elle vise, ainsi qu'il a été rappelé, l'ensemble des droits humains, les droits fondamentaux, la santé et l'environnement et concerne, non seulement, la société elle-même, mais toutes les sociétés, y compris étrangères, avec lesquelles, elle entretient des relations stables* ».

(110) V. G. Teubner, La « matrice anonyme » : de la violation des droits de l'homme par des acteurs « privés » transnationaux, Rev. crit. DIP 2016. 591.

Éolien et paysage : pour une révolution du regard ?

Cédric Uzan-Sarano

Avocat au Conseil d'État et à la Cour de cassation

Le lien entre énergie et paysage est presque aussi ancien que le développement des sociétés humaines. Les paysages sont en effet largement déterminés par le rapport des sociétés aux ressources qu'elles exploitent. Or, l'énergie est la *ressource de la ressource* [1]. Les modes de production et de distribution de l'énergie ont ainsi, au fil des révolutions industrielles et énergétiques, imprimé les paysages, l'environnement et le cadre de vie des populations.

Qu'on songe au développement des moulins à eau et des moulins à vent dès le Moyen Âge, première révolution des énergies renouvelables directement en prise avec la nature et le paysage : c'est la configuration des cours d'eau qui a dicté l'implantation des moulins à eau ; les moulins à vent sont, eux, venus épouser la courbe des collines afin de capter au mieux l'énergie éolienne.

Qu'on songe encore à la révolution du charbon, carburant de la révolution industrielle au XIXe siècle, qui a inscrit dans des paysages jusqu'alors ruraux les terrils et les puits de mine dont on voit encore aujourd'hui les traces dans les bassins miniers, et qui ont même désormais été élevés au rang d'éléments patrimoniaux remarquables, comme témoignage d'une histoire et d'une culture qui fait corps avec le paysage.

Comme souvent, c'est au cours des périodes de transition que se donnent à voir avec une plus grande acuité ces interactions et ces dynamiques structurantes entre paysage et énergie, mais aussi les tensions qui peuvent naître de l'indispensable mise en cohérence des besoins de production et de consommation d'énergie, d'une part, et de l'impact, tant réel que ressenti, de ces évolutions sur le cadre de vie des populations, d'autre part.

C'est ainsi dans la loi du 15 juin 1906 sur les distributions d'énergie, venant accompagner et encadrer le développement de l'énergie électrique, qu'on trouve pour la première fois exprimée par le législateur la préoccupation d'une « *protection des paysages* » (art. 19).

La problématique avait pu perdre en intensité à la faveur de la centralisation de la distribution dans les années 1960 [2], du recours à une énergie fossile largement importée et « invisibilisée » ou encore du développement de l'énergie nucléaire, elle aussi peu visible (si ce n'est pour les riverains des centrales). Elle s'est renouvelée et

(1) S. Briffaud et B. Davasse, Pourquoi et comment mettre l'énergie en paysage, Revue Urbanisme, HS, n° 64, p. 52.

(2) B. Lormeteau et R. Radiguet, Le volet paysage dans la loi APER : panorama d'une approche pointilliste, AJDA 2023. 1156.

amplifiée ces dernières années, au gré de la transition écologique imposée par l'urgence climatique, commandant une impérieuse et rapide décarbonation de la production énergétique, passant nécessairement par un développement massif des énergies renouvelables (EnR).

Dans le même temps, les très fortes mutations économiques et sociales induites par ces évolutions, mais aussi plus généralement par la mondialisation des trente dernières années, ont pu exacerber la sensibilité des populations au maintien et à la conservation de leur cadre de vie ainsi que des paysages.

Le développement des énergies renouvelables doit aujourd'hui se concilier avec la protection de l'environnement, dont les paysages, dans une recherche d'équilibre qu'exprime notamment l'article 6 de la Charte de l'environnement [3].

La gageure tient à ce que le développement des installations de production d'énergie renouvelable tend indéniablement à la protection de l'environnement comme facteur puissant de lutte contre le changement climatique et l'émission de gaz à effet de serre ; mais que dans le même temps, la dissémination des installations dans les territoires peut être perçue comme une atteinte aux paysages.

Cette problématique est aujourd'hui particulièrement perceptible concernant le développement de l'énergie éolienne, en mer mais aussi et surtout terrestre.

Si l'on tente de faire abstraction d'un certain nombre de postures dogmatiques ou instrumentales fondées sur un postulat anti-éolien (qu'il ne faut certes pas sous-estimer), le développement des installations éoliennes présente certaines spécificités qui en font aujourd'hui le lieu singulier d'une tension entre transition énergétique et protection paysagère.

Mais pour cette raison même, c'est aussi un point d'observation particulièrement intéressant des dépassements et des évolutions aujourd'hui indispensables pour que la transition énergétique ne soit pas opposée à la protection des paysages, que cette protection ne soit pas perçue réciproquement comme un frein à la transition énergétique ; mais qu'au contraire, transition énergétique et transition paysagère aillent de pair de la manière la plus dynamique et harmonieuse possible.

Parce qu'à l'instar des moulins à vent, elles ont pour vocation de capter et transformer l'énergie cinétique du vent, les éoliennes sont en prise directe avec la nature et le paysage. Leur implantation est dictée par la topographie des lieux.

Par ailleurs, les objectifs ambitieux de puissance installée, fixés tant au niveau européen que national [4], imposent l'installation d'un nombre très important d'aérogénérateurs dans les années qui viennent. Ce sont des milliers de mâts qui doivent encore être implantés afin de satisfaire les objectifs fixés, d'où une incontournable multiplication d'implantations des parcs éoliens dans les territoires.

(3) *Les politiques publiques doivent promouvoir un développement durable. À cet effet, elles concilient la protection et la mise en valeur de l'environnement, le développement économique et le progrès social.*

(4) En dernier lieu, la Programmation pluriannuelle pour l'énergie (PPE) prévoit que l'éolien terrestre devra représenter 33,2 à 34,7 GW de puissance installée en 2028. La puissance installée fin 2023 était de 21 GW alors que l'objectif était de 24,1 GW. Au niveau de l'Union européenne, l'objectif est d'atteindre de 42,5 % à 45 % d'énergies renouvelables d'ici à 2030, ce qui implique une augmentation très importante de la capacité éolienne installée, qui devrait passer de 204 GW en 2022 à plus de 500 GW en 2030 : https://france.representation.ec.europa.eu/informations/la-commission-definit-des-mesures-immediates-pour-soutenir-lindustrie-eolienne-europeenne-2023-10-24_fr#:~:text=L'UE%20s'est%20r%C3%A9cemment,de%20500%20GW%20en%202030.

Or, par leur verticalité, les éoliennes ne peuvent jamais se fondre complètement dans les paysages et selon les configurations, elles peuvent être visibles ou perceptibles, même de loin.

Les enjeux de protection paysagère doivent donc être non seulement bien compris mais aussi adaptés à ces spécificités intrinsèques aux éoliennes, sous peine sinon d'aboutir à ce que l'on pourrait qualifier de « grand malentendu », dans lequel la visibilité inhérente aux éoliennes serait toujours perçue, *per se*, comme une agression contre les paysages et, *in fine*, un obstacle à leur développement, pourtant nécessaire.

Or, le fait est que la conception du paysage à protéger qui paraît se dégager de la jurisprudence récente, donnant prise à des appréciations de plus en plus subjectives, tant par l'administration que par les juridictions du fond, des atteintes paysagères justifiant le refus de l'autorisation environnementale nécessaire au développement d'un projet éolien, peut donner le sentiment que la protection du paysage est aujourd'hui en passe de devenir une entrave structurelle au développement de l'énergie éolienne.

Il est temps, sans doute, de tenter de reprendre un peu de hauteur et de recul afin d'observer le panorama, s'agissant tant du paysage protégé (I) que de l'appréciation de l'atteinte paysagère (II). Cela permettra peut-être d'ouvrir, modestement, des pistes de réflexion pour de nouveaux équilibres à trouver entre développement des EnR et protection des paysages, qui passent sans doute par un renouvellement de notre regard (III).

***

I. Le paysage protégé : de la ligne de fuite à la fuite en avant ?

1. C'est d'abord à travers le droit de l'urbanisme que l'intérêt paysager s'est historiquement imposé aux projets éoliens terrestres. La protection des sites et paysages fait en effet partie des intérêts au regard desquels un projet de construction doit être apprécié et peut être refusé s'il y porte atteinte [5].

Depuis que les projets éoliens sont des installations classées pour la protection de l'environnement (ICPE) [6], soumis à autorisation environnementale [7], c'est désormais en vertu de l'article L. 511-1 du code de l'environnement [8] que la protection des paysages s'impose comme l'un des paramètres auxquels les projets éoliens doivent être confrontés [9].

Mais qu'est-ce alors que ce paysage, auquel un projet éolien ne doit pas porter atteinte ?

2. Selon l'article L. 350-1 A du code de l'environnement, « *le paysage désigne une partie de territoire telle que perçue par les populations, dont le caractère résulte de l'action de facteurs naturels ou humains et de leurs interrelations dynamiques* ».

(5) C. urb., art. R. 111-21, devenu R. 111-27.

(6) L. n° 2010-788 du 12 juill. 2010 portant engagement national pour l'environnement.

(7) Ord. n° 2017-80 du 26 janv. 2017 relative à l'autorisation environnementale.

(8) Auquel renvoie l'article L. 181-3 du même code subordonnant la délivrance de l'autorisation environnementale à la prévention des dangers ou inconvénients pour un certain nombre d'intérêts visés, notamment, par l'article L. 511-1.

(9) C'est d'ailleurs en considération de l'intégration des éoliennes à la réglementation ICPE que le législateur avait ajouté de manière expresse à l'article L. 511-1 la protection des paysages à côté de celle, plus générique, de l'environnement.

Cette définition fait écho à celle donnée par l'article 5 de la Convention européenne du paysage signée sous l'égide du Conseil de l'Europe à Florence le 20 octobre 2000, selon laquelle le paysage est une « *partie de territoire telle que perçue par les populations, dont le caractère résulte de l'action de facteurs naturels et/ou humains et de leurs interrelations* ».

Par opposition à une définition qu'on pourrait qualifier de « naturaliste » [10], cette définition du paysage met l'accent sur la double dimension écologique et sociologique du paysage.

Comme le rappelle Bertrand Folléa – responsable de la chaire Paysage et Énergie à l'École nationale supérieure du paysage (ENSP) au sein de laquelle il conduit une réflexion poussée pour « *inventer les paysages de la transition énergétique* » – en citant Georges Bertrand, géographe français concepteur de la méthode d'analyse des paysages « GTP » (Géosystème, Territoire, Paysage) : « *le paysage est un système qui chevauche le naturel et le social. Il est une interprétation sociale de la nature* » [11].

La convention de Florence met ainsi l'accent sur l'utilité sociale du paysage, de tous les paysages, remarquables comme ordinaires, naturels, agricoles comme urbains. Utilité sociale qui passe non pas seulement par la conservation de la valeur patrimoniale d'un paysage mais aussi par l'accompagnement de ses transformations induites par les nécessités économiques, sociales et environnementales.

3. *Quid* de la réception prétorienne de ces notions ?

Jusqu'à récemment, la jurisprudence n'avait pas eu de nombreuses occasions de se pencher conceptuellement sur la définition ou la composition du paysage à protéger [12].

L'arrêt « fondateur » *Association Engoulevent* [13], s'il détermine la méthodologie en deux temps d'appréciation de l'atteinte paysagère, en imposant aux juges du fond d'appréhender, dans un premier temps, la « qualité » du « site naturel » sur lequel la construction est projetée, ne définit pas intrinsèquement le « paysage » ou le « site » objet de la protection.

Plusieurs décisions récentes sont cependant venues apporter des éclairages instructifs, mais aussi sujets à débat, sur la consistance, les caractéristiques et les composantes des paysages ou des sites dont la protection est désormais quasi systématiquement opposée aux projets éoliens.

A. Paysage naturel/paysage patrimonial

Sans prétendre à l'exhaustivité, l'on citera tout d'abord ici la décision *Ministre de la Transition écologique c/ Été Ferme de Seigny* [14].

Le Conseil d'État y juge que « *pour apprécier aussi bien la qualité du site que l'impact de la construction projetée sur ce site, il appartient à l'autorité administrative, sous le contrôle du juge, de prendre en compte l'ensemble des éléments pertinents et notamment, le*

(10) Le dictionnaire Petit Robert donne la définition suivante du paysage : « *Partie d'un pays que la nature présente à un observateur* ».

(11) B. Folléa, La transition par le paysage, sans le paysage ou contre le paysage ?, Revue Urbanisme, HS, n° 64, p. 56.

(12) M. Villette, rapporteur public, dans ses conclusions sur une affaire *SCI des Sables* (CE 14 juin 2021, n° 439453, Lebon ; AJDA 2021. 1242 ; *ibid.* 1431 ; *ibid.* 1756 ; *ibid.* 1431, chron. C. Malverti et C. Beaufils, concl. V. Villette) concernant l'institution de cônes de vue et de servitudes *non aedificandi* par un PLU dans le but de protéger des paysagers littoraux, avait tout de même pu observer : « *sont ici en cause des paysages, ce qui implique qu'il ne s'agit pas tant de protéger une réalité qu'un fait social, c'est-à-dire une perception collectivement partagée d'un morceau de territoire* ».

(13) CE 13 juill. 2012, n° 345970, Lebon, concl. X. de Lesquen ; AJDA 2013. 755, note G. J. Martin et J.-C. Msellati ; *ibid.* 2012. 1431.

(14) CE 22 sept. 2022, n° 455658, Lebon, concl. N. Agnoux ; AJDA 2022. 1819 ; RDI 2022. 610, obs. P. Soler-Couteaux. Solution confirmée par CE 24 mars 2023, n° 460474.

cas échéant, la covisibilité du projet avec des bâtiments remarquables, quelle que soit la protection dont ils bénéficient par ailleurs au titre d'autres législations ». L'implantation du projet en dehors du périmètre restreint spécialement protégé par la police des monuments historiques et de leurs abords résultant du code du patrimoine ne dispense donc pas d'appréhender l'impact visuel du projet sur des éléments patrimoniaux intégrés au paysage, même lointains.

On y verra la réaffirmation de la dimension patrimoniale du « paysage », qui ne se limite pas aux sites naturels mais intègre les monuments remarquables, ce dont la jurisprudence témoignait déjà largement et de longue date [15].

Mais c'est aussi la marque d'une volonté de renforcement de la protection des sites et monuments remarquables, le point de covisibilité à prendre en considération pouvant à cet effet se situer très au-delà du périmètre spécial de protection du monument historique concerné [16]. Certains y verront une conception trop conservatrice, pittoresque ou nostalgique du paysage.

La solution a été dégagée sur le fondement de l'article R. 111-27 du code de l'urbanisme, mais il n'est pas douteux qu'elle vaudra, *mutatis mutandis*, pour l'autorisation environnementale relevant de l'article L. 511-1 du code de l'environnement. Ce d'autant que comme l'a relevé M. Nicolas Agnoux dans ses conclusions sur une autre affaire récente [17], les juridictions du fond ont, dans l'ensemble, jeté des ponts entre les deux législations et transposé la grille d'analyse de la jurisprudence *Engoulevent* dégagée sur le fondement du code de l'urbanisme, à la mise en œuvre de l'article L. 511-1 du code de l'environnement, ce que paraît d'ailleurs avoir déjà admis le Conseil d'État [18].

Sachant que l'impact paysager opposé aux projets éoliens est très souvent fondé, outre sur des éléments paysagers naturels, sur la présence, particulièrement marquée, de monuments dans les paysages français (cathédrales, églises, tours, abbayes, châteaux, manoirs...), il ne faut pas sous-estimer la prégnance des sujétions ainsi imposées aux porteurs de projets éoliens, à la fois sous le rapport de la consistance des éléments « paysagers » au sens large qui bénéficient de la protection, mais aussi de l'étendue spatiale de cette protection.

De fait, si la distance du projet par rapport au paysage ou au site dont la protection est invoquée peut permettre d'écarter l'existence d'une atteinte [19], il est de plus en plus fréquent de voir des projets refusés par l'administration ou remis en cause par les juridictions en raison d'effets de visibilité appréciés par rapport à des monuments situés pourtant à plusieurs kilomètres de distance du lieu d'implantation du projet [20].

B. Du paysage « remarquable » au paysage « ordinaire » : effets de saturation visuelle et protection de la « commodité du voisinage »

En vertu de la méthodologie en deux temps consacrée par la jurisprudence *Engoulevent* déjà évoquée, il appartient

(15) Par ex. CE 7 nov. 1980, n° 15459 ; CE 16 oct. 2015, n° 385114, Lebon ; AJDA 2016. 133 ; CE 12 oct. 2018, n° 412104, Lebon ; AJDA 2018. 1990 ; RDI 2018. 611, obs. P. Soler-Couteaux ; CE 5 juin 2020, n° 431994, Lebon ; RDI 2020. 482, obs. P. Soler-Couteaux ; v. également, M. Heinis, Le contentieux de l'impact visuel des éoliennes dans la jurisprudence du Conseil d'État, AJDA 2022. 2517.

(16) V. déjà CE 5 juin 2020, n° 431994, Lebon ; RDI 2020. 482, obs. P. Soler-Couteaux ; P. Soler-Couteaux, RDI 2022. 610 ; J.-M. de Poulpiquet, Les outils juridiques de protection des sites et du patrimoine : une mise en œuvre cumulative, D. actu. 6 oct. 2022.

(17) Évoquée *infra*, *Sté EDPR France Holding*, CE 1er mars 2023, n° 459716, Lebon ; AJDA 2023. 415.

(18) CE 27 déc. 2022, n° 444453.

(19) CE 16 juill. 2010, n° 327262 ; CE 16 mai 2018, n° 408950, Lebon ; AJDA 2018. 1013 ; CE 21 oct. 2019, n° 421134.

(20) Par ex. CAA Toulouse, 20 avr. 2023, n° 21TL01006, covisibilité avec un château situé à 7 kilomètres ; CAA Douai, 16 févr. 2023, covisibilité ou visibilité depuis des monuments situés dans un périmètre de 10 à 15 kilomètres du lieu d'implantation du projet.

au juge du fond chargé d'apprécier l'existence, ou non, d'une atteinte significative à la protection du paysage par un projet éolien d'appréhender, dans le premier temps du raisonnement, la qualité du paysage ou du site dont la protection est en jeu.

Aux termes de cette appréciation *qualitative*, seuls les paysages ou les sites suffisamment sensibles, dignes d'intérêt, remarquables ou offrant des points de vue exceptionnels appelleraient ainsi protection [21]. On a pu y voir une conception « élitiste » du paysage, héritière de celle ayant présidé à l'adoption de la loi du 21 avril 1906 sur la protection des sites et monuments naturels de caractère artistique [22].

Cette protection des paysages « remarquables », couplée à l'objectif assigné aux porteurs de projets éoliens de lutter contre les effets de mitage, c'est-à-dire de dispersion trop importante des parcs sur le territoire (pour en favoriser, censément, l'acceptabilité sociale), a logiquement conduit à une recherche de densification de l'installation des parcs éoliens dans les zones identifiées comme propices, en particulier celles regardées comme d'un intérêt paysager « pauvre » ou faible.

Mais les porteurs de projet se sont alors progressivement retrouvés confrontés à la nécessité de prendre en compte les effets cumulés sur les paysages liés à la multiplication des projets, même lorsque les sites d'implantation étaient regardés comme de faible intérêt et n'appelant donc pas *a priori* de protection particulière.

Ont, en ce sens, été de plus en plus souvent opposés aux projets éoliens des effets de « saturation visuelle », consistant en des phénomènes d'encerclement ou « d'écrasement » liés à la hauteur des éoliennes, susceptibles de justifier un refus d'autorisation quand bien même le site d'implantation ne présenterait pas d'intérêt notable.

C'est ainsi, d'abord, dans un arrêt inédit du 27 décembre 2022 (n° 444453) que le Conseil d'État a jugé que des effets de saturation visuelle pouvaient légalement justifier un refus d'autorisation nonobstant l'absence de caractère remarquable du paysage dont la protection était invoquée : « *en procédant, dans un premier temps, à une analyse de l'intérêt du site, dont elle a estimé qu'il ne présentait aucune particularité remarquable, puis en se prononçant, dans un second temps, sur l'impact du projet litigieux au regard des effets de saturation et d'écrasement subis par le voisinage, la cour administrative d'appel n'a pas commis d'erreur de droit* ».

La solution pouvait paraître en décalage par rapport à la méthodologie « *Engoulevent* », puisque cette « feuille de route » constante du juge administratif pour appréhender les atteintes aux paysages subordonne justement la protection à l'identification préalable d'un intérêt paysager particulier.

La motivation de la décision semblait, par ailleurs, traduire certaines hésitations quant à ce que la « commodité du voisinage » puisse, à elle seule, servir à appréhender un impact visuel s'opposant à l'implantation d'un parc éolien, indépendamment de l'objectif de protection des paysages, les deux intérêts étant en effet visés de concert : « *en jugeant, après avoir caractérisé les effets d'écrasement et de saturation importants qu'auraient à subir les hameaux du périmètre rapproché, que le projet litigieux présentait des inconvénients excessifs pour la protection des paysages et la commodité*

(21) V. CE 9 oct. 2015, n° 374008 ; CE 25 sept. 2019, n° 417870, Lebon ; AJDA 2019. 1907 ; AJCT 2020. 54, obs. P. Noual ; v. M. Heinis, préc. ; S. Galipon et A. Guiheux, Éolien et paysage, la boîte de Pandore, EEI 2023. Étude 28.

(22) *Cf.* B. Lormeteau et R. Radiguet, *op. cit.*

du voisinage ne pouvant être prévenus par des prescriptions spéciales, la cour administrative d'appel n'a pas commis d'erreur de droit ».

Il n'y avait rien d'évident, à dire vrai, à ce que la « commodité du voisinage » ait vocation à appréhender des impacts visuels [23]. Cette notion est en effet usuellement liée aux bruits, vibrations, odeurs ou émissions lumineuses émis par une installation classée [24].

La frontière entre protection des paysages et commodité du voisinage tout comme l'articulation des deux notions appelaient donc une précision de la part de la haute juridiction.

C'est l'objet de son arrêt de principe « *Société EDPR France Holding* » du 1er mars 2023 [25] rendu aux conclusions conformes de M. Nicolas Agnoux, qui juge que : « *La circonstance que les intérêts mentionnés à l'article L. 511-1 du code de l'environnement incluent la protection des paysages ne fait pas obstacle à ce que l'impact visuel d'un projet, en particulier le phénomène de saturation visuelle qu'il est susceptible de générer, puisse être pris en compte pour apprécier ses inconvénients pour la commodité du voisinage au sens du même article* ».

Selon les conclusions du rapporteur public venant éclairer la solution retenue : « *Certes, c'est sur le terrain de la protection des paysages que les inconvénients résultant d'une densité excessive d'éoliennes pourront, dans certains cas, être appréhendés le plus adéquatement* ».

Mais « [...] *dans certaines configurations, l'impact visuel des éoliennes peut être saisi plus pertinemment, voire exclusivement, au prisme de leurs inconvénients pour la commodité du voisinage, tout particulièrement quand il s'agit de prendre en compte un risque de saturation ou d'encerclement. Dans un tel cas de figure, les lieux seront souvent regardés, par construction, comme déjà anthropisés et présentant un moindre intérêt patrimonial, du fait même des éoliennes préexistantes : ils relèvent alors difficilement d'un enjeu de "protection des paysages" apprécié de manière objective. C'est sur un plan plus subjectif, celui propre au ressenti des riverains, que s'apprécient les inconvénients causés par une suroccupation de l'horizon, lorsque, quelle que soit la direction vers laquelle l'œil se tourne, la vue d'éoliennes en rotation s'impose de manière permanente et incontournable depuis un lieu de vie. L'impact, spécifique à cette catégorie d'ICPE, ne se réduit pas alors à un vague désagrément visuel mais est susceptible de dégrader le cadre de vie au point de porter atteinte à la commodité du voisinage* ».

Sont ici distinguées, pour ne pas dire opposées, la « *protection des paysages* » qui donnerait lieu à une « *appréciation objective* », et la protection de la « *commodité du voisinage* », significativement plus « *subjective* » comme reposant sur la prise en compte du « *ressenti* » des riverains. Ce d'autant que, si M. Agnoux relevait qu'il ne s'agissait, certes, pas de permettre de critiquer la simple vue d'une ou plusieurs éoliennes depuis des habitations mais d'appréhender des effets marqués d'écrasement ou d'encerclement, aucun seuil normatif de saturation excessive n'est fixé [26], ce qui ouvre fatalement la voie à des appréciations éminemment casuistiques et hétérogènes, sources de grande insécurité juridique pour les porteurs de projet.

De fait, alors que selon le rapporteur public, ce cas de refus d'autorisation devait rester assez circonscrit si ce n'est exceptionnel, il tend désormais à se généraliser, pour ne pas dire se systématiser, à

(23) V. A. Gloux-Saliou, Parcs éoliens et saturation visuelle, AJDA 2022. 1611.

(24) V. A. Gloux-Saliou, *op. cit.* ; S. Galipon et A. Guiheux, *op. cit.* ; Décr. n° 77-1141, 12 oct. 1977, art. 2, pris pour l'application de l'article 2 de la loi du 10 juillet 1976, dont les termes sont rappelés par M. N. Agnoux dans ses conclusions sur l'affaire *Sté EDPR France Holding*.

(25) CE 1er mars 2023, n° 459716, préc.

(26) Les DREAL ont, tout au plus, mis au point des indices théoriques et indicatifs de saturation visuelle (indice d'occupation de l'horizon ; indice de respiration ; indice de densité).

côté et/ou en combinaison avec l'atteinte paysagère « classique »[27]. M. Aurélien Gloux-Saliou, premier conseiller à la cour administrative d'appel de Douai, relève ainsi que la cour « *a pu observer, à l'occasion de plusieurs affaires, une tendance de l'administration à se fonder conjointement sur la protection des paysages et la commodité du voisinage pour apprécier l'impact visuel des projets de parcs éoliens dans leur environnement* »[28].

Aussi, si sont donc distinguées « protection des paysages », d'une part, et « commodité du voisinage », d'autre part, comme renvoyant à deux types d'intérêts protégeables respectivement visés par l'article L. 511-1 du code de l'environnement, il existe indéniablement pour les porteurs de projets éoliens un *continuum* entre les deux, et un effet d'accumulation et d'imbrication des protections susceptibles de leur être opposées.

Les méthodologies d'appréciation à mettre en œuvre sur les deux terrains ne sont, certes, pas identiques[29], mais il s'agit bien toujours pour les porteurs de projets éoliens de prévenir des impacts visuels sur les lieux environnants du périmètre d'implantation du projet ; autrement dit, d'anticiper, de mesurer, de prévenir, de réduire au mieux les effets visuels des éoliennes sur les « paysages » avec lesquels ou depuis lesquels elles pourraient être visibles, qu'il s'agisse de paysages « remarquables » à raison de caractéristiques naturelles ou patrimoniales ou de paysages « ordinaires » renvoyant au « cadre de vie » ou aux « lieux de vie » des riverains – notions qui restent, d'ailleurs, à définir plus précisément[30].

C'est d'autant plus vrai que c'est le législateur lui-même qui fait désormais obligation à l'administration saisie d'une demande d'autorisation d'exploiter des éoliennes terrestres de tenir compte du nombre d'éoliennes déjà existantes dans le territoire concerné, afin de prévenir les effets de saturation visuelle en vue de protéger les intérêts mentionnés à l'article L. 511-1 du code de l'environnement[31].

Dans ses conclusions sur la décision du Conseil d'État *WP France 23* du 10 novembre 2023[32] qui est venue préciser, dans un sens encore contraignant pour les projets éoliens, les modalités d'appréciation des effets de saturation visuelle, M. Nicolas Agnoux relève à ce titre que « *le législateur n'a pas rattaché les effets de saturation à un intérêt particulier parmi ceux mentionnés à l'article L. 511-1 du code de l'environnement. En effet, dans certains cas, ce phénomène traduira plutôt une atteinte aux paysages, par exemple lorsqu'il s'agit de protéger un panorama naturel depuis un lieu touristique fréquenté, laissant jusqu'alors apparaître quelques parcs éoliens épars et relativement discrets compte tenu de leur implantation dans le relief mais qui viendrait à être dénaturé par une accumulation excessive de nouveaux alignements. Dans d'autres cas, c'est l'atteinte à la commodité du voisinage qui est en cause, lorsqu'un village ou un bourg est progressivement encerclé au point que, de quelque direction vers laquelle le regard se porte, la vision des machines en rotation s'impose de manière incontournable aux riverains* ».

Ainsi les problématiques de saturation visuelle sont-elles désormais clairement transversales à la protection des paysages et à celle de la commodité du voisinage, les deux pouvant jouer alternativement ou cumulativement pour faire obstacle à la réalisation d'un projet éolien.

(27) V. par ex. CAA Bordeaux, 21 déc. 2023, n° 21BX04565 ; CAA Douai, 5 oct. 2023, n° 22DA00594.

(28) Parcs éoliens et saturation visuelle, AJDA 2022. 1611, *op. cit.*

(29) Puisque la commodité du voisinage n'implique pas de caractériser la qualité particulière du site d'implantation.

(30) V. par ex. CAA Douai, 27 avr. 2023, n° 21DA02893, appréciant l'atteinte à la commodité du voisinage et les effets de saturation visuelle par rapport à des voies de circulation, ce qui peut sembler discutable. Il sera en outre rappelé qu'en vertu de la législation ICPE (C. envir., art. L. 515-44), les éoliennes d'une hauteur de mâts de plus de 50 m doivent, en tout état de cause, respecter une distance minimale d'éloignement des habitations de 500 m, de sorte que le « voisinage » avec lequel elles doivent composer n'est jamais d'une proximité immédiate.

(31) L. n° 2023-175 du 10 mars 2023 relative à l'accélération de la production d'énergies renouvelables.

(32) CE 10 nov. 2023, n° 459079, Lebon ; AJDA 2023. 2082 ; AJCT 2024. 116.

Les contraintes paysagères deviennent dès lors, par la force des choses, une épée de Damoclès pesant sur tous les projets en raison de la difficulté croissante à les appréhender et les satisfaire simultanément. S'il est enjoint aux éoliennes de ne pas cerner le paysage ni le voisinage, pour les porteurs de projet de parcs éoliens terrestres il peut aujourd'hui se dégager le sentiment d'être eux-mêmes « cernés » par des sujétions paysagères de plus en plus complexes à conjuguer et à conjurer.

Une conception parfois trop « fixiste » du paysage « remarquable », notamment sous son aspect patrimonial ou historique, conduisant à voir une atteinte au paysage dans toute covisibilité, même modérée, des éoliennes avec des monuments présents dans le paysage mais aussi dans toute visibilité, même lointaine, des éoliennes depuis ces éléments paysagers, risque de « stériliser » des pans importants du territoire pour l'implantation de nouveaux parcs.

Dans le même temps, les porteurs de projet doivent absolument répondre à un impératif de densification des parcs, imposé à la fois par les objectifs de puissance installée, loin d'être atteints, et par l'évitement des effets de mitage.

Dans ses conclusions sur l'affaire *Société WP France 23*, M. Nicolas Agnoux concédait ainsi le besoin « *d'une certaine visibilité à l'égard des porteurs de projet, dans un contexte de densification des parcs éoliens qu'explique la raréfaction progressive de la ressource territoriale disponible* ».

Désormais, pour les porteurs de projet, le défi est donc, en évitant le Charybde de l'atteinte au paysage remarquable, de ne pas tomber dans le Scylla de la saturation visuelle et de l'atteinte à la commodité du voisinage. Ce qui est pour eux d'autant plus délicat à anticiper et configurer que la frontière entre densification louable et saturation visuelle néfaste reste assez floue et difficilement systématisable. Car l'effet de saturation n'est souvent qu'un *excès de densification*, laquelle est, on l'aura compris, en elle-même incontournable.

À ce stade de l'analyse, on mesure mieux l'acuité de la question posée, avec une fausse ingénuité, par M. Bertrand Folléa [33] : « *la transition par le paysage, sans le paysage ou contre le paysage ?* ». La question n'est-elle pas réversible, d'ailleurs : « *le paysage contre la transition ?* » ?

Ce spécialiste ne manque d'ailleurs pas de prendre comme illustration de ce qui pourrait devenir une impasse mortifère la question des éoliennes et du « grand paysage ». Il constate les résistances et les blocages et déplore des « *échecs qui coûtent très cher à la transition* », en ralentissant considérablement son avènement. Et il appelle à s'émanciper de conceptions restrictives du paysage, notamment perçu de manière trop conservatrice comme « *décor à planter* » ou « *tableau à protéger* ».

Qu'aura-t-il pensé, alors, de la déjà fameuse décision *Société Combray Énergie* [34], par laquelle le Conseil d'État a consacré de manière prétorienne la « composante immatérielle » du paysage protégé au titre de l'article L. 511-1 du code de l'environnement ?

C. Du paysage matériel au paysage immatériel

L'implantation d'un parc éolien à quelque cinq kilomètres du village d'Illiers-Combray, ayant inspiré l'œuvre de Marcel Proust, porte-t-elle atteinte à un paysage

(33) *Op. cit.*

(34) CE 4 oct. 2023, n° 464855, Lebon, concl. N. Agnoux; Just. & Cass. 2024. 232; AJDA 2023. 1808; AJCT 2024. 116, obs. P. Noual; JT 2023, n° 268, p. 11, obs. C. Devès; RFDA 2023. 1073, note J.-P. Camby et J.-E. Schoettl.

« remarquable » alors même que les caractéristiques physiques de l'aire d'implantation des éoliennes ne présentent aucun intérêt particulier, mais au motif que la visibilité des éoliennes affecterait la « composante littéraire » du paysage résultant de son évocation dans une œuvre littéraire reconnue ?

Tels étaient, en substance, les termes du débat posé par l'affaire *Combray Énergie* [35], qui avait tout du cas d'école [36].

Éclairé par les conclusions conformes de son rapporteur public, le Conseil d'État, au visa des articles L. 511-1 (prévoyant la soumission des ICPE à une exigence de protection des paysages) et L. 350-1 A (donnant la définition du paysage) du code de l'environnement énonce, pour la première fois de manière aussi principielle et générale, que :

« *Pour l'application de ces dispositions, le juge des installations classées pour la protection de l'environnement apprécie le paysage et les atteintes qui peuvent lui être portées en prenant en considération des éléments présentant, le cas échéant, des dimensions historiques, mémorielles, culturelles et artistiques, y compris littéraires* ».

Il approuve donc la cour dont l'arrêt était contesté devant lui d'avoir jugé que le projet portait une atteinte significative à l'intérêt paysager et patrimonial du site remarquable et était ainsi incompatible avec l'exigence de protection des paysages résultant de l'article L. 511-1, « *en prenant ainsi en considération des éléments qui ont trait aux dimensions historiques, mémorielles, culturelles et notamment littéraires du paysage* », soit en l'occurrence la circonstance que le classement du site « *trouve son fondement dans la protection et la conservation de paysages étroitement liés à la vie et à l'œuvre de Marcel Proust* ».

La cour administrative d'appel s'était quant à elle explicitement fondée sur une « *approche élargie du paysage répondant aux descriptions évoquées dans l'œuvre de Marcel Proust, ce qui fait de cette protection patrimoniale une protection paysagère, architecturale et littéraire* » ; et elle avait pleinement assumé d'interpréter l'article L. 511-1 du code de l'environnement comme posant une exigence de protection des paysages très large, pouvant donc « *conduire à refuser une autorisation d'implantation d'éoliennes afin de préserver un paysage présentant une composante immatérielle liée à son évocation au sein d'une œuvre littéraire reconnue* » [37].

La décision du Conseil d'État a, sans surprise, donné lieu à de multiples commentaires, plutôt critiques, et dont la vigueur le dispute à l'éloquence [38]. Qu'il soit permis d'y renvoyer afin d'éviter d'inutiles redites.

On s'autorisera en revanche à souligner que, contrairement à certaines présentations quelque peu édulcorantes de la solution retenue, celle-ci ne constitue pas un prolongement ni même un approfondissement de solutions antérieures, ayant admis la prise en compte, dans une certaine mesure, de la dimension historique, mémorielle ou culturelle du paysage. Il s'agit d'une solution novatrice, pour ne pas dire d'un saut conceptuel, dans l'appréhension de ce qu'est le paysage protégé par la réglementation ICPE.

Nul ne songerait à nier que puisse s'imprimer dans le paysage une trace

(35) CE 4 oct. 2023, préc.

(36) Il est signalé au lecteur que l'auteur de ses lignes représentait la société *Combray Énergie* devant le Conseil d'État dans cette affaire.

(37) CAA Versailles, 11 avr. 2022, n° 20VE03265, AJDA 2022. 1617, chron. D. Margerit.

(38) V. not. : J.-C. Rotouillé, Les éoliennes plient devant les madeleines, AJDA 2023. 1857 ; S. Galipon et A. Guiheux, Éolien et paysage, la boîte de Pandore, EEI, préc. ; J.-P. Camby et J.-É. Schoettl, L'insertion des éoliennes dans un paysage : autant en emporte la subjectivité du juge, RFDA 2023. 1073.

historique ou culturelle, qui est au contraire inhérente à la définition du paysage donnée par la convention de Florence et le code de l'environnement, intégrant pleinement sa dimension culturelle et sociologique.

Le paysage, c'est une évidence, est façonné par l'histoire et la culture ; mais c'était toujours, jusqu'ici, à travers la matérialisation physique et topographique de cette trace que ces composantes étaient prises en considération. Qu'il s'agisse des monuments ou d'autres éléments historiques [39] ou culturels, qu'ils soient artistiques, mais aussi agricoles ou industriels, tels par exemple les vignes dans le Bordelais, en Champagne [40] ou en Bourgogne, ou les terrils du Nord [41], il s'agit bien toujours d'éléments patrimoniaux se donnant effectivement et physiquement à voir, et qui font comme tels partie du cadre de vie et du paysage.

C'est également vrai de la dimension mémorielle, comme cela résulte notamment de décisions concernant des projets situés non loin de cimetières militaires de la Première Guerre mondiale, les juges du fond examinant alors, minutieusement, la configuration des lieux de mémoire ou de recueillement pour apprécier l'impact visuel concret du projet [42].

Or dans l'affaire proustienne, les termes du débat étaient tout à fait différents.

Le rapporteur public a, certes, pris appui sur cette ligne jurisprudentielle en affirmant que « *la prise en compte de la composante littéraire du paysage ne méconnaît pas le principe selon lequel la notion de paysage au sens de l'article L. 511-1 s'entend d'un paysage matérialisé, avec une consistance physique : il s'agit bien en effet toujours de préserver un paysage réel, mais dont l'intérêt réside dans la correspondance qu'il entretient avec le paysage, imaginaire, de l'œuvre. C'est cette correspondance qu'il s'agit de conserver, dans le double objectif de maintenir à la fois une voie d'accès privilégiée pour l'analyse et la compréhension de l'œuvre et de son auteur mais aussi, de manière plus subjective, de permettre une immersion dans des lieux que l'œuvre a chargés d'une puissance évocatrice et rendus familiers au lecteur* ».

Mais comme l'a aussi relevé M. Nicolas Agnoux lui-même : « *dans la présente affaire, les caractéristiques paysagères de l'aire d'implantation des éoliennes ne présentent aucun intérêt intrinsèque* ». Autrement dit, le paysage « réel » se donnant à voir ne présente *par lui-même* aucune puissance évocatrice. Et il est, de fait, très largement anthropisé, l'autoroute A11 étant, en particulier, largement visible depuis certains sentiers de promenade dédiés aux pérégrinations proustiennes.

Ce qui a été jugé digne d'une protection incompatible avec l'implantation d'un parc éolien à plusieurs kilomètres, ce n'est donc pas le paysage « réel » mais bien *l'idée littéraire* du paysage décrit dans l'œuvre de Proust ; un paysage imaginaire, donc, et d'ailleurs largement fantasmé et redessiné par l'auteur, comme l'a, du reste, aussi relevé M. Nicolas Agnoux.

Un paysage idéal ou idéel qu'on décide dès lors, quoi qu'on s'en défende, de figer ou statufier au nom de son évocation dans une œuvre littéraire *reconnue*.

Pour le dire autrement, il ne s'agit pas tant de « protéger » le paysage sensible au nom de sa composante littéraire (cette fois, mais demain picturale ou cinémato-

(39) Par ex. CAA Lyon, 12 nov. 2013, nº 12LY02801 concernant l'impact d'un projet éolien sur le site classé d'Alésia.

(40) V. CAA Nancy, 1er juin 2021, nº 19NC00907.

(41) V. CAA Douai, 5 janv. 2023, nº 21DA02616.

(42) V. CAA Douai, 2 avr. 2020, nº 18DA01065 ; CAA Douai, 1er oct. 2019, nº 18DA00339.

graphique), que de condamner le paysage à la fixité au nom de l'idée littéraire que l'on [43] serait en droit de s'en faire.

C'est, dès lors, non sans un véritable paradoxe que le ministre de la Transition écologique et de la cohésion des territoires avait, pour critiquer la thèse selon lui trop « matérialiste » du porteur de projet de parc éolien, convoqué la jurisprudence concernant la prise en compte de l'inscription du bassin minier du Nord au patrimoine mondial de l'Unesco en tant que « *paysage culturel évolutif vivant* ».

Car « l'histoire paysagère » des terrils du Nord peut être lue comme l'antithèse de la conception « fixiste » du paysage défendue par l'État dans le dossier *Société Combray Énergie.*

Ces terrils ont, comme chacun le sait, d'abord constitué des éléments industriels inscrivant dans le paysage et dans le cadre de vie des populations locales, qu'ils sont venus modifier en profondeur [44], une histoire ouvrière et une transition énergétique majeure. S'ils ont été classés, bien plus tard, comme « *paysage culturel évolutif vivant* », c'est précisément comme trace et vestige de ce passé industriel et ouvrier, devenu fierté des populations locales et patrimoine historique.

C'est donc, très exactement, l'expression d'un paysage vivant, dynamique, évolutif au gré de l'histoire et de l'action des sociétés humaines et de leur perception collective de cette histoire, ce qui répond pleinement à la définition du paysage donnée par l'article L. 350-1 A du code de l'environnement, mettant l'accent sur « *l'action de facteurs naturels ou humains et de leurs interrelations dynamiques* ».

Du reste, les décisions auxquelles entendait se référer le ministre ne manquent pas de relever que : « *en tout état de cause, l'inscription du bassin minier du Nord-Pas-de-Calais au patrimoine mondial de l'Unesco n'a pas pour objet et ne saurait avoir pour effet d'empêcher l'évolution du bassin minier du Nord-Pas-de-Calais dont la vocation historique est industrielle* » [45].

Là où, au contraire, la solution retenue concernant la protection du « paysage littéraire » résultant de l'œuvre de Marcel Proust semble le cristalliser pour l'éternité [46].

En définitive, si le destin paysager des terrils est inspirant, c'est pour nous dire que la composante culturelle du paysage ne devrait pas s'opposer à l'implantation d'éoliennes ; et même que ce sont, peut-être, ces éoliennes qui seront, un jour, perçues comme la trace et le marqueur paysager de l'« interrelation dynamique » entre la nature et l'humanité, par laquelle cette dernière aura réussi à relever le défi existentiel de l'urgence climatique et de la transition énergétique.

À cette aune, la décision *Société Combray Énergie* ne saurait donc constituer une fin en soi mais doit au contraire stimuler une réflexion collective sur un possible *aggiornamento* de notre conception même du paysage.

(43) L'on pourrait d'ailleurs gloser sur ce « on », car il est bien difficile de définir, dans une appréhension revendiquée comme largement « subjective », le corps social dont la « perception collectivement partagée » serait en jeu : s'agit-il de la communauté nationale, des populations locales (dont la perception sur l'installation du parc éolien en cause ne ressortait ici nullement des constatations de la cour administrative d'appel), de l'universalité des amateurs de la *Recherche*... ?

(44) Et l'on peut gager que plus d'un a considéré à l'époque qu'ils venaient dénaturer le paysage, là où, aujourd'hui, ils le constituent.

(45) CAA Douai, 18 juill. 2022, n° 21DA00632 ; CAA Douai, 1er oct. 2019, n° 18DA0339.

(46) Ou, tout du moins, aussi longtemps que le « ressenti subjectif » et la « perception collectivement partagée » tels que résultant notamment d'appréciations juridictionnelles, elles-mêmes non dépourvues de toute subjectivité, continueront à accorder à l'œuvre de Marcel Proust la place, qu'elle mérite assurément, au Panthéon de la littérature...

Ce d'autant que les difficultés et les défis ne sont pas moindres si l'on se penche à présent sur la manière dont s'exprime et s'exerce la protection du paysage, c'est-à-dire l'appréciation de l'impact paysager.

II. L'appréciation de l'atteinte paysagère : de la mise en perspective à l'erreur de parallaxe ?

L'appréciation de l'atteinte paysagère susceptible de s'attacher à un projet éolien obéit, par la force des choses, à une appréciation casuistique, dépendant à la fois des caractéristiques du projet et de celles de l'environnement paysager dans lequel il a vocation à s'insérer.

Pour autant, cette irréductible dimension casuistique ne saurait masquer aujourd'hui les difficultés créées par une hétérogénéité et une imprévisibilité excessives des appréciations auxquelles sont soumis les projets, tant de la part de l'administration que du juge. Difficultés qui trouvent souvent leur source dans une perte de lisibilité des critères eux-mêmes ou de la méthodologie à mettre en œuvre, sans que le contrôle régulateur du Conseil d'État, dont la vocation est de garantir contre un tel excès de subjectivité porteur d'insécurité juridique mais aussi économique, ne donne toujours sa pleine mesure.

Plus encore, certains critères d'appréciation de l'atteinte paysagère portent en eux une vision qu'on peut juger déformante de l'impact paysager des éoliennes, qui tend à exacerber l'opposition éoliennes/paysage.

A. De la casuistique au subjectivisme

Subjectivité, hétérogénéité, appréciation « impressionniste » ou « pointilliste »...

Le constat fait aujourd'hui quant à une imprévisibilité excessive de l'appréciation de l'impact paysager est à la fois assez sévère et largement partagé [47]. Et cela, alors que les projets éoliens donnent lieu de plus en plus souvent, pour ne pas dire quasi systématiquement, à contentieux, le juge devenant ainsi un acteur à part entière et même incontournable du processus de développement des projets et se retrouvant à devoir décider, en dernière analyse, de la vie ou de la mort d'un projet au regard de son impact paysager.

Les observateurs en viennent à déplorer le développement de « tendances locales » à juger dans un sens déterminé d'une cour administrative d'appel à l'autre [48] et même au sein d'une même cour, d'une chambre à une autre. Des projets apparemment similaires, revêtant des enjeux paysagers identiques, donnent lieu à des appréciations disparates, fort difficiles à mettre en cohérence [49].

Sur le plan des principes ou de la méthodologie, la jurisprudence envoie des « signaux » qui risquent de renforcer cette tendance à la subjectivisation, au lieu de la contenir.

(47) *Cf.* S. Galipon et A. Guiheux, *op. cit.* ; J.-P. Camby et J.-E. Schoettl, *op. cit.* ; B. Lormeteau et R. Radiguet, *op. cit.*

(48) V. S. Bécue, Les décisions notables de 2023, Actu Environnement HS oct. 2023. 48.

(49) Par ex. CAA Douai, 9 nov. 2023, n° 22DA01723 sur l'absence d'atteinte significative à la vue depuis la Cathédrale d'Amiens ; CAA Douai, 16 févr. 2023, n° 22DA00172, sur l'atteinte excessive à cette même vue pour des éoliennes se situant pourtant à plus de 10 kilomètres.

C'est le cas non seulement pour le « *ressenti des riverains* » en matière de commodité du voisinage, mais aussi pour l'impact paysager *stricto sensu*, comme l'illustre la décision *Sté Combray Énergie*.

Même avec les précautions (sans doute bien difficiles à mettre en œuvre) que M. Nicolas Agnoux a tenté de dessiner dans ses conclusions [50], l'ouverture large de la prise en compte des composantes culturelle et artistique du paysage risque en effet de faire du juge l'arbitre, si ce n'est des élégances littéraires, du moins de la réalité et de la densité d'une composante immatérielle justifiant une protection au titre du paysage.

Ce subjectivisme affecte aussi la manière d'appréhender *l'intensité* de l'impact paysager susceptible de faire obstacle à un projet. Alors que l'atteinte doit en principe être grave, significative ou excessive en ce qu'elle dénature le site ou altère ses caractéristiques essentielles [51], de sorte que la seule vue des éoliennes ne saurait suffire à la caractériser, certaines décisions retiennent pourtant, pour justifier un refus d'autorisation, le fait que les éoliennes resteront *perceptibles* depuis le site à protéger, malgré la distance [52]. Il paraît déjà loin le temps où M. Guillaume Odinet pouvait observer avec raison et mesure qu'« *à partir d'une certaine distance, le fait de voir les éoliennes (c'est-à-dire de les voir au loin) ne peut plus être regardé comme affectant les conditions de jouissance* [en l'occurrence d'un château]. *À cette distance, si elles demeurent visibles, elles n'occupent qu'une place infime du champ visuel* » [53].

Les conséquences de cette subjectivisation excessive de l'appréciation de l'impact paysager sont lourdes. Car ce sont désormais chaque année de très nombreux projets qui sont finalement condamnés à ne pas sortir de terre pour un tel motif, après avoir pourtant donné lieu à d'importants investissements, aussi bien humains, industriels que financiers, à des études d'impact toujours plus riches, à des concertations locales toujours plus poussées.

L'aléa paysager est devenu un facteur aussi bien de renchérissement global des projets que d'allongement de leur durée de développement (en raison en particulier du contentieux), ce qui pose un problème structurel d'optimisation de l'allocation des ressources par les filières concernées à un moment crucial, celui de l'intensification nécessaire du développement des EnR.

Dans une perspective de meilleure lisibilité pour l'ensemble des parties prenantes, afin de recadrer le contentieux et d'espérer le faire décroître, il apparaît aujourd'hui nécessaire si l'on veut apporter un remède efficace à cette situation insatisfaisante que le Conseil d'État se saisisse de la difficulté et adapte son contrôle.

Alors que les cours administratives d'appel examinent en premier et dernier ressort les litiges de pleine juridiction relatifs aux autorisations environnementales, autrement dit qu'un seul juge appréciera en fait les données du dossier [54], le juge de cassation laisse une très (trop ?) large marge d'appréciation aux cours en matière d'impact paysager

(50) « *À l'évidence, la seule évocation d'un paysage dans une œuvre littéraire ne saurait lui conférer une immunité faisant obstacle à l'implantation de toute installation ICPE. Sans qu'il soit nécessaire que votre décision ne fige des critères qui pourraient s'avérer trop rigides pour embrasser tous les cas soumis aux juges du fond, trois facteurs paraissent devoir être réunis pour justifier un refus d'autorisation sur le fondement de l'article L. 511-1 : d'abord, la renommée de l'œuvre ou sa place particulière dans l'histoire de l'art ; ensuite, l'existence d'une relation si étroite entre et l'œuvre et un paysage inscrit dans un lieu précis que le second apparaisse immédiatement et indissociablement lié à la première ; enfin, un état de conservation des lieux suffisant, au regard de la description qui en est faite dans l'œuvre, pour que la correspondance de l'un à l'autre présente encore un enjeu. À l'aune de ces critères cumulés, le motif tiré de la composante artistique ou littéraire ne devrait être mobilisé que de manière tout à fait exceptionnelle* ».

(51) CE 22 oct. 2018, n° 406746, Lebon ; AJDA 2018. 2101 ; CE 16 oct. 2015, n° 385114, Lebon ; AJDA 2016. 133.

(52) Par ex. CAA Toulouse, 20 avr. 2023, n° 21TL01006.

(53) V. concl. G. Odinet sur CE 16 mai 2018, n° 408950, *P&T Technologie (Sté)*, Lebon ; AJDA 2018. 1013.

(54) CJA, art. R. 311-5 dans sa rédaction issue de l'article 23 du décret du 29 nov. 2018 relatif aux éoliennes terrestres, à l'autorisation environnementale et portant diverses dispositions de simplification et de clarification du droit de l'environnement ; CE 5 mai 2021, n° 448036, Lebon ; AJDA 2021. 998 ; *ibid.* 1519, note N. Foulquier.

et s'en tient avec constance à un contrôle extrêmement distancié de la dénaturation [55], autrement dit de la seule erreur grossière d'appréciation [56], qui ne permet que très rarement de redresser des appréciations pourtant discutables, excessives ou confuses de la part des juridictions du fond [57].

Si cette distance du juge de cassation est, bien entendu, compréhensible au regard des caractéristiques de son office, des évolutions ou des ajustements apparaissent néanmoins possibles et souhaitables afin de redessiner les lignes de force de l'appréciation de l'impact paysager par les juridictions du fond, en lui redonnant une cohérence qu'elle est en train de perdre non seulement au préjudice des porteurs de projet, pris individuellement et au cas par cas, mais plus globalement (et gravement) au détriment des objectifs de la transition énergétique.

Il n'est nul besoin, pour ce faire, de trahir ni d'altérer l'office du juge de cassation. Il faut, seulement, que ce dernier accepte de se convaincre des excès de la subjectivité aujourd'hui constatée dans ce domaine et s'assigne cet objectif de régulation et de remise en cohérence.

Car il dispose des instruments en ce sens. Il lui suffira, par exemple, de pousser dans un certain nombre de cas topiques son contrôle de la dénaturation, cas d'ouverture à cassation empreint d'une réelle plasticité fonctionnelle, pour envoyer un signal que les juridictions du fond sauront recevoir et décoder.

Plus encore, rien ne l'empêche d'exercer, au moins le temps de fixer à nouveau un cadre d'appréciation plus clair et équilibré, un contrôle de la qualification juridique des faits, qui fait partie intégrante de l'arsenal du juge de cassation et lui permet d'exercer un contrôle plein sur certaines appréciations des juges du fond lorsqu'il l'estime nécessaire.

Un tel choix relève de la définition par le juge de cassation lui-même de sa politique jurisprudentielle.

C'est d'ailleurs, relevons-le, un tel contrôle de qualification juridique des faits que le Conseil d'État exerce en cassation sur l'appréciation par les juridictions du fond de l'impact paysager d'un projet en matière de déclaration d'utilité publique :

« *Pour juger illégale la déclaration d'utilité publique qui lui était soumise, la cour administrative d'appel a […] aussi jugé que la réalisation du projet aurait un impact très visible dans le paysage remarquable dans lequel il est appelé à s'inscrire, en particulier du fait des deux viaducs, d'une longueur et d'une hauteur respectives de 150 mètres et de 20 mètres pour le premier et de 210 mètres et de 27 mètres pour le second, et serait ainsi de nature à gravement altérer le caractère du site, regardé comme exceptionnel, en dépit des mesures visant à atténuer les effets du projet sur le paysage décrites dans l'étude d'impact. En déduisant de ces constatations, exemptes de dénaturation, par un arrêt suffisamment motivé, que le coût financier du projet et les atteintes portées à un paysage remarquable étaient excessifs au regard de l'intérêt public que présente la réalisation du projet, la cour administrative d'appel a exactement qualifié les faits de l'espèce* » [58].

(55) Outre, évidemment, de l'erreur de droit lorsque ce sont les critères mêmes mis en œuvre par le juge ou son raisonnement qui sont viciés.

(56) Pour un rappel récent, CE 7 mars 2022, n° 440245, Lebon ; AJDA 2022. 490.

(57) Ce que relèvent d'ailleurs très régulièrement les rapporteurs publics près le Conseil d'État, en se retranchant derrière les limites de l'office du juge de cassation pour conclure à la non-admission, au titre de l'article L. 822-1 du code de justice administrative, des pourvois cherchant à critiquer les appréciations portées par les arrêts de cour sur l'impact paysager.

(58) CE 28 juin 2021, n° 434150, Lebon ; AJDA 2021. 1357 ; AJDI 2022. 425, chron. S. Gilbert.

Il ne serait pas absurde, au regard des enjeux qui s'attachent aujourd'hui au développement des EnR, qu'un contrôle de même nature et de même intensité soit exercé en matière d'impact paysager des projets d'installation de production d'énergie renouvelable, en particulier éolienne. Car l'assurance de la justesse et de la cohérence des appréciations des juridictions du fond en ce domaine n'est, certes, pas moins importante que s'agissant, comme dans le cas précité, du prolongement d'une route départementale.

B. Covisibilité et visibilité « depuis » le paysage : rétro-impact paysager ou erreur de perspective ?

Pour apprécier l'impact visuel d'un projet éolien sur un paysage ou un site, les juridictions ont développé une pratique consistant à prendre en compte non pas seulement des effets de covisibilité, c'est-à-dire de visibilité des éoliennes en même temps que le paysage depuis un point de vue extérieur (axe routier, bourg, hameau, relief...), mais aussi la visibilité des éoliennes *depuis* le paysage ou le site dont la protection est en jeu [59].

Ce second aspect, qui n'est expressément visé que par les dispositions du code du patrimoine concernant les abords des monuments historiques [60], s'il se conçoit dans le cadre de cette police spéciale qui protège un périmètre restreint de 500 m, donc visuellement proche du monument classé, peut au contraire sembler faire peser une contrainte non seulement excessive mais plus encore conceptuellement sujette à discussion, s'agissant de la protection paysagère résultant du code de l'urbanisme ou du code de l'environnement, dont la projection spatiale et l'ombre portée sont beaucoup plus étendues.

En effet, autant l'on comprend bien que, depuis un point d'observation extérieur, une trop forte covisibilité du projet avec le paysage ou le site à protéger en altère la vue ; autant il est tout sauf évident que le simple fait de voir des éoliennes, à une distance certaine et *a fortiori* lointaine, depuis un paysage jugé digne de protection, autrement dit non pas en regardant vers ce paysage mais en regardant vers l'extérieur *depuis* ce paysage, puisse rétroagir sur sa perception au point de le dégrader ou le dénaturer.

Curieusement, cette question de principe n'avait pas été clairement tranchée par le Conseil d'État jusqu'à sa récente décision *Société Combray Énergie*, décidemment riche d'enseignements :

« *Pour apprécier l'atteinte significative d'une installation à des paysages ou des sites, il appartient à l'autorité administrative, sous le contrôle du juge, de prendre en compte l'ensemble des éléments pertinents et notamment, le cas échéant, la visibilité du projet depuis ces sites ou la covisibilité du projet avec ces sites ou paysages. Il s'ensuit qu'en retenant notamment que les éoliennes projetées seraient visibles depuis certains lieux se situant au sein du périmètre du site patrimonial remarquables d'Illiers-Combray ou à sa périphérie, pour juger que le projet de parc éolien risquerait de porter une atteinte significative à un ensemble constitué non seulement de deux monuments historiques, mais aussi du site remarquable, ainsi qu'à l'intérêt paysager et patrimonial du village d'Illiers-Combray, la cour, qui a suffisamment motivé son arrêt, n'a pas commis d'erreur de droit* ».

M. Nicolas Agnoux, dans ses conclusions, a donné comme clé de compréhension le fait que « *le gigantisme propre aux éoliennes porterait clairement atteinte à la puissance évocatrice* » du site.

(59) M. Heinis, Le contentieux de l'impact visuel des éoliennes dans la jurisprudence du Conseil d'État, *op. cit.*

(60) C. patr., art. L. 621-30-1 : « *Est considéré, pour l'application du présent titre, comme étant situé dans le champ de visibilité d'un immeuble classé ou inscrit tout autre immeuble, nu ou bâti, visible du premier ou visible en même temps que lui et situé dans un périmètre de 500 mètres* ».

Ici encore, la solution peut sans doute susciter une réflexion sur la nature des interactions entre éoliennes et paysage, et plus encore sur la *perception*, individuelle comme collective, de ces interactions.

Car comme l'avait observé pour sa part M. Louis Dutheillet de Lamothe dans ses conclusions sur la décision *Association Autant en emporte le vent*[61] : « *des éoliennes ne s'insèrent jamais dans le paysage, au sens d'un immeuble qui a la même hauteur et le même style que les constructions voisines, ou d'une construction de taille modeste dans un environnement naturel. Puisque les éoliennes ne sont pas interdites par principe, vous ne censurez un permis pour ce motif que si le parc éolien s'inscrit dans un paysage remarquable, ou vient gâcher des points de vue exceptionnels* ».

La mise en regard de ces deux « points de vue », exprimés à quelques années d'intervalle par des observateurs aussi avisés, peut interpeller : d'une invitation à tenir compte, dans l'appréciation de l'impact paysager, de l'irréductible hauteur et verticalité des éoliennes, rendant impossible leur « invisibilisation » et devant donc conduire à adapter en conséquence l'appréciation de leur impact visuel, qui ne saurait être jugé significatif ou excessif du seul fait qu'il existe, l'on semble passer à une conception non seulement beaucoup plus stricte mais surtout axée sur l'atteinte intrinsèque que constituerait la vue d'éoliennes.

Le fait même de les voir *depuis* un paysage ou un site « évocateur » est en effet *perçu* comme de nature à en compromettre la qualité et l'expérience (qu'elle soit sensorielle, poétique ou intellectuelle), ce qui pourrait sonner comme un bannissement des éoliennes de pans entiers du territoire[62]. Est-ce la marque, précisément, du passage d'une vision objective de l'impact paysager à une vision plus subjective, essentiellement fondée sur la perception et le ressenti ?

Quoi qu'il en soit, il n'est pas illégitime de poser la question : pourquoi et en quoi, au fond, le fait de voir des éoliennes, au loin, depuis un paysage ou un site remarquable ou évocateur, serait-il *par lui-même* de nature à porter atteinte à ce paysage ?

Si l'on veut bien garder à l'esprit les enjeux de la transition énergétique, il est grand temps, mais il est encore temps, de faire évoluer notre regard.

III. Changer la focale : pour une révolution du regard

Face à l'urgence climatique, les impératifs de la transition énergétique sont plus prégnants que jamais. Ils imposent une prise de conscience collective, profonde et désormais urgente sur la nécessité de revoir certains enjeux et certains équilibres, sans doute aussi certains préjugés.

C'est le grand défi historique des générations présentes, et nous devons aux générations futures de le relever[63]. L'échec face à la crise climatique n'est tout simplement pas une option pour l'Humanité et cela commande, c'est une évidence et en même temps, on peut le comprendre, un enjeu parfois paralysant voire une source

(61) CE 25 sept. 2019, n° 417870, préc.

(62) Puisque, précisément, la taille propre aux éoliennes rend souvent impossible leur occultation totale, surtout depuis des points de vue élevés tels qu'un sommet ou bien encore la tour d'un château ou d'une cathédrale.

(63) Sur la prise en considération de l'intérêt des générations futures dans le champ environnemental, v. Cons. const. 27 oct. 2023, n° 2023-1066 QPC, AJDA 2024. 216, note J.-C. Rotoullié ; *ibid.* 2023. 1965 ; D. 2023. 1950, et les obs. ; AJCT 2024. 35, obs. M. Moliner-Dubost ; Droit(s) des générations futures, S. Djemni-Wagner (avec la collaboration de V. Vanneau), Institut des études et de la recherche sur le droit et la justice.

de déni, des bouleversements dans les modes de vie, de production, de déplacement ainsi que d'occupation des espaces et des territoires.

Cela appelle donc de l'ensemble des acteurs, mais évidemment au premier chef des pouvoirs publics, pédagogie, exemplarité et cohérence, afin de promouvoir et d'accompagner une véritable « transition paysagère » ou « visuelle », condition *sine qua non* de l'acceptabilité sociale de la transition énergétique.

A. Voir le défi climatique quand on regarde le paysage ou comment inscrire la transition énergétique dans le paysage

Selon tous les scenarii de mix énergétique modélisés par RTE, la transition énergétique et l'objectif de neutralité carbone à horizon 2050 passent par un développement massif des EnR [64]. Et « *d'ici 2030, l'accroissement des renouvelables passera essentiellement par l'éolien terrestre et le solaire* » [65]. L'éolien en mer doit lui aussi, à terme, contribuer puissamment à ces objectifs, mais sa montée en charge est progressive.

Même dans les scenarii de mix énergétique donnant une large place à l'énergie électrique d'origine nucléaire, le développement de l'éolien est donc absolument incontournable si l'on entend tenir ces objectifs de production d'EnR, conditionnant eux-mêmes la trajectoire de décarbonation et de réduction des émissions de gaz à effet de serre. Trajectoire sur laquelle le juge veille désormais, en mettant sous surveillance la cohérence de l'action des pouvoirs publics avec les objectifs qui s'imposent à lui [66].

Il faut donc avec la même cohérence et le même esprit de responsabilité regarder la réalité en face lorsqu'on regarde le paysage : on ne fera pas la transition énergétique sans les éoliennes.

On doit donc, collectivement, accepter à l'avenir la présence plus importante d'éoliennes, terrestres comme *off-shore*, dans nos paysages comme à l'horizon de certaines côtes maritimes depuis lesquelles le regard ne rencontrait jusqu'alors aucun obstacle.

Cela ne va pas de soi, c'est très compréhensible. Et cela suppose donc une nouvelle « pédagogie du regard », à laquelle travaille, par exemple, la Chaire Paysage et énergie de l'ENSP.

Cet enjeu est aussi au cœur du rapport : « *l'acceptabilité des nouvelles infrastructures de transition énergétique : transition subie, transition choisie ?* » [67] publié par le Conseil économique, social et environnemental en mars 2022 à la demande du Gouvernement, qui préconise plusieurs axes de travail pour améliorer l'acceptabilité des installations de production d'EnR et en particulier des éoliennes terrestres, qu'il s'agisse d'approfondir les concertations locales ou de renforcer l'éducation à la transition écologique, en mobilisant notamment des approches culturelles et artistiques.

(64) https://www.rte-france.com/analyses-tendances-et-prospectives/bilan-previsionnel-2050-futurs-energetiques.

(65) https://www.rte-france.com/actualites/comprendre-piloter-electrification-ici-2035-conditions-cles-relever-defis-transition ; https://assets.rte-france.com/prod/public/2023-06/2023-06-07-synthese-comprendre-et-piloter-electrification.pdf

(66) CE 19 nov. 2020, n° 427301, Lebon, concl. S. Hoynck ; AJDA 2021. 217 ; *ibid*. 2115 ; *ibid*. 2020. 2287 ; *ibid*. 2021. 2115, note H. Delzangles ; D. 2020. 2292, et les obs. ; *ibid*. 2021. 923, obs. S. Clavel et F. Jault-Seseke ; *ibid*. 1004, obs. G. Leray et V. Monteillet ; RFDA 2021. 747, note A. Van Lang, A. Perrin et M. Deffairi ; RTD eur. 2021. 484, obs. D. Ritleng ; CE 1er juill. 2021, n° 427301, Lebon avec les conclusions ; AJDA 2021. 1413 ; *ibid*. 2115, note H. Delzangles ; D. 2021. 1287, et les obs. ; *ibid*. 2022. 963, obs. V. Monteillet et G. Leray ; RFDA 2021. 777, concl. S. Hoynck ; RTD eur. 2022. 600, obs. P. Thieffry ; CE 10 mai 2023, n° 467982, Lebon ; AJDA 2023. 919 ; *ibid*. 1081, tribune B. Seiller ; JA 2023, n° 683, p. 11, obs. X. Delpech ; RTD eur. 2023. 808, obs. D. Ritleng.

(67) https://www.lecese.fr/travaux-publies/acceptabilite-des-nouvelles-infrastructures-de-transition-energetique-transition-subie-transition-choisie.

Le constat est donc aujourd'hui largement partagé : besoin d'un changement de paradigme [68], d'un nouveau regard, d'une nouvelle éthique [69]. Choix de société, voire choix de civilisation [70], urgence à développer une conception dynamique de la transition paysagère intégrant l'évolution temporelle du paysage [71].

Il faut, en somme, intégrer les éoliennes à notre « paysage mental », à nos représentations structurantes et faire évoluer collectivement notre manière de regarder nos paysages à l'ère de l'urgence climatique, afin d'accompagner une meilleure acceptabilité de l'impact que cela aura inéluctablement sur le paysage.

Il ne s'agit évidemment pas de « sacrifier » le paysage, mais de comprendre que le passage d'une énergie fossile carbonée, largement importée, délocalisée et invisibilisée à une production d'énergie locale et renouvelable, passe forcément par une « re-visibilisation » des sources de production d'énergie dans notre environnement et nos cadres de vie et par une acceptation de leur coexistence au sein de nos territoires avec les composantes naturelles et patrimoniales du paysage [72].

Il faut donc, collectivement et démocratiquement, accepter de revoir certaines de nos conceptions que l'urgence climatique rend obsolètes, et de dessiner de nouveaux équilibres intégrant la priorité absolue de réussir la transition écologique. Cela passe, en particulier, par de nouveaux dialogues, de nouveaux compromis, qui ne sont en rien des renoncements, entre énergie et paysage.

Cette prise de conscience est en marche et se traduit notamment dans l'action du législateur.

La loi Énergie-Climat du 8 novembre 2019 est venue fixer des objectifs ambitieux pour la politique climatique et énergétique française, en particulier concernant le développement massif des EnR. Elle consacre l'objectif de neutralité carbone à horizon 2050 pour répondre à l'urgence climatique et à l'accord de Paris [73].

Au service de ces grands objectifs, la loi d'accélération de la production d'énergie renouvelable [74] a quant à elle acté le caractère essentiel d'un déploiement massif des énergies renouvelables pour amplifier notre lutte contre le dérèglement climatique et diminuer notre dépendance aux produits énergétiques importés qui représentent deux tiers de notre consommation énergétique. Pour ce faire, la loi cherche à concilier l'amélioration de l'acceptabilité locale avec l'accélération du déploiement des énergies renouvelables [75], en s'inspirant du remarquable rapport du CESE.

Elle a, en ce sens, notamment modifié l'article L. 141-4 3° du code de l'urbanisme concernant le schéma de cohérence territoriale (SCOT), en incluant dans les objectifs de développement équilibré du territoire et de complémentarité entre les activités économiques, l'habitat, les transports et les *transitions écologiques et énergétiques*, non plus seulement pour ces dernières « *la préservation et la valorisation des paysages* », mais « *un objectif d'insertion*

(68) V. S. Galipon et A. Guiheux, *op. cit.*

(69) Dalloz Code permanent, Environnement et nuisances, n° spécial 50 ans « Voyage en droit de l'environnement ».

(70) *Ibid*, A. Gossement, « Cessons d'opposer énergie et nature », p. 22.

(71) B. Lormeteau et R. Radiguet, *op. cit.*

(72) J. Batout et M. Guilbaud, Rendre à l'énergie sa matérialité dans le paysage est un enjeu fondamental de la transition écologique, *Le Monde*, 29 août 2021.

(73) https://www.ecologie.gouv.fr/loi-energie-climat.

(74) L. n° 2023-175 du 10 mars 2023 relative à l'accélération de la production d'énergies renouvelables.

(75) V. communiqué du Gouvernement sur le projet de loi : https://www.legifrance.gouv.fr/dossierlegislatif/JORFDOLE000046329719/.

et de qualité paysagères des différentes activités humaines, notamment des installations de production et de transport des énergies renouvelables ». Le paysage doit ainsi devenir le support du développement des EnR, en adoptant « *une démarche positive et dynamique favorisant sa qualité et l'insertion des activités humaines* » [76].

Et pour renforcer l'acceptabilité sociale et locale des projets, condition de leur développement, le rôle des élus locaux a été renforcé au stade de la planification et d'une meilleure cartographie de zones propices à l'installation de projets d'EnR ou au contraire de secteurs d'exclusion destinés à préserver les espaces naturels et la qualité paysagère.

Comme souvent, toutefois, dans les périodes de transition, de fortes évolutions voire de bouleversements, des résistances et des forces centrifuges s'expriment, qui appellent tout à la fois une réelle attention et un effort redoublé de cohérence. L'équilibre à trouver entre les objectifs d'accélération et d'acceptabilité est assurément difficile et fragile [77].

Or sous ce prisme, le contentieux paysager des éoliennes peut aujourd'hui apparaître autant comme un frein à ces évolutions nécessaires que comme un symptôme des blocages à dépasser.

B. Pour un nouveau regard du juge sur l'impact paysager des éoliennes

Les praticiens et les meilleurs connaisseurs de ces problématiques en font le constat, non sans quelque amertume, la situation actuelle est tout sauf satisfaisante : « *elle compromet la réalisation de nos engagements européens, de nos objectifs nationaux, elle inquiète les élus, elle déplace un débat démocratique du Parlement vers le prétoire. Il appartient notamment aux juristes de se saisir de cet enjeu pour proposer un cadre juridique qui permette de ne plus opposer entre eux des instruments de protection de l'environnement* » [78].

Cela passe, en particulier, par une mise à jour du « logiciel » du juge de l'autorisation environnementale et une adaptation de sa méthodologie d'appréciation de l'impact paysager aux enjeux de l'urgence climatique et de la transition énergétique.

Pour provoquer la réflexion, partons d'un cas d'école classique, emblématique même, pour ne pas dire cathartique : l'impact paysager des éoliennes sur la cathédrale de Chartres, farouchement protégée des phénomènes de covisibilité mais aussi de la visibilité d'éoliennes depuis la cathédrale, dans un rayon de 25 kilomètres. Plusieurs décisions l'illustrent : refus d'autorisation du représentant de l'État, puis confirmation par le juge, pour lequel toute covisibilité ou toute visibilité des éoliennes depuis la cathédrale est nécessairement porteuse d'une atteinte paysagère excessive [79].

Et lorsque le juge du fond, pris d'audace, refuse exceptionnellement de condamner un projet éolien malgré certaines covisibilités sur la cathédrale qu'il juge acceptables, c'est l'État qui s'en plaint auprès du Conseil d'État, lequel sait alors user avec rigueur de son contrôle de la dénaturation pour se faire le gardien du temple paysager (en l'occurrence des perspectives sur la cathédrale) [80].

(76) M. Boul, Les énergies renouvelables au format paysage, JCP Adm. 2023. 2132.

(77) M. Baubonne, Énergies renouvelables et protection du paysage : un fragile équilibre, RFDA 2023. 931.

(78) A. Gossement, *op. cit.*

(79) CAA Nantes, 17 juill. 2020, nº 19NT03109 ; CAA Versailles, 6 avr. 2023, nº 21VE02395.

(80) CE 9 oct. 2015, nº 374008.

D'aucuns trouveront l'exemple fort mal choisi : même à 16 ou 20 kilomètres, des éoliennes visibles depuis la cathédrale de Chartres, tout de même !

Mais que dire, alors, de l'approbation de l'utilité publique d'un tronçon de route nationale reliant deux nœuds autoroutiers, entre Rouen et Orléans, malgré un impact paysager significatif sur cette même cathédrale [81] ?

Une liaison routière vaut bien un impact visuel sur la cathédrale, mais pas des éoliennes...

L'exemple est, avouons-le, quelque peu caricatural et sans doute même instrumental. Il dit néanmoins quelque chose des schémas de pensée et des prismes d'appréciation qui méritent aujourd'hui d'être revisités.

Il a surtout le mérite de mettre en lumière un angle mort de l'appréciation de l'atteinte paysagère des éoliennes : l'absence de prise en compte de leur utilité publique comme installation contribuant à la protection de l'environnement en permettant le développement d'une énergie renouvelable participant à la transition énergétique et à la lutte contre le dérèglement climatique.

Les installations de production d'énergie renouvelable, et notamment les éoliennes, ne sont pourtant pas des ICPE comme les autres !

Lorsqu'il a validé la présomption de « raison impérative d'intérêt public majeur » instaurée par la loi n° 2023-175 du 10 mars 2023 relative à l'accélération de la production d'énergies renouvelables, le Conseil constitutionnel a clairement énoncé qu'en cherchant ainsi à favoriser la production d'énergies renouvelables et le développement des capacités de stockage d'énergie, le législateur a poursuivi l'objectif de valeur constitutionnelle de protection de l'environnement [82].

Le développement des EnR – et notamment de l'éolien terrestre –, axe aujourd'hui majeur de la protection de l'environnement, constitue ainsi un objectif de valeur constitutionnelle. Cela ne peut plus rester sans incidence sur la méthodologie d'appréciation de l'impact paysager.

Pourtant, dans le second temps de son raisonnement, celui de l'appréciation de l'incidence paysagère de l'installation, le juge a l'interdiction de procéder à une mise en balance avec d'autres intérêts que ceux relatifs à la préservation du paysage.

Comme le relevait M. Xavier de Lesquen dans ses conclusions dans l'affaire séminale *Engoulevent*, le juge ne peut pas se référer « *à un intérêt extérieur [...] par exemple économique ou énergétique, ou même extérieur aux préoccupations paysagères* » [83].

Le Conseil d'État tient à ce jour fermement la main à cette interdiction [84].

(81) CE 10 juill. 2019, n° 423751.

(82) Cons. const. 9 mars 2023, n° 2023-848 DC, AJDA 2023. 471 ; *ibid.* 1227, note F. Savonitto ; AJCT 2023. 194, obs. G. Pailler.

(83) Concl. M. X. de Lesquen (p. 4) sur CE 13 juill. 2012, n° 345970, aux T. ; M. Heinis, *op. cit.*

(84) Il a, par exemple, censuré pour erreur de droit sur ce fondement une cour qui avait jugé acceptable l'impact d'un projet éolien sur un site historique en prenant en compte dans le second temps de l'analyse, sa faible fréquentation par le public (CE 19 juill. 2022, n° 451324) – ce qui peut au demeurant sembler en décalage avec la conception très subjective de l'impact paysager par ailleurs mise en avant, qui est fondée sur la perception des populations. De même la solution peut-elle sembler discutable dès lors que le juge peut, en revanche, prendre en considération le caractère et la fréquentation touristiques d'un site pour apprécier sa qualité paysagère et, par suite, la protection qui doit lui être assurée (par ex. CE 10 janv. 2024, n° 460082).

Là encore au risque de provoquer, on s'étonnera donc que dans le cadre de la méthodologie *Engoulevent*, une éolienne soit, au titre de son interaction avec le paysage, peu ou prou traitée à la même enseigne qu'une porcherie industrielle ou une usine de produits chimiques.

Plus encore, alors qu'il y aurait beaucoup à dire sur certains errements dans l'aménagement du territoire des quarante dernières années [85], on a parfois le sentiment que les éoliennes, telles des paratonnerres paysagers et esthétiques, concentrent sur elles la foudre de toutes les critiques et sont perçues comme l'installation par excellence venant gâcher les rares espaces encore vierges, comme une sorte de face sombre du progrès technique.

À l'heure de l'urgence écologique et de la prise en considération de l'intérêt des générations futures dans les décisions publiques ayant un impact durable sur l'environnement, il apparaît au contraire nécessaire de permettre et même de promouvoir la prise en compte par le juge, dans son appréciation du caractère acceptable ou au contraire excessif d'une atteinte paysagère, de l'utilité sociale et environnementale de l'installation en cause.

On trouve, d'ailleurs, l'idée exprimée de manière fort intéressante [86] dans les conclusions de Mme Émilie Bokdam-Tognetti sur l'arrêt *Association Groupement des résidents pour la sauvegarde environnementale de la Baule (GRSB)* du 7 juin 2019 [87], qui concernait un projet d'exploitation d'un parc éolien en mer :

« *l'objectif de protection de l'environnement mentionné au 5° de l'article L. 311-5 du code de l'énergie n'est pas, ou pas seulement, celui de protection de l'environnement local – qui nous paraît relever au moins autant du critère de choix des sites énoncé au 2°. La protection de l'environnement visée au 5° inclut aussi les effets positifs, au niveau global, qui sont attendus du choix d'énergie retenu en termes de lutte contre le réchauffement climatique et contre l'effet de serre et de protection des intérêts des générations futures en termes de gestion des déchets. La construction et l'exploitation d'installations de production d'énergie d'origine éolienne portent nécessairement une atteinte à l'environnement local. La question est celle de l'acceptabilité de cette atteinte locale et de sa mise en regard avec les retombées positives, y compris environnementales, attendues du projet. L'appréciation de la prise en compte de l'objectif de protection de l'environnement lui-même nous paraît ainsi ne pouvoir répondre qu'à une logique interne de bilan* ».

Sans doute les textes du code de l'énergie ici en cause sont-ils différents de ceux du code de l'environnement régissant la protection, notamment paysagère, que doivent respecter les ICPE, mais la logique mise en œuvre pourrait utilement être adaptée à l'office du juge de l'autorisation environnementale.

D'une part, la contribution des éoliennes à la protection de l'environnement doit pouvoir être mise en balance avec leur impact paysager. D'autre part, autant il est parfaitement légitime de tenir compte des impacts locaux des éoliennes ; autant il est en revanche préjudiciable d'occulter le fait que chaque projet, avec son ancrage local et territorial, a aussi vocation à contribuer aux objectifs nationaux et européens de développement de la puissance installée d'énergie renouvelable. Car cela donne sinon le confort, illusoire, de pouvoir condamner un projet au regard d'enjeux strictement locaux en en mini-

(85) En termes de développement erratique et disharmonieuse des infrastructures de transport, de ZAC, d'aménagement des zones suburbaines, de désertification des centres-villes…

(86) Même si non centrée sur la stricte question paysagère mais plus largement sur la protection de l'environnement.

(87) CE 7 juin 2019, n° 414426, Lebon ; AJDA 2019. 1194.

misant les conséquences, sans se soucier de ce que, ce faisant, c'est nécessairement une parcelle de la poursuite d'objectifs communs cruciaux qui se joue.

Parce que c'est projet après projet que se poursuivent et se concrétisent ces objectifs, déconnecter totalement les enjeux paysagers locaux des impératifs plus globaux de production d'EnR fausse nécessairement la perspective.

À cette aune, il faut avoir pleinement conscience que les nombreux projets éoliens qui achoppent aujourd'hui sur des considérations paysagères mal comprises ou mal appréciées nous priveront de dizaines de milliers de MW/h, qui manqueront cruellement à l'appel de la transition écologique.

Le local détermine grandement le global, en somme, et cette dimension doit, elle aussi, pouvoir être prise en compte par le juge dans le cadre de l'appréciation la plus juste et équilibrée de l'impact paysager.

C'est d'ailleurs le cas concernant l'articulation des projets d'EnR avec le respect de la biodiversité, à travers la caractérisation [88] de la fameuse « RIIPM », la raison impérative d'intérêt public majeur conditionnant les « dérogations espèces protégées », au titre de laquelle le juge prend en compte l'utilité publique du projet et sa contribution à la production d'énergies renouvelables tant au niveau local que national [89].

Alors que les enjeux de biodiversité ne paraissent pas moins dignes d'attention que la protection des vues avec ou depuis des paysages ou des sites « évocateurs », rien ne justifie véritablement que l'utilité publique des sources d'EnR qui est mise dans la balance dans le premier cas, ne puisse pas l'être en matière d'impact paysager.

Il faut au contraire souhaiter de tels ajustements, qui permettront des évolutions vertueuses de l'appréciation judiciaire de l'impact paysager des EnR. Et c'est assurément au Conseil d'État de donner l'impulsion, avec les instruments contentieux qui sont les siens.

En écho aux adjurations déjà formulées en ce sens, soulignons d'ailleurs que c'est bien un contrôle plein de *l'exacte qualification juridique des faits* par les juges du fond qu'exerce le juge de cassation en matière de « RIIPM » [90], alors même que la caractérisation d'une telle raison impérative repose pour une bonne part sur l'appréhension de considérations locales fortement empreintes de fait, ainsi que des caractéristiques propres de chaque projet. Il n'y a donc guère d'obstacle principiel ni dirimant à ce que le juge de cassation adapte dans le même sens son contrôle en matière d'impact paysager.

Enfin, et au-delà même de ces enjeux de technique contentieuse, tout sauf mineurs, dès lors qu'il s'agit de tenir compte à sa juste mesure de la perception ou du « ressenti » des populations ainsi que de favoriser l'acceptabilité sociale des installations éoliennes, sans doute est-il important pour le juge d'accompagner cette indispensable « pédagogie du regard » que nous évoquions plus haut, en commençant par ne pas laisser parler « à la place » des populations concernées.

(88) Désormais présumée par l'article L. 411-2-1 du code de l'environnement issu de la loi n° 2023-175 du 10 mars 2023 relative à l'accélération de la production d'énergies renouvelables.

(89) Par ex. CE 29 juill. 2022, n° 443420, Lebon ; AJDA 2022. 1590 ; CE 28 déc. 2022, n° 447229, Lebon ; AJDA 2023. 10 ; JA 2023, n° 672, p. 12, obs. X. Delpech.

(90) Sur ce point également, v. les décisions précitées : CE 29 juill. 2022, n° 443420 et CE 28 déc. 2022, n° 447229.

C. Regard sur le paysage – perception du paysage – parole sur le paysage : qui parle, et d'où ?

L'existence de réticences et même d'oppositions à l'installation d'éoliennes de la part des populations locales, surtout dans les zones déjà densément pourvues, est une réalité qu'il ne faut pas nier ni minorer. Il faut au contraire l'entendre, la comprendre et y répondre [91]. Car la transition énergétique ne se fera pas sans les territoires, ni contre les populations.

Mais il faut aussi être conscient que ces oppositions sont parfois suscitées voire instrumentalisées par une captation de la parole des populations, ou entretenues par des messages contradictoires de la part de responsables politiques, locaux ou nationaux, des pouvoirs publics eux-mêmes ou bien encore du juge.

Il faut le regretter, car il n'y aura pas de changement de regard sans cohérence du discours.

Or force est de constater, sur ces sujets sensibles et complexes, une tendance prononcée à la prosopopée : beaucoup parlent fort au nom et à la place des populations, au premier chef les associations ouvertement anti-éoliennes [92]. Mais est-on bien sûr qu'elles parlent pour les populations ?

Dans l'affaire *Société Combray Énergie*, est-ce que les amis de Marcel Proust parlaient pour les populations locales, ou seulement pour les amateurs de littérature ?

Dans l'affaire *Société EDPR France holding*, une très large concertation locale avait été menée, qui avait conduit à une adaptation du projet et à une forte adhésion locale. La commune d'implantation soutenait sans réserve le projet, plusieurs communes limitrophes avaient donné un avis favorable et l'enquête publique n'avait donné lieu à l'expression d'aucune hostilité marquée des populations riveraines. Pourtant, le préfet a refusé le projet au nom de la commodité du voisinage.

De tels cas ne sont pas rares et interrogent sur la nécessité, aujourd'hui, d'une meilleure articulation entre la prise de décision du représentant de l'État en charge du sort de l'autorisation environnementale et la concertation locale en amont, qui doit permettre une véritable et utile expression des populations mais aussi une meilleure sensibilisation de celles-ci à des enjeux qui dépassent le cadre strictement local.

***

Don-quichottisme : « *Attitude de celui qui se plaît à soutenir des causes généreuses même dans des circonstances difficiles* » (dictionnaire Larousse).

L'Hidalgo de la Mancha, héros du premier roman moderne, est immortalisé dans la conscience populaire par une scène mythique : l'attaque des moulins à vent, qu'il prend pour des géants [93]. William Marx, essayiste, historien de la littérature et professeur au Collège de France, décrit la scène comme un « lieu de mémoire universel » [94].

(91) Comme a en particulier cherché à le faire le CESE dans son rapport déjà évoqué.

(92) Dont un certain nombre réunissent des « riverains du dimanche », qui ne veulent pas d'éoliennes dans les parages, même lointains, de leurs résidences, pas plus que de coqs gâchant leurs grasses matinées (le fameux NIMBY, « *Not In My BackYard* »).

(93) V. J.-P. Camby et J.-E Schoettl préc.

(94) W. Marx, Un été avec Don Quichotte, https://www.radiofrance.fr/franceinter/podcasts/un-ete-avec-don-quichotte.

Les spécialistes y voient, au-delà du (tragi)comique de l'épisode, l'empreinte puissante dans l'œuvre de Cervantès des évolutions techniques de son époque, en particulier quant aux sources de production d'énergie, ainsi que le témoignage de leur inscription dans le paysage – à la fois physique et mental – de ses contemporains [95].

Les sémiologues y discernent, quant à eux, une sorte de catharsis inaugurale de l'interprétation dans le roman moderne, dans laquelle les jeux d'opposition entre les couples moulins/géants, machines/hommes, animé/inanimé, nature/culture, chevaleresque médiéval/modernité sont beaucoup plus complexes qu'il n'y paraît au premier niveau de lecture. Et c'est l'action du vent qui, en même temps qu'elle fait tourner les ailes des moulins, met en branle la « machine à interprétation », dans laquelle le sens est fonction du regard posé sur l'objet.

Une question de regard, encore...

Il semble qu'aujourd'hui, il soit plus facile et certainement plus en vogue de pourfendre que de défendre les éoliennes et qu'au gré de certains vents mauvais pour cette source d'EnR, le don-quichottisme soit donc le lot des défenseurs de la contribution de ces moulins à vent modernes à la transition écologique.

Puisque la littérature a désormais sa place dans le paysage, appelons-en au père des poètes et espérons de tout cœur avec Homère et son héros Ulysse, protégé d'Eole, que malgré les tempêtes, les avaries et quelques mauvais sorts, l'intelligence collective nous permettra de mener à bon port la transition énergétique et paysagère.

(95) J. Manuel Sánchez Ron (dir.), *La ciencia y el Quijote*, Barcelona, Crítica, Drakontos, 2005 ; N. Ly, *Don Quichotte : livre d'aventures et aventures de l'écriture*, *Les langues néo-latines*, 267, 1988, p. 5-92 ; Bull. hispanique : les aventures techniques de Don Quichotte : https://journals.openedition.org/bulletinhispanique/11723.

DES ARRÊTS
DE LA
COUR DE CASSATION
CHAMBRES CIVILES
1962

L'environnement et les droits des générations futures

Bénédicte Vassallo

Premier avocat général près la troisième chambre civile de la Cour de cassation

La notion de « générations futures » est ancienne mais reste peu définie. Mobilisée pour ouvrir une perspective d'évolution du droit, elle est aussi invoquée comme repoussoir aux habitudes et aux orientations prises par les générations actuelles, souvent accusées de ne pas prendre en considération l'avenir de notre espèce.

Utilisée par les jurisconsultes du XVIIIe siècle, reprise dans l'article 28 de la Déclaration des droits de l'homme de 1793 qui énonce qu'« *un peuple a toujours le droit de revoir, de réformer et de changer sa Constitution* » et qu'« *Une génération ne peut assujettir à ses lois les générations futures* », elle a cheminé jusqu'à nos jours, pour s'inscrire dans des textes et susciter une application de plus en plus fréquente mais qui demeure incomplète.

L'évolution du concept est précisément décrite dans l'étude consacrée aux *droit(s) des générations futures* par l'Institut des études et de la recherche sur le droit et la justice (IERDJ) [1].

Le philosophe Hans Jonas (*Le principe responsabilité. Une éthique pour la civilisation technologique*) associe les intérêts fondamentaux de la nature à ceux de l'homme et pose le principe qu'ils doivent être soustraits au jeu des décisions à court terme au profit d'impératifs éthiques nouveaux visant à préserver l'avenir.

Le concept de « générations futures », souvent invoqué dans les textes internationaux, reste inégalement appliqué par les juridictions nationales et internationales (I) ; si son émergence en France est récente (II), sa mise en œuvre apparaît aussi promise à un avenir incertain (III).

I. Un concept souvent invoqué dans les textes internationaux relatifs à l'environnement mais inégalement appliqué

À l'échelle mondiale, de nombreuses occurrences textuelles qui demeurent symboliques

(1) S. Djemni-Wagner, V. Vanneau, *Droit(s) des générations futures*, IERDJ, 13 avr. 2023, p. 19-23.

Depuis la charte des Nations unies du 26 juin 1945, et jusqu'à la résolution relative à la sauvegarde du climat mondial pour les générations présentes et futures adoptée par l'assemblée générale le 14 décembre 2022, en passant par la déclaration de Stockholm du 16 juin 1972, par celle de Rio du 14 juin 1992, par celle de Vienne l'année suivante, par celle d'Aarhus du 25 juin 1998, sans oublier l'accord de Paris du 12 décembre 2015, la protection des droits des *générations futures* figure à de nombreuses reprises, soit dans des articles programmatiques spécifiques, soit dans les préambules de ces textes.

Ces références ne semblent cependant conduire à aucune application directe ou concrète et n'ont finalement qu'une vocation incantatoire.

À l'échelle européenne, une consécration textuelle plus précise

Plus proches de nous, le Conseil de l'Europe et l'Union européenne ont intégré le concept de « générations futures » avec plus d'effectivité.

Le Conseil de l'Europe d'abord, même si la Convention européenne de sauvegarde des droits de l'homme et des libertés fondamentales (Conv. EDH) ne reconnaît pas directement de droits aux *générations futures*, évoque dans plusieurs de ses recommandations le principe d'une solidarité intergénérationnelle et la nécessité de transmettre aux *générations futures* un environnement sain et viable [2].

Par ailleurs, la convention de Berne de 1979 relative à la conservation de la vie sauvage et du milieu naturel de l'Europe vise à protéger le patrimoine naturel en vue de le transmettre aux *générations futures*.

La nécessité de garantir un environnement viable pour l'avenir se retrouve également dans les objectifs et les préambules de plusieurs actes pris par les institutions communautaires.

Les textes de l'Union européenne se réfèrent ainsi à la solidarité entre les générations [3], et la Charte des droits fondamentaux, dans son préambule, souligne que la jouissance des droits fondamentaux entraîne des responsabilités et des devoirs à l'égard des *générations futures*.

Enfin, le pacte vert pour l'Europe et les actes qui en sont issus, à visée générale ou sectorielle, mentionnent souvent, dans leurs préambules ou des paragraphes relatifs aux objectifs prioritaires, l'obligation d'assurer la postérité des *générations futures* et de garantir leur avenir par une gestion responsable ne les enfermant pas dans des contraintes excessives [4].

Quelques applications à la marge par les juridictions internationales

Les juridictions internationales ont fait une application différenciée du concept de « générations futures ».

La Cour internationale de justice n'a pas encore eu l'occasion de se prononcer sur la question.

(2) Assemblée parlementaire du Conseil de l'Europe, Recommandation 1614 (2003), *Environnement et droits de l'homme*, 27 juin 2003 ; Assemblée parlementaire du Conseil de l'Europe, Recommandation 1431 (1999), *Action future du Conseil de l'Europe en matière de protection de l'environnement*, 4 nov. 1999 ; Comité des ministres des États membres, Recommandation 2014/1 relative à la *Charte du Conseil de l'Europe sur les responsabilités sociales partagées*, 22 janv. 2014.

(3) Art. 3, § 3 du TUE.

(4) Règl. (UE) 2021/1119.

Les comités onusiens, consultés récemment, ont quant à eux intégré dans leurs décisions, sur le fondement du droit à la vie ou du droit à la culture [5], le droit des *générations futures* à jouir d'une culture minoritaire et d'un environnement non dégradé [6].

Sur le fondement de la Convention des Nations unies relative aux droits de l'enfant, le comité des droits de l'enfant, dans une communication du 23 septembre 2019, a estimé dans une affaire où était en cause la réduction insuffisante des émissions de gaz à effet de serre, que les États avaient des obligations et qu'en perpétuant de manière inconsidérée un changement climatique mettant en danger la vie des enfants et leur santé, ils violaient leurs droits reconnus par la Convention.

La prise en compte du droit des générations futures par les juridictions interrégionales en progression

La Cour interaméricaine des droits de l'homme en pointe sur la protection des droits des générations futures

Contrairement à la plupart des autres juridictions internationales, la Cour interaméricaine des droits de l'homme, juridiction internationale régionale saisie par la Commission interaméricaine des droits de l'homme, a très vite intégré le concept de « générations futures » dans ses décisions. Ainsi, dans son arrêt du 31 août 2001 [7], elle a reconnu les droits des peuples autochtones et la préservation de leur patrimoine culturel, ainsi que sa transmission aux *générations futures.*

Dans un avis consultatif du 15 novembre 2017 nº 23, à la demande de la Colombie, cette même Cour a également admis le principe d'un droit à un environnement sain, droit fondamental pour l'existence de l'humanité qui constitue un intérêt universel concernant aussi les *générations futures.*

Enfin, dans une décision du 24 novembre 2020, la Cour interaméricaine a ordonné à l'Argentine des mesures de réparation spécifiques pour garantir la propriété ancestrale des peuples autochtones, alors que les activités menées sur leur territoire avaient entravé leurs modes d'accès traditionnels à la nourriture et à l'eau. La Cour fait référence dans son arrêt aux *générations futures.*

À l'échelle européenne, d'importantes décisions à venir

Pour sa part, la Cour européenne des droits de l'homme s'est fondée sur les articles 2 et 8 de la Conv. EDH (droit à la vie et droit à la vie privée et familiale) et sur la convention d'Aarhus comme support au droit des générations futures.

La grande chambre a examiné trois affaires emblématiques et devrait rendre ses décisions prochainement [8].

Dans une affaire *D. A. c/ Portugal* [9], examinée lors d'une audience de grande chambre le 27 septembre 2023, les requérants, ressortissants portugais âgés de 11 à 24 ans, faisaient valoir que les nombreux incendies de forêts survenus depuis 2017, auxquels s'ajoutaient des tempêtes hivernales

(5) Art. 6 et 27 du pacte international relatif aux droits civiques et politiques.

(6) Comité des droits de l'homme, consultations du 23 sept. 2020 et du 21 juill. 2022.

(7) *Mayagna awas Tingni Community c/ Nicaragua.*

(8) Ce texte a été rédigé avant que la Cour européenne rende ses trois arrêts du 9 avril 2024.

(9) Req. nº 39371/20.

violentes, avaient sur leur santé des incidences certaines, ces dérèglements climatiques les impactant directement, ainsi que les familles qu'ils pourraient fonder dans l'avenir. Outre les articles 2, 8 et 3 de la Convention, ils invoquaient aussi l'accord de Paris sur le climat et le principe de l'équité intergénérationnelle figurant dans de nombreux instruments internationaux, selon lesquels le droit au développement doit être mis en œuvre de façon à satisfaire équitablement les besoins relatifs à l'environnement des générations présentes et futures.

Dans une autre affaire *Verein KlimaSeniorinnen Schweiz et autres c/ Suisse* [10], qui concernait aussi les conséquences du réchauffement climatique sur les conditions de vie et la santé, une association de droit suisse regroupant plus de deux mille femmes âgées dont un tiers de plus de 75 ans, a saisi la Cour européenne sur le fondement de l'accord de Paris de 2015, ainsi que des articles 2 et 8 de la Convention, invoquant les épisodes de chaleur liés au dérèglement climatique. Les plaignantes soutiennent que l'État défendeur a omis d'adopter une législation appropriée et de mettre en œuvre des mesures adéquates et suffisantes pour atteindre les objectifs fixés en matière de lutte contre le changement climatique. La grande chambre a examiné cette affaire le 29 mars 2023 et doit rendre sa décision prochainement.

Enfin, dans une affaire *C. c/ France* [11] concernant un habitant et ancien maire de la commune de Grande-Synthe qui considérait que l'action de la France en matière de lutte contre le réchauffement climatique était insuffisante, la Cour européenne a tenu une audience de grande chambre, ce même 29 mars 2023. La requête se fondait aussi sur les articles 2 et 8 de la Convention [12].

Dans l'attente des décisions à intervenir [13], six autres affaires portant sur le climat, concernant pour certaines des adolescents ou de jeunes adultes, ont été ajournées.

La politique de l'Union européenne en matière d'environnement se fonde quant à elle sur les principes de précaution, d'action préventive et de pollueur payeur. La Cour de justice de l'Union européenne est actuellement saisie de deux questions préjudicielles introduites par l'Allemagne concernant le « *dieselgate* » [14]. Parmi les arguments développés, les juridictions de renvoi invoquent l'impératif de permettre aux *générations futures* de vivre une vie libre en lien avec l'article 1er de la Charte des droits fondamentaux relatif à la dignité humaine.

La protection du droit des générations futures par les juridictions nationales extra-européennes...

Partout dans le monde, les juridictions nationales extra-européennes ont vu se multiplier les instances mettant en cause les États, ainsi que les entreprises génératrices de pollution, en particulier les *carbon majors* ; le nombre de saisines ayant plus que doublé depuis 2015.

Ainsi, la *High Court* d'Afrique du Sud, dont la Constitution consacre dans son article 24 le droit à un environnement protégé au bénéfice des générations présentes et futures, a invalidé, dans une décision du 8 mars 2017 [15], une

(10) Req. n° 53600/20.

(11) Req. n° 7189/21.

(12) C. Lepage, Vers la reconnaissance d'un droit au climat comme droit humain, Dr. envir. 2023, n° 322.

(13) Ce texte a été rédigé avant que la Cour européenne rende ses trois arrêts du 9 avril 2024.

(14) C-388/21 et C-506/21.

(15) *Earthlife Africa Johannesburg c/ Ministry of environmental affairs.*

autorisation accordée pour la construction d'une centrale électrique au charbon en se fondant sur le principe de justice intergénérationnelle.

Le Brésil et le Canada ont reconnu le droit des peuples premiers à jouir de leurs terres ancestrales tant pour les générations actuelles que pour toutes les *générations futures*.

La cour suprême colombienne qui s'est prononcée à de nombreuses reprises sur le droit à un environnement sain en particulier pour les *générations futures*, a, par une décision du 5 avril 2018 [16], accueilli l'action, fondée sur la loi colombienne et sur l'accord de Paris, de vingt-cinq jeunes dénonçant la déforestation de la région amazonienne et les émissions de gaz à effet de serre. La Cour a reconnu à l'occasion de ce litige que les *générations futures* étaient des sujets de droit et pouvaient bénéficier de la procédure de « *tutelle* ».

La cour suprême péruvienne a aussi été saisie, le 19 décembre 2019, par un groupe de jeunes péruviens d'une action concernant la déforestation de l'Amazonie. Cette action est toujours pendante devant la haute cour du Pérou.

Sur le continent Asie, les Philippines, dès 1993, ont reconnu le droit à agir des enfants et le principe d'une responsabilité intergénérationnelle [17]. Un *citizen suit* a ainsi été ouvert à tous les citoyens philippins, chacun d'entre eux pouvant représenter d'autres personnes y compris des mineurs ou des générations qui ne sont pas encore nées. Dans son rapport de décembre 2022, la commission des droits de l'homme de la république des Philippines a clairement dénoncé la responsabilité des *carbon majors* dans les dommages environnementaux subis par les citoyens philippins.

Et par les juridictions nationales européennes...

En Europe enfin, la décision de la cour constitutionnelle fédérale allemande du 24 mars 2021 sur la loi relative à la protection du climat a eu une incidence importante au-delà de ses frontières. La Cour constitutionnelle a jugé une loi soumise à son examen non conforme aux droits fondamentaux et au principe d'égalité intergénérationnelle consacré par l'article 20 a) de la loi fondamentale, qui dispose que l'État protège de manière responsable pour les *générations futures* les bases naturelles de la vie, considérant que ce texte faisait peser l'effort climatique sur les générations futures.

Dans l'affaire *Fondation Urgenda c/ Pays-Bas*, la Cour suprême a reconnu à l'État une obligation légale d'assurer la protection de la vie privée et familiale des citoyens néerlandais y compris sur le long terme. Dans son argumentaire, Urgenda soutenait que les omissions actuelles de l'État en matière de réduction de gaz à effet de serre impactaient les *générations futures*.

Certains pays européens ont adopté une approche pragmatique fondée sur une solidarité intergénérationnelle relevant de la *soft law* [18]. Ainsi, la loi galloise a institué un « *future generations commissioner* » chargé de veiller aux obligations prises par le Pays de Galles en matière environnementale et d'encourager les autorités publiques à envisager les conséquences à long terme de leurs actions.

(16) *L. B. y otros c/ Présidencia de la Republica*.

(17) Cour suprême, 30 juill. 1993, *No Oposa c/ Factoran*.

(18) V. l'étude réalisée par le Conseil national des barreaux sur la *promotion du rôle de l'avocat dans le droit des générations futures*, commission prospective et innovation, 10 mars 2023.

... Laisse des interrogations en suspens

Il ressort de ces différentes applications, qui ne sont pas exhaustives, du concept de « générations futures » par les juridictions nationales et internationales deux questions principales.

La première est celle de la représentation des *générations futures*. Qui peut porter leur action et dans quelle mesure est-elle recevable ?

Différentes orientations se dessinent concernant la question de la recevabilité, révélant une grande disparité en fonction des pays et du statut des requérants.

Ainsi, dans le cas des recours introduits par des personnes physiques, la CEDH ne reconnaît la notion de victimes potentielles sur le fondement de l'article 34 de la Conv. EDH qu'à la double condition que la violation alléguée de la Convention soit probable et qu'elle concerne personnellement le requérant.

Les Philippines et la Colombie ont, au contraire, ouvert très largement leurs prétoires aux citoyens, ainsi qu'en attestent la décision *Oposa* et la procédure de *tutelle* colombienne précitées.

S'agissant de la recevabilité des associations à représenter les *générations futures*, on retrouve cette même disparité. Ainsi, dans l'affaire *Urgenda*, les juridictions néerlandaises ont jugé qu'une association défendant les intérêts d'une société durable devait être considérée comme défendant le droit non seulement des générations actuelles, mais aussi celui des générations futures, à la disponibilité des ressources naturelles et à un environnement sain.

A contrario, dans sa décision du 24 mars 2021 précitée, la Cour constitutionnelle allemande, si elle reconnaît le droit à agir des jeunes requérants, a déclaré irrecevable le recours de deux associations de défense de la nature au motif que ni la loi fondamentale, ni le droit processuel ne prévoient l'existence d'un tel recours constitutionnel.

La seconde question qui se pose porte sur l'existence d'un devoir de protection à la charge des entreprises privées à l'image de celui qui pèse sur les États.

À titre d'illustration, dans un jugement du 26 mai 2021, le tribunal de district de La Haye a retenu qu'il pesait sur la société *Royal Dutch Shell* une obligation de réduction de CO_2 en se fondant à la fois sur le code civil néerlandais, mais aussi sur les articles 2 et 8 de la Conv. EDH et sur d'autres instruments de *soft law*.

II. Une émergence récente du concept juridique de *générations futures* en France

Il ressort des textes nationaux que la référence expresse aux *générations futures* est peu fréquente et ne peut être assimilée à une véritable norme juridique.

Si le droit des générations futures demeure discret dans les textes législatifs français...

Les textes législatifs faisant directement référence au concept de « générations futures » sont peu nombreux.

La loi n° 91-1381 du 30 décembre 1991 relative aux recherches sur la gestion des déchets radioactifs évoque dans son article premier programmatique « *la gestion des déchets radioactifs à haute activité et à vie longue* » qui « *doit être assurée dans le respect de la protection de la nature, de l'environnement et de la santé, en prenant en considération les droits des générations futures* ».

La loi n° 2006-739 du 28 juin 2006, elle aussi relative à la gestion durable des matières et déchets radioactifs, intervenue quinze ans après la précédente, pose le principe de la réversibilité du stockage.

Enfin, l'article **L. 542-1 du code de l'environnement** qui concerne également les déchets radioactifs, fait directement référence aux *générations futures* et énonce dans son deuxième alinéa que « *La recherche et la mise en œuvre des moyens nécessaires à la mise en sécurité définitive des déchets radioactifs sont entreprises afin de prévenir ou de limiter les charges qui seront supportées par les générations futures* ».

Sur le même thème du stockage réversible en couche géologique profonde des déchets radioactifs de haute et moyenne activité à vie longue, la **loi n° 2016-1015 du 25 juillet 2016** est venue compléter le dispositif existant sans mesure contraignante s'agissant d'une responsabilité à l'égard des *générations futures*. **L'article L. 542-10-1** du code de l'environnement précise cependant dans son deuxième alinéa : « *La réversibilité est la capacité, pour les générations successives, soit de poursuivre la construction puis l'exploitation des tranches successives d'un stockage, soit de réévaluer les choix définis antérieurement et de faire évoluer les solutions de gestion.* »

Les textes concernant la protection de l'environnement, évoquent les *générations futures* dans leurs dispositions générales. Ainsi, l'article **L. 110-1 du code de l'environnement** qui reprend notamment les grands principes issus de la conférence des Nations unies de Rio de 1992, comme les principes de précaution, d'action préventive et de correction, de pollueur-payeur, de participation ou de non-régression, énonce que l'objectif de développement durable poursuivi « *vise à satisfaire les besoins de développement et la santé des générations présentes sans compromettre la capacité des générations futures à répondre aux leurs.* »

La loi n° 2017-399 du 27 mars 2017 relative au devoir de vigilance des sociétés mères et des entreprises donneuses d'ordre n'en fait pas mention, sauf incidemment au cours des débats parlementaires.

Enfin, la notion de « générations futures » s'est invitée dans les débats relatifs à la loi n° 2021-1104 du 22 août 2021 portant lutte contre le dérèglement climatique, sans pour autant donner lieu à l'expression d'une norme.

Il ressort de ce rapide examen des dispositions nationales applicables que si le thème des générations futures est bien présent dans les débats parlementaires, le législateur ne lui a pas conféré à ce jour de valeur normative.

Source d'inspiration qui ne suscite guère d'applications pratiques et ne bénéficiant pas d'un corpus de règles autonomes, le régime du droit des *générations futures* reste donc en grande partie à construire. Une importante décision rendue très récemment par le Conseil constitutionnel semble cependant amorcer une évolution intéressante sur la prise en compte du droit des *générations futures* dans le système juridique français.

... Le Conseil constitutionnel a récemment initié une importante évolution

La Charte de l'environnement, introduite par la loi constitutionnelle n° 2005-205 du 1er mars 2005, ne fait référence aux *générations futures* que dans son préambule. Toutefois, ses dispositions, de valeur constitutionnelle, mentionnent un certain nombre de principes pouvant contribuer à l'élaboration d'un droit des *générations futures*, au premier rang desquels le droit de vivre dans un environnement équilibré et respectueux de la santé, la nécessité de promouvoir un développement durable et l'application du principe de précaution.

En outre, si les articles de la Charte n'ont pas tous valeur normative, le Conseil constitutionnel a récemment conféré à la protection de l'environnement la qualité d'« *objectif de valeur constitutionnelle* » [19] et, dans une décision du 12 août 2022 [20], a renforcé la portée de son article 1er relatif au droit de chacun de vivre dans un environnement équilibré et respectueux de la santé.

Saisi du régime d'autorisation et de maintien en exploitation d'un terminal méthanier sur le site portuaire du Havre dont la finalité était d'augmenter les capacités nationales de traitement de gaz liquéfié, le Conseil constitutionnel a jugé dans cette affaire, faisant directement et pour la première fois référence aux *générations futures*, qu'« *il résulte du préambule de la Charte de l'environnement que la préservation de l'environnement doit être recherchée au même titre que les autres intérêts fondamentaux de la Nation et que les choix destinés à répondre aux besoins du présent ne doivent pas compromettre la capacité des générations futures à satisfaire leurs propres besoins* ».

Se fondant sur l'article 1er de la Charte, le Conseil a néanmoins procédé à une réserve d'interprétation et jugé que les dispositions contestées ne sauraient s'appliquer que dans le cas d'une menace grave sur la sécurité d'approvisionnement en gaz. Il appartiendra au juge administratif d'apprécier l'existence et la gravité de cette menace.

Le Conseil constitutionnel, encore plus récemment, a consacré la protection des droits des *générations futures* dans la réponse donnée à une question prioritaire de constitutionnalité posée par le Conseil d'État. Les requérants soutenaient que les dispositions contestées, plus précisément l'article L. 542-10-1 du code de l'environnement, ne garantissaient pas la réversibilité du stockage en couche géologique profonde des déchets radioactifs au-delà d'une période de cent ans, faisant ainsi obstacle à ce que les générations futures puissent revenir sur ce choix, les atteintes portées à la ressource en eau pouvant compromettre leur capacité à satisfaire leurs besoins.

Au visa de l'article 1er de la Charte et du 7e alinéa de son préambule aux termes duquel « *les choix destinés à répondre aux besoins du présent ne doivent pas compromettre la capacité des générations futures et des autres*

(19) Cons. const. 31 janv. 2020, n° 2019-823 QPC, *Union des industries de la protection des plantes*, AJDA 2020. 264 ; *ibid.* 1126 ; *ibid.* 425, tribune V. Goesel-Le Bihan, note F. Savonitto ; D. 2020. 1159, et les obs., note B. Parance et S. Mabile ; *ibid.* 1012, obs. V. Monteillet et G. Leray ; *ibid.* 1761, obs. N. Reboul-Maupin et Y. Strickler ; *ibid.* 1970, obs. L. d'Avout, S. Bollée et E. Farnoux ; *ibid.* 2021. 1308, obs. E. Debaets et N. Jacquinot ; AJCT 2020. 340, étude G. Bailly ; RFDA 2020. 501, chron. A. Roblot-Troizier ; Constitutions 2019. 594, Décision.

(20) Cons. const. 12 août 2022, n° 2022-843 DC, *Loi portant mesures d'urgence pour la protection du pouvoir d'achat*, AJDA 2022. 1655 ; D. 2022. 2140, et les obs., note N. Lenoir ; *ibid.* 2023. 975, obs. V. Monteillet et G. Leray ; *ibid.* 1235, obs. E. Debaets et N. Jacquinot.

peuples à satisfaire leurs propres besoins », le Conseil, dans sa décision QPC du 27 octobre 2023 [21], a considéré, à l'issue d'une motivation prenant en compte la charge de la gestion de ces déchets sur les générations futures, ainsi que la réversibilité des choix de stockage retenus, que les dispositions en cause étaient conformes à la Constitution.

L'apport majeur de cette décision est l'intégration du concept de *générations futures* dans le raisonnement tenu par le Conseil qui adopte clairement une approche transgénérationnelle dans un domaine, celui de la temporalité du stockage des déchets radioactifs de haute activité à vie longue, impliquant nécessairement un horizon temporel incluant plusieurs générations.

Certains auteurs ont considéré que la décision du Conseil pouvait enclencher un « *processus de densification normative du droit des générations futures en droit français* » [22].

D'autres s'interrogent sur la stratégie de liaison des articles substantiels de la Charte avec les considérants de son préambule – plus précisément sur *la lumière* portée par le 7e considérant – et posent la question du seuil à partir duquel doivent être pris en compte les intérêts *des générations futures* [23]. Selon ces auteurs, l'argument des *générations futures* ne pourrait être invoqué, au regard de cette décision du Conseil constitutionnel, que dans le cas d'atteintes graves et irréversibles.

À la suite de cette décision, le Conseil d'État a confirmé l'utilité publique du stockage des déchets radioactifs de haute et moyenne activité à vie longue en couche géologique profonde et l'inscription du projet sur la liste des opérations d'intérêt national [24].

Dans le sillage de la décision du Conseil constitutionnel, le tribunal administratif de Strasbourg, par une ordonnance de référé du 7 novembre 2023, a finalement suspendu l'arrêté du préfet du Haut-Rhin prolongeant pour une durée illimitée une autorisation de stockage en couches géologiques profondes de produits dangereux non radioactifs en se fondant sur l'article 1er de la Charte, éclairé par le septième alinéa de son préambule, et sur l'absence de réversibilité du stockage.

III. Le concept de « générations futures » : un avenir encore incertain

Si, comme nous l'avons développé plus haut, l'affirmation du concept de « générations futures » rencontre certaines difficultés, il est aussi porteur de nombreuses attentes.

L'application du concept par les juridictions judiciaires à travers des mécanismes traditionnels, une tentative de pallier l'insuffisance des outils textuels

Les obstacles à son application effective résident, d'une part, dans l'absence de définition de la notion, et d'autre part, dans l'absence de support textuel ayant une valeur normative.

(21) Cons. const. 27 oct. 2023, n° 2023-1066, JA 2023, n° 689, p. 11, obs. T. Giraud.

(22) É. Gaillard, Droit des générations futures – Vers la reconnaissance d'un droit des générations futures ? – Réflexions autour de la QPC n° 2023-1066 relative au stockage des déchets radioactifs en couche géologique profonde, EEI 2023, n° 12, comm. 93.

(23) J. Rochefeld et L. Fonbaustier Environnement – Le Conseil constitutionnel et les intérêts des générations futures, JCP 2023, n° 49, Doctr. 1428.

(24) CE 1er déc. 2023, nos 467331 et 467370, Lebon ; AJDA 2023. 2245.

Ainsi, la notion de « générations futures » n'est présente dans aucun des arrêts des chambres civiles de la Cour de cassation et ne fait pas partie de son champ lexical.

Tout comme les écosystèmes ou la biodiversité (forêts, fleuves, habitats naturels...), les *générations futures* ne sont, en effet, pas des sujets de droit, ce qui rend leur appréhension délicate pour le droit civil, notamment pour ce qui concerne leur intérêt à agir et leur représentation.

Toutefois, de manière indirecte, les mécanismes classiques de la responsabilité contractuelle ou délictuelle permettent de parvenir à sa protection.

La jurisprudence judiciaire a ainsi reconnu aux associations, qu'elles entrent ou pas dans le champ de l'habilitation législative de l'article L. 142-2 du code de l'environnement, un large accès à ses prétoires puisqu'il suffit qu'un intérêt collectif en rapport avec l'objet social de l'association existe pour que son action soit recevable.

Cette interprétation souple de la recevabilité peut se conjuguer avec la recherche d'une responsabilité préventive se rapprochant du principe de précaution et visant non seulement des préjudices existants, mais aussi des atteintes prévisibles à l'environnement.

En outre, la réparation du préjudice moral indirect est admise, de sorte que la seule violation de la législation environnementale, indépendamment de tout préjudice consommé, peut donner lieu à réparation [25].

Sans parvenir à une véritable *justice par anticipation*, les juridictions judiciaires ont ainsi su élargir le périmètre des réparations en matière environnementale.

Si la protection des générations futures fait l'objet de nombreuses attentes...

À l'initiative du secrétaire général des Nations unies, un prochain sommet de l'avenir devrait se tenir en septembre 2024 et porter sur un « *pacte pour l'avenir* » portant notamment sur les solidarités intergénérationnelles.

En vue de la préparation de ce sommet, un certain nombre de notes d'orientation ont été publiées ; l'une d'elles porte sur les *générations à venir*.

Intitulé « *Réfléchir et agir pour les générations futures* », ce document relève que nos générations ont l'obligation de préserver la capacité des générations futures à exercer effectivement leurs droits humains et à déterminer leurs propres besoins. Aux termes de cette note, les rédacteurs insistent sur le fait que la prise en compte de l'avenir constitue à la fois une nécessité pratique impérieuse, mais aussi une obligation morale envers les générations à naître.

Après avoir évoqué la place du droit des *générations futures* dans les accords internationaux, ainsi que dans les Constitutions et les textes nationaux, la note d'orientation propose la mise en place de plusieurs mesures visant à lui donner une traduction concrète, telles que la désignation d'un envoyé spécial chargé de porter la voix des générations futures

(25) Civ. 3e, 8 juin 2011, n° 10-15.500, D. 2011. 2635, obs. G. Forest, note B. Parance ; *ibid.* 2694, obs. F. G. Trébulle ; JA 2011, n° 443, p. 12, obs. E. Benazeth ; AJDI 2011. 875, obs. S. Prigent ; RTD civ. 2011. 765, obs. P. Jourdain.

au sein du système des Nations unies, l'amélioration de l'utilisation de la prospective, de la science et des données au service de cette cause, l'adoption d'une déclaration sur les générations futures ou encore la création d'une instance dédiée aux générations futures.

Les décisions et avis des juridictions à intervenir dans les prochains mois sur le sujet des *générations futures* sont nombreuses.

Outre les décisions attendues de la Cour européenne des droits de l'homme, l'assemblée générale des Nations unies a demandé, en mars 2023 (A/77/276), un avis consultatif à la Cour internationale de justice sur le point de savoir « *quelles sont, en droit international, les obligations qui incombent aux États en ce qui concerne la protection du système climatique et d'autres composantes de l'environnement contre les émissions anthropiques de gaz à effet de serre pour les États et pour les générations présentes et futures ?* » ; le texte de la décision s'attache à envisager les conséquences des actions ou omissions des États en matière climatique à l'égard « *des peuples et des individus des générations présentes et futures atteints par les effets néfastes des changements climatiques* ».

Les républiques de Colombie et du Chili ont, de leur côté, saisi, le 9 janvier 2023, la Cour interaméricaine des droits de l'homme d'une demande d'avis consultatif portant sur l'urgence climatique, la recrudescence de phénomènes climatiques extrêmes (sécheresse, inondations, incendies...) ayant un impact notable sur les droits des personnes et mettant en péril les générations futures.

Parmi les questions posées à la cour interrégionale, celle concernant les obligations des États portant sur les droits différenciés des enfants et des générations nouvelles par rapport à l'urgence climatique fondée notamment sur l'article 12 de la Convention des droits de l'enfant a fait l'objet d'un développement distinct. L'interrogation porte ainsi sur « *la nature et la portée de l'obligation d'un État partie de fournir aux enfants les moyens nécessaires et efficaces d'exprimer librement et pleinement leurs opinions, y compris la possibilité d'intenter ou de participer à une procédure judiciaire ou administrative relative à la prévention du changement climatique, qui constitue une menace contre leur vie* ».

Par ailleurs, la CEDH dans les affaires susvisées (*D. A. c/ Portugal, VereinSeniorinnen Schweiz c/ Suisse* et *C. c/ France*) devrait rendre ses décisions dans le courant de l'année 2024. Elles détermineront la position des États parties et le sort des dossiers en instance.

Ces prochaines décisions et avis des organisations et juridictions internationales devraient lever un certain nombre d'incertitudes entourant la protection des droits des *générations futures*.

... L'imminence de ces réponses ne devrait cependant pas empêcher les autorités nationales de se saisir dès à présent du sujet, ainsi que les y invite le Conseil de l'Europe

Mais dès à présent, à l'échelle nationale, le législateur français pourrait, comme l'y invitent les dernières décisions du Conseil constitutionnel et au-delà des débats parlementaires souvent nourris sur ce sujet, prendre en considération, lorsqu'il adopte des textes concernant l'environnement, leurs conséquences sur les *générations futures* et inscrire la protection de leurs droits dans la loi.

Cette inscription dans la *hard law* conduirait à protéger leurs intérêts, mais aussi à sanctionner et réparer les atteintes pouvant y être portées.

À défaut de prendre en compte le droit à un environnement sain des générations présentes mais aussi futures, le législateur ou l'administration dans ses actes réglementaires s'exposent à voir les normes qu'ils édictent contestées devant le juge constitutionnel ou administratif.

Le Conseil de l'Europe, aux termes d'une recommandation 2211 (2021) de l'Assemblée parlementaire, a souhaité inscrire les *générations futures* dans un nouveau protocole additionnel et a reconnu qu'il devait moderniser son action normative et y inclure des droits humains de nouvelle génération. Désireuse d'adopter une vision stratégique pour l'avenir, l'Assemblée s'est aussi engagée à veiller à « *renforcer la protection de ces droits à l'heure où des menaces environnementales systémiques pèsent sur les générations actuelles et futures* ».

Pour ce faire, elle a recommandé au Comité des ministres d'élaborer un protocole additionnel à la Conv. EDH sur un droit à un environnement sûr, propre, sain et durable y compris pour les générations futures, et a annexé un projet de protocole additionnel à sa recommandation.

Le préambule de ce projet fait référence aux *générations futures* et vise la Déclaration de Stockholm de 1972 qui énonce que chaque être humain a le devoir solennel de protéger et d'améliorer l'environnement pour les générations présentes et futures.

Le texte même du projet de protocole mentionne dans son article 2 : « *Toute génération a le devoir de protéger l'environnement et la biodiversité, et d'empêcher toute atteinte irréparable et irréversible à la vie sur Terre, pour assurer aux générations suivantes le droit de vivre dans un environnement sûr, propre, sain et durable.* »

En définitive, le(s) droit(s) des générations futures reste(nt) à construire. Cette construction implique ce que Sonya Djemni-Wagner a qualifié d'« *usage innovant du droit* » [26], le juge étant amené à prendre en considération non seulement son propre droit national dans toutes ses composantes – judiciaire, administrative et constitutionnelle – mais aussi à l'échelle communautaire et internationale. Un tel assemblage d'influences diverses participe d'un nouvel instrument juridique à vocation universelle. Si cet instrument reste encore à construire, la tendance mondiale à son émergence semble désormais irréversible.

(26) S. Djemni-Wagner, Droit(s) des générations futures : une réflexion prospective sous les auspices des « forces imaginantes du droit », Dr. envir. 2023, n° 323.

L'Union européenne au service de l'effectivité du droit du climat : une action à double détente

Valentine Arnal

Étudiante, Master 2 Droit de l'environnement - Recherche, Paris I Panthéon Sorbonne et Panthéon-Assas

Rose Bathellier

Étudiante, Master 2 Droit de l'environnement - Recherche, Paris I Panthéon Sorbonne et Panthéon-Assas

Léa Corbière

Étudiante, Master 2 Droit de l'environnement - Recherche, Paris I Panthéon Sorbonne et Panthéon-Assas

Anna-Lisa Lafay

Étudiante, Master 2 Droit de l'environnement - Recherche, Paris I Panthéon Sorbonne et Panthéon-Assas

Mathilda Lorkin

Étudiante, Master 2 Droit de l'environnement - Recherche, Paris I Panthéon Sorbonne et Panthéon-Assas

Justine Van Wyngene

Étudiante, Master 2 Droit de l'environnement - Recherche, Paris I Panthéon Sorbonne et Panthéon-Assas

1. La 28e conférence des parties à l'accord de Paris s'est clôturée, en décembre dernier, par la décision de sortir progressivement des énergies fossiles, afin d'atteindre la neutralité carbone d'ici 2050 [1]. L'urgence climatique se situe au carrefour entre des considérations liées à la protection de l'environnement et à l'approvisionnement énergétique des États. Une transition s'avère nécessaire à double titre : elle est indispensable à la réalisation des objectifs climatiques issus de l'accord de Paris et elle contribue à garantir l'indépendance de l'Union européenne face aux pays exportateurs d'énergie dont la Russie,

(1) COP28 - Victoire sur la sortie des énergies fossiles, ministère de la Transition écologique, 13/12/2023 (ecologie.gouv.fr).

principal fournisseur d'énergie fossile importée [2]. L'enjeu est donc de taille et nécessite une mobilisation des instruments économiques et juridiques majeure.

2. Le GIEC affirme que les activités anthropiques ont conduit (directement ou indirectement) à des **changements climatiques** qui « altèrent la composition de l'atmosphère mondiale et qui viennent s'ajouter à la variabilité naturelle du climat observée au cours de périodes comparables. » [3]

Face à ce phénomène, des **objectifs climatiques** ont été posés lors de la COP21 en 2015 et traduits dans l'accord de Paris qui en découle. Ils visent d'une part, l'atténuation des émissions de gaz à effet de serre contribuant au changement climatique par le biais d'objectifs chiffrés. Il s'agit de limiter la hausse des températures bien en deçà de 2 °C par rapport à l'ère préindustrielle, en faisant tous les efforts pour la maintenir en deçà de 1,5 °C, ce qui implique de parvenir à la neutralité carbone d'ici 2050. D'autre part, l'adaptation aux effets du changement climatique est également une priorité et se traduit par divers instruments juridiques comme économiques.

3. Dans cette dynamique, l'**Union européenne s'est saisie de sa compétence environnementale** découlant des articles 191 et 192 TFUE ainsi que de la clause d'intégration prévue à l'article 11 du même traité pour développer et mettre en œuvre une politique climatique communautaire. La compétence relative au marché intérieur (art. 114 TFUE) et celle relative à l'énergie (art. 194 TFUE) sont également mobilisées en la matière. Priorité dans l'agenda, le climat devient l'objet premier des réglementations et politiques environnementales et en occulte les autres pans tels que la protection de la biodiversité. Les autres limites planétaires [4] sont malheureusement reléguées au second plan. Le Pacte vert – feuille de route adoptée afin de parvenir à la neutralité carbone d'ici 2050 – n'échappe pas à cette logique. Le paquet législatif et réglementaire d'ajustement à l'objectif de réduction des gaz à effet de serre « *Fit for 55* » (ou « Ajustement à l'objectif 55 % ») cible presque uniquement l'émission de ces gaz qui ne sont pourtant qu'une facette de la crise écologique actuelle.

4. Ce saisissement par l'Union de sa compétence s'intègre dans la pratique de sa **politique dite d'exemplarité**. Pratiquée sur la scène internationale dans le cadre de la conférence de Stockholm puis de Río, cette politique la place comme acteur phare dans les négociations et implique un réel engagement qui se traduit par l'adoption de normes communautaires, et d'objectifs plus ambitieux que ceux adoptés par les États parties aux différentes COP.

Or, « *La politique d'exemplarité qui avait conduit les Européens à anticiper sur la mise en œuvre du protocole de Kyoto, puis sur la conférence de Copenhague, paraît avoir fait place à une grande discrétion teintée de circonspection* » [5]. L'ambition dont l'Union a fait preuve s'estompe au profit d'une politique en demi-teinte à mesure que les COP s'enchaînent et que l'urgence climatique se fait sentir.

5. Cette évolution peut s'analyser parallèlement à la restriction de l'accès au prétoire par la Cour de justice de l'Union européenne (CJUE) dans l'affaire *C* [6]. Elle confirme l'irrecevabilité d'un recours en annulation de certaines dispositions du

(2) En 2020, Eurostat déclare que 29 % du pétrole, 43 % du gaz et 54 % du charbon importés en Europe proviennent de Russie. V. https://ec.europa.eu/eurostat/web/interactive-publications/energy-2023.

(3) Convention-cadre des Nations unies sur les changements climatiques,1992, art. 1 § 2.

(4) J. Rockström, *et alii*, *Planetary Boundaries: Exploring the Safe Operating Space for Humanity, Ecology and Society, 14*(2), 2009, disponible au lien ci-contre : https://doi.org/10.5751/es-03180-140232.

(5) P. Thieffry, *Traité de l'environnement et du climat*, Bruylant 2020. 69-70.

(6) CJUE 25 mars 2021, aff. C-565/19 P, *C. c/ Parlement et Conseil*, RTD eur. 2022. 600, obs. P. Thieffry.

paquet « énergie et climat » [7] considérant que les requérants ne pouvaient être considérés comme les destinataires des dispositions litigieuses. C'est donc (de nouveau), sur le fondement de l'intérêt à agir que l'affaire échoue, témoignant d'un certain retrait de l'Union européenne en matière de contentieux climatiques.

L'accès au prétoire de l'Union reste très (trop) limité en matière climatique ce qui conduit à cantonner le contentieux climatique à l'échelle des États membres, ou de préférer une stratégie fondée sur les droits humains devant la Cour européenne des droits de l'homme (CEDH). La CJUE semble donc en retard en matière de contentieux climatique.

6. En déplaçant l'analyse outre-Atlantique, on remonte au berceau des contentieux climatiques. En effet, selon Me Christian Huglo, la notion même a émergé aux États-Unis dans les années 1980 [8]. Alors que de premières affaires sont plaidées devant les tribunaux dès les années 1990, la voie juridictionnelle a été véritablement ouverte avec l'affaire *Massachussetts v. EPA* en 2007 [9] au cours de laquelle l'Agence américaine de protection de l'environnement se voit contrainte de réglementer les émissions de gaz à effet de serre générées par les tuyaux d'échappement.

En 2022, la plateforme du *Sabin Center for Climate Change Law* comptabilise 1522 affaires aux États-Unis contre 62 dans l'Union européenne [10]. Outre la paternité qui peut être établie, ces affaires sont actuellement en pleine expansion sur le sol américain et leurs fondements se diversifient (fraude, étiquetage, responsabilité climatique etc.) qui vont progressivement conduire les juges de certains États fédérés à reconnaître l'existence de certains droits environnementaux substantiels [11]. L'étude de la diversité des fondements mobilisés dans le cadre de ces affaires ouvre des perspectives intéressantes en matière de stratégies contentieuses dans les États membres (sous réserve de la transposabilité de ces fondements).

7. Le cadre communautaire offre donc un objet d'étude pertinent en matière de politique climatique. Il met en lumière le décalage existant entre le temps de l'action normative et contentieuse qui s'illustre particulièrement en la matière. Les instruments généraux comme sectoriels abondent, mais l'accès au prétoire reste limité ce qui entache l'effectivité des contraintes pesant sur les États membres et les entreprises. Le temps du droit peine à rattraper celui de l'expertise et des prises de conscience.

Face à ce décalage temporel, l'émergence d'une vague récente de contentieux climatiques [12] devant les prétoires des États membres de l'Union européenne n'a rien de surprenant et les affaires portées devant la CJUE tendent à se multiplier. *Cela interroge quant au renforcement de l'effectivité du droit du climat par l'activité normative de l'Union européenne.*

8. Un état des lieux des instruments normatifs adoptés par l'Union en matière de climat doit donc être dressé. Ces instruments témoignent de la traduction nuancée par l'Union des objectifs internationaux fixés en matière de climat, qu'elle a elle-même contribué à élaborer (I). Certains outils apparaissent ainsi mobilisables par les juristes dans le cadre des contentieux climatiques à l'échelle communautaire (II).

(7) Ce paquet est constitué de la directive (UE) 2018/410 du Parlement européen et du Conseil du 14 mars 2018 (JOUE n° L 76, 19 mars) et des règlements (UE) 2018/841 et 2018/842 du Parlement européen et du Conseil du 30 mai 2018 (JOUE n° L 156, 19 juin).

(8) C. Huglo, *Le contentieux climatique : une révolution mondiale*, Bruylant, 2018.

(9) *Massachusetts v. EPA*, Cour suprême des États-Unis, 2 avr. 2007, 549 U.S. 497.

(10) Base de données du *Sabin Center for Climate Change Law*, recensement des contentieux climatiques : https://climate.law.columbia.edu/.

(11) *Montana First Judicial District Court*, 14 août 2023, n° CDV-2020-307.

(12) *Sabin Center for Climate Change Law, PNUE. Global Climate Litigation Report: 2023 Status Review, Columbia Law School*, 2023.

I. Une traduction nuancée des objectifs politiques climatiques internationaux par l'Union européenne

9. *Au cours des négociations des différents accords internationaux phares en matière climatique, l'Union a endossé un rôle clé dans l'élaboration des objectifs climatiques (A). Cette phase, que l'on pourrait qualifier de « géopolitique » se conjugue avec une phase davantage normative qui se traduit par l'intégration et la transposition de ces objectifs dans l'ordre juridique communautaire (B).*

A. Une approche politique des enjeux climatiques

10. Les négociations d'objectifs climatiques sont tout à fait politiques, faisant l'objet de discussions et de compromis, sur la base de divers rapports scientifiques. Le rôle de l'Union dans la *géopolitique du climat* est pluriel. Actrice à part entière dans les négociations internationales (1), elle constitue également une enceinte de négociation pour les États membres dans l'élaboration de la politique climatique communautaire (2).

1. L'évolution de la pratique de la politique d'exemplarité de l'Union européenne dans les négociations internationales pour le climat

11. L'Union européenne s'est démarquée par la pratique de la politique d'exemplarité en anticipant le protocole de Kyoto [13] puis la conférence de Copenhague. Cette politique s'illustre par la mobilisation conjointe des négociations internationales et de l'ordre normatif communautaire pour concrétiser les objectifs climatiques. En jouant sur les deux terrains, elle assoit sa position de *leader* dans les négociations internationales [14]. Ainsi, elle mobilise un *soft leadership* ce qui lui permet d'accroître sa crédibilité internationale [15].

À l'occasion du protocole de Kyoto, elle se fixe un objectif plus ambitieux de réduction de 8 % de ses propres émissions de CO_2 par rapport aux émissions de 1990 (par rapport aux 5,2 % imposés). En outre, elle adopte le premier programme européen sur le changement climatique en 2000 [16], ainsi que la directive 2003/87/CE instituant le Système communautaire d'échange de quotas d'émissions (SCEQE). Lors de la conférence de Copenhague, elle défend sa position antérieure visant à introduire un objectif de réduction des émissions de gaz à effet de serre de 50 % d'ici 2050 [17] qui ne sera pas retenu dans l'accord. Elle adopte le paquet « énergie-climat » faisant référence aux objectifs « *3 fois 20 pour 2020* » [18] ainsi que la directive 2009/29/CE prolongeant le SCEQE pour la période 2013-2020.

Or, l'Union européenne semble avoir mis un terme à sa politique d'exemplarité lors de l'accord de Paris et c'est désormais avec plus de discrétion qu'elle prend part aux négociations internationales relatives au climat [19].

12. C'est désormais à l'aune de la COP28, s'étant tenue à Dubaï au mois de décembre 2023, qu'on se propose d'évaluer l'exemplarité des pratiques européennes en matière de climat. Cette COP a clôturé un exercice délicat – la conclusion d'un premier bilan mondial des efforts menés en matière de réduction des émissions de gaz à effet de serre. Prévu par l'article 14 de l'accord de Paris,

(13) Protocole de Kyoto à la Convention-cadre des Nations unies sur les changements climatiques signé en 1997.

(14) E. Russo, *L'Union européenne et le changement climatique : aspects juridiques*, Thèse Paris II, soutenue le 6 oct. 2015.

(15) *Ibid.*

(16) Commission européenne, Politiques et mesures proposées par l'UE pour réduire les émissions de gaz à effet de serre : vers un programme européen sur le changement climatique (PECC), COM (2000) 88 final, du 8 mars 2023.

(17) Commission européenne, Vers un accord global en matière de changement climatique à Copenhague, Communication, COM (2009) 39 du 28 janvier 2009.

(18) Cela fait référence à une réduction des émissions de gaz à effet de serre de 20 % par rapport à 1990, à une augmentation de 20 % de l'énergie produite à partir d'une source renouvelable et de l'augmentation de 20 % de l'efficacité énergétique.

(19) P. Thieffry, Chronique Droit européen de l'environnement – L'accord de Paris ou l'abandon de la politique d'exemplarité en matière de lutte contre les changements climatiques, RTD eur. 2016. 465.

celui-ci permet d'estimer si ces efforts sont en adéquation avec l'objectif posé à son article deux. L'analyse par le Secrétariat de la Convention-cadre des Nations unies sur les changements climatiques (CCNUCC) des contributions nationalement déterminées (CND, ou NDCs en anglais) soumises par les États parties à l'accord de Paris est sans appel : les efforts en matière de réduction d'émissions de gaz à effet de serre sont insuffisants pour limiter l'augmentation de la température mondiale sous les seuils fixés [20]. C'est également le cas de l'Union européenne puisque les plans nationaux énergie-climat adoptés par chaque État membre ne permettraient pas d'atteindre les -55 % d'émissions prévues d'ici 2030. Selon la Commission, la trajectoire actuelle permettrait seulement d'atteindre les -51 % [21]. Ce chiffre reste à lire à l'aune des critiques de la Cour des comptes européenne, qui relève un financement et des actions insuffisants en matière climatique [22]. C'est sans prendre en compte les critiques faites à l'objectif même de réduction d'émissions d'ici 2030, qui aurait pu être plus ambitieux et viser les -65 %. [23]

L'aspect qui dessert peut-être le plus la crédibilité de l'Union européenne en matière climatique demeure sans doute lié à sa gestion peu convaincante des conflits d'intérêts. Le chef de la délégation de l'Union européenne à la COP28 était le commissaire européen chargé du climat Wopke Hoekstra, vivement critiqué pour avoir travaillé au sein de la compagnie pétrolière Shell puis pour le cabinet de consultation privé McKinsey pendant 11 ans [24]. Ces craintes ont été exprimées lors de la session de questions du Parlement européen préalable à sa nomination, durant laquelle le commissaire Hoekstra s'est engagé à dévoiler publiquement la liste des clients qu'il a conseillés chez McKinsey [25]. Il a été vivement critiqué pour ne pas l'avoir fait [26]. En effet, la COP28 a permis pour la première fois de constater ouvertement l'influence des lobbies pétroliers sur les décisions internationales prises en matière climatique [27]. Celles-ci irriguent ensuite les différents droits nationaux et peuvent être des instruments utiles au contentieux, quand en tout cas ces décisions sont concrétisées juridiquement [28]. Ainsi, l'encadrement inadéquat de la forte influence d'entreprises porteuses d'intérêt difficilement conciliables avec les objectifs climatiques actuels est problématique [29]. On peut craindre que ce qui devrait être une conciliation entre intérêts économiques et environnementaux ne soit qu'une dilution des seconds au profit des premiers.

2. L'Union européenne, enceinte de négociation de l'intégration des objectifs climatiques internationaux

13. L'Union constitue également une enceinte de négociation pour ses États membres, ils s'en emparent pour donner corps à la politique climatique européenne. Celle-ci oscille donc entre les intérêts portés par les différentes Institutions et ceux des États parties aux négociations. Les positions de ces derniers divergent notamment sur le plan de leur contribution au réchauffement climatique, notamment en raison de la diversité de leurs situations socio-économiques. La CCNUCC liste en annexe les pays considérés comme développés. On

(20) *Technical dialogue of the first global stocktake. Synthesis report by the co-facilitators on the technical dialogue*, SBI et SBTA, UNFCCC, 8 sept. 2023, p. 5 [consulté le 12 janv. 2024]. Disponible sur : https://unfccc.int/sites/default/files/resource/sb2023_09_adv.pdf.

(21) *Progress report 2023 : Climate action*, Commission européenne, 2023, p. 56, accessible ici : https://climate.ec.europa.eu/system/files/2023-11/com_2023_653_glossy_en_0.pdf.

(22) Rapport spécial : objectifs de l'UE en matière de climat et d'énergie, Cour des comptes de l'UE, 2023, p. 5 *Special report 18/2023 : EU climate and energy targets* (europa.eu).

(23) B. Bozso, K. Rohrig, *The inconvenient truth about EU's climate and energy ambition*, article, 14 mars 2023.

(24) K. Abnett, A. Deutsche, *Wopke Hoekstra: from young Shell employee to EU climate chief*, 4 oct. 2023, Reuters. Accédé le 11 janv. 2024.

(25) Session de question-réponse entre le Parlement européen et le commissaire Wopke avant sa nomination, accessible ici : https://www.europarl.europa.eu/news/files/commissionners/wopke-hoekstra/en-wopke-hoekstra-additional-questions-and-answers.pdf.

(26) *Corporate Europe Observatory, Hoekstra's inconvenient past a liability at COP28?*, article, 22 nov. 2023.

(27) *Ibid* ; J. Rowlatt, *UAE planned to use COP28 climate talks to make oil deals*, BBC News, 27 nov. 2023, accédé le 10 janv. 2023.

(28) *Ibid.*

(29) *Appel joint de la société civile sur la gestion des conflits d'intérêts au sein des COP*, 17 août 2022, *Joint civil society submission on COI- Aug 17 2022* (corporateaccountability.org) ; Kick Big Polluter out, Record number of fossil fuel lobbyists at COP28, 5 nov. 2023, Release : Record number of fossil fuel lobbyists at COP28 | Kick Big Polluters Out.*

y trouve presque l'intégralité des États membres de l'Union européenne, à l'exception de Chypre et de Malte. Par ailleurs, la majorité des pays d'Europe orientale membres de l'Union sont considérés comme des « pays en transition vers une économie de marché » [30], notamment la Pologne. Cela met en lumière les différences de situations des États au sein même de l'Union européenne.

Cet écart se traduit dans les instruments adoptés dans le cadre de la politique climatique, comme en témoigne la décision dite *effort sharing decision* [31]. Elle fixe les limites d'émission de gaz à effet de serre par État membre (annexe II) [32] pour 2020 par rapport au niveau d'émission constaté en 2005. En fonction des capacités de chaque État membre, cet effort de réduction oscille entre -20 % (Danemark, Irlande, Luxembourg) et +20 % (Bulgarie).

14. L'action climatique se situe au carrefour de la politique environnementale fondée sur les articles 191 et 192 TFUE et sur la politique énergétique fondée sur l'article 194 TFUE. Or, le choix de la base légale sur laquelle se fonde une mesure n'est pas anodin. Les articles 192 § 1 et 194 § 2 font référence à une prise de décision suivant la procédure législative ordinaire respectivement en matière environnementale et énergétique.

Ces mêmes articles prévoient par exception la prise de décision à l'unanimité notamment pour les mesures *affectant sensiblement le choix d'un État membre entre différentes sources d'énergie et la structure générale de son approvisionnement énergétique* [33] et pour les mesures de nature *essentiellement fiscales* [34]. Ces dérogations à la règle de la majorité (simple ou qualifiée) sont régulièrement invoquées par des États membres pour faire obstacle à l'adoption de mesures d'atténuation des émissions de gaz à effet de serre. Ainsi, la Pologne a été déboutée dans le cadre d'une action portée contre la réserve de stabilité du marché des quotas d'émission de gaz à effet de serre. Cette mesure, selon la Cour, ne vise pas à affecter le mix énergétique des États mais à remédier aux dérèglements du marché. Climatoscepticisme ou revendication de souveraineté nationale, ces actions illustrent les divergences existant entre les politiques climatiques étatiques portées par les États membres.

15. En matière de droit de l'Union européenne, il est essentiel de prendre du recul et de se concentrer sur les modalités d'élaboration des normes. Un point de vue purement normativiste sur un objet aussi politique que le climat tronquerait l'analyse d'un contexte essentiel à la compréhension des positions climatiques européennes. L'Union européenne tente de présenter un front uni, mais la matière climatique influence tant de secteurs qu'elle divise les États membres, comme le montre l'exemple de la Pologne. Elle fait partie, avec la Hongrie, des six membres de l'Union européenne qui n'ont toujours pas soumis leurs plans énergie-climat [35]. Cette réticence de la Pologne se traduit factuellement par une activité d'extraction de charbon représentant 95,5 % de la production de l'Union européenne [36]. Face à cela, les mesures climatiques européennes impulsées par l'Allemagne sont perçues comme une ingérence [37]. La priorité est, pour l'heure, à la sécurité des approvisionnements.

Il est intéressant de mettre cela en perspective avec une montée du climatoscepticisme, une mouvance consistant à nier ou minimiser l'origine anthropique du réchauffement climatique, voire le

(30) Ces pays sont la Bulgarie, l'Estonie, la Hongrie, la Lettonie, la Lituanie, la Pologne, la République tchèque, la Roumanie, la Slovénie et la Slovaquie.

(31) Décis. nº 406/2009 du 23 avril 2009, relative à l'effort à fournir par les États membres pour réduire leurs émissions de gaz à effet de serre afin de respecter les engagements de la Communauté en matière de réduction de ces émissions jusqu'en 2020, adoptée par le Parlement européen et le Conseil.

(32) Décis. nº 406/2009/CE du Parlement européen et du Conseil du 23 avril 2009, art. 3.

(33) TFUE, art. 192 § 2.

(34) TFUE art. 192 § 2 a) et art. 194 § 3.

(35) *National energy and climate plans, Commission recommendations, 2023. National energy and climate plans* (europa.eu).

(36) *Coal production and consumption statistics*, Eurostat, mars 2022.

(37) A. Osinski, M. Petel, La Pologne s'accroche à son charbon, *Le Monde diplomatique* nº 189 juin-juillet, 2022, p. 42-43.

réchauffement lui-même[38]. Combiné aux montées dans l'Union européenne d'une extrême droite se faisant le véhicule de telles pensées[39], cela permet d'ajouter un filtre de lecture supplémentaire aux tensions européennes en matière climatique.

16. Cettc approche politique permet d'appréhender les différents biais qui s'appliquent lors de l'élaboration des normes et au stade de leur application. Toutefois, le droit de l'Union européenne en matière de climat reste un droit relativement effectif et tourné sur les mécanismes du marché (B).

B. Une approche juridique des enjeux climatiques

17. L'exemplarité que l'Union européenne affiche au sein des négociations, se poursuit jusque dans son intégration des règles de droit international en droit communautaire qui leur confère une effectivité pérenne. L'Union opère cette transcription via la mobilisation d'instruments réglementaires (1) en adoptant une approche qui se veut sectorielle (2).

1. Mobilisation d'instruments réglementaires : un droit européen climatique effectif

18. À la suite de l'accord de Paris, un mécanisme de transparence renforcée s'impose pour le suivi de la suffisance des engagements et de leur mise en œuvre. Il s'agit d'un système de procédure qui vise à la déclaration pour tous les États de leur contribution à l'objectif de ne pas dépasser les +2 °C. En effet, chaque partie à l'accord de Paris est tenue formellement d'établir une contribution nationalement déterminée (CND) à cet objectif d'atténuation des émissions de gaz à effet de serre, qu'elle doit renouveler au bout de cinq années. Au niveau de l'Union européenne, c'est le règlement 2018/1999 du 11 décembre 2018 sur la gouvernance de l'Union de l'énergie et de l'action pour le climat qui intègre ce processus. Le mécanisme de gouvernance mis en place par le règlement 2018/1999 permet d'intégrer l'Accord au niveau européen via un mécanisme de surveillance des efforts entrepris par chaque État membre en vue d'atteindre les objectifs de l'Accord. Ce mécanisme adopté par l'Union européenne s'inscrit dans une approche de *burden sharing*, ou en français du partage des charges ou partage de fardeau au sein des États membres[40]. Ce principe consiste en la répartition entre chaque partie d'un objectif global[41]. Cette approche, l'Union européenne l'intègre dès 1997, en adoptant dans ses conclusions du 3 mars 1997, un accord sur « la répartition provisoire des efforts de limitation et de réduction des émissions entre États membres »[42] (le *burden sharing*)[43]. Dans le cadre du mécanisme de 2018, tous les États membres doivent adopter des PNIEC (Plans nationaux intégrés énergie et climat) faisant l'objet d'une évaluation avant adoption par la Commission européenne, laquelle peut formuler des recommandations à leurs égards. Ces PNIEC font état des objectifs de l'État membre en question. Après adoption des PNIEC, l'Union européenne va surveiller la bonne mise en œuvre de ces dernières par les États membres concernés. Ces PNIEC vont permettre à l'Union européenne en tant que partie à l'accord de Paris de déterminer ses CND pour en notifier les Nations unies. La première CND de l'Union européenne prévoyait une diminution de 40 % d'émissions de

(38) Éd. Larousse, dictionnaire Larousse. Consulté en ligne le 25 janv. 2024. Accessible sur : Définitions : climatosceptique - Dictionnaire de français Larousse.

(39) J. Bozonnet, Chapitre 9 / Le contre-récit climatique dans l'opinion européenne : Émergence et signification sociale, § 39, *in Controverses climatiques, sciences et politique*, E. Zaccai, Presses de Sciences Po, Paris, 2012, p. 195-219 ; A. F. Hivert, Climat : la Suède « fait désormais marche arrière », *Le Monde*, 27 janv. 2024, accessible ici : Climat : https://www.lemonde.fr/international/article/2024/01/27/climat-la-suede-fait-desormais-marche-arriere_6213311_3210.html.

(40) C. Assouvi, *L'influence du droit international des changements climatiques sur le droit européen de l'environnement*, Thèse, droit, université de Limoges, 2018. Français, p. 135.

(41) S. C. Aykut, A. Dahan, Chapitre 5 / L'Europe et le climat. Une longue histoire partagée, *Gouverner le climat ? Vingt ans de négociations internationales*, sous la direction de Aykut Stefan C, Dahan Amy. Presses de Sciences Po, 2015, p. 213-266.

(42) C. Assouvi, *op. cit.*, p. 135.

(43) *N.B.* À l'époque, ce *burden sharing* se résume au partage suivant : « Autriche : -13 % ; Allemagne : -21 % ; Belgique : -7,5 % ; Danemark : -21 % ; Espagne : +15 % ; Finlande : 0 % ; France : 0 % ; Grèce : +25 % ; Irlande : +13 % ; Italie : -6,5 % ; Luxembourg : -28 % ; Pays-Bas : -6 % ; Portugal : +27 % ; Royaume-Uni : -12,5 % ; Suède : +4 % ». V. C. Assouvi, *op. cit.*, p. 136-137.

gaz à effet de serre d'ici 2030 par rapport à 1990. La transposition des objectifs climatiques issus des négociations internationales par l'instrument réglementaire traduit de la manière la plus contraignante possible pour le droit européen l'intégration de ces objectifs dans les droits nationaux, puisque les règlements n'ont pas à passer le filtre des transpositions nationales à la différence des directives.

19. L'arrivée d'Ursula Von der Leyen à la présidence de la Commission européenne marque un renforcement dans la poursuite de sa trajectoire de réduction, c'est alors que cinq ans plus tard, pour sa deuxième CND, l'Union européenne présente le Pacte vert qui vient rehausser l'engagement pris au moment de l'accord de Paris. Au sein de ce Pacte est prévue une diminution de 55 % des émissions de gaz à effet de serre par rapport à 1990 afin de parvenir à la neutralité carbone en 2050. Pour la mise en œuvre de son volet climatique, le Pacte vert met en place la loi européenne sur le climat et le paquet législatif « *fit for 55* ». L'effectivité de ce paquet législatif s'interprète au regard du type de document choisi, il se compose essentiellement de règlements soit d'effets directs dans les droits nationaux, excepté concernant la directive relative à la promotion de l'utilisation de l'énergie produite à partir de sources renouvelables, celle concernant la réduction liée à la combustion de carburants et enfin celle relative au stockage géologique du dioxyde de carbone.

20. La mise en œuvre des objectifs du Pacte vert par l'Union européenne traduit une volonté ambitieuse. Toutefois on voit par ce mécanisme qu'il ne constitue pas une innovation pour le système européen qui tire son origine d'une volonté de mise en place d'un marché commun, dès 1952 avec la Communauté européenne du charbon et de l'acier, se généralisant aux autres types de marchandise avec la signature du traité de Rome en 1957. Ainsi, il n'est pas surprenant que les réglementations, les taxations et le marché d'échange de quotas d'émissions s'adressent aux grandes entreprises.

2. Approche sectorielle centrée sur les transports, l'énergie et la réduction des émissions de gaz à effet de serre

21. Les réglementations sectorielles du paquet « *Fit for 55* » sont principalement tournées vers les secteurs de l'énergie et notamment des transports. Bien que l'Union n'ait pas la compétence pour influer sur le mix-énergétique des États membres, elle réglemente la part d'énergie renouvelable. Le 30 mars 2023, les eurodéputés ont rehaussé l'objectif à 42,5 % dans le mix énergétique européen d'ici 2030. Cet objectif s'inscrit dans le cadre du plan REPOWERUE qui vient compléter le Pacte vert à la suite de la guerre en Ukraine et renforcer les objectifs en matière d'indépendance énergétique. Une thématique énergétique qui se décline notamment dans le secteur des transports avec des mesures qui concernent la voiture individuelle avec la fin des mécanismes de financement indirect des carburants issus d'énergies fossiles des voitures particulières, ainsi que les normes relatives à leurs émissions de gaz à effet de serre. Un dispositif qui touchera donc à la fois l'offre par les constructeurs et la demande par les répercussions sur les prix des véhicules et des carburants. Du point de vue aérien, le règlement « ReFuelEU Aviation » a pour but de contraindre les fournisseurs de carburants à augmenter la part de carburants faiblement carbonés lors du ravitaillement des avions dans les aéroports des pays de l'Union européenne [44].

22. Plus généralement, le Pacte vert vise une « refonte de la fiscalité » énergétique afin que « les produits énergétiques soient en adéquation avec les ambitions climatiques et énergétiques de l'UE » [45]. Jusque-là, la législation autorise des « exonérations et

(44) Règl. (UE) 2023/2405 du Parlement européen et du Conseil du 18 octobre 2023 relatif à l'instauration d'une égalité des conditions de concurrence pour un secteur du transport aérien durable (ReFuelEU Aviation).

(45) https://www.touteleurope.eu/environnement/pacte-vert-europeen-les-12-mesures-proposees-par-la-commission-pour-une-reduction-des-emissions-carbone/.

des taux réduits sur les énergies fossiles » ce qui ne peut favoriser la baisse de leur consommation. Pour la partie non climatique le paquet prévoit un plan pour l'affectation des terres [46], pour la fin de vie des batteries et des déchets de batteries [47]. Des réglementations qui sont tout de même liées indirectement à la transition énergétique puisque le déploiement des énergies renouvelables s'accompagne de nouvelles problématiques se répercutant sur d'autres limites planétaires qui pourraient conduire à de nouveaux défis. En effet, si l'énergie en elle-même est renouvelable (le vent, le soleil, le courant des rivières) la construction de l'infrastructure (éolienne, panneau solaire, batterie, ...) ne l'est pas. Toutefois, un des freins principaux à la mise en œuvre des objectifs climatiques reste l'investissement. Afin de pallier le manque d'investissements des États, l'Union met en place un mécanisme de taxonomie visant à orienter la finance privée vers des investissements durables. [48] Pour être considéré comme durable, trois séries de conditions doivent être remplies. D'abord l'investissement doit contribuer à un objectif louable pour la protection de l'environnement, parmi eux l'atténuation et l'adaptation au changement climatique, la protection de la biodiversité, tout en ne portant préjudice à aucun d'eux (*no harm principle*). L'investissement devra aussi respecter un certain nombre de garanties minimales en s'alignant sur les principes directeurs de l'OCDE (l'Organisation de coopération et de développement économiques) à l'attention des multinationales notamment, ainsi que les principes directeurs des Nations unies relatifs aux entreprises et aux droits humains. Ce système vient influencer la gouvernance d'entreprise. Ce système d'incitation sera complété par la directive sur le devoir de vigilance, en cours de négociation. Cependant d'un point de vue environnemental, et pas seulement climatique, cette classification se révèle faillible. En effet, si le document initial excluait le gaz et le nucléaire de la taxonomie verte, alors que « le règlement délégué adopté en mars 2022 intègre désormais ces deux énergies, considérées par la Commission comme favorisant la neutralité carbone » [49], cette classification vient renforcer l'écart entre la limite planétaire climatique et les autres sur lesquels l'effort de réduction des gaz à effet de serre vient se reporter.

23. Dans un dernier temps, il convient de relever le renforcement entrepris par le Pacte vert, du SCEQE tel que mis en place dans le cadre du protocole de Kyoto en 2003 [50]. Le système introduit en 2003 par la directive 2003/87/CE instituant le Système communautaire d'échange de quotas d'émissions (SCEQE) dit « marché carbone » fonctionne selon une méthode d'allocation de quotas d'émissions, alloués aux entreprises en fonction de leurs estimations d'émissions annuelles. Un réel système de marché carbone s'implante puisque les exploitants disposant d'un surplus de quotas ont la possibilité de les céder en contrepartie d'un prix. Dans le cas contraire, les exploitants ayant dépassé leurs quotas doivent s'en procurer [51]. Ce système incite, sous l'effet d'un appât financier, les entreprises à se diriger vers la réduction de leurs émissions de gaz à effet de serre. Cet instrument est central dans la poursuite de la trajectoire de réduction des émissions. Il vise seulement les industries émettant le plus de gaz à effet de serre, ce qui lui permet de couvrir 40 % des émissions.

24. Il convient néanmoins d'y apporter quelques réserves. L'Union européenne a réussi à créer de toutes pièces un véritable marché d'échange de quotas d'émissions, qui, dévoyé par les entreprises, est devenu

(46) Règl. (UE) 2018/841 du Parlement européen et du Conseil du 30 mai 2018 relatif à la prise en compte des émissions et des absorptions de gaz à effet de serre résultant de l'utilisation des terres, du changement d'affectation des terres et de la foresterie dans le cadre d'action en matière de climat et d'énergie à l'horizon 2030.

(47) Règl. (UE) 2023/1542 du Parlement européen et du Conseil du 12 juillet 2023 relatif aux batteries et aux déchets de batteries.

(48) Règl. (UE) 2020/852 du Parlement européen et du Conseil du 18 juin 2020 sur l'établissement d'un cadre visant à favoriser les investissements durables.

(49) C. Cournil, et S. Lavorel, Chronique annuelle de droit climatique, Revue juridique de l'environnement, n° 48, 2023, p. 353-373. https://www.cairn.info/revue-juridique-de-l-environnement-2023-2-page-353.htm.

(50) L'instrument mobilisé pour réduire les émissions soit la création d'un marché fictif d'échange de quotas, s'inspire du protocole de Kyoto et du marché du dioxyde de soufre mis en place aux États-Unis en 1963.

(51) C. Chenevière, Le marché européen des quotas de CO_2, Courrier hebdomadaire du CRISP, vol. 2040, n° 35, 2009, p. 5-51.

un marché spéculatif très fructueux pour ces dernières. Pour ainsi dire, puisque les quotas sont alloués chaque année gratuitement, sur déclaration des industriels eux-mêmes de leurs estimations d'émissions de CO_2, il arrivait régulièrement qu'ils reçoivent plus de quotas que ce qu'ils n'en émettaient réellement. Ainsi, il n'était pas plus avantageux pour eux de réduire leurs émissions de gaz à effet de serre que de les augmenter. Nous sommes alors face à ce que Yannick Jadot, écologiste français, nomme une « financiarisation de l'économie » [52] avec plus de 80 % des transactions faites dans le cadre du rachat et de la vente des quotas d'émissions, qui « relèvent de la spéculation et non plus de problématiques environnementales » [53]. Les entreprises, comme révélé dans un article du *Monde* [54], ont réussi à engranger de nombreux profits : ArcelorMittal aurait fait un profit de 1,9 milliard d'euros en vendant et rachetant des quotas d'émissions, Holcim aurait de son côté gagné 339 millions d'euros [55]. Les profits réalisés ici ne sont pas forcément le fruit d'un effort de la part des entreprises sus-citées pour réduire considérablement leurs émissions, mais plutôt le fruit d'un excès dans l'allocation initiale des quotas du fait du caractère déclaratif des estimations d'émissions de CO_2.

25. Cela étant dit, s'il a été l'objet de critiques pour sa faible incitation à la baisse, le marché d'échange aurait tout de même permis de réduire les émissions de 41 % depuis 2005, date de sa mise en œuvre [56]. Pour 2030, c'est un objectif de 62 % de réduction des émissions des secteurs couverts par le SCEQE [57]. Ainsi, le taux de réduction annuel du plafond est porté à 4,3 % par an de 2024 à 2027 et 4,4 % de 2028 à 2030. Le secteur de l'incinération de déchets municipaux devrait aussi entrer dans un système d'échange d'ici 2028. Concernant les secteurs vulnérables aux fuites de carbone [58], les quotas gratuits qui leur étaient alloués seront progressivement supprimés sur une période de neuf ans à partir de 2026 jusqu'à 2034. Deux mesures viennent corriger les inégalités et distorsions qui pourraient naître de cette politique climatique ambitieuse. D'abord au niveau de la concurrence économique internationale, la mise en place d'un Mécanisme d'ajustement carbone aux frontières (MACF, en anglais *Carbon Border Adjustment Mechanism*) permettra de balancer le risque dans les secteurs vulnérables aux fuites carbones – c'est-à-dire susceptibles de délocalisation – en taxant les marchandises et notamment les matières premières lors de leur importation dans l'Union européenne [59]. L'objectif est de garantir une tarification équivalente du CO_2 pour les produits des pays tiers arrivant dans l'Union européenne à celle du SCEQE. Il n'est pas question de restrictions quantitatives mais d'une tentative de rétablissement de l'équilibre. Il doit tenir compte d'éventuelles mesures climatiques poursuivant cet objectif dans le pays d'origine. Si la production arrive en Europe et qu'elle a déjà subi un système d'échange de quotas d'émission dans son État d'origine, elle ne sera pas assujettie. Il sera réduit en cas de mesures équivalentes. Le prix à payer à l'entrée sur le territoire de l'Union européenne par ce mécanisme sera diminué du montant déjà payé dans le pays d'origine. La taxe perçue par ce mécanisme pourrait permettre à l'Union européenne de se doter d'un budget propre. C'est un enjeu de taille notamment dans son rôle d'enquête pour la CJUE, qui pourrait venir renforcer l'effectivité de la législation et lui permettre de mener des investigations plus approfondies, qui

(52) G. Delacroix, E. Picaud et L. Martinon, Comment les entreprises polluantes ont transformé les quotas gratuits de CO_2 en un marché de plusieurs milliards d'euros, *Le Monde*, 30 mai 2023. https://www.lemonde.fr/planete/article/2023/05/30/comment-les-entreprises-polluantes-ont-transforme-les-quotas-gratuits-de-co-en-un-marche-de-plusieurs-milliards-d-euros_6175369_3244.html.

(53) *Ibid.*

(54) *Ibid.*

(55) *Ibid.*

(56) https://www.consilium.europa.eu/fr/press/press-releases/2022/12/18/fit-for-55-council-and-parliament-reach-provisional-deal-on-eu-emissions-trading-system-and-the-social-climate-fund/.

(57) *Ibid.*, Communiqué de presse du Conseil de l'UE, 18 déc. 2022.

(58) Les secteurs concernés sont ceux du ciment, de l'aluminium, des engrais, de la production d'énergie électrique, de l'hydrogène, du fer et de l'acier, ainsi que de certains précurseurs et d'un nombre limité de produits en aval.

(59) Règl. (UE) 2023/956 du Parlement européen et du Conseil du 10 mai 2023 établissant un mécanisme d'ajustement carbone aux frontières.

sont aujourd'hui fortement limitées par les moyens d'investigations dont elle dispose [60]. Ce mécanisme permettrait aussi de renforcer la coopération internationale en matière de tarification climatique, « par exemple par l'établissement d'un club climatique » [61]. À terme cette taxation pourrait aboutir à un renforcement de l'effectivité du droit international climatique par l'obligation de s'y soumettre pour tous les pays tiers, renforçant son extraterritorialité. Un mécanisme innovant, contraignant et potentiellement contagieux qui pourrait lutter contre la durabilité importée, qui tend dans la même direction que le récent règlement sur la déforestation importée [62].

Ainsi, le droit européen tend à intégrer le droit international du climat, notamment par des mécanismes de marché, essence même de la construction européenne qui revendique aujourd'hui une certaine effectivité, et pourrait même rendre l'exemplarité historique de l'Union européenne contagieuse aux autres pays par les mécanismes contraignants d'accès à son marché. Le respect du droit climatique par les États membres tend néanmoins à être remis en cause, donnant lieu à un contentieux original qu'il conviendra d'analyser dans une seconde partie.

II. Le contentieux climatique comme garde-fou pour pallier l'inaction des États

26. Si l'Union européenne a adopté une série de normes afin de concrétiser les objectifs de l'accord de Paris, nombreux sont les requérants à invoquer l'insuffisance des actions en atténuation du changement climatique des États européens devant les juridictions nationales et supranationales. Dans ces contentieux, le droit de l'Union européenne est un outil primordial (A) mais qui reste à parfaire et à compléter, grâce notamment au droit international des droits de l'homme (B).

A. Des outils mobilisables en matière climatique devant les juges nationaux

27. Selon les chercheurs du *Grantham Research Institute on Climate Change and the Environment*, le contentieux climatique se composerait des affaires portées devant des organes juridictionnel ou quasi juridictionnel qui impliquent des enjeux substantiels de science, droit ou politique du changement climatique [63]. Ces mêmes chercheurs ont pu recenser 2341 tels contentieux dans le monde, dont deux tiers depuis 2015, l'année de l'accord de Paris caractérisant une nouvelle vague de contentieux climatiques [64].

En Europe, parmi les contentieux qui ont conclu à une obligation de l'État de mieux prendre en compte ses objectifs de réduction de gaz à effet de serre ou de prendre des engagements plus ambitieux, on peut compter : les arrêts *Commune de Grande-Synthe* [65] et « *l'Affaire du siècle* » en France [66] ; la décision *Neubauer*

(60) CJUE 10 nov. 2016, aff. C-504/14.

(61) Conseil de l'Union européenne, « Accord au conseil sur le mécanisme d'ajustement carbone aux frontières (MACF) », Communiqué de presse, 15 mars 2022, accessible sur : https://www.consilium.europa.eu/fr/press/press-releases/2022/03/15/carbon-border-adjustment-mechanism-cbam-council-agrees-its-negotiating-mandate/.

(62) Règl. (UE) 2023/1115 du Parlement européen et du Conseil du 31 mai 2023 relatif à la mise à disposition sur le marché de l'Union et à l'exportation à partir de l'Union de certains produits de base et produits associés à la déforestation et à la dégradation des forêts.

(63) J. Setzer, et C. Higham, *Global trends in climate change litigation: 2023 snapshot, Grantham Research Institute on Climate Change and the Environment*, 2023.

(64) *Ibid.*

(65) CE 19 nov. 2020, n° 427301, Lebon ; AJDA 2021. 217 ; *ibid.* 2115 ; *ibid.* 2020. 2287 ; *ibid.* 2021. 2115, note H. Delzangles ; D. 2020. 2292, et les obs. ; *ibid.* 2021. 923, obs. S. Clavel et F. Jault-Seseke ; *ibid.* 1004, obs. G. Leray et V. Monteillet ; RFDA 2021. 747, note A. Van Lang, A. Perrin et M. Deffairi ; RTD eur. 2021. 484, obs. D. Ritleng.

(66) TA Paris, 3 févr. 2021, n°s 1904967, 1904968, AJDA 2021. 239 ; *ibid.* 2115 ; *ibid.* 2228 ; *ibid.* 2115, note H. Delzangles, note J. Bétaille ; D. 2021. 240, obs. J.-M. Pastor ; *ibid.* 709, chron. H. Gali ; *ibid.* 1004, obs. G. Leray et V. Monteillet ; JA 2021, n° 634, p. 12, obs. X. Delpech ; AJCT 2021. 255, obs. M. Moliner-Dubost ; RFDA 2021. 747, note A. Van Lang, A. Perrin et M. Deffairi ; TA Paris, 3 févr. 2021, n°s 1904972, 1904976/4-1, JA 2021, n° 634, p. 12, obs. X. Delpech.

c/ Allemagne de la Cour constitutionnelle fédérale allemande [67] ; l'affaire *Klimaatzaak c/ Royaume de Belgique* qui a récemment fait l'objet d'un arrêt de la cour d'appel de Bruxelles [68] ; et l'arrêt *Friends of the Irish Environment v. Ireland* de la Cour suprême de la République d'Irlande [69].

28. L'analyse comparée de ces contentieux présente nécessairement des limites au vu de la variété des systèmes juridiques dans lesquels ils se sont développés. Néanmoins, ces affaires présentent des points communs importants, notamment du fait que les juridictions respectives se sont toutes fondées sur des obligations issues du droit européen des droits de l'homme ou du droit constitutionnel, et sur des **engagements politiques ou juridiques pris par l'Union européenne en matière climatique** [70], **notamment du paquet énergie climat et du pacte vert** [71]. Ainsi, l'analyse comparée de ces contentieux permet de discerner les outils de droit européen qui ont facilité les contentieux climatiques, mais aussi d'identifier des lacunes du droit de l'Union européenne sur le climat.

1. Le marché carbone, un droit laissé de côté

29. Le marché carbone issu de la directive 2003/87/CE est un pilier de la politique européenne d'atténuation du changement climatique, tel qu'il est établi plus haut. Pourtant, ce mécanisme est presque entièrement absent du contentieux climatique qui vise une meilleure atténuation du changement climatique.

En effet, le marché carbone a fait l'objet d'un contentieux relativement important de la part des industries visées [72], l'arrêt *Arcelor* en étant un exemple bien connu [73]. Dans cette affaire, l'industriel remettait en cause le marché carbone sur le fondement d'une discrimination entre les industries, seulement certaines étant obligées d'acheter des quotas d'émissions. Suivant cet exemple, les affaires portées devant la CJUE s'agissant du SCEQE ont eu pour objectif de permettre aux entreprises parties de pouvoir émettre plus et payer moins pour émettre, en contestant l'applicabilité du marché carbone ou son fonctionnement [74].

Cela peut s'expliquer par la directive 2003/87/CE, elle-même dominée par des considérations de développement économique : si elle vise à remplir les engagements internationaux de l'Union et de ses États membres en matière d'environnement, c'est dans des limites importantes telles que « nui[re] le moins possible au développement économique et à l'emploi » (considérant 5 de la directive 2003/87), « préserver le marché intérieur » (considérant 7 de ladite directive), et « éviter les distorsions de concurrence » (considérant 7 de cette directive). La réduction des émissions de gaz à effet de serre doit ainsi être atteinte dans des « conditions économiquement efficaces et performantes » (art. 1).

30. Pour autant, les États membres bénéficient d'une marge d'appréciation dans la mise en place du marché carbone, et peuvent adopter des mesures renforcées [75], c'est-à-dire réduire les quotas d'émissions alloués, permettant ainsi une réduction plus importante des émissions de gaz à effet de serre que celle projetée par la directive [76]. On pourrait donc imaginer un contentieux climatique dans lequel des requérants exigent une réduc-

(67) Cour constitutionnelle fédérale d'Allemagne, 24 mars 2021, BvR 2656/18, 1 BvR 78/20, 1 BvR 96/20, 1 BvR 288/20.

(68) CA Bruxelles, 30 nov. 2023, 2021/AR/1589, 2022/AR/737 et 2022/AR/891.

(69) Cour suprême irlandaise, 31 juill. 2020, IESC 49.

(70) Klimaatzaak p. 17-18, 25-26, 33 ; Neubauer p. 11 à 15, *Friends of the Irish environnement* para 4.6.

(71) L. Navel, Une « Affaire du Siècle » devant les juges européens est-elle possible ?, Revue juridique de l'environnement 2022, 47, p. 747.

(72) P. Thieffry, *Traité de droit européen de l'environnement et du climat*, Bruylant, 2021, p. 1036.

(73) CJCE 16 déc. 2008, aff. C-127/07, AJDA 2008. 2365 ; *ibid.* 2009. 245, chron. E. Broussy, F. Donnat et C. Lambert ; D. 2009. 232 ; *ibid.* 2448, obs. F. G. Trébulle ; Constitutions 2010. 58, obs. A. Levade ; RTD eur. 2010. 403, chron. P. Thieffry.

(74) Par ex. Tribunal de l'Union européenne, T-269/21, 26 juill. 2023 ; C-682/17, 20 juin 2019.

(75) La directive 2003/87/CE a en effet été adoptée sur la base de l'art. 192, § 1, TFUE.

(76) P. Thieffry, *op. cit.*, p. 1041.

tion des quotas d'émissions alloués. Pour demander cette réduction plus ambitieuse, ils devraient se fonder sur une base juridique autre que le droit de l'Union européenne, dont le manque d'ambition serait plutôt la cause du contentieux. Si cette possibilité de réduire la quantité de quotas d'émissions n'est pas abordée par les juges dans les contentieux climatiques cités, elle constitue néanmoins une toile de fond de leurs décisions, le marché d'émissions étant mentionné à plusieurs reprises par exemple dans l'arrêt *Klimaatzaak*[77]. En effet, une réduction des quotas alloués serait un des moyens d'action ouverts aux États pour respecter la trajectoire de réduction d'émission de gaz à effet de serre qui s'impose.

2. Les plans de réduction de gaz à effet de serre, la solidification d'un droit international mou

31. Bien que l'accord de Paris ait obtenu une ratification quasi universelle, la pierre angulaire qu'est le mécanisme des CND ne génère pas d'obligations contraignantes de réduction des émissions de gaz à effet de serre[78]. Ainsi, les cours françaises, néerlandaises et autrichiennes n'ont pas pu simplement se référer aux CND de leurs États respectifs pour obliger leurs gouvernements à respecter une trajectoire de réduction des émissions de gaz à effet de serre. Ces juges ont néanmoins pu confronter les politiques climatiques de leurs États à leurs CND, en mobilisant des outils accordés par le droit de l'Union européenne et le droit du Conseil de l'Europe.

32. En France, l'ambition et le droit de l'Union européenne en matière climatique ont eu un rôle crucial dans le contentieux climatique. D'abord, en traduisant une politique de lutte contre le changement climatique pouvant apparaître abstraite en une trajectoire concrète et effective de réduction des émissions de gaz à effet de serre qui s'appuie sur des objectifs chiffrés. Si le juge administratif reconnaissait une valeur interprétative à la CCNUCC et à l'accord de Paris[79], ce sont les normes européennes[80] qui ont permis d'obliger l'État à agir, étant les seules à imposer une obligation de résultat quant à la réduction d'émissions de gaz à effet de serre à une échéance définie[81]. C'est ce qui ressort des conclusions du rapporteur public dans l'arrêt *Grande-Synthe*, selon lesquelles ce sont les objectifs de réduction d'émissions de gaz à effet de serre du droit de l'Union européenne et ses sanctions afférentes (règl. 2018/842) qui permettent de conclure à une trajectoire contraignante d'atténuation du changement climatique[82]. Les objectifs chiffrés du droit de l'Union européenne présentent ainsi un atout certain pour les ONG requérantes face à la difficulté de définir ce que requiert l'engagement de l'État d'agir pour l'atténuation du changement climatique. Comme le souligne Pauline Marcantoni : « Du point de vue contentieux, l'intérêt de ces objectifs est que leur non-respect est aisément constatable »[83].

33. Au-delà même des objectifs chiffrés de réduction des émissions de gaz à effet de serre fixés par le droit de l'UE, c'est aussi l'ambition climatique affichée par le Parlement et le Conseil européen qui fait partie du corpus de référence sur la trajectoire d'atténuation du changement climatique. Le Conseil d'État prend ainsi en compte « la perspective du prochain relèvement de l'objectif de réduction des émissions à l'échelle de l'Union européenne à l'horizon 2030 de 40 % à 55 % par rapport à leur niveau de 1990 » (§ 5).

(77) *Klimaatzak*, pt 22.

(78) L. Rajamani, E. Guérin, *Central Concepts in the Paris Agreement and How They Evolved in* Klein D., María Pía Carazo, Meinhard Doelle, Jane Bulmer, Andrew Higham (eds), *The Paris Agreement on Climate Change: Analysis and Commentary Eds Daniel Klein, María Pía Carazo, Meinhard Doelle, Jane Bulmer, Andrew Higham,* OUP, 2017.

(79) A. Van Lang, A. Perrin, M. Deffairi, Le contentieux climatique devant le juge administratif, RFDA 2021. 747.

(80) Notamment le Paquet Énergie Climat de l'UE (décis. n° 406/2009 CE et règl. UE 2018/842 relatif aux réductions annuelles contraignantes des émissions de gaz à effet de serre par les États membres de 2021 à 2030).

(81) Le Conseil d'État se réfère à la décis. n° 406/2009/EC du 23 avr. 2009, et au Règl. n° 2018/842/UE du 30 mai 2018, qui fixe un objectif de réduction des émissions de GES de 37 % d'ici 2030.

(82) J. Bétaille, *Climate litigation in France, a reflection of trends in environmental litigation, Environmental Law Network International Review,* volume 22, 2022. 65.

(83) P. Marcantoni, Perspectives du contentieux climatique administratif français. La difficile identification d'une obligation juridique préalable à la charge de l'État *in* M. Torre-Schaub, (dir.), *Les dynamiques du contentieux climatique. Usages et mobilisations du droit,* Éditions mare & martin, 2020. 367.

Devant le juge administratif français, c'est donc le droit de l'Union européenne qui est décisif pour cerner l'obligation de l'État de respecter une trajectoire déterminée de réduction d'émissions de gaz à effet de serre.

B. Des outils à améliorer pour faire avancer le contentieux climatique

1. La CJUE, grande absente du contentieux climatique

34. Malgré le rôle important de l'Union européenne dans le développement et l'exécution du droit climatique, la CJUE reste hermétique au contentieux climatique. En effet, l'obstacle de l'intérêt à agir est particulièrement difficile à franchir devant le juge de l'Union. Les personnes privées n'ont accès à la CJUE que par le biais du renvoi préjudiciel des juridictions nationales [84], ou par le recours en annulation. La CJUE a néanmoins verrouillé la voie du recours en annulation en matière climatique, en jugeant irrecevable l'affaire *C* [85]. Ce recours contre le paquet climat de 2018 était porté par plusieurs familles originaires de l'Union européenne, du Kenya et des îles Fidji, ainsi que par une association de droit suédois, représentant des jeunes autochtones Samis [86]. Cette décision d'irrecevabilité se place dans la continuité de la jurisprudence *Plaumann* de la CJUE, qui exige qu'un requérant « ordinaire », c'est-à-dire qui n'est pas un État ou une institution de l'UE, prouve qu'il est affecté par l'acte attaqué de manière analogue au destinataire de l'acte [87]. Cette jurisprudence vivement critiquée [88] rend presque impossible la saisine du juge de l'Union par des justiciables, et les requérants désireux d'exiger une politique climatique plus ambitieuse de la part de l'Union n'y font pas exception [89]. La Cour de justice a bien reconnu que les requérants du recours *C* seraient affectés par le changement climatique d'une façon qui leur serait propre, mais que cela ne signifiait pas « que les actes litigieux individualisent chacun des requérants » [90], les dénuant ainsi de leur intérêt à agir.

35. Cette absence de la CJUE dans le contentieux climatique européen ne peut qu'être déplorée alors que la Cour de Luxembourg joue un rôle important dans d'autres contentieux environnementaux, notamment concernant la pollution de l'air [91].

2. Les droits de l'homme, un corpus éminent dans le contentieux climatique

36. Si la CJUE n'est pas partie à la vague de contentieux climatique européen initiée par l'affaire *Urgenda*, la CEDH y est particulièrement présente, dans les motivations des juges et prochainement comme un des forums de ce contentieux.

La Convention européenne des droits de l'homme (Conv. EHD) est également applicable en parallèle du droit de l'Union européenne [92] et ses dispositions ont été mobilisées à bon essor dans le contentieux climatique. En effet, les juges belges et néerlandais se sont fondés sur les articles 2 et 8 de la Conv. EHD afin de conclure à une obligation de *due diligence*

(84) À ce titre, on peut noter une déception face au silence du Conseil d'État français sur la demande faite par la commune de Grande-Synthe de transmettre à la CJUE plusieurs questions préjudicielles.

(85) CJUE 25 mars 2021, aff. C-565/19, C., RTD eur. 2022. 600, obs. P. Thieffry.

(86) L. Navel, art. préc.

(87) *Ibid.*

(88) A. Arnull, *Private Applicants and the Action for Annulment since Codorniu*, CMLR 2001. 38 ; H. Rasmussen, *Why is Article 173 EC interpreted against private plaintiffs?*, ELR 1980. 112.

(89) L. Navel, art. préc.

(90) CJUE 25 mars 2021, aff. C-565/19, préc., pt 40.

(91) On peut noter qu'en matière de pollution de l'air, l'astreinte d'un montant historique prononcée par le Conseil d'État (CE, ass., 10 juill. 2020, n° 428409, Lebon avec les conclusions ; AJDA 2020. 1447 ; *ibid.* 1776, chron. C. Malverti et C. Beaufils ; D. 2021. 1004, obs. G. Leray et V. Monteillet ; JA 2021, n° 632, p. 33, étude S. Damarey ; RFDA 2020. 818, concl. S. Hoynck ; RTD civ. 2021. 199, obs. P. Théry ; RTD eur. 2021. 481, obs. D. Ritleng) a suivi la condamnation en manquement de la France par la CJUE (CJUE 24 oct. 2019, aff. C-636/18, *Commission c/ France*, AJDA 2019. 2154 ; D. 2019. 2092, et les obs. ; *ibid.* 2240, entretien E. Truilhé ; *ibid.* 2020. 1012, obs. V. Monteillet et G. Leray). V. E. Chambas, Sur les mues récentes du contentieux climatique relatif à la qualité de l'air devant le juge administratif, Dr. adm. 2022. 15.

(92) Art. 6(2) TUE.

de la part des États en matière d'atténuation du changement climatique [93]. De plus, la Cour suprême néerlandaise s'inspire de l'audace de la CEDH en se référant à l'arrêt *D. et B. c/ Turquie* [94], pilier de l'approche dite de la « communauté de vue », selon laquelle la Cour peut prendre en compte des éléments de droit international autres que la Convention dans sa jurisprudence, notamment les pratiques des États européens qui reflètent leurs valeurs communes [95]. À ce titre il n'est pas nécessaire pour l'État d'avoir ratifié un instrument pour que la Cour l'utilise, il suffit que cet instrument dénote une évolution continue des normes et des principes appliqués en droit international ou en droit interne de la majorité des membres du Conseil de l'Europe pour montrer qu'il existe une communauté de vue dans les sociétés modernes [96]. La Cour néerlandaise applique cette approche particulièrement audacieuse à la CCNUCC et à son évolution à travers les COP dont elle trace un historique [97], pour en déduire une communauté de vue des États sur la nécessité pour chacun de réduire ses émissions de gaz à effet de serre, tel que démontré par les CND. Ainsi, chaque État a une obligation individuelle de réduction d'émissions des gaz à effet de serre même dans le contexte d'un effort de réduction global de ces émissions.

37. Cette « climatisation » des droits de l'homme ou « humanisation du droit climatique » a été notée dans les contentieux climatiques, permettant de faciliter la justification de l'intérêt à agir et la qualité de victime [98]. Cette interprétation fut particulièrement intéressante du fait que les articles de la Conv. EDH ne reconnaissent pas un droit à un environnement sain. C'est la jurisprudence de la Cour en matière de droit à la vie et de droit au respect de la vie privée qui a permis de déceler une obligation positive des États dans la prévention des atteintes à la santé, à la vie privée et au domicile par des facteurs environnementaux [99]. Une évolution prochaine du droit du Conseil de l'Europe est attendue alors que plusieurs contentieux climatiques sont actuellement pendants devant la Cour [100], qui a entendu certains requérants en audience de grande chambre [101]. Ainsi, si ces requêtes pendantes sont jugées recevables, quel que soit le jugement au fond de la CEDH, elle deviendra sans doute le forum favori pour les contentieux climatiques, excluant le droit de l'Union européenne puisque la CEDH n'examine en principe pas la conformité du droit de l'Union européenne à la Conv. EDH [102].

38. Au-delà de l'importance que prend la jurisprudence de la CEDH, ce sont plus globalement les droits de l'homme qui apparaissent dans les contentieux, notamment internes. À titre d'exemple, une mobilisation [103] en droit interne se développe depuis quelque temps autour de l'argument « droit des générations futures ». Argument pratique puisqu'il permet de reconnaître à des sujets encore inexistants la titularité fictionnelle de leurs droits. Ce « droit des générations futures » consisterait ainsi en un droit à l'opposabilité de leurs droits. Il est depuis peu consacré par le Conseil constitutionnel qui s'est saisi de cet argument en octobre dernier en s'appuyant sur l'alinéa 7 de la Charte

(93) Urgenda § 5.3.3 ; J. Lambrecht et C. Ituarte-Lima, *Legal innovation in national courts for planetary challenges: Urgenda v state of the Netherlands, Environmental Law Review* 2016, Vol. 18(1) 57.

(94) CEDH 12 nov. 2008, nº 34503/97, AJDA 2009. 872, chron. J.-F. Flauss ; D. 2009. 739, chron. J.-P. Marguénaud et J. Mouly ; RDT 2009. 288, étude N. Hervieu.

(95) P. Wachsmann, Réflexions sur l'interprétation « globalisante » de la Convention européenne des droits de l'homme, *in Mélanges en l'honneur de Jean-Paul Costa*, Dalloz, 2011.

(96) *Ibid.*

(97) Urgenda § 2.3.2 ; 7.2.1 ; 7.2.2.

(98) C. Cournil, Les convergences des actions climatiques contre l'état, RJE, H-S, 2017. 245-261.

(99) *B. et autres c/ Russie* (déc.) - 15339/02, 2007 ; *T. c/ Roumanie* nº 67021/01, 2009 ; *O. c/ Turquie*, req. nº 48939/99 2004 ; *L. O. c/ Espagne*, 16798/90, 1994.

(100) *Verein Klimaseniorinnen Schweiz and Others v. Switzerland, C. c/ France* et *D. A. and Others v. Portugal* et 32 autres.

(101) *CEDH Press Unit, Factsheet : Climate change*, 2023.

(102) Le droit de l'UE bénéficie en effet d'une présomption de conformité à la Conv. EHD, CEDH, gr. ch., 30 juin 2005, nº 45036/98, *Bosphorus Airlines Hava Yolları Turizm ve Ticaret Anonim Şirketi c/ Irlande*, AJDA 2005. 1886, chron. J.-F. Flauss ; RFDA 2006. 566, note J. Andriantsimbazovina ; RTD eur. 2005. 749, note J.-P. Jacqué ; *ibid.* 2015. 235, obs. L. d'Ambrosio et D. Vozza.

(103) Mobilisation devant être comprise comme une utilisation stratégique du droit. V. L. Israël, *L'arme du droit*, Presses de Sciences Po, 2009 ; J.-P. Tonneau, Mobiliser le droit pour défendre le climat. Les avocats et les juristes des associations de la cause climatique, *in Les dynamiques du contentieux climatiques. Usages et mobilisations du droit*, Mare & Martin, 2021.

de l'environnement. Il donne ainsi une valeur constitutionnelle à cette notion dont la nature de *droit* était débattue jusque-là. Cela permet d'inscrire la protection des droits environnementaux dans le long terme.

Pour autant, comme l'explique le rapport d'étude « Droit(s) des générations futures » [104] dirigé par Sonya Djemni-Wagner, cet argument est antérieur à la mobilisation par le Conseil constitutionnel. Déjà présente d'une certaine manière dans l'Antiquité ou plus récemment dans les déclarations de Stockholm ou encore de Rio, elle l'était également dans l'ordre juridique français à l'article premier de la loi du 13 décembre 1991. Article qui posait que : « La gestion des déchets radioactifs à haute activité et à vie longue doit être assurée dans le respect de la protection de la nature, de l'environnement et de la santé, en prenant en considération les droits des générations futures » [105]. Néanmoins, il est vrai que l'argument ne semble intéresser fortement les professionnels du droit que depuis peu. Sûrement interpellés par la décision *Neubauer* de la Cour fédérale allemande, l'Institut des études et de la recherche sur le droit et la justice mais également le Conseil national des barreaux ont produit des rapports [106] sur ce « droit des générations futures », tous deux parus en 2023 peu de temps avant la décision du Conseil constitutionnel. La notion est donc dans l'air des tribunaux français.

39. Si le rapport d'étude mentionné *supra* présente la notion de façon plus académique, il a pour point commun avec celui du Conseil national des barreaux de formuler une fiche méthodologique, un guide à l'emploi de la notion. Ces rapports présentent aux professionnels du droit comment utiliser l'argument de « droit des générations futures », en abordant les multiples emplois que ce droit peut avoir dans les différents champs du droit, outre le contentieux du changement climatique. Ces documents sont riches d'explications et dénotent l'intérêt des praticiens du droit pour le sujet.

40. La notion reste absente au sein des législations ou de la jurisprudence de l'Union européenne. Elle n'est consacrée que dans les textes internationaux emblématiques du changement climatique et dans quelques Constitutions européennes, comme la loi fondamentale allemande. Pourtant la reconnaissance d'une telle notion par la CJUE pourrait faire tomber une partie des barrières autour de l'intérêt à agir. Il s'agit de l'argument des requérants à l'affaire pendante *D. A. et autres.*

Cette affaire est caractéristique d'un nouveau genre de requérants : les jeunes, les mineurs. En effet, lorsque l'on regarde les derniers contentieux, passés ou en instance, on constate que la médiane d'âge des requérants est de 15 ans. Dans l'affaire *D. A.* les requérants sont âgés de 8 à 21 ans. Selon Élisabeth Donger, 26 % des contentieux climatiques avant 2021 dans le monde ont pour requérants des jeunes [107]. Par ailleurs, Élisabeth Donger fait le parallèle entre ce nouveau genre de requérants et la mobilisation des droits de l'enfant qui enrichirait le contentieux climatique. Ainsi, elle démontre que cette approche au contentieux climatique n'en est qu'à ses débuts et a encore beaucoup à offrir.

(104) S. Djemni-Wagner, et V. Vanneau, *Droit(s) des générations futures*, coll. Études, IERDJ 2023.

(105) *Ibid*, p. 22.

(106) Rapport du Conseil national des barreaux « Promotion du rôle de l'avocat dans le droit des générations futures - Commission Prospective et Innovation », 2023. Disponible au lien ci-contre : https://encyclopedie.avocat.fr/GEIDEFile/10.CNB-RP_2023-03-10_PI_Rapport_DroitGenerationsFutures_[ok].pdf ?Archive=131394695957&File=Telechargez_le_rapport_ici&verif=480312480316473152469037480305450538470018482539488827477370.

(107) E. Donger, *Children and Youth in Strategic Climate Litigation : Advancing Rights through Legal Argument and Legal Mobilization, Transnational Environmental Law*, 2022, n° 11(2), p. 263–289. https://doi.org/10.1017/S2047102522000218.

Conclusion : les temps du Droit de l'environnement

François Guy Trébulle

Doyen honoraire de l'École de Droit de la Sorbonne, Université Paris 1 Panthéon Sorbonne

Le sujet de « l'environnement » est trop grand pour se laisser enfermer dans un code, trop vaste pour relever d'une seule branche du Droit. Pour saisir les enjeux environnementaux il faut, bien sûr, des textes spéciaux, mais il faut plus que tout relever le défi de « l'environnementalisation » du Droit dans son ensemble ; de l'« environnementalisation » des Droits : de la Constitution aux contrats en passant par l'ensemble des relations entre l'État et ses administrés ou entre les personnes privées, il n'est pas un domaine qui puisse échapper au changement radical qu'il faut opérer pour mettre l'environnement à sa juste place. Celle-ci n'est pas la seule, pas nécessairement la première, et pas même toujours centrale, mais elle doit systématiquement être pensée, recherchée, prise en compte et l'on constatera en se livrant à l'exercice sur toute la chaîne de valeur des biens ou des services qu'il n'est que bien peu de cas où la question soit totalement marginale. Il s'agit de reconnaître à l'environnement, dans toutes ses manifestations, la place d'une composante essentielle à la vie en société, à la satisfaction des objectifs d'ordre public. De ce point de vue la Charte constitutionnelle de l'environnement représente certainement une avancée importante dont on ne mesure pas encore pleinement les effets qui sont appelés à se déployer progressivement et qui finiront par imprégner tout le tissu constitutionnel [1]. Son adoption ne traduisait qu'une étape dans ce mouvement qui invite à replacer l'ensemble de la société, l'ensemble des relations qui s'y nouent, dans une dynamique complète tenant compte des interactions des hommes et des institutions, entre eux et avec ce qui les entoure.

À beaucoup d'égards, la fondamentalisation du rapport à l'environnement, au-delà de la constitutionnalisation de certains aspects de la protection de celui-ci, notamment sous l'effet de la jurisprudence de la Cour européenne des droits de l'homme, offre une illustration extraordinaire de ce phénomène d'imprégnation de l'ensemble du Droit par la formalisation d'objectifs transversaux et universels. C'est assez largement ce que vient de démontrer, en matière climatique, la CEDH dans un arrêt rendu alors que les contributions à ce dossier avaient déjà été rendues par leurs auteurs depuis un temps certain [2].

Traiter d'environnement en général est nécessairement plus délicat que d'évoquer l'un des éléments qui le constituent, l'une de ses dimensions prise dans sa singularité.

(1) V. les remarques de F.-R. Boulloche et Cl. Hourdeaux.

(2) V. spéc. CEDH, gr. ch., 9 avr. 2024, n° 53600/20, *Verein KlimaSeniorinnen Schweiz et autres c/ Suisse*, D. 2024. 729, et les obs. ; JA 2024, n° 698, p. 3, édito. B. Clavagnier.

À beaucoup d'égards, malgré leurs complexités, le climat, la biodiversité, les milieux, les habitats naturels sont des réalités plus faciles à appréhender que « l'environnement naturel » qui les recoupe évidemment mais les réinsère dans des ensembles plus vastes. L'environnement doit prendre en compte, également, des réalités marquées par l'homme, le paysage en offre des exemples et au-delà « l'environnement urbain » dans lequel évoluent tant de nos contemporains. Que dire de cet « environnement humain » qu'il ne faut pas négliger tant sa qualité ou sa détérioration peuvent être porteuses de conséquences, notamment sur la santé, physique et psychique. Il n'y a pas tant, à bien y regarder, « un » environnement que « des » environnements et ceux-ci sont en perpétuelles interactions pour le meilleur comme pour le pire.

L'un des caractères saillant du traitement juridique des questions environnementales est le renouvellement qu'il implique dans le rapport à des notions que l'on croyait connaître. L'environnement a toujours été présent mais les interrogations juridiques qui y sont liées sont, pour l'essentiel, encore assez récentes et cela implique le plus souvent de questionner ce que l'on croyait connaître et, parfois, de forger de nouveaux outils afin de permettre d'assurer la possibilité de tendre vers une forme d'harmonie entre les hommes et la nature, c'est-à-dire entre eux-mêmes et entre eux et tout ce qui les entoure.

Nous ne nous étendrons pas sur ce point et pourtant, il est difficile de ne pas insister sur le renouvellement paradigmatique qui est à l'œuvre dans la perception de l'entreprise et que révèle notamment l'étude de la vigilance qui en est attendue. Les textes du code de commerce ont, sauf marginalement, peu changé [3] ; les nouvelles obligations ne sont pas si nombreuses mais, pourtant, ce qui est en jeu avec les questions de durabilité ce n'est rien de moins que le rapport de la société avec les entreprises, que la manière de penser le droit des affaires, sa légitimité, ses objectifs. Toutes choses relatives par ailleurs, le contrat de société est en train d'évoluer comme le contrat de travail a pu le faire, sous l'influence de la découverte de certains enjeux qui n'avaient historiquement pas été pris en compte, la nécessaire protection de la sécurité et de la santé des travailleurs ici, la nécessité de se préoccuper de la durabilité là. Les deux sujets ne sont d'ailleurs pas étrangers et, cela a été évoqué, la négociation sociale doit désormais être ouverte aux enjeux liés à la transition écologique [4]. Au-delà de l'environnement, la généralisation de l'emploi du substantif « durabilité » n'est pas sans intérêt et marque une étape importante dans la réception de ce qui n'est plus seulement le « développement durable » entendu au sens du rapport Brundtland mais bien la description d'une manière de conduire les institutions selon un mode reposant sur la considération assumée et concourante des enjeux environnementaux, sociaux, de Droits de l'homme, de bonne gouvernance et de lutte contre la corruption. Il s'agit de la durabilité des entreprises, évidemment, consacrée avec la Directive de 2022 sur la publication d'informations [5], après le Règlement de 2019 sur la publication d'informations en matière de durabilité dans le secteur des services financiers [6], mais aussi de la durabilité des institutions publiques qui ne peuvent faire abstraction de ces dimensions dans leurs actions. La durabilité, au-delà, est une dimension qui s'impose de plus en plus dans les relations interindividuelles, notamment sous l'effet de la consécration de la vigilance qui porte, dans sa dernière occurrence européenne, précisément sur la durabilité [7]. Le texte de la proposition de directive porte sur les obligations des entreprises « *quant aux incidences négatives réelles et potentielles sur les droits de l'homme et*

(3) L'article 1832 C. civ. dans sa nouvelle formulation ne constituant certainement pas une révolution.

(4) V. la contribution de G. J. Martin.

(5) Dir. 2022/2464 du 14 décembre 2022 modifiant le règlement (UE) n° 537/2014 et les directives 2004/109/CE, 2006/43/CE et 2013/34/UE en ce qui concerne la publication d'informations en matière de durabilité par les entreprises.

(6) Règl. (UE) 2019/2088 du Parlement européen et du Conseil du 27 novembre 2019 sur la publication d'informations en matière de durabilité dans le secteur des services financiers.

(7) V. la proposition de Directive sur le devoir de vigilance des entreprises en matière de durabilité du 23 février 2022 COM(2022) 71 final 2022/0051.

aux incidences négatives sur l'environnement, en ce qui concerne leurs propres activités, les activités de leurs filiales et les opérations de la chaîne de valeur réalisées par des entités avec lesquelles l'entreprise entretient une relation commerciale bien établie ». Au travers de ce qui est évoqué ce sont toutes les activités qui vont progressivement se trouver soumises à des interrogations sur la prise en compte de la durabilité dans le cadre privé comme public.

Cette évolution, on l'a rencontrée au travers des études présentées, à propos de la société elle-même et la question de la vigilance, on vient de le dire, y a une place centrale [8]. Mais cela est vrai également de la vente [9] dont les interactions avec les questions environnementales sont évidentes [10]. Dans chaque cas, il ne s'agit pas de penser une nouvelle forme de société, de nouveaux contrats spéciaux, une nouvelle constitution, de nouvelles formes de responsabilité... qui toutes sont envisageables, et dont certaines sont nécessaires, mais bien davantage de réinterpréter, de relire, les notions existantes à la lumière de nouvelles exigences. C'est le constat fait par Laurence Abgrall [11] pour laquelle « *Tous les contentieux dont connaît la [3e] chambre [civile] sont en effet concernés et sont en train de se transformer, plus ou moins profondément, plus ou moins rapidement, par la prise en compte de ces préoccupations [environnementales] et notamment des conséquences du changement climatique* ».

Le verdissement de la Constitution participe, on l'a dit, du changement de regard et du renouveau de l'approche juridique du rapport à l'environnement qui s'impose désormais. S'il a été utile que la Charte de l'environnement le rende explicite et l'ancre solidement au cœur de notre ordre constitutionnel, permettant ainsi des évolutions importantes, le mouvement est loin d'être fini. Il en va ainsi des enseignements à tirer de la décision *Michel Z* [12] considérant que le respect des droits et devoirs énoncés en termes généraux par les articles 1 et 2 de la Charte « s'impose non seulement aux pouvoirs publics et aux autorités administratives dans leur domaine de compétence respectif mais également à l'ensemble des personnes » et surtout qu'il en résulte « que chacun est tenu à une obligation de vigilance à l'égard des atteintes à l'environnement qui pourraient résulter de son activité » et qu'il en découle un droit d'agir en responsabilité sur le fondement de la violation de cette obligation que le législateur ne peut restreindre dans des conditions qui en dénaturent la portée.

Mais au-delà, il a été souligné [13] que la découverte du « principe de fraternité » par le Conseil constitutionnel [14] est très révélatrice de cette interprétation dynamique non seulement possible mais nécessaire : la devise était là mais il a fallu franchir une étape importante pour que soit identifié, en tant que tel, ce principe et qu'en soit déduit qu'il en découle « *la liberté d'aider autrui, dans un but humanitaire, sans considération de la régularité de son séjour sur le territoire national* », avec la réserve d'une nécessaire et assumée « *conciliation entre le principe de fraternité et la sauvegarde de l'ordre public* ». Bien sûr, cela suppose de reconnaître au juge une forme de légitimité dans l'identification des nécessaires évolutions et ceci n'est pas sans effet perturbateur. Bertrand Mathieu a ainsi pu exprimer la crainte, au regard des effets de la procédure de la question prioritaire de constitutionnalité, que le Conseil constitutionnel ne se transforme

(8) M. de Pinieux.

(9) L. Abgrall.

(10) Au-delà, à propos du contrat en général on renverra à quelques interrogations présentées *in* F. G. Trébulle, La place du droit des contrats face aux problématiques environnementales, RDC 2023. 185 et aux réf. citées.

(11) L. Abgrall.

(12) Cons. const. 8 avr. 2011, n° 2011-116 QPC, AJDA 2011. 762 ; *ibid.* 1158, note K. Foucher ; D. 2011. 1258, note V. Rebeyrol ; *ibid.* 2298, obs. B. Mallet-Bricout et N. Reboul-Maupin ; RDI 2011. 369, étude F. G. Trébulle ; Constitutions 2011. 411, obs. F. Nési.

(13) Par F.-R. Boulloche et Cl. Hourdeaux.

(14) Cons. const. 6 juill. 2018, n° 2018-717/718 QPC, *M. Cédric H. et autre,* AJDA 2018. 1421 ; *ibid.* 1781 ; *ibid.* 1786 ; *ibid.* 1781, note J. Roux, note V. Tchen ; D. 2018. 1894, et les obs., note C. Saas ; *ibid.* 2019. 1248, obs. E. Debaets et N. Jacquinot ; AJ fam. 2018. 426 et les obs. ; RFDA 2018. 959, note J.-E. Schoettl ; *ibid.* 966, note M. Verpeaux ; Constitutions 2018. 341, Décision ; *ibid.* 389, chron. B. Mathieu ; *ibid.* 399, chron. A. Ponseille ; RSC 2018. 1001, obs. B. de Lamy ; JCP 2018, nos 30-35, p. 1487, obs. M. Borgetto.

« en législateur secondaire » et mis en garde contre le fait que « *La découverte de nouveaux principes d'une portée a priori indéfinie, nourrit un contentieux dont le développement pourrait devenir dangereux du fait des transferts de pouvoir qu'il opère au profit du juge constitutionnel* » [15]. On relèvera toutefois que le législateur garde la possibilité d'intervenir pour corriger une évolution qui lui semblerait inopportune.

Dans le même sens, si l'affirmation d'une responsabilité de l'État en matière de climat est nouvelle, et si les raisonnements du tribunal administratif de Paris [16] ou du Conseil d'État [17] s'appuient sur des textes qui sont tout à fait récents, les clefs en sont tirées de l'impératif de cohérence de l'État et du constat des engagements pris face à une situation donnée dont la dangerosité, l'urgence qu'il y a à en prévenir l'aggravation et à se prémunir contre ses effets acquis sont établies. Il est révélateur qu'en Droit interne comme dans le cadre européen les juges tiennent compte de la nécessaire cohérence des approches entre l'ordre international, dans lequel les textes environnementaux sont très nombreux, et communautaire et l'appréciation du comportement de l'État ; la carence peut ainsi procéder de l'absence de mise en œuvre effective des principes posés dans un cadre international [18].

En définitive il apparaît qu'il y a beaucoup plus de continuité que de ruptures dans le traitement juridique de l'environnement. Il s'agit pour l'essentiel d'une lecture renouvelée de questions déjà posées en tenant compte, le cas échéant, de nouvelles analyses [19] ou de certaines singularités comme ce fut fait en matière climatique [20]. Cela ne doit pas être vu comme relativisant la force du mouvement désormais à l'œuvre. Tout au contraire, l'observation permet de comprendre que les évolutions en cause sont précisément d'autant plus pérennes qu'elles participent d'un mouvement de fond.

Sans caricaturer les très riches contributions qui constituent le dossier de ce numéro de *Justice & Cassation*, il semble possible d'en proposer une clef qui soit celle de la temporalité. La prise en compte de l'environnement est essentielle à chaque temps, dans sa dimension de prise en compte et parfois de réparation du passé, au présent bien sûr et, c'est plus nouveau, également au futur.

I. Le passé

Le rapport à l'environnement est évidemment conjugué au passé dans un certain nombre d'hypothèses et particulièrement lorsque sont en cause des pollutions résultant d'activités terminées dont il faut régler les conséquences ; lorsqu'est sollicitée également, dans de nombreux cas, la responsabilité qui, si elle est désormais ouverte à une dimension prospective, tournée vers l'avenir, demeure largement

(15) Obs. préc. *in* Constitutions 2018. 389.

(16) TA Paris, 3 févr. 2021, n°s 1904967, 1904968, 1904972 et 1904976/4-1, *Oxfam France (Assoc.), Notre affaire à tous (Assoc.), Greenpeace France (Assoc.), Fondation pour la nature et l'homme*, AJDA 2021. 239 ; *ibid.* 2115 ; *ibid.* 2228 ; *ibid.* 2115, note H. Delzangles, note J. Bétaille ; D. 2021. 240, obs. J.-M. Pastor ; *ibid.* 709, chron. H. Gali ; *ibid.* 1004, obs. G. Leray et V. Monteillet ; JA 2021, n° 634, p. 12, obs. X. Delpech ; AJCT 2021. 255, obs. M. Moliner-Dubost ; RFDA 2021. 747, note A. Van Lang, A. Perrin et M. Deffairi ; EEI 2021. Étude 11 concl., A. Fort-Besnard ; AJDA 2021. 705, H. Belrhali ; *ibid.* 2021. 2228, note J. Bétaille ; Dr. adm. 2021, comm. 28, obs. M. Deffairi ; Dr. adm. 2022, comm. J.-Ch. Rotoullié ; M. Torre-Schaub, L'Affaire du siècle, une *affaire* à suivre, EEI 2021. Étude 3.

(17) CE 19 nov. 2020, n° 427301, *Grande-Synthe (Cne)*, Lebon ; AJDA 2021. 217 ; *ibid.* 2115 ; *ibid.* 2020. 2287 ; *ibid.* 2021. 2115, note H. Delzangles ; D. 2020. 2292, et les obs. ; *ibid.* 2021. 923, obs. S. Clavel et F. Jault-Seseke ; *ibid.* 1004, obs. G. Leray et V. Monteillet ; RFDA 2021. 747, note A. Van Lang, A. Perrin et M. Deffairi ; RTD eur. 2021. 484, obs. D. Ritleng ; EEI 2020. Étude 17 ; EEI 2021, comm. 2, concl. S. Hoynck ; C. Huglo, EEI 2021. Dossier 12 ; JCP 2020. Actu. 2138, B. Parance et J. Rochfeld ; Dr. adm. 2021, n° 14, comm. J.-C. Rotoullié ; JCP A 2020, n° 2337, comm. R. Radiguet ; CE 1er juill. 2021, n° 427301, *Grande-Synthe (Cne)*, Lebon avec les conclusions ; AJDA 2021. 1413 ; *ibid.* 2115, note H. Delzangles ; D. 2021. 1287, et les obs. ; *ibid.* 2022. 963, obs. V. Monteillet et G. Leray ; RFDA 2021. 777, concl. S. Hoynck ; RTD eur. 2022. 600, obs. P. Thieffry ; JCP A 2021, 2264, note F.-X. Fort et C. Ribot ; EEI 2021, comm. 77, concl. S. Hoynck ; RFDA 2021. 747, obs. A. Van Lang, A. Perrin et M. Deffairi, obs. ; B. Parance et J. Rochfeld ; RTD eur. 2022. 600, obs. P. Thieffry.

(18) CE 19 nov. 2020, préc. V. not § 11 : « *Si les stipulations de la CCNUCC et de l'accord de Paris citées au point 9 requièrent l'intervention d'actes complémentaires pour produire des effets à l'égard des particuliers et sont, par suite, dépourvues d'effet direct, elles doivent néanmoins être prises en considération dans l'interprétation des dispositions de droit national, notamment celles citées au point 11, qui, se référant aux objectifs qu'elles fixent, ont précisément pour objet de les mettre en œuvre* ».

(19) V. ce que L. Abgrall évoque à propos du regard posé en droit rural sur l'arrachage des haies ou l'emploi d'intrants.

(20) CEDH, gr. ch., 9 avr. 2024, n° 53600/20, préc. § 414. La Cour « *ne s'est jamais penchée sur le caractère particulier des problèmes engendrés par le changement climatique au regard des questions qu'ils posent sur le terrain de la Convention. Si sa jurisprudence en matière environnementale [...] peut être utile jusqu'à un certain point, les questions juridiques soulevées par le changement climatique présentent d'importantes différences avec celles qui ont été traitées jusqu'à aujourd'hui* ».

orientée vers la réparation de situations acquises. Il ne s'agit évidemment pas de remonter le temps mais de pouvoir comprendre quelles sont les conséquences du passé sur une situation donnée.

La pollution est la porte d'entrée la plus évidente pour s'attacher au passé en matière environnementale ; si elle est importante, on ne saurait toutefois se cantonner à cette hypothèse et Cédric Uzan-Sarano a fort bien mis en évidence la puissance d'une autre trace du passé, celle qui a donné lieu à l'arrêt du Conseil d'État relatif à la rencontre improbable de Marcel Proust et des éoliennes [21]. Le Conseil a approuvé la prise en considération « *des éléments qui ont trait aux dimensions historiques, mémorielles, culturelles et notamment littéraires du paysage* », qui avait conduit la cour administrative d'appel à « *juger que le projet litigieux n'était pas compatible avec l'exigence de protection des paysages résultant des dispositions de l'article L. 511-1 du code de l'environnement* ». Ce n'est pas la première fois que l'histoire s'invite en Droit de l'environnement, mais contrairement à la célèbre affaire *du bois des Loges* [22], ce n'est pas la mémoire des héros de guerres passées mais celle de personnages de fiction qui vient ici s'opposer à un projet qui présentait par ailleurs un certain intérêt environnemental.

Comme cela a été évoqué par Xavier Tarabeux, la reconnaissance du préjudice écologique a représenté une figure innovante de réparation d'une atteinte constatée non pas à une personne ou à ses biens mais à l'environnement lui-même. Les enjeux liés à la reconnaissance de ce préjudice écologique, après que la Cour de cassation l'a consacré dans l'arrêt *Erika* [23] sont extrêmement nombreux et doivent permettre de ne pas laisser sans réparation une atteinte non négligeable à l'environnement. Si cela conduit le juge à faire évoluer sa pratique et le confronte à des questions dont certaines sont encore assez nouvelles pour lui, il s'agit bien de faciliter la réparation de ce préjudice lorsqu'il est constaté. Le fait que celle-ci doive être « par priorité en nature » ou conduise à des dommages et intérêts affectés (1249 C. civ.) n'est pas la moindre des originalités de ce dispositif et manifeste qu'il est clairement intégralement conçu pour restaurer l'environnement atteint. De l'arrêt du 4 avril 2023 [24] consacrant l'appréciation souveraine des juges du fond sur la méthode d'évaluation du préjudice, on retiendra surtout l'affirmation du fait que la cour d'appel était « *tenue d'assurer la réparation intégrale du préjudice écologique dont elle a retenu l'existence* ». Pour un préjudice dont la reconnaissance est encore assez récente, l'affirmation est tout à fait significative [25].

L'information dans le cadre de la vente de biens immobiliers est une figure révélatrice de la prise en compte du passé. Il ne s'agit pas de revenir en arrière mais de s'assurer que l'acquéreur dispose des informations nécessaires à une bonne analyse de la situation présente. Cela vaut d'ailleurs tant pour le bien lui-même, ses caractères intrinsèques, que pour des nuisances de voisinage auxquelles il aurait été exposé, dès lors que ces nuisances sont encore susceptibles de se reproduire. Les nuisances liées à un voisinage troublant ou à un phénomène environnemental tel que l'échouage d'algues sur le littoral martiniquais [26] font partie de ce passé du bien dont l'acquéreur doit être informé.

(21) CE 4 oct. 2023, n° 464855, *Combray Energie (Sté)*, Lebon ; Just. & Cass. 2024. 232, avec les concl ; AJDA 2023. 1808 ; *ibid.* 2023. 1857 obs. J.-Ch. Rotoullié ; AJCT 2024. 116, obs. P. Noual ; JT 2023, n° 268, p. 11, obs. C. Devès ; RFDA 2023. 1073, note J.-P. Camby et J.-E. Schoettl.

(22) CE 26 nov. 2008, n°s 301151 et 301180 Lebon ; AJDA 2008. 2252 ; D. 2009. 2448, obs. F. G. Trébulle.

(23) Crim. 25 sept. 2012, n° 10-82.938, AJDA 2013. 667, étude C. Huglo ; D. 2012. 2711, et les obs., note P. Delebecque ; *ibid*. 2557, obs. F. G. Trébulle ; *ibid*. 2673, point de vue L. Neyret ; *ibid*. 2675, chron. V. Ravit et O. Sutterlin ; *ibid*. 2917, obs. G. Roujou de Boubée, T. Garé, M.-H. Gozzi, S. Mirabail et T. Potaszkin ; Just. & cass. 2017. 14, Intervention D. Guérin ; AJ pénal 2012. 574, note A. Montas et G. Roussel ; AJCT 2012. 620, obs. M. Moliner-Dubost ; Rev. sociétés 2013. 110, note J.-H. Robert ; RSC 2013. 363, obs. J.-H. Robert ; *ibid*. 447, chron. M. Massé ; RTD civ. 2013. 119, obs. P. Jourdain ; RSC 2013. 363, obs. J.-H. Robert ; JCP 2012. 1243, obs. K. Le Couviour.

(24) Crim. 4 avr. 2023, n° 22-82.999.

(25) V. déjà Crim. 22 mars 2016, n° 13-87.650, AJDA 2016. 638 ; D. 2016. 1236, note A.-S. Epstein ; *ibid*. 1597, chron. B. Laurent, L. Ascensi, E. Pichon et G. Guého ; Just. & cass. 2017. 14, Intervention D. Guérin ; *ibid*. 60, Intervention H. Adida-Canac ; AJ pénal 2016. 320, note J.-B. Perrier ; RSC 2016. 287, obs. J.-H. Robert ; RTD civ. 2016. 634, obs. P. Jourdain ; RSC 2016. 287, obs. J.-H. Robert.

(26) Civ. 3e, 15 juin 2022, n° 21-13.286, D. 2022. 1891, note N. Bonnardel ; AJDI 2022. 861, obs. F. Cohet ; D. actu. 14 sept. 2022, obs. F. Labelle.

C'est bien le passé environnemental du bien qui doit, au sens le plus large, être porté à la connaissance de l'acquéreur. On relèvera que les nuisances olfactives comme sonores ou liées à des émissions sont de celles dont l'ampleur peut caractériser une atteinte aux droits garantis par l'article 8 de la Convention européenne des droits de l'homme [27].

Correctement informé du passé du bien, l'acquéreur pourra se déterminer en connaissance de cause. Inversement, toute dissimulation risque de s'avérer préjudiciable tant pour lui-même et ceux qui viendraient après lui que pour l'environnement dont la préservation passe par l'identification de ce qui est d'ores et déjà dégradé et impose de cultiver une forme de mémoire environnementale afin de pouvoir prévenir des atteintes à la santé ou à l'environnement et ceci, au-delà des mécanismes spécifiques dont c'est la raison d'être [28].

La prise en compte du passé pourra conduire à contraindre l'ancien exploitant qui n'aurait pas remis le site en état à assumer les obligations auxquelles il aurait voulu se soustraire, ce qui est passé, au-delà des règles de la police des installations classées pour la protection de l'environnement, par l'identification d'une possible mise en cause de la responsabilité délictuelle de l'ancien exploitant négligent [29].

C'est encore bien souvent pour corriger des manquements passés que l'on rencontrera l'action des associations. Celle-ci mérite d'être soulignée tant leur rôle en matière de défense de l'environnement est déterminant. Si elles sont loin d'obtenir toujours gain de cause, elles apparaissent comme des relais utiles, et complémentaires des personnes publiques, de l'expression de préoccupations environnementales. On rappellera les enseignements de l'arrêt *Cray Valley* [30], leur reconnaissant la possibilité d'invoquer le préjudice né du seul non-respect des exigences environnementales par l'entreprise qui y est tenue. Il n'est pas anodin que la Cour de cassation ait rappelé son analyse plus récemment [31], en admettant que l'exploitation non autorisée d'une installation classée et la falsification de documents destinés à l'administration « *ont causé un préjudice direct ou indirect aux intérêts collectifs que les associations et l'ADEME ont pour objet de défendre, au regard du risque qu'ont fait courir à l'environnement la non-conformité fautive des installations et la mise en circulation d'informations environnementales inexactes* ». La formulation de la chambre criminelle est très intéressante dans la mesure où c'est la création du risque, alors même que l'on sait qu'il ne s'est pas réalisé, qui justifie l'identification du préjudice de l'Ademe et des associations agissantes. Il y a là une illustration supplémentaire de la force du risque préjudiciable en matière environnementale qui manifeste que la seule existence du risque peut constituer un préjudice indépendamment de sa réalisation [32].

Entre passé et présent se trouve la temporalité de la Convention judiciaire d'intérêt public (CJIP). Cette institution originale repose en effet sur le constat de manquements identifiés et la reconnaissance par l'auteur des faits de sa responsabilité. Pour ce qui est de cette dynamique, l'amende d'intérêt public environnemental vient bien sanctionner le comportement passé, le cas échéant pour des montants significatifs. Mais ce qui fait de la CJIP un instrument qui s'inscrit dans une dynamique temporelle originale tient au fait qu'elle va supposer un accord de l'auteur

(27) V. not. CEDH 9 déc. 1994, n° 16798/90, *L. O. c/ Espagne*, AJDA 1995. 212, chron. J.-F. Flauss ; RTD civ. 1996. 507, obs. J.-P. Marguénaud ; CEDH 16 nov. 2004, n° 4143/02, *M. G. c/ Espagne*, AJDA 2004. 2245 ; RDI 2005. 98, obs. F.-G. Trébulle.

(28) On peut penser aux servitudes ou encore aux dispositifs des articles L. 125-1 s. C. env. et tout particulièrement aux secteurs d'information sur les sols de l'article L. 125-6 de ce code.

(29) Depuis Civ. 3e, 16 mars 2005, n° 03-17.875, D. 2006. 50, note M. Boutonnet ; RTD civ. 2005. 389, obs. J. Mestre et B. Fages ; *ibid.* 784, obs. P. Jourdain ; JCP 2005. II. 10118, obs. F. G. Trébulle.

(30) Civ. 3e, 9 juin 2010, n° 09-11.738, Bull. 2010, III, n° 118, D. 2010. 2468, obs. F. G. Trébulle ; *ibid.* 2608, chron. A.-C. Monge et F. Nési ; JA 2010, n° 424, p. 12, obs. S. S. ; L. Neyret, L'extension de la responsabilité civile en droit de l'environnement, RCA 2013, n° 5, dossier 29 ; Crim. 5 oct. 2010, n° 09-88.748, D. 2011. 2694, obs. F. G. Trébulle ; M. Boutonnet et L. Neyret, Préjudice moral et atteintes à l'environnement : D. 2010. 912 ; C. Bloch, JCP 2011, n° 48, Doctr. 1333.

(31) Crim. 25 juin 2019, n° 17-84.753.

(32) Crim. 25 juin 2019, préc.

du manquement et un engagement de celui-ci de modifier son comportement et réparer ce qui peut l'être [33]. Ainsi que le relève Vincent Delbos « *la CJIP réussie évite la réitération, répare les dégâts opérés sur l'environnement et peut compenser les effets des manquements* ». On est ainsi déjà entré dans le temps présent.

II – Le présent

Paradoxalement – du moins en apparence – c'est au présent que l'on rattachera l'enjeu contentieux mis en évidence par Jean-Baptiste Perrier. Avec lui, en effet, on remarquera qu'outre la spécialisation de certaines juridictions en matière environnementale [34], les procédures de référé et les procédures accélérées peuvent présenter des atouts certains en matière environnementale. Ainsi qu'il les relève à propos des articles 834 et 835 C. pr. civ., « *Quoique non spécifiques, ces référés sont des instruments efficaces, par leur célérité, pour mettre fin à une atteinte à l'environnement ou la prévenir* », mais cela vaut pour toutes les procédures de référé.

La prise en compte du présent ce peut être celle de la discordance entre ce qui a été promis et ce qui est. C'est ainsi que l'obligation de délivrance a permis au juge de se saisir de la question de la pollution d'un bien présenté comme dépollué [35]. Le présent c'est aussi et surtout le temps des nuisances actuelles auxquelles il s'agit de mettre un terme : en matière environnementale comme en toute chose il appartient au juge d'adopter les mesures propres à faire cesser le préjudice constaté. Ceci pourra conduire [36] à articuler police administrative et contentieux civil, dans le respect des règles de compétence. La richesse du contentieux éolien qui a été évoqué dit bien la délicate articulation entre la poursuite d'objectifs distincts mais devant nécessairement être articulés : entre la promotion des énergies renouvelables, d'une part, et la nécessaire préservation de la qualité de vie au voisinage de ces installations. À nouveau, on observera que la jurisprudence interne poursuit une recherche à laquelle la Cour européenne des droits de l'homme l'invite à procéder : celle du juste équilibre entre la protection des droits de l'individu et la recherche de la satisfaction des besoins de la collectivité [37].

Dans des termes différents, mais de manière concordante, les développements sur la raison impérative d'intérêt public majeur [38] manifestent un souci d'adaptation, de recherche d'équilibre, pour permettre des réalisations malgré la possible atteinte à la protection de l'environnement (espèces et habitats). Avec Denis de La Burgade il faut y voir une figure de l'appréciation de l'intérêt général qui sera illustrée, notamment dans des situations dans lesquelles la production d'énergie renouvelable sera en jeu, la raison impérative d'intérêt public étant alors présumée. On peut comprendre les réserves exprimées car si l'objectif immédiat de production d'énergie renouvelable est structurant, la recherche d'un équilibre concret semble s'éloigner assez radicalement.

C'est encore au présent que se décline la question de la révolution du regard à laquelle Cédric Uzan-Sarano invite en matière d'éoliennes et de paysage avec ce puissant paradoxe que le développement

(33) V. M. Hautereau-Boutonnet, La loi relative au parquet européen, à la justice environnementale et à la justice pénale spécialisée : D. 2021. 176.

(34) Soulignée par plusieurs contributions.

(35) Particulièrement depuis Civ. 3e, 29 févr. 2012, no 11-10.318, D. 2012. 736 ; *ibid.* 1208, chron. A.-C. Monge, V. Guillaudier et I. Goanvic ; AJDI 2013. 453, obs. F. Cohet-Cordey ; CCC 2012, no 117, obs. L. Leveneur ; RDC 2012. 1306, obs. M. Mekki.

(36) V. la contribution de L. Abgrall, préc.

(37) Ce que souligne explicitement L. Abgrall lorsqu'elle relève que « *la jurisprudence de la troisième chambre civile, rendue dans le domaine de l'environnement ou dans des contentieux qui ont une dimension environnementale, est constamment à la recherche d'un équilibre, parfois difficile à trouver, entre les différents intérêts en présence, ces intérêts, individuels ou collectifs, étant eux-mêmes évolutifs dans le temps* ».

(38) D. de La Burgade « *La raison impérative d'intérêt public majeur des projets d'installations de production d'énergies renouvelables soumis à dérogation « espèces protégées »*.

de cette source d'énergie renouvelable, particulièrement adaptée à certaines parties de notre territoire, est aussi vu par un certain nombre de défenseurs de l'environnement comme menaçant celui-ci au moins dans sa dimension paysagère et parfois au titre des enjeux pour la faune (spécialement les oiseaux et les chauves-souris). La tension évoquée est au cœur de l'actualité de beaucoup sinon de tous les projets éoliens et cela n'est pas sans poser de nombreuses difficultés. Il semble bien, pourtant qu'il n'y ait pas d'alternative à la recherche d'une forme d'articulation entre les différents intérêts. Il développe une bien utile mise en garde contre le risque de ce « grand malentendu » auquel le déploiement éolien semble parfois condamné. Si l'on peut se réjouir que les analyses portées sur le terrain du Droit de l'urbanisme et celles relevant du Droit de l'environnement se rapprochent, il semble nécessaire de travailler à l'identification de lignes claires qui ne sont pas encore nécessairement parfaitement présentes.

L'une des clefs semble pouvoir être de conserver en permanence à l'esprit la boussole de l'équilibre entre les deux objectifs de protection des paysages et de développement d'une filière dont l'inscription dans l'objectif d'intérêt général de la production d'énergie renouvelable et partant de contribution à l'objectif de diminution des émissions de gaz à effet de serre est indiscutable. Entre nécessaire densification et risque de saturation visuelle, force est de reconnaître que les marges semblent étroites. Cependant cette dernière notion [39] semble employée d'une manière que le juge administratif maîtrise assez bien et qui vise surtout à tenir compte de situations concrètes et d'une forme de négligence du porteur du projet. Dans l'arrêt du 27 décembre 2022 [40] le Conseil d'État insiste sur le caractère « excessif » de l'altération des paysages et du périmètre rapproché, apprécié souverainement par la cour administrative d'appel dont il relève qu'elle a souligné l'« *important effet d'écrasement* » de certains hameaux, l'effet de « *saturation du fait de la proximité des éoliennes* » avec d'autres, ainsi que « *leur implantation désordonnée et [...] leur prégnance dans le paysage* ». Il semble nécessaire que, pour déterminer le juste équilibre à maintenir entre les intérêts divergents, le juge apprécie en effet les conséquences visuelles au titre de la commodité du voisinage au sens de l'article L. 511-1 du code de l'environnement [41]. La satisfaction de l'objectif de production d'énergie décarbonée ne doit pas valoir blanc-seing et ne peut être déconnectée des conséquences que la présence de ces installations a, précisément, sur l'environnement dans lequel elle vient s'inscrire. Il n'est pas anodin que dans certains cas le sujet soit celui de la transformation d'un environnement rural en environnement de type industriel...

La vigilance impose de construire un pont entre les temps de saisissement des questions de durabilité dans la mesure où, éclairée par l'identification des risques, elle vise à en prévenir la réalisation future par la mise en place de mesures adaptées. Elle s'écrit cependant principalement au présent. Ainsi que Marie de Pinieux l'a relevé, il faut voir dans l'obligation spéciale de l'article L. 225-102-4 C. com., « *la déclinaison singulière, la version renforcée de l'obligation de vigilance incombant à tout un chacun au titre des articles 1240 et 1241 du code civil et donc du droit commun* » [42]. Au travers des différents instruments spéciaux qui permettent de saisir la part la plus visible de la démarche, on perçoit qu'il s'agit bien de modifier en profondeur le rapport de l'entreprise à son environnement naturel comme humain pour parvenir à faire émerger un nouveau rapport aux risques, élément fondamental de la gestion de

(39) V. CE 27 déc. 2022, n° 444453, cité par J.-P. Camby et J.-É. Schoettl, L'insertion des éoliennes dans un paysage : autant en emporte la subjectivité du juge, RFDA 2023. 1073 ; égal. B. Lormeteau, et R. Radiguet, Le volet paysage dans la loi APER : panorama d'une approche pointilliste, AJDA 2023. 1156.

(40) Préc.

(41) CE 1er mars 2023, n° 459716, Lebon ; AJDA 2023. 415 ; cité par P. Noual, À la recherche du vent perdu : préservation renforcée des paysages face à l'éolien ?, AJCT 2024. 116 ; et par P. Soler-Couteaux, L'impact visuel d'éoliennes n'est pas un élément constitutif de la salubrité publique, RDI 2023. 252.

(42) V. égal. F. G. Trébulle, Juger la conduite des entreprises et leur rapport aux risques auxquels elles contribuent, Propos conclusifs, RLDA 2024, suppl. au n° 200, p. 65.

toute société. On peut y voir une déclinaison logique du nécessaire respect du Droit dans sa dimension préventive la plus globale. Il y a aussi une convergence assumée avec des initiatives sectorielles bien identifiées comme c'est le cas à propos de certains minerais [43] ou du bois [44]. Du règlement de 2017, on retiendra l'affirmation d'un « devoir de diligence à l'égard de la chaîne d'approvisionnement » formalisant les obligations pesant sur certaines entreprises d'adopter un système « *de gestion des risques, de vérifications par des tiers indépendants et de communication d'informations afin de mettre en évidence, pour y répondre, les risques réels et potentiels associés aux zones de conflit ou à haut risque, dans le but de prévenir ou d'atténuer les effets néfastes que pourraient avoir leurs activités d'approvisionnement* ». Il ne s'agit pas de réparer des dysfonctionnements passés mais bien d'imposer la prise en compte dans la gestion des entreprises concernées l'adoption de réponses aux risques identifiés. Cela entre évidemment en résonance forte avec bien d'autres domaines, notamment en matière de sécurité des salariés, dans lesquels l'identification d'un risque impose à celui qui l'opère une obligation de prévention dont l'inexécution serait fautive. Si les obligations spéciales sont importantes et doivent être articulées avec les exigences de droit commun de conduite vigilante et diligente des entreprises, Il a été montré [45] combien le juge joue un rôle déterminant en la matière. Le temps de l'intervention du juge est nécessairement celui de la réponse à une situation passée mais sa dimension normative est telle qu'elle vaut également pour orienter la conduite des entreprises bien au-delà des situations pouvant donner lieu à un contentieux identifié. Les exemples internationaux évoqués, comme la structuration de règles de conduite issues du droit souple – et principalement des principes directeurs de l'OCDE qui constituent en la matière une matrice très puissante, notamment en matière environnementale – illustrent cette dynamique forte d'une évolution des attentes dans l'appréciation de ce qu'est une bonne gestion de l'entreprise.

Si le devoir de vigilance ou la diligence raisonnable en matière de durabilité est dans le présent de l'actualité législative européenne, l'environnement est également au cœur de l'actualité du Droit interne et notamment avec la loi n° 2024-346 du 15 avril 2024 « visant à adapter le droit de la responsabilité civile aux enjeux actuels » qui consacre dans le code civil la théorie prétorienne des troubles anormaux du voisinage, désormais intégrée à l'article 1253 de celui-ci [46] avec, ce qui était le véritable objectif de la proposition dont ce texte est issu, l'intégration à l'alinéa 2 de ce texte de la théorie de la préoccupation individuelle auparavant consacrée à l'article L. 113-8 CCH [47]. C'est bien la composante la plus « environnementale » des troubles du voisinage qui est visée, celle des troubles liés notamment aux activités agricoles et qui a vu se déployer les actions de voisins s'installant dans un cadre dont ils prétendent contester les caractères et éventuellement les nuisances préexistantes à leur arrivée.

III. Le futur

Un élément important dans l'évolution du rapport à l'environnement est clairement la prise en compte, à côté des situations acquises, des trajectoires. Stéphane Hoynck l'explique [48] et, en effet,

(43) Règl. (UE) 2017/821 du Parlement européen et du Conseil du 17 mai 2017 fixant des obligations liées au devoir de diligence à l'égard de la chaîne d'approvisionnement pour les importateurs de l'Union qui importent de l'étain, du tantale et du tungstène, leurs minerais et de l'or provenant de zones de conflit ou à haut risque.

(44) Règl. 2023/1115 du 31 mai 2023 *relatif à la mise à disposition sur le marché de l'Union et à l'exportation à partir de l'Union de certains produits de base et produits associés à la déforestation et à la dégradation des forêts, et abrogeant le règlement (UE) n° 995/2010.*

(45) V. la contribution de M. de Pinieux.

(46) « *Le propriétaire, le locataire, l'occupant sans titre, le bénéficiaire d'un titre ayant pour objet principal de l'autoriser à occuper ou à exploiter un fonds, le maître d'ouvrage ou celui qui en exerce les pouvoirs qui est à l'origine d'un trouble excédant les inconvénients normaux de voisinage est responsable de plein droit du dommage qui en résulte* ».

(47) Le nouveau texte précise que « *Sous réserve de l'article L. 311-1-1 du code rural et de la pêche maritime, cette responsabilité n'est pas engagée lorsque le trouble anormal provient d'activités, quelle qu'en soit la nature, existant antérieurement à l'acte transférant la propriété ou octroyant la jouissance du bien ou, à défaut d'acte, à la date d'entrée en possession du bien par la personne lésée. Ces activités doivent être conformes aux lois et aux règlements et s'être poursuivies dans les mêmes conditions ou dans des conditions nouvelles qui ne sont pas à l'origine d'une aggravation du trouble anormal.* »

(48) S. Hoynck, Contentieux climatique : de l'écueil de la causalité au contrôle de la trajectoire.

c'est bien une dimension structurante mise en évidence dans le contentieux climatique mais qui a vocation à rayonner bien au-delà. Comme il le relève, cela interroge le rôle du juge et le fait qu'il ne doit pas se substituer à l'État dans la définition de ce qui doit être fait. En revanche, il est parfaitement légitime de lui demander d'apprécier la cohérence de la trajectoire arrêtée et le respect des engagements pris. Ce sont bien les effets futurs à 10 ou 20 ans qui ont été pris en compte, eu égard à leur caractère inéluctable en l'absence de mesures efficaces, pour justifier l'action de la commune de Grande-Synthe. La prise en compte des trajectoires, en ce qu'elle invite à se placer dans une perspective temporelle dynamique doit permettre de prévenir la réalisation d'un préjudice et s'inscrit donc, avec la vigilance, dans un mouvement d'accueil assumé de la dynamique préventive éminemment nécessaire en matière environnementale. On peut même y voir une manifestation de cette obligation de vigilance identifiée par le Conseil constitutionnel et s'appliquant aux personnes publiques comme aux personnes privées. Le respect des trajectoires de réduction des émissions fait certainement partie de ces diligences dont les connaissances disponibles et les engagements pris permettent de considérer qu'elles s'imposent à l'État lui-même.

L'aspect probablement le plus disruptif pour ceux qui ne fréquentent pas assidument les textes de Droit international de l'environnement qui leur font depuis très longtemps une large place, c'est assurément l'irruption des générations futures dans le droit positif.

En 2021, en Allemagne, une décision de la Cour de Karlsruhe [49] a marqué les esprits. Se fondant sur l'article 20a de la Loi fondamentale [50] qui impose à l'État de protéger les « fondements naturels de la vie », elle y voit le siège d'une obligation de protéger le climat. Pour la Cour, « *L'article 20 a de la Loi fondamentale contient une norme juridique susceptible d'être invoquée en justice dont l'objectif est d'imposer au processus politique la prise en compte de préoccupations environnementales, notamment en ce qui concerne les générations futures* ». Elle en a déduit un « *devoir particulier d'agir avec soin et diligence* » qui pèse sur le législateur « *y compris pour le bénéfice des générations futures* » et imposant de prendre en considération, lorsqu'elles existent, toutes « *indications fiables relatives à la possibilité d'une survenance de dommages environnementaux graves ou irréversibles* ». On retrouve là les enseignements tirés de la Charte française par le Conseil constitutionnel. Mais la Cour de Karlsruhe est allée plus loin en relevant qu'« *en tant qu'obligation de protéger le climat, l'article 20a de la Loi fondamentale comporte une dimension internationale* » et que cette obligation « *exige de l'État qu'il agisse à l'échelon mondial pour poursuivre cet objectif dans le cadre de la coopération internationale* » ; elle poursuit « *l'État ne saurait se dégager de sa responsabilité en soulignant les émissions de gaz à effet de serre produites par d'autres États* ». La décision de la Cour de Karlsruhe a admis le recours non seulement de jeunes allemands mais également de résidents du Bangladesh et du Népal en soulignant que les recours de personnes physiques « *sont recevables, lorsque, [...] ils contestent une violation du devoir de protection des droits fondamentaux* » et que « *les requérants vivant au Bangladesh et au Népal ont eux aussi la qualité pour agir, étant donné qu'il ne peut être a priori exclu que les droits fondamentaux consacrés par la Loi fondamentale imposent à l'État allemand le devoir de protéger ces droits également contre les effets du changement climatique mondial* » (§ 90). Ceci est essentiel même si, en l'occurrence, une violation du devoir de protection à leur encontre n'a pas été constatée.

A été déterminant le fait que l'absence de protection suffisante « *contre les atteintes à la santé et les dangers de mort causés par le changement climatique* » pouvait caractériser une violation, par le législateur, de son « devoir de protection » [51].

(49) Tribunal constitutionnel allemand, 24 mars 2021, BVerfG 1 BvR 2656/18, 1 BvR 78/20, 1 BvR 96/20, 1 BvR 288/20 : https://www.bundesverfassungsgericht.de/SharedDocs/Entscheidungen/FR/2021/03/rs20210324_1bvr265618fr.html ; v. L. Fonbaustier Changement climatique - Le tribunal de Karlsruhe et la décision du 24 mars 2021 : quelques réflexions sur ce que signifie être juge constitutionnel par gros temps !, EEI 2021, comm. 62 ; É. Gaillard, L'historique déclinaison transgénérationnelle des devoirs fondamentaux envers les générations futures par le tribunal fédéral constitutionnel allemand, *ibid.*, comm. 61.

(50) Article 20 a : « Assumant sa responsabilité pour les générations futures, l'État protège également les fondements naturels de la vie et les animaux par l'exercice du pouvoir législatif, dans le cadre de l'ordre constitutionnel, et par l'exercice des pouvoirs exécutif et judiciaire, dans le respect de la loi et du droit ».

(51) § 99.

La Cour suprême allemande a considéré, de manière à la fois cohérente et stimulante, que le devoir de protection « ne s'applique pas uniquement lorsqu'une atteinte a déjà été portée à ce droit, mais comporte également une dimension tournée vers l'avenir » et que « L'obligation de protéger la vie et la santé humaines contre des dangers qui les menacent peut fonder un devoir de protection également à l'égard de générations futures », en assumant là une « obligation de protection intergénérationnelle [qui] est toutefois de nature purement objective, étant donné que les générations futures ne peuvent, ni dans leur ensemble ni en tant que notion recouvrant la totalité des individus qui vivront alors, être considérées comme étant actuellement titulaires de droits fondamentaux » [52] et qui « *comporte également une obligation de protéger contre les dangers engendrés par le changement climatique* » [53]. L'inconstitutionnalité de la loi sur le climat soumise au contrôle de la Cour a été retenue au regard du fait qu'elle faisait « *peser une menace disproportionnée d'ingérences dans l'exercice futur de la liberté garantie par les droits fondamentaux. Étant donné que les volumes d'émission licites jusqu'en 2030 en vertu de ces dispositions réduisent considérablement les possibilités restantes de produire postérieurement à 2030 des émissions d'une manière qui respecte l'exigence constitutionnelle de protéger le climat, le législateur est tenu de prévoir des mesures de précaution suffisantes pour assurer un passage vers la neutralité climatique qui ménage la liberté* » [54]. On voit que la dimension anticipatrice a été déterminante ; d'ailleurs la Cour l'admettait en considérant explicitement que « Sous certaines conditions, la Loi fondamentale exige une préservation dans le temps de la liberté garantie par les droits fondamentaux et une répartition proportionnée des opportunités de liberté entre les générations » [55]. On mesure toute l'importance de l'affirmation selon laquelle l'objectif premier de l'obligation de protéger les fondements de la vie « *est de préserver les fondements naturels de la vie pour le bénéfice des générations futures* », en ayant égard à « *la répartition entre les générations des charges à supporter pour protéger l'environnement* » [56].

En France, c'est bien sûr la très remarquée décision du Conseil constitutionnel du 27 octobre 2023 [57] qui a retenu l'attention. L'affirmation que l'on y retrouve est celle d'une obligation du législateur, non pas tant vis-à-vis des générations futures que de s'assurer, ici et maintenant, que « *les choix destinés à répondre aux besoins du présent ne compromettent pas la capacité des générations futures et des autres peuples à satisfaire leurs propres besoins, en préservant leur liberté de choix à cet égard* ». La dimension universelle et transgénérationnelle de certains enjeux environnementaux apparaît ici aussi saisie dans sa complexité et ceci ne peut être sans conséquence. Bénédicte Vassallo, s'interrogeant sur ses origines, montre que cette consécration de la prise en compte des générations futures ne vient pas de nulle part, tant s'en faut. Elle procède, au contraire, d'une construction ancienne et désormais assise sur de multiples références internationales, européennes et internes. Dans une illustration stimulante du dialogue des juges elle donne à voir combien dans les décisions des juridictions régionales comme dans celles de juridictions internes étrangères, les générations futures se sont vu progressivement reconnaître une véritable place, jusqu'et y compris dans la décision néerlandaise *Urgenda* dont on sait qu'elle a été très attentivement lue en France, particulièrement dans la perspective de l'accueil du contentieux climatique par les juridictions administratives.

(52) § 147.

(53) § 148.

(54) § 183.

(55) *Ibid.*, v. égal § 188 « *La justification au regard du droit constitutionnel de ce risque de pertes futures de liberté exige d'une part que les deux dispositions de la loi sur le climat qui contribuent à déterminer l'étendue des pertes futures de liberté soient conformes aux choix élémentaires exprimés dans la Loi fondamentale. D'autre part, elles ne doivent pas imposer de contraintes disproportionnées à l'exercice futur de la liberté des requérants* ».

(56) § 193.

(57) Après Cons. const. 12 août 2022, nº 2022-843 DC, *Loi portant mesures d'urgence pour la protection du pouvoir d'achat*, AJDA 2022. 1655 ; D. 2022. 2140, et les obs., note N. Lenoir ; *ibid*. 2023. 975, obs. V. Monteillet et G. Leray ; *ibid*. 1235, obs. E. Debaets et N. Jacquinot ; Cons. const. 27 oct. 2023, nº 2023-1066 QPC, *Meuse nature environnement (Assoc.)*, AJDA 2024. 216, note J.-C. Rotoullié ; *ibid*. 2023. 1965 ; D. 2023. 1950, et les obs. ; AJCT 2024. 35, obs. M. Moliner-Dubost ; EEI 2023, comm. 93, obs. E. Gaillard ; JCP A 2024. 2004, note L. Peyen ; JCP 2023. 1428, obs. J. Rochfeld et L. Fonbaustier.

C'est désormais vers Strasbourg que tous les yeux se tournent et il est notable que l'arrêt de la grande chambre de la CEDH a, en effet, fait une place importante aux générations futures dans son raisonnement [58] évoquant les enjeux de répartition de l'effort « entre les générations, ce qui concerne aussi bien les différentes générations de personnes vivant actuellement que les générations futures ». Si la Cour admet que « les obligations juridiques que la Convention impose aux États concernent les personnes vivant actuellement », elle considère qu'il « *n'en reste pas moins clair que les générations futures risquent de supporter le fardeau croissant des conséquences des manquements et omissions d'aujourd'hui dans la lutte contre le changement climatique* ». Est déterminant dans sa lecture de la question le fait que les engagements des États, notamment dans la Convention cadre des Nations unies sur le changement climatique, impliquent que « *les États parties ont contracté l'obligation de préserver le système climatique dans l'intérêt des générations présentes et futures* ».

La CEDH assume parfaitement tenir compte du « point de vue intergénérationnel » qui « *met en exergue le risque inhérent à la prise de décision politique dans ce domaine, c'est-à-dire le fait que les intérêts et préoccupations de court terme pourraient l'emporter et prendre le pas sur le besoin impérieux d'une prise de décisions viables, risque particulièrement sérieux et justifiant plus encore l'existence d'une possibilité de contrôle juridictionnel* ». Cette analyse revient, au moins sur les sujets climatiques, à ouvrir très largement le contrôle de la prise en compte de l'intérêt des générations futures. La Cour admet d'ailleurs [59] qu'une association défende « *non seulement les intérêts de ses adhérentes, mais aussi ceux de la population en général et des générations futures, dans le but de garantir une protection efficace du climat* », elle rapproche, ce faisant, l'intervention de l'association en cause de celle de l'État dont on peut considérer que c'est également le moteur principal de l'action que d'assurer la défense des intérêts de la population en général et des générations futures... En fait, il ne s'agit pas de confondre les rôles mais de reconnaître aux associations la possibilité, face aux États, de leur demander des comptes sur ce qui est fait, non pas dans le cadre d'une *actio popularis* mais bien dans celui de la défense de leur propre objet statutaire.

Le futur du Droit de l'environnement c'est peut-être, enfin, l'apparition d'une nouvelle juridiction qui a été notamment évoquée par Jean-Baptiste Perrier. Cette « *juridiction environnementale de plein exercice qui agirait tant sur le volet civil que sur le volet pénal, sans que le premier soit nécessairement lié au second* » correspond à une proposition qui a été, en son temps portée par un autre contributeur à cette revue, Vincent Delbos [60]. La piste mérite certainement d'être analysée même si elle ne saurait régler toutes les questions que pose le défi non pas tant de l'existence que de l'effectivité du Droit de l'environnement. Jean-Baptiste Perrier a bien montré qu'un effet d'enchevêtrement est probablement inévitable entre les différentes juridictions appelées à connaître des questions environnementales. Face à la diversité des champs concernés, des règles pertinentes, la réponse ne pourra, en tout état de cause, pas être univoque.

Il est, en revanche, d'ores et déjà acquis que le futur du Droit de l'environnement sera passionnant. Entre environnementalisation du Droit commun et consécration de solutions et institutions spécifiques, à bien y regarder il n'est pas besoin de choisir, eu égard à l'importance des enjeux pour la société tout entière, ce sont tous les instruments et tous les acteurs qui devront être mobilisés.

(58) CEDH, gr. ch., 9 avr. 2024 préc., spéc. § 419 s.

(59) § 521.

(60) CGEDD, IGJ, Une justice pour l'environnement. Mission d'évaluation des relations entre justice et environnement, établi par B. Cinotti, J.-F. Landel, D. Agoguet, D. Atzenhoffer, V. Delbos, oct. 2019.

Notes, rapports & conclusions

CONSEIL D'ETAT

CE, 6e et 5e ch. réunies, 4 octobre 2023, no 464855

Mentionné dans les tables du Lebon

6e et 5e ch. réunies

Mme M., rapporteur

M. Nicolas Agnoux, rapporteur public

République française

Au nom du peuple français

Vu la procédure suivante :

La société Combray Énergie a demandé à la cour administrative d'appel de Versailles, d'une part, d'annuler l'arrêté du 15 octobre 2020 par lequel la préfète d'Eure-et-Loir a rejeté sa demande d'autorisation environnementale pour l'installation et l'exploitation d'un parc éolien composé de huit aérogénérateurs et quatre postes de livraison sur le territoire des communes de Montigny-le-Chartif et Vieuvicq et, d'autre part, de lui délivrer l'autorisation environnementale sollicitée en enjoignant à la préfète d'Eure-et-Loir de fixer les conditions d'exploitation de celle-ci.

Par un arrêt no 20VE03265 du 11 avril 2022, la cour administrative d'appel de Versailles a, après avoir admis les interventions de l'association de défense de l'environnement des riverains de la Thironne et de la société des amis de Marcel Proust et des amis de Combray, rejeté sa requête.

Par un pourvoi sommaire, un mémoire complémentaire et un mémoire en réplique, enregistrés les 10 juin et 8 septembre 2022 et 1er septembre 2023 au secrétariat du contentieux du Conseil d'État, la société Combray Énergie demande au Conseil d'État :

1°) d'annuler cet arrêt ;

2°) réglant l'affaire au fond, de faire droit à sa requête ;

3°) de mettre à la charge de l'État la somme de 5 000 euros au titre de l'article L. 761-1 du code de justice administrative.

Vu les autres pièces du dossier ;

Vu :
- le code de l'environnement ;
- le code du patrimoine ;
- le code des relations entre le public et l'administration ;
- le code de justice administrative ;

Après avoir entendu en séance publique :
- le rapport de Mme J. M., maître des requêtes en service extraordinaire,
- les conclusions de M. Nicolas Agnoux, rapporteur public ;

La parole ayant été donnée, après les conclusions, à la SCP Rocheteau, Uzan-Sarano et Goulet, avocat de la société Combray Énergie, et au cabinet Munier-Apaire, avocat de l'association de défense de l'environnement des riverains de la Thironne et autre ;

Considérant ce qui suit :

1. Il ressort des pièces du dossier soumis aux juges du fond que, par un arrêté du 15 octobre 2020, la préfète d'Eure-et-Loir a refusé de délivrer à la société Combray Énergie l'autorisation environnementale qu'elle avait sollicitée pour l'installation et l'exploitation d'un parc éolien composé de huit aérogénérateurs et quatre postes de livraison sur le territoire des communes de Montigny-le-Chartif et Vieuvicq. Par un arrêt en date du 11 avril 2022, contre lequel la société Combray Énergie se pourvoit en cassation, la cour administrative d'appel de Versailles a rejeté sa requête tendant, d'une part, à l'annulation de cet arrêté et, d'autre part, à ce que lui soit délivrée l'autorisation environnementale sollicitée en enjoignant à la préfète d'Eure-et-Loir de fixer les conditions d'exploitation de celle-ci.

Sur la régularité de l'arrêt attaqué :

2. Aux termes de l'article R. 741-7 du code de justice administrative : « Dans les tribunaux administratifs et les cours administratives d'appel, la minute de la décision est signée par le président de la formation de jugement, le rapporteur et le greffier d'audience ». Aux termes de l'article R. 741-8 du même code : « Si le président de la formation est rapporteur, la minute est signée, en outre, par l'assesseur le plus ancien dans l'ordre du tableau. / Lorsque l'affaire est jugée par un magistrat statuant seul, la minute du jugement est signée par ce magistrat et par le greffier d'audience ». Il ressort de l'examen de la minute de l'arrêt attaqué que celle-ci comporte les signatures du président-rapporteur de la formation de jugement, de l'assesseur de la formation de jugement le plus ancien dans l'ordre du tableau, Mme A..., et du greffier d'audience. Par ailleurs, l'arrêt n'avait pas, pour faire preuve de sa régularité, à mentionner que Mme A... était l'assesseure la plus

ancienne. Il s'ensuit que le moyen tiré de la méconnaissance des dispositions des articles R. 741-7 et R. 741-8 du code de justice administrative manque en fait.

Sur le bien-fondé de l'arrêt attaqué :

3. En premier lieu, d'une part, aux termes de l'article L. 211-2 du code des relations entre le public et l'administration : « Les personnes physiques ou morales ont le droit d'être informées sans délai des motifs des décisions administratives individuelles défavorables qui les concernent. / À cet effet, doivent être motivées les décisions qui : / [...] 7° Refusent une autorisation, sauf lorsque la communication des motifs pourrait être de nature à porter atteinte à l'un des secrets ou intérêts protégés par les dispositions du a au f du 2° de l'article L. 311-5 [...] ». Aux termes de l'article L. 211-5 du même code : « La motivation exigée par le présent chapitre doit être écrite et comporter l'énoncé des considérations de droit et de fait qui constituent le fondement de la décision ».

4. D'autre part, aux termes de l'article L. 181-3 du code de l'environnement, dans sa rédaction en vigueur à la date de l'arrêté attaqué : « I. L'autorisation environnementale ne peut être accordée que si les mesures qu'elle comporte assurent la prévention des dangers ou inconvénients pour les intérêts mentionnés aux articles L. 211-1 et L. 511-1, selon les cas [...] ». Aux termes de l'article L. 511-1 du même code, dans sa rédaction en vigueur à la date de l'arrêté attaqué : « Sont soumis aux dispositions du présent titre les usines, ateliers, dépôts, chantiers et, d'une manière générale, les installations exploitées ou détenues par toute personne physique ou morale, publique ou privée, qui peuvent présenter des dangers ou des inconvénients soit pour la commodité du voisinage, soit pour la santé, la sécurité, la salubrité publiques, soit pour l'agriculture, soit pour la protection de la nature, de l'environnement et des paysages, soit pour l'utilisation rationnelle de l'énergie, soit pour la conservation des sites et des monuments ainsi que des éléments du patrimoine archéologique [...] ».

5. En jugeant l'arrêté litigieux de la préfète d'Eure-et-Loir du 15 octobre 2020, suffisamment motivé en droit et en fait, au motif, d'une part, qu'il fait référence à l'article L. 181-3 du code de l'environnement et que celui-ci renvoie expressément à l'article L. 511-1 du même code, qui mentionne notamment la protection des paysages, et, d'autre part, qu'il fait référence à l'impact caractérisé de l'implantation de ce projet de parc éolien sur les paysages et le patrimoine culturel protégés, la cour, qui n'a pas entaché son arrêt d'erreur de droit, a porté sur les pièces du dossier qui lui était soumis une appréciation souveraine, exempte de dénaturation.

6. En deuxième lieu, aux termes de l'article L. 511-1 du code de l'environnement, dans sa rédaction en vigueur à la date de l'arrêt attaqué : « Sont soumis aux dispositions du présent titre les usines, ateliers, dépôts, chantiers et, d'une manière générale, les installations exploitées ou détenues par toute personne physique ou morale, publique ou privée, qui peuvent présenter des dangers ou des inconvénients soit pour la commodité du voisinage, soit pour la santé, la sécurité, la salubrité publiques, soit pour l'agriculture, soit pour la protection de la nature, de l'environnement et des paysages, soit pour l'uti-

lisation économe des sols naturels, agricoles ou forestiers, soit pour l'utilisation rationnelle de l'énergie, soit pour la conservation des sites et des monuments ainsi que des éléments du patrimoine archéologique [...] ». Aux termes de l'article L. 350-1 A du code de l'environnement : « Le paysage désigne une partie de territoire telle que perçue par les populations, dont le caractère résulte de l'action de facteurs naturels ou humains et de leurs interrelations dynamiques ». Pour l'application de ces dispositions, le juge des installations classées pour la protection de l'environnement apprécie le paysage et les atteintes qui peuvent lui être portées en prenant en considération des éléments présentant, le cas échéant, des dimensions historiques, mémorielles, culturelles et artistiques, y compris littéraires.

7. Il ressort des énonciations de l'arrêt attaqué que pour écarter le moyen tiré de l'erreur de droit et de l'erreur d'appréciation que la préfète d'Eure-et-Loir aurait commises en refusant l'autorisation sollicitée, la cour a notamment relevé que la réalisation du projet de parc éolien risquerait de porter une atteinte significative notamment à l'intérêt paysager et patrimonial du site remarquable, classé au titre de l'article L. 631-1 du code du patrimoine, du village d'Illiers-Combray et de ses abords. La cour a relevé que le classement de ce site, qui a le caractère d'une servitude d'utilité publique, trouve son fondement dans la protection et la conservation de paysages étroitement liés à la vie et à l'œuvre de Marcel Proust, dont un parcours pédestre favorise la découverte. Elle a également relevé que le clocher de l'église d'Illiers-Combray et le jardin du Pré Catelan, dessiné par Jules Amiot, oncle de Marcel Proust, sont classés au titre des monuments historiques. En prenant ainsi en considération des éléments qui ont trait aux dimensions historiques, mémorielles, culturelles et notamment littéraires du paysage, pour juger que le projet litigieux n'était pas compatible avec l'exigence de protection des paysages résultant des dispositions de l'article L. 511-1 du code de l'environnement, la cour n'a pas commis d'erreur de droit.

8. En troisième lieu, il résulte des dispositions citées au point 6 que pour apprécier l'atteinte significative d'une installation à des paysages ou des sites, il appartient à l'autorité administrative, sous le contrôle du juge, de prendre en compte l'ensemble des éléments pertinents et notamment, le cas échéant, la visibilité du projet depuis ces sites ou la covisibilité du projet avec ces sites ou paysages. Il s'ensuit qu'en retenant notamment que les éoliennes projetées seraient visibles depuis certains lieux se situant au sein du périmètre du site patrimonial remarquables d'Illiers-Combray ou à sa périphérie, pour juger que le projet de parc éolien risquerait de porter une atteinte significative à un ensemble constitué non seulement de deux monuments historiques, mais aussi du site remarquable, ainsi qu'à l'intérêt paysager et patrimonial du village d'Illiers-Combray, la cour, qui a suffisamment motivé son arrêt, n'a pas commis d'erreur de droit, et a porté sur les pièces du dossier qui lui était soumis, une appréciation souveraine, exempte de dénaturation.

9. Il résulte de l'ensemble de ce qui précède que la société Combray Énergie n'est pas fondée à demander l'annulation de l'arrêt de la cour administrative d'appel de Versailles qu'elle attaque.

Sur les conclusions présentées au titre de l'article L. 761-1 du code de justice administrative :

10. Les dispositions de l'article L. 761-1 du code de justice administrative font obstacle à ce qu'une somme soit mise à la charge de l'État qui n'est pas, dans la présente instance, la partie perdante. Par suite, les conclusions présentées sur le fondement de ces dispositions par la société Combray Énergie ne peuvent qu'être rejetées.

11. L'association de défense de l'environnement des riverains de la Thironne et de la société des amis de Marcel Proust et des amis de Combray, intervenantes devant la cour administrative d'appel, n'ont pas la qualité de partie en défense dans la présente instance, dans laquelle elles ont produit des observations. Leur présence en cette qualité ne leur confère pas celle de partie, dès lors qu'elles n'auraient pas eu qualité pour former tierce-opposition à l'arrêt attaqué. Par suite, leurs conclusions tendant à ce qu'une somme soit mise à la charge de la société Combray Énergie au titre des dispositions de l'article L. 761-1 du code de justice administrative sont irrecevables.

Décide :

Article 1er : Le pourvoi de la société Combray Énergie est rejeté.

Article 2 : Les conclusions présentées par l'association de défense de l'environnement des riverains de la Thironne et la société des amis de Marcel Proust et des amis de Combray au titre de l'article L. 761-1 du code de justice administrative sont rejetées.

Article 3 : La présente décision sera notifiée à la société Combray Énergie et au ministre de la Transition écologique et de la cohésion des territoires.

[...]

Conseil d'État

Pourvoi n° 464855

Conclusions de Nicolas Agnoux, rapporteur public

« *[Les champs] étaient perpétuellement parcourus, comme par un chemineau invisible, par le vent qui était pour moi le génie particulier de Combray. Chaque année, le jour de notre arrivée, pour sentir que j'étais bien à Combray, je montais le retrouver qui courait dans les sayons et me faisait courir à sa suite. On avait toujours le vent à côté de soi du côté de Méséglise, sur cette plaine bombée où pendant des lieues il ne rencontre aucun accident de terrain* » : rien d'étonnant, donc, à ce que la société Combray Énergie ait souhaité implanter un parc éolien dans cette plaine d'Eure-et-Loir située entre Tansonville, Méréglise et Monjouvin [1].

À travers ces noms évocateurs, les lecteurs familiers de *La recherche du temps perdu*, dont nous venons de citer quelques lignes, auront d'emblée compris l'enjeu du litige et deviné les termes du débat porté devant vous.

Par un arrêté du 15 octobre 2020, la préfète d'Eure-et-Loir a refusé de délivrer l'autorisation environnementale que sollicitait la société requérante au titre d'un parc de 12, ramené finalement à 8 éoliennes d'une hauteur totale de 150 mètres, sur un emplacement situé à environ 5 kilomètres au sud-ouest du village d'Illiers-Combray, ce village où Marcel Proust passa une partie de son enfance dans la maison de la tante Léonie, devenue aujourd'hui un musée. C'est notamment à raison de cette dimension littéraire que le préfet a fondé sa décision de refus. La cour administrative d'appel de Versailles a rejeté la requête de la société pétitionnaire qui se pourvoit à présent en cassation.

Vous écarterez d'abord, en ses deux branches, le moyen de régularité externe tiré de la méconnaissance des prescriptions de l'article R. 741-8 du code de justice administrative qui prévoient, lorsque le président de la formation est rapporteur, que la minute est signée en outre par l'assesseur « *le plus ancien dans l'ordre du tableau* ». D'une part, aucune disposition du code n'impose à peine d'irrégularité que les mentions de l'arrêt désignent explicitement l'assesseur signataire en cette qualité. D'autre part, la condition d'ancienneté s'apprécie de manière relative parmi les magistrats siégeant au sein de la formation de jugement et non de manière absolue au sein de la juridiction.

S'agissant ensuite de la régularité externe de l'arrêté préfectoral, c'est sans erreur de droit ni dénaturation que la cour a estimé que le refus d'autorisation était suffisamment

(1) Respectivement Méséglise et Montjouvain dans l'œuvre.

motivé en droit par la seule référence à l'article L. 181-3 du code de l'environnement, en ce que cet article relatif aux autorisations environnementales se réfère, en son I, aux intérêts mentionnés à l'article L. 511-1 relatif aux installations classées, parmi lesquels figurent la protection des paysages et la conservation des sites qui fondent, en l'espèce, le refus préfectoral.

Nous en venons au moyen du pourvoi qui, soulevant une question inédite, a justifié son examen par votre formation de jugement. La société requérante soutient que la cour aurait commis une erreur de droit en jugeant que la protection des paysages mise en œuvre en vertu de l'article L. 511-1 pouvait tenir, notamment, à « *une composante immatérielle liée à son évocation au sein d'une œuvre littéraire reconnue* ». Autrement dit, l'administration peut-elle se fonder, pour refuser la délivrance d'une autorisation ICPE, sur l'atteinte portée à un paysage dont la valeur résulte non de ses caractéristiques physiques intrinsèques mais de sa seule évocation dans une œuvre artistique ?

Les prescriptions du code de l'environnement autorisent l'administration à prendre en compte, pour apprécier l'importance des « dangers et des inconvénients » pour « la protection des paysages » et des « sites », l'inscription de ces sites et paysages dans un contexte historique ou culturel particulier.

C'est en effet de manière large et subjective que l'article L. 350-1 A du code de l'environnement définit le paysage comme « *une partie de territoire telle que perçue par les populations, dont le caractère résulte de l'action de facteurs naturels ou humains et de leurs interrelations dynamiques.* » Cette définition reprend celle de la convention européenne du paysage signée sous l'égide du Conseil de l'Europe à Florence le 20 octobre 2000 et dont l'article 5 définit le paysage comme « *composante essentielle du cadre de vie des populations, expression de la diversité de leur patrimoine commun culturel et naturel, et fondement de leur identité [...]* ». Comme l'expliquait Guillaume Odinet dans ses conclusions sur l'affaire *SCI des sables* du 14 juin 2021, aux tables, au sujet des dispositions propres au code de l'urbanisme, il ne s'agit pas tant, à travers la protection des paysages que ces législations instituent, de protéger une réalité qu'un fait social, c'est-à-dire une perception collectivement partagée d'un morceau de territoire.

Ces considérations justifient par exemple la préservation de sites dépourvus de toute caractéristique physique remarquable mais relevant de « lieux de mémoires », notamment pour les lieux de combat de la Première Guerre mondiale [2].

Mais dans quelle mesure est-il possible d'y rattacher également des considérations d'ordre artistique et, en particulier, littéraire ?

Deux types d'argument peuvent être mobilisés au soutien de la thèse, que l'on pourrait qualifier de « matérialiste », défendue par la requérante.

Le premier conteste le principe même d'une prise en compte de la composante immatérielle : la valeur des lieux les plus emblématiques de la littérature se situe dans leur représentation artistique et non dans leur pendant réel, de sorte que le clocher de

(2) V. par ex. CE 24 juill. 2019, *Association de protection du site des Petites-Dalles*, n° 421143, inédit ; CAA Douai, 2 avr. 2020, *Sté Parc éolien des trois communes*, n° 18DA01065, inédit.

Saint-Hilaire décrit avec émotion par Marcel Proust dans le premier tome de *La Recherche* reste à jamais hors de portée d'une covisibilité avec les éoliennes.

De fait, les paysages des œuvres littéraires, picturales ou même cinématographiques sont d'abord des œuvres de l'imagination : construits, déconstruits et reconstruits par leur créateur, ils entretiennent un rapport souvent distant avec la réalité des lieux. Le site d'Illiers-Combray est à cet égard emblématique, que Marcel Proust soumet dans son œuvre à toutes sortes de distorsions géographiques : dans l'épilogue du *Temps retrouvé*, ce village de la Beauce sera catapulté sur le front de l'Est où il est partiellement détruit sous les bombardements. Ce même épilogue révèle encore une improbable faille spatiale, lorsque le narrateur apprend de Gilberte que le côté de Méséglise et le côté de Guermantes, présentés au début du roman comme si irréductiblement éloignés que le départ de la promenade pour l'un ou l'autre se situe aux deux extrémités opposées de la propriété familiale de Combray, sont en réalité voisins, au point que « *la plus jolie façon* » d'aller à Guermantes serait de « *prendre par Méséglise* ».

Cependant, contrairement à ce qui est soutenu, la prise en compte de la composante littéraire du paysage ne méconnaît pas le principe selon lequel la notion de « paysage » au sens de l'article L. 511-1 s'entend d'un paysage matérialisé, avec une consistance physique : il s'agit bien en effet toujours de préserver un paysage réel, mais dont l'intérêt réside *dans la correspondance* qu'il entretient avec le paysage, imaginaire, de l'œuvre. C'est cette correspondance qu'il s'agit de conserver, dans le double objectif de maintenir à la fois une voie d'accès privilégiée pour l'analyse et la compréhension de l'œuvre et de son auteur mais aussi, de manière plus subjective, de permettre une immersion dans des lieux que l'œuvre a chargés d'une puissance évocatrice et rendus familiers au lecteur.

D'un point de vue théorique, et au moins dans le cas de la *Recherche du temps perdu*, ces deux finalités pourraient, il est vrai, apparaître comme autant de contresens, tant pour ce qui concerne la dimension analytique – on sait combien Marcel Proust a critiqué, dans *Contre Sainte-Beuve*, la vacuité de la méthode consistant à prendre appui sur la biographie de l'écrivain – que la dimension immersive : la promesse proustienne d'une résurrection du passé, qui passe d'abord par des stimuli de la mémoire involontaire, procède d'une expérience intime où chaque individu mesure la profondeur du temps à l'échelle de sa propre vie – et où d'ailleurs, parmi les cinq sens, la perception visuelle, la plus « intellectuelle », constitue sans doute la porte d'entrée la moins fructueuse. C'est en effet, faut-il le rappeler, de la madeleine trempée dans une tasse de thé que sont sortis soudainement « *les maisons [...] de même maintenant toutes les fleurs de notre jardin et celles du parc de M. Swann, et les nymphéas de la Vivonne, et les bonnes gens du village et leurs petits logis et l'église et tout Combray et ses environs* ».

Mais il ne vous sera pas nécessaire de pousser plus loin cet intéressant débat littéraire, compte tenu des éléments plus tangibles et prosaïques relevés par la cour qui révèlent, au cas d'espèce, une perception collective très largement partagée quant à l'intérêt des lieux : non seulement les écrits et thèses analysant le paysage dans l'œuvre de Proust et Combray en particulier sont légion [3] mais surtout, la commune est désormais le lieu de nombreuses actions et manifestations culturelles d'initiative publique ou privée autour de l'œuvre de

(3) Parmi tant d'exemples : A. Ferré, *Géographie de Marcel Proust* (1939) ; G. Poulet, *L'Espace proustien* (1963) ; A. Bouillaguet, *Combray entre mythe et réalités* (2001) ; K. Tsumori, *Proust et le paysage* (2014).

Marcel Proust, entre « *promenades littéraires* » et autre « *printemps proustien* », attirant pèlerins fervents ou simples curieux, au point que l'enjeu de préservation revêt désormais une dimension touristique et économique, tandis que les efforts de préservation du village et de ses environs se sont traduits par plusieurs décisions de classement au titre de la législation sur le patrimoine – or, comme vous l'avez retenu par votre décision du 22 septembre 2022, *Ministre c/ Société Ferme éolienne de Seigny*, aux tables (n° 455658 [4]), au sujet de l'article R. 111-27 du code de l'urbanisme, l'existence d'une protection au titre du code du patrimoine n'absorbe ni ne neutralise l'application des dispositions du code de l'urbanisme (ou, ici, du code de l'environnement) assurant la protection des paysages, mais elle peut être prise en compte, à titre confortatif, pour apprécier la gravité des atteintes visuelles [5].

Nous pensons donc que l'article L. 511-1 ne fait pas obstacle, par principe, à la prise en compte de considérations liées à l'invocation dans une œuvre artistique et notamment littéraire – à condition néanmoins d'en borner les contours.

Par un second argument plus pratique, la société requérante objecte en effet le risque que la dimension immatérielle du paysage ne soit invoquée dans de nombreux contentieux éoliens compte tenu des innombrables descriptions de paysage qui parsèment la création littéraire, à rebours des objectifs ambitieux affichés par les pouvoirs publics en matière de déploiement des installations de production d'énergies renouvelables. Et le pourvoi de citer, parmi les sites susceptibles d'être indûment « mis sous cloche » ou « vitrifiés », la commune de Montreuil-sur-Mer dont Jean Valjean fut le maire, la région d'Anzin ayant servi de cadre à l'écriture de Germinal, voire l'ensemble des territoires périurbains décrits par Michel Houellebecq – encore que, dans son tableau désenchanté de la France post-industrielle, une barre d'éoliennes condamnant l'horizon ne déparerait peut-être pas.

À l'évidence, la seule évocation d'un paysage dans une œuvre littéraire ne saurait lui conférer une immunité faisant obstacle à l'implantation de toute installation classée protection de l'environnement (ICPE).

Sans qu'il soit nécessaire que votre décision ne fige des critères qui pourraient s'avérer trop rigides pour embrasser tous les cas soumis aux juges du fond, trois facteurs paraissent devoir être réunis pour justifier un refus d'autorisation sur le fondement de l'article L. 511-1 : d'abord, la renommée de l'œuvre ou sa place particulière dans l'histoire de l'art ; ensuite, l'existence d'une relation si étroite entre l'œuvre et un paysage inscrit dans un lieu précis que le second apparaisse immédiatement et indissociablement lié à la première ; enfin, un état de conservation des lieux suffisant, au regard de la description qui en est faite dans l'œuvre, pour que la correspondance de l'un à l'autre présente encore un enjeu.

À l'aune de ces critères cumulés, le motif tiré de la composante artistique ou littéraire ne devrait être mobilisé que de manière tout à fait exceptionnelle [6]. Dans

(4) CE 22 sept. 2022, n° 455658, Lebon ; AJDA 2022. 1819 ; RDI 2022. 610, obs. P. Soler-Couteaux.

(5) V. sur ce point le commentaire de D. Botteghi, BJDU 2023. 15.

(6) On pourrait par exemple penser à un projet éolien implanté à proximité de la « colline inspirée » célébrée par Maurice Barrès (l'argument n'a pas été invoqué toutefois lors du contentieux éolien qui s'est joué sur place, compte tenu de la qualité « naturelle » du site : v. TA Nancy, 29 déc. 2017, n° 1603723, *Sté Eoliennes des Mirabelles*) ou encore à un projet qui jouxterait les jardins de Claude Monet à Giverny.

bien des cas, ce sont les caractéristiques intrinsèques des lieux, leur beauté exceptionnelle ou leur valeur patrimoniale historique qui suffiront à justifier la préservation des paysages et des sites, que l'on pense à la Montagne Sainte-Victoire peinte par Cézanne, au site d'Étretat servant de cadre au héros de Maurice Leblanc ou au château d'If du *Comte de Monte-Christo.*

Dans la présente affaire, les caractéristiques paysagères de l'aire d'implantation des éoliennes ne présentent aucun intérêt intrinsèque. Mais au regard des trois critères que nous venons d'esquisser, le cas est sans doute le plus pur que l'on puisse imaginer : la renommée de l'œuvre a peu d'égales dans la littérature mondiale ; le Combray que fait revivre Marcel Proust imprime si intimement les lieux que, de manière inédite dans l'histoire des communes de France, Illiers a été rebaptisée, au centenaire de la naissance de l'écrivain en 1971, « Illiers-Combray » ; quant au caractère des lieux, il ressort des pièces du dossier qu'il a pu être globalement préservé, en particulier grâce aux mesures de classement relevées par la cour.

Par conséquent, en jugeant que l'exigence de protection des paysages résultant des dispositions de l'article L. 511-1 du code de l'environnement pouvait légalement justifier un refus d'autorisation d'implanter des éoliennes afin de préserver un paysage présentant une composante immatérielle liée à son évocation au sein d'une « *œuvre littéraire reconnue* » puis en jugeant, au cas d'espèce, que la société n'était pas fondée à contester le refus opposé par la préfète d'Eure-et-Loir après avoir caractérisé, en détaillant les actions de conservation mises en œuvre à cet effet, l'importance du « *lien qui existe entre ce paysage et l'œuvre de Marcel Proust* » « *dont les évocations littéraires sont encore pour partie matériellement inscrites dans ces lieux* », la cour n'a pas commis d'erreur de droit et a suffisamment motivé son arrêt.

Enfin, la cour n'a pas commis d'erreur de droit en tenant compte tant de la covisibilité des éoliennes avec le village que de leur visibilité depuis les points de vue donnant vers l'extérieur du village (autrement dit, leur covisibilité avec les éléments de paysage naturel) ; bien que ce paysage soit partiellement anthropisé, il conserve pour l'essentiel son aspect champêtre et le gigantisme propre aux éoliennes porterait clairement atteinte à sa puissance évocatrice.

En qualifiant au cas d'espèce cette atteinte de « *significative* », la cour a souverainement apprécié les faits sans les dénaturer : si la zone d'implantation du projet se situe à l'extérieur du périmètre du site patrimonial remarquable délimité au titre du code du patrimoine, il ressort des photomontages que les éoliennes seraient très clairement visibles depuis certains lieux situés au sein de ce périmètre comme depuis plusieurs des stations ponctuant les circuits pédestres spécialement aménagés autour de l'œuvre de l'écrivain, en particulier depuis le hameau de Tansonville – autrement dit, lorsque l'on part se promener du côté de chez Swann.

Par ces motifs nous concluons au rejet du pourvoi, ainsi qu'au rejet des conclusions présentées par l'association de défense de l'environnement des riverains de la Thironne et la société des amis de Marcel Proust et des amis de Combray qui n'ont pas la qualité de partie à l'instance pour l'application de l'article L. 761-1 du code de justice administrative.

Civ. 1re, 9 mars 2022, no 20-22.444

Cassation

M. Chauvin, président

Pourvoi no 20-22.444

Publié au bulletin

SCP Bauer-Violas, Feschotte-Desbois et Sebagh, SCP Foussard et Froger

République française

Au nom du peuple français

ARRÊT DE LA COUR DE CASSATION, PREMIÈRE CHAMBRE CIVILE, DU 9 MARS 2022

1°/ l'association Sherpa, dont le siège est [Adresse 3],

2°/ l'association Les Amis de la terre France, dont le siège est [Adresse 1],

ont formé le pourvoi no J 20-22.444 contre l'arrêt rendu le 17 septembre 2020 par la cour d'appel de Paris (pôle 1, chambre 2), dans le litige les opposant à la société Perenco, dont le siège est [Adresse 2], défenderesse à la cassation.

Les demanderesses invoquent, à l'appui de leur pourvoi, les deux moyens de cassation annexés au présent arrêt.

Le dossier a été communiqué au procureur général.

Sur le rapport de M. Hascher, conseiller, les observations de la SCP Bauer-Violas, Feschotte-Desbois et Sebagh, avocat des associations Sherpa et Les Amis de la terre France, de la SCP Foussard et Froger, avocat de la société Perenco, et l'avis de Mme Legohérel, avocat général référendaire, après débats en l'audience publique du 18 janvier 2022 [...], la première chambre civile de la Cour de cassation, [...], après en avoir délibéré conformément à la loi, a rendu le présent arrêt ;

Faits et procédure

1. Selon l'arrêt attaqué (Paris, 17 sept. 2020), les associations de droit français Sherpa et Les Amis de la terre France ont assigné en référé la société Perenco devant le tribunal de grande instance de Paris pour obtenir, sur le fondement de l'article 145 du code de procédure civile, la désignation d'un huissier de justice afin de procéder à des constatations au sein des locaux de cette société, situés en France, en vue d'établir la preuve de faits de nature à engager sa responsabilité en raison de dommages environnementaux survenus en République démocratique du Congo.

Examen des moyens

Sur le premier moyen, ci-après annexé

2. En application de l'article 1014, alinéa 2, du code de procédure civile, il n'y a pas lieu de statuer par une décision spécialement motivée sur ce moyen qui n'est manifestement pas de nature à entraîner la cassation.

Mais sur le second moyen, pris en sa première branche

Enoncé du moyen

3. Les associations Sherpa et Les Amis de la terre France font grief à l'arrêt de déclarer irrecevables leurs demandes, alors « que la qualité à agir d'une association de défense de l'environnement établie en France exerçant une action, fût-elle attitrée, aux fins de solliciter toutes mesures tendant à conserver ou établir la preuve de faits dont pourrait dépendre la solution d'un procès en vue d'engager la responsabilité d'une société dont le siège social est situé en France, pour des atteintes à l'environnement constatées à l'étranger, est déterminée selon *la lex fori* ; qu'en déclarant irrecevable la demande des associations de droit français Sherpa et Les Amis de la terre France tendant à solliciter une mesure d'instruction *in futurum* dans l'optique d'un procès en réparation de dommages causés à l'environnement en République démocratique du Congo par la société Perenco dont le siège social est situé en France, à raison de son "contrôle de fait" et de son "influence dominante" sur les sociétés du groupe opérant en RDC, après avoir constaté la compétence internationale des juridictions françaises pour connaître d'une telle action, puis considéré qu'il n'était pas justifié de ce que la loi congolaise selon elle applicable en vertu de la règle de conflit conférait aux associations qualité à agir, la cour d'appel, qui a apprécié la qualité à agir par application de la *lex causae* et ainsi méconnu la règle de conflit, a violé les articles 3 du code civil, 31 et 145 du code de procédure civile. »

Réponse de la Cour

Vu les articles 3 du code civil, 31 et 145 du code de procédure civile :

4. Il résulte de ces textes que la qualité à agir d'une association pour la défense d'un intérêt collectif en vue d'obtenir une mesure d'instruction sur le fondement de l'article 145 du code de procédure civile s'apprécie, non au regard de la loi étrangère applicable à l'action au fond, mais selon la loi du for en ce qui concerne les conditions d'exercice de l'action et selon la loi du groupement en ce qui concerne les limites de l'objet social dans lesquelles celle-ci est exercée.

5. Pour déclarer irrecevable la demande des associations, l'arrêt retient que celles-ci ne justifient pas, s'agissant d'une action attitrée, que la loi congolaise leur donnerait qualité pour agir au titre de dommages survenus en République démocratique du Congo.

6. En statuant ainsi, la cour d'appel a violé les textes susvisés.

PAR CES MOTIFS, et sans qu'il y ait lieu de statuer sur les autres griefs, la Cour :

CASSE ET ANNULE, en toutes ses dispositions, l'arrêt rendu le 17 septembre 2020, entre les parties, par la cour d'appel de Paris ;

Remet l'affaire et les parties dans l'état où elles se trouvaient avant cet arrêt et les renvoie devant la cour d'appel de Paris autrement composée ;

Condamne la société Perenco aux dépens ;

En application de l'article 700 du code de procédure civile, rejette la demande formée par celle-ci et la condamne à payer aux associations Sherpa et Les Amis de la terre France la somme globale de 3 000 euros ;

Dit que sur les diligences du procureur général près la Cour de cassation, le présent arrêt sera transmis pour être transcrit en marge ou à la suite de l'arrêt cassé ;

Ainsi fait et jugé par la Cour de cassation, première chambre civile, et prononcé par le président en son audience publique du neuf mars deux mille vingt-deux.

MOYENS ANNEXES au présent arrêt

Moyens produits par la SCP Bauer-Violas, Feschotte-Desbois et Sebagh, avocat aux Conseils, pour les associations Sherpa et Les Amis de la terre France

PREMIER MOYEN DE CASSATION

Les associations Sherpa et Les Amis de la Terre France font grief à l'arrêt infirmatif attaqué d'avoir dit irrecevable leur demande d'instruction *in futurum* pour défaut de qualité, ALORS QUE tout intéressé peut solliciter du juge des référés une mesure d'instruction s'il existe un motif légitime de conserver ou d'établir, avant tout procès, la preuve de faits dont pourrait dépendre la solution d'un litige, sous la simple réserve que l'action envisagée ne soit pas manifestement irrecevable ou vouée à l'échec ; qu'il appartient seulement au juge des référés saisi d'une telle demande de vérifier si le demandeur se prévaut d'éléments de fait de nature à caractériser un litige potentiel, sans pouvoir exiger qu'il précise le fondement juridique de l'action envisagée ni a fortiori la démonstration de son bien-fondé, sauf à excéder son office ; qu'en déclarant irrecevable la demande des associations de droit français Sherpa et Les Amis de la Terre France tendant à solliciter une mesure d'instruction *in futurum* dans l'optique d'un procès en réparation de dommages causés à l'environnement en République démocratique du Congo découlant de décisions prises par une société établie en France, au terme d'un raisonnement à double détente, au cours duquel elle a tranché les différends existant entre les parties quant à la mise en œuvre de la règle de conflit de lois, d'abord, en jugeant que la loi applicable à la qualité à agir était la *lex causae* (cf. arrêt, p. 10, trois derniers § et p. 11, § 1 et 2), ce qui l'a conduite, ensuite, à rechercher la loi applicable à l'action envisagée au fond en application du règlement (CE) n° 864/2007 du 11 juillet 2007 sur la loi applicable aux obligations non contractuelles dont la mise en œuvre était discutée entre les parties (cf. arrêt, p. 11, § 2 s.), d'où elle a déduit que les associations françaises ne justifiaient pas que la loi congolaise leur donnerait qualité pour agir, la cour d'appel, qui a excédé son office au regard de la recherche du motif légitime exigé pour faire droit à une requête tendant à la mise en place d'une mesure d'instruction *in futurum* avant tout procès, a violé l'article 145 du code de procédure civile.

SECOND MOYEN DE CASSATION

Les associations Sherpa et Les Amis de la Terre France font grief à l'arrêt infirmatif attaqué d'avoir dit irrecevable leur demande d'instruction *in futurum* pour défaut de qualité,

1° ALORS QUE la qualité à agir d'une association de défense de l'environnement établie en France exerçant une action, fût-elle attitrée, aux fins de solliciter toutes mesures tendant à conserver ou établir la preuve de faits dont pourrait dépendre la solution d'un procès en vue d'engager la responsabilité d'une société dont le siège social est situé en France, pour des atteintes à l'environnement constatées à l'étranger, est déterminée selon la *lex fori* ; qu'en déclarant irrecevable la demande des associations de droit français Sherpa et Les Amis de la Terre tendant à solliciter une mesure d'instruction *in futurum* dans l'optique d'un procès en réparation de dommages causés à l'environnement en République démocratique du Congo par la société Perenco dont le siège social est situé en France, à raison de son « contrôle de fait » et de son « influence dominante » sur les sociétés du groupe opérant en RDC (cf. arrêt, p. 10, § 3), après avoir constaté la compétence internationale des juridictions françaises pour connaître d'une telle action, puis considéré qu'il n'était pas justifié de ce que la loi congolaise selon elle applicable en vertu de la règle de conflit conférait aux associations qualité à agir, la cour d'appel, qui a apprécié la qualité à agir par application de la *lex causae* et ainsi méconnu la règle de conflit, a violé les articles 3 du code civil, 31 et 145 du code de procédure civile ;

2° ALORS QUE tout intéressé peut solliciter du juge une mesure d'instruction s'il existe un motif légitime de conserver ou d'établir, avant tout procès, la preuve de faits dont pourrait dépendre la solution d'un litige, sous réserve que l'action envisagée ne soit pas manifestement irrecevable ou vouée à l'échec ; qu'en déclarant irrecevable la demande des associations de droit français Sherpa et Les Amis de la Terre tendant à solliciter une mesure d'instruction *in futurum* dans l'optique d'un procès en réparation de dommages causés à l'environnement en République démocratique du Congo découlant du comportement et de décisions prises par une société établie en France, au terme d'un raisonnement à double détente, au cours duquel elle a, tout d'abord, tranché un premier conflit de lois en considérant que la loi applicable à la qualité à agir était la *lex causae* (cf. arrêt, p. 10, trois derniers § et p. 11, § 1 et 2), ce qui l'a conduite, ensuite, à trancher un second conflit de lois en recherchant la loi applicable à l'action envisagée au fond en application du règlement (CE) n° 864/2007 du 11 juillet 2007 sur la loi applicable aux obligations non contractuelles dont la mise en œuvre posait des difficultés (cf. arrêt, p. 11, § 2 s.), d'où elle a déduit que les associations françaises ne justifiaient pas que la loi congolaise leur donnerait qualité pour agir, la cour d'appel, qui s'est prononcée par des motifs impropres à établir que l'action envisagée était manifestement irrecevable ou vouée à l'échec, a violé les articles 31 et 145 du code de procédure civile ;

3° ALORS QUE la mise en œuvre, sur le territoire français, de mesures d'instruction sur le fondement de l'article 145 du code de procédure civile est soumise à la loi française et n'impose pas au juge de caractériser le motif légitime d'ordonner une mesure d'instruction au regard de la loi susceptible d'être appliquée à l'action au fond qui sera éventuellement engagée ; qu'en déclarant irrecevable la demande des associations requérantes aux fins de désignation d'un huissier chargé de se rendre au siège social de la société Perenco situé en France pour y recueillir certaines informations dans l'optique d'une action en responsabilité à l'encontre de cette société, au motif qu'il n'était pas justifié que la loi congolaise selon elle applicable conférerait qualité à agir à des associations en charge de la défense d'intérêts collectifs établies en France, à raison de dommages survenus en République démocratique du Congo, la cour d'appel a violé les articles 3 du code civil, 31 et 145 du code de procédure civile ;

4° ALORS QUE au regard du conflit de lois, le demandeur en réparation d'un dommage environnemental ou de dommages subséquents peut, à son choix, invoquer soit la loi du pays de survenance du dommage, soit la loi du pays dans lequel le fait générateur du dommage s'est produit ; que s'agissant d'atteintes à l'environnement subies en République démocratique du Congo à raison du « contrôle de fait » et de l'« influence dominante » exercée par une société dont le siège social est situé en France, sur les sociétés du groupe opérant en RDC, le fait générateur du dommage est localisé en France, de sorte que la loi française a vocation à s'appliquer ; qu'en refusant de l'admettre et en estimant que la loi congolaise était exclusivement applicable à l'action en responsabilité au titre d'atteintes à l'environnement matériellement subies en République démocratique du Congo dès lors que « le lieu d'émission des substances polluantes et le lieu de survenance des dommages sont tous les deux situés en République démocratique du Congo » (cf. arrêt, p. 11, antépénultième §), la cour d'appel a violé l'article 7 du règlement (CE) n° 864/2007 du Parlement européen et du Conseil du 11 juillet 2007 sur la loi applicable aux obligations non contractuelles par refus d'application ;

5° ALORS QU'il incombe au juge français qui reconnaît applicable un droit étranger d'en rechercher la teneur, soit d'office, soit à la demande d'une partie qui l'invoque, avec le concours des parties et personnellement s'il y a lieu ; qu'en déclarant irrecevable la demande des associations requérantes après s'être bornée à relever que celles-ci ne justifiaient pas que la loi congolaise selon elle applicable donnerait qualité à des associations françaises pour agir au titre d'une action en réparation de préjudice moral pour atteinte aux intérêts collectifs qu'elles représentent (cf. arrêt, p. 12/13), quand il lui appartenait de vérifier ce point en recherchant la teneur du droit congolais sur la question précisément en litige, le cas échéant d'office ou avec le concours des parties, la cour d'appel, qui a méconnu son office, a violé l'article 3 du code civil.

Cour de cassation

Pourvoi n° 20-22.444

Rapport de Dominique Hascher, conseiller à la Cour de cassation

1. Rappel des faits et de la procédure

Les associations Sherpa et Amis de la Terre France ont assigné la société Perenco devant le juge des référés du tribunal de grande instance de Paris sur le fondement de l'article 145 du code de procédure civile.

Les associations ont fait appel de l'ordonnance du 22 octobre 2019 qui rejetait leurs demandes de mesures d'investigation concernant des dommages environnementaux survenus sur le territoire de la République démocratique du Congo (RDC).

La cour d'appel de Paris, par arrêt du 17 septembre 2020, a infirmé le premier juge pour dire irrecevables les demandes en raison du défaut de qualité à agir des associations d'après le droit congolais applicable.

Ces dernières ont fait un pourvoi.

2. Analyse succincte des moyens

1°/ Les associations Sherpa et Les Amis de la Terre France font grief à l'arrêt infirmatif attaqué dans le premier moyen d'avoir dit irrecevable leur demande d'instruction *in futurum* pour défaut de qualité,

ALORS QUE tout intéressé peut solliciter du juge des référés une mesure d'instruction s'il existe un motif légitime de conserver ou d'établir, avant tout procès, la preuve de faits dont pourrait dépendre la solution d'un litige, sous la simple réserve que l'action envisagée ne soit pas manifestement irrecevable ou vouée à l'échec ; qu'il appartient seulement au juge des référés saisi d'une telle demande de vérifier si le demandeur se prévaut d'éléments de fait de nature à caractériser un litige potentiel, sans pouvoir exiger qu'il précise le fondement juridique de l'action envisagée ni *a fortiori* la démonstration de son bien-fondé, sauf à excéder son office ; qu'en déclarant irrecevable la demande des associations de droit français Sherpa et Les Amis de la Terre France tendant à solliciter une mesure d'instruction *in futurum* dans l'optique d'un procès en réparation de dommages causés à l'environnement en République démocratique du Congo découlant de décisions prises par une société établie en France, au terme d'un raisonnement à double détente, au cours duquel elle a tranché les différends existant entre les parties quant à la mise en œuvre de la règle de conflit de lois, d'abord, en jugeant que la loi applicable à la qualité à agir était la *lex causae* (*cf.* arrêt, p. 10, trois derniers § et p. 11, § 1 et 2), ce qui l'a conduite, ensuite, à rechercher la loi applicable à l'action envisagée au fond en application du règlement (CE) n° 864/2007 du 11 juillet 2007 sur la loi applicable aux obligations non contractuelles dont la mise en œuvre était discutée entre les parties (*cf.* arrêt, p. 11, § 2 s.), d'où elle a déduit que les associations françaises ne justifiaient pas que la loi congolaise leur donnerait qualité pour agir, la cour d'appel, qui a excédé son office au regard de la recherche du motif légitime exigé pour faire droit à une requête tendant à la mise en place d'une mesure d'instruction *in futurum* avant tout procès, a violé l'article 145 du code de procédure civile.

2°/ Les associations Sherpa et Les Amis de la Terre France font grief à l'arrêt infirmatif attaqué dans le second moyen d'avoir dit irrecevable leur demande d'instruction *in futurum* pour défaut de qualité,

1° ALORS QUE la qualité à agir d'une association de défense de l'environnement établie en France exerçant une action, fût-elle attitrée, aux fins de solliciter toutes mesures tendant à conserver ou établir la preuve de faits dont pourrait dépendre la solution d'un procès en vue d'engager la responsabilité d'une société dont le siège social est situé en France, pour des atteintes à l'environnement constatées à l'étranger, est déterminée selon la *lex fori* ; qu'en déclarant irrecevable la demande des associations de droit français Sherpa et Les Amis de la Terre France tendant à solliciter une mesure d'instruction *in futurum* dans l'optique d'un procès en réparation de dommages causés à l'environnement en République démocratique du Congo par la société Perenco dont le siège social est situé en France, à raison de son « contrôle de fait » et de son « influence dominante » sur les sociétés du groupe opérant en RDC (*cf.* arrêt, p. 10, § 3), après avoir constaté la compétence internationale des juridictions françaises pour connaître d'une telle action, puis considéré qu'il n'était pas justifié de ce que la loi congolaise selon elle applicable en vertu de la règle de conflit conférait aux associations qualité à agir, la cour d'appel, qui a apprécié la qualité à agir par application de la *lex causae* et ainsi méconnu la règle de conflit, a violé les articles 3 du code civil, 31 et 145 du code de procédure civile ;

2° ALORS QUE tout intéressé peut solliciter du juge une mesure d'instruction s'il existe un motif légitime de conserver ou d'établir, avant tout procès, la preuve de faits dont pourrait dépendre la solution d'un litige, sous réserve que l'action envisagée ne soit pas manifestement irrecevable ou vouée à l'échec ; qu'en déclarant irrecevable la demande des associations de droit français Sherpa et Les Amis de la Terre France tendant à solliciter une mesure d'instruction *in futurum* dans l'optique d'un procès en réparation de dommages causés à l'environnement en République démocratique du Congo découlant du comportement et de décisions prises par une société établie en France, au terme d'un raisonnement à double détente, au cours duquel elle a, tout d'abord, tranché un premier conflit de lois en considérant que la loi applicable à la qualité à agir était la *lex causae* (*cf.* arrêt, p. 10, trois derniers § et p. 11, § 1 et 2), ce qui l'a conduite, ensuite, à trancher un second conflit de lois en recherchant la loi applicable à l'action envisagée au fond en application du règlement (CE) n° 864/2007 du 11 juillet 2007 sur la loi applicable aux obligations non contractuelles dont la mise en œuvre posait des difficultés (*cf.* arrêt, p. 11, § 2 s.), d'où elle a déduit que les associations françaises ne justifiaient pas que la loi congolaise leur donnerait qualité pour agir, la cour d'appel, qui s'est prononcée par des motifs impropres à établir que l'action envisagée était manifestement irrecevable ou vouée à l'échec, a violé les articles 31 et 145 du code de procédure civile ;

3° ALORS QUE la mise en œuvre, sur le territoire français, de mesures d'instruction sur le fondement de l'article 145 du code de procédure civile est soumise à la loi française et n'impose pas au juge de caractériser le motif légitime d'ordonner une mesure d'instruction au regard de la loi susceptible d'être appliquée à l'action au fond qui sera éventuellement engagée ; qu'en déclarant irrecevable la demande des associations requérantes aux fins de désignation d'un huissier chargé de se rendre au siège social de la société Perenco situé en France pour y recueillir certaines informations dans l'optique d'une action en responsabilité à l'encontre de cette société, au motif qu'il n'était pas justifié que la loi congolaise selon elle applicable conférerait qualité à agir à des associations en charge de la défense d'intérêts collectifs établies en France, à raison de dommages survenus en République démocratique du Congo, la cour d'appel a violé les articles 3 du code civil, 31 et 145 du code de procédure civile ;

4° ALORS QUE au regard du conflit de lois, le demandeur en réparation d'un dommage environnemental ou de dommages subséquents peut, à son choix, invoquer soit la loi du pays de survenance du dommage, soit la loi du pays dans lequel le fait générateur du dommage s'est produit ; que s'agissant d'atteintes à l'environnement subies en République démocratique du Congo à raison du « contrôle de fait » et de l'« influence dominante » exercée par une société dont le siège social est situé en France, sur les sociétés du groupe opérant en RDC, le fait générateur du dommage est localisé en France, de sorte que la loi française a vocation à s'appliquer ; qu'en refusant de l'admettre et en estimant que la loi congolaise était exclusivement applicable à l'action en responsabilité au titre d'atteintes à l'environnement matériellement subies en République démocratique du Congo dès lors que « le lieu d'émission des substances polluantes et le lieu de survenance des dommages [...] sont tous les deux situés en République démocratique du Congo » (*cf.* arrêt, p. 11, antépénultième §), la cour d'appel a violé l'article 7 du règlement (CE) n° 864/2007 du Parlement européen et du Conseil du 11 juillet 2007 sur la loi applicable aux obligations non contractuelles par refus d'application ;

5° ALORS QU'il incombe au juge français qui reconnaît applicable un droit étranger d'en rechercher la teneur, soit d'office, soit à la demande d'une partie qui l'invoque, avec le concours des parties et personnellement s'il y a lieu ; qu'en déclarant irrecevable la demande des associations requérantes après s'être bornée à relever que celles-ci ne justifiaient pas que la loi congolaise selon elle applicable donnerait qualité à des associations françaises pour agir au titre d'une action en réparation de préjudice moral pour atteinte aux intérêts collectifs qu'elles représentent (*cf.* arrêt, p. 12/13), quand il lui appartenait de vérifier ce point en recherchant la teneur du droit congolais sur la question précisément en litige, le cas échéant d'office ou avec le concours des parties, la cour d'appel, qui a méconnu son office, a violé l'article 3 du code civil.

3. Identification du ou des points de droit faisant difficulté à juger

- Article 7 du règlement (CE) n° 864/2007 du Parlement européen et du Conseil du 11 juillet 2007 sur la loi applicable aux obligations non contractuelles (Rome II)

- Application du droit étranger

4. Discussion citant les références de jurisprudence et de doctrine

1) L'arrêt énonce : « *en dépit du fait qu'elle consiste par définition à anticiper un futur procès, la demande fondée sur l'article 145 n'en reste pas moins l'exercice d'une action en justice. Or l'action portée devant le juge pour qu'il ordonne une mesure d'instruction in futurum est soumise, comme toutes les autres, à l'adage "pas d'intérêt, pas d'action". Aux termes de l'article 31 du code de procédure civile, la recevabilité d'une prétention est conditionnée à la démonstration d'un "intérêt légitime", voire à la caractérisation d'une qualité particulière lorsque la loi a entendu restreindre le cercle des personnes titulaires du droit d'agir* » (p. 10).

La cour d'appel n'a pas raisonné sous l'égide de la notion de motif légitime de l'article 145 du code de procédure civile, mais sous celui de l'intérêt à agir de l'article 31 de ce code. Le 1er moyen est inopérant. Proposition de rejet non spécialement motivé.

2) La qualité n'est une condition autonome que pour les actions attitrées qui sont réservées à certaines personnes auxquelles la loi a attribué le droit d'agir. Il s'agit à l'origine d'un élément de fond, mais le législateur en réservant expressément le droit d'agir à ces personnes, a érigé cet élément en condition d'action. Il faut donc établir cet élément au stade de l'action, préalablement au fond. La dénégation de cet élément est une fin de non-recevoir (H. Motulsky, *Droit processuel*, Montchrestien, 1973, p. 67).

Les règles de procédure, en ce qu'elles se rattachent au service public de la justice, sont soumises à la loi du for. L'intervention de la loi étrangère n'est pas pour autant exclue (Civ. 1re, 4 déc. 1990, n° 89-14.285). La qualité à agir dépend de[s] conditions fixées par la loi applicable au fond (M.-L. Niboyet-Hoegy, *L'action en justice dans les rapports internationaux de droit privé*, Economica, 1986, n° 209). S'agissant plus particulièrement de l'action attitrée, l'influence des considérations de fond soumet la condition de qualité à la loi qui régit le droit litigieux (M.-L. Niboyet, G. de Geouffre de la Pradelle, *Droit international privé*, 6e éd., 2017, n° 630 ; P. Mayer, V. Heuzé, B. Rémy, *Droit international privé*, LGDJ, 12e éd., 2019, n° 519).

Dans l'affaire rapportée, le débat portait sur l'existence d'une action attitrée permettant aux associations de solliciter les mesures d'instruction sur le fondement de l'article 145 du code de procédure civile.

3) Car, même statuant en référé, le juge est tenu d'appliquer la règle de conflit à des droits litigieux disponibles (Civ. 1re, 18 nov. 2020, n° 19-17.924 ; 6 févr. 2008, n° 07-12.672 ; sur cette question, v. J.-P. Rémery, *Le juge des référés face aux conflits de lois, Mél. Lagarde*, Dalloz, 2005, p. 707) pour peu que celle-ci ait été, comme ici, invoquée par les parties (arrêt, p. 8).

La spécificité des délits d'atteinte à l'environnement a été remarquée (P. Bourel, *Un nouveau champ d'exploration pour le droit international privé conventionnel : les dommages causés à l'environnement*, Mél. Loussouarn, Dalloz, 1994, p. 93).

L'article 7 du règlement Rome II énonce, en matière d'atteintes à l'environnement, que « [l]*a loi applicable à une obligation non contractuelle découlant d'un dommage environnemental ou de dommages subséquents subis par des personnes ou causés à des biens est celle qui résulte de l'application de l'article 4, paragraphe 1, à moins que le demandeur en réparation n'ait choisi de fonder ses prétentions sur la loi du pays dans lequel le fait générateur du dommage s'est produit* ».

Sauf dispositions contraires dans le règlement, l'article 4, paragraphe 1, déclare que la loi applicable à une obligation non contractuelle résultant d'un fait dommageable est celle du pays où le dommage survient, quel que soit le pays où le fait générateur du dommage se produit et quels que soient le ou les pays dans lesquels des conséquences indirectes de ce fait surviennent.

Dans le règlement Rome II, le lieu du délit ou le lieu du résultat est donc le lieu où le fait générateur se produit (Th. Kadner Graziano, Le nouveau droit international privé communautaire en matière de responsabilité extracontractuelle, Rev. crit. DIP 2008. 445). On rappellera qu'en matière de conflit de juridictions, une semblable règle d'ubiquité prévaut, au choix de la victime d'un délit, entre le juge du lieu du fait générateur et celui du lieu de survenance du préjudice (Magnus, Mankowski, Brussels I Regulation, Ottoschmidt, 2016, p. 276, n° 251. V. aussi, Ch. Chalas, H. Muir-Watt, Vers un régime de compétence adapté à la responsabilité environnementale des entreprises multinationales ?, Rev. crit. DIP 2021. 333).

Le choix de loi laissé à la victime est expliqué au considérant n° 25 du règlement Rome II : en matière d'atteintes à l'environnement, l'article 174 du traité, qui postule un niveau de protection élevé et qui est fondé sur les principes de précaution et d'action préventive, sur le principe de correction à la source et sur le principe du pollueur-payeur, justifie pleinement le recours au principe du traitement favorable à la personne lésée. Le moment où le demandeur en réparation peut choisir la loi applicable devrait être déterminé conformément à la loi de l'État membre où se trouve le tribunal saisi.

La société Perenco a son administration centrale en France, pays qui n'est pas celui dans lequel les dommages environnementaux sont survenus. Le premier juge avait jugé que le contrôle par la société Perenco des activités du groupe éponyme ne constituait pas un fait générateur (ordonnance du 22 octobre 2019, p. 12). Le débat qui s'agitait devant la cour d'appel portait sur l'interprétation de la notion de fait générateur en matière d'atteinte à l'environnement : localisation de l'événement matériel polluant en RDC ou au siège de la société Perenco où ont été prises les décisions engageant les filiales congolaises qui ont appliqué ces décisions à l'origine de la pollution ?

D'autres causes d'engagement de la responsabilité peuvent être prévues par le droit de la société mère, l'absence de contrôle des sociétés du groupe ou le manque de vigilance, qui s'ajoutent au droit de la responsabilité délictuelle (L. D'Avout, L'entreprise et les conflits de lois, ADI-Poche, Brill/Nijhoff, 2019, p. 656).

4) Dans ses conclusions d'appel (Ma 03, n° 144), la société Perenco avait soutenu l'application de la loi congolaise, ce à quoi les associations avaient répliqué que le droit congolais ne ferait pas obstacle à la recevabilité de leur action (Ma, n° 02, n° 79-80).

La cour d'appel a approuvé le premier juge sur le choix de cette loi applicable au futur litige (arrêt, p. 12). Le juge doit mettre en œuvre le droit étranger compétent sans se contenter d'une simple référence abstraite à la loi étrangère (J.-P. Ancel, *L'office du juge dans la recherche du droit étranger, in L'application du droit étranger*, SLC, coll. Colloques, vol. 36, 2018, p. 9). Il doit rechercher, avec le concours des parties et personnellement s'il y a lieu (Civ. 1re, 28 juin 2005, n° 00-15.734) la solution donnée à la question litigieuse par le droit positif en vigueur dans l'État concerné (Civ. 1re, 24 nov. 1998, n° 96-15.078).

Orientation proposée :

Formation de section

Nombre de projet(s) préparé(s) : 1

Cour de cassation

Pourvoi n° 20-22.444

Avis de Delphine Legohérel, avocate générale référendaire à la Cour de cassation

Faits et procédure

Le 23 septembre 2019, les associations Sherpa et Les amis de la Terre, intervenantes dans le domaine de la protection de l'environnement, ont assigné en référé la société Perenco, groupe pétrolier spécialisé dans l'exploitation des champs pétroliers, devant le tribunal judiciaire de Paris, sur le fondement de l'article 145 du code de procédure civile, aux fins d'obtenir la désignation d'un huissier de justice pour procéder à la saisie de documents, dans les locaux de cette société situés en France, en vue d'établir la preuve de faits de nature à engager sa responsabilité délictuelle, selon elles, suite aux activités d'exploitation de champs de pétrole de cette société, menées par des sociétés congolaises en République démocratique du Congo, créant un grave préjudice écologique à l'encontre de plusieurs villages de la région, en violant les normes de traitement des déchets pétroliers.

Par ordonnance de référé du 22 octobre 2019, le tribunal judiciaire de Paris a débouté les associations de l'ensemble de leurs demandes aux motifs que « le possible procès futur concernant le dommage environnemental ne pourrait s'exercer qu'en République démocratique du Congo, pays où le dommage est censé être survenu, de sorte qu'un futur procès devant les juridictions françaises est manifestement voué à l'échec et par voie de conséquence le motif légitime prévu à l'article 145 du code de procédure civile n'est pas établi ».

Par arrêt du 17 septembre 2020, la cour d'appel de Paris a infirmé ladite ordonnance et statuant à nouveau, dit irrecevable la demande d'instruction *in futurum* pour défaut de qualité à agir aux motifs « qu'il n'était pas justifié que la loi congolaise conférerait qualité à agir à des associations en charge de la défense d'intérêts collectifs établies en France, en raison de dommages survenus en République démocratique du Congo. »

C'est dans ce contexte que les associations se sont pourvues en cassation.

Le pourvoi

À l'appui de leur pourvoi, elles présentent deux moyens de cassation.

Le premier moyen en une branche reproche à la cour d'appel d'avoir excédé son office au regard de la recherche du motif légitime exigé pour faire droit à une requête tendant à la mise en place d'une mesure d'instruction *in futurum* avant tout procès.

Le second moyen en cinq branches reproche à la cour d'appel d'avoir apprécié la qualité à agir des associations selon la *lex causae* et d'avoir tranché un second conflit de lois en recherchant la loi applicable à l'action envisagée au fond en application du règlement CE n° 864/2007 du 11 juillet 2007 sur la loi applicable aux obligations non contractuelles.

La question posée à la Cour

Quel est l'office du juge des référés saisi, sur le fondement de l'article 145 du code de procédure civile, d'une demande de mesure d'instruction *in futurum* à réaliser en France en vue d'une éventuelle action en responsabilité délictuelle pour des faits commis à l'étranger ?

L'article 145 du code de procédure civile dispose que « *S'il existe un motif légitime de conserver ou d'établir avant tout procès la preuve de faits dont pourrait dépendre la solution d'un litige, les mesures d'instruction légalement admissibles peuvent être ordonnées à la demande de tout intéressé, sur requête ou en référé.* »

Ainsi l'article 145 du code de procédure civile permet de saisir un juge avant tout procès pour obtenir des preuves qui pourront ensuite être invoquées au soutien d'une éventuelle action future.

Les mesures d'instruction ainsi ordonnées, dites *in futurum*, reposent sur une double finalité de non-dépérissement des preuves et d'évaluation de l'opportunité d'une action future (J. Héron et T. Le Bars, *Droit judiciaire privé*, 2e éd., Montchrestien, 2002, p. 302).

Le juge compétent pour ordonner une mesure d'instruction *in futurum* est le président du tribunal susceptible de connaître de l'instance au fond ou celui dans le ressort duquel les mesures d'instruction *in futurum* sollicitées doivent, même partiellement, être exécutées (Civ. 2e, 15 oct. 2015, nos 14-17.564, 14-25.654, Bull. civ. II, n° 233). Extrait de l'avis de Céline Marilly, pourvoi F 19-16.917.

La Cour de cassation juge que les juges saisis sur requête apprécient souverainement de l'existence d'un motif légitime de conserver ou d'établir, avant tout procès, la preuve de faits dont pourrait dépendre la solution d'un litige et qu'il appartient au demandeur de caractériser un litige potentiel entre les parties (Soc. 1er juill. 2020, n° 18-24.026).

À cet égard, le juge des référés vérifie que l'action engagée ne soit pas manifestement irrecevable ou vouée à l'échec (Civ. 2e, 30 janv. 2020, nº 18-24.757 ; Civ. 1re, 6 juin 2018, nº 17-17.438, Bull. civ. I, nº 106).

En revanche, l'article 145 du code de procédure civile n'exige pas du demandeur qu'il établisse le bien-fondé de l'action en vue de laquelle la mesure d'instruction est sollicitée. Cette appréciation relève du fond.

En outre, dans un litige international, la mise en œuvre de mesures d'instruction sur le fondement de l'article 145 du code de procédure civile est soumise à la loi française et n'impose pas au juge de caractériser le motif légitime d'ordonner une mesure d'instruction au regard de la loi susceptible d'être appliquée à l'action au fond qui sera éventuellement engagée (Civ. 1re, 4 juill. 2007, nº 04-15.367, Bull. civ. I, nº 255 ; Civ. 1re, 3 nov. 2016, nº 15-20.495, Bull. civ. I, nº 203).

Ainsi, il résulte de ce qui précède qu'il appartient au juge des référés saisi d'une mesure d'instruction *in futurum* à réaliser en France, sur le fondement de l'article 145 du code de procédure civile, d'apprécier souverainement que l'action susceptible d'être engagée au fond ne soit pas manifestement irrecevable ou vouée à l'échec et ce au regard de la loi française.

Il n'entre pas dans l'office du juge des référés, dans le cadre de la mise en œuvre d'une mesure d'instruction *in futurum* à réaliser en France, sur le fondement de l'article 145 du code de procédure civile, de rechercher la loi applicable à l'action susceptible d'être engagée au fond et encore moins de trancher à ce stade de la procédure un conflit de lois qui concerne le fond du litige et d'en tirer des conséquences sur la qualité à agir des parties ou sur la recevabilité de la demande d'une mesure d'instruction *in futurum*.

Or, en l'espèce la cour d'appel s'est emparée du conflit de lois concernant le fond d'une action susceptible d'être engagée, puis a tranché ce conflit en faveur d'une application de la loi congolaise pour en déduire que les associations françaises ne justifiaient pas que la loi congolaise leur donnerait qualité à agir et a conclu qu'elles étaient irrecevables en leur demande d'une mesure d'instruction *in futurum* à réaliser en France fondée sur l'article 145 du code de procédure civile.

Force est de constater qu'en statuant ainsi la cour d'appel a excédé son office et violé l'article 145 du code de procédure civile.

Je suis donc d'avis de casser l'arrêt de la cour d'appel sur le premier moyen sans qu'il y ait lieu d'examiner le second moyen.

DES ARRÊTS
DE LA
COUR DE CASSATION
CHAMBRES CIVILES
1962

Cour de cassation

Civ. 2e, 25 mai 2022, no 20-16.476

Cassation partielle sans renvoi

M. Pireyre, président

Pourvoi n° 20-16.476

Publié au bulletin

SCP Waquet, Farge et Hazan, SCP Foussard et Froger

République française

Au nom du peuple français

ARRÊT DE LA COUR DE CASSATION, DEUXIÈME CHAMBRE CIVILE, DU 25 MAI 2022

La fédération départementale des chasseurs de la Mayenne, dont le siège est [Adresse 2], a formé le pourvoi n° X 20-16.476 contre l'arrêt rendu le 25 février 2020 par la cour d'appel d'Angers (chambre A civile), dans le litige l'opposant :

1°/ à Mme [Z] [B], épouse [N],

2°/ à M. [M] [N],

tous deux domiciliés [Adresse 1],

défendeurs à la cassation.

La demanderesse invoque, à l'appui de son pourvoi, le moyen unique de cassation annexé au présent arrêt.

Le dossier a été communiqué au procureur général.

Sur le rapport de M. Martin, conseiller, les observations et plaidoiries de la SCP Waquet, Farge et Hazan, avocat de la fédération départementale des chasseurs de la Mayenne, les observations et plaidoiries de la SCP Foussard et Froger, avocat de M. et Mme [N], et l'avis de M. Grignon Dumoulin, avocat général, après débats en l'audience publique du 5 avril 2022 [...],

la deuxième chambre civile de la Cour de cassation, [...], après en avoir délibéré conformément à la loi, a rendu le présent arrêt ;

Faits et procédure

1. Selon l'arrêt attaqué (Angers, 25 févr. 2020), à la suite de dégâts causés par des sangliers à des cultures et récoltes sur des terres exploitées par M. et Mme [N], la fédération départementale des chasseurs de la Mayenne (la fédération) a mis en place, en 2009, des clôtures pour les protéger.

2. Considérant que ces dernières étaient insuffisantes, M. et Mme [N] ont obtenu du président d'un tribunal de grande instance, statuant en référé, l'instauration d'une mesure d'expertise pour déterminer, d'une part, si ces clôtures étaient adaptées, d'autre part, les travaux à engager pour protéger les cultures ainsi que leur coût.

3. M. et Mme [N] ont assigné la fédération, sur le fondement des articles 1383, devenu 1241, du code civil et L. 426-5 du code de l'environnement, afin d'obtenir sa condamnation sous astreinte à prendre en charge les travaux préconisés par l'expert et à leur verser une provision à valoir sur la réparation de leurs préjudices.

4. Par jugement du 26 juin 2017, un tribunal de grande instance a, notamment, condamné la fédération à prendre à sa charge le coût des travaux préconisés par l'expert.

Examen du moyen

Sur le moyen, pris en sa première branche

Enoncé du moyen

La fédération fait grief à l'arrêt de la condamner à prendre à sa charge le coût des travaux préconisés par l'expert, de dire que la fourniture des piquets et le coût de la pose des clôtures seront pris en charge par la fédération, de dire que celle-ci devra rembourser sur justification du travail réalisé le montant des factures acquittées par M. [N] dans le délai de deux mois à compter de la présentation des factures sous astreinte de 100 euros par jour de retard et que l'astreinte courra durant quatre mois alors « que si la fédération départementale des chasseurs peut prendre à sa charge les dépenses liées à la prévention des dégâts de grand gibier dont elle répartit le montant entre les adhérents, les territoires de chasse et les chasseurs de grand gibier, l'indemnisation qu'elle peut être contrainte de verser à l'exploitant lorsque les conditions légales sont réunies est limitativement définie par l'article L 426-1 du code de l'environnement et ne peut avoir pour objet que la réparation des dégâts causés aux cultures et aux récoltes agricoles par des sangliers ou des grands gibiers ; qu'en condamnant la Fédération départementale des chasseurs de Mayenne à financer la mise en place d'une clôture préventive sur le terrain des époux [N], la cour d'appel a violé les articles L 426-1 et L 426-5 du code de l'environnement. »

Réponse de la Cour

Vu les articles L. 426-1 et L. 426-5 du code de l'environnement, dans leur rédaction issue de la loi nº 2012-325 du 7 mars 2012 applicable au litige :

5. Selon le premier de ces textes, en cas de dégâts causés aux cultures ou aux récoltes agricoles, soit par les sangliers, soit par les autres espèces de grand gibier provenant d'une réserve où ils font l'objet de reprise ou d'un fonds sur lequel a été exécuté un plan de chasse, l'exploitant qui a subi un dommage nécessitant une remise en état, une remise en place de filets de récolte ou entraînant un préjudice de perte agricole peut en réclamer l'indemnisation à la fédération départementale ou interdépartementale des chasseurs.

7. Selon le second, la fédération départementale ou interdépartementale des chasseurs prend à sa charge les dépenses liées à l'indemnisation et à la prévention des dégâts de grand gibier et, dans le cadre du plan de chasse mentionné à l'article L. 425-6 du même code, est instituée, à la charge des chasseurs de cerfs, daims, mouflons, chevreuils et sangliers, une contribution par animal destinée à financer l'indemnisation et la prévention des dégâts de grand gibier.

8. Pour condamner la fédération à prendre en charge le coût des travaux de clôture préconisés par l'expert, en ce compris la fourniture des piquets et le coût de la pose de la clôture, l'arrêt, après avoir relevé qu'en application de l'article L. 426-5 du code de l'environnement, dans sa version issue de la loi nº 2012-325 du 7 mars 2012, la fédération doit prendre en charge les mesures de prévention des dégâts de grand gibier, retient que ce texte ne peut qu'être interprété comme instaurant l'obligation de financer les travaux de prévention nécessaires, et en déduit qu'il appartient seulement à l'exploitant de démontrer la nécessité d'une action de prévention des dégâts causés par le grand gibier.

9. En statuant ainsi, alors que si la loi du 7 mars 2012 a consacré, à l'article L. 426-5 du code de l'environnement, un principe général de prise en charge, par les fédérations départementales et interdépartementales des chasseurs, des mesures de prévention des dégâts causés par le grand gibier, elle ne comporte aucune disposition ouvrant à un exploitant agricole un droit à la prise en charge, par ces fédérations, sur le fondement de ce texte, du coût de mesures de prévention de dommages susceptibles d'affecter son exploitation, la cour d'appel a violé les textes susvisés.

Portée et conséquences de la cassation

10. Après avis donné aux parties, conformément à l'article 1015 du code de procédure civile, il est fait application des articles L. 411-3, alinéa 2, du code de l'organisation judiciaire et 627 du code de procédure civile.

11. L'intérêt d'une bonne administration de la justice justifie, en effet, que la Cour de cassation statue au fond.

12. Il résulte de ce qui est dit au paragraphe 9 qu'il y a lieu de rejeter les demandes de M. et Mme [N] aux fins de condamnation de la fédération à prendre à sa charge le coût des travaux préconisés par l'expert.

PAR CES MOTIFS, et sans qu'il y ait lieu de statuer sur les autres griefs du pourvoi, la Cour :

CASSE ET ANNULE, sauf en ce qu'il déboute M. et Mme [N] de leur demande de dommages-intérêts « au titre de leur surcoût de travail et de surveillance depuis plusieurs années lié à l'insuffisance de la clôture actuelle et des tracas », l'arrêt rendu le 25 février 2020, entre les parties, par la cour d'appel d'Angers ;

DIT n'y avoir lieu à renvoi ;

Déboute M. et Mme [N] de leurs demandes.

Condamne M. et Mme [N] aux dépens, en ce compris ceux exposés devant la cour d'appel d'Angers ;

En application de l'article 700 du code de procédure civile, rejette les demandes formées tant devant la cour d'appel d'Angers que devant la Cour de cassation ;

Dit que sur les diligences du procureur général près la Cour de cassation, le présent arrêt sera transmis pour être transcrit en marge ou à la suite de l'arrêt partiellement cassé.

Ainsi fait et jugé par la Cour de cassation, deuxième chambre civile, et prononcé par le président en son audience publique du vingt-cinq mai deux mille vingt-deux.

<u>MOYEN ANNEXE au présent arrêt</u>

Moyen produit par la SCP Waquet, Farge et Hazan, avocat aux Conseils, pour la fédération départementale des chasseurs de la Mayenne

IL EST FAIT GRIEF à l'arrêt attaqué d'avoir condamné la Fédération Départementale des Chasseurs de la Mayenne à prendre à sa charge financièrement les travaux préconisés par M. [C] expert, dit que la fourniture des piquets et le coût de la pose des clôtures seront pris en charge financièrement par l'association Fédération Départementale des Chasseurs de la Mayenne, dit que Fédération Départementale des Chasseurs de la Mayenne devra rembourser sur justification du travail réalisé le montant des factures acquittées par M. [N] dans le délai de deux mois à compter de la présentation des factures sous astreinte de 100 euros par jour de retard et que l'astreinte courra durant quatre mois ;

AUX MOTIFS QUE sur la demande au titre des travaux de clôture, à titre liminaire, il convient de préciser que seule la demande en indemnisation des dommages causés aux cultures a été déclarée irrecevable par le tribunal d'instance de sorte que les demandes au titre de la mise en œuvre de la clôture, que ce soit sur le fondement du code de l'environnement ou celui du code civil, pouvaient valablement être présentées devant le tribunal de grande instance.

Par ailleurs, la prescription de six mois de l'article L. 426-7 du code de l'environnement concerne les actions en indemnisation et non celle au titre de l'engagement de travaux de prévention.

L'article L. 426-1 du code de l'environnement, dans sa version applicable au présent litige, dispose, en ses quatre premiers alinéas, que « La fédération départementale des chasseurs instruit les demandes d'indemnisation et propose une indemnité aux réclamants selon un barème départemental d'indemnisation. Ce barème est fixé par la commission départementale compétente en matière de chasse et de faune sauvage qui fixe également le montant de l'indemnité en cas de désaccord entre le réclamant et la fédération départementale des chasseurs. Une Commission nationale d'indemnisation des dégâts de gibier fixe chaque année, pour les principales denrées, les valeurs minimale et maximale des prix à prendre en compte pour l'établissement des barèmes départementaux. Elle fixe également, chaque année, aux mêmes fins, les valeurs minimale et maximale des frais de remise en état. Lorsque le barème adopté par une commission départementale ne respecte pas les valeurs ainsi fixées, la Commission nationale d'indemnisation en est saisie et statue en dernier ressort. Elle peut être saisie en appel des décisions des commissions départementales.

La composition de la Commission nationale d'indemnisation des dégâts de gibier et des commissions départementales compétentes en matière de chasse et de faune sauvage, assure la représentation de l'État, et notamment de l'Office national de la chasse et de la faune sauvage, des chasseurs et des intérêts agricoles et forestiers dans des conditions déterminées par un décret en Conseil d'État.

Dans le cadre du plan de chasse mentionné à l'article L. 425-6, il est institué, à la charge des chasseurs de cerfs, daims, mouflons, chevreuils et sangliers, mâles et femelles, jeunes et adultes, une contribution par animal à tirer destinée à financer l'indemnisation et la prévention des dégâts de grand gibier. Le montant de ces contributions est fixé par l'assemblée générale de la fédération départementale ou interdépartementale des chasseurs sur proposition du conseil d'administration.

La fédération départementale ou interdépartementale des chasseurs prend à sa charge les dépenses liées à l'indemnisation et à la prévention des dégâts de grand gibier. Elle en répartit le montant entre ses adhérents ou certaines catégories d'adhérents. Elle peut notamment exiger une participation personnelle des chasseurs de grand gibier et de sanglier, une participation pour chaque dispositif de marquage, une participation des territoires de chasse ou une combinaison de ces différents types de participation. Ces participations peuvent être modulées en fonction des espèces de gibier, du sexe, des catégories d'âge, des territoires de chasse ou unités de gestion ».

Si ce texte se situe dans la partie « procédure non contentieuse » des dispositions du code de l'environnement relatives aux dégâts causés par le gibier, il n'en demeure pas moins que les principes qu'il pose sont ceux applicables en matière judiciaire et que ce texte est applicable par la présente juridiction.

C'est à juste titre que les premiers juges ont relevé qu'en vertu de cet article modifié par la loi du 7 mars 2012, la fédération de chasse devait prendre à sa charge les mesures de prévention des dégâts de grand gibier, obligation qu'elle n'avait pas antérieurement, cette prise en charge ne pouvant être interprétée que comme une obligation de financer les travaux nécessaires.

Au vu de cette nouvelle législation, l'éventuelle faute de la victime, longuement soutenue par la fédération de chasseurs, est indifférente, une telle faute n'ayant de conséquence que dans le cadre de l'indemnisation des dommages. Ainsi, il appartient uniquement à la cour de vérifier si les intimés démontrent la nécessité d'une action de prévention de leurs cultures s'agissant des dégâts causés par le grand gibier.

En l'espèce, il n'est pas contesté que les cultures des époux [N] subissent des dégâts liés au gibier depuis plusieurs années, entraînant des indemnisations régulières par la fédération de chasseurs dans le cadre administratif. À cet égard, la pièce 15 des époux [N], non contestée par la fédération, fait apparaître un total d'indemnisations versées entre 2008 et 2013 de 12.537,96 euros.

Il apparaît qu'une clôture a été mise en place en 2008, avec la participation de chasseurs et de la fédération, mais l'expert désigné indique dans son rapport qu'elle n'est pas efficace pour arrêter les sangliers. Si l'expert a relevé un défaut d'entretien de cette clôture, il conclut « Les clôtures mises en place ne sont pas adaptées pour protéger les terres du "Buisson" des sangliers car le linéaire est trop long et trop difficile à entretenir en agriculture biologique, sans le recours aux désherbants chimiques. » Il résulte de cette expertise que si le défaut d'entretien est caractérisé, la mesure de prévention mise en place est en tout état de cause inadaptée au regard de la taille de la parcelle et de la nature de l'agriculture qui y est pratiquée. L'expert conclut « Pour éviter l'intrusion de sangliers au "Buisson" nous conseillons la réalisation d'une clôture permanente en grillage sur environ 1800 m en bordure de bois, et la réalisation d'une clôture temporaire sur environ 2700 m en complément. »

En conséquence, c'est à juste titre que le premier juge a retenu que les travaux réalisés en 2008 n'étaient pas satisfaisants en matière de prévention et qu'en application de l'article susvisé la fédération devait prendre à sa charge financièrement les travaux préconisés par l'expert.

L'expert a également relevé que « conformément aux usages », M. [N] pourrait prendre à sa charge la fourniture des piquets de bois et effectuer lui-même la pose, ce qui permettrait de réduire le coût total de cette intervention, estimé à 17.085 euros en cas de pose par un professionnel, à la somme de 12.170 euros.

Toutefois, il apparaît que les usages sur la pose de barrière aux frais partagés éventuellement en vigueur quand la fédération de chasseurs n'était pas tenue de mettre en place des mesures de prévention ne peuvent plus être valablement appliqués alors que la loi du 7 mars 2012 prévoit une prise en charge des dépenses de prévention, sans limitation de leur montant ni partage de ces dépenses.

En conséquence, le jugement déféré sera confirmé en ce qu'il a condamné l'association Fédération départementale des chasseurs de la Mayenne à prendre à sa charge les travaux préconisés par l'expert et à rembourser les factures acquittées à ce titre par les époux [N] dans un délai de deux mois à compter de la présentation de la facture et sous astreinte de 100 euros par jour de retard, la cour ajoutant que l'astreinte provisoire courra pendant une durée de quatre mois.

Au contraire, le jugement sera infirmé en ce qu'il a dit que M. [N] fournira les piquets et exécutera la pose, le coût de ces travaux étant également laissé à la charge finale de la fédération par la cour.

Sur la demande indemnitaire. C'est par une motivation pertinente, non contestée en cause d'appel, que le premier juge a rejeté la demande indemnitaire à hauteur de 5 000 euros au titre de la réparation « de leur surcoût de travail et de surveillance depuis plusieurs années lié à l'insuffisance de la clôture actuelle et des tracas » dès lors que l'insuffisance de la clôture ne saurait être reprochée à la fédération de chasse qui n'avait, avant 2012, aucune obligation de mettre en œuvre une telle clôture. La cour relève par ailleurs, qu'après 2012, la faute de la fédération n'est pas plus démontrée alors qu'elle pouvait légitimement penser que le défaut d'entretien de la clôture était à l'origine de la pénétration du gibier. De plus, les époux [N] n'ont subi aucun préjudice lié à l'entretien et à la surveillance de la clôture alors que l'expert a relevé le défaut d'entretien.

Dès lors que le jugement, bien qu'ayant motivé le rejet de cette demande, ne l'a pas fait figurer dans le dispositif de sa décision, la cour, ajoutant à la décision entreprise, rejettera cette demande indemnitaire.

1°- ALORS QUE si la Fédération départementale des chasseurs peut prendre à sa charge les dépenses liées à la prévention des dégâts de grand gibier dont elle répartit le montant entre les adhérents, les territoires de chasse et les chasseurs de grand gibier, l'indemnisation qu'elle peut être contrainte de verser à l'exploitant lorsque les conditions légales sont réunies est limitativement définie par l'article L 426-1 du code de l'environnement et ne peut avoir pour objet que la réparation des dégâts causés aux cultures et aux récoltes agricoles par des sangliers ou des grands gibiers ; qu'en condamnant la Fédération départementale des chasseurs de Mayenne à financer la mise en place d'une clôture préventive sur le terrain des époux [N], la cour d'appel a violé les articles L. 426-1 et L. 426-5 du code de l'environnement ;

2°- ALORS QU'en statuant comme elle l'a fait, sans constater l'existence d'une faute commise par la Fédération départementale des chasseurs de nature à justifier sa condamnation à financer une clôture préventive, la cour d'appel a privé sa décision de base légale au regard de l'article 1382 devenu 1240 du code civil ;

3°- ALORS QU'à supposer que la Fédération départementale des chasseurs puisse être tenue sur le fondement des dispositions de l'article L 426-5 d'indemniser la mise en place d'une clôture par l'exploitant victime de dégâts de gibiers, cette indemnité ne peut être allouée que dans les conditions prévues pour l'indemnisation des dégâts causés aux récoltes et peut être réduite lorsque la victime des dégâts a une part de responsabilité dans la commission des dégâts ; qu'en décidant le contraire, la cour d'appel a violé l'article L. 426-3 du code de l'environnement ;

4°- ALORS QU'à supposer que la Fédération départementale des chasseurs puisse être tenue sur le fondement des dispositions de l'article L 426-5 d'indemniser la mise en place d'une clôture par l'exploitant victime de dégâts de gibiers, l'action de l'exploitant en indemnisation par la Fédération départemental des chasseurs des travaux de prévention de dégâts de gibiers doit être exercée dans les six mois à compter du jour où des dégâts ont été commis ; qu'en écartant cette prescription, la cour d'appel a violé l'article L. 426-7 du code de l'environnement.

Cour de cassation

Pourvoi nº 20-16.476

Rapport de François Martin, conseiller à la Cour de cassation

1. Rappel des faits et de la procédure

Les époux N. exploitent des terres sur la commune de [Adresse 1], lieudit [Adresse 2] en se dispensant de l'utilisation de produits chimiques. Leur exploitation comprend, notamment, un ensemble d'environ 42 hectares, lieudit [Adresse 3].

Cette exploitation étant détériorée par le gibier, la fédération départementale des chasseurs de la Mayenne (la FDC 53) a mis en place des clôtures pour protéger l'ensemble du [Adresse 3] courant 2009.

Considérant que ces clôtures étaient insuffisantes, les époux N. ont saisi le président du tribunal de grande instance de [Localité 1], statuant en référé, d'une demande d'expertise pour déterminer si les clôtures étaient adaptées, ainsi que les travaux à engager pour protéger les cultures et leur coût.

Commis par ordonnance du 17 septembre 2014, M. C., expert, a déposé son rapport le 3 août 2015.

Par acte d'huissier du 15 décembre 2015, les époux N. ont assigné la FDC 53 devant le tribunal d'instance afin d'obtenir, sur le fondement des articles 1383 du code civil et L. 426-5 du code de l'environnement, sa condamnation sous astreinte à prendre en charge les travaux préconisés par l'expert et à leur verser une somme de 30 000 euros à titre provisionnel en réparation de leurs préjudices.

Le tribunal d'instance, par jugement en date du 6 décembre 2016, a déclaré irrecevable l'action des époux N. aux fins d'indemnisation sur le fondement du code de l'environnement, dès lors qu'elle avait été engagée par voie d'assignation, et s'est par ailleurs déclaré incompétent, s'agissant des demandes au titre des articles 1382 et 1383 du code civil.

La procédure s'est poursuivie devant le tribunal de grande instance de [Localité 1].

Par un jugement du 26 juin 2017, retenant qu'à la suite de la modification de l'article L. 426-5 du code de l'environnement par la loi nº 2012-325 du 7 mars 2012, la fédération départementale doit prendre à sa charge les dépenses liées non seulement à l'indemnisation des dégâts de grand gibier mais aussi celles liées à la prévention des dégâts, le tribunal de grande instance de [Localité 1] a, notamment :

- condamné la FDC 53 à prendre à sa charge financièrement les travaux préconisés par l'expert, étant précisé que M. N. fournira les piquets et effectuera la pose ;

- dit que la FDC 53 devra rembourser sur justification du travail réalisé le montant des factures acquittées par M. N. dans le délai de deux mois à compter de la présentation des factures, sous astreinte de 100 euros par jour de retard, sauf contestation qui sera alors soumise au juge de l'exécution.

Statuant sur l'appel principal interjeté par la FDC 53 et l'appel incident de M. et Mme N., par arrêt du 25 février 2020, après avoir retenu :

- tout d'abord, que la prescription de six mois de l'article L. 426-7 du code de l'environnement concerne les actions en indemnisation et non celle au titre de l'engagement des travaux de prévention ;

- ensuite, que si l'article L. 426-1 du code de l'environnement se situe dans la partie « procédure non contentieuse » des dispositions du code de l'environnement, les principes qu'il pose sont ceux applicables en matière judiciaire ;

- encore, que c'est à juste titre que les premiers juges ont relevé qu'en vertu de ce texte, la FDC 53 devait prendre à sa charge les mesures de prévention des dégâts de grand gibier, obligation qu'elle n'avait pas antérieurement, cette prise en charge ne pouvant être interprétée que comme une obligation de financer les travaux nécessaires ;

et en avoir déduit :

- d'une part, que l'éventuelle faute de la victime soutenue par la FDC 53 était indifférente, celle-ci n'ayant de conséquence que dans le cadre de l'indemnisation des dommages ;

- d'autre part, qu'il lui appartenait uniquement de vérifier si les époux N. démontraient la nécessité d'une action de prévention de leurs cultures s'agissant des dégâts causés par le grand gibier ;

la cour d'appel, constatant :

- d'une part, qu'il n'est pas contesté que les cultures des époux N. subissent des dégâts liés au gibier depuis plusieurs années, entraînant des indemnisations régulières par la FDC 53 dans le cadre administratif, pour un total versé entre 2008 et 2013 de 12 537,96 euros ;

- d'autre part, que la clôture mise en place en 2008, avec la participation des chasseurs et de la fédération, est, ainsi que cela résulte du rapport d'expertise, inadaptée au regard de la taille de la parcelle et de la nature de l'agriculture qui y est pratiquée, de sorte que c'est à juste titre que le premier juge a retenu que les travaux exécutés en 2008 n'étaient pas satisfaisants en matière de prévention et que la fédération devait prendre financièrement à sa charge les travaux préconisés par l'expert ;

- enfin, que les usages sur la pose de barrière aux frais partagés éventuellement en vigueur quand la fédération des chasseurs n'était pas tenue de mettre en place des mesures de prévention ne peuvent plus être valablement appliqués alors que la loi du 7 mars 2002 prévoit une prise en charge des dépenses de prévention sans limitation de leur montant ni partage de ces dépenses ;

a, notamment :

- confirmé le jugement déféré en toutes ses dispositions à l'exception de celle ayant précisé que M. N. fournira les piquets et exécutera la pose ;

- statuant à nouveau du chef infirmé, dit que la fourniture des piquets et le coût de la pose des clôtures seront pris en charge financièrement par la FDC 53.

Y ajoutant,

- dit que l'astreinte provisoire courra pendant une durée de quatre mois.

Le 16 juin 2020, la FDC 53 s'est pourvue en cassation : ce pourvoi apparaît recevable.

2. Analyse succincte des moyens

La fédération départementale des chasseurs de la Mayenne fait grief à l'arrêt de la condamner à prendre à sa charge financièrement les travaux préconisés par M. C. expert, de dire que la fourniture des piquets et le coût de la pose des clôtures seront pris en charge financièrement par l'association Fédération départementale des chasseurs de la Mayenne, de dire que la fédération départementale des chasseurs de la Mayenne devra rembourser sur justification du travail réalisé le montant des factures acquittées par M. N. dans le délai de deux mois à compter de la présentation des factures sous astreinte de 100 euros par jour de retard et que l'astreinte courra durant quatre mois alors :

1°/ que si la fédération départementale des chasseurs peut prendre à sa charge les dépenses liées à la prévention des dégâts de grand gibier dont elle répartit le montant entre les adhérents, les territoires de chasse et les chasseurs de grand gibier, l'indemnisation qu'elle peut être contrainte de verser à l'exploitant lorsque les conditions légales sont réunies est limitativement définie par l'article L. 426-1 du code de l'environnement et ne peut avoir pour objet que la réparation des dégâts causés aux cultures et aux récoltes agricoles par des sangliers ou des grands gibiers ; qu'en condamnant la fédération départementale des chasseurs de Mayenne à financer la mise en place d'une clôture préventive sur le terrain des époux N., la cour d'appel a violé les articles L. 426-1 et L. 426-5 du code de l'environnement ;

2°/ qu'en statuant comme elle l'a fait, sans constater l'existence d'une faute commise par la fédération départementale des chasseurs de nature à justifier sa condamnation à financer une clôture préventive, la cour d'appel a privé sa décision de base légale au regard de l'article 1382 devenu 1240 du code civil ;

3°/ qu'à supposer que la fédération départementale des chasseurs puisse être tenue sur le fondement des dispositions de l'article L. 426-5 d'indemniser la mise en place d'une clôture par l'exploitant victime de dégâts de gibiers, cette indemnité ne peut être allouée que dans les conditions prévues pour l'indemnisation des dégâts causés aux récoltes et peut être réduite lorsque la victime des dégâts a une part de responsabilité dans la commission des dégâts ; qu'en décidant le contraire, la cour d'appel a violé l'article L. 426-3 du code de l'environnement ;

4°/ qu'à supposer que la fédération départementale des chasseurs puisse être tenue sur le fondement des dispositions de l'article L. 426-5 d'indemniser la mise en place d'une clôture par l'exploitant victime de dégâts de gibiers, l'action de l'exploitant en indemnisation par la fédération départementale des chasseurs des travaux de prévention de dégâts de gibiers doit être exercée dans les six mois à compter du jour où des dégâts ont été commis ; qu'en écartant cette prescription, la cour d'appel a violé l'article L. 426-7 du code de l'environnement.

3. Identification du ou des points de droit faisant difficulté à juger

- Indemnisation des frais de prévention des dégâts causés par le grand gibier,
- Prescription de l'action.

4. Discussion citant les références de jurisprudence et de doctrine

Indemnisation des frais de prévention des dégâts causés par le grand gibier

L'article L. 426-1 du code de l'environnement, dans sa rédaction applicable au litige énonce :

« *En cas de dégâts causés aux cultures ou aux récoltes agricoles soit par les sangliers, soit par les autres espèces de grand gibier provenant d'une réserve où ils font l'objet de reprise ou d'un fonds sur lequel a été exécuté un plan de chasse, l'exploitant qui a subi un dommage nécessitant une remise en état ou entraînant un préjudice de perte agricole peut en réclamer l'indemnisation à la fédération départementale ou interdépartementale des chasseurs.* »

Aux termes de l'article L. 426-5, alinéa 4, du code de l'environnement, dans sa version issue de la loi n°2012-325 du 7 mars 2012 applicable au litige, « *la fédération départementale ou interdépartementale des chasseurs prend à sa charge les dépenses liées à l'indemnisation et à la prévention des dégâts de grand gibier. Elle en répartit le montant entre ses adhérents ou certaines catégories d'adhérents. Elle peut notamment exiger une participation personnelle des chasseurs de grand gibier et de sanglier, une participation pour chaque dispositif de marquage, une participation des territoires de chasse ou une combinaison de ces différents types de participation. Ces participations peuvent être modulées en fonction des espèces de gibier, du sexe, des catégories d'âge, des territoires de chasse ou unités de gestion. »*

Il résulte de ces textes que la réparation des dégâts causés aux récoltes et aux cultures causés soit par les sangliers, soit par les autres espèces de grand gibier provenant d'une réserve où ils font l'objet de reprise ou d'un fonds sur lequel a été exécuté un plan de chasse obéit à un régime particulier.

Cette réparation, qui est la contrepartie à l'exercice de la chasse, ne repose sur aucune responsabilité de droit commun.

Par ailleurs, l'article L. 426-4, alinéa 1er, du code de l'environnement dispose :

« *La possibilité d'une indemnisation par la fédération départementale des chasseurs laisse subsister le droit d'exercer contre le responsable des dommages une action fondée sur l'article 1382 du code civil* ».

Il prévoit, ainsi, une alternative légale à l'action en indemnisation des dégâts de gibiers par les fédérations départementales des chasseurs sur le fondement des textes précités : il ouvre une action en responsabilité délictuelle sur le fondement de l'article 1382, devenu 1240 du code civil, de sorte que la preuve d'une faute commise à l'origine de la prolifération du gibier sur le fonds du plaignant pourrait être de nature à justifier la condamnation à réparer le préjudice résultant des dégâts de gibier (Civ. 2e, 8 mars 2012, no 08-11.353 ; Civ. 2e, 11 sept. 2014, no13-18.136, Bull. civ. II, no 183).

En l'espèce, M. et Mme N. faisaient valoir, dans leurs conclusions d'appel MA03 p. 10, alinéas 2 et suivants, au soutien de la confirmation du jugement en ce qu'il avait condamné la fédération départementale à prendre en charge les travaux de clôture préconisés par l'expert, que :

« *En laissant une clôture inefficace et non entretenue autour de la moitié des terres du [Adresse 3] la FDC53 n'a pas rempli son obligation de prévention et a donc commis une faute qui engage sa responsabilité à l'égard de M. et Mme N [...].*

Messieurs G. O., P. M. et T. C. ont confirmé que M. et Mme N. subissent depuis de nombreuses années des dégâts répétitifs et importants en raison de l'absence de clôture spéciale gros gibier, indépendante de la clôture bovins du [Adresse 3].

Le docteur D. a, par ailleurs, constaté que les passages de gros gibiers et leurs dévastations ont provoqué "... un état de nervosité supérieur à la normale des bovins qui pa[i]ssent au lieudit le

[Adresse 3]. Les mêmes bovins ne présentant pas la même nervosité quand ils sont en pâturage au lieudit la [Adresse 2]"

La faute de la FDC 53 cause donc un préjudice direct et certain à M. et Mme N.

Il appartient donc à la FDC 53 de mettre en place la clôture spéciale gros gibier préconisée par l'expert judiciaire. »

La FDC 53 objectait, dans ses conclusions d'appel (MA02 p. 5 et suivantes) que :

« La saisine du tribunal de grande instance de [Localité 1] par acte d'huissier du 15 décembre 2015 reposait sur l'article 1383 du code civil (aujourd'hui codifié à l'article 1241) ainsi que sur l'article L. 426-5 du code de l'environnement.

Or, aucun de ces deux articles n'est applicable au cas d'espèce et ne peut, en tout état de cause, fonder la requête de M. et Mme N.

***Premièrement,** l'article 1383 du code civil applicable au moment des faits est rédigé comme suit :*

"Chacun est responsable du dommage qu'il a causé non seulement par son fait, mais encore par sa négligence ou par son imprudence".

La FDC n'a manifestement commis aucune faute dans la réalisation du dommage pour deux motifs au moins :

- *n'étant pas détentrice de droits de chasse, elle n'a aucune part de responsabilité dans la commission des dommages causés par le grand gibier ;*
- *de ce fait, il ne peut aucunement être reproché à la FDC 53 une quelconque imprudence ou négligence qui aurait conduit aux dommages causés aux cultures de la parcelle de M. et Mme N. [...]*

Plusieurs chasseurs, avec le soutien financier de la FDC 53 ont mis en place une clôture continue tout autour de la parcelle de M. et Mme N. [...]

La FDC 53 a [...] mandaté un huissier de justice sur les lieux de l'exploitation le 8 avril 2014 pour faire établir un constat de l'état de la clôture posée par les services cynégétiques. [...]

Pour résumer, le constat établi démontre que la clôture n'a fait l'objet d'aucun entretien, que la végétation reprend ses droits si bien que la clôture ne peut plus jouer son rôle préventif d'autant que l'électrification n'est plus assurée par le bénéficiaire.

Un défaut d'entretien qui ne peut être imputable et reproché qu'à M. et Mme N.

La négligence et l'imprudence incombent donc à la seule inaction de M. et Mme N.

__Deuxièmement,__ l'article L. 426-5 du code de l'environnement est relatif à l'indemnisation non contentieuse des dégâts de gibier et ne s'applique qu'aux dégâts visés à l'article L. 426-1 du code de l'environnement selon lequel [...].

Cet article ne concerne donc que l'indemnisation administrative des dégâts causés aux cultures et aux récoltes faite sur la base d'un barème départemental.

Or, la pose d'une clôture ne correspond ni à une remise en état ni à une perte d'une récolte ; elle n'appartient pas à la catégorie des dommages qui sont couverts par l'article L. 426-1 du code de l'environnement.

En application des articles L. 426-1 à L. 426-6 du code de l'environnement et R. 426-1 à R. 426.19 qui régissent l'indemnisation administrative des dégâts du gibier par une fédération départementale des chasseurs, il n'est aucunement prévu que les fédérations soient contraintes au financement de clôture de protection.

En conséquence, la cour constatera que les fondements juridiques de l'assignation des époux N. étaient erronés ; leurs demandes auraient dû être rejetées comme irrecevables. [...]

Seule une action fondée sur l'article 1240 (anciennement 1382) du code civil était alors possible, à condition qu'une faute, un préjudice et un lien de causalité entre la faute et les dommages subis soient démontrés.

Ce qui n'a pas été le cas devant le tribunal de grande instance [...] ».

La première branche du moyen, prise d'une violation des articles L. 426-1 à L. 426-5 du code de l'environnement, nous invite à distinguer entre l'obligation d'indemnisation des dégâts causés aux récoltes pesant sur une fédération départementale, dans les conditions de la loi, en qualité de gestionnaire d'un fonds d'indemnisation et non de responsable des dégâts, et la faculté qui lui serait reconnue de prendre en charge les dépenses liées à la prévention des dégâts causés aux récoltes.

Nous avons jugé, notamment, comme le rappelle le mémoire ampliatif :

- pour retenir une violation de l'article 1382 du code civil, « *qu'aucune disposition légale n'oblige une fédération départementale des chasseurs à placer à ses propres frais une clôture autour d'une parcelle à protéger* » (Civ. 2e, 22 nov. 2012, no 11-25.847) ;

- que l'article L. 426-1 du code de l'environnement, dans sa rédaction alors en vigueur, ne prévoit pas l'indemnisation des dommages futurs, de sorte qu'en rejetant une demande de condamnation d'une fédération au paiement d'une somme correspondant au coût d'installation d'une clôture devant empêcher le passage des animaux, une cour d'appel a légalement justifié sa décision (Civ. 2e, 11 sept. 2008, no 07-18.252).

Se pourrait-il, néanmoins, comme objecte le mémoire de défense, que cette jurisprudence ne soit plus d'actualité dès lors qu'elle est antérieure à la version de l'article L. 426-5 du code de l'environnement applicable au litige, lequel dispose maintenant que « *la fédération prend à sa charge les dépenses liées à l'indemnisation et à la prévention des dégâts de grand gibier* » ?

On observera, à cet égard, que cette modification législative n'a pas eu de conséquence réglementaire, l'article R. 426-1 du code de l'environnement n'ayant pas été modifié sur ce point à la suite de l'entrée en vigueur de la loi précitée et disposant, avant et après, que :

« *Les opérations relatives à la prévention et à l'indemnisation des dégâts causés aux cultures et aux récoltes agricoles par le grand gibier, menées par les fédérations départementales ou interdépartementales des chasseurs, font l'objet d'une comptabilité distincte qui retrace notamment [...]*

2° En charges : [...]

b) Le coût des actions techniques d'intérêt général afférentes à la prévention des dégâts de gibier, définies par les fédérations départementales ou interdépartementales[1] *des chasseurs en concertation avec les organisations professionnelles représentatives des exploitants agricoles et des propriétaires forestiers* ».

La deuxième branche, prise d'un manque de base légale, poursuit le raisonnement en reprochant à la cour d'appel de ne pas avoir constaté l'existence d'une faute commise par la FDC 53 de nature à justifier la mise en place d'une clôture préventive.

Il est effectif que la cour d'appel n'a pas constaté l'existence d'une faute commise par la fédération : elle a (arrêt p. 6, alinéa 6) affirmé qu'en application de l'article L. 426-5 du code de l'environnement modifié par la loi du 7 mars 2012, « *la fédération devait prendre à sa charge les mesures de prévention des dégâts de grand gibier, obligation qu'elle n'avait pas antérieurement, cette prise en charge ne pouvant être interprétée que comme une obligation de financer les travaux nécessaires* ».

La recherche omise pourrait-elle, dès lors, être inopérante ?

La troisième branche du moyen, qui postule pour les besoins du raisonnement que la FDC 53 avait l'obligation d'indemniser la mise en place d'une clôture préventive, reproche à la cour d'appel de ne pas avoir fait application des dispositions de l'article L. 426-3 du code de l'environnement régissant l'indemnisation des dégâts causés aux cultures et aux récoltes par le grand gibier, lequel prévoit, en son alinéa 3 :

« *cette indemnité peut être réduite s'il est constaté que la victime des dégâts a une part de responsabilité dans la commission des dégâts. La Commission nationale d'indemnisation des dégâts de gibier, visée à l'article L. 426-5, détermine les principales règles à appliquer en la matière.* »

(1) L'adjectif « interdépartementales » est le seul ajout à ce b postérieur à l'entrée en vigueur de la loi du 7 mars 2012.

La cour d'appel a expressément retenu, dans sa motivation (arrêt p. 6, dernier alinéa) que « *au vu de cette nouvelle législation, l'éventuelle faute de la victime soutenue par la FDC 53 était indifférente, une telle faute n'ayant de conséquence que dans le cadre de l'indemnisation des dommages* ».

L'article L. 426-3, alinéa 1er, renvoie à l'indemnisation mentionnée à l'article L. 426-1, c'est-à-dire à celle « *des dégâts causés aux cultures, aux inter-bandes des cultures pérennes, aux filets de récoltes agricoles ou aux récoltes agricoles soit par les sangliers, soit par les autres espèces de grand gibier soumises à plan de chasse* », pour laquelle « *l'exploitant qui a subi un dommage nécessitant une remise en état, une remise en place des filets de récolte ou entraînant un préjudice de perte de récolte peut réclamer une indemnisation sur la base de barèmes départementaux à la fédération départementale ou interdépartementale des chasseurs.* »

Pour autant, la cour d'appel pouvait-elle faire prévaloir cette interprétation littérale du texte, alors que, dans le même temps, elle pourrait s'en être affranchie à l'égard de l'article L. 426-1 pour retenir que la fédération devait prendre à sa charge les frais d'une clôture préventive qui n'est pas l'indemnisation « *d'un dommage nécessitant une remise en état, une remise en place des filets de récolte* » ou un moyen de pallier la perte de récolte déjà survenue ?

Se pourrait-il, sinon, que ce moyen s'attaque à des motifs surabondants, dès lors que la cour d'appel a aussi constaté (arrêt p. 7, alinéa 1er à 3) que :

« *Si l'expert a relevé un défaut d'entretien de cette clôture, il conclut "Les clôtures mises en place ne sont pas adaptées pour protéger les terres du [Adresse 3] des sangliers car le linéaire est trop long et trop difficile à entretenir en agriculture biologique, sans le recours aux désherbants chimiques." Il résulte de cette expertise que si le défaut d'entretien est caractérisé, la mesure de prévention mise en place est en tout état de cause inadaptée au regard de la taille de la parcelle et de la nature de l'agriculture qui y est pratiquée. L'expert conclut "Pour éviter l'intrusion de sangliers au [Adresse 3] nous conseillons la réalisation d'une clôture permanente en grillage sur environ 1800 m en bordure de bois, et la réalisation d'une clôture temporaire sur environ 2700 m en complément".*

En conséquence, c'est à juste titre que le premier juge a retenu que les travaux réalisés en 2008 n'étaient pas satisfaisants en matière de prévention et qu'en application de l'article susvisé la fédération devait prendre à sa charge financièrement les travaux préconisés par l'expert. »

Il reviendra à la Cour de cassation de le dire.

Prescription de l'action en indemnisation des frais de prévention des dégâts causés par le grand gibier

Aux termes de l'article L. 426-7 du code de l'environnement, « *les actions en réparation du dommage causé aux cultures et aux récoltes par le gibier se prescrivent par six mois à partir du jour où les dégâts ont été commis.* »

Nous jugeons que le régime spécial de responsabilité et d'indemnisation des dégâts matériels causés aux cultures et aux récoltes par un gibier quelconque, institué et organisé par les articles L. 426-1 à L. 426-8 du code de l'environnement, a une portée générale et s'applique à toute action en réparation des dommages de toute nature, qu'elle soit fondée sur les articles 1382 et 1383 du code civil, ou sur l'article 544 du même code et sur le principe selon lequel nul ne doit causer à autrui un trouble excédant les inconvénients normaux du voisinage (Civ. 2e, 13 déc. 2012, no 11-27.538, Bull. civ. II, no 205).

La FDC 53 soutenait, dans ses conclusions d'appel (MA 02 p. 7, avant-dernier alinéa) :

« *Il faut donc comprendre que si, par impossible, le fondement de l'article L. 426-5 du code de l'environnement était retenu par la cour dans ce cas, la FDC 53 serait en droit d'exiger l'application stricte des autres règles de procédure applicables à l'indemnisation judiciaire des dégâts de gibier et notamment celle de la compétence exclusive du tribunal d'instance d'une part (C. envir., art. R. 426-1) et celle de la prescription des six mois à compter de la date d'apparition des premiers dégâts d'autre part (article L. 626-7 du même code).*

Le jugement du 26 juin 2017 sera donc réformé sur ce point ».

La cour d'appel a écarté cette fin de non-recevoir prise de la prescription de l'action des époux N., en retenant, arrêt p. 5 :

« *[...] Par ailleurs, la prescription de six mois de l'article L. 426-7 du code de l'environnement concerne les actions en indemnisation et non celle au titre de l'engagement de travaux de prévention.* »

Comme le soutient la quatrième branche du moyen, la cour d'appel aurait-elle, par cette motivation, violé les dispositions de l'article L. 426-7 précité, lequel s'applique tant à la procédure non contentieuse d'indemnisation des dégâts causés par le grand gibier gouvernée, notamment, par l'article L. 426-5 précité dont la cour d'appel a tiré l'obligation pour la fédération de prendre à sa charge des dépenses liées à la prévention des dégâts de grand gibier, qu'à la procédure judiciaire fondée notamment sur les articles 1382 et 1383 du code civil, devenus 1240 et 1241 du même code ?

Ou bien se pourrait-il, comme objecte le mémoire de défense, p. 11 VI, que ce moyen soit infondé dès lors que cette fin de non-recevoir ne concernerait qu'une action en réparation de dommages déjà réalisés, ce qui résulterait des termes mêmes de l'article L. 426-7 précité, lequel fixe le point de départ du délai de prescription de 6 mois « *au jour où les dégâts ont été commis* », et ne serait pas applicable à une action visant à obtenir d'une fédération départementale des chasseurs qu'elle respecte ses obligations en matière de prévention ?

Il reviendra à la Cour de cassation de le dire.

5. Orientation proposée :

Formation restreinte.

Nombre de projet(s) préparé(s) : 2

Cour de cassation

Pourvoi nº 20-16.476

Avis de Savinien Grignon Dumoulin, avocat général à la Cour de cassation

Nº 7 de la formation restreinte du 25 janvier 2022 - Avis de CASSATION

Pour l'exposé détaillé des faits et de la procédure, il est expressément renvoyé au rapport de M. le conseiller rapporteur.

1 - Le présent pourvoi a trait à la question de l'indemnisation des dépenses de prévention de dégâts de gibiers.

- L'article L. 426-1 du code de l'environnement dispose que :

« En cas de dégâts causés aux cultures ou aux récoltes agricoles soit par les sangliers, soit par les autres espèces de grand gibier provenant d'une réserve où ils font l'objet de reprise ou d'un fonds sur lequel a été exécuté un plan de chasse, l'exploitant qui a subi un dommage nécessitant une remise en état ou entraînant un préjudice de perte agricole peut en réclamer l'indemnisation à la fédération départementale ou interdépartementale des chasseurs. »

- L'article L. 426-5 du code de l'environnement dans sa rédaction issue de la loi nº2012-325 du 7 mars 2012 dispose, en ses alinéas 3 et 4, que :

« Dans le cadre du plan de chasse mentionné à l'article L. 425-6, il est institué, à la charge des chasseurs de cerfs, daims, mouflons, chevreuils et sangliers, mâles et femelles, jeunes et adultes, une contribution par animal à tirer destinée à financer l'indemnisation et ***la prévention*** *des dégâts de grand gibier. Le montant de ces contributions est fixé par l'assemblée générale de la fédération départementale ou interdépartementale des chasseurs sur proposition du conseil d'administration.*

La fédération départementale ou interdépartementale des chasseurs prend à sa charge les dépenses liées à l'indemnisation et à la prévention des dégâts de grand gibier. Elle en répartit le montant entre ses adhérents ou certaines catégories d'adhérents. Elle peut notamment exiger une participation personnelle des chasseurs de grand gibier et de sanglier, une participation pour chaque dispositif de marquage, une participation des territoires de chasse ou une combinaison de ces différents types de participation. Ces participations peuvent être modulées en fonction des espèces de gibier, du sexe, des catégories d'âge, des territoires de chasse ou unités de gestion. »

2 - L'arrêt attaqué a admis, sur le fondement de cet article L. 426-5 du code de l'environnement, tel que modifié par la loi n° 2012-325 du 7 mars 2012, l'obligation pour une fédération de chasseurs de financer une clôture pour prévenir des dégâts de sangliers.

Le pourvoi critique cette interprétation des textes en soutenant, dans un moyen unique, que :

- l'indemnisation qu'une fédération de chasseurs peut être contrainte de verser à l'exploitant lorsque les conditions légales sont réunies est limitativement définie par l'article L. 426-1 du code de l'environnement et ne peut avoir pour objet que la réparation des dégâts causés aux cultures et aux récoltes agricoles par des sangliers ou des grands gibiers (1re branche prise de la violation des articles L. 426-1 et L. 426-5 du code de l'environnement) ;

- la cour d'appel devait constater la faute de la fédération de chasseurs (2e branche, prise de la violation de l'article 1240 du code civil).

À supposer que la fédération départementale des chasseurs puisse être tenue sur le fondement des dispositions de l'article L. 426-5 d'indemniser la mise en place d'une clôture par l'exploitant victime de dégâts de gibiers, le moyen soutient encore que :

- l'indemnité ne peut être allouée que dans les conditions prévues pour l'indemnisation des dégâts causés aux récoltes et peut être réduite lorsque la victime des dégâts a une part de responsabilité dans la commission des dégâts (3e branche, prise de la violation de l'article L. 426-3 du code de l'environnement) ;

- l'action de l'exploitant en indemnisation par la fédération départementale des chasseurs des travaux de prévention de dégâts de gibiers doit être exercée dans les six mois à compter du jour où des dégâts ont été commis (4e branche prise de la violation de L. 426-7 du code de l'environnement).

3 - Les deux premières branches sont les plus intéressantes et méritent quelques explications.

Elles posent la question de savoir si le nouveau texte de l'article L. 426-5 instaure une obligation positive de prise en charge par les fédérations de chasseurs des frais de prévention des dégâts de grand gibier que les exploitants agricoles pourraient exposer.

La réponse me paraît négative.

C'est ce qui résulte de l'articulation des textes et de l'absence de dispositions réglementaires.

La jurisprudence n'est d'ailleurs pas en ce sens.

3.1 - L'article L. 426-5 du code de l'environnement s'inscrit dans la partie législative du code de l'environnement consacrée à l'indemnisation des dégâts aux récoltes et cultures [2] et non dans la partie consacrée à la prévention. Les dispositions réglementaires d'application correspondantes figurent aux articles R. 426-1 à R. 426-9 et sont relatives uniquement à la procédure d'indemnisation de ces dégâts et pertes.

Si l'alinéa 4 de l'article L. 426-5 indique que les fédérations prennent à leur charge les dépenses liées à l'indemnisation et à la prévention des dégâts de grand gibier, ni ce texte ni les dispositions réglementaires des articles R. 426-1 à R. 426-9 n'évoquent une indemnisation des tiers au titre des mesures de prévention.

C'est dans le cadre de l'indemnisation des dégâts aux récoltes qu'il faut se placer.

3.2 - Il faut donc se reporter aux dispositions propres à la prévention des dégâts de grand gibier, incluses dans les chapitres Ier et IV du titre II du Livre IV, relatifs aux missions des fédérations et à la gestion cynégétique, pour comprendre ce que recouvre cette notion de prévention.

L'article L. 421-5 donne mission aux fédérations de chasseurs de conduire des actions de prévention des dégâts de gibier et d'assurer l'indemnisation des dégâts de grand gibier dans les conditions prévues par les articles L. 426-1 et L. 426-5.

En outre, les fédérations de chasseurs élaborent, en association avec les propriétaires, les gestionnaires et les usagers des territoires concernés, un schéma départemental de gestion cynégétique, conformément aux dispositions de l'article L. 425-1.

Cet article L. 425-1 prévoit la mise en place dans chaque département d'un schéma de gestion cynégétique. L'article L. 425-2 précise que ce schéma contient obligatoirement les dispositions permettant d'atteindre l'équilibre agro-sylvo-cynégétique.

L'article L. 425-4 (Section 2 : équilibre agro-sylvo-cynégétique) indique que cet équilibre est recherché par la combinaison des moyens suivants : la chasse, la régulation, la prévention des dégâts de gibier par la mise en place de dispositifs de protection et de dispositifs de dissuasion ainsi que, le cas échéant, par des procédés de destruction autorisés.

Il résulte de ces dispositions que les actions de prévention prises en charge par les fédérations sont celles qui sont prévues d'une façon générale pour assurer l'équilibre agro-sylvo-cynégétique, conformément à leur mission légale.

S'agissant des dépenses corrélatives auxquelles fait référence l'article L. 426-5, il s'agit de l'ensemble des frais engendrés par la mise en œuvre par la fédération des mesures de prévention dans les territoires concernés.

(2) Code de l'environnement : Livre IV : patrimoine naturel - Titre II : Chasse - Chapitre VI : Indemnisation des dégâts de gibier - Section 1 : procédure non contentieuse d'indemnisation des dégâts causés par le grand gibier aux cultures et aux récoltes agricoles.

C'est une mission d'ordre général. À l'évidence, il ne peut pas s'agir des dépenses exposées individuellement par un propriétaire.

À n'en pas douter, si la volonté du législateur avait été d'indemniser de telles dépenses, la mise en œuvre du dispositif correspondant aurait d'ailleurs certainement figuré dans la partie réglementaire du code (procédure, nature des dispositifs, montant des dépenses etc.). On n'imagine pas que la mise en œuvre d'une telle obligation n'aurait pas été encadrée alors qu'un dispositif existe pour l'indemnisation des dégâts.

3.3 - Une jurisprudence constante jugeait, sous l'empire de l'article L. 426-1 dans sa version antérieure à la loi du 7 mars 2012, que les dépenses de protection des cultures en vue du non-renouvellement des dommages constituaient des dommages futurs, non prévus par le texte [3].

La loi du 7 mars 2012 n'a pas notablement modifié la définition du dommage indemnisable :

La version antérieure à la loi du 7 mars 2012 énonçait : « *En cas de dégâts causés aux cultures ou aux récoltes agricoles soit par les sangliers, soit par les autres espèces de grand gibier provenant d'une réserve où ils font l'objet de reprise ou d'un fonds sur lequel a été exécuté un plan de chasse, l'exploitant qui a subi un dommage nécessitant une remise en état ou entraînant un préjudice de perte agricole peut en réclamer l'indemnisation à la fédération départementale ou interdépartementale des chasseurs* ».

La version nouvelle énonce : « *En cas de dégâts causés aux cultures, aux inter-bandes des cultures pérennes, aux filets de récoltes agricoles ou aux récoltes agricoles soit par les sangliers, soit par les autres espèces de grand gibier soumises à plan de chasse, l'exploitant qui a subi un dommage nécessitant une remise en état, une remise en place des filets de récolte ou entraînant un préjudice de perte de récolte peut réclamer une indemnisation sur la base de barèmes départementaux à la fédération départementale ou interdépartementale des chasseurs.* »

On peut en déduire que la jurisprudence excluant comme dommage futur, les dépenses de prévention exposées par l'agriculteur, demeure applicable au « *dommage nécessitant une remise en état* ».

3.4 - En revanche, s'agissant des dégâts causés aux installations de protection elles-mêmes, ils peuvent être indemnisés, au titre d'une « remise en état », sous réserve que les dispositifs aient été adaptés, correctement installés.

4 - Pour conclure, on ne peut dégager de l'article L. 426-5 une obligation des fédérations de chasseurs à indemniser les dépenses de prévention de dégâts de gibiers, qui serait distincte de celle prévue d'une façon générale pour assurer l'équilibre agro-sylvo-cynégétique.

Je suis d'avis de censurer l'arrêt.

(3) Civ. 2e, 27 févr. 1991, no 89-21.073, Bull. civ. II, no 64 ; Civ. 2e, 25 mars 1991, no 89-21.190, Bull. civ. II, no 97 ; Civ. 2e, 11 sept. 2008, no 07-18.252.

Civ. 3e, 15 juin 2023, no 21-22.816

Rejet

Mme Teiller, président

Pourvoi no 21-22.816

Publié au bulletin

SCP Rocheteau, Uzan-Sarano et Goulet, SCP L. Poulet-Odent

République française

Au nom du peuple français

ARRÊT DE LA COUR DE CASSATION, TROISIÈME CHAMBRE CIVILE, DU 15 JUIN 2023

La Société hydro-électrique du [Adresse 2], société par actions simplifiée unipersonnelle, dont le siège est lieudit [Adresse 2], a formé le pourvoi no J 21-22.816 contre l'arrêt rendu le 21 juillet 2021 par la cour d'appel d'Orléans (chambre civile), dans le litige l'opposant à la commune de [Localité 1], dont le siège est [Adresse 3], défenderesse à la cassation.

La demanderesse invoque, à l'appui de son pourvoi, un moyen de cassation.

Le dossier a été communiqué au procureur général.

Sur le rapport de Mme Davoine, conseiller référendaire, les observations de la SCP Rocheteau, Uzan-Sarano et Goulet, avocat de la société hydro-électrique du [Adresse 2], de la SCP L. Poulet-Odent, avocat de la commune de [Localité 1], et l'avis de Mme Morel-Coujard, avocat général, après débats en l'audience publique du 10 mai 2023 [...], la troisième chambre civile de la Cour de cassation, [...], après en avoir délibéré conformément à la loi, a rendu le présent arrêt ;

Faits et procédure

1. Selon l'arrêt attaqué (Orléans, 21 juill. 2021), par acte du 18 mars 2013, la commune de [Localité 1] (la commune) a donné à bail emphytéotique à la société hydro-électrique du [Adresse 2] (la société) une centrale hydraulique installée sur un barrage.

2. Par arrêté du 30 janvier 2017, le préfet du Loir-et-Cher a mis en demeure la société de satisfaire aux prescriptions de l'article L. 214-18 du code de l'environnement par l'installation de dispositifs maintenant dans le lit du cours d'eau un débit minimal garantissant en permanence la vie, la circulation et la reproduction des espèces vivant dans les eaux et empêchant la pénétration du poisson dans le canal d'entrée.

3. Par arrêté du 27 février 2019, il a refusé d'accorder à la société l'autorisation d'exploiter la centrale hydroélectrique.

4. Le 28 février 2019, la société a assigné la commune en condamnation à réaliser les travaux de mise en conformité et en indemnisation. La commune a soulevé une exception d'incompétence au profit de la juridiction administrative.

Examen du moyen

Enoncé du moyen

5. La société fait grief à l'arrêt de dire que le contrat liant les parties est un bail emphytéotique administratif et que les juridictions de l'ordre administratif sont compétentes pour connaître du litige né de ce contrat, alors :

« 1°/ que pour qu'un bail emphytéotique soit qualifié d'administratif, l'activité du bailleur ou l'opération en vue de laquelle le bail est conclu doivent se rattacher à l'intérêt général par un lien direct et principal ; que sauf dans le cas où elle est assujettie à des obligations particulières de continuité ou de volume, la production d'électricité à des fins commerciales ne constitue pas une activité d'intérêt général ; qu'en se fondant, pour qualifier le contrat de bail emphytéotique administratif et se déclarer incompétente, sur la circonstance qu'il devait permettre la production d'électricité non carbonée, la cour d'appel, qui n'a pas constaté que cette production était soumise à des sujétions particulières, a violé l'article L. 1311-2 du code général des collectivités territoriales ;

2°/ que le bail emphytéotique qui a essentiellement une finalité commerciale et ne remplit un objectif d'intérêt général que de façon accessoire et incidente ne peut être qualifié de bail emphytéotique administratif ; qu'en se fondant, pour qualifier le contrat de bail emphytéotique administratif et se déclarer incompétente, sur la circonstance que l'exploitation du barrage devait permettre non seulement la production d'électricité non carbonée mais également la conservation d'un plan d'eau utilisé à des fins touristiques, sportives et de loisirs, et que la société hydro-électrique du [Adresse 2] avait accepté de financer pour partie les travaux de mise en transparence nécessaire au maintien du barrage, la cour d'appel a violé l'article L. 1311-2 du code général des collectivités territoriales. »

Réponse de la Cour

6. Selon l'article L. 1311-2, alinéa 1, du code général des collectivités territoriales, dans sa version en vigueur au 18 mars 2013, un bien immobilier appartenant à une collectivité territoriale peut faire l'objet d'un bail emphytéotique prévu à l'article L. 451-1 du code rural et de la pêche maritime en vue de la réalisation d'une opération d'intérêt général relevant de sa compétence. Ce bail emphytéotique est dénommé bail emphytéotique administratif.

7. Selon l'article L. 1311-3, 4°, du même code, les litiges relatifs aux baux emphytéotiques administratifs sont de la compétence des tribunaux administratifs.

8. Selon les articles L. 100-1 et L. 100-2 du code de l'énergie, dans leur version en vigueur au 18 mars 2013, la politique énergétique vise notamment à préserver la santé humaine et l'environnement, en particulier en luttant contre l'aggravation de l'effet de serre. Pour atteindre cet objectif, l'État, en cohérence avec les collectivités territoriales, veille, en particulier, à diversifier les sources d'approvisionnement énergétique, réduire le recours aux énergies fossiles et augmenter la part des énergies renouvelables dans la consommation d'énergie finale.

9. Selon l'article L. 1111-2 du code général des collectivités territoriales, les communes concourent avec l'État à la protection de l'environnement et à la lutte contre l'effet de serre par la maîtrise et l'utilisation rationnelle de l'énergie.

10. Il en résulte que la mise à disposition, par l'effet d'un bail emphytéotique, d'une centrale hydroélectrique, en vue de la production et de la vente d'électricité à un fournisseur d'énergie, en ce qu'elle favorise la diversification des sources d'énergie et participe au développement des énergies renouvelables, constitue une opération d'intérêt général relevant de la compétence de la commune.

11. La cour d'appel a, dès lors, retenu, à bon droit, abstraction faite de motifs surabondants critiqués par la seconde branche du moyen, que la convention liant la commune et la société était un bail emphytéotique administratif.

12. Elle en a exactement déduit que le litige né de ce bail relevait des juridictions de l'ordre administratif.

13. Le moyen n'est donc pas fondé.

PAR CES MOTIFS, la Cour :

REJETTE le pourvoi ;

Condamne la Société hydro-électrique du [Adresse 2] aux dépens ;

En application de l'article 700 du code de procédure civile, rejette la demande formée par la Société hydro-électrique du [Adresse 2] et la condamne à payer à la commune de [Localité 1] la somme de 3 000 euros ;

Ainsi fait et jugé par la Cour de cassation, troisième chambre civile, et prononcé par le président en son audience publique du quinze juin deux mille vingt-trois.

Cour de cassation

Pourvoi n° 21-22.816

Rapport d'Angèle Davoine, conseillère référendaire à la Cour de cassation

1. Rappel des faits et de la procédure

La centrale hydroélectrique du [Adresse 2], située en rive droite du [Adresse 2], est un aménagement hydraulique destiné à produire de l'électricité à partir d'une chute d'eau liée à un barrage. La commune [Localité 1] a acquis les ouvrages immobiliers en 1976 et les a donnés en location pour une durée de 35 ans à la Société Hydro-Électrique du [Adresse 2] (la SHEB) qui, selon arrêté préfectoral du 22 avril 1977, a bénéficié de l'autorisation d'utiliser l'énergie hydraulique du [Adresse 2] pour une durée de 35 ans.

La SHEB a sollicité le renouvellement de cette autorisation le 25 avril 2006. À cette occasion, les services de l'État ont informé l'exploitant et la commune [Localité 1] que le barrage du [Adresse 2] devait être **mis en conformité avec la réglementation sur l'eau qui impose depuis 2002 « la continuité écologique** », définie au code de l'environnement comme la libre circulation des organismes vivants et leur accès aux zones indispensables à leur reproduction, leur croissance, leur alimentation ou leur abri, le bon déroulement du transport naturel des sédiments ainsi que le bon fonctionnement des réservoirs biologiques.

Par arrêté conjoint du 13 juin 2012, les préfets du Loir-et-Cher et du Cher ont décidé du non-renouvellement de l'autorisation qui avait été accordée à la SHEB. Cette décision n'ayant pas été notifiée à l'exploitant au moins trois ans avant la date d'expiration de l'autorisation, l'autorisation en cours **a été prorogée** en application de l'article R. 214-82 du code de l'environnement jusqu'au 19 juin 2015.

Par acte notarié du 18 mars 2013, la commune [Localité 1] a donné à bail emphytéotique à la SHEB, pour une durée de 35 ans à compter rétroactivement du 1er avril 2012, « un bâtiment d'usine hydroélectrique proprement dit (avec grilles, passerelles et chambres d'eau sis dite commune, lieudit le [Adresse 2], terre-plein sud (y compris la vanne de décharge) et ouest et droits d'eau attachés au site ».

Après un rapport de visite des inspecteurs de l'environnement, **le préfet du Loir-et-Cher a mis en demeure la SHEB, par arrêté du 30 janvier 2017, de satisfaire aux prescriptions de l'article L. 214-18 du code de l'environnement** et à cet effet, d'une part, de garantir dans le bras principal du [Adresse 2] en rive gauche un débit minimal garantissant la vie, la circulation et la reproduction des espèces vivantes en ouvrant toute l'année une vanne de décharge, d'autre part, d'implanter un dispositif de grilles inclinées de deux centimètres maximum empêchant la pénétration du poisson (dévalaison des anguilles) dans le canal d'entrée en amont des vannes de réglage des turbines, et leur guidage vers un système de transfert vers l'aval des turbines sans dommage. Le représentant de l'État a imposé à l'exploitant que la réalisation de ces dispositifs de mise en conformité soit effective au plus tard le 1er septembre 2017.

La SHEB a formé un recours contre cet arrêté préfectoral devant le tribunal administratif d'Orléans. Par jugement du 16 avril 2019, le tribunal administratif d'Orléans a rejeté la requête de la SHEB en annulation.

Par arrêté du 27 février 2019, le préfet du Loir-et-Cher a refusé d'accorder à la SHEB l'autorisation qu'elle avait sollicitée le 21 mars 2018 à fin d'exploitation de la chute hydroélectrique du [Adresse 2].

Considérant qu'il incombait à la commune [Localité 1] de réaliser les travaux requis, la SHEB a, par acte du 28 février 2019, assigné la commune [Localité 1] devant le tribunal de grande instance de Blois aux fins de la voir condamner, sous astreinte, à exécuter les travaux et à lui régler la somme de 10 000 euros à titre de dommages et intérêts.

Par jugement du 2 juillet 2019, le tribunal de grande instance de Blois a principalement :

- condamné la commune [Localité 1] à la mise en œuvre, dans un délai de deux mois à compter du jugement à intervenir et sous astreinte de 200 euros par jour de retard passé ce délai, du nouveau dispositif de grilles fines de prise d'eau afin de se conformer aux demandes formulées par l'administration et l'AFB ainsi qu'aux prescriptions préfectorales ;

- condamné la commune [Localité 1] à la mise en œuvre des travaux de mise en transparence du barrage et qui seront fixés par le préfet de Loir-et-Cher dans le cadre de l'arrêté renouvelant l'autorisation d'exploiter la centrale hydroélectrique [Adresse 2] dans un délai de quatre mois suivant la signature de cet arrêté et sous astreinte de 200 euros par jour de retard passe ce délai ;

- condamné la commune de [Localité 1] à la somme de 10 000 euros à titre de dommages et intérêts au titre de l'article 1231-1 du code civil avec intérêts au taux légal à compter du 1er septembre 2017, à titre d'acompte sur préjudice subi.

Par arrêt du 27 juillet 2021, la cour d'appel d'Orléans a :

- **dit que le contrat liant les parties est un bail emphytéotique administratif et que les juridictions de l'ordre administratif sont en conséquence compétentes, à l'exclusion de celles de l'ordre judiciaire, pour connaître des litiges nés de ce contrat ;**

- **infirmé la décision entreprise en toutes ses dispositions**, en ce qu'elle a statué sur un litige qui relève de la compétence du tribunal administratif d'Orléans ;

- **renvoyé la SHEB à mieux se pourvoir** ;

- condamné la SHEB à payer à la commune [Localité 1] la somme de 3 000 euros en application des dispositions de l'article 700 du code de procédure civile, outre les dépens.

La SHEB s'est pourvue en cassation par déclaration du 21 septembre 2021.

Elle a déposé le 17 janvier 2022 un **mémoire ampliatif** aux termes duquel elle sollicite la condamnation de la commune [Localité 1] à lui verser la somme de 4 500 euros en application de l'article 700 du code de procédure civile.

La commune [Localité 1] a déposé un **mémoire en défense** le 17 mars 2022 aux termes duquel elle sollicite la condamnation de la SHEB à lui verser la somme de 3 500 euros en application de l'article 700 du code de procédure civile.

2. Analyse succincte des moyens

Le pourvoi est articulé en **un moyen en deux branches**.

La société Hydro-électrique du [Adresse 2] fait grief à l'arrêt de dire que le contrat liant les parties est un bail emphytéotique administratif et que les juridictions de l'ordre administratif sont en conséquence compétentes, à l'exclusion de celles de l'ordre judiciaire, pour connaître des litiges nés de ce contrat ; et de la renvoyer en conséquence à mieux se pourvoir, alors :

« 1°/ que pour qu'un bail emphytéotique soit qualifié d'administratif, l'activité du bailleur ou l'opération en vue de laquelle le bail est conclu doivent se rattacher à l'intérêt général par un lien direct et principal ; que sauf dans le cas où elle est assujettie à des obligations particulières de continuité ou de volume, la production d'électricité à des fins commerciales ne constitue pas une activité d'intérêt général ; qu'en se fondant, pour qualifier le contrat de bail emphytéotique administratif et se déclarer incompétente, sur la circonstance qu'il devait permettre la production d'électricité non carbonée, la cour d'appel, qui n'a pas constaté que cette production était soumise à des sujétions particulières, a violé l'article L. 1311-2 du code général des collectivités territoriales ;

2°/ que le bail emphytéotique qui a essentiellement une finalité commerciale et ne remplit un objectif d'intérêt général que de façon accessoire et incidente ne peut être qualifié de bail emphytéotique administratif ; qu'en se fondant, pour qualifier le contrat de bail emphytéotique administratif et se déclarer incompétente, sur la circonstance que l'exploitation du barrage devait permettre non seulement la production d'électricité non carbonée mais également la conservation d'un plan d'eau utilisé à des fins touristiques, sportives et de loisirs, et que la société Hydro-électrique du [Adresse 2] avait accepté de financer pour partie les travaux de mise en transparence nécessaire au maintien du barrage, la cour d'appel a violé l'article L. 1311-2 du code général des collectivités territoriales. »

3. Identification du ou des points de droit faisant difficulté à juger

Notion d'opération d'intérêt général relevant de la compétence d'une collectivité territoriale conditionnant la qualification de bail emphytéotique administratif :

- La production d'énergie hydroélectrique, non carbonée, constitue-t-elle une opération d'intérêt général relevant de la compétence de la commune ?

- L'opération d'intérêt général doit-elle constituer la finalité principale du contrat ?

4. Discussion citant les références de jurisprudence et de doctrine

Le pourvoi interroge la **notion d'opération d'intérêt général relevant de la compétence d'une collectivité territoriale**, critère conditionnant la qualification de bail emphytéotique administratif (BEA) et, par suite, la compétence des juridictions administratives. En effet, la cour d'appel a considéré que le bail emphytéotique conclu le 18 mars 2013 entre la commune [Localité 1] et la SHEB était de nature administrative.

On rappellera que le bail emphytéotique est défini à l'article L. 451-1 du code rural et de la pêche maritime : « le bail emphytéotique de biens immeubles confère au preneur un droit réel susceptible d'hypothèque ; ce droit peut être cédé et saisi dans les formes prescrites pour la saisie immobilière. Ce bail doit être consenti pour plus de dix-huit années et ne peut dépasser quatre-vingt-dix-neuf ans ; il ne peut se prolonger par tacite reconduction ». Le bail emphytéotique (ou emphytéose) se caractérise donc essentiellement par sa longue durée et par le démembrement de propriété qu'il opère en conférant au preneur emphytéote un droit réel immobilier sur le bien loué.

Le principe d'inaliénabilité du domaine public s'opposant en principe à la constitution de droits réels sur le domaine public et interdisant donc le recours au bail emphytéotique sur le domaine public [1], le législateur est intervenu, par la **loi n° 88-13 du 5 janvier 1988**, pour consacrer pour la première fois la possibilité pour les collectivités territoriales [2] de conclure un **bail emphytéotique** en vue de l'accomplissement pour leur compte d'une mission de service public ou de la réalisation d'une opération d'intérêt général. Selon une

(1) CE 6 mai 1985, n° 41589 et 41699, *Assoc. Eurolat et Crédit foncier de France.*

(2) Le bail emphytéotique administratif sera ensuite étendu à d'autres personnes publiques.

autrice [3], cette réforme visait à permettre aux collectivités territoriales de « *valoriser leurs biens par une exploitation économique* », de « *favoriser l'implantation d'activités économiques sur le domaine public* ». En effet, d'une part, « *les investissements privés sur le domaine public* » étaient auparavant freinés du fait du caractère précaire de l'autorisation engendrant une incertitude sur la possibilité de les amortir. D'autre part, « *l'interdiction de conférer des droits réels à l'occupant* », en ce qu'elle « *excluait tout recours au prêt hypothécaire ou au crédit-bail immobilier* », constituait « *un obstacle au financement des ouvrages publics* ».

Ainsi, l'article L. 1311-2 du code général des collectivités territoriales, dans sa version en vigueur au 18 mars 2013, date de conclusion du contrat [4], dispose :

« **Un bien immobilier appartenant à une collectivité territoriale peut faire l'objet d'un bail emphytéotique prévu à l'article L. 451-1 du code rural et de la pêche maritime,** en vue de l'accomplissement, pour le compte de la collectivité territoriale, d'une mission de service public **ou en vue de la réalisation d'une opération d'intérêt général relevant de sa compétence** ou en vue de l'affectation à une association cultuelle d'un édifice du culte ouvert au public ou en vue de la réalisation d'enceintes sportives et des équipements connexes nécessaires à leur implantation ou, à l'exception des opérations réalisées en vue de l'affectation à une association cultuelle d'un édifice du culte ouvert au public, de leur restauration, de la réparation, de l'entretien-maintenance ou de la mise en valeur de ce bien ou, jusqu'au 31 décembre 2013, liée aux besoins de la justice, de la police ou de la gendarmerie nationales ou, jusqu'au 31 décembre 2013, liée aux besoins d'un service départemental d'incendie et de secours. **Ce bail emphytéotique est dénommé bail emphytéotique administratif.**

Un tel bail peut être conclu même si le bien sur lequel il porte, en raison notamment de l'affectation du bien résultant soit du bail ou d'une convention non détachable de ce bail, soit des conditions de la gestion du bien ou du contrôle par la personne publique de cette gestion, constitue une dépendance du domaine public, sous réserve que cette dépendance demeure hors du champ d'application de la contravention de voirie.

Tout projet de bail emphytéotique administratif présenté pour la réalisation d'une opération d'intérêt général liée aux besoins de la justice, de la police ou de la gendarmerie nationales dont le loyer est supérieur à un montant fixé par décret en Conseil d'État est soumis à la réalisation d'une évaluation préalable dans les conditions fixées à l'article L. 1414-2.

Les conclusions de baux mentionnées aux alinéas précédents sont précédées, le cas échéant, d'une mise en concurrence et de mesures de publicité, selon des modalités fixées par décret en Conseil d'État. »

L'article L. 1311-3, 4° du même code ajoute que les litiges relatifs à ces baux sont de la compétence des tribunaux administratifs.

À cet égard, il convient de préciser qu'un bail emphytéotique administratif peut être conclu sur le **domaine privé** comme sur

(3) M. Ubaud-Bergeron, J.-Cl. Adm., fasc. 740 : Bail emphytéotique administratif.

(4) On rappellera que, **sauf disposition législative contraire, la nature juridique d'un contrat s'apprécie à la date à laquelle il a été conclu :** T. confl. 11 avr. 2016, n° 4043, *Fosmax Lng (Sté) c/ TCM FR, Tecnimont et Saipem (Sté).*

le domaine public. En outre, les collectivités territoriales peuvent conclure des baux emphytéotiques de droit commun sur leur domaine privé. M. Ubaud-Bergeron [5] précise : « ***coexistent sur le domaine privé deux types de baux emphytéotiques, le BEA et le bail emphytéotique de droit commun,*** *des différences importantes existant entre ces deux formules, notamment dans les prérogatives de la personne publique : en effet, le BEA, même sur le domaine privé, se caractérise par sa révocabilité ainsi que par la faculté qu'a la personne publique d'imposer une affectation du bien, ce que ne permet pas un bail emphytéotique de droit commun [...]. Inversement, [la personne publique] sera libérée de certaines contraintes puisque les restrictions imposées quant à la finalité des activités de l'occupant ne s'imposent pas* ». Lorsque le bail emphytéotique accordé sur le domaine privé ne répond pas à la définition posée par l'article L. 1311-2 du code général des collectivités territoriales et est donc une emphytéose de droit commun, **la qualification administrative légale ne s'applique pas** ; dans ce cas, la nature administrative du contrat dépendra de l'application des critères classiques d'identification des contrats administratifs (service public et clause exorbitante du droit commun ou clause révélatrice du contrat administratif) [6].

Les objectifs poursuivis par le bail emphytéotique administratif ont évolué au gré des réformes législatives « ***dans le sens d'un élargissement constant puis d'un rétrécissement significatif*** » [7]. Le champ du bail emphytéotique administratif est recentré désormais sur les opérations d'intérêt général relevant de la compétence de la personne publique, comme à l'origine. Au cas présent, c'est bien sur l'existence d'une opération d'intérêt général relevant de la compétence de la commune que la cour d'appel s'est fondée pour retenir la qualification de bail emphytéotique administratif.

Pour que cette qualification soit retenue, trois conditions cumulatives doivent être respectées : **le bail doit avoir été conclu en vue de la réalisation d'une opération, celle-ci doit être d'intérêt général et relever de la compétence de la collectivité.** La jurisprudence est relativement rare sur la notion d'opération d'intérêt général relevant de la compétence de la personne publique.

Le **Tribunal des conflits** a jugé que :

- le contrat mettant un bien communal à la disposition d'une association se bornant à l'utiliser afin que ses adhérents pratiquent l'aviron, **qui ne confère aucun droit réel** à l'association et qui laisse les investissements à réaliser à la charge exclusive de la commune, ne peut être regardé comme ayant été conclu en vue de la réalisation d'une opération d'intérêt général relevant de la compétence de la commune [8] ;

- la promesse de bail à construction consentie à une mutuelle pour la construction

(5) M. Ubaud-Bergeron, J.-Cl. Adm., fasc. 740 : Bail emphytéotique administratif.

(6) V. par exemple : Civ. 1re, 6 juill. 2011, no 10-23.430 (« *Qu'en statuant ainsi, alors que le fait qu'une clause déroge au statut des baux emphytéotiques en limitant le droit de libre cession du cocontractant, ne suffit pas, à lui seul, à emporter la qualification de clause exorbitante du droit commun, la cour d'appel a violé les textes susvisés* »).

(7) M. Ubaud-Bergeron, J.-Cl. Adm., fasc. 740 : Bail emphytéotique administratif. Ainsi, ont été ajoutés : le BEA « justice », le BEA « sécurité », le BEA « hospitalier », le BEA « SDIS », le BEA « cultuel », le BEA « enceintes sportives et équipements connexes », le BEA « HLM » et le BEA « valorisation ». Puis, avec la réforme des marchés publics en 2015, puis l'arrivée du code de la commande publique (CCP) en 2018, le BEA ne peut plus constituer une réponse à un besoin tel que cette notion est envisagée en matière de commande publique.

(8) T. confl. 13 oct. 2014, pourvoi no 14-03.963, Bull. T. confl. no 12 : dans ses conclusions, F. Desportes, commissaire du gouvernement, affirmait : « *Au cas présent, nous avons vu que l'association privée ne pouvait être regardée comme s'étant vue confier l'exécution d'une mission de service public pour le compte de la commune. Il ne nous semble pas davantage possible de considérer que le bail aurait pour objet "la réalisation d'une opération d'intérêt général" relevant de la compétence de la personne publique.* ***À moins de vider de son utilité la référence à l'accomplissement d'une mission de service public, on ne peut admettre que la réalisation d'une opération d'intérêt général puisse consister en la simple organisation d'une activité d'intérêt général, telle une activité sportive*** ».

d'un centre de soins de suite et de réadaptation sur un terrain appartenant au domaine privé d'un établissement public hospitalier n'a pas été conclue en vue de la réalisation d'une opération d'intérêt général relevant de la compétence de cet établissement [9].

Si elle a eu l'occasion de se prononcer sur le régime du bail emphytéotique administratif [10], **la Cour de cassation** n'a rendu, à la connaissance du rapporteur, aucun arrêt au sujet de sa qualification. *A fortiori*, elle ne s'est jamais prononcée sur le niveau de contrôle devant être opéré.

La qualification de bail emphytéotique administratif a été admise par **le Conseil d'État** pour des contrats conclus en vue de :

- la construction d'immeubles de bureaux dont une partie est sous-louée à la commune pour y abriter les services de la mairie alors que le reste est exploité librement par le preneur [11] ;
- la construction de logements sociaux par un OPHLM sur des parcelles données à bail emphytéotique par une commune [12] ;
- l'exploitation d'un EHPAD avec un OPH sur une parcelle appartenant au domaine privé d'une commune sur laquelle un tel établissement avait été construit auparavant [13].

Si des arrêts du Conseil d'État traitent de baux emphytéotiques visant la rénovation et l'exploitation d'un casino municipal [14], ou la création d'un parc récréatif [15], ou encore la construction d'un club de vacances [16], la qualification de bail emphytéotique administratif n'était pas contestée devant lui dans ces affaires.

Dans un arrêt du 19 novembre 2013 [17] ayant trait à un bail emphytéotique conclu par une commune en vue de la gestion immobilière d'une caserne de gendarmerie, le Conseil d'État a précisé : « il résulte de ces dispositions [CGCT, art. L. 1311-2], notamment de la référence qu'elles comportent au bail emphytéotique prévu à l'article L. 451-1 du code rural, que le législateur n'a ainsi entendu viser que les contrats **dans lesquels le preneur a la charge de réaliser, sur le bien immobilier qu'il est ainsi autorisé à occuper, des investissements qui reviendront à la collectivité en fin de bail,** et non de permettre la conclusion, dans le cadre de ce régime, de contrats par lesquels une collectivité territoriale confie à un tiers une **mission de gestion courante d'un bien lui appartenant** ; s'il résulte des dispositions insérées à l'article L. 1311-2 par l'article 96 de la loi du 14 mars 2011 qu'un bail emphytéotique peut également être conclu en vue de la restauration, de la réparation, de l'entretien-maintenance ou de la mise en valeur d'un bien immobilier appartenant à une collectivité territoriale, il ne résulte ni

(9) T. confl. 7 juill. 2014, pourvoi n° 14-03.958.

(10) V. not. : Civ. 3e, 19 déc. 2012, n° 11-10.372, Bull. civ. III, n° 191 ; Civ. 3e, 24 juin 2021, pourvoi n° 19-25.821.

(11) CE, sect., 25 févr. 1994, n° 144641 et n° 19940225, *SA Sofap-Marignan Immobilier*, publié au Lebon.

(12) CE 4 avr. 2018, n° 408179, *OPHLM Mistral Habitat*, inédit au Lebon.

(13) CE 15 mars 2019, n° 409499.20190315, inédit au Lebon.

(14) https://www.legifrance.gouv.fr/ceta/id/CETATEXT000007863930/ ; CE, ass., 10 juin 1994, n° 141633, *Commune de Cabourg* ; CE 16 févr. 2005, n° 211039, *Commune de Hyères*.

(15) CE 27 juill. 2005, n° 247566, *Min. de l'intérieur c/ Dpt du Lot-et-Garonne*.

(16) CE 13 sept. 2021, n° 439653.20210913, mentionné aux tables du Lebon.

(17) CE 19 nov. 2013, n° 352488, *Sté nationale immobilière*, publié au Lebon avec les conclusions. V. aussi : CE 7 déc. 2015, n° 375643, *Sté nationale immobilière*.

de ce dernier article ni d'aucune autre disposition de cette loi qu'elle comporterait un effet rétroactif ».

Les conclusions de E. Cortot-Boucher, rapporteur public, sont éclairantes à cet égard :

« [...] vous n'aurez donc à vous poser qu'une seule question : l'entretien et la maintenance des locaux détenus par la commune et loués à la gendarmerie constituent-ils une opération d'intérêt général relevant de la compétence de la commune au sens de l'article L. 1311-2 du CGCT ? Nous ne le pensons pas.

Non pas que l'objectif poursuivi par la convention litigieuse soit, à nos yeux, dépourvu de toute dimension d'intérêt général ou que l'opération en cause nous paraisse exclue du champ de compétence de la commune.

Car d'une part, ***vous interprétez souplement la condition d'intérêt général*** *posée par l'article L. 1311-2. Ainsi, dans votre décision de Section du 25 février 1994, Société Sofap-Marignan Immobilier et autres (nos 144641 et 145406, Rec., p. 74 ; concl. J. Arrighi de Casanova), vous avez estimé qu'elle était remplie à propos d'une opération consistant en la construction d'un bâtiment qui était destiné pour partie à des bureaux privés, et pour partie à l'extension d'un hôtel de ville. Or la requérante fait ici valoir, à juste titre, qu'il* ***existe un intérêt public local à entretenir les locaux de casernement dont elle est propriétaire et à les louer à l'État, dès lors que cette opération pérennise l'implantation de services publics nationaux sur son territoire****, avec toutes les conséquences positives qui en découlent. [...]*

D'autre part, ***vous appréciez le critère de compétence posé par la loi du 5 février 1988 à la lumière de la clause de compétence générale des collectivités locales,*** *de telle sorte qu'il est* ***en réalité assez faiblement contraignant****. Ainsi, dans la décision d'Assemblée [V.] précitée, vous avez admis que la construction d'une mosquée était une opération d'intérêt général relevant de la compétence de la commune de [M.], au motif que cette dernière était intéressée par les questions relatives aux conditions dans lesquelles les cultes sont pratiqués sur son territoire. Dans la même perspective, il est certainement possible de considérer que les questions relatives à l'implantation des services publics nationaux sur le territoire de la commune sont de celles qui intéressent cette dernière, et que l'opération faisant l'objet du contrat litigieux, par suite, relève de sa compétence. Vous pourriez également vous appuyer à cette fin sur l'article L. 1311-4-1 du CGCT qui donne compétence aux communes pour "construire, y compris sur les dépendances de leur domaine public, acquérir ou rénover des bâtiments destinés à être mis à la disposition de l'État pour les besoins de la justice, de la police ou de la gendarmerie nationales".*

Si nous inclinons à confirmer le raisonnement de la cour, c'est pour un autre motif : il tient à ce qu'il nous semble difficile de considérer que l'entretien et la maintenance d'un bien immobilier constituent une ***"opération" au sens où l'a entendu le législateur de 1988. La loi ne dit certes rien de cette notion et, comme d'autres l'ont fait remarquer avant nous, elle est en réalité assez peu diserte sur les conditions légales qui encadrent la conclusion du BEA.*** *Il nous paraît toutefois acquis que la loi doit être interprétée au vu des objectifs poursuivis par ses auteurs, et ceux-ci sont, quant à eux, relativement clairs. Il s'agissait, d'une part, de sécuriser la situation des occupants du domaine public en leur conférant des droits renforcés, et, d'autre part, de valoriser ce domaine. Plus précisément, le législateur* *a conçu chacun de ces objectifs comme la contrepartie nécessaire de l'autre :* ***il n'a autorisé la constitution de droits réels sur le domaine public que parce que ces droits allaient faciliter la mobilisation de financements privés en vue de la mise en valeur de ce domaine.*** *Telle qu'elle a été conçue, la loi du 5 janvier 1988 repose donc sur une exigence de contrepartie en termes de mise en valeur du domaine public. [...] Elle a notamment été traduite dans la loi par la référence que celle-ci fait au bail emphytéotique prévu à l'article L. 451-1 du code rural. Celui-ci suppose en effet que le preneur améliore le fonds loué ou encore qu'il le mette en valeur.* ***Nous vous proposons de retenir que la conclusion d'un BEA est subordonnée à une condition implicite tenant à ce que le preneur doit être astreint à une obligation d'investir sur le bien immobilier en cause, et ce faisant, de l'améliorer.*** »

Des auteurs [18] précisent que « *la notion d'"intérêt général" est déterminante : elle conditionne la validité du recours à cette institution.* ***Ainsi, le BEA ne peut être utilisé pour autoriser une activité purement commerciale de l'occupant domanial.*** *[...] L'activité doit, en effet, présenter un* ***intérêt public suffisant pour la collectivité*** ». D'après G. Eckert [19], « ***le caractère lucratif de l'activité du preneur et la circonstance que la collectivité publique tire profit de celle-ci ne suffisent pas à remettre en cause la finalité d'intérêt général du BEA*** ». Il précise toutefois : « *L'activité peut se voir refuser tout caractère d'intérêt général dans la mesure où elle vise essentiellement à satisfaire un intérêt particulier* ».

Selon un autre auteur [20], « *en prenant en compte les évolutions qui ont restreint le champ d'usage du BEA, il est possible d'indiquer qu'une telle opération doit reposer sur* ***un projet du preneur, qui agit pour son propre compte, en tout cas qui n'agit pas pour la collectivité, bailleur, ou en réponse à ses besoins.*** *Le preneur peut donc avoir un projet de rénovation, d'amélioration de l'immeuble existant ou de réalisation d'une nouvelle construction, indispensable à son activité et qui nécessite de disposer d'une autorisation à occuper le domaine public d'une collectivité territoriale avec certains droits réels. Ainsi, le BEA est un outil de gestion et de valorisation de biens immobiliers mis à la disposition de tiers par la collectivité propriétaire.* ***Sans oublier que pour la collectivité, il faut que cette opération puisse s'inscrire dans ce qui s'avère utile aux actions ou aux politiques qu'elle mène dans le cadre des compétences qu'elle détient,*** *puisqu'*in fine *ce qui a été réalisé par le preneur lui reviendra.* »

Dans ses conclusions à propos de l'arrêt du 4 avril 2018, n° 408179, déjà cité, G. Pellissier, rapporteur public, affirmait : « ***la notion d'opération d'intérêt général relevant de la compétence d'une personne publique est plus large que celle de mission de service public accomplie pour son compte.*** Il suffit que ***l'opération se rattache aux intérêts généraux qu'elle peut poursuivre*** ».

Dans le même sens, G. Clamour [21] considère que « *la notion d'opération d'intérêt général relevant de la compétence de la collectivité territoriale doit se comprendre comme* ***déclinant la clause générale de compétence fondant toute action se prévalant d'un intérêt public local notamment issu de la satisfaction des besoins de la population.*** *Dans ces conditions, une commune peut légalement intervenir pour implanter sur son territoire, par exemple, un groupe industriel ou une administration de l'État* ».

À cet égard, l'article L. 1111-2 du code général des collectivités territoriales dispose que « *les communes, les départements*

(18) J.-L. Tixier & F. Tenailleau, Rép. civ., v° Bail emphytéotique, n° 59.

(19) J.-Cl. CMP, fasc. 610 : Bail emphytéotique administratif.

(20) C. Mondou, *Intérêt général et gestion domaniale : le bail emphytéotique administratif*, AJCT 2022. 558.

(21) G. Clamour, *L'extension du « BEA-valorisation »*, Contrats et marchés publics n° 4, avr. 2011, comm. 98.

et les régions règlent par leurs délibérations les affaires de leur compétence. » M.-C. Rouault [22] rappelle : « *une liste exhaustive des compétences des communes ne saurait être dressée car, bénéficiant de la* ***clause de compétence générale,*** *elles peuvent* ***intervenir dans tout domaine qui présente un intérêt communal et n'est pas réservé par la loi à un autre niveau de collectivités. [...] Une affaire est de la compétence de la commune dès lors soit qu'un texte a expressément conféré cette compétence à la commune, soit parce qu'elle présente un intérêt communal*** ».

Comment définir l'intérêt communal ? La notion d'opération d'intérêt général relevant de la compétence de la commune suppose-t-elle que l'opération satisfasse un besoin immédiat, actuel et direct de la population locale ?

M.-C. Rouault [23] poursuit : « ***La notion d'affaire de la commune présente ainsi un caractère évolutif ; elle varie en fonction de l'époque, des nécessités du moment, mais aussi des besoins de la collectivité et de la façon dont les autorités locales décident de les satisfaire.*** *La question n'est ni aisée à résoudre, ni nouvelle. En 1883 déjà, Pierre Waldeck-Rousseau, à l'époque ministre de l'Intérieur, déclarait à la chambre des députés : "Quand on recherche ce qui est communal, ce qui est départemental, ou ce qui est d'intérêt national, non seulement on arrive, comme moi, à éprouver un doute cruel, mais [...] on découvre que* ***l'on ne saurait rencontrer un seul intérêt qui soit absolument communal, absolument départemental ou absolument un intérêt d'État****" (JO chambre CR 9 nov. 1883, p. 2269). Le même Waldeck-Rousseau affirme* ***qu'il n'existe pas de "criterium scientifique absolu" pour distinguer ce qui est d'intérêt communal de ce qui est d'intérêt national ; la notion est contingente et relative.*** *"C'est une question qui ne peut être résolue que pour un temps donné, dans un pays déterminé, eu égard aux mœurs politiques de ce temps et de ce pays, eu égard aux résultats de l'expérience, eu égard aussi à l'état des esprits" (JO chambre CR 9 nov. 1883, préc.).* »

Les décisions des tribunaux administratifs et cours administratives d'appel sont plus abondantes. **Retenant plutôt une conception extensive de la notion d'opération d'intérêt général, des décisions [24] ont ainsi admis la qualification de bail emphytéotique administratif pour les projets suivants :**

- l'aménagement et l'exploitation d'un terrain de golf aux motifs que « *la gestion de telles installations, qui sont ouvertes aux habitants de la commune pour la* ***pratique de cette activité sportive,*** *constitue une opération d'intérêt général* » [25] ;
- l'établissement d'installations permettant l'exercice de commerces de loueurs d'engins nautiques autour d'un lac dans la mesure où elles sont « *destinées à dynamiser le tourisme et renforcer ainsi l'attractivité et le rayonnement de la commune et, par suite, son* ***développement économique et touristique*** » [26] ;
- la construction d'un complexe cinématographique dès lors que « *le contrat en*

(22) J.-Cl. Coll. terr., fasc. 383-30 : Intérêt public local et détermination des compétences des collectivités territoriales – Attributions du bloc communal.

(23) J.-Cl. Coll. terr., fasc. 383-30 : Intérêt public local et détermination des compétences des collectivités territoriales – Attributions du bloc communal.

(24) La doctrine cite d'autres décisions qui n'ont pas été trouvées sur les bases de données : la rénovation d'une **piscine** (TA Paris, ord., 3 févr. 2009, *Sté Ken Club*) ; l'installation d'un **bar-cafétéria dans un équipement culturel** dans la mesure où l'aménagement de celui-ci « se rattache directement à l'opération d'intérêt général que constitue la réalisation d'un équipement culturel polyvalent » (TA Strasbourg, 6 mai 2000, *Sieur R. c/ Ville de Strasbourg*) ; la **construction de logements à des prix abordables** pour leurs occupants, afin de redynamiser l'activité commerciale de la commune et de favoriser la création d'emplois en implantant des administrations de l'État sur le territoire de la commune et cela alors même que le bail emphytéotique comportait également des opérations purement privées portant sur la réalisation de logements de standing (CAA Versailles, ord. référé, 27 oct. 2004, n° 02VE02544, *Cne Épinay-sous-Sénart*) ; la mise à disposition de locaux constituant un **petit centre commercial** dans un quartier périphérique de la ville (CAA Bordeaux, 1er mars 2005, *Sté gasconne d'investissement immobilier*, req. n° 01BX01791).

(25) CAA Versailles, 21 juill. 2011, n° 10VE00770. V. aussi : CAA Lyon, 25 mai 1999, n° 95LY00614, *SA Domaine et Golf Lavandou* (bien que la qualification de BEA ne soit pas au cœur du litige).

(26) CAA Nancy, 30 oct. 2008, n° 07NC00568, *SARL La Perle*.

cause satisfait un ***besoin d'intérêt général d'ordre touristique et culturel*** *qui n'est pas étranger à la commune* » [27] ;

- l'installation, dans les locaux donnés en location par une commune, du Centre mondial de la paix des libertés et des droits de l'homme afin de lui permettre d'y exercer ses activités, d'organiser des rencontres et conférences ainsi que des expositions ayant trait au thème de la paix entre les nations, comprenant un espace pédagogique à destination des publics scolaires [28] ;

- la construction d'un centre commercial qui contribuerait à étendre la zone d'activité de la commune et à **développer de l'emploi** [29].

Certaines décisions [30] ont toutefois opté pour une conception plus restrictive de l'opération d'intérêt général. Ainsi, il a été jugé que :

- le contrat ayant pour objet la construction et l'exploitation d'un bar-restaurant-discothèque sur le domaine skiable d'une commune ne présente pas une finalité d'intérêt général, même si cet équipement « *participe à l'animation récréative de la station* » [31] ;

- le contrat portant sur un terrain communal en vue de la construction d'un restaurant municipal ne constitue pas un bail emphytéotique administratif si le bâtiment permet au preneur d'accueillir un grand nombre de clients extérieurs et de leur servir des repas à des prix librement fixés et sans contrôle de la commune [32].

Au cas présent, les parties s'accordent pour considérer que les installations litigieuses se situent sur le domaine privé de la commune. Pour retenir la qualification de BEA, la cour d'appel a relevé : « *Dès lors que l'exploitation de ce barrage permet* ***non seulement la production d'une énergie hydroélectrique non carbonée*** *mais aussi* ***l'exploitation d'un plan d'eau à des fins touristiques, sportives et de loisirs****, et que les investissements à réaliser ont été mis, pour partie au moins, à la charge du preneur, qui a expressément accepté de "financer en partie les travaux de mise en transparence du barrage", ainsi qu'il est indiqué en page 6 de la convention, le contrat litigieux doit être analysé comme ayant été conclu*

(27) CAA Marseille, 14 juin 2021, nº 20MA02803.

(28) CAA Nancy, 1re ch., 27 juin 2013, nº 12NC01799.

(29) CAA Lyon, 4e ch., 21 mai 2015, nº 14LY01566.

(30) G. Eckert donne d'autres illustrations : « *Il en est ainsi lorsqu'un établissement public de santé envisage de conclure un bail emphytéotique à la seule fin de permettre l'installation, sur son domaine public, d'un médecin du secteur libéral et dès lors qu'une telle opération "procurerait un avantage concurrentiel certain au médecin bénéficiaire" (CE, ass., avis nº 356101, 16 juin 1994). Il en est de même lorsque le BEA a été conclu pour les seuls besoins du financement des ouvrages à construire par un délégataire de service public (TA Cergy-Pontoise, 16 oct. 2008,* sté LOCAFIMO*). […] Ne présente pas un intérêt général suffisant le bail passé avec une association et prévoyant la restauration de locaux communaux, sans pour autant assigner au preneur aucune obligation de service public et sans instituer aucun contrôle de la commune sur l'activité de l'association dans les lieux en cause (TA Marseille, 21 déc. 1990, G.). Plus largement, les obligations de grosses réparations, d'amélioration, de restructuration ou de réhabilitation d'un bien immeuble mises à la charge du preneur ne suffisent pas à conférer au BEA une finalité d'intérêt général (TA Grenoble, 1er oct. 2010,* préfet Drôme c/ Cne Romans-sur-Isère *; CAA Lyon, ord., 26 avr. 2011, nº 10LY0855,* Cne Romans-sur-Isère*). De même, n'a pas une finalité d'intérêt général, le BEA qui a essentiellement pour objet de confier au preneur la gestion d'un ensemble immobilier en contrepartie du versement d'une somme d'argent représentant les loyers capitalisés sur la durée du bail (TA Grenoble, 1er oct. 2010,* Préfet Drôme c/ Cne Romans-sur-Isère, *préc.).* »

(31) CAA Lyon, 7 mars 2011, nº 09LY00750, *Synd. des copropriétaires de la résidence Le Rond-point des Pistes*. Commentant cette décision (Domaine skiable et bail emphytéotique administratif, RDI 2011. 452), P. Caille relève : « ***La position retenue par la cour administrative d'appel de Lyon n'était pourtant pas la seule concevable***. Il avait déjà été admis qu'un bail emphytéotique puisse être conclu entre une commune et une société pour la location d'un espace, au sein d'un immeuble communal en vue d'y exploiter un bar-cafétéria. La cour administrative d'appel de Versailles avait également admis la légalité d'un bail emphytéotique destiné à redynamiser l'activité commerciale de la commune. Comment comprendre la solution retenue dans le présent arrêt ? On peut estimer que la cour ***a jugé insuffisant, ou trop lointain, le rapport qu'entretiennent l'implantation d'une discothèque (mais également d'un bar-restaurant) et l'intérêt général***. La commune de Val d'Isère avait sans doute eu une opinion différente compte tenu de la concurrence qui oppose, en période hivernale, les stations de ski et donc les communes sur les territoires desquelles celles-ci sont implantées. ***L'intérêt est certain pour ces communes de dynamiser et diversifier l'activité commerciale à des fins de captation d'une clientèle en quête de confort et d'animations.*** De ce point de vue, le projet n'était pas aussi étranger à l'intérêt général qu'il pouvait y paraître. »

(32) CAA Paris, 10 juill. 2003, nº 01PA02303.

en vue de la réalisation d'une opération d'intérêt général relevant de la compétence de la commune et de la mise en valeur dudit barrage. »

Ces deux motifs sont critiqués par les deux branches du moyen qui posent deux questions distinctes :

- La production d'énergie hydroélectrique non carbonée constitue-t-elle une opération d'intérêt général relevant de la compétence de la commune ?

- L'opération d'intérêt général doit-elle constituer la finalité principale du contrat ?

Le mémoire en défense fait valoir que, ces deux motifs suffisant à justifier le dispositif de l'arrêt attaqué, si une seule des deux branches était fondée, le moyen n'en serait pas moins inopérant comme s'attaquant à des motifs surabondants de l'arrêt attaqué.

La production d'énergie hydroélectrique, non carbonée, constitue-t-elle une opération d'intérêt général relevant de la compétence de la commune ?

La première branche du moyen postule en effet que « *sauf dans le cas où elle est assujettie à des obligations particulières de continuité ou de volume,* ***la production d'électricité à des fins commerciales ne constitue pas une activité d'intérêt général*** ». La demanderesse au pourvoi en déduit que « *la cour d'appel, qui n'a pas constaté que cette production était soumise à des sujétions particulières, a violé l'article L. 1311-2 du code général des collectivités territoriales* ».

Le mémoire en défense fait valoir que le moyen n'avait pas été soulevé par la SHEB et qu'il est irrecevable comme nouveau, mélangé de fait et de droit. Elle ajoute que la demanderesse au pourvoi ne peut pas reprocher à la cour d'appel de ne pas avoir effectué une recherche (l'existence de sujétions particulières) qui ne lui était pas demandée. Dans ses conclusions d'appel, le SHEB faisait valoir : « *l'exploitation de ces biens pour la production d'électricité et la vente de cette énergie dans le cadre d'un contrat commercial ne sont pas accomplies pour le compte de la collectivité territoriale, ne relèvent pas [...] d'une mission d'intérêt général relevant de la compétence de la Commune [Localité 1]* ».

Sur le fond, à l'appui de l'affirmation constituant la majeure du raisonnement, le mémoire ampliatif cite un arrêt de la cour administrative d'appel de Bordeaux en date du 30 décembre 2019, 17BX04004, 18BX04275 (où il était question de production d'électricité au moyen de l'énergie hydraulique mais où la qualification du contrat en bail administratif emphytéotique n'était pas avancée cependant) :

« Sur la compétence du juge administratif :

5. En premier lieu, aux termes des dispositions de l'article 1er de la loi du 16 octobre 1919 relative à l'utilisation de l'énergie hydraulique, en vigueur à la date de la signature de la convention du 16 décembre 1989 : "Nul ne peut disposer de l'énergie des marées, des lacs et des cours d'eau, quel que soit leur classement, sans une concession ou une

autorisation de l'État". Aux termes de l'article 2 de cette loi : "Sont placées sous le régime de la concession les entreprises dont la puissance excède 4 500 kilowatts. Sont placées sous le régime de l'autorisation toutes les autres entreprises.". Il est constant que l'installation hydraulique en cause est d'une puissance inférieure à 4 500 kilowatts, et ne relève donc pas de la concession par détermination de ces dispositions.

6. En deuxième lieu, l'existence d'une **délégation de service public** suppose de caractériser la volonté d'une personne publique **d'ériger des activités d'intérêt général en mission de service public** et d'en confier la gestion à un tiers, sous son contrôle. En l'espèce, **la production d'électricité pour la céder à EDF ne peut être regardée comme relevant d'un intérêt public communal**. Au surplus, la convention en cause ne met à la charge de la société IGIC **aucune obligation de service public**, et son article 12, intitulé "contrôle de la commune", se borne à prévoir la fourniture à la commune du bilan d'exploitation de l'exercice, ainsi qu'un droit de visite des installations. Ainsi, cette convention, **dépourvue de clause exorbitante de droit commun**, ne caractérise pas la volonté de la commune de [Localité 10] d'ériger en mission de service public l'activité en cause et de la confier à la société IGIC sous son contrôle, nonobstant la circonstance que l'article 2 de la convention se réfère à "la théorie du contrat public de concession".

7. En troisième lieu, il est constant, s'agissant de la construction de la centrale de production d'énergie hydroélectrique, que la commune de [Localité 10] n'a pas assuré la direction technique des actions de construction, ne deviendra propriétaire des ouvrages qu'au terme du contrat, et n'a joué ainsi ni pendant la réalisation des ouvrages ni lors de leur exploitation, le rôle de maître d'ouvrage. Par suite, l'opération en vue de laquelle a été passée la convention litigieuse ne présente pas le caractère d'une **opération de travaux publics**.

8. En quatrième lieu, en application de l'ordonnance n° 2016-65 du 29 janvier 2016 relative aux **contrats de concession**, dont les dispositions ont été reprises en substance par le code de la commande publique, les contrats de concession de travaux conclus par une personne publique et portant sur la réalisation d'un ouvrage répondant aux exigences fixées par l'autorité concédante sont des contrats administratifs. Toutefois, à supposer même que le contrat litigieux réponde à cette définition, cette ordonnance, selon les termes de son article 20, s'applique "aux contrats de concession pour lesquels une consultation est engagée ou un avis de concession est envoyé à la publication à compter du 1er avril 2019".

9. Enfin, si la convention du 16 décembre 1989, comme d'ailleurs celle du 5 septembre 2002, emporte mise à disposition de terrains communaux, il est constant qu'il s'agit de parcelles appartenant au **domaine privé de la commune**.

10. Il résulte de qui précède que les créances nées de l'exécution de la convention du 16 décembre 1989, qui est un **contrat de droit privé**, ne sont pas de nature administrative. Par suite, la juridiction administrative n'est pas compétente pour se prononcer sur leur bien-fondé. »

Le mémoire ampliatif affirme, dans le prolongement de cette décision, que la production d'électricité ne pourrait constituer une opération d'intérêt général **à l'échelon communal que si elle était destinée à alimenter des services publics locaux ou une consommation locale.**

On relèvera cependant que la cour d'appel n'a pas fait uniquement référence à la production d'électricité mais a visé « ***la production d'une énergie hydroélectrique non carbonée*** », faisant explicitement référence aux vertus environnementales de ce mode de production.

On notera par ailleurs que la commune dispose de certaines compétences en matière d'environnement et d'énergie. D'abord, aux termes de **l'article L. 1111-2, alinéa 3, du code général des collectivités territoriales,** les communes, les départements et les régions « *concourent avec l'État à l'administration et à l'aménagement du territoire, au développement économique, social, sanitaire, culturel et scientifique, à la promotion de la santé, à la lutte contre les discriminations, à la promotion de l'égalité entre les femmes et les hommes ainsi qu'à la* ***protection de l'environnement, à la lutte contre l'effet de serre par la maîtrise et l'utilisation rationnelle de l'énergie****, et à l'amélioration du cadre de vie.* » Ensuite, ainsi que l'écrit M.-C. Rouault [33], « *les deux lois Grenelle (L. n° 2009-967, 3 août 2009 : JO 5 août 2009, p. 13031. – L. n° 2010-788, 12 juill. 2010 : JO 13 juill. 2010, p. 12905) ont fait des communes des* ***acteurs majeurs en matière d'environnement, d'énergie et de développement durable, en étendant leurs compétences, en leur permettant de développer des actions en faveur de la maîtrise de l'énergie et d'intervenir dans le domaine de la production utilisant des sources d'énergies renouvelables*** ». C'est ainsi que **l'article L. 2224-32 du même code**, dans sa version en vigueur à la date de conclusion du bail emphytéotique litigieux, disposait :

« Sous réserve de l'autorisation prévue à l'article 7 de la loi no 2000-108 du 10 février 2000 précitée et dans la mesure où l'électricité produite n'est pas destinée à être vendue à des clients éligibles, les communes, sur leur territoire, et les établissements publics de coopération, sur le territoire des communes qui en sont membres, peuvent, outre les possibilités ouvertes par les douzième et treizième alinéas de l'article 8 de la loi no 46-628 du 8 avril 1946 précitée, aménager, exploiter, faire aménager et faire exploiter dans les conditions prévues par le présent code toute nouvelle installation hydroélectrique d'une puissance maximale de 8 000 kVA (puissance maximale des machines électrogènes susceptibles de fonctionner simultanément), toute nouvelle installation utilisant les autres énergies renouvelables, toute nouvelle installation de valorisation énergétique des déchets ménagers ou assimilés mentionnés aux articles L. 2224-13 et L. 2224-14, ou toute nouvelle installation de cogénération ou de récupération d'énergie provenant d'installations visant l'alimentation d'un réseau de chaleur dans les conditions fixées par le dixième alinéa (6°) de l'article 8 de la loi no 46-628 du 8 avril 1946 précitée lorsque ces nouvelles installations se traduisent par une économie d'énergie et une réduction des pollutions atmosphériques.

Les dispositions de l'alinéa précédent s'appliquent sans préjudice du maintien des activités de production existantes à la date de publication de la loi no 2000-108 du 10 février 2000 précitée, en application notamment de l'article 23 de la loi du 16 octobre 1919 relative à l'utilisation de l'énergie hydraulique.

(33) J.-Cl. Coll. terr., fasc. 383-30 : Intérêt public local et détermination des compétences des collectivités territoriales – Attributions du bloc communal.

Pour les installations mentionnées au présent article entrant dans le champ d'application de l'article 10 de la loi no 2000-108 du 10 février 2000 précitée, les communes et les établissements publics de coopération dont elles sont membres bénéficient, à leur demande, de l'obligation d'achat de l'électricité produite dans les conditions prévues à cet article. Au terme du contrat d'obligation d'achat, ils peuvent vendre l'électricité produite à des clients éligibles et à des fournisseurs d'électricité. »

Dans une réponse publiée dans le JO Sénat du 4 septembre 2008 (p. 1774), le ministère de l'Écologie, de l'Énergie, du Développement durable et de l'Aménagement du territoire précise : « *Depuis l'intervention de la loi n° 2000-108 du 10 février 2000, le secteur de la production d'électricité est ouvert à la concurrence. Ainsi, l'activité de production est une activité concurrentielle régie par le principe de libre établissement et soumise à un régime d'autorisation ministérielle.* ***En application des principes généraux qui régissent les interventions des collectivités locales dans le domaine concurrentiel, l'interdiction est faite à ces collectivités d'intervenir dans des secteurs concurrentiels, sauf si une disposition législative déroge à ce principe et autorise l'intervention des collectivités publiques dans les conditions et limites que fixe la loi. L'article L. 2224-32 du code général des collectivités territoriales (CGCT) fonde les possibilités, limites et modalités d'intervention des collectivités territoriales dans le secteur de la production d'électricité.*** »

On relèvera enfin que l'article L. 210-1 du code de l'environnement dispose que « l'eau fait partie du patrimoine commun de la nation. Sa protection, **sa mise en valeur** et le développement de la ressource utilisable, dans le respect des équilibres naturels, **sont d'intérêt général** ».

L'opération d'intérêt général doit-elle constituer la finalité principale du contrat ?

La seconde branche du moyen postule quant à elle « *que le bail emphytéotique qui a essentiellement une finalité commerciale et ne remplit un objectif d'intérêt général que de façon accessoire et incidente ne peut être qualifié de bail emphytéotique administratif* ».

Ainsi, la demanderesse au pourvoi ne semble pas contester que **la conservation d'un plan d'eau utilisé à des fins touristiques, sportives et de loisirs constitue une opération d'intérêt général relevant des compétences de la commune**. À cet égard, l'article L. 1111-9, IV, du code général des collectivités territoriales dispose que « La commune ou l'établissement public de coopération intercommunale à fiscalité propre auquel elle a transféré ses compétences est chargé d'organiser, en qualité de chef de file, les modalités de l'action commune des collectivités territoriales et de leurs établissements publics pour l'exercice des compétences relatives : [...] 3° À l'aménagement de l'espace ; 4° Au développement local ».

En revanche, la demanderesse au pourvoi considère que cet objectif ne constitue pas la finalité principale poursuivie par la conclusion du bail emphytéotique, de sorte qu'il ne saurait emporter la qualification de bail emphytéotique administratif.

On relèvera que **la cour d'appel n'a pas elle-même énoncé de hiérarchie entre les deux objectifs qu'elle a mis en avant**. Par ailleurs, pour relier le bail emphytéotique à l'objectif de mise en valeur du plan d'eau, la cour d'appel a relevé : « *Au cas particulier, il résulte de la "note de cadrage" des services de l'État produite par l'intimée (pièce 17) que les collectivités publiques ont choisi, en 2012, de maintenir le barrage du [Adresse 2] afin de produire de l'hydroélectricité, qu'il s'en déduit que* ***le barrage du [Adresse 2] et les ouvrages hydroélectriques exploités par la SHEB forment un ensemble****, ce que corroborent d'ailleurs les stipulations du bail emphytéotique litigieux. En effet, contrairement aux allégations de la SHEB,* ***ce bail ne porte pas exclusivement sur les bâtiments d'usine et ses accessoires****. Il est, ainsi, indiqué au paragraphe intitulé "désignation" que le bail porte non seulement sur "un bâtiment d'usine proprement dit, avec grilles, passerelles et chambres d'eau", mais aussi sur les "terre-plein sud (y compris la vanne de décharge) et ouest et droits d'eau attachés au site". La description des ouvrages qui figure en détail aux pages 2 et 3 du bail met aussi en évidence qu'ont été donnés en location à la SHEB, non seulement les ouvrages dits de superstructures (passerelles métalliques et bâtiment d'usine), mais également* ***les ouvrages d'infrastructure du barrage proprement dit*** *: déversoir, passe marinière, passe de décharge, digue déversoir, passe usinière et même les ouvrages d'ancrage du barrage. Il a, en outre, été expressément stipulé en page 4 du bail, dans un paragraphe intitulé "utilisation du plan d'eau par la commune [Localité 1]", que "la commune se réserv[ait] le droit exclusif d'utiliser le plan d'eau et notamment de l'affecter aux activités de sports et de loisirs...".* ***Ce droit d'usage ne peut se comprendre que dans la mesure où la commune a conféré à la SHEB un droit réel sur l'ensemble du barrage du [Adresse 2], et pas seulement sur les bâtiments d'usine et ses accessoires.*** »

Au regard de ces éléments, après avoir précisé le niveau du contrôle devant être opéré, il conviendra de se prononcer sur le bien-fondé du moyen, notamment des postulats contenus dans les 1re et 2nde branches.

5. Orientation proposée :

Formation restreinte

Nombre de projet(s) préparé(s) : 1

Cour de cassation

Pourvoi n° 21-22.816

Avis de Maud Morel-Coujard, avocate générale à la Cour de cassation

Avis de rejet

Je me réfère au rapport s'agissant du rappel des faits et de la procédure, en précisant que le contentieux entre la commune et la société avec laquelle elle était liée [34] par un bail emphytéotique renouvelé en 2013, pour l'exploitation d'une usine hydroélectrique sur le [Adresse 2], porte sur le financement de travaux de mise en conformité avec la réglementation sur la biodiversité, conditionnant l'autorisation préfectorale d'exploitation.

Dans ce cadre, la commune, ayant succombé en première instance, a contesté en appel la compétence des juridictions de l'ordre judiciaire, au motif que le bail signé devait être qualifié de bail emphytéotique administratif (BEA).

L'arrêt attaqué lui a donné raison sur ce point et renvoyé la société preneuse à mieux se pourvoir.

Le moyen vous invite à examiner **la notion d'opération d'intérêt général relevant de la compétence d'une commune, qui conditionne la qualification de bail emphytéotique administratif.**

Au cas présent, le bail porte sur le domaine privé de la commune, sur lequel un bail emphytéotique, au sens de l'article L. 451-1 du code rural et de la pêche maritime, serait en tout état de cause possible.

Mais la qualification de BEA, revendiquée par la commune, emporte des conséquences [35], notamment la nécessité de satisfaire aux conditions prévues par l'article L. 1311-2 du code général des collectivités territoriales (CGCT).

C'est parce que la possibilité de conclure un BEA a été étendue au domaine public des collectivités territoriales, par l'article 13 de la loi du 5 janvier 1988, dérogeant ainsi au principe de non-aliénabilité du domaine public, que des limites ont été posées.

(34) La commune a résilié le bail en novembre 2020.

(35) Droit réel susceptible d'hypothèque conféré au preneur, modicité du loyer en principe, même si ce n'est pas une conséquence légale, possibilité pour le bailleur de résilier plus facilement le bail. Dans le bail en cause, une clause, intitulée « utilisation », prévoit une résolution à l'initiative unilatérale de la seule commune, notamment s'il existe un défaut d'autorisation administrative d'exploitation, au plus tard le 31 décembre 2015.

Cette extension du domaine du BEA a clairement répondu au souci du législateur de permettre une gestion du domaine des collectivités territoriales favorisant davantage la valorisation de leurs biens, notamment du foncier, en contractant avec des preneurs disposant, du fait de l'obtention de droits réels, de facilités de financement par un meilleur accès au crédit.

Toutefois, après une phase un peu « foisonnante » d'extension, le domaine du BEA s'est restreint sous l'effet de la législation relative à la commande publique [36].

Le rapport a rappelé cette évolution et précisé quelle était la version de l'article 1311-2 du CGCT applicable, en vigueur à la date du bail.

Il n'en reste pas moins que le retour du balancier dans le sens d'un plus grand encadrement constitue une donnée intéressante pour envisager l'interprétation à faire de la notion d'opération d'intérêt général relevant de la compétence d'une commune.

La première branche soutient que l'activité en cause au cas présent, la production d'électricité hydroélectrique, menée à des fins commerciales par la société preneuse, ne constitue pas une activité d'intérêt général, même si elle constitue une énergie décarbonée, sauf à démontrer, ce que l'arrêt n'aurait pas recherché, que cette activité se trouvait soumise à des sujétions particulières.

Le mémoire en défense soulève le caractère irrecevable car nouveau de la première branche.

Il est exact que la question de l'exigence de sujétions particulières pouvant seules justifier qu'une activité commerciale de production d'hydroélectricité puisse être qualifiée d'activité d'intérêt général n'a pas été évoquée à l'appui des conclusions d'intimée de la société preneuse.

Or il s'agit incontestablement d'une question de fait, le mémoire indiquant que ces sujétions ne peuvent tenir qu'à une continuité de service ou un certain volume d'activité requis.

Je suis d'avis que la première branche est irrecevable car mélangée de fait et de droit.

Elle me semble au surplus mal fondée.

La thèse du pourvoi est que l'activité conduite était essentiellement privée, à visée avant tout commerciale alors que l'article L. 1311-2 du CGCT imposerait qu'elle se rattache à un intérêt général par un lien direct et principal.

Il est soutenu que le fournisseur d'électricité, sauf soumis à des sujétions particulières, n'est ni chargé d'une mission de service public ni ne participe à ce service, ni ne peut

(36) Ord. n°s 2015-899 du 23 juill. 2015 et 2016-65 du 29 janv. 2016.

être délégataire de service public et qu'ainsi, sauf si l'électricité est destinée à des services publics ou à une alimentation locale, la finalité d'intérêt général ne peut exister.

Dans la version de l'article L. 1311-2 du CGCT, applicable au litige, la finalité assignée au BEA recouvre soit 1) une mission de service public accomplie pour le compte de la collectivité, soit 2) une opération d'intérêt général relevant de la compétence de la collectivité.

Il me semble que l'argumentaire présenté à l'appui de la première branche tend en réalité à rechercher les conditions applicables à la première option.

Il est significatif à cet égard qu'il cite une décision de la cour d'administrative d'appel de Bordeaux du 30 décembre 2019 dans une espèce où la commune concernée avait soulevé non la qualification de BEA mais le caractère administratif du contrat, portant sur le domaine privé, l'arrêt examinant dès lors successivement les différentes occurrences susceptibles de lui conférer un caractère administratif.

Alors que, lorsqu'il s'agit d'un BEA, même sur le domaine privé, l'acte a « *nécessairement une nature administrative, puisque l'article L. 2331-1 du code général de la propriété des personnes publiques donne attribution générale aux juridictions administratives des litiges concernant ces baux, quelle que soit la nature de la dépendance domaniale* ».

Il s'agit d'une **qualification légale** ainsi que le précise le Jurisclasseur Administratif fascicule 740 cité à l'instant.

Or le raisonnement tenu ne me semble pas applicable car, au cas présent, c'est la deuxième option qui fonde la motivation de la décision attaquée.

Il importe donc de démontrer mais de démontrer seulement, l'existence d'une « opération », concept plus large que l'analyse de l'activité du seul preneur, opération revêtant un intérêt général et conforme aux compétences de la commune.

S'agissant du concept d'opération, l'arrêt, saisi d'une demande de requalification, s'est livré à une analyse des clauses du bail, dont celles permettant d'en fixer le périmètre exact, lequel comprend notamment « *les ouvrages d'infrastructure du barrage proprement dit* ».

Il a pris en considération un élément de contexte [37] contribuant à dégager la commune intention des parties et a constaté que « *le barrage du [Adresse 2] et les ouvrages hydroélectriques exploités par la SHEB forment un ensemble* », **caractérisant me semble-t-il ainsi l'opération au sens de l'article L. 1311-2 du CGCT**.

Ce texte impose ensuite que cette opération poursuive une finalité d'intérêt général et qu'enfin celle-ci relève des compétences de la commune.

(37) La note de cadrage des services de l'État sur laquelle s'appuyait la commune pour démontrer que le choix de conserver le barrage et le plan d'eau qu'il permettait imposait de conserver l'exploitation de l'usine hydro-électrique, ce qui n'était possible que si le respect des normes en matière de respect de la biodiversité (préservation de la faune aquacole et de sa libre circulation) était assuré.

L'arrêt a relevé que « *l'exploitation de ce barrage permet non seulement la production d'une énergie hydroélectrique non carbonée mais aussi l'exploitation d'un plan d'eau à des fins touristiques, sportives et de loisirs* », liant logiquement les deux effets positifs que l'opération, envisagée comme un tout, présente pour l'intérêt général.

La jurisprudence administrative rappelée au rapport comporte me semble-t-il un dénominateur commun, l'exigence que l'opération présente un intérêt suffisant pour la commune.

À cet égard, l'organisation d'activités de loisirs, sportives et touristiques autour d'un plan d'eau compte au nombre des compétences de la commune et me semble conforme à l'intérêt général, en termes d'amélioration du cadre de vie des habitants et de création d'opportunités économiques.

D'ailleurs, la critique du pourvoi se concentre sur la nature de l'activité de production d'électricité.

Mais là encore elle me semble manquer son but, l'arrêt ayant répondu sous l'angle de l'intérêt s'attachant à la production d'une énergie décarbonée.

Ce motif doit s'imposer selon moi comme relevant de l'intérêt général et de la compétence des communes, au regard des préoccupations environnementales au sens large.

Celles-ci sont consacrées par la jurisprudence du Conseil constitutionnel qui a qualifié la diversification des sources d'énergie d'objectif d'intérêt général [38], par les articles L. 100-1 et L. 100-2 du code de l'énergie, ce dernier texte, s'agissant des moyens pour conduire une politique publique de l'énergie, mentionnant expressément la cohérence devant prévaloir entre les actions de l'État et celles des collectivités territoriales.

Enfin, aux termes de l'article L. 1111-2, alinéa 3, du CGCT, celles-ci « *concourent avec l'État [...] à la protection de l'environnement, à la lutte contre l'effet de serre par la maîtrise et l'utilisation rationnelle de l'énergie [...]* ». L'article L. 2224-32 du même code leur permet également d'intervenir dans le domaine de la production d'électricité utilisant des sources d'énergies renouvelables.

La seconde branche questionne la condition légale de poursuite d'un intérêt général, considérant qu'elle ne peut être réalisée qu'à la condition que l'objectif d'intérêt général constitue la finalité principale du contrat.

Elle ne me paraît pas davantage fondée.

D'une part, elle me semble ajouter au texte, en postulant une condition qui n'est pas prévue par la loi.

(38) Cons. const. 13 août 2015, n° 2015-718 DC, loi relative à la transition énergétique pour la croissance verte, qui d'ailleurs se proposait une baisse à 5 % de la part de l'énergie nucléaire dans la production nationale d'électricité. À cet égard, l'actualité a offert au Conseil constitutionnel une autre occasion de souligner l'intérêt attaché aux énergies renouvelables, lors de l'examen de **la loi n° 2023-175 relative à l'accélération de la production d'énergie renouvelable** ; dans sa décision n° 2023-848 du 9 mars 2023, à propos de l'article 17 complétant l'article L. 311-10-1 du code de l'énergie afin de prévoir notamment la possibilité d'une modulation du tarif de rachat d'électricité pour certains projets de production d'énergies renouvelables, il a rejeté le grief d'atteinte au principe d'égalité visant les autres producteurs d'énergie en relevant dans son considérant 17 que « *les producteurs d'énergies renouvelables sont, au regard de l'objet de la loi qui est d'encourager une répartition territoriale équilibrée des projets de production d'énergies renouvelables, dans une situation différente des autres producteurs d'énergie.* »

D'autre part, elle renverse en quelque sorte la logique qui sous-tend le BEA, tel que résumée par un auteur [39] : le souci de valorisation qui peut guider une gestion patrimoniale publique doit « *s'inscrire dans une logique de poursuite de la finalité d'intérêt général et non dans une finalité exclusivement financière. L'objectif est bien de trouver le financement pour entretenir, conserver et faire évoluer cette propriété publique* ».

L'esprit du législateur de 1988 était bien d'exclure toute finalité qui soit exclusivement financière.

À moins de négliger l'équilibre qui seul permet aux intérêts publics et privés de se rencontrer, et donc de ruiner le concept même de BEA, il me paraît difficile de soutenir que l'esprit de la loi était d'exclure toute autre finalité que celle d'intérêt général.

Réfléchissant aux contours de la notion d'intérêt général, un auteur [40] a pu, outre relever le caractère plastique de cette notion, noter qu'elle se définit en ce que « *l'intérêt général n'est pas l'intérêt d'un seul* ».

Le rapport a exposé les modifications apportées à la rédaction de l'article L. 1311-2 du CGCT, qui ont restreint, à présent, le champ du BEA à la notion d'opération d'intérêt général relevant de la compétence de la commune, supprimant la référence à une mission de service public ainsi que tout ce qui relève de la commande publique.

Un tel resserrement, selon la doctrine, est de nature à rendre actuelle la jurisprudence du Conseil d'État du 19 novembre 2013, qui a rejeté la qualification de BEA pour les actes de gestion courante du domaine privé [41].

Le Conseil d'État a formalisé à cette occasion la condition que recouvre implicitement l'intérêt général par opposition à l'intérêt d'un seul.

Il a en effet considéré que « *le législateur n'a [...] entendu viser* ***que les contrats dans lesquels le preneur a la charge de réaliser, sur le bien immobilier qu'il est ainsi autorisé à occuper, des investissements qui reviendront à la collectivité en fin de bail****, et non de permettre la conclusion, dans le cadre de ce régime, de contrats par lesquels une collectivité territoriale confie à un tiers une mission de gestion courante d'un bien lui appartenant* ».

La jurisprudence du Tribunal des conflits fait écho à cette exigence, en rejetant la compétence administrative pour l'activité d'un club d'aviron, la commune seule supportant la charge des investissements [42].

Il m'apparaît qu'au-delà des fluctuations du texte, c'est bien la notion

(39) C. Moudou, AJCT 2022. 558 (dossier thématique consacré à l'intérêt général).

(40) P. Bluteau, AJCT 2022, 540.

(41) Il s'agissait de l'entretien et de la maintenance de locaux loués à une gendarmerie. L'article 96 de la loi LOPPSI II n° 2011- 267 du 14 mars 2011 ayant introduit le BEA dit « valorisation » prévoyait qu'un BEA pouvait également être conclu « *en vue de la restauration, de la réparation, de l'entretien-maintenance ou de la mise en valeur* » d'un bien. Mais, compte tenu de la date du contrat en cause, cette version n'était pas applicable et le Conseil d'État a raisonné par rapport à la version antérieure. Les dispositions introduites en 2011 ont été abrogées en 2016.

(42) T. confl. 13 oct. 2014, cité au rapport : « *l'association se bornant à utiliser le bien afin que ses membres pratiquent l'aviron et* ***les investissements à réaliser étant exclusivement à la charge de la commune****, le contrat ne peut davantage être regardé comme ayant été conclu en vue de la réalisation d'une opération d'intérêt général relevant de la compétence de la commune* ». Même si cette décision, relevant en l'espèce l'absence de droit réel conféré, considérait en réalité qu'il ne pouvait exister pour cette raison de bail emphytéotique. Mais dans l'espèce qui nous occupe, l'arrêt relève l'existence d'un droit réel non seulement sur les bâtiments industriels mais sur l'ensemble du barrage.

d'opération d'intérêt général relevant de la compétence de la commune qui constitue l'élément permanent.

L'esprit dans lequel on doit la concevoir doit certes ne pas être trop rigide, afin de permettre les adaptations nécessaires.

Mais l'intérêt général au sens de l'article L. 1311-2 du CGCT ne doit pas être une notion trop plastique au point d'être vidée de son sens, sous peine de dévoyer un outil de gestion qui devra toujours associer intérêts publics et intérêts privés.

La nécessité pour le preneur de consentir un investissement me semble découler de l'exigence même de conformité à l'intérêt général.

Dans sa motivation, l'arrêt a d'ailleurs pris soin de relever que « *les* ***investissements à réaliser ont été mis, pour partie au moins, à la charge du preneur****, qui a expressément accepté de "financer en partie les travaux de mise en transparence du barrage", ainsi qu'il est indiqué en page 6 de la convention, le contrat litigieux doit être analysé comme ayant été conclu en vue de la réalisation d'une opération d'intérêt général relevant de la compétence de la commune et de la mise en valeur dudit barrage* ».

En cela, il me semble avoir fait une application de l'article L. 1311-2 du CGCT conforme à la jurisprudence administrative en s'assurant que, même si l'activité était une activité privée exercée à des fins commerciales, l'opération n'était pas entreprise dans le seul intérêt du preneur personne privée.

Avis de rejet

Cour de cassation

Civ. 3e, 21 septembre 2023, no 22-16.945

Rejet

Mme Teiller, président

Pourvoi no 22-16.945

Publié au bulletin

SCP Poupet et Kacenelenbogen, SCP Waquet, Farge et Hazan

République française

Au nom du peuple français

ARRÊT DE LA COUR DE CASSATION, TROISIÈME CHAMBRE CIVILE, DU 21 SEPTEMBRE 2023

L'association intercommunale de chasse agréée fusionnée des Trois ruisseaux, (AICAF des Trois ruisseaux) dont le siège est [Adresse 4], en la personne de son président, M. [E] [Z], a formé le pourvoi no Y 22-16.945 contre l'arrêt rendu le 8 mars 2022 par la cour d'appel de Besançon (1re chambre civile et commerciale), dans le litige l'opposant :

1°/ à M. [F] [T], domicilié [Adresse 1],

2°/ à l'Association nationale des fédérations départementales des chasseurs à associations communales de chasse agréées, dont le siège est [Adresse 2],

défendeurs à la cassation.

La demanderesse invoque, à l'appui de son pourvoi, deux moyens de cassation.

Le dossier a été communiqué au procureur général.

Sur le rapport de M. Baraké, conseiller référendaire, les observations de la SCP Poupet et Kacenelenbogen, avocat de l'association Intercommunale de chasse agréée fusionnée des Trois ruisseaux, de la SCP Waquet, Farge et Hazan, avocat de M. [T] et de l'Association nationale des fédérations départementales des chasseurs à associations communales de chasse agréées, et l'avis de M. Sturlèse, avocat général, après débats en l'audience publique du 4 juillet 2023 [...],

la troisième chambre civile de la Cour de cassation, [...], après en avoir délibéré conformément à la loi, a rendu le présent arrêt ;

Faits et procédure

1. Selon l'arrêt attaqué (Besançon, 8 mars 2022), par arrêté préfectoral du 4 juillet 2016, la commune de [Localité 3] a été fusionnée avec trois autres municipalités voisines, pour constituer la commune nouvelle de [Localité 5].

2. Sur son territoire, a été constituée une association intercommunale de chasse agréée fusionnée des Trois ruisseaux (l'AICAF des Trois ruisseaux), par regroupement de plusieurs associations de chasse préexistantes, à l'exclusion de celle de la commune de [Localité 3], qui avait choisi de fusionner avec d'autres pour constituer l'AICAF de l'Amicale des chasseurs du vignoble.

3. Après refus de son adhésion, M. [T], habitant la commune de [Localité 5], sur le territoire de l'ancienne commune de [Localité 3], a assigné l'AICAF des Trois ruisseaux en délivrance d'une carte de membre.

4. En appel, l'Association nationale des fédérations départementales des chasseurs à associations communales de chasse agréées est intervenue volontairement au soutien des prétentions de M. [T].

Examen des moyens

Sur le premier moyen

Enoncé du moyen

5. L'AICAF des Trois ruisseaux fait grief à l'arrêt de la condamner à recevoir l'adhésion de M. [T] et à lui délivrer une carte ou tout autre justificatif de son admission, et à lui payer une certaine somme à titre de dommages et intérêts, alors :

« 1°/ qu'il n'appartient qu'à la juridiction administrative de se prononcer sur la légalité de la décision par laquelle une association intercommunale de chasse agréée refuse de délivrer une carte de chasse au motif que le demandeur n'est pas domicilié dans son périmètre ; que lorsque la solution d'un litige dépend d'une question soulevant une difficulté sérieuse et relevant de la compétence de la juridiction administrative, la juridiction judiciaire initialement saisie la transmet à la juridiction administrative compétente en application du titre Ier du livre III du code de justice administrative et elle sursoit à statuer jusqu'à la décision sur la question préjudicielle ; que pour statuer comme elle l'a fait, la cour d'appel affirme que M. [T] étant domicilié dans la commune de [Localité 5], dont l'unique association de chasse est celle des trois ruisseaux, les statuts de celle-ci ne peuvent faire obstacle à son adhésion ; qu'en se prononçant ainsi, quand la question de légalité de la décision de refuser à M. [T] d'adhérer à l'association en cause au motif qu'il ne relevait pas du périmètre de celle-ci présentait une difficulté sérieuse dont dépendait la solution du litige et impliquait de saisir la juridiction administrative d'une question préjudicielle, la cour d'appel a méconnu l'étendue de ses pouvoirs et violé la loi des 16-24 août 1790, le décret du 16 fructidor an III et l'article 49, alinéa 2, du code de procédure civile ;

2°/ qu'il n'appartient qu'à la juridiction administrative de se prononcer sur la légalité des statuts d'une association intercommunale de chasse agréée par arrêté préfectoral ; que lorsque la solution d'un litige dépend d'une question soulevant une difficulté sérieuse et relevant de la compétence de la juridiction administrative, la juridiction judiciaire initialement saisie la transmet à la juridiction administrative compétente en application du titre Ier du livre III du code de justice administrative et elle sursoit à statuer jusqu'à la décision sur la question préjudicielle ; que pour condamner l'association des trois ruisseaux à recevoir l'adhésion de M. [T], la cour d'appel énonce que l'application de l'article 6 des statuts de l'association exclurait cette adhésion, si elle n'était primée par les dispositions légales, supérieures et impératives, de "l'article L. 422-1" [lire : L. 422-21] du code de l'environnement et que "écarter au profit de la norme légale supérieure la norme statutaire contractuelle, même agréée par l'autorité préfectorale, ne comporte aucune atteinte à la puissance publique exclusive de la compétence du juge judiciaire" ; qu'en statuant ainsi, cependant qu'il résultait de ses constatations que la question de la légalité des statuts de l'association des trois ruisseaux présentait une difficulté sérieuse dont dépendait la solution du litige et impliquait de saisir la juridiction administrative d'une question préjudicielle, la cour d'appel a méconnu l'étendue de ses pouvoirs et violé la loi des 16-24 août 1790, le décret du 16 fructidor an III et l'article 49, alinéa 2, du code de procédure civile. »

Réponse de la Cour

6. En premier lieu, si l'appréciation de la légalité des décisions prises par les associations communales de chasse agréées, qui sont des personnes morales de droit privé, peut relever de la compétence des juridictions de l'ordre administratif, lorsqu'elles traduisent l'exercice de prérogatives de puissance publique, celles ayant trait aux décisions portant sur la délivrance des cartes de membre, relatives à la gestion interne de l'association et aux rapports de droit privé entre l'association et ses membres, relèvent de la compétence des tribunaux de l'ordre judiciaire.

7. En second lieu, si la légalité de l'arrêté portant agrément d'une association communale de chasse peut être contestée devant le juge administratif, l'appréciation de la conformité des statuts d'une telle association agréée, qui demeurent un acte de droit privé en

dépit de leur approbation initiale par une autorité administrative, aux dispositions impératives fixant les conditions pour en devenir membre, relève de la seule compétence des tribunaux de l'ordre judiciaire.

8. Après avoir constaté que M. [T] résidait désormais sur la commune de [Localité 5], puis relevé que l'article 6 des statuts de l'AICAF des Trois ruisseaux, sur lequel celle-ci s'était fondée pour refuser son adhésion, stipulait que seules les personnes domiciliées dans le périmètre de chasse de l'association pouvaient en devenir membre, la cour d'appel a retenu, à bon droit, d'une part, que ces stipulations étaient contraires aux dispositions impératives de l'article L. 422-21 du code de l'environnement, qui confèrent aux habitants d'une commune la qualité de membre de droit de l'association communale agréée qui y a son siège, d'autre part, qu'il lui revenait d'écarter une norme statutaire contractuelle, peu important l'agrément de l'association par l'autorité préfectorale.

9. En l'état de ces énonciations, constatations et appréciations, c'est sans méconnaître l'étendue de ses pouvoirs ni violer le principe de séparation des pouvoirs, que la cour d'appel a statué comme elle l'a fait.

10. Le moyen, qui manque en droit en sa première branche, n'est donc pas fondé pour le surplus.

Sur le second moyen

Enoncé du moyen

11. L'AICAF des Trois ruisseaux fait encore le même grief à l'arrêt, alors :

« 1°/ que le juge ne peut pas méconnaître les termes du litige tels qu'ils résultent des conclusions des parties ; qu'en l'espèce, celles-ci s'accordaient sur le fait qu'à la suite de la création de la commune nouvelle de [Localité 5], deux associations intercommunales de chasse se partageaient désormais son territoire, à savoir l'association des trois ruisseaux et l'Amicale des chasseurs du vignoble, cette dernière incluant l'ancienne association communale de chasse de [Localité 3] où est domicilié M. [T], ainsi que l'a relevé l'arrêt attaqué ; que, dès lors, en affirmant, pour statuer comme elle l'a fait, que l'association est l'unique association de chasse de la commune de [Localité 5] et que M. [T] est domicilié dans cette commune, pour en déduire que les statuts de celle-ci ne peuvent faire obstacle à l'adhésion de M. [T] à l'association des Trois ruisseaux, la cour d'appel a modifié les termes du litige, en violation de l'article 4 du code de procédure civile ;

2°/ que la contradiction de motifs équivaut à leur absence ; que pour condamner l'association des Trois ruisseaux à délivrer une carte de chasse à M. [T], la cour d'appel retient que celui-ci étant domicilié dans la commune de [Localité 5] dont l'unique association de chasse est celle des trois ruisseaux, les statuts de celle-ci ne peuvent pas faire obstacle à son adhésion ; qu'en statuant ainsi, tout en retenant que le domicile de M. [T] est situé sur le territoire de l'ancienne commune de [Localité 3] qui, bien qu'ayant été fusionnée dans la commune nouvelle de [Localité 5], n'appartient pas au périmètre de l'association des Trois ruisseaux mais à celui de l'association des Amis du vignoble, la cour d'appel, qui s'est contredite, a violé l'article 455 du code de procédure civile ;

3°/ qu'aux termes de l'article L. 422-4, alinéa 2, du code de l'environnement, la fusion de communes n'entraîne ni la dissolution ni la fusion des associations communales de chasse agréées préalablement constituées dans les communes concernées, sauf décision contraire de ces associations ; qu'il en résulte qu'en cas de fusion de communes n'ayant pas donné lieu à la fusion des associations de chasse existantes sur le territoire des communes concernées, le titulaire d'un permis de chasser domicilié dans le périmètre de l'une de ces associations ne peut contraindre une autre à recevoir son adhésion au seul motif qu'il est domicilié sur le territoire de la commune nouvelle ; qu'en l'espèce, il ressort de l'arrêt attaqué et il n'était d'ailleurs pas contesté que la création de la commune nouvelle de [Localité 5] n'avait pas entraîné la fusion de l'AICAF des trois ruisseaux et de l'amicale des chasseurs du vignoble qui se partageaient donc désormais des périmètres de chasse distincts sur le territoire de cette commune nouvelle ; que la cour d'appel a écarté les stipulations de l'article 6 des statuts de l'AICAF des trois ruisseaux selon lesquelles est admis à adhérer le titulaire du permis de chasser domicilié dans l'une des communes du périmètre de l'association ou y résidant sous les conditions qu'ils prévoient, motif pris que l'article "L. 422-1" [lire : l'article L. 422-21] du code de l'environnement dispose que les statuts de chaque association doivent prévoir l'admission dans celle-ci des titulaires du permis de chasser domiciliés dans la commune et que M. [T] étant domicilié dans la commune de [Localité 5], même s'il ne l'est pas dans le périmètre de l'AICAF des Trois ruisseaux, la norme légale doit l'emporter sur la norme statutaire contractuelle ; qu'en statuant ainsi, quand l'article L. 422-21 précité doit être interprété à la lumière de l'article L. 422-4, alinéa 2, du même code, de sorte que les statuts de l'AICAF des trois ruisseaux n'avaient pas à obliger celle-ci à prévoir l'adhésion du titulaire d'un permis de chasser, tel que M. [T], qui n'était pas domicilié dans son périmètre, la cour d'appel a violé les articles L. 422-4, alinéa 2, et L. 422-21 du code de l'environnement. »

Réponse de la Cour

12. Selon l'article L. 422-21 du code de l'environnement, les statuts de chaque association communale de chasse agréée doivent prévoir l'admission des titulaires du permis de chasser validé domiciliés dans la commune ou y ayant une résidence pour laquelle ils figurent, l'année de leur admission, pour la quatrième année sans interruption, au rôle d'une des quatre contributions directes.

13. Aux termes de l'article L. 422-4 du même code, il ne peut y avoir qu'une association communale agréée par commune. La fusion de communes n'entraîne ni la dissolution ni la fusion des associations communales de chasse agréées préalablement constituées dans les communes concernées, sauf décision contraire de ces associations.

14. S'il résulte du second de ces textes qu'en cas de fusion de communes, une association communale de chasse agréée, préalablement constituée, peut coexister avec

l'association intercommunale de chasse agréée créée, par union ou fusion, de celles préexistantes sur son territoire, il résulte du premier que l'adhésion à l'association intercommunale créée ne peut être refusée à une personne domiciliée sur la commune, peu important que ce domicile soit en dehors du périmètre de chasse de la nouvelle association.

15. La cour d'appel a, d'abord, constaté que M. [T] résidait sur le territoire de l'ancienne commune de [Localité 3], faisant désormais partie de la commune de [Localité 5], puis, a relevé que l'AICAF des Trois ruisseaux était la seule à y avoir son siège, l'association communale de chasse agréée de l'ancienne commune de [Localité 3] ayant choisi de fusionner avec d'autres, pour devenir l'AICAF de l'Amicale des chasseurs du vignoble.

16. Elle a retenu, ensuite, à bon droit, que les dispositions de l'article L. 422-21 du code de l'environnement imposaient que les statuts de l'association intercommunale de chasse agréée des Trois ruisseaux prévoient l'adhésion des titulaires du permis de chasser domiciliés dans la commune de son siège.

17. Elle en a exactement déduit, sans se contredire, ni modifier l'objet du litige, que l'article 6 des statuts de l'AICAF des Trois ruisseaux ne pouvait faire obstacle à l'adhésion de M. [T], qui, domicilié dans la commune, était, à ce titre, membre de droit de l'association.

18. Le moyen n'est donc pas fondé.

PAR CES MOTIFS, la Cour :

REJETTE le pourvoi ;

Condamne l'association intercommunale de chasse agréée fusionnée des Trois ruisseaux aux dépens ;

En application de l'article 700 du code de procédure civile, rejette la demande formée par l'association intercommunale de chasse agréée fusionnée des Trois ruisseaux et la condamne à payer à M. [T] et à l'Association nationale des fédérations départementales des chasseurs à associations communales de chasse agréées la somme globale de 3 000 euros ;

Ainsi fait et jugé par la Cour de cassation, troisième chambre civile, et prononcé par le président en son audience publique du vingt et un septembre deux mille vingt-trois.

Cour de cassation

Pourvoi nº 22-16.945

Rapport de Samuel Baraké, conseiller référendaire à la Cour de cassation

1. Rappel des faits et de la procédure

Le 4 juin 2016, par fusion des associations communales de chasse agréées (ACCA) des communes [Localité 1], [Localité 2] et [Localité 3], l'association intercommunale de chasse agréée fusionnée (AICAF) de l'amicale des chasseurs du vignoble a été créée, dont le siège est situé sur la commune de [Localité 2].

Par arrêté préfectoral du 4 juillet 2016, la commune nouvelle de [Localité 5] a été créée, par fusion des communes de [Localité 6], [Localité 7], [Localité 8] et [Localité 3].

Le 1er septembre 2019, a été constituée l'association intercommunale de chasse agréée des Trois ruisseaux (l'AICAF des Trois ruisseaux), par fusion des ACCA des communes de [Localité 9], [Localité 8], [Localité 7] et [Localité 6], celle de [Localité 3] ayant été absorbée, comme rappelé plus haut, dans l'AICAF de l'Amicale des chasseurs du vignoble.

Ses statuts ont été approuvés par le préfet du Jura, le 18 septembre 2019.

M. [T], habitant la commune de [Localité 5] (sur le territoire correspondant à l'ancienne commune de [Localité 3]), contestant le refus qu'elle lui avait opposé, a assigné l'AICAF des Trois ruisseaux en acceptation de son adhésion et paiement de dommages-intérêts.

Par un jugement du 17 juillet 2020, le tribunal judiciaire de Lons-le-Saunier l'a débouté de ses demandes.

M. [T] a interjeté appel de cette décision, par une déclaration du 18 août 2020.

L'Association nationale des fédérations départementales des chasseurs à associations communales de chasses agréées est intervenue volontairement à hauteur d'appel, en demandant qu'il soit jugé que M. [T] était membre de droit de l'AICAF des Trois ruisseaux.

Par un arrêt du 8 mars 2022, la cour d'appel de Besançon a, notamment, infirmé le jugement du 17 juillet 2020 rendu par le tribunal judiciaire de Lons-le Saunier.

Statuant à nouveau, elle a :

- condamné l'association intercommunale de chasse agréée fusionnée des Trois ruisseaux à recevoir l'adhésion de M. [T] et à lui délivrer une carte ou tout autre justificatif d'admission, sous astreinte provisoire de 15 euros par jour de retard passés quinze jours à compter de la signification de l'arrêt et pendant six mois ;
- condamné la même à lui payer la somme de 500 euros de dommages-intérêts.

L'AICAF des Trois ruisseaux a formé un pourvoi en cassation, par une déclaration du 27 mai 2022.

Elle a produit un mémoire ampliatif le 27 septembre 2022, signifié les 27 septembre et 5 octobre 2022 et développant deux moyens articulés autour de cinq branches, par lequel elle demande la condamnation des défendeurs au pourvoi à lui payer la somme de 3 600 euros, sur le fondement de l'article 700 du code de procédure civile.

Le 28 novembre 2022, l'Association nationale des fédérations départementales des chasseurs à associations communales de chasse agréées et M. [T] ont produit un mémoire en défense, par lequel ils demandent la condamnation de l'AICAF des Trois ruisseaux à leur payer la somme de 3 500 euros, sur le fondement de l'article 700 du code de procédure civile.

La procédure paraît régulière et l'affaire est en état d'être jugée.

2. Analyse succincte des moyens

PREMIER MOYEN

L'AICAF des Trois ruisseaux fait grief à l'arrêt de la condamner à recevoir l'adhésion de M. [T], à lui délivrer une carte ou tout autre justificatif de son admission, et à lui payer la somme de 500 euros de dommages et intérêts, alors :

« 1°/ qu'il n'appartient qu'à la juridiction administrative de se prononcer sur la légalité de la décision par laquelle une association intercommunale de chasse agréée refuse de délivrer une carte de chasse au motif que le demandeur n'est pas domicilié dans son périmètre ; que lorsque la solution d'un litige dépend d'une question soulevant une difficulté sérieuse et relevant de la compétence de la juridiction administrative, la juridiction judiciaire initialement saisie la transmet à la juridiction administrative compétente en application du titre Ier du livre III du code de justice administrative et elle sursoit à statuer jusqu'à la décision sur la question préjudicielle ; que pour statuer comme elle l'a fait, la cour d'appel affirme que M. [T] étant domicilié dans la commune de [Localité 5], dont l'unique association de chasse est celle des trois ruisseaux, les statuts de celle-ci ne peuvent faire obstacle à son adhésion ; qu'en se prononçant ainsi, quand la question de la légalité de la décision de refuser à M. [T] d'adhérer à l'association en cause au motif qu'il ne relevait pas du périmètre de celle-ci présentait une difficulté sérieuse dont dépendait la solution du litige et impliquait de saisir la juridiction administrative d'une question préjudicielle, la cour d'appel a **méconnu l'étendue de ses pouvoirs et violé la loi des 16-24 août 1790, le décret du 16 fructidor an III et l'article 49, alinéa 2, du code de procédure civile** ;

2°/ qu'il n'appartient qu'à la juridiction administrative de se prononcer sur la légalité des statuts d'une association intercommunale de chasse agréée par arrêté préfectoral ; que lorsque la solution d'un litige dépend d'une question soulevant une difficulté sérieuse et relevant de la compétence de la juridiction administrative, la juridiction judiciaire initialement saisie la transmet à la juridiction administrative compétente en application du titre Ier du livre III du code de justice administrative et elle sursoit à statuer jusqu'à la décision sur la question préjudicielle ; que pour condamner l'association des trois ruisseaux à recevoir l'adhésion de M. [T], la cour d'appel énonce que l'application de l'article 6 des statuts de l'association exclurait cette adhésion, si elle n'était primée par les dispositions légales, supérieures et impératives, de "l'article L. 422-1" [lire : L. 422-21] du code de l'environnement et que "écarter au profit de la norme légale supérieure la norme statutaire contractuelle, même agréée par l'autorité préfectorale, ne comporte aucune atteinte à la puissance publique exclusive de la compétence du juge judiciaire" ; qu'en statuant ainsi, cependant qu'il résultait de ses constatations que la question de la légalité des statuts de l'association des trois ruisseaux présentait une difficulté sérieuse dont dépendait la solution du litige et impliquait de saisir la juridiction administrative d'une question préjudicielle, la cour d'appel a **méconnu l'étendue de ses pouvoirs et violé la loi des 16-24 août 1790, le décret du 16 fructidor an III et l'article 49, alinéa 2, du code de procédure civile**. »

SECOND MOYEN

L'AICAF des Trois ruisseaux fait le même grief à l'arrêt alors :

« 1°/ que le juge ne peut pas méconnaître les termes du litige tels qu'ils résultent des conclusions des parties ; qu'en l'espèce, celles-ci s'accordaient sur le fait qu'à la suite de la création de la commune nouvelle de [Localité 5], deux associations intercommunales de chasse se partageaient désormais son territoire, à savoir l'association des trois ruisseaux et l'Amicale des chasseurs du vignoble, cette dernière incluant l'ancienne association communale de chasse de [Localité 3] où est domicilié M. [T], ainsi que l'a relevé l'arrêt attaqué ; que, dès lors, en affirmant, pour statuer comme elle l'a fait, que l'association est l'unique association de chasse de la commune de [Localité 5] et que M. [T] est domicilié dans cette commune, pour en déduire que les statuts de celle-ci ne peuvent faire obstacle à l'adhésion de M. [T] à l'association des Trois ruisseaux, la cour d'appel a modifié les termes du litige, en **violation de l'article 4 du code de procédure civile** ;

2°/ que la contradiction de motifs équivaut à leur absence ; que pour condamner l'association des Trois ruisseaux à délivrer une carte de chasse à M. [T], la cour d'appel retient que celui-ci étant domicilié dans la commune de [Localité 5] dont l'unique association de chasse est celle des trois ruisseaux, les statuts de celle-ci ne peuvent pas faire obstacle à son adhésion ; qu'en statuant ainsi, tout en retenant que le domicile de M. [T] est situé sur le territoire de l'ancienne commune de [Localité 3] qui, bien qu'ayant été fusionnée dans la commune nouvelle de [Localité 5], n'appartient pas au périmètre de l'association des Trois ruisseaux mais à celui de l'association des Amis du vignoble, la cour d'appel, qui s'est contredite, a **violé l'article 455 du code de procédure civile** ;

3°/ qu'aux termes de l'article L. 422-4, alinéa 2, du code de l'environnement, la fusion de communes n'entraîne ni la dissolution ni la fusion des associations communales de chasse agréées préalablement constituées dans les communes concernées, sauf décision contraire de ces associations ; qu'il en résulte qu'en cas de fusion de communes n'ayant pas donné lieu à la fusion des associations de chasse existantes sur le territoire des communes concernées, le titulaire d'un permis de chasser domicilié dans le périmètre de l'une de ces associations ne peut contraindre une autre à recevoir son adhésion au seul motif qu'il est domicilié sur le territoire de la commune nouvelle ; qu'en l'espèce, il ressort de l'arrêt attaqué et il n'était d'ailleurs pas contesté que la création de la commune nouvelle de [Localité 5] n'avait pas entraîné la fusion de l'AICAF des trois ruisseaux et de l'amicale des chasseurs du vignoble qui se partageaient donc désormais des périmètres de chasse distincts sur le territoire de cette commune nouvelle ; que la cour d'appel a écarté les stipulations de l'article 6 des statuts de l'AICAF des trois ruisseaux selon lesquelles est admis à adhérer le titulaire du permis de chasser domicilié dans l'une des communes du périmètre de l'association ou y résidant sous les conditions qu'ils prévoient, motif pris que l'article "L. 422-1" [lire : l'article L. 422-21] du code de l'environnement dispose que les statuts de chaque association doivent prévoir l'admission dans celle-ci des titulaires du permis de chasser domiciliés dans la commune et que M. [T] étant domicilié dans la commune de [Localité 5], même s'il ne l'est pas dans le périmètre de l'AICAF des trois ruisseaux, la norme légale doit l'emporter sur la norme statutaire contractuelle ; qu'en statuant ainsi, quand l'article L. 422-21 précité doit être interprété à la lumière de l'article L. 422-4, alinéa 2, du même code, de sorte que les statuts de l'AICAF des trois ruisseaux n'avaient pas à obliger celle-ci à prévoir l'adhésion du titulaire d'un permis de chasser, tel que M. [T], qui n'était pas domicilié dans son périmètre, la cour d'appel a **violé les articles L. 422-4, alinéa 2 et L. 422-21 du code de l'environnement.** »

3. Identification du ou des points de droit faisant difficulté à juger

- **Recevabilité à hauteur de cassation du moyen tiré de la méconnaissance du principe de séparation des pouvoirs** lorsque le juge judiciaire n'a pas posé au juge administratif une question sérieuse relevant de son office et dont dépendait la solution du litige dont il était saisi. (Premier moyen, 1re branche)
- **Le juge judiciaire peut-il statuer, sans poser une question préjudicielle au juge administratif, sur la conformité des statuts d'une association intercommunale de chasse agréée fusionnée**, alors que ses statuts ont été approuvés, selon les textes alors en vigueur, par le préfet ? (Premier moyen, seconde branche)

- En cas de fusion de communes, les dispositions de l'article L. 422-4, alinéa 2, du code de l'environnement, qui prévoient qu'elle n'entraîne ni la dissolution ni la fusion des associations communales de chasse agréées préalablement constituées sur les communes concernées permettent-elles à l'une d'elles, dans ses statuts, de refuser l'adhésion **au titulaire d'un permis de chasse non domicilié dans son périmètre de chasse ?** (Second moyen, 3e branche)
- Les première et deuxième branches du second moyen, prises de griefs disciplinaires, ne soulèvent pas de difficulté ou de points faisant difficulté à juger.

4. Discussion citant les références de jurisprudence et de doctrine

4.1. Recevabilité, à hauteur de cassation, d'un moyen tiré de l'existence d'une question préjudicielle et d'un manquement à l'article 49 du code de procédure civile et au principe de la séparation des pouvoirs

L'article 49 du code de procédure civile prévoit que : « *Toute juridiction saisie d'une demande de sa compétence connaît, même s'ils exigent l'interprétation d'un contrat, de tous les moyens de défense à l'exception de ceux qui soulèvent une question relevant de la compétence exclusive d'une autre juridiction.* »

L'alinéa 2 de cet article, issu du décret nº 2015-233 du 27 février 2015, prévoit désormais que : « *Lorsque la solution d'un litige dépend d'une question soulevant une difficulté sérieuse et relevant de la compétence de la juridiction administrative, la juridiction judiciaire initialement saisie la transmet à la juridiction administrative [...]. Elle sursoit à statuer jusqu'à la décision sur la question préjudicielle.* »

Il s'agit de la reprise de principes élaborés par la jurisprudence, qui avait jugé qu'il résulte de la combinaison des articles 49 et 378 du code de procédure civile que « *toute juridiction saisie d'une demande de sa compétence* ***doit surseoir à statuer*** *lorsqu'elle a à connaître de moyens de défense relevant de la compétence exclusive d'une autre juridiction* » (Cass., ass. plén., 6 juill. 2001, nº 98-17.006, Bull. nº 9, publié).

La jurisprudence était déjà venue réserver cette obligation de sursis à statuer aux questions soulevées par le moyen en défense présentant un caractère sérieux et portant sur une question dont la solution est nécessaire au règlement du litige (v. déjà : Civ. 1re, 19 juin 1985, nº 84-11.528, publié ; Civ. 1re, 21 mai 1986, nº 85-11.838, publié).

Tel sera le cas, conformément à la jurisprudence *Septfonds* (T. confl. 16 juin 1923, Rec. p. 498), lorsqu'il s'agit d'interpréter un acte administratif individuel ou d'apprécier la légalité d'un acte administratif.

Ainsi, il appartient au juge judiciaire, **en cas de difficulté sérieuse** (T. confl. 24 févr. 1992, n° 2685 ; Civ. 1re, 13 déc. 2005, n° 04-14.033, Bull. civ. I, n° 501, publié ; Civ. 1re, 4 juill. 2019, n° 18-21.147, publié), de poser une question préjudicielle au juge administratif (T. confl. 11 oct. 1993, n° 09-32.874, publié), même si la résolution du litige est indépendante de toute interprétation ou appréciation de la légalité d'un acte administratif (CE 17 mars 1993, *EDF*, n° 142473).

Simplement admet-on qu'il ne saurait y avoir matière à question préjudicielle **lorsqu'il apparaît clairement, au vu notamment d'une jurisprudence établie, que la contestation peut être accueillie par le juge saisi au principal** (T. confl. 17 oct. 2011, n° 11-03.828, Bull. T. confl.).

Un auteur définit une difficulté sérieuse comme celle qui est **de nature « à faire naître un doute dans un esprit éclairé** [1] ».

Par ailleurs, **en vertu de l'article 74 du code de procédure civile**, « *les exceptions doivent, à peine d'irrecevabilité, être soulevées simultanément et avant toute défense au fond ou fin de non-recevoir. Il en est ainsi alors même que les règles invoquées au soutien de l'exception seraient d'ordre public.* »

Il est de jurisprudence constante que les demandes de sursis à statuer jusqu'à la décision d'une autre juridiction compétente sur la question préjudicielle sont soumises au régime des exceptions de procédure (Cass., avis, 29 sept. 2008, n° 08-00.007, publié).

Se fondant sur ce dernier texte, la jurisprudence a précisé que l'exception tirée de la nécessité de surseoir à statuer pour poser une question préjudicielle au juge administratif **doit être soulevée avant toute défense au fond** (Civ. 1re, 24 mars 1998, n° 96-12.593 ; Civ. 3e, 4 nov. 1998, n° 96-14.267, Bull. civ. III, n° 206, publié ; Civ. 2e, 4 déc. 2002, n° 02-60.781, Bull. civ. II, n° 274 ; Soc. 19 avr. 2000, n° 98-18.220).

Elle n'est **pas recevable lorsqu'elle est soulevée pour la première fois devant la Cour de cassation** (Civ. 1re, 16 oct. 1985, n° 84-12.323 ; Soc. 16 sept. 2020, n° 19-10.928 ; Civ. 1re, 22 mars 2012, n° 11-15.499 ; Civ. 3e, 17 déc. 2015, n° 13-23.234) : « *qu'aux termes de l'article 74 du code de procédure civile, les parties ne peuvent soulever les exceptions d'incompétence qu'avant toutes autres exceptions et défenses et qu'il en est ainsi alors même que les règles de compétence seraient d'ordre public ; que l'incompétence du juge judiciaire au profit du juge administratif n'ayant pas été invoquée devant les juges du fond, le moyen est irrecevable en sa première branche.* »

V. encore :

- Civ. 1re, 19 mars 2015, n° 14-13.794, Bull. civ. I, n° 63, publié : une partie n'ayant pas soulevé devant les juges du fond le moyen pris de l'existence d'une question préjudicielle, ne peut, par application de l'article 74 du code de procédure civile, s'en prévaloir, pour la première fois, devant la Cour de cassation ;
- Civ. 1re, 11 mai 2017, n° 16-15.549, Bull. civ. I, publié (en vertu de l'article 74 du code de procédure civile, l'exception tirée de l'existence d'une question préjudicielle, qui

(1) V. Laferrière, *Traité de la juridiction administrative et du recours contentieux*, 12e éd., p. 498.

tend à suspendre le cours de la procédure jusqu'à la décision de la juridiction administrative, doit, à peine d'irrecevabilité, être soulevée avant toute défense au fond ou fin de non-recevoir, alors même que les règles invoquées au soutien de l'exception seraient d'ordre public) ;

- Civ. 1re, 6 sept. 2017, nº 16-19.506, Bull. civ. I, nº 182 ; Civ. 2e, 21 déc. 2017, nº 16-24.875, cité par le mémoire en défense).

4.2. Présentation et règles d'adhésion à une association communale ou intercommunales de chasse agréée, et appréciation de la légalité de leurs statuts

En tant que contrat de droit privé, l'association est régie, quant à sa validité, par les principes généraux du droit applicables aux contrats et obligations (L. 1er juill. 1901, art. 1er). Ainsi, la validité du contrat d'association est subordonnée aux conditions posées par l'article 1128 du code civil : le consentement et la capacité des parties au contrat d'association, un contenu licite et certain.

Les statuts sont librement rédigés par les fondateurs **sous réserve du respect de l'ordre public**. La loi du 1er juillet 1901 n'envisage la rédaction des statuts qu'aux fins de déclaration de l'association.

L'exigence légale concernant les statuts se limite en conséquence aux mentions permettant d'identifier l'association : sa dénomination, son siège social et son objet.

Une association est en principe libre de choisir ses membres (Civ. 1re, 7 avr. 1987, nº 85-14.976, publié : « *Le contrat d'association est un contrat de droit privé soumis, sauf restriction prévue par la loi ou fixée par les statuts eux-mêmes, au principe de la liberté contractuelle. Dès lors, en l'absence de dispositions de cette sorte contraignantes à cet égard, le libre choix de ses adhérents doit être reconnu à une association et l'indication figurant dans un écrit, selon laquelle cette association acceptait de nouveaux membres, ne constitue pas une pollicitation l'obligeant à les inscrire.* »).

Les règles concernant l'adhésion peuvent contractuellement être aménagées par **les statuts qui font la loi des parties** [2].

Par ailleurs, toutes les associations n'ont pas le choix de leurs membres.

Les **associations communales ou intercommunales de chasse agréées**, précisément, sont un exemple donné de celles se voyant appliquer des règles impératives en matière, notamment, de détermination de leurs membres.

L'article L. 422-21 du code de l'environnement énumère la liste des personnes pouvant disposer de la carte de membre d'une ACCA, et notre chambre a précisé que celle-ci était limitative :

- Civ. 3e, 28 sept. 2005, nº 04-17.014, Bull. civ. III, nº 17, publié ;
- Civ. 3e, 9 déc. 2009, nº 09-11.333, Bull. civ. III, nº 274, publié.

(2) V. sur les règles générales applicables aux associations : C. Laronde-Clérac, J.-Cl. Civ. Annexe, vº Associations, fasc. 15, « Associations - Constitution et capacité », nos 8 s.

Par ailleurs, selon les dispositions de ce texte, les statuts de chaque association communale de chasse agréée doivent prévoir l'admission dans celle-ci des titulaires du permis de chasser validé.

J.-J. Barbiéri, dans son rapport sous un arrêt de notre chambre du 3 décembre 2020 (Civ. 3e, 3 déc. 2020, nº 19-15.823), rappelait quels étaient les objectifs assignés par la loi nº 64-696 dite « *loi Verdeille* » de ces associations : elles ont pour but, au sein d'une commune, selon l'article L. 422-2 du code de l'environnement, d'assurer une bonne organisation technique de la chasse, de favoriser sur leur territoire le développement du gibier et de la faune sauvage dans le respect d'un véritable équilibre agro-sylvo-cynégétique, l'éducation cynégétique de leurs membres, la régulation des animaux susceptibles d'occasionner des dégâts, de veiller au respect des plans de chasse et d'apporter la contribution des chasseurs à la conservation des habitats naturels, de la faune et de la flore sauvages.

Ces ACCA sont des associations régies par la loi du 1er juillet 1901, dont l'agrément était délivré par le préfet jusqu'au 27 juillet 2019, date d'entrée en vigueur de la loi du même jour, qui a, modifiant l'article L. 422-3, substitué à l'autorité préfectorale le président de la fédération départementale des chasseurs. Elles sont constituées par l'apport des droits de chasse par le propriétaire des parcelles situées dans la commune.

<u>**L'article L. 422-21 du code de l'environnement est rédigé comme suit**</u> :

« I.- Les statuts de chaque association doivent prévoir l'admission dans celle-ci des titulaires du permis de chasser validé :

1º) **Soit domiciliés dans la commune** ou y ayant une résidence pour laquelle ils figurent, l'année de leur admission, pour la quatrième année sans interruption, au rôle d'une des quatre contributions directes ;

2º) Soit propriétaires ou détenteurs de droits de chasse ayant fait apport de leurs droits de chasse ainsi que, s'ils sont titulaires d'un permis de chasser, leurs conjoints, ascendants et descendants, gendres et belles-filles du ou des conjoints apporteurs ;

2º *bis*) Soit personnes ayant fait apport de leurs droits de chasse attachés à une ou des parcelles préalablement au transfert de la propriété de celles-ci à un groupement forestier, ainsi que, s'ils sont titulaires d'un permis de chasser, leurs conjoints, ascendants et descendants, gendres et belles-filles du ou des conjoints apporteurs ;

3º) Soit preneurs d'un bien rural lorsque le propriétaire a fait apport de son droit de chasse ;

4º) Soit propriétaires d'un terrain soumis à l'action de l'association et devenus tels en vertu d'une succession ou d'une donation entre héritiers lors d'une période de cinq ans ;

5°) Soit acquéreurs d'un terrain soumis à l'action de l'association et dont les droits de chasse qui y sont attachés ont été apportés à cette association à la date de sa création.

L'article L. 422-22 du même code prévoit que la qualité de membre d'une association communale de chasse confère le droit de chasser sur l'ensemble du territoire de chasse de l'association, conformément à son règlement.

Les articles R. 422-1 et suivants du code de l'environnement fixent les dispositions qui leur sont applicables, en précisant, que le préfet en assure la tutelle (R. 422-1), que toute modification des statuts, du règlement intérieur ou du règlement de chasse doit être soumise à **l'approbation de cette autorité**.

Ce régime d'approbation témoigne de ce qu'elles sont soumises à l'agrément du préfet qui exerce sur elles une tutelle caractérisée notamment par des pouvoirs de sanction et de dissolution.

Concernant précisément les associations intercommunales de chasse agréées fusionnées, ce sont **les articles R. 422-72 et R. 422-73 du code de l'environnement** qui précisent **à quelles conditions celles-ci peuvent être agréées**.

Ce dernier article dispose : « *Après **vérification du respect par les statuts, par le règlement intérieur et par le règlement de chasse des dispositions obligatoires mentionnées aux articles R. 422-75 à R. 422-77,** l'association intercommunale est agréée par un arrêté du préfet, qui est affiché dans chacune des communes intéressées, aux emplacements utilisés habituellement par l'administration.* »

L'article R. 422-70 prévoit la procédure selon laquelle une telle association fusionnée peut être créée, dans son alinéa 2 :

« *En cas de constitution, par fusion, d'une association intercommunale de chasse agréée, les présidents des associations intéressées élaborent le projet des statuts mentionnés au 1° de l'article R. 422-74. Ils convoquent les assemblées générales de ces associations pour décider de leur fusion. Ils convoquent conjointement l'assemblée générale de constitution de l'association intercommunale de chasse agréée par fusion, **qui comprend les membres de droit des associations intéressées tels qu'ils sont énumérés par l'article L. 422-21**, pour approuver les statuts, le règlement intérieur et le règlement de chasse.* »

Concernant l'ensemble des associations communales de chasse agréées, c'est l'article R. 422-63 du code de l'environnement qui prévoit à quelles conditions les statuts de l'ACCA peuvent être **approuvés** :

« Les statuts de l'association communale de chasse agréée doivent comprendre, outre les dispositions déjà prévues par les articles L. 422-21 et L. 422-22, les dispositions ci-après :

1° L'énoncé de ses objets conformes à ceux prévus à l'article L. 422-2, à l'exclusion de tout autre, notamment de la location de ses droits de chasse ;

2° L'indication de son titre, de son siège social et de son affiliation à la fédération départementale des chasseurs conformément aux statuts de celle-ci ;

3° L'indication de la durée illimitée de l'association ;

4° La liste des catégories de personnes admises à adhérer à l'association et qui comprennent, ***outre celles prévues à l'article L. 422-21****, les titulaires du permis de chasser présentés à l'association par un propriétaire en contrepartie de l'apport volontaire de son droit de chasse, les modalités d'adhésion de ces personnes à l'association et l'obligation de fixer dans une convention écrite les termes de l'accord entre le propriétaire et l'association ; […]* ».

4.3. Compétence judiciaire et administrative pour apprécier la légalité de décisions prises par une personne privée exerçant une mission de service public

La répartition des compétences administrative et judiciaire pour statuer sur les actes pris par des personnes privées ou publiques gérant un service public s'est naturellement posée, dès lors que des personnes morales de droit privé peuvent, elles aussi, gérer des services publics (CE, ass., 13 mai 1938, *Caisse primaire aide et protection* : Lebon 417 ; D. 1939. 3, p. 65, concl. R. Latournerie, note Pepy) et **prendre des actes qui ont le caractère d'acte administratif unilatéral** (CE, ass., 31 juill. 1942, *M.* : Lebon 239 ; JCP 1942. II. 2046, concl., note P. Laroque ; RD publ. 1943. 57, concl., note R. Bonnard).

C'est la **décision du Conseil constitutionnel du 23 janvier 1987** qui a posé les bases d'une répartition de compétences entre les deux ordres juridictionnels. En effet, à l'occasion d'une loi transférant intégralement le contentieux du Conseil de la concurrence, le Conseil constitutionnel a donné une définition du domaine de compétence du juge administratif, définition unanimement admise depuis, tant par la doctrine que par les juridictions suprêmes des deux ordres juridictionnels et par le Tribunal des conflits (Cons. const. 23 janv. 1987, n° 86-224 DC).

Le Conseil constitutionnel a donc jugé que : « *les dispositions des articles 10 et 13 de la loi des 16 et 24 août 1790 et du décret du 16 fructidor An III qui ont posé dans sa généralité le principe de séparation des autorités administratives et judiciaires n'ont pas en elles-mêmes valeur constitutionnelle ; que, néanmoins, conformément à la conception française de la séparation des pouvoirs, figure au nombre des "principes fondamentaux reconnus par les lois de la République" celui selon lequel, à l'exception des matières réservées par nature à l'autorité judiciaire, relève en dernier ressort de la compétence de la juridiction administrative l'annulation ou la réformation des décisions prises, dans l'exercice des prérogatives de puissance publique, par les autorités exerçant le pouvoir exécutif, leurs agents, les collectivités territoriales de la République ou les organismes publics placés sous leur autorité ou leur contrôle* ».

La jurisprudence administrative a précisé les conditions pour qu'un acte pris par une personne privée gérant un service public puisse être regardé comme **traduisant l'exercice de prérogatives de puissance publique** (CE, ass., 31 juill. 1942, *M.*, Lebon 239 ;

S. 1942, 3, p. 37, concl. Ségalat ; JCP 1942. II. 2046, note P. Laroque ; D. 1942. 138, concl. Ségalat, note PC ; RD publ. 1943. 57, concl. note R. Bonnard).

Trois critères émergent :

- la gestion d'un service public administratif : ce qui exclut les services publics industriels et commerciaux de cette lignée jurisprudentielle ;
- l'utilisation effective de prérogatives de puissance publique : ce qui exclut les actes de gestion courante de la personne privée ;
- être habilité par un texte : ce qui exclut les cas où la personne privée utilise une prérogative alors qu'aucun texte ne l'habilite à le faire. Cette condition a toutefois été un peu allégée. En effet, même quand la délégation est devenue caduque, l'acte reste administratif (T. confl. 13 janv. 1992, n° 02681, *Préfet de la région Aquitaine, préfet de la Gironde c/ Association nouvelle des Girondins de Bordeaux*, Juris-Data n° 1992-640243 ; Lebon 473).

L'exercice de prérogatives de puissance publique constitue donc **la clé de répartition de la compétence juridictionnelle**.

Les prérogatives de puissance publique constituent essentiellement des moyens juridiques exorbitants du droit commun qui placent l'administration dans une situation privilégiée par rapport aux administrés. La plupart de ces prérogatives sont des prérogatives d'action, dont la principale est la possibilité d'édicter unilatéralement des prescriptions obligatoires pour leurs destinataires [3].

Sont aussi considérés comme prérogatives de puissance publique : l'obligation d'adhérer et de verser des contributions à un organisme public ou privé, l'action ou le refus de cartes professionnelles conditionnant l'exercice d'une activité, le droit d'exproprier, de réquisitionner, de preempter les immeubles ou les œuvres d'art, la possibilité d'infliger des sanctions, etc.

Lorsque les décisions prises traduisent la mise en œuvre de telles prérogatives, seul le juge administratif peut apprécier leur légalité.

Concernant plus spécifiquement les associations communales ou intercommunales de chasse agréées, la jurisprudence a progressivement identifié plusieurs décisions qu'elles peuvent prendre et qui traduisent l'exercice de prérogatives publiques, dont seule la juridiction administrative peut être appelée à connaître :

- T. confl. 9 juill. 2012, n° 12-03.861, Bull. T. confl. 2012, n° 22 : « *Les associations communales de chasse agréées sont des organismes de droit privé chargés d'un service public ; que, dès lors, les décisions qu'elles prennent dans le cadre de leur mission de service public et qui manifestent l'exercice de prérogatives de puissance publique constituent des actes administratifs susceptibles d'être déférés à la juridiction administrative ; qu'il en va notamment ainsi des décisions* ***fixant le montant des cotisations dues par leurs adhérents****, en raison des apports de droits de chasse imposés à ces derniers, sous les réserves prévues à l'article L. 422-10 du code de l'environnement, et du paiement des cotisations statutaires qui en découle.* »

(3) V. sur cette définition : A. Béal, J.-Cl. Pr. civ., fasc. 400-45, « *Compétence administrative et judiciaire - Actes ou opérations se rattachant à une mission de service public comportant l'exercice de prérogatives de puissance publique* », n° 18.

Le conseil d'administration des ACCA ayant désormais le pouvoir d'infliger des sanctions pécuniaires aux membres de l'association titulaires du permis de chasser en cas d'infraction aux statuts, au règlement intérieur ou au règlement de chasse, dans la limite, cependant, du montant des amendes prévues pour les contraventions de la deuxième classe (C. envir., art. R. 222-63, 16° ; Décr. n° 2004-462, 28 mai 2004, art. 1 : Journal officiel 29 mai 2004), la jurisprudence est venue rappeler que la contestation d'une mesure préparatoire à une telle décision administrative, en l'occurrence **une décision de suspension du droit de chasse**, relève de la seule compétence des juridictions administratives :

- Civ. 2e, 10 mars 2022, no 19-23.496, publié :

« *L'exercice, par le conseil d'administration d'une association communale de chasse agréée, de la faculté de demander au préfet de prononcer la suspension du droit de chasser, sur son territoire, des propriétaires apporteurs de droit de chasse, conformément à l'article R. 422-63, 17°, a), du code de l'environnement, dans sa rédaction antérieure au décret n° 2019-1432 du 23 décembre 2019, constitue une mesure préparatoire à la décision préfectorale de sanction, susceptible d'être prise, dont elle n'est qu'un élément de la procédure d'édiction.*

Par suite, la juridiction administrative est seule compétente pour connaître des actions, notamment indemnitaires, fondées sur les irrégularités imputées à la décision du conseil d'administration d'une telle association de saisir, à cette fin, le préfet, dont la décision, le cas échéant, peut seule faire grief. »

Ont également été jugés comme des actes traduisant l'exercice de prérogatives de puissance publique [4] :

- la délibération de l'assemblée constitutive d'une association établissant la liste des terrains soumis à son action [5] (CE 30 nov. 1977, *Assoc. des chasseurs de Touraine*, préc. n° 85) ;
- la contestation par un propriétaire du refus du retrait de ses terrains du territoire de chasse d'une association communale (Civ. 1re, 15 juill. 1993, n° 92-11.508) ;
- les litiges relatifs à l'appartenance des terrains à une association (Civ. 1re, 31 janv. 1995, n° 92-19.243, Bull. civ. I, n° 66) ;
- les décisions que prennent les fédérations départementales de chasseurs pour fixer le montant du timbre fédéral dû par leurs adhérents en raison du caractère obligatoire de l'adhésion à une fédération départementale de chasse et donc, du paiement des cotisations statutaires pour obtenir le visa du permis de chasser (T. confl. 24 sept. 2001, n° 3190, *B.-P. c/ Fédération départementale des chasseurs de l'Allier*, Lebon 746) ;
- le litige portant sur les clauses des statuts d'une fédération imposant à tout adhérent d'un club affilié à la fédération d'être titulaire d'une licence délivrée par celle-ci et sur les dispositions du règlement

(4) V. A. Béal, J.-Cl. Pr. civ., fasc. 400-45, « Compétence administrative et judiciaire - Actes ou opérations se rattachant à une mission de service public comportant l'exercice de prérogatives de puissance publique », n° 18.

(5) V. sur la question des actes administratifs délimitant le territoire de l'association : F. Colas-Belcour, J.-Cl. Rural, v° Chasse, fasc. 24, « Chasse, Association communale de chasse agréée (ACCA) », n° 49. L'auteur signale que les actes initiaux ou modificatifs du territoire pourront être contestés **devant le juge administratif** dans un délai de 2 mois après leur publication. Le transfert de la compétence préfectorale au président de la fédération départementale des chasseurs n'est pas de nature à changer la juridiction compétente.

intérieur de la fédération qui se bornent à reprendre ces clauses statutaires ressortissent à la compétence de l'autorité judiciaire (CE 12 déc. 2003, n° 219113, *Syndicat national des enseignants professionnels de judo, jujitsu*, Lebon T. 710) ;

- les décisions fixant le montant des cotisations dues par leurs adhérents (T. confl. 9 sept. 2012, n° C3861, *A.-M.*, Lebon T. 650).

Par un arrêt du 5 février 2020 (*Ministre d'État, ministre de la Transition écologique et solidaire c/ Association de chasse de la Chaveronderie et autres*, n° 423105), le Conseil d'État a jugé que si **l'arrêté par lequel le préfet, en application de l'article R. 422-32 du code de l'environnement, arrête la liste des terrains devant être soumis à l'action de l'association communale de chasse agréée** constitue une étape dans la constitution d'une association communale de chasse agréée, cet arrêté détermine celles des oppositions formées lors de la procédure d'enquête par les propriétaires et détenteurs du droit de chasse qui sont rejetées, les intéressés devant en être avisés par lettre recommandée avec demande d'avis de réception. Cet arrêté constitue un **acte faisant grief susceptible d'être déféré au juge de l'excès de pouvoir**.

Dans ses conclusions sous cet arrêt, M. Dutheillet de Lamothe explicite l'objet de l'arrêté qui, **jusqu'à la loi du 27 juillet 2019**, était pris par le préfet et qui, depuis ce texte, est donné par le président de la fédération départementale des chasseurs, venant clôturer la procédure, complexe, de constitution d'une association communale de chasse agréée :

« *Il revient enfin au préfet, s'il estime que tout est régulier (notamment les statuts adoptés par l'assemblée générale, qui doivent être conformes aux dispositions pertinentes du code de l'environnement), d'agréer l'association. À cette occasion, il prend en outre un arrêté qui reprend une troisième fois la liste de parcelles correspondant à la délibération déjà adoptée par l'association, qu'il n'a pas vocation à modifier, sauf illégalité. Les apports de droits de chasse sont réputés réalisés à la date de cet agrément.* »

Dans un arrêt du 13 juin 1984 (CE 13 juin 1984, *Ministre de l'Environnement c/ Association intercommunale de chasse Quercy-Gascogne*), cité par le mémoire ampliatif, le Conseil d'État a fixé **le niveau de contrôle de la décision par laquelle le préfet agrée une association intercommunale**, en retenant que cet agrément peut être refusé, sans que ce refus porte atteinte à la liberté d'association, pour des motifs tirés de l'intérêt général et notamment des intérêts dont la loi du 10 juillet 1964 a pour objet d'assurer la protection, au nombre desquels figure l'exercice rationnel du droit de chasse.

Et le juge ne contrôle qu'une erreur manifeste d'appréciation.

Par un arrêt du 12 juin 1998, le Conseil d'État a également jugé, de manière implicite, que la juridiction administrative est compétente pour se prononcer sur un recours dirigé contre l'arrêté préfectoral portant agrément d'une association communale de chasse. Il est à noter dans cette affaire que l'irrégularité dénoncée, un vote à main levée lors de la délibération constitutive de l'association, ne soulevait aucune difficulté sérieuse, formule laissant penser que la validité de cette délibération relevait de l'appréciation du juge judiciaire.

Qu'en est-il des décisions prises concernant les demandes d'adhésion à une association de chasse agréée ?

De longue date, il a été jugé que les associations communales de chasse agréées, constituées conformément à la loi du 1er juillet 1901, sont des personnes morales de droit privé qui, par leur objet, tel que défini à l'article 1er de la loi du 10 juillet 1964, sont chargées d'une mission de service public. Et si l'appréciation des décisions de leur assemblée générale ou de leur président peut relever de la compétence des juridictions de l'ordre administratif dans la mesure où ces décisions tendent à **l'exécution de leur mission de service public, l'appréciation des décisions concernant la gestion interne de l'association, et notamment les rapports de droit privé entre l'association et ses membres, relève de la compétence des tribunaux de l'ordre judiciaire** (Civ. 1re, 26 janv. 1982, nº 80-17.063, publié).

Si le moyen tiré de l'incompétence du juge judiciaire ou de l'existence d'une question préjudicielle n'était pas soulevé dans ces pourvois, on peut relever que **plusieurs arrêts de notre chambre ont eu à statuer sur des actions contestant des décisions portant refus d'adhésion à l'association, ou liées au fonctionnement interne de l'association** :

- Civ. 3e, 10 sept. 2020, nº 19-11.331 ;
- Civ. 3e, 3 déc. 2020, nº 19-15.823 ;
- Civ. 1re, 27 nov. 2013, nº 12-23.694 (demande de remise de documents énumérés à l'article R. 422-4 du code de l'environnement) ;
- Civ. 3e, 28 mai 2013, nº 12-18.807 : annulation d'une délibération prise en contradiction avec les statuts de l'association sur l'exigence d'un tirage au sort pour procéder à l'attribution des cartes de chasse ;
- Civ. 3e, 1er févr. 2012, nº 10-14.392, Bull. civ. III, nº 21, publié : les personnes mentionnées au 2° du I de l'article L. 422-21 du code de l'environnement ne peuvent acquérir la qualité de membre d'une association communale de chasse agréée que si le propriétaire apporteur des droits de chasser était lui-même titulaire d'un permis de chasser validé ;
- Civ. 3e, 30 oct. 1990, nº 89-14.793, publié : les articles L. 222-19 et L. 222-20 du code rural, énumérant limitativement les personnes ayant la qualité de membre de droit d'une association communale de chasse agréée, excluent les acquéreurs à titre particulier d'un propriétaire, titulaire d'un droit de chasse, qui en a fait apport et que le droit d'être membre de l'association ne peut être cédé à quiconque, sauf aux ascendants et descendants de l'apporteur. Viole ces textes l'arrêt qui, pour déclarer l'acquéreur d'une parcelle membre d'une telle association, retient qu'il y a eu, à l'expiration de la période de 6 ans au cours de laquelle l'acquisition a eu lieu, renouvellement de l'apport de la parcelle et qu'un jugement d'un tribunal administratif interdisait l'exclusion de celle-ci du territoire de l'association ;
- Civ. 3e, 28 sept. 2011, nº 10-13.848, Bull. civ. III, nº 157, publié : « *L'admission à une association communale de chasse agréée doit être prévue pour les titulaires du permis de chasser validé*

ayant dans la commune une résidence pour laquelle ils figurent, pour la quatrième année sans interruption, au rôle d'une des quatre contributions directes. Viole dès lors les dispositions de l'article L. 422-21 I 1° du code de l'environnement une cour d'appel qui, pour ordonner la délivrance de cartes d'adhérents retient que les demandeurs justifient d'une inscription pour la quatrième fois consécutive au rôle des contributions directes alors qu'elle a relevé que ceux-ci n'avaient pas de résidence dans la commune. » ;

- Civ. 2e, 8 juill. 2010, no 09-66.602 (violation des statuts pour déclarer une demande irrecevable) ;
- Civ. 3e, 16 juin 2010, no 09-14.365, Bull. civ. III, no 124, publié : le titulaire d'un permis de chasser validé et domicilié dans la commune étant, par le seul effet des dispositions impératives de la loi, membre de droit de l'association communale de chasse agréée (ACCA) locale et soumis aux statuts et au règlement de celle-ci, viole l'article L. 422-21 I 1° du code de l'environnement, le tribunal d'instance qui déclare irrecevable la demande formée à son encontre de condamnation à des sanctions statutaires, en retenant qu'en ne retirant pas sa carte d'adhérent et en ne payant pas ses nouvelles cotisations à l'issue d'une saison de chasse, il n'était plus membre de l'ACCA.

Comme rappelé plus haut, la liste des membres de droit a d'ailleurs été jugée limitative (Civ. 3e, 28 sept. 2005, no 04-17.014, Bull. civ. III, no 178, publié ; Civ. 3e, 16 févr. 2000, no 98-14.444, Bull. civ. III, no 38).

S'agissant de la jurisprudence administrative, si des hésitations ont existé concernant les litiges par lesquels certains membres habitants d'une commune entendaient contester leur appartenance obligatoire à l'association [6], le Conseil d'État a précisé que les associations intercommunales de chasse agréées demeurent, même investies de telles prérogatives, **des personnes morales de droit privé** (CE 30 nov.1977, *Assoc. des chasseurs de Noyant-de-Touraine*, Lebon 466 ; CE 5 juill. 1985, *Ass. com. de chasse agréée de Bonvillard et a.*, Lebon 495 ; CE 21 juill. 1989, *H.*, req.n° 69130 : Lebon T. 485 ; CE 10 juin 1992, *M. D.*, req. n° 118922).

Par un arrêt du 21 juillet 1989 (CE 21 juill. 1989, *H.*, n° 69130, B), le Conseil d'État a énoncé : « *Les associations communales de chasse agréées sont investies de prérogatives de puissance publique, elles n'en demeurent pas moins des organismes de droit privé ; que* ***les décisions qu'elles prennent en dehors de l'exercice desdites prérogatives****, notamment en ce qui concerne* ***la délivrance de cartes de membres****, sont des actes de droit privé qui ne relèvent pas de la juridiction administrative ; que, par suite, M. H. n'est pas fondé à soutenir que c'est à tort que, par le jugement attaqué, le tribunal administratif de Toulouse a rejeté comme portées devant une juridiction incompétente pour en connaître les conclusions de sa demande dirigées contre le refus de lui délivrer une carte de membre de l'association communale de chasse agréée de Lacour-de-Visa.* »

(6) V. dans deux arrêts publiés, rendus respectivement le 15 juillet 1993 (Civ. 1re, 15 juill. 1993, n° 91-21.861, publié) et le 31 janvier 1995 (Civ. 1re, 31 janv. 1995, n° 92-19.243, publié), la 1re chambre civile a jugé que le contentieux relatif au principe de l'appartenance obligatoire à une ACCA, découlant des prérogatives liées à la mission de service public confiée à ces associations, relevait de la compétence des juridictions administratives. Et le Conseil d'État a, effectivement, été amené à se prononcer sur la question de savoir si la jurisprudence C. de la Cour européenne des droits de l'homme ne pouvait pas être transposée aux contestations des petits propriétaires chasseurs désireux de continuer à chasser seuls sur leurs terres. Dans un arrêt du 16 juin 2008 (req. n° 296632) il y a répondu par la négative, jugeant que cette jurisprudence ne pouvait s'appliquer qu'aux opposants à la chasse. Il a écarté que fût portée une atteinte disproportionnée au droit de propriété des petits propriétaires chasseurs, qui, membres de droit de l'ACCA, bénéficient par voie de conséquence du droit de chasser sur l'ensemble du territoire de l'association, ou à la liberté d'association dès lors que les requérants ne se fondaient pas sur des convictions personnelles opposées à toute forme de pratique de la chasse et a exclu qu'il y eût discrimination au sens de l'article 14 de la Convention européenne de sauvegarde des droits de l'homme et des libertés fondamentales.

Les conclusions de M. de la Verpillière sous cet arrêt évoquent la question de la nature d'une contestation portant sur la qualité de membre d'une association communale de chasse agréée :

« *La reconnaissance de la qualité de membre d'une ACCA est une question de droit privé intéressant le fonctionnement interne de l'association et non l'exercice des prérogatives de puissance publique qui lui sont reconnues par la loi. Vous avez pareillement jugé qu'il n'appartient pas au juge administratif de statuer sur le montant des cotisations individuelles (CE 5 juill. 1985, ACCA de Bonvillard).* »

A également été qualifiée de décision ne relevant pas de la mise en œuvre de prérogatives de puissance publique celle par laquelle l'association fixe **le montant des cotisation[s] d'adhésion due par ses membres** :

Le Conseil d'État, dans une décision du 3 février 1993 (requête nº 106329), avait jugé que « *si, pour atteindre les objectifs fixés par la loi du 10 juillet 1964, les associations communales ou intercommunales de chasse agréées sont investies de prérogatives de puissance publique, elles n'en demeurent pas moins* ***des organismes de droit privé*** *; que les décisions qu'elles prennent en dehors desdites prérogatives sont des actes de droit privé qui ne relèvent pas de la juridiction administrative ; qu'il en va ainsi, notamment, des dispositions qu'elles prennent pour* ***fixer le montant des cotisations dues par leurs adhérents*** ».

4.4. Analyse du moyen

Par son premier moyen, le mémoire ampliatif soutient que l'appréciation de la légalité de la décision litigieuse, par laquelle l'adhésion de M. [T] à l'AICAF des Trois ruisseaux avait été refusée au motif qu'il ne résidait pas dans le territoire de son périmètre de chasse, présentait une difficulté sérieuse et devait conduire le juge d'appel à poser au juge administratif, seul compétent pour statuer sur ce point, une question préjudicielle (première branche).

Le mémoire en défense conteste la recevabilité d'un tel grief soulevé pour la première fois à hauteur de cassation.

Pris en sa seconde branche, le moyen du mémoire ampliatif ajoute que l'appréciation de la légalité de l'article 6 des statuts de l'association, qui réservait aux personnes résidant dans le périmètre de chasse de l'association le droit d'adhérer, et qui, selon lui, avait fait l'objet d'un agrément de l'autorité préfectorale, relevait pareillement de la seule compétence du juge administratif, en sorte que la cour d'appel aurait dû, comme indiqué dans les conclusions d'appel de l'association, surseoir à statuer et poser une question préjudicielle au juge administratif.

Le mémoire en défense oppose également que le moyen est nouveau et, comme tel, irrecevable, dès lors que dans le dispositif de ses conclusions, l'AICAF des Trois ruisseaux n'avait pas demandé au juge du fond de surseoir à statuer en posant au juge administratif une question préjudicielle tenant à la légalité de ses statuts.

Au surplus, celui-ci serait mal fondé dès lors que la contestation de la légalité tant de la décision critiquée que celle des statuts de l'association n'était pas sérieuse, le périmètre de chasse ne constituant pas le critère prévu par l'article L. 422-21 du code de l'environnement.

Par son second moyen, le mémoire ampliatif soutient que la motivation de l'arrêt procède d'une dénaturation des termes du litige, dès lors que, selon lui, les parties s'accordaient pour reconnaître que le territoire de la commune de [Localité 3] ne se situait plus dans le périmètre de chasse de la nouvelle association intercommunale de chasse agréée fusionnée des Trois ruisseaux (première branche).

Il critique également une contradiction de motifs, la cour d'appel ayant retenu que l'AICAF des Trois ruisseaux était la seule association de la commune de [Localité 5] tout en relevant que le domicile de M. [T] était situé sur le territoire de l'ancienne commune de [Localité 3] qui n'appartenait pas au périmètre de chasse de l'AICAF des Trois ruisseaux (deuxième branche) ;

Par sa troisième branche, il soutient que l'article L. 422-21 du code de l'environnement, qui dispose que les statuts de l'association doivent prévoir l'adhésion de tous les titulaires d'un permis de chasse résidant sur le territoire de la commune, doit être interprété à la lumière de l'article L. 422-4 du même code, lequel pose l'absence de dissolution des associations communales préexistantes en cas de fusion de commune.

Il souligne que les travaux parlementaires relatifs à l'adoption du nouvel article L. 422-4 précité (issu de la loi n° 2016-1087 du 8 août 2016 pour la reconquête de la biodiversité, de la nature et des paysages) confirment l'intention du législateur de préserver les périmètres de chasse de chaque ACCA préexistante, en cas de fusion de communes.

Il en conclut qu'une association fusionnée ne peut contraindre une ancienne association communale à accepter l'adhésion d'une personne ne résidant pas dans son périmètre de chasse.

Le mémoire en défense oppose que cette interprétation, outre qu'elle n'est pas fondée, est inapplicable au cas d'espèce, dès lors que l'ancienne association communale de chasse agréée de la commune de [Localité 3] a fusionné avec d'autres pour former l'AICAF de l'Amicale des chasseurs du vignoble.

***

C'est dans ce cadre qu'il appartiendra à la chambre de statuer pour apprécier si l'arrêt encourt les griefs qui lui sont ainsi reprochés.

6. Orientation proposée :

Formation restreinte

Nombre de projet(s) préparé(s) : Un, avec variantes

Cour de cassation

Pourvoi n° 22-16.945

Avis de Bruno Sturlèse, avocat général à la Cour de cassation

Discussion :

Cette affaire devrait permettre à la Cour de réaffirmer la compétence du juge judiciaire pour invalider une décision d'une association de chasse agréée refusant l'adhésion d'un chasseur à celle-ci, au regard de sa qualité de membre de droit résultant du seul effet de la loi (art. L. 422-21 C. envir.).

Par ailleurs, vous serez éventuellement conduit à préciser la portée de cette qualité résultant du critère légal de la domiciliation du chasseur dans la commune du siège de cette association, en présence d'une commune nouvelle résultant de la fusion de communes, mais n'ayant pas nécessairement donné lieu, en application de l'article L. 422-4, al. 2, du même code, à la dissolution ou à la fusion des associations antérieurement constituées dans ces anciennes communes.

***

Pour clarifier les débats, on rappellera d'abord les éléments factuels constants, essentiels à la compréhension du dossier.

Les difficultés résultent en l'espèce, dans un même secteur de chasse, de la création d'une nouvelle commune fusionnant d'anciennes communes, de la création, antérieurement à cette nouvelle commune, d'une association intercommunale de chasse ayant fusionné les associations de certaines de ces communes, puis postérieurement, de la création, au siège de la nouvelle commune, de l'association intercommunale demanderesse, fusionnant les associations de chasse des communes non absorbées dans la précédente association intercommunale.

Le défendeur, titulaire d'un permis de chasse, qui est domicilié dans la nouvelle commune, relevait avant la création de celle-ci d'une commune fusionnée dont la société de chasse a été absorbée par la première association intercommunale créée, et non par l'association intercommunale demanderesse.

Il a contesté devant le juge judiciaire le refus par cette dernière de lui délivrer une carte de membre. L'arrêt infirmatif attaqué a fait droit à sa demande en condamnant la demanderesse, sous astreinte, à recevoir son adhésion et à en lui délivrer un justificatif.

Les griefs du premier moyen soutiennent l'incompétence du juge judiciaire qui appellerait un sursis à statuer sur une difficulté constitutive d'une question préjudicielle.

Les griefs du second moyen, de nature disciplinaire pour les deux premières branches, proposent dans la troisième branche une interprétation de l'article L. 422-21 au regard de l'article L. 422-4, al. 2, du code de l'environnement.

***

Le premier moyen soutient la compétence exclusive du juge administratif, dans une première branche, **pour statuer sur la légalité de la décision litigieuse de refus d'adhésion**, et dans la seconde branche, **pour statuer sur celle des statuts,** cette compétence administrative aurait dû obliger le juge judiciaire à poser une question préjudicielle et à surseoir à statuer.

On observera que **devant les juges du fond la demanderesse n'avait soulevé que l'exception d'incompétence pour apprécier la légalité des statuts qui est** reprise dans cette seconde branche (cf. arrêt p. 4, al. 3).

On doit donc d'abord, à juste titre s'interroger, au regard de l'article 74 du C. pr. civ., sur la recevabilité à hauteur de cassation du grief de la première branche, dès lors qu'il se fonde sur une exception d'incompétence qui porte sur un autre objet, celui d'apprécier la légalité de la décision litigieuse.

Cette exception tirée de la nécessité de surseoir à statuer pour poser une telle question préjudicielle nous apparaît donc à ce stade irrecevable, puisque soulevée pour la première fois devant la Cour [7].

En tout état de cause, le grief nous paraît infondé au regard, tant de votre jurisprudence que de celle du Conseil d'État.

Si les associations communales ou intercommunales de chasse agréées constituent bien des personnes morales de droit privé exerçant une mission de service public, leurs décisions ne manifestent pas toutes nécessairement l'exercice de prérogatives de puissance publique devant justifier une compétence exclusive du juge administratif.

En particulier, le Conseil d'État a clairement affirmé à propos de ces associations que « [...] *les décisions qu'elles prennent en dehors de l'exercice desdites prérogatives, notamment en ce qui concerne la délivrance de cartes de membres sont des actes de droit privé qui ne relèvent pas de la juridiction administrative* [...] » [8].

(7) Civ. 3e, 17 déc. 2015, n° 13-23.234.

(8) CE 21 juill.1989, *H.*, n° 69130 B.

La reconnaissance de la qualité de membre d'une ACA est clairement une question de droit privé intéressant le fonctionnement interne de celle-ci et non, comme le soutient le moyen, la manifestation de l'exercice de prérogatives de puissance publique justifiant la compétence exclusive du juge administratif.

Ainsi, la Cour a pour sa part considéré que l'appréciation des décisions relevant des rapports de droit privé entre l'ACA et ses membres relève de la compétence judiciaire [9] et elle **a statué, à de nombreuses reprises, sur des actions en contestation de décisions de refus d'adhésion à une ACA** [10].

Quant au grief de la seconde branche, il nous parait inopérant, car il feint de se méprendre sur l'objet du litige et sur la question tranchée par l'arrêt attaqué.

Comme il a été rappelé plus haut, **la cour d'appel s'est limitée à invalider le refus d'admission de l'adhésion du défendeur** pour condamner la demanderesse à recevoir sous astreinte cette adhésion.

Pour cela, la cour d'appel a fait prévaloir sur les dispositions statutaires les dispositions impératives de l'article L. 422-21-1° du code précité qui détermine les membres de droit des ACCA.

Alors que la demanderesse justifiait son refus sur l'article 6 des statuts qui lie l'adhésion à la domiciliation du candidat dans le périmètre statuaire de chasse, **la cour d'appel a fait prévaloir la qualité de membre de droit résultant de la domiciliation du défendeur dans la commune du siège de l'AICA demanderesse, en application de la disposition légale précitée (art. L. 422-21-1°).**

La cour d'appel ne s'est donc pas prononcée sur la légalité de la disposition statutaire litigieuse, mais elle a considéré conformément à votre jurisprudence [11] **que la qualité de membre du défendeur résultait du seul effet impératif de cette disposition légale.**

Le premier moyen sera donc écarté.

***

Les griefs disciplinaires des deux premières branches du second moyen nous paraissent devoir être écartés sans difficulté.

Il n'y a aucune modification des termes du litige ou de contradiction de motifs dans l'arrêt attaqué.

Dans une troisième branche, le pourvoi soutient que pour rendre compatible l'article L. 422-21 avec l'article L. 422-4, alinéa 2, dont il résulte que la fusion de com-

(9) Civ. 1re, 26 janv. 1982, n° 80-17.063.

(10) Civ. 3e, 10 sept. 2020, n° 19-11.331 ; Civ. 3e, 3 déc. 2020, n° 19-15.823 ; Civ. 3e, 28 mai 2013, n° 12-18.807 ; Civ. 3e, 28 sept. 2011, n° 10-13.848 ; Civ. 3e, 16 juin 2010, n° 09-14.365.

(11) V. votre arrêt du 16 juin 2010, cité *supra*.

munes n'entraîne pas nécessairement celle des ACCA constituées antérieurement dans ces anciennes communes, le défendeur domicilié dans le périmètre d'une telle ACCA ne pourrait alors solliciter par ailleurs son adhésion à l'AICA demanderesse de sa nouvelle commune.

Selon cette thèse, ce serait le périmètre statutaire de l'association qui devrait déterminer le droit d'adhérer et non le critère légal de domicile sur le territoire de la commune nouvelle.

On observera que **l'interprétation sous tendant ce grief méconnaît le caractère impératif du critère légal que la cour d'appel, à bon droit, a fait prévaloir sur le critère statutaire, en application de la lettre claire et impérative de l'article L. 422-21-1°**.

Si l'ACCA antérieurement constituée dans l'ancienne commune du défendeur aurait pu perdurer selon l'article L. 422-4 au-delà de la création de la nouvelle commune, en revanche le domicile de celui-ci ne peut plus être rattaché dans son ancienne commune qui n'existe plus, et sa qualité de membre de droit de l'AICA demanderesse, liée à sa domiciliation dans la commune nouvelle, ne saurait être évincée au profit du critère du périmètre associatif.

Au demeurant, contrairement à ce que postule le grief, l'ACCA dont relevait initialement le défendeur a été fusionnée dans une AICA dont le siège n'est pas dans la commune nouvelle.

En l'espèce, **il y a donc bien la seule AICA demanderesse qui a son siège dans la commune nouvelle du défendeur.**

Le grief manque en fait.

Le risque invoqué d'une double adhésion de droit liée au domicile du défendeur aux deux AICA concernées ne tient donc pas, puisque l'autre AICA a son siège dans une autre commune que celle du domicile du défendeur.

En tout état de cause, il nous semble qu'un titulaire de permis de chasser domicilié dans une commune peut obtenir son adhésion à toute association de chasse domiciliée dans cette même commune, nonobstant le périmètre du territoire de chasse de cette association au sein de cette commune.

***

Avis de REJET

Com., 28 juin 2023, n° 22-13.317

Rejet

M. Vigneau, président

Pourvoi n° 22-13.317

Publié au bulletin

SCP Rocheteau, Uzan-Sarano et Goulet, SCP Boutet et Hourdeaux

République française

Au nom du peuple français

ARRÊT DE LA COUR DE CASSATION, CHAMBRE COMMERCIALE, FINANCIÈRE ET ÉCONOMIQUE, DU 28 JUIN 2023

La société Richardson, société par actions simplifiée, dont le siège est [Adresse 2], a formé le pourvoi n° E 22-13.317 contre l'arrêt n° RG 19/03942 rendu le 12 janvier 2022 par la cour d'appel de Nîmes (4e chambre commerciale), dans le litige l'opposant à la société Ets Bellucci, société par actions simplifiée, dont le siège est [Adresse 1], défenderesse à la cassation.

La demanderesse invoque, à l'appui de son pourvoi, un moyen de cassation.

Le dossier a été communiqué au procureur général.

Sur le rapport de Mme Bellino, conseiller référendaire, les observations de la SCP Rocheteau, Uzan-Sarano et Goulet, avocat de la société Richardson, de la SCP Boutet et Hourdeaux, avocat de la société Ets Bellucci, après débats en l'audience publique du 16 mai 2023 [...],

la chambre commerciale, financière et économique de la Cour de cassation, [...], après en avoir délibéré conformément à la loi, a rendu le présent arrêt ;

Faits et procédure

1. Selon l'arrêt attaqué (Nîmes, 12 janv. 2022), la société Ets Bellucci (la société Bellucci), qui a pour objet le commerce de détail, gros et demi-gros d'appareils sanitaires, plomberie, chauffage, électroménager et climatisation, a assigné la société Richardson, dont l'objet comprend le négoce de matériel de chauffage, sanitaire et produits sidérurgiques, afin de voir juger qu'en se dispensant de respecter la réglementation applicable à la vente de climatiseurs « prêts à poser » préchargés en gaz fluoré, à système « split » ou « bi-bloc », constitués d'une unité externe et d'une unité interne, à raccorder lors de leur installation, cette société s'est placée dans une situation anormalement favorable par rapport à elle, et que ces faits sont constitutifs d'une faute caractérisant des actes de concurrence déloyale, demandant sa condamnation à lui payer des dommages et intérêts en réparation du préjudice économique subi du fait de ces actes.

Examen du moyen

Sur le moyen, pris en sa seconde branche

2. En application de l'article 1014, alinéa 2, du code de procédure civile, il n'y a pas lieu de statuer par une décision spécialement motivée sur ce moyen qui n'est manifestement pas de nature à entraîner la cassation.

Sur le moyen, pris en sa première branche

Enoncé du moyen

3. La société Richardson fait grief à l'arrêt de dire que les dispositions du règlement (UE) nº 517/2014 du Parlement européen et du Conseil du 16 avril 2014 étaient applicables sur le territoire français dès le 1er janvier 2015, de dire qu'en se dispensant, à compter du 1er janvier 2015, de respecter la réglementation applicable à la vente des climatiseurs préchargés à système « split » ou « bi bloc », elle s'est placée dans une situation anormalement favorable par rapport à la société Bellucci, de dire que les faits reprochés sont constitutifs d'une faute caractérisant des actes de concurrence déloyale, de dire qu'il s'en infère nécessairement un trouble commercial, générateur de préjudice et d'ordonner en conséquence une mesure d'expertise, alors « que faute de définir précisément et concrètement les obligations qui découlent, pour le vendeur, de l'interdiction générale qu'il pose, l'article 11, 5°, du règlement (UE) nº 517/2014 du Parlement européen et du Conseil du 16 avril 2014, aux termes duquel "les équipements non hermétiquement scellés chargés de gaz à effet de serre fluorés ne sont vendus à l'utilisateur final que lorsqu'il est établi que l'installation sera effectuée par une entreprise certifiée conformément à l'article 10", n'a pas d'effet direct et ne peut être invoqué à l'encontre des personnes de droit privé tant que les mesures d'application nécessaires n'ont pas été adoptées par les États membres, qu'en retenant le contraire, pour dire que la société Richardson était tenue de s'assurer dès le 1er janvier 2015 que les climatiseurs vendus à des particuliers seraient installés par une personne disposant de la certification requise et qu'en ne satisfaisant

pas à cette obligation elle s'était placée dans une situation anormalement favorable par rapport à la société Bellucci, la cour d'appel a violé l'article 288 du Traité sur le fonctionnement de l'Union européenne (TFUE), ensemble l'article 11, 5°, du règlement (UE) n° 517/2014 du Parlement européen et du Conseil du 16 avril 2014. »

Réponse de la Cour

4. Selon l'article 288, alinéa 2, du Traité sur le fonctionnement de l'Union européenne (TFUE), un règlement est obligatoire dans tous ses éléments et est directement applicable dans tout État membre.

5. Il résulte de la jurisprudence de la Cour de justice de l'Union européenne qu'en vertu de cette disposition et en raison même de la nature des règlements et de leur fonction dans le système des sources du droit de l'Union européenne, les dispositions des règlements ont, en général, un effet immédiat dans les ordres juridiques nationaux, sans qu'il soit besoin, pour les autorités nationales, de prendre des mesures d'application. Néanmoins, certaines de ces dispositions peuvent nécessiter, pour leur mise en œuvre, l'adoption de mesures d'application par les États membres (notamment CJUE 11 janv. 2001, aff. C-403/98, *Monte Arcosu*; CJUE 24 juin 2004, aff. C-278/02, *Handlbauer*; CJUE 28 oct. 2010, aff. C-367/09, *Belgisch Interventie-en Restitutiebureau et SGS Belgium*; CJUE 14 avr. 2011, aff. C-42/10, C-45/10 et C-57/10, *Vlaamse Dierenartsenvereniging et Janssens*; CJUE 15 mars 2017, aff. C-528/15, *A. C.*; CJUE 15 juin 2021, aff. C-645/19, *Facebook*).

6. Après avoir énoncé que l'article 11, § 5, du règlement (UE) n° 517/2014 du Parlement européen et du Conseil du 16 avril 2014 relatif aux gaz à effet de serre fluorés, lequel modifie et complète le règlement (CE) n° 842/2006 du 17 mai 2006 qu'il abroge, dispose que « *les équipements non hermétiquement scellés chargés de gaz à effet de serre fluorés ne sont vendus à l'utilisateur final que lorsqu'il est établi que l'installation sera effectuée par une entreprise certifiée conformément à l'article 10* », l'arrêt retient que l'applicabilité de ce règlement n'est pas conditionnée à la mise en place ou l'adaptation par la France de programmes de certification, de formation et de procédures d'évaluation concernant l'installation desdits équipements, dès lors que, d'une part, le paragraphe 7 de l'article 10 du règlement prévoit que « *les certificats et les attestations de formation existants, délivrés conformément au règlement (CE) n° 842/2006, demeurent valides, conformément aux conditions dans lesquelles ils ont été initialement délivrés* » et que, d'autre part, l'article 5 du règlement n° 842/2006 organisait déjà la mise en place de programmes de formation et de certification, destinés tant aux entreprises qu'au personnel concernés par l'installation, la maintenance ou l'entretien des équipements en cause.

7. Il ajoute que l'interdiction, énoncée par l'article 11, § 5, du règlement précité n° 517/2014, de vente des équipements non hermétiquement scellés chargés de gaz à effet de serre fluorés à l'utilisateur final sans qu'il soit établi que l'installation sera effectuée par une entreprise certifiée, est claire et inconditionnelle et qu'elle n'est assortie d'aucune réserve subordonnant sa mise en œuvre à un acte de droit interne.

8. Ayant ensuite relevé que le décret n° 2015-1790 du 28 décembre 2015 s'était borné à ajouter à l'article R. 543-84 du code de l'environnement la précision selon laquelle la cession par les distributeurs des équipements préchargés contenant des fluides frigorigènes et nécessitant, pour leur assemblage ou mise en service, le recours à un opérateur disposant d'une attestation de capacité, n'était autorisée qu'auprès des autres distributeurs, des opérateurs disposant de l'attestation de capacité, et des personnes justifiant avoir conclu, pour l'assemblage et la mise en service des équipements, un contrat auprès d'un opérateur disposant de l'attestation de capacité, l'arrêt en déduit, d'une part, que ce décret n'est pas, comme le soutient la société Richardson, le texte national permettant l'application du règlement n° 517/2014 et imposant, pour la vente des équipements en cause, que l'installation soit effectuée par une entreprise certifiée, mais qu'il a seulement eu pour objet de définir avec précision les modalités requises pour la preuve de ce fait, d'autre part, que si l'exigence de la production d'un tel contrat pour la vente aux particuliers de ces équipements n'est entrée en vigueur qu'au 31 décembre 2015, l'obligation de ne pas vendre des équipements non hermétiquement scellés chargés de gaz à effet de serre fluorés à un utilisateur final sans qu'il soit établi que l'installation soit effectuée par une entreprise certifiée, telle qu'imposée par le règlement n° 517/2014, était déjà applicable en France, à partir du 1er janvier 2015, conformément à l'article 27 de ce règlement.

9. En l'état de ces énonciations, constatations et appréciations, dont il résulte que l'obligation prévue à l'article 11, § 5, du règlement précité n° 517/2014 ne nécessitait pas, pour sa mise en œuvre, l'adoption de mesures d'application, la cour d'appel a exactement retenu que cette disposition était directement applicable en France à compter du 1er janvier 2015.

10. Le moyen n'est donc pas fondé.

PAR CES MOTIFS, la Cour :

REJETTE le pourvoi ;

Condamne la société Richardson aux dépens ;

En application de l'article 700 du code de procédure civile, rejette la demande formée par la société Richardson et la condamne à payer à la société Ets Bellucci la somme de 3 000 euros ;

Ainsi fait et jugé par la Cour de cassation, chambre commerciale, financière et économique, et prononcé par le président en son audience publique du vingt-huit juin deux mille vingt-trois.

Cour de cassation

Pourvoi n° 22-13.317

Rapport de Clotilde Bellino, conseillère à la Cour de cassation

1. Rappel des faits et de la procédure

La société Ets Bellucci (la société Bellucci), qui a pour objet le commerce de détail, gros et demi-gros d'appareils sanitaires, plomberie, chauffage, électroménager et climatisation, et la société Richardson, dont l'objet comprend le négoce de matériel de chauffage, sanitaire et produits sidérurgiques, commercialisent toutes deux une gamme de climatiseurs fixes composés d'équipements « prêts à poser », constitués d'une unité externe et d'une unité interne, préchargés en gaz fluoré et qui sont raccordés lors de leur installation.

Par ordonnance sur requête du 21 août 2015, le président du tribunal de grande instance d'Avignon a autorisé la société Bellucci à faire constater par huissier de justice les conditions de vente de climatiseurs préchargés à système split ou bi-bloc à des particuliers, entreprises et opérateurs, par la société Richardson, ce qui a été exécuté le 31 août 2015.

Par **acte du 13 septembre 2016**, la société Bellucci a assigné la société Richardson devant le tribunal de commerce d'Avignon afin de voir dire et juger que la société Richardson, en se dispensant de respecter la réglementation applicable à la vente des climatiseurs préchargés à système split ou bi-bloc s'est placée dans une situation anormalement favorable par rapport à elle, de dire et juger que ces faits sont constitutifs d'une faute caractérisant des actes de concurrence déloyale, et de la voir condamner à lui payer des dommages et intérêts en réparation du préjudice économique subi du fait de ces actes de concurrence déloyale.

Par ailleurs, la société Bellucci a également assigné devant la même juridiction, pour les mêmes motifs, les sociétés Castorama, Rexel, Distribution sanitaire chauffage, Comptoir électrique Français, Leroy-Merlin, Bricoman et Brico Dépôt.

Par décision du 3 juillet 2017, le tribunal de commerce d'Avignon a rejeté les demandes de jonction.

Par **jugement du 6 septembre 2019**, le tribunal de commerce d'Avignon a rejeté l'ensemble des demandes de la société Bellucci, condamné la société Bellucci à payer à la société Richardson la somme de 3 000 euros à titre de dommages et intérêts pour avoir agi de manière abusive, condamné la société Bellucci à payer à la société Richardson la somme de 5 000 euros à titre d'indemnité sur le fondement de l'article 700 du code de procédure civile, laissé à la société Bellucci la charge des dépens, rejeté toute autre demande.

La société Bellucci a relevé appel de ce jugement.

Par **arrêt du 12 janvier 2022**, la cour d'appel de Nîmes a :

- dit que les dispositions du règlement (UE) nº 517/2014 étaient applicables sur le territoire français dès le 1er janvier 2015 ;

- dit que la société Richardson, en se dispensant, à compter du 1er janvier 2015, de respecter la réglementation applicable à la vente des climatiseurs préchargés à système split ou bi-bloc, s'est placée dans une situation anormalement favorable par rapport à la société Bellucci ;

- dit que les faits reprochés à la société Richardson sont constitutifs d'une faute caractérisant des actes de concurrence déloyale ;

- dit qu'il s'en infère nécessairement un trouble commercial, générateur de préjudice ;

- dit que la cour n'a pas d'éléments suffisants pour évaluer le préjudice économique de la société Bellucci.

Avant-dire-droit :

- ordonné une mesure d'expertise et commis pour y procéder M. [V], expert inscrit à titre probatoire sur la liste de la cour d'appel de Nîmes, avec pour mission de rechercher s'il y a un chiffre d'affaires perdu par la société Bellucci du fait de la moindre vente de climatiseurs entre le 1er janvier et le 30 septembre 2015 et dans ce cas déduire les charges variables qui auraient dû être engagées pour réaliser ce chiffre d'affaires, afin d'obtenir la marge sur coûts variables et donner un avis sur le préjudice économique allégué par la société Bellucci ;

- réservé les demandes de dommages et intérêts, d'indemnisation sur le fondement de l'article 700 du code de procédure civile et les dépens.

C'est l'arrêt attaqué par le pourvoi de la société Richardson.

2. Énoncé du moyen

Le pourvoi est fondé sur un moyen unique articulé en deux branches.

La société Richardson fait grief à l'arrêt de dire que les dispositions du règlement (UE) n° 517/2014 étaient applicables sur le territoire français dès le 1er janvier 2015, de dire que la société Richardson, en se dispensant, à compter du 1er janvier 2015, de respecter la réglementation applicable à la vente des climatiseurs préchargés à système split ou bi bloc s'est placée dans une situation anormalement favorable par rapport à la société Bellucci, de dire que les faits reprochés à la société Richardson sont constitutifs d'une faute caractérisant des actes de concurrence déloyale, de dire qu'il s'en infère nécessairement un trouble commercial, générateur de préjudice et d'ordonner en conséquence une mesure d'expertise, alors :

1° / que faute de définir précisément et concrètement les obligations qui découlent, pour le vendeur, de l'interdiction générale qu'il pose, l'article 11, 5°, du règlement n° 517/2014 du 16 avril 2014 du Parlement et du Conseil, aux termes duquel « les équipements non hermétiquement scellés chargés de gaz à effet de serre fluorés ne sont vendus à l'utilisateur final que lorsqu'il est établi que l'installation sera effectuée par une entreprise certifiée conformément à l'article 10 », n'a pas d'effet direct et ne peut être invoqué à l'encontre des personnes de droit privé tant que les mesures d'application nécessaires n'ont pas été adoptées par les États membres, qu'en retenant le contraire, pour dire que la société Richardson était tenue de s'assurer dès le 1er janvier 2015 que les climatiseurs vendus à des particuliers seraient installés par une personne disposant de la certification requise et qu'en ne satisfaisant pas à cette obligation elle s'était placée dans une situation anormalement favorable par rapport à la société Bellucci, la cour d'appel a violé l'article 288 du Traité sur le fonctionnement de l'Union européenne, ensemble l'article 11, 5°, du règlement n° 517/2014 du 16 avril 2014 du Parlement et du Conseil ;

2° / que, en toute hypothèse, le juge ne peut modifier l'objet du litige tel que déterminé par les prétentions des parties, qu'en se fondant, pour retenir que « l'existence de principe d'un dommage [est] *établie », sur la circonstance que « de tout acte de concurrence déloyale s'infère nécessairement un trouble commercial générant un préjudice, fût-il moral, de telle sorte que les fautes retenues à la charge de la société Richardson ont nécessairement causé un préjudice à la société Bellucci », quand elle constatait pourtant que cette société ne réclamait pas l'indemnisation d'un préjudice moral, la cour d'appel a violé l'article 4 du code de procédure civile.*

3. Identification du ou des points de droit faisant difficulté à juger

La première branche pose la question de l'applicabilité directe au 1er janvier 2015 de l'article 11, paragraphe 5, du règlement (UE) n° 517/2014 du 16 avril 2014 relatif aux gaz à effet de serre fluorés, qui impose, pour la vente d'équipements non hermétiquement scellés chargés de gaz à effet de serre fluorés, qu'il soit établi que l'installation sera effectuée par une entreprise certifiée.

<u>Il est proposé un rejet non spécialement motivé de la seconde branche</u>.

4. Discussion citant les références de jurisprudence et de doctrine

4.1 <u>Première branche</u> : applicabilité directe de l'article 11, paragraphe 5, du règlement UE n° 517/2014 du Parlement européen et du Conseil du 16 avril 2014 relatif aux gaz à effet de serre fluorés

4.1.1 Effet direct et applicabilité directe des règlements

L'effet direct est l'aptitude d'une norme de droit de l'Union à créer par elle-même des droits ou des obligations au bénéfice ou à la charge de personnes privées.

L'effet direct horizontal vise des normes qui, créant des droits et des obligations au profit et à la charge des particuliers, sont invocables aux fins d'application y compris dans le cadre de différends opposant des personnes privées entre elles.

L'applicabilité directe signifie que le texte communautaire s'applique sans aucune mesure nationale de publication, de transposition ou d'autorisation. Ce terme peut toutefois également désigner la capacité du règlement à créer des droits et des obligations pour les particuliers, c'est-à-dire son effet direct.

Doctrine comme jurisprudence ne distinguent pas en général applicabilité directe et effet direct s'agissant des règlements communautaires, qui disposent de ces deux qualités (Répertoire de droit européen, Règlement – Jean-Claude Masclet ; Marc Blanquet, *Droit général de l'Union européenne*, Sirey).

L'article 288 (ex-art. 249) du traité sur le fonctionnement de l'Union européenne prévoit en effet expressément que « *Le règlement a une portée générale. Il est obligatoire dans tous ses éléments et il est directement applicable dans tout État membre* ».

Selon la CJUE, « <u>*en raison de sa nature même et de sa fonction dans le système des sources du droit communautaire, [le règlement] produit des effets immédiats et est, comme tel, apte à conférer aux particuliers des droits que les juridictions nationales ont l'obligation de protéger*</u> » (**arrêt du 14 déc. 1971, *Politi*, aff. 43-71 ; arrêt du 17 mai 1972, *Orsolina Leonesio*, Aff. 93-71**).

Cette applicabilité directe fait obstacle à l'application de toute disposition nationale contraire. Elle s'oppose à toute formalité nationale d'insertion ou de transposition dans l'ordre interne. Il n'est donc nul besoin d'un acte national qui aurait pour objet d'introduire dans l'ordre interne le règlement en cause, et qui conditionnerait son entrée en vigueur (Répertoire de droit européen, Règlement, préc.).

Dans **l'arrêt du 10 octobre 1973, *Variola*, aff. 34/73**, la CJUE a ainsi jugé que :

« *En raison de sa nature même et de sa fonction dans le système des sources du droit communautaire, le règlement produit des effets immédiats et est, comme tel, apte à conférer aux particuliers des droits que les juridictions nationales ont l'obligation de protéger.*

L'applicabilité directe d'un règlement exige que son entrée en vigueur et son application en faveur ou à la charge des sujets de droit se réalisent sans aucune mesure portant réception dans le droit national.

Une mesure législative de droit national reproduisant le contenu d'une règle de droit communautaire directement applicable ne peut en rien affecter cette applicabilité directe, ni affecter les compétences de la cour en vertu du traité.

L'abrogation d'un règlement n'implique pas, sauf disposition valide en sens contraire, la suppression des droits individuels nés en vertu de ses dispositions.

Il n'est pas possible d'opposer à l'effet direct dans l'ordre juridique des États membres, propre aux règlements de la communauté ainsi qu'à d'autres dispositions du droit communautaire, un texte législatif interne sans que soit compromis le caractère essentiel des règles communautaires ainsi que le principe fondamental de la primauté de l'ordre juridique communautaire.

Il en est ainsi, en particulier, en ce qui concerne la date à partir de laquelle la règle communautaire produit ses effets et crée des droits en faveur des particuliers.

Il est exclu que les États membres aient la faculté, sans une autorisation expresse, de faire varier la date d'entrée en vigueur de la règle communautaire car il est nécessaire d'assurer l'application uniforme et simultanée du droit communautaire dans l'ensemble de la communauté ».

L'effet direct des règlements est non seulement vertical mais aussi horizontal (**CJCE 17 sept. 2002, aff. C-253/00, *Munoz et Superior fruiticola***).

Toutefois :

- un règlement communautaire peut ne pas être applicable en l'état, car il renvoie à des dispositions complémentaires à prendre par les autorités communautaires ou par les autorités nationales. La CJUE a ainsi admis que « *l'applicabilité directe d'un règlement ne fait pas obstacle à ce que le texte même du règlement habilite une institution communautaire ou un État membre à prendre des mesures d'application. Dans la dernière hypothèse, les modalités de l'exercice de ce pouvoir sont régies par le droit public de l'État membre concerné ; toutefois, l'applicabilité directe de l'acte qui habilite l'État membre à prendre les mesures nationales en question aura pour effet de permettre aux juridictions nationales de contrôler la conformité de ces mesures nationales avec le contenu du règlement communautaire* » (**CJCE 27 sept. 1979, *Eridania*, aff. 230/78**).

Les autorités nationales tiennent alors leur compétence du règlement communautaire lui-même.

▪ Par ailleurs, la CJUE a admis dans une **décision du 11 janv. 2001, C-403/98,** ***Monte Arcosu,*** que les dispositions d'un règlement puissent, par exception, ne pas être applicables directement lorsque leur mise en œuvre dans l'ordre interne nécessite des mesures d'application par l'État membre :

« 26. À cet égard, il convient de relever que, si, en raison même de la nature des règlements et de leur fonction dans le système des sources du droit communautaire, les dispositions desdits règlements ont, en général, effet immédiat dans les ordres juridiques nationaux, sans qu'il soit besoin pour les autorités nationales de prendre des mesures d'application, certaines de leurs dispositions peuvent néanmoins nécessiter, pour leur mise en œuvre, l'adoption de mesures d'application par les États membres.

27. Tel est le cas des articles 2, paragraphe 5, dernier alinéa, du règlement n° 797/85 et 5, paragraphe 5, dernier alinéa, du règlement n° 2328/91 qui prévoient que, pour les personnes autres que les personnes physiques, les États membres définissent la notion d'exploitant agricole à titre principal en tenant compte des critères utilisés pour les personnes physiques.

28. En effet, eu égard à la marge d'appréciation dont disposent les États membres pour la mise en œuvre desdites dispositions, il ne saurait être considéré que des particuliers peuvent tirer des droits de ces dispositions en l'absence de mesures d'application adoptées par les États membres.

29. Il résulte des considérations qui précèdent que les articles 2, paragraphe 5, dernier alinéa, du règlement n° 797/85 et 5, paragraphe 5, dernier alinéa, du règlement n° 2328/91 ne peuvent être invoqués devant une juridiction nationale par des sociétés de capitaux en vue d'obtenir la reconnaissance du statut d'exploitant agricole à titre principal lorsque le législateur d'un État membre n'a pas pris les dispositions nécessaires à leur mise en œuvre dans son ordre juridique interne ».

Cette solution a été reprise dans une **décision du 24 juin 2004, C-278/02,** ***Handlbauer***, dans laquelle l'applicabilité directe du règlement a toutefois été retenue :

« 25. À cet égard, il convient de rappeler que, en raison même de leur nature et de leur fonction dans le système des sources du droit communautaire, les dispositions des règlements ont, en général, effet immédiat dans les ordres juridiques nationaux, sans qu'il soit besoin pour les autorités nationales de prendre des mesures d'application (arrêt du 17 mai 1972, Leonesio, 93/71, Rec. p. 287, point 5).

26. Il est vrai que certaines de leurs dispositions peuvent néanmoins nécessiter, pour leur mise en œuvre, l'adoption de mesures d'application par les États membres (arrêt du 11 janvier 2001, Monte Arcosu, C-403/98, Rec. p. I-103, point 26).

27. Toutefois, cela ne saurait être le cas de l'article 3, paragraphe 1, du règlement n° 2988/95, lequel, en fixant, en matière de poursuites, un délai de prescription de quatre ans à partir de la réalisation de l'irrégularité, ne laisse aucune marge d'appréciation aux États membres ni n'appelle de leur part l'adoption de mesures d'exécution ».

Elle a également été reprise dans une **décision du 28 octobre 2010, aff. C-367/09, *Belgisch Interventie- en Restitutiebureau contre SGS Belgium***, pour écarter l'applicabilité directe des sanctions administratives prévues par un règlement :

« 32. À cet égard, en raison même de leur nature et de leur fonction dans le système des sources du droit de l'Union, les dispositions d'un règlement ont, en règle générale, un effet immédiat dans les ordres juridiques nationaux, sans qu'il soit besoin pour les autorités nationales de prendre des mesures d'application (voir arrêts du 17 mai 1972, Leonesio, 93/71, Rec. p. 287, point 5, et du 24 juin 2004, Handlbauer, C-278/02, Rec. p. I-6171, point 25) ou qu'il soit besoin pour le législateur de l'Union d'adopter des réglementations complémentaires.

33. Cependant, certaines des dispositions d'un règlement peuvent nécessiter, pour leur mise en œuvre, l'adoption de mesures d'application (voir, en ce sens, arrêt du 11 janvier 2001, Monte Arcosu, C-403/98, Rec. p. I-103, point 26) soit par les États membres, soit par le législateur de l'Union lui-même.

34. Il en va ainsi, dans le contexte de la protection des intérêts financiers de l'Union, s'agissant des sanctions administratives imposées aux différentes catégories d'acteurs identifiées dans le règlement nº 2988/95.

35. En effet, s'agissant des irrégularités intentionnelles ou causées par négligence, l'article 5 de ce règlement se limite à prévoir que celles-ci "peuvent" conduire à certaines des sanctions administratives énumérées à cet article tandis que, s'agissant des catégories d'acteurs susceptibles de faire l'objet de telles sanctions, l'article 7 dudit règlement prévoit que lesdites sanctions "peuvent" s'appliquer non seulement aux opérateurs économiques ayant commis l'irrégularité, mais également aux personnes ayant participé à la réalisation de l'irrégularité ainsi qu'à celles qui sont tenues de répondre de l'irrégularité ou d'éviter qu'elle soit commise.

36. Force est donc de constater que ces dispositions se bornent à établir les règles générales de contrôles et de sanctions dans un but de protection des intérêts financiers de l'Union (voir arrêt du 13 mars 2008, Vereniging Nationaal Overlegorgaan Sociale Werkvoorziening, C-383/06 à C-385/06, Rec. p. I-1561, point 39). En particulier, lesdites dispositions ne déterminent pas précisément laquelle des sanctions énumérées à l'article 5 du règlement nº 2988/95 devrait être appliquée dans un cas d'irrégularité portant atteinte aux intérêts financiers de l'Union ni la catégorie d'acteurs devant faire l'objet d'une telle sanction dans un tel cas.

[...]

43. Compte tenu de ce qui précède, il y a lieu de répondre à la première question que les articles 5 et 7 du règlement nº 2988/95 ne s'appliquent pas d'une manière telle qu'une sanction administrative puisse être infligée sur le fondement de ces seules dispositions dès lors que, dans le contexte de la protection des intérêts financiers de l'Union, l'application d'une sanction administrative à une catégorie de personnes nécessite que, antérieurement à la commission de l'irrégularité en cause, soit le législateur de l'Union ait adopté une réglementation sectorielle définissant une telle sanction et les conditions de son application à cette catégorie de personnes, soit, le cas échéant, lorsqu'une telle réglementation n'a pas encore été adoptée au niveau de l'Union, que le droit de l'État membre où a été commise cette irrégularité ait prévu l'imposition d'une sanction administrative à ladite catégorie de personnes. »

Dans diverses décisions ultérieures, la CJUE a repris la même solution, selon laquelle, par exception, « *certaines dispositions des règlements peuvent toutefois nécessiter, pour leur mise en œuvre, l'adoption de mesures d'application par les États membres* », mais en réponse à des questions ne tendant pas à écarter l'applicabilité directe d'un règlement mais à contrôler la conformité au règlement de la mesure nationale d'application (par exemple : **arrêt du 14 avr. 2011, aff. C-42/10, C-45/10 et C-57/10, *Vlaamse Dierenartsenvereniging VZW et M. J.*** ; **arrêt du 25 oct. 2012, aff. C-592/11, *A. K.*** ; **arrêt du 15 mai 2014, aff. C-135/13, *Szatmári Malom Kft ;*** **arrêt du 7 juill. 2016, aff. C-111/15, *O. G.*** ; **arrêt du 15 mars 2017, aff. C-528/15, *A. C.*** ; **arrêt du 30 mars 2017, aff. C-315/16, *J. L.*** ; **arrêt du 12 avr. 2018, aff. C-541/16, *Commission européenne c/ Royaume de Danemark***).

Elle a ainsi admis que les États membres puissent adopter des mesures nationales d'application d'un règlement alors même que celui-ci ne les y habilite pas expressément, si ledit règlement ne fixe pas de manière précise certaines règles, nécessitant l'adoption de mesures nationales d'application (**arrêt du 21 déc. 2011, *Danske Svineproducenter*, C-316/10, et arrêts préc. du 28 oct. 2010, *SGS Belgium* et du 12 avr. 2018, *Commission européenne c/ Royaume de Danemark***).

Cette solution a été rappelée en dernier lieu dans la **décision du 15 juin 2021, aff. C-645/19, *Facebook***, pour retenir l'effet direct de l'article 58, paragraphe 5, du règlement UE 2016/679 sur la protection des données à caractère personnel :

« *109. Par ailleurs, et dans un souci d'exhaustivité, il y a lieu de relever que, en vertu de l'article 288, deuxième alinéa, TFUE, un règlement est obligatoire dans tous ses éléments et qu'il est directement applicable dans tout État membre, de telle sorte que ses dispositions ne nécessitent, en principe, aucune mesure d'application des États membres.*

110. À cet égard, il convient de rappeler que, selon une jurisprudence bien établie de la Cour, en vertu de l'article 288 TFUE et en raison même de la nature des règlements et de leur fonction dans le système des sources du droit de l'Union, les dispositions des règlements ont, en général, un effet immédiat dans les ordres juridiques nationaux, sans qu'il soit besoin, pour les autorités nationales, de prendre des mesures d'application. Néanmoins, certaines de ces dispositions peuvent nécessiter, pour leur mise en œuvre, l'adoption de mesures d'application par les États membres (arrêt du 15 mars 2017, A. C., *C-528/15, EU:C:2017:213, point 27 et jurisprudence citée).*

111. Or, ainsi que M. l'avocat général l'a relevé en substance au point 167 de ses conclusions, l'article 58, paragraphe 5, du règlement 2016/679 prévoit une règle spécifique et directement applicable en vertu de laquelle les autorités de contrôle doivent avoir la qualité pour agir devant les juridictions nationales et être habilitées à ester en justice en vertu du droit national.

112. Il ne ressort pas de l'article 58, paragraphe 5, du règlement 2016/679 que les États membres devraient fixer par une disposition explicite quelles sont les circonstances dans lesquelles les autorités de contrôle nationales peuvent ester en justice, au sens de cette disposition. Il suffit que l'autorité de contrôle ait la possibilité, conformément à la législation nationale, de porter à l'attention des autorités judiciaires des infractions à ce règlement et, le cas échéant, d'ester en justice ou d'ouvrir, d'une autre manière, une procédure visant à faire appliquer les dispositions dudit règlement.

113. Eu égard à l'ensemble des considérations qui précèdent, il y a lieu de répondre à la cinquième question posée que l'article 58, paragraphe 5, du règlement 2016/679 doit être interprété en ce sens que cette disposition a un effet direct, de telle sorte qu'une autorité de contrôle nationale peut invoquer ladite disposition pour intenter ou reprendre une action contre des particuliers, même si cette disposition n'aurait pas été spécifiquement mise en œuvre dans la législation de l'État membre concerné ».

Selon le professeur Rostane Mehdi (J.-Cl. Europe Traité, fasc. 195 : Ordre juridique de l'Union européenne. – Effet direct), « *Dit autrement, l'applicabilité directe n'est pas une prédestination du règlement mais simplement une présomption réfragable que le législateur de l'Union peut renverser, en exprimant sans équivoque sa volonté de conditionner la pleine efficacité du règlement à l'édiction par les instances nationales de normes d'application substantielles. L'effet direct reste alors à l'état de virtualité. Sans doute, faut-il y voir le signe que les règlements se sont parfois mis à "ressembler aux directives dans la mesure où il s'agit dans certains cas d'actes incomplets, qui nécessitent expressément l'intervention de textes nationaux d'application. Il peut donc arriver que comme pour les directives, l'entrée en vigueur de ces règlements dans un État membre se trouve subordonnée à l'intervention d'un texte national" (Y. Galmot, Directives et règlements en droit communautaire : CJEG 1990. 73, spéc. p. 74)* ».

Le professeur Marc Blanquet (*Droit général de l'Union européenne*, Sirey, 11e éd., 2018) expose, dans le même sens, que « *S'il convient donc sans doute de relativiser ce que l'on a parfois pu ressentir comme un "détricotage" de la jurisprudence classique en matière d'effet direct des règlements, il semble possible malgré tout de tenter une mise en perspective d'ensemble cohérente. Celle-ci, sur la base de cette nouvelle logique d'un règlement produisant "de manière générale" des effets directs mais pouvant dans certains cas en être dépourvu, pourrait être présentée en termes de présomption non irréfragable.* [...] *N'est-il pas – il est vrai – patent que l'arrêt Politi évoque seulement une "aptitude" naturelle à produire des effets directs ? Il y aurait donc une présomption d'effet direct liée à la nature du règlement (en phase avec la présomption générale d'effet direct reposant sur la spécificité de l'intégration européenne, cf. Van Gend en Loos), pouvant "dans des cas exceptionnels" (termes utilisés de manière générale par les avocats généraux ; cf. les conclusions dans les affaires précitées C-367/09 et C-278/02, ou les conclusions dans l'affaire C-434/08, arrêt du 20 mai 2010, Harms, Rec. I-4431) être renversée* ».

4.1.2 La réglementation litigieuse sur les équipements contenant des gaz à effet de serre fluorés

- Le règlement (UE) no 517/2014 du Parlement européen et du Conseil du 16 avril 2014 relatif aux gaz à effet de serre fluorés et abrogeant le règlement (CE) no 842/2006, définit ainsi son objet à l'article 1er :

« Le présent règlement a pour objectif de protéger l'environnement en réduisant les émissions de gaz à effet de serre fluorés.

Dès lors, le présent règlement :

a) définit des règles relatives au confinement, à l'utilisation, à la récupération et à la destruction des gaz à effet de serre fluorés et aux mesures d'accompagnement y relatives ;

b) impose des conditions à la mise sur le marché de certains produits et équipements contenant des gaz à effet de serre fluorés ou qui en sont tributaires ;

c) impose des conditions à certaines utilisations spécifiques des gaz à effet de serre fluorés ; et

d) fixe des limites quantitatives pour la mise sur le marché des hydrofluorocarbones ».

L'article 11, paragraphes 4 et 5, de ce règlement prévoit que :

« *4. Dans le cadre de l'exécution des activités d'installation, d'entretien, de maintenance ou de réparation des équipements qui contiennent des gaz à effet de serre fluorés ou qui en sont tributaires pour lesquelles la certification ou l'attestation est requise en vertu de l'article 10, les gaz à effet de serre fluorés sont exclusivement vendus à des entreprises et achetés par des entreprises titulaires des certificats ou des attestations correspondants conformément à l'article 10 ou des entreprises qui emploient des personnes titulaires d'un certificat ou d'une attestation de formation conformément à l'article 10, paragraphes 2 et 5. Le présent paragraphe n'empêche pas les entreprises non certifiées qui n'exécutent pas les activités visées à la première phrase du présent paragraphe, de collecter, transporter ou livrer des gaz à effet de serre fluorés.*

5. Les équipements non hermétiquement scellés chargés de gaz à effet de serre fluorés ne sont vendus à l'utilisateur final que lorsqu'il est établi que l'installation sera effectuée par une entreprise certifiée conformément à l'article 10 ».

L'article 10, paragraphe 1, auquel il est renvoyé, sur la formation et la certification, prévoit que :

« *1. Les États membres, sur la base des prescriptions minimales visées au paragraphe 5, mettent en place ou adaptent des programmes de certification, y compris des procédures d'évaluation. Les États membres veillent à ce que des formations soient disponibles pour les personnes physiques exécutant les tâches suivantes :*

a) l'installation, l'entretien, la maintenance, la réparation ou la mise hors service des équipements énumérés à l'article 4, paragraphe 2, points a) à f) ;

b) les contrôles d'étanchéité des équipements visés à l'article 4, paragraphe 2, points a) à e), tels que prévus à l'article 4, paragraphe 1 ;

c) la récupération des gaz à effet de serre fluorés prévue à l'article 8, paragraphe 1. »

Parmi les équipements contenant des gaz à effet de serre fluorés visés à l'article 4, figurent les équipements de climatisation fixes.

L'article 10 précise ensuite, s'agissant de la certification exigée :

« *3. Les programmes de certification et la formation prévus aux paragraphes 1 et 2 couvrent les aspects suivants :*

a) les réglementations et les normes techniques en vigueur ;

b) la prévention des émissions ;

c) la récupération des gaz à effet de serre fluorés ;

d) la manipulation sans danger des équipements du type et de la taille couverts par le certificat ;

e) des informations sur les technologies pertinentes permettant de remplacer les gaz à effet de serre fluorés ou d'en réduire l'utilisation, et sur leur manipulation sans danger.

4. Les certificats prévus par les programmes de certification prévus au paragraphe 1 sont délivrés à la condition que le demandeur ait passé avec succès un processus d'évaluation établi conformément aux paragraphes 1, 3 et 5.

5. Les prescriptions minimales pour les programmes de certification sont établies dans les règlements (CE) n° 303/2008 à (CE) n° 306/2008 et en vertu du paragraphe 12. Les prescriptions minimales pour les attestations de formation sont établies dans le règlement (CE) n° 307/2008 et en vertu du paragraphe 12. Ces prescriptions minimales précisent, pour chaque type d'équipement visé aux paragraphes 1 et 2, les compétences pratiques et les connaissances théoriques requises, le cas échéant, en établissant une distinction entre les différentes activités à prendre en compte, ainsi que les conditions applicables à la reconnaissance mutuelle des certificats et des attestations de formation.

6. Les États membres mettent en place ou adaptent des programmes de certification sur la base des prescriptions minimales visées au paragraphe 5, pour les entreprises qui assurent l'installation, l'entretien, la maintenance, la réparation ou la mise hors service des équipements visés à l'article 4, paragraphe 2, points a) à d) pour le compte de tiers.

7. Les certificats et les attestations de formation existants, délivrés conformément au règlement (CE) n° 842/2006, demeurent valides, conformément aux conditions dans lesquelles ils ont été initialement délivrés.

8. Les États membres veillent à ce que toutes les personnes physiques titulaires de certificats en vertu des programmes de certification prévus aux paragraphes 1 et 7 aient accès aux informations relatives : a) aux technologies visées au paragraphe 3, point e) ; et b) aux exigences réglementaires existantes applicables à l'utilisation d'équipements contenant des fluides frigorigènes de substitution aux gaz à effet de serre fluorés.

9. Les États membres veillent à ce que des formations soient disponibles pour les personnes physiques qui souhaitent mettre à jour leurs connaissances dans les domaines visés au paragraphe 3.

10. Au plus tard le 1er janvier 2017, les États membres notifient à la Commission les programmes de certification et de formation. Les États membres reconnaissent les certificats et les attestations de formation délivrés dans un autre État membre conformément au présent article. Ils ne restreignent pas la libre prestation de services ni la liberté d'établissement au motif qu'un certificat a été délivré dans un autre État membre.

[...] »

L'article 27 sur l'entrée en vigueur et la date d'application du règlement dispose que :

« *Le présent règlement entre en vigueur le vingtième jour suivant celui de sa publication au Journal officiel de l'Union européenne.*

Il s'applique à partir du 1er janvier 2015 ».

Il est précisé que « *Le présent règlement est obligatoire dans tous ses éléments et directement applicable dans tout État membre* ».

▪ Ce règlement prend la suite du règlement (CE) nº 842/2006 du Parlement européen et du Conseil du 17 mai 2006 relatif à certains gaz à effet de serre fluorés, qu'il abroge, et qui visait, selon son considérant 7, à « *harmoniser les exigences applicables en matière d'utilisation de gaz à effet de serre fluorés et de commercialisation et d'étiquetage de produits et d'équipements contenant des gaz à effet de serre fluorés* ».

L'article 5 du règlement nº 842/2006 prévoyait déjà une obligation de formation et de certification, s'imposant aux entreprises et au personnel concernés par l'installation, la maintenance ou l'entretien des équipements de réfrigération, de climatisation et de pompe à chaleur, et des systèmes de protection contre l'incendie, qui contiennent des gaz à effet de serre fluorés :

« *Formation et certification*

1. Le 4 juillet 2007 au plus tard, sur la base d'informations provenant des États membres et en consultation avec les secteurs concernés, il est établi, conformément à la procédure visée à l'article 12, paragraphe 2, des prescriptions minimales ainsi que des conditions pour une reconnaissance mutuelle en matière de programmes de formation et de certification, à l'intention à la fois des entreprises et du personnel concernés par l'installation, la maintenance ou l'entretien des équipements et des systèmes relevant de l'article 3, paragraphe 1, ainsi que du personnel participant aux activités visées aux articles 3 et 4.

2. Le 4 juillet 2008 au plus tard, les États membres mettent en place ou adaptent leurs propres règles en matière de formation et de certification, sur la base des prescriptions minimales visées au paragraphe 1. Les États membres communiquent à la Commission leurs programmes de formation et de certification. Les États membres reconnaissent les certificats délivrés dans les autres États membres et ne limitent pas la libre prestation de services ou la liberté d'établissement pour des motifs liés au fait que la certification a eu lieu dans un autre État membre.

3. L'exploitant de l'application concernée veille à ce que le personnel concerné ait obtenu la certification nécessaire visée au paragraphe 2, qui implique une connaissance appropriée des règlements et des normes applicables ainsi que la compétence nécessaire en termes de prévention d'émission et de récupération des gaz à effet de serre fluorés, et de manipulation sans danger d'équipements de type et de taille appropriés.

4. Le 4 juillet 2009 au plus tard, les États membres veillent à ce que les sociétés participant aux activités prévues aux articles 3 et 4 ne prennent livraison de gaz à effet de serre fluorés qu'à condition que leur personnel concerné détienne les certificats mentionnés au paragraphe 2 du présent article.

5. Le 4 juillet 2007 au plus tard, la Commission définit, conformément à la procédure visée à l'article 12, paragraphe 2, le format de la notification visée au paragraphe 2 du présent article ».

L'article 3 du règlement n° 842/2006 imposait également cette certification pour le personnel qui participe aux contrôles d'étanchéité de ces équipements :

« *Les exploitants des applications fixes suivantes : équipements de réfrigération, de climatisation et de pompe à chaleur, y compris leurs circuits, ainsi que systèmes de protection contre l'incendie, qui contiennent des gaz à effet de serre fluorés énumérés à l'annexe I, [...] prennent les mesures nécessaires pour que celles-ci fassent l'objet de contrôles d'étanchéité par du personnel certifié qui satisfait aux dispositions de l'article 5 [...]* »

Et l'article 4 du règlement n° 842/2006 l'imposait à ceux réalisant la récupération des gaz à effet de serre fluorés pour en assurer le recyclage, la régénération ou la destruction :

« *Il revient aux exploitants des types d'équipements fixes ci-après de mettre en place des mesures de récupération judicieuse des gaz à effet de serre fluorés, par du personnel certifié qui satisfait aux dispositions de l'article 5, afin d'en assurer le recyclage, la régénération ou la destruction :*

a) les circuits de refroidissement des équipements de réfrigération, de climatisation et de pompes à chaleur [...] ».

Toutefois, en application des articles 3, 4 et 5 de ce règlement, il était seulement imposé aux « *exploitants* » de tels équipements contenant des gaz à effet de serre fluorés, de s'assurer que le personnel concerné par ces activités dispose de cette certification. L'« *exploitant* » était défini à l'article 2 comme « *la personne physique ou morale exerçant un pouvoir réel sur le fonctionnement technique des équipements et des systèmes visés par le présent règlement ;*

un État membre peut, dans des situations particulières définies, décider que le propriétaire assume les obligations de l'exploitant ».

Il n'était donc pas imposé que le distributeur d'équipements chargés de gaz à effet de serre fluorés s'assure lors de la vente à un utilisateur que l'installation serait effectuée par une entreprise disposant de la certification prévue par le règlement.

C'est l'applicabilité directe de cette obligation nouvelle imposée au distributeur par le règlement n° 517/2014 à l'article 11, paragraphe 5, précité, qui est discutée par le pourvoi.

▪ En France, a été adopté un décret n° 2015-1790 du 28 décembre 2015 relatif à certains fluides frigorigènes et aux gaz à effet de serre fluorés, dont se prévaut le demandeur au pourvoi pour exclure l'effet direct de la disposition litigieuse du règlement.

Selon la notice accompagnant ce décret, « *les fluides frigorigènes utilisés dans les équipements de climatisation et de réfrigération ou pompes à chaleur sont de puissants gaz à effet de serre qui peuvent appauvrir la couche d'ozone. Leur usage est encadré par le droit de l'Union européenne, notamment les règlements n° 1005/2009 du 16 septembre 2009 et n° 517/2014 du 16 avril 2014. Le décret adapte le code de l'environnement à leurs dispositions. Il encadre les conditions de vente des équipements dont la charge en fluide frigorigène est effectuée en usine mais qui nécessitent de faire appel à une entreprise titulaire d'une certification réglementaire, appelée "attestation de capacité", pour effectuer leur assemblage. Sans modifier les filières de distribution des équipements, il permet d'assurer que seuls les professionnels autorisés prendront livraison de ces équipements ainsi que tout particulier ou entreprise démontrant qu'il respectera les obligations réglementaires applicables à l'assemblage de ces équipements*. [...] ».

▪ L'article 3 du décret du 28 décembre 2015 a ajouté un dernier alinéa à l'article R. 543-78 du code de l'environnement (qui pour le reste était issu du décret n° 2011-396 du 13 avril 2011 et est resté inchangé) [1] :

« *Tout détenteur d'équipement est tenu de faire procéder à sa charge en fluide frigorigène, à sa mise en service ou à toute autre opération réalisée sur cet équipement qui nécessite une intervention sur le circuit frigorifique par un opérateur disposant de l'attestation de capacité prévue à l'article R. 543-99 ou d'un certificat équivalent délivré dans un des États membres de l'Union européenne et traduit en français.*

L'assemblage d'un équipement ou des circuits contenant ou conçus pour contenir des fluides frigorigènes, y compris l'opération au cours de laquelle les conduites de fluides frigorigènes sont connectées pour compléter un circuit frigorifique, est effectué par un opérateur disposant de l'attestation de capacité prévue à l'article R. 543-99 ou d'un certificat équivalent délivré dans un des États membres de l'Union européenne et traduit en français ou par une entreprise certifiée pour les opérations de brasage fort, brasage tendre ou soudure sous réserve que son activité soit encadrée par un opérateur disposant de l'attestation de capacité prévue à l'article R. 543-99 ou d'un certificat équivalent délivré dans un des États membres de l'Union européenne.

(1) Les modifications apportées par le décret du 28 décembre 2015 sont en gras.

Toutefois, le recours à un opérateur n'est pas obligatoire pour la mise en service des équipements à circuit hermétique, préchargés en fluide frigorigène, contenant moins de deux kilogrammes de fluide dès lors que leur mise en service consiste exclusivement en un raccordement à des réseaux électrique, hydraulique ou aéraulique.

Le respect des dispositions du présent article est démontré par la remise d'une copie de l'attestation de capacité mentionnée à l'article R. 543-99 ou du certificat équivalent délivré dans un des États membres de l'Union européenne ».

Il en résulte qu'une attestation de capacité était déjà nécessaire antérieurement pour les opérateurs assurant la mise en service d'un appareil chargé en fluide frigorigène (conformément aux exigences du règlement nº 842/2006 précité), mais que le décret a imposé, pour justifier de cette obligation, la remise d'une copie de l'attestation de capacité.

▪ L'article 3 du décret du 28 décembre 2015 a également modifié l'article R. 543-84 du code de l'environnement, pour y ajouter les alinéas 2 à 5 (seul l'alinéa 1er, relatif à la cession de fluides frigorigènes, préexistait) [2] :

« *Les distributeurs ne peuvent céder à titre onéreux ou gratuit et remettre des fluides frigorigènes qu'à d'autres distributeurs, qu'aux personnes produisant des équipements préchargés contenant de tels fluides dans des installations relevant des dispositions du titre Ier du présent livre, ainsi qu'aux opérateurs disposant de l'attestation de capacité prévue à l'article R. 543-99 ou d'un certificat équivalent délivré dans un des États membres de l'Union européenne et traduit en français.*

Lors de la cession, les distributeurs mentionnent sur la facture la part du prix destinée à couvrir d'une part l'obligation de reprise prévue à l'article R. 543-91 et d'autre part les coûts de traitements dans le cas où le distributeur est également le producteur ou lorsqu'un contrat entre producteur et distributeur stipule que le distributeur assume opérationnellement et financièrement l'obligation de traitement prévue à l'article R. 543-95.

Les distributeurs d'équipements ne peuvent céder à titre onéreux ou gratuit des équipements préchargés contenant des fluides frigorigènes et nécessitant pour leur assemblage ou mise en service, en application de l'article R. 543-78, le recours à un opérateur disposant de l'attestation de capacité prévue à l'article R. 543-99 ou d'un certificat équivalent délivré dans un des États membres de l'Union européenne traduit en langue française, qu'aux personnes suivantes :

- les autres distributeurs d'équipements ;

- les opérateurs disposant de l'attestation de capacité prévue à l'article R. 543-99 ou d'un certificat équivalent délivré dans un des États membres de l'Union européenne et traduit en langue française ;

- les personnes justifiant, lors de la cession des équipements, avoir conclu, pour l'assemblage et la mise en service de ces équipements, un contrat auprès d'un opérateur disposant de l'attestation de capacité prévue à l'article R. 543-99 ou d'un certificat équivalent délivré dans un des États membres de l'Union européenne traduit en langue française. Le contenu du contrat est précisé par arrêté du

(2) Les modifications apportées par le décret du 28 décembre 2015 sont en gras.

ministre chargé de l'environnement. Ce contrat indique notamment le type d'équipement (climatisation ou pompe à chaleur) et la famille du fluide frigorigène employé ».

Il en résulte que ce décret a imposé aux distributeurs des équipements concernés, pour justifier du respect de l'obligation prévue à l'article 11, paragraphe 5 du règlement n° 517/2014, qu'ils obtiennent de l'acquéreur, s'il s'agit d'un particulier ou d'une entreprise non certifiée, la justification de ce qu'il a conclu un contrat d'assemblage et de mise en service de l'appareil auprès d'un opérateur disposant d'une attestation de capacité.

Le contenu de ce contrat a été précisé à l'article 10 de l'arrêté du 29 février 2016 relatif à certains fluides frigorigènes et aux gaz à effet de serre fluorés.

▪ Par ailleurs l'article 3 du décret du 28 décembre 2015 a remplacé l'article R. 543-85 du code de l'environnement par les dispositions suivantes :

« ***Les distributeurs de fluides frigorigènes et les distributeurs d'équipements tiennent un registre justifiant de la cession des fluides ou des équipements aux personnes mentionnées à l'article R. 543-84.***

Le contenu de ce registre, qui peut être établi sous forme électronique, est défini par arrêté du ministre chargé de l'environnement.

Les distributeurs de fluides frigorigènes et les distributeurs d'équipements conservent ce registre pendant une durée de cinq ans. »

Il en résulte que le décret a également imposé la tenue d'un registre pour les distributeurs d'équipements contenant des fluides frigorigènes, le texte antérieur n'imposant ce registre que pour la cession d'un fluide frigorigène.

Les informations à consigner dans ce registre par le distributeur ont été précisées par l'article 9 de l'arrêté précité du 29 février 2016.

L'appréciation de l'applicabilité directe de l'article 11, paragraphe 5, du règlement n° 517/2014, précité, impliquera donc de déterminer si ce texte national d'application était nécessaire pour sa mise en œuvre.

En l'espèce, le litige :

▪ La **cour d'appel** a jugé que :

« *C'est vainement que la société Richardson soutient que l'applicabilité du règlement n° 517/2014 serait conditionnée à la mise en place ou l'adaptation par la France de programmes de certification, de formation, et de procédures d'évaluation concernant notamment l'installation des équipements contenant des gaz à effet de serre fluorés tels que décrits à l'article 10, alors même que le point 7 de cet article 10 prévoit que "les certificats et les attestations de formation existants, délivrés conformément au règlement (CE) n° 842/2006, demeurent valides, conformément aux conditions dans lesquelles ils ont été initialement délivrés".*

Or l'article 5 du règlement 842/2006 du 17 mai 2006 organisait déjà la mise en place de "programmes de formation et de certification, à l'intention à la fois des entreprises et du personnel concernés par l'installation, la maintenance ou l'entretien des équipements" concernés.

Le texte de l'article 11.5 du règlement (UE) n° 517/2014 du 16 avril 2014 énonçait donc une interdiction de vente des équipements non hermétiquement scellés chargés de gaz à effet de serre fluorés à l'utilisateur final sans qu'il soit établi que l'installation sera effectuée par une entreprise certifiée, interdiction claire et inconditionnelle qui n'est assortie d'aucune réserve pour en subordonner la mise en œuvre à un acte positif de droit interne. Cette prohibition est ainsi de nature à produire des effets directs dans les relations juridiques entre les États membres et leurs justiciables. Ceux-ci, sujets de l'obligation de ne pas faire, en sont également les bénéficiaires dans la mesure où ils peuvent s'en prévaloir devant le juge national.

Le décret n° 2015-1790 du 28 décembre 2015 qui modifie l'article R. 543-84 du code de l'environnement n'est donc pas, comme le soutient la société Richardson, le texte national qui permet l'application du règlement n° 517/2014 et impose désormais, pour la vente d'équipements non hermétiquement scellés chargés de gaz à effet de serre fluorés, qu'il soit établi que l'installation sera effectuée par une entreprise certifiée.

Il a seulement pour objet de définir avec précision les modalités requises pour la preuve de ce fait.

Ainsi, l'article R. 543-84 du code de l'environnement dispose, dans sa version en vigueur depuis le 31 décembre 2015 telle que résultant du décret n° 2015-1790, comme dans celle antérieure applicable sur l'année 2015, que "Les distributeurs ne peuvent céder à titre onéreux ou gratuit et remettre des fluides frigorigènes qu'à d'autres distributeurs, qu'aux personnes produisant des équipements préchargés contenant de tels fluides dans des installations relevant des dispositions du titre Ier du présent livre, ainsi qu'aux opérateurs disposant de l'attestation de capacité prévue à l'article R543-99 ou d'un certificat équivalent délivré dans un des États membres de l'Union européenne et traduit en français".

Le décret n° 2015-1790 a seulement ajouté à cet article deux alinéas supplémentaires aux termes desquels :

- lors de la cession, les distributeurs doivent mentionner sur la facture la part du prix destinée à couvrir d'une part l'obligation de reprise et d'autre part les coûts de traitements (alinéa 2),

- la cession par les distributeurs des équipements préchargés contenant des fluides frigorigènes et nécessitant pour leur assemblage ou mise en service le recours à un opérateur disposant d'une attestation de capacité, n'est autorisée qu'auprès des autres distributeurs, des opérateurs disposant de l'attestation de capacité, et des personnes justifiant avoir conclu pour l'assemblage et la mise en service des équipements un contrat auprès d'un opérateur disposant de l'attestation de capacité (alinéa 3).

Ainsi, si l'exigence de la production d'un tel contrat pour la vente aux particuliers de ces équipements n'est effectivement entrée en vigueur qu'au 31 décembre 2015, l'obligation de ne pas vendre des équipements non hermétiquement scellés chargés de gaz à effet de serre fluorés à un utilisateur final sans qu'il soit établi que l'installation sera effectuée par une entreprise certifiée préexistait, dans les normes de droit applicables en France, telle qu'imposée par le règlement (UE) n° 517/2014 du 16 avril 2014 à partir du 1er janvier 2015 (article 27 du règlement). »

▪ Dans son mémoire ampliatif, la **société Richardson** fait valoir que la règle selon laquelle *« les équipements non hermétiquement scellés chargés de gaz à effet de serre fluorés ne sont vendus à l'utilisateur final que lorsqu'il est établi que l'installation sera effectuée par une entreprise certifiée »* est nouvelle puisqu'elle n'était pas prévue par le règlement du 17 mai 2006 ; que cette règle est trop générale et abstraite pour avoir un effet direct puisque le règlement ne définit pas les modalités suivant lesquelles le vendeur doit s'assurer que l'installation sera bien effectuée par une entreprise certifiée ; que le contenu de cette obligation devait être précisé par une mesure d'application tenant compte des pratiques et de la réglementation applicable au sein de chaque État membre ; que ces précisions ont d'ailleurs été apportées en France par le décret n° 2015-1790 du 28 décembre 2015 et l'arrêté d'application du 29 février 2016 qui prévoient que le vendeur est tenu d'exiger la production du contrat d'installation et d'en conserver une copie ; qu'en l'espèce, l'analyse de la cour d'appel est donc erronée ; qu'en effet, d'une part, une réserve expresse n'est pas nécessaire pour écarter l'effet direct d'un règlement ; que, d'autre part, si l'interdiction était claire et inconditionnelle, elle était trop imprécise et générale pour pouvoir être appliquée en l'état, et que les obligations concrètes pesant sur les vendeurs étaient indéterminées et devaient encore être définies par des mesures d'application ; qu'en retenant le contraire, pour en déduire que la société Richardson était tenue de s'assurer que les climatiseurs vendus seraient installés par un professionnel certifié dès le 1er janvier 2015, la cour d'appel a violé l'article 288 du TFUE et l'article 11, paragraphe 5, du règlement n° 517/2014.

▪ Dans son mémoire en défense, la **société Bellucci** oppose que l'exception introduite par la jurisprudence de la CJUE Monte Arcosu précitée vise les règlements « incomplets » supposant une intervention complémentaire d'une norme nationale et que ce caractère incomplet résulte soit d'une habilitation expresse du règlement renvoyant au législateur interne, soit implicitement mais nécessairement de la teneur des dispositions du règlement, lorsque des mesures nationales d'application sont indispensables à la bonne mise en œuvre du règlement (CJUE 12 avr. 2018, *Commission c/ Danemark*, préc.) ; qu'en l'espèce, les dispositions du règlement n° 517/2014 n'ont aucun caractère incomplet et étaient donc directement applicables ; que le pouvoir réglementaire français avait déjà adopté avant le règlement n° 517/2014 des dispositions relatives à la formation et la certification des opérateurs qui installent des équipements de climatisation, par un décret n° 2011-396 du 13 avril 2011 fixant les modalités d'application du précédent règlement n° 303/2008 établissant, conformément au règlement n° 842/2006 relatif à certains gaz à effet de serre fluorés, de sorte que la certification des entreprises procédant à l'installation existait ainsi bien avant le 1er janvier 2015 ; que lorsque le règlement n° 517/2014 est venu abroger le précédent règlement n° 842/2006, la question de la certification des installateurs faisait déjà l'objet de textes européens et nationaux, de sorte que dès l'entrée en vigueur du règlement n° 517/2014 du 16 avril 2014, le 1er janvier 2015, il appartenait à toutes les entreprises du secteur de respecter ses dispositions et notamment l'obligation de s'assurer que les acheteurs les feraient installer par une personne disposant de la certification nécessaire, au regard du droit interne applicable à cette date, comme l'a exactement retenu la cour d'appel ; qu'au surplus le décret du 28 décembre 2015 est seulement venu modifier à la marge les programmes de formation et de certification qui existaient déjà, comme l'a également relevé la cour d'appel ; qu'enfin, la société Richardson est de mauvaise foi lorsqu'elle prétend ne pas avoir été en mesure de respecter le règlement du 16 avril 2014 dès son entrée en vigueur, au motif que n'auraient pas été précisément et concrètement définies les obligations qui en découlent, alors qu'elle-même l'a fait, en s'assurant, dès le mois de janvier 2015, que les mises en service des équipements vendus par elle étaient effectuées par une entreprise bénéficiant d'une attestation de capacité, ce qu'elle a prouvé par la production de nombreuses attestations et factures.

Au regard des éléments précédemment rappelés, la chambre devra donc se prononcer sur l'applicabilité directe au 1er janvier 2015 de l'obligation mise à la charge des distributeurs d'équipements de climatisation par l'article 11, paragraphe 5, du règlement UE n° 517/2014.

4.2 Seconde branche : détermination du préjudice

Dans l'hypothèse où la chambre rejetterait le grief de la première branche du moyen, il est proposé de rejeter par une décision non spécialement motivée le grief de la seconde branche, qui n'est manifestement pas de nature à entraîner la cassation pour les raisons suivantes :

- Selon les articles 4 et 5 du code de procédure civile, « *l'objet du litige est déterminé par les prétentions respectives des parties* » et « *le juge doit se prononcer sur tout ce qui est demandé et seulement sur ce qui est demandé* ».

Il est admis que la dénaturation des écritures des parties constitue une violation des termes du litige et méconnaît ces articles.

Encourent ainsi la censure, sur le fondement de ces articles, les décisions qui statuent *ultra petita* (par exemple : Com. 22 sept. 2021, n° 20-13.214 ; Com. 1er juill. 2020, n° 18-20.698 ; Civ. 2e, 25 juin 2020, n° 19-12.301) ou encore celles qui indemnisent un préjudice dont il n'avait pas été demandé réparation (par exemple : Civ. 1re, 20 sept. 2017, n° 16-18.442, Bull. civ. n° 194 ; Civ. 3e, 10 sept. 2013, n° 12-21.823 cités par le mémoire ampliatif).

- Toutefois, d'une part, il est admis que commet un acte de concurrence déloyale, l'entreprise qui, par son comportement, perturbe le marché des produits ou des services sur lequel elle intervient, en s'affranchissant des contraintes légales ou réglementaires, se plaçant ainsi dans une situation anormalement favorable par rapport à ses concurrents qui les respectent. Par exemple :

Com. 19 juin 2001, nº 99-15.411, Bull. civ., nº 12

« Vu l'article 1382 du code civil ;

Attendu que pour rejeter la demande de la société Socasport fondée sur l'exploitation par la société Decathlon du magasin litigieux sans être titulaire d'un permis de construire modificatif, l'arrêt retient que le défaut de délivrance d'un permis de construire modificatif faisant suite à une demande déposée le 9 juin 1997 par la société Decathlon relativement au réaménagement intérieur de son magasin, n'est pas de nature à empêcher l'exploitation commerciale du magasin, la société Socasport ne justifiant pas davantage du préjudice que lui cause l'absence de délivrance de ce permis modificatif ;

Attendu qu'en statuant ainsi, alors que le défaut de respect de la réglementation administrative dans l'exercice d'une activité commerciale constitue une faute génératrice d'un trouble commercial pour un concurrent, la cour d'appel a violé le texte susvisé ».

Com. 28 sept. 2010, nº 09-69.272

Com. 21 janv. 2014, nº 12-25.443

Com. 18 nov. 2020, nº 19-14.831

Com. 22 sept. 2021, nº 18-14.894

▪ D'autre part, depuis un arrêt rendu par la chambre commerciale en formation plénière, la Cour de cassation considère qu'il s'infère nécessairement un préjudice, fût-il seulement moral, d'un acte de concurrence déloyale, générateur d'un trouble commercial (Com. 22 oct. 1985, nº 83-15.096 et réaffirmé depuis de manière constante, par exemple : Com. 14 juin 2000, nº 98-10.689, Bull. civ. nº 126 ; Com. 2 déc. 2008, nº 07-19.861 ; Civ. 1re, 21 mars 2018, nº 17-14.582 ; Com. 12 janv. 2022, nº 20-11.139) ou « *qu'il s'infère nécessairement d'actes de concurrence déloyale un trouble commercial générant un préjudice, fût-il seulement moral* » (Com. 28 sept. 2010, nº 09-69.272 ; Com. 11 janv. 2017, nº 15-18.669 ; Com. 7 juill. 2021, nº 20-11.146).

La notion de « trouble commercial » est parfois considérée comme le dommage concurrentiel, c'est-à-dire l'atteinte au jeu de la concurrence, notion distincte des préjudices éventuellement engendrés par cette atteinte dans le patrimoine de l'entreprise victime, parfois considérée comme un préjudice matériel autonome subi par la victime, indépendant d'un éventuel détournement de clientèle.

Indépendamment du trouble commercial, la jurisprudence estime dans certains arrêts que la concurrence déloyale crée nécessairement un préjudice fût-il seulement moral (Com. 9 févr. 1993, nº 91-12.258, Bull. civ. IV, nº 53), règle là aussi régulièrement reprise (notamment Com. 15 janv. 2020, nº 17-27.778 ; Com. 12 févr. 2020, nº 17-31.614 ; Com. 12 mai 2021, nº 19-22.707).

Dans un arrêt Com. 12 fév. 2020, nº 17-31.614, la chambre commerciale a rappelé cette jurisprudence et exposé que cette présomption répondait à la nécessité de permettre aux juges une moindre exigence probatoire, lorsque le préjudice est particulièrement difficile à démontrer.

En l'espèce, le grief n'est toutefois pas fondé en ce qu'il **manque en fait** :

Dans ses conclusions d'appel (p. 19 et 20), la société Bellucci invoquait notamment à titre de préjudice « commercial », la perte de ventes de climatiseurs liée selon elle au report partiel des clients vers la société Richardson – laquelle ne leur imposait pas le coût d'une mise en service par un opérateur attesté en capacité – faisant valoir que ses ventes de climatiseurs avaient ainsi chuté d'au moins 10 % quand le marché, du fait du climat caniculaire des mois de juin, juillet et août 2015, avait progressé de 15 % et chiffrant son préjudice à la perte de marge brute sur la vente de 10 unités par mois et par établissement pour la période.

Et, contrairement à ce que soutient le moyen, la cour d'appel n'a pas retenu que les agissements de la société Richardson avaient causé au moins un préjudice moral à la société Bellucci, mais bien un préjudice matériel correspondant à une perte de marge :

- en effet, elle a expressément relevé (p. 12) qu'un éventuel préjudice moral pouvait découler de la pratique déloyale consistant à s'affranchir d'une réglementation, mais qu'il n'était pas en l'espèce réclamé indemnisation d'un tel préjudice ;

- mais elle a par ailleurs retenu qu'une telle pratique pouvait avoir un impact sur le chiffre d'affaires, à moduler par les charges variables n'ayant pas été engagées, et que l'existence de principe d'un dommage était donc établie, dont il convenait d'évaluer le quantum par une mesure d'expertise judiciaire. C'est d'ailleurs bien l'évaluation de cette perte de marge qu'elle a demandé à l'expert d'évaluer dans sa mission (« *rechercher s'il y a un chiffre d'affaires perdu par la société Bellucci du fait de la moindre vente de climatiseurs entre le 1er janvier et le 30 septembre 2015 et dans ce cas déduire les charges variables qui auraient dû être engagées pour réaliser ce chiffre d'affaires, afin d'obtenir la marge sur coûts variables* », et « *donner un avis sur le préjudice économique allégué par la société Bellucci* »).

La cour d'appel n'a donc pas dénaturé les conclusions d'appel de la société Bellucci, qui n'invoquait pas de préjudice moral mais invoquait bien un préjudice de perte de marge lié au trouble commercial subi du fait des agissements de la société Richardson.

En cas de rejet du grief de la première branche, le grief de la seconde branche ne pourrait donc être accueilli.

5. Orientation proposée :

Formation restreinte

Nombre de projet(s) préparé(s) : 1

Soc., 8 février 2023, nº 21-14.451

Rejet

M. Sommer, président

Pourvoi nº 21-14.451

Publié au bulletin

SCP Célice, Texidor, Périer, SCP Piwnica et Molinié

République française

Au nom du peuple français

LA COUR DE CASSATION, CHAMBRE SOCIALE, a rendu l'arrêt suivant :

ARRÊT DE LA COUR DE CASSATION, CHAMBRE SOCIALE, DU 8 FÉVRIER 2023

La société Rhodia opérations, société par actions simplifiée, dont le siège est [Adresse 3], a formé le pourvoi nº S 21-14.451 contre l'arrêt rendu le 10 décembre 2020 par la cour d'appel de Lyon (chambre sociale C), dans le litige l'opposant :

1°/ à M. [Y] [U], domicilié [Adresse 1],

2°/ à M. [B] [P], domicilié [Adresse 2]

3°/ au syndicat CGT des personnels du site chimique de [Localité 5], dont le siège est [Adresse 4],

défendeurs à la cassation.

La demanderesse invoque, à l'appui de son pourvoi, le moyen unique de cassation annexé au présent arrêt.

Le dossier a été communiqué au procureur général.

Sur le rapport de Mme Valéry, conseiller référendaire, les observations de la SCP Célice, Texidor, Périer, avocat de la société Rhodia opérations, de la SCP Piwnica et Molinié, avocat de MM. [U], [P], et du syndicat CGT des personnels du site chimique de [Localité 5], et l'avis de Mme Wurtz, avocat général, après débats en l'audience publique du 15 décembre 2022 [...],

la chambre sociale de la Cour de cassation, [...], après en avoir délibéré conformément à la loi, a rendu le présent arrêt ;

Faits et procédure

1. Selon l'arrêt attaqué (Lyon, 10 déc. 2020), rendu sur renvoi après cassation (Soc. 15 janv. 2020, pourvoi nº 18-16.771), MM. [P] et [U] ont été engagés, respectivement en 1983 et 1990, par la société Rhône Poulenc chimie, aux droits de laquelle vient la société Rhodia opérations (la société).

2. Par un arrêté ministériel du 30 septembre 2005, l'établissement de [Localité 5], au sein duquel ils ont travaillé, a été inscrit sur la liste des établissements susceptibles d'ouvrir droit à l'allocation de cessation anticipée d'activité des travailleurs de l'amiante (ACAATA) pour la période 1916-2001.

3. Par un arrêté ministériel du 23 août 2013, cette période a été étendue jusqu'en 2005.

4. Les salariés ont saisi la juridiction prud'homale pour obtenir réparation notamment d'un préjudice au titre d'un manquement à l'obligation de loyauté.

5. Le syndicat CGT des personnels du site chimique de [Localité 5] est intervenu à l'instance.

Examen du moyen

Enoncé du moyen

6. L'employeur fait grief à l'arrêt de déclarer recevable l'action des salariés au titre du manquement à l'obligation de loyauté, de le condamner à leur payer une somme à titre de dommages-intérêts en réparation du préjudice résultant de la violation de l'obligation de loyauté, de le condamner à verser au syndicat CGT des personnels du site chimique de [Localité 5] une somme au titre du préjudice subi par la collectivité de travail et de le condamner à payer à chacun des salariés et au syndicat une somme au titre de l'article 700 du code de procédure civile, alors :

« 1°/ que l'indemnisation accordée au titre du préjudice d'anxiété répare l'ensemble des troubles psychologiques, y compris ceux liés au bouleversement dans les conditions d'existence, résultant du risque de déclaration à tout moment d'une maladie liée à l'amiante ; qu'il en résulte que le salarié dont le droit à réparation au titre du préjudice d'anxiété, en application de l'article 41 de la loi du 23 décembre 1998, est éteint n'est pas recevable à solliciter le versement de dommages-intérêts au titre d'une utilisation d'amiante par l'employeur sur un autre fondement juridique ; qu'il résulte des constatations de l'arrêt que l'action des salariés en réparation de leur préjudice d'anxiété en application de l'article 41 de la loi du 23 décembre 1998 était irrecevable comme prescrite ; qu'en leur allouant néanmoins des dommages-intérêts en réparation du préjudice au titre d'un manquement de l'employeur à son obligation de loyauté résultant de l'utilisation d'amiante entre 2002 et 2005, la cour d'appel a violé l'article L. 4121-1 du code du travail, ensemble l'article 41 de la loi nº 98-1194 du 23 décembre 1998 ;

2°/ qu'à supposer que le salarié, dont le droit à réparation au titre du préjudice d'anxiété en application de l'article 41 de la loi du 23 décembre 1998 est éteint, puisse invoquer un manquement de l'employeur à son obligation de loyauté résultant de l'utilisation d'amiante, il ne peut solliciter une réparation qu'à condition d'établir l'impact d'une telle utilisation sur ses conditions de travail et l'existence d'un préjudice personnellement subi ; qu'en se bornant à relever, pour allouer à chacun des salariés une somme de dommages-intérêts au titre d'une méconnaissance de son obligation de loyauté, que la société Rhodia opérations avait continué à utiliser de l'amiante illégalement et sans transparence vis-à-vis des représentants du personnel de 2002 à 2005, sans caractériser la moindre exposition personnelle des salariés au cours de cette période, le moindre manquement commis par l'employeur, ni le moindre préjudice personnellement subi résultant du manquement de l'employeur, la cour d'appel a privé sa décision de base légale au regard des articles 1147 du code civil, dans sa rédaction antérieure à l'ordonnance du 10 février 2016, et l'article L. 1222-1 du code du travail. »

Réponse de la Cour

7. En premier lieu, il résulte de l'article L. 1222-1 du code du travail que l'atteinte à la dignité de son salarié constitue pour l'employeur un manquement grave à son obligation d'exécuter de bonne foi le contrat de travail (Soc. 7 févr. 2012, pourvoi nº 10-18.686, Bull. 2012, V, nº 58).

8. Dès lors, la cour d'appel a retenu à bon droit que l'employeur, qui avait bénéficié d'une dérogation jusqu'au 31 décembre 2001 l'autorisant à poursuivre l'utilisation de l'amiante malgré l'entrée en vigueur du décret nº 96-1133 du 24 décembre 1996 relatif à l'interdiction de l'amiante, et continué, en toute illégalité, à utiliser ce matériau de 2002 à 2005 alors qu'il n'était plus titulaire d'aucune autorisation dérogatoire, a ainsi manqué à son obligation d'exécuter de bonne foi les contrats de travail.

9. En second lieu, l'employeur qui soutenait devant la cour d'appel que tous les salariés de l'établissement de [Localité 5] avaient reçu leur attestation d'exposition à l'amiante

à leur départ de l'entreprise, est irrecevable à présenter devant la Cour de cassation un moyen contraire selon lequel les salariés ne caractérisaient pas la moindre exposition personnelle à l'amiante au cours de la période concernée.

10. Enfin, les salariés, au soutien de leur demande au titre de l'obligation de loyauté, n'invoquaient pas l'existence d'un préjudice d'anxiété.

11. Il en résulte que le moyen, partiellement irrecevable et inopérant en sa seconde branche, n'est pas fondé pour le surplus.

PAR CES MOTIFS, la Cour :

REJETTE le pourvoi ;

Condamne la société Rhodia opérations aux dépens ;

En application de l'article 700 du code de procédure civile, rejette la demande formée par la société Rhodia opérations et la condamne à payer à MM. [U] et [P] et au syndicat CGT des personnels du site chimique de [Localité 5] la somme globale de 3 000 euros.

Ainsi fait et jugé par la Cour de cassation, chambre sociale, et prononcé par le président en son audience publique du huit février deux mille vingt-trois.

MOYEN ANNEXE au présent arrêt

Moyen produit par la SCP Célice, Texidor, Périer, avocat aux Conseils, pour la société Rhodia opérations

La société Rhodia Chimie reproche à l'arrêt attaqué d'avoir déclaré recevable l'action de MM. [P] et [U] au titre du manquement à l'obligation de loyauté, de l'avoir condamnée à payer à MM. [P] et [U] la somme de 2 000 € chacun à titre de dommages-intérêts en réparation du préjudice résultant de la violation de l'obligation de loyauté, de l'avoir condamnée à verser au syndicat CGT des personnels du site chimique du [Localité 5] la somme de 2 000 € au titre du préjudice subi par la collectivité de travail et d'avoir confirmé le jugement déféré en ce qu'il l'a condamnée à payer à chacun des salariés et au syndicat une somme au titre de l'article 700 du code de procédure civile ;

ALORS QUE l'indemnisation accordée au titre du préjudice d'anxiété répare l'ensemble des troubles psychologiques, y compris ceux liés au bouleversement dans les conditions d'existence, résultant du risque de déclaration à tout moment d'une maladie liée à l'amiante ; qu'il en résulte que le salarié dont le droit à réparation au titre du préjudice d'anxiété, en application de l'article 41 de la loi du 23 décembre 1998, est éteint n'est pas recevable à solliciter le versement de dommages-intérêts au titre d'une utilisation d'amiante par l'employeur sur un autre fondement juridique ; qu'il résulte des constatations de l'arrêt que l'action des salariés en réparation de leur préjudice d'anxiété en application de l'article 41 de la loi du 23 décembre 1998 était irrecevable comme prescrite ; qu'en leur allouant néanmoins des dommages-intérêts en réparation du préjudice au titre d'un manquement de l'employeur à son obligation de loyauté résultant de l'utilisation d'amiante entre 2002 et 2005, la cour d'appel a violé l'article L. 4121-1 du code du travail, ensemble l'article 41 de la loi n° 98-1194 du 23 décembre 1998 ;

ALORS, EN TOUTE HYPOTHESE, QU'à supposer que le salarié, dont le droit à réparation au titre du préjudice d'anxiété en application de l'article 41 de la loi du 23 décembre 1998 est éteint, puisse invoquer un manquement de l'employeur à son obligation de loyauté résultant de l'utilisation d'amiante, il ne peut solliciter une réparation qu'à condition d'établir l'impact d'une telle utilisation sur ses conditions de travail et l'existence d'un préjudice personnellement subi ; qu'en se bornant à relever, pour allouer à chacun des salariés une somme de dommages-intérêts au titre d'une méconnaissance de son obligation de loyauté, que la société Rhodia Opérations avait continué à utiliser de l'amiante illégalement et sans transparence vis-à-vis des représentants du personnel de 2002 à 2005, sans caractériser la moindre exposition personnelle des salariés au cours de cette période, le moindre manquement commis par l'employeur, ni le moindre préjudice personnellement subi résultant du manquement de l'employeur, la cour d'appel a privé sa décision de base légale au regard des articles 1147 du code civil, dans sa rédaction antérieure à l'ordonnance du 10 février 2016, et l'article L. 1222-1 du code du travail.

Cour de cassation

Pourvoi n° 21-14.451

Rapport de Marie-Anne Valéry, conseillère référendaire à la Cour de cassation

Ce dossier est connexe au pourvoi n° H 21-14.534.

1. Rappel des faits et de la procédure

M.[P] et [U] ont été engagés par la société Rhône Poulenc Chimie devenue Rhodia opérations, respectivement en 1983 et 1990 et ont travaillé sur le site de [Localité 5].

Par arrêté du 30 septembre 2005, publié au journal officiel du 14 octobre 2005, l'établissement de [Localité 5] a été classé sur la liste des établissements de fabrication, flocage et calorifugeage à l'amiante susceptibles d'ouvrir droit à l'allocation de cessation anticipée d'activité des travailleurs de l'amiante de 1916 à 2001.

Par un nouvel arrêté du 23 août 2013, cette période a été étendue de 2002 à 2005.

Les salariés, auxquels s'est joint le syndicat CGT du site chimique [Localité 5], ont saisi le conseil de prud'hommes de Grenoble le 15 avril 2015, de demandes en paiement de dommages-intérêts au titre du préjudice d'anxiété résultant de l'exposition aux poussières d'amiante et d'un manquement à l'obligation de loyauté.

Le conseil de prud'hommes de Grenoble par jugement du 31 mars 2017, a écarté la prescription, fait droit à leur demande en réparation du préjudice d'anxiété mais les a déboutés s'agissant de la demande de dommages-intérêts au titre du manquement à l'obligation de loyauté.

Par arrêt du 22 mars 2018, la cour d'appel de Grenoble a confirmé le jugement.

La chambre sociale de la Cour de cassation a cassé l'arrêt en toutes ses dispositions, en relevant que le délai de prescription de l'action était de cinq ans, et qu'il résultait des constatations de l'arrêt que les salariés avaient eu connaissance du risque à l'origine de l'anxiété dès l'arrêté ministériel du 30 septembre 2005 ayant inscrit l'établissement sur la liste permettant la mise en œuvre du régime légal de l'ACAATA (Soc. 15 janv. 2020, nº 18-16.771).

Par arrêt du 10 décembre 2020 rendu sur renvoi après cassation, la cour d'appel de Lyon a déclaré irrecevable l'action en réparation du préjudice d'anxiété, et condamné l'employeur à payer à chacun des salariés une somme à titre de dommages-intérêts en réparation du préjudice résultant de la violation de l'obligation de loyauté.

2. Exposé du moyen unique

L'employeur fait grief à l'arrêt de déclarer recevable l'action de MM. [P] et [U] au titre du manquement à l'obligation de loyauté, de le condamner à payer à MM. [P] et [U] une somme à titre de dommages-intérêts en réparation du préjudice résultant de la violation de l'obligation de loyauté, de le condamner à verser au syndicat CGT des personnels du site chimique [Localité 5] une somme au titre du préjudice subi par la collectivité de travail et de le condamner à payer à chacun des salariés et au syndicat une somme au titre de l'article 700 du code de procédure civile, alors :

1°/ que l'indemnisation accordée au titre du préjudice d'anxiété répare l'ensemble des troubles psychologiques, y compris ceux liés au bouleversement dans les conditions d'existence, résultant du risque de déclaration à tout moment d'une maladie liée à l'amiante ; qu'il en résulte que le salarié dont le droit à réparation au titre du préjudice d'anxiété, en application de l'article 41 de la loi du 23 décembre 1998, est éteint n'est pas recevable à solliciter le versement de dommages-intérêts au titre d'une utilisation d'amiante par l'employeur sur un autre fondement juridique ; qu'il résulte des constatations de l'arrêt que l'action des salariés en réparation de leur préjudice d'anxiété en application de l'article 41 de la loi du 23 décembre 1998 était irrecevable comme prescrite ; qu'en leur allouant néanmoins des dommages-intérêts en réparation du préjudice au titre d'un manquement de l'employeur à son obligation de loyauté résultant de l'utilisation d'amiante entre 2002 et 2005, la cour d'appel a violé l'article L. 4121-1 du code du travail, ensemble l'article 41 de la loi nº 98-1194 du 23 décembre 1998 ;

2°/ qu'à supposer que le salarié, dont le droit à réparation au titre du préjudice d'anxiété en application de l'article 41 de la loi du 23 décembre 1998 est éteint, puisse invoquer un manquement de l'employeur à son obligation de loyauté résultant de l'utilisation d'amiante, il ne peut solliciter une réparation qu'à condition d'établir l'impact d'une telle utilisation sur ses conditions de travail et l'existence d'un préjudice personnellement subi ; qu'en se bornant à relever, pour allouer à chacun des salariés une somme de dommages-intérêts au titre d'une méconnaissance de son obligation de loyauté, que la société Rhodia Opérations avait continué à utiliser de l'amiante illégalement et sans transparence vis-à-vis des représentants du personnel de 2002 à 2005, sans caractériser la moindre exposition personnelle des salariés au cours de cette période, le moindre manquement commis par l'employeur, ni le moindre préjudice personnellement subi résultant du manquement de l'employeur, la cour d'appel a privé sa décision de base légale au regard des articles 1147 du code civil, dans sa rédaction antérieure à l'ordonnance du 10 février 2016, et l'article L. 1222-1 du code du travail.

3. Identification du ou des points de droit faisant difficulté à juger

Prescription de l'action en réparation du préjudice d'anxiété et possibilité de demander la réparation d'un préjudice au titre du manquement de l'employeur à son obligation de loyauté

4. Discussion citant les références de jurisprudence et de doctrine

Sur le fondement de l'article 41 de la loi n° 98-1194 du 23 décembre 1998 de financement de la sécurité sociale pour 1999 lequel a instauré une allocation de cessation anticipée d'activité (ACAATA) au bénéfice des salariés et anciens salariés « des établissements de fabrication de matériaux contenant de l'amiante » figurant sur une liste établie par arrêté, la chambre sociale de la Cour de cassation a admis, pour les salariés ayant travaillé dans un établissement inscrit, la réparation d'un préjudice spécifique d'anxiété tenant à l'inquiétude permanente générée par le risque de déclaration à tout moment d'une maladie liée à l'amiante. Elle a par contre exclu la réparation d'un préjudice économique :

Soc. 11 mai 2010, n° 09-42.241, Bull. civ. V, n° 106, publié au Rapport annuel

Sommaire :

Selon l'article 41 de la loi n° 98-1194 du 23 décembre 1998, qui crée un dispositif spécifique destiné à compenser la perte d'espérance de vie que peuvent connaître des salariés en raison de leur exposition à l'amiante, une allocation de cessation anticipée d'activité (dite ACAATA) est versée aux salariés et anciens salariés des établissements de fabrication de matériaux contenant de l'amiante, des établissements de flocage et de calorifugeage à l'amiante ou de construction et de réparations navales, sous réserve qu'ils cessent toute activité professionnelle, lorsqu'ils remplissent certaines conditions ; le salarié qui est admis au bénéfice de l'allocation de cessation anticipée d'activité présente sa démission à son employeur.

Il résulte de ces dispositions que le salarié qui a demandé le bénéfice de l'allocation n'est pas fondé à obtenir de l'employeur fautif, sur le fondement des règles de la responsabilité civile, réparation d'une perte de revenu résultant de la mise en œuvre du dispositif légal.

La cour d'appel, qui a relevé que les salariés, qui avaient travaillé dans un des établissements mentionnés à l'article 41 de la loi n° 98-1194 du 23 décembre 1998 et figurant sur une liste établie par arrêté ministériel pendant une période où y étaient fabriqués ou traités l'amiante ou des matériaux contenant de l'amiante, se trouvaient par le fait de l'employeur dans une situation d'inquiétude permanente face au risque de déclaration à tout moment d'une maladie liée à l'amiante et étaient amenés à subir des contrôles et examens réguliers propres à réactiver cette angoisse, a ainsi caractérisé l'existence d'un préjudice spécifique d'anxiété.

La chambre sociale a ensuite précisé que ce préjudice était caractérisé par la seule situation d'inquiétude permanente face au risque de déclaration à tout moment d'une maladie liée à l'amiante :

Soc. 4 déc. 2012, n° 11-26.294, Bull. civ. V, n° 316

Sommaire :

La cour d'appel, qui a constaté que le salarié, qui avait travaillé dans l'un des établissements mentionnés à l'article 41 de la loi n° 98-1194 du 23 décembre 1998 et figurant sur une liste établie par arrêté ministériel pendant une période où y étaient fabriqués ou traités l'amiante ou des matériaux contenant de l'amiante, se trouvait, de par le fait de l'employeur, dans une situation d'inquiétude permanente face au risque de déclaration à tout moment d'une maladie liée à l'amiante, qu'il se soumette ou non à des contrôles et examens médicaux réguliers, a ainsi caractérisé l'existence d'un préjudice spécifique d'anxiété.

Par des arrêts du 25 septembre 2013, la chambre sociale a précisé le régime d'indemnisation de ce préjudice, en retenant notamment que « *l'indemnisation accordée au titre du préjudice d'anxiété répare l'ensemble des troubles psychologiques, y compris ceux liés au bouleversement dans les conditions d'existence, résultant du risque de déclaration à tout moment d'une maladie liée à l'amiante* ».

Soc. 25 sept. 2013, n° 12-12.110, Bull. civ. V, n° 201

La cour d'appel en a déduit à bon droit que le trouble lié au bouleversement dans les conditions d'existence et au changement de situation sociale, par suite de la cessation d'activité intervenue en application de la loi n° 98-1194 du 23 décembre 1998, n'ouvrait pas droit à une indemnisation distincte de celle accordée en réparation du préjudice d'anxiété.

Soc. 25 sept. 2013, n° 12-20.157, Bull. civ. V, n° 209

Viole dès lors l'article 1147 du code civil et le principe de la réparation intégrale du préjudice, la cour d'appel qui pour faire droit aux demandes d'indemnisation du préjudice résultant du bouleversement dans les conditions d'existence, énonce que les salariés subissent un risque de diminution de leur espérance de vie et de développer une maladie grave les empêchant d'envisager sereinement leur avenir et qu'ils peuvent être amenés à modifier les orientations de leur vie quotidienne et leurs projets de vie en raison de ce risque.

Soc. 25 sept. 2013, n° 12-20.912, Bull. civ. V, n° 202

Encourt en conséquence la cassation l'arrêt qui indemnise un salarié bénéficiaire de l'ACAATA, d'une part, du préjudice d'anxiété, d'autre part, d'un préjudice en lien avec le bouleversement des conditions d'existence.

Est donc exclue, en complément de la réparation du préjudice d'anxiété, la réparation du préjudice moral pouvant résulter de la perte d'espérance de vie **(Soc. 3 mars 2015, n° 13-21.833, Bull. civ. V, n° 40).**

Est également exclue, la réparation du préjudice moral résultant de l'existence d'un manquement à l'obligation de sécurité, puisque celle-ci est incluse dans la réparation du préjudice spécifique d'anxiété :

Soc. 27 janv. 2016, n° 15-10.640, Bull. civ. V, n° 17

Sommaire :

Le préjudice moral résultant pour un salarié du risque de développer une maladie induite par son exposition à l'amiante est constitué par le seul préjudice d'anxiété dont l'indemnisation répare l'ensemble des troubles psychologiques résultant de la connaissance d'un tel risque.

Attendu, selon les arrêts attaqués (Aix-en-Provence, 14 nov. 2014), que M. [K] et quatre-vingt-six autres salariés ont été engagés par la branche navale de la société Constructions navales industrielles de la Méditerranée (CNIM), devenue société Chantiers du Nord et de la Méditerranée (Normed), sur le site de [Localité 1] ; [...] ; que par arrêté du 7 juillet 2000, cette société a été inscrite sur la liste des établissements susceptibles d'ouvrir droit au dispositif de l'allocation de cessation anticipée d'activité des travailleurs de l'amiante (ACAATA) ; qu'invoquant une exposition à l'amiante dans l'exécution de leur travail, les intéressés ont saisi la juridiction prud'homale ;

Sur le premier moyen commun à tous les pourvois à l'exception des nos 15-10.701 et 15-10.654 :

Attendu que les salariés font grief aux arrêts de les débouter de leurs demandes tendant à l'indemnisation du préjudice découlant du manquement de leur employeur à son obligation de sécurité de résultat et à la garantie de sa créance par l'AGS, alors, selon le moyen :

1°/ que l'employeur, tenu d'une obligation de sécurité de résultat, doit en assurer l'effectivité et tout manquement cause nécessairement au salarié un préjudice, lié aux risques de l'exposition à un facteur pathogène, distinct du préjudice spécifique d'anxiété en cas d'exposition aux poussières d'amiante, lequel résulte non de la seule exposition, mais de la connaissance du danger encouru ; qu'ayant constaté que les salariés avaient été exposés à l'amiante à leur poste de travail sans que leur employeur ne respecte les mesures de protection adéquates, tout en refusant de constater qu'ils avaient subi un préjudice distinct du préjudice spécifique d'anxiété, né de ce manquement à l'obligation de sécurité de résultat et non de la connaissance de ce danger, la cour d'appel a violé le décret du 17 août 1977, ensemble l'article 1147 du code civil ;

[...]

Mais attendu que le préjudice moral résultant pour un salarié du risque de développer une maladie induite par son exposition à l'amiante est constitué par le seul préjudice d'anxiété dont l'indemnisation répare l'ensemble des troubles psychologiques résultant de la connaissance d'un tel risque ;

Et attendu que la cour d'appel, après avoir exactement retenu que les préjudices patrimoniaux résultant d'un manquement à l'obligation de sécurité de résultat étaient pris en compte, pour les salariés exposés à l'amiante, par des mécanismes d'indemnisation spécifiques, a constaté que les salariés avaient renoncé à leur demande d'indemnisation d'un préjudice d'anxiété ; qu'ayant dès lors écarté l'indemnisation d'un préjudice, présenté comme distinct, résultant du manquement de l'employeur à son obligation de sécurité de résultat, elle a, par ces seuls motifs, légalement justifié sa décision ;

L'arrêt était ainsi commenté par la doctrine :

- F. Meyer, Exposition à l'amiante, renoncement au préjudice d'anxiété et obligation de sécurité, RDT 2016. 272 : « *C'est la conscience du danger d'être exposé à des conditions de travail délétères sans respect des règles de sécurité qui justifie l'octroi d'une indemnité. Autrement dit, dans la catégorie des préjudices extrapatrimoniaux, il n'y a pas de place pour un préjudice moral "de principe" alors qu'il n'y a aucune preuve d'un effet délétère sur la personne du salarié, hormis celui qui est lié à l'anxiété. La non-mise en œuvre d'une protection adéquate ne suffit pas à générer un droit à réparation, et ce manquement à l'obligation générale de sécurité ne cause pas "nécessairement" un dommage, par principe [...]. Les salariés ne peuvent obtenir réparation pour manquement à l'obligation de sécurité qui consiste en réalité à vouloir sanctionner l'employeur pour les avoir exposés à l'amiante, ce dont ils ont pris conscience, et qui revient en fait à présenter le même préjudice, celui de l'anxiété, comme distinct* ».

- M. Keim-Bagot, Préjudice d'anxiété : réparation d'un manquement de l'employeur à son obligation de sécurité ou indemnisation de droit ?, Cahiers sociaux, 1er mars 2016, n° 283, p. 133 : « *Le préjudice d'anxiété vient-il réparer le manquement par l'employeur à son obligation de sécurité ayant conduit à exposer le salarié à un risque ? Ou est-il seulement une indemnisation de droit pour les salariés remplissant les conditions de l'article 41 de la loi de 1998 ? [...] le régime juridique du préjudice d'anxiété objective la responsabilité de l'employeur à travers l'arrêté ministériel, sans qu'il ne soit besoin de passer par l'obligation de sécurité, dont les effets sont également neutralisés. Par voie de conséquence, [...], le régime juridique du préjudice d'anxiété, exclusif, attire à lui tous les préjudices de nature morale subis par le salarié exposé à l'amiante. Il s'agit ainsi d'un droit à indemnisation exclusif dont le salarié ne peut s'extraire et qui ne trouve pas son fondement stricto sensu dans le manquement de l'employeur mais dans une interprétation extensive de l'article 41 de la loi du 23 décembre 1998 [...]. Placer la réparation du préjudice d'anxiété sur le terrain strict du manquement à l'obligation de sécurité est, en effet, absolument incompatible avec la restriction de cette indemnisation aux seuls salariés ayant travaillé dans les entreprises inscrites à l'arrêté ministériel* ».

Les salariés exposés à l'amiante ne remplissant pas les conditions prévues par l'article 41 de la loi du 23 décembre 1998 précité ou dont l'employeur n'était pas inscrit sur la liste fixée par arrêté ministériel étaient exclus du bénéfice de cette réparation y compris sur le fondement d'un manquement de l'employeur à son obligation de sécurité (**Soc. 3 mars 2015, n° 13-20.486, Bull. civ. V, n° 31 ; n° 13-20.474, Bull. civ. V, n° 42 ; n° 13-26.175, Bull. civ. V, n° 41**).

Mais un important revirement de jurisprudence a été décidé par l'assemblée plénière (**Ass. plén., 5 avr. 2019, n° 18-17.442, P-B-R-I**) : « *il y a lieu d'admettre, en application des règles* *de droit commun régissant l'obligation de sécurité de l'employeur, que le salarié qui justifie d'une exposition à l'amiante, générant un risque élevé de développer une pathologie grave, peut agir contre son employeur, pour manquement de ce dernier à son obligation de sécurité, quand bien même il n'aurait pas travaillé dans l'un des établissements mentionnés à l'article 41 de la loi du 23 décembre 1998 modifiée* ».

La chambre sociale admet désormais la réparation du préjudice d'anxiété des salariés exclus du bénéfice de l'ACAATA, sur le fondement de l'obligation de sécurité de l'employeur : ce revirement emporte-t-il des conséquences sur la jurisprudence antérieure de la chambre sociale relative à la réparation du préjudice résultant de l'exposition du salarié à l'amiante, issue des arrêts précités de 2013 et 2016 ?

La chambre sociale a rendu le 8 juillet 2020 un arrêt diffusé, qui ne répond toutefois pas à cette question, puisque dans cette affaire, la cour d'appel avait indemnisé, sur le fondement d'un manquement à l'obligation de sécurité pour la période postérieure à celle couverte par l'arrêté d'inscription, le préjudice d'anxiété résultant de l'exposition du salarié pendant la période couverte :

Soc. 8 juill. 2020, n° 17-11.468

« *Vu l'article L. 4121-1 du code du travail, ensemble l'article 41 de la loi n° 98-1194 du 23 décembre 1998, en leur rédaction applicable en la cause ;*

Attendu, selon l'arrêt attaqué, que M. [X], engagé le 1er octobre 1979 en qualité de régleur par la société Federal Mogul Sealing Systems, devenue la société Solyem, a travaillé au sein de l'établissement de [Localité 2] de cette société ; que par arrêté ministériel du 7 juillet 2000, cet établissement a été inscrit sur la liste des établissements ouvrant droit à l'allocation de cessation anticipée d'activité des travailleurs de l'amiante pour la période de 1916 à 1994 ; que le salarié a saisi la juridiction prud'homale de demandes en paiement de dommages-intérêts au titre du préjudice d'anxiété et du manquement de l'employeur à l'obligation de sécurité ;

Attendu que pour condamner l'employeur au paiement de dommages-intérêts pour manquement à l'obligation de sécurité, l'arrêt retient, après avoir dit le salarié prescrit en sa demande d'indemnisation de son préjudice d'anxiété, que l'intéressé a été soumis pendant plus de trente ans et jusqu'à la fin de sa carrière à l'inhalation de poussières d'amiante, que le risque de développer une pathologie inhérente à cette exposition demeure et qu'il est contraint à ce titre de se soumettre à vie à des examens médicaux réguliers pour en détecter l'éventuelle apparition ;

Qu'en statuant ainsi, alors qu'elle avait déclaré le salarié prescrit en sa demande d'indemnisation d'un préjudice d'anxiété, la cour d'appel, qui a indemnisé le préjudice moral causé par l'exposition à l'amiante pendant la période couverte par l'arrêté inscrivant l'établissement sur la liste prévue à l'article 41 de la loi du 23 décembre 1998, a violé les textes susvisés ; »

Enfin, il doit être souligné que la chambre sociale a abandonné la théorie du préjudice nécessaire depuis l'arrêt **Soc. 13 avr. 2016 n° 14-28.293, publié**, et a appliqué cette solution dans des hypothèses très variées, y compris celle de la violation de l'obligation de sécurité (**Soc. 9 déc. 2020, n° 19-13.470**).

En l'espèce, au soutien de leur demande en réparation du préjudice d'anxiété, les salariés faisaient part de l'extrême anxiété dans laquelle ils étaient plongés, et du bouleversement de leur vie au quotidien (mémoire ampliatif, prod. 3, concl., p. 24). Ils développaient ensuite leur argumentation quant au manquement à l'obligation de loyauté reproché à l'employeur (p. 27), et observaient que « *le manquement à l'obligation de loyauté auquel s'est à de multiples reprises livré[e] la direction de la plateforme chimique [Localité 5] est nécessairement distinct du préjudice lié à l'exposition des salariés du fait de leur activité professionnelle* » (p. 30), sans développer d'observations quant au préjudice causé par ce manquement à l'obligation de loyauté.

La cour d'appel, pour faire droit à leurs demandes sur ce point, a statué aux motifs suivants : « *Il ressort des pièces du dossier, et notamment du rapport d'enquête de l'inspection du travail du 23 novembre 2012, que l'employeur, qui avait bénéficié d'une dérogation jusqu'au 31 décembre 2001 l'autorisant à poursuivre l'utilisation de l'amiante malgré l'entrée en vigueur du décret n° 96-1133 du 24 décembre 1996 relatif à l'interdiction de l'amiante, a continué, en toute illégalité et sans aucune transparence à l'égard des institutions représentatives du personnel et des salariés, à utiliser ce matériau de 2002 à 2005 alors qu'il n'était plus titulaire d'aucune autorisation, manquant ainsi à son obligation d'exécuter de bonne foi les contrats de travail le liant à MM. [P] et [U]. Aussi convient-il de condamner la société Rodhia opérations à verser à chacun des deux salariés la somme de 2 000 euros à titre de dommages et intérêts* ».

5. Orientation proposée :

Formation de section 3 fond

Nombre de projet(s) préparé(s) : 1

Cour de cassation

Pourvoi n° 21-14.451

Rapport complémentaire de Marie-Anne Valéry, conseillère référendaire à la Cour de cassation

Le présent rapport est commun aux dossiers connexes S 21-14.451 et H 21-14.534.

Ces dossiers ont été renvoyés en formation plénière de chambre en vue d'une réflexion globale sur la jurisprudence de la chambre sociale relative à la réparation du préjudice résultant de l'exposition des salariés à l'amiante.

Sur le fondement de l'article 41 de la loi n° 98-1194 du 23 décembre 1998 de financement de la sécurité sociale pour 1999 lequel a instauré une allocation de cessation anticipée d'activité (ACAATA) au bénéfice des salariés et anciens salariés « des établissements de fabrication de matériaux contenant de l'amiante » figurant sur une liste établie par arrêté, la chambre sociale de la Cour de cassation a admis, pour les salariés ayant travaillé dans un établissement inscrit, la réparation d'un **préjudice spécifique d'anxiété tenant à l'inquiétude permanente générée par le risque de déclaration à tout moment d'une maladie liée à l'amiante**.

Soc. 11 mai 2010, n° 09-42.241, Bull. civ. V, n° 106, publié au Rapport annuel

Sommaire :

Selon l'article 41 de la loi n° 98-1194 du 23 décembre 1998, qui crée un dispositif spécifique destiné à compenser la perte d'espérance de vie que peuvent connaître des salariés en raison de leur exposition à l'amiante, une allocation de cessation anticipée d'activité (dite ACAATA) est versée aux salariés et anciens salariés des établissements de fabrication de matériaux contenant de l'amiante, des établissements de flocage et de calorifugeage à l'amiante ou de construction et de réparations navales, sous réserve qu'ils cessent toute activité professionnelle, lorsqu'ils remplissent certaines conditions ; le salarié qui est admis au bénéfice de l'allocation de cessation anticipée d'activité présente sa démission à son employeur.

Il résulte de ces dispositions que le salarié qui a demandé le bénéfice de l'allocation n'est pas fondé à obtenir de l'employeur fautif, sur le fondement des règles de la responsabilité civile, réparation d'une perte de revenu résultant de la mise en œuvre du dispositif légal.

La cour d'appel, qui a relevé que les salariés, qui avaient travaillé dans un des établissements mentionnés à l'article 41 de la loi n° 98-1194 du 23 décembre 1998 et figurant sur une liste établie par arrêté ministériel pendant une période où y étaient fabriqués ou traités l'amiante ou des matériaux contenant de l'amiante, se trouvaient par le fait de l'employeur dans une situation d'inquiétude permanente face au risque de déclaration à tout moment d'une maladie liée à l'amiante et étaient amenés à subir des contrôles et examens réguliers propres à réactiver cette angoisse, a ainsi caractérisé l'existence d'un préjudice spécifique d'anxiété.

Par des arrêts du 25 septembre 2013, la chambre sociale a précisé le régime d'indemnisation de ce préjudice, en retenant notamment que « l'indemnisation accordée au titre du préjudice d'anxiété **répare l'ensemble des troubles psychologiques résultant du risque de déclaration à tout moment d'une maladie liée à l'amiante** ».

Elle a donc exclu, sur ce fondement de réparer en sus du préjudice d'anxiété, le trouble dans les conditions d'existence, résultant de la situation de désocialisation du fait d'un départ anticipé non souhaité, de la perte d'espérance de vie les conduisant à ne plus pouvoir envisager sereinement l'avenir, à modifier leurs projets et renoncer à investir affectivement et matériellement sur le long terme, ou encore de la contrainte de devoir se soumettre régulièrement à des examens médicaux :

Soc. 25 sept. 2013, n° 12-12.110, Bull. civ. V, n° 201

Attendu que les salariés font grief à l'arrêt de les débouter de leurs demandes d'indemnisation du bouleversement de leurs conditions d'existence, alors, selon le moyen :

1°/ que le juge ne peut modifier les termes du litige ; que les salariés faisaient valoir dans leurs conclusions d'appel que non seulement ils doivent appréhender une situation de désocialisation à la suite d'un départ à la retraite anticipé qu'ils n'ont pas souhaité et dont ils souffrent mais aussi que la perte de l'espérance de vie aboutit pour les salariés à leur imposer un nouveau projet de vie en renonçant à investir affectivement et matériellement sur le long terme ; qu'en se bornant à retenir que, s'agissant de la demande au titre du bouleversement dans les conditions d'existence, sous cette dénomination, les intimés invoquent une diminution substantielle et immédiate de leurs revenus faussement compensée par une inactivité non souhaitée par eux, source pour eux de désocialisation, la cour d'appel a modifié les termes du litige en violation de l'article 4 du code de procédure civile ;

2°/ qu'elle a ce faisant, à tout le moins dénaturé les conclusions des demandeurs et violé l'article 1134 du code civil ;

3°/ qu'en vertu du contrat de travail le liant à son salarié, l'employeur est tenu envers celui-ci d'une obligation de sécurité de résultat, en matière de protection de la santé et de la sécurité des travailleurs ; que l'exposition à l'amiante, même en l'absence de survenance d'une maladie, correspond au fait générateur de la responsabilité et justifie nécessairement la réparation d'un préjudice spécifique de contamination lié au bouleversement dans les conditions d'existence et distinct du dispositif légal ; qu'en affirmant qu'une relation causale certaine entre le préjudice subsidiairement allégué et les manquements imputés à l'employeur ne peut être retenue, la diminution des moyens financiers et la modification de la position sociale des salariés ne résultant que de la mise en œuvre du dispositif légal, la cour d'appel a violé les dispositions des articles L. 4121-1 et L. 4221-1 du code du travail et l'article 1147 du code civil ;

4°/ que l'employeur est tenu à une obligation de sécurité de résultat ; que la cour d'appel s'est bornée à relever, s'agissant de la demande de réparation du préjudice au titre du bouleversement dans les conditions d'existence, qu'une relation causale entre le préjudice allégué et les manquements imputés à l'employeur ne peut être retenue dès lors que le préjudice allégué trouve sa source dans l'option prise par le salarié de solliciter le bénéfice du dispositif ACAATA ; qu'en omettant de rechercher, comme elle y était invitée, si le préjudice subi des salariés en raison du bouleversement dans leurs conditions d'existence n'était pas directement lié à la contamination et par conséquent de rechercher si le préjudice préexistait au choix pour les salariés d'opter ou pas pour l'entrée dans le dispositif ACAATA, la cour d'appel a privé sa décision légale au regard des articles L. 4121-1 et L. 4221-1 du code du travail et l'article 1147 du code civil ;

5°/ qu'à tout le moins, elle a méconnu les exigences de l'article 455 du code de procédure civile, en ne répondant pas aux conclusions d'appel des salariés ;

Mais attendu que l'indemnisation accordée au titre du préjudice d'anxiété répare l'ensemble des troubles psychologiques, y compris ceux liés au bouleversement dans les conditions d'existence, résultant du risque de déclaration à tout moment d'une maladie liée à l'amiante ; que la cour d'appel en a déduit à bon droit que le trouble lié au bouleversement dans les conditions d'existence et au changement de situation sociale, par suite de la cessation d'activité intervenue en application de la loi du 23 décembre 1998, n'ouvrait pas droit à une indemnisation distincte de celle accordée en réparation du préjudice d'anxiété ; que le moyen n'est pas fondé ;

Soc. 25 sept. 2013, n° 12-20.157, Bull. civ. V, n° 209

Vu l'article 1147 du code civil et le principe de la réparation intégrale du préjudice ;

Attendu que pour condamner leur ancien employeur à leur verser diverses sommes en réparation du préjudice résultant du bouleversement de leurs conditions d'existence, la cour d'appel énonce que les salariés exposés à l'amiante subissent un risque de diminution de leur espérance de vie et de développer une maladie grave les empêchant d'envisager sereinement leur avenir ; qu'ils peuvent être amenés à modifier, en raison de ce risque, les orientations de leur vie quotidienne et leurs projets de vie ;

Qu'en statuant ainsi, alors que l'indemnisation accordée au titre du préjudice d'anxiété répare l'ensemble des troubles psychologiques, y compris ceux liés au bouleversement dans les conditions d'existence, résultant du risque de déclaration à tout moment d'une maladie liée à l'amiante, la cour d'appel a violé le texte et le principe susvisés ;

Soc. 25 sept. 2013, n° 12-20.912, Bull. civ. V, n° 202

Vu l'article 1147 du code civil et le principe de la réparation intégrale du préjudice ;

Attendu que pour faire droit à la demande des ayants droit du salarié tendant au paiement d'une somme au titre du préjudice en lien avec les conditions d'existence, l'arrêt retient qu'au-delà de l'inquiétude permanente ressentie par le salarié jusqu'en novembre 2010, face aux risques de développer à tout moment une pathologie grave, et sans prendre en compte la restriction des moyens financiers en lien avec sa démission sur le fondement de l'article 41 de la loi du 23 décembre 1998, le salarié, conscient de la diminution de son espérance de vie résultant de ce qu'il est médicalement posé que les maladies consécutives à l'inhalation de fibres d'amiante surviennent plusieurs années après l'exposition et l'inhalation des fibres nocives, a été effectivement privé pour une part de la possibilité d'anticiper sereinement son avenir et a été nécessairement contraint dans sa vie personnelle quotidienne de tenir compte de cette réalité au regard des orientations qu'il a été amen[é] à donner à son existence ; qu'il s'ensuit que ses projets de vie dans de nombreux domaines autres que matériel ou économique ont été irrémédiablement et quotidiennement affectés par cette privation ;

Qu'en statuant ainsi, alors que l'indemnisation accordée au titre du préjudice d'anxiété répare l'ensemble des troubles psychologiques, y compris ceux liés au bouleversement dans les conditions d'existence, résultant du risque de déclaration à tout moment d'une maladie liée à l'amiante, la cour d'appel a violé le texte et le principe susvisés ;

Soc. 3 mars 2015, n° 13-21.833 et autres, Bull. civ. V, n° 40

Mais sur le deuxième moyen propre aux pourvois...

Vu l'article L. 4121-1 du code du travail ;

Attendu que pour allouer aux salariés des dommages-intérêts en réparation de leur préjudice lié à la perte d'espérance de vie, les arrêts retiennent que les intéressés, particulièrement exposés, voyaient leur espérance de vie réduite de sorte qu'ils devaient être indemnisés de ce préjudice qui englobait notamment le dommage matériel occasionné par la perte de revenus ;

Qu'en statuant ainsi, alors que les salariés qui ont choisi de continuer à travailler ne subissent pas de perte de revenus et que le préjudice lié à la perte d'espérance de vie est réparé par les dommages-intérêts déjà alloués au titre du préjudice d'anxiété, la cour d'appel a violé le texte susvisé ;

Et sur le troisième moyen propre au pourvoi [...]

Vu l'article L. 4121-1 du code du travail, ensemble l'article 41 de la loi n° 98-1194 du 23 décembre 1998 ;

Attendu que le salarié, qui a travaillé dans l'un des établissements mentionnés à l'article 41 de la loi n° 98-1194 du 23 décembre 1998 et figurant sur une liste établie par arrêté ministériel pendant une période où y étaient fabriqués ou traités l'amiante ou des matériaux contenant de l'amiante, et se trouve, par le fait de l'employeur, dans une situation d'inquiétude permanente face au risque de déclaration à tout moment d'une maladie liée à l'amiante, qu'il se soumette ou non à des contrôles et examens médicaux réguliers, subit un préjudice spécifique d'anxiété ; que l'indemnisation accordée au titre d'un préjudice d'anxiété répare l'ensemble des troubles psychologiques, y compris ceux liés au bouleversement dans les conditions d'existence résultant du risque de déclaration à tout moment d'une maladie liée à l'amiante ;

Attendu que pour condamner l'employeur à verser au salarié une somme à titre de dommages-intérêts en réparation de son préjudice résultant du bouleversement dans ses conditions d'existence, l'arrêt retient qu'il ressort d'un scanner des poumons effectué en octobre 2008, que l'intéressé présente des micronodules nécessitant un suivi médical, que l'obligation de se soumettre à des contrôles médicaux réguliers et sérieux affecte nécessairement l'organisation de la vie de celui-ci et a un retentissement sur ses activités ou sur ses projets de vie ;

Qu'en statuant ainsi, la cour d'appel a violé les textes susvisés ;

Il résulte de ces arrêts que la chambre sociale a inclus, dans la réparation du préjudice résultant de la situation d'inquiétude permanente face au risque de déclaration à tout moment d'une maladie liée à l'amiante :

- les souffrances psychologiques du salarié (crainte d'une maladie, conscience de la réduction de son espérance de vie...) ;
- les répercussions de ces souffrances sur sa vie personnelle, familiale et sociale.

Ces préjudices ne peuvent donc faire l'objet d'une réparation distincte de la réparation du préjudice d'anxiété, même s'ils sont allégués comme résultant d'un manquement de l'employeur à son obligation de sécurité.

L'attendu de principe de ces arrêts de la chambre sociale évoque cependant la réparation de l'ensemble des troubles psychologiques RESULTANT DU RISQUE de déclaration à tout moment d'une maladie liée à l'amiante, et non la réparation des troubles psychologiques RESULTANT DE LA CONNAISSANCE DU RISQUE de déclaration à tout moment d'une maladie liée à l'amiante.

Cet attendu de principe a été repris par l'arrêt publié :

Soc. 2 avr. 2014, n° 12-29.825, Bull. civ. V, n° 95

Sommaire :

Le salarié qui a travaillé dans l'un des établissements mentionnés à l'article 41 de la loi n° 98-1194 du 23 décembre 1998 et figurant sur une liste établie par arrêté ministériel pendant une période où y étaient fabriqués ou traités l'amiante ou des matériaux contenant de l'amiante et se trouve, du fait de l'employeur, dans une situation d'inquiétude permanente face au risque de déclaration à tout moment d'une maladie liée à l'amiante, qu'il se soumette ou non à des contrôles et examens médicaux réguliers subit un préjudice d'anxiété spécifique ; l'indemnisation accordée au titre d'un préjudice d'anxiété répare l'ensemble des troubles psychologiques, y compris ceux liés au bouleversement dans les conditions d'existence, résultant du risque de déclaration à tout moment d'une maladie liée à l'amiante.

Violent en conséquence les articles L. 4121-1 du code du travail, ensemble l'article 1147 du code civil et le principe de la réparation intégrale du préjudice les arrêts qui, pour débouter les salariés de leurs demandes de dommages et intérêts en réparation du préjudice d'anxiété retiennent que les intéressés ne versent ni document objectif ni témoignage de tiers sur leur état de santé, sur une éventuelle anxiété, un suivi médical et une modification dans leurs conditions d'existence

La notion de « connaissance du risque » réapparaît dans l'attendu de principe de l'arrêt suivant :

Soc. 2 juillet 2014, n° 12-29.788 et autres, Bull. civ. V, n° 160

Le préjudice d'anxiété, qui ne résulte pas de la seule exposition à un risque créé par l'amiante, est constitué par les troubles psychologiques qu'engendre la connaissance de ce risque par les salariés.

En conséquence, viole l'article L. 3253-8, 1°, du code du travail l'arrêt qui, pour dire que l'AGS devra garantir la créance fixée au passif d'une société au titre du préjudice d'anxiété, retient que ce préjudice découle du manquement contractuel fautif de l'employeur, lequel résulte de l'exposition à l'amiante des salariés au cours de l'exécution du contrat de travail, soit antérieurement à l'ouverture de la procédure collective, alors que le préjudice d'anxiété était né à la date à laquelle les salariés avaient eu connaissance de l'arrêté ministériel d'inscription de l'activité de réparation et de construction navale de cette société sur la liste des établissements permettant la mise en œuvre de l'ACAATA, soit, en l'espèce, à une date nécessairement postérieure à l'ouverture de la procédure collective.

La lecture de ces arrêts pouvait laisser penser qu'il existait une possibilité de réparer un préjudice moral qui ne résulterait pas, pour le salarié, de la connaissance du risque de développer une maladie mortelle (ce préjudice-là correspondant, dans toutes ses dimensions – souffrances psychologiques et répercussion sur la vie familiale et sociale – au préjudice d'anxiété), mais du risque de développer une maladie résultant de l'exposition à l'amiante : préjudice moral pouvant alors être rattaché au manquement de l'employeur à son obligation de sécurité, puisque c'est ce manquement qui est à l'origine du risque de développer une maladie.

Cette option a été formellement exclue par la chambre sociale, dans une affaire où les salariés, qui avaient renoncé à former contre les AGS une demande au titre de la réparation du préjudice d'anxiété sur le fondement du régime ACAATA (qui ne pouvait aboutir, compte tenu de la date de parution de l'arrêt d'inscription), avaient formé une demande au titre du manquement à l'obligation de sécurité :

Soc. 27 janv. 2016, n° 15-10.640, Bull. civ. V, n° 17

Sommaire *:*

Le préjudice moral résultant pour un salarié du risque de développer une maladie induite par son exposition à l'amiante est constitué par le seul préjudice d'anxiété dont l'indemnisation répare l'ensemble des troubles psychologiques résultant de la connaissance d'un tel risque.

Attendu, selon les arrêts attaqués (Aix-en-Provence, 14 nov. 2014), que M. [K] et quatre-vingt-six autres salariés ont été engagés par la branche navale de la société Constructions navales industrielles de la Méditerranée (CNIM), devenue société Chantiers du Nord et de la Méditerranée (Normed), sur le site de [Localité 1] ; [...] ; que par arrêté du 7 juillet 2000, cette société a été inscrite sur la liste des établissements susceptibles d'ouvrir droit au dispositif de l'allocation de cessation anticipée d'activité des travailleurs de l'amiante (ACAATA) ; qu'invoquant une exposition à l'amiante dans l'exécution de leur travail, les intéressés ont saisi la juridiction prud'homale ;

*Sur le premier moyen commun à tous les pourvois à l'exception des n*os *15-10.701 et 15-10.654 :*

Attendu que les salariés font grief aux arrêts de les débouter de leurs demandes tendant à l'indemnisation du préjudice découlant du manquement de leur employeur à son obligation de sécurité de résultat et à la garantie de sa créance par l'AGS, alors, selon le moyen :

1°/ que l'employeur, tenu d'une obligation de sécurité de résultat, doit en assurer l'effectivité et tout manquement cause nécessairement au salarié un préjudice, lié aux risques de l'exposition à un facteur pathogène, distinct du préjudice spécifique d'anxiété en cas d'exposition aux poussières d'amiante, lequel résulte non de la seule exposition, mais de la connaissance du danger encouru ; qu'ayant constaté que les salariés avaient été exposés à l'amiante à leur poste de travail sans que leur employeur ne respecte les mesures de protection adéquates, tout en refusant de constater qu'ils avaient subi un préjudice distinct du préjudice spécifique d'anxiété, né de ce manquement à l'obligation de sécurité de résultat et non de la connaissance de ce danger, la cour d'appel a violé le décret du 17 août 1977, ensemble l'article 1147 du code civil ;

[...]

Mais attendu que le préjudice moral résultant pour un salarié du risque de développer une maladie induite par son exposition à l'amiante est constitué par le seul préjudice d'anxiété dont l'indemnisation répare l'ensemble des troubles psychologiques résultant de la connaissance d'un tel risque ;

Et attendu que la cour d'appel, après avoir exactement retenu que les préjudices patrimoniaux résultant d'un manquement à l'obligation de sécurité de résultat étaient pris en compte, pour les salariés exposés à l'amiante, par des mécanismes d'indemnisation spécifiques, a constaté que les salariés avaient renoncé à leur demande d'indemnisation d'un préjudice d'anxiété ; qu'ayant dès lors écarté l'indemnisation d'un préjudice, présenté comme distinct, résultant du manquement de l'employeur à son obligation de sécurité de résultat, elle a, par ces seuls motifs, légalement justifié sa décision ;

L'arrêt était ainsi commenté par la doctrine : « *C'est la conscience du danger d'être exposé à des conditions de travail délétères sans respect des règles de sécurité qui justifie l'octroi d'une indemnité. Autrement dit, dans la catégorie des préjudices extrapatrimoniaux, il n'y a pas de place pour un préjudice moral "de principe" alors qu'il n'y a aucune preuve d'un effet délétère sur la personne du salarié, hormis celui qui est lié à l'anxiété. La non-mise en œuvre d'une protection adéquate ne suffit pas à générer un droit à réparation, et ce manquement à l'obligation générale de sécurité ne cause pas "nécessairement" un dommage, par principe [...]. Les salariés ne peuvent obtenir réparation pour manquement à l'obligation de sécurité qui consiste en réalité vouloir sanctionner l'employeur pour les avoir exposés à l'amiante, ce dont ils ont pris conscience, et qui revient en fait à présenter le même préjudice, celui de l'anxiété, comme distinct* » (F. Meyer, Exposition à l'amiante, renoncement au préjudice d'anxiété et obligation de sécurité, préc.).

La chambre sociale avait d'ailleurs déjà écarté tout rattachement du régime de la réparation du préjudice d'anxiété à un manquement de l'employeur à son obligation de sécurité, en considérant que les salariés exposés à l'amiante ne remplissant pas les conditions prévues par l'article 41 de la loi du 23 décembre 1998 précité ou dont l'employeur n'était pas inscrit sur la liste fixée par arrêté ministériel étaient exclus du bénéfice de cette réparation y compris sur le fondement d'un manquement de l'employeur à son obligation de sécurité :

Soc. 3 mars 2015, n° 13-26.175, Bull. civ. V, n° 41

Sommaire :

La réparation du préjudice d'anxiété n'est admise pour les salariés exposés à l'amiante qu'au profit de ceux remplissant les conditions prévues par l'article 41 de la loi n° 98-1194 du 23 décembre 1998 et l'arrêté ministériel.

Viole l'article L. 4121-1 du code du travail, ensemble l'article 41 de la loi n° 98-1194 du 23 décembre 1998, la cour d'appel qui, pour condamner l'employeur à payer au salarié une somme en réparation de son préjudice d'anxiété, retient que peu importe que l'établissement ne soit pas mentionné à l'article 41 de la loi du 23 décembre 1998 dès lors que l'intéressé a été directement exposé à l'amiante sans que la preuve ne soit rapportée par l'employeur que toutes les mesures nécessaires ont été prises pour protéger de manière collective et individuelle le personnel exposé aux poussières d'amiante.

Un auteur a observé qu'à partir de cet arrêt du 3 mars 2015, la chambre sociale n'a plus visé dans ses arrêts relatifs au préjudice d'anxiété, l'article 1147 du code civil. Ce visa « *semblait privilégier le raisonnement selon lequel les salariés concernés souffrent d'anxiété parce qu'ils ont été exposés au risque, cette exposition ayant pour cause un manquement de l'employeur à sa responsabilité contractuelle. Sur le fondement de la responsabilité contractuelle de l'employeur, toute contestée soit-elle, il existe de sérieuses difficultés à justifier la limitation de la réparation du préjudice d'anxiété aux seuls salariés potentiellement bénéficiaires de l'ACAATA. Aussi il n'est pas surprenant que le fondement de l'article 1147 n'apparaisse plus dans les arrêts du 3 mars [...]. L'inscription d'un établissement sur une liste devient l'alpha et l'oméga de la réparation. De présomption d'exposition au risque, elle devient condition exclusive du droit à réparation [...] cette inscription revêt une importance tellement capitale qu'on pourrait presque se demander si le fait générateur de l'anxiété est bien l'exposition au risque et la crainte de survenance de la maladie et non l'inscription de l'entreprise sur une liste amiante* » (M. Keim-Bagot, Préjudice d'anxiété : la Cour de cassation referme la boîte de Pandore, Dr. soc. 2015. 360).

C'est en reprenant son attendu de principe de l'arrêt précité du 27 janvier 2016, que la chambre sociale a confirmé que la réparation du préjudice moral résultant pour un salarié du risque de développer une maladie induite par son exposition à l'amiante était réservée aux salariés relevant du régime de réparation prévu par la loi du 23 décembre 1998 :

Soc. 26 avr. 2017, n° 15-19.037, Bull. civ. V, n° 71

Vu l'article L. 4121-1 du code du travail, ensemble l'article 41 de la loi n° 98-1194 du 23 décembre 1998 ;

Attendu que le préjudice moral résultant pour un salarié du risque de développer une maladie induite par son exposition à l'amiante est constitué par le seul préjudice d'anxiété dont l'indemnisation, qui n'est ouverte qu'au salarié qui a travaillé dans l'un des établissements mentionnés à l'article 41 de la loi n° 98-1194 du 23 décembre 1998 et figurant sur une liste établie par arrêté ministériel pendant une période où y étaient fabriqués ou traités l'amiante ou des matériaux contenant de l'amiante, répare l'ensemble des troubles psychologiques résultant de la connaissance d'un tel risque ;

Attendu que pour condamner la société Cryopal à payer au salarié la somme de 20 000 euros en réparation du préjudice subi consécutivement à la violation par l'employeur de son obligation de sécurité, l'arrêt retient qu'au vu des pièces produites par l'appelant, il apparaît qu'au début des années 1980 le groupe industriel Air liquide présentait déjà un risque sérieux lié à l'amiante suite à la détection d'un cas d'asbestose, que la commission d'hygiène et de sécurité à la même époque insistait sur la situation des « personnes manipulant des produits à base d'amiante », que le chargé de sécurité courant 1985 indiquait encore que « certaines fibres d'amiante peuvent occasionner à longue échéance des lésions de l'appareil respiratoire inscrites au tableau n° 30 des maladies professionnelles », que le comité d'hygiène, de sécurité et des conditions de travail s'étonnait toujours dans un compte rendu de réunion du 27 mars 2006 du peu de communication sur cette question de la part des instances dirigeantes, et que plusieurs témoignages de salariés viennent confirmer une utilisation régulière et massive de produits ou d'éléments d'équipement à base d'amiante sans aucune protection individuelle adaptée et encore moins collective ;

Qu'en statuant ainsi, la cour d'appel, qui n'a pas constaté que le salarié avait travaillé dans l'un des établissements mentionnés à l'article 41 de la loi n° 98-1194 du 23 décembre 1998, en sorte qu'il ne pouvait prétendre à l'indemnisation d'un préjudice moral au titre de l'exposition à l'amiante, y compris sur le fondement d'un manquement de l'employeur à son obligation de sécurité, a violé les textes susvisés

Soc. 21 sept. 2017, n°s 16-15.130, 16-15.131, 16-15.132, 16-15.133, 16-15.134, 16-15.136, 16-15.135, Bull. civ. V, n° 161

Vu l'article L. 4121-1 du code du travail, ensemble l'article 41 de la loi n° 98-1194 du 23 décembre 1998 ;

Attendu que le préjudice moral résultant pour un salarié du risque de développer une maladie induite par son exposition à l'amiante est constitué par le seul préjudice d'anxiété dont l'indemnisation, qui n'est ouverte qu'au salarié qui a travaillé dans l'un des établissements mentionnés à l'article 41 de la loi n° 98-1194 du 23 décembre 1998 et figurant sur une liste établie par arrêté ministériel pendant une période où y étaient fabriqués ou traités l'amiante ou des matériaux contenant de l'amiante, répare l'ensemble des troubles psychologiques résultant de la connaissance d'un tel risque ;

Attendu, selon les arrêts attaqués, que M. [Y] et six autres salariés du syndicat des copropriétaires de la Tour Montparnasse s'estimant, du fait de leur activité, exposés à un risque résultant de la présence de fibres d'amiante sur leur lieu de travail, ont saisi la juridiction prud'homale d'une demande de dommages-intérêts pour préjudice d'anxiété, pour avoir indirectement exposé leurs familles à l'amiante et pour manquement de l'employeur consistant à leur avoir de manière volontaire caché la présence d'amiante et les dangers encourus ; que les salariés ont, devant la cour d'appel, abandonné leur demande au titre du préjudice d'anxiété et ont formé diverses demandes en réparation du préjudice résultant du bouleversement de leurs conditions d'existence et de dommages-intérêts pour carences de l'employeur dans la mise en œuvre du document unique d'évaluation des risques, dans la formation à la prévention des risques et à la sécurité en présence d'amiante, dans la remise des équipements de protection individuelle et collective, dans la prévention santé amiante et dans la mise en place de la fiche d'exposition à l'amiante ainsi que pour exécution de mauvaise foi du contrat de travail et violation délibérée de la législation sur l'amiante ;

Attendu que pour condamner l'employeur à payer aux salariés des sommes à titre de dommages-intérêts, les arrêts retiennent que la présence d'amiante dans la Tour Montparnasse est avérée comme l'ont établi les différentes analyses réalisées par les experts dans plusieurs lieux de l'édifice, que cependant aucune pièce n'est produite établissant la présence de fibres ou d'un taux de fibres excédant les seuils tolérés dans les espaces dans lesquels les salariés sont amenés à exécuter leur prestation de travail, qu'en revanche, l'employeur ne justifie pas de ses diligences postérieurement aux arrêtés préfectoraux des 13 août 2013 et 15 mai 2014, que ce dernier arrêté visait expressément les mesures de prévention adaptées afin de supprimer le risque d'exposition passive aux poussières d'amiante et notamment celles relatives à l'information et la formation à la prévention du risque (article 11 de l'arrêté), qu'il résulte du procès-verbal de la réunion des délégués du personnel du 30 janvier 2014 que les représentants du personnel ont interrogé l'employeur sur les conclusions du contrôle effectué dans l'atelier ainsi que dans divers locaux, concernant ainsi directement les intéressés, la mise à disposition des fiches individuelles et nominatives d'exposition amiante, la validation de stages amiante de certains personnels, que rien ne permet de constater que de telles fiches étaient à disposition des salariés ni que l'employeur a pris les mesures préconisées par l'inspecteur du travail le 13 août 2013 tendant à prévenir de nouvelles pollutions, assurer des « mesurages » réguliers, procéder à des travaux de retrait d'amiante, appliquer les dispositions de l'article R. 4228-19 faisant interdiction à l'employeur de laisser les travailleurs prendre leur repas dans les locaux affectés au travail ni qu'il a organisé les stages « amiante-habilitation électrique » réclamés par les délégués du personnel lors de la réunion du 24 avril 2013, que dès lors si les salariés n'apportent pas la preuve de la réalité du préjudice résultant du bouleversement dans leurs conditions d'existence, faute d'établir qu'ils ont été directement exposés à des poussières d'amiante, en revanche les manquements de l'employeur à ses obligations légales telles que visées dans son arrêté par le préfet de la région d'Île-de-France (art. R. 1334-15 à R. 1334-29 du code de la santé publique et R. 4412-124 du code du travail) et celles rappelées expressément par l'inspection du travail, ainsi qu'à son obligation d'exécution loyale du contrat de travail ont occasionné aux salariés un préjudice direct et certain qu'il convient de réparer, toutes causes confondues ;

Qu'en statuant ainsi, la cour d'appel, qui n'a pas constaté que les salariés avaient travaillé dans l'un des établissements mentionnés à l'article 41 de la loi n° 98-1194 du 23 décembre 1998, en sorte qu'ils ne pouvaient prétendre à l'indemnisation d'un préjudice moral au titre de l'exposition à l'amiante, y compris sur le fondement d'un manquement de l'employeur à son obligation de sécurité, a violé les textes susvisés.

La doctrine a souligné que la réparation du préjudice d'anxiété était « *détachée du droit de la responsabilité civile : la victime n'a pas à rapporter la preuve de son inquiétude permanente de développer une maladie très grave et le fait générateur du dommage, caractérisé par la violation de l'obligation de sécurité, n'est plus convoqué dans le débat. En la matière, le fait générateur est l'inscription de l'établissement sur la liste de ceux éligibles à l'ACAATA et non l'exposition à l'amiante* » (D. Asquinazi-Bailleux, JCP 2017, n° 1054). « *La volonté de faire disparaître totalement l'obligation de sécurité de l'employeur comme fondement potentiel de l'indemnisation est manifeste* » (X. Aumeran, JCP 2017, n° 1372).

Cette jurisprudence a été abondamment critiquée par la doctrine :

« *L'erreur majeure commise par la chambre sociale n'a pas été de créer une présomption de préjudice d'anxiété mais d'avoir transformé cette présomption en règle substantielle, en condition d'attribution, le bénéfice potentiel du dispositif de préretraite amiante devenant la condition de fond de l'indemnisation. Pire, cette règle substantielle a été adossée à une présomption irréfragable en dispensant le salarié bénéficiaire, ou potentiel bénéficiaire, de l'ACAATA tout à la fois de la démonstration de l'existence et de l'étendue de son préjudice et en empêchant l'employeur d'apporter la preuve contraire. Il y a donc un glissement du rapport à l'arrêté ministériel qui, d'élément d'objectivation de l'exposition à l'amiante devient l'élément probant de l'existence d'un préjudice d'anxiété* » (M. Keim-Bagot, Les Cahiers sociaux, n° 307, p. 13).

Mais un important revirement de jurisprudence a été décidé par l'assemblée plénière de la Cour, ouvrant la voie à la réparation d'un préjudice d'anxiété pour les salariés n'ayant pas travaillé dans un établissement inscrit, sur le fondement de l'obligation de sécurité de l'employeur :

Ass. plén., 5 avr. 2019, n° 18-17.442, P-B-R-I :

Sommaire :

Le salarié qui justifie d'une exposition à l'amiante générant un risque élevé de développer une pathologie grave peut être admis à agir contre son employeur, sur le fondement des règles de droit commun régissant l'obligation de sécurité de ce dernier, quand bien même il n'aurait pas travaillé dans l'un des établissements mentionnés à l'article 41 de la loi n° 98-1194 du 23 décembre 1998 modifiée.

Ne méconnaît pas l'obligation légale lui imposant de prendre les mesures nécessaires pour assurer la sécurité et protéger la santé physique et mentale des travailleurs l'employeur qui justifie avoir pris toutes les mesures prévues par les articles L. 4121-1 et L. 4121-2 du code du travail.

Viole ainsi les textes susvisés, la cour d'appel qui refuse d'examiner les éléments de preuve des mesures que l'employeur prétendait avoir mises en œuvre.

Viole les articles L. 4121-1 et L. 4121-2 du code du travail, ensemble l'article 1147 du code civil, dans sa rédaction antérieure à celle issue de l'ordonnance du 10 février 2016, la cour d'appel qui, pour allouer au salarié une indemnité en réparation de son préjudice d'anxiété, se détermine par des motifs généraux, sans caractériser le préjudice personnellement subi par le salarié, résultant du risque élevé de développer une pathologie grave.

L'arrêt était ainsi commenté au rapport annuel de la Cour : « *Par le présent arrêt, l'assemblée plénière, sans revenir sur le régime applicable aux travailleurs relevant des dispositions de l'article 41 de la loi nº 98-1194 du 23 décembre 1998, reconnaît la possibilité pour un salarié justifiant d'une exposition à l'amiante, générant un risque élevé de développer une pathologie grave, d'agir contre son employeur, sur le fondement du droit commun régissant l'obligation de sécurité de l'employeur, quand bien même il n'aurait pas travaillé dans l'un des établissements mentionnés à l'article 41 de la loi du 23 décembre 1998 précité* ».

La chambre sociale de la Cour de cassation, qui a mis sa jurisprudence en cohérence avec ce revirement (**Soc. 11 sept. 2019, nº 17-18.330, publié**) continue d'user de sa formule classique selon laquelle *le préjudice d'anxiété, qui ne résulte pas de la seule exposition à un risque créé par l'amiante, est constitué par les troubles psychologiques qu'engendre la connaissance de ce risque par les salariés* (**Soc. 15 déc. 2021, nº 20-15.878 ; Soc. 9 févr. 2022, nº 20-18.420**).

La formation plénière de la chambre pourra s'interroger sur les questions suivantes :

La réparation du préjudice résultant d'un manquement de l'employeur à son obligation de loyauté, résidant dans l'utilisation de l'amiante « en toute illégalité et sans aucune transparence à l'égard des institutions représentatives du personnel et des salariés » (*cf.* motifs de l'arrêt soumis à la chambre), constitue-t-il un préjudice distinct du préjudice d'anxiété, ou bien n'en est-il qu'une déclinaison ?

Le revirement de jurisprudence issu de l'arrêt d'assemblée plénière du 5 avril 2019 autorise-t-il désormais la réparation d'un préjudice résultant d'une exposition à l'amiante distinct du préjudice d'anxiété ?

***

Cour de cassation

Pourvoi nº 21-14.451

Avis d'Emmanuelle Wurtz, avocate générale à la Cour de cassation

Cet avis est commun au pourvoi H 21-14.534.

1. Faits et procédure

Les salariés défendeurs aux pourvois ont été engagés par la société Rhône Poulenc devenue Rhodia Opérations pour travailler au sein de l'établissement de [Localité 5].

Cet établissement a été inscrit, par arrêtés du 30 septembre 2005 et du 23 août 2013, sur la liste ministérielle des établissements de fabrication, flocage et calorifugeage à l'amiante ouvrant droit à l'allocation de cessation anticipée d'activité des travailleurs de l'amiante, pour les périodes de 1916 à 1998, puis de 1997 à 2001 et enfin de 2002 à 2005.

Les salariés ont introduit une action en réparation de leur préjudice d'anxiété devant le conseil de prud'hommes entre le 31 décembre 2014 et le 11 mars 2016.

Par jugements du 31 mars 2017, le conseil de prud'hommes les a déclarés recevables en leur action comme non prescrite et a condamné la société Rhodia Opérations à leur verser à chacun une somme à titre de dommages et intérêts.

Par arrêts du 22 mars 2018, la cour d'appel a confirmé en toutes leurs dispositions les jugements déférés.

Saisie d'un pourvoi en cassation, la chambre sociale a, par arrêt du 15 janvier 2020, cassé pour manque de base légale et annulé en toutes leurs dispositions les arrêts attaqués, faute d'avoir recherché si les salariés n'avaient pas travaillé au sein de l'établissement de [Localité 5] au cours de la période de 1916 à 2001, visée par l'arrêté du 30 septembre 2005 ayant inscrit l'établissement sur la liste permettant la mise en œuvre du régime légal de l'ACAATA, de sorte qu'ils avaient eu connaissance dès cette date du risque à l'origine de leur anxiété.

Statuant sur renvoi après cassation, la cour d'appel a par arrêt du 4 février 2021, déclaré irrecevables huit salariés en leur demande au titre du préjudice d'anxiété, mais les a déclarés recevables en leur demande de dommages et intérêts résultant de la violation de l'obligation de loyauté de la société et a condamné cette dernière au paiement de dommages et intérêts à ce titre. S'agissant de six autres salariés, la cour d'appel a déclaré leur demande au titre du préjudice d'anxiété recevable et leur a alloué également des dommages et intérêts.

La société Rhodia a formé deux pourvois.

Le pourvoi n° H 21-14.534 est fondé sur deux moyens de cassation.

Le premier moyen, s'agissant des huit salariés ayant travaillé au sein de l'établissement au cours de la période visée par le premier arrêté de classement, reproche à l'arrêt :

- une violation de l'article L. 4121-1, ensemble l'article 41 de la loi n° 98-1194 du 23 décembre 1998 pour avoir alloué des dommages et intérêts en réparation d'un préjudice d'anxiété, *alors que l'indemnisation accordée au titre du préjudice d'anxiété répare l'ensemble des troubles psychologiques, y compris ceux liés au bouleversement dans les conditions d'existence, résultant du risque de déclaration à tout moment d'une maladie liée à l'amiante ; qu'il en résulte que le salarié dont le droit à réparation au titre du préjudice d'anxiété, en application de l'article 41 de la loi du 23 décembre 1998, est éteint n'est pas recevable à solliciter le versement de dommages-intérêts au titre d'une utilisation d'amiante par l'employeur sur un autre fondement juridique ; qu'il résulte des constatations de l'arrêt que l'action des salariés en réparation de leur préjudice d'anxiété en application de l'article 41 de la loi du 23 décembre 1998 était irrecevable comme prescrite* (1re branche) ;

- un manque de base légale au regard des articles 1147 du code civil dans sa rédaction antérieure à l'ordonnance du 10 février 2016 et L. 1221 du code du travail, faute d'avoir caractérisé une exposition personnelle des salariés et un préjudice personnellement subi (2e branche).

Le second moyen, s'agissant des six salariés ayant travaillé au sein de l'établissement au cours de la période visée par le second arrêté de classement, reproche à l'arrêt :

- un manque de base légale au regard de l'article 1147 du code civil dans sa rédaction antérieure à l'ordonnance du 10 février 2016 et du principe de réparation intégrale du préjudice, faute d'avoir caractérisé l'existence d'un préjudice personnellement subi.

Le pourvoi S 21-14.451 est fondé sur un moyen unique en deux branches qui forme les mêmes griefs que le premier moyen du pourvoi H 21-14.534.

2. Discussion

Le salarié dont le droit à réparation résultant d'une exposition à l'amiante au sein d'un établissement classé ACAATA est prescrit, peut-il solliciter, sur un autre fondement juridique, la réparation d'un préjudice d'anxiété ?

La violation d'une obligation de loyauté peut-elle donner lieu à la réparation d'un tel préjudice ?

2.1. Les contours du préjudice d'anxiété, une jurisprudence évolutive

Le préjudice d'anxiété, tout à fait spécifique et réservé, jusqu'à l'arrêt de l'assemblée plénière du 5 avril 2019 [1] aux seuls travailleurs de l'amiante relevant d'un établissement inscrit sur liste ministérielle, a vu ses contours et limites évoluer au fil des arrêts de la chambre sociale dans une logique dérogatoire à la logique civiliste classique :

Le préjudice d'anxiété répare :

- « *une situation d'inquiétude permanente face au risque de déclaration à tout moment d'une maladie liée à l'amiante* » les salariés étant « *amenés à subir des contrôles et examens réguliers propres à réactiver cette angoisse* » [2] ;

- « *une situation d'inquiétude permanente face au risque de déclaration à tout moment d'une maladie liée à l'amiante* » que le salarié « *se soumette ou non à des contrôles et examens médicaux réguliers* » [3] ;

- un préjudice « *qui ne résulte pas de la seule exposition à un risque créé par l'amiante, [et] est constitué par les troubles psychologiques qu'engendre la connaissance de ce risque par les salariés* » et naît « *à la date à laquelle les salariés [ont] connaissance de l'arrêté ministériel d'inscription de l'activité [...] sur la liste des établissements permettant la mise en œuvre de l'ACAATA* » [4] ;

- « *le trouble lié au bouleversement dans les conditions d'existence et au changement de situation sociale* » n'ouvre pas droit à une indemnisation distincte de celle accordée en réparation du préjudice d'anxiété ; ni le préjudice lié au « *risque de diminution de l'espérance de vie et de développer une maladie grave empêchant [les salariés] d'envisager sereinement l'avenir, [alors] qu'ils peuvent être amenés à modifier les orientations de leur vie quotidienne et leurs projets de vie en raison de ce risque* » [5] ;

- « *le préjudice moral résultant pour un salarié du risque de développer une maladie induite par son exposition à l'amiante est constitué par le seul préjudice d'anxiété dont l'indemnisation répare l'ensemble des troubles psychologiques résultant de la connaissance d'un tel risque* » [6].

Cette globalisation de préjudices distincts au sein d'un unique poste de préjudice est déplorée par certains auteurs [7] qui rappellent que les évolutions du droit du dommage corporel tendent toutes vers une identification des préjudices poste par poste [8].

La chambre sociale a précisé en outre que les salariés exposés à l'amiante ne pouvaient obtenir réparation d'un

(1) Cass., ass. plén., 5 avr. 2019, n° 18-17.442.

(2) Soc. 11 mai 2010, n°s 09-42.241, Bull. civ. V, n° 106.

(3) Soc. 4 déc. 2012, n° 11-26.294, Bull. civ. V, n° 316.

(4) Soc. 2 juill. 2014, n° 12-29.788, Bull. civ. V, n° 160.

(5) Soc. 25 sept. 2013, n° 12-12.110, Bull. civ. V, n° 201 ; 25 sept. 2013, n° 12-20.157, Bull. civ. V, n° 209.

(6) Soc. 27 janv. 2016, n° 15-10.640, Bull. civ. V, n° 17.

(7) M. Keim-Bagot, Préjudice d'anxiété : la Cour de cassation referme la boîte de Pandore, Dr. soc. 2015. 360.

(8) V. Cass., ch. mixte, 11 mars 2022, n° 20-17.070, sur le préjudice d'attente et d'inquiétude des victimes par ricochet qui ne se confond pas avec le préjudice d'affection.

préjudice moral sur le fondement d'un manquement de l'employeur à son obligation de sécurité [9].

L'ensemble de cette jurisprudence restrictive, voire exclusive de toute réparation d'un préjudice extra-patrimonial distinct du préjudice d'anxiété, s'explique par la volonté ferme de la Cour de cassation de limiter toute dérive dans les actions qui tendraient à étendre à outrance, sous couvert du principe de réparation intégrale du préjudice, l'indemnisation de préjudices fictivement distincts, alors qu'ils relèvent du champ global d'un même préjudice moral ou psychologique.

Cette volonté d'encadrement est en outre le contrepoint d'un régime très favorable aux victimes de l'amiante, sur le plan probatoire (présomption de préjudice, preuve allégée), eu égard au caractère très spécifique de ce préjudice d'anxiété et au long délai qui s'écoule entre l'exposition et son apparition.

Cette jurisprudence a-t-elle vocation à perdurer avec le dernier état de l'évolution du droit liée à l'arrêt d'assemblée plénière du 5 avril 2019 [10] ?

Aux termes de cet arrêt, la plus haute formation juridictionnelle de la Cour de cassation juge qu'« *Il y a lieu d'admettre, en application des règles de droit commun régissant l'obligation de sécurité de l'employeur, que le salarié qui justifie d'une exposition à l'amiante, générant un risque élevé de développer une pathologie grave, peut agir contre son employeur, pour manquement de ce dernier à son obligation de sécurité, quand bien même il n'aurait pas travaillé dans l'un des établissements mentionnés à l'article 41 de la loi du 23 décembre 1998 modifiée* ».

Il s'agit de revenir sur la jurisprudence de la chambre sociale qui excluait toute réparation d'un préjudice d'anxiété pour ces salariés exposés à l'amiante mais ne relevant pas d'établissements inscrits.

Mais il faut relever que la question de la prescription du droit à réparation ne se posait pas dans cette affaire, ni la question d'un éventuel cumul d'indemnités réclamées en réparation du préjudice né de l'exposition à l'amiante sur le fondement de deux régimes juridiques distincts.

Or, si la réparation du préjudice d'anxiété sur un fondement juridique distinct de l'article 41 de la loi de 1998, à savoir le manquement à l'obligation de sécurité, est désormais admise, cela n'autorise pas pour autant les travailleurs relevant d'établissements inscrits de contourner la prescription qui frappe leur action sur le fondement de ce régime spécifique.

Ainsi, dans un arrêt du 8 juillet 2020, la chambre sociale a censuré une cour d'appel qui après avoir déclaré prescrit le salarié en sa demande d'indemnisation du préjudice d'anxiété, a condamné l'employeur au paiement de dommages et intérêts pour manquement à son obligation de sécurité, en considération de l'absence de mesures propres à préserver sa santé, l'exposition de celui-ci pendant plus de trente ans à l'amiante, le risque de développer une pathologie inhérente à cette exposition et la nécessité de se soumettre

(9) Soc. 27 janv. 2016, préc. ; Soc. 26 avr. 2017, n° 15-19.037, Bull. civ. V, n° 71.

(10) Cass., ass. plén., 5 avr. 2019, n° 18-17.442.

à vie à des examens médicaux. La chambre sociale a cassé l'arrêt comme suit : « *Qu'en statuant ainsi, alors qu'elle avait déclaré le salarié prescrit en sa demande d'indemnisation d'un préjudice d'anxiété, la cour d'appel, qui a indemnisé le préjudice moral causé par l'exposition à l'amiante pendant la période couverte par l'arrêté inscrivant l'établissement sur la liste prévue à l'article 41 de la loi du 23 décembre 1998, a violé les textes susvisés* ; » [11].

Dans son avis, Madame l'avocate générale Anne-Marie Grivel précisait : « *le fait d'"habiller" une même demande sous des fondements juridiques différents n'en modifie aucunement l'objet, et que ce biais ne peut permettre ni de cumuler des dommages-intérêts en réparation du même préjudice, ni de tourner une prescription acquise (la chambre sociale interdisant même à cet égard qu'une demande de dommages-intérêts puisse permettre de tourner les effets de l'acquisition de la prescription d'une créance salariale, par un changement d'objet de la demande et non plus de fondement)* ».

En effet, une telle possibilité mettrait à néant tout l'effet utile de la prescription qui est d'éteindre non seulement l'action en justice mais aussi le droit substantiel qui en est le support.

Aux termes de l'article 2219 du code civil issu de la loi du 17 juin 2008, « *la prescription extinctive est un mode d'extinction* ***d'un droit*** *résultant de l'inaction de son titulaire pendant un certain laps de temps* ». Les articles 2232 et 2240 du code civil visent également la notion de « *droit* » sur lequel s'appuie l'action. Le législateur de 2008 a donc consacré la thèse substantialiste de la prescription au détriment de la thèse processualiste qui défendait l'extinction de la seule action du créancier.

Dans ces conditions, le droit substantiel ne peut survivre à l'effet extinctif de la prescription. Admettre le contraire aux motifs qu'un nouveau fondement juridique est invoqué, constituerait une atteinte à la sécurité juridique résultant d'une décision judiciaire actant la prescription de l'action et du droit qui en est le support.

2.2. La réponse aux pourvois

Sur le pourvoi nº S 21-14.451 :

Sur la première branche du moyen :

Les salariés opposent en défense que « *Le cantonnement de l'indemnisation du préjudice d'anxiété et des préjudices extrapatrimoniaux qui résulteraient d'un manquement de l'employeur à son obligation de sécurité ne peut avoir pour conséquence de prohiber l'indemnisation d'un préjudice distinct consécutif à un manquement de l'employeur à une obligation autre que celle précitée* ».

Ils font valoir que « *Le préjudice réparé par la cour d'appel ne résulte pas de l'utilisation de l'amiante à l'origine d'un préjudice d'anxiété pour les salariés, mais du manquement de l'employeur qui trouve son fait générateur dans son comportement illégal et ses mensonges assumés, relevés par les salariés à plusieurs reprises dans leurs conclusions, selon lesquels l'utilisation de l'amiante avait cessé à l'expiration du délai dérogatoire accordé* ».

(11) Soc. 8 juill. 2020, nº 17-11.468.

En l'espèce, après avoir déclaré les salariés irrecevables en leur action fondée sur l'article 41 de la loi du 23 décembre 1998, la cour d'appel les a déclarés recevables et bien fondés en leur action et demande de dommages et intérêts formées sur le fondement de l'obligation de loyauté de l'employeur, aux motifs suivants :

« *Le point de départ du délai de prescription de l'action engagée sur le fondement du manquement de l'employeur à son obligation de loyauté, résultant de la poursuite de l'utilisation de l'amiante après 2001, tout en laissant penser aux institutions représentatives du personnel que les travailleurs n'étaient plus exposés, ne peut être fixé qu'à la date du second arrêté ministériel du 23 août 2013 venu étendre la période d'exposition, dès lors que c'est à cette date que les salariés ont eu connaissance de la poursuite de l'utilisation de l'amiante après 2001, nonobstant les affirmations contraires de l'employeur.*

Il s'ensuit que l'action de MM. [P] et [U], engagée le 15 avril 2015, soit moins de deux ans après cette date, doit être déclarée recevable.

[...] En revanche, il ressort des pièces du dossier, et notamment du rapport d'enquête de l'inspection du travail du 23 novembre 2012, que l'employeur, qui avait bénéficié d'une dérogation jusqu'au 31 décembre 2001 l'autorisant à poursuivre l'utilisation de l'amiante malgré l'entrée en vigueur du décret n° 96-1133 du 24 décembre 1996 relatif à l'interdiction de l'amiante, a continué, en toute illégalité et sans aucune transparence à l'égard des institutions représentatives du personnel et des salariés, à utiliser ce matériau de 2002 à 2005 alors qu'il n'était plus titulaire d'aucune autorisation, manquant ainsi à son obligation d'exécuter de bonne foi les contrats de travail le liant à MM. [P] et [U].

Aussi convient-il de condamner la société Rodhia opérations à verser à chacun des deux salariés la somme de 2 000 euros à titre de dommages et intérêts. Le jugement déféré sera infirmé sur ce point. »

Sous couvert d'un manquement de l'employeur à son obligation de loyauté ou d'exécution de bonne foi du contrat de travail, la cour d'appel sanctionne en réalité un manquement à son obligation de sécurité (« manquement résultant de la poursuite de l'utilisation de l'amiante après 2001 ») et indemnise un préjudice d'anxiété en lien avec l'exposition à l'amiante. Or, les salariés ayant été déclarés prescrits dans leur action fondée sur l'article 41 de la loi du 23 décembre 1998, leur droit à un préjudice d'anxiété était éteint.

En statuant comme elle l'a fait, la cour d'appel a violé l'article 41 de la loi du 23 décembre 1998, ensemble l'article L. 4121-1 du code du travail par fausse application [et l'article 2219 du code civil si votre chambre entendait soulever ce moyen d'office].

AVIS DE CASSATION sans qu'il y ait lieu de se prononcer sur la seconde branche du moyen.

Sur le pourvoi n° H 21-14.534

Sur le premier moyen concernant les huit salariés ayant travaillé au sein de l'établissement au cours de la période visée par le premier arrêté de classement :

En l'espèce, la cour d'appel, après avoir déclaré prescrits les salariés en leur demande en réparation d'un préjudice d'anxiété au titre de l'article 41 de la loi du 23 décembre 1998, a statué comme suit : « *il ressort des pièces du dossier, et notamment du rapport d'enquête de l'inspection du travail du 23 novembre 2012, que l'employeur, qui avait bénéficié d'une dérogation jusqu'au 31 décembre 2001 l'autorisant à poursuivre l'utilisation de l'amiante malgré l'entrée en vigueur du décret n° 96-1133 du 24 décembre 1996 relatif à l'interdiction de l'amiante, a continué, en toute illégalité et sans aucune transparence à l'égard des institutions représentatives du personnel et des salariés, à utiliser ce matériau de 2002 à 2005 alors qu'il n'était plus titulaire d'aucune autorisation, manquant ainsi à son obligation d'exécuter de bonne foi les contrats de travail le liant à ces salariés. Aussi convient-il de condamner la société Rodhia opérations à verser à Mme [S] et à MM. [X], [P], [D], [R], [B], [O] et [KO] la somme de 2 000 euros chacun à titre de dommages et intérêts pour violation de l'obligation de loyauté. Le jugement déféré sera infirmé sur ce point* ».

Pour les mêmes motifs que ci-dessus, je suis à la cassation de l'arrêt.

AVIS DE CASSATION sans qu'il y ait lieu de se prononcer sur la seconde branche du moyen

<u>Sur le second moyen concernant les salariés ayant travaillé au sein de l'établissement au cours de la période visée par le second arrêté de classement</u> :

La chambre mixte de la Cour de cassation rappelle que les juges du fond apprécient souverainement le montant du préjudice dont ils ont justifié l'existence par l'évaluation qu'ils en ont faite, sans être tenus d'en préciser les divers éléments.

Et s'agissant des salariés exposés à l'amiante et relevant des établissements inscrits sur liste ministérielle, la chambre sociale applique une présomption de préjudice, récemment rappelée dans un arrêt du 8 juillet 2020 (n° 19-12.340), alors qu'elle était saisie d'un même grief.

En l'espèce, pour allouer la somme de 12 000 euros de dommages et intérêts à chaque salarié, la cour d'appel après avoir déclaré recevable comme non prescrite, leur action en réparation du préjudice d'anxiété fondée sur l'article 41 de la loi du 23 décembre 1998, a statué comme suit :

« *En l'espèce, Mmes [W], [E], [MJ] et [IZ] [H] et MM. [K] et [L] ont bien été affectés dans l'établissement de [Localité 5] et exposés à l'amiante du fait de leur employeur et sont susceptibles de développer une maladie liée à l'amiante, ce qui caractérise l'existence d'un préjudice spécifique d'anxiété. L'arrêté ministériel du 23 août 2013 n'ayant pas limité le bénéfice du dispositif de cessation anticipée d'activité des travailleurs de l'amiante à quelques catégories de travailleurs, il en résulte que tous les salariés qui ont été affectés dans cet établissement entre 1916 et 2005 ont été exposés à l'amiante et sont susceptibles de développer une des maladies liées à l'amiante ; Mmes [W], [E], [MJ] et [IZ] [H] et MM. [K] et [L] sont donc fondés à demander réparation de leur préjudice d'anxiété.* »

AVIS DE REJET

Cour de cassation

Pourvoi nº 21-14.451

Avis complémentaire d'Emmanuelle Wurtz, avocate générale à la Cour de cassation

Cet avis complémentaire est commun aux pourvois S 21-14.451 et H 21-14.534.

Votre formation plénière est saisie de deux pourvois sur renvoi de la formation de section de votre chambre.

Sans revenir en détail sur les faits et la procédure [12], vous avez à trancher la question nouvelle posée par les pourvois, à savoir :

- un salarié dont le droit à réparation du préjudice d'anxiété résultant du travail au sein d'un établissement classé ACAATA est éteint comme prescrit, peut-il solliciter un tel préjudice d'anxiété sur le fondement du manquement à l'obligation de loyauté de l'employeur, résultant de la poursuite illicite et non transparente de l'utilisation de l'amiante ?

En effet, en l'espèce, après avoir jugé irrecevables, comme prescrites, les actions des salariés en cause en réparation de leur préjudice d'anxiété fondées sur l'article 41 de la loi de 1998, la cour d'appel a condamné l'employeur à leur payer des dommages et intérêts en réparation d'un préjudice qualifié également d'anxiété aux motifs d'un « *manquement de l'employeur à son obligation de loyauté* <u>*résultant de la poursuite de l'utilisation de l'amiante après 2001*</u> ». Elle a retenu que l'employeur « *[...] qui avait bénéficié d'une dérogation jusqu'au 31 décembre 2001 l'autorisant à poursuivre l'utilisation de l'amiante malgré l'entrée en vigueur du décret nº 96-1133 du 24 décembre 1996 relatif à l'interdiction de l'amiante,* <u>*a continué, en toute illégalité et sans aucune transparence à l'égard des institutions représentatives du personnel et des salariés, à utiliser ce matériau de 2002 à 2005*</u> *alors qu'il n'était plus titulaire d'aucune autorisation,* <u>*manquant ainsi à son obligation d'exécuter de bonne foi les contrats de travail le liant à MM. [P] et [U]*</u> ».

Selon la cour d'appel, le caractère illégal et non transparent de la « *poursuite de l'utilisation de l'amiante* » caractérise donc la faute de loyauté reprochée et justifie, sans d'autre preuve à rapporter, l'allocation de dommages et intérêts.

(12) Renvoi à mon avis initial et au rapport de Mme le conseiller rapporteur.

Mais cette faute telle que caractérisée, fait générateur du préjudice allégué, est-elle, comme le prétend le mémoire en défense, réellement distincte du manquement de l'employeur à son obligation de sécurité ?

Génère-t-elle un préjudice véritablement distinct de celui constitué par les troubles psychologiques résultant de la connaissance du risque de déclaration à tout moment d'une maladie liée à l'amiante ?

- S'agissant du caractère distinct de la faute :

Si le fait générateur est, comme le prétend le mémoire en défense, le seul manquement à l'obligation de loyauté de l'employeur et justifie donc la réparation d'un préjudice, qui serait d'ordre moral ou psychologique, comment le distinguer du préjudice d'anxiété due à l'inquiétude permanente liée à la connaissance du risque de déclarer un jour une maladie du fait de cette exposition ? Au surplus, cette qualification du préjudice est donnée en réponse aux salariés qui, comme le constate la cour d'appel elle-même, visent à l'appui de leur demande « *un défaut de protection et d'information* », « *l'absence de remise des attestations d'exposition au risque prévues par les textes* ». Or, l'invocation de tels éléments démontre bien que c'est l'exposition à l'amiante qui est en réalité reprochée, donc davantage un manquement à l'obligation de sécurité de l'employeur.

- S'agissant du caractère distinct du préjudice :

Il est certain que du fait du caractère non transparent de la perpétuation de l'exposition au risque, le préjudice subi ne peut ressortir, à l'instar du préjudice d'anxiété adossé à l'article 41 de la loi de 1998, de l'inquiétude liée à la connaissance ou conscience d'avoir été exposé à l'amiante, donc de risquer de développer une maladie grave. Sans connaissance de l'exposition « fautive » pas d'anxiété liée au risque de développer une maladie.

En conséquence, c'est nécessairement un préjudice d'exposition au risque de l'amiante dont il est réclamé réparation.

Il est constant que les règles de la responsabilité civile et le principe de la réparation intégrale du préjudice imposent que toute faute générant un préjudice mérite réparation.

Toutefois, le principe de réparation intégrale du préjudice « *sans perte ni profit* » ne permet ni d'indemniser plusieurs préjudices relevant d'un même fait générateur s'ils ne sont pas distincts, ni même de réparer plusieurs fois un seul et même préjudice sur des fondements distincts.

Par ailleurs, en l'état de la jurisprudence de la chambre sociale, y compris celle issue de l'arrêt d'assemblée plénière du 5 avril 2019 [13], le préjudice dit d'anxiété est soit adossé au dispositif de l'allocation de cessation anticipée d'activité des travailleurs de l'amiante prévu par la loi du 23 décembre 1998, soit au régime de droit commun de l'obligation de sécurité de l'employeur [14]. C'est donc un préjudice qui est en lien avec un manquement à

(13) Cass., ass. plén., 5 avr. 2019, n° 18-17.442.

(14) Art. L. 4121-1 et L. 4121-2 C. trav.

des règles de protection de la santé et la sécurité du travailleur, que ce manquement soit présumé, du fait d'une inscription de l'établissement sur une liste ministérielle ou établi sur le fondement de l'article L. 4121-1 du code du travail.

En outre, dès lors qu'il s'agit d'un préjudice « *spécifique* » [15], la chambre sociale en a circonscrit le périmètre [16], fixé les règles probatoires, parfois très dérogatoires au droit commun de la responsabilité civile [17] et précisé son régime de prescription [18].

Dans ces conditions, faut-il étendre et admettre l'existence d'un même préjudice, voire d'une autre nature, en cas de manquement de l'employeur à l'exécution de bonne foi du contrat, au surplus dans un contexte d'exposition à l'amiante des salariés ?

Une telle extension du préjudice d'anxiété, qu'il soit de même nature que celui que vous retenez sur le fondement de l'article 41 de la loi de 1998 ou d'une nature différente, ne risque-t-elle pas de créer de la confusion et ajouter de la complexité s'agissant des contours et du régime juridique de ce préjudice spécifique, voire de favoriser un cumul d'indemnisation ou encore un contournement de prescription [19] ?

Je ne soutiens donc pas cette solution, ni en principe, ni au surplus dans notre cas particulier.

En effet et en l'espèce, sous couvert d'un manquement à la loyauté dans les relations contractuelles, la cour d'appel qui, pour justifier sa décision, retient la poursuite illicite, donc nécessairement non transparente, de l'utilisation de l'amiante et en déduit un préjudice – sans d'ailleurs exiger le moindre élément probant sur sa matérialité et son étendue à l'instar de la jurisprudence fondée sur l'article 41 de la loi de 1998, ce qui entretient d'autant plus la confusion – ne se fonde ni sur une faute ou fait générateur, ni ne répare un préjudice véritablement distinct de ceux relevant de l'action en réparation poursuivie par les salariés sur le fondement de l'article 41 de la loi de 1998, laquelle a été déclarée prescrite par l'arrêt.

Je maintiens donc mon avis de cassation sur la première branche du moyen unique du pourvoi n° S 21-14.451 et sur le premier moyen du pourvoi n° H 21-14.534 et renvoie à mon avis initial sur le surplus.

(15) Soc. 11 mai 2010, nos 09-42.241 s., Bull. civ. V, n° 106.

(16) Soc. 25 sept. 2013, n° 12-12.110, « *L'indemnisation accordée au titre du préjudice d'anxiété répare l'ensemble des troubles psychologiques, y compris ceux liés au bouleversement des conditions d'existence, résultant du risque de déclaration à tout moment d'une maladie liée à l'amiante* » ; Soc. 2 juill. 2014, n° 12-29.788, Bull. civ. V, n° 160 : « *le préjudice d'anxiété qui ne résulte pas de la seule exposition à un risque créé par l'amiante, est constitué par les troubles psychologiques qu'engendre la connaissance de ce risque par les salariés* ; Soc. 26 avr. 2017, n° 15-19.037, Bull. civ. V, n° 71 : « *le préjudice moral résultant pour un salarié du risque de développer une maladie induite par son exposition à l'amiante est constitué par le seul préjudice d'anxiété dont l'indemnisation [...] répare l'ensemble des troubles psychologiques résultant de la connaissance d'un tel risque* ».

(17) Soc. 2 avr. 2014, nos 12-28.637 s., Bull. civ. V, n° 95 : « *le salarié qui a travaillé dans l'un des établissements mentionnés à l'article 41 de la loi n° 98-1194 du 23 décembre 1998 et figurant sur une liste établie par arrêté ministériel pendant une période où étaient fabriqués ou traités l'amiante ou des matériaux contenant de l'amiante et se trouve, du fait de l'employeur, dans une situation d'inquiétude permanente face au risque de déclaration à tout moment d'une maladie liée à l'amiante, qu'il se soumette ou non à des contrôles et des examens médicaux réguliers subit un préjudice d'anxiété spécifique [...]* ».

(18) Le préjudice naît à la date à laquelle le salarié a eu connaissance du risque, soit le jour de l'arrêté d'inscription si l'établissement employeur est inscrit et la demande en réparation qui se rattache à l'exécution du contrat se prescrit par deux ans : Soc. 2 juill. 2014, n° 12-29.788, Bull. civ. V, n° 160 ; Soc. 12 nov. 2020, n° 19-18.490.

(19) V. Soc. 8 juill. 2020, n° 17-11.468 où la chambre a censuré une cour d'appel qui a indemnisé le préjudice moral causé par l'exposition à l'amiante d'un salarié sur le fondement de l'obligation de sécurité de l'employeur alors qu'elle l'avait déclaré prescrit en sa demande d'indemnisation d'un préjudice d'anxiété. À noter cependant, que la réparation allouée au titre du préjudice moral couvrait la même période d'exposition au risque que celle couverte par l'arrêté d'inscription.

DES ARRÊTS
DE LA
COUR DE CASSATION
CHAMBRES CIVILES
1962

Crim., 6 décembre 2022, n° 21-85.948

Cet arrêt a été rendu après un premier arrêt après renvoi. Nous expliquons pourquoi.

Pour la première fois en France, le capitaine d'un navire a été poursuivi dans une affaire de pollution maritime causée par des rejets effectués non dans les eaux, mais dans l'air.

Le tribunal correctionnel l'a déclaré coupable, mais une première cour d'appel l'a relaxé.

Sur pourvoi du procureur général près cette cour d'appel, la chambre criminelle a cassé l'arrêt de relaxe pour insuffisance de motivation et renvoyé l'affaire devant une autre cour d'appel (Crim. 24 nov. 2020, n° 19-87.651, publié au bulletin).

La cour d'appel de renvoi a rendu la décision objet du présent pourvoi.

Rejet

M. Bonnal, président

Pourvoi n° 21-85.948

Publié au bulletin

SARL Le Prado - Gilbert

République française

Au nom du peuple français

ARRÊT DE LA COUR DE CASSATION, CHAMBRE CRIMINELLE, DU 6 DÉCEMBRE 2022

M. [G] [O] et la société [2] ont formé des pourvois contre l'arrêt de la cour d'appel de Rennes, 11e chambre, en date du 6 octobre 2021, qui, sur renvoi après cassation (Crim. 24 nov. 2020, n° 19-87.651, publié au bulletin), pour infraction au code de l'environnement, a condamné le premier à 100 000 euros d'amende, a dit que cette amende serait supportée à concurrence de 80 000 euros par la seconde et a ordonné une mesure de publication.

Les pourvois sont joints en raison de la connexité.

Un mémoire commun aux demandeurs et des observations complémentaires ont été produits.

Sur le rapport de M. Samuel, conseiller, les observations de la SARL Le Prado - Gilbert, avocat de M. [G] [O] et de la société [2], et les conclusions de M. Lemoine, avocat général, après débats en l'audience publique du 8 novembre 2022 [...],

la chambre criminelle de la Cour de cassation, [...], après en avoir délibéré conformément à la loi, a rendu le présent arrêt.

Faits et procédure

1. Il résulte de l'arrêt attaqué et des pièces de procédure ce qui suit.

2. Le 29 mars 2018, le centre de sécurité des navires de [Localité 4] a effectué un contrôle du combustible utilisé par un navire de croisière appartenant à la société britannique [2] et placé sous le commandement de M. [G] [O].

3. Ce contrôle avait notamment pour objet de vérifier le respect des prescriptions de l'article L. 218-2 du code de l'environnement relatif aux limitations de la teneur en soufre des combustibles. Il s'est avéré que le bon de soutage du combustible utilisé indiquait une teneur en soufre de 1,75 % et l'analyse d'un échantillon a révélé une teneur de 1,68 %, alors qu'elle aurait dû être inférieure ou égale à 1,50 %. Un procès-verbal de constatation d'infraction a été établi.

4. M. [O] a été cité devant le tribunal correctionnel pour pollution de l'air en raison de l'utilisation, par un navire en mer territoriale, de combustible dont la teneur en soufre est supérieure aux normes autorisées, faits prévus par les articles L. 218-15, II, L. 218-2, I, II et III, L. 218-16, L. 218-18 du code de l'environnement et réprimés par les articles L. 218-15, II, L. 218-23 et L. 173-7 du même code.

5. La société [2] a été citée, en sa qualité de propriétaire et exploitante du navire, sur le fondement de l'article L. 218-23 précité.

6. Le tribunal a déclaré M. [O] coupable, l'a condamné à une amende de 100 000 euros mise à la charge de la société [2] à hauteur de 80 000 euros, a ordonné la publication de la décision et a prononcé sur les intérêts civils.

7. M. [O], la société [2] et le ministère public ont relevé appel de cette décision.

Examen des moyens

Sur les premier, deuxième et troisième moyens, le cinquième moyen, pris en ses quatrième, cinquième, septième, huitième, neuvième et dixième branches, et le sixième moyen

8. Ils ne sont pas de nature à permettre l'admission du pourvoi au sens de l'article 567-1-1 du code de procédure pénale.

Sur le quatrième moyen

Enoncé du moyen

9. Le moyen critique l'arrêt attaqué en ce qu'il a déclaré M. [O] coupable de faits d'utilisation par un navire en mer territoriale de combustible dont la teneur en soufre est supérieure aux normes autorisées et a prononcé sur la peine, alors :

« 1°/ que l'article L. 218-2, II, du code de l'environnement, qui établit une discrimination injustifiée entre les navires de croisière et les autres navires, est contraire au principe de non-discrimination, garanti par l'article 14 de la Convention européenne de sauvegarde des droits de l'homme et des libertés fondamentales ; qu'en se fondant sur ce texte, pour retenir la responsabilité pénale du capitaine du navire, la cour d'appel a violé l'article 14 de la Convention européenne de sauvegarde des droits de l'homme et des libertés fondamentales ;

2°/ que l'article L. 218-2, II, du code de l'environnement, en raison de l'imprécision de l'élément légal de l'infraction quant à la détermination des navires à passagers « assurant des services réguliers à destination ou en provenance de ports d'un État membre de l'Union européenne » est contraire au principe de légalité des délits et des peines, garanti par l'article 7 de la Convention européenne de sauvegarde des droits de l'homme et des libertés fondamentales ; qu'en se fondant sur ce texte, pour retenir la responsabilité pénale du capitaine du navire, la cour d'appel a violé l'article 7 de la Convention européenne de sauvegarde des droits de l'homme et des libertés fondamentales. »

Réponse de la Cour

10. L'article L. 218-2, II, du code de l'environnement, interprété à la lumière, d'une part, de la directive 1999/32/CE du Conseil du 26 avril 1999 concernant une réduction de la teneur en soufre de certains combustibles liquides et modifiant la directive 93/12/CEE telle que modifiée par la directive 2005/33/CE du Parlement européen et du Conseil du 6 juillet 2005, d'autre part, de l'arrêt de la Cour de justice de l'Union européenne du 23 janvier 2014 (CJUE, arrêt du 23 janvier 2014, *Manzi et Compagnia Naviera Orchestra*, C-537/11), selon lequel un navire de croisière relève du champ d'application de l'article 4 bis, paragraphe 4, de la directive 1999/32 précitée au regard du critère des « services réguliers », tel qu'énoncé à son article 2, point 3 octies, à condition qu'il effectue des croisières, avec

ou sans escales, s'achevant dans le port de départ ou dans un autre port, pour autant que ces croisières sont organisées à une fréquence déterminée, à des dates précises et, en principe, à des heures de départ et d'arrivée précises, les intéressés pouvant librement choisir entre les différentes croisières offertes, est rédigé en termes suffisamment clairs et précis pour que son interprétation se fasse sans risque d'arbitraire, de sorte qu'il ne méconnaît pas l'article 7 de la Convention de sauvegarde des droits de l'homme et des libertés fondamentales.

11. Par ailleurs, comme le souligne la directive 2012/33/UE du Parlement européen et du Conseil du 21 novembre 2012 modifiant la directive 1999/32 précitée, la circonstance que les navires à passagers opèrent principalement dans les ports ou à proximité des zones côtières et ont une incidence notable sur la santé humaine et sur l'environnement est de nature à justifier que, pour améliorer la qualité de l'air à proximité des ports et des côtes, ces navires soient tenus d'utiliser des combustibles marins présentant une teneur maximale en soufre de 1,50 %, jusqu'à ce que des normes plus strictes pour le soufre s'appliquent à tous les navires présents dans les eaux territoriales, zones économiques exclusives et zones de contrôle de la pollution des États membres, de sorte que l'article L. 218-2, II, du code de l'environnement ne méconnaît pas non plus l'article 14 de la Convention précitée.

12. Ainsi, le moyen doit être écarté.

Sur le cinquième moyen, pris en ses autres branches

Enoncé du moyen

13. Le moyen critique l'arrêt attaqué en ce qu'il a déclaré M. [O] coupable de faits d'utilisation par un navire en mer territoriale de combustible dont la teneur en soufre est supérieure aux normes autorisées et a prononcé sur la peine, alors :

« 1°/ que s'il appartient aux juges répressifs de restituer aux faits dont ils sont saisis leur véritable qualification, c'est à la condition que la personne poursuivie ait été en mesure de se défendre sur la nouvelle qualification envisagée ; que M. [O] a été poursuivi pour avoir, sur la ligne [Localité 1] et [Localité 4], dans les eaux territoriales françaises, entre le 28 et le 29 mars 2018, commis l'infraction d'utilisation par un navire en mer territoriale de combustible dont la teneur en soufre est supérieure aux normes autorisées, pollution de l'air, en l'espèce avoir utilisé un carburant pour assurer la liaison entre [Localité 1] et [Localité 4] dont la teneur en soufre est de 1,68 % alors que la norme autorisée ne doit pas dépasser 1,50 %, faits prévus par les articles L. 218-15, II, L. 218-2, I, II et III, L. 218-16, L. 218-18 du code de l'environnement et réprimés par les articles L. 218-15, II, L. 218-23 et L. 173-7 du même code ; que pour déclarer M. [O] coupable des faits qui lui étaient reprochés, la cour d'appel s'est fondée sur l'article L. 218-19, II, du code de l'environnement non visé à la prévention ; qu'en statuant ainsi, sans avoir invité M. [O] à s'expliquer sur cette nouvelle qualification, non visée à la prévention, la cour d'appel a méconnu l'article 6, § 1, de la Convention de sauvegarde des droits de l'homme et des libertés fondamentales, ensemble l'article 388 du code de procédure pénale ;

2°/ que saisi in rem, le juge répressif ne peut statuer que sur les faits visés à l'acte qui le saisit, sauf accord exprès du prévenu d'être jugé sur les faits non compris dans les poursuites ; qu'en l'espèce, M. [O] a été poursuivi pour avoir sur la ligne [Localité 1] et [Localité 4], dans les eaux territoriales françaises, entre le 28 et le 29 mars 2018, commis l'infraction d'utilisation, par un navire en mer territoriale de combustible dont la teneur en soufre est supérieure aux normes autorisées, pollution de l'air, en l'espèce avoir utilisé un carburant pour assurer la liaison entre [Localité 1] et [Localité 4] dont la teneur en soufre est de 1,68 % alors que la norme autorisée ne doit pas dépasser 1,50 %, faits prévus par les articles L. 218-15, II, L. 218-2, I, II et III, L. 218-16, L. 218-18 du code de l'environnement et réprimés par les articles L. 218-15, II, L. 218-23 et L. 173-7 du même code ; que pour déclarer M. [O] coupable des faits qui lui étaient reprochés, la cour d'appel a énoncé que celui-ci avait commis une faute caractérisée exposant l'environnement à un risque d'une particulière gravité sur laquelle il n'avait pas accepté d'être jugé ; qu'en statuant ainsi, la cour d'appel a excédé les limites de sa saisine en violation de l'article 388 du code de procédure pénale, ensemble l'article 6, § 3, de la Convention de sauvegarde des droits de l'homme et des libertés fondamentales ;

3°/ que le juge répressif ne peut prononcer une peine sans avoir relevé tous les éléments constitutifs de l'infraction qu'il réprime ; que le délit d'utilisation par un navire en mer territoriale de combustible dont la teneur en soufre est supérieure aux normes autorisées prévu par l'article L. 218-15 du code de l'environnement constitue un délit intentionnel distinct tant en ses éléments matériel que moral du délit non-intentionnel de l'article L. 218-19, II, du code de l'environnement lequel incrimine le rejet d'hydrocarbure non intentionnel ; que pour déclarer M. [O] coupable des faits qui lui étaient reprochés, la cour d'appel a énoncé qu'en ne s'assurant pas des règles relatives à la pollution par les rejets des navires dans les eaux territoriales françaises et en ne faisant pas respecter ces règles, le taux de soufre du carburant utilisé par le navire étant de 1,75 % au lieu de la limite légale de 1,50 %, celui-ci a commis une faute caractérisée exposant l'environnement à un risque d'une particulière gravité qu'il ne pouvait ignorer, les effets du soufre sur la santé humaine étant connus ; qu'en déclarant ainsi M. [O] coupable du délit intentionnel de l'article L. 218-15 du code de l'environnement en retenant la faute caractérisée prévue à l'article L. 218-19, II, du même code incriminant un délit non-intentionnel distinct de rejet d'hydrocarbure involontaire, la cour d'appel a méconnu les articles L. 218-15 du code de l'environnement, ensemble, par fausse application, l'article L. 218-19 II du même code ;

6°/ que, même à supposer l'article L. 218-19, II, du code de l'environnement applicable, suivant l'article 121-3 du code pénal, les personnes physiques qui n'ont pas causé directement le dommage, mais qui ont créé ou contribué à créer la situation qui a permis la réalisation du dommage ou qui n'ont pas pris les mesures permettant de l'éviter, sont responsables pénalement s'il est établi qu'elles ont commis une faute caractérisée qui exposait autrui à un risque d'une particulière gravité qu'elles ne pouvaient ignorer ; que l'article L. 218-19, II, du code de l'environnement vise la commission par le capitaine du navire d'une faute caractérisée qui a exposé l'environnement à un risque d'une particulière gravité que son auteur ne pouvait ignorer ; que, pour retenir la responsabilité pénale de M. [O], la cour d'appel a énoncé que, même si c'était un service spécialisé de la compagnie maritime qui prenait les décisions d'approvisionnement en carburant, le choix du carburant lui était, in fine, soumis pour validation ; qu'elle a encore énoncé que, même si les données ISM établies par la compagnie faisaient état de ce que dans les eaux territoriales françaises, un fioul avec un taux de soufre inférieur à 3,5 % pouvait être utilisé, le capitaine, garant de la protection de l'environnement et de la sûreté, était tenu personnellement de connaître, sans pouvoir évoquer son ignorance de la loi, et de faire respecter les règles relatives à la pollution par les rejets des navires, et devait s'assurer de la conformité à la législation du combustible utilisé ; qu'elle a ajouté qu'avait été fait usage du système de nettoyage des gaz d'échappement, permettant de diminuer le taux de soufre démontrait sa connaissance de ce qu'il était nécessaire d'abaisser dans les eaux territoriales françaises le taux de soufre du carburant utilisé par le navire dont la teneur en soufre était de 1,75 % en masse ; qu'enfin, elle a précisé qu'un combustible avec un taux de soufre > 1,50 % est plus onéreux qu'un combustible avec un taux de soufre inférieur à 1,50 % ; qu'en se déterminant par de tels motifs, impropres à établir que le capitaine aurait commis une faute caractérisée exposant l'environnement à un risque d'une particulière gravité qu'il ne pouvait ignorer, la cour d'appel a violé les articles L. 218-19, II, du code de l'environnement et 121-3 du code pénal. »

Réponse de la Cour

14. Pour confirmer le jugement, l'arrêt attaqué, après avoir rappelé que le navire avait navigué de [Localité 1] à [Localité 4] avec un combustible dont la teneur en soufre s'élevait à 1,68 %, supérieur au seuil de 1,50 % défini au II de l'article L. 218-2 du code de l'environnement, énonce qu'aux termes de l'article 121-3 du code pénal, repris au dernier alinéa de l'article L. 218-19 du code de l'environnement, les personnes physiques qui n'ont pas causé directement le dommage, mais qui ont créé ou contribué à créer la situation qui a permis la réalisation du dommage ou qui n'ont pas pris les mesures permettant de l'éviter, sont responsables pénalement s'il est établi qu'elles ont soit violé de façon manifestement délibérée une obligation particulière de sécurité ou de prudence prévue par la loi ou le règlement, soit commis une faute caractérisée qui exposait l'environnement à un risque d'une particulière gravité qu'elles ne pouvaient ignorer.

15. Les juges ajoutent que, lors d'une audition par les enquêteurs, M. [O] a admis être informé de l'obligation d'utiliser un combustible présentant un taux de soufre inférieur à 1,50 %, tout en considérant que le carburant utilisé était conforme aux exigences de la compagnie et du système *International safety management* (ISM) basé sur des lois internationales et les lois et accords concernant les eaux territoriales du pays de destination, dans la mesure où l'utilisation du système de nettoyage des gaz d'échappement (EGCS) devait permettre de remplir les critères requis.

16. Ils relèvent qu'il n'est pas contesté que le bon de soutage découvert à bord du navire, concernant le carburant chargé à [Localité 1] et utilisé lors du contrôle, indiquait une teneur en soufre de 1,75 % en masse.

17. Ils soulignent que les éléments produits par la défense et l'audition d'un témoin à l'audience établissent que les décisions d'approvisionnement en carburant sont prises par un service spécialisé de la compagnie basé à [Localité 3] qui détermine quel navire va s'approvisionner avec quel type de fioul, en quelle quantité et dans quel port, en fonction notamment des disponibilités dans les futures escales, des prix variables d'un port à l'autre, du nombre de miles nautiques à parcourir et des législations environnementales applicables dans les ports concernés.

18. Ils retiennent que, s'il est concevable que des règles générales concernant les décisions d'approvisionnement en carburant soient prises par un service spécialisé de la compagnie, afin notamment de mettre en place une organisation optimisée et d'obtenir à grande échelle les prix les plus favorables, il n'en demeure pas moins que M. [O] a convenu, en cours de procédure et lors de l'audience, qu'à l'occasion de chacun des trajets du navire, le choix du carburant est fait sur le navire par le premier officier de navigation, le chef mécanicien et l'officier chargé de la conformité environnementale, en fonction certes des instructions ISM émanant de la compagnie, mais qu'in fine ce choix lui est soumis pour validation.

19. Les juges précisent que l'audition par les premiers juges du représentant du centre de sécurité des navires PACA-Corse a confirmé que le capitaine peut à tout moment intervenir sur le combustible à consommer et que si les données ISM établies par la société [2] faisaient état de ce que dans les eaux territoriales françaises, un fioul avec un taux de soufre inférieur à 3,50 % pouvait être utilisé, cet argument ne peut être retenu comme exonératoire de responsabilité, alors que le capitaine, garant de la sécurité du navire et de son équipage, de la protection de l'environnement et de la sûreté, est tenu personnellement, à ce titre, de connaître et faire respecter, sans pouvoir évoquer son ignorance de la loi, les règles relatives à la pollution par les rejets des navires, et doit s'assurer de la conformité du combustible utilisé à la législation applicable.

20. Ils constatent encore que, tout en soutenant avoir utilisé un carburant conforme aux consignes de la compagnie faisant état de ce que les navires pouvaient circuler dans les eaux territoriales françaises avec un fioul avec un taux de soufre inférieur à 3,50 %, M. [O] a cependant déclaré aux enquêteurs avoir fait usage du système de nettoyage des gaz d'échappement, qui a pour objet de diminuer le taux de soufre, dès l'entrée sur les eaux territoriales françaises ou au moins sur une partie de celles-ci, et pas seulement lors de son arrivée à quai à [Localité 4], ce qui démontre bien qu'il avait connaissance de la nécessité d'abaisser en ces lieux le taux de soufre du carburant utilisé.

21. C'est à tort que la cour d'appel s'est référée, s'agissant de l'élément moral de l'infraction, à l'article L. 218-19 du code de l'environnement.

22. En effet, cet article, d'une part, n'est pas visé dans la prévention, d'autre part, concerne l'infraction distincte de pollution involontaire des eaux marines par rejet des navires, enfin, précise que son élément moral réside dans une faute d'imprudence, de négligence ou d'inobservation des lois et règlements, dût-elle, lorsque la personne

poursuivie n'a pas causé directement le dommage, revêtir l'un des caractères particuliers de gravité définis dans son IV.

23. Or, l'article L. 218-15 du même code, qui incrimine la pollution de l'air commise par un navire et constitue le fondement des poursuites, ne comporte pas une telle précision quant à son élément moral, de sorte qu'il s'agit d'une infraction intentionnelle par application du premier alinéa de l'article 121-3 du code pénal.

24. Cependant, l'arrêt n'encourt pas la censure.

25. En effet, il résulte des autres énonciations de l'arrêt rappelées aux paragraphes 15, 16, 18 et 20 que c'est en connaissance de cause que le prévenu a méconnu l'obligation d'utiliser un combustible présentant un taux de soufre inférieur à 1,50 %.

26. Ainsi, le moyen, devenu inopérant en sa sixième branche, doit être écarté.

27. Par ailleurs, l'arrêt est régulier en la forme.

PAR CES MOTIFS, la Cour :

REJETTE les pourvois.

Ainsi fait et jugé par la Cour de cassation, chambre criminelle, et prononcé par le président le six décembre deux mille vingt-deux.

Cour de cassation

Pourvoi n° 21-85.948

Rapport de Xavier Samuel, conseiller à la Cour de cassation

M. G. O. et la société [2] ont formé des pourvois contre l'arrêt de la cour d'appel de Rennes, 11e chambre, en date du 6 octobre 2021, qui, pour infraction du code de l'environnement, a condamné le premier à 100 000 euros d'amende, a dit que cette amende serait supportée à concurrence de 80 000 euros par la seconde et a ordonné des mesures de publication.

1. Rappel des faits et de la procédure

Le 29 mars 2018, le centre de sécurité des navires de [Localité 4] a effectué un contrôle du combustible utilisé par le navire de croisière A., propriété de la société britannique [2], placé sous le commandement de G. O.

Ce contrôle avait notamment pour objet de vérifier le respect des prescriptions de l'article L. 218-2 du code de l'environnement relatif aux limitations de la teneur en soufre des combustibles.

Le bon de soutage du combustible indiquait une teneur en soufre de 1,75 % et l'analyse d'un échantillon prélevé a révélé une teneur en soufre de 1,68 %, alors qu'elle aurait dû être inférieure à 1,50 %.

Un procès-verbal de constatation d'infraction a été établi le 5 avril 2018.

Des investigations ultérieures ont établi que le carburant présentant un taux de 1,5 % à 3,5 % de soufre coûtait, au 5 octobre 2018, 481 dollars la tonne, celui présentant un taux de 1 % à 1,5 %, 505 dollars et celui présentant au maximum 0,1 % de soufre, 738 euros.

G. O. a été cité devant le tribunal correctionnel pour les faits d'utilisation, par un navire en mer territoriale de combustible dont la teneur en soufre est supérieure aux normes autorisées, pollution de l'air, en l'espèce utilisation d'un carburant pour assurer la liaison entre [Localité 1] et [Localité 4] dont la teneur en soufre est de 1,68 % alors que la norme autorisée ne doit pas dépasser 1,50 %, faits prévus par les articles

L. 218-15 § II, L. 218-2 § I, § II, § III, L. 218-16, L. 218-18 du code de l'environnement et réprimés par les articles L. 218-15 § II, L. 218-23, L. 173-7 du code de l'environnement.

La société [2] a été citée, en sa qualité de propriétaire et exploitante du navire, sur le fondement de l'article L. 218-23 du code de l'environnement. Aux termes de cet article, « *le tribunal peut, compte tenu des circonstances de fait et notamment des conditions de travail de l'intéressé, décider que le paiement des amendes prononcées à l'encontre du capitaine, en vertu des articles L. 218-11 à L. 218-19, est en totalité ou en partie à la charge du propriétaire ou de l'exploitant. Le tribunal ne peut user de la faculté prévue au premier alinéa que si le propriétaire ou l'exploitant a été cité à l'audience* ».

Par jugement du 26 novembre 2018, le tribunal a déclaré G. O. coupable, l'a condamné à une amende de cent mille euros (100 000 euros) dont le paiement sera supporté à concurrence de quatre-vingt mille euros (80 000 euros) par la société [2], a ordonné la publication de la décision et a prononcé sur les intérêts civils.

G. O., la société [2] et le ministère public ont relevé appel du jugement [1].

Par arrêt du 12 novembre 2019, la cour d'appel d'Aix-en-Provence a infirmé ce dernier et prononcé la relaxe de G. O., déboutant les parties civiles de leurs demandes.

Le procureur général a seul formé un pourvoi le 15 novembre suivant et son mémoire personnel est parvenu au greffe de la chambre criminelle le 13 décembre.

Par arrêt Crim. 24 nov. 2020, n° 19-87.651, publié, la chambre criminelle a cassé l'arrêt attaqué au seul visa de l'article 593 du code de procédure pénale, pour les motifs suivants :

« *Pour relaxer le prévenu, l'arrêt attaqué énonce qu'il résulte de ses déclarations qu'il n'a jamais admis avoir eu connaissance de l'obligation d'utiliser un combustible dont la teneur en soufre ne devait pas dépasser 1,5 % et qu'il a expliqué ne disposer d'aucune maîtrise sur l'approvisionnement en combustible qui était décidé par un service de la compagnie basé à Hambourg.*

15. Les juges ajoutent que les décisions d'approvisionnement en combustible sont prises par ce service spécialisé qui détermine quel navire va s'approvisionner dans tel port avec tel type et telle quantité de fioul, en fonction, notamment, soit des disponibilités dans les futures escales et des prix variables pratiqués d'un port à l'autre, soit des besoins du bateau qui dépendent non seulement du nombre de miles nautiques à parcourir mais également des législations environnementales applicables dans les ports concernés.

16. Ils précisent que, dans ce processus, l'intervention du bord est limitée à la communication à la compagnie par le chef mécanicien ou ses subordonnés des quantités de fioul de différentes qualités

(1) Doctrine rappelée par l'avocat général Lemoine lors de l'examen du précédent pourvoi : Ph. Delebecque, Première – et discutable – condamnation d'un capitaine de navire en raison de l'utilisation d'un combustible dont la teneur en soufre dépasse les normes prescrites, EEI 2019, n° 35. Une analyse identique avait été développée par d'autres auteurs à la suite de la relaxe du capitaine du navire Erika du chef de pollution maritime (M. Ollivier, C. Thorel et A. Mouillé, Le capitaine et le droit pénal, AJ pénal 2012. 585).

restant dans les cuves du bateau et que ce système est basé notamment sur des nécessités juridiques résultant de la diversité des législations, fluctuantes et complexes, applicables dans les eaux traversées.

17. La cour d'appel retient encore G. O. a suivi les instructions de sa compagnie, en pouvant vérifier qu'elles étaient conformes au système International Safety Management (ISM) dont les données, établies par cette compagnie, mentionnaient bien la possibilité d'utiliser sur le trajet [Localité 1] - [Localité 4] un combustible présentant un taux maximum en soufre de 3,5 % contre un taux de 1,50 % pour rejoindre le port italien de La Spezia.

18. Elle en conclut que, G. O., qui suivait les instructions de sa compagnie, pouvait légitimement penser qu'elles étaient conformes à la législation qu'il devait respecter.

19. En se déterminant ainsi, la cour d'appel, qui a relevé que le bon de soutage découvert à bord indiquait une teneur en soufre supérieure à celle autorisée, n'a pas justifié sa décision.

20. En effet, le capitaine, garant de la sécurité du navire et de son équipage, de la protection de l'environnement[2] *et de la sûreté, et tenu personnellement à ce titre de connaître et de faire respecter les règles relatives à la pollution par les rejets des navires, devait s'assurer de la conformité à la législation du combustible utilisé* ».

Par l'arrêt attaqué dans le cadre du présent pourvoi, la cour d'appel de Rennes, cour de renvoi, a confirmé le jugement sur la culpabilité et les peines, apportant seulement quelques précisions sur le fondement de la publication ordonnée.

Un avocat au barreau de Rennes a formé, le 6 octobre 2021, deux pourvois au nom de G. O. et de la société [2].

Un mémoire ampliatif commun aux demandeurs a été déposé, dans le délai imparti, par Me Le Prado-Gilbert, régulièrement constitué le 21 octobre.

La procédure paraît régulière.

2. Analyse succincte des moyens

La société [2] et G. O. soulèvent six moyens de cassation.

Le premier moyen, en deux branches, reproche à la cour d'appel d'avoir rejeté l'exception de nullité relative à la visite du navire le 19 avril 2018.

La première branche soutient que la cour d'appel n'a pas tiré les conséquences de ses propres constatations, statuant ainsi par des motifs contradictoires en violation de l'article 76 du code de procédure pénale, ensemble l'article 593 du code de procédure pénale.

(2) Commentant cet arrêt, Ph. Delebeque souligne (D. 2021. 560) : « *Dire que le capitaine est garant de la sécurité du navire et de son équipage et qu'il a une responsabilité environnementale n'est pas discutable. Le capitaine est investi de l'autorité à bord (C. transp., art. L. 5531-1) et du commandement du navire (art. L. 5511-4)* ». *Il estime toutefois que le* « *considérer comme premier responsable à bord du navire n'est pas en adéquation avec les réalités de l'exploitation commerciale contemporaine* » où « *le capitaine est en relation constante avec son armateur* ».

Selon la seconde branche, la cour d'appel a méconnu l'article 76 du code de procédure pénale en énonçant, après avoir constaté qu'« *il est constant qu'en l'espèce, à la procédure aucune déclaration écrite de la main de G. O. au titre de l'assentiment visé par l'article 76 du code de procédure pénale n'existe* », que les documents saisis auraient « *fait l'objet d'une remise volontaire* », circonstance qui, même à la supposée avérée, ne suffisait pas à justifier l'absence de recueil par les enquêteurs d'un assentiment écrit de la main de G. O.

Le **deuxième moyen en une branche** conteste la déclaration de culpabilité de G. O. au motif que la cour d'appel a omis de répondre à la contestation de la légalité des articles L. 214-2 et L. 214-15 du code de l'environnement, issus d'une ordonnance non ratifiée, et donc de nature réglementaire, à la date de la commission des faits reprochés, ce qui est contraire au principe de légalité criminelle qui veut que la répression des délits soit réservée à la loi, d'où violation des articles 111-5 du code pénal ensemble les articles 459, alinéa 3, et 593 du code de procédure pénale.

Le **troisième moyen, en une branche,** reproche à la cour d'appel de s'être rendue coupable, ce faisant, d'une omission de statuer, en violation de l'article 593 du code de procédure pénale.

Le quatrième moyen, en deux branches, reproche à la cour d'appel d'avoir, pour retenir la responsabilité pénale du capitaine du navire, fait application de l'article L. 218-2, II, du code de l'environnement qui institue une discrimination injustifiée entre les navires de croisière et les autres navires, en violation de l'article 14 de la Conv. EDH (première branche) et est imprécis sur l'élément légal de l'infraction quant à la détermination de navires à passagers « assurant des services réguliers à destination ou en provenance de ports d'un État membre de l'Union européenne », en violation de l'article 7 de la Convention européenne de sauvegarde des droits de l'homme et des libertés fondamentales (seconde branche).

Le **cinquième moyen**, subsidiaire, en **dix branches**, reproche à la cour d'appel d'avoir retenu la responsabilité pénale de G. O.

Il soutient :

- qu'en faisant application de l'article L. 218-19, II, du code de l'environnement, non visé à la prévention, sans inviter les parties à s'expliquer sur cette nouvelle qualification, la cour d'appel a méconnu le principe du contradictoire (art. 6 de la Convention européenne des droits de l'homme et art. 388 du code de procédure pénale) ;
- qu'en lui imputant une faute caractérisée exposant l'environnement à un risque d'une particulière gravité, la cour a dépassé le cadre de sa saisine (violation de l'article 388 du code de procédure pénale et de l'article 6, § 3, de la Convention européenne des droits de l'homme) ;

- que la cour lui a imputé le délit intentionnel de l'article L. 218-15 du code de l'environnement, tout en retenant une faute prévue par l'article L. 218-19 II qui réprime le délit non intentionnel distinct de pollution maritime involontaire, en violation de ces textes ;

- que le défaut d'analyse des listings de fonctionnement du système de lavage des fumées, a fait obstacle au constat que cet équipement avait été mis en route, contrairement à ce que retient la cour, d'où violation de l'article 593 du code de procédure pénale ;

- qu'elle n'a pas caractérisé l'existence d'un risque de particulière gravité, puisqu'elle a relevé que le carburant utilisé n'excédait que de 12 % le taux maximum de 1,5 % autorisé, d'où violation des articles L. 218-19, II, du code de l'environnement et l'article 121-3 du code pénal ;

- qu'elle a statué par des motifs impropres à établir la réunion des conditions d'engagement de la responsabilité pénale du capitaine du navire, d'où violation des mêmes articles ;

- qu'elle a omis de se prononcer :

  - sur la circonstance que le capitaine était légalement tenu par le code ISM de respecter les instructions et procédures de sa compagnie quant à la protection de l'environnement, en ce compris l'approvisionnement du navire en carburant, et que les instructions et documents de la compagnie avant l'arrivée du navire à [Localité 4] ne mentionnaient pas un taux réduit de soufre à 1,5 %, ce qui était de nature à établir l'absence de faute caractérisée qu'aurait commise G. O., d'où violation des mêmes articles,

  - sur la circonstance que le document ENV-1001-F1 de la compagnie maritime avait induit en erreur le capitaine du navire quant à l'obligation de respecter un taux réduit de soufre à 1,5 %, ce qui était de nature à établir son absence de faute caractérisée qu'aurait commise G. O., d'où manque de base légale au regard de ces mêmes articles,

  - sur la circonstance de la diffusion d'une lettre du 12 mai 2016, suspendant l'application du taux à 1,5 % au navires de croisière, émanant du ministère de l'Environnement, par l'association professionnelle des croisiéristes (CLIA), qu'elle n'a envisagée que sous le rapport de l'erreur invincible de droit, alors qu'elle était susceptible d'établir l'absence de faute caractérisée de G. O., d'où manque de base légale au regard de ces mêmes articles ;

- qu'elle ne s'est pas suffisamment expliquée sur l'erreur invincible de droit invoquée par le capitaine du navire, d'où manque de base légale au regard de ces mêmes articles.

Le sixième moyen fait grief à la condamnation à une peine d'amende de ne pas avoir été prononcée au regard des charges de G. O.

3. Discussion

I. Premier moyen (saisie de documents sur le fonctionnement du navire) - proposition de non-admission

Divers documents relatifs au fonctionnement du navire ont été saisis par les enquêteurs.

L'article 76 du code de procédure pénale, dans sa rédaction applicable à la date des faits, dispose :

« *Les perquisitions, visites domiciliaires et saisies de pièces à conviction ou de biens dont la confiscation est prévue à l'article 131-21 du code pénal ne peuvent être effectuées sans l'assentiment exprès de la personne chez laquelle l'opération a lieu.*

Cet assentiment doit faire l'objet d'une déclaration écrite de la main de l'intéressé ou, si celui-ci ne sait pas écrire, il en est fait mention au procès-verbal ainsi que de son assentiment.

Les dispositions prévues par les articles 56 et 59 (premier alinéa) du présent code sont applicables.

Si les nécessités de l'enquête relative à un crime ou à un délit puni d'une peine d'emprisonnement d'une durée égale ou supérieure à cinq ans l'exigent ou si la recherche de biens dont la confiscation est prévue à l'article 131-21 du code pénal le justifie, le juge des libertés et de la détention du tribunal de grande instance peut, à la requête du procureur de la République, décider, par une décision écrite et motivée, que les opérations prévues au présent article seront effectuées sans l'assentiment de la personne chez qui elles ont lieu [...] ».

Pour valider l'opération de saisie pratiquée sur le fondement de cet article sans assentiment exprès, la cour d'appel énonce :

« *Il est constant qu'en l'espèce, à la procédure aucune déclaration écrite de la main de G. O. au titre de l'assentiment visé par l'article 76 du code de procédure pénale n'existe, de même qu'il n'existe pas de procès-verbal au titre d'une perquisition, ou visite domiciliaire.*

Il ressort des déclarations de G. O. en date du 19 avril 2018 que ce dernier affirmant que dans les eaux territoriales françaises, les moteurs fonctionnaient en utilisant le système d'épuration des gaz (système EGCS), les enquêteurs ont sollicité la communication des documents justificatifs et le capitaine, assisté de son conseil, a expressément indiqué qu'ils se trouvaient à bord et "disponibles". Il a autorisé les enquêteurs à accéder à son navire afin qu'ils puissent procéder aux investigations qu'ils souhaitaient réaliser. Puis, ce même jour, au cours d'une seconde audition, toujours assisté de son conseil, G. O. a remis aux enquêteurs divers documents, en l'espèce, les enregistrements de EGCS pour les moteurs DG2 et DG3, les extraits du journal des machines du 27 mars au 19 avril 2018, les extraits du journal de bord du 27 mars au 19 avril 2018, les relevés de capacités combustibles du 27 au 29 mars 2018, les enregistrements des phases de "change over" du 27 mars au 19 avril 2018 et les heures de fonctionnement des six moteurs de DG1 à DG6, ces documents ayant été saisis et joints à la procédure. Ces documents ayant fait l'objet d'une remise volontaire de la part de G. O. aux enquêteurs et alors qu'aucun élément n'établit que ces derniers se seraient livrés à bord du navire à une recherche active d'éléments de preuve, assimilable à une perquisition imposant l'accomplissement des formalités prévues par l'article 76 du code de procédure pénale, c'est à juste titre que les premiers juges ont rejeté l'exception de nullité ainsi soulevée en sorte que le jugement sera confirmé de ce chef ».

Autrement dit, la cour d'appel estime que, la remise des documents saisis ayant été volontaire, il n'était pas nécessaire de solliciter l'accord écrit de l'intéressé.

Ce raisonnement a déjà été validé par la chambre criminelle.

Ainsi, dans un arrêt Crim. 5 mai 2009, n° 08-87.452 :

« *Attendu que, pour rejeter l'exception de nullité de procédure prise de la violation de l'article 76 du code de procédure pénale et soulevée par J. et N., qui soutenaient que la saisie effectuée dans les locaux de la société E au cours de l'enquête préliminaire aurait dû être effectuée avec leur assentiment, l'arrêt attaqué retient, par motifs propres et adoptés, que les intéressés ont remis volontairement les documents aux enquêteurs, lesquels n'ont procédé à aucune recherche ; Attendu qu'en l'état de ce seul motif, la cour d'appel a justifié sa décision ; que, dès lors, le moyen n'est pas fondé ;* ».

Voir aussi dans le même sens, cité par le rapporteur de cette affaire :

Crim. 20 sept. 1995, n°s 95-81.140, Bull. crim. n° 276, cassant l'arrêt ayant prononcé la nullité en ce que le fait de se faire remettre un dossier médical dans un établissement de santé ne pouvait être réalisé que par un magistrat et non par un OPJ : « *Mais attendu qu'en prononçant ainsi, alors que l'officier de police judiciaire ne s'était livré à aucune recherche pour entrer en possession du dossier, lequel lui avait été remis sur sa demande, la chambre d'accusation a méconnu le texte susvisé et le principe susénoncé* ».

Crim. 22 nov. 2006, n° 05-85.919 : « *Attendu que, pour rejeter les exceptions de nullité de la procédure, soulevées par le prévenu et prise, d'une part, de l'absence d'inventaire et de procès-verbaux de saisie de divers documents remis volontairement aux enquêteurs par le représentant de la fédération des bâtiments et travaux publics de Saint-Pierre-et-Miquelon, le chef de service des affaires juridiques de la préfecture, et le directeur de la société S, maître d'ouvrage, et, d'autre part, de l'irrégularité de la réquisition adressée au secrétaire général de la préfecture, au visa inexact de l'article 77-1 du code de procédure pénale, en vue d'obtenir communication des pièces des marchés litigieux, le tribunal supérieur d'appel prononce par les motifs repris au moyen ; - Attendu qu'en l'état de ces énonciations, d'où il résulte qu'aucune atteinte n'a été portée aux intérêts du prévenu, et dès lors que, d'une part, les pièces de procédure ont pu faire l'objet d'une discussion contradictoire et, d'autre part, que la réquisition critiquée ne constitue pas une perquisition au sens des articles 76 et suivants du code de procédure pénale, nécessitant l'assentiment exprès de la personne requise, le tribunal supérieur d'appel a justifié sa décision* ».

La cour d'appel n'a donc ni statué par des motifs contradictoires, ni méconnu l'article 76 du code de procédure pénale.

En conséquence, le moyen n'est pas de nature à permettre l'admission du pourvoi selon les termes de l'article 567-1-1 du code de procédure pénale.

II. Deuxième et troisième moyens

Ces deux moyens sont pris d'un défaut de réponse et d'une omission de statuer (p. 24) sur la légalité des articles du code de l'environnement fondant les poursuites.

Il est constant :

- que l'article 59 [3] de la loi n° 2015-992 du 17 août 2015 relative à la transition énergétique pour la croissance verte a habilité le Gouvernement à prendre, par voie d'ordonnance, les dispositions législatives nécessaires à la transposition de la directive 2012/33/UE du 21 novembre 2012 modifiant la directive 1999/32/CE en ce qui concerne la teneur en soufre des combustibles marins. L'annexe VI de la convention de l'Organisation maritime internationale pour la prévention de la pollution par les navires (dite convention MARPOL) contient des règles relatives à la prévention de la pollution de l'air par les navires. Révisée en 2010, elle établit des valeurs limites de teneur en soufre des combustibles marins. Ses dispositions ont été intégrées dans le droit de l'Union par la directive précitée 2012/33/UE 2 qui appelle notamment les États membres à établir des sanctions appropriées ;

- que l'ordonnance n° 2015-1736 du 24 décembre 2015 portant transposition de la directive 2012/33/UE du 21 novembre 2012 modifiant la directive 1999/32/CE (désormais codifiée en une version consolidée [4]) en ce qui concerne la teneur en soufre des combustibles marins a assuré la transposition de cette directive pour ce qui relève du domaine de la loi. Par son article 2, elle a inséré une nouvelle sous-section 1 à la section 1 du chapitre VIII du titre Ier du livre II du code de l'environnement, aux fins de préciser les obligations qui s'imposent aux navires naviguant dans les eaux relevant de la souveraineté ou de la juridiction française et de prescrire les valeurs limites de teneur en soufre des combustibles marins, tant en application de la convention MARPOL que de la directive européenne ;

- que les poursuites contre G. O. sont fondées sur les articles L. 218-15 § II [5], L. 218-2 § I, § II, § III [6], L. 218-16 [7], L. 218-18 [8] du code de l'environnement ;

(3) I. - Dans les conditions prévues à l'article 38 de la Constitution, le Gouvernement est autorisé à prendre par ordonnance toute mesure relevant du domaine de la loi afin : 1° De transposer la directive 2012/33/UE du Parlement européen et du Conseil, du 21 novembre 2012, modifiant la directive 1999/32/CE en ce qui concerne la teneur en soufre des combustibles marins et de prendre les mesures d'adaptation de la législation liées à cette transposition, comprenant les mesures de nature législative nécessaires à l'établissement d'un système de sanctions pénales et administratives proportionnées, efficaces et dissuasives, notamment en ce qui concerne la prévention de la pollution et la protection de l'environnement ; *[2°, 3° et 4° : liste des adaptations aux territoires ultra-marins]*. II. - Cette ordonnance est prise dans un délai d'un an à compter de la promulgation de la présente loi. Un projet de loi de ratification est déposé devant le Parlement dans un délai de six mois à compter de la publication de l'ordonnance.

(4) https://www.legifrance.gouv.fr/jorf/id/JORFTEXT000035606372.

(5) Art. L. 218-15 II. – Est puni d'un an d'emprisonnement et de 200 000 euros d'amende le fait, pour tout capitaine d'un navire, de se rendre coupable d'infractions aux dispositions des règles 12,13,16 et 18 de l'annexe VI de la convention MARPOL, ainsi qu'aux dispositions des I à IV de l'article L. 218-2.

(6) Art. L. 218-2 : I. - Les navires naviguant dans les eaux relevant de la souveraineté ou de la juridiction française doivent : 1° Lorsqu'ils naviguent en dehors des zones de contrôle des émissions de soufre désignées conformément à la règle 14.3 de l'annexe VI de la convention MARPOL, utiliser des combustibles dont la teneur en soufre est inférieure ou égale à 3,50 % en masse jusqu'au 31 déc. 2019, puis inférieure ou égale à 0,50 % en masse à compter du 1er janvier 2020 ; 2° Lorsqu'ils naviguent dans les zones de contrôle des émissions de soufre, utiliser des combustibles dont la teneur en soufre est inférieure ou égale à 0,10 % en masse. II. - Pour les navires à passagers assurant des services réguliers à destination ou en provenance de ports d'un État membre de l'Union européenne, la teneur en soufre des combustibles utilisés en dehors des zones de contrôle des émissions de soufre doit être inférieure ou égale à 1,5 % en masse jusqu'au 31 déc. 2019, puis inférieure ou égale à 0,50 % en masse à compter du 1er janvier 2020. III. - Les navires à quai durant plus de deux heures consécutives selon les horaires publiés doivent utiliser des combustibles marins dont la teneur en soufre est inférieure

- que les peines édictées sont de nature correctionnelle et sanctionnent donc des délits ;

- que l'ordonnance a été ratifiée par l'article 135 [9] de la loi n° 2019-1428 du 24 décembre 2019 d'orientation des mobilités ;

- qu'elle n'était donc pas ratifiée à la date de commission des faits.

C'est dans ces conditions que les moyens posent la question de l'absence de réponse apportée par la cour d'appel aux conclusions portant sur la légalité des dispositions fondant la poursuite.

À cet égard, il est également constant :

- que, dès la première instance, G. O. et la société [2] ont fait valoir que les dispositions fondant les poursuites incriminaient et punissaient un délit qui ne pouvait être édicté que par une loi et subsidiairement, sur le fondement de l'article 111-5 du code de procédure pénale, que l'article L. 218-2 méconnaissait les principes de légalité criminelle et de non-discrimination (v. Jugement p. 8) ;

- que le tribunal y a répondu (jugement p. 12) ;

- que ces moyens ont été repris dans les conclusions devant la cour d'appel de renvoi (p. 9 et 10) ;

- que la cour d'appel n'a fait aucun développement sur ce point ;

- que, selon une jurisprudence constante et bien connue de la chambre, les motifs sont réputés avoir été adoptés dès lors que le jugement a été confirmé.

Les motifs du jugement sont les suivants :

« *Des précédents développements sur la genèse des dispositions des article L. 218-1 et suivants du code l'environnement, il ressort que l'ordonnance n° 2015-1736 du 24 décembre 2015, prise dans le cadre de l'article 38 de la Constitution, et non ratifiée, alors même qu'elle intervient dans une matière ressortissant du domaine de la loi, conserve le caractère d'acte administratif, et à ce titre, la juridiction pénale*

ou égale à 0,10 % en masse, exception faite des navires qui stoppent toutes les machines et utilisent le branchement électrique à quai lorsqu'ils sont à quai dans les ports. À noter, la loi n° 2021-1308 du 8 octobre 2021 a modifié certaines de ces dispositions (1) du I ; II ; IV, afin de transcrire plus fidèlement la directive – v. rapport Sénat https://www.senat.fr/rap/l20-586/l20-586.html – sans qu'il en résulte de conséquences dans la présente affaire : 1° Lorsqu'ils naviguent en dehors des zones de contrôle des émissions de soufre désignées conformément à la règle 14.3 de l'annexe VI de la convention MARPOL, utiliser ou transporter à des fins d'utilisation des combustibles dont la teneur en soufre est inférieure ou égale à 0,50 % en masse ; II. - Pour les navires à passagers assurant des services réguliers à destination ou en provenance de ports d'un État membre de l'Union européenne, la teneur en soufre des combustibles utilisés en dehors des zones de contrôle des émissions de soufre doit être inférieure ou égale à 0,50 % en masse. IV. - Les navires peuvent utiliser des méthodes de réduction des émissions de soufre, pour autant que ces méthodes n'aient pas d'incidence négative notable sur l'environnement, notamment sur les écosystèmes marins, et que leur mise au point soit soumise à des mécanismes appropriés d'approbation et de contrôle. Lorsqu'ils réalisent en permanence des réductions des émissions de dioxyde de soufre au moins équivalentes à celles qu'ils auraient obtenues en utilisant des combustibles marins répondant à ces exigences, ces navires peuvent déroger aux I à III dans les conditions suivantes : 1° Pour les navires fonctionnant en système ouvert, en utilisant un combustible marin dont la teneur en soufre est inférieure à 3,5 % en masse ; 2° Pour les navires fonctionnant en système fermé, en utilisant un combustible marin dont la teneur en soufre est supérieure à 3,5 % en masse. La condition de permanence n'est pas requise lorsque les navires procèdent à des essais de méthodes de réduction des émissions de soufre.

(7) Est puni, selon le cas, des peines prévues aux articles L. 218-11 à L. 218-15 le fait, pour tout capitaine de commettre dans les voies navigables jusqu'aux limites de la navigation maritime les infractions définies aux mêmes articles L. 218-11 à L. 218-15.

(8) Les peines prévues à la présente sous-section sont applicables soit au propriétaire, soit à l'exploitant ou à leur représentant légal ou dirigeant de fait s'il s'agit d'une personne morale, soit à toute autre personne que le capitaine exerçant, en droit ou en fait, un pouvoir de contrôle ou de direction dans la gestion ou la marche du navire, lorsque ce propriétaire, cet exploitant ou cette personne a été à l'origine d'un rejet effectué en infraction aux articles L. 218-11 à L. 218-17 et L. 218-19 ou n'a pas pris les mesures nécessaires pour l'éviter.

(9) « *L'ordonnance n° 2015-1736 du 24 décembre 2015 portant transposition de la directive 2012/33/UE du 21 novembre 2012 modifiant la directive 1999/32/CE en ce qui concerne la teneur en soufre des combustibles marins est ratifiée.* »

est compétente en application des dispositions de l'article 111-5 du code pénal, pour en apprécier la légalité lorsque de cet examen, dépend la solution du procès pénal qui lui est soumis.

Ceci étant, l'illégalité soulevée par les concluants, qui résulterait du fait que cette ordonnance intervient dans le domaine des crimes et délits, alors que ce domaine relève en application de l'article 34 de la Constitution exclusivement de la Loi, ne saurait prospérer, puisque c'est en conformité avec la procédure de l'article 38 du la Constitution, qui prévoit que le "Gouvernement peut, pour l'exécution de son programme, demander au Parlement l'autorisation de prendre par ordonnances, pendant un délai limité, des mesures qui sont normalement du domaine de la loi", que la loi n° 2015-992 du 17 août 2015 a autorisé le gouvernement français à légiférer par voie d'ordonnance afin de transposer cette directive 2012/33 dans le droit national.

Ainsi, si cette ordonnance reste sur le plan formel un acte administratif, son contenu aux termes mêmes des dispositions constitutionnelles précitées, a valeur de loi et il n'y a absolument pas lieu de mettre en cause sa légalité ».

Dans ces conditions, en s'en tenant strictement, comme il se doit, aux moyens, il ne peut être fait grief à l'arrêt attaqué, en vertu de l'adoption de ces motifs, ni d'avoir « *[omis] de se prononcer sur la légalité des textes fondant les poursuites* » (2e moyen) ni d'avoir « *omis de statuer sur la demande de G. O. visant à constater l'illégalité des articles L. 218-2 et L. 218-15 du code de l'environnement* » (3e moyen).

En tout état de cause, on peut relever que la chambre criminelle a déjà admis qu'une ordonnance non ratifiée puisse créer un délit, malgré le principe de légalité des délits et des peines qui exige que les crimes et délits soient prévus par une loi (Crim. 17 nov. 2009, n° 09-81.531 [10], étant précisé que le moyen portait sur l'étendue de l'habilitation, ce qui n'enlève rien au fait que l'ordonnance n'était pas ratifiée).

En conséquence, les moyens ne sont pas de nature à permettre l'admission du pourvoi selon les termes de l'article 567-1-1 du code de procédure pénale.

III. Quatrième moyen (conventionnalité CEDH) : proposition de non-admission

Le moyen conteste la conventionnalité de l'article L. 218-2, II, du code de l'environnement, fondant les poursuites, tant au regard du principe de non-discrimination (art. 14 Conv. EDH) qu'au regard du principe de légalité des délits et des peines (art. 7).

Le mémoire ampliatif suggère, au cas où la Cour de cassation estimerait ne pas pouvoir procéder elle-même au contrôle de conventionnalité, de saisir la CJUE d'une question préjudicielle dont il précise la formulation. Cela suppose en tout état de cause que le moyen soit recevable.

(10) Attendu que, pour écarter l'exception d'illégalité soulevée par les demandeurs qui soutenaient que la définition d'une infraction ne rentrait pas dans le champ de la loi du 13 août 2004, l'arrêt retient à bon droit que le Gouvernement a été habilité, par l'article 31 de ladite loi, à prendre par ordonnance, en matière de police des ports maritimes, les mesures nécessaires pour définir les missions de sécurité et de sûreté relevant de l'État, notamment dans les ports qui accueillent des matières dangereuses ; que les juges du second degré ajoutent que le délit prévu par l'article L. 321-8 du code des ports maritimes a pour objet de permettre à l'État d'assurer les missions que la loi d'habilitation a entendu lui confier, notamment, lorsque, comme en l'espèce, des matières dangereuses sont accueillies dans un port maritime ; qu'ils en déduisent qu'en créant cette incrimination le Gouvernement n'a pas excédé les limites de l'habilitation qui lui a été conférée.

Or, il ne ressort ni des conclusions ni d'aucun autre élément de procédure que la violation des articles 7 et 14 de la Convention européenne des droits de l'homme aurait été invoquée par G. O. ou sa compagnie devant les juges du fond.

La chambre criminelle a déjà déclaré irrecevable un moyen invoquant, dans de telles conditions, la violation de ces articles ou d'autres articles de la Convention.

Crim. 9 déc. 2014, nº 14-80.873, Bull. crim. nº 256, à propos du port d'une tenue destinée à la dissimulation du visage dans l'espace public : « *D'où il suit que le moyen, nouveau et comme tel irrecevable en ce qu'il invoque pour la première fois devant la Cour de cassation la méconnaissance des articles 7 et 14 de la Convention européenne des droits de l'homme, ne peut être accueilli* ».

V. aussi Crim. 5 mars 2013, nº 12-80.891, Bull. crim. nº 54, à propos de la même loi : « *D'où il suit que le moyen, nouveau et comme tel irrecevable en ses deuxième et troisième branches en ce qu'il invoque pour la première fois devant la Cour de cassation la méconnaissance des articles 10 et 14 de la Convention européenne des droits de l'homme, ne peut être accueilli* ».

V. également Crim. 3 avr. 2013, nº 12-82.494 à propos de dispositions de presse ; Crim. 15 mars 2011, nº 09-88.083, à propos de l'article 5 et du statut du ministère public. Et, sur l'article 10, la chambre criminelle juge que « *le moyen, nouveau en ce qu'il invoque pour la première fois devant la Cour de cassation la méconnaissance des dispositions de l'article 10 de la Convention européenne des droits de l'homme, est en conséquence irrecevable* » (en dernier lieu, Crim. 14 oct. 2020, nº 19-86.572 ; *cf.* aussi pour une décision publiée : Crim. 22 oct. 2013, nº 12-84.408, Bull. crim. 2013, nº 19812).

En conséquence, le moyen n'est pas de nature à permettre l'admission du pourvoi selon les termes de l'article 567-1-1 du code de procédure pénale.

IV. Cinquième moyen (culpabilité) : propositions de non-admission sauf sur les trois premières et la sixième branches

A. Trois premières branches

L'arrêt attaqué, voulant poser le principe qui allait guider sa décision quant à l'élément moral du délit, a énoncé :

Aux termes de l'article 121-3 du code pénal, repris à l'article L. 218-19 du code de l'environnement dernier alinéa, les personnes physiques qui n'ont pas causé directement le dommage, mais qui ont créé ou contribué à créer la situation qui a permis la réalisation du dommage ou qui n'ont pas pris les mesures permettant de l'éviter, sont responsables pénalement s'il est établi qu'elles ont soit violé de façon manifestement délibérée une obligation particulière de sécurité ou de prudence prévue par la loi ou le règlement, soit commis une faute caractérisée qui exposait l'environnement à un risque d'une particulière gravité qu'elles ne pouvaient ignorer.

Ce motif :

- se réfère à l'article L. 218-19, qui, comme le soutient à juste titre le mémoire ampliatif, n'est pas visé dans la citation ;

- considère ces deux textes comme posant des principes identiques – comme si le IV de l'article L. 218-19 ne faisait que reprendre l'article 121-3, alors qu'au contraire, le IV de l'article L. 218-19, commence par « *nonobstant les dispositions du quatrième alinéa de l'article 121-3...* ». S'il le reprend néanmoins dans sa quasi-totalité, c'est en substituant à l'expression « *qui exposait autrui à un risque d'une particulière gravité* » figurant à l'article 121-3 l'expression « *qui exposait l'environnement à un risque d'une particulière gravité* ».

Il résulte des travaux parlementaires que l'article L. 218-19, dont l'architecture et la substance actuelles sont issues de la loi nº 2008-757 du 1er août 2008 relative à la responsabilité environnementale et à diverses dispositions d'adaptation au droit communautaire dans le domaine de l'environnement, constitue l'un des articles d'adaptation de la directive 2005/35/CE du Parlement européen et du Conseil, relative à la pollution causée par les navires et à l'introduction de sanctions en cas d'infractions de pollution. Il s'agit donc d'une directive distincte de celle dont est issu l'article L. 218-2, fondement des poursuites. Cette directive de 2005 comportait quant à l'élément intentionnel des dispositions que l'on ne retrouve pas dans la directive 2012/33/UE du 21 novembre 2012 modifiant la directive 1999/32/CE transposée dans les articles L. 218-2 et L. 218-15 applicables à notre espèce.

Comme l'expliquait, en synthétisant l'apport du Sénat [11] en première lecture, le rapporteur du texte à l'Assemblée nationale [12] :

« *Contrairement à une croyance commune résultant des images de naufrages causant des marées noires étendues, la plus grande part de la pollution marine – par hydrocarbures notamment – ne provient pas des navires engloutis par les flots. Ce sont les rejets intentionnels par vidange des citernes et expulsion des huiles usagées qui contribuent le plus à souiller les eaux et les côtes. Aussi, pour tenir compte au mieux cet élément intentionnel dont l'intensité renforce l'ampleur de la répression, la directive communautaire [*directive 2005/35/CE*] fixe trois degrés de sanction à l'encontre des pollueurs. Il s'agit de la faute commise intentionnellement, de la faute commise témérairement et de la faute résultant d'une négligence grave (article 4).*

Le droit français requiert ici une adaptation. Le Sénat a observé avec pertinence que,

(11) Au Sénat, le rapport nº 348 (2007-2008) de M. Jean Bizet, fait au nom de la commission des affaires économiques, déposé le 21 mai 2008 précisait : La directive définit trois types d'infractions en matière de rejets de substances polluantes par des navires : la faute commise « intentionnellement », la faute commise « témérairement » et la faute de « négligence grave ». Il convient de donner une base juridique dans le droit français à des fautes qui n'existent pas actuellement : la faute de « témérité » et celle de « négligence grave », la faute intentionnelle étant déjà définie en droit français. Le droit interne distingue deux types d'infractions volontaires : la faute simple et la faute qualifiée. Les fautes de « témérité » et de « négligence grave » ne correspondent manifestement pas à des négligences simples, et les deux fautes qualifiées définies actuellement à l'article 121-3 du code pénal, à savoir la violation manifestement délibérée « d'une obligation particulière de prudence ou de sécurité imposée par la loi ou le règlement » ou encore « une faute caractérisée qui exposait autrui à un risque d'une particulière gravité qu'elles ne pouvaient ignorer » semblent inadaptées en matière de rejets de polluants maritimes. En conséquence, votre commission vous propose d'introduire en droit français une troisième faute identifiée comme une « faute caractérisée qui expose l'environnement à un risque d'une particulière gravité que son auteur ne peut ignorer ». Afin de transposer complètement la directive, il convient également de sanctionner les personnes physiques qui n'ont pas causé directement le dommage mais qui ont contribué à créer la situation qui a permis sa réalisation ou qui n'ont pas pris les mesures pour l'éviter lorsqu'elles ont commis une faute caractérisée ou la violation manifeste de textes.

(12) https://www.assemblee-nationale.fr/13/rapports/r0973.asp. Rapport fait au nom de la Commission des affaires économiques, de l'environnement et du territoire sur le projet de loi, adopté par le Sénat, après déclaration d'urgence, relatif à la responsabilité environnementale et à diverses dispositions d'adaptation au droit communautaire dans le domaine de l'environnement (nº 916), par M. Alain Gest, député.

si la faute intentionnelle forme un concept bien défini, il n'en va pas de même de la témérité et de la négligence grave. Le code pénal dans sa rédaction actuelle ne contient aucune infraction volontaire qui puisse transcrire le sens des dispositions communautaires. Aussi, les sénateurs ont résolu de créer un nouveau type de faute qualifiée de faute caractérisée qui expose l'environnement à un risque d'une particulière gravité que son auteur ne peut ignorer. »

L'arrêt attaqué, après avoir posé pour principe l'application du dernier alinéa de l'article L. 218-19, analyse les faits dont il tire la conclusion suivante :

« *Au regard de l'ensemble de ces éléments, en sa qualité de capitaine du navire [A.], en ne s'assurant pas des règles relatives à la pollution par les rejets des navires dans les eaux territoriales françaises et en ne faisant pas respecter ces règles, G. O. a commis une faute caractérisée exposant l'environnement à un risque d'une particulière gravité qu'il ne pouvait ignorer, les effets du soufre sur la santé humaine étant connus* ».

Il appartiendra à la chambre d'apprécier les conséquences de l'application par la cour d'appel de dispositions distinctes de celles de la prévention, au regard des griefs pris :

- du défaut d'invitation du prévenu à s'expliquer sur une nouvelle qualification (1re branche), étant précisé :
  - qu'il semble effectivement ne résulter d'aucun élément de procédure que le prévenu aurait été mis en mesure de s'expliquer: le jugement ne se fonde pas sur l'article L. 218-19 et si l'arrêt précédemment cassé par la Cour de cassation s'y référait, la cassation prononcée fait obstacle à ce qu'il puisse en être tiré parti,
  - que, pour autant, il n'est pas évident que l'éventuel caractère erroné de l'application de l'article L. 218-19, en sa seule définition de l'élément moral de l'infraction qu'il punit, puisse s'analyser en une nouvelle « qualification » au sens de la jurisprudence de la chambre criminelle, dès lors que l'erreur portant sur la nature de l'élément moral de l'infraction poursuivie n'entraîne pas application d'une qualification distincte – comme ce serait le cas pour l'homicide, selon qu'il est volontaire ou involontaire –, mais signe tout au plus l'absence de l'un des éléments constitutifs de l'infraction poursuivie;
- du dépassement des limites de la saisine (2e branche), étant précisé qu'il ne paraît pas évident qu'une éventuelle erreur sur la nature de l'élément intentionnel de l'infraction poursuivie puisse s'analyser en une erreur quant à l'étendue de la saisine, laquelle repose davantage sur l'appréciation des faits matériels objet des poursuites ;
- du fait que le délit de l'article L. 218-15/L. 218-2 est un délit intentionnel, alors que celui de l'article L. 218-19 est un délit non intentionnel (3e branche).

Sur ce dernier point, on peut préciser que le délit de pollution de la mer de l'article L. 218-9 est en effet un délit non intentionnel [13], tandis que le délit de l'article L. 218-15 semble relever de la catégorie des délits intentionnels.

(13) À distinguer de celui des articles L. 218-11 et immédiatement suivants, qui sanctionnent les rejets volontaires.

Comme cela est souligné dans « Le droit répressif de l'environnement » [14] à propos notamment de l'article L. 218-15 :

« *Les articles L. 218-11, L. 218-14 et L. 218-15 punissent respectivement les rejets en infraction aux annexes I, II et III de la convention Marpol et les violations des prescriptions des annexes IV, V, VI. On a reproché à l'article L. 218-15, sans en convaincre la Cour de cassation, de n'être pas conforme aux principes de légalité, de clarté et de prévisibilité qui découlent du bloc de constitutionnalité (Crim. 18 nov. 2014, n° 14-82.481 QPC). Ces deux textes ne disent*[15] *rien de l'élément moral des délits qu'ils répriment. La convention elle-même définit le rejet comme un fait purement matériel [...]. Le code pénal, néanmoins, n'admet plus les délits matériels. En vertu du principe énoncé par son article 121-3, selon lequel dans le silence du texte d'incrimination, l'élément moral requis est un dol, on doit considérer que les articles L. 218-11, L. 218-14 et L. 218-15 visent des faits volontaires. Cela se déduit au demeurant de l'existence de délits non intentionnels réprimés par l'article L. 218-19.* »

Le raisonnement de ces auteurs est, on le voit, essentiellement fondé sur deux considérations :

- la différence de rédaction entre l'article L. 218-19, qui incrimine un délit involontaire, et notamment l'article L. 218-15, qui, lui, ne comporte aucune précision sur l'élément moral du délit qu'il incrimine ;

- le principe posé par l'article 121-3 du code pénal, dont le Conseil constitutionnel a dit, comme le rappelle le mémoire ampliatif : « *qu'en l'absence de précision sur l'élément moral de l'infraction, le principe énoncé à l'article 121-3 du code pénal selon lequel il n'y a point de délit sans intention de le commettre s'applique de plein droit* » (décis. n° 2008-564 DC du 19 juin 2008, Loi relative aux organismes génétiquement modifiés, cons. 35, étant précisé que le Conseil constitutionnel avait déjà posé ce principe dans les décis. 99-411 DC du 16 juin 1999 [16] ; décis. n° 2004-492 DC du 2 mars 2004 ; etc.).

Le mémoire ampliatif semble aller dans le même sens, en ce qu'il relève « *qu'on ne peut admettre que l'infraction née d'une pollution atmosphérique serait de nature non intentionnelle* » et cite abondamment la doctrine ayant commenté le précédent arrêt de cassation dans cette affaire, dont il estime qu'elle tend à reconnaître le caractère intentionnel du délit de l'article L. 218-15 ici en cause (E. Monteiro, Pollution atmosphérique et responsabilité pénale du capitaine du navire de croisière Azura, RSC 2021. 365 ; Ph. Delebecque, Navires de croisière et pollution atmosphérique : les capitaines en seraient-ils responsables ? [17], D. 2021. 560, n° 4 ; M. Detraz, JCP 2021. Doctr. 531 [18] ; G. Leray et V. Monteillet,

(14) D. Guihal, Th. Fossier, J.-H. Robert, Economica, 5e éd., 2021, n° 21-735, p. 293-294.

(15) Il faut sans doute lire : ce texte ne dit rien...

(16) En l'absence de précision sur l'élément moral de l'infraction prévue à l'article L. 4-1 du code de la route, il appartiendra au juge de faire application des dispositions générales de l'article 121-3 du code pénal aux termes desquelles « il n'y a point de crime ou de délit sans intention de le commettre » ; que, sous cette stricte réserve, l'article 7 est conforme aux prescriptions constitutionnelles ci-dessus rappelées.

(17) Cet auteur milite pour une infraction intentionnelle, mais considère que l'arrêt de cassation rendu « semble admettre, ne serait-ce qu'implicitement, que l'infraction de pollution atmosphérique peut être de nature non intentionnelle » (§ 9).

(18) « La solution n'a pas pour but de dire sur qui pèse les obligations dont le non-respect est incriminé : en effet, en l'espèce, était en cause le fait d'utiliser un combustible non conforme (C. envir., art. L. 218-2, II), infraction que l'article L. 215-5 du code de l'environnement reproche expressément au "capitaine". Il s'agit plutôt d'interdire au capitaine d'exciper de son éventuelle et relative bonne foi, alors pourtant que le délit est de type intentionnel (C. pén., art. 121-3, al. 1er), en l'obligeant à savoir de quoi il retourne : ainsi l'arrêt considère-il que le prévenu ne pouvait être relaxé aux motifs qu'il ignorait que la teneur en soufre n'était pas aux normes et que, se conformant aux directives de la société en la matière, il pensait que tout était en règle, et ce alors même qu'il ne "dispos[ait] d'aucune maîtrise sur l'approvisionnement en combustible qui était décidé par un service de la compagnie basé à Hambourg", de manière aléatoire selon les disponibilités dans les futures escales. »

D. 2021. 1004 – pour d'autres commentaires, v. aussi J.-H. Robert, Dr. pén. 2021, nº 1, comm. 13 ; Th. Besse, AJ pénal 2021. 42 ; G. Leray, Dr. envir. juin 2020/mars 2021 [19]).

S'agissant de l'infraction distincte de pollution maritime par rejet volontaire en mer (infraction à propos de laquelle l'interprétation des arrêts de la chambre criminelle doit tenir compte de la version du texte en vigueur à la date des faits [20]), il ne semble pas que la chambre criminelle ait jamais eu besoin jusqu'à présent d'user du principe classiquement appliqué en matière de délit intentionnel selon lequel « *La seule constatation de la violation en connaissance de cause d'une prescription légale ou réglementaire implique, de la part de son auteur, l'intention coupable exigée par l'article 121-3, alinéa 1er, du code pénal* » [21].

En l'espèce, dans le cas où elle considérerait que l'infraction reprochée est une infraction intentionnelle, comme le soutient le mémoire ampliatif, la chambre criminelle appréciera s'il est possible de souligner l'erreur qu'aurait alors commise la cour d'appel dans sa motivation (« si c'est à tort... »), tout en faisant échapper l'arrêt à la censure par application du principe précité (« la seule constatation... »).

Pour être tout à fait complet sur ce point, on ajoutera que le mémoire fait allusion au rapport du Conseil supérieur de la marine marchande du 16 mars 2018 [22] qui a eu pour objet d'éclairer la problématique suivante : « *La perte progressive des prérogatives traditionnelles du capitaine de navire, constatée de longue date, s'accompagnerait, paradoxalement, d'une aggravation accélérée du risque pénal attaché à l'exercice de ses fonctions* ». Cette étude, qui met en évidence, comme le souligne le mémoire ampliatif, que le développement des moyens de communication a permis à l'armement d'interférer avec les capitaines dans l'exercice des prérogatives traditionnelles de ces dernières, aboutit à une conclusion nuancée mettant en évidence notamment la nécessité d'une formation mieux adaptée aux réalités nouvelles [23].

À noter que c'est postérieurement à ce rapport que l'alinéa 2 de l'article L. 5412-2

(19) « Les termes employés conduisent à considérer qu'une telle obligation est de résultat. La Cour de cassation, contrairement à ce que suggérait le pourvoi, n'envisage pas la négligence fautive qui serait imputable *in specie* au capitaine ; elle préfère dégager une obligation générale à la charge du capitaine de rendre effective l'application de la réglementation environnementale en la matière, témoignant ainsi peu d'égard à la caractérisation de l'intention ou même d'une quelconque négligence. L'on sait que la jurisprudence présume parfois l'intention en se bornant à constater, selon la formule consacrée, que "la seule constatation de la violation en connaissance de cause d'une prescription légale ou réglementaire implique, de la part de son auteur, l'intention coupable au sens de l'article 121-3, alinéa 1er" (Crim. 22 mars 2016, nº 15-84.949, D. 2016. 718 ; *ibid.* 2424, obs. G. Roujou de Boubée ; RSC 2016. 288, obs. J.-H. Robert). Reste qu'il est permis de douter qu'en pratique le capitaine du navire ait une connaissance effective des réglementations environnementales en vigueur [...] ».

(20) Plusieurs arrêts ont été rendus avant que la loi nº 2008-757 du 1er août 2008 (v. rapport plus haut) n'apporte de précision sur l'élément moral de l'infraction de l'article 218-19 comme étant un délit non intentionnel. Mais ces arrêts concernent l'infraction distincte de pollution marine volontaire, selon les textes alors en vigueur (L. 218-10 et 21), avant renumérotation par des lois postérieures (Crim. 10 janv. 2006, nº 05-80.587, faits de 2003 d'après le rapport ; Crim. 18 mars 2008, nº 07-84.180, faits de 2003 ; Crim. 8 sept. 2009, nº 08-87.035, faits de 2007). Dans les deux derniers arrêts, la chambre avait rejeté les pourvois « dès lors que, d'une part, il résulte des articles L. 218-10 et L. 218-21 du code de l'environnement que les règles relatives aux interdictions de rejets d'hydrocarbures en mer édictées dans un intérêt de protection du milieu marin sont personnellement imposées aux capitaines des navires qui doivent exercer une action directe sur leurs subordonnés pour faire cesser un rejet prohibé et que, d'autre part, c'est au capitaine du navire d'apporter la preuve des diligences entreprises à cet effet, la cour d'appel a justifié sa décision, hors de toute dénaturation ». Sur l'affaire de *l'Erika*, avec condamnation pour une pollution involontaire sur le fondement de l'article 8 de la loi nº 83-583 du 5 juillet 1983 pour des faits de 1999, v. Crim. 25 sept. 2012, nº 10-82.938, Bull. crim. 2012, nº 198. Les articles L. 218-11, -12 et -13 actuels incriminent les rejets volontaires, d'où le fait que les peines soient plus lourdes.

(21) Les exemples, qui emploient cette expression, cités par le mémoire ampliatif p. 49 ne concernent d'ailleurs pas le délit de pollution marine, mais l'exploitation sans autorisation d'une installation classée (Crim. 25 mai 1994, nº 93-85.205, Bull. crim. nº 203), l'acquisition de spécimen appartenant à une espèce animale protégée (Crim. 28 juin 2005, nº 05-82.189, Bull. crim. nº 196), infraction en matière d'installation classée (Crim. 22 mars 2016, nº 15-84.949, Bull. crim. nº 98).

(22) http://www.csmm.equipement.gouv.fr/rapport-du-groupe-de-travail-du-conseil-superieur-a436.html.

(23) Le rapport « met d'abord en lumière une évolution : l'altération évidente de certaines prérogatives du capitaine en matière d'exploitation des navires et de gestion des équipages est progressivement compensée par l'affirmation – voire la réaffirmation – de son autorité par la voie juridique, qu'il s'agisse de la reconnaissance internationale de la prééminence de son jugement en matière de sécurité ou de sûreté, de son rôle dans la certification sociale des marins, de sa capacité à exercer divers pouvoirs de police dans le cadre d'un droit disciplinaire renaissant ou par l'attribution de fonctions inédites ». « Dans le même temps, il nous est apparu que la mise en jeu de la responsabilité du capitaine au plan judiciaire était, elle aussi, affectée par deux tendances divergentes. Il n'est pas contestable que le régime de répression pénale applicable aux atteintes à l'environnement se montre, en droit, particulièrement sévère. Encore faut-il souligner que ce dispositif participe du

du code des transports, selon lequel le capitaine « *répond de toute faute commise dans l'exercice de ses fonctions* » a été supprimé [24] par la loi n° 2019-1428 du 24 décembre 2019 – art. 144. L'arrêt attaqué s'y réfère pourtant à tort, mais en tout état de cause, cette disposition avait une portée civile [25].

B. Quatrième branche : proposition de non-admission

Les conclusions du prévenu soutenaient que le système EGCS avait été utilisé avant même l'entrée dans les eaux territoriales françaises (p. 17).

Contrairement à ce que soutiennent les demandeurs, la cour d'appel a répondu à ces conclusions, en énonçant p. 11 :

« *Cependant, il est soutenu que l'utilisation du système EGCS, système de nettoyage des fumées aboutit à faire chuter le taux de soufre du fioul utilisé à 0,1 % en masse, aurait été utilisé pendant tout le passage des eaux territoriales françaises en sorte que l'élément matériel de l'infraction ne serait pas démontré.*

La Cour relève que ce nouvel argument est en complète contradiction avec les investigations et les propres déclarations de G. O. en cours de procédure, après examen par les enquêteurs des enregistrements EGCS pour le moteur DG2 et GD3, les extraits du journal machine et de bord du 27 au 29 mars 2018, les enregistrements des phases de "change over" durant la même période et les heures de fonctionnement des six moteurs, et encore devant la présente Cour à l'occasion desquelles G. O. a reconnu que le système EGCS n'avait été utilisé que pour partie dans les eaux territoriales françaises. »

Sous le couvert d'un défaut de réponse, le grief se borne à remettre en cause l'appréciation souveraine des juges du fond sur ce point.

En conséquence, le grief n'est pas de nature à permettre l'admission du pourvoi selon les termes de l'article 567-1-1 du code de procédure pénale.

C. Cinquième à neuvième branches : propositions de non-admission, sauf sur la sixième branche

Certains des autres griefs suivants partent de l'hypothèse où la chambre criminelle validerait le principe de l'application des dispositions de l'article L. 218-19. Il s'agit des branches 5 à 9.

---

mouvement général de pénalisation des infractions de cette nature et de la judiciarisation de l'exercice professionnel qui impacte tous les secteurs d'activités [...] Mais parallèlement, l'emprise croissante du droit commun du travail sur la relation contractuelle unissant l'armateur à son capitaine, qui tend à requalifier ce dernier de préposé, est en passe d'alléger considérablement la portée de sa responsabilité civile et de vider de sa substance le régime traditionnel de la "faute nautique". Ces différents constats donnent à voir un traitement du capitaine beaucoup plus nuancé que ne le laissait augurer le postulat de départ ». « Levons une ambiguïté : l'adoucissement du régime pénal dans le domaine de l'environnement n'est pas à l'ordre du jour. Il s'inscrit dans une économie générale de protection dont les fondements sont de portée internationale. En revanche, la maîtrise de l'information sur la pratique judiciaire, le fonctionnement des mécanismes protecteurs et le niveau effectif des condamnations prononcées contribuerait, sans aucun doute, à objectiver le risque auquel est exposé le capitaine et à anticiper son éventuelle mise en jeu ». « C'est donc un effort inédit en faveur de la connaissance que nous préconisons. Il se décline sur plusieurs champs : la lisibilité et l'accessibilité du droit, l'enrichissement du contenu des formations initiale et continue des officiers, l'information pertinente sur le fonctionnement des systèmes judiciaires et prudentiels, la diffusion des échanges de bonnes pratiques et de retours d'expérience, la sensibilisation au fait maritime des autorités publiques intervenantes, magistrats de l'ordre judiciaire ou agents des services consulaires en particulier ».

(24) L'article L. 5412-2 est désormais composé de son seul premier alinéa, aux termes duquel : « Le capitaine est désigné par le propriétaire du navire ou, en cas d'affrètement, par l'armateur selon la convention conclue entre le propriétaire et l'affréteur ».

(25) Il a été abrogé pour tirer les conséquences de la jurisprudence de la Cour de cassation en matière de responsabilité civile, selon laquelle le préposé qui agit sans excéder les limites de la mission qui lui est impartie par son commettant n'engage pas sa responsabilité à l'égard des tiers 7 : « Cette disposition, lourde de sens, n'est plus en cohérence avec l'évolution de la jurisprudence, et en particulier l'arrêt [C.] de la Cour de cassation du 25 février 2000 sur l'immunité des préposés. En effet, si le capitaine n'est pas un salarié comme les autres, il reste cependant sous la subordination de son employeur et, à ce titre, doit être couvert par l'immunité issue de cet arrêt » (Rapport n° 1974, AN, du 23 mai 2019). V. le rapport sur le précédent arrêt de la Cour de cassation dans cette affaire, où un grief fondé sur cette disposition était invoqué dans le cadre du pourvoi du procureur général. Ph. Delebecque, D. 2021. 560, n° 4 (§ 10), admet la portée civile, même s'il souhaite une même évolution sur le plan pénal.

Ces branches estiment que la cour d'appel n'a pas caractérisé le risque d'une particulière gravité causé à autrui. Elles se réfèrent à l'article L. 218-19, mais aussi à l'article 121-3 du code pénal. Toutefois, comme on l'a vu, les dispositions de l'article L. 218-9 n'incriminent la faute caractérisée que si elle a exposé « l'environnement », et non « autrui », à un risque d'une particulière gravité. La cour d'appel a d'ailleurs conclu à une « faute caractérisée exposant l'environnement à un risque d'une particulière gravité » (arrêt p. 13, § 5), de sorte que seule semble opérante, dans les griefs, la référence à l'article L. 218-19.

Il est donc reproché à l'arrêt :

- d'avoir considéré que la faute requise était caractérisée :

  - du fait de l'usage d'un carburant n'excédant que de 12 % le taux maximum autorisé (5e branche) : sur ce point, l'arrêt a effectivement souligné que « *le taux n'excédait que de 12 % le taux maximum de 1,5 % autorisé* », mais a constaté « *qu'il n'existe en la matière aucune tolérance, en sorte que l'élément matériel de l'infraction est bien caractérisé* », caractérisant ainsi, par une appréciation souveraine de la gravité nécessairement prise en compte par le taux retenu par la norme internationale, l'élément requis pour la caractérisation de l'élément moral de l'infraction. Au demeurant, les considérants 5 et 6 de la directive dans son ultime version consolidée ne laissent aucun doute sur le danger – et donc le risque – représenté par l'usage d'un carburant ne respectant pas les normes maximales précisément fixées en fonction de ce danger/risque [26] ; d'où **proposition de non-admission**,

  - du fait de motifs impropres à établir cette faute (6e branche) ; sur ce point, **il appartiendra à la chambre d'apprécier** si l'ensemble des motifs de l'arrêt auxquels il est expressément renvoyé est **de nature à établir la faute caractérisée retenue** ;

- d'avoir considéré que la faute était caractérisée, sans rechercher comme elle y était invitée, la portée, sur la responsabilité du capitaine :

  - du fait qu'il était tenu, en vertu du code ISM [27], de respecter les instructions de la compagnie qui ne mentionnaient pas le taux réduit de soufre (7e branche) ; sur ce point, l'arrêt attaqué, prenant pleinement en compte les instructions ISM, a exposé les motifs, relevant de son appréciation souveraine, pour lesquels elles ne pouvaient être considérées comme exonératoires de responsabilité pénale [28] ; **d'où proposition de non-admission**,

(26) Directive (UE) 2016/802 du Parlement européen et du Conseil du 11 mai 2016 concernant une réduction de la teneur en soufre de certains combustibles liquides (codification de la directive 1999/32/CE). (5) Les émissions des navires dues à la combustion de combustibles marins présentant une teneur élevée en soufre contribuent à la pollution de l'air sous la forme d'émissions de dioxyde de soufre et de particules qui nuisent à la santé humaine et à l'environnement et contribuent aux dépôts acides. En l'absence des mesures énoncées dans la présente directive, les émissions dégagées par le transport maritime auraient bientôt dépassé les émissions générées par l'ensemble des sources terrestres. (6) L'acidification et le rejet dans l'atmosphère de dioxyde de soufre causent des dommages aux écosystèmes fragiles, diminuent la biodiversité, réduisent la valeur d'agrément et nuisent aux cultures et à la croissance des forêts. Les pluies acides en milieu urbain peuvent dégrader considérablement les bâtiments et le patrimoine architectural. La pollution par le dioxyde de soufre peut également avoir des effets importants sur la santé humaine, en particulier parmi la population souffrant d'affections respiratoires.

(27) Code international de gestion pour la sécurité des navires et la prévention de la pollution – Code ISM, adopté en 1993 et révisé en 1998.

(28) Les éléments produits par la défense et l'audition à l'audience de la Cour du témoin, établissent que les décisions d'approvisionnement en carburant sont prises par un service spécialisé de la compagnie basé à Hambourg qui détermine quel navire va s'approvisionner sur quels types de fioul, en quelle quantité et dans quel port en fonction notamment des disponibilités dans les futures escales du navire et en fonction des prix pratiqués qui varient d'un port à l'autre, ou encore des besoins du bateau qui dépendent du nombre de miles nautiques à parcourir et également des législations environnementales applicables dans les

- du fait qu'il avait été induit en erreur par le document ENV-1001-F1 de la compagnie (8e branche) ; sur ce point, la lecture des conclusions (p. 25) permet de constater que l'invocation du document ENV-1001-F1 ne constituait qu'un détail de l'argumentation du prévenu, relatif à la détermination de la personne ayant actionné la vanne d'une citerne, et non d'un chef péremptoire qui seul serait de nature à entraîner, en cas de non-prise en compte, la cassation de l'arrêt **; d'où proposition de non-admission**,

- de la lettre du ministère de l'Environnement du 12 mai 2016, qui n'aurait été analysée que sous l'angle de l'erreur sur le droit et non sous celui de l'élément intentionnel (9e branche) ; sur ce point, si les conclusions font état de cette lettre (p. 25), parmi d'autres éléments, dans un point d) intitulé « *le jugement dont appel n'a pas démontré la faute du capitaine* » (p. 24), ce document est surtout mobilisé dans le point 7 des conclusions relatif à l'erreur sur le droit qui lui est intégralement consacré (p. 31 et 32). La cour d'appel a privilégié l'examen de cette lettre dans son propre examen de l'erreur sur le droit, mais qu'elle inclut elle-même dans l'examen de la faute puisque sa conclusion définitive sur la faute caractérisée (§ 5, p. 13) intervient après cet examen de l'erreur sur le droit (§ 3 et 4, p. 13). Il n'y pas là matière à cassation, d'où **proposition de non-admission.**

D. Dixième branche (erreur sur le droit) : proposition de non-admission

Sur l'erreur sur le droit, cette branche ne fait que remettre en cause l'appréciation souveraine de la cour d'appel sur les conditions de diffusion de la lettre du ministère de l'Environnement du 12 mai 2016 dont l'arrêt relève « *qu'elles ne sont pas établies* » et sur la portée de cette lettre, dont l'arrêt démontre, sans avoir à entrer dans tout le détail de l'argumentation du prévenu, qu'elle n'avait pas eu les effets de suspendre les contrôles, contrairement à ce que soutenait le prévenu pour tenter de démontrer qu'il avait été induit en erreur par cette lettre quant à l'application effective des prescriptions de la directive.

V. Sur le sixième moyen (amende) : Proposition de non-admission

La cour d'appel a ainsi motivé sa décision sur la peine de 100 000 euros d'amende infligée à G. O. :

« *G. O. a déclaré demeurer toujours aux USA, exercer la même activité professionnelle pour un salaire d'environ 90 000 livres par an, être marié et sans enfants. Son casier judiciaire ne porte aucune condamnation. Au regard de la nature de l'infraction reprochée, des enjeux environnementaux et de santé publique objet de la réglementation non respectée, de la gravité de l'infraction tenant précisément à ces enjeux, des circonstances de sa commission, tout en prenant en compte la personnalité de son auteur,*

---

ports concernés. Pour autant, si l'on conçoit qu'effectivement des règles générales concernant les décisions d'approvisionnement en carburant soient prises par un service spécialisé de la compagnie, afin notamment de mettre en place une organisation optimisée, et d'obtenir à grande échelle des prix les plus favorables, il n'en demeure pas moins qu'à l'occasion de chacun des trajets du navire, G. O. a convenu, en cours de procédure et encore à l'occasion de la présente audience, que la décision du choix du carburant sur le navire, est fait par le premier officier de navigation, le chef mécanicien et l'officier chargé de la conformité environnementale, en fonction certes des instructions ISM émanant de la compagnie, et qu'*in fine* ce choix lui est soumis pour validation. L'audition par les premiers juges de M. S. R., représentant le centre de sécurité des navires PACA Corse a confirmé que le capitaine peut à tout moment intervenir sur le combustible à consommer. Si effectivement les données ISM établies par la compagnie [2] produites à la procédure faisaient état de ce que dans les eaux territoriales françaises, un fioul avec un taux de soufre inférieur à 3,5 % pouvait être utilisé, cet argument ne peut toutefois être retenu comme exonératoire de responsabilité au bénéfice de G. O. alors que le capitaine, garant de la sécurité du navire et de son équipage, de la protection de l'environnement et de la sûreté, est tenu personnellement à ce titre de connaître, sans pouvoir évoquer son ignorance de la loi, et de faire respecter les règles relatives à la pollution par les rejets des navires, et doit s'assurer de la conformité à la législation du combustible utilisé.

sa situation familiale, professionnelle, matérielle et financière, la peine de 100 000 € d'amende, adaptée à la gravité des faits et à la personnalité de son auteur prononcée par les premiers juges sera confirmée ».

Le moyen argue d'un défaut de prise en compte des charges.

Il ne résulte d'aucun élément que, présent à l'audience, il aurait apporté, sur le montant de l'amende fixée par les juges du premier degré d'éléments actualisés de nature à justifier de ses charges, autres que celles qui peuvent se déduire de sa situation personnelle.

En ce sens :

Crim. 3 mars 2020, nº 19-82.073

En se déterminant ainsi, après avoir détaillé la situation personnelle de la prévenue, qui, présente à l'audience, n'a pas apporté, sur le montant de l'amende fixée par les juges du premier degré d'éléments actualisés de nature à justifier de ses charges et après avoir visé l'article 226-13 du code pénal lequel prévoit que le délit de subornation de témoin encourt à titre de peine complémentaire l'interdiction d'exercer l'activité professionnelle dans l'exercice ou à l'occasion de l'exercice de laquelle l'infraction a été commise, la cour d'appel a, nonobstant la référence erronée à l'article 434-4-4 du code pénal, justifié sa décision.

Crim. 11 mai 2022, nº 20-86.031

En se déterminant ainsi, et dès lors que, d'une part, les éléments de patrimoine immobilier énumérés justifient à eux seuls le montant de l'amende, d'autre part, il ressort des motifs réputés adoptés du jugement confirmé tant sur le principe de l'amende que sur son montant que Mme A. perçoit une pension de retraite de 2 500 euros, enfin la prévenue, présente à l'audience, n'a pas apporté, sur le montant de l'amende fixée par les juges du premier degré, d'éléments actualisés de nature à justifier de ses charges, la cour d'appel n'a pas méconnu le texte visé au moyen.

Crim. 25 janv. 2022, nº 20-85.574

En prononçant ainsi, et dès lors qu'il revient au prévenu, à la demande du juge ou d'initiative, d'exposer sa situation et de produire, éventuellement, des justificatifs de celle-ci, la cour d'appel a suffisamment justifié sa décision.

En conséquence, le moyen n'est pas de nature à permettre l'admission du pourvoi selon les termes de l'article 567-1-1 du code de procédure pénale.

Cour de cassation

Pourvoi n° 21-85.948

Conclusions de Pascal Lemoine, avocat général à la Cour de cassation

Rejet

Rappel des faits et de la procédure

Par deux déclarations enregistrées, le 6 octobre 2021, au greffe de la cour d'appel de Rennes, G. O. d'une part, la société [2] d'autre part, ont formé un pourvoi contre l'arrêt rendu, le 6 octobre 2021, par ladite cour, chambre correctionnelle, qui, sur renvoi après cassation pour infraction au code de l'environnement, a condamné le premier à 100 000 € d'amende, dont 80 000 € à la charge de la seconde et ordonné une mesure de publication.

Ces pourvois sont **recevables**.

Les faits de l'espèce peuvent être succinctement résumés comme suit :

Le 29 mars 2018, un contrôle opéré à [Localité 4] lors de l'escale à quai du navire de croisière A., en provenance du Royaume-Uni via [Localité 2] où avait été chargé le combustible utilisé, ayant révélé une teneur en soufre de celui-ci de 1,68 %, supérieure à celle – 1,5 % – autorisée par l'article L. 218-2 du code de l'environnement pour les navires de passagers assurant des services réguliers à destination ou en provenance d'un port de l'Union européenne, le commandant a été poursuivi pour pollution atmosphérique par utilisation, en mer territoriale, d'un combustible ayant une teneur en soufre supérieure aux normes autorisées. La société [2], propriétaire et exploitante du navire, ayant son siège au Royaume-Uni, a été citée sur le fondement de l'article L. 218-23 du code de l'environnement.

Le 26 novembre 2018, la juridiction du littoral maritime spécialisée a déclaré le prévenu coupable, l'a condamné à 100 000 € d'amende – dont 80 000 € supporté par l'exploitant –, ordonné une mesure de publication et prononcé sur les intérêts civils.

Le 24 novembre 2020, la chambre a cassé l'arrêt de la cour d'appel d'Aix-en-Provence ayant infirmé ce jugement et relaxé le prévenu et renvoyé l'affaire devant la cour d'appel de Rennes qui, par l'arrêt attaqué, a confirmé le jugement sur la culpabilité et sur la peine.

Analyse succincte des moyens

Le mémoire ampliatif, commun aux demandeurs, propose **six moyens de cassation**.

Le premier, en deux branches et pris de la violation de l'article 76 du code de procédure pénale, reprend l'exception de nullité prise de l'irrégularité de la saisie de documents qui aurait été effectuée à bord du navire sans l'assentiment du capitaine et rejetée par l'arrêt attaqué.

Les deuxième et troisième, pris de la violation des articles 111-5 du code pénal et 459, alinéa 3, du code de procédure pénale, reprochent à la cour d'appel d'avoir délaissé les chefs des conclusions par lesquels le prévenu contestait la légalité des articles L. 218-2 et L. 218-15 du code de l'environnement, au motif que ces textes prévoient des pénalités correctionnelles mais sont issus d'une ordonnance qui n'avait pas été ratifiée à la date des faits.

Le quatrième, en deux branches et pris de la violation des articles 14 et 7 de la Convention européenne des droits de l'homme, soutient que l'article L. 218-2, II, établit une discrimination injustifiée entre les navires de croisière – auxquels était imposée, à la date du contrôle, l'utilisation d'un combustible d'un taux de soufre inférieur à 1,5 % – et les autres (1re branche) et comporte une définition imprécise des navires à passagers « assurant des services réguliers à destination ou en provenance de ports d'un État membre de l'Union européenne », contraire au principe de légalité des délits et des peines (2e branche).

Le cinquième, en dix branches et pris de la violation des articles 6.1 et 6.3 de la Convention européenne, L. 218-15 et L. 218-19 et 121-3 du code pénal critique les motifs par lesquels elle a retenu la responsabilité pénale du capitaine.

Il lui reproche d'abord de s'être fondée sur l'article L. 218-19, non visé à la prévention, sans inviter le prévenu à s'expliquer sur cette qualification en violation du principe du contradictoire (1re branche), excédant sa saisine *in rem* en retenant une faute caractérisée exposant l'environnement à un risque d'une particulière gravité (2e branche) quand ce texte incrimine le délit de pollution maritime non intentionnel, distinct du délit intentionnel de pollution atmosphérique de l'article L. 218-15 et en retenant la faute caractérisée prévue à l'article L. 218-19, II (3e branche). Il lui fait ensuite grief d'avoir délaissé la demande de vérification du prévenu sur la mise en route du système d'épuration des gaz d'échappement – EGCS – pour établir l'élément matériel du délit (4e branche) sans établir l'existence d'un risque d'une particulière gravité auquel la faute caractérisée de celui-ci aurait exposé l'environnement (5e branche) par des motifs impropres à établir l'existence de cette faute (6e, 7e, 8e et 9e branches) ni suffisamment s'expliquer sur l'erreur invincible de droit invoquée (10e branche).

Le sixième, pris de la violation des articles 132-1 et 132-20 du code pénal, critique la peine d'amende dont le montant a été fixé sans examiner les ressources du prévenu.

Discussion

Sur le premier moyen (exception de nullité tirée de l'article 76 C. pr. pén.)

Ce texte prévoit que les perquisitions, visites domiciliaires et saisies effectuées dans le cours d'une enquête préliminaire doivent être effectuées avec l'assentiment exprès et écrit de la personne chez laquelle cette opération a lieu.

Au cas présent, lors de l'audition du capitaine par les enquêteurs, une divergence étant apparue entre les déclarations de celui-ci et celles de l'inspecteur du centre de sécurité des navires ayant procédé au contrôle à bord à propos du moment où l'EGCS avait été activé, l'arrêt indique (p. 9) que le capitaine, qui était alors assisté de son avocat, a indiqué que les documents concernant la mise en route du scrubber se trouvaient à bord et « disponibles », qu'il a autorisé les enquêteurs à monter à bord pour le vérifier puis, au cours d'une audition ultérieure le même jour, leur a remis divers documents et enregistrements utiles à ce propos.

Retenant que ces pièces ont donné lieu à « *une remise volontaire de la part de [l'intéressé] aux enquêteurs et alors qu'aucun élément n'établit que ces derniers se seraient livrés à bord du navire à une recherche active d'éléments de preuve assimilables à une perquisition imposant l'accomplissement des formalités prévues à l'article 76* », étant en outre observé qu'aucun élément de la procédure ne fait état d'une perquisition, c'est en conformité avec la doctrine de la chambre, selon laquelle une remise volontaire de documents n'est pas assimilable à une saisie, que la cour d'appel a écarté les conclusions de nullité en cause.

Le moyen apparaît ainsi manquer en fait et je souscris, dès lors, à la proposition de non-admission formulée par M. le conseiller rapporteur.

Sur les deuxième et troisième moyens (légalité des articles L. 218-2 et L. 218-15)

L'annexe VI de la convention de l'Organisation maritime internationale pour la prévention de la pollution par les navires – dite convention Marpol – édicte des règles relatives à la prévention de la pollution de l'air par les rejets de gaz dans l'atmosphère. La Règle 14 établit des valeurs limites de teneur en soufre des combustibles marins et a été intégrée dans le droit de l'Union par la directive 2012/33/UE du 21 novembre 2012, qui a modifié deux précédentes directives – 1999/32/CE et 2005/33/CE – et ses dispositions ont été transposées en droit interne par l'ordonnance n° 2015-1736 du 24 décembre 2015, ratifiée par la loi du 24 décembre 2019.

Ce dispositif a été codifié, à droit constant, par une directive 2016/802 du 11 mai 2016, qui définit notamment la notion de « service régulier » d'un navire à passagers, qui est visée tant par les directives européennes que par l'article L. 218-2, II, du code de l'environnement.

Si, comme le mémoire le relève et les moyens le reprennent, une exception d'illégalité des articles L. 218-18 et L. 218-15 du code de l'environnement a été présentée devant la cour d'appel sans que l'arrêt comporte de développement à ce propos, il doit cependant être observé qu'elle reprenait celle déjà présentée devant le tribunal que celui-ci avait écartée (p. 38), d'une part en rappelant que l'ordonnance critiquée était intervenue dans le cadre d'une habilitation législative régulière, d'autre part en énonçant qu'aux termes de l'article 38 de la Constitution, ce texte ayant valeur législative il pouvait donc intervenir dans un domaine relevant de la loi.

L'arrêt n'a donc pas laissé sans réponse l'exception régulièrement présentée par le prévenu mais, par motifs adoptés du jugement qu'il a confirmé, fait siens lesdits motifs.

Reste un dernier argument développé par le mémoire, selon lequel avant leur ratification – ce qui était le cas à la date des faits –, les ordonnances ont la nature d'un acte administratif.

Ce faisant, le mémoire tente d'opérer une confusion entre deux notions distinctes.

Tant qu'elles n'ont pas été ratifiées les ordonnances prévues à l'article 38 de la Constitution sont considérées comme des actes administratifs pouvant être soumis au contrôle du juge de l'excès de pouvoir. Elles acquièrent valeur législative dès lors que le projet de loi de ratification est déposé – ce qui constitue la seule obligation visée à l'article 38 –, à défaut de quoi elles deviennent caduques à l'expiration de la date fixée par la loi d'habilitation. Néanmoins, comme l'article 38 le précise, elles peuvent édicter des mesures qui relèvent normalement du domaine de la loi, c'est d'ailleurs leur principale utilité, sans que la nature réglementaire de l'instrumentum n'infère sur celle des dispositions qu'il édicte.

La discussion qu'introduit le mémoire sur la portée des décisions rendues par le Conseil constitutionnel les 28 mai et 3 juillet 2020 – dans le contexte de l'état d'urgence sanitaire – est donc inopérante au regard de l'examen des moyens, qui semblent donc pouvoir être écartés.

Je souscris, dès lors, à la proposition de non-admission formulée au rapport.

Sur le quatrième moyen (conventionnalité de l'article L. 218-2)

Cette exception n'ayant pas été soulevée devant les juridictions du fond et l'étant en partie pour la première fois à hauteur de cassation – 2e branche –, M. le conseiller rapporteur conclut à l'irrecevabilité du moyen.

La chambre criminelle déclare irrecevable l'exception d'inconventionnalité invoquée pour la première fois devant elle. Elle applique ainsi sa doctrine selon laquelle le moyen nouveau est comme tel irrecevable sauf s'il naît de la décision attaquée ou s'il s'agit d'un moyen d'ordre public et de pur droit.

Cette dernière condition ne soulève pas de difficulté en l'espèce, dès lors que le grief ici invoqué consiste à confronter entre elles deux règles de droit – européenne et nationale. Analysant la doctrine de la chambre, M. Olivier de Bouillane de Lacoste écrit, à propos du moyen d'ordre public, qu'« on entend généralement par là un moyen qui, dépassant les intérêts privés, est pris de la violation d'une norme mettant en cause les intérêts généraux de la société [et] échappe donc aux prévisions de l'article 802 du code de procédure pénale ».

À l'examen de sa doctrine, la chambre apparaît circonscrire le moyen d'ordre public à celui qui a trait aux règles relatives au bon fonctionnement de la justice.

Cette doctrine est en cohérence avec celle des chambres civiles. La première chambre a admis le moyen d'inconventionnalité invoquant l'article 6, bien qu'invoqué pour la première fois devant la Cour de cassation, uniquement parce qu'il se fondait sur une atteinte au principe de l'égalité des armes dans la procédure de fixation d'une indemnité d'expropriation ou qu'il encadrait l'exercice d'un recours pouvant être formé contre l'arrêté du président du conseil départemental portant admission en qualité de pupille de l'État dans des conditions telles que l'exercice du droit lui-même s'en trouvait atteint dans sa substance et son caractère effectif.

Enfin, si la Cour européenne des droits de l'homme rappelle que « les tribunaux doivent examiner avec rigueur les moyens ayant trait aux droits et libertés garantis par la Convention dont ils sont saisis et qu'il s'agit d'un corollaire du principe de subsidiarité », elle admet que soit déclaré irrecevable un moyen, présenté pour la première fois devant la Cour de cassation, nouveau et mélangé de fait, même lorsqu'il est pris d'une violation alléguée de la Convention.

Au cas présent, les conclusions déposées par le prévenu devant la cour d'appel n'avaient pas invoqué, même en substance, la violation de l'article 7 de la Convention ni soutenu que l'article L. 218-2 du code de l'environnement édicterait des prescriptions contraires à ceux-ci. Elles excipaient (p. 11) de l'inconstitutionnalité de l'article L. 218-2 du fait de sa contrariété aux articles 7 et 8 de la Déclaration, ce qui constitue un fondement différent.

Il s'ensuit que le moyen, nouveau et mélangé de fait en sa seconde branche, semble irrecevable étant présenté pour la première fois devant la Cour de cassation en ce qu'il se fonde sur l'article 7 de la Convention et je souscris, dès lors, à la proposition de non-admission formulée par M. le conseiller rapporteur.

S'agissant de la première branche, qui excipe de l'inconventionnalité de l'article L. 218-2, II, au regard de l'article 14 de la Convention, la chambre est en mesure de s'assurer qu'il avait bien été soumis à la cour d'appel (p. 14 et 35). Sous ce regard, le prévenu soutenait que l'article L. 218-2, II, en ce qu'il imposait aux navires à passagers – en l'espèce aux navires de croisière – l'utilisation d'un combustible ayant une teneur en soufre inférieure à celle admise pour les autres navires, instaurait une discrimination injustifiée entre des navires se trouvant naviguer dans des conditions identiques, tels les porte-conteneurs pratiquant le cabotage.

Ce grief ne semble pas devoir prospérer. En effet, comme le mémoire le relève (p. 28), la justification de l'exigence d'un combustible spécifique pour les navires à passagers résulte du considérant 14 de la directive 2012/33/UE du 21 novembre 2012. Elle tient, selon ce texte, à la circonstance que ces navires « opèrent principalement dans les ports ou à proximité des zones côtières et ont une incidence notable sur la santé humaine et [...] l'environnement ». Elle indique, en outre, que l'exigence d'un tel combustible, outre qu'elle se justifie au regard de cette considération, préfigure le recours à « des normes plus strictes pour le soufre [...] à tous les navires présents dans les eaux territoriales [...] ».

En outre, la Cour de justice a jugé, sous l'empire de la directive 1999/32/CE du 26 avril 1999 – que la directive 2012/33/UE du 21 novembre 2012 est venue modifier – que, lorsqu'ils naviguent dans les conditions dont le prévenu ne discute pas qu'elles sont celles applicables en l'espèce au navire A., les navires de croisière relèvent de l'application de cette directive.

Enfin et surtout, le moyen entend indirectement discuter l'application, aux navires de croisière, des stipulations de la directive édictées à l'égard des navires à passagers. Or, cette question n'est plus en débat depuis l'arrêt rendu par la chambre le 24 novembre 2020.

Il s'ensuit que la première branche du moyen semble également devoir être écartée.

Sur le cinquième moyen (éléments constitutifs de l'infraction)

Sur le moyen, pris en ses 3e (étendue de la saisine) et 1re et 2e branches (moyens de procédure)

Ces trois branches du moyen soutiennent que la cour d'appel a déclaré le prévenu coupable du délit prévu à l'article L. 218-19, II, du code de l'environnement – qui incrimine le rejet polluant d'hydrocarbure – alors qu'il était poursuivi pour le délit de pollution atmosphérique par l'utilisation d'un combustible non conforme – prévu à l'article L. 218-15 –, sans mettre le prévenu en mesure de s'expliquer sur cette nouvelle qualification, non visée à la poursuite, et en excédant ainsi sa saisine. La réponse apportée au grief énoncé par la 3e branche déterminera, dès lors, le sort des critiques formulées par les 1re et 2e branches.

L'article L. 218-15 du code de l'environnement, texte d'incrimination visé à la poursuite, dans sa rédaction résultant de l'ordonnance du 24 décembre 2015 applicable à la date des faits, punit d'un an d'emprisonnement et 200 000 € d'amende le fait, pour tout capitaine d'un navire, de se rendre coupable d'infractions aux dispositions des règles 12, 13, 16 et 18 de l'annexe VI de la convention Marpol, ainsi qu'aux dispositions des I à IV de l'article L. 218-2.

L'article L. 218-2, II, fixe les teneurs limites en soufre des combustibles utilisés par les navires à passagers assurant des services réguliers à destination ou en provenance de ports d'un État membre de l'Union européenne naviguant dans les eaux relevant de la souveraineté française. Dans sa version en vigueur à l'époque des faits, il dispose que, pour ces navires, la teneur en soufre des combustibles utilisés en dehors des zones de contrôle des émissions devait être inférieure ou égale à 1,5 % en masse jusqu'au 31 décembre 2019.

Ces rejets constituent un facteur de pollution atmosphérique. Bien que n'étant pas partie à la convention Marpol, l'Union européenne a édicté des instruments destinés à harmoniser la mise en œuvre des stipulations de celle-ci, une fois ratifiée par les États.

L'article L. 218-19, II, du même code incrimine le fait, pour tout capitaine, de provoquer un rejet de substance polluante par imprudence, négligence ou inobservation des lois et règlements. Les peines sont aggravées lorsque les faits ont pour origine directe ou indirecte soit la violation manifestement délibérée d'une obligation particulière de sécurité ou de prudence imposée par la loi ou le règlement, soit une faute caractérisée qui exposait l'environnement à un risque d'une particulière gravité que son auteur ne pouvait ignorer.

M. le conseiller rapporteur rappelle que cette dernière faute a été introduite, à l'article L. 218-19, II, pour transposer en droit interne celle « commise témérairement » et celle « résultant d'une négligence grave », retenues par la directive 2005/35/CE et inconnues du droit interne.

À l'examen des articles L. 218-15 et L. 218-19, il en ressort que chacun incrimine des faits et des comportements différents – emploi d'un combustible trop soufré d'une part, rejet illicite d'une substance polluante, étant observé que l'article L. 218-19 n'exige pas d'établir que le rejet a effectivement causé une pollution des eaux territoriales ou intérieures, d'autre part.

L'article L. 218-19 appréhende non seulement les accidents de mer mais aussi tout rejet fautif provoqué par imprudence, négligence ou inobservation des lois et règlements, le cas échéant aggravé selon la catégorie du navire et/ou la nature ou les conséquences de la faute.

Enfin, si le caractère intentionnel du délit prévu à l'article L. 218-15 et non intentionnel de celui érigé à l'article L. 218-19 est admis par la doctrine, l'élément moral est requis à l'égard de chacune de ces deux infractions, qui n'échappent pas à l'exigence énoncée à l'article 121-3 du code pénal, et doit donc être établi à l'égard du prévenu – en l'espèce le capitaine.

C'est ce que le mémoire soutient à raison. Il rappelle que le Conseil constitutionnel a énoncé « qu'en l'absence de précision sur l'élément moral de l'infraction, le principe énoncé à l'article 121-3 du code pénal selon lequel il n'y a ni crime ni délit sans intention de le commettre s'applique de plein droit ». On peut, en outre, faire valoir que le caractère intentionnel ou non de l'infraction est indifférent à l'exigence de l'élément moral, lequel consistera, dans le cas d'une infraction non intentionnelle, dans l'exigence d'un dol général.

Au cas présent, la poursuite, fondée sur les articles L. 218-15 et L. 218-2, visait une pollution de l'air par l'utilisation d'un combustible dont la teneur en soufre est supérieure aux normes autorisées – 1,68 % – alors que la norme autorisée ne doit pas dépasser 1,50 %.

L'arrêt, ayant relevé (p. 10) l'emploi d'un combustible non conforme et écarté l'erreur invincible de droit invoquée par le prévenu, il a retenu (p. 13) que « *en sa qualité de capitaine du navire [...], en ne s'assurant pas des règles relatives à la pollution par les rejets des navires dans les eaux territoriales françaises et en ne faisant pas respecter ces règles, [le prévenu] a commis une faute caractérisée exposant l'environnement à un risque d'une particulière gravité qu'il ne pouvait ignorer, les effets du soufre sur la santé humaine étant connus* ». Il en a conclu que l'infraction visée à la poursuite était établie et a, dès lors, confirmé le jugement.

Si c'est à tort qu'après un considérant liminaire (p. 11) visant les articles 121-3 et 218-19 précités en relation avec l'élément intentionnel, l'arrêt retient ensuite « *les rejets* » et « *une faute caractérisée exposant l'environnement à un risque d'une particulière gravité [...]* », se référant ainsi de manière inopérante à l'article L. 218-19, il ne résulte toutefois d'aucune de ses mentions que cette qualification a été envisagée lors des débats ni que la cour d'appel aurait analysé les faits fondant la prévention au regard des éléments constitutifs du délit prévu par ce texte.

Au contraire, il résulte des motifs de l'arrêt qu'elle a examiné les faits sous la seule qualification visée à la poursuite – en établissant l'emploi d'un combustible non conforme aux exigences des articles L. 218-2 et L. 218-15 et l'imputabilité des faits au prévenu – d'où, estimant ces éléments établis, elle a confirmé le jugement tant sur la culpabilité que sur la peine.

Il s'ensuit que la cour d'appel, d'une part n'a méconnu ni l'étendue de sa saisine ni le principe du contradictoire, d'autre part a caractérisé, dans les termes de la poursuite et en tous ses éléments, matériel et intentionnel, le délit dont le demandeur était poursuivi, nonobstant la référence inopérante à l'article L. 218-19 qui n'est pas reprise dans la motivation de l'arrêt et qui est sans emport sur la déclaration de culpabilité et la peine, qui restent l'une et l'autre dans les prévisions des articles L. 218-15 et L. 218-2, l'arrêt n'apparaît donc pas encourir la censure.

Les trois premières branches du moyen, dont les deux premières manquent en fait, semblent donc pouvoir être écartées.

Sur le moyen, pris en sa 6ᵉ branche (motivation de la faute caractérisée)

Selon le moyen, l'arrêt n'a pas caractérisé l'existence d'une faute caractérisée ayant exposé l'environnement à un risque d'une particulière gravité que le prévenu ne pouvait ignorer.

Ce faisant, ce grief se fonde sur la violation tant des exigences énoncées à l'article L. 218-19 que de celles visées à l'article 121-3, alinéa 4. Or, il a été précédemment indiqué que, nonobstant la référence inopérante faite à l'article L. 218-19, la cour d'appel comme auparavant le tribunal n'a pas appliqué ce texte et s'est fondée sur les seules exigences des articles L. 218-15 et L. 218-2 pour caractériser la faute du prévenu – consistant à ne pas s'être assuré de la conformité à la législation du carburant « souté ». En outre, à propos de la référence faite par le moyen à l'article 121-3, alinéa 4, c'est uniquement si le délit de pollution atmosphérique visé à la poursuite revêtait la nature d'une infraction non intentionnelle que se poserait la question de l'application de ce texte et qu'il serait alors nécessaire d'établir une faute délibérée ou caractérisée à la charge du prévenu personne physique. Or, il s'agit d'une infraction intentionnelle et, comme le relève Mme Evelyne Monteiro dans son analyse déjà citée de l'arrêt du 24 novembre 2020, « l'article L. 218-19 [...] visant la notion de rejet ne semble devoir concerner que les rejets en mer de substances polluantes à partir des navires. Par conséquent, l'adaptation textuelle à la matière environnementale qui figure au paragraphe 4 de ce même texte semble difficilement transposable aux émissions soufrées dans l'atmosphère ».

C'est donc de manière inadéquate et inopérante, sans doute pour marquer la gravité de la faute du prévenu au regard des conséquences des rejets soufrés dans l'atmosphère imputables aux navires, que la cour d'appel a qualifié celle-ci de faute caractérisée.

Il sera enfin rappelé que l'arrêt de cassation auparavant rendu par la chambre le 24 novembre 2020 avait énoncé que le capitaine d'un navire, garant de la sécurité du navire et de son équipage, de la protection de l'environnement et de la sûreté, et tenu personnellement à ce titre de connaître et de faire respecter les règles relatives à la pollution par les rejets des navires, doit s'assurer de la conformité à la législation du combustible utilisé.

Le principe de la responsabilité pénale du capitaine n'était donc plus en débat devant la cour de renvoi, l'office de celle-ci consistant à rechercher une éventuelle faute à son égard.

Au cas présent, pour déclarer le prévenu coupable dans les termes de la poursuite, l'arrêt a retenu à son encontre (p. 10) une faute consistant dans le fait de ne pas s'être assuré de l'emploi d'un combustible ayant un taux de soufre conforme aux prescriptions édictées à l'article L. 218-2, celui utilisé en l'espèce étant supérieur de 12 % à celui autorisé.

Le jugement avait auparavant considéré, après avoir établi la matérialité des faits (p. 16), que le capitaine « *étant celui qui prend les décisions à bord, il est maître de décider du combustible à utiliser notamment au regard des diverses législations qu'il ne peut que connaître au regard de ses fonctions, ses compétences et de sa responsabilité [...]* ».

En l'état de la motivation de l'arrêt, la cour d'appel, qui n'était pas tenue de rechercher l'existence de la faute caractérisée prévue à l'article L. 218-19 dès lors qu'elle était saisie sur le fondement des articles L. 218-15 et L. 218-2, lesquels visent une infraction intentionnelle qu'une faute simple suffit à caractériser, apparaît avoir ainsi justifié sa décision.

La sixième branche du moyen semble, dès lors, pouvoir être également écartée.

Sur le moyen, pris en sa 4e branche (défaut de réponse à conclusions sur l'EGCS)

Pour les motifs indiqués par M. le conseiller rapporteur, cette branche du moyen, sous couvert d'un grief de défaut de réponse à la demande du prévenu de vérifier le moment auquel le système d'épuration des gaz d'échappement avait été actionné, se borne à remettre en cause l'appréciation souveraine, par la cour d'appel, de l'incidence de cette action sur les faits.

Je souscris, dès lors, à la proposition de non-admission proposée.

Sur le moyen, pris en ses 5e, 7e, 8e et 9e branches (motivation de la faute)

Les griefs formulés par ces quatre branches se bornant à remettre en cause des éléments de faits relevant de l'appréciation souveraine de la cour d'appel, je souscris aussi, pour les raisons exposées au rapport, à la proposition de non-admission formulée.

Sur le moyen, pris en sa 10e branche (motivation de l'erreur invincible de droit)

L'article 122-3 du code pénal prévoit que n'est pas pénalement responsable la personne qui justifie avoir cru, par une erreur invincible sur le droit qu'elle n'était pas en mesure d'éviter, pouvoir légitimement accomplir l'acte.

La doctrine s'accorde à retenir que, pour être retenue comme cause d'irresponsabilité, l'erreur sur le droit doit être invincible – aspect objectif – et ne devient inévitable que si l'agent a activement vérifié, avant d'accomplir l'acte, la légitimité de celui qu'il projette et a été trompé par le résultat de cette vérification – aspect subjectif.

En pratique, la jurisprudence, qui est très restrictive en la matière, admet l'erreur sur le droit uniquement lorsque l'information erronée donnée à l'agent émane d'une autorité publique. Il a ainsi été jugé que tel n'était pas le cas, en matière d'entrave au fonctionnement d'un comité d'entreprise, d'une information erronée résultant de la consultation du service juridique d'une fédération professionnelle à laquelle appartenait l'entreprise concernée, où plus généralement dans le cas d'informations fournies par des instances professionnelles. Tout au plus l'information erronée fournie pourra-t-elle permettre de retenir la bonne foi de l'auteur.

Enfin, pour être admise, l'appréciation du caractère inévitable de l'erreur doit procéder d'une appréciation *in concreto* prenant en considération la situation personnelle de l'agent.

Or, à cet égard, force est de constater que la situation du capitaine n'est à nulle autre pareille. En effet, il n'est ni un simple salarié de l'armateur ni le préposé de celui-ci puisqu'il dispose de prérogatives qui lui sont propres : ainsi, selon l'article L. 5412-3 du code des transports « hors les lieux où l'armateur a son principal établissement, le capitaine pourvoit aux besoins normaux du navire et de l'expédition » ; en outre, il « est garant de la sécurité du navire et de son équipage, de la protection de l'environnement et de la sûreté » – art. L. 5612-3.

Au cas présent, le prévenu invoquait l'erreur sur le droit en se fondant sur les termes d'un courrier du 12 mai 2016 adressé par le ministère de l'Environnement au directeur général de la Commission européenne en matière d'environnement, qui avait été diffusé à la profession par le représentant de l'association professionnelle des croisiéristes à la suite d'une réunion tenue entre cette organisation et le ministère de l'Environnement, selon lequel le taux de soufre de 1,5 % était suspendu pour les navires de croisière.

Pour écarter cette cause d'irresponsabilité, l'arrêt a retenu (p. 13) que ce courrier n'était pas destiné aux armateurs, que les circonstances de sa diffusion n'étaient pas établies et que, dès le 18 août 2016, la Commission européenne avait adressé au ministère de l'Environnement un courrier « confirmant » que les navires de croisière n'étaient pas exclus de l'application de la directive 2005/33/EC et restaient soumis à l'application de ce taux. La cour d'appel ajoute que ni le prévenu ni la société [2] ne pouvaient en outre ignorer que plusieurs navires de la compagnie maritime de croisière [3], appartenant à la société [2], avaient déjà été contrôlés pour s'assurer du respect effectif de cette prescription.

En cet état, le moyen, qui prétend en réalité remettre en cause un élément de fait relevant du pouvoir d'appréciation souverain des juges du fond, n'apparaît pas de nature à entraîner la cassation de l'arrêt attaqué. Je souscris, dès lors, à la proposition de non-admission formulée par M. le conseiller rapporteur.

Sur le sixième moyen (motivation de la peine d'amende)

Dès lors que le prévenu, présent à l'audience, n'a pas fourni, sur le montant de l'amende fixée par le jugement, d'éléments actualisés de nature à justifier de ses charges, et que l'arrêt comporte des éléments d'appréciation suffisants quant à la situation personnelle de l'intéressé, le moyen semble dès lors pouvoir être déclaré non admis.

Proposition

Je conclus, en conséquence, au **rejet** des pourvois.

Conférences de l'Ordre

En 2023, l'Ordre a organisé huit conférences d'actualité qui ont porté sur les thèmes suivants : les missions du Haut conseil du commissariat aux comptes, les enjeux actuels de la régulation des données personnelles, les enjeux de la régulation audiovisuelle à l'ère numérique, la place des femmes dans les justices judiciaire et administrative, le droit des générations futures, le parquet national financier, la Cour suprême des États-Unis et le renouveau de la protection des lanceurs d'alerte en France.

Madame Marie-Laure Denis, présidente de la Commission nationale de l'informatique et des libertés, Monsieur Idris Fassassi, professeur de droit public à l'Université Paris Panthéon-Assas, et Madame Cécile Barrois de Sarigny, adjointe de la Défenseure des droits chargée de l'accompagnement des lanceurs d'alerte, ont accepté de nous remettre le texte de leurs interventions lesquelles, publiées ici, permettront aux lecteurs d'avoir un aperçu de la richesse de ces conférences.

Les enjeux actuels de la régulation des données personnelles

Conférence du 8 mars 2023

Marie-Laure Denis

Présidente de la Commission nationale
de l'informatique et des libertés

Monsieur le président,

Mesdames et messieurs les membres du Conseil de l'ordre,

Chers maîtres,

Mesdames et messieurs,

Je suis très heureuse d'avoir été invitée pour intervenir dans le cadre prestigieux des conférences de l'Ordre des avocats au Conseil d'État et à la Cour de cassation. C'est pour moi l'occasion de m'adresser à d'éminents juristes, publicistes et privatistes, sur un sujet qui touche à une liberté fondamentale, le droit au respect de la vie privée, et qui concerne notre quotidien à tous que sont nos vies numériques.

Vous m'avez en effet proposé de présenter « Les enjeux actuels de la régulation des données personnelles », bientôt cinq ans après l'entrée en vigueur effective du Règlement général sur la protection des données (RGPD) qui constitue l'un des règlements européens les plus connus par tout un chacun. Ce sujet me permettra de vous présenter l'action de la CNIL pour la protection des données personnelles depuis 2018 et, dans un second temps, quelques sujets marqueurs des nouveaux enjeux que la révolution numérique fait aujourd'hui émerger.

I. Pour commencer, je souhaite vous présenter l'action de la CNIL pour la protection des données personnelles depuis le RGPD

A. La CNIL, une institution en plein essor

Je commencerai par rappeler brièvement ce qu'est la CNIL. Vous la connaissez déjà mais son essor mérite d'être souligné. Elle a été créée par la première loi informatique et libertés qui a fêté ses 45 ans le 6 janvier dernier. Depuis 1978, cette législation relative à la protection des données personnelles reste structurée par des principes qui protègent les droits des personnes et qui imposent des obligations à ceux qui traitent leurs données. C'est donc un bel exemple d'adaptation de notre ordre juridique au progrès technologique et à l'évolution de la société. La loi du 6 janvier 1978 a bien évidemment fait l'objet de modifications, certaines substantielles et d'autres moins importantes ; la 42e et dernière modification a été apportée par la loi du 24 janvier 2022.

La loi de 1978 constitue aujourd'hui l'essentiel de la réglementation française de la protection des données personnelles en matière régalienne, avec la directive Police-Justice de 2016. Pour le reste, le RGPD l'a supplantée, reléguant son apport à des aspects procéduraux, néanmoins essentiels pour assurer l'effectivité de l'action de la CNIL.

Depuis l'origine, la CNIL a conservé son statut d'autorité administrative indépendante. Elle est composée d'un collège de 18 membres dont 4 parlementaires (2 de chaque chambre), 2 membres du Conseil économique, social et environnemental, 2 conseillers d'État, 2 conseillers à la Cour de cassation, 2 conseillers à la Cour des comptes, 5 personnalités qualifiées désignées par le président de l'Assemblée nationale, le président du Sénat et par le Conseil des ministres. Depuis 2016, elle comprend également le président de la CADA (Commission d'accès aux documents administratifs). De par sa composition, la CNIL capitalise des compétences et une expertise pluridisciplinaire remarquables qui lui permettent d'exercer pleinement toutes ses missions.

L'organisation de la CNIL repose sur des directions et des services sous la responsabilité du président et dirigés par un secrétaire général. Les services comprennent actuellement 270 agents, principalement des juristes et des ingénieurs. Ils seront 288 agents à la fin de cette année pour un budget de 26,4 millions d'euros. Ce qui est peu comparé aux autorités allemandes qui emploient environ 1 000 agents, et aux autorités britanniques qui en comptent environ 700. Je veux toutefois souligner que les effectifs de la CNIL sont en nette augmentation depuis quatre ans, ce qui est absolument nécessaire pour répondre aux enjeux de la protection des données personnelles.

Ces enjeux sont nombreux dans le monde largement numérisé dans lequel nous vivons. Tous les modèles économiques, technologiques et sociaux sont touchés par le numérique. En France, plus de 93 % de la population utilise Internet, plus de 80 % utilise les réseaux sociaux, plus de 86 % des utilisateurs accèdent à Internet *via* leur mobile, plus de 95 % des Français, entre 16 et 64 ans, possèdent un smartphone et 80 % des mêmes Français disposent d'un ordinateur. Tous ces équipements numériques offrent de multiples services aux utilisateurs mais ce nouvel univers repose entièrement sur les données, notamment les données personnelles.

En tant que régulateur des données personnelles, la CNIL est au cœur des évolutions profondes de notre société que produisent les technologies numériques sur notre environnement quotidien. Son action est multisectorielle et s'adresse aussi bien aux acteurs publics que privés. Les dossiers qu'elle traite lui permettent de porter un regard à 360 degrés sur la société française dont la quasi-totalité utilise aujourd'hui les outils numériques. Cette grande richesse est aussi source d'une grande complexité de son action : elle doit pouvoir dialoguer avec tous les acteurs et donc tisser des liens avec une grande variété d'interlocuteurs, là où des régulateurs comme l'ARCEP (Autorité de régulation des communications électroniques, des postes et de la distribution de la presse) ou l'ARCOM (Autorité de régulation de la communication audiovisuelle et numérique) évoluent dans un univers aux frontières délimitées. Elle doit aussi articuler la protection des données avec une diversité infinie de réglementations, codes de la défense, de la sécurité intérieure, codes du travail, de la santé, de la consommation, etc. Tout cela avec la volonté de créer un environnement de confiance pour tous.

La CNIL est malheureusement trop souvent perçue uniquement comme un gendarme à travers son pouvoir répressif, alors qu'elle accorde une importance égale à sa mission d'accompagnement dans la mise en œuvre de la réglementation RGPD. J'ai en effet coutume de dire que l'accompagnement et le contrôle sont les deux jambes, d'égale importance, sur lesquelles avance la CNIL et c'est grâce à une mobilisation sur ces deux axes qu'elle opère une régulation équilibrée, proche du terrain et lisible.

B. La CNIL accompagne la conformité des acteurs

La réglementation des données personnelles a connu une évolution majeure avec l'entrée en vigueur effective du RGPD en mai 2018. Jusqu'à cette date, nous étions dans un système de formalités préalables où la CNIL contrôlait *a priori* la régularité des traitements (près de 100 000 déclarations et 300 autorisations en 2016). Depuis le RGPD, nous sommes dans une logique d'accompagnement à la conformité et un contrôle *a posteriori*.

La fin des formalités préalables, à l'exception des traitements de données de santé pour lesquelles le législateur a maintenu un régime de déclaration et autorisation, et l'obligation des responsables de traitement de mettre en place une véritable démarche de mise en conformité, ont alors créé une rupture profonde dans le fonctionnement de notre institution et plus largement de tout notre écosystème numérique.

Cette nouvelle logique est plus légère, d'un point de vue procédural, pour les acteurs, mais elle est aussi moins sécurisante : elle a donc impliqué une meilleure lisibilité de la réglementation. Pour ce faire, elle a nécessité de fournir des efforts pédagogiques, et la CNIL s'y emploie activement depuis de nombreuses années. Elle y consacre un tiers de ses moyens humains. C'est sans doute le régulateur qui consacre le plus de moyens à l'information de l'ensemble des acteurs concernés.

Cet accompagnement à la conformité passe par des outils généraux, des outils de droit souple déclinant la règle générale du RGPD aux cas particuliers et des actions de pédagogie auprès de divers publics ; et par des outils individuels, consistant à fournir à une personne une information, un conseil, ou un service d'aide à la conformité plus poussé.

Pour commencer par évoquer les outils « de droit souple » – recommandations, lignes directrices et référentiels –, je crois qu'ils sont particulièrement importants dans ce domaine juridique, abstrait et transversal, pour donner plus de visibilité aux professionnels. Depuis 2016, nos outils de droit souple se sont multipliés. Au total nous avons adopté ou modifié :

- 23 référentiels (dans le domaine des ressources humaines, du marketing, en matière de certification) ;
- 4 lignes directrices (AIPD [analyse d'impact sur la protection des données], cookies, hors lignes directrices de l'EDPB [*European Data Protection Board*] auxquelles nous participons en tant que membre) ;
- 3 recommandations.

Dans ce contexte de foisonnement des instruments de droit souple de la CNIL, je profite de cet événement pour vous annoncer que nous projetons de publier deux autres instruments à destination des professionnels : d'une part, des sortes de « tables de jurisprudence », que nous utilisons en interne et qui classifient, en plus de la jurisprudence, les solutions de principe adoptées par la CNIL et qui souvent reposent sur des décisions non publiques ; d'autre part, un recueil de l'ensemble de nos actes de droit souple afin qu'ils soient réunis dans un ouvrage unique.

De façon plus originale peut-être, nous mettons à disposition des boîtes à outils pour permettre aux organismes de gérer leur conformité d'une façon dynamique et de démontrer qu'ils respectent la réglementation (un registre type des traitements, des mentions d'information, un logiciel pour réaliser des analyses d'impact sur la protection des données).

Plus généralement, les sites internet de la CNIL regorgent de ressources générales et techniques à destination de tous les publics et leur fréquentation atteint des niveaux substantiels, 11 millions de visiteurs chaque année.

J'ajoute que cette pédagogie est d'autant plus essentielle que la nouvelle réglementation du RGPD repose principalement sur le principe de responsabilisation des acteurs. La CNIL entretient avec toutes les parties prenantes un dialogue constant et constructif. Nous sommes vraiment à l'écoute de tous les acteurs économiques, des petites entreprises comme des grandes, des ministères, des établissements publics, des collectivités territoriales et du grand public. Notre direction des relations avec les publics travaille sans cesse à de nouvelles actions pour toucher le grand public, y compris les plus jeunes, pour expliquer les droits et obligations de chacun.

J'en viens maintenant à **l'accompagnement individuel**, c'est-à-dire l'information et le conseil. Il s'exerce d'abord auprès des pouvoirs publics. En 2022, la CNIL a rendu 93 avis sur des projets de lois et de décrets et elle a été auditionnée à 17 reprises par le Parlement. À chaque fois, elle s'est prononcée avec le souci permanent de garantir un juste équilibre entre le développement de nouveaux outils et la préservation de la vie privée des utilisateurs.

L'accompagnement s'exerce aussi auprès des organismes de toute nature, public et privé. Dans une logique de transparence, la CNIL a publié une charte d'accompagnement des professionnels. Son objectif est de présenter les grands principes et la méthodologie de la politique d'accompagnement de la CNIL. Elle répond ainsi aux questions pratiques des organismes sur la manière dont nous traitons leurs demandes ou sur la confidentialité de leurs échanges avec nous.

En 2022 nous avons répondu à plus de 20 000 demandes d'information dans un délai moyen de 23 jours. La CNIL a aussi traité près de 1 500 demandes de conseil, pour lesquels la cible est en principe de ne pas dépasser six mois.

Nous répondons également aux questions des délégués à la protection des données (3 000 DPO sont désignés chaque année, ils sont actuellement environ 31 000, et près de 90 000 organismes en ont désigné un). La moitié de ces questions porte sur l'application concrète des grands principes du RGPD, près de 5 ans après son entrée en application en France, c'est dire si l'acculturation est longue.

La politique d'accompagnement de la CNIL s'incarne enfin par des actions structurantes plus originales.

Nous avons lancé en 2021 un premier « bac à sable » sur le thème des données de santé. L'année dernière, le « bac à sable » a porté sur les outils numériques éducatifs. Cette démarche de « bac à sable » non réglementaire vise à mettre en œuvre le principe de « privacy by design » à un stade précoce du développement de quelques projets sélectionnés et d'apporter aux entreprises porteuses un accompagnement spécifique et renforcé pour encourager l'innovation numérique vertueuse. Je vais reconduire le bac à sable cet année, et j'ai annoncé récemment un programme complémentaire « d'accompagnement renforcé » ouvert à certaines entreprises de façon non thématique.

Grâce aux partenariats qui lient la CNIL aux grandes associations d'élus – AMF (Association des maires de France), ADF (Assemblée des départements de France) et Régions de France – la CNIL souhaite aussi s'incarner dans les territoires afin d'accompagner et de renforcer la sécurité juridique de collectivités territoriales. Nous amorçons une nouvelle stratégie d'intervention en régions qui a débuté en septembre 2022 à Lyon et qui va se poursuivre par des journées RGPD en 2023. Nous avons aussi lancé, fin juin 2022, la nouvelle version du MOOC RGPD qui compte déjà plus de 32 000 nouveaux comptes en plus des 123 000 utilisateurs initiaux.

Cette politique d'accompagnement volontaire et innovante vise à assurer une mise en œuvre effective du RGPD par tous les acteurs. Pour autant, l'accompagnement n'exclut pas le contrôle et la CNIL s'y emploie en mettant en œuvre une réponse répressive proportionnée et dissuasive qu'elle mobilise avec discernement.

C. La chaîne répressive de la CNIL

Le RGPD et la loi informatique et libertés définissent précisément les pouvoirs de la CNIL en matière de contrôle, de poursuite et de sanctions, ce que j'appelle la chaîne répressive de la CNIL et qui, après l'accompagnement, constitue la deuxième jambe sur laquelle elle s'appuie.

La mise en œuvre de ces pouvoirs coercitifs repose pour une partie sur moi, en tant que présidente de la CNIL, pour l'autre partie sur l'organe de sanction, la formation restreinte.

Je veux souligner que, d'une manière générale, l'action répressive de la CNIL ne s'inscrit pas dans une logique punitive, mais vise avant toute chose à obtenir la conformité des organismes. Ceci est parfaitement illustré par les chiffres suivants :

- en 2022 la CNIL a reçu plus de 12 000 plaintes ;
- elle a conduit 345 contrôles (143 sur place, 128 en ligne, 43 sur pièces et 31 en audition) ;

- j'ai adopté 147 mises en demeure, dont 22 publiques ;
- et la formation restreinte a prononcé 21 sanctions.

Il en ressort une approche en entonnoir, au cours de laquelle les organismes mis en cause ont, le plus souvent, la possibilité de se mettre en conformité à chaque étape sans qu'il soit nécessaire ou justifié d'adopter une mesure correctrice.

La fonction de poursuite de la CNIL relève d'abord de la compétence de la présidente à l'issue d'un processus *bottom up*. Une trentaine d'agents, juristes et ingénieurs, répartis sur deux services des contrôles, ont la charge de conduire les investigations qui peuvent être sur place, en ligne, sur audition ou sur questionnaire. La décision de mener un contrôle appartient formellement à la présidente de la CNIL, mais résulte toujours d'une proposition des services.

En pratique, les missions de contrôle effectuées durant l'année par la CNIL, 345 en 2022, ont eu, de manière équilibrée, des origines différentes :

- les thématiques annuelles de contrôle ;
- les réclamations et les signalements ;
- les investigations sur initiative.

- **Les thématiques annuelles représentent environ un tiers des contrôles effectués. Elles sont validées par le collège de la CNIL.** En 2022, les trois thématiques prioritaires concernaient la prospection commerciale, la surveillance des travailleurs en télétravail et le cloud. En 2023, le collège de la CNIL a choisi les thématiques prioritaires suivantes : l'utilisation de caméras augmentées par les acteurs publics, l'utilisation du fichier des incidents de remboursements de crédit aux particuliers (FICP), les vérifications relatives à l'accès au dossier patient informatisé au sein des établissements de santé et le traçage des utilisateurs des applications mobiles.

C'est dans ce cadre que la CNIL a développé, entre 2019 et 2021, sa stratégie en matière de cookies qui constitue une méthode de régulation qu'elle entend mettre en œuvre pour aboutir à une mise en conformité des pratiques de tout un secteur sur deux ou trois ans. J'y reviendrai dans la seconde partie.

- **Les contrôles effectués sur la base de plaintes adressées à la CNIL correspondent également à un tiers des vérifications**. Cela concerne de nombreux secteurs, en tête les secteurs de l'internet et des télécommunications (30 %) suivis par le secteur commercial (21 %). L'immense majorité des saisines ne donne lieu, ni à un contrôle formel, ni à l'adoption de mesures correctrices, les saisines étant clôturées par un rappel des règles applicables aux organismes et la résolution de situations.

- **Enfin le dernier tiers concerne les contrôles menés sur des sujets identifiés, notamment au regard de l'actualité** – par exemple la révélation dans les médias d'une violation de données ou de la mise en œuvre d'un traitement présentant des problématiques et des enjeux relatifs à la protection des données personnelles.

À l'issue d'une procédure de contrôle, l'aiguillage d'un dossier suit là encore une approche *bottom up*. Après analyses des pièces du dossier, les services identifient les cas pour lesquelles une mesure correctrice apparaît nécessaire, soit pour mettre en conformité l'organisme, soit car le manquement est particulièrement grave.

Après une présentation des arguments justifiants l'adoption d'une mesure, je peux, en qualité de présidente :

- rejeter la plainte si j'estime qu'il n'y a en fait pas de manquement ; il n'est pas rare non plus que nous fassions des clôtures mais avec une lettre d'observation rappelant un certain nombre d'obligations légales du responsable de traitement ou formulant certaines recommandations ;

- décider de prononcer un « rappel aux obligations légales », qui n'a pas valeur de sanction, ou de mettre en demeure le responsable de mettre fin au manquement constaté dans un délai fixé, sachant que la mise en demeure n'est pas une sanction mais elle peut être rendue publique ; dans certains cas, la mise en demeure demande au responsable de traitement de justifier de la mise en conformité par tout moyen ;

- saisir la formation restreinte de la CNIL et désigner un rapporteur parmi les membres du collège qui ne sont pas membres de la formation restreinte. La formation restreinte peut prononcer des sanctions, notamment des amendes.

Je suis donc chargée d'instruire les plaintes, de décider des contrôles, de prendre certaines mesures correctrices, comme une mise en demeure, et de saisir la formation restreinte en vue du prononcé de sanctions. Mes fonctions de poursuites s'arrêtent là et visent avant tout à obtenir la conformité des organismes.

C'est la formation restreinte qui exerce les fonctions de « jugement » et qui est seule compétente pour décider des sanctions. La formation restreinte est composée de six membres du collège, dont un président. Si je décide de la saisir d'un manquement à la réglementation, je procède à la désignation d'un commissaire rapporteur, choisi parmi les 12 autres membres du collège non-membres de la formation restreinte et j'en informe l'organisme mis en cause.

À partir de cet instant, je n'interviens plus et le dossier est entre les mains du rapporteur qui rédige un rapport dans lequel il peut proposer une sanction. Les règles du procès équitable doivent être appliquées, la procédure repose sur des échanges contradictoires écrits. À l'issue de l'instruction, une audience devant la formation restreinte est organisée. La personne mise en cause se présente, le cas échéant avec son avocat. Après une brève présentation et des échanges oraux, la formation restreinte se retire pour délibérer et décide ou non de sanctionner, et fixe son montant/la nature de la sanction. En cas de sanction, l'organisme mis en cause dispose d'un délai de deux mois pour former un recours devant le Conseil d'État.

S'agissant des sanctions, la formation restreinte peut prononcer des amendes administratives proportionnées à la gravité des manquements :

- pour des manquements « standard » : jusqu'à 10 millions d'euros ou, pour une entreprise, 2 % du chiffre d'affaires annuel mondial total de l'exercice précédent, le montant le plus élevé étant retenu ;

- pour les manquements les plus graves : jusqu'à 20 millions d'euros et 4 % du chiffre d'affaires. Cela concerne par exemple les traitements illicites, l'absence de recueil du consentement ou le transfert de données vers un pays n'offrant pas une protection adéquate.

La formation restreinte peut aussi prononcer des injonctions sous astreinte journalière avec un plafond de 100 000 euros par jour de retard.

Je citerai quelques exemples marquants. En 2020, une amende de 35 millions d'euros a été décidée contre Amazon et une amende de 100 millions d'euros a été prononcée contre Google, sur la question des cookies. En 2021, 15 amendes, sur un total de 18 sanctions, ont été prononcées, pour un montant cumulé de 214 millions d'euros, dont 5 sont associés à des injonctions sous astreinte. En 2022, 19 amendes, pour 21 sanctions, pour un montant total de 101 millions d'euros. De 2018 à 2022, la CNIL a prononcé un montant cumulé d'amendes dépassant un demi-milliard d'euros.

L'action répressive de la CNIL a connu en 2022 une évolution majeure avec la mise en place d'une procédure de sanction dite « simplifiée », par la loi nº 2022-52 du 24 janvier 2022 et le décret nº 2022-517 du 8 avril 2022. Cette procédure doit nous permettre de mieux agir face aux plaintes de plus en plus nombreuses depuis l'entrée en application du RGPD, plus de 14 000 plaintes en 2021 et plus de 12 000 l'année dernière. Limitée aux dossiers peu complexes ou de faible gravité, la procédure de sanction simplifiée suit les mêmes étapes que la procédure de sanction ordinaire (pour les délais, la procédure contradictoire, etc.), mais ses modalités de mise en œuvre sont allégées : le rapporteur est un agent des services de la CNIL et non un commissaire, le président de la formation restreinte (ou un membre qu'il désigne) statue seul et aucune audience n'est organisée, sauf si l'organisme demande à être entendu.

Les sanctions susceptibles d'être prononcées dans ce cadre sont limitées au rappel à l'ordre, à une amende d'un montant maximum de 20 000 euros et à une injonction avec astreinte plafonnée à 100 euros par jour de retard. Ces sanctions ne peuvent pas être rendues publiques.

Comme vous pouvez le constater, l'activité répressive de la CNIL est mouvante et évolutive. À cet égard, les échanges que la CNIL a avec les professionnels du droit, en particulier les avocats, que cela soit dans le cadre de réunions, à l'occasion d'un contentieux ou de conférences comme aujourd'hui, sont pour nous une source d'inspiration et d'amélioration. Nous avons bien conscience que le changement de paradigme opéré par le RGPD s'accompagne d'une responsabilité toujours plus importante de notre institution lorsqu'elle prend des décisions ainsi que des actes de droit souple qui, comme vous le savez, sont opposables et peuvent faire l'objet de recours pour excès de pouvoir depuis 2016 (CE 21 mars 2016, n° 368082, *Fairvesta International GmbH* , et n° 390023, *NC Numericable*)[1].

D. La CNIL anticipe et innove

Une autre des missions principales de la CNIL est d'anticiper et d'innover. L'accélération de la numérisation de la société et les fortes attentes suscités par le RGPD rendent en effet nécessaire

(1) CE 21 mars 2016, n° 368082, *Fairvesta International GmbH (Sté)*, Lebon avec les conclusions ; AJDA 2016. 572 ; *ibid.* 717, chron. L. Dutheillet de Lamothe et G. Odinet ; D. 2016. 715, obs. M.-C. de Montecler ; AJCA 2016. 302, obs. S. Pelé ; Rev. sociétés 2016. 608, note O. Dexant - de Bailliencourt ; RFDA 2016. 497, concl. S. von Coester ; RTD civ. 2016. 571, obs. P. Deumier ; RTD com. 2016. 298, obs. N. Rontchevsky ; *ibid.* 711, obs. F. Lombard, et n° 390023, *NC Numericable (Sté)*, Lebon avec les conclusions ; AJDA 2016. 572 ; *ibid.* 717, chron. L. Dutheillet de Lamothe et G. Odinet ; D. 2017. 881, obs. D. Ferrier ; AJCA 2016. 302 ; Rev. sociétés 2016. 608, note O. Dexant - de Bailliencourt ; RFDA 2016. 506, concl. V. Daumas ; RTD civ. 2016. 571, obs. P. Deumier ; RTD com. 2016. 711, obs. F. Lombard.

que la CNIL soit à l'avant-garde pour pouvoir anticiper les développements technologiques et participer au débat public sous un angle éthique.

Ce travail permet d'imaginer en amont les passerelles avec le RGPD et de prendre de la hauteur dans la fonction de régulation sur des dossiers qui constituent des enjeux de société.

Cela repose concrètement sur le laboratoire d'innovation numérique de la CNIL (LINC) créé en 2012. Animé par une équipe pluridisciplinaire, le LINC permet de nouer des liens avec le monde de la recherche (INRIA – Institut national de recherche en informatique et en automatique) et avec des partenaires institutionnels (ex PEReN – Pôle d'expertise de la régulation numérique). Il contribue au développement de solutions technologiques protectrices de la vie privée, comme Cookiewiz qui permet de visualiser et de mesurer l'impact des cookies lors de votre navigation sur Internet. Cela permet aussi des échanges avec les écosystèmes d'innovation.

Grâce au LINC, la CNIL a participé dès sa création au programme French Tech Central et figure dans la liste des administrations disponibles pour répondre aux besoins des start-ups. Elle est également bien identifiée auprès des entreprises sélectionnées dans le French Tech 40 et le French Tech 120.

Plus récemment, ce laboratoire a été constitué en un service à part entière, dont une des missions est d'échanger en continu avec les start-ups et les acteurs innovants.

La CNIL conduit depuis sa création une activité de veille sur les technologies et engage régulièrement des travaux prospectifs destinés à analyser des pratiques ou des technologies nouvelles. En 2017 avec le cahier IP (innovation et prospective) « La plateforme d'une ville », elle explorait les enjeux du partage de données au sein de la smart city. En 2019, le cahier IP « La forme des choix » proposait des travaux précurseurs sur les effets du « design » des interfaces numériques, et notamment mobiles, dans la protection des droits. En 2020, un livre blanc sur les assistants vocaux comme Alexa ou Siri qui rassemblait les travaux et expérimentations menés depuis plusieurs années, proposait des conseils de mise en conformité pour les fournisseurs de ces assistants, les éditeurs d'application et les utilisateurs. Enfin, en 2021, un autre livre blanc sur les moyens de paiement a permis d'anticiper les transformations induites par la dématérialisation des paiements et les conséquences sur les personnes.

L'évolution numérique se poursuit. Nous entamons une nouvelle phase, celle de l'internet augmenté que proposent les métavers et celle de l'internet décentralisé que constitue le Web 3.0. Chacune de ces évolutions va poser de nouvelles questions en matière de protection des données personnelles.

S'agissant du métavers, la CNIL a déjà commencé à explorer le sujet. Le LINC a d'ailleurs publié une étude sur ce sujet en novembre 2021. Les projets de métavers s'annoncent comme le futur de nos interactions numériques. Ce nouvel univers est protéiforme mais on voit bien que ce nouvel espace d'interaction dans un « internet augmenté » où les personnes se déplaceront en immersion va remettre en cause les modalités de collecte des données. Facebook a communiqué le premier sur le marché des métavers, suivis par d'autres acteurs du numérique, plus ou moins grands. Du point de vue de la protection des données et des libertés, les risques associés à l'augmentation potentiellement exponentielle des collectes des données, et d'un usage toujours plus massif de celles-ci, sont bien identifiés. Ce nouvel internet immersif offre sans doute des perspectives intéressantes pour certains mais il constitue un défi pour la protection des données personnelles.

Pour ce qui concerne plus spécifiquement le Web 3.0, les approches décentralisées ou les solutions reposant sur la technologie blockchain peuvent être un vecteur positif pour la protection des données personnelles. Une approche décentralisée est par exemple parfois recommandée par la CNIL lorsqu'il s'agit de constituer des bases de données à grande échelle, afin de minimiser et d'atténuer certains risques, notamment en matière de sécurité des données. Dans certains cas, les technologies blockchain peuvent apporter des solutions efficaces à certaines problématiques de protection des données, notamment grâce à l'immuabilité des actions réalisées sur la blockchain qui permet une traçabilité du consentement ou des actions réalisées sur les données. Cependant, l'approche décentralisée et les technologies blockchain soulèvent également de nouveaux défis en termes de conformité au RGPD et à nos principes de protection des données, notamment en ce qui concerne l'attribution de la responsabilité – qui est un élément clé de la conformité et de l'exercice des droits des personnes concernées.

Enfin, en matière d'éthique du numérique, la CNIL organise chaque année un moment privilégié de réflexion et de débat sur les conséquences de l'évolution rapide des nouveaux outils technologiques sur l'organisation de la vie en société. Cela lui permet de répondre à l'ambition portée par la loi pour une République numérique de 2016. Depuis lors, la CNIL et ses nombreux invités se sont penchés sur plusieurs problématiques d'éthique d'importance, comme le fonctionnement des algorithmes en 2018, l'impact des Civic Tech en 2019, les effets de la révolution numérique sur les ressources humaines en 2020, l'ouverture et le partage des données en 2021 et les usages du numérique dans l'éducation en 2022.

La réflexion éthique dans ce cadre rencontre un vrai succès. Le thème du numérique dans l'éducation a réuni plus de 1 000 personnes le 7 novembre dernier et a permis à la CNIL, comme les années précédentes, de favoriser le dialogue entre les parties prenantes d'une même problématique liée à l'éthique dans le numérique.

J'ajoute enfin que nous sommes en train de créer un service de l'intelligence artificielle et une mission économique, toujours pour nous adapter à l'évolution des technologies et aux transformations du secteur numérique.

Vous l'avez compris, la CNIL de 1978 a considérablement évolué, en particulier depuis l'entrée en vigueur du RGPD en 2018. Elle demeure désormais incontournable pour protéger les personnes dans un contexte où une grande partie de leurs interactions sont numériques.

Je voudrais maintenant passer au second temps de mon intervention et vous présenter quelques axes d'action de la CNIL, et nous pourrons sûrement échanger sur d'autres aspects ensuite.

II. Les enjeux actuels de la protection des données personnelles

Plus que jamais, le traitement et la diffusion des données personnelles – qui sont devenues le moteur de l'économie numérique – font peser un risque pour la vie privée des personnes. À l'heure des plateformes en ligne, des capacités gigantesques de collecte et de stockage des données et de l'hyperconnexion généralisée, nos vies numériques, qu'elles soient personnelles ou professionnelles, sont exposées à de nouveaux risques que nous devons appréhender. En effet, nos données personnelles peuvent être collectées sans notre consentement ou conservées de manière injustifiée ou disproportionnée. Elles peuvent en outre révéler, pour chaque personne, des habitudes, des préférences ou des opinions susceptibles d'être utilisées. Elles peuvent aussi être volées ou faciliter la surveillance ou le contrôle généralisé des individus ou servir des intérêts privés voire malveillants.

En somme, la donnée, prolongement numérique de notre personne, est exposée à de nombreuses menaces dans la vie numérique. Il faut donc la protéger pour nous protéger. La CNIL en est chargée, ce que je voudrais vous présenter, dans un second temps, à travers quelques sujets marqueurs des enjeux actuels de la protection des données personnelles : le traçage sur Internet, la cybersécurité, la surveillance au travail et dans l'espace public, et la souveraineté numérique

A. D'abord, le sujet du traçage sur Internet

Je veux ici vous présenter le plan d'action Cookies qui illustre la méthode de régulation de la CNIL.

Pour rappel, un cookie est un petit fichier informatique, un traceur, déposé sur votre ordinateur ou votre téléphone, par exemple lors de la consultation d'un site internet, de la lecture d'un courrier électronique, ou de l'utilisation d'une application mobile. Il permet donc de connaitre vos usages en ligne, et est utilisé le plus souvent pour faire du ciblage publicitaire.

Or, la plupart des cookies, notamment ceux permettant la publicité personnalisée ou ceux des réseaux sociaux, ne peuvent être déposés sans le consentement préalable de l'internaute. Afin de faire respecter cette obligation, la CNIL, en 2019, a fait évoluer sa méthode de régulation en la rendant plus inclusive et prévisible pour les acteurs de façon à accompagner la mise en conformité au RGPD d'un secteur dans son ensemble. Cette méthode consiste à organiser une phase de concertation avec les parties prenantes, puis à clarifier le cadre légal, fixer un délai d'adaptation et de mise en conformité, et enfin déclencher une campagne de contrôles permettant de révéler des pratiques non conformes.

Une première version des lignes directrices, adoptée le 4 juillet 2019, a été contestée devant le conseil d'État. À la suite de la décision qu'il a rendue (CE 19 juin 2020, n° 434684, Lebon ; AJDA 2020. 1264 ; D. 2022. 2002, obs. W. Maxwell et C. Zolynski ; Dalloz IP/IT 2021. 41, obs. D. Lebeau Marianna et A. Balducci ; Légipresse 2020. 343 et les obs. ; *ibid.* 495, étude P. Alix ; *ibid.* 2021. 240, étude N. Mallet-Poujol), et qui a notamment permis de clarifier la question des *cookie walls*, la CNIL a adopté une nouvelle version des lignes directrices en octobre 2020.

À l'issue d'un délai de mise en conformité, des procédures ont été engagées à l'encontre des acteurs qui ne s'étaient pas conformés aux règles découlant du RGPD. Ces deux dernières années, j'ai ainsi adressé 101 mises en demeure à l'encontre d'acteurs qui ne permettaient pas, à des millions d'internautes, de refuser les cookies aussi simplement que de les accepter et des sanctions ont été prises à l'égard d'acteurs qui ne recueillaient pas un consentement valable. Sur ce fondement, la formation restreinte a adopté huit sanctions pendant la même période.

Ce plan d'action a eu des effets structurants, non seulement sur les plus grands acteurs du numérique – puisque Google, Facebook, Amazon, Microsoft, Apple et TikTok – ont inséré un bouton pour refuser les cookies – mais plus généralement sur l'ensemble de l'écosystème. Par cette méthode, la CNIL a eu des impacts concrets sur le quotidien numérique des Français : de plus en plus de sites web proposent aujourd'hui la possibilité de refuser le traçage publicitaire aussi facilement que de l'accepter, y compris les grandes plateformes.

La CNIL appliquera à nouveau cette méthode de régulation à certains secteurs prioritairement ciblés dans son plan stratégique pour les années 2022-2024. Cela concerne notamment la collecte des données par les applications mobiles. En effet, le temps passé par les Français sur des applications mobiles a doublé en une année. Le smartphone est devenu un des premiers vecteurs d'accès au numérique. Face à l'opacité de certaines technologies et à l'hétérogénéité des pratiques, l'objectif de la CNIL est de rendre visibles les flux de données et de renforcer la conformité des applications mobiles et de leurs écosystèmes, afin de mieux protéger la vie privée des utilisateurs.

B. Ensuite, le sujet de la sécurité

Il ne se passe pas une semaine sans que l'actualité nous annonce de nouvelles atteintes aux systèmes d'information des entreprises, des établissements publics ou des collectivités territoriales. Cette question de la cybersécurité est très préoccupante à la fois pour les organismes qui en sont victimes et pour les personnes dont les données ont été violées et qui se retrouvent entre de mauvaises mains.

La CNIL constate une menace généralisée et une réelle professionnalisation de la cybercriminalité. Cette menace touche tous les organismes, quels que soient le secteur ou la taille. Les TPE et PME représentent 69 % des notifications. Elles font majoritairement l'objet de piratage informatique (68 %). Moins armées que les grandes entreprises face à cette menace, elles constituent des cibles privilégiées. La très forte croissance des attaques informatiques résulte notamment des attaques par rançongiciels qui constituent aujourd'hui la première menace cyber pour les entreprises, les collectivités locales et les organismes publics.

En matière de cybersécurité, on pense spontanément à l'Agence nationale de la sécurité des systèmes d'information (ANSSI) mais cette dernière a d'abord pour mission d'accompagner les opérateurs d'importance vitale (OIV) dans la sécurisation de leurs systèmes d'information sensibles.

Hormis le cas des OIV, la cybersécurité relève aussi des missions de la CNIL à travers le RGPD qui est le seul texte à imposer des obligations en matière de cybersécurité à tout type d'organismes. Je citerai quelques exemples.

Fin décembre 2021, la CNIL a sanctionné d'une amende de 180 000 euros un établissement de paiement agréé (la société SlimPay) qui avait insuffisamment protégé les données personnelles des utilisateurs et qui ne nous avait pas informés d'une violation de données qui a concerné environ 12 millions de personnes.

En avril dernier, la CNIL a sanctionné la société Dedalus Biologie d'une amende de 1,5 million d'euros, notamment pour des défauts de sécurité ayant conduit à la fuite de données médicales de près de 500 000 personnes qui avait été révélée par la presse un an plus tôt. Les nom, prénom, numéro de sécurité sociale, nom du médecin prescripteur, date de l'examen mais aussi et surtout des informations médicales (VIH, cancers, maladies génétiques, grossesses, traitements médicamenteux suivis par le patient, ou encore des données génétiques) de ces personnes avaient ainsi été diffusées sur Internet. Concomitamment aux contrôles, la CNIL a saisi le tribunal judiciaire de Paris qui a bloqué l'accès au site sur lequel étaient publiées les données ayant fuité.

Parallèlement à ses actions répressives, la CNIL multiplie les communications sur le sujet de cybersécurité en diffusant un grand nombre de publications sur les bonnes pratiques pour renforcer la sécurité informatique. Elle met à disposition de nombreuses ressources pour aider les personnes physiques et morales à protéger leur patrimoine informationnel contre des atteintes à leurs données. Elle reçoit également les notifications de violation de données personnelles, leur nombre a beaucoup progressé, passant de 2 280 en 2019 à plus de 5 000 en 2021, chiffre sans doute très inférieur à la réalité lorsqu'on le compare avec celui d'autres pays, notamment dans le nord de l'Europe.

Au-delà des actes malveillants, nous devons constater que de nombreux incidents sont dus à une négligence interne. Il est donc essentiel pour chaque entreprise et administration, et en particulier quand elle traite des données personnelles, de prendre conscience du caractère inévitable d'un incident informatique et de la nécessité de veiller à mettre en place une organisation permettant d'anticiper et de gérer la sécurité, ainsi que de prendre les mesures de sécurité les plus basiques : avoir des sauvegardes, utiliser des mots de passe conformes à la recommandation de la CNIL, chiffrer les postes, sécuriser son site web contre les dix attaques les plus courantes. Ces actions sont devenues encore plus nécessaires avec la généralisation du télétravail. En cas d'incident, il faut informer les personnes que leurs données ont été corrompues lorsqu'il existe un risque de mésusage de leurs données.

C. Je souhaite ensuite aborder le sujet de la surveillance notamment dans le cadre du travail et dans celui de l'espace public.

Durant les différentes vagues épidémiques liées à la covid-19, le recours au télétravail massif a entraîné le développement d'outils spécifiques, permettant notamment aux employeurs d'assurer un suivi plus étroit des tâches et activités quotidiennes des salariés. Dans le cadre de sa politique d'accompagnement, la CNIL a largement communiqué sur les règles et bonnes pratiques à respecter pour assurer un juste équilibre entre vie privée au travail et contrôle légitime de l'activité des travailleurs. Les risques sont multiples : placer sous surveillance permanente ses salariés, ne pas garantir la sécurité ou la confidentialité des données etc. Cela concerne aussi bien les dispositifs de vidéosurveillance, que l'utilisation des outils informatiques au sein de l'entreprise, en passant par les badgeuses ou la géolocalisation des véhicules professionnels. Les employeurs doivent avoir conscience que les droits informatique et libertés sont identiques au bureau ou en télétravail. D'une manière générale, le salarié doit être informé en amont de la mise en œuvre d'un dispositif – cela peut se faire par exemple dans le cadre d'une charte informatique. Il dispose également d'un droit d'accès aux informations le concernant. Par ailleurs, la question que doit se poser tout employeur est celle de la proportionnalité du dispositif envisagé : un salarié ne peut pas être placé sous une surveillance permanente.

S'agissant en particulier du télétravail, la CNIL déconseille vivement :

- la surveillance constante au moyen de dispositifs vidéo ou audio ;
- le partage permanent de l'écran et/ou l'utilisation de « keyloggers » (logiciels qui permettent d'enregistrer l'ensemble des frappes au clavier effectuées par une personne sur un ordinateur) ;
- l'obligation pour le salarié d'effectuer très régulièrement des actions pour démontrer sa présence derrière son écran.

En outre, dans le cadre du télétravail, le salarié se trouve à son domicile qui est un lieu d'intimité, ce dont il faut tenir compte.

Ces sujets nous ont naturellement amenés à travailler sur l'utilisation des algorithmes d'analyse des images vidéo en temps réel, ce qu'on appelle parfois les « caméras intelligentes » ou « caméras augmentées ». La CNIL a pris position l'été dernier dans l'objectif de fixer des lignes rouges et d'apporter de la sécurité juridique aux acteurs, ce qui l'a conduite à rappeler la nécessité d'un encadrement légal spécifique pour certains usages liés à l'exercice des pouvoirs régaliens.

En effet, les caméras dites « augmentées » intègrent des logiciels de traitements automatisés d'images qui permettent, non seulement de filmer les personnes, mais également de les analyser de manière automatisée, afin d'en déduire certaines informations et données personnelles les concernant. Par exemple, elles permettent de compter automatiquement le nombre de personnes dans un lieu, d'analyser certaines de leurs caractéristiques (comme le port d'une tenue ou d'un masque) ou encore de repérer certains comportements (comme l'abandon d'un bagage ou la commission d'une infraction). Leur déploiement dans l'espace public présente des risques nouveaux pour la vie privée, dans la mesure où une généralisation non maîtrisée de ces dispositifs, par nature intrusifs, présente un risque de surveillance et d'analyse généralisée dans l'espace public. En réaction, cela peut modifier les comportements des personnes circulant dans la rue ou se rendant dans des magasins, et je n'évoquerai pas l'utilisation de ces caméras à des fins de « notation » des personnes.

À ce stade, la loi n'autorise pas l'usage de ces caméras pour la détection et la poursuite d'infractions, qu'il s'agisse de dispositifs dédiés ou couplés à des caméras de vidéoprotection préexistantes. Nous devons avoir à l'esprit que ces dispositifs emportent un changement d'échelle et de nature dans la surveillance des populations, de leurs attributs et des comportements individuels et collectifs. L'usage de ces dispositifs, même limités dans le temps et l'espace, peuvent ainsi affecter les garanties fondamentales apportées aux citoyens pour l'exercice des libertés publiques, ce qui en fait une question relevant d'un domaine réservé à la loi, en application de l'article 34 de la Constitution.

C'est d'ailleurs la démarche actuellement entreprise par le Gouvernement avec le projet de loi relatif aux Jeux olympiques et paralympiques de 2024 qui prévoit une évolution du cadre juridique de la vidéoprotection et une expérimentation des dispositifs de caméras « augmentées » dans l'espace public. Le recours à ces dispositifs marque un tournant qui doit contribuer à définir le rôle qui sera confié à ces technologies, et plus largement à l'intelligence artificielle.

Pour sa part, la CNIL estime que la nécessité de ces dispositifs doit effectivement être évaluée à un niveau plus général que celui des seules collectivités publiques décidant de leur mise en place. En d'autres termes, l'éventuel déploiement de tels dispositifs intrusifs ne doit pas résulter d'une addition d'initiatives locales, parce qu'elle présente le risque d'être sans cohérence entre elles.

D. Je terminerai mon propos sur les sujets européens et internationaux.

Les enjeux de la protection des données personnelles connaissent une réalité transfrontalière et globalisée qui appelle une réponse supranationale. Le RGPD a doté l'Union européenne d'un standard élevé de protection des personnes physiques qui a vocation à servir de référence dans le monde. Cette protection nécessite une définition précise des actes concernés et de nouvelles méthodes de régulations.

Sur le plan international, la question de la régulation des flux de données hors de l'Union européenne a évolué ces derniers mois. En juillet 2020, la CJUE a invalidé l'accord entre l'Union européenne et les États-Unis qui encadrait les transferts de données personnelles (*Privacy Shield*). La Cour a considéré que la surveillance exercée par les services de renseignements états-uniens sur les données personnelles des citoyens européens était excessive, insuffisamment encadrée et sans réelle possibilité de recours.

Depuis cette décision, qu'on connaît sous le nom de *Schrems 2*, la question de l'encadrement des flux de données hors de l'Union européenne s'est posée avec une acuité particulière sous l'angle de la protection de la vie privée. Pour autant, plus nous travaillons sur ce sujet, plus il apparaît que les enjeux sont également d'ordre économique et concernent notre souveraineté. En particulier, dans le contexte actuel où les rapports de forces internationaux sont en tension. En effet, les données qui circulent, sont celles de nos ressortissants, elles sont aussi votre patrimoine informationnel. De même, certaines données, car elles sont stratégiques ou sensibles, justifient qu'elles restent en Europe.

Pour revenir à la situation spécifique des transferts vers les États-Unis, elle est appelée à évoluer dans les prochains mois. Le président des États-Unis Biden et la présidente de la Commission européenne von der Leyen ont annoncé, en mars 2022, un « accord de principe » sur la question du transfert de données personnelles vers les États-Unis. Le 7 octobre 2021, le gouvernement des États-Unis a adopté un *Executive Order* qui fixe le nouveau cadre juridique destiné à renforcer les garanties concernant la collecte et l'utilisation des données personnelles par les services de renseignement américains. Ces nouveaux instruments juridiques sont actuellement examinés par la Commission européenne, après une évaluation des garanties qu'ils contiennent, dans le but d'adopter cette année une nouvelle décision permettant les flux de données outre-Atlantique. Le Comité européen de la protection des données vient d'ailleurs de rendre son avis.

En conclusion de ces longs développements sur l'action de la CNIL depuis le RGPD et les nouveaux enjeux de la régulation des données personnelles, je veux rappeler que la protection des données personnelles s'est progressivement imposée avec le développement technologique des outils informatiques puis avec la révolution numérique en cours et en mutation :

- les systèmes d'information centralisés dans les années 1970 ;
- le développement de l'informatique de bureau dans les années 1980 ;
- le développement de l'informatique domestique dans les années 1990 ;
- le développement de l'informatique en réseau connecté mondialement grâce à Internet dans les années 2000 ;
- la généralisation des équipements connectés, l'augmentation exponentielle des données traitées et des technologies d'exploitation de ces données dans les années 2010.

Aujourd'hui, la majorité des données collectées par des technologies numériques constitue des données à caractère personnel. Et l'évolution numérique se poursuit. Nous entamons une nouvelle phase, celle de l'internet augmenté que proposent les métavers et celle de l'internet décentralisé que constitue le Web 3.0. Chacune de ces évolutions va poser de nouvelles questions en matière de protection des données personnelles.

Il est encore tôt pour cerner les enjeux de la protection des données personnelles à l'aube de la troisième génération de l'internet. Toutefois, notre cadre juridique actuel en matière de protection des données personnelles doit être considéré comme une base sur laquelle les nouvelles solutions devront s'appuyer, et elles devront s'y conformer.

Je vous remercie.

La Cour suprême des États-Unis en question[1]

Conférence du 16 novembre 2023

Idris Fassassi

Professeur de droit public,
Université Paris-Panthéon-Assas, directeur
du Centre de droit public comparé, EA 7320

La Cour suprême des États-Unis est aujourd'hui en pleine tempête. Les nominations effectuées par Donald Trump ont cimenté une solide majorité conservatrice de six juges face aux trois juges dits progressistes qui, en l'espace de quelques mois, s'est engagée dans une reconfiguration à marche forcée de pans majeurs du droit constitutionnel. Les revirements récents, qu'il s'agisse de la retentissante décision *Dobbs*[2] en matière d'avortement, ou les décisions en matière de liberté de religion[3], sur le droit de vote ou sur le port des armes à feu[4], ont en effet soulevé de manière aigüe la question de sa légitimité[5]. Ils ont questionné la nature de son rôle dans le système politique et ont suscité, en retour, un débat sur les réformes institutionnelles permettant d'encadrer son pouvoir.

Aux réflexions sur le rôle de la Cour s'ajoutent celles sur sa composition, le profil des juges ainsi que leur désignation. On pense notamment aux vifs débats qui ont porté sur la possibilité pour un président de nommer un juge à la Cour lors de sa dernière année de mandat, qu'il s'agisse de Barack Obama en février 2016, au moment du décès du juge Scalia, ou de Donald Trump, en septembre 2020 au moment du décès de la juge Ginsburg, quelques semaines seulement avant l'élection présidentielle. Ces batailles pour les nominations, avec leur lot de contradictions, révèlent l'instrumentalisation des nominations et, surtout, le poids décisif de la Cour. Le questionnement porte également sur les méthodes de la Cour au regard du développement du *shadow docket*, c'est-à-dire les *emergency orders*, mesures fondées sur l'urgence rendues par la Cour dans des affaires dans lesquelles il n'y pas de plaidoiries, pas d'échanges de mémoires et pas de véritable opinion. La Cour tranche ainsi des questions majeures dans l'ombre, au détriment des exigences de transparence et de motivation des décisions[6]. Les critiques pointent également la violation des règles éthiques à la suite des révélations des dons et faveurs accordés à certains

(1) Le style oral a été conservé.

(2) *Dobbs v. Jackson Women's Health Organization*, 597 U.S. 215 (2022).

(3) *Kennedy v. Bremerton School District*, 597 U.S. 507 (2022).

(4) *New York State Rifle & Pistol Association, Inc. v. Bruen*, 597 U.S. 1 (2022).

(5) Qu'il nous soit permis de renvoyer à notre ouvrage, I. Fassassi, *La légitimité du contrôle juridictionnel de la constitutionnalité des lois aux États-Unis. Étude critique de l'argument contre-majoritaire*, Dalloz, 2017.

(6) V. S. Vladeck, *The Shadow Docket : How the Supreme Court Uses Stealth Rulings to Amass Power and Undermine the Republic*, Basic Books, 2023.

juges par des tiers ayant parfois un contentieux devant la Cour. C'est d'ailleurs en réponse à ces interrogations que la Cour s'est récemment dotée d'un « code de conduite », dont le respect dépend toutefois du seul bon vouloir des juges.

Le questionnement porte également sur la fuite inédite du projet de décision *Dobbs* en mai 2022 dans la presse, et l'enquête mise en place au terme de laquelle plus d'une centaine d'auditions ont été menées au sein de la Cour. Les divisions marquées au sein de la juridiction, fracturée entre les six juges de l'aile conservatrice et les trois juges de l'aile progressiste, interrogent. Les vives tensions s'illustrent en effet par un ton parfois virulent dans les opinions séparées et lors des plaidoiries. Un juge se demandait ainsi si « la Cour pourrait survivre à l'odeur nauséabonde » découlant de sa politisation [7]. Qu'est-ce que cela dit de l'état de la Cour lorsqu'un juge tient de tels propos ?

De manière globale, ces difficultés s'illustrent par une perte de confiance et la chute historique du taux d'approbation de la Cour à quarante pour cent, soit le taux le plus faible depuis que les instituts de sondages ont commencé à le mesurer en 1972 [8].

On le voit, le questionnement à l'œuvre est vaste et renvoie, entre autres, à la thèse d'une politisation de la Cour aux ramifications profondes.

Mon intervention vise donc à comprendre le fonctionnement de la Cour, l'évolution de son rôle et de son poids, afin de saisir les termes du débat que je viens d'exposer. On ne peut manquer ici de noter le clin d'œil de l'histoire puisque, un siècle après le célèbre ouvrage d'Édouard Lambert sur *Le gouvernement des juges* [9], dans lequel il critiquait l'exercice du contrôle de constitutionnalité des lois aux États-Unis, le débat se pose dans des termes assez proches. Édouard Lambert dénonçait en effet « la suprématie politique du pouvoir judiciaire » qui fait de la Cour l'« arbitre suprême de la politique sociale et économique » et assure « la domination des forces conservatrices » [10]. Ce propos n'est pas très éloigné de la critique actuelle. « L'histoire ne se répète pas mais elle rime » affirmait Mark Twain. La récurrence à l'œuvre révèle ainsi un cycle dans le débat constitutionnel américain.

Je vous propose donc une série de voyages et une plongée dans l'évolution du rôle de la Cour. L'histoire est effectivement la clé de lecture essentielle du débat contemporain. On ne peut comprendre le débat actuel sur le rôle de la Cour sans avoir à l'esprit ce que fut l'*ère Lochner* au début du XXe siècle, et ce que fut la Cour Warren dans les années 1960. Ce rôle de l'histoire s'illustre également dans les méthodes d'interprétation du juge, à travers l'originalisme, cette théorie de l'interprétation constitutionnelle aujourd'hui dominante en vertu de laquelle les dispositions de la Constitution doivent être interprétées conformément à leur sens originel. Il s'agira également de se plonger dans les débats doctrinaux, qui révèlent une doctrine aux positions fluctuantes, parfois contradictoires, elle-même reflet des instabilités du contentieux constitutionnel.

Pour poser dès à présent le sens de mon propos, la situation actuelle est en large partie le produit d'un déséquilibre structurel dans le système américain. Ce déséquilibre est lié au poids de la Cour – hypertrophié en raison de l'extension de

(7) Propos de la juge Sonia Sotomayor lors des plaidoiries orales dans l'affaire *Dobbs*, le 1er décembre 2021. *Oral Argument transcript*, p. 15, https://www.supremecourt.gov/oral_arguments/argument_transcripts/2021/19-1392_bq7d.pdf.

(8) J. Jones, « *Approval of U.S. Supreme Court Down to 40 %, a New Low* », Gallup, 23 sept. 2021, https://news.gallup.com/poll/354908/approval-supreme-court-down-new-low.aspx.

(9) E. Lambert, *Le gouvernement des juges et la lutte contre la législation sociale aux États-Unis. L'expérience américaine du contrôle judiciaire de la constitutionnalité des lois*, Giard, 1921, 276 p.

(10) *Ibid.*, p. 2 ; 16 ; 219.

la portée du contrôle de constitutionnalité – et, en sens inverse, à l'érosion des moyens de contrainte externes sur la Cour. Pour appréhender cette crise et pour, dans la dernière phase du voyage, revenir vers la France, je procéderai en trois temps : la trajectoire, l'écart et le miroir.

Le premier temps de mon propos portera sur la trajectoire afin, au terme d'une approche historique, d'appréhender la montée en puissance progressive de la Cour. Le deuxième temps, l'écart, vise à saisir la situation actuelle et les déséquilibres à l'œuvre. Enfin, dans un dernier temps, le miroir, il s'agira d'évaluer certains questionnements relatifs au juge constitutionnel en France à l'aune des enseignements de l'expérience américaine. « Dans l'Amérique, j'ai vu plus que l'Amérique », affirmait Tocqueville [11]. Il est certain qu'en observant la Cour suprême, les juristes français voient davantage que la Cour suprême. Ils y voient également un reflet et une réponse à des interrogations similaires découlant pourtant d'un contexte singulièrement différent ce qui, en retour, est porteur de certaines leçons.

Avant d'entamer ces voyages, je souhaiterais apporter trois séries de précisions. La première est relative aux caractéristiques de la Constitution des États-Unis, ancienne et rigide ; il s'agit en quelque sorte du cadre du débat. La deuxième concerne l'activité de la Cour. La troisième porte sur les termes du débat, à travers la notion d'« activisme ».

Premièrement, concernant la Constitution, le texte de 1787 est l'une des plus anciennes constitutions au monde, ce qui contribue d'ailleurs à sa vénération aux États-Unis. L'inverse est également vrai, dans la mesure où cette vénération a contribué à sa conservation. Elle a été modifiée par vingt-sept amendements, ce qui est très faible si l'on compare cela par exemple aux vingt-cinq révisions en France depuis 1958. La Constitution des États-Unis est effectivement très rigide ; les conditions prévues à l'article V sont très strictes, ce qui en fait une des constitutions les plus difficiles à modifier. Cela soulève une difficulté car, en théorie, la révision constitutionnelle est censée jouer le rôle de soupape, permettant d'adapter le texte à l'évolution du contexte. Cette voie étant obstruée, la tension, par un mécanisme presque physique, s'est diffusée par un autre moyen, à savoir la voie judiciaire. Ainsi, au-delà des vingt-sept amendements, la Constitution a été largement modifiée par les interprétations de la Cour suprême. C'est une caractéristique structurelle qui *expose* ainsi la Cour au premier plan, en la contraignant à jouer un rôle qui soulève la question de sa légitimité.

La rigidité pose une autre difficulté, en aval. Il est souvent dit, pour reprendre la formule du doyen Louis Favoreu, que « la légitimité du juge constitutionnel tient à ce qu'il n'a pas le dernier mot » [12]. L'idée est que le juge constitutionnel ne gouverne pas car le pouvoir de révision peut contourner l'obstacle posé par une décision du juge. La difficulté aux États-Unis tient à ce que la quasi-impossibilité de modifier la Constitution hypertrophie le poids des décisions de la Cour. De ce point de vue, celle-ci a bien le dernier mot. Ces deux éléments, un texte ancien et difficile à modifier, placent donc déjà la Cour dans une position délicate.

Deuxièmement, concernant la Cour, celle-ci, en tant que juridiction suprême placée au sommet de l'ordre judiciaire d'un État fédéral, est une institution singulière, délicate à appréhender pour le juriste français. Elle cumule en effet les fonctions du Conseil constitutionnel, de la Cour de cassation

(11) A. de Tocqueville, *De la démocratie en Amérique, Souvenirs, L'Ancien Régime et la Révolution*, Robert Laffont, Paris, 1986, p. 49.

(12) L. Favoreu, La légitimité du juge constitutionnel, RID comp. 1994. 578.

et de la section du contentieux du Conseil d'État, et sans doute faudrait-il ajouter la Cour de justice de l'Union européenne dans la répartition des compétences entre les différents ordres juridiques [13]. Elle jouit ainsi de larges pouvoirs et elle est fréquemment présentée comme la Cour la plus puissante au monde.

Si la Cour rend une soixantaine de décisions par an, seulement trente pour cent concernent la matière constitutionnelle, soit une vingtaine de décisions. Le reste des décisions porte, par exemple, sur des questions d'interprétation législative ou de droit administratif. Ici, je ne m'intéresserai qu'aux questions de droit constitutionnel car ce sont celles qui, précisément, font surgir les questions que j'ai évoquées précédemment. Je me focaliserai donc sur l'exercice du contrôle de constitutionnalité des lois.

Pour illustrer le rôle d'une Constitution et les enjeux de la justice constitutionnelle, on peut, à la suite des travaux de Jon Elster, mobiliser la métaphore d'Ulysse et les sirènes [14]. L'histoire est connue. Ulysse entend rentrer chez lui à Ithaque mais, sur le trajet du retour, il doit passer par un endroit peuplé par des sirènes dont le chant mélodieux, dit-on, fait perdre la tête aux marins et échouer leurs bateaux. Ulysse souhaite écouter ce chant mais également arriver à bon port. Il trouve un stratagème qui consiste à demander à ses marins de l'attacher au mât du navire, tout en leur demandant de se boucher les oreilles avec de la cire. Il peut ainsi passer sans encombre l'obstacle. Comme Ulysse, un peuple se lie, se limite de manière préventive, à travers des « cordes normatives » représentées par la Constitution. C'est une forme d'autolimitation par laquelle le peuple limite sa volonté, parce qu'il sait qu'il peut succomber aux passions, à la tyrannie de la majorité, de la même manière qu'Ulysse sait qu'il peut être séduit par les sirènes. De toute évidence, la métaphore présente des limites. On peut toutefois la mobiliser, même partiellement, pour illustrer les enjeux de la justice constitutionnelle.

On peut en effet envisager les marins comme étant des juges constitutionnels, chargés de faire respecter la volonté du peuple, c'est-à-dire celle d'Ulysse. Ils doivent en effet faire respecter la volonté constitutionnelle d'Ulysse, celle de rester attaché, de respecter certains principes, en dépit de ce qu'il pourrait dire ou faire ultérieurement, dans un moment d'égarement.

Dans l'*Odyssée* d'Homère, tout se passe bien, le stratagème fonctionne et Ulysse arrive à bon port. On peut néanmoins modifier l'histoire et envisager l'hypothèse dans laquelle les marins ne comprennent pas le message initial d'Ulysse. Quand faut-il le détacher ? Faut-il se fier à ce qu'Ulysse a dit ou à ce qu'il a voulu dire ? C'est tout le débat sur l'interprétation constitutionnelle (originalisme, interprétation vivante, conséquentialisme, etc.). Comme nous l'avons vu, ce débat est accentué aux États-Unis en raison de l'ancienneté du texte. Comment retrouver en effet la signification originelle de dispositions adoptées il y a plus de deux cents ans ?

On peut également envisager un scénario moins heureux dans lequel les marins décident de ne pas détacher Ulysse car ils considèrent que, dans l'intérêt même d'Ulysse, il est préférable que ce soit eux qui prennent les décisions, parce qu'ils sont plus aptes et compétents qu'Ulysse lui-même. Ulysse, le peuple dans la métaphore, demeure lié, et les marins prennent le contrôle. On voit ainsi apparaître l'idée d'une dépossession du peuple et du pouvoir politique par les juges, ce qui ouvre la voie à une contestation du

(13) V. E. Zoller, Présentation de la Cour suprême des États-Unis, Cah. Cons. const. 1998, n° 5.

(14) J. Elster, *Ulysses and the Sirens*, Cambridge University Press, New York, 1984 ; *Ulysses Unbound*, Cambridge University Press, New York, 2000.

rôle du juge constitutionnel. C'est le sens d'une partie de la critique actuelle à l'encontre de la Cour et, au-delà du cas des États-Unis, du juge en général.

La troisième série de précisions concerne le terme « activiste ». Dans le débat sur la légitimité de la Cour, le terme « activiste » est fréquemment mobilisé. L'expression « *judicial activism* », activisme juridictionnel, apparaît en 1947 dans un article d'Arthur Schlesinger [15]. Si elle est aujourd'hui omniprésente dans le débat constitutionnel outre-Atlantique, elle semble toutefois largement insaisissable. Derrière la notion d'activisme, ce qui est en cause, en effet, c'est l'idée d'un juge qui irait trop loin, qui usurperait les pouvoirs du peuple ou du législateur. L'activisme est toutefois souvent dans l'œil de celui qui regarde ; en d'autres termes, l'activisme des uns sera la retenue des autres. La décision *Dobbs* sur l'avortement, et les différents commentaires et confusions auxquels elle a donné lieu, en sont la preuve. L'emploi du terme est ainsi marqué par une irréductible dimension subjective. En outre, dans certains cas, la retenue judiciaire peut elle-même s'envisager comme une forme d'activisme, ce qui illustre, en définitive, la limite de l'emploi de ces termes [16].

Ces précisions ayant été apportées, il est temps d'entamer le voyage que j'évoquais, à travers trois perspectives : la trajectoire, l'écart et le miroir.

I. La trajectoire

Il s'agit ici d'appréhender la montée en puissance de la Cour, car la Cour suprême aujourd'hui n'a plus grand-chose à voir avec la Cour telle qu'elle existait et telle qu'elle était pensée à la fin du XVIIIe siècle. Si l'on réalise une radiographie du constitutionnalisme américain au début du XIXe siècle et que l'on compare l'image obtenue à la situation actuelle, on observe ainsi un profond décalage, marqué par un accroissement significatif du pouvoir de la Cour suprême [17]. On peut mesurer cette évolution à l'aune de points de repères historiques, qui seront des marqueurs de la montée en puissance. Cela conduit à s'interroger sur les raisons de ce mouvement, c'est-à-dire les facteurs de la montée en puissance du juge.

A. Les marqueurs de la montée en puissance de la Cour

J'envisagerai ici trois périodes historiques : le rôle limité de la Cour à la fin du XVIIIe siècle, la phase d'expansion au début du XXe siècle et l'extension de son intervention à l'ensemble des questions qui divisent la société au cours des années 1960.

1. Les origines

Le premier marqueur tient bien évidemment au point de départ et le rôle relativement limité du juge qui prévalait. Au début du XIXe siècle, la position de la Cour est en effet ambivalente. Certes, les États-Unis vont rapidement consacrer le contrôle de constitutionalité des lois et, en cela, ils se singularisent de l'expérience européenne, longtemps marquée par le légicentrisme, mais la place du juge était tout de même limitée. Cette limitation opère à la fois d'un point de vue théorique, quant à la réflexion sur le juge, et institutionnellement, quant aux rapports avec les autres branches.

(15) A. Schlesinger, *The Supreme Court* : 1947, *Fortune*, vol. 35, 1947, p. 73.

(16) V. I. Fassassi, Le désaccord sur la notion de « retenue judiciaire » devant la Cour suprême des États-Unis, RRJ 2017. 1909-1933.

(17) On pourrait objecter que c'est l'État fédéral qui a, de manière générale, étendu ses prérogatives, au détriment des États. Néanmoins, l'analyse des rapports respectifs entre les branches révèle l'importance de la montée en puissance de la Cour. Si les trois pouvoirs ont effectivement gagné en autorité, la Cour l'a fait de manière beaucoup plus importante proportionnellement. En d'autres termes, les rapports entre les pouvoirs n'ont plus rien à voir aujourd'hui avec ce qu'ils étaient en 1789 lorsque la Constitution est entrée en vigueur.

Tout d'abord dans la Constitution, le pouvoir judiciaire est évoqué brièvement à l'article III, après le pouvoir législatif, à l'article I, et le pouvoir exécutif, à l'article II. Le texte prévoit la création d'une Cour suprême et, éventuellement, de cours fédérales inférieures. On y trouve des développements sur le mandat des juges et la compétence du pouvoir judiciaire, mais ils sont succincts. Le nombre de juges n'est pas indiqué et le contrôle de constitutionnalité des lois fédérales n'est d'ailleurs pas explicitement prévu.

Si on se tourne vers *Le Fédéraliste*, c'est-à-dire l'ensemble des articles rédigés en 1787 et 1788 par James Madison, Alexander Hamilton et John Jay afin de soutenir la ratification de la Constitution, on retrouve cette ambivalence [18]. Dans les articles rédigés par James Madison, l'architecte de la Constitution, on trouve en effet peu de références au juge.

Chez Hamilton, on remarque en revanche la justification classique du contrôle de constitutionnalité des lois dans *Le Fédéraliste nº 78*, à savoir faire primer la Constitution sur la loi, la volonté du maître sur celle des serviteurs. Alexander Hamilton mobilise d'ailleurs un argument de confiance relative. Il affirme en effet que le pouvoir judiciaire est « la moins dangereuse des branches du pouvoir » car la Cour ne dispose ni de la bourse, référence au Congrès, ni de l'épée, en référence à l'exécutif. Il affirme ainsi que « la liberté n'a rien à craindre du pouvoir judiciaire » [19]. Il entend ainsi rassurer ceux qui, parmi les Anti-fédéralistes, pointaient les risques d'abus du pouvoir judiciaire. On retrouve une ambivalence chez Hamilton puisque, d'un côté, il insiste sur la faiblesse du pouvoir judiciaire, en soulignant son caractère inoffensif mais, de l'autre, il assigne au juge un rôle particulièrement exigeant, à savoir assurer la garde de la Constitution en résistant aux passions de la majorité. Il reconnaît d'ailleurs lui-même la tension entre la faiblesse constatée et la force requise pour exercer le rôle souhaité [20].

La logique exposée dans *Le Fédéraliste nº 78* sera reprise dans le célèbre arrêt *Marbury v. Madison* de 1803 dans lequel la Cour consacre le contrôle de constitutionnalité des lois fédérales [21]. Néanmoins, la Cour reconnaît dans ce même arrêt la doctrine des questions politiques, qui est une limite à ce contrôle puisqu'il s'agit de questions échappant au contrôle du juge. De plus, l'arrêt est silencieux sur le caractère exclusivement juridictionnel de ce pouvoir ainsi que sur l'autorité des décisions rendues. En d'autres termes, l'arrêt *Marbury* ne consacre pas la « suprématie judiciaire », sur laquelle nous reviendrons [22].

La position ambivalente de la Cour s'illustre également dans différentes anecdotes qui traduisent sa faiblesse institutionnelle à la fin du XVIIIe siècle et au début du XIXe siècle. On notera tout d'abord que la Cour suprême ne dispose pas de locaux propres. Elle siège au début du XIXe siècle dans des locaux mis à disposition par le Sénat. En 1793, en réaction à une décision défavorable de la Cour [23], la Chambre des représentants de l'État de Géorgie adopte un texte punissant de pendaison quiconque appliquera cette décision. Quelques années plus tard, en 1830, ce même État de Géorgie pouvait exécuter un individu dont le recours était pourtant pendant devant la Cour suprême, le gouverneur de l'État affirmant même qu'il n'appliquerait pas les décisions de la Cour.

On pourrait multiplier les exemples mais la meilleure illustration de la fragi-

(18) A. Hamilton, J. Jay, J. Madison, *The Federalist Papers*, New American Library, New York, 1961.

(19) *Ibid.*, p. 465-466.

(20) *Ibid.*, p. 470.

(21) *Marbury v. Madison*, 5 U.S. 137 (1803).

(22) V. *infra*.

(23) *Chisholm v. Georgia*, 2 U.S. (2 Dall.) 419 (1793).

lité de la Cour se trouve dans une lettre de son premier président, John Jay, qui démissionne en 1795 et qui, lorsqu'il est sollicité en 1800 pour y siéger de nouveau, refuse au motif que le pouvoir judiciaire est « défectueux » et ne pourra « jamais avoir le poids nécessaire ni acquérir la confiance et le respect dont il devrait bénéficier » [24].

Ceci traduit donc la situation initiale, à savoir une confiance relative – le rôle de juge constitutionnel est consacré mais la Cour est, d'une certaine manière, en retrait. Elle n'invalide ainsi que deux lois fédérales entre 1803 et 1857. La situation va profondément évoluer et ce changement va accorder une place centrale au juge, notamment au cours de la deuxième période qu'il convient d'envisager.

2. L'ère Lochner

L'ère Lochner désigne la période allant de 1890 à 1937, durant laquelle les cours, et la Cour suprême en particulier, vont invalider un nombre important de législations en matière économique et sociale. Cette période renvoie à une intervention idéologiquement marquée du juge, dans un sens conservateur, favorable aux principes du laissez-faire, du libéralisme économique.

Cette période tire son nom de l'arrêt *Lochner v. New York*, rendu en 1905, dans lequel la Cour invalide une loi de l'État de New York limitant la durée maximale de travail des boulangers à soixante heures par semaine, au motif que la loi méconnaît la liberté contractuelle, pourtant non inscrite dans la Constitution [25]. Dans une autre affaire révélatrice de la jurisprudence de l'époque, l'affaire *Adkins*, la Cour invalide une loi établissant un salaire minimum pour les femmes au motif que la loi porte atteinte à la liberté contractuelle [26]. Les juges rappellent, dans une formule qui sera familière aux juristes français, que « la liberté [contractuelle] est la règle et la restriction l'exception ». On se situe quelques années après l'arrêt *Baldy* et les célèbres conclusions du commissaire du gouvernement Corneille [27].

Quel est le fondement de cette construction prétorienne permettant de consacrer un droit non écrit ? Il s'agit de la clause de *due process* du Quatorzième amendement qui dispose qu'« aucun État ne privera une personne de sa vie, de sa liberté ou de ses biens sans procédure légale régulière [*due process of law*] ». Cette disposition est fondamentale parce que le débat contemporain sur le droit au respect de la vie privée, sur le droit de recourir à l'avortement, sur le mariage homosexuel et, de manière plus générale, sur la protection de droits fondamentaux non explicitement garantis dans le texte, repose sur ce fondement.

La clause de *due process*, dans son acception littérale, signifie que les États ne peuvent porter atteinte à la vie, la liberté ou la propriété d'une personne sans respecter certaines garanties procédurales, telles qu'une audience par exemple. La disposition ne porte donc pas sur le *contenu* de l'action de l'État : pour autant qu'il respecte certaines procédures, aucune limite matérielle ne saurait lui être imposée. La clause de *due process* revêt donc une dimension uniquement procédurale au départ.

La Cour va toutefois développer la doctrine dite du *substantive due process* à partir des années 1890. Elle postule des limites, non plus procédurales, mais *maté-*

(24) J. Jay, Lettre à John Adams, 2 janvier 1801, *in* H. Johnston (ed.), *The Correspondence and Public Papers of John Jay, Vol. 4 (1794-1826)*, G.P. Putnam's Sons, New York, 1893.

(25) *Lochner v. New York*, 198 U.S. 45 (1905).

(26) *Adkins v. Children's Hospital*, 261 U.S. 525 (1923).

(27) CE 10 août 1917, n° 59855, *Baldy*, Lebon.

rielles à l'action de l'État. En d'autres termes, le *substantive due process* porte sur les raisons qui conduisent l'État à priver une personne de sa vie, de sa liberté ou de ses biens. On comprend comment le contrôle de constitutionnalité fondé sur les motifs de la loi pouvait dériver en un contrôle de l'opportunité de celle-ci. De plus, la Cour considère à partir de 1897 que la liberté, au sens de la clause de *due process*, ne se limite pas au seul droit de ne pas être soumis à la contrainte physique, mais englobe les libertés économiques, et plus particulièrement la liberté contractuelle. La Cour reconnaît ainsi des droits nouveaux, non écrits, à partir de la « liberté » mentionnée dans la clause de *due process*.

Cette clause va être un vecteur déterminant de l'accroissement de l'intervention et du pouvoir du juge, dans une Amérique en pleine transformation. L'ère Lochner s'achève avec l'épisode de l'affrontement entre la Cour et le président Roosevelt sur la constitutionalité des mesures du New Deal. Au terme d'une jurisprudence formaliste et hostile à l'intervention de la puissance publique, la Cour invalide certaines mesures majeures du New Deal ce qui va provoquer le célèbre *court-packing plan*, une proposition du président Roosevelt visant à augmenter le nombre de juges pour noyer l'opposition des juges conservateurs. Si la mesure est finalement rejetée par le Sénat, la menace qu'elle traduisait porte ses fruits puisque la Cour opère en 1937 un revirement majeur, en posant une présomption de constitutionnalité des mesures en matière économique et sociale [28]. La Cour bat ainsi en retraite et redéfinit les finalités du contrôle de constitutionnalité des lois.

En doctrine, l'ère Lochner correspond à l'âge d'or de la contestation du contrôle de constitutionnalité. À aucun autre moment, et nulle part ailleurs, la discussion sur les vices et vertus du contrôle de constitutionnalité des lois ne fut maintenue à un tel niveau d'intensité et sur une aussi longue période. Les auteurs progressistes vont ainsi dénoncer « l'aristocratie de la robe » et « l'oligarchie judiciaire ». Le terme « gouvernement des juges » apparaît et va être popularisé par Louis Boudin [29]. Il affirme ainsi qu'« on ne peut lire les décisions les plus récentes de nos tribunaux [...] sans être forcé d'admettre qu'ils ont usurpé le pouvoir législatif suprême et que nous vivons maintenant sous un "despotisme judiciaire" » [30]. Walter Clark, un juge de la Cour suprême de Caroline du Nord, affirme dans le même sens que « si cinq juges peuvent écarter la volonté de cent millions de citoyens, alors l'art de gouverner dans ce pays se voit limité à la sélection de ces cinq juges ». C'est d'ailleurs cette situation que décrit Édouard Lambert dans son célèbre ouvrage sur *le gouvernement des juges*.

La doctrine progressiste va se structurer en réaction à l'ère Lochner. L'arrêt *Lochner* va d'ailleurs être pensé comme le contre-modèle, le repoussoir. À l'inverse, l'opinion dissidente du juge Holmes dans cette même affaire – dans laquelle il met en exergue le principe majoritaire, souligne « le droit pour une majorité d'ancrer ses conceptions dans le droit », et prône une approche déférente à l'égard des choix opérés par le législateur –, apparaît comme la voie à suivre. Les figures de l'époque, en doctrine et à la Cour, James Thayer, Oliver Wendell Holmes ou Felix Frankfurter vont ainsi défendre la retenue judiciaire et la déférence à l'égard du pouvoir législatif. Ils mobilisent ainsi une conception *défensive* de la légitimité du juge, caractérisée par ce qu'il s'abstient de faire.

Le cadre d'exercice du contrôle de constitutionnalité va toutefois rapidement se déplacer à partir des années 1950 sous l'action de la Cour présidée par Earl Warren.

(28) *West Coast Hotel Co. v. Parrish*, 300 U.S. 379 (1937) ; *United States v. Carolene Products Company*, 304 U.S. 144 (1938).

(29) L. Boudin, Government by Judiciary, *Political Science Quarterly*, vol. 26, nº 2, 1911.

(30) *Ibid.*, p. 264.

3. La Cour Warren

Cette période renvoie à une extension marquée de la portée du contrôle de constitutionnalité, caractérisée par une intervention de la Cour dans les questions sociétales majeures.

La Cour Warren, du nom de son président entre 1953 et 1969, va développer une jurisprudence présentée comme « activiste » mais cette fois-ci d'orientation progressiste. Cette Cour va mener ce qu'on a appelé la « Révolution des droits » et contribue à la transformation fondamentale de la société américaine, qu'il s'agisse de la lutte contre la ségrégation raciale, avec le célèbre arrêt *Brown* [31] mettant fin à la ségrégation raciale *de jure* dans les écoles, la reconnaissance du droit constitutionnel à la vie privée, la garantie de l'égalité en matière électorale ou encore la protection des droits de procédure en matière pénale.

Le droit au respect de la vie privée est ainsi reconnu dans l'affaire *Griswold*, relative à une loi réprimant l'usage de contraceptifs [32]. La Cour déclare le dispositif inconstitutionnel car contraire au droit au respect de la vie privée (*right to privacy*) qu'elle dégage de la Constitution. Ce droit n'apparaît pourtant pas explicitement dans le texte constitutionnel, de la même manière que la liberté contractuelle, mobilisée par la Cour sous l'ère Lochner, n'y figurait pas.

La Cour prend toutefois le soin de distinguer l'espèce de l'arrêt *Lochner*, en évitant de mobiliser la doctrine du *substantive due process*. Elle affirme ainsi que le droit à la vie privée peut se dégager notamment des « pénombres » de certains amendements. Le droit à la vie privée *émanerait* en quelque sorte de différentes dispositions constitutionnelles. On mesure ici l'emprise du spectre de l'arrêt *Lochner* puisque, plutôt que de reconnaître dégager un droit sur le fondement de la liberté garantie par le Quatorzième amendement, la Cour préfère utiliser un artifice qui est sans doute encore plus problématique.

Quelques années plus tard, en 1973, la Cour protège, dans la célèbre affaire *Roe v. Wade*, le droit de recourir à l'avortement à travers le droit au respect de la vie privée qu'elle ancre, cette fois de manière explicite, dans la liberté protégée par le Quatorzième amendement [33]. La Cour assume ici ce qu'elle avait voulu masquer dans l'affaire *Griswold*. La résurgence du *substantive due process* posait toutefois un défi aux progressistes, qui devaient ainsi justifier pourquoi *Lochner* était illégitime alors que *Roe* était justifiable.

Est ainsi résumé à grands traits le dilemme de la doctrine progressiste ainsi que la tension sur laquelle ont reposé les grandes œuvres doctrinales des cinquante dernières années aux États-Unis visant à justifier et encadrer l'exercice du contrôle de constitutionnalité.

La Cour Warren a donc mis à l'épreuve la posture traditionnelle des progressistes en faveur de la limitation du pouvoir judiciaire. Ils étaient en effet confrontés à un dilemme ; que faire face à cette Cour dont ils approuvent les solutions au fond, mais dont le caractère « activiste » heurtait leurs conceptions héritées de l'ère Lochner ? Une partie des progressistes fit le choix de la cohérence théorique, c'est-à-dire le choix de rester fidèle à la retenue judiciaire. C'est le cas notamment de Learned Hand et Felix Frankfurter. À leurs yeux, il était difficile de justifier les arrêts *Brown* ou *Griswold* sans réhabiliter

(31) *Brown v. Board of Education of Topeka*, 347 U.S. 483 (1954).

(32) *Griswold v. Connecticut*, 381 U.S. 479 (1965).

(33) *Roe v. Wade*, 410 U.S. 113 (1973).

Lochner. À l'inverse, la jeune génération progressiste, celle de Laurence Tribe, de Bruce Ackerman ou de Ronald Dworkin, s'affranchit de l'héritage intellectuel de l'ère Lochner. Contrairement à leurs ainés, ils rejettent la retenue judiciaire et prônent l'intervention du juge. Selon eux, la question n'est pas de savoir *si* le juge doit intervenir mais plutôt *comment* il doit le faire. Leur référentiel est l'arrêt *Brown*, et le progrès qu'il représentait, non pas la crise de 1937. Ils développent donc une conception *offensive* de la légitimité du juge, caractérisée par ce que le juge fait, plutôt que par ce qu'il s'abstient de faire.

Côté conservateur, la Cour Warren va *produire* le mouvement conservateur moderne. Le conservatisme juridique moderne se *pose* ainsi à la fin des années 1960 en *s'opposant* à la jurisprudence de la Cour. Il s'articule autour de l'idée de « retenue judiciaire », de déférence au législateur et du respect du texte de la Constitution. En 1968, le président Nixon affirme ainsi vouloir nommer des juges « dont le rôle est d'interpréter strictement le droit, et non de le créer » [34]. Le mouvement s'organise autour de figures intellectuelles telles que Robert Bork et Antonin Scalia, qui vont militer pour un rôle restreint du juge. L'originalisme moderne prend ainsi corps dans les années 1970. Il est structuré autour d'une méthode – le retour au texte et à l'histoire en tant que garantie de la légitimité démocratique du juge – et sous-tendu par un projet – le rejet de la jurisprudence de la Cour Warren.

Après avoir envisagé les marqueurs de la montée en puissance de la Cour, et ces différentes périodes, il convient d'analyser les facteurs de cette montée en puissance.

B. Les facteurs de la montée en puissance de la Cour

Plusieurs facteurs ont contribué au renforcement progressif du pouvoir de la Cour. Le premier est structurel et renvoie au fédéralisme. La question est bien connue et mes propos seront donc très succincts sur ce point. La Cour a gagné en pouvoir dans la mesure où elle était un instrument du pouvoir fédéral dans la lutte de celui-ci contre les prétentions rivales des États, du sud en particulier. Ceci est particulièrement vrai au cours du XIXe siècle. Le fédéralisme a donc été un vecteur de l'affirmation de la Cour.

Le deuxième facteur tient au mouvement de juridicisation et de juridictionnalisation de l'ensemble des sphères de la vie sociale. Il y quelques années, le président de la Cour suprême israélienne, Aharon Barak, affirmait que « rien n'échappe à l'emprise du *contrôle de constitutionnalité* ; tout est justiciable » [35]. Cette affirmation caractérise l'évolution qui a eu cours aux États-Unis, à savoir l'extension du champ du contrôle de constitutionnalité aux questions les plus pressantes du moment. Poussé dans ses extrêmes, ce mouvement conduit, de manière inéluctable, à la remise en cause du pouvoir de la Cour. Tocqueville notait déjà qu'il n'y a pas une question morale ou politique qui ne se transforme en question judiciaire aux États-Unis [36]. Ce phénomène s'est profondément accentué dans la seconde moitié du XXe siècle. Tout désaccord ou toute controverse dans la sphère politique peuvent être transmutés en arguments juridiques, que la Cour moderne accepte le plus souvent d'accueillir. Pour le parti vaincu dans l'arène politique, ou le mouvement social ambitieux, le recours aux tribunaux représente donc le moyen de poursuivre la lutte politique sous d'autres formes. Le contentieux constitutionnel qui a suivi l'adoption de la réforme de l'assurance-santé votée en 2010 en constitue un exemple probant. La juridicisation de ces

(34) R. Nixon, propos rapportés *in* D. Stephenson, *Campaigns and the Court : The U.S. Supreme Court in Presidential Élections*, Columbia University Press, 1999, p. 181.

(35) A. Barak, cité *in* R. Hirschl, *Toward Juristocracy. The Origins and Consequences of the New Constitutionalism*, Harvard University Press, Cambridge, 2007, p. 169.

(36) A. de Tocqueville, *De la démocratie en Amérique*, *op. cit.*, p. 258.

questions a cependant entraîné, en retour, une politisation de la Cour et du système judiciaire dans son ensemble, à mesure que ces questions y prospéraient. Bien que converties en arguments juridiques, les questions politiques n'ont pas perdu leur essence politique et ont en quelque sorte « déteint » sur le processus judiciaire qui devait les résoudre. La politisation de la Cour qui en résulte s'illustre au plus haut point par l'affrontement auquel donnent lieu les nominations à la Cour ainsi que dans les opinions dissidentes de certains juges. En d'autres termes, la Cour ayant acquis un tel poids, par la *juridicisation* de ces questions, il n'est pas surprenant d'assister, en retour, à la *politisation* des nominations.

Le troisième facteur de la montée en puissance de la Cour tient à l'acquisition du pouvoir discrétionnaire de sélectionner les affaires qu'elle va trancher. Il est parfois dit, en effet, que les juges ne gouvernent pas car ils ne maîtrisent pas leur agenda. La Cour suprême a pourtant acquis la possibilité de choisir les affaires dans lesquelles elle se prononce. Ceci s'est fait en plusieurs étapes. Tout d'abord, à la fin du XIXe siècle, pour répondre à l'engorgement de la Cour, le *Judiciary Act of 1891* établit des cours d'appel fédérales et introduit également, pour la première fois, une compétence d'appel discrétionnaire de la Cour suprême.

Le tournant aura lieu en 1925, à travers une loi qui a d'ailleurs été adoptée à la suite d'un important travail de lobbying du président de la Cour William Taft. Elle marque l'extension significative de la compétence d'appel discrétionnaire de la Cour au détriment de la compétence obligatoire qui prévalait jusqu'alors. Elle permet ainsi à la Cour d'acquérir la maîtrise de l'essentiel des questions qu'elle connaît. La modification des voies d'accès à la Cour n'est pas anodine ; elle transforme en effet son rôle. Par ce biais, la fonction de la Cour évolue d'une Cour de dernier ressort, attachée à rectifier les erreurs des cours inférieures, à celui de forum de résolution des grandes questions de politiques publiques. Les juges sont ainsi en mesure de choisir, dans le flot des affaires brassées par les cours inférieures, celles qui vont le mieux leur permettre d'articuler un raisonnement constitutionnel sur tel ou tel point qu'ils jugent opportun.

Pour être acceptée, une requête doit être approuvée par au moins quatre juges. Il s'agit là d'une règle informelle, tirée de la pratique et qui est devenue une convention établie. L'acceptation d'une requête en *certiorari* est en théorie encadrée par des critères, aujourd'hui mentionnés par le règlement de la Cour (telle qu'une divergence de jurisprudence entre des cours fédérales d'appel), mais celui-ci rappelle de manière liminaire la règle fondamentale, à savoir que l'acceptation d'une requête n'est pas un droit, mais relève bien de l'appréciation *discrétionnaire* de la Cour.

Les modalités de l'extension du pouvoir discrétionnaire de la Cour dans la sélection des affaires illustrent d'ailleurs le fait que l'expansion des prérogatives de la Cour a été favorisé ou permis par le pouvoir politique. Autrement dit, la montée en puissance du pouvoir judiciaire s'appuie sur des ressorts politiques. Il n'y a pas eu de « coup d'État de droit » mais plutôt, pour emprunter un concept en psychologie sociale, une « soumission librement consentie » motivée par différentes raisons stratégiques. Il y a en effet un intérêt pour le pouvoir politique à favoriser l'intervention des juges. La Cour peut être un allié. Elle peut notamment relayer l'idéologie de la coalition dominante et l'imposer à des foyers de résistance locaux, à travers le contrôle des lois étatiques par exemple. Elle peut être une échappatoire, qui soulage le pouvoir du poids de la responsabilité politique dans certaines matières sensibles. La Cour représente ainsi une porte de sortie utile et une voie d'externalisation. C'est le cas notamment lorsque le pouvoir politique favorise le renvoi de questions délicates vers les juges. Elle peut également être une excuse permettant l'adoption de postures rhétoriques à visée électoraliste. C'est le cas d'un acteur politique prétendant être personnellement pour une solution x, qu'il sait pertinemment irréalisable en vertu de la jurisprudence de la Cour, et affirmant dans la foulée « mais je respecte l'État de droit et les décisions de la Cour ». La Cour peut enfin être un refuge permettant, notamment lors des périodes de transition, à une force politique de poursuivre la lutte depuis l'arène judiciaire.

La thèse selon laquelle la Cour protège les droits fondamentaux des minorités ou assure la garantie de la Constitution en temps de crise a également joué un rôle majeur dans le rayonnement de la Cour et sa montée en puissance. Il s'agit du mythe de l'action contre-majoritaire vertueuse du juge. Cette thèse a, sans surprise, été relayée par les juges. Le juge Hugo Black affirmait ainsi que « les cours sont des refuges à l'abri des vents contraires pour les minorités » [37]. Cette thèse a surtout été relayée par la doctrine qui s'est appuyée sur des arrêts comme *Brown* [38], présenté comme le joyau de la jurisprudence, et sur une hypertrophie de l'œuvre de la Cour des années 60 pour consacrer et même sacraliser le rôle croissant de la Cour.

On peut toutefois discuter cette thèse, d'un point de vue descriptif. Contrairement à ce que soutient le juge Black, plus le vent a soufflé fort à l'encontre de ceux qui sollicitaient l'aide de la Cour, moins elle leur a accordé sa protection. En d'autres termes, loin d'être un héros contre-majoritaire, la Cour n'a en réalité protégé de manière décisive les minorités que lorsque la protection des minorités est elle-même devenue une revendication de la majorité [39]. L'une des meilleures preuves de cela tient sans doute aux propos du juge Frankfurter, qui siégeait dans l'affaire *Brown* mais concédait que, s'il avait dû juger l'affaire dans les années 1940, il aurait voté en faveur du maintien de la ségrégation raciale, parce que, s'agissant du rejet de celle-ci, « l'opinion publique n'était pas encore cristallisée » [40].

Au terme de cette trajectoire ascendante, dont on a vu les marqueurs et les facteurs, apparaît ainsi une Cour qui, au xxe siècle et au début du xxie siècle, n'a plus grand-chose à voir avec la Cour des origines. Une Cour dont le premier président considérait qu'elle était « défectueuse », qu'elle ne disposerait jamais « du poids nécessaire » ni de « la confiance et du respect » dont elle devrait bénéficier, laisse ainsi place à une Cour qui, en 1974, ordonna au président Nixon de transmettre à la justice les documents qui le conduiront à démissionner, une Cour qui, en 2000, scella l'issue du scrutin présidentiel [41], une Cour qui, au début du xxie siècle, est l'institution qui recueille le plus fort taux d'approbation dans l'opinion publique.

On est ainsi passé d'un acteur en retrait, marginalisé, à un acteur majeur, qui tranche l'essentiel des questions les plus sensibles qui divisent les États-Unis. Cette situation conduit à un déséquilibre et c'est précisément l'objet du deuxième temps de mon propos.

II. L'écart

La problématique de l'écart renvoie aux déséquilibres structurels qui

(37) *Chambers v. Florida*, 309 U.S. 227, 241 (1940).

(38) *Brown v. Board of Education of Topeka*, 347 U.S. 483 (1954).

(39) V. I. Fassassi, *La légitimité du contrôle juridictionnel de la constitutionnalité des lois aux États-Unis. Étude critique de l'argument contre-majoritaire*, Éd. Dalloz. 2017. 531 et s.

(40) *Memorandum* du juge William Douglass en date du 25 janv. 1960, cité *in* M. Klarman, *From Jim Crow to Civil Rights : The Supreme Court and the Struggle for Racial Equality*, Oxford University Press, 2006, p. 310.

(41) *Bush v. Gore*, 531 U.S. 98 (2000).

s'illustrent de différentes manières. C'est un écart entre *ce qui est*, la situation présente, et ce qui *devrait être* dans un régime qui se veut démocratique. Il ne faudrait néanmoins pas croire que cette difficulté n'est apparue que récemment. Elle renvoie en effet à des mouvements de fond, anciens, qui éclatent au grand jour aujourd'hui, mais qui sont en réalité bien plus profonds.

En 2020, Donald Trump affirmait que « mis à part les questions de guerre et de paix, la désignation d'un juge à la Cour suprême est l'acte le plus important que peut prendre un président » [42]. La suite lui a d'ailleurs donné raison, avec les revirements de la Cour intervenus à la suite de ses nominations. Il faut s'interroger sur ce que cela dit de la démocratie aux États-Unis si, effectivement, l'acte le plus important d'un président est la nomination de juges à la Cour. C'est là l'illustration visible du déséquilibre. Cet écart peut s'envisager sous différentes facettes, d'un point de vue institutionnel (A), jurisprudentiel (B) et doctrinal (C).

A. Le déséquilibre institutionnel

La quête de la légitimité pour le juge est pour l'essentiel une quête des limites. Ce sont ces limites qui permettent, en quelque sorte, d'assurer que les gardiens sont gardés. Cela renvoie à l'interrogation célèbre de Juvenal « Qui gardera les gardiens ? ». Si l'on met en place des juges constitutionnels, pour empêcher les abus de la majorité, quelles sont les limites au pouvoir de ces juges ?

Ces limites participent donc de la légitimité des juges. Les juges étant nommés et non élus, ils ne jouissent pas d'une légitimité « *par le bas* » comparable à celle conférée par l'élection. L'essentiel de la discussion a donc porté sur ces limites, qui traduisent une légitimité « *par le haut* ». L'impuissance, la contrainte devient, en quelque sorte, une source de légitimité.

Il existe différentes limites que l'on peut tenter d'opposer à la Cour, qu'il s'agisse, par exemple, de la volonté des Pères fondateurs, du texte de la Constitution, des précédents ou encore des mesures que pourraient adopter les autres institutions en réaction aux décisions de la Cour. On peut ainsi distinguer les contraintes internes, tenant aux règles relatives au fonctionnement du pouvoir judiciaire que les juges sont obligés ou *se sentent obligés* de suivre, des contraintes externes, qui naissent des interactions avec les autres acteurs.

Les contraintes externes sont bien entendu les plus fortes dans la mesure où elles sont imposées par des acteurs extérieurs aux juges. Lorsqu'on est maître de ses limites, a-t-on vraiment des limites ? La difficulté provient du fait que la grande majorité de ces moyens de contraintes externes sont aujourd'hui tombés en désuétude. Ils ne sont plus mis en œuvre.

Quels sont ces moyens ? Il s'agit notamment de l'usage du pouvoir de la bourse à l'encontre de la Cour, l'*impeachment* des juges de la Cour, la modification du nombre de juges à la Cour, la modification de la compétence d'appel de la Cour, ou encore l'intervention d'un amendement constitutionnel pour contourner une décision de la Cour.

Il ne s'agit pas de défendre ces mesures, dont certaines sont effectivement problématiques, ou d'affirmer qu'elles *devraient* être adoptées. Il s'agit simplement de dresser

(42) Remarks by President Trump on Judicial Appointments, 9 sept. 2020, https://trumpwhitehouse.archives.gov/briefings-statements/remarks-president-trump-judicial-appointments/.

le *constat* que ces mesures, qui ont pu être employées auparavant, ne le sont plus. Leur simple évocation soulève une levée de boucliers. Il y a donc eu un resserrement du champ des possibles et le débat actuel sur la réforme de la Cour suprême en est la preuve.

La contrainte externe qui semble la plus légitime est l'amendement constitutionnel venant lever l'obstacle d'une décision de la Cour [43]. La rigidité de la Constitution, et l'extrême polarisation du corps politique, neutralisent néanmoins aujourd'hui l'hypothèse d'une telle révision constitutionnelle.

Il existe toutefois une contrainte externe, effective et efficace. Il s'agit du pouvoir de nomination. Il s'agit de la pratique consistant à contrôler l'orientation idéologique de la Cour à travers le pouvoir de nomination. Cette contrainte brouille toutefois les frontières entre droit et politique. Elle politise la Cour, en révélant au grand jour que le meilleur moyen de changer le droit constitutionnel consiste à changer les juges qui sont censés l'appliquer.

Surtout, cette contrainte illustre, paradoxalement, le pouvoir de la Cour. Celle-ci apparaît en effet si puissante, en tant qu'institution, que le moyen le plus efficace à son encontre n'est pas de la confronter directement, mais de tenter de la contrôler, en nommant des juges ayant une « philosophie juridique » particulière, un peu à la manière d'un canon que l'on ne peut ou que l'on ne veut détruire, mais dont on cherche uniquement à orienter le tir – dans un sens conservateur ou dans un sens progressiste.

Quelles sont, en effet, les options possibles aujourd'hui pour contester, remettre en cause une décision de la Cour ? L'hypothèse la plus efficace est que la Cour, *elle-même*, opère un revirement de jurisprudence, ce qui est un formidable aveu de la puissance de la Cour et ce qui implique de jouer sur sa composition.

Les juges étant nommés à vie, un peu de chance et une stratégie habile permettent d'assurer la production d'une jurisprudence constitutionnelle qui survivra à la force politique les ayant nommés. La majorité conservatrice cimentée par Donald Trump entre 2017 et 2020 opère ainsi bien après son départ de la Maison-Blanche.

On aboutit au paradoxe suivant : un enjeu majeur, si ce n'est principal, des élections présidentielles, tient aux juges que le président désignera avec l'avis et le consentement du Sénat. Ceci n'est d'ailleurs pas nouveau. Cette argumentation est présente dès les années 1970, elle est liée à l'extension du champ d'intervention de la Cour. En 2000, un journaliste affirmait ainsi : « Rien n'est plus important dans la lutte entre Al Gore et George Bush [...] que la composition de la prochaine Cour suprême » [44]. L'ironie ultime tient à ce que l'issue de cette élection en 2000, dont l'enjeu principal, à en croire ce journaliste, était la Cour suprême a été tranchée finalement par... la Cour elle-même dans l'arrêt *Bush v. Gore* [45]. Il y a donc un renversement problématique.

En affinant l'analyse, on constate que le contrôle de la Cour est un enjeu de l'élection pour le pouvoir politique, et la Cour est un moyen de prolonger l'action au-delà du mandat. En 2016, la Cour a ainsi été un enjeu de l'élection, au regard du siège vacant, et cela a contribué à la victoire de Donald Trump. Une fois élu, une de ses plus grandes réussites a été la transformation du pouvoir judiciaire, par le biais des nominations. Cette réussite lui permet en retour de bénéficier du soutien d'une partie de l'électorat

(43) Les onzième, quatorzième, seizième et vingt-sixième amendements ont ainsi été adoptés en réaction à des décisions de la Cour.

(44) T. Wicker, « Up for Grabs », *The Nation*, 9 oct. 2000, p. 11.

(45) *Bush v. Gore*, 531 U.S. 98 (2000).

républicain qui, bien que désapprouvant ses excès, se retrouve dans le peuplement des cours par des juges conservateurs. Car là se trouve désormais le pouvoir durable, sur le temps long. Dans la boucle singulière à l'œuvre, la Cour est en quelque sorte un moyen d'acquisition du pouvoir et un instrument de sa perpétuation.

Le déséquilibre s'illustre également à travers la notion de suprématie judiciaire. Il s'agit d'une notion centrale du débat constitutionnel qui renvoie à l'idée selon laquelle la Cour fixe, à l'égard de l'ensemble des acteurs du débat constitutionnel, le sens de la Constitution et ses interprétations deviennent le droit suprême au sens de l'article VI de la Constitution.

Il s'agit d'un pouvoir de dernier mot, qui s'impose en pratique au pouvoir de révision, en raison de la rigidité de la Constitution. La suprématie judiciaire est relative à la portée du pouvoir de la Cour, en vertu de laquelle la Constitution va être assimilée aux interprétations qu'en donnent les juges et réciproquement. Cela renvoie au poids des décisions elles-mêmes, à leur « finalité », à leur capacité à fixer le sens de la Constitution et, en définitive, à se confondre avec celle-ci. Cette approche a été contestée au XIXe siècle et même au XXe siècle.

Abraham Lincoln affirmait ainsi que « si la politique du gouvernement, sur des questions fondamentales concernant le peuple tout entier, doit être irrévocablement établie par les décisions de la Cour suprême, le peuple aura alors cessé d'être son propre souverain » [46]. Quel est le sens de cette critique ? Elle tient à la revendication d'un espace, d'un *écart* entre les décisions de la Cour et la Constitution. Or c'est précisément cet espace que la Cour moderne a refermé, ce qui a conduit à la réduction de la Constitution à ce qu'en disent les juges.

La notion de suprématie judiciaire s'est imposée plus précisément dans la deuxième moitié du XXe siècle. La Cour a explicitement affirmé ce principe en 1958, dans une dimension verticale, à l'encontre des États [47], puis en 2000, dans une dimension horizontale, à l'égard du Congrès [48]. La Cour affirme ainsi : « c'est une caractéristique permanente et indiscutable de notre système politique que le pouvoir judiciaire fédéral est suprême dans l'exposition du droit de la Constitution ». La Cour précise « y compris depuis *Marbury*, cette Cour n'a cessé d'être l'ultime énoncé du texte de la Constitution » [49]. En réalité, *Marbury* est bien plus réservé sur l'autorité des décisions de la Cour. La suprématie judiciaire a été *construite*, mais elle n'était présente ni dans l'esprit des constituants ni dans *Marbury* [50].

B. L'écart jurisprudentiel

La décision *Dobbs*, rendue en 2022, permet d'illustrer et de mobiliser la thématique de l'écart [51]. Dans cette décision fondamentale, la Cour opère un revirement de jurisprudence majeur, en renversant les arrêts *Roe* [52] et *Casey* [53], et considère que la Constitution fédérale ne garantit pas le droit de recourir à l'avortement.

(46) Abraham Lincoln, First Inaugural Address (14 mars 1861), *in* R. Basler (ed.), *Abraham Lincoln : His Speeches and Writings*, Da Capo Press, Cambridge, 2001, p. 585-586.

(47) *Cooper v. Aaron*, 358 U.S. 1 (1958).

(48) *United States v. Morrison*, 529 U.S. 598 (2000).

(49) 529 U.S. 598, 616 (2000), note 7.

(50) D'autres arrêts ont semblé consacrer une forme encore plus poussée de délégitimation de l'interprétation constitutionnelle des autres acteurs. La Cour semble revendiquer dans ces affaires le monopole de l'interprétation constitutionnelle. V. *City of Boerne v. Flores*, 521 U.S. 507, 533 (1997).

(51) *Dobbs v. Jackson Women's Health Organization*, 597 U.S. 215 (2022).

(52) *Roe v. Wade*, 410 U.S. 113 (1973).

(53) *Planned Parenthood v. Casey*, 505 U.S. 833 (1992).

À lire l'opinion de la Cour, rédigée par le juge Alito, il semble que celle-ci soit un modèle de retenue judiciaire. La Cour indique en effet corriger une profonde erreur et revenir sur une décision activiste, *Roe*, dans laquelle les juges s'étaient aventurés dans une matière relevant des branches politiques. Pour les juges soutenant l'opinion dissidente, à l'inverse, *Dobbs* est une décision activiste, illustrant les excès du juge, à travers un revirement qui ne fait que traduire le changement récent de composition de la Cour.

Cette opposition des points de vue, cet écart, renvoie à la dimension éminemment subjective de l'emploi du terme activiste. On pourrait tenter de trouver de l'objectivité en liant l'activisme au nombre de lois invalidées. Une Cour activiste serait ainsi une Cour qui invaliderait beaucoup de lois ou renverserait beaucoup de précédents. Mais cette approche quantitative a ses limites. Imaginons que le Congrès adopte des lois « clairement inconstitutionnelles ». Par « clairement inconstitutionnelles », j'entends, pour les besoins de l'hypothèse, des lois au sujet desquelles l'ensemble des observateurs s'accordent à dire qu'elles violent la Constitution. Imaginons donc une série de lois supprimant la liberté de la presse. Une Cour qui invaliderait ces différentes lois serait-elle activiste ? À l'inverse, une Cour qui s'abstiendrait de façon complaisante d'invalider des lois « clairement inconstitutionnelles » ne serait-elle pas aussi activiste, à travers la validation de ces lois ? Autrement dit, la retenue judiciaire peut être une autre forme d'activisme. D'ailleurs, dans la décision *Dobbs*, ce qui est en cause, ce n'est pas l'invalidation d'une loi mais bien la reconnaissance de sa constitutionnalité.

Dobbs est une décision bien plus complexe à analyser que la présentation qui en est souvent faite ne le laisse à penser. Si l'on veut pointer l'« activisme » de la Cour, sa prétention à « gouverner », *Dobbs* n'est sans doute pas la décision idoine, ou la plus simple à mobiliser, car en l'espèce, précisément, la Cour *prétend* refuser de trancher la question de l'interruption volontaire de grossesse et renvoie la question aux États, à la sphère politique. La Constitution étant silencieuse, les États sont donc libres d'autoriser ou non l'avortement.

Vu de France, *Dobbs* rappelle, dans son principe, les décisions du Conseil constitutionnel dans lesquelles il indique « qu'il ne dispose pas d'un pouvoir d'appréciation de même nature que celui du Parlement », ou « qu'il n'appartient pas au Conseil de substituer son appréciation à celle du législateur ». Le commentaire de la décision 2010-39 QPC aux *Cahiers du Conseil constitutionnel* est d'ailleurs explicite : « il en va de l'"« homoparentalité" » comme il en allait, en janvier 1975, de l'interruption volontaire de grossesse ou, en juillet 1994, de la sélection des embryons : cette question constitue l'archétype de la question de société dont la réponse, en France, appartient au législateur ». La question cruciale tient à savoir s'il s'agit effectivement d'une question de société, à laquelle la majorité politique peut répondre comme elle l'entend, ou d'une question de droits (fondamentaux) qui limitent le principe majoritaire. La matière est mouvante car des questions qui semblent relever, à un moment donné, de questions de société apparaissent ultérieurement être de véritables questions de droit, et plus précisément de *droits*. Cela renvoie aux mouvements de juridicisation et de juridictionnalisation évoqués précédemment.

Concernant *Dobbs*, après avoir brièvement rappelé le raisonnement de la Cour en l'espèce, il s'agira de souligner les difficultés qui en résultent et les incohérences à l'œuvre. La question fondamentale, comme l'expose la Cour, tient à déterminer dans un premier temps si la Constitution, « correctement comprise », garantit le droit de recourir à l'avortement. Adoptant une démarche se voulant originaliste, c'est-à-dire interprétant la Constitution conformément au sens des dispositions au moment de la ratification, la Cour souligne que ce droit est absent de la Constitution et rejette la solution des arrêts *Roe et Casey*. Ces arrêts reconnaissaient ce droit comme découlant du *right of privacy*, lui-même inclus dans la liberté garantie par la clause de *due process* du Quatorzième amendement (*substantive due process*). La Cour prend ici le soin de préciser que sa solution ne vaut que pour le droit de recourir à l'avortement, en raison de la singularité de celui-ci tenant à ce qu'il « détruit une vie potentielle ». La Cour entend ainsi limiter la portée de son raisonnement, en affirmant qu'il ne remet pas en cause d'autres droits non écrits, consacrés sur le fondement de la clause de procédure régulière du Quatorzième amendement.

La Cour souligne dans un second temps l'impossibilité de suivre les précédents *Roe* et *Casey* en ce qu'ils sont, entre autres, « profondément erronés » et difficilement applicables. La Cour indique en définitive que la question de l'avortement est une question morale, relevant de la sphère politique puisque la Constitution fédérale est silencieuse sur ce point. Elle entend récuser toute critique en activisme puisque précisément elle prétend ne rien imposer et dit laisser les États libres d'adopter la solution de leur choix.

On notera plusieurs lignes de failles entre les membres de la majorité, qui soulèvent des questions quant à la portée de l'arrêt.

En premier lieu, il est notable que le président Roberts, tout en votant avec la majorité, ne rejoint pas l'opinion de la Cour. Sa solution consiste à valider la loi du Mississippi sans pour autant renverser *Roe* et *Casey*, conformément au minimalisme dont il se réclame. Cela illustre les différentes versions du conservatisme aujourd'hui à l'œuvre à la Cour.

En second lieu, dans son opinion concordante, le juge Kavanaugh s'engage dans un effort poussé de limitation de la portée de la décision, au prix toutefois de certains paradoxes. Il souligne en effet que les États ne peuvent interdire à une femme d'aller avorter dans un autre État, au nom du droit de voyager entre les États (*right to interstate travel*). L'ironie tient à ce que ce droit n'est pas explicitement consacré par le texte constitutionnel. Il est donc singulier de voir un juge se prononcer pour l'élimination d'un droit, au motif qu'il n'est pas explicitement garanti par la Constitution, avant de limiter la portée de sa décision en invoquant un droit qui lui-même n'est pas garanti explicitement.

En troisième lieu, le juge Thomas indique clairement dans son opinion concordante que toutes les décisions reconnaissant des droits fondés sur le *substantive due process*, qu'il s'agisse de *Griswold* (concernant l'usage des contraceptifs), *Lawrence v. Texas*[54], concernant les relations homosexuelles, ou *Obergefell*[55], concernant le mariage homosexuel, sont « erronées » et doivent être renversées. Il va donc beaucoup plus loin que la Cour. C'est ici que l'on peut apporter une première critique à l'opinion de la Cour. Il s'agit de souligner l'incohérence interne de la décision *Dobbs*, dans la mise en œuvre de l'originalisme. De ce point de vue, l'opinion du juge Thomas, certes extrêmement radicale, est toutefois plus cohérente, plus conforme à l'originalisme revendiqué par la Cour sous la plume du juge Alito. Il ne s'agit pas de défendre cette position mais simplement d'illustrer les limites de la prétention à la neutralité invoquée par la Cour derrière le paravent de la démarche originaliste. Ce point renvoie aux origines de l'originalisme. L'originalisme moderne est né en réaction à ce qui était présenté comme les excès de la Cour Warren. Il est censé réduire

(54) *Lawrence v. Texas*, 539 U.S. 558 (2003).

(55) *Obergefell v. Hodges*, 576 U.S. 644 (2015).

le pouvoir discrétionnaire en attachant le juge « au mât de l'histoire » [56]. Il répond ainsi à une quête de pureté et de fidélité à la Constitution, quelles que soient les conséquences. L'originalisme exclut donc en principe les modérations pragmatiques. Les difficultés théoriques soulevées par l'admission d'exceptions à l'originalisme sont anciennes. On se souvient que le juge Scalia indiquait être un « originaliste pusillanime », admettant une modération prudentielle des conséquences auxquelles peut mener l'originalisme. Dans son style particulier, il affirmait : « je suis originaliste, je ne suis pas cinglé » [57]. Le bon sens viendrait ainsi limiter les excès potentiels de l'originalisme. La difficulté tient à ce que cette modération pragmatique ouvre une brèche et traduit une rupture avec l'idée-force de l'originalisme.

Une deuxième difficulté qui, au-delà de la décision *Dobbs,* sera l'enjeu majeur des prochaines années, tient à l'articulation de la règle du précédent avec l'approche originaliste. Dans quelle mesure le respect du sens originaire doit-il ou peut-il conduire à renverser des précédents ? La Cour peine à répondre de manière convaincante à cette question.

La difficulté la plus forte s'illustre d'un point de vue externe, en juxtaposant et comparant *Dobbs* à d'autres décisions. La Cour affirme en effet dans *Dobbs* que la question de l'avortement doit être tranchée via le forum politique, et non dans les prétoires. La Cour fait l'éloge de la démocratie, du principe majoritaire et rejette l'intervention du juge.

L'étude de la jurisprudence de la Cour relative au droit de vote affaiblit toutefois singulièrement l'argument dans la mesure où les juges ont restreint de manière significative les garanties du droit de vote. En d'autres termes, certains des juges formant la majorité dans *Dobbs* ont fortement limité les modalités de l'expression démocratique dans d'autres affaires. Ces décisions, rendues depuis une dizaine d'années, ont eu moins de retentissement que *Dobbs,* mais posent de profondes difficultés. La décision *Shelby County* [58] est à ce titre révélatrice. En l'espèce, la Cour déclare inconstitutionnelle une disposition du *Voting Rights Act,* visant à protéger l'exercice du droit de vote. Le texte contient une disposition qui impose un régime particulier à certains États, du sud essentiellement – au passé sensible sur la question raciale. Ceux-ci ne pourront modifier leur réglementation en matière électorale qu'à la condition d'obtenir en amont l'autorisation du ministre de la Justice ou d'un panel de juges fédéraux. La disposition avait été adoptée et renouvelée par un vote bipartisan, avec un très large consensus. Surtout, elle était juridiquement fondée sur le Quinzième amendement qui accorde une compétence particulière au Congrès pour légiférer et protéger le droit de vote. Néanmoins, la Cour, par cinq voix contre quatre, déclare le dispositif inconstitutionnel au nom du principe « d'égale souveraineté des États », un principe qui n'apparaît pas dans la Constitution et qui est en l'espèce consacré par le juge. Les juges Alito et Thomas, dans la majorité dans *Dobbs,* étaient également dans la majorité dans *Shelby County.* On mesure ainsi que la déférence de la Cour à l'égard du principe majoritaire est à géométrie variable. On pourrait citer d'autres décisions qui sont difficilement réconciliables avec la retenue et la mise en exergue du processus démocratique, telle que la décision *Citizens United* [59] en matière de financement des campagnes électorales. En d'autres termes, l'attachement professé par la Cour à la démocratie dans *Dobbs* peut difficilement être pris au sérieux de la part d'une Cour qui a si peu protégé et même remis en cause le droit de vote dans des décisions majeures.

(56) K. Whittington, « The New Originalism », *Geo. J.L. & Pub. Pol'y*, vol. 2, 2004, p. 602.

(57) Discours prononcé le 17 novembre 1997 au Manhattan Institute, accessible à l'adresse suivante : https://manhattan.institute/event/1997-wriston-lecture-on-interpreting-the-constitution.

(58) *Shelby County v. Holder*, 570 U.S. 529 (2013).

(59) *Citizens United v. Federal Élection Commission*, 558 U.S. 310 (2010).

Toujours en lien avec cette notion d'écart, on peut citer le cas du récent arrêt *Bruen* qui soulève des difficultés, précisément, parce qu'en l'espèce la Cour s'écarte des principes de l'originalisme. La Cour a protégé dans cette affaire le droit de porter des armes à feu *en dehors* du domicile, étendant ainsi de manière significative la portée du Deuxième amendement. Si la décision rédigée par le juge Thomas se veut un modèle d'analyse d'originaliste, la difficulté tient à ce que la Cour ne recherche pas véritablement, ou pas uniquement, le sens originaire des dispositions du Deuxième amendement. La Cour annonce en effet un nouveau test, en vertu duquel la constitutionnalité d'une limitation au droit de porter des armes à feu s'analyse en déterminant s'il existait des réglementations analogues au XVIIIe siècle ou au XIXe siècle. D'une part, ce nouveau test s'écarte des canons de l'originalisme, en figeant et rigidifiant davantage l'analyse et, d'autre part, il est extrêmement complexe à mettre en œuvre en pratique et renforce plus qu'il ne réduit le pouvoir discrétionnaire du juge.

L'écart peut enfin s'envisager d'un point de vue doctrinal.

C. Le déséquilibre doctrinal

On ne peut que constater les revirements opportunistes, chez les progressistes comme chez les conservateurs, en fonction du sens dans lequel est exercé le contrôle de constitutionnalité. Il est dès lors tentant de reprendre les propos célèbres d'Edgar Faure : « ce n'est pas la girouette qui tourne, c'est le vent ».

Côté progressiste, la doctrine était depuis la Cour Warren majoritairement favorable à un rôle actif du juge. La question n'était pas de savoir *si* le juge devait intervenir mais *comment*. Au cours des années 2000, le débat a commencé à se jouer en sens inverse. Face aux décisions conservatrices de la Cour Rehnquist, des auteurs progressistes se revendiquant du « constitutionnalisme populaire » ont prôné la réduction des pouvoirs de la Cour, voire l'élimination du contrôle de constitutionnalité des lois. C'est la reproduction en sens inverse du débat qui avait divisé les progressistes au cours des années 60. À l'époque, à partir d'une doctrine largement favorable à la retenue judiciaire et donc circonspecte face aux audaces jurisprudentielles de la Cour Warren, un groupe de jeunes auteurs progressistes s'était affranchi de cet héritage intellectuel, en embrassant la défense d'un rôle étendu du juge constitutionnel. Au début du XXIe siècle, à partir d'une doctrine largement favorable à l'intervention poussée du juge, certains auteurs progressistes, revenus du mirage de la Cour Warren, prônent la limitation sinon l'élimination des pouvoirs du juge constitutionnel.

À l'époque, ces thèses, défendues notamment par Mark Tushnet, Larry Kramer ou Jeremy Waldron, étaient minoritaires et furent sèchement rejetées. Aujourd'hui, à la suite précisément du renforcement du virage conservateur, voire réactionnaire, pris par la Cour, leurs thèses sont reprises par une majorité des progressistes. Que les arguments de Mark Tushnet ou Larry Kramer soient aujourd'hui populaires au sein de la doctrine illustre le fait que l'on a parfois tort d'avoir raison trop tôt. Les mêmes auteurs qui, encore récemment, louaient le rôle actif de la Cour, dénoncent aujourd'hui son intervention illégitime. Ces revirements doctrinaux posent la question de l'incohérence de la doctrine, liée à l'absence de positionnement de principe à l'égard du contrôle de constitutionnalité. La critique doctrinale apparaît en effet, non pas comme une objection de principe, mais comme une critique idéologiquement orientée, répondant à l'air du temps.

On peut déceler les mêmes tensions côté conservateur, liées à la volonté de maximiser la domination à la Cour [60]. Ceci s'illustre dans les mutations au sein de l'originalisme, vers des formes plus engagées qui délaissent la retenue judiciaire autrefois prônée. Cela s'illustre également en dehors de l'originalisme avec l'apparition d'approches concurrentes comme celles développées par le professeur Adrian Vermeule autour du *common good constitutionalism* [61]. Cette approche, fondée sur la recherche de la bonne gouvernance (*good rule*), repose sur une lecture morale assumée de la Constitution. Elle rejette explicitement la prétention à la neutralité revendiquée par l'originalisme. À titre d'exemple, la remise en cause des précédents *Roe* et *Casey* dans *Dobbs* ne serait pas suffisante, car la décision laisse les États libres d'autoriser ou non l'avortement. Le bien public imposerait d'*interdire* l'avortement, ce que seule une théorie constitutionnelle fondée sur une lecture morale pourrait produire.

On le voit, la doctrine américaine est parcourue de vives tensions. Son instabilité est elle-même le reflet des instabilités du contentieux constitutionnel et le produit de sa fixation sur le contrôle de constitutionnalité des lois.

Après la trajectoire, après l'écart, il me faut maintenant conclure mon voyage et revenir vers la France, en envisageant le miroir, c'est-à-dire les enseignements de l'expérience américaine pour un juriste français.

III. Le miroir

La référence à l'expérience des États-Unis sur la question du contrôle de constitutionnalité des lois constitue une « tradition bien avérée de la doctrine constitutionnelle française » [62]. Celle-ci a en effet largement pensé la question du contrôle de constitutionnalité des lois, de son introduction et de son développement, en ayant à l'esprit le contrôle exercé par la Cour suprême, tel que décrit, entre autres, par Alexis de Tocqueville, Édouard Laboulaye, Émile Boutmy, Adhémar Esmein, Ferdinand Larnaude, Édouard Lambert, Roger Pinto, André et Suzanne Tunc ainsi que les comparatistes contemporains. À suivre ou à proscrire, qu'on l'envisage comme la « plus puissante des barrières [...] élevées contre la tyrannie des assemblées » selon le propos de Tocqueville [63], ou comme l'instrument du « gouvernement des juges » selon Édouard Lambert [64], le contrôle exercé aux États-Unis a été et demeure un horizon de comparaison.

Quels sont les aspects sur lesquels peut porter cette comparaison aujourd'hui ? Je ne reviens pas sur la question bien connue de la motivation insuffisante des décisions, aspect sur lequel le Conseil constitutionnel est en net décalage par rapport à d'autres juridictions constitutionnelles. Je mets de côté également la question des opinions séparées. Je voudrais envisager ici la question de la composition de la juridiction, parce qu'elle met en lumière des paradoxes et permet également de réfléchir sur la notion de politisation.

S'agissant de la composition du Conseil constitutionnel, les critiques sont récurrentes sur le profil « trop politique » des membres, et le fait qu'il n'y aurait pas

(60) V. I. Fassassi, L'originalisme dépassé ? Tensions et transitions au sein du conservatisme juridique aux États-Unis, *in* J. Arlettaz (dir.), *Statu quo ? Constitution et conservatisme*, IFJD - Institut Louis Joinet, 2024.

(61) A. Vermeule, *Common Good Constitutionalism*, Polity Press, 2022.

(62) L. Favoreu, Rapport introductif, *in* L. Favoreu (dir.), *Cours constitutionnelles européennes et droits fondamentaux*, Economica-PUAM, Paris-Aix-en-Provence, 1982, p. 26.

(63) A. de Tocqueville, *De la démocratie en Amérique*, *op. cit.*, p. 121.

(64) E. Lambert, *Le gouvernement des juges et la lutte contre la législation sociale aux États-Unis. L'expérience américaine du contrôle judiciaire de la constitutionnalité des lois.*

assez de « vrais juges » [65]. Le paradoxe tient à ce que la critique opère en sens inverse aux États-Unis. En effet, un nombre croissant de voix outre-Atlantique s'élèvent pour regretter la disparition des « profils politiques » parmi les membres de la Cour suprême. Lorsqu'on étudie la composition de la Cour actuelle, on constate en effet qu'il n'y a pas ou plutôt qu'il n'y a plus de membres au profil « politique ». Par profil politique, je fais référence à des membres ayant eu des responsabilités en tant qu'élus ou des fonctions de premier plan dans l'administration. Huit des neuf membres de la Cour actuelle exerçaient, au moment de leur nomination à la Cour suprême, dans une cour d'appel fédérale. L'uniformisation à l'œuvre va loin, puisqu'au-delà des fonctions antérieures de juges, c'est l'intégralité des parcours qui semblent identiques. À l'exception de la juge Amy Coney Barrett, tous les juges ont étudié le droit à Harvard ou Yale et six d'entre eux ont été auparavant eux-mêmes assistants (*clerks*) d'un juge à la Cour suprême.

Révolu est le temps, pas si lointain, où la Cour comprenait d'anciens gouverneurs et d'anciens sénateurs [66]. Ce resserrement des profils au profit de membres présentés comme des experts, des techniciens du droit, soulève des difficultés, qu'il s'agisse d'un renforcement du dogmatisme –, que l'on observe notamment dans la prolifération des opinions séparées –, une forme de radicalité de la pensée, et le rejet de l'esprit de doute. La disparition des juges ayant un profil politique entraîne ainsi la perte d'une expertise particulière, à savoir l'art du compromis et un sens pragmatique aiguisé, incarné autrefois notamment par la juge Sandra Day O'Connor. Tocqueville soulignait que « les juges doivent être des hommes d'État, capables de " discerner l'esprit de leur temps" » [67] , or une Cour composée uniquement d'anciens juges, de « techniciens » risque d'être dépourvu de la hauteur de vue et de la vision qu'il évoquait. Il y a quelques années, un auteur spécialiste de ces questions pouvait regretter cet assèchement et réclamait que des anciens présidents – elle pensait à Barack Obama – siègent à la Cour suprême [68]. Ce propos interpelle nécessairement en France puisque la suppression des membres de droit du Conseil constitutionnel fait l'objet d'un très large consensus. Ce propos surprend parce que, en France, la doctrine souligne majoritairement les travers liés au « profil politique » de certains des membres nommés. En d'autres termes, alors qu'en France, la doctrine réclame de « vrais juges », aux États-Unis, on regrette l'absence de profil politique. Le premier paradoxe tient donc à ces critiques croisées des deux côtés de l'Atlantique qui traduisent bien entendu des situations différentes mais aussi des conceptions différentes de la justice constitutionnelle. Les expériences américaine et française sont néanmoins suffisamment éloignées pour que les travers de celle-ci ne soient pas, sur cette question de la composition, un obstacle aux évolutions de celle-là.

Le deuxième paradoxe est le suivant : comment expliquer cet appel à des profils politiques au moment même où l'on dénonce la politisation excessive de la Cour ? Cela conduit à s'interroger sur les différents sens du terme « politisation ». Cela conduit surtout à découpler l'idée de politisation de la nature des profils des membres composant une cour constitutionnelle. En d'autres termes, on peut assister à la politisation d'une juridiction alors même que les membres nommés sont censés être des juristes de premier plan. Les ressorts de la politisation ne s'épuisent donc pas dans la nature de la composition, mais se trouvent aussi, et surtout, dans la situation de la Cour, sa position dans le système institutionnel.

***

(65) Sans toutefois le plus souvent préciser ce que serait un « vrai juge ».

(66) C'était notamment le cas au cours des années 1960. De manière plus générale, certains des juges au profil politique ont compté parmi les plus grands juges de l'histoire de la Cour. V. l'ouvrage d'Élisabeth Zoller, *Les grands juges de la Cour suprême des États-Unis*, Éd. Dalloz, 2022.

(67) A. de Tocqueville, *De la démocratie en Amérique, op. cit.*, p. 149..

(68) V. L. Kalman, *The Long Reach of the Sixties*, Oxford University Press, 2017, p. 323.

Le constitutionnalisme américain est souvent présenté comme étant pionnier ; il a effectivement vu naître et prospérer le contrôle de constitutionnalité des lois et il sert d'inspiration sur certains aspects par lesquels la justice constitutionnelle est rendue. Sa trajectoire interpelle néanmoins. Il se caractérise en effet aujourd'hui par une vision hypertrophiée du juge, résultant d'un mouvement de juridictionnalisation extrême, auquel la doctrine a grandement contribué. Il convient donc d'être lucide sur les limites d'une expérience qui, en plaçant le juge trop au centre du système, le charge d'un poids qu'il ne peut et ne devrait pas supporter.

La meilleure manière de conclure mon propos, vous l'avez compris, sceptique à l'égard des trop grands pouvoirs aujourd'hui accordés aux juges aux États-Unis, est sans doute de citer l'un d'entre deux. « Je me demande si nous ne plaçons pas trop d'espoir dans nos constitutions, nos lois et nos cours. Ce sont de faux espoirs ; croyez-moi [...]. La liberté se trouve dans le cœur des hommes et des femmes ; lorsqu'elle y meurt aucune constitution, aucune loi, aucune cour ne peut la sauver » [69].

(69) L. Hand, *The Spirit of Liberty, Papers and Addresses of Learned Hand*, edited by Irving Dilliard, Alfred Knopf, New York, 1953, p. 164.

Le renouveau de la protection des lanceurs d'alerte

Conférence du 7 décembre 2023

Cécile Barrois de Sarigny

Adjointe de la Défenseure des droits chargée de l'accompagnement des lanceurs d'alerte

Alors qu'aux États-Unis les *whistleblowers* défraient l'actualité de longue date, en France, le terme de « lanceur d'alerte » ne s'est imposé que récemment dans la vie publique. Forgé par le sociologue Francis Chateauraynaud, il désigne la « *personne ou groupe qui rompt le silence pour signaler, dévoiler ou dénoncer des faits, passés, actuels ou à venir, de nature à violer un cadre légal ou réglementaire ou entrant en conflit avec le bien commun ou l'intérêt général* » [1].

Les débats autour du rôle de ces « lanceurs d'alerte » dans les controverses sociotechniques ou les affaires de probité financière au cours des dernières décennies ont amené à la constitution progressive d'un régime de protection législatif, destiné à garantir que ceux qui apparaissent de plus en plus comme des vigies de la démocratie, ou du moins des garants de l'intérêt général, ne puissent être inquiétés en raison de leur démarche éthique.

Désormais installée dans le paysage juridique français, la notion de lanceur d'alerte continue néanmoins d'évoluer.

I. La consécration récente d'un cadre juridique protégeant les lanceurs d'alerte

Le régime actuel de protection des lanceurs d'alerte résulte de la loi n° 2016-1691 du 9 décembre 2016 relative à la transparence, à la lutte contre la corruption et à la modernisation de la vie économique, dite Sapin II, qui a ancré dans le droit français une définition générale du lanceur d'alerte, à laquelle est arrimé un ensemble de règles destinées à le prémunir d'éventuelles représailles.

(1) F. Chateauraynaud, Lanceur d'alerte, *in Dictionnaire critique et interdisciplinaire de la participation*, Paris, GIS Démocratie et Participation, 2013 ; v. aussi, F. Chateauraynaud, D. Torny, *Les Sombres précurseurs, une sociologie pragmatique de l'alerte et du risque*, Éditions EHESS, Paris, 1999, not. p. 426.

A. Une protection relativement ancienne

Le dispositif législatif, introduit dans le projet de loi Sapin II, à la faveur d'un amendement gouvernemental, s'inscrit dans le cadre d'une réflexion au long cours.

Ainsi que le rappelait le Conseil d'État en 2016, dans une étude intitulée, « *Le droit d'alerte : signaler, traiter, protéger* », dont s'est inspiré le législateur, la France a vu émerger à compter des années 2000 une multitude de dispositifs sectoriels d'alerte, permettant la protection des auteurs de signalement en matière de discrimination, de harcèlement – sexuel ou moral [2] – dans les domaines de la sécurité sanitaire [3], de la santé, de l'environnement [4], ou encore de la lutte contre la corruption [5].

Sous l'influence du droit de l'Union européenne, plus directement encore du Conseil de l'Europe [6], mais aussi en réaction à divers scandales [7], le droit de l'alerte a ainsi émergé comme un moyen, complémentaire à celui de la répression, de faire cesser certains comportements répréhensibles. Parallèlement, sous l'influence de la loi américaine Sarbanes-Oxley de 2002 – elle-même née dans en réaction à un scandale financier – les grandes entreprises françaises se sont dotées de dispositifs d'alerte éthique.

Le droit européen des droits de l'homme a également été mobilisé. Sous la bannière de la liberté d'expression, garantie par l'article 10 de la Convention européenne de sauvegarde des droits de l'homme et des libertés fondamentales (Conv. EHD), la Cour européenne des droits de l'homme (CEDH) a bâti une jurisprudence propre aux auteurs de divulgation, dont l'arrêt de grande chambre, *G. c/ Moldova* du 12 février 2008, marque le point d'orgue. La Cour y développe une grille d'examen précise et méthodique des atteintes potentielles à la liberté d'expression des lanceurs d'alerte, reposant sur six critères que sont les moyens utilisés pour procéder à la divulgation, l'authenticité de l'information divulguée, la bonne foi, l'intérêt public que présente l'information divulguée, le préjudice causé et la sévérité de la sanction. Préfigurant en partie ce que serait plus tard en France, le statut du lanceur d'alerte, cette grille a été confortée le 15 février 2023 par une nouvelle décision de grande chambre, *H. c/ Luxembourg*, dans un contexte normatif, européen et international, entièrement renouvelé.

C'est également en s'appuyant sur le principe de la liberté d'expression, au visa de la Conv. EDH [8], ou non, que la Cour de cassation a développé, dans le courant des années 2000, en droit du travail, une jurisprudence protectrice des lanceurs d'alerte en marge de tout « statut ».

À la même période, sur fond de scandales sanitaires et de cas emblématiques de licenciements abusifs d'auteurs de signalement, la société civile s'est mobilisée de façon croissante pour la cause des « lanceurs d'alerte », dont l'expression est peu à peu entrée dans le langage courant.

(2) L. n° 2008-496 du 27 mai 2008 portant diverses dispositions d'adaptation au droit communautaire dans le domaine de la lutte contre les discriminations.

(3) L. n° 2011-2012 du 29 décembre 2011 relative au renforcement de la sécurité sanitaire du médicament et des produits de santé.

(4) L. n° 2013-316 du 16 avr. 2013 relative à l'indépendance de l'expertise en matière de santé et d'environnement et à la protection des lanceurs d'alerte, dite Loi Blandin.

(5) L. n° 2013-907 du 11 octobre 2013 relative à la transparence de la vie publique ; loi n° 2016-483 du 20 avr. 2016 relative à la déontologie et aux droits et obligations des fonctionnaires.

(6) Not., Conseil de l'Europe, Assemblée parlementaire, Recommandation 1916 (2010), Protection des « donneurs d'alerte » ; Résolution 1729 (2010) Protection des « donneurs d'alerte » ainsi que la recommandation du Comité des ministres Rec. (2014), du 30 avr. 2014.

(7) Dont celui du Mediator en 2010.

(8) V., Soc. 30 juin 2016, n° 15-10.557, publié au Bull., D. 2016. 1740, et les obs., note J.-P. Marguénaud et J. Mouly ; RDT 2016. 566, obs. P. Adam ; Légipresse 2016. 391 et les obs. ; *ibid.* 536, comm. W. Bourdon, B. Repolt et A. Cagnat ; Soc. 19 janv. 2022, n° 20-10.057, D. 2022. 170 ; RDT 2022. 106, obs. S. Maillard ; RTD civ. 2022. 604, obs. H. Barbier ; Soc. 16 févr. 2022, n° 19-17.871, D. 2022. 358 ; JA 2023, n° 677, p. 40, étude P. Fadeuilhe.

B. Un cadre renouvelé

Les contours de la notion juridique de lanceur d'alerte ont été esquissés au fil de l'adoption de dispositifs législatifs successifs.

Ainsi de la loi du 6 décembre 2013 et de son titre III « Des lanceurs d'alerte » dont les dispositions protègent les agents publics et privés qui relatent ou témoignent de faits constitutifs d'un délit ou d'un crime dont ils ont connaissance dans l'exercice de leurs fonctions [9]. Ainsi également de la loi du 16 avril 2013, portée par la sénatrice Marie-Christine Blandin, relative aux risques graves pour la santé publique ou l'environnement qui proclame un véritable droit pour « *toute personne physique ou morale [...] de rendre publique ou de diffuser de bonne foi une information concernant un fait, une donnée ou une action, dès lors que la méconnaissance de ce fait, de cette donnée ou de cette action lui paraît faire peser un risque grave sur la santé publique ou sur l'environnement* ».

L'éclatement des normes de référence, le caractère variable des conséquences qui pouvaient résulter de leur application, notamment en termes de protection [10], ont justifié l'adoption d'un cadre général uniforme. C'est ainsi que le Gouvernement a commandé au Conseil d'État une étude sur les dispositions à adopter pour protéger les personnes émettant, de bonne foi, des alertes, en lui demandant expressément de faire des propositions pour en améliorer l'efficacité. Tel est l'objet du rapport adopté par l'assemblée générale plénière du Conseil d'État, en février 2016, « *Le droit d'alerte : signaler, traiter, protéger* ».

Le projet de loi relatif à la transparence, à la lutte contre la corruption et à la modernisation de la vie économique, déposé quelques mois plus tard, qui ne comprenait aucune disposition relative aux lanceurs d'alerte, sera complété au cours du débat parlementaire par un amendement qui doit beaucoup à la pugnacité d'associations et organisations, telle la branche française de *Transparency International*, la Fondation Sciences Citoyennes et autres pourfendeurs de la corruption [11].

La loi du 9 décembre 2016 relative à la transparence, à la lutte contre la corruption et à la modernisation de la vie économique a assurément permis de franchir un grand pas pour la protection des lanceurs d'alerte. Elle a posé la base légale d'un statut, reposant sur une définition transversale dont le respect entraîne, à lui seul, l'application d'un ensemble de règles protectrices, de fond et de procédure. Posant les règles de la « *dénonciation licite* », la loi contribue aussi à insuffler l'idée que « *le lanceur d'alerte ne serait pas qu'un dénonciateur parmi d'autres, méritant (à l'aulne de certaines valeurs) une protection renforcée* » [12].

Selon les termes de son article 6 : « *un lanceur d'alerte est une personne physique qui révèle ou signale, de manière désintéressée et de bonne foi, un crime ou un délit, une violation grave et manifeste d'un engagement international régulièrement ratifié ou approuvé par la France, d'un acte unilatéral d'une organisation internationale pris sur le fondement d'un tel engagement, de la loi ou du règlement, ou une menace ou un préjudice graves pour l'intérêt général, dont elle a eu personnellement connaissance* [...] ».

(9) L. n° 2013-1117 du 6 déc. 2013 relative à la lutte contre la fraude fiscale et la grande délinquance économique et financière, modifiant le code du travail et la loi n° 83-634 du 13 juill. 1983 portant droits et obligations des fonctionnaires.

(10) V. Protéger les lanceurs d'alerte, la démocratie technique à l'épreuve de la loi, O. Leclerc, LGDJ, p. 80 ss.

(11) V. not. les prises de position de William Bourdon, cité *in* Protéger les lanceurs d'alerte, La démocratie technique à l'épreuve de la loi, *ibid.* p. 35. V. aussi, Lecture indépendante d'une innovation législative, La création du dispositif de protection des lanceurs d'alerte, J. Toubon, *Les lanceurs d'alerte*, sous la direction de M. Disant et D. Pollet-Panoussis, LGDJ, p. 397.

(12) P. Adam, Alerte et autres dispositifs de protection du dénonciateur salarié. Question d'articulation, *in L'avenir des lanceurs d'alerte dans l'Union européenne*, sous la direction de G. Bargain et C. Koumpli, Mare et Martin, p. 147.

La loi s'est accompagnée de l'adoption d'une loi organique permettant, comme déjà envisagé au moment de la loi Blandin de 2013 et comme le suggérait le Conseil d'État dans son étude de 2016, au Défenseur des droits « *d'orienter vers les autorités compétentes toute personne signalant une alerte dans les conditions fixées par la loi, de veiller aux droits et libertés de cette personne* » [13]. L'autorité administrative indépendante dotée d'une compétence et d'une expertise en matière de lutte contre les discriminations – à laquelle le Conseil constitutionnel rattachera explicitement la question de la protection des lanceurs d'alerte – dispose de pouvoirs d'enquête étendus lui permettant d'être en mesure de prévenir efficacement les représailles contre les lanceurs d'alerte. Une censure constitutionnelle a empêché que celle-ci puisse accorder un soutien financier au motif qu'une telle mission aurait dépassé le cadre constitutionnel délimitant les compétences du Défenseur des droits [14].

Malgré l'avancée majeure de la loi Sapin II, le constat a cependant été rapidement fait des limites du texte et notamment de celle résultant de l'obligation faite au lanceur d'alerte de suivre une procédure graduée de signalement. De façon inédite, par rapport aux dispositifs précédents, la loi du 9 décembre 2016 a en effet imposé au lanceur d'alerte de s'adresser en premier lieu à son « *supérieur hiérarchique, direct ou indirect,* [son] *employeur ou* [un] *référent désigné par celui-ci* », puis, et seulement à défaut de réponse dans un délai raisonnable, à « *l'autorité judiciaire, à l'autorité administrative ou aux ordres professionnels* » en lui permettant, en troisième intention, si ces organismes ne réagissent pas sous trois mois, de rendre l'alerte publique (v. art. 8). La gradation dans la démarche d'alerte trouvait un écho dans les recommandations du Conseil de l'Europe comme dans la jurisprudence de la CEDH, sans que ces derniers ne l'imposent cependant avec autant de rigidité.

Or cette obligation de passer par une alerte interne, alors que les différentes structures professionnelles ne présentaient pas toutes – loin de là – les garanties de confidentialité requises pour un traitement sécurisé des signalements fut en pratique assez dissuasive. La procédure en trois temps, impliquant l'appréciation d'un délai raisonnable ou la recherche de l'autorité administrative adéquate, s'avérait source de complexité, faisant trop largement prendre le risque aux lanceurs d'alerte de ne pas entrer dans le cadre et de perdre la protection qui leur était pourtant destinée.

La définition du lanceur d'alerte retenue par la loi Sapin II comportait également quelques ambiguïtés, notamment s'agissant de la portée de la notion de démarche « *désintéressée* ».

Au-delà de ces constats – étayés par le rapport d'information sur l'évaluation de la loi Sapin II [15] – la France a été conduite à rénover le cadre juridique de la protection des lanceurs d'alerte à la suite de l'adoption par le Parlement européen et Conseil de l'Europe de la directive du 23 octobre 2019, sur la protection des personnes signalant des violations du droit de l'Union.

Le choix a été fait par la France de transposer ce texte de portée sectorielle, limité à certains domaines du droit de l'Union européenne, dans le champ beaucoup plus large de la loi Sapin II. C'est ainsi qu'ont été adoptées la loi n° 2022-401 du 21 mars 2022 visant à améliorer la protection des lanceurs d'alerte ainsi que la loi organique n° 2022-400 du même jour visant à renforcer le rôle du Défenseur des droits en

(13) Article unique de la loi organique modifiant l'article 4 de la loi organique n° 2011-333 du 29 mars 2011 relative au Défenseur des droits.

(14) Cons. const. 8 déc. 2016, n° 2016-740 DC, AJDA 2016. 2404.

(15) Rapport d'information sur l'évaluation de l'impact de la loi n° 2016-1691 du 9 décembre 2016 relative à la transparence, à la lutte contre la corruption et à la modernisation de la vie économique, dite « loi Sapin 2 », Assemblée nationale, R. Gauvain et O. Marleix.

matière de signalement d'alerte, toutes deux portées par le député Sylvain Waserman. Le Conseil d'État a été saisi pour avis de ces textes [16].

C'est dans ce cadre juridique transversal, fraîchement rénové, que s'inscrit aujourd'hui le droit de l'alerte. Directement impliqué, le Défenseur des droits prend une part active à sa mise en œuvre.

II. L'élaboration progressive d'un droit de l'alerte

En 2016, et plus nettement encore en 2022 où les débats parlementaires ont été davantage préparés, le législateur a tenté de parvenir à un équilibre délicat : faire que l'alerte ne soit pas le seul fait d'acteurs héroïques, qu'elle n'isole ni ne détruise ceux qui en sont à l'origine ; mais aussi qu'elle ne soit pas inutilement nocive pour ceux qui en sont l'objet, principalement les employeurs. Des objectifs d'autant plus difficiles à concilier qu'en France, comme le souligne Danièle Lochak, les « *hésitations du corps social face à la dénonciation* » sont réelles [17].

C'est ainsi que la loi Sapin II dans sa version modifiée, par une loi adoptée à l'unanimité, comprend à la fois des dispositions qui conditionnent la reconnaissance de la qualité de lanceur d'alerte ainsi que des dispositions qui protègent ceux qui peuvent s'en prévaloir et garantissent le traitement de leurs signalements. Voici ce que recouvre le statut du lanceur d'alerte.

A. Droits et devoirs du lanceur d'alerte

Si la loi du 9 décembre 2016 constitue le cadre général de la protection des lanceurs d'alerte, des législations sectorielles demeurent qui organisent elles aussi, dans des domaines particuliers – tels que le secteur financier, le secteur médico-social ou encore celui des techniques de renseignement – les droits et devoirs du lanceur d'alerte. S'il faut noter l'effort fait lors la réforme de 2022 dans l'harmonisation des règles protectrices (v. art. 6, III de la loi Sapin II), le paysage gagnerait encore à être simplifié.

Aux termes de l'article 6 de la loi Sapin II, dans sa version en vigueur :

« *Un lanceur d'alerte est une personne physique qui signale ou divulgue, sans contrepartie financière directe et de bonne foi, des informations portant sur un crime, un délit, une menace ou un préjudice pour l'intérêt général, une violation ou une tentative de dissimulation d'une violation d'un engagement international régulièrement ratifié ou approuvé par la France, d'un acte unilatéral d'une organisation internationale pris sur le fondement d'un tel engagement, du droit de l'Union européenne, de la loi ou du règlement.* »

Seul celui qui répond à cette définition est en mesure de se prévaloir de l'application des règles qui protègent les lanceurs d'alerte. Sont ainsi exclues les personnes morales, qui peuvent cependant, depuis la loi du 21 mars 2022, bénéficier d'une protection en tant que « *facilitateur* », soit, une personne (physique ou morale d'après le texte) qui aide l'auteur d'un signalement.

(16) V. avis n° 404001 du 4 nov. 2021 du Conseil d'État sur une proposition de loi visant à améliorer la protection des lanceurs d'alerte et avis n° 404000 sur une proposition de loi organique visant à renforcer le rôle du Défenseur des droits en matière de signalement d'alerte.

(17) D. Lochak, La dénonciation, stade suprême ou perversion de la démocratie ?, *L'État de droit. Mélanges en l'honneur de Guy Braibant*, Dalloz, 1996, p. 451-471.

Au regard de la définition, n'est pas lanceur d'alerte, celui qui reçoit une « *contrepartie financière directe* ». Cette dernière expression, issue de la loi du 21 mars 2022, a fort heureusement remplacé la notion de démarche « *désintéressée* », plus incertaine. Le texte est désormais clair en ce qu'il exclut les personnes dont la démarche est mue par un gain financier et elles seules. La réaffirmation du caractère financièrement désintéressé de l'alerte, rappelle quant à elle l'hostilité de principe, en France, au principe de l'alerte rémunérée [18]. Force est de constater que des dispositifs prévoyant, à l'instar de la législation américaine, la rémunération des auteurs de signalement, tels les aviseurs fiscaux [19], existent bel et bien dans l'hexagone. Ceux-ci se situent cependant en marge du régime général de l'alerte de la loi Sapin II.

La loi Sapin II exclut également du domaine de l'alerte les faits « *dont la révélation ou la divulgation est interdite par les dispositions relatives au secret de la défense nationale, au secret médical, au secret des délibérations judiciaires, au secret de l'enquête ou de l'instruction judiciaires ou au secret professionnel de l'avocat* » (art. 6). Le large champ de ces exclusions fait l'objet de critiques, notamment par le Défenseur des droits qui recommande, comme le Conseil de l'Europe, la création, au niveau national, d'un dispositif spécifique d'alerte sur les questions de sécurité nationale et de secret-défense. Il y va de l'intérêt de la sécurité nationale elle-même [20].

Le premier des droits du lanceur d'alerte est certainement de voir sa demande traitée. Pour le garantir, la loi organise une procédure qui oblige le destinataire du signalement.

Plusieurs voies de signalement peuvent être envisagées entre lesquelles le lanceur d'alerte peut librement choisir. Pour les alertes de nature professionnelle, la première consiste à s'adresser à un interlocuteur interne. Les entreprises et administrations de plus de cinquante salariés ou agents sont tenues de mettre en place une procédure de recueil de ces alertes internes, présentant des garanties d'indépendance et de confidentialité, détaillées par décret [21]. Le texte impose également de communiquer avec le lanceur d'alerte sur la prise en charge de sa demande – par un retour d'information sous trois mois – et sur l'issue du traitement. Pour les plus petites structures et celles qui n'ont pas mis en place les procédures idoines, la démarche d'alerte interne reste envisageable auprès du supérieur hiérarchique direct ou indirect, l'employeur ou un référent. Le lanceur d'alerte peut toutefois préférer emprunter la deuxième voie qui s'offre à lui consistant à s'adresser à une « autorité externe », soit à l'une des 41 autorités désignées par décret pour recueillir et traiter les alertes ou au procureur de la République ou institutions européennes. Comme les employeurs de plus de 50 salariés ou agents, les autorités externes chargées du recueil des signalements (AERS) sont tenues de respecter une procédure décrite par le décret du 3 octobre 2022.

Outre la liberté qu'elle donne au lanceur d'alerte, la « mise en concurrence » des procédures interne et externe, a été présentée comme un facteur d'incitation pour les employeurs à respecter leurs obligations en termes de recueil et de traitement des alertes. Plus prosaïquement, le Défenseur des droits avait recommandé la mise en place de sanctions financières à l'encontre des organismes n'ayant pas

(18) Dès le *False Claims Act* de 1863, v., L'alerte rémunérée : entre efficacité et risque de dévoiement. J.-C. Roda, *in Les lanceurs d'alerte*, préc., p. 237.

(19) V. sur l'entrée en vigueur du dispositif, la récente décision de la cour administrative de Paris, CAA Paris, 27 sept. 2023, n° 22PA04079.

(20) Avis du Défenseur des droits n° 20-12 du 16 déc. 2020.

(21) Décr. n° 2022-1284 du 3 oct. 2022 relatif aux procédures de recueil et de traitement des signalements émis par les lanceurs d'alerte et fixant la liste des autorités externes instituées par la loi n° 2022-401 du 21 mars 2022 visant à améliorer la protection des lanceurs d'alerte.

satisfait à l'obligation de mettre en place des procédures internes de signalement [22]. Il n'a pas été suivi sur ce point.

Le rôle de l'autorité administrative indépendante dans la mise en œuvre des procédures de recueil et de traitement des alertes a été considérablement renforcé en 2022. Le Défenseur des droits a en effet pour mission d'orienter le lanceur d'alerte, parmi les 41 autorités compétentes, ainsi que de réorienter les alertes mal dirigées, à la demande des autorités saisies à mauvais escient. Le Défenseur des droits est également à même – et la loi ne le permet qu'à lui seul – de s'affranchir de la liste du décret, imparfaite, pour aller chercher ailleurs l'autorité « *la mieux à même de connaître* » des faits dénoncés. À son initiative, un réseau s'est constitué entre les autorités afin de rendre le dispositif fluide. Une part non négligeable de l'activité du Défenseur des droits dans le domaine des lanceurs d'alerte consiste aujourd'hui à travailler avec les autorités à la mise en place des procédures de recueil et de traitement des alertes et à l'orientation de ces dernières vers les entités qui pourront effectivement traiter les faits dénoncés. Il arrive régulièrement qu'il faille s'extraire de la liste du décret, qui, bien qu'assez longue, fait l'impasse sur certaines autorités de contrôle dont le rôle s'avère déterminant, telles que les agences régionales de santé, vers lesquelles il appartient donc au Défenseur des droits de réorienter les alertes.

Les conditions dans lesquelles l'auteur d'un signalement peut rendre publique son alerte sont également réglementées par la loi du 9 décembre 2016, modifiée en 2022. En substance, ce n'est qu'en cas d'urgence, d'inaction des autorités externes, d'inefficacité manifeste de leur intervention, ou de risques de représailles que le lanceur d'alerte peut diffuser publiquement les faits qu'il entend dénoncer. Là réside une partie de l'équilibre du dispositif législatif français, qui, à l'instar de ce que juge la CEDH, envisage la divulgation uniquement en dernier ressort, « *en cas d'impossibilité manifeste d'agir autrement* ». Il est toutefois à noter que la Cour, avec la souplesse qu'autorise la grille d'analyse qu'elle a posée, a admis dans l'affaire *H. c/ Luxembourg* une divulgation directe au public par l'intermédiaire d'un média dès lors qu'elle paraissait la seule solution réaliste pour lancer l'alerte. Il est permis de penser – d'espérer – que le droit français autorise lui aussi d'apprécier la proportionnalité de la démarche d'alerte au regard de l'efficacité des voies de signalement. L'article 8 de la loi du 9 décembre 2016 autorise en ce sens la divulgation publique lorsque la saisine d'une autorité externe « *ne permettrait pas de remédier efficacement à l'objet de la divulgation* ».

Dès lors qu'un individu est reconnu lanceur d'alerte, il est protégé des représailles qu'il pourrait subir en lien avec son signalement ou sa divulgation. La loi Sapin II dresse la liste non exhaustive de ce qui peut être regardé comme tel : licenciement, rétrogradation, mesure d'intimidation, ou, pire, « *orientation abusive vers un traitement psychiatrique ou médical* ». Les risques pris par les lanceurs d'alerte sont potentiellement nombreux. Face à de telles mesures, en cas de contestation devant le juge, la loi pose le principe d'un aménagement de la charge de la preuve. Le procédé, désormais classique depuis les premiers dispositifs de lutte contre le harcèlement ou les discriminations, fait peser sur l'auteur des mesures contestées le soin de démontrer que ces dernières sont « *justifiée[s] par des éléments objectifs étrangers au signalement* ».

Par une décision remarquée, la Cour de cassation a jugé que la règle s'appliquait aussi devant la formation de référé de la juridiction prud'homale, laquelle, c'est l'autre apport de la décision, était compétente pour se prononcer sur la légalité du licenciement d'un

(22) Ces amendes auraient pu abonder le fonds de soutien aux lanceurs d'alerte que la Défenseure des droits recommande de mettre en place. V. Avis du Défenseur des droits n° 20-12 du 16 déc. 2020.

lanceur d'alerte [23]. Ainsi que l'indique justement le professeur Adam « [une telle] *solution est heureuse – au regard de la nécessité d'agir vite si l'on entend réellement permettre le maintien du lanceur d'alerte dans son emploi – et s'inscrit à la fois dans le sillage des recommandations du Conseil de l'Europe et dans celui du droit de l'Union européenne* ». S'agissant des litiges susceptibles de relever de la compétence de la juridiction administrative, les voies du référé suspension (art. L. 521-1, CJA), du référé liberté (art. L. 521-2, CJA) et du référé mesures utiles (art. L. 521-3, CJA) demeurent ouvertes, dans les conditions du droit commun. La proposition initialement envisagée d'instituer une présomption d'urgence en faveur du lanceur d'alerte, dans le cadre du référé liberté, n'a *in fine* pas été retenue, le Parlement suivant sur ce point l'avis de l'assemblée générale du Conseil d'État sur la proposition de loi.

Selon la jurisprudence du Conseil d'État, le principe de l'aménagement de la charge de la preuve ne peut jouer si l'objet même du motif de licenciement repose sur l'alerte. Il ne saurait, en effet, en pareille circonstance, être exigé de l'auteur de la mesure qu'il établisse qu'elle est sans lien avec l'alerte puisque, justement, ce dernier assume que tel soit bien le cas. Le contrôle du juge se concentre alors sur le point de savoir si l'agent ou le salarié était dans une situation dans laquelle il pouvait être sanctionné pour avoir procédé à un signalement, ou si au contraire, il entrait dans le champ d'un dispositif de protection des auteurs de dénonciations [24]. Si tel est le cas, la mesure est entachée de nullité.

Les lanceurs d'alerte, au sens de la loi Sapin II, bénéficient d'une exonération de responsabilité civile et pénale, pour les faits – atteinte à la réputation, à un secret protégé – en lien avec leur signalement. On doit l'essentiel des dispositions applicables sur ce point à la loi du 21 mars 2022, qui à la fois pose le principe de l'irresponsabilité civile et étend le champ de l'irresponsabilité pénale pour couvrir les hypothèses de soustraction, détournement et recels de documents [25]. Le rapport d'information parlementaire d'évaluation de la loi Sapin II avait sur ce point noté la lacune du texte originel [26], qui prévoyait une règle d'irresponsabilité pénale uniquement en cas d'atteinte à un secret protégé par la loi sans exclure les poursuites fondées sur la soustraction des documents en lien avec l'alerte. Parce qu'une telle soustraction est souvent consubstantielle à la démarche d'alerte et que les poursuites abusives, dites aussi « *procédures baillons* » sur ce fondement ne sont pas rares, l'extension du champ matériel de l'irresponsabilité est bienvenue.

De façon plus directe, les « *procédures baillons* » sont sanctionnées par la loi, qu'elles aient pour effet d'empêcher un signalement ou de faire pression sur le lanceur d'alerte [27]. Les auteurs de discriminations à l'égard d'un lanceur d'alerte encourent en outre une sanction pénale de trois ans d'emprisonnement et de 45 000 euros d'amende.

Enfin, pour les aider dans leur lutte, souvent inégale, contre les auteurs de représailles, la loi Sapin II a prévu que les lanceurs d'alerte pouvaient bénéficier de provisions devant le juge pour couvrir les frais d'instance ou pour subvenir à leurs besoins [28]. Les 41 autorités externes ont quant à elles la faculté d'accorder un soutien psychologique et financier, ce qu'aucune n'a à ce jour été en mesure de faire. L'effort d'accompagnement matériel des lanceurs d'alerte apparaît ainsi pour le moins limité, ce

(23) Soc. 1er févr. 2023, n° 21-24.271, D. 2023. 243 ; P. Adam, L'alerte en habits de référé, Dr. soc. 2023. 357 ; RDT 2023. 119, chron. F. Gabroy.

(24) CE 27 avr. 2022, n° 437735, Lebon ; AJDA 2022. 901 ; AJCT 2022. 595, obs. S. Dyens ; v. aussi, CAA Paris, 28 juin 2023, n° 21PA04628, AJFP 2023. 628.

(25) À la condition que le lanceur d'alerte en ait eu connaissance de manière licite.

(26) C. pén., art. L. 122-9, issu de la loi du 9 déc. 2016.

(27) Art. 13 de la loi du 9 déc. 2016.

(28) Art. 10 de la loi du 9 déc. 2016.

qui constitue une lacune majeure du dispositif si l'on songe notamment aux effets des représailles dans le domaine professionnel.

La qualité de lanceur d'alerte est une qualification qui, enfin, permet la saisine du Défenseur des droits, en vue de bénéficier d'un accompagnement spécifique. Sur ce point également la réforme de 2022 a considérablement renforcé les mesures susceptibles de bénéficier aux lanceurs d'alerte. L'accompagnement du Défenseur des droits s'articule autour de quatre missions. Les deux premières consistent à informer les lanceurs d'alerte sur leurs droits [29]; et, dans le prolongement, à les orienter dans leur démarche d'alerte. Le Défenseur des droits a également reçu compétence pour émettre un avis sur la qualité de lanceur d'alerte de la personne qui le saisit. Comme l'a relevé l'assemblée générale du Conseil d'État dans son avis sur la proposition de loi organique visant à renforcer le rôle du Défenseur des droits en matière de signalement d'alertes, en l'état du droit applicable avant 2022, le Défenseur des droits était déjà conduit à s'assurer que la personne qui le saisit peut bien être qualifiée de lanceur d'alerte et bénéficier de la protection qui y est attachée. La formalisation de cet avis, en dehors de tout contexte conflictuel ne présente pas moins un intérêt pour le lanceur d'alerte, conforté dans sa démarche et rassuré sur la possibilité pour lui de se prévaloir des droits que la loi garantit. L'avis rendu ne se substitue pas à la décision qui pourrait être prise *in fine* par le juge, ainsi que l'a relevé le Conseil constitutionnel dans sa décision sur la loi organique du 21 mars 2022 [30]. Enfin, le Défenseur des droits accompagne, auprès des employeurs ou devant les juridictions, les lanceurs d'alerte victimes de représailles, en adoptant des recommandations ou en produisant des observations, comme il le fait classiquement dans ses quatre autres domaines de compétence que sont la lutte contre les discriminations, le respect de la déontologie par les forces de sécurité, la défense des droits de l'enfant et la défense des droits des usagers des services publics.

Forte des enseignements tirés de l'exercice de ses missions, ainsi que l'impose désormais la loi organique n° 2011-333 du 29 mars 2011 relative au Défenseur des droits, l'institution prendra le pouls du droit de l'alerte, tous les deux ans, dans un rapport remis aux président de la République, président du Sénat et président de l'Assemblée nationale.

Le rythme des sollicitations va croissant et ce sont désormais plusieurs centaines de personnes qui s'adressent chaque année au Défenseur des droits [31]. Une grande partie des demandes émane de personnes qui s'estiment victimes de représailles en lien avec une alerte ou qui, ayant lancé l'alerte, craignent d'en subir les conséquences sur le plan professionnel.

L'institution est de ce fait au cœur des questionnements que suscite aujourd'hui la notion de lanceur d'alerte. Elle tente d'y répondre, en s'appuyant sur une jurisprudence encore parcellaire.

B. Contours d'une qualification juridique en cours de construction

Les principales interrogations qui se sont fait jour sur l'application de la loi Sapin II portent sur les frontières de la notion de lanceur d'alerte, au regard tant de l'auteur du signalement que des faits dénoncés.

(29) V. par exemple, le guide publié à l'attention des lanceurs d'alerte, https://www.defenseurdesdroits.fr/sites/default/files/2023-07/ddd_guide-lanceurs-alertes_maj2023_20230223.pdf.

(30) Cons. const. 17 mars 2022, n° 2022-838 DC, AJDA 2022. 605.

(31) Plus de 300 dossiers en 2023, contre 134 en 2022 et 89 en 2021.

Plusieurs catégories de personnes sont exclues du régime de protection de la loi Sapin II, notamment les personnes morales, qui, si elles bénéficient désormais d'une protection en qualité de facilitateur [32], ne peuvent pour autant être à l'origine de l'alerte. On relèvera que de ce point de vue, la loi Sapin II a marqué un recul par rapport à la loi Blandin qui, s'agissant des alertes environnementales, consacrait un droit à l'alerte des personnes physiques comme des personnes morales. Tel n'est plus le cas désormais dans le régime unifié [33].

La situation des victimes des faits dénoncés est délicate. La loi ne les évoque pas en tant que telles, pour autant, tout conduit à penser que la protection des lanceurs d'alerte ne concerne pas celles et ceux qui dénoncent exclusivement leur situation personnelle. Les travaux parlementaires de 2016 sont même assez nets en ce sens que : « *le lanceur d'alerte ne doit pas être affecté par le trouble qu'il dénonce, auquel cas il lui appartient de déposer plainte* » [34]. Plus fondamentalement, il apparaît que ce qui justifie la protection particulière accordée aux lanceurs d'alerte est précisément leur engagement « *au nom d'un intérêt supérieur* » [35], en « *citoyens vigilants* » pour reprendre les termes de l'étude du Conseil d'État de 2016 [36]. Le droit de l'Union européenne se réfère quant à lui aux menaces ou atteintes à l'intérêt public, à l'instar de la CEDH. Pour ces raisons, le Défenseur des droits a pris le parti de ne pas inclure dans le champ des lanceurs d'alerte la victime qui agit exclusivement pour son propre compte, pour une situation qui la concerne uniquement. Un choix d'autant plus fondé que des dispositifs de protections idoines existent déjà pour les victimes qui dénoncent leur situation, notamment dans le domaine du harcèlement moral, sexuel ou des discriminations. L'institution accompagne ainsi potentiellement ces victimes dans le champ de ses compétences en matière de discrimination mais pas en tant que lanceur d'alerte.

Pour des motifs comparables, le Défenseur des droits considère que les titulaires de mandats représentatifs, lorsqu'ils agissent au nom d'une organisation syndicale ou en tant que représentant du personnel, n'entrent *a priori* pas dans le champ de la loi Sapin II, tout en étant protégés par des règles spécifiques.

À l'instar d'une victime qui alerterait au-delà de son propre cas, un représentant du personnel qui s'écarterait du cadre de son mandat devrait néanmoins pouvoir s'inscrire dans le champ de la loi du 9 décembre 2016 et être le cas échéant, qualifié de lanceur d'alerte. Raisonner autrement reviendrait à discriminer ces deux catégories.

Au-delà de ces exclusions, il apparaît que le régime de la loi Sapin II doit être articulé avec d'autres dispositifs d'alerte qui l'ont précédé. Tout dispositif spécifique est amené à l'emporter sur le cadre général comme l'a jugé la Cour de cassation pour l'article L. 1132-3-3 du code du travail, relatif aux crimes et délits (Soc. 1er juin 2023, n° 22-11.310) et comme le prévoit désormais la loi du 9 décembre 2016. D'après cette dernière également, les protections liées à l'application de chacun des régimes doivent être au moins équivalentes à celles prévues par le dispositif

(32) Ce qui est en soit un progrès par rapport à 2016, que n'impliquait pas la transposition de la directive de 2019, laquelle définit le facilitateur comme « *une personne physique qui aide un auteur de signalement au cours du processus de signalement dans un contexte professionnel et dont l'aide devrait être confidentielle* ».

(33) V. sur ce point, O. Leclerc, À quelles conditions un régime unifié de signalement est-il souhaitable ? Réflexions à partir de l'alerte sanitaire et environnementale, *in L'avenir des lanceurs d'alerte dans l'Union européenne*, sous la direction de G. Bargain et C. Koumpli, Mare et Martin, p. 129.

(34) V. Rapport du rapporteur au Sénat : « le lanceur d'alerte ne doit pas être affecté par le trouble qu'il dénonce, auquel cas il lui appartient de déposer plainte » (Rapp. Sénat n° 712 [2015-2016], 22 juin 2016 [Chap. II]). V. aussi, B. Querenet-Hahn et A. Renard, Le régime de protection des lanceurs d'alerte issu de la loi Sapin 2, Cah. dr. entr. 1/2018. Dossier 3 : « *L'intention du législateur n'est pas d'accorder la protection des lanceurs d'alerte à la victime qui est personnellement affectée par les faits révélés et les révélerait donc de manière intéressée, ni au témoin cité devant un juge afin de donner son témoignage sur les faits dénoncés* ».

(35) V. Rapports 4045 et 4046, Assemblée nationale, rapporteur de la commission des lois, 2e lecture, projet de loi relatif à la transparence, à la lutte contre la corruption et à la modernisation de la vie économique et de la proposition de loi organique relative à la compétence du Défenseur des droits pour l'orientation et la protection des lanceurs d'alerte, p. 47.

(36) Le droit d'alerte : signaler, traiter, protéger, Étude, Conseil d'État, 2016.

transversal. Le paysage demeure cependant complexe et la question de l'articulation du régime transversal avec les autres dispositifs de protection, quels qu'ils soient, n'a pas été suffisamment traitée par les lois de 2016 et 2022. Elle mériterait d'être abordée de front pour éviter les complications inutiles dans le maniement de textes qui ont pourtant tous pour finalité de sécuriser les démarches de signalement.

La question du fond de l'alerte fait également débat.

À juste titre, Danièle Lochak invite à assumer de regarder le lanceur d'alerte comme quelqu'un qui « *dénonce* », avec pour corollaire l'idée que « *la protection qu'on souhaite lui conférer a bien pour objectif d'encourager la dénonciation de comportements fautifs, frauduleux ou nocifs pour l'intérêt général* » [37].

Le champ des faits qui peuvent être signalés, est des plus larges, allant, selon la loi Sapin II du crime ou de la violation de la loi et du règlement à la menace pour l'intérêt général. Cette dernière notion a remplacé celle « d'atteinte grave à l'intérêt général » qui prévalait depuis 2016. L'assemblée générale du Conseil d'État, qui, dans son avis sur la proposition de loi de 2022, recommandait de ne la retenir que pour ce qui relevait du champ de la directive, eu égard à l'impact potentiel d'un tel élargissement n'a pas été entendue.

La notion d'intérêt général, qui figurait dans les recommandations du Conseil de l'Europe est apparue essentielle aux yeux des parlementaires, en ce qu'elle permettait d'appréhender « *des situations scandaleuses mais qui ne violent aucune loi* » à l'instar des pratiques d'optimisation fiscale au Luxembourg dénoncées par MM. D. et H. La CEDH, qui reconnaîtra au second le droit à la protection au titre de l'article 10 de la CEDH, se réfère, elle aussi, à « *l'intérêt public* » que présente la divulgation. On peut toutefois penser que « l'atteinte grave » permettait de répondre à ces préoccupations.

Tel qu'entendu aujourd'hui, le champ de l'alerte connaît peu de limites. Sauf à prendre le risque de paralyser le dispositif, et de dévoyer la notion de lanceur d'alerte, il convient pourtant de conserver quelques bornes s'agissant de l'objet du signalement. Des dysfonctionnements mineurs, tels ceux qui peuvent toucher l'organisation du travail ou la gestion, au quotidien d'un service, ne devraient pas mériter le qualificatif d'alerte.

Toute critique ne justifie par ailleurs pas la mise en œuvre des mécanismes de protection prévus par la loi, pas plus qu'elle n'implique de mobiliser les procédures et autorités chargées de recueillir les signalements. S'inscrire dans une démarche de signalement, au sens de la loi Sapin II suppose en effet une critique formulée expressément à l'attention d'une personne à même d'en percevoir la portée (Soc. 1er juin 2023, nº 22-11.310).

D'après le texte, le signalement doit aussi être effectué « de bonne foi ». Cette notion est d'un maniement complexe dès lors qu'elle conduit à focaliser l'attention sur les motivations du lanceur d'alerte davantage que sur les faits dénoncés. Elle a néanmoins été retenue en droit français et en droit européen des droits de l'homme où d'après la CEDH la « *motivation du salarié qui procède à la divulgation est [...] un facteur déterminant pour l'appréciation du point de savoir si la démarche doit ou non bénéficier d'une protection* » [38].

(37) D. Lochak. L'alerte éthique, entre dénonciation et désobéissance, AJDA 2014. 2236.

(38) CEDH, gr. ch., 12 févr. 2008, préc., § 77.

En pratique, si les faits dénoncés se révèlent erronés et qu'il est acquis que le lanceur d'alerte ne pouvait l'ignorer, la mauvaise foi de ce dernier est évidente. La Cour de cassation juge ainsi très logiquement que la mauvaise foi ne peut résulter « *que de la connaissance par le salarié de la fausseté des faits qu'il dénonce et non de la seule circonstance que les faits dénoncés ne sont pas établis* » [39]. D'autres configurations sont toutefois envisageables et, en dehors des cas de dénonciation mensongère, la mauvaise foi peut aussi se déduire d'un comportement malveillant, empreint de contradictions [40] ou malhonnête [41]. Le Conseil d'État vient quant à lui de juger que n'était pas de bonne foi le salarié qui avait proféré « *en des termes généraux et outranciers, des accusations d'une particulière gravité, sans avoir été par la suite en mesure de les préciser d'aucune manière* » et qui « *s'inscrivent, en outre, dans le cadre d'une campagne de dénigrement dirigée contre son ancien supérieur hiérarchique direct* » [42].

Dans le prolongement de cette idée, le lanceur d'alerte ne saurait s'engager sans disposer d'élément qui étaie son signalement, soit, comme le rappelle régulièrement le Défenseur des droits, qui reprend les termes de la directive de 2019, sans avoir des « *motifs raisonnables de croire* » en la véracité de ce qu'il dénonce.

Sur cette question, comme toutes celles que suscite déjà l'application de la loi Sapin II modifiée, des précisions jurisprudentielles sont inévitablement à venir. À n'en pas douter, les avocats aux Conseils se saisiront des occasions permettant aux juges de les apporter, participant ainsi à l'édification du droit de l'alerte.

(39) Soc. 8 juill. 2020, nº 18-13.593, D. 2020. 1468 ; Dr. soc. 2021. 170, étude R. Salomon ; Légipresse 2020. 470 et les obs. ; *ibid*. 557, étude A. Cagnat et A. Lefebvre ; Soc. 13 sept. 2023, nº 21-22.301, D. 2023. 1597 ; AJCT 2024. 61, obs. L. Zaoui ; Dr. soc. 2023. 925, obs. P. Adam ; RDT 2023. 633, chron. F. Gabroy.

(40) Soc. 16 sept. 2020, nº 18-26.696, au Bull. sur un autre point, D. 2020. 1841 ; *ibid*. 2312, obs. S. Vernac et Y. Ferkane.

(41) V., rappelant ces critères, Amiens, 5e ch. prud'h., 9 janv. 2020, nº 18-00584.

(42) CE 8 déc. 2023, nº 435266, Lebon ; AJDA 2023. 2313.

Conférence du stage

La Conférence du stage des avocats aux Conseils est un concours d'éloquence juridique ouvert aux candidats titulaires d'une maîtrise de droit ou d'un master 1. Prononcés par les candidats, en présence de leurs pairs, devant le président de l'Ordre et les secrétaires désignés l'année précédente, les discours de la Conférence du stage reconstruisent des procès ayant donné lieu à des décisions des hautes juridictions françaises (Conseil constitutionnel, Tribunal des conflits, Conseil d'État et Cour de cassation) ou européennes (Cour européenne des droits de l'homme et Cour de justice de l'Union européenne).

Par ailleurs, lors de la séance de rentrée de la Conférence tenue devant les représentants des pouvoirs publics et les hauts magistrats administratifs et judiciaires, le président de l'Ordre et le premier secrétaire de la Conférence de la promotion sortante prononcent l'un et l'autre un discours.

Les discours prononcés par le président de l'Ordre et le premier secrétaire, lors de la rentrée 2023, sont ici reproduits.

La loyauté dans le procès

Salle d'Assemblée générale du Conseil d'État,
27 novembre 2023

François Molinié

Président de l'Ordre des avocats
au Conseil d'État et à la Cour de cassation

Monsieur le garde des Sceaux, ministre de la Justice,

Monsieur le vice-président du Conseil d'État,

Monsieur le premier président de la Cour de cassation,

Monsieur le procureur général près la Cour de cassation,

Monsieur le premier avocat général,

Monsieur le membre du Conseil constitutionnel,

Monsieur le président de la commission des lois de l'Assemblée nationale,

Mesdames et Messieurs les présidents, directeurs et conseillers,

Mesdames et Messieurs les premiers avocats généraux,

Mesdames et Messieurs les hauts magistrats,

Monsieur le vice-bâtonnier et Madame la vice-bâtonnière élue du barreau de Paris,

Mesdames et Messieurs les représentants des barreaux de Cours suprêmes européennes,

Mes chères consœurs et chers confrères, chers amis de la conférence du stage,

***

Il existe différentes manières d'approcher la notion de procès.

La plus séduisante est évidemment littéraire et cinématographique.

Songez au procès de Baudelaire et de ses Fleurs du mal,

à Rabelais et son juge Bridoye,

Racine et ses plaideurs,

La Fontaine et ses *procès à l'envie.*

Ou bien encore aux mémoires de Beaumarchais parus en rafales à la veille de la Révolution française. On s'arrachait ces feuilletons judicaires.

On se passionne pour le jeune avocat Abraham Lincoln dans le procès vivant, tumultueux, agité du film de prétoire de John Ford : *Vers sa destinée.*

Ou bien encore pour les procès *Paradine* d'Alfred Hitchcock,

Douze hommes en colère de Sidney Lumet,

Autopsie d'un meurtre d'Otto Preminger,

et sous nos latitudes, *L'Hermine* ou *Le Procès Goldman.*

***

Le procès raconte avant tout une histoire.

Il présente une dimension théâtrale : unité de temps, de lieu, d'action.

Il est certes un lieu d'affrontement mais aussi celui où « *la parole l'emporte sur la violence* » a dit Paul Ricœur.

Le procès est l'endroit où se dit le droit, se tranche le conflit et disparait l'incertitude.

Il ne suffit pas d'avoir des droits pour en jouir. Lorsqu'ils sont contestés, ils se réalisent en justice.

« *Il n'y a de droit que là où il peut y avoir un procès* ».

Le procès n'est pas un jeu même s'il a des règles qui rythment son déroulement, de la saisine jusqu'à la décision du juge.

Ces règles constituent autant de frottements à la dynamique du procès si bien décrits, dans leurs excès pathologiques et arbitraires :

- par Dickens dans *Bleak-House*, son grand roman juridique ;
- ou Kafka dans *Le Procès* : « *Je suis innocent dit Joseph K au juge : Je le sais bien, répond le juge… mais ils le disent tous !* ».

***

Les règles du procès sont essentielles.

Contradictoire, publicité, impartialité, preuves, formalisme : elles assurent l'égalité entre les justiciables, la qualité des débats et la confiance dans la justice.

Il existe un droit commun du procès irrigué par l'idée que pour être juste, un procès doit répondre à un certain standard :

- les Ve et XIVe amendements à la Constitution américaine garantissent le *due process of law* ;
- le droit anglais protège le *fair trial* ;
- le droit français, nourri par nos règles constitutionnelles et européennes, assure quant à lui le respect du droit au procès équitable, étendard de plusieurs droits processuels essentiels : accès à un juge impartial, délai raisonnable, égalité des armes...

Parmi eux, isolons le principe du contradictoire, matrice du procès réussi qu'il soit judiciaire ou administratif.

Comme l'a écrit René Chapus, « *Il n'y a pas de choix possible entre une procédure contradictoire et une procédure qui ne le serait pas* » en ajoutant qu'« *on **ne** peut raisonnablement douter qu'une procédure doit être aussi contradictoire qu'il est possible qu'elle soit* ».

Et, en effet, de la contradiction transparente entre les arguments émerge une certitude – la vérité judiciaire – ainsi qu'un sentiment : celui que la justice a été rendue.

Sans pratique de la contradiction suffisante, sans éthique de la discussion, entre les parties et entre le juge et les parties, l'alchimie qui conduit à la confiance des justiciables ne peut pas opérer.

Avouons qu'abandonner son sort entre les mains d'un juge investi par la loi de la mission de rendre la justice en notre nom à tous n'a rien d'évident, de naturel.

Pas plus que celui de faire totalement confiance à son avocat.

Cet échange entre les acteurs du procès doit être loyal.

La loyauté dans le procès : voilà un principe à la portée, sinon contestée, du moins incertaine.

Absent formellement de la jurisprudence du Conseil d'État,

détecté dans quelques arrêts seulement de la Cour de cassation,

sa consécration en tant que véritable principe directeur du procès peine à se concrétiser.

Pourquoi ?

Faut-il incriminer son côté moralisateur et trop empreint de subjectivité qui le rendrait difficilement opérationnel, voire dangereux ?

S'agirait-il d'un principe inutile, le principe de la contradiction étant bien suffisant pour structurer l'instance juridictionnelle ?

Cette frilosité serait-elle le résultat d'une vision trop conservatrice des principes directeurs du procès ?

Je ne trancherai pas ici ce débat qui anime l'université et nourrit la controverse entre plusieurs professeurs de renom.

Non, mon propos sera aujourd'hui plus modeste.

***

Il sera, d'abord, de constater que, principe ou non, la loyauté investit, souvent de façon sous-jacente, implicite, mais bien réelle, le droit du procès, à commencer par le procès administratif.

Le principe de loyauté est absent des textes ou presque puisqu'à propos de l'utilisation des moyens audiovisuels en outre-mer, le code de justice administrative impose une retransmission *fidèle et loyale*.

Il ne faut néanmoins pas faire beaucoup d'efforts pour voir affleurer la loyauté à toutes les étapes essentielles de l'instance.

À l'égard des parties, pendant l'instruction, la preuve est libre.

Et, pourtant, dans sa célèbre décision *Barel*, le Conseil d'État a pris en considération le comportement de l'administration qui refusait de verser à la procédure les dossiers des cinq candidats écartés du concours de l'ENA.

Refusant d'éclairer le juge, celui-ci sanctionne une déloyauté dans l'administration de la preuve et tient pour établies les allégations des requérants.

***

L'exigence de loyauté constitue également la justification de plusieurs règles essentielles du contentieux administratif :

- l'obligation faite au juge d'inviter le requérant à régulariser ses conclusions ;
- celle de mettre aux débats un moyen relevé d'office ;
- une substitution de base légale ;
- une modulation des effets dans le temps ;
- une nouvelle jurisprudence intervenant en cours de délibéré ;
- ou bien encore la communication préalable du sens des conclusions du rapporteur public ;
- et la possibilité de répliquer lors de la séance publique.

Et même si le Conseil d'État ne semble pas enclin à consacrer le principe de l'estoppel, tout en ayant pris soin de le définir avec une grande précision, se dégage de ces règles

« *une exigence substantielle d'organisation par le juge, au profit des parties, d'un débat contentieux sans piège et sans surprise* ».

***

Nul doute que le développement de l'appréciation dynamique de la légalité dans le contentieux de l'excès de pouvoir suscitera de nouvelles questions, de même que la procédure de contradictoire asymétrique qui permet de faire échapper des éléments au débat contradictoire dans des hypothèses de plus en plus nombreuses.

Dans le contentieux judiciaire et notamment civil, la loyauté procédurale est moins implicite. Elle affleure davantage.

L'article 10 du code civil pose le principe selon lequel « *chacun est tenu d'apporter son concours à la justice en vue de la manifestation de la vérité* ».

L'article 780 du code de procédure civile dispose que le juge a pour « *mission de veiller au déroulement loyal de la procédure* »,

par exemple en s'assurant que les parties se font connaître leurs arguments en temps utile « *afin que chacun soit à même d'organiser sa défense* ».

C'est au visa du principe de loyauté que la Cour de cassation a pu désapprouver l'absence de sanction procédurale d'une partie qui détenait une pièce potentiellement décisive et qui ne l'avait pas produite à l'instance.

C'est encore au nom de ce principe qu'elle a sanctionné la communication tardive d'une pièce en possession d'une partie depuis plusieurs mois.

Violation encore du principe de loyauté dans le comportement consistant, dans certaines circonstances, à se contredire au détriment d'autrui ou dans l'utilisation de certains moyens de preuve.

Si le visa explicite de ce principe est rare, ma conviction est qu'il joue souvent comme un principe d'interprétation, à l'instar des « *principes latents sous des textes fragmentaires* » du doyen Carbonnier dans son introduction au droit civil.

Corolaire des droits de la défense et du principe de la contradiction, la loyauté dans le procès se manifeste de toute part : dans la procédure civile, la procédure pénale, la procédure administrative.

À tous les niveaux du procès : en première instance, en appel, en cassation.

Devant le juge européen également. La Cour européenne des droits de l'homme a déjà sanctionné le comportement d'un requérant en le déclarant rétroactivement irrecevable pour ne pas avoir informé la cour des évolutions dans sa situation.

Le principe de bonne foi irradie y compris jusqu'aux nouveaux modes amiables de résolution des litiges.

La procédure participative n'impose-t-elle pas aux parties de participer de « bonne foi » ?

Mais, au-delà des règles de procédure, la loyauté est aussi une exigence personnelle et collective des acteurs du procès.

Elle s'impose aux magistrats administratifs, comme le rappellent les principes généraux de la charte de déontologie de la juridiction administrative en la faisant découler des règles de la fonction publique.

Nul doute, me semble-t-il, qu'elle est incluse dans les exigences du nouveau serment du magistrat administratif mis en place il y a quelques jours par la loi justice du 20 novembre.

Pour les magistrats judiciaires, l'article 6 de l'ordonnance du 22 décembre 1958 et le recueil des obligations déontologiques leur fait obligation de se conduire avec dignité et loyauté.

Quant aux avocats, le nouveau code de déontologie des avocats aux Conseils mentionne la loyauté à six reprises :

- dans les principes et devoirs essentiels ;
- dans les rapports avec les juridictions ;
- dans leur comportement dans les procédures de cassation ;
- et à l'égard de leurs confrères des barreaux eux-mêmes soumis à ce principe essentiel.

La loyauté n'est pas seulement un principe éthique ou moral.

Elle régit l'ensemble des acteurs du procès.

Elle contribue au bon déroulement des procédures.

Elle est le gage de la confiance des magistrats et des justiciables envers les avocats,

comme de la confiance des justiciables envers la justice dont la qualité repose sur la loyauté des débats.

La loyauté est en réalité un principe commun aux magistrats et avocats.

Il faut que les juges puissent faire confiance aux avocats et les avocats aux juges.

Cette déontologie partagée est au cœur des travaux du comité consultatif conjoint de la déontologie de la relation magistrats-avocats et de ses deux premiers rapports relatifs à la foi du palais – qui ne doit pas disparaitre – et aux usages et bonnes pratiques.

Elle est, enfin, l'une des dimensions du dialogue entre les juges eux-mêmes, particulièrement en ce qui concerne le respect des stipulations de la Convention européenne des droits de l'homme.

Une conception trop extensive par la Cour européenne de la notion de « *grief invoqué en substance* » peut ainsi mettre en difficulté le juge national qui n'aura pas été expressément invité à mettre en œuvre les techniques de contrôle de la convention.

La loyauté est encore et toujours sous-jacente.

Omniprésente, elle est nécessaire pour garantir la confiance que les justiciables doivent pouvoir placer dans leur justice.

Même si elle irrigue le droit du procès le plus souvent dans les coulisses, elle a une puissance de feu importante.

Règle morale avant tout, oui mais elle n'est pas la seule notion de ce genre à produire des effets juridiques. Songez à la notion de bonne foi.

Dans le procès, la déloyauté et le mensonge ont vocation à provoquer un court-circuit qui va décrédibiliser ses auteurs. Il peut ruiner une thèse tout autant que la confiance que doit inspirer un professionnel du droit.

Chers lauréats du concours de la conférence du stage,

chers élèves de notre institut de formation,

chères consœurs, chers confrères, il ne faut pas se méprendre sur la portée de ce principe.

En aucun cas, il ne s'agit de faire des concessions avec votre obligation fondamentale d'assurer la défense des justiciables.

Mais vous serez d'autant plus efficace et crédible que vous aurez agi avec loyauté à l'égard du juge et de votre adversaire.

Il n'y a là rien de surprenant ou de contradictoire.

La loyauté n'est pas qu'une vertu. Elle est une notion juridique.

La racine latine de notre mot du jour est là pour nous le rappeler : LEGALIS.

Est loyal, ce qui est conforme à la loi.

Éloge d'Édouard Laferrière

Salle d'Assemblée générale du Conseil d'État, 27 novembre 2023

Benjamin Rottier

Premier secrétaire de la Conférence

Le premier président de la cour royale de Rennes avait interdit que les chambres délibérassent à l'heure où Laferrière donnait à la Faculté son cours de droit administratif, afin que tous les magistrats et les avocats pussent y assister.

La renommée de Laferrière – *Firmin* Laferrière – était considérable depuis la publication de son *Essai sur l'histoire du droit français*.

Son fils Édouard [1] dira admirer, « *vénér[er]* », même, ce père qui sera conseiller d'État et qui aura consacré sa vie « *tout entière à l'étude et au culte du droit* » [2].

Laferrière – *Édouard* Laferrière – inscrira sa destinée dans le même sillon.

Monsieur le garde des Sceaux, ministre de la Justice,

Monsieur le vice-président du Conseil d'État,

Monsieur le premier président de la Cour de cassation,

Monsieur le procureur général près la Cour de cassation,

Monsieur le président de la Section du contentieux du Conseil d'État,

Monsieur le premier avocat général près la première chambre civile de la Cour de cassation,

Monsieur le directeur des affaires civiles et du Sceau,

(1) La principale source, auquel cet éloge doit beaucoup, est la thèse de Mme la professeure Pascale Gonod : *Édouard Laferrière : Un juriste au service de la République*, LGDJ, 1997, préf. G. Braibant. V. également : M.-A. Baudouin, Discours prononcé à l'audience de rentrée solennelle de la Cour de cassation le 16 octobre 1902, JO 23 oct. 1902, p. 6910-6919 ; J. Lefort, Notice sur la vie et les travaux de M. Laferrière, Revue générale du droit, de la législation et de la jurisprudence 1902, p. 353-361 ; H.-G. Griolet, M. Laferrière, *in* Association amicale des secrétaires et anciens secrétaires de la Conférence des avocats à Paris, 27e Bulletin annuel, Nancy : Imprimerie Berger-Levrault et Cie, 1905, p. 80-97 ; L. Bertrand, Édouard Laferrière, *Études et documents du Conseil d'État* 1956, p. 145-155 ; L. Fougère (dir.), *Le Conseil d'État, son histoire à travers les documents d'époque (1799-1974)*, Paris : Éditions du CNRS, 1974, spéc. p. 613-635 ; F. Julien-Laferrière, Firmin et Édouard Laferrière, juristes français, Rev. adm. 1994, p. 636-648.

(2) F. Laferrière, Essai sur l'histoire du droit français depuis les temps anciens jusqu'à nos jours, nouv. éd., t. 1, Paris : Librairie Guillaumin et Cie, 1885, préface par É. Laferrière, p. V et XIII.

Mesdames et Messieurs les présidents,

Mesdames et Messieurs les hauts magistrats,

Madame la présidente de l'Ordre des avocats au *Bundesgerichtshof*,

Madame et Messieurs les bâtonniers,

Monsieur le président de l'Ordre,

Mesdames, Mesdemoiselles, Messieurs,

Peut-être vous a-t-il observé lorsque vous avanciez vers cette salle de l'assemblée générale...

Immense, dans ce couloir, trône le portrait du vice-président Édouard Laferrière.

On lui prête volontiers, au tournant du siècle, « *l'apparence d'un officier de cavalerie* », « de *taille moyenne, mince, presque toujours vêtu d'une redingote complètement boutonnée* », « *la moustache blonde* », les yeux bleus, « *à la démarche décidée* ».

De sa jeunesse, on ne connaît que quelques jalons.

Naissance : le 26 août 1841, à Angoulême.

Sainte-Barbe, Louis-le-Grand, Faculté de droit de Paris.

À dix-neuf ans, il est éprouvé par le décès de son père et met désormais au travail une ardeur qui ne le quittera jamais.

Il obtient sa licence de droit en 1864, s'inscrit au barreau et devient le secrétaire d'Ernest Picard.

Picard, qui rédigera la déclaration de proclamation de la République qu'on entendra un 4 septembre depuis la place de l'Hôtel-de-Ville.

Picard, qui entraîne Laferrière à fréquenter plus assidûment les cercles politiques que les prétoires.

Le talent d'orateur d'Édouard Laferrière commence à poindre.

Un jour, Gambetta l'entend débattre avec Alexandre Ribot et s'exclame : « *À la bonne heure ! Voilà des hommes !* ».

Ribot sera élu premier secrétaire de la Conférence des avocats de Paris pour l'année 1865-1866, Laferrière deuxième secrétaire.

Édouard Laferrière consacre son discours de rentrée solennelle aux *Rivalités des Parlements avec les intendants et le Conseil du Roi.*

Abreuvé d'histoire du droit à la meilleure source – son père –, il dénonce l'empiétement progressif des ancêtres des préfets et des conseils de préfecture sur la compétence des Parlements.

Ce n'est plus « *le régime du droit* », dit-il, mais « *celui du bon plaisir* ».

Il s'interroge : « *Pourquoi deux juges s'il n'y a qu'une justice* » ?

Et la réponse qu'il apporte est, rétrospectivement, délicieusement ironique : il faut supprimer les juridictions administratives [3].

Laferrière raconte ce qu'ont été ses premières années d'avocat : « *La fable du Lion et du Moucheron,* dit-il, *symbolise assez bien ce qui se passait alors : un gouvernement fort, encore plein de prestige, était journellement harcelé par des adversaires imperceptibles, mais tout hérissés de ces aiguillons du droit, de ces ardillons de la procédure qui piquent, égratignent et finissent par blesser* » [4].

Pour Laferrière, le combat républicain passera d'abord... par la presse.

Dès 1868, il collabore avec des journaux d'opposition : *Le Rappel,* principalement, fondé sous le patronage de Victor Hugo.

Ses ouvrages, ses articles, ses conférences, tout procède du même mouvement : instruire ses concitoyens du Droit, de *leurs* droits, et les inciter à les exercer.

Car le Droit lui-même est, sous le Second Empire, un instrument de subversion.

Paul Meurice, du *Rappel,* se souvient : « *Il nous apportait quelquefois des articles qui nous paraissaient assez dangereux et qu'il nous démontrait n'être que des textes de loi appliqués* » [5].

1869.

Le tumulte.

C'est une année électorale.

Laferrière fréquente davantage les tribunaux correctionnels, comme avocat... et comme prévenu.

Au mois de juin, il plaide longuement une affaire de presse, sort de la salle d'audience, retire sa robe, et revient devant le même tribunal : il y est jugé pour coups et blessures.

Quelques mois plus tôt, au petit matin, six hommes se postent dans le bois du Vésinet.

Laferrière est là, il se saisit d'une épée.

Il a reçu un soufflet et se bat en duel, au premier sang versé.

(3) É. Laferrière, *Rivalités des parlements avec les intendants et le Conseil du Roi : Discours prononcé à l'ouverture de la Conférence des avocats le 8 décembre 1866,* Paris, Librairie internationale, 1866, p. 26, 45 et 47.

(4) É. Laferrière, M. Béquet, Notice lue à l'assemblée générale du 18 décembre 1893, *in* Association amicale des secrétaires et anciens secrétaires de la Conférence des avocats à Paris, 16ᵉ Bulletin annuel, Nancy, Imprimerie Berger-Levrault et Cⁱᵉ, 1894, p. 229.

(5) P. Meurice, La victoire des libéraux, *Le Rappel,* 12 juin 1869.

Les deux témoins de Laferrière ? Vous les connaissez...

L'un sera ministre, l'autre vice-président du Conseil d'État : ce sont ses amis Jules Ferry et Georges Coulon.

Laferrière blesse son adversaire au poignet : il est condamné à 200 francs d'amende.

Mais ce sont surtout les articles dénonçant les abus du préfet de police Piétri qui vaudront à Laferrière des poursuites correctionnelles.

Il est condamné pour outrage, condamné pour diffusion de fausse nouvelle, à un mois d'emprisonnement.

En juin, l'affaire est plus sérieuse. Le siège du *Rappel* est perquisitionné et Laferrière y est arrêté pour complot contre la sûreté de l'État.

Il raconte lui-même l'épisode, avec une gourmandise attristée.

Il allume un cigare, le commissaire ne trouve rien et veut pourtant le conduire à la prison Mazas.

« *Monsieur,* lui dit Laferrière, *je vous ferai observer que d'après les termes de votre mandat, vous devez m'amener devant un magistrat et non en prison ; vous ne pouvez pas transformer de votre propre autorité un mandat d'amener en un mandat de dépôt* ».

« *Vingt minutes après, j'étais à Mazas* » [6].

L'information judiciaire n'avance pas.

Alors Laferrière fait assigner le préfet de police devant le tribunal civil, à raison de cette arrestation qui constitue, selon lui, « *un acte de légèreté coupable qui engag[e] sa responsabilité [...], conformément à l'article 1382 du code civil* » [7].

Les huissiers refusent-ils de délivrer l'acte ? Laferrière publie l'assignation dans la presse.

Le voilà condamné pour outrage à un mois d'emprisonnement.

Lorsqu'enfin il plaide contre le préfet de police devant le tribunal civil, la salle des pas perdus fourmille, la salle d'audience déborde.

La renommée de Laferrière grandit dans le cercle des opposants au Second Empire.

Le procureur général Baudouin dira de lui : « *il devenait l'un des avocats nécessaires des procès politiques et les perdait brillamment, ce qui, dit-on, est, en pareil cas, le vrai succès* » [8].

(6) É. Laferrière, Histoire de l'interruption du Rappel, *Le Rappel*, 29 juin 1869.

(7) É. Laferrière, Procès en train, *Le Rappel*, 25 juill. 1869.

(8) M.-A. Baudouin, *loc. cit.*, p. 6913.

1870.

« *On vivait vite à cette époque*, dira Laferrière, *et les transitions étaient brusques* » [9].

Il a 28 ans.

En mai, il fonde son propre journal.

Comment s'en étonner ? Il l'appelle... *La loi*.

En juillet, la France déclare la guerre au Royaume de Prusse et le 4 septembre... c'est la défaite de Sedan.

La République est proclamée, le Conseil d'État dissous et Laferrière est nommé maître des requêtes à la Commission provisoire, puis commissaire du gouvernement.

Lorsque la loi du 24 mai 1872 réorganise le Conseil d'État, Laferrière est naturellement confirmé dans ses fonctions, qu'il exercera neuf années durant.

Mais sur les 2 603 conclusions qu'il a prononcées, seules quatre ont été publiées [10].

L'une de ces affaires : Tribunal des conflits, 1877, *Laumonnier-Carriol*.

Les conclusions de Laferrière sont restées gravées dans les mémoires : il oppose l'« *administrateur [...] plus ou moins sujet à erreur* » et « *l'homme avec ses faiblesses, ses passions, ses imprudences* » [11].

La faute de service, désormais, sera distinguée de la faute personnelle.

Mais ses autres conclusions... avaient-elles le même souffle ?

Écoutez ceux qui les ont entendues,

Écoutez le vice-président Georges Coulon : un commissaire du gouvernement « *est sobre, clair, précis et rapide. À ces qualités Laferrière en joignit une autre : il fut intéressant ; [...] L'entendre était une vraie fête. Il était,* dit-il, *l'ornement de nos audiences* » [12].

C'est que Laferrière puise notamment dans « *le droit civil, le droit romain, l'ancien droit* » et en propose des applications originales.

En juillet 1879, il est nommé conseiller d'État en service ordinaire et, à moins de 38 ans, *président de la Section du contentieux*.

Laferrière dira lui-même ce qu'implique la fonction de président de cette section si particulière :

« *Le président n'a pas seulement à s'occuper des dossiers,* écrit-il *; il faut aussi qu'il s'occupe des personnes. Il a sous sa direction*

(9) É. Laferrière, M. Béquet, *loc. cit.*, p. 231.

(10) Selon la recension qu'en a faite Mme Pascale Gonod (*op. cit.*, p. 35 et p. 434).

(11) T. confl., 5 mai 1877, *Laumonnier-Carriol*, Lebon 438-443, concl. É. Laferrière.

(12) G. Coulon, Discours prononcé aux obsèques d'Édouard Laferrière, reproduit dans « Obsèques de M. Laferrière », *Le Temps*, 7 juill. 1901.

des rapporteurs appartenant à tous les degrés de la hiérarchie : [...]. À l'égard des plus expérimentés sa direction doit être discrète, mais à l'égard des autres, et surtout de la jeune phalange des auditeurs, cette direction doit être assidue. La fonction de président comporte alors une sorte de préceptorat bienveillant, sévère s'il le faut, mais qui ne peut s'exercer avec fruit et avec justice que s'il s'allie à l'esprit de suite et à une autorité toujours en éveil » [13].

C'est encore lorsqu'il occupe ces fonctions que Laferrière, formé au contentieux administratif par Léon Aucoc, devient lui aussi un « *magistrat-professeur* ».

Jules Ferry, redevenu ministre de l'Instruction publique, lui propose d'assurer un cours de doctorat à la Faculté de droit de Paris.

Et voilà le fils de Firmin qui reproduit l'exploit du père : se pressent pour l'écouter non seulement les étudiants, mais aussi des avocats, des magistrats et même ses collègues du Conseil d'État.

Le vice-président Coulon le dira : « *son enseignement fut pour nous une véritable révélation* ».

C'est sous la "République des républicains" qu'Édouard Laferrière est nommé vice-président du Conseil d'État, en 1886.

Il accomplira une œuvre proprement considérable qui donnera à sa présidence éclat immense.

Laferrière déploie son énergie dans trois directions.

Une œuvre doctrinale, en premier lieu, dans laquelle l'enseignant est indissociable du commissaire du gouvernement, du président de section et du vice-président : le *Traité de la juridiction administrative et des recours contentieux*.

Nul n'a pu oublier à quel point il fut ce « *fondateur du droit administratif moderne* ».

Le droit administratif, auparavant, paraissait être une somme de branches dispersées sans cohérence d'ensemble.

Ces jurisprudences, Laferrière fait bien davantage que les ordonner : il en mène une analyse transversale, insuffle l'intelligence et les inscrit dans un système.

Il érige le tronc, réunit les branches, dessine les rameaux.

Le *Traité* élabore ainsi deux théories générales majeures : celle de la compétence et celle du recours pour excès de pouvoir.

Ce qu'il a apporté nous paraît aujourd'hui... l'évidence.

La distinction de la compétence et des conditions de recevabilité des recours pour excès de pouvoir ?

C'est Laferrière.

(13) É. Laferrière, Le projet de loi sur le Conseil d'État, *Le Temps*, 16 nov. 1894.

La classification quadripartite des recours contentieux : annulation, pleine juridiction, interprétation et répression ?

C'est Laferrière.

L'arrachement du recours pour excès de pouvoir au recours en cassation ?

Laferrière, encore.

La condition d'absence de recours parallèle ?

Toujours Laferrière.

Et il ne se contente pas de faire « *œuvre de synthèse* ».

C'est à lui, à son « *génie propre* » [14], que nous devons l'abandon de la théorie du ministre-juge.

Avant la parution du *Traité*, l'idée que le ministre est le juge administratif de premier ressort est l'opinion universelle.

Mais Laferrière en sape les fondations, met en lumière sa contradiction avec les principes fondamentaux,

Et la conviction s'effrite : *Bougard* (1881), *Ville de Cannes, Leféver...*

La justice retenue s'effondre définitivement en 1899 par l'arrêt *Cadot*.

Combien Gaston Jèze a-t-il eu raison de s'exclamer : « *Enfin Laferrière vint !* ».

En deuxième lieu, le vice-président Laferrière s'emploie scrupuleusement à défendre le Conseil d'État lui-même, qu'il décrit comme « *cette grande et forte institution nationale que toutes nos révolutions ont respectée* » [15].

Intransigeant sur le respect des attributions consultatives, Laferrière insiste : « *la mission des sections administratives est des plus étendues et des plus fertiles ; c'est réellement en elles et dans l'assemblée générale que réside le Conseil d'État, considéré comme conseil de gouvernement et comme auxiliaire des Chambres* » [16].

En troisième lieu, un peu à côté de l'institution, le vice-président rayonne.

Il y a une singulière unité entre Laferrière bâtisseur de théorie générale et Laferrière... « *alpiniste distingué* ».

Depuis des années, le vice-président gravit des sommets... au sens propre.

En 1892, il devient président du Club alpin français, où l'on dit de lui qu'il « *manie le piolet comme il manie la parole* ».

(14) L. Bertrand, *loc. cit.*, p. 152.

(15) É. Laferrière, Allocution prononcée lors de son installation le 28 janvier 1886, cité par Louis Fougère (dir.), *op. cit.*, p. 613.

(16) É. Laferrière, Le projet de loi sur le Conseil d'État, *loc. cit.*

Au siècle de Jules Verne, des grandes découvertes, des expositions universelles, Laferrière fixe la direction pour le Club alpin : « *la période de conquête des sommets* » est achevée et « *l'œuvre principale [est] désormais*, dit-il, *de travailler, par tous les moyens à rendre plus facile l'accès de nos montagnes* » [17].

Il en va du droit administratif comme des reliefs escarpés : il a exploré, défriché, cartographié, ouvert la voie ; désormais, il fait profiter le plus grand nombre des sentiers qu'il a balisés, jusqu'au « *dernier kilomètre* ».

Dans un autre cadre – celui de l'association amicale des secrétaires et anciens secrétaires de la Conférence – le vice-président Laferrière livre quelques leçons qu'il a tirées de son expérience.

« *Oui*, assure-t-il, *pour bien juger, pour bien administrer, pour bien légiférer – et je dirai presque pour bien gouverner, – il n'est pas inutile d'avoir un peu plaidé. C'est là, c'est à la barre que l'on apprend le mieux à respecter la libre discussion, à profiter de la contradiction, au lieu de s'en irriter ou d'en avoir peur, à développer en soi ce sens critique qui finit par nous donner, pour nos propres erreurs, presque autant de clairvoyance que pour celles d'autrui.*

« *J'estime*, poursuit Laferrière, *qu'on n'est jamais mieux armé, dans la vie, contre les mauvaises raisons des autres, les faux jugements, les paradoxes, que lorsqu'on a été quelquefois exposé à en commettre un peu soi-même* » [18].

Édouard Laferrière incarnait alors si intimement, si complètement le Conseil d'État que tout le monde s'attendait à ce qu'il en restât le vice-président encore des années.

Mais à l'été 1898, l'Algérie souffre de troubles profonds. Les pillages et les attentats se multiplient ; le gouvernement voit sourdre la menace séparatiste.

Le président de la République Félix Faure requiert le vice-président du Conseil d'État pour prendre les fonctions de Gouverneur général de l'Algérie.

La tâche est immense.

Il accepte.

« *Par devoir* », dira-t-il, en précisant : « *J'ai quitté le Conseil d'État avec regret, avec tristesse* » [19].

Quel est le principal accomplissement de Laferrière en Algérie ?

Assurément, la création des *délégations financières.*

Ces assemblées consultatives, dans lesquelles toutes les composantes de la société algérienne sont représentées, sont compétentes en matière de taxes et d'impôts.

Prélude à l'autonomie budgétaire, les délégations financières constituent aussi, dans l'esprit de Laferrière, les prémices d'un véritable parlement algérien.

(17) Allocution rapportée par Jean Frollo, Un piolet d'honneur, *Le Petit Parisien*, 8 déc. 1897.

(18) É. Laferrière, Toast lors du banquet annuel du 29 décembre 1890, *in* Association amicale des secrétaires et anciens secrétaires de la Conférence des avocats à Paris, 13e Bulletin annuel, Nancy, Imprimerie Berger-Levrault et Cie, 1891, p. 21.

(19) É. Laferrière, Discours d'installation prononcé à l'audience solennelle de rentrée de la Cour de cassation, JO 20 oct. 1900, p. 6903.

Deux ans après son arrivée, Laferrière a rétabli l'ordre et demande à regagner la métropole.

En octobre 1900, le "*Gouvernement de défense républicaine*" de Waldeck-Rousseau choisit ce républicain fidèle pour exercer les fonctions de procureur général près la Cour de cassation.

Dans son discours d'installation, Laferrière évoque les « *sentiments [...] qui ont guidé [s] a vie tout entière, l'amour du droit et le dévouement à la République* ».

Et il ajoute, presque nostalgique : « *je salue ce vieux palais qui, à travers les vicissitudes de notre histoire, est resté celui de la loi et du droit. Je le salue aussi avec le respect filial qu'on doit à la maison natale* » [20].

Les attentes de ses nouveaux collègues sont élevées, elles seront dépassées.

La braise de l'incandescent commissaire du gouvernement se ravive.

En quelques mois, Laferrière conclut en personne devant les Chambres réunies, la Chambre civile et la Chambre criminelle.

Dans l'une de ces affaires, le premier président qui l'a entendu dira qu'il a atteint « *la perfection absolue* ».

En 1887, l'Opéra-Comique avait été ravagé par un incendie et des dizaines de personnes avaient péri.

Les enfants d'un couple de victimes agissent devant une juridiction civile en responsabilité contre l'État, en sa qualité de propriétaire de l'immeuble.

L'État est condamné, se pourvoit en cassation.

Quel ordre de juridiction est-il compétent ?

L'Ordre judiciaire, répond Laferrière ; l'Ordre judiciaire, juge la Cour de cassation.

Le pourvoi est rejeté.

Son successeur, le procureur général Baudouin, se le rappelle : « *ceux, qui eurent ce jour-là le bonheur de l'entendre, n'oublieront jamais l'art exquis avec lequel, unissant à l'impeccable sûreté de la forme, les ressources juridiques de la science la plus ingénieuse, il a [...] montré de lumineuse façon la voie à suivre [...]. Il vous apportait ainsi le modèle achevé de l'éloquence judiciaire qui sied à la Cour de cassation* » [21].

Cent vint-cinq années ont passé depuis qu'Édouard Laferrière a quitté la vice-présidence du Conseil d'État.

(20) *Ibid.*

(21) M.-A. Baudouin, *loc. cit.*, p. 6918.

N'est-il pas extraordinaire que, devant l'assemblée du contentieux, il y a quelques semaines, deux rapporteurs publics se soient encore référés, dans leurs conclusions, à l'auteur du *Traité* ?

Les derniers mots reviennent naturellement à Édouard Laferrière.

Nous sommes en 1890, il est vice-président du Conseil d'État et s'exprime devant ses successeurs de la Conférence du stage.

Mais, dans cet hommage à la relève, ses mots ne s'adressent-ils pas plus largement à tous ceux qui poursuivent le combat pour le Droit ?

Laferrière se lève.

« *Les destins,* dit-il, *ont des rigueurs que nous ressentons amèrement, mais ils nous offrent aussi des promesses, des espérances, et c'est à celles-ci seulement que je veux penser ici, en portant un toast aux jeunes.*

« *Je bois à cette élite du stage, qui nous ramène chaque hiver comme un renouveau de printemps, et qui nous prépare dans l'avenir non l'oubli, mais la réparation des pertes que le présent nous inflige* » [22].

(22) É. Laferrière, Toast lors du banquet annuel du 29 décembre 1890, *loc. cit.*, p. 20.

Miscellanées des titulaires du CAPAC

Le CAPAC (Certificat d'aptitude à la profession d'avocat aux Conseils) est délivré à ceux qui, après avoir suivi la formation de trois ans dispensée à l'IFRAC (Institut de formation et de recherche des avocats aux Conseils), réussissent l'examen préparé et contrôlé par un jury. Depuis le décret du 2 août 2019 modifiant la composition de notre jury d'examen, ce dernier est composé de huit membres: deux conseillers d'État, un magistrat du siège de la Cour de cassation, un magistrat du Parquet général de la Cour de cassation, un professeur d'université et trois avocats aux Conseils.

Trois d'entre eux, dont deux ont prêté serment depuis, ont accepté de contribuer à ce numéro de *Justice & Cassation*.

Cette rubrique créée en 2015 est plus particulièrement consacrée à la cassation. C'est néanmoins la grande variété des thèmes abordés qui en justifie le titre.

DE LA
COUR DE CASSATION
CHAMBRES CIVILES

Conditions de fond de la recevabilité du pourvoi incident en matière civile et administrative

Dorothée Féliers

Titulaire du Certificat d'aptitude
à la profession d'avocat aux Conseils

Le pourvoi incident désigne « le pourvoi formé en réponse au pourvoi principal et après lui et qui tend à l'annulation des dispositions de l'arrêt qui font grief au demandeur »[1]. Il constitue essentiellement une riposte au pourvoi principal, ou, à certaines conditions, l'occasion d'ouvrir un nouveau front.

Avant d'examiner les conditions de recevabilité de cet outil contentieux, un titulaire du CAPAC doit, comme l'exige sa condition d'écolier qu'il n'a que très récemment dépassée, revenir aux fondamentaux : le français, les mathématiques et l'histoire.

En langue française, les dictionnaires distinguent l'adjectif « incident » du substantif « incident ». L'adjectif décrit ce qui est secondaire ou accessoire, le substantif désigne un évènement fâcheux ou inattendu.

Le pourvoi incident renvoie à la première définition : il est accessoire ou secondaire et s'oppose ainsi au pourvoi principal.

Le vocabulaire juridique distingue ainsi le pourvoi incident des incidents (incidents de l'instance, incidents de procédure, incidents de la preuve...) qui désignent tous ces menus évènements qui viennent troubler le cours tranquille du procès.

Pour autant, la distinction doit être nuancée : le pourvoi incident a, comme ses cousins les incidents, un caractère inattendu et fâcheux puisqu'il peut aggraver la situation du demandeur au pourvoi. Et on aura l'occasion de creuser les liaisons, sinon dangereuses, du moins tumultueuses, entre le pourvoi incident et les incidents de l'instance.

En mathématiques, une approximative règle de trois appliquée aux résultats obtenus sur le site Légifrance[2] révèle qu'environ

(1) J. et L. Boré, *La cassation en matière civile*, Dalloz Action, 2023-2024, 6e éd., n° 95.21.

(2) Qu'il soit permis de regretter que ni le Rapport annuel de la Cour de cassation ni le Rapport public du Conseil d'État ne comportent de statistiques sur la fréquence du pourvoi incident, qui contribueraient à éclairer la complexité des litiges et à apprécier plus finement la plus ou moins longue durée de traitement des recours.

10 % des arrêts civils motivés [3], ont porté sur des procédures dans lesquelles avait été formé un « pourvoi incident » ou un « pourvoi provoqué » [4].

C'est beaucoup, si l'on garde à l'esprit que, par hypothèse, le pourvoi incident ne peut être formé que contre une décision qui, en accueillant seulement partiellement une demande, ou en en accueillant l'une et en en rejetant une autre, déplait à deux parties, justifiant ainsi à la fois un pourvoi principal et un pourvoi incident.

C'est toutefois compréhensible si l'on tient compte de la formidable diversité de la matière civile et de la variété des demandes qui peuvent être formées, rejetées, accueillies, partiellement ou totalement. Cette prévalence s'explique d'autant plus par le phénomène des « litiges complexes », qui désignent, notamment, les contentieux concernant un grand nombre de parties [5].

Ce chiffre de 10 % est à mettre en regard avec celui que l'on obtient en procédant au même calcul, selon la même méthode, en matière administrative : ce sont entre 1 et 2 % des pourvois [6] jugés par le Conseil d'État, et ayant donné lieu à un arrêt motivé [7] publié sur le site Légifrance, qui comportent l'expression exacte « pourvoi incident » ou « pourvoi provoqué » [8].

Ce chiffre modeste n'est pas étonnant. Certes le pourvoi incident administratif est ouvert dans presque toutes les matières [9], mais le droit administratif est, par construction, moins propice au phénomène du pourvoi incident compte tenu de la binarité de son contentieux : en excès de pouvoir, l'acte est annulé ou non, de sorte qu'en principe, une seule des parties aura intérêt à former un pourvoi [10]. Et si le plein contentieux se prête plus à la multiplication des demandes croisées et donc, au risque qu'une décision fasse l'objet de plusieurs pourvois, principal et secondaires, force est de constater, empiriquement, que ce phénomène est bien plus réduit devant le juge administratif que devant le juge judiciaire.

Et puisqu'il faut rendre honneur à la pluridisciplinarité des avocats aux Conseils, rappelons que le pourvoi incident est inexistant en matière pénale [11]. Cette particularité pourrait s'expliquer par la forte indivisibilité entre les dispositions sur la culpabilité, la peine et les intérêts civils des décisions pénales. Mais la singularité du droit pénal et le rôle crucial de l'office du juge de cassation, gardien de la légalité, nous paraissent être les raisons les plus convaincantes pour expliquer la fermeture de la voie du pourvoi incident : la personne condamnée pénalement ne doit pas être dissuadée de saisir le juge de la légalité par le risque qu'un pourvoi incident aggrave sa situation. Ces réflexions, qui mériteraient d'être approfondies,

(3) Ce qui exclut donc les quelques 45 % de décisions non motivées rendues chaque année par la Cour de cassation. Ce chiffre culmine à 46,5 % en 2022 pour l'ensemble des chambres civiles et concerne près de sept rejets sur dix : *Rapport annuel de la Cour de cassation 2022*, p. 235, fig. 5 et p. 237.

(4) C'est ce qu'enseigne une recherche par année du nombre de décisions rendues par les chambres civiles mentionnant l'expression exacte « pourvoi incident » ou « pourvoi provoqué », rapporté au nombre total de décisions motivées rendues.

(5) On renverra nos lecteurs à l'éclairant rapport de l'Inspection générale de la justice, paru en décembre 2021, portant sur « *le traitement des dossiers civils longs et complexes* », en soulignant toutefois que la question du recours incident n'y est pas traitée.

(6) Etant rappelé que le Conseil d'État, à la différence de la Cour de cassation, ne juge pas que des pourvois mais partage son activité contentieuse entre juge de premier et dernier ressort, juge d'appel et juge de cassation.

(7) D'après son Rapport public, p. 62-63, le Conseil d'État a examiné 6 327 pourvois en cassation en 2022 mais n'a rendu que 1 503 décisions après admission, soit un taux d'admission de 23 %.

(8) On en dénombre à peine une trentaine par an en moyenne.

(9) L'appel incident est par principe irrecevable en contentieux électoral : CE, Ass., 14 oct. 1967, *Él. municipales de Bastia*, Lebon 378 ; en matière de contraventions de grande voirie : CE, 25 mai 1990, *sté Vieille Montagne*, n° 92838 ; CE, sect., 5 avr. 1957, *Carthelax*, Lebon 247 ; s'agissant du contentieux disciplinaire, l'appel incident est interdit, sauf texte spécial : CE, sect., 6 févr. 1981, *Lebard*, Lebon. 74, concl. Dondoux ; CE, 4/6 SSR, 5 mars 2003, n° 221643, Lebon ; CE 10 juill. 2017, n° 385419, Lebon ; mais la règle ne paraît pas avoir été transposée au pourvoi incident, même si l'hypothèse est rarissime, v. par exemple : CE 9 sept. 2010, n° 329279.

(10) Sous réserve d'une annulation partielle, subordonnée au caractère divisible de l'acte.

(11) Rappelant cette solution aussi ancienne que constante : Crim., 14 janv. 2014, n° 12-86.620, selon lequel « *aucune disposition légale n'accord*[e] *aux parties le droit de former un pourvoi incident* ».

laissent entière la question de savoir si, à l'avenir, ces raisons seront jugées suffisamment solides par le juge européen.

De ces statistiques approximatives, il se déduit logiquement que la présente étude exclut la matière pénale et porte sur la matière civile, principalement, et le contentieux administratif, dont l'examen est éclairant.

En histoire enfin, le pourvoi incident en matière civile est une invention relativement récente, puisqu'il faut attendre le décret n° 79-941 du 7 novembre 1979 portant réforme de la procédure en matière civile devant la Cour de cassation, abrogeant le décret n° 67-1210 du 22 décembre 1967, pour qu'apparaissent dans le code de procédure civile les articles 614 et 1010 relatifs au pourvoi incident. Pourtant, l'appel incident existait, lui, de longue date [12].

L'inexistence du recours incident devant la Cour de cassation s'expliquait notamment, comme l'exposent des auteurs avec clarté [13], par l'application de l'adage « *nul ne se forclot soi-même* », qui autorisait le dépôt d'une déclaration de pourvoi à titre principal par un défendeur au pourvoi au-delà du délai imparti au demandeur pour formuler ses moyens [14].

Le décret n° 72-684 du 20 juillet 1972, qui mit fin à l'application de cet adage, rendit nécessaire la reconnaissance, devant la Cour de cassation, de la faculté pour le défendeur d'agir à titre incident, faculté qui a été consacrée par le décret du 7 novembre 1979 précité.

En matière administrative, le pourvoi incident est d'un âge plus vénérable puisque son acte de naissance est un arrêt de la Section du contentieux daté de 1952 [15].

À la fois ancré et fréquent, le pourvoi incident n'a pourtant que peu l'honneur des textes.

En matière civile, le pourvoi incident est mentionné par les articles 614 et 1010 du code de procédure civile, auquel il faut rajouter l'article 991, dont le champ d'application est anecdotique puisqu'il intéresse la procédure sans représentation obligatoire par avocats aux Conseils. D'après cet article 614, le pourvoi incident calque son régime sur l'appel incident, régime auquel le législateur consacre essentiellement trois textes : les articles 548, 549 et 550.

En contentieux administratif, le décompte est encore plus simple : le terme « pourvoi incident » est absent du code de justice administrative et celui d'« appel incident » n'apparait qu'incidemment, si l'on ose dire, aux articles R. 811-10-4 et R. 811-10-5, relatifs au pouvoir de représentation de l'État.

C'est donc essentiellement autour de ces cinq textes (articles 548, 549, 550, 614 et 1010) et de l'abondante jurisprudence qu'ils occasionnent que s'articulent les conditions de la recevabilité d'un pourvoi incident en matière civile. En matière administrative, c'est vers le Conseil d'État qu'il faut se tourner pour identifier les conditions de recevabilité du pourvoi incident.

(12) Les sites institutionnels ne permettent pas de dater avec précision la naissance de l'appel incident en matière civile, qui existait en tout cas déjà dans les années 1950.

(13) J. et L. Boré, *op. cit.*, n° 95.11.

(14) On ne sera donc pas étonné de lire, dans des arrêts anciens, que le rejet de pourvois qualifiés « d'incident » est fondé sur l'expiration du délai pour agir à titre principal : Civ. 3e, 18 juin 1969, Bull. civ. III, n° 496 ; Soc. 3 juin 1971, n° 70-40.369, Bull. civ. IV, n° 401. On ne sera pas plus étonné par un autre arrêt examinant au fond un « pourvoi incident », ce pourvoi correspondant, pour les juristes d'aujourd'hui, à un pourvoi principal connexe, portant un numéro distinct : Civ. 3e, 1er juill. 1975, nos 74-11.200 et 74-11.890.

(15) CE, sect., 24 oct. 1952, *Caisse primaire de sécurité sociale de Grenoble*, Lebon 470, concl. Letourneur.

La présente étude ne s'arrête pas, sauf exception, sur les conditions de forme et de délai du pourvoi incident [16], qui font naître peu de difficultés et ne présentent pas un intérêt théorique majeur. Sur ce point, notons simplement qu'en matière administrative, le pourvoi incident peut être déposé sans condition de délai tant que l'instruction n'est pas close [17], tandis qu'en matière civile, le pourvoi incident doit être formé dans les deux mois suivant le mémoire ampliatif. Ainsi, si l'on fait abstraction des délais de distance et des incidents, un litige civil porté en cassation est en l'état d'être jugé à l'issue d'un délai maximal de neuf mois à compter de la déclaration de pourvoi [18], délai qui nous paraît équilibré puisqu'il ménage, à la fois, les impératifs de la défense et la nécessaire célérité de la justice.

Pour exposer et expliquer le régime procédural du pourvoi incident, il faut d'abord s'interroger sur sa finalité : à quoi sert le pourvoi incident ?

Sa fonction est plurielle. Du point de vue de son auteur, il est une protection puisqu'il lui permet de riposter au recours principal et donc de sortir d'une situation où il serait seulement contraint de subir une éventuelle cassation en sa défaveur. Pour autant, le recours incident ne devrait pas offrir autant de droit que le pourvoi principal puisqu'il faut prendre acte du choix du demandeur incident de ne pas agir à titre principal.

Du point de vue du demandeur à l'action principale, le risque du pourvoi incident constitue une invitation à la modération dans l'exercice de la voie de recours puisque son succès peut conduire à une aggravation de sa situation. Mais étant celui qui a initié la voie de recours, le demandeur au pourvoi principal doit jouir du privilège de commander, même incomplètement, tant l'objet du litige que le cours de l'instance.

Du point de vue du juge, le pourvoi incident permet de restaurer une certaine unité au litige mais il ne doit pas risquer de l'élargir excessivement.

La recevabilité du pourvoi incident obéit ainsi à un double objectif : respecter les droits du demandeur à titre incident tout en préservant la nature secondaire de ce recours par rapport au pourvoi principal.

On connaît la règle par laquelle ce subtil équilibre est trouvé : le pourvoi incident est dans la dépendance du pourvoi principal. Déterminer les conditions de recevabilité du pourvoi incident revient à étudier comment cette dépendance est concrètement mise en œuvre.

La dépendance du pourvoi incident par rapport au pourvoi principal est d'abord remarquable lorsqu'on examine l'objet du pourvoi incident : celui-ci doit, plus ou moins selon les hypothèses, s'inscrire dans les limites du litige posé par le demandeur à titre principal. La manière la plus simple de systématiser cette dépendance est encore de distinguer selon les parties à ce recours (I).

La dépendance du pourvoi incident est ensuite flagrante lorsqu'on analyse le cours de l'instance, le pourvoi incident subissant, plus ou moins selon les hypothèses, les aléas contentieux subis par le pourvoi principal (II).

(16) Sur ce point, nous renvoyons notre lecteur aux ouvrages de référence. Pour la matière civile : J. et L. Boré, *op. cit.*, n°s 95.61 s. ; pour la matière administrative : J. Massot, *et alii*, *Le Conseil d'État juge de cassation*, Berger Levrault, 6e éd., n°s 57 s.

(17) Clôture qui, devant le Conseil d'État, intervient « *soit après que les avocats au Conseil d'État ont formulé leurs observations orales, soit, en l'absence d'avocat, après appel de l'affaire à l'audience* » : CJA, art. R. 613-5.

(18) C. pr. civ., art. 978, 982 et 1010 : quatre mois pour produire un mémoire ampliatif, un mois pour le signifier, deux mois pour y répondre et former pourvoi incident, un mois pour signifier le pourvoi incident, un mois pour y répondre.

I. Pourvoi incident et parties au litige

En matière civile, l'article 548 du code de procédure civile dispose que « *l'appel peut être incidemment relevé par l'intimé tant contre l'appelant que contre les autres intimés* » et l'article 549 ajoute que « *l'appel incident peut également émaner, sur l'appel principal ou incident qui le provoque, de toute personne, même non intimée, ayant été partie en première instance* ».

Lus attentivement, ces textes distinguent deux recours.

L'article 548 vise le recours exercé par « *l'intimé tant contre l'appelant que contre les autres intimés* », ce qui, transposé à l'instance de cassation, désigne le recours dirigé par un défendeur contre le demandeur ou un codéfendeur. Il s'agit donc du pourvoi incident exercé par et contre une partie à l'instance de cassation (A).

Et l'article 549 désigne le recours exercé par « *toute personne, même non intimée, ayant été partie en première instance* ». Ce pourvoi incident particulier désigne l'hypothèse résiduelle : celle des pourvois incidents qui sont formés par ou contre une partie absente au litige de cassation (B).

A. Pourvoi incident entre parties au pourvoi

Dans cette hypothèse, la plus commune, le pourvoi incident est tantôt une stricte riposte au pourvoi principal, dirigé contre le demandeur à titre principal, tantôt une aubaine pour ouvrir un nouveau front, dirigé contre un codéfendeur au pourvoi principal.

1. Le pourvoi incident dirigé contre le demandeur principal

En matière civile, aucun texte ne limite la portée du pourvoi incident dirigé contre l'auteur du pourvoi principal : pourvu que son demandeur ait intérêt à agir, son pourvoi incident peut concerner n'importe quelle disposition de l'arrêt attaqué, même sans lien de dépendance avec le dispositif attaqué par le pourvoi principal [19].

Le pourvoi incident peut ainsi viser le même chef de dispositif que le pourvoi principal [20] ou une autre partie du litige [21]. Il peut même être dirigé contre un arrêt avant dire droit que n'avait pas visé le pourvoi principal [22]. Le demandeur peut encore faire le choix d'agir à titre éventuel [23], se satisfaisant ainsi d'un rejet du pourvoi principal.

Le pourvoi incident ainsi strictement défini est d'une portée redoutable et peut constituer un risque réel pour le demandeur au pourvoi principal à qui la décision attaquée était pour partie favorable.

Le pouvoir donné au demandeur au pourvoi incident sur la détermination de l'objet du litige est toutefois borné par les chefs de dispositif de la décision qu'il attaque puisque le pourvoi dirigé contre

(19) Même si un même litige civil réunit nécessairement des demandes présentant un « *lien suffisant* » les unes avec les autres, comme le prévoient : art. 4 et 70 C. pr. civ. pour les demandes incidentes et l'art. 325 C. pr. civ. pour les interventions.

(20) Civ. 3e, 23 nov. 2023, n° 22-20.866, D. 2023. 2135, où une indemnité avait été fixée à une somme jugée excessive par le demandeur au pourvoi principal mais insuffisante par le demandeur au pourvoi incident.

(21) Par exemple, la circonstance qu'un pourvoi principal concerne l'exécution d'un contrat n'empêche pas le défendeur d'attaquer, par la voie du pourvoi incident, les dispositions de l'arrêt relative à la réparation de son préjudice : Com. 22 nov. 2023, n° 22-17.843 ; en matière sociale, l'Ursaff peut, à titre principal, discuter un chef de redressement et la cotisante en discuter, à titre incident, un autre : Civ. 2e, 16 nov. 2023, n° 21-20.716 ; de même, un pourvoi principal relatif à un droit de préemption n'interdit pas que soit discutée, par la voie incidente, la résiliation du bail : Civ. 3e, 10 sept. 2020, n° 19-11.556 ; en responsabilité, pourvois principal et incident peuvent concerner deux chefs de préjudices différents : Civ. 1re, 14 juin 2023, n° 22-10.170. On pourrait multiplier les exemples.

(22) Soc. 16 juin 2004, n° 01-43.804, D. 2004. 2411, et les obs. ; et ce, même si cet arrêt avant dire droit avait fait l'objet d'un pourvoi, alors prématuré : Soc. 4 nov. 2021, n° 19-23.487 ; et à la condition que cette décision antérieure n'ait pas été, elle-même susceptible de pourvoi immédiat, indépendamment de l'arrêt sur le fond : Civ. 1re, 19 mai 1981, Bull. civ. I, n° 167.

(23) Malgré l'absence de texte sur ce point, la faculté d'agir à titre éventuel est fréquemment démontrée, tant en appel qu'en cassation.

des seuls motifs est irrecevable [24]. Or, il existe une difficulté lorsque la Cour de cassation entreprend de réécrire le chef de dispositif qu'elle casse pour ne casser que partiellement un arrêt. Si, en procédant à cette réécriture, la Cour de cassation consacre un chef de dispositif qui n'existait pas formellement dans la décision et le valide, le défendeur au pourvoi, qui était privé de la faculté de former un pourvoi incident à l'encontre des seuls motifs venant à l'appui de ce chef de dispositif inexistant, subit une atteinte à son droit d'accès au juge [25].

En matière administrative, l'état du droit est moins généreux : le pourvoi incident n'est recevable qu'à la condition de ne pas soumettre au juge un « *litige distinct* » de celui porté devant le Conseil d'État [26] et faisant l'objet d'une admission [27].

La solution s'explique par la nature inquisitoire du procès administratif : dotées d'un pouvoir limité de direction du procès, les parties en sont d'autant plus responsabilisées et assument le choix de ne pas agir à titre principal. D'ailleurs, le Conseil d'État est pragmatique : si le pourvoi, qualifié d'incident, a été formé dans le délai dont disposait son auteur pour agir à titre principal, il est recevable peu important le litige qu'il soulève [28].

Toute forme de systématisation de la notion de litige distinct est vaine, l'appréciation étant pragmatique, casuistique, voire, selon un auteur, « *intuitive* » [29]. Même si l'intuition est un art aussi répandu que personnel, on distingue quelques règles constantes, par matière.

Est ainsi distinct le recours incident portant sur un autre type de contentieux que les conclusions principales [30].

En matière contractuelle, un rapporteur public enseigne que « *les contours de la notion de litige distinct épousent ceux du contrat, de sorte que des conclusions relatives au même contrat ne soulèvent pas un litige distinct, alors même qu'elles concernent des responsabilités, faits générateurs et dommages différents* » [31].

En matière indemnitaire, est distinct le litige qui porte sur un chef de préjudice différent [32] ou, à tout le moins, qui ne se rattache pas au même fait générateur [33] ou encore repose sur des fondements juridiques différents [34].

En matière fiscale, est distincte toute discussion portant sur une imposition non visée par le pourvoi principal ou sur une période non visée par le pourvoi principal [35].

De cet aperçu, non exhaustif, ressort la malléabilité de la notion de litige distinct, traduisant un pouvoir d'appréciation du juge dans la recevabilité des conclusions incidentes.

(24) V. pour un rappel récent : Civ. 3e, 11 janv. 2023, no 21-20.418.

(25) V. J. et L. Boré, *op. cit.*, no 122.46 et l'arrêt cité : Civ. 1re, 12 févr. 2002, no 99-12.452, qui casse un arrêt sauf en ce qu'il avait consacré la faute du défendeur au pourvoi, alors que cette faute, qui ne faisait pas l'objet d'un chef de dispositif, ne pouvait pas être critiquée par son prétendu auteur à l'appui d'un pourvoi incident.

(26) CE, 5/3 CHR, 21 oct. 1992, n° 115355, *Société Setec-Travaux Publics*, Lebon ; D. 1993. 202, obs. P. Terneyre ; RDI 1993. 75, obs. F. Llorens et P. Terneyre ; RFDA 1993. 742, concl. S. Daël.

(27) CE, 7/2 SSR, 25 janv. 2016, Lebon ; AJDA 2016. 701.

(28) Pour un exemple *a contrario* : CE, 5/4 CHR, 31 mars 2017, n° 390402, Lebon ; AJDA 2017. 1259.

(29) C. Broyelle, *Contentieux administratif*, LGDJ, 6e éd., no 504.

(30) Ainsi un litige indemnitaire est distinct du litige principal d'excès de pouvoir : CE, 4/1 CHR, 28 mars 2018, n° 398851, Lebon ; AJDA 2018. 713 ; AJFP 2018. 239, et les obs. ; CE, 6e ch., 28 déc. 2016, no 386352.

(31) Comme l'énonce avec clarté M. Nicolas Labrune dans ses conclusions sur l'arrêt CE 31 oct. 2023, n° 469536 ; v. posant la règle ainsi exposée : CE 3 mars 2010, n° 316515, *Office public communal d'habitations à loyers modérés de Toulon*, Lebon ; AJDA 2010. 1039 ; CE 26 oct. 2011, n° 334098, *Société d'architecture Bical-Courcier-Martinelli, Société Michel Forgue*, Lebon.

(32) CE, 5/3 CHR, 21 oct. 1992, n° 115355, préc. ; CE, 5/4 CHR, 19 janv. 2018, n° 403470, Lebon ; AJDA 2018. 719 ; AJDI 2018. 206.

(33) CE, 9/10 CHR, 7 juin 2017, Lebon ; AJDA 2017. 1202.

(34) CE, 9e ch., 10 mars 2017, no 399946.

(35) CE, 3/8 SSR, 16 févr. 2011, no 315625.

L'article R. 821-1-1 du code de justice administrative prévoit que le pourvoi contre un arrêt avant-dire-droit est immédiatement recevable mais peut également être reporté jusqu'à l'expiration du délai imparti pour se pourvoir à l'encontre de la décision rendue sur le fond [36]. Il nous semble qu'il faut en déduire que, si le pourvoi principal est uniquement dirigé contre la décision sur le fond, la décision avant-dire-droit devient définitive et ne peut donc plus être attaquée par la voie du pourvoi incident. Cette solution, énoncée par le Conseil d'État [37] avant l'entrée en vigueur du texte précité, ne paraît pas remise en cause par le nouveau texte. Au surplus, on peut douter qu'un pourvoi incident puisse être dirigé contre une décision avant-dire-droit, que n'aurait pas visée le pourvoi principal, sans porter sur un litige distinct.

Autre manifestation du caractère inquisitoire du contentieux administratif, le Conseil d'État accueille avec fraîcheur le pourvoi incident éventuel : si ce choix stratégique est mentionné par le rapporteur public, il disparaît de la décision [38].

Enfin, le Conseil d'État pratique l'économie de moyen : s'il prononce, au vu du pourvoi principal, la cassation totale de la décision qui lui est déférée et renvoie l'affaire à une juridiction de fond, il juge sans objet le pourvoi incident dont il était saisi par voie de conséquence de l'annulation prononcée [39] ou le rejette [40]. La position de la Cour de cassation dans la même hypothèse est plus incertaine : tantôt le pourvoi incident est examiné, tantôt la Cour retient qu'il n'y a pas lieu de statuer sur ses mérites [41].

Plus qu'une stricte riposte, le pourvoi incident peut être l'occasion d'ouvrir un nouveau front, à l'encontre d'un codéfendeur à l'instance.

2. Le pourvoi incident entre défendeurs à l'instance

Cette hypothèse donne, ici aussi, lieu à une divergence entre les ordres judiciaire et administratif : ce pourvoi est qualifié d'incident en matière civile alors qu'il est provoqué en matière administrative.

<u>En matière administrative</u>, le pourvoi dirigé par un défendeur au pourvoi contre un autre défendeur au pourvoi est systématiquement qualifié de pourvoi provoqué. À la condition de ne pas soulever un litige distinct s'en ajoute une seconde : le demandeur doit démontrer que, s'il est accueilli, le pourvoi principal aggrave sa situation. D'ailleurs, il n'est examiné que si le pourvoi principal est accueilli [42].

De prime abord, la solution peut étonner : *a priori* tous les défendeurs à un pourvoi voient leur situation aggravée en cas de succès du pourvoi principal. Sinon, ils n'auraient pas d'intérêt à y défendre. En réalité, l'aggravation qui doit être ainsi démontrée doit exister dans les rapports entre les codéfendeurs et non uniquement dans les rapports entre le demandeur au pourvoi principal et le demandeur au pourvoi incident [43].

(36) CJA, art. R. 821-1-1.

(37) CE, 5/4 SSR, 27 juill. 2015, n° 372410, Lebon ; AJDA 2015. 2419.

(38) Comme le démontre la lecture croisée des conclusions et des arrêts : CE, 7/2 CHR, 16 mai 2012, n° 345137, Lebon ; RDI 2012. 402, obs. S. Braconnier, où le pourvoi principal est accueilli et le pourvoi « incident éventuel » rejeté ; CE, 1/6 CHR, 20 mai 2016, n° 382976, Lebon ; AJDA 2016. 1043 ; RDI 2016. 498, obs. M. Revert, où le pourvoi principal est rejeté, ce qui conduit le Conseil d'État à dire n'y avoir lieu de statuer sur le pourvoi « incident éventuel ».

(39) CE 6 févr. 2013, n° 344188, *Centre hospitalier de Châteauroux*, Lebon ; AJDA 2013. 323 ; CE, 7e ch., 29 déc. 2021, n° 449127.

(40) CE 25 janv. 1995, n° 132877, *Ministre de l'équipement, du logement et des transports c/ Commune de Simiane-Collongue*, Lebon 40.

(41) Soc. 19 oct. 2022, n° 21-20.410 ; Civ. 3e, 7 sept. 2022, n° 21-16.437 ; Com. 29 juin 2022, n° 20-16.035 ; Civ. 2e, 8 oct. 2020, n° 19-15.148 ; Civ. 1re, 20 nov. 2013, n° 12-25.877.

(42) CE, sect., 19 avr. 1991, n° 109322, Lebon ; D. 1991. 380, obs. P. Terneyre ; *ibid.* 379, obs. P. Terneyre ; RDI 1991. 339, obs. F. Llorens et P. Terneyre ; *ibid.* 341, obs. F. Llorens et P. Terneyre ; RFDA 1991. 957, concl. G. Le Chatelier.

(43) Comme cela résulte de certains arrêts qui jugent irrecevable un pourvoi provoqué faute pour le pourvoi principal d'avoir une incidence sur le rapport entre l'auteur et le défendeur au pourvoi provoqué. V. : CE 25 mai 2018, n° 410142, Lebon ; AJDA 2018. 1066 ; D. 2018. 2153, obs. M. Bacache, A. Guégan et S. Porchy-Simon ; CE, 7/2 CHR, 22 juill. 2016, n° 389494.

Le pourvoi provoqué constitue ainsi un outil procédural permettant d'attraire devant le Conseil d'État des pans du litige qui sont, sinon dépendants, du moins connexes au pourvoi principal. Sans surprise, les appels en garantie et, plus généralement, les demandes en réparation dirigées contre plusieurs parties constituent le terrain d'élection du pourvoi provoqué [44].

Enfin, les « conclusions aux fins d'association », fréquentes devant la Cour de cassation, qui permettent à une partie de reprendre à son compte les critiques du pourvoi principal, n'existent pas en matière administrative : est irrecevable le pourvoi, qualifié d'incident, formé par une partie dont les intérêts coïncident avec ceux du demandeur au pourvoi principal [45].

En matière civile, en revanche, le pourvoi entre défendeurs à l'instance n'est pas subordonné à la condition que la situation de son auteur soit aggravée par le pourvoi principal. En effet, l'article 548 prévoit le recours incident entre intimés sans exiger qu'il ait un caractère provoqué. En outre, on ne relève pas d'exemple de pourvoi incident jugé irrecevable faute d'aggravation de la situation du demandeur au pourvoi incident dans cette stricte hypothèse du pourvoi entre codéfendeurs au pourvoi. Et si ce pourvoi est parfois qualifié de pourvoi provoqué par la Cour de cassation [46], elle n'en tire aucune conséquence quant à la recevabilité de ce pourvoi. Le choix de ce terme paraît plus descriptif, afin de préciser la finalité de ce pourvoi incident, que prescriptif, afin d'en subordonner la recevabilité à un caractère provoqué.

Faut-il en déduire que le pourvoi incident entre codéfendeurs peut, comme le pourvoi incident dirigé contre le demandeur à titre principal, concerner n'importe quel pan du litige ?

L'hésitation est permise. En effet, l'appel incident dirigé contre un co-intimé n'est pas illimité puisque la Cour de cassation affirme que « *lorsqu'un jugement contient plusieurs chefs distincts et qu'une partie interjette appel de l'un d'eux, l'intimé ne peut appeler incidemment des autres chefs contre un autre intimé que s'il existe, quant à l'objet du litige, un lien juridique entre toutes les parties* » [47].

Dès lors que le pourvoi incident est censé suivre le régime de l'appel incident, doit-on en déduire que, comme l'appel incident, le pourvoi incident n'est recevable que s'il existe « *quant à l'objet du litige, un lien juridique entre toutes les parties* » ? Une réponse affirmative ne paraît pas convaincante.

D'abord, aucun arrêt de la Cour de cassation ne permet d'affirmer qu'il existerait une telle limite au pourvoi incident.

Ensuite, la notion d'existence « *quant à l'objet du litige,* [d']*un lien juridique entre toutes les parties* » paraît parfaitement insaisissable. Après tout, le lien d'instance constitue un lien juridique, et, même dans les litiges complexes avec plusieurs parties, les questions soumises ont toutes, en application du droit commun de la

(44) À titre d'exemple : CE 19 nov. 2018, n° 413017, Lebon ; AJDA 2018. 2275 ; CE, 7/2 CHR, 4 avril 2016, n° 394196, Lebon ; AJDA 2016. 696 ; RDI 2016. 481, obs. H. de Gaudemar.

(45) CE, 1/4 CHR, 22 déc. 2022, n° 458524, Lebon ; AJDA 2023. 8 ; RDI 2023. 249, chron. P. Soler-Couteaux.

(46) Par exemple : Civ. 3e, 14 sept. 2023, n° 22-17.001 ou encore Com. 5 juill. 2023, n° 22-11.621, D. 2023. 1885, note A. Hyde ; *ibid*. 2268, chron. C. Bellino et T. Boutié ; RTD civ. 2023. 704, obs. J. Klein ; RTD com. 2023. 716, obs. B. Bouloc ; *ibid*. 931, obs. B. Bouloc. V. également : Soc. 12 avr. 2023, n° 21-19.670, qui distingue un pourvoi incident contre l'auteur du pourvoi principal et un pourvoi provoqué contre un codéfendeur. Il semble ainsi que le qualificatif « provoqué » soit, dans l'hypothèse du pourvoi formé entre parties à l'instance, le fruit d'un choix rédactionnel de l'avocat et non l'expression d'une condition de recevabilité.

(47) Civ. 2e, 17 nov. 2022, n° 21-13.524, Bull. civ. II ; Civ. 3e, 14 janv. 2009, n° 05-11.985 ; Civ. 1re, 21 janv. 1997, nos n° 94-19.689 et 94-20.144, Bull. civ. I, D. 1997. 41 ; Civ. 1re, 12 févr. 1991, n° 86-18.678, Bull. civ. I, n° 57.

procédure civile, un « *lien suffisant* » entre elles [48]. Déterminer les pourvois incidents qui relèvent de ce lien juridique évanescent de ceux qui n'en relèvent pas nous semble une entreprise hasardeuse.

Enfin, la philosophie du procès civil, qui est la chose des parties, le droit d'accès au juge et le rôle de gardien de la légalité paraissent autant de bonnes raisons de permettre aux parties d'étendre le débat de cassation à n'importe quel pan du litige, quel que soit le degré de proximité du pourvoi incident avec le pourvoi principal.

Cet état du droit serait trop simple si ne s'y ajoutait l'existence, en matière civile, de pourvois incidents formés par ou engagés contre une partie absente à l'instance de cassation.

B. Pourvoi incident formé par ou dirigé contre une partie absente à l'instance de cassation

D'emblée, il faut exclure le contentieux administratif de l'hypothèse du pourvoi par ou contre une partie absente à l'instance de cassation puisque, devant le Conseil d'État, l'admission du pourvoi donne lieu à sa communication à l'ensemble des défendeurs. C'est ainsi une particularité de la matière civile que de permettre à l'auteur d'un recours d'en décider la portée *rationae personam* [49], si bien que le pourvoi incident peut être formé par ou dirigé contre une partie absente à l'instance de cassation.

1. Le pourvoi incident formé par une partie absente à l'instance de cassation

L'article 549 autorise l'appel de la partie « *non intimée* » « *sur l'appel principal ou incident qui le provoque* ». Après certaines hésitations [50], ce texte a été transposé en cassation, à la double condition d'émaner d'une partie à l'instance d'appel et d'être provoqué par le pourvoi principal.

La première condition réserve ce pourvoi aux parties à l'instance d'appel. Sont ainsi exclus les tiers à l'instance d'appel [51], de même que le ministère public, lorsqu'il a la qualité de partie jointe, et non de partie principale [52]. La solution n'étonne guère : les dispositions d'une décision sont dépourvues d'autorité de la chose jugée à l'égard des tiers et ceux-ci peuvent former tierce-opposition.

Ce pourvoi émane ensuite d'une partie qui n'a pas été attraite à l'instance de cassation. En limitant le nombre de ses adversaires en cassation, le demandeur au pourvoi poursuit plusieurs objectifs : un objectif financier d'abord, en modérant ses frais d'huissier et les éventuels frais irrépétibles auxquels il pourrait être condamné en cas de rejet ; un objectif stratégique ensuite, puisqu'il ferme ainsi la porte au pourvoi incident *stricto sensu*, c'est-à-dire un pourvoi pouvant concerner n'importe quel pan du litige [53] ; un objectif déontologique enfin, le maintien dans la cause de parties non concernées par le litige étant néfaste à la lisibilité du pourvoi et ne faisant qu'alourdir la charge de la juridiction.

Toutefois, ce choix procédural est d'une portée limitée puisqu'il ne fait pas

(48) C. pr. civ., art. 4 , 70 et 325.

(49) Sous réserve de l'article 615 du code de procédure civile, selon lequel lorsque le litige est indivisible, le pourvoi doit, sous peine d'irrecevabilité, être dirigé contre toutes les parties concernées.

(50) Civ. 3e, 10 déc. 2003, no 02-12.602, Bull. civ. III, jugeant irrecevable un tel pourvoi.

(51) Com. 4 nov. 2014, no 12-25.419, étant observé que, dans cette affaire, le tiers jugé irrecevable à former un pourvoi provoqué, a été jugé recevable à intervenir.

(52) Com. 8 juill. 2008, no 06-21.549.

(53) Civ. 3e, 15 juin 2017, no 16-14.730 ; Com. 29 sept. 2015, no 14-11.041 ; Com. 24 sept. 2013, no 12-18.571 : jugeant irrecevable le pourvoi « incident » formé par une partie à l'égard de laquelle le demandeur au pourvoi principal s'était désisté.

obstacle au pourvoi de la partie non attraite, à la condition qu'il soit « provoqué ». Sur ce caractère provoqué, la Cour de cassation paraît s'en tenir, par ses arrêts les plus récents, à la condition que le pourvoi principal affecte la situation du demandeur au pourvoi provoqué [54]. Est donc irrecevable le recours d'une partie non attraite, qui est « *sans lien* » avec le recours principal [55]. Un arrêt ancien, plus opportuniste, autorise le demandeur au pourvoi provoqué à « *se greffer directement sur le pourvoi principal en critiquant les mêmes chefs de la décision attaquée* » [56].

On peut être gagné par le doute en considérant que, si la partie n'est pas mise en cause par le pourvoi, c'est que celui-ci est sans effet sur sa situation, de sorte que ce pourvoi principal ne peut pas provoquer un intérêt à former un pourvoi incident. Mais ce serait oublier que le pourvoi principal peut être dirigé contre une partie qui ne sera pas celle qui, *in fine*, subira la condamnation. Dans cette hypothèse, problématique du point de vue des droits de la défense, la partie absente est souvent mise en cause par le défendeur au pourvoi, *via* un pourvoi incident sollicitant une cassation par voie de conséquence ou, plus simplement, par la notification de son mémoire en défense.

Quoi qu'il en soit, la Cour de cassation a expressément jugé recevable le pourvoi provoqué émanant d'une partie condamnée à garantir le défendeur au pourvoi, à l'égard de laquelle le demandeur au pourvoi principal s'était pourtant désisté [57].

La solution ne peut qu'être approuvée : il est plus respectueux des droits de la défense, et d'une meilleure administration de la justice, que toutes les parties concernées soient mises en mesure de présenter leurs observations. Et la solution s'impose d'autant plus que l'on sait que la portée d'un arrêt de cassation s'apprécie au regard du chef de dispositif censuré « *concernerait-il des personnes qui n'ont pas été parties à l'instance de cassation* » [58]. Une partie non attraite au pourvoi étant susceptible de se voir opposer un futur arrêt de cassation, les droits de la défense commandent de l'autoriser à former un pourvoi provoqué.

Enfin, il faut relever une curiosité : si une partie est maintenue hors de la procédure de cassation, aucun acte ne lui aura été signifié, de sorte que le délai du pourvoi incident n'aura pas commencé à courir à son égard. Il s'ensuit que cette partie a, en théorie, la faculté de soulever son pourvoi provoqué jusqu'à l'audience. Cette solution ne nous paraît pas excessive : elle est le prix du respect des droits de la défense [59].

À l'hypothèse singulière du pourvoi formé par une partie absente à l'instance de cassation s'ajoute sa réciproque : le pourvoi dirigé contre une partie absence à l'instance.

2. Le pourvoi incident dirigé contre une partie absente à l'instance

La question de ce pourvoi, formé par un défendeur au pourvoi mais dirigé contre une partie vis-à-vis de laquelle le demandeur s'est désisté, est délicate puisque cette hypothèse n'est pas expressément visée par l'article 549, ni par aucun autre texte.

Statuant sur l'appel, la Cour de cassation ne s'est pas arrêtée à cette circonstance puisque plusieurs de ses arrêts affirment, au visa de l'article 549, que « *l'appel incident ou provoqué peut émaner de toute*

(54) Civ. 1re, 26 oct. 2022, no 17-31.044 ; Civ. 2e, 2 juill. 2020, no 17-12.611.

(55) Civ. 3e, 3 déc. 2020, no 19-23.577, pour un appel.

(56) Civ. 1re, 1er févr. 2000, no 96-16.459, D. 2001. 1983, note S. Choisez.

(57) Civ. 1re, 26 oct. 2022, no 17-31.044, préc.

(58) Com. 4 mars 2008, n° 07-13.007, D. 2008. 846, obs. X. Delpech ; Just. & cass. 2015. 359, étude J. Krivine et S. Viaud ; RTD civ. 2008. 356, obs. R. Perrot ; RTD com. 2008. 845, obs. B. Bouloc.

(59) Civ. 1re, 26 oct. 2022, no 17-31.044, précité qui juge, sur le fondement de l'article 6, § 1er de la Convention européenne des droits de l'homme, que le pourvoi provoqué a été formé dans le délai prévu par l'article 1010 du code de procédure civile, alors que le mémoire ampliatif n'avait pas été signifié à cette partie à l'égard de laquelle le demandeur au pourvoi s'était désisté.

personne ou être dirigé contre toute personne ayant été partie en première instance » [60]. La doctrine majoritaire a déduit de cette lecture *praeter legem* que les deux hypothèses – l'appel émanant de et dirigé contre une partie non intimée – pouvaient être purement et simplement confondues et obéissaient au régime identique du pourvoi provoqué [61].

Pourtant, jusqu'à ce jour, la Cour de cassation n'a jamais transposé cet attendu de principe général et constant au cas du pourvoi. Au contraire, sa jurisprudence sur la recevabilité du pourvoi dirigé contre une partie absente à l'instance a fluctué.

Jusqu'en 2012, elle considérait ce cas de figure comme tout bonnement interdit [62]. Outre son incohérence avec le régime de l'appel, la solution était sévère pour le défendeur au pourvoi, qui pouvait voir sa situation gravement compromise par le pourvoi principal sans pouvoir contre-attaquer contre une partie absente à l'instance. Et la solution n'était pas nécessairement conforme à l'intérêt d'une bonne administration de la justice, les pourvois secondaires pouvant avoir pour vertu de reconstituer une cohérence au litige et d'y attraire toutes les parties intéressées.

Un arrêt du 23 mai 2012, publié au Bulletin, pris après un avis à la Deuxième Chambre civile, spécialiste de procédure, a renversé la tendance, en affirmant qu'« *en application des articles 549, 614 et 1010 du code de procédure civile, le pourvoi provoqué formé, dans le délai du mémoire en défense, par un défendeur contre un codéfendeur à l'égard duquel le demandeur principal s'est préalablement désisté, est recevable* » [63], attendu général réitéré par la suite [64].

L'hypothèse du pourvoi dirigé contre une partie absente à l'instance de cassation admise en son principe, restait la question de son régime : un tel pourvoi secondaire est-il ouvert sans condition ou est-il subordonné à la condition d'être provoqué par le pourvoi précédent ?

La seconde option paraissait la plus probable puisque cet arrêt du 23 mai 2012 a été rendu au visa de l'article 549, relatif au pourvoi provoqué, et qualifiait expressément ce recours de « *provoqué* ».

Toutefois, certains arrêts postérieurs ayant abandonné la qualification de « *pourvoi provoqué* » au profit de celle de « *pourvoi incident* » pour désigner le pourvoi du défendeur dirigé contre une partie absente aux débats de cassation [65], il était permis de douter que la Cour de cassation attache une grande importance à ce caractère provoqué.

Malheureusement, un arrêt récent, rendu par la deuxième chambre civile et publié au Bulletin [66], a semé le trouble sur l'état du droit.

Dans cette affaire, un salarié avait été tardivement reconnu victime d'un accident professionnel et l'assureur de prévoyance, qui avait indûment versé des indemnités journalières à l'employeur pour le compte du salarié assuré, a agi

(60) Soc. 11 janv. 2012, n° 10-18.452 ; Soc. 6 déc. 2005, n° 03-47.757 ; Soc. 6 févr. 2001, n° 98-45.940 ; Com. 1er juin 1999, nos 97-11.415 et 97-14.717 ; Soc. 27 mai 1992, n° 88-41.049 ; Civ. 3e, 26 mai 1988, n° 85-17.734, Bull. n° 97 ; Civ. 3e, 4 juin 1986, n° 84-12.976, Bull.

(61) V. notamment : J. Pellerin, *Droit et pratique de la procédure civile*, nos 642.140 et suivants ; N. Fricero, J.-Cl. Pr. civ., fasc. 900-70 : appel – parties à l'instance d'appel – appel incident. Appel incident provoqué, § 43 et suivants ; F. Ferrand, Rép. civ., *vo Appel : droit d'appel*, nos 574 s.

(62) Civ. 3e, 7 févr. 2012, n° 11-12.273, affirmant que des sociétés « *sont irrecevables à soutenir un pourvoi provoqué dirigé contre l'association, qui n'a pas été attraite devant la Cour de cassation* » ; v. dans le même sens : Civ. 3e, 7 févr. 2001, n° 98-21.335.

(63) Civ. 3e, 23 mai 2012, n° 10-12.874, Bull. civ. III, n° 80, D. 2012. 1489.

(64) Com. 26 nov. 2013, n° 12-25.191, D. 2014. 2317, obs. J. Larrieu, C. Le Stanc et P. Tréfigny ; Civ. 2e, 23 mai 2013, n° 12-15.626.

(65) Soc. 13 avr. 2022, n° 20-22.646 ; Civ. 3e, 16 mars 2022, n° 20-22.037, D. 2022. 558.

(66) Civ. 2e, 16 févr. 2023, n° 20-23.241 ; l'autrice de ces lignes remercie chaleureusement M. le président Molinié, dont le cabinet est intervenu dans cette affaire, de lui avoir permis de consulter les actes de la procédure.

contre l'employeur pour en obtenir le remboursement. Reconventionnellement, l'employeur a agi contre les ayants droit de l'assuré pour qu'ils soient condamnés à rembourser les indemnités journalières qui avaient été indûment reversées. La demande principale de l'assureur a été accueillie par la cour d'appel à hauteur d'un certain montant uniquement et la demande de l'employeur a été jugée irrecevable car prescrite. L'assureur a alors formé un pourvoi principal, dirigé contre le seul employeur et ce dernier a formé un pourvoi incident dirigé contre les ayants droit de l'assuré. La Cour de cassation s'est saisie d'office de la recevabilité de ce pourvoi incident et a affirmé, pour conclure à l'irrecevabilité, qu'« *est irrecevable le pourvoi incident qui critique un chef de l'arrêt attaqué n'intéressant qu'un codéfendeur au pourvoi principal, dès lors qu'il a été formé, après expiration du délai pour agir à titre principal, postérieurement au désistement partiel du demandeur au pourvoi principal, en ce qu'il était dirigé à l'encontre de ce codéfendeur* ».

De cet arrêt, il faut déduire que le pourvoi secondaire dirigé contre une partie non défenderesse au pourvoi est irrecevable dès lors qu'il « *n'intéress*[e] *qu'un codéfendeur au pourvoi principal* » [67]. Sans même relever qu'en principe, un chef de dispositif intéresse au moins deux parties, et rarement une seule, on comprend de cette affirmation que le pourvoi incident était irrecevable car le chef de dispositif critiqué ne concernait pas le demandeur au pourvoi principal.

Nous proposons deux interprétations de ce curieux arrêt.

Soit la Cour de cassation n'a pas examiné le caractère provoqué de ce pourvoi, et l'a traité comme un pourvoi incident, ce que laisse entendre la circonstance que le mot « provoqué » ne figure pas dans l'arrêt. Une telle interprétation est toutefois surprenante dans la mesure où l'employeur ne manquait pas de soutenir que son pourvoi incident était provoqué par le pourvoi principal, susceptible d'alourdir les sommes dues par lui et dont il demandait la restitution aux ayants droit du salarié. Et effectivement, il ne faisait aucun doute que sa situation était affectée par le pourvoi principal [68].

Soit la Cour de cassation a examiné la recevabilité à l'aune de ce caractère provoqué du pourvoi et a considéré que cette condition n'était pas remplie car le pourvoi provoqué visait un chef de dispositif n'intéressant pas le demandeur au pourvoi principal. Cette seconde hypothèse paraît également surprenante : le caractère provoqué ne doit résulter que de l'aggravation de la situation de l'auteur du pourvoi provoqué, aggravation qui s'apprécie du chef du demandeur au pourvoi provoqué et non du chef du demandeur au pourvoi principal. C'est d'ailleurs précisément l'objet du pourvoi provoqué que d'étendre le litige à des dispositions de l'arrêt que, par hypothèse, le demandeur au pourvoi principal n'attaquait pas.

Fermer la voie du pourvoi provoqué par cela seul qu'il n'intéresse pas le demandeur au pourvoi principal revient à réduire à peau de chagrin les hypothèses de pourvoi provoqué et à priver singulièrement un défendeur au pourvoi de son accès au juge. Espérons donc que la décision étudiée, dont la publication paraît être justifiée par la décision rendue au fond, demeure isolée. On observe d'ailleurs avec soulagement qu'un arrêt plus récent ne s'en est pas inspiré [69].

(67) Cette rédaction n'est pas sans rappeler un curieux arrêt daté de 2010, qui avait également rejeté un pourvoi secondaire dirigé contre une société à l'égard de laquelle le demandeur au pourvoi principal s'était désisté aux motifs que ce pourvoi « *critique des chefs de la décision relatifs à cette société* » : Civ. 1re, 14 janv. 2010, no 07-22.043.

(68) V. également en ce sens les observations de N. Hoffschir, commentant cet arrêt, D. actu. 16 mars 2023.

(69) On peut citer le récent arrêt Civ. 3e, 28 sept. 2023, n° 22-14.171, où le pourvoi, qualifié de « provoqué », était dirigé contre un codéfendeur absent en cassation et concernait une demande distincte. La non-admission de ce moyen du pourvoi provoqué rend toutefois la décision peu lisible.

Une fois le pourvoi incident dûment formé, en fonction de l'objet du litige et des parties à ce pourvoi, encore faut-il que celui-ci survive aux aléas du cours de l'instance.

II. Pourvoi incident et cours de l'instance

Dans une instance, de multiples évènements peuvent affecter la vie du pourvoi principal et, si l'on a tôt fait d'affirmer que le pourvoi principal entraîne toujours avec lui le pourvoi incident, qui en est l'accessoire, l'état du droit est moins simple qu'il n'en a l'air (A).

Et pour complexifier l'analyse, il faut examiner le cas, statistiquement plus résiduel mais théoriquement tout aussi stimulant, où plusieurs pourvois principaux successifs sont formés (B).

A. Pourvoi incident et instance unique

Parmi l'ensemble des évènements susceptibles d'affecter le pourvoi principal et, par accessoire, le pourvoi incident, quatre méritent d'être soulignés : l'irrecevabilité, la déchéance, le désistement et la radiation.

L'irrecevabilité et la déchéance sont traitées par l'article 550 du code de procédure civile selon lequel l'appel incident ou provoqué « *ne sera pas reçu si l'appel principal n'est pas lui-même recevable ou s'il est caduc* ». Transposé à la cassation, ce texte prévoit que l'irrecevabilité ou la déchéance [70] du pourvoi principal entraîne l'irrecevabilité du pourvoi incident.

La règle ainsi énoncée en matière civile dispose d'un équivalent en matière administrative [71], même si, pragmatique, le Conseil d'État préfère parfois à une irrecevabilité un rejet au fond et statue « *sans qu'il soit besoin de statuer sur la fin de non-recevoir* » tirée de l'irrecevabilité du recours incident [72].

À cette règle sévère, la Cour de cassation a introduit une exception, admise tant en cas d'irrecevabilité [73] du pourvoi principal que de déchéance de celui-ci [74], lorsque le pourvoi incident est formé avant l'expiration du délai donné pour agir à titre principal. Le Conseil d'État adopte une solution identique en examinant le pourvoi incident formé dans le délai de recours, malgré l'irrecevabilité du pourvoi principal [75].

Cette jurisprudence, qui a le mérite de la clarté, est à distinguer de celle retenue en matière d'appel civil où l'on distingue la caducité de l'appel principal, qui emporte l'irrecevabilité de l'appel incident, même formé dans le délai pour agir à titre principal [76], de l'irrecevabilité, qui n'emporte irrecevabilité de l'appel incident que s'il est formé après l'expiration du délai pour agir à titre principal [77].

(70) Aux termes de l'article 978 du code de procédure civile, la déchéance constitue, en cassation, le pendant de la caducité en matière d'appel puisqu'il désigne la sanction prononcée par la Cour de cassation lorsqu'aucun mémoire ampliatif n'est déposé dans le délai de quatre mois suivant la déclaration de pourvoi.

(71) CE 13 nov. 2009, n° 306992, *Commune des Bordes*, Lebon ; AJDA 2010. 224 ; *ibid.* 1440, note A. Fuchs-Cessot ; CE 17 déc. 2010, n° 329213, *Ministre de l'écologie, de développement durable, des transports et du logement c/ Gard (Dpt)*, Lebon ; AJDA 2011. 638.

(72) CE, 5e ch., 30 mars 2022, n° 444019.

(73) Soc. 8 déc. 2021, n° 20-17.114 ; Civ. 2e, 27 mai 2021, n° 19-24.370 ; Civ. 1re, 18 nov. 2020, n° 19-15.195 ; Civ. 2e, 20 mai 2020, n° 19-50.029.

(74) Civ. 2e, 22 sept. 2022, n° 20-21.686 ; Soc. 2 févr. 2022, n° 20-19.059 ; Com. 4 juin 2013, n° 12-12.316 ; Soc. 29 mars 2012, n° 11-10.802 ; Soc. 20 janv. 2010, n° 08-44.412 ; Civ. 2e, 10 juill. 2008, n° 05-17.067, D. 2008. 2153.

(75) CE, ass., 28 juin 1991, *Min. Budget c/ Sté générale*, Lebon. V. dans le même sens pour l'appel : CE, 8e ss., 9 févr. 2011, n° 327397. La solution est à rapprocher de celle appliquée à l'intervention, qui est irrecevable du fait de l'irrecevabilité des conclusions principales : CE, 6/5 CHR, 1er juin 2022, n° 441176. Le Conseil d'État précise encore que l'irrecevabilité ne peut alors être prononcée que si les parties ont été mises en mesure de présenter leurs observations : CE, 9/10 SSR, 1er mars 2004, n° 212986, Lebon.

(76) Civ. 2e, 13 mai 2015, n° 14-13.801, D. 2015. 1423, note C. Bléry et L. Raschel ; *ibid.* 1791, chron. H. Adida-Canac, T. Vasseur, E. de Leiris, L. Lazerges-Cousquer, N. Touati, D. Chauchis et N. Palle ; *ibid.* 2016. 449, obs. N. Fricero.

(77) Civ. 2e, 1er oct. 2020, n° 19-10.726.

S'agissant de la déchéance, les décisions rendues par la Cour de cassation comportent néanmoins un hiatus.

En effet, affirmant que « *la déchéance frappant le pourvoi principal entraîne l'irrecevabilité du pourvoi incident, sauf lorsque ce dernier a été formé dans le délai donné pour agir à titre principal* », la Cour de cassation devrait en déduire que, pour être recevable, le pourvoi incident doit avoir été formé dans le délai de la déclaration de pourvoi et non dans le délai du mémoire ampliatif, qui n'est pas un délai d'action *stricto sensu*.

Or, procédant à l'application de ce principe aux cas d'espèce, la Cour de cassation examine tantôt si le pourvoi incident a été formé dans le délai dont disposait son auteur pour former un pourvoi principal [78], ce qui est conforme à la lettre du principe posé, tantôt si le pourvoi incident est intervenu avant qu'ait été acquise la déchéance, donc avant l'expiration du délai de quatre mois imparti à l'auteur du pourvoi principal déchu [79].

Il nous semble que le principe devrait être appliqué littéralement, comme l'applique d'ailleurs le Conseil d'État : la déchéance du pourvoi principal entraîne l'irrecevabilité du pourvoi incident, sauf s'il a été formé dans le délai de la déclaration de pourvoi.

Cette solution a été critiquée dans ces colonnes [80], par un auteur selon lequel le dépôt d'une déclaration de pourvoi recevable créerait un lien d'instance qui autoriserait le dépôt d'un pourvoi incident lequel serait recevable malgré la déchéance, laquelle ne serait pas rétroactive. Nous ne partageons pas cette opinion : il nous semple qu'en cassation, le lien d'instance n'existe qu'en germe au moment de la déclaration de pourvoi et doit être rétroactivement consolidé par le dépôt et la signification d'un mémoire ampliatif.

Ce constat résulte d'abord des textes : en témoigne l'absence d'obligation de principe de signifier la déclaration de pourvoi [81], ni même de communiquer l'arrêt attaqué à la Cour de cassation [82], ni de formuler le moindre moyen de droit [83].

Et elle bénéficie d'une solide justification pratique : l'instance de cassation n'est pas anodine et tous les praticiens gardent en tête que, même si elle est couronnée de succès, le client devra souvent s'infliger une procédure devant une juridiction de renvoi pour obtenir satisfaction. En outre, fidèles à leur statut d'officier ministériel, les avocats aux Conseils déconseillent le maintien de cette voie de recours lorsqu'elle est vouée à l'échec. De ces particularités résulte la nécessité que le délai de quatre mois qui sépare la déclaration de pourvoi du dépôt, éventuel, d'un mémoire ampliatif, soit librement laissé au demandeur (et à son avocat) pour lui permettre d'examiner l'affaire et de peser, en toute tranquillité, les avantages et les inconvénients d'une telle procédure. La déclaration de pourvoi doit donc être exclusivement et entièrement conservatoire : elle doit conserver les droits de son auteur, sans l'exposer à un pourvoi incident opportuniste.

Enfin, cette solution permet un correct équilibre entre les intérêts des parties : le défendeur au pourvoi qui a formé un pourvoi incident alors qu'il était dans le délai pour agir à titre principal conserve

(78) Com. 4 juin 2013, n° 12-12.316, préc. ; Soc. 29 mars 2012, n° 11-10.802 ; Soc. 20 janv. 2010, n° 08-44.412 ; Civ. 2e, 10 juill. 2008, n° 05-17.067, Bull. ; Civ. 3e, 16 mars 2004, n° 02-19.426 ; Com. 4 mars 2003, n° 99-20.924.

(79) Civ. 2e, 22 sept. 2022, n° 20-21686, préc. ; Soc. 2 févr. 2022, n° 20-19.059, préc.

(80) M. Seyfritz, « Disparition du pourvoi principal et recevabilité du pourvoi incident devant la Cour de cassation », Just. & cass. 2006. 192.

(81) C. pr. civ., art. 977, qui se contente d'une notification par lettre simple envoyée par le greffe.

(82) C. pr. civ., art. 979 qui n'exige cette formalité qu'au stade du mémoire ampliatif, même si, en pratique, les déclarations de pourvoi sont presque toujours accompagnées d'une copie de la décision attaquée.

(83) C. pr. civ., art. 978 qui exige que l'argumentation à proprement parler figure dans le mémoire ampliatif. La solution est différente devant le Conseil d'État, où le pouvoir sommaire doit contenir des moyens de cassation.

le bénéfice de son pourvoi, tandis que, s'il s'est abstenu d'agir à titre principal et a laissé expirer le délai, il subit les conséquences du caractère accessoire de son pourvoi incident. La solution a encore le mérite de dissuader le dépôt de plusieurs pourvois principaux connexes, qui complexifie la tâche de la juridiction.

Toutefois, la solution retenue, qui subordonne la recevabilité du pourvoi incident, formé sur un pourvoi principal irrecevable, à la condition qu'il soit formé dans le délai du recours principal, appelle deux observations critiques.

La première naît de sa conformité avec le droit d'accès au juge conventionnellement garanti par l'article 6, § 1er, de la Convention européenne des droits de l'homme. On sait en effet que la Cour européenne des droits de l'homme ne se prive pas d'écarter les règles de procédure lorsqu'elle estime, au regard des circonstances de l'espèce, qu'elles ont excessivement entravé ce droit d'accès au juge. Elle a eu l'occasion de statuer en ce sens en jugeant, dans une affaire d'enlèvement d'enfant, que l'irrecevabilité d'un pourvoi incident, du fait de l'irrecevabilité d'un pourvoi principal du parquet pour non-production de la signification de la décision, constituait une atteinte au droit au juge [84]. La Cour de cassation, qui répugne pourtant habituellement à procéder à un tel contrôle *in concreto* en matière de procédure [85], a transposé cette solution à l'hypothèse de l'irrecevabilité de l'appel incident, du fait de celle de l'appel principal, dans une affaire, là encore, portant sur cette matière spécifique qu'est l'enlèvement d'enfant [86].

La seconde interrogation est d'ordre plus prospective : la déchéance ou l'irrecevabilité du pourvoi principal a-t-elle pour effet d'élever le pourvoi incident – formé dans le délai du pourvoi principal – au rang de pourvoi principal ?

C'est ce que retient le Conseil d'État, selon lequel un tel pourvoi incident doit être « *regardé* » comme un pourvoi principal [87]. Mais, si tel est le cas, une troisième partie devrait logiquement être recevable à former à son tour un pourvoi incident ou un pourvoi provoqué. Et un défendeur pourrait solliciter la radiation du pourvoi pour inexécution. La question, qui n'est pas dépourvue d'incidence pratique, n'est, à notre connaissance, pas tranchée par la Cour de cassation.

Le cas du désistement est réglé par l'article 1024 du code de procédure civile, selon lequel « *le désistement du pourvoi doit être accepté s'il contient des réserves ou si le défendeur a préalablement formé un pourvoi incident* ». La solution permet de préserver les droits de l'auteur du pourvoi incident, qui a engagé des frais pour sa défense.

Le désistement du pourvoi principal postérieur au dépôt d'un pourvoi incident ne fait donc pas obstacle à l'examen du pourvoi incident et, si le désistement n'est pas accepté, tant le pourvoi incident que principal seront examinés [88]. Et si le désistement et le pourvoi incident sont déposés le même jour, et faute de précision sur l'heure de ces actes, la Cour de cassation a réglé la question en faveur de la recevabilité du pourvoi incident, ce qui est conforme aux exigences du droit d'accès au juge [89].

(84) CEDH 5 nov. 2015, *H. c/ France*, n° 21444/11, D. 2016. 1245, note G. Bolard.

(85) Civ. 2e, 24 sept. 2015, n° 13-28.017, D. 2016. 736, chron. H. Adida-Canac, T. Vasseur, E. de Leiris, G. Hénon, N. Palle, L. Lazerges-Cousquer et N. Touati ; Civ. 2e, 22 mars 2018, n° 17-12.049 ; v. également le *Mémento du contrôle de conventionalité au regard de la convention de sauvegarde des droits de l'homme et des libertés fondamentales*, de la Commission de mise en œuvre de la réforme de la Cour de cassation, paru en décembre 2018.

(86) Civ. 1re, 5 avr. 2023, n° 22-21.863, D. 2023. 686.

(87) D'après un arrêt ancien : CE 10 janv. 1962, *C.*, Lebon 22.

(88) V. par exemple : Civ. 1re, 11 mai 2023, n° 21-18.654 ; Civ. 2e, 27 mai 1999, n° 97-20.488, RDI 2000. 17, obs. J.-L. Bergel.

(89) Soc. 24 sept. 2018, n° 07-41.383, Bull. civ. IV, n° 173, RTD civ. 2009. 172, obs. R. Perrot.

Le Conseil d'État subordonne lui aussi le désistement du pourvoi principal à l'acceptation du pourvoi incident formé antérieurement [90], y compris en matière disciplinaire [91], en précisant que l'acceptation du désistement emporte désistement du recours incident [92]. En cas de refus, il n'examine que le pourvoi incident [93]. Le pourvoi incident enregistré après le désistement est quant à lui irrecevable, sauf à avoir été formé dans le délai pour agir à titre principal [94].

On comprend de l'exposé croisé des règles encadrant la déchéance et le désistement qu'en matière civile, lorsqu'un défendeur diligent dépose un pourvoi incident pendant le délai de quatre mois précédant le dépôt d'un mémoire ampliatif, le demandeur au pourvoi principal qui jugerait contraire à ses intérêts la poursuite de la procédure (par exemple parce que ses critiques sont moins solides que celles développées par le pourvoi incident) est chaudement incité à laisser son pourvoi acquérir la déchéance plutôt qu'à se désister formellement : s'il n'a pas été formé dans le délai pour agir à titre principal, le pourvoi incident est écarté, sans que soit recueillie l'acceptation de son auteur.

Enfin, la radiation du pourvoi est encourue par le seul pourvoi principal en cas d'inexécution de l'arrêt attaqué par le demandeur au pourvoi principal [95]. L'inexécution de l'arrêt attaqué par le demandeur au pourvoi incident ne permet donc pas la radiation du pourvoi, comme l'a récemment affirmé le Premier président de la Cour de cassation [96]. Si la solution peut paraître étonnante au premier abord, le demandeur au pourvoi incident n'étant pas sanctionné en cas d'inexécution de la décision attaquée, à la différence du demandeur au pourvoi principal, on voit mal comment il pourrait en aller autrement : le pourvoi incident ne pourrait pas être radié sans que le pourvoi principal le soit, l'un étant dans la dépendance de l'autre, d'autant que cette dépendance fonctionnelle se double souvent d'une dépendance intellectuelle. De plus, le bénéficiaire d'une décision exécutoire est toujours libre de mettre en œuvre les actes d'exécution forcée prévus par la loi, la Cour de cassation n'ayant pas vocation première à vérifier la correcte exécution des décisions de justice.

Pour achever ce tour d'horizon des conditions de recevabilité du pourvoi, il faut enfin examiner l'hypothèse de la succession de pourvois principaux dirigés contre une même décision.

B. Pourvoi incident et succession de pourvois principaux

On ne présente plus la règle selon laquelle « *pourvoi sur pourvoi ne vaut* » [97]. En application de cette règle, qui veut que l'instance en cassation soit, en principe, un duel à cartouche unique, la partie qui a formé un pourvoi principal n'est plus recevable à former un pourvoi incident [98], et réciproquement. Toutefois, aussitôt énoncée, la règle doit être immédiatement tempérée, car elle est moins abrupte qu'elle n'en a l'air.

(90) Pour le pourvoi : CE, 7/2 CHR, 23 déc. 2009, n° 308947 ; pour l'appel : CE, 6/5 CHR, 30 juin 2023, n° 451040, *Éthix et autre (Sté)*, Lebon.

(91) CE 30 juin 2023, n° 451040, préc., à propos de l'appel incident. La solution nous paraît d'une excessive rigueur : compte tenu de la nature répressive du contentieux disciplinaire, la personne poursuivie devrait pouvoir se désister sans que les pourvois incidents, susceptibles d'aggraver son sort, soient maintenus, comme le prévoit d'ailleurs, en pénal, l'article 500-1 du code de procédure pénale.

(92) CE 2 mars 2017, n° 391156.

(93) CE 1er févr. 1991, n° 84079, *Commune de Macouba*, Lebon.

(94) CE 11 juin 1999, *SCI Barateau et SARL Barateau*, aux Tables.

(95) C. pr. civ., art. 1009-1.

(96) Ord. Premier président, 2 mars 2023, n° 22-14.810, affirmant que « *seul le pourvoi principal peut faire l'objet d'une requête en radiation, à l'exclusion des pourvois incidents ou provoqués, dont le sort suit, sur une demande de radiation, celui du pourvoi principal* ».

(97) Le lecteur pourra utilement consulter le précieux article, paru dans ces colonnes, Pourvoi sur pourvoi vaut-il ?, D. Gouz-Fitoussi, M. Delpierre et F. Sebagh, Just. & cass. 2017. 355.

(98) V., énonçant le principe avec fermeté, pour justifier l'irrecevabilité d'un pourvoi secondaire, dans des affaires où les termes de la décision ne permettent pas de déterminer si les limitations et exceptions habituellement reconnues étaient caractérisées : Civ. 2e, 19 mai 2016, nos 15-17.538 et 15-18.026 ; Com. 7 juill. 2009, n° 08-18.886 ; Com. 23 oct. 2001, n° 98-20.592.

D'abord, pour qu'un pourvoi incident émanant d'une partie qui s'est pourvue à titre principal soit déclaré irrecevable, il faut qu'il ait été statué sur son pourvoi principal.

Cette solution est fondée, par le Conseil d'État, sur l'autorité de chose jugée attachée à la décision de rejet du premier pourvoi, qui fait obstacle à l'examen du pourvoi incident dirigé, par la même partie, contre la même décision, et pour une cause juridique identique [99].

En matière civile, la solution est fondée sur l'article 621 du code de procédure civile, selon lequel « *si le pourvoi en cassation est rejeté, la partie qui l'a formé n'est plus recevable à en former un nouveau contre le même jugement* [...] » et « *il en est de même lorsque la Cour de cassation constate son dessaisissement, déclare le pourvoi irrecevable ou prononce la déchéance* ».

Il s'en déduit qu'est recevable le pourvoi incident formé par une partie qui s'était pourvue à titre principal dès lors que le pourvoi incident est antérieur à la décision constatant la déchéance du pourvoi principal [100]. Mais, à l'inverse, est irrecevable le pourvoi incident formé par une partie après qu'a été prononcée la déchéance de son pourvoi principal [101].

Ensuite, en matière civile, la règle connaît une exception en cas de désistement. En effet, l'article 403 du code de procédure civile prévoit que le désistement d'une voie de recours est « *non avenu si, postérieurement, une autre partie* » exerce le même recours [102]. Sur le fondement de ce texte, la Cour de cassation a jugé que « *le pourvoi incident formé par une partie postérieurement à la constatation par ordonnance du premier président de son désistement du pourvoi principal qu'elle avait précédemment introduit, est recevable* » [103].

On conçoit que le pourvoi principal exercé par une autre partie emporte une reconfiguration de la situation qui peut justifier qu'une partie qui s'était désistée revienne sur sa décision. Ainsi, une partie peut renoncer à exercer un pourvoi à titre principal, car elle ne souhaite pas engager les frais et se satisfait en l'état de la décision, mais, une fois un autre pourvoi principal soutenu par une autre partie, cette première partie peut reconsidérer sa décision et, face au risque d'une cassation sur le pourvoi principal et à la nécessité d'engager des frais pour sa défense, vouloir agir à titre incident.

Cette dernière exception est particulièrement utile aux avocats aux Conseils : lorsqu'ils déconseillent le maintien d'un pourvoi à titre conservatoire, il est fréquent qu'ils préfèrent se désister formellement du pourvoi principal plutôt que de laisser acquérir la déchéance afin de ménager à leur client la faculté de former un pourvoi incident si une autre partie soutenait un pourvoi.

Toutefois, le champ d'application de cette exception est restreint : si l'on s'en tient à la lettre de l'article 403 du code de procédure civile, le désistement est réputé non avenu s'il est antérieur au dépôt d'un second pourvoi principal [104]. Or, il serait plus logique de tenir compte de la date du dépôt du mémoire ampliatif car c'est lui qui exprime la volonté de son auteur de poursuivre la procédure.

(99) CE, 7/10 SSR, 17 juin 1998, n° 151848 ; CE 17 oct. 1994, n° 133605 ; CE, 8/9SSR, 16 mai 1994, n° 120893, Lebon. V. dans le même sens, s'agissant d'une requête introductive d'instance, irrecevable du fait du rejet d'une précédente requête, fondée sur la même cause juridique : CE, 3/8 SSR, 10 févr. 2014, n° 356657, Lebon ; AJDA 2014. 1359.

(100) Soc. 12 févr. 1992, n° 89-41.645, Bull. civ. IV, n° 83.D. 1992. 293, obs. A. Lyon-Caen.

(101) Soc. 20 avr. 2005, n° 03-43.548.

(102) C. pr. civ., art. 403, applicable à la cassation en vertu de l'article 1025.

(103) Civ. 3e, 14 nov. 2002, n° 00-20.188, Bull. n° 225 ; la solution a été réitérée par : Soc. 9 déc. 2020, n° 19-16.448, Bull. même si les termes en sont moins clairs.

(104) L'article 403 vise le moment où il est interjeté appel, ce qui correspond, en cassation, à la déclaration de pourvoi.

En outre, il y a une part d'artifice à permettre à la partie qui s'est désistée de son pourvoi principal de former un pourvoi incident mais à l'interdire à celle dont le pourvoi principal est frappé de déchéance, tant, en pratique, les deux voies – désistement et déchéance – sont assimilées toutes les fois qu'un pourvoi formé à titre conservatoire n'est pas soutenu.

Cette jurisprudence n'est pas partagée par le Conseil d'État, qui juge, plus radicalement, que le désistement auquel il a été donné acte ferme la voie du pourvoi incident [105] et ce, « *quelle que soit la date à laquelle* [la demanderesse au pourvoi incident s'étant préalablement désistée d'un pourvoi principal] *a été informée du pourvoi en cassation formé par* [son adversaire] » [106].

Ces règles ne sont pas sans rappeler celles applicables en cas d'acquiescement : l'acquiescement équivalant à une renonciation à une voie de recours [107], il ferme la voie du pourvoi incident sur le pourvoi principal d'un adversaire, sauf si cet adversaire forme son pourvoi principal après l'acquiescement. Quoique rare, l'hypothèse n'est pas d'école [108].

Enfin, la règle de l'unicité du pourvoi s'applique avec rigueur dans le sens inverse : la partie qui n'aura pas jugé utile de former un pourvoi incident se voit interdire la faculté d'agir à titre principal, peu important que le premier pourvoi n'ait pas encore été examiné [109]. Là encore, on comprend que la partie qui n'agit pas à titre incident renonce, *a fortiori*, à agir à titre principal : ce choix lui est alors opposable.

De même, une première partie qui s'est pourvue, à titre incident, sur le pourvoi d'une seconde partie, est irrecevable à se pourvoir, contre le même arrêt et entre les mêmes parties, à titre provoqué sur le pourvoi d'une troisième partie [110].

Le message est limpide : les pourvois incidents, provoqués ou non, ne sont pas des voies de rattrapage pour parties négligentes.

En un mot, comme en mille, mieux vaut former l'ensemble de ses critiques à la première occasion.

(105) CE 10 mai 1989, n° 27122, *Ville de Mâcon c/ Société Grangette et Passager-Chambon*, Lebon 880, en matière d'appel.

(106) CE, 7/2SSR, 1er mars 2006, n° 264288, Lebon.

(107) C. pr. civ., art. 409.

(108) Com. 22 nov. 2017, n° 16-23.009.

(109) Soc. 31 mai 2012, Bull. civ. IV, n° 165. La règle est identique en matière d'appel : Civ. 2e, 12 mai 2016, n° 15-18.906, D. 2017. 422, obs. N. Fricero ; Civ. 2e, 7 avr. 2016, n° 15-12.770, *ibid.* 422 ; Civ. 2e, 4 déc. 2014, n° 13-25.684, D. 2015. 287, obs. N. Fricero.

(110) Civ. 3e, 13 oct. 1999, n° 97-16.160, AJDI 1999. 1168 ; *ibid.* 1168.

L'excès de pouvoir devant la Cour de cassation

Antoine Dianoux

Avocat au Conseil d'État et à la Cour de cassation

Aborder le sujet de l'excès de pouvoir devant les juridictions suprêmes, c'est d'abord soulever un paradoxe : la Cour de cassation et le Conseil d'État étant gardiens de la légalité, n'ont-ils pas nécessairement pour office de sanctionner tout excès de pouvoir ? Autrement dit, quel intérêt de recourir à cette notion « d'excès de pouvoir », par rapport à la violation de la loi ou à l'erreur de droit ?

En réalité, tout dépend si l'on accorde à l'excès de pouvoir une signification précise, permettant de traiter des situations juridiques particulières.

Il convient avant toute chose de souligner la différence radicale de conception de « l'excès de pouvoir » entre les deux ordres de juridiction, judiciaire et administratif.

Pour le juge administratif, l'excès de pouvoir est au cœur de son office et vise l'erreur de droit, au sens large du terme, commise *par l'administration.* Pour un publiciste, le recours en excès de pouvoir est le recours de droit commun, par opposition au recours de plein contentieux ; c'est un terme générique, qui englobe aussi bien de nombreuses questions de fond que de procédure.

L'ordre judiciaire a une conception tout autre : il ne s'agit plus d'étudier l'excès de pouvoir de l'administration [1], mais l'excès de pouvoir *du juge.* Ce qui implique un sens plus restreint : c'est une erreur de droit d'un type particulier, qui appelle l'idée d'une certaine gravité, et qui a des effets procéduraux sur les voies de recours.

Le contentieux administratif ne recourt pas, quant à lui, à la notion d'excès de pouvoir commise par le juge, car celle-ci ne présenterait pas d'intérêt particulier, puisque la voie du pourvoi est largement ouverte en procédure administrative [2] : il est tout autant possible de former un pourvoi immédiat contre une décision avant dire droit, que d'attendre le pourvoi au fond [3]. De surcroît, le pourvoi devant le Conseil d'État est, par principe, toujours ouvert, même si la loi mentionne que la décision concernée

(1) Le juge judiciaire peut certes être saisi, dans certaines matières particulières, d'un recours en excès de pouvoir contre une décision administrative, mais cela relève d'un usage exceptionnel au sein de l'ordre judiciaire. La présente étude ne traite pas de ce point.

(2) V. la formulation de l'art. L. 821-1 du code de justice administrative, selon lequel « de *manière générale, toutes les décisions rendues en dernier ressort par les juridictions administratives peuvent être déféré[e]s au Conseil d'État par la voie du recours en cassation* », sans qu'il soit mentionné d'exception dans la suite du code.

(3) V. art. R. 811-6 et R. 821-1-1 du code de justice administrative.

n'est « susceptible d'aucun recours » [4]. Ce n'est qu'en cas d'exclusion expresse du recours en cassation par la loi que le pourvoi ne peut pas être formé (hypothèse rarissime, pour ne pas dire inexistante).

En comparaison, dans l'ordre judiciaire, la recevabilité du pourvoi en cassation est admise de manière plus restrictive : l'article 605 du code de procédure civile, qui indique que « *le pourvoi en cassation n'est ouvert qu'à l'encontre de jugements rendus en dernier ressort* », est immédiatement suivi d'une restriction explicite à l'article 608 du même code, outre des restrictions particulières dans certaines matières. De même en matière criminelle, la limitation du pourvoi ressort immédiatement de l'article 567 du code de procédure pénale, puisque celui-ci dispose que les arrêts et jugements rendus en dernier ressort peuvent être annulés sur pourvoi en cassation, « *suivant les distinctions qui vont être établies* », et que l'article 567-1 envisage dans la foulée l'irrecevabilité des pourvois contre les décisions qui ne sont pas susceptibles de voie de recours.

C'est alors que se révèle l'intérêt du concept d'excès de pouvoir devant la Cour de cassation : lorsque celui-ci est caractérisé, le pourvoi devient recevable, nonobstant les dispositions particulières restreignant les voies de recours.

Reste à déterminer ce qu'est un excès de pouvoir selon la Cour de cassation.

La notion est difficile à saisir, car elle n'est définie par aucun texte. Littéralement, elle évoque une problématique de séparation des pouvoirs : en l'occurrence, l'excès de pouvoir du juge, représentant du pouvoir judiciaire, serait un empiètement sur les pouvoirs législatifs ou réglementaires [5]. Ce qui rejoint l'interdiction faite au juge, à l'article 5 du code civil, « de *prononcer par voie de disposition générale et réglementaire* ».

Une telle conception est valable, mais insuffisante car trop restrictive. Si, dans les années qui ont suivi la période révolutionnaire, il était certes nécessaire de s'assurer de la disparition des arrêts de règlement, une telle préoccupation n'est plus vraiment d'actualité dans notre système judiciaire actuel.

Par ailleurs, il convient de se garder à l'inverse d'une interprétation trop extensive de l'excès de pouvoir : il serait possible de considérer que toute violation de la norme de droit est un excès de pouvoir du juge, puisque celui-ci méconnaît alors une source de droit d'origine législative ou réglementaire. Ce n'est bien évidemment pas l'option qui a été retenue, car elle reviendrait à assimiler tout moyen de violation de la loi à un excès de pouvoir et donc à priver la notion de toute utilité.

La solution doit se trouver dans une position intermédiaire, la Cour de cassation profitant justement de l'absence de définition textuelle de l'excès de pouvoir pour en ajuster la définition qu'elle fixe elle-même, et les effets qui en découlent, en fonction de ce qui est nécessaire à la bonne administration de la justice compte tenu des contraintes et des besoins de l'époque.

Les arrêts des chambres civiles visent fréquemment – mais pas systématiquement – « *les principes régissant l'excès de pouvoir* » [6], sans que lesdits principes soient

(4) CE, ass., 7 févr. 1947, *d'Aillières*.

(5) V. par ex. récemment : Civ. 1re, 22 mai 2007, n° 06-10.454, Bull. civ. I, n° 205, D. 2007. 1662, qui censure une cour d'appel ayant refusé d'appliquer des dispositions réglementaires.

(6) V. par ex. : Com. 22 nov. 2023, n° 21-24.839, au Bull., D. 2023. 2139 ; Civ. 2e, 30 sept. 2021, n° 20-10.619 ; Civ. 1re, 28 nov. 2018, n° 17-17.536, au Bull., D. 2018. 2367 ; Com. 2 juin 2015, n° 14-10.383 ; Com. 28 juin 2011, n° 10-15.865.

précisément définis, mais plutôt pour en indiquer le régime : la possibilité de former un appel, ou le cas échéant un pourvoi, malgré une règle interdisant ou différant le recours. La chambre criminelle a quant à elle fondé la solution sur les « *principes généraux du droit* » [7], ce qui n'est pas fondamentalement différent.

Ainsi, selon la Cour de cassation, il existerait des principes généraux du droit qui, d'une part, définissent l'excès de pouvoir et, d'autre part, déterminent son régime, dont l'effet essentiel est d'admettre la recevabilité du pourvoi, quelle que soit la nature de la décision attaquée. Cette référence à un principe général du droit rappelle d'ailleurs ce qui a été jugé par le Conseil d'État dans son arrêt *d'Aillières* du 7 février 1947 [8].

Ces « principes régissant l'excès de pouvoir » résultent d'une construction quasi exclusivement prétorienne.

C'est pourquoi la définition et l'emploi de la notion d'excès de pouvoir ont évolué au cours du temps.

Il faut en revenir aux origines de la Cour de cassation. Dans un contexte postrévolutionnaire, c'était avant tout la lutte contre les arrêts de règlement et les abus de l'ancien régime que le législateur avait en tête. C'est ainsi que l'article 80 de la loi du 27 ventôse an VIII sur l'organisation des tribunaux prévoyait la possibilité d'annulation des actes judiciaires entachés d'excès de pouvoir, sur recours formé par le procureur général à la demande du garde des Sceaux [9]. Deux particularités de ce recours sont à souligner : seul le procureur général, sur ordre du garde des Sceaux, pouvait agir sur ce fondement, et non les parties ; et d'autre part, étaient visés non pas les « jugements », mais les « actes judiciaires », ce qui permettait d'attaquer tout type d'acte émanant d'un juge, en y incluant notamment la possibilité d'annuler uniquement un motif d'un jugement [10].

Ce recours pour excès de pouvoir issu de la loi du 27 ventôse an VIII était donc très spécifique et, à ce titre, la Cour de cassation avait développé une conception particulière de l'excès de pouvoir au sens de ce texte. En matière civile, c'était d'ailleurs la chambre des requêtes qui tranchait directement ce contentieux, sans transmission à la chambre civile ; la chambre criminelle restant compétente pour la matière pénale. Ces deux chambres ont fait ressortir une assimilation de l'excès de pouvoir et de l'incompétence du juge, les deux termes étant parfois employés de manière cumulative [11].

Dans ce cadre, les praticiens de la cassation au XIXe siècle ont retenu une définition de l'excès de pouvoir incluant la violation de la séparation des pouvoirs, mais aussi les griefs d'incompétence et d'atteinte à l'organisation judiciaire préjudiciables à l'intérêt général [12]. Selon le

(7) Crim. 17 mai 1984, n° 83-92.068, Bull. crim. n° 183 ; Crim. 6 oct. 1986, n° 86-93.572, Bull. crim. n° 269.

(8) Le Conseil d'État ayant toutefois estimé que le pourvoi est par principe toujours recevable, sans passer par l'intermédiaire de la notion d'excès de pouvoir.

(9) Ce recours subsiste encore aujourd'hui, aux termes des articles 639-3 du code de procédure civile et 18 de la loi n° 67-523 du 3 juillet 1967, mais il est largement tombé en désuétude, pour ne pas dire qu'il est devenu complètement inusité.

(10) E. Faye, La Cour de cassation - Traité de ses attributions, de sa compétence et de la procédure observée en matière civile, 1903 : n° 31, p. 55, et surtout n° 454, p. 452 s.

(11) Crim. 1er juill. 1847 : « *la cour d'assises du département de la Nièvre, en décidant que le ministère public ne ferait point lecture d'un document que celui-ci croyait devoir invoquer à l'appui de ses réquisitions a commis un excès de pouvoir et violé les règles fondamentales de sa compétence* » ; Crim. 9 mai 1845 : « *qu'en ordonnant un sursis jusqu'à ce que le gouvernement eût statué sur le caractère et les effets de l'extradition, la cour d'assises de l'Ariège a méconnu les règles de sa compétence et commis un excès de pouvoir* ».

(12) Conclusions du procureur général Dupin sur arrêt de la chambre des requêtes du 1er juin 1847 : « *toute violation des règles de compétence renferme un excès de pouvoir* », mais « *on se convaincra que l'excès de pouvoir dont parle l'article 80 est, non l'infraction, quelle qu'elle soit, aux simples règles de la compétence, mais cette infraction particulière qui porte réellement atteinte à l'intérêt général de la société* ». V. aussi : Rapport sur Cass. chambre des requêtes 16 janv. 1844 : « *la Cour de cassation n'a vu d'excès de pouvoirs dans le sens de cet article* [l'article 80 de la loi du 27 ventôse an VIII], *que dans les écarts des juges et dans les violations des lois portant une atteinte principale et directe à l'ordre des juridictions, non dans l'intérêt privé des particuliers, mais dans l'intérêt général et spécialement de la société, lorsqu'ils entreprenaient sur le pouvoir, soit législatif, soit exécutif, lorsqu'ils ne se constituaient pas selon les lois de leur organisation, lorsqu'enfin ils méconnaissaient leur compétence au préjudice même d'une autre branche du pouvoir judiciaire* ».

conseiller Faye, « *l'annulation pour excès de pouvoir a pour cause la nécessité de maintenir l'organisation constitutionnelle, l'indépendance réciproque des autorités des divers ordres* »[13]. On en revient à la nécessité de faire respecter la séparation des pouvoirs, non seulement par rapport aux pouvoirs législatifs et réglementaires, mais aussi à l'intérieur du pouvoir judiciaire[14].

Cependant, la nature très spécifique du recours en annulation pour excès de pouvoir exercé par le procureur général sur ordre du ministre ne permettait pas de l'assimiler à un pourvoi, à tel point que l'on pouvait considérer que la notion d'excès de pouvoir qui y était mise en œuvre était trop spécifique et n'était pas transposable aux pourvois formés par les parties.

Elle n'était que peu d'utilité pour permettre aux justiciables de déterminer le sens de « l'excès de pouvoir » pouvant être invoqué à l'appui de leur propre pourvoi. En effet, à cette époque déjà, le pourvoi était restreint à l'encontre de certains types de décisions : ainsi des jugements d'expropriation pour cause d'utilité publique, qui ne pouvaient être attaqués que « *pour incompétence, excès de pouvoir ou vices de forme du jugement* »[15] ; ou encore les décisions du juge de paix qui étaient insusceptibles de pourvoi, sauf pour excès de pouvoir[16].

S'agissant des pourvois formés par les parties, l'excès de pouvoir, selon le conseiller Faye, « *ne doit s'entendre que du cas où le magistrat serait sorti du cercle de ses attributions, et non de celui où il aurait rendu un jugement irrégulier dans la forme* »[17], s'appuyant en ce sens sur plusieurs décisions de la Cour de cassation rendues en son temps[18].

Au début du xxe siècle, c'est ainsi cette notion de juge qui « sort du cercle de ses attributions », que ce soit en refusant de se reconnaître un pouvoir dont il dispose ou en allant au-delà de ses attributions, qui a fini par s'imposer comme étant la définition de l'excès de pouvoir invocable par les parties à l'appui d'un pourvoi soumis à des règles restreignant sa recevabilité.

Dans la même logique, l'excès de pouvoir a aussi pu être présenté comme le cas où le juge « *transgresse les limites dans lesquelles la loi circonscrit son autorité* »[19]. Ou formulé encore autrement, dans la jurisprudence plus récente, l'excès de pouvoir consiste « *pour le juge à méconnaître l'étendue de son pouvoir de juger* »[20].

Ce faisant, l'excès de pouvoir s'est détaché de l'incompétence ou encore du vice de forme, auxquels les anciens textes semblaient l'assimiler, pour devenir en soi un type d'erreur que peut commettre le juge.

Cependant, encore aujourd'hui, la notion reste floue et sujette à interprétation. Même en affinant sa définition, l'excès de pouvoir demeure un concept difficilement saisissable, semblant échapper à toute tentative de classification[21].

De l'exigence initiale de respect de la séparation des pouvoirs (dont l'enjeu est désormais restreint à des hypothèses rarissimes), l'excès de pouvoir a migré

(13) E. Faye, *La Cour de cassation - Traité de ses attributions, de sa compétence et de la procédure observée en matière civile*, 1903, n° 455, p. 453.

(14) V. Req. 16 janv. 1844 ; Req. 23 févr. 1847.

(15) Art. 20 de la loi du 3 mai 1841.

(16) Décr. du 1er déc. 1790 et art. 15 de la loi du 25 mai 1838 ; v. E. Faye, La Cour de cassation, 1903, p. 623.

(17) E. Faye, La Cour de cassation - Traité de ses attributions, de sa compétence et de la procédure observée en matière civile, 1903, n° 32, p. 56.

(18) Req. 9 juill. 1894, D. 94. 1. 512 ; Req. 4 nov. 1895, D. 96. 1. 82. ; Civ. 14 mai 1900, Gaz. Pal. 19 mai 1900.

(19) Civ. 3e, 9 oct. 1973, n° 73-10.439, Bull. civ. III, n° 516 ; Civ. 1re, 30 mai 1967, Bull. civ. I, n° 188 ; Req. 15 févr. 1938, DP 1938. 1. 126.

(20) Civ. 1re, 20 févr. 2007, n° 06-13.134, Bull. civ. I, n° 61, D. 2007. 803 ; AJDI 2007. 407 ; RTD civ. 2007. 386, obs. R. Perrot ; RTD com. 2007. 459, obs. J.-L. Vallens ; Civ. 1re, 30 sept. 2009, n° 08-10.370.

(21) V. les réflexions sur ce point dans : J. Boré et L. Boré, *La cassation en matière civile*, 2023/2024, 6e éd., Dalloz action, § 38.161 s. ; C. Fattaccini, *Droit et pratique de la procédure civile*, 2021/2022, 10e éd., Dalloz action, § 653.461 s.

vers l'idée de garantir un certain standard de qualité procédurale des décisions de justice. La notion se rapproche ainsi du droit à un recours effectif : pour que l'accès au juge soit effectif, il faut que la décision de justice remplisse un standard minimum de qualité sur les aspects formels et procéduraux. Cette nécessité de préserver l'effectivité de l'accès au juge se retrouve dans la motivation de certaines décisions sanctionnant un excès de pouvoir [22].

Paradoxalement, contrairement à nombre de concepts juridiques, la principale difficulté avec l'excès de pouvoir n'est pas tant d'en déterminer les effets que d'en saisir la nature. Les effets de l'excès de pouvoir seront donc abordés en premier lieu (I), car c'est justement compte tenu de ses effets, qui sont désormais bien établis, que la Cour de cassation ajuste sa définition de l'excès de pouvoir pour en limiter l'application aux seuls cas qui lui semblent pertinents (II).

I. Les effets de l'excès de pouvoir : la recevabilité des voies de recours

Avant tout, il nous semble important de préciser que l'excès de pouvoir n'est pas un cas d'ouverture à cassation autonome : il ne suffit pas d'affirmer que la décision attaquée est entachée d'excès de pouvoir dans l'absolu, mais il faut expliquer, comme pour tout moyen de cassation, en quoi le juge a méconnu telle règle de droit – sans quoi le moyen serait irrecevable comme imprécis. L'excès de pouvoir doit nécessairement être rattaché à la méconnaissance d'une règle de droit. Ou autrement dit encore, l'excès de pouvoir n'est qu'une qualification supplémentaire accordée à un moyen de cassation [23].

Ensuite, il convient de rappeler que dans la plupart des pourvois, il n'est pas nécessaire de qualifier son moyen de cassation d'excès de pouvoir : en droit commun de la cassation, toute violation de la loi permet d'emporter gain de cause, sans qu'il soit nécessaire de surabondamment préciser, le cas échéant, s'il s'agit d'un excès de pouvoir ou d'une « simple » violation de la loi.

L'intérêt d'invoquer un excès de pouvoir se présente lorsque la décision attaquée est théoriquement insusceptible de recours ; et donc le pourvoi théoriquement irrecevable. C'est alors que soulever des moyens de cassation comme étant des excès de pouvoir est déterminant, afin de rendre le recours recevable (A). Il subsiste néanmoins le cas particulier des mesures d'administration judiciaire, à l'égard desquelles l'invocation d'un excès de pouvoir est insuffisante à la recevabilité du pourvoi (B).

A. Régime général de l'excès de pouvoir : recevabilité du pourvoi contre une décision théoriquement insusceptible de recours

Par principe, certaines décisions sont insusceptibles de recours, ou du moins insusceptibles de recours immédiat, que ce soit en procédure civile ou en procédure pénale.

1. L'hypothèse est fréquemment visée au code de procédure civile, pour des décisions qui ne se prononcent pas sur le fond des affaires proprement dit, et qui

(22) V. par ex. : Crim. 18 juin 2014, n° 14-81.422, Bull. crim., 2014, n° 155 : « *le président de la chambre de l'instruction a excédé ses pouvoirs et privé ainsi le mis en examen de l'exercice effectif des droits qui lui sont garantis* ».

(23) En ce sens, l'excès de pouvoir « *ne constitue en réalité qu'une subdivision de la violation de la loi* » : D. Foussard, « Le recours pour excès de pouvoir : de quelques remarques théoriques et pratiques », *in*. La réforme de la procédure d'appel, IRJS 2011. 137.

à ce titre sont insusceptibles de recours. Sont notamment concernées les ordonnances du premier président de cour d'appel qui se prononcent sur l'arrêt de l'exécution provisoire [24] ou qui rejettent une demande de relevé de forclusion [25] ou encore les décisions qui ordonnent ou mettent fin à une médiation [26].

Les décisions de sursis à statuer rendues en dernier ressort ne sont susceptibles de pourvoi que « *pour violation de la règle de droit* » [27], c'est-à-dire en cas de méconnaissance par le juge d'une hypothèse où le sursis à statuer s'impose à lui ; pour le reste, le pourvoi est théoriquement irrecevable, hors excès de pouvoir [28].

Hors des cas généraux prévus par le code de procédure civile, les voies de recours peuvent aussi être restreintes dans des matières spécifiques. C'est fréquemment le cas dans les procédures collectives [29], afin de parvenir à une solution rapide dans un but de favoriser le sauvetage des entreprises, compte tenu des enjeux économiques et sociaux. On peut encore citer les exemples des jugements d'adjudication qui ne tranchent aucune contestation [30], les jugements du juge d'appui chargé de trancher les difficultés relatives à la constitution d'un tribunal arbitral [31], ou les ordonnances rejetant une requête en injonction de payer [32]. Tous ces types de décisions ne sont susceptibles de pourvoi que pour excès de pouvoir.

2. De même, en procédure pénale, les exemples sont nombreux de décisions, généralement des ordonnances, qui sont, en principe, insusceptibles de recours : ordonnance du président de la chambre des appels correctionnels de non-admission de l'appel [33] ; ordonnance du président de la chambre de l'instruction d'irrecevabilité d'une requête en annulation d'actes de procédure, de non-admission de l'appel formé contre une ordonnance du juge d'instruction non susceptible de recours, ou d'irrecevabilité d'un appel contre une décision de refus de demande d'actes [34] ; ordonnance du premier président de la cour d'appel statuant sur un référé détention [35] ; ordonnance du premier président statuant sur une requête en récusation [36]...

En outre, pour certaines décisions, la voie du pourvoi est théoriquement limitée à certains griefs : en particulier, l'article 574 du code de procédure pénale limite le pourvoi contre un arrêt de renvoi devant le tribunal correctionnel ou le tribunal de police aux seuls cas où cet arrêt statue sur la compétence ou présente des dispositions définitives que le tribunal n'a pas le pouvoir de modifier. Enfin, certains textes indiquent expressément que le pourvoi est limité aux cas où la décision ne satisfait pas, en la forme, aux conditions essentielles de son existence légale : arrêt de la chambre de l'instruction rendant son avis sur une demande d'extradition [37], ou encore ordonnance du président de la chambre de l'instruction qui statue sur un recours formé contre une décision prise en matière d'effacement ou de rectification des données personnelles [38].

(24) C. pr. civ., art. 514-6 ; v. Com. 17 févr. 2021, nº 19-12.417.

(25) C. pr. civ., art. 540, al. 4.

(26) C. pr. civ., art. 131-15.

(27) C. pr. civ., art. 380-1.

(28) Civ. 2e, 12 avr. 2018, nº 17-16.945, Bull. civ. II, nº 79.

(29) C. com., art. L. 661-1 et suivants, qui décrivent les personnes recevables à exercer un recours selon les différents types de décisions susceptibles d'être rendues dans le cadre d'une procédure collective. Pour des applications, v. par ex. : Com. 3 mai 2016, nº 14-20.895 ; Com. 29 sept. 2015, nº 14-15.619, au Bull., D. 2015. 2007 ; Rev. sociétés 2015. 762, obs. P. Roussel Galle ; Com. 13 mai 2014, nº 13-13.582.

(30) Civ. 2e, 6 déc. 2012, nº 11-24.028 ; Civ. 2e, 20 avr. 2017, nº 15-13.075 ; Civ. 2e, 27 juin 2019, nº 18-13.753.

(31) C. pr. civ., art. 1460 ; v. Civ. 2e, 7 nov. 2002, nº 01-01.885, Bull. civ. II, nº 241, D. 2002. 3186.

(32) C. pr. civ., art. 1409 : il appartient alors au créancier d'agir au fond selon les voies de droit commun.

(33) C. pr. pén., art. 505-1.

(34) C. pr. pén., art. 173, dernier alinéa ; 186, dernier alinéa ; et 186-1.

(35) C. pr. pén., art. 187-3, v. par ex. : Crim. 9 déc. 2003, nº 03-85.939, Bull. crim., nº 235, D. 2004. 250, et les obs. ; AJ pénal 2004. 73, obs. P. R..

(36) C. pr. pén., art. 671, v. par ex. : Ord. prés. Crim. 14 mars 2001, nº 01-81.700, Bull. crim. nº 69.

(37) C. pr. pén., art. 696-15.

(38) C. pr. pén., art. R. 40-31-1.

Dans tous ces cas, le pourvoi sera malgré tout recevable en cas d'excès de pouvoir.

3. Par ailleurs, outre les cas où le pourvoi est purement et simplement fermé, il peut également être différé.

L'article 608 du code de procédure civile dispose que le pourvoi n'est pas recevable contre une décision qui ne tranche pas le fond ni ne met fin à l'instance, indépendamment de la décision au fond [39]. Il s'agit d'une règle reportant la recevabilité du pourvoi contre la décision avant dire droit au moment du recours contre la décision au fond.

Sur ce point, il faut préciser que par exception, le pourvoi est immédiatement recevable contre une décision par laquelle la cour d'appel se prononce sur la compétence sans statuer sur le fond, alors même que cela ne met pas fin à l'instance [40]. Dans ce cas, il est aussi possible de contester les chefs autres que la compétence, tels qu'exceptions de procédure ou fins de non-recevoir, sans avoir besoin de soulever un excès de pouvoir [41]. Cette solution reste spécifique aux décisions d'appel statuant sur la compétence.

En matière civile, l'excès de pouvoir permet la recevabilité du pourvoi contre une décision avant dire droit, au même titre que contre une décision insusceptible de recours. Les deux cas sont assimilés.

En revanche, la chambre criminelle de la Cour de cassation réserve un traitement différent aux décisions qui ne mettent pas fin à la procédure au fond et dont l'examen du pourvoi est différé au moment du pourvoi contre la décision au fond : il est prévu, à l'article 570 du code de procédure pénale, une procédure spécifique, devant le président de la chambre criminelle, d'admission immédiate du pourvoi « *dans l'intérêt de l'ordre public ou d'une bonne administration de la justice* ». Le problème n'est alors pas la recevabilité du pourvoi, mais son admission immédiate ou non. Une partie qui souhaite frapper de pourvoi une décision avant dire droit est recevable à le faire immédiatement – et même doit le faire immédiatement pour ne pas laisser expirer le délai de recours [42] – mais doit en principe attendre la décision au fond, qu'il faudra également frapper de pourvoi, pour que son pourvoi contre la première décision soit examiné.

Ce système devant la chambre criminelle, faisant la distinction selon que la voie du pourvoi est fermée ou simplement différée, a l'avantage de garantir aux justiciables une voie de recours contre toute décision entachée d'une irrégularité significative et dans le même temps d'éviter que la Cour de cassation ne soit surchargée par la nécessité d'examiner un afflux de pourvois contre des décisions qui ne tranchent pas le fond, la procédure devant le président de la chambre criminelle permettant de filtrer les cas, minoritaires, où un examen immédiat est véritablement nécessaire. Le principal inconvénient de ce système est d'imposer un surcroît de travail au président de chambre.

Retenons, pour être complet, que le président de la chambre criminelle peut par ailleurs rendre des ordonnances de non-admission, sur le fondement de l'article 567-1 du code de procédure pénale, lorsque la décision n'est pas susceptible

(39) Dont notamment les décisions prises en matière d'assistance éducative, en dehors de celles qui prescrivent des mesures : Civ. 1re, 14 juin 2005, no 04-05.060, Bull. civ. I, no 259, D. 2005. 1802 ; RTD civ. 2005. 584, obs. J. Hauser ; ou les décisions ordonnant une expertise biologique à l'occasion d'une action en recherche ou en contestation de paternité : Civ. 1re, 3 mars 2021, no 19-21.384, au Bull., D. 2022. 673, obs. P. Hilt ; *ibid.* 808, obs. J.-C. Galloux et H. Gaumont-Prat ; AJ fam. 2021. 237, obs. J. Houssier.

(40) C. pr. civ., art. 607-1.

(41) Civ. 2e, 9 juin 2022, no 19-20.592, au Bull., AJ fam. 2022. 404, obs. F. Eudier ; *ibid.* 404, obs. F. Eudier.

(42) Crim. 29 avr. 1996, no 95-85.084, Bull. crim. no 169. Sauf en matière de délit de presse, où le pourvoi contre la décision avant dire droit doit être formé en même temps que le pourvoi sur la décision au fond, sauf en cas d'exception d'incompétence.

de recours, ce qui ne doit pas être confondu avec la procédure d'admission immédiate de l'article 570 du même code. Le président de chambre peut donc se prononcer sur la recevabilité du pourvoi contre une décision insusceptible de recours si l'excès de pouvoir n'est manifestement pas établi, ou n'est même pas invoqué [43]. En revanche, s'il y a débat sérieux sur l'existence ou non d'un excès de pouvoir, l'usage veut plutôt que ce soit la chambre elle-même qui tranche la question.

Les pouvoirs du président de la chambre doivent être bien compris : lorsqu'un pourvoi est formé contre une décision mettant fin à l'instance (par exemple une ordonnance de non-admission d'appel au fond), en lui imputant un excès de pouvoir, le pourvoi doit être immédiatement examiné, sans qu'il y ait lieu que le président de la chambre criminelle ne se prononce au titre de l'article 570 du code de procédure pénale : « *le pourvoi doit être, de droit, immédiatement soumis à la chambre criminelle* » [44]. En effet, l'instance ayant pris fin au fond, il n'y a pas lieu d'appliquer le régime d'admission immédiate ou différée des pourvois contre les décisions avant dire droit. En pareil cas, la logique veut que ce soit la chambre criminelle elle-même qui se prononce directement sur la recevabilité du pourvoi, en appréciant l'existence d'un excès de pouvoir.

En revanche, lorsque la décision est insusceptible de recours et que de surcroît elle ne met pas fin à l'instance au fond (par exemple une ordonnance d'irrecevabilité d'un appel contre une décision de refus de demande d'actes), se pose la double problématique de la recevabilité et de l'examen différé du pourvoi. Le justiciable doit alors invoquer un excès de pouvoir à la fois pour justifier la recevabilité du pourvoi et pour soutenir qu'il est « *dans l'intérêt de l'ordre public ou d'une bonne administration de la justice* » que la Cour de cassation statue immédiatement. Le président de la chambre criminelle prend alors une ordonnance préalable, prescrivant l'examen immédiat du pourvoi au titre de l'article 570 du code de procédure pénale, avant que la chambre ne casse pour excès de pouvoir ou à l'inverse qu'elle ne juge le pourvoi irrecevable faute d'excès de pouvoir [45].

Notons qu'une tendance jurisprudentielle de la chambre criminelle est allée jusqu'à exiger qu'en cas de pourvoi contre une décision théoriquement insusceptible de pourvoi et mettant fin à l'instance, il faudrait qu'un « *risque d'excès de pouvoir* [soit] *constaté par ordonnance du président de la chambre criminelle* » et que le président de la chambre prenne donc une ordonnance préalable d'admission du pourvoi sur le fondement de l'article 567-1 du code de procédure pénale [46]. Pourtant, il nous semble qu'une telle solution procède d'une confusion des deux types d'ordonnances du président, celle de l'article 567-1 et celle de l'article 570 du code de procédure pénale, et revient à procéder à un double examen surabondant de la recevabilité du pourvoi. L'article 567-1 permet certes au président de rendre une ordonnance de non-admission pour irrecevabilité du pourvoi formé contre une décision insusceptible de recours, mais il n'exige pas pour autant que ce type de pourvoi, lorsqu'il invoque un excès de pouvoir, soit conditionné à une procédure d'admission préalable. Si la décision attaquée est théoriquement insusceptible de recours et qu'elle met fin à l'instance, la seule question à se poser est de savoir si elle est entachée d'un excès de pouvoir, rendant le pourvoi recevable. Il nous

(43) V. par ex. : Ord. prés. Crim. 24 déc. 1997, n° 97-84.942, Bull. crim. n° 436 ; Ord. prés. Crim. 14 mars 2001, n° 01-81.700, Bull. crim. n° 69.

(44) Ord. prés. Crim. 9 juin 1987, n° 87-83.119, Bull. crim. n° 237.

(45) Pour des cassations : Crim. 4 avr. 2007, n° 07-80.929, Bull. crim. n° 107, AJ pénal 2007. 288 ; Crim. 8 janv. 2013, n° 12-84.953, Bull. crim. n° 2, AJ pénal 2013. 222, obs. J. Gallois ; RSC 2013. 400, obs. D. Boccon-Gibod ; Crim. 1er oct. 2013, n° 13-81.813, Bull. crim. n° 182, AJ pénal 2014. 92, obs. J. Lasserre Capdeville ; Crim. 18 juin 2014, n° 14-81.422, Bull. crim. n° 155, D. 2014. 1381 ; Crim. 16 oct. 2019, n° 19-83.392. Pour des irrecevabilités : Crim. 24 juin 1998, n° 98-80.446, Bull. crim. n° 207 ; Crim. 19 avr. 2000, n° 99-87.558 ; Crim. 4 janv. 2005, n° 04-86.215, Bull. crim. n° 2, D. 2005. 670 ; AJ pénal 2005. 158, obs. J. Leblois-Happe.

(46) V. en ce sens : Crim. 29 avr. 1997, n° 96-82.089, Bull. crim. n° 154 ; Ord. prés. Crim. 29 oct. 1996, n° 96-80.440, Bull. crim. n° 377, D. 1997. 182, note B. Bouloc.

semble donc qu'en pareil cas, la solution la plus pertinente, et la plus efficace pour une bonne administration de la justice, est de considérer que la chambre criminelle doit examiner directement le pourvoi, pour décider si cet excès de pouvoir est établi ou non, et le cas échéant casser ou déclarer le pourvoi irrecevable ; ou, si la solution est évidente, que le président de la chambre rende directement une ordonnance de non-admission, sur le fondement de l'article 567-1 du code de procédure pénale. Mais, lorsque la décision attaquée a mis fin à l'instance, le cumul d'une ordonnance d'admission rendue par le président puis d'un arrêt rendu par la chambre nous semble aller au-delà des exigences des textes.

4. Il résulte ainsi de nombreux textes, en civil comme en pénal, que certains types de décisions sont, en principe, insusceptibles de recours, ou du moins insusceptible de recours immédiat, en procédure civile ; ou encore imposent d'invoquer un type de grief particulier.

L'excès de pouvoir permet, par exception, d'ouvrir la voie de recours, que ce soit un pourvoi ou, le cas échéant, un appel-nullité [47]. L'appel pour excès de pouvoir et le pourvoi pour excès de pouvoir obéissent effectivement à la même logique : l'erreur reprochée au juge est de même nature – un excès de pouvoir – et la conséquence est la même – rendre le recours recevable.

Attention d'ailleurs, face à une décision de premier ressort, à ne pas former un appel-nullité là où il aurait fallu former un pourvoi. C'est le cas si un texte indique que la décision litigieuse « *n'est pas susceptible d'appel* » [48] : une telle formule implique de considérer que la décision est rendue en dernier ressort et qu'en cas d'excès de pouvoir, le recours adéquat est le pourvoi et non l'appel-nullité.

Il convient de noter que la Cour de cassation assimile l'excès de pouvoir commis directement par la cour d'appel et la consécration, par la cour d'appel, d'un excès de pouvoir commis par le premier juge [49]. La solution est logique : consacrer un excès de pouvoir antérieur, c'est le renouveler, et par là même commettre soi-même un excès de pouvoir.

De plus, raisonnant par parallélisme, la Cour de cassation admet qu'un arrêt d'appel qui a retenu l'existence d'un excès de pouvoir du premier juge soit toujours susceptible de pourvoi : « *le pourvoi est recevable contre une décision qui retient un excès de pouvoir et en tire des conséquences* » [50]. Là encore, la solution est logique : si la décision d'une cour d'appel se méprend en admettant un appel-nullité, elle doit être censurée en cassation, car reprocher à tort au premier juge un excès de pouvoir c'est déjà en commettre un.

Signalons encore que, lorsqu'une décision est en principe insusceptible de recours, l'invocation d'un excès de pouvoir détermine à la fois la recevabilité et le bien-fondé du recours : en effet, si un excès de pouvoir est avéré, cela implique de juger le recours recevable et bien fondé afin de censurer ledit excès ; à l'inverse, l'absence d'excès de pouvoir aboutit à une décision d'irrecevabilité du recours.

(47) Et aussi un pourvoi contre un arrêt ayant déclaré irrecevable un appel-nullité : Com. 15 févr. 2023, n° 21-18.548 ; Com. 28 juin 2011, n° 10-15.865.

(48) Civ. 2e 4 juin 2015, n° 14-16.478, à propos de l'article R. 322-22 du code des procédures civiles d'exécution.

(49) Pour des exemples : Com. 15 févr. 2023, n° 21-18.548 ; Com. 25 mai 2022, n° 20-18.307, au Bull. ; Civ. 2e 25 mars 2021, n° 19-16.216, au Bull. ; Civ. 1re, 28 nov. 2018, n° 17-17.536, au Bull.

(50) Com. 15 mai 2012, n° 11-17.866, Bull. civ. IV, n° 98 ; Soc. 11 avr. 2018, n° 16-14.853.

Il faut enfin préciser que la chambre criminelle comme les chambres civiles peuvent soulever d'office un moyen d'excès de pouvoir [51]. Rien ne s'y oppose en effet, dès lors qu'il s'agit d'un moyen d'ordre public, et de pur droit. Cela peut permettre de passer outre l'oubli du demandeur d'invoquer un excès de pouvoir. *A fortiori*, la Cour de cassation doit aussi pouvoir requalifier d'office le moyen qui avait été présenté par le demandeur au pourvoi sans le désigner expressément comme étant un excès de pouvoir. Mais paradoxalement, il a aussi été jugé qu'était irrecevable comme nouveau à hauteur de cassation le moyen soutenant qu'une cour d'appel aurait consacré un excès de pouvoir commis par le premier juge [52]. Il convient donc que le praticien reste attentif et prenne l'initiative d'invoquer l'excès de pouvoir à chaque fois qu'il apparaît pertinent.

5. Cette prise en compte de l'excès de pouvoir pour rendre recevable un recours qui n'était pas censé être ouvert participe d'une volonté de la Cour de cassation de garantir au justiciable son droit d'accès au juge, pour maintenir une justice de qualité. Néanmoins, cette solution s'impose-t-elle réellement ? Autrement dit, le droit à une voie de recours doit-il toujours être garanti ?

Le droit commun est certes que les jugements sont susceptibles d'appel [53], et les arrêts d'appel susceptibles de pourvoi en cassation [54]. Cependant, le législateur en matière pénale et le pouvoir réglementaire en matière civile peuvent prévoir des limitations à l'ouverture des voies de recours, et en particulier décider que certains jugements demeurent insusceptibles de recours. De telles limitations ne sont pas, en soi, contraires aux droits fondamentaux.

En effet, il n'existe, en réalité, pas de droit fondamental, d'un point de vue européen, à disposer d'un recours en cassation en matière civile. La Cour européenne de Strasbourg estime ainsi que « *l'article 6 de la Convention n'astreint pas les États contractants à créer des cours d'appel ou de cassation* » [55]. En matière pénale, la solution est plus nuancée, compte tenu de l'article 2 du protocole additionnel n° 7 à la Convention, qui prévoit un « *droit à une juridiction supérieure* » contre les décisions de « *déclaration de culpabilité ou de condamnation* » [56]. Par hypothèse, ce droit n'est donc garanti qu'à la personne condamnée pénalement ; ce qui n'inclut pas les intérêts civils. Ce recours devant une juridiction supérieure peut être un appel ou un pourvoi [57]. Il s'en déduit que si le prévenu ou accusé a disposé d'un appel, le droit européen ne lui garantit pas un droit à former, en outre, un pourvoi. Un appel seul, ou un pourvoi seul, peuvent suffire. L'article 47 de la Charte des droits fondamentaux de l'Union européenne ne se prononce pas non plus sur le droit à un appel ou à un pourvoi.

Par ailleurs, pour le Conseil constitutionnel, la solution est ambiguë quant au droit à disposer d'un appel ou d'un pourvoi contre une décision de première instance. Avant tout, il faut rappeler qu'aucun texte explicite du bloc de constitutionnalité ne se prononce à ce sujet ; le Conseil constitutionnel a déduit le droit à un recours effectif de l'article 16 de la Déclaration de 1789, par une interprétation téléologique. Cela étant, le droit à un recours devant un juge n'implique pas nécessairement le droit à former des recours contre la décision prise par le

(51) Crim. 16 oct. 2019, n° 19-83.392 ; Civ. 1re, 28 nov. 2018, n° 17-17.536, au Bull., D. 2018. 2367 ; Civ. 2e, 16 nov. 2017, n° 16-17.259.

(52) Com. 22 mai 2013, n° 12-16.400.

(53) Article préliminaire du code de procédure pénale ; C. pr. civ., art. 543.

(54) C. pr. pén., art. 567 ; C. pr. civ., art. 606 et 607.

(55) CEDH 17 janv. 1970, n° 2689/65, *D. c/ Belgique* ; CEDH, gr. ch., 5 avr. 2018, n° 40160/12, *Z. c/ Croatie*. Et la Cour européenne précise que, lorsque les voies de recours existent, leur accès peut être restreint dès lors que les règles sont prévisibles et ne constituent pas un formalisme excessif.

(56) Avec d'ailleurs des exceptions pour les infractions mineures, ou si le jugement a été rendu par une juridiction suprême dès la première instance.

(57) Lors de la signature du Protocole n° 7, la France a émis une déclaration interprétative en ce sens, qui a été validée par la Cour européenne : CEDH 13 févr. 2001, n° 29731/96, § 96, *K. c/ France*, D. 2001. 3302, et les obs., note J.-P. Marguénaud ; RSC 2001. 429, obs. F. Massias.

juge. En conséquence, le Conseil constitutionnel a décidé que « *le principe du double degré de juridiction n'a pas, en lui-même, valeur constitutionnelle* » [58]. Néanmoins, on retrouve tout de même dans sa jurisprudence quelques déclarations d'inconstitutionnalité contre des lois privant les parties de la possibilité de former un pourvoi en cassation [59]. Inversement, en 2021, le Conseil constitutionnel a aussi jugé que l'absence de voie de recours permettant de remettre en cause la décision de refus d'homologation de la peine proposée dans le cadre d'une comparution sur reconnaissance préalable de culpabilité ne méconnaissait pas le droit à un recours juridictionnel effectif [60]. La jurisprudence du juge constitutionnel laisse ainsi entendre que l'absence de voie de recours peut, seulement dans certains cas, être assimilée à une absence de recours effectif au sens de l'article 16 de la Déclaration de 1789.

On peut donc observer que, d'un point de vue européen comme d'un point de vue constitutionnel, si les justiciables doivent certes avoir la garantie d'accès à un juge de premier ressort, en revanche l'accès à un juge d'appel ou de cassation n'est protégé que dans de rares hypothèses.

Ceci étant, l'appel et le pourvoi en cassation sont ancrés dans la tradition juridictionnelle française à tel point que, si l'on peut concevoir une restriction des voies de recours habituellement ouvertes dans un objectif de bonne administration de la justice ou de célérité quant à l'intervention d'une décision irrévocable, on répugne en revanche à admettre que des décisions entachées d'une irrégularité grossière puissent subsister dans l'ordre juridictionnel sans être susceptible d'une voie de recours.

C'est pourquoi la Cour de cassation a développé et maintenu la théorie de l'excès de pouvoir, pour admettre qu'une décision théoriquement insusceptible de recours puisse tout de même faire l'objet d'un pourvoi, et ce afin de garder une solution de secours, une « *soupape de sécurité juridique* » [61], dans un objectif de garantir aux justiciables un système judiciaire fiable.

La Cour de cassation s'attache néanmoins à limiter les cas d'excès de pouvoir, pour éviter que l'exception ne devienne le principe. Cette limitation se retrouve dans la définition de l'excès de pouvoir, mais aussi dans l'impossibilité de l'invoquer à l'encontre de certaines catégories de décisions.

B. Régime particulier de l'excès de pouvoir contre une mesure d'administration judiciaire

Se pose ici la question de savoir si l'invocation d'un excès de pouvoir permet d'ouvrir les voies de recours contre les décisions qui se bornent à prononcer des mesures d'administration judiciaires, lesquelles ne sont, par principe, sujettes à aucun recours [62] : puisque l'excès de pouvoir permet d'agir contre les décisions théoriquement insusceptibles de recours, faut-il l'admettre aussi pour les mesures d'administration judiciaire ?

(58) Cons. const. 13 sept. 2013, nº 2013-338/339 QPC, AJDA 2013. 1774 ; *ibid.* 2317, note J.-P. Grandemange ; D. 2013. 2102 ; *ibid.* 2473, point de vue F. Laffaille ; AJDI 2013. 820, étude S. Gilbert ; *ibid.* 2014. 124, étude S. Gilbert ; RDI 2013. 529, obs. R. Hostiou ; v. déjà : Cons. const. 12 févr. 2004, nº 2004-491 DC, D. 2005. 1133 ; *ibid.* 1125, obs. V. Ogier-Bernaud et C. Severino.

(59) Cons. const. 14 juin 2013, nº 2013-314 QPC, D. 2013. 1805, note J.-C. Bonichot ; AJ pénal 2014. 44 ; RFDA 2013. 691, note H. Labayle et R. Mehdi ; RSC 2013. 903, obs. B. de Lamy ; RTD civ. 2013. 564, obs. P. Puig ; RTD eur. 2013. 531, note J. Roux, sur l'absence de recours en cas d'extension des effets d'un mandat d'arrêt européen. Dans le même sens : Cons. const. 24 mai 2016, nº 2016-543 QPC, § 12 à 14, AJDA 2016. 1040 ; D. 2016. 1137 ; AJ pénal 2016. 334 ; Constitutions 2016. 359, Décision ; *ibid.* 2017. 86, chron. A. Ponseille, sur l'absence de voie de droit permettant la remise en cause de la décision du juge d'instruction de refuser d'accorder un permis de visite ou l'accès au téléphone à une personne en détention provisoire.

(60) Cons. const. 18 juin 2021, nº 2021-918 QPC, § 5 à 8, D. 2021. 1193.

(61) C. Fattaccini, *Droit et pratique de la procédure civile*, 2021/2022, 10e éd., Dalloz action, § 653.461.

(62) C. pr. civ., art. 537.

1. Face à cette problématique, la Cour de cassation s'est globalement montrée réticente à admettre la recevabilité des pourvois contre ces mesures, fût-ce pour excès de pouvoir : « *une mesure d'administration judiciaire, qui n'a pas de caractère juridictionnel et n'a pas d'incidence sur le lien juridique d'instance, ne peut être déférée à la Cour de cassation, fût-ce pour excès de pouvoir* » [63].

Cependant, il a été exceptionnellement admis, dans une décision du 23 septembre 2010 [64], la recevabilité d'un pourvoi pour excès de pouvoir contre une décision de radiation, qui est expressément définie comme une mesure d'administration judiciaire par l'article 383 du code de procédure civile. Cette décision *a priori* dissidente a fait naître des interrogations sur la possibilité d'agir contre les mesures d'administration judiciaire.

Or par la suite, la quasi-totalité de la jurisprudence est restée dans le sens de l'impossibilité d'exercer un recours, même pour excès de pouvoir, contre les mesures d'administration judiciaire, que ce soit pour contester : une décision de redistribution d'une affaire à une autre formation de la juridiction pour cause de suspicion légitime ; pour une réouverture des débats ; pour un renvoi d'audience ; pour l'ordonnance du premier président de cour d'appel fixant une date pour assigner à jour fixe ; pour une décision de jonction d'incidents de procédure avec le fond ; pour la décision de prorogation du délai d'examen de la clôture d'une procédure de liquidation judiciaire ; pour la désignation, en qualité de commissaire à l'exécution du plan, aux lieu et place d'une personne physique, d'une société d'exercice libéral, prise en la personne de cette personne physique... [65]

2. La situation a finalement été clarifiée par un arrêt récent de la deuxième chambre civile, du 23 mars 2023 [66], exposant le raisonnement en deux temps qui doit être tenu : les mesures d'administration judiciaire ne sont, en principe, sujettes à aucun recours, fût-ce pour excès de pouvoir. Toutefois, par exception, certaines d'entre elles sont susceptibles de recours pour excès de pouvoir, au regard de leur impact sur le droit d'accès au juge d'appel ou sur le secret de l'instruction.

Dans la même lignée, il a été jugé que l'ordonnance du premier président de cour d'appel fixant une date pour assigner à jour fixe est une mesure d'administration judiciaire, non susceptible de recours, fût-ce pour excès de pouvoir, sauf lorsqu'est caractérisée une atteinte au droit à l'accès au juge d'appel [67]. Il faut comprendre de cette solution que si la date fixée est excessivement proche ou excessivement lointaine, et *a fortiori* si le premier président refuse d'en fixer une, cela est susceptible d'affecter l'effectivité du droit d'accès au juge d'appel, de telle sorte que le pourvoi pour excès de pouvoir devient recevable.

Ce raisonnement adopté par la deuxième chambre civile, veillant à maintenir le garde-fou de l'excès de pouvoir dans quelques cas restreints de mesures d'administration judiciaire aux enjeux importants, reste sujet à discussion, car il

(63) Civ. 1re, 16 nov. 2004, n° 02-14.528, Bull. civ. I, n° 266, D. 2005. 339 ; *ibid*. 332, obs. P. Julien et N. Fricero ; AJDI 2005. 152, ; Soc. 30 nov. 2010, n° 09-67.130 ; Com. 17 févr. 1998, n° 96-13.831, Bull. civ. IV, n° 80, D. 1998. 274, note F. Derrida et A. Perdriau ; Civ. 2e, 22 oct. 2009, n° 08-19.635.

(64) Civ. 2e, 23 sept. 2010, n° 09-14.864, Bull. civ. II, n° 160, D. 2011. 632, chron. J.-M. Sommer, L. Leroy-Gissinger, H. Adida-Canac et S. Grignon Dumoulin.

(65) V. ainsi respectivement : Civ. 2e, 1er févr. 2018, n° 17-14.730, Bull. civ. II, n° 22 ; Civ. 1re, 20 déc. 2017, n° 16-24.762 ; Civ. 3e, 10 mars 2016, n° 15-16.916 ; Civ. 2e, 23 févr. 2017, n° 16-10.474 ; Civ. 2e, 19 mars 2015, n° 14-14.926, Bull. civ. II, n° 69, D. 2015. 742 ; *ibid*. 1791, chron. H. Adida-Canac, T. Vasseur, E. de Leiris, L. Lazerges-Cousquer, N. Touati, D. Chauchis et N. Palle ; RTD civ. 2015. 461, obs. N. Cayrol ; Com. 12 juill. 2011, n° 09-71.764, Bull. civ. IV, n° 120, D. 2011. 1966, obs. A. Lienhard ; Com. 10 mars 2021, n° 18-24.124 ; Com. 7 nov. 2018, n° 17-16.176, au Bull., D. 2018. 2180 ; Com. 22 mars 2016, n° 14-21.919, au Bull. ; Com. 9 juill. 2013, n° 12-13.193, Bull. civ. IV, n° 118, D. 2013. 1831 ; Com. 16 juin 2009, n° 08-10.584, Bull. civ. IV, n° 80, D. 2009. 1822, et les obs..

(66) Civ. 2e, 23 mars 2023, n° 21-13.093, au Bull., lequel cite, d'une part, Civ. 2e, 9 janv. 2020, n° 18-19.301, au Bull., D. 2020. 89 ; *ibid*. 2021. 543, obs. N. Fricero ; Rev. prat. rec. 2022. 21, chron. F. Rocheteau ; RTD civ. 2020. 449, obs. P. Théry, pour les décisions de radiation du rôle, solution confirmée par Civ. 2e, 30 juin 2022, n° 20-18.631 ; et, d'autre part, Civ. 2e, 16 déc. 2021, n° 19-26.243, au Bull., Rev. prat. rec. 2022. 24, chron. F. Rocheteau, pour les décisions d'injonction de produire des pièces pénales.

(67) Civ. 2e, 14 avr. 2022, n° 20-22.950.

pourrait davantage être étendu quand on sait l'importance concrète sur le déroulement des procédures, en particulier sur le délai de jugement, de nombreuses mesures d'administration judiciaire (notamment les décisions de jonction/disjonction d'instance ou encore de retrait du rôle).

Le praticien est, quant à lui, invité à la plus grande prudence lorsqu'un client le saisit pour former pourvoi contre une décision constituant une mesure d'administration judiciaire : non seulement il faudra invoquer un excès de pouvoir, mais également justifier en quoi il y a atteinte à un droit fondamental, essentiellement le droit d'accès au juge, mais pas exclusivement puisque l'atteinte au secret de l'instruction permet aussi d'ouvrir la voie de recours.

La jurisprudence des chambres civiles de la Cour de cassation quant à la recevabilité des pourvois contre les mesures d'administration judiciaire, après une période d'incertitude, semble donc désormais fixée [68].

3. La chambre criminelle adopte un raisonnement similaire avec les mesures d'administration judiciaire, en jugeant que celles-ci sont insusceptibles de recours même lorsqu'un excès de pouvoir est invoqué, que ce soit pour une décision de joindre au fond des incidents, une décision rejetant une demande de renvoi, ou encore le mode de désignation du juge d'instruction [69]. On peut raisonnablement supposer que la jurisprudence de la deuxième chambre civile, admettant à titre exceptionnel le recours contre une mesure d'administration judiciaire lorsque celle-ci affecte le droit d'accès au juge, soit transposable en matière pénale.

Il en ressort que l'excès de pouvoir n'est pas un argument imparable pour admettre la recevabilité d'un recours contre toute décision de justice.

Malgré les exceptions pouvant exister pour les mesures d'administration judiciaire, et les différences de traitement des décisions avant dire droit entre procédure civile et procédure pénale, le régime de l'excès de pouvoir apparaît, globalement, balisé : l'invoquer permet de rendre recevable un pourvoi contre une décision théoriquement insusceptible de recours, ou insusceptible de recours immédiat.

La principale difficulté s'avère finalement d'identifier ce qu'englobe l'excès de pouvoir.

II. La nature de l'excès de pouvoir : une conception fluctuante de la méconnaissance par le juge de l'étendue de ses pouvoirs

L'excès de pouvoir devant l'ordre judiciaire est une notion difficilement saisissable, que ce soit dans le temps ou entre les chambres. En particulier, il faut distinguer l'utilisation qui en est faite par les chambres civiles (A) et celle faite par la chambre criminelle (B), car il apparaît une différence nette d'approches.

(68) V. encore récemment : Civ. 2e, 11 janv. 2024, no 21-24.306, au Bull. : « *la décision de réouverture des débats est une mesure d'administration judiciaire qui ne peut faire l'objet d'aucun recours, sauf dans le cas d'une atteinte au droit à l'accès au juge* » ; Soc. 6 sept. 2023, no 22-12.502.

(69) V. respectivement : Crim. 2 juin 2010, no 09-87.147, Bull. crim. no 98 ; Crim. 30 juin 2010, no 09-87.882 ; Crim. 31 mai 2005, no 04-86.611 ; Crim. 27 févr. 2001, no 00-86.747, Bull. crim. no 50, D. 2001. 1437.

A. Conception restrictive de l'excès de pouvoir pour les chambres civiles

Au préalable, il faut rappeler qu'il y a encore une vingtaine d'années, la définition de l'excès de pouvoir variait significativement entre les chambres civiles. En particulier, la chambre commerciale avait développé une conception souple de l'excès de pouvoir dans les années 1990, pour s'adapter à la limitation drastique des voies de recours dans les procédures collectives, instaurée par la grande réforme des procédures collectives issue de la loi du 25 janvier 1985 [70].

Pour mettre fin à cette période de fluctuations et de divergences entre chambres civiles, le débat a été porté en chambre mixte qui, dans un arrêt de principe du 28 janvier 2005, a tranché en faveur d'une conception plus restrictive de l'excès de pouvoir [71], jugeant dans cette affaire que la violation du principe de la contradiction ne devait plus être considérée comme un excès de pouvoir. Cette solution avait vocation à être transposée aux vices de procédure de manière générale.

En conséquence, il ne suffit pas d'invoquer une violation d'un principe procédural pour caractériser un excès de pouvoir. Il faut aller plus loin pour définir l'excès de pouvoir.

Faut-il alors considérer que l'excès de pouvoir consiste en une erreur du juge d'une *gravité* particulière ? Cette solution serait tentante, comme étant d'apparence simple. Toutefois en réalité, une telle solution ne serait pas des plus satisfaisantes : une erreur grave ne se distingue d'une erreur simple que par une différence de degré, ce qui sera apprécié différemment par chaque observateur – chaque juge, chaque praticien. Le critère de la gravité implique donc une casuistique, une appréciation personnelle, qui échappe à la fixation d'une limite claire, et comporte *in fine* une part d'incertitude, voire d'arbitraire. Ce n'est donc, à notre sens, pas sur le seul terrain de la gravité qu'il faut se placer pour retenir une définition fiable de l'excès de pouvoir.

On l'a vu, les différentes tentatives de définition de l'excès de pouvoir le décrivent comme le « *cas où le magistrat serait sorti du cercle de ses attributions* » [72], le cas où le juge « *transgresse les limites dans lesquelles la loi circonscrit son autorité* » [73] ; et enfin, dans la jurisprudence récente, l'excès de pouvoir consiste « *pour le juge à méconnaître l'étendue de son pouvoir de juger* » [74].

Cette référence à « *l'étendue des pouvoirs* » du juge mérite d'être clarifiée. Prise littéralement, elle semble signifier que ce n'est que si le juge va au-delà, ou en deçà, de son *pouvoir juridictionnel* qu'il commet un excès de pouvoir.

Il faut bien distinguer la notion de défaut de pouvoir juridictionnel, de celle de l'incompétence du juge saisi. Par exemple, le tribunal judiciaire de Paris et le conseil de prud'hommes de Lyon ne se distinguent pas en termes de pouvoirs : ils peuvent tous deux ordonner des condamnations pécuniaires, des injonctions de faire ou de ne pas faire,

(70) Com. 30 mars 1993, n° 90-21.980, Bull. civ. IV, n° 132 ; Com. 22 oct. 1996, n° 94-19.735.

(71) Cass., ch. mixte, 28 janv. 2005, n° 02-19.153, Bull. ch. mixte n° 1, D. 2005. 386, obs. V. Avena-Robardet ; *ibid.* 2006. 545, obs. P. Julien et N. Fricero ; AJDI 2005. 414.

(72) E. Faye, La Cour de cassation - Traité de ses attributions, de sa compétence et de la procédure observée en matière civile, 1903, n° 32, p. 56 ; Req. 9 juill. 1894, D. 94. 1. 512 ; Req. 4 nov. 1895, D. 96. 1. 82. ; Civ. 14 mai 1900, Gaz. Pal. 19 mai 1900.

(73) Civ. 3e, 9 oct. 1973, n° 73-10.439, Bull. civ. III, n° 516 ; Civ. 1re, 30 mai 1967, Bull. civ. I, n° 188 ; Req. 15 févr. 1938, DP 1938. 1. 126.

(74) Civ. 1re, 20 févr. 2007, n° 06-13.134, Bull. civ. I, n° 61, D. 2007. 803 ; AJDI 2007. 407 ; RTD civ. 2007. 386, obs. R. Perrot ; RTD com. 2007. 459, obs. J.-L. Vallens ; Civ. 1re 30 sept. 2009, n° 08-10.370.

prononcer la nullité d'actes, etc. Ces deux juridictions se distinguent quant à leur champ de compétence – compétence d'attribution et compétence territoriale – mais elles ont bien les mêmes pouvoirs.

À l'inverse, le juge des référés d'un tribunal n'a pas les mêmes pouvoirs que la formation de jugement au fond de ce même tribunal : sa décision n'est que provisionnelle, et le juge des référés n'a pas le pouvoir de prononcer une mesure qui produirait des effets définitifs. C'est pourquoi l'incompétence de la juridiction qui a rendu la décision litigieuse n'est pas considérée, en soi, comme un excès de pouvoir [75] ; tandis qu'au contraire, le fait pour un juge des référés, ou encore pour un juge de la mise en état, de ne pas respecter les limites de leurs attributions respectives est un excès de pouvoir [76].

L'excès de pouvoir est dès lors dit « positif » lorsque le juge est allé au-delà de ses attributions, et « négatif » lorsque le juge n'a pas exercé la plénitude de ses pouvoirs ou a refusé de statuer sur un recours dont il était pourtant bien saisi.

Un examen des différents cas d'excès de pouvoir sur lesquels les chambres civiles de la Cour de cassation se sont prononcées ces vingt dernières années – depuis l'arrêt de chambre mixte du 28 janvier 2005 – peut permettre d'affiner la définition actuelle de l'excès de pouvoir. Il est possible de faire ressortir plusieurs catégories :

1. Méconnaissance par le juge de ses attributions. La jurisprudence fournit de nombreux exemples d'excès de pouvoir commis par un juge investi d'attributions spéciales, ou saisi d'un type de recours spécial, et qui à ce titre dispose de pouvoirs délimités par la nature spécifique du contentieux dont il est saisi.

Parmi les nombreuses illustrations d'excès de pouvoir de ce type, on peut d'abord rappeler le cas, déjà mentionné ci-dessus, du juge des référés qui excède les limites de ses pouvoirs, notamment s'il tranche une contestation sérieuse, s'il prononce une mesure non provisoire ou s'il déboute sur le fond [77] ; de même d'ailleurs pour une cour d'appel saisie d'une ordonnance du juge des référés : ses pouvoirs sont tout autant limités [78]. Dans ces hypothèses, il y a excès de pouvoir positif du juge des référés. Réciproquement, il y a excès de pouvoir négatif du juge qui statue « en référé » alors qu'il a été saisi « en la forme des référés » ce qui implique en réalité un pouvoir de juger au fond [79].

Dans le même sens, le juge de la mise en état – et par analogie le conseiller de la mise en état – doit rester dans le cadre de ses attributions prévues par l'article 789 du code de procédure civile ; il commet par exemple un excès de pouvoir s'il écarte des pièces du débat, car cela relève de la seule formation de jugement [80]. Mais à l'inverse n'est pas susceptible de caractériser un excès de pouvoir la décision d'un juge de la mise en état faisant injonction à une partie de retirer des passages de ses conclusions et un certain nombre de pièces de son bordereau, comme étant issues d'une mesure d'instruction annulée, solution qui peut s'expliquer par le pouvoir du juge de la mise en état d'ordonner des mesures d'instruction, et donc aussi de tirer les conséquences de précédentes mesures d'instruction [81].

(75) V. récemment : Com. 18 janv. 2023, nº 21-17.247.

(76) Civ. 2e, 25 mars 2021, nº 19-16.216, au Bull., Procédures 2021, comm. 126, obs. R. Laffly ; Soc. 3 avr. 2019, nº 17-26.904.

(77) Civ. 3e, 17 déc. 2013, nº 12-18.104 ; Com. 9 juin 2009, nº 08-12.904, Bull. civ. IV, nº 76 D. 2009. 1599, obs. C. Manara ; *ibid*. 1992, obs. J. Larrieu, C. Le Stanc et P. Tréfigny ; Civ. 1re, 2 oct. 2001, nº 99-15.962, Bull. civ. I, nº 242, D. 2001. 3020, et les obs. ; Civ. 1re, 7 nov. 1995, nº 93-18.089.

(78) Soc. 3 avr. 2019, nº 17-26.904.

(79) Com. 15 févr. 2023, nº 21-18.548.

(80) Civ. 2e, 25 mars 2021, nº 19-16.216, au Bull.

(81) Civ. 2e, 16 nov. 2017, nº 16-22.003.

Le conseiller de la mise en état est, de surcroît, soumis à des exigences supplémentaires, propres à la procédure d'appel : il excède ses pouvoirs s'il prend une décision de radiation du rôle alors que le jugement entrepris n'était pas assorti de l'exécution provisoire [82]. Il excède également ses pouvoirs s'il statue sur la recevabilité d'un appel-nullité [83] ; en effet, une telle question implique d'examiner si le jugement de première instance est entaché d'excès de pouvoir, et donc à juger non seulement de la recevabilité mais aussi du bien-fondé de l'appel-nullité ; or, la Cour de cassation estime que le conseiller de la mise en état ne peut pas se prononcer sur une question de recevabilité susceptible de remettre en cause la décision de première instance ; il n'a le pouvoir de se prononcer que sur les irrecevabilités propres à la procédure d'appel [84].

Le juge de l'exécution a aussi des pouvoirs limités. À titre d'exemple, il ne peut, sans excéder ses pouvoirs, ordonner la vente forcée de la pleine propriété de biens, grevés d'un usufruit, contre la volonté du nu-propriétaire [85].

Le même type de problématiques se retrouve dans des contentieux plus spécifiques, où les juges sont saisis d'actions particulières limitant l'étendue de leurs pouvoirs.

En procédure collective, le juge-commissaire doit ainsi rester dans le cadre de ses attributions légales : il y a excès de pouvoir s'il autorise la vente de gré à gré d'un bien dont la propriété était revendiquée par un tiers ou d'un bien commun déjà inclus dans l'actif de la liquidation judiciaire du conjoint du débiteur, s'il autorise une saisie d'immeuble dans un cas où il n'est pas censé le faire, ou encore s'il refuse de désigner contrôleur un organisme (URSSAF) pour qui cette désignation est de droit lorsqu'elle est demandée [86]. En revanche, le rejet de la demande d'un créancier de droit commun d'être désigné contrôleur ne caractérise pas un excès de pouvoir ; pas plus que le fait « *d'autoriser, au titre des opérations d'une liquidation judiciaire ouverte en France, la vente d'un immeuble du débiteur situé sur le territoire d'un État étranger sans vérifier que la liquidation puisse produire ses effets dans cet État* » [87].

On peut encore signaler l'excès de pouvoir commis par le président d'un tribunal saisi d'une demande de désignation d'un expert pour évaluer des parts sociales, au titre de l'article 1843-4 du code civil, qui tranche la contestation relative à la validité de la convention en exécution de laquelle il est saisi ou encore la contestation relative à la détermination des statuts applicables [88] ; par le juge saisi d'une contestation des honoraires d'un avocat qui se prononce sur la détermination du débiteur des honoraires [89] ; par le juge, statuant dans le cadre de la conciliation préalable en matière de divorce, qui refuse de se prononcer sur le régime matrimonial des époux (excès de pouvoir négatif) et qui attribue à l'un des époux la part du prix de vente d'un bien commun (excès de pouvoir positif) [90] ; par le juge saisi d'une demande de rectification des actes de l'état civil qui ordonne plutôt un changement de nom [91].

(82) Civ. 2e, 9 janv. 2020, no 18-19.301, au Bull.

(83) Com. 22 nov. 2023, no 21-24.839, au Bull., D. 2023. 2139, revirement par rapport à Com. 14 mai 2008, no 07-11.036, Bull. civ. IV, no 99, D. 2008. 1559.

(84) Civ. 2e, avis, 3 juin 2021, no 21-70.006, au Bull., D. 2021. 1139 ; *ibid.* 2272, obs. T. Clay ; *ibid.* 2022. 625, obs. N. Fricero.

(85) Civ. 3e, 18 nov. 2009, no 08-19.875, Bull. civ. III, no 255, D. 2009. 2861 ; *ibid.* 2010. 2183, obs. B. Mallet-Bricout et N. Reboul-Maupin ; RTD com. 2010. 214, obs. G. Paisant.

(86) Respectivement : Com. 16 mars 2010, no 08-13.147, Bull. civ. IV, no 55, D. 2010. 825, obs. A. Lienhard ; *ibid.* 1110, chron. M.-L. Bélaval, I. Orsini et R. Salomon ; *ibid.* 1820, obs. F.-X. Lucas et P.-M. Le Corre ; AJ fam. 2010. 285, obs. P. Hilt ; RTD com. 2010. 794, obs. J.-L. Vallens ; Com. 28 juin 2011, no 10-15.865 ; Com. 4 mai 2017, no 15-18.348 ; Com. 25 oct. 2023, no 22-16.907, au Bull., D. 2023. 1901.

(87) Respectivement : Com. 29 sept. 2015, no 14-15.619, au Bull., D. 2015. 2007 ; Rev. sociétés 2015. 762, obs. P. Roussel Galle ; Com. 29 mai 2019, no 18-14.844, au Bull., D. 2019. 1166.

(88) Com. 25 mai 2022, no 20-18.307, au Bull., D. 2022. 1037 ; Rev. sociétés 2022. 534, note A. Reygrobellet ; RTD com. 2022. 793, obs. A. Lecourt ; Com. 7 juill. 2021, no 19-23.699, au Bull., D. 2021. 1757, note A. Couret ; *ibid.* 2262, chron. S. Barbot, C. Bellino et C. de Cabarrus ; RTD com. 2021. 860, obs. J. Moury.

(89) Civ. 2e, 28 mars 2013, no 12-17.493, Bull. civ. II, no 67, D. 2013. 930 ; *ibid.* 2058, chron. H. Adida-Canac, R. Salomon, L. Leroy-Gissinger et F. Renault-Malignac.

(90) Civ. 1re, 24 févr. 2016, no 15-14.887, D. 2016. 479 ; *ibid.* 2017. 470, obs. M. Douchy-Oudot ; AJ fam. 2016. 217, obs. P. Hilt ; RTD civ. 2016. 326, obs. J. Hauser.

(91) Civ. 1re, 8 juill. 2015, no 13-50.062, Bull. 2016, no 834, D. 2015. 1598 ; *ibid.* 1783, chron. I. Guyon-Renard ; AJ fam. 2016. 110, obs. C. Doublein ; RTD civ. 2015. 850, obs. J. Hauser.

La limitation des pouvoirs du juge peut aussi naître de l'évolution des faits : excède ses pouvoirs la cour d'appel qui se prononce sur le placement d'une personne à l'aide sociale à l'enfance alors que celle-ci est devenue majeure en cours d'instance [92].

Constitue aussi un excès de pouvoir le dépassement des limites de sa saisine par la cour de renvoi après cassation [93].

Enfin, il faut signaler l'excès de pouvoir tenant au fait pour un juge de statuer au fond sur une demande qu'il a préalablement déclarée irrecevable [94].

Dans la même logique, il faut aussi ajouter les cas où un juge, qui n'est pas investi d'attributions limitées, n'exerce pas son office, notamment : le juge qui refuse d'exercer un contrôle de conventionnalité sur des dispositions réglementaires [95] ; le juge qui ne se prononce pas sur une question prioritaire de constitutionnalité [96] ; la cour d'appel qui renvoie les parties à saisir la juridiction de première instance, en méconnaissance de l'effet dévolutif de l'appel [97] ; le juge qui, dans un dossier de surendettement, renvoie le dossier à la commission de surendettement plutôt que de prendre lui-même les mesures requises [98] ; le juge civil, saisi de l'indemnisation d'une victime, qui s'estime lié à tort par la décision du juge pénal quant à la question du partage de responsabilité [99] ; en procédure collective, le tribunal qui s'interdit de désigner une personne comme administrateur judiciaire au seul motif de l'opposition du ministère public à cette désignation [100].

Ces dernières hypothèses peuvent aussi être envisagées sous l'angle du déni de justice ; bien qu'il apparaisse que, dans la jurisprudence récente, les dénis de justice sont censurés par la Cour de cassation au seul visa de l'article 4 du code civil, sans préciser s'il s'agit ou non d'un excès de pouvoir [101], de telle sorte qu'il faut rester prudent quant à la possibilité d'assimiler le déni de justice à un excès de pouvoir.

L'ensemble de ces précédents permet de constater la variété des situations dans lesquelles un juge a commis un excès de pouvoir, positif ou négatif, en méconnaissance de l'étendue de ses attributions. Cela étant, l'excès de pouvoir ne se borne pas là.

2. Méconnaissance des autres ordres de juridiction. L'incompétence n'est pas, en soi, un excès de pouvoir [102]. Néanmoins, les incompétences qui affectent, de surcroît, la répartition des pouvoirs entre les ordres de juridiction sont considérées comme des excès de pouvoir. Cela concerne, en premier lieu, la distinction entre l'ordre judiciaire et l'ordre administratif : le juge judiciaire excède ses pouvoirs s'il empiète sur la compétence du juge administratif [103] et par extension, s'il annule une décision administrative dans un contentieux où il ne peut que

(92) Civ. 1re, 26 janv. 2022, n° 20-20.070 ; Civ. 1re, 16 nov. 2022, n° 20-20.853, D. 2023. 523, obs. M. Douchy-Oudot ; AJ fam. 2023. 47, obs. L. Gebler.

(93) Soc. 1er avr. 2008, n° 07-41.800.

(94) V. parmi de nombreux exemples : Com. 30 mars 2022, n° 20-15.819 ; Civ. 2e, 27 juin 2019, n° 18-15.519.

(95) Civ. 2e, 20 déc. 2007, n° 06-20.563, Bull. civ. II, n° 273, D. 2008. 227 ; Dr. soc. 2008. 511, obs. M.-T. Lanquetin ; RFDA 2008. 499, étude X. Dupré de Boulois.

(96) Civ. 2e, 2 mars 2023, n° 21-11.499, au Bull.

(97) Civ. 2e, 7 nov. 1994, n° 92-20.948, Bull. civ. II, n° 220 ; Civ. 2e, 22 mai 1996, n° 94-13.288, Bull. 1996 II, n° 99 ; Com. 9 juin 2022, n° 20-22.650, au Bull., D. 2022. 1149 ; RTD com. 2022. 857, obs. A. Martin-Serf.

(98) Civ. 2e, 1er oct. 2020, n° 19-15.613, au Bull.

(99) Civ. 2e, 5 juill. 2018, n° 17-22.453, au Bull.

(100) Com. 31 janv. 2012, n° 10-24.019, Bull. civ. IV, n° 19, D. 2012. 857, obs. A. Lienhard, note T. Montéran ; *ibid.* 1218, chron. J. Lecaroz, H. Guillou et F. Arbellot.

(101) Civ. 2e, 28 juin 2006, n° 04-17.224, Bull. civ. II, n° 174, RTD civ. 2006. 821, obs. R. Perrot ; Com. 4 mai 2010, n° 08-20.693, Bull. civ. IV, n° 85 ; Civ. 1re, 26 oct. 2011, n° 10-24.214, Bull. civ. I, n° 188, D. 2011. 2656 ; *ibid.* 2012. 971, obs. J.-J. Lemouland et D. Vigneau ; AJ fam. 2012. 111, obs. P. Hilt ; RTD civ. 2012. 102, obs. J. Hauser ; Civ. 1re, 24 sept. 2014, n° 13-21.005, Bull. civ. I, n° 152, AJ fam. 2014. 641, obs. P. Hilt ; RTD civ. 2015. 106, obs. J. Hauser ; Civ. 1re 27 juin 2018, n° 17-19.757.

(102) V. récemment : Com. 18 janv. 2023, n° 21-17.247.

(103) Civ. 1re, 20 févr. 2001, n° 98-21.041, Bull. civ. I, n° 37 ; Civ. 1re, 26 juin 2001, n° 99-17.586, Bull. civ. I, n° 185 ; Com. 26 mars 2013, n° 12-21.630, Bull. civ. IV, n° 52 ; Com. 11 mars 2014, n° 12-28.036, Bull. civ. IV, n° 45 ; Soc. 24 juin 2014, n° 13-11.142, Bull. civ. V, n° 157, AJDA 2014. 2082, note J.-F. Lachaume ; D. 2014. 1455.

prononcer la mainlevée de la mesure administrative [104], mais aussi s'il renvoie à tort une question préjudicielle au juge administratif alors que l'ordre judiciaire était bien compétent, l'excès de pouvoir étant alors négatif [105]. En deuxième lieu, l'incompétence internationale constitue aussi un excès de pouvoir car, pour des raisons de souveraineté, le juge français ne peut empiéter sur les pouvoirs des juridictions étrangères [106]. En troisième lieu, entre encore dans cette catégorie l'excès du pouvoir du juge étatique qui méconnaît la compétence d'un tribunal arbitral [107].

Ces hypothèses peuvent être rattachées à la conception historique de l'excès de pouvoir prise de l'atteinte à la séparation des pouvoirs.

3. Erreur sur la recevabilité de l'action ou du recours. Dans plusieurs situations, l'excès de pouvoir est admis pour censurer une décision qui a retenu à tort l'irrecevabilité d'un appel. La solution peut se comprendre au regard de la nécessité de préserver l'effectivité de la voie de recours qui était censée exister. C'est ainsi le cas pour une cour d'appel qui déclare irrecevable comme tardif un recours alors que le délai n'avait pas commencé à courir faute de notification [108] ; une cour d'appel qui retient à tort l'irrecevabilité de l'appel, au motif qu'elle n'aurait pas le pouvoir de statuer sur un litige en rupture brutale des relations commerciales établies, alors que les demandes n'étaient pas présentées sur ce fondement [109] ; une cour d'appel qui retient à tort que le débiteur en procédure collective n'aurait pas qualité pour former appel du jugement arrêtant le plan de cession de l'entreprise [110] ; un premier président de cour d'appel, qui déclare irrecevable une demande d'arrêt de l'exécution provisoire d'un jugement, au motif que le demandeur n'avait pas présenté d'observation en première instance sur l'exécution provisoire, en se fondant sur les dispositions nouvelles issues du décret du 11 décembre 2019 qui n'étaient pourtant pas applicables à l'instance, introduite avant l'entrée en vigueur de ce décret [111].

Et réciproquement, se présentent aussi des exemples d'excès de pouvoir d'un juge qui a admis à tort la recevabilité d'un recours : un juge qui statue sur un recours en rétractation qui n'était pas ouvert ; en procédure collective, un tribunal qui déclare recevable un recours, contre une ordonnance du juge-commissaire, qui n'était pas ouvert ; une décision qui admet la recevabilité d'une action formée par un liquidateur judiciaire non dans l'intérêt de tous les créanciers mais dans l'intérêt personnel d'un créancier ; une cour d'appel qui déclare recevable l'appel contre un jugement rectificatif alors que le jugement rectifié était passé en force de chose jugée [112].

Cependant, toute erreur de recevabilité n'implique pas nécessairement l'existence d'un excès de pouvoir. Ainsi, ne sont pas des excès de pouvoir : une méconnaissance de l'autorité de chose jugée [113] ; une erreur sur la qualité à agir ou encore sur la recevabilité d'une intervention volontaire [114], par exemple.

Il semble que, sur les problématiques de recevabilité, il soit nécessaire de distinguer les situations où le juge se prononce sur une fin de non-recevoir impliquant

(104) Civ. 1re, 11 mai 2016, n° 15-16.233, Bull. civ. I, n° 850, AJDA 2016. 982 ; RDSS 2016. 738, note P. Hennion-Jacquet.

(105) Civ. 1re, 28 nov. 2018, n° 17-17.536, au Bull., D. 2018. 2367.

(106) Civ. 1re, 7 mai 2010, n° 09-11.177, Bull. civ. I, n° 106, D. 2010. 2196, obs. I. Gallmeister, note A. Bolze et L. Perreau-Saussine ; *ibid.* 2011. 1374, obs. F. Jault-Seseke ; Rev. crit. DIP 2010. 558, note H. Gaudemet-Tallon ; RTD civ. 2010. 808, obs. P. Théry ; Com. 7 déc. 2010, n° 09-16.811, Bull. civ. IV, n° 189 ; Soc. 4 févr. 2014, n° 12-27.113, Bull. civ. V, n° 43, D. 2014. 429 ; Civ. 1re, 13 mai 2015, n° 13-21.827.

(107) Civ. 1re, 12 févr. 2014, n° 13-10.346, Bull. civ. I, n° 23, D. 2014. 490 ; *ibid.* 2541, obs. T. Clay ; Com. 26 mars 2013, n° 12-21.630, Bull. civ. IV, n° 52.

(108) Com. 11 févr. 2014, n° 12-29.312.

(109) Com. 21 juin 2017, n° 16-12.955 ; Com. 29 mars 2017, n° 15-15.470.

(110) Com. 12 juill. 2017, n° 16-12.544, au Bull., D. 2017. 1469 ; Rev. sociétés 2017. 523, obs. L. C. Henry ; RTD com. 2019. 1007, obs. H. Poujade.

(111) Civ. 2e, 13 janv. 2022, n° 20-17.344, au Bull.

(112) Respectivement : Civ. 2e, 10 déc. 2020, n° 19-20.051, au Bull., D. 2021. 543, obs. N. Fricero ; Com. 28 juin 2011, n° 10-18.624 ; Com. 30 juin 2015, n° 14-14.757 ; Civ. 2e, 9 juin 2011, n° 10-19.977.

(113) Com. 17 mars 2021, n° 19-14.679.

(114) Com. 5 oct. 2022, n° 21-12.592.

d'examiner des éléments de fond du dossier, auquel cas une erreur relève d'un simple mal-jugé et non d'un excès de pouvoir, des situations où l'erreur porte sur la recevabilité du recours en lui-même (existence du recours, délai).

4. Méconnaissance d'un principe essentiel de procédure entachant l'effectivité de l'accès au juge. L'arrêt de chambre mixte du 28 janvier 2005 a considérablement réduit la catégorie d'excès de pouvoir tenant à des irrégularités de procédure, sans la faire totalement disparaître.

Reste un excès de pouvoir le fait pour un juge de statuer sans qu'une partie ait été entendue ou dûment appelée [115]. Il en ressort que si la méconnaissance du principe de la contradiction n'est pas, en soi, un excès de pouvoir (notamment lorsque le juge soulève d'office un moyen sans inviter les parties à s'en expliquer [116]), en revanche dans le cas ultime de violation de la contradiction, c'est-à-dire celui où une partie est jugée sans avoir été régulièrement appelée dans la cause, l'excès de pouvoir est constitué.

Il y a aussi excès de pouvoir lorsque la juridiction examine au fond une affaire dans une composition comprenant un juge dont la récusation a été préalablement sollicitée ; lorsque le juge procède à la vente forcée d'un bien, sans s'assurer que le débiteur saisi, qui avait sollicité l'aide juridictionnelle, avait été informé de la décision rendue par le bureau d'aide juridictionnelle (BAJ) ; le juge qui statue sur une voie d'exécution alors que les procédures d'exécution étaient suspendues par une ordonnance nommant un conciliateur dans le cadre d'un règlement amiable agricole [117].

Dans ces hypothèses, l'excès de pouvoir découle de ce que le juge, bien qu'il soit bien resté dans le cadre de ses attributions, a tranché le litige alors que l'une des parties n'a pas été mise en mesure de se défendre correctement.

Cependant, toute irrégularité de procédure n'est pas un excès de pouvoir, tant s'en faut. La Cour de cassation l'a clairement indiqué en jugeant que ni la méconnaissance du principe de loyauté des débats, ni le grief tiré d'une violation de l'article 6 § 1 de la Convention de sauvegarde des droits de l'homme et des libertés fondamentales, ne sont des excès de pouvoir [118]. Cette solution doit se comprendre en ce qu'il *ne suffit pas* d'invoquer l'article 6 de la Convention pour établir un excès de pouvoir ; mais certains vices de procédure, susceptibles de constituer une violation de cet article 6, entrent dans la définition de l'excès de pouvoir (par exemple le fait pour un juge de statuer sans qu'une partie ait été entendue ou dûment appelée).

Les irrégularités de procédure et de forme ne sont donc généralement pas des excès de pouvoir. Pour les vices de forme, il en va ainsi d'un défaut de réponse à conclusions et plus généralement de « *la violation de l'obligation de motivation* » [119] ; de la violation des règles quant aux mentions obligatoires d'une notification ; d'une simple impropriété des termes du dispositif ; ou du défaut de mention des formalités de publicité dans un jugement d'adjudication [120].

(115) Civ. 2e, 9 juin 2022, no 20-21.352, au Bull., Rev. prat. rec. 2022. 6, chron. O. Cousin, F. Kieffer, R. Laher et O. Salati ; Civ. 2e, 30 sept. 2021, no 20-10.619.

(116) Ch. mixte 28 janv. 2005, no 02-19.153, Bull. ch. mixte no 1 ; solution réaffirmée notamment par : Civ. 1re, 29 févr. 2012, no 11-12.489, Bull. civ. I, no 41, D. 2012. 688 ; Com. 15 déc. 2021, no 20-15.097.

(117) Respectivement : Soc. 3 juin 2009, no 07-44.212, Bull. civ. V, no 143 ; Civ. 2e, 24 juin 2010, no 08-19.974, Bull. civ. II, no 120, D. 2010. 1800 ; *ibid.* 2011. 265, obs. N. Fricero ; *ibid.* 1509, obs. A. Leborgne ; Civ. 2e, 16 nov. 2017, no 16-17.259.

(118) Com. 12 juill. 2011, no 09-71.764, Bull. civ. IV, no 120 ; Com. 19 juin 2012, no 11-20.066, Bull. civ. IV, no 130.

(119) Com. 7 sept. 2010, no 09-16.845 ; Com. 13 sept. 2023, no 22-11.697.

(120) Respectivement : Com. 31 mai 2011, no 10-16.199 ; Soc. 12 juin 2019, no 17-28.468 ; Civ. 2e, 7 janv. 2016, no 14-26.442.

De même, des vices de procédure qui, bien qu'affectant les droits d'une partie, ne l'ont pas totalement privée de l'effectivité de son accès au juge, ne sont pas des excès de pouvoir : il en va ainsi, on l'a vu, de la violation du principe de la contradiction [121] ; mais aussi d'une erreur sur la recevabilité des écritures d'une partie [122] ; d'un refus de surseoir à statuer en violation de l'article 4 du code de procédure pénale [123] ; d'une erreur sur les règles relatives à l'indivisibilité du litige [124] ; du fait pour un juge de qualifier d'exception d'incompétence ce qui est en réalité une fin de non-recevoir [125].

Plus étonnant, il a été jugé que la rectification par un juge d'une de ses décisions, bien que celle-ci ne fût entachée d'aucune erreur matérielle, ne constituait pas un excès de pouvoir [126], mais simplement un mal-jugé quant aux conditions de la rectification d'erreur matérielle. Il aurait pourtant été possible de retenir ici la qualification d'excès de pouvoir, en arguant que le juge est allé au-delà des pouvoirs limités dont il dispose dans le cadre de l'instance spécifique en rectification d'erreur matérielle.

L'excès de pouvoir n'est pas même reconnu pour sanctionner une méconnaissance de l'objet du litige [127]. La solution est discutable : compte tenu de la définition désormais établie de l'excès de pouvoir, à savoir la méconnaissance par le juge de « *l'étendue de son pouvoir de juger* », ou autrement dit le juge qui est « *sorti du cercle de ses attributions* », il aurait été légitime d'y intégrer la méconnaissance de l'objet du litige, qui revient pour le juge à aller au-delà ou en deçà de ce dont il est saisi par les parties. Il faut en déduire que, pour les chambres civiles de la Cour de cassation, l'excès de pouvoir doit s'entendre d'une méconnaissance par le juge de son pouvoir juridictionnel dans l'absolu, et non de manière relative par rapport au cas particulier délimité par les prétentions des parties.

En revanche, on admettra que, compte tenu de la définition de l'excès de pouvoir, il est logique d'en exclure les moyens soulevant la dénaturation d'un écrit, ou la perte de fondement juridique de la décision [128]. Il faut également écarter les hypothèses où le juge commet une erreur uniquement sur les conditions de fond d'application du texte sur le fondement duquel il est saisi [129]. On signalera encore, à titre d'exemple significatif, qu'en procédure collective, ne commet pas d'excès de pouvoir le jugement qui ordonne la cession de l'entreprise avant la fin de la période d'observation [130]. Dans ce type d'hypothèses, le juge ne sort effectivement pas du cadre de ses attributions et de son pouvoir juridictionnel ; les éventuelles erreurs commises relèvent d'un « simple » mal-jugé, et non d'un excès de pouvoir.

Il reste toutefois difficile de recenser exactement les types de griefs qui ne permettent pas de caractériser un excès de pouvoir, car dans bon nombre de cas, les pourvois irrecevables font l'objet d'une décision non spécialement motivée sur le fondement de l'article 1014 du code de procédure civile.

(121) Cass., ch. mixte, 28 janv. 2005, n° 02-19.153, Bull. ch. mixte n° 1, D. 2005. 386, obs. V. Avena-Robardet ; *ibid.* 2006. 545, obs. P. Julien et N. Fricero ; AJDI 2005. 414 ; Civ. 1re, 29 févr. 2012, n° 11-12.489, Bull. civ. I, n° 41, D. 2012. 688 ; Com. 15 déc. 2021, n° 20-15.097.

(122) Com. 13 sept. 2023, n° 22-11.697.

(123) Com. 11 mai 2010, n° 09-65.960, Bull. civ. IV, n° 87, D. 2010. 1277, et les obs..

(124) Com. 5 oct. 2022, n° 21-12.592.

(125) Com. 3 juill. 2019, n° 17-17.709. À noter que, dans cet arrêt, la Cour de cassation a employé une formule peu adéquate en indiquant que « *la méconnaissance de leurs pouvoirs par les premiers juges qui, saisis d'une fin de non-recevoir, se sont déclarés incompétents et ont renvoyé l'affaire devant une autre juridiction constitue un mal jugé par erreur de droit mais non un excès de pouvoir* ». Il apparaît, littéralement, contradictoire d'indiquer que « *la méconnaissance de leurs pouvoirs par les juges* » ne constitue pas un excès de pouvoir. Il aurait été plus clair de formuler la solution autrement, par exemple qu'une erreur de qualification d'un moyen entre exception d'incompétence et fin de non-recevoir ne constitue pas un excès de pouvoir ; ce qui permet de faire davantage ressortir la logique de la solution.

(126) Civ. 2e, 6 mai 2010, n° 09-66.221.

(127) Civ. 2e, 19 mai 2005, n° 03-14.840 ; Com. 28 janv. 2014, n° 12-25.008, Bull. civ. IV, n° 26, D. 2014. 368 ; *ibid.* 1010, chron. A.-C. Le Bras, H. Guillou et F. Arbellot ; Com. 29 sept. 2015, n° 14-15.619, au Bull., D. 2015. 2007 ; Rev. sociétés 2015. 762, obs. P. Roussel Galle.

(128) Respectivement : Com. 15 déc. 2021, n° 20-15.097 ; Com. 15 déc. 2015, n° 14-17.833.

(129) Com. 15 mai 2012, n° 11-17.866, Bull. civ. IV, n° 98, D. 2012. 2573, note J. Moury ; Rev. sociétés 2012. 491, note E. Schlumberger ; Com. 7 juill. 2020, n° 18-18.190.

(130) Com. 3 mai 2016, n° 14-24.865, au Bull., D. 2016. 997.

5. Certains auteurs [131] ont pu plaider pour que la Cour de cassation revienne à une conception plus étendue de l'excès de pouvoir en matière civile, comme c'était le cas dans la jurisprudence de la chambre commerciale avant l'arrêt de chambre mixte du 28 janvier 2005, afin de l'admettre contre toute décision entachée d'une irrégularité procédurale grave, telle qu'une absence de motivation ou une méconnaissance du principe de la contradiction. En contrepartie, il a été suggéré que les décisions avant dire droit, contre lesquelles le pourvoi n'est pas impossible mais seulement différé au moment où la décision au fond sera rendue, ne soient plus susceptibles de recours immédiat même en présence d'un excès de pouvoir.

Une telle solution permettrait effectivement de maintenir un équilibre entre le respect des dispositions spéciales restreignant les voies de recours et la nécessité de pouvoir faire annuler les décisions au fond entachées des anomalies procédurales les plus graves ; les décisions avant dire droit étant, quant à elles, moins décisives.

Elle présenterait néanmoins l'inconvénient de ne plus disposer de la possibilité d'agir en annulation immédiate des décisions avant dire droit entachées d'excès de pouvoir, et donc de devoir attendre la décision au fond pour pouvoir soulever une erreur grossière qui aurait mérité d'être censurée rapidement pour ne pas faire perdre de temps aux parties. Le pourvoi différé contre les décisions avant dire droit présente effectivement un enjeu majeur tenant au délai raisonnable des procédures : attendre la solution au fond pour pouvoir annuler, par exemple, une décision d'un juge de la mise en état qui a excédé ses pouvoirs, c'est imposer aux parties des années de procédure inutiles.

Il est donc difficile de déterminer quelle est la solution idéale.

Peut-être serait-il judicieux d'opérer un rapprochement de la procédure civile avec ce qui est pratiqué en matière pénale : les décisions qui ne mettent pas fin à la procédure font en principe l'objet d'un examen différé, sauf faculté d'un examen immédiat sur ordonnance du président de la chambre criminelle dans les cas les plus problématiques, en application de l'article 570 du code de procédure pénale déjà évoqué précédemment ; tandis qu'en contrepartie, pour les décisions mettant fin à l'instance et insusceptibles de tout recours, la recevabilité du pourvoi est assez largement ouverte.

B. Conception extensive de l'excès de pouvoir pour la chambre criminelle

1. Avant de présenter les solutions retenues par la chambre criminelle lorsqu'un excès de pouvoir lui est soumis, il est nécessaire de débuter par une précision terminologique.

Pour admettre la recevabilité d'un pourvoi contre une décision qui n'est, en principe, pas susceptible d'une telle voie de recours, la chambre criminelle de la Cour de cassation recourt alternativement à la notion « *d'excès de pouvoir* » et à la notion de « *décision qui ne satisfait pas aux conditions essentielles de son existence légale* ». Faut-il y voir deux concepts distincts, ou simplement deux appellations d'un même concept ?

La chambre criminelle a pu laisser entendre, dans certaines affaires, que les deux notions seraient distinctes, en indiquant que le pourvoi est recevable « *dans le cas où* [la

(131) J. Boré et L. Boré, *La cassation en matière civile*, 2023/2024, 6e éd., Dalloz action, § 38.162 et § 73.44 s.

décision attaquée] *ne satisfait pas, en la forme, aux conditions essentielles de son existence légale, il en est de même lorsque cette* [décision] *est entachée d'excès de pouvoir* », ou encore si la décision attaquée « *ne satisfait pas en la forme aux conditions essentielles de son existence légale ou si son examen fait apparaître un risque d'excès de pouvoir relevant du contrôle de la Cour de cassation* » [132].

Par de telles formulations, la Cour de cassation laisse entendre que « l'excès de pouvoir » engloberait des hypothèses distinctes de la « décision qui ne satisfait pas, en la forme, aux conditions essentielles de son existence légale ». Il semblerait que la chambre criminelle assimile l'excès de pouvoir aux cas de méconnaissances par le juge de l'étendue de sa saisine, notamment les cas où un recours est jugé à tort irrecevable, tandis qu'une décision qui ne satisfait pas aux conditions essentielles de son existence légale correspondrait aux vices de forme et de procédure.

Cependant, pour les deux formulations, l'effet est identique, à savoir rendre recevable la voie de recours qui était restreinte en principe.

Il apparaît, *in fine*, que les deux formules – l'excès de pouvoir et le défaut de satisfaction aux conditions essentielles de l'existence légale de la décision – doivent être assimilées, puisqu'elles sont employées alternativement pour censurer certains vices comparables : des décisions entachées d'un vice de procédure ou d'une motivation insuffisante sont censurées tantôt au visa d'un « excès de pouvoir » [133], tantôt comme ne satisfaisant pas aux conditions essentielles de leur existence légale [134]. Et surtout, les deux concepts aboutissent au même résultat, à savoir la recevabilité du pourvoi.

C'est pourquoi il est considéré, dans le cadre de cette étude, qu'il n'existe pas de véritable distinction entre une décision qui ne satisfait pas aux conditions essentielles de son existence légale et une décision entachée d'excès de pouvoir, et que les deux appellations sont interchangeables.

Pour conclure sur cette question de terminologie, on notera qu'une décision qui ne satisfait pas aux conditions essentielles de son « existence » légale renvoie à l'idée que la décision de justice serait « inexistante » du fait de la gravité du vice dont elle est entachée. Il nous semble cependant peu pertinent de formuler la problématique en réputant la décision viciée comme étant inexistante : en effet, tant qu'elle n'a pas été annulée, la décision reste bien dans l'ordonnancement juridique et reste susceptible d'être exécutée. La théorie de l'inexistence se heurte à des considérations pratiques évidentes : on voit mal comment le justiciable concerné pourrait, concrètement, s'opposer à une décision de justice en se bornant à affirmer qu'elle est inexistante tant qu'il n'a pas formé de recours contre elle.

À notre sens, il est donc plus clair d'écarter la fiction d'un acte inexistant, et de plutôt privilégier la qualification d'excès de pouvoir, qui est plus explicite.

2. La chambre criminelle retient une conception extensive de l'excès de pouvoir, et n'a visiblement pas modifié sa jurisprudence à la suite de l'arrêt de chambre mixte du 28 janvier 2005, qui ne concernait que les chambres civiles.

Bien évidemment, l'excès de pouvoir en matière criminelle inclut, tout

(132) V. ainsi : Crim. 14 juin 2022, n° 21-84.552 et Crim. 10 mai 2023, n° 22-81.959.

(133) V. par ex. : Crim. 1er oct. 2013, n° 13-81.813, Bull. crim. n° 182, AJ pénal 2014. 92, obs. J. Lasserre Capdeville ; Crim. 8 janv. 2013, n° 12-84.953, Bull. crim. n° 2, AJ pénal 2013. 222, obs. J. Gallois ; RSC 2013. 400, obs. D. Boccon-Gibod.

(134) V. par ex. : Crim. 25 août 2021, n° 21-83.238, au Bull., AJ pénal 2021. 432 et les obs. ; Crim. 22 mars 2022, n° 21-85.395 ; Crim. 20 déc. 2023, n° 23-81.912.

d'abord, le cas du juge qui méconnaît l'étendue de son pouvoir juridictionnel : par exemple le juge saisi du contentieux de la détention provisoire qui se prononce sur le fond ; le président d'un tribunal qui se désigne lui-même pour rendre une ordonnance de mise en accusation, en l'absence du juge d'instruction empêché, sans que les conditions de désignation soient remplies ; la chambre de l'instruction qui, saisie d'un recours en annulation d'actes, tranche une autre question, par exemple en retenant la prescription de l'action publique ; la chambre de l'instruction qui, n'usant pas de la faculté d'évoquer, renvoie le dossier à un juge d'instruction en lui donnant une injonction quant à la poursuite de l'information [135].

Mais ce n'est qu'une infime facette de l'excès de pouvoir devant la chambre criminelle. Celui-ci est fréquemment sollicité pour permettre la recevabilité du pourvoi contre une décision d'irrecevabilité d'un recours formé devant une juridiction d'appel. De manière générale, lorsque le président d'une chambre de l'instruction ou d'une chambre des appels correctionnels rend une ordonnance de non-admission d'un appel, alors que cet appel était recevable, la chambre criminelle y reconnaît un excès de pouvoir : c'est le cas lorsque le juge énonce à tort que l'appel est tardif [136] ; lorsqu'il statue sur la recevabilité d'un appel, au regard de l'article 186-3 du code de procédure pénale, au vu du seul acte d'appel sans tenir compte des motifs du recours exposés par mémoire [137] ; s'il considère à tort que la décision de première instance faisait partie de celles insusceptibles de recours au titre de l'article 186 du code de procédure pénale [138] ; s'il se trompe de juridiction d'appel compétente [139].

Il en ressort qu'en cas d'erreur, devant la cour d'appel ou la chambre de l'instruction, sur la recevabilité de l'appel, la chambre criminelle retient systématiquement l'excès de pouvoir et donc la recevabilité du pourvoi, afin que le justiciable ne perde pas l'accès au juge d'appel auquel il avait droit.

C'est aussi le cas, en matière d'annulation d'actes de procédure, si le président de la chambre de l'instruction recourt à l'irrecevabilité par voie d'ordonnance prévue par le dernier alinéa de l'article 173 du code de procédure pénale, pour un motif autre que ceux limitativement énumérés par ce texte [140]. Dans le même sens, est entachée d'excès de pouvoir l'ordonnance du président de la chambre de l'instruction qui rejette un recours formé contre une décision en matière d'effacement ou de rectification des données personnelles figurant au fichier des auteurs d'infractions terroristes (FIJAIT), pour un motif étranger aux critères énumérés par le texte en la matière [141].

Dans ce cadre, il semble que, pour la chambre criminelle, tout type d'irrégularité de forme ou de procédure permet d'obtenir l'annulation de la décision comme étant entachée d'excès de pouvoir : une ordonnance du président de la chambre de l'instruction refusant d'admettre l'appel contre un refus de demande d'actes, en principe non susceptible de recours en application de l'article 186-1 du code de procédure pénale, peut être annulée non seulement pour

(135) Respectivement : Crim. 1er juin 1994, n° 94-81.280, Bull. crim. n° 221 ; Crim. 18 mars 2009, n° 08-88.486, Bull. crim. n° 58, D. 2009. 1144, obs. C. Girault ; AJ pénal 2009. 270, obs. L. Ascensi ; Crim. 27 févr. 2001, n° 00-80.108, Bull. crim. n° 49 ; Crim. 25 juin 1996, n° 96-81.239, Bull. crim. n° 272 ; Crim. 17 nov. 1998, n° 98-81.717, Bull. crim. n° 301, D. 1999. 39.

(136) Crim. 2 avr. 2008, n° 08-80.067, Bull. crim. n° 92 ; Crim. 12 nov. 2009, n° 09-82.946, Bull. crim. n° 190, AJ pénal 2010. 87, obs. M. Herzog-Evans ; Crim. 14 juin 2022, n° 21-87.141.

(137) Crim. 25 oct. 2022, n° 22-82.333.

(138) Crim. 16 oct. 2019, n° 19-83.392 ; Crim. 11 avr. 2018, n° 17-86.557 ; Crim. 4 déc. 2013, n° 13-85.565, Bull. crim. n° 247, D. 2013. 2917.

(139) Crim. 8 juin 2021, n° 20-86.958.

(140) Crim. 24 janv. 1994, n° 93-84.406, Bull. crim. n° 33 ; Crim. 17 déc. 1996, n° 96-80.440, Bull. crim. n° 468 ; Crim. 18 juin 2014, n° 14-81.422, Bull. crim. n° 155, D. 2014. 1381 ; Crim. 10 mai 2023, n° 22-87.455.

(141) Crim. 14 juin 2022, n° 21-84.552, sur l'article 706-25-12 du code de procédure pénale.

erreur sur la recevabilité formelle de l'appel, mais aussi pour avoir statué par une motivation sans lien avec les spécificités de l'information en cause, ou pour avoir statué sans l'avis motivé du procureur prévu par le texte [142].

Il y a encore excès de pouvoir si la personne mise en examen ou son avocat n'ont pas eu la parole en dernier ; si la décision est rendue au visa de réquisitions qui n'ont pas été communiquées au requérant ; ou si le président de la chambre de l'instruction rejette une demande d'effacement des données personnelles au fichier des antécédents judiciaires sans répondre au moyen pris de l'atteinte au droit à la vie privée [143].

Autant de griefs qui ne concernent pas « l'étendue du pouvoir de juger » ou « les attributions du juge », mais de purs problèmes de procédure ou de défaut de motivation. Ces solutions illustrent bien la différence d'approche de la chambre criminelle par rapport aux chambres civiles.

L'excès de pouvoir est également reconnu à l'encontre d'une décision de chambre de l'instruction qui prononce l'inculpation d'une personne qui avait fait l'objet d'une ordonnance de non-lieu devenue définitive ; ou d'une décision qui, statuant sur des requêtes en nullité de personnes mises en examen, prononce une annulation des actes subséquents en y incluant l'ordonnance de non-lieu qui avait été rendue à l'égard d'une autre personne [144]. Ces solutions font ressortir l'idée que, pour la chambre criminelle, la méconnaissance de l'autorité de chose jugée d'une décision, en tout cas d'une décision de non-lieu, constitue un excès de pouvoir. On notera là encore la divergence par rapport aux chambres civiles.

3. Il convient par ailleurs de consacrer des développements particuliers aux arrêts de la chambre de l'instruction rendant son avis sur une extradition ; l'article 696-15 du code de procédure pénale, consacrant la jurisprudence préexistante, dispose que le pourvoi « *ne peut être fondé que sur des vices de forme de nature à priver cet avis des conditions essentielles de son existence légale.* » On retrouve ici la référence à la notion de décision qui ne satisfait pas aux conditions essentielles de son existence légale ; mais il ne faut pas s'arrêter à une lecture littérale du texte, en ce qu'il vise les « *vices de forme* », alors que bon nombre de cas d'excès de pouvoir reconnus par la chambre criminelle en matière d'extradition ne portent pas sur la « forme » de la décision elle-même, mais plutôt sur une irrégularité de procédure, tel que le caractère public de l'audience ; l'absence de l'interrogatoire préalable obligatoire de la personne visée ; l'absence de dépôt au greffe des réquisitions du ministère public ; la présence dans la composition de la juridiction de magistrats qui avaient déjà siégé lors de la précédente décision qui avait été cassée ; ou le fait de ne pas renvoyer une question préjudicielle quant à une exception de nationalité française que le juge pénal ne peut pas trancher lui-même [145].

L'extradition est d'ailleurs le domaine où l'excès de pouvoir est reconnu de la manière la plus extensive, puisqu'il inclut même des problématiques de fond affectant les droits fondamentaux : le pourvoi est ainsi recevable contre un arrêt donnant un avis favorable à l'extradition qui omet de se prononcer sur une atteinte à

(142) Respectivement : Crim. 4 avr. 2007, n° 07-80.929, Bull. crim. n° 107, AJ pénal 2007. 288 ; Crim. 8 janv. 2013, n° 12-84.953, Bull. crim. n° 2, AJ pénal 2013. 222, obs. J. Gallois ; RSC 2013. 400, obs. D. Boccon-Gibod ; Crim. 1er oct. 2013, n° 13-81.813, Bull. crim. n° 182, AJ pénal 2014. 92, obs. J. Lasserre Capdeville.

(143) Respectivement : Crim. 25 août 2021, n° 21-83.238, au Bull. ; Crim. 30 mars 2021, n° 20-84.116, au Bull., AJ pénal 2021. 217 et les obs. ; Crim. 25 oct. 2022, n° 22-80.128 ; Crim. 7 févr. 2023, n° 22-83.278 ; Crim. 20 déc. 2023, n° 23-81.912.

(144) Crim. 25 mai 1976, n° 75-90.088, Bull. crim. n° 178 ; Crim. 27 févr. 2001, n° 00-86.747, Bull. crim. n° 50, D. 2001. 1437.

(145) Respectivement : Crim. 7 oct. 1986, n° 86-94.107, Bull. crim. n° 272 ; Crim. 22 juin 2021, n° 20-84.596 ; Crim. 5 sept. 2023, n° 23-80.341 ; Crim. 11 mai 2023, n° 22-85.470 ; Crim. 2 oct. 1987, n° 87-84.290, Bull. crim. n° 329.

un droit fondamental tel que le droit au respect de la vie privée et familiale ; qui admet l'extradition pour une infraction qui n'existe pas en France ; qui expose la personne poursuivie à une peine contraire à l'ordre public français – peine de mort –, ou à un risque de traitement inhumain et dégradant ; qui admet une demande d'extradition n'émanant pas d'un État souverain ; qui ne vérifie pas si l'État requérant était bien compétent pour connaître des faits, commis dans un État tiers ; qui ne vérifie pas le respect du principe *ne bis in idem* ; ou encore qui ne vérifie pas, au besoin d'office, si, à la date de la demande d'extradition, la prescription ne s'était pas trouvée acquise et si le principe de double incrimination était respecté [146].

Il est manifeste que ces hypothèses vont au-delà des seuls « vices de forme ». Il en ressort que la recevabilité du pourvoi contre un arrêt donnant un avis favorable à l'extradition est, *in fine*, assez largement admise ; à tel point qu'on peut se demander si le pourvoi est véritablement restreint en la matière [147]. Malgré la lettre de l'article 696-15 du code de procédure pénale, la Cour de cassation tient à s'assurer que les droits fondamentaux de la personne extradée seront respectés, non seulement en France, mais aussi et surtout dans l'État requérant.

4. Globalement, la chambre criminelle conserve une interprétation extensive de la notion d'excès de pouvoir, et accorde par là même une grande importance à l'effectivité du droit de recours des justiciables et à ce que toutes les décisions qui lui sont soumises, même théoriquement insusceptibles de recours, aient été prises à l'issue d'une procédure irréprochable.

Tout au plus elle écarte l'excès de pouvoir dans quelques hypothèses d'anomalies procédurales mineures, par exemple lorsque le pourvoi est formé contre une ordonnance signée par le président d'une juridiction sans préciser son nom, puisque le juge peut tout de même être identifié par l'indication de sa qualité de président ; ou contre une décision rendue au-delà d'un délai prévu par un texte mais qui n'est assorti d'aucune sanction [148]. Ces cas isolés ne remettent pas en cause l'attitude de principe adoptée par la chambre criminelle face aux vices de procédure et de forme entachant les décisions.

***

Il en ressort que si le régime de l'excès de pouvoir est globalement comparable dans la jurisprudence de l'ensemble des chambres de la Cour de cassation, en revanche la chambre criminelle en retient une définition plus extensive que les chambres civiles. Cette différence se comprend compte tenu des enjeux de libertés individuelles, qui sont davantage prégnants au pénal, et qui à ce titre justifient une vigilance accrue de la Cour de cassation envers les décisions des juges du fond entachées d'irrégularités procédurales. Cette divergence de conception de l'excès de pouvoir entre les chambres civiles et la chambre criminelle, qui pourrait sembler problématique à première vue, s'avère finalement justifiée aux besoins hétérogènes des deux matières.

D'une part, on admettrait mal que la chambre criminelle s'aligne sur ce qui est pratiqué au civil, au risque de réduire

(146) Respectivement : Crim. 22 mars 2022, nº 21-85.395 ; Crim. 15 févr. 2022, nº 21-80.942 ; Crim. 16 mars 2021, nº 20-82.296 ; Crim. 25 mars 2020, nº 19-82.236 ; Crim. 13 janv. 2021, nº 20-81.359, au Bull., D. 2021. 82 ; Crim. 14 févr. 2012, nº 11-87.679, Bull. crim. nº 41 ; Crim. 30 mars 2021, nº 20-85.342 ; Crim. 22 juin 2021, nº 20-85.773 ; Crim. 5 sept. 2023, nº 22-87.271.

(147) La Cour de cassation ne va toutefois pas jusqu'à substituer son appréciation à celle de la chambre de l'instruction quant au contrôle de la proportionnalité de l'extradition par rapport au droit au respect de la vie privée et familiale de la personne visée : Crim. 28 mars 2023, nº 22-84.382, au Bull., D. 2023. 647 ; AJ pénal 2023. 281, note R. Parizot.

(148) Crim. 4 nov. 1987, nº 87-83.119, Bull. crim. nº 384 ; Crim. 17 déc. 2002, nº 02-86.393, Bull. crim. nº 228.

son contrôle à l'égard de décisions entachées d'irrégularités procédurales d'autant moins acceptables que les libertés individuelles et l'ordre public sont nécessairement en jeu dans les affaires pénales.

D'autre part, un alignement des chambres civiles sur le niveau de protection garanti par la chambre criminelle, séduisant *a priori*, aurait également ses défauts. Il faut rappeler que, quantitativement, les moyens de cassation fondés sur des vices de forme ou de procédure sont ceux soulevés le plus fréquemment : insuffisance de motivation, méconnaissance du principe du contradictoire ou des termes du litige... En conséquence, il n'est pas souhaitable d'admettre une conception trop large de l'excès de pouvoir au civil, en considérant que tout vice de forme ou de procédure en soit un automatiquement, puisque cela reviendrait à contourner trop souvent les dispositions prévoyant que tel type de décision est insusceptible de recours.

C'est aussi ce qui permet d'expliquer pourquoi la Cour de cassation ne donne pas de définition ferme, pour garder une souplesse d'appréciation au cas par cas de l'existence d'un excès de pouvoir. De cette manière, la Cour garde une marge d'ajustement, et cherche à conserver un équilibre entre la censure des décisions les plus gravement viciées et le respect des dispositions légales et réglementaires qui limitent les voies de recours. *In fine*, il s'agit d'éviter une hausse du nombre des pourvois dans des domaines où le législateur et le pouvoir réglementaire ont précisément fait le choix de limiter les recours pour accélérer la résolution définitive des litiges.

Il reste toutefois regrettable pour le praticien, et surtout pour le justiciable, que la notion ne soit pas mieux définie, en particulier devant les chambres civiles, afin de garantir la prévisibilité des solutions et la sécurité juridique. Le développement, ces dernières années, des arrêts en motivation enrichie pourrait être l'occasion de rendre des arrêts de principe explicitant ce qu'il faut entendre de l'excès de pouvoir [149]. Cela ne pourrait qu'être profitable à tous : aux justiciables et à leurs avocats, pour mieux cibler leurs recours ; aux magistrats, pour ne plus être saisis de recours irrecevables se fondant sur une conception erronée de l'excès de pouvoir.

(149) Sur le modèle de l'arrêt didactique qui a été rendu par la deuxième chambre civile à propos des mesures d'administration judiciaire, v. Civ. 2e, 23 mars 2023, no 21-13.093, préc., note 66.

La distinction entre demande et moyen devant les juges du fond et ses incidences sur le pourvoi en cassation en matière civile

Alexis Posez

Docteur en droit
Avocat au Conseil d'État
et à la Cour de cassation

Pour cardinale qu'elle soit dans la mise en œuvre du droit judiciaire privé, la distinction des notions de demande et de moyen ne se laisse que difficilement saisir par l'analyse. Si la définition des termes eux-mêmes ne laisse que peu de place à l'ambiguïté, étant généralement admis que la demande [1] correspond à l'objet du litige qu'il est donné mission au juge de trancher, et que le moyen correspond à l'argumentation venant au soutien de la demande ainsi entendue [2], la détermination de la ligne séparative de ces deux composantes des écritures, bien que peu étudiée, pose en pratique d'importantes difficultés.

La distinction est essentielle pourtant. C'est d'elle en effet que dépendent, entre autres, l'application de la règle selon laquelle le principe de concentration des moyens ne s'étend pas à un principe de concentration des demandes [3] ; celle cantonnant les actes interruptifs de prescription aux demandes en justice (C. civ., art. 2241), exposant au contraire celui qui ne soulève qu'un moyen à se heurter ensuite à cette fin de non-recevoir [4] ; celle permettant de sélectionner le recours pertinent selon qu'il est dénoncé un défaut de réponse à un moyen (C. pr. civ., art. 455) ou une omission de statuer sur un chef de demande (art. 463) ; celle voulant que, l'appel étant une voie d'achèvement, les moyens nouveaux y soient recevables (art. 563), quand les demandes nouvelles ne le sont en principe pas (art. 564) ; ou encore

(1) Que l'on tiendra provisoirement ici pour synonyme de prétention, sauf à préciser que, dans la rigueur sémantique, la prétention correspondrait à chacun des chefs de demande. Sur quoi, v. H. Solus et R. Perrot, *Droit judiciaire privé*, Sirey, t. I, 1961, n° 216, et t. III, 1991, n° 64 ; C. Chainais, F. Ferrand, L. Mayer et S. Guinchard, *Procédure civile*, 36e éd., Dalloz, 2022, n° 336 ; J. Héron, T. Le Bars et K Salhi, *Droit judiciaire privé*, 7e éd., LGDJ, 2019, n° 116 ; L. Cadiet et E. Jeuland, *Droit judiciaire privé*, 12e éd., LexisNexis, 2023, n° 498 et 499. Même si le terme n'est lui-même pas univoque : R. Martin, Le double langage de la prétention, JCP 1981. I. 3024 ; v° Prétention, *in Vocabulaire juridique*, dir. G. Cornu, 14e éd., PUF, 2022.

(2) Sans qu'il y ait lieu de cantonner cette définition au seul raisonnement juridique puisque, aussi bien, *Jura novit curia*. Il suffit que le litigant invoque un fait dont il déduit plus ou moins directement la conséquence juridique qui forme l'objet de sa demande pour que son moyen soit soulevé. Pour cette définition extensive du moyen, v. not. G. Cornu et J. Foyer, *Procédure civile*, 3e éd., PUF, 1996, n° 121. Définition qui est aussi, pour la même raison, celle valant devant le juge administratif : C. Broyelle, *Contentieux administratif*, 11e éd., LGDJ, 2023, n° 205.

(3) Civ. 2e, 26 mai 2011, n° 10-16.735, Bull. civ. II, n° 117, D. 2011. 1566, obs. V. Avena-Robardet ; *ibid.* 2012. 244, obs. N. Fricero ; RTD civ. 2011. 593, obs. R. Perrot. Pour une illustration récente de la délicate distinction des demandes et des moyens à cet égard : Civ. 2e, 19 mai 2022, n° 21-13.062, AJDI 2022. 772, obs. T. Brault, qui juge que la demande de solidarité entre les condamnations précédemment prononcées doit s'analyser comme un moyen qui aurait dû être soulevé en même temps que les demandes ayant abouti à ces condamnations.

(4) Civ. 2e, 1er févr. 2018, n° 17-14.664.

bien sûr, en premier lieu, la mise en œuvre de l'obligation faite aux parties de formuler leurs moyens dans la discussion et leurs demandes dans le dispositif de leurs conclusions (art. 768 et 954)[5].

Cette division entre demande et moyen est si bien reçue en droit positif qu'elle constituerait même l'instrument d'une véritable stratégie procédurale à l'usage des parties[6]. On peut se demander toutefois, à l'examen de la jurisprudence, si le calcul stratégique ne s'est pas mué en un calcul de probabilité, tant les décisions rendues ces dernières années ont conforté l'idée que les notions de demande et de moyen étaient, dans bien des cas, perméables l'une à l'autre, rendant particulièrement délicat tout exercice d'anticipation qui reposerait sur une telle distinction.

Sans doute la démarcation entre demande et moyen ne pose-t-elle guère de difficultés au stade du pourvoi en cassation, compte tenu que l'objet du litige se cantonne en principe au prononcé de la cassation de la décision déférée, et que les règles de présentation des moyens permettent par ailleurs d'identifier ces derniers avec suffisamment de certitude[7]. Mais les difficultés rencontrées à cet égard devant les juges du fond ne sont pas sans incidence sur le pourvoi, dont le champ est lui-même délimité par les chefs de demande tranchés au fond (art. 606), ainsi que par les moyens de procédure qui auraient mis fin à l'instance (art. 607), de telle sorte que la présentation d'une demande qui n'en serait pas une, ou d'un moyen de procédure qui ne saisirait pas les juges, se traduirait nécessairement par un risque de rejet du pourvoi.

Le problème se dédouble donc, par un phénomène de propagation : à un problème de distinction devant les juges du fond (I) succède un problème de diffusion au pourvoi en cassation (II).

I. Un problème de distinction devant les juges du fond

De prime abord, la distinction entre demande et moyen ne paraît guère poser de problème. Le respect du principe dispositif voudrait que l'on mette en œuvre pour les conclusions le même critère formel que celui valant pour les jugements[8], de sorte que constitueraient des demandes ce qui figure dans le dispositif, et des moyens ce qui figure dans la discussion qui le précède, ainsi que l'ont voulu les parties. Mais de même que toute la discussion n'est pas composée que de moyens[9], la jurisprudence décide que le dispositif lui-même n'est pas nécessairement composé que de prétentions, certaines d'entre elles étant parfois disqualifiées en simples moyens (A). À l'inverse, des moyens soulevés comme tels dans la discussion peuvent se voir requalifiés en prétentions (B).

(5) On aurait pu y ajouter, pour autre exemple, la règle imposant d'appeler à l'instance toute personne concernée par une demande (C. pr. civ., art. 14), mais non par un simple moyen, s'il n'était pas jugé le contraire, non seulement à l'égard du moyen d'irrecevabilité tiré de la prescription, qui ne peut être accueilli qu'en présence à l'instance du créancier de l'obligation (Civ. 1re, 28 févr. 2018, n° 17-14.037), mais également à l'égard même de l'exception de nullité au fond non reprise comme une prétention, qui ne pourrait-elle non plus être examinée sans la présence des parties au contrat ainsi contesté (Com. 2 déc. 2014, n° 13-24.456 ; Civ. 3e, 13 oct. 2021, n° 20-16.092, AJDI 2021. 852).

(6) D. Foussard, « Stratégie et pratique procédurale. Demandes et moyens », *in Le procès est-il encore la chose des parties ?*, dir. L. Flise et E. Jeuland, colloque C. cass., 5 déc. 2014, IRJS 2015. 119.

(7) Encore que le développement du règlement au fond devant la Cour de cassation serait de nature, au moins sous certains aspects, à faire ressurgir le problème au stade du pourvoi.

(8) Pour lesquels on sait que l'autorité de la chose jugée se cantonne au seul dispositif (Cass., ass. plén., 13 mars 2009, n° 08-16.033, Bull. civ., AP, n° 3, D. 2009. 879, et les obs. ; *ibid.* 2010. 169, obs. N. Fricero ; RDI 2009. 429, obs. P. Malinvaud ; RTD civ. 2009. 366, obs. R. Perrot), marquant ainsi une séparation étanche entre ce qui appartient au dispositif, d'une part, et ce qui appartient aux motifs, d'autre part.

(9) Puisque l'on y trouve également de simples allégations non étayées d'une offre de preuve, et de simples arguments sans porté juridique, tous pouvant être laissés sans réponse (Com. 20 mai 2003, n° 99-17.092, Bull. civ. IV, n° 84, D. 2003. 2623, note B. Dondero ; *ibid.* 1502, obs. A. Lienhard ; *ibid.* 2004. 266, obs. J.-C. Hallouin ; Rev. sociétés 2003. 479, note J.-F. Barbièri ; RTD civ. 2003. 509, obs. P. Jourdain ; RTD com. 2003. 523, obs. J.-P. Chazal et Y. Reinhard ; *ibid.* 741, obs. C. Champaud et D. Danet ; Civ. 1re, 14 juin 2007, n° 04-20.396, Bull. civ. I, n° 229, D. 2007. 3041, note F. Bérenger ; Civ. 3e, 24 mai 2018, n° 17-16.373, AJDA 2018. 1756 ; D. 2018. 1152 ; Civ. 2e, 30 juin 2022, n° 21-12.720, D. 2022. 1316). On peut également y rencontrer des demandes qui n'auraient pas été reprises au dispositif, et qui ne saisissent pas non plus les juges pour cette autre raison (C. pr. civ., art. 768, al. 2, et art. 954, al. 3).

A. Les prétentions disqualifiées en moyens

Animés de la volonté de combattre la propension parfois excessive de certains plaideurs à vouloir conférer l'autorité de la chose jugée à l'ensemble de leurs moyens, et parfois même à de simples constatations de fait, les juges du fond, appuyés en cela par la Cour de cassation, se sont employés à justifier de n'avoir pas à répondre à de tels chefs de demande dans le dispositif de leurs décisions. Ils l'ont fait d'abord en énonçant que les demandes de « donner acte » ne constituaient pas une demande en justice [10], ou qu'une telle demande était dépourvue de toute portée juridique [11]. Puis la sanction s'est étendue aux demandes de constat [12], avant de frapper plus récemment le « dire et juger » par lequel les parties introduisent la plupart de leurs demandes [13]. Ces prescriptions ont semblé même si bien acquises qu'elles ont été transcrites dans la charte de présentation des écritures signée le 30 janvier 2023 par les représentants des avocats et des présidents de juridictions [14].

Pourtant, une demande de donner acte peut parfaitement former une véritable prétention lorsqu'elle s'inscrit dans un litige [15]. C'est d'ailleurs la formule consacrée, qui n'a jamais posé difficulté, lorsqu'il est demandé de donner acte, par exemple, d'une intervention volontaire, d'une reprise d'instance ou d'un désistement, tous actes judiciaires qui, bien que ne déterminant pas l'objet du litige, donnent lieu à la formulation de demandes dans le dispositif des conclusions [16], et qui, pour le dernier d'entre eux au moins, sont de nature à mettre fin à l'instance, voire à l'action elle-même [17]. Du reste, la formulation d'une prétention en ce sens devant les juges du fond est une condition de recevabilité d'un futur moyen de cassation [18].

Les demandes de constat reposent elles-mêmes sur une distinction classique, véritable *summa divisio* de l'acte juridictionnel, entre jugement *constitutif de droit*, qui modifie pour l'avenir une situation juridique en faisant application d'une règle qui nécessitait l'intervention du juge, et celui simplement *déclaratif de droit*, dont le seul effet est de reconnaître un état de droit préexistant afin de lui conférer l'autorité qui s'attache aux jugements [19]. Si les actions dites déclaratoires, qui ont toujours existé [20], font l'objet de dispositions particulières [21], celles-ci ne revêtent aucunement le caractère dérogatoire qu'on leur prête parfois. Il suffit de rappeler à cet égard que l'action en résolution d'un contrat peut tendre aussi bien au prononcé d'une résolution judiciaire qu'à la constatation d'une résolution déjà intervenue aux risques et périls du

(10) Civ. 3e, 11 févr. 2004, no 02-18.162 ; Civ. 1re, 23 nov. 2011, no 10-17.707.

(11) Civ. 3e, 16 juin 2016, n° 15-16.469, D. 2017. 422, obs. N. Fricero ; Civ. 3e, 16 sept. 2021, no 19-20.153.

(12) Civ. 2e, 1er févr. 2018, no 17-14.664. À telle enseigne que le juge n'aurait plus à répondre à une demande visant à voir constater plutôt que prononcer une nullité : Civ. 3e, 7 déc. 2017, n° 16-24.009, AJDI 2018. 130.

(13) Au moins selon la lecture généralement faite de Civ. 2e, 9 janv. 2020, n° 18-18.778, D. 2021. 543, obs. N. Fricero, qui y ajouterait même les demandes en suppression d'astreinte.

(14) Selon laquelle : « *Le dispositif récapitule les prétentions. Il n'est pas un résumé ou une synthèse des moyens, lesquels ne doivent pas figurer dans le dispositif. – Il ne doit pas contenir des "dire et juger que" et des "constater que" ou "donner acte" hors les cas prévus par la loi* ».

(15) V. ainsi, pour une demande de donner acte de l'absence d'acceptation d'une succession : Civ. 1re, 31 janv. 2006, n° 02-21.666, Bull. civ. I, no 49, AJ fam. 2006. 165, obs. F. Bicheron. On relève d'ailleurs qu'en matière pénale, une demande de donner acte peut être la condition à la formation d'une contestation : Crim. 2 févr. 2022, nos 21-82.009 et 21-82.065, AJ pénal 2022. 217, obs. D. Luciani-Mien.

(16) S'il est besoin d'en donner des exemples, au stade du pourvoi : Civ. 2e, 22 mars 2006, no 04-14.990, pour le donné acte d'une intervention volontaire ; Civ. 2e, 22 oct. 2020, no 18-25.769, au Bull. civ., pour le donné acte d'une reprise d'instance ; Civ. 3e, 12 oct. 2023, no 22-15.790, pour le donné acte d'un désistement.

(17) C. pr. civ., art. 384.

(18) J. et L. Boré, *La cassation en matière civile*, 6e éd., Dalloz, 2023, no 82.76, à propos du donné acte d'un aveu judiciaire.

(19) La distinction étant régulièrement rappelée : v. encore dern. Civ. 2e, 30 juin 2022, n° 21-10.272, D. 2022. 1309 ; *ibid.* 2023. 616, obs. H. Aubry, E. Poillot et N. Sauphanor-Brouillaud, reprenant ce motif des juges du fond qu'« *en matière indemnitaire, les décisions de justice ont un effet constitutif et non simplement déclaratif* » ; Civ. 3e, 13 juill. 2023, n° 22-17.146, D. 2023. 1891, note B. Jost ; AJ fam. 2023. 575, obs. J. Casey, pour l'effet déclaratif et non constitutif de l'action en partage.

(20) V. autrefois les anciennes actions possessoires qu'étaient les actions en complainte, en réintégrande et en dénonciation de nouvel œuvre.

(21) Par ex. l'action déclaratoire ou dénégatoire de nationalité française (C. civ., art. 29-3), l'action en partage (art. 883), l'action en vérification d'écritures à titre principal (C. pr. civ., art. 296 s.), ou encore l'action en inscription de faux (art. 314 s.).

créancier [22] ; que la compensation légale, qui opère de plein droit, est constatée par le juge [23], tandis que la compensation judiciaire, dont les conditions de liquidité ou d'exigibilité sont provoquées par le juge, est prononcée par ce dernier [24] ; et que l'on agit par exemple en négation de servitude [25], afin de voir constater l'effet de la prescription acquisitive [26], ou voir encore constater la validité du congé délivré au preneur [27]. S'agissant même des incidents d'instance, il faut bien demander au juge de constater l'interruption ou la péremption de cette instance.

Quant aux demandes tendant à voir « dire et juger », que sollicitent-elles du juge sinon que celui-ci exerce sa *jurisdictio* ? La Cour de cassation avait d'ailleurs eu l'occasion de préciser il y a quelques années que la demande tendant à voir dire et juger nulle une assignation devait bien s'entendre comme une demande tendant à voir prononcer cette nullité, contrairement aux juges du fond qui avaient estimé n'être saisis d'aucune prétention [28]. Et elle a récemment réaffirmé cette solution en reprochant à une cour d'appel de n'avoir pas traduit comme des exceptions de nullité et fins de non-recevoir des demandes consistant à voir dire et juger que les irrégularités dénoncées sont « *susceptible*[s] *d'entraîner la nullité de l'assignation* » ou qu'elles « *constituent des fins de non-recevoir* » [29].

En réalité, il est permis de penser que le sens de la jurisprudence n'a jamais été que de souligner qu'il n'existait pas de formule sacramentelle pour introduire une demande. Il ne suffit pas en somme de voir dire et juger quelque chose pour que ce qui suit s'entende nécessairement comme une prétention saisissant le juge. De la même manière que le point de savoir si une demande de constat ou de donner acte forme une véritable prétention dépend de l'objet de la demande introduite par cette formule [30]. Si ce chef de demande permet de vider tout ou partie du litige, alors il s'agit bien d'une prétention. Dans le cas contraire, la demande constitue au mieux un moyen auquel les juges n'ont pas à répondre dans leur dispositif [31]. Les arrêts les plus récents paraissent du reste être revenus sur les ambiguïtés passées, accueillant plus facilement qu'hier comme de véritables demandes celles tendant à voir constater l'existence d'un fait juridique [32] ou donner acte de la volonté exprimée par une partie au litige [33].

Encore l'examen qui précède n'épuise-t-il pas toutes les difficultés, qui se manifestent également à l'égard des demandes reconventionnelles. On sait en effet qu'une jurisprudence fermement établie cantonne cette qualification, appliquée aux exceptions de nullité au fond, à celles qui sollicitent du juge, non pas seulement de prononcer la nullité de l'acte fondant la demande principale, mais de

(22) Distinction classique aujourd'hui consacrée à l'article 1228 du code civil : « *Le juge peut, selon les circonstances, constater ou prononcer la résolution* ». V. par ex. pour une demande de constat de la résiliation de plein droit d'un bail : Com., 9 oct. 2019, n° 18-17.563, D. 2019. 1933, obs. A. Lienhard ; *ibid*. 2208, chron. S. Barbot, C. de Cabarrus et A.-C. Le Bras ; *ibid*. 2020. 1541, obs. M.-P. Dumont ; *ibid*. 1857, obs. F.-X. Lucas et P. Cagnoli ; AJDI 2019. 900, obs. J.-P. Blatter ; AJ contrat 2020. 45, obs. M. Tirel ; Rev. sociétés 2019. 784, obs. F. Reille ; Rev. prat. rec. 2020. 25, chron. P. Roussel Galle et F. Reille ; *ibid*. 2021. 25, chron. E. Morgantini et P. Rubellin.

(23) Com., 30 mars 2005, n° 04-10.407, Bull. civ. IV, n° 72, D. 2005. 1024, obs. E. Chevrier ; *ibid*. 2748, obs. H. Kenfack ; RTD civ. 2005. 599, obs. J. Mestre et B. Fages ; Com., 9 oct. 2019, n° 18-15.793, D. 2019. 2450, note L. Andreu ; RTD civ. 2020. 103, obs. H. Barbier.

(24) C. civ., art. 1348 : « *La compensation peut être* ***prononcée*** *en justice, même si l'une des obligations, quoique certaine, n'est pas encore liquide ou exigible. À moins qu'il n'en soit décidé autrement, la compensation produit alors ses* ***effets à la date de la décision***. »

(25) Civ. 3e, 4 janv. 2011, n° 09-71.305 ; Civ. 3e, 1er oct. 2014, n° 13-24.376.

(26) Civ. 3e, 10 déc. 2015, n° 14-13.832, D. 2016. 10 ; *ibid*. 1779, obs. L. Neyret et N. Reboul-Maupin.

(27) Civ. 3e, 16 juin 2011, n° 10-18.814, Bull. civ. III, n° 104, D. 2011. 1760, obs. Y. Rouquet ; *ibid*. 2012. 1086, obs. N. Damas ; AJDI 2011. 808, obs. N. Damas ; *ibid*. 2012. 487, chron. F. Zitouni ; AJCT 2011. 468, obs. Y. Rouquet.

(28) Com. 17 mai 2017, n° 16-11.162.

(29) Civ. 2e, 13 avr. 2023, n° 21-21.463. Décisions qui invitent à relire l'arrêt précité du 9 janvier 2020 comme reprochant seulement à la cour d'appel d'avoir faussement déduit de l'absence de prétentions que l'appel aurait été irrecevable.

(30) En ce sens précisément, à propos d'une demande de donner acte : Civ. 3e, 16 juin 2016, n° 15-16.469, D. 2017. 422, obs. N. Fricero.

(31) Rappr. la dispense faite au juge administratif de se prononcer sur des demandes de donner acte lorsque celles-ci consistent uniquement en la formulation de réserves sans incidence pour la solution du litige : CE, 10 févr. 1971, n° 75666, *Dame B.*, Lebon 120 ; CE 19 oct. 1977, n° 03374, *SA Les confiseries de Saint-Michel*, Lebon 392 ; CE 5 mai 2000, n° 182196 ; CE 16 mai 2007, n° 285514, Lebon.

(32) Civ. 3e, 22 juin 2023, n° 22-11.641, AJDI 2023. 619, pour une demande de constat de la conformité d'un ouvrage à un cahier des charges.

(33) Civ. 1re, 28 juin 2023, n° 22-15.520, pour le donné acte d'une limitation des demandes à un certain montant.

tirer d'autres conséquences de cette nullité que le seul rejet des demandes, compte tenu que l'article 64 du code de procédure civile définit la demande reconventionnelle comme celle par laquelle le défendeur originaire entend obtenir un avantage autre que le simple rejet de la prétention de son adversaire [34]. Il ne suffit donc pas, ici non plus, de former une demande dans le dispositif de ses conclusions : celle qui ne tendrait qu'au prononcé de la nullité de l'acte fondant les poursuites se verrait disqualifiée en simple moyen de défense au fond [35], insusceptible comme tel d'interrompre le cours de la prescription, mais pouvant être en revanche formée sans condition de délai [36]. La règle s'applique d'ailleurs aussi bien aux demandes visant à voir prononcer la déchéance des intérêts dont le prêteur sollicite le paiement [37], ou à priver de son droit le créancier poursuivant l'exécution d'un cautionnement manifestement disproportionné [38].

À nouveau toutefois, la solution fait naître quelques hésitations, car ce n'est pas précisément la même chose de solliciter le rejet d'une demande et de former en outre une prétention visant à voir prononcer la nullité de l'acte à l'origine des poursuites, compte tenu des effets qui s'attachent de plein droit à l'anéantissement d'un acte juridique : en obtenant de voir prononcer la nullité, le défendeur se constitue un titre exécutoire lui permettant de prétendre aux restitutions qui en découlent [39]. Solliciter l'annulation de l'acte vise donc bien à obtenir un autre avantage que le seul rejet de la demande en paiement, ce qui justifierait de retenir la qualification de demande reconventionnelle, sans qu'il y ait lieu de conditionner cette dernière à la formulation d'une autre demande qui en procède de toute façon. Il fait d'ailleurs peu de doute que, lorsque la demande en annulation est présentée dans le dispositif des conclusions du défendeur, les juges statuent bien sur cette prétention, ce qu'ils devraient au contraire s'abstenir de faire s'il ne s'agissait que d'un simple moyen de défense.

De ce point de vue, la solution valant pour l'exception de compensation semble mieux s'accorder au principe dispositif, qui retient alternativement la qualification de moyen de défense au fond ou de demande reconventionnelle selon que la compensation est invoquée comme simple moyen pour justifier le rejet de la demande principale en paiement [40], ou qu'elle est élevée comme une prétention dans le dispositif des conclusions, précédée ou non d'une demande en paiement [41]. Cette option est admise même à l'égard de la compensation judiciaire [42], pour laquelle il était pourtant possible d'imaginer que les conditions d'exigibilité et de liquidité de la créance réciproque ne pouvaient être provoquées par le juge que si celui-ci était saisi d'une demande en ce sens.

(34) Cass., ass. plén., 22 avr. 2011, n° 09-16.008, Bull. civ., AP, n° 4, D. 2011. 1870, obs. X. Delpech, note O. Deshayes et Y.-M. Laithier ; *ibid*. 2012. 244, obs. N. Fricero ; Rev. sociétés 2011. 547, note J. Moury ; RTD civ. 2011. 795, obs. P. Théry ; *ibid*. 798, obs. P. Théry.

(35) Civ. 3e, 16 mars 2010, n° 09-13.187, Bull. civ. III, n° 63, D. 2010. 902 ; RTD civ. 2010. 374, obs. R. Perrot ; Civ. 3e, 18 juin 2014, n° 12-28.277, AJDI 2014. 717, obs. F. de La Vaissière. Pour rendre compte de ce régime procédural hybride, un auteur a récemment proposé, sur le modèle de l'*exceptio* du droit romain, de qualifier d'« exception de fond » cette figure intermédiaire entre demande et moyen (F. Juredieu, L'exception de fond, RTD civ. 2022. 795).

(36) Pour autant que l'obligation contestée n'ait connu aucun commencement d'exécution : Civ. 1re, 14 janv. 2015, n° 13-26.279, Bull. civ. I, n° 4, D. 2015. 208 ; *ibid*. 1569, obs. J.-J. Lemouland, D. Noguéro et J.-M. Plazy ; AJ fam. 2015. 169, obs. J. Casey ; RTD civ. 2015. 609, obs. H. Barbier ; Civ. 1re, 12 nov. 2015, n° 14-21.725, Bull. civ. I, n° 430D. 2015. 2436, obs. V. Avena-Robardet ; RTD com. 2016. 174, obs. D. Legeais ; *ibid*. 175, obs. D. Legeais ; Com. 31 janv. 2017, n° 14-29.474, D. 2017. 738, note D. Houtcieff ; *ibid*. 1075, chron. S. Tréard, F. Jollec, T. Gauthier, S. Barbot et A.-C. Le Bras ; *ibid*. 2018. 371, obs. M. Mekki ; AJ contrat 2017. 126, obs. C. Bléry ; RTD civ. 2017. 448, obs. P. Crocq.

(37) Com. 6 juin 2018, n° 17-10.103, D. 2018. 1204 ; *ibid*. 2019. 607, obs. H. Aubry, E. Poillot et N. Sauphanor-Brouillaud ; RTD civ. 2018. 904, obs. H. Barbier ; Civ. 1re, avis, 18 sept. 2019, n° 19-70.013, D. 2019. 2282, note G. Poissonnier.

(38) Civ. 1re, 31 janv. 2018, n° 16-24.092, D. 2018. 292 ; *ibid*. 1884, obs. P. Crocq ; *ibid*. 2106, obs. D. R. Martin et H. Synvet ; *ibid*. 2019. 607, obs. H. Aubry, E. Poillot et N. Sauphanor-Brouillaud ; RDI 2018. 214, obs. H. Heugas-Darraspen ; AJ contrat 2018. 141, obs. G. Piette ; RTD civ. 2018. 455, obs. P. Crocq ; *ibid*. 904, obs. H. Barbier.

(39) Sans qu'il y ait besoin d'associer à sa demande d'annulation ou de résolution aucune demande de restitution : Civ. 1re, 25 mai 2016, n° 15-17.317, D. 2016. 1199 ; *ibid*. 2017. 375, obs. M. Mekki ; RTD civ. 2016. 854, obs. H. Barbier ; RTD com. 2016. 836, obs. B. Bouloc ; Civ. 2e, 18 oct. 2018, n° 17-17.315. Inversement, dès lors que la remise en état opère de plein droit, le juge pourrait l'ordonner d'office, en l'absence de toute demande en ce sens : Civ. 3e, 29 janv. 2003, n° 01-03.185, RTD civ. 2003. 501, obs. J. Mestre et B. Fages ; Civ. 1re, 24 janv. 2024, n° 21-20.693, au Bull. civ., D. 2024. 164.

(40) V. par ex. Com., 13 déc. 2017, n° 13-24.057, D. 2018. 4 ; *ibid*. 1884, obs. P. Crocq ; RTD civ. 2018. 484, obs. N. Cayrol.

(41) V. par ex. Com. 27 sept. 2017, n° 16-12.942, D. 2017. 1908 ; *ibid*. 2018. 1412, obs. H. Kenfack ; RTD civ. 2018. 121, obs. H. Barbier ; RTD com. 2017. 984, obs. B. Bouloc.

(42) Com. 13 févr. 2001, n° 98-15.021. *Adde* Com. 13 déc. 2017, préc., qui censure l'arrêt d'appel ayant refusé de prononcer la compensation avec une créance de dommages-intérêts n'ayant pas fait l'objet d'une demande dans le dispositif des conclusions.

Quoi qu'il en soit, la requalification à l'œuvre pour ces demandes reconventionnelles, qui vise à soustraire les prétentions aux causes d'irrecevabilité qui sont les leurs pour permettre au juge d'en connaître, ne tend pas au même but que lorsqu'elle concerne les autres demandes, où il s'agit au contraire, on l'a vu, de restreindre l'objet du litige dont il se trouve saisi. Or c'est un dessein similaire à celui-ci que l'on poursuit lorsqu'il est question, à l'inverse, de requalifier les moyens en prétentions.

B. Les moyens requalifiés en prétentions

La requalification des moyens en prétentions ne vise pas fondamentalement à permettre au juge de trancher dans son dispositif une contestation qui n'aurait été formulée que dans la discussion des conclusions. Il est au contraire question – de la même manière que la disqualification des demandes principales en moyens a pour objet de dispenser les juges de se prononcer sur des prétentions qui n'en sont pas – de leur épargner cette fois d'avoir à répondre même à des moyens qui, bien que soulevés dans la discussion, auraient dû être formés comme des prétentions et ne l'ont pas été.

Il ressort en effet de la jurisprudence que les moyens de défense (titre V) que sont les exceptions de procédure (chap. II) et les fins de non-recevoir (chap. III), bien qu'étrangers au fond du litige, doivent néanmoins, en application des articles 768 et 954 du code de procédure civile, faire l'objet d'une prétention, qualifiée comme telle, dans le dispositif des conclusions. L'exigence est constamment rappelée pour les fins de non-recevoir [43], et l'on observera que c'est précisément à leur égard du reste que la Cour de cassation a finalement énoncé que les « dire et juger » figurant dans le dispositif des conclusions devaient s'entendre comme de véritables prétentions sur lesquelles les juges étaient tenus de statuer [44]. Elle s'applique donc aussi bien, pour la même raison, aux moyens d'irrecevabilité fondés sur l'expiration d'un délai de forclusion [45]. Mais elle s'impose également avec la même force aux exceptions de procédure, qui doivent elles aussi faire l'objet d'une demande dans le dispositif des conclusions, à peine de ne pas saisir le juge de ce moyen [46].

Applicable aux moyens de procédure, la règle s'étend même parfois à certaines défenses au fond, lorsque celles-ci empruntent dans une certaine mesure au régime des nullités de procédure. C'est le cas en particulier des moyens de défense tirés de la nullité d'une expertise judiciaire, ou d'un constat d'huissier réalisé sur le fondement de l'article 145 du code de procédure civile. En dépit du renvoi qu'opère l'article 175 du code au régime des exceptions de nullité de procédure, les moyens de nullité dirigés contre une mesure d'instruction ne relèvent pas de cette qualification [47], mais de celle de défense au fond [48]. Pour autant, ces moyens de défense au fond doivent eux aussi faire l'objet d'une prétention dans le dispositif des conclusions [49], alors que cette exigence ne résulte pas des articles 112 et suivants fixant le régime des nullités de procédure, et que cette prétention

(43) Civ. 2e, 26 juin 2014, n° 13-20.393, Bull. civ. II, n° 150 ; Civ. 1re, 17 mars 2016, n° 15-13.765 ; Com. 17 mai 2017, n° 15-27.275, selon lequel le *moyen* tiré de la prescription doit être repris dans dispositif ; Civ. 2e, 15 avr. 2021, n° 19-25.929 ; Com. 30 août 2023, n° 22-10.018, qui qualifie expressément de *prétention* la fin de non-recevoir tirée de l'absence d'une partie à la procédure.

(44) Civ. 2e, 13 avr. 2023, préc., note 29.

(45) Civ. 3e, 2 juin 2016, n° 15-16.614, D. 2017. 422, obs. N. Fricero.

(46) Civ. 2e, 4 févr. 2021, n° 19-23.615, au Bull. civ., exigeant que l'exception de nullité de procédure soulevée en première instance soit reprise dans le dispositif des conclusions d'appel.

(47) Civ. 2e, 31 janv. 2013, n° 10-16.910, Bull. civ. II, n° 20,D. 2013. 372 ; *ibid.* 2802, obs. P. Delebecque, J.-D. Bretzner et I. Darret-Courgeon ; *ibid.* 2014. 795, obs. N. Fricero.

(48) Civ. 1re, 30 avr. 2014, n° 12-21.484, Bull. civ. I, n° 75, D. 2014. 1040 ; *ibid.* 2015. 287, obs. N. Fricero ; *ibid.* 649, obs. M. Douchy-Oudot ; *ibid.* 1231, obs. M. Bacache, D. Noguéro, L. Grynbaum et P. Pierre ; AJ fam. 2014. 382, obs. P. Hilt ; RTD civ. 2014. 936, obs. B. Vareille ; Civ. 1re, 17 oct. 2019, n° 18-22.121.

(49) Civ. 2e, 30 sept. 2021, n° 19-12.244, Rev. prat. rec. 2021. 5, chron. E. Jullien et C. Simon, bien qu'écartant à cette occasion la qualification de défense au fond.

ne pourrait faire l'objet d'une demande principale [50]. Il resterait d'ailleurs à qualifier ces prétentions, puisque les demandes reconventionnelles en nullité supposent pour leur part, on l'a vu, de solliciter de tirer une autre conséquence de l'annulation que le seul rejet des demandes initiales.

Dans ces conditions, qu'est-ce même qu'une prétention, si l'exigence de formulation dans le dispositif des conclusions vise aussi bien les demandes que certains moyens ? Alors que le code de procédure civile paraît assimiler le terme au chef de demande au fond [51], ainsi que l'enseigne toujours la doctrine [52], il faut bien admettre que cette définition ne correspond plus au droit positif, qui qualifie aussi bien de prétentions les fins de non-recevoir, les exceptions de procédure, et même certains moyens de nullité au fond. Faut-il donc, comme le fait désormais l'article 910-4, distinguer les « *prétentions sur le fond* » des autres ?

Et comment distinguer encore, au regard de cette ambiguïté, la demande en justice du moyen de défense ? Si le code de procédure civile oppose radicalement l'une (titre IV) à l'autre (titre V), il apparaît bien à l'examen de la jurisprudence précitée que certains moyens doivent eux aussi faire l'objet d'une demande en justice, quand même celle-ci ne répondrait pas précisément aux catégories du code (art. 63 s.). Puisque le critère formel, tenant dans la localisation de la demande ou du moyen dans les écritures, ne suffit pas, il faut bien tenter de rechercher un autre critère, matériel celui-là, qui aurait égard à l'objet de la *prétention*, largement entendue à présent. Un principe de solution possible, qui pourrait rendre compte du droit positif dans une certaine mesure, consisterait à tenir pour simple moyen toute prétention qui n'aurait pour objet que de servir de préalable à une autre, seule véritable demande, qui en découlerait nécessairement. Ces demandes intermédiaires n'en seraient donc pas, quelles que puissent être les intentions de leur auteur à cet égard.

Naturellement, la proposition serait encore loin de lever toutes les difficultés. Il est d'ailleurs bien délicat de dissocier ainsi demandes et moyens dans les prétentions formulées dans le dispositif des conclusions, quand on sait que nombre d'entre eux se mêlent intimement aux chefs de demande [53]. Il faut donc sans doute se résoudre à conclure avec la doctrine que la distinction entre demande et moyen est au fond moins rationnelle que fonctionnelle [54], et veiller seulement à ce qu'à travers les solutions reçues en jurisprudence, la fonction ne blesse trop ici la raison. Ce d'autant que ces difficultés conceptuelles ne se cantonnent pas au seul office du juge du fond, mais se répercutent sur les conditions d'exercice des recours, le problème de distinction devant les juges du fond se traduisant inévitablement, à cet égard, par un problème de diffusion au pourvoi en cassation.

II. Un problème de diffusion au pourvoi en cassation

La question de savoir quelles peuvent être les incidences sur le pourvoi en cassation des problèmes de distinction entre demande et moyen au fond relève à bien des égards d'un exercice de prospective juridique, en l'absence de solutions clairement établies sur nombre de difficultés

(50) Civ. 2e, 7 avr. 2011, no 10-16.234 ; Civ. 2e, 16 mai 2013, no 12-18.536, qui précise qu'il s'agit même là d'une fin de non-recevoir d'ordre public devant être relevée d'office.

(51) Arg. art. 4 ; art. 30 s. ; art. 71.

(52) V. *supra*, note 1.

(53) Pour s'en tenir seulement à l'une des plus usuelles, celui qui demande le paiement d'une somme d'argent à titre de dommages-intérêts signale déjà, à travers cette prétention, qu'il fonde sa demande sur le moyen tiré de la responsabilité du défendeur, et que celui-ci est tenu de réparer le dommage dont il est à l'origine.

(54) R. Perrot, obs. sur Civ. 1re, 27 févr. 2013, n° 12-15.308, Procédures 2013, comm. 137, à propos de la distinction entre demandes nouvelles et moyens nouveaux en appel.

susceptibles de se présenter à ce stade de la procédure. L'analyse porte cependant à penser ici que, le plus souvent au moins, les deux hypothèses précédemment étudiées se traduisent chacune par une sanction différente à hauteur du pourvoi : la présentation d'une fausse demande dans le dispositif des conclusions fait encourir un risque d'irrecevabilité du moyen de cassation (A), quand ce dernier s'expose plutôt à un risque de rejet lorsque le moyen soulevé aurait dû l'être comme une prétention (B).

A. Un risque d'irrecevabilité du moyen

Dans le cas où le juge du fond n'a pas statué sur la demande qui, bien que formulée dans le dispositif des conclusions, n'en était pas une, une question vient immédiatement à l'esprit : l'hypothèse relève-t-elle de l'omission de statuer, qui donne uniquement lieu à la formation d'une requête en réparation d'omission de statuer, ou du défaut de motifs, cas d'ouverture à cassation ? S'il s'agissait d'une véritable demande, la réponse ne prêterait pas à discussion [55]. Mais la disqualification de cette prétendue demande en simple moyen pourrait ouvrir d'autres perspectives.

Sans doute, d'un certain point de vue, la situation ne paraît-elle guère originale. Si la fausse demande constituait en réalité un moyen, il suffit qu'il y ait été répondu dans les motifs de la décision, de sorte que le cas de figure ne diffère guère de l'hypothèse commune : pour que le défaut de réponse à conclusions soit avéré, il faut que cette fausse prétention ait fait l'objet d'un moyen dans la discussion des conclusions, et que la décision attaquée n'y ait apporté aucune réponse, non pas dans son dispositif, mais dans ses motifs. Ce qui change simplement, c'est que la situation dans laquelle le jugement a entièrement ignoré la prétention, tant dans ses motifs que dans son dispositif, ne constituerait plus ici une omission de statuer : il devrait toujours s'agir d'un défaut de motifs, faute pour le juge d'avoir apporté une réponse à ce qui était, non pas une demande, mais un moyen [56].

Une conséquence en résulterait donc, en particulier, pour la demande en nullité opposée par le défendeur à la demande principale en paiement : dès lors qu'une telle demande, non assortie d'une prétention visant à obtenir un autre effet de l'annulation que le rejet de la demande initiale, ne s'entend en jurisprudence que comme un simple moyen de défense au fond [57], l'absence de réponse, tant dans le dispositif que dans les motifs de la décision, à ce moyen de nullité devrait ouvrir à cassation, sans pouvoir se voir opposer la qualification d'omission de statuer. Et cette même qualification devrait être également écartée dans l'hypothèse où, bien que délaissée dans le dispositif de la décision, la demande visant à voir prononcer la nullité a trouvé sa réponse dans les motifs [58] : à partir du moment où il est décidé que cette prétention n'en est pas véritablement une, on ne saurait obliger le juge à compléter sa décision par un chef ne correspondant à aucune demande. Il resterait à s'assurer toutefois que ce raisonnement rende bien compte du droit positif sur la question [59].

(55) Une jurisprudence constante décidant comme chacun sait que l'ouverture du recours prévu par l'article 463 du code de procédure civile ferme de ce fait même la voie du pourvoi en cassation : Civ. 1re, 6 oct. 1993, n° 91-16.658, Bull. civ., I, n° 274, D. 1995. 108, obs. N. Fricero ; Civ. 1re, 3 juin 1998, n° 96-15.833, Bull. civ., I, n° 196 ; Civ. 3e, 6 oct. 2010, n° 09-15.566 ; Com. 5 juill. 2017, n° 16-14.893 ; Civ. 2e, 28 sept. 2023, n° 21-21.384.

(56) Rappr. en ce sens Civ. 3e, 24 mars 2015, n° 13-27.927, analysant comme un défaut de motifs l'absence de réponse à une fin de non-recevoir, laquelle fait partie on l'a vu des moyens devant être formés comme des prétentions. Comp. Civ. 3e, 19 déc. 2012, n° 11-27.593, qui y voit un défaut de base légale.

(57) Cass., ass. plén., 22 avr. 2011, préc., note 34.

(58) Au contraire, lorsque le juge a répondu à une véritable demande uniquement dans ses motifs, sans reprendre cette réponse dans son dispositif, la jurisprudence retient toujours, en dépit de la lettre de l'article 462, alinéa 1er, la qualification d'omission de statuer, afin notamment de soumettre le recours au délai annal de l'article 463 : Civ. 2e, 28 juin 2018, n° 17-21.786 ; Civ. 2e, 14 nov. 2019, n° 18-19.465, D. 2019. 2255.

(59) Si certains arrêts ont retenu l'existence d'une omission de statuer sur une exception de nullité au fond, c'est peut-être aussi parce qu'il était sollicité plus que de voir seulement prononcer la nullité, et qu'il s'agissait donc bien d'une demande reconventionnelle au sens où l'entend la jurisprudence. V. ainsi Com. 18 déc. 2014, nos 13-23.009 et 13-23.781, où l'exception de nullité du taux d'intérêt conventionnel s'accompagnait semble-t-il d'une demande, même superfétatoire, visant à lui substituer le taux d'intérêt légal.

Quant aux demandes de constat et de donner acte qui ne sont pas tenues comme de véritables demandes, il n'y a pas lieu non plus, pour la même raison, de voir dans le silence du juge une quelconque omission de statuer. Si la critique tirée d'un défaut de motifs est néanmoins déclarée irrecevable par la Cour de cassation, c'est à raison alors d'un défaut d'intérêt à reprocher au juge de n'avoir pas répondu, fût-ce dans les motifs de sa décision, à une demande dépourvue de toute portée juridique pour la solution du litige [60].

Dans le cas contraire où le juge du fond a statué sur la demande qui ne le saisissait pas faute de constituer une véritable prétention, les choses sont quelque peu différentes. On sait que les articles 5 et 954 du code de procédure civile font l'interdiction aux juges de statuer sur une prétention qui n'est pas reprise dans le dispositif des conclusions [61]. Mais que faut-il décider à l'inverse lorsqu'ils se prononcent sur une demande qui n'en était pas une ?

Un premier risque existe : que le chef par lequel le jugement statue sur un moyen formulé comme une prétention soit tenu pour un simple motif, à l'encontre duquel un moyen de cassation ne saurait être uniquement dirigé [62], ou qu'il ne soit plus généralement pas revêtu de l'autorité de la chose jugée en dépit de sa localisation dans le dispositif de la décision attaquée [63]. Cela impliquerait pour le demandeur au pourvoi de sélectionner parmi les chefs critiqués ceux qui répondraient à de véritables demandes, et d'éviter de contester – ou de contester seulement sur un même moyen de cassation – ceux qui ne feraient que répondre à des moyens au fond. L'exercice consistant à procéder soi-même à ce départ semblant toutefois bien périlleux, la prudence commande de ne pas oublier d'associer à ces dispositions suspectes celles qui, tranchant le principal du litige, dépendent de la réponse ainsi apportée à un éventuel moyen [64].

Il faut ensuite envisager le sens dans lequel la fausse demande a été tranchée. Si celle-ci a été accueillie par le juge du fond, se posera immanquablement la question de la nouveauté du moyen soulevé par le demandeur au pourvoi. Peut-il reprocher aux juges d'avoir fait droit à une prétention qui n'en était pas une s'il n'a pas contesté cette qualification devant eux ? Indépendamment même de l'hypothèse dans laquelle la résolution de la question passerait par une nécessaire interprétation des écritures des parties, et serait à ce titre mélangée de fait et de droit, il importe de vérifier que l'intéressé a bien contesté cette prétention adverse devant les juges du fond, quels qu'aient été ses moyens pour ce faire. Car s'il ne l'a pas fait, le moyen nouveau, fût-il de pur droit, tendrait en réalité à modifier l'objet du litige, et serait encore irrecevable à ce seul titre [65].

Mais le véritable obstacle est préalable : il tient à l'absence de caractère juridictionnel de la disposition contestée. Là réside semble-t-il le premier motif d'irrecevabilité du moyen. Sans doute le juge du fond pouvait-il s'abstenir de statuer sur une prétention qui n'en était pas véritablement une. Mais s'il a décidé d'y faire droit dans le dispositif de sa décision, ce chef serait de toute façon

(60) V. par ex. Civ. 3e, 11 févr. 2004, no 02-18.162.

(61) Civ. 1re, 6 mars 2019, no 18-14.784 ; Civ. 3e, 13 juill. 2023, no 22-13.162.

(62) Soc. 21 janv. 2003, no 01-40.670, Bull. civ., V, no 9, D. 2003. 1399, obs. P. Julien ; Civ. 2e, 5 juin 2014, no 13-12.410, Bull. civ., II, no 126 ; Com. 23 sept. 2014, no 12-29.404, Bull. civ., IV, no 132 ; Civ. 1re, 19 nov. 2014, no 13-24.298 ; Com. 13 sept. 2017, no 16-10.327 ; Com. 23 nov. 2022, no 21-10.953.

(63) Puisque l'on sait que les actes judiciaires purement réceptifs ne sont pas revêtus de cet attribut du jugement : C. Brenner, « Les décisions dépourvues d'autorité de chose jugée », Procédures 2007. Étude 13.

(64) V. ainsi Civ. 1re, 11 juin 2002, no 01-00.039, Bull. civ., I, no 161, qui déclare irrecevable le moyen dirigé uniquement contre un chef contenant « *non une décision consacrant la reconnaissance d'un droit, mais une simple constatation équivalant à un donné acte* ».

(65) Com. 30 mai 1972, no 71-10.733, Bull. civ., IV, no 168 ; Civ. 2e, 9 févr. 1994, no 91-22.353, Bull. civ., II, no 52 ; Civ. 3e, 21 juin 2000, no 98-12.844 ; ou encore Com. 4 oct. 2016, no 14-22.245, au Bull. civ., selon lequel le demandeur au pourvoi « *ne peut présenter un moyen au soutien d'une demande* [...] *dont la cour d'appel n'était pas saisie* ». Sur la question, v. J. et L. Boré, *op. cit.*, no 82.232.

dépourvu de toute portée pour la solution du litige [66], qualifié parfois en cela de simple mesure d'administration judiciaire [67].

Si en revanche cette pseudo-prétention a été rejetée par le juge du fond, quel moyen son auteur peut-il espérer voir prospérer devant la Cour de cassation ? Il ne peut assurément pas reprocher au juge d'avoir statué sur un moyen qu'il avait lui-même présenté comme une demande, un tel moyen de cassation encourant l'irrecevabilité à raison de sa contrariété avec les écritures d'appel. Peut-il alors soulever tout autre moyen de cassation comme s'il contestait le rejet d'une véritable demande ? À cette question, la Cour de cassation répond d'ordinaire par la négative, au motif que l'auteur d'une telle prétention était sans intérêt à la présenter devant les juges du fond, et qu'il l'est donc toujours, au stade du pourvoi, à contester son rejet [68].

Il faudrait d'ailleurs déjà, au préalable, que le dispositif du jugement contienne bien un chef de rejet distinct sur cette prétention. Car s'il n'a fait que rejeter toute autre demande par une disposition-balai, cette disposition ne pourrait valoir rejet de la prétention en cause que si celle-ci pouvait bien s'analyser comme une véritable demande, ce qui, par hypothèse, n'est pas le cas. Il importerait donc peu que les juges aient bien motivé ce rejet : quand bien même les motifs s'en trouveraient dans la décision, celle-ci ne contiendrait aucun chef susceptible d'être déféré à la censure de la Cour de cassation.

Encore convient-il naturellement de s'assurer, pour que l'irrecevabilité du moyen de cassation soit encourue, que la prétention rejetée n'ait pas constitué une véritable demande. Car si la demande de constat ou de donner acte tendait à la reconnaissance d'un droit ou d'un fait utile pour la solution du litige, il faudrait bien que son rejet puisse être contesté devant la Cour de cassation [69]. En cette hypothèse, le moyen de cassation sera bien recevable, quitte à s'exposer ensuite à un risque de rejet.

B. Un risque de rejet du moyen

Lorsque le moyen de cassation concerne cette fois la réponse ou l'absence de réponse apportée à un moyen qui aurait dû être soulevé comme une prétention devant les juges du fond, et qui ne l'a pas été, le risque encouru par l'auteur du pourvoi a plutôt trait au rejet de son moyen.

Dans le cas où le juge du fond n'a pas répondu au moyen qui devait être formulé comme une prétention dans le dispositif des conclusions, le demandeur au pourvoi peut-il se prévaloir d'un défaut de réponse à conclusions ? Si une fin de non-recevoir ou une exception de procédure a bien été développée dans la discussion, mais qu'elle n'a pas été reprise au dispositif, il semble difficile, en l'état de la jurisprudence, de reprocher aux juges de n'y avoir pas répondu, ni dans le dispositif de leur décision, ni même dans ses motifs. À partir du moment où l'on décide qu'en l'absence de prétention en ce sens, le juge n'est pas saisi par ce moyen de procédure, il

(66) Civ. 2e, 23 sept. 2004, nº 03-13.449 ; Civ. 3e, 4 janv. 2006, nº 04-70.221. Ce qu'expriment également les arrêts déclarant le moyen irrecevable comme dirigé contre la simple constatation d'un fait plutôt que contre la reconnaissance d'un droit : Com. 16 févr. 2010, nº 08-20.482 ; Civ. 3e, 16 oct. 2012, nº 11-24.189 ; Civ. 3e, 23 mai 2013, nº 12-14.692.

(67) Com. 26 avr. 2000, nº 96-22.444.

(68) V. ainsi, à propos des demandes de donner acte : Civ. 3e, 13 juill. 1999, nº 97-19.873, qui décide que le rejet d'une telle demande, fût-ce sans motif, ne porte pas atteinte aux droits de son auteur ; Civ. 3e, 9 avr. 2008, nº 07-11.709, qui juge le moyen irrecevable dès lors que la demande de donner acte ne tend pas à la reconnaissance d'un droit. Comp. Civ. 1re, 11 mai 1982, nº 81-12.210 ; Civ. 1re, 19 nov. 1996, nº 94-18.946, Bull. civ., I, nº 406 ; Civ. 1re, 29 janv. 2014, nº 13-10.100, qui opposent seulement que « *le refus de donner acte ne peut faire l'objet d'un moyen de cassation* ».

(69) D'où la recevabilité du moyen dirigé contre le rejet d'une demande tendant à voir constater la conformité d'un ouvrage à un cahier des charges (Civ. 3e, 22 juin 2023, préc., note 32), ou encore d'une demande visant à ce qu'il soit donné acte à son auteur de ce que ses prétentions se limitaient à un certain montant, déterminant ainsi l'objet du litige dont se trouvaient saisis les juges (Civ. 1re, 28 juin 2023, préc., note 33).

dispose par là-même de la faculté de ne pas y répondre. Au vrai, il avait même l'interdiction d'y apporter une réponse, sinon pour dire qu'il n'en était pas saisi, de sorte qu'un éventuel moyen de cassation fondé sur un défaut de réponse à conclusions serait, soit inopérant comme visant un moyen qui était insusceptible d'avoir une influence pour la solution du litige [70], soit même, plus sûrement, mal fondé, en l'absence de tout véritable moyen soulevé devant les juges du fond.

Dans le cas contraire où le juge du fond a répondu au moyen qui ne le saisissait pas, la critique paraît plus aisée. En tout cas l'est-elle lorsque le juge a cru pouvoir faire droit à ce moyen : si une fin de non-recevoir, une exception de procédure ou une exception de nullité dirigée contre une mesure d'instruction a été accueillie en l'absence de toute prétention en ce sens dans le dispositif des conclusions, la cassation sera bien encourue [71]. Encore convient-il de préciser que le moyen de cassation ne vaut plus pour les autres exceptions de nullité au fond : si le défendeur a choisi de ne pas formuler son moyen de défense comme une demande reconventionnelle visant à voir constater la nullité ainsi que les conséquences de celle-ci, le juge devra toujours se prononcer sur le moyen de nullité, que celui-ci ait été repris ou non dans le dispositif des conclusions.

Si en revanche les juges du fond ont écarté un moyen dont ils ne pouvaient connaître faute d'avoir fait l'objet d'une prétention, que faut-il décider ? Il a été jugé sur ce point que le moyen de cassation contestant les motifs par lesquels un arrêt a écarté la fin de non-recevoir tirée de la prescription encourait l'inopérance, dès lors que la partie ayant invoqué cette irrecevabilité n'avait pas sollicité du juge du fond, dans le dispositif de ses conclusions, de déclarer prescrite la demande dont elle faisait l'objet [72]. Cette cause de rejet du moyen de cassation se justifierait par l'idée que les motifs critiqués seraient nécessairement surabondants, dès lors que les juges ne pouvaient de toute façon faire droit à une fin de non-recevoir dont ils n'étaient pas saisis [73].

Ces brèves observations ne donnent toutefois qu'un rapide aperçu des difficultés susceptibles de se présenter au stade du pourvoi lorsque celui-ci doit évoluer sur une procédure où demandes et moyens auront été pris dans les entrelacs que tisse entre eux la jurisprudence. Qu'elles aient au moins permis de signaler à l'attention des praticiens la nécessité de redoubler de vigilance dans la rédaction de leurs conclusions, pour que l'ensemble de leurs demandes et moyens puissent être examinés, tant par les juges du fond que par le juge de cassation.

(70) Rappr. en ce sens, lorsque le défaut de motifs concerne un moyen qui était de toute façon irrecevable devant les juges du fond : Civ. 1re, 24 oct. 1995, n° 93-20.046 ; Com. 8 mars 2005, n° 03-30.018.

(71) V. ainsi, pour des fins de non-recevoir auxquelles les juges ne pouvaient faire droit : Civ. 1re, 17 mars 2016, préc., note 43 ; Civ. 2e, 15 avr. 2021, préc., *ibid.* ; Civ. 2e, 29 sept. 2022, n° 21-15.871.

(72) Civ. 1re, 2 févr. 2022, n° 19-20.640, D. 2022. 277 ; *ibid.* 2023. 616, obs. H. Aubry, E. Poillot et N. Sauphanor-Brouillaud ; AJDI 2022. 290 ; RDI 2022. 513, obs. J. Bruttin ; RTD com. 2022. 630, obs. D. Legais ; RTD eur. 2023. 284, obs. A. Jeauneau.

(73) Même arrêt.

CUVIER

Contributions diverses

À l'occasion d'une conférence en droit pénal, Me Claire Leduc et Me Laurent Goldman, avocats au Conseil d'État et à la Cour de cassation, sont intervenus, la première sur le thème de la liberté d'expression comme justification des infractions de droit commun et le second sur le thème des données de connexion.

Ils ont accepté que nous publiions le texte de leur intervention orale.

La liberté d'expression comme justification des infractions de droit commun

Claire Leduc

Avocate au Conseil d'État et à la Cour de cassation

La Cour européenne des droits de l'homme pose trois conditions lorsqu'elle exerce son contrôle de proportionnalité *in concreto*: elle vérifie qu'il existe bien une ingérence à la liberté d'expression et que cette ingérence est légale, légitime et nécessaire dans une société démocratique.

Mais on le sait, l'adoption par les juges internes des concepts dégagés par la jurisprudence européenne n'est pas toujours aisée et il rentre indéniablement dans la mission de la Cour de cassation de « servir de guide » aux juridictions de première instance et d'appel afin qu'elles puissent, elles aussi, exercer *in concreto* ce contrôle de conventionnalité.

Tout récemment, dans l'arrêt rendu le 29 mars 2023 dans une nouvelle affaire de décrocheurs de tableaux du président de la République, la Cour de cassation a ainsi précisé:

« *Lorsque le prévenu invoque une atteinte disproportionnée à sa liberté d'expression, il appartient au juge, après s'être assuré, dans l'affaire qui lui est soumise,* ***du lien direct entre le comportement incriminé et la liberté d'expression sur un sujet d'intérêt général,*** *de vérifier le caractère proportionné de la condamnation* » (Crim. 29 mars 2023, nº 22-83.758).

Il convient de s'attarder quelque peu sur la notion de sujet ou de débat d'intérêt général, qui est la pierre angulaire, ou la prémisse nécessaire à l'exercice de ce contrôle de conventionnalité, et à la manière dont la Cour européenne des droits de l'homme et la Cour de cassation appréhendent cette notion.

I. Débat ou sujet d'intérêt général

Pour que la liberté d'expression puisse jouer un rôle de fait justificatif, il faut tout d'abord que **l'auteur des faits se soit exprimé dans le cadre d'une question ou d'un débat d'intérêt général.**

La liberté d'expression ne peut ainsi valoir comme cause de justification ou de légitimation d'un comportement normalement réprimé que lorsqu'elle a une nécessité sociale.

Comment définir cette notion? La Cour de cassation en a-t-elle la même définition que la Cour européenne?

Il faut d'abord rappeler que le droit pénal, en son essence, n'a que faire des opinions et mobiles exprimés par les auteurs d'une infraction de droit commun.

Des générations de juristes se sont ainsi traditionnellement vu enseigner que « *le mobile est indifférent* » en droit pénal.

Mais est-ce vraiment toujours le cas aujourd'hui?

On sait que traditionnellement, le sujet ou le débat d'intérêt général agit de longue date comme une sorte de fait justificatif dans les infractions de presse.

Sous l'impulsion de la jurisprudence européenne, la Cour de cassation a été contrainte de prendre en considération l'activité militante ou le message porté par les auteurs d'autres types d'infraction, et notamment de droit commun, qui invoquent une atteinte disproportionnée à leur liberté d'expression: escroquerie, vol, tapage injurieux, violation de domicile...

Le juge va donc devoir rechercher si les auteurs d'une infraction de droit commun ont cherché, par leurs actions, à protéger des valeurs sociales d'importance égale ou supérieure: c'est le contrôle de proportionnalité.

Et la nécessité de ce contrôle est rappelée par la Cour de cassation qui a cassé la décision d'une cour d'appel qui avait énoncé que « *la liberté d'expression ne peut jamais justifier la commission d'une infraction pénale* » (Crim. 22 sept. 2021, n° 20-85.434, AJ pénal 2021. 533; Légipresse 2021. 462 et les obs.; *ibid.* 600, étude C. Bigot; *ibid.* 2022. 121, étude E. Tordjman, O. Lévy et J. Sennelier; RSC 2021. 823, obs. X. Pin; *ibid.* 2022. 445, obs. E. Rubi-Cavagna).

Mais les valeurs sociales en présence sont nécessairement hiérarchisées. Par exemple les actes délictueux commis au nom de la liberté d'expression ne peuvent jamais être justifiés en cas d'atteinte à des valeurs telles que la vie ou l'intégrité physique des personnes.

Très tôt la Cour de Strasbourg a porté un intérêt accru au message véhiculé.

On sait que ce critère d'intérêt général est apparu dans la jurisprudence de la CEDH, dès 1979 avec l'arrêt *Sunday Times* qui affirme qu'il incombe aux médias de communiquer des informations et des idées sur les questions qui concernent des secteurs d'« *intérêt public* ».

Mais il semble loin le temps où ces questions d'intérêt général n'intéressaient que les médias.

Aujourd'hui n'importe quel citoyen peut invoquer sa liberté d'expression dans le cadre d'un sujet d'intérêt général pour tenter de justifier de la légitimité de ses actions, même quand celles-ci sont en principe pénalement réprimées.

Quel que soit le but légitime poursuivi, le premier critère d'analyse de la proportionnalité d'une ingérence dans la liberté d'expression consiste donc à déterminer dans quelle mesure les propos litigieux peuvent contribuer à un débat d'intérêt général.

De manière générale, la contribution du discours à un débat d'intérêt général aura pour effet de réduire la marge nationale d'appréciation.

La CEDH a tenté de donner une définition explicite de la notion de question d'intérêt général :

« *Ont trait à l'intérêt général les questions qui touchent le public dans une mesure telle qu'il peut légitimement s'y intéresser, qui éveillent son attention ou le préoccupent sensiblement, notamment parce qu'elles concernent le bien-être des citoyens ou la vie de la collectivité* » (CEDH 27 juin 2017, n° 931/13, *S. M. O. et S. O. c/ Finlande*, AJDA 2017. 1768, chron. L. Burgorgue-Larsen ; D. 2018. 1033, obs. B. Fauvarque-Cosson et W. Maxwell ; Dalloz IP/IT 2017. 604, obs. D. Forest).

Ont pêle-mêle été déclarées, par la juridiction européenne, comme touchant à une question d'intérêt général :

- des informations relatives à la sécurité nationale ;
- à l'état de santé d'un candidat à la présidence ;
- des questions relatives au sport ;
- aux artistes de la scène ;
- des questions touchant à la procédure pénale ;
- des informations sur un scandale sexuel au sein d'un parti politique.

En réalité, on le voit, le concept de débat d'intérêt général tel que forgé par la jurisprudence européenne est protéiforme.

Et l'appréhension de sa nature par la juridiction de Strasbourg est à tel point extensive que l'on pourrait même se demander si toute information, quelle qu'elle soit, dès lors qu'elle est susceptible d'intéresser tout ou partie du public, ne relève pas nécessairement de l'intérêt général et si cette condition n'est pas quasiment toujours considérée comme remplie.

Mais doit-on réellement tenir pour acquis, avec la CEDH, que la supposée paternité cachée du prince Albert de Monaco relève d'une question d'intérêt général ?

Les juridictions internes doivent-elles en adopter une conception aussi large ?

Dans la mesure où il est admis que les décisions de la Cour européenne des droits de l'homme s'imposent en droit interne, une réponse positive semble aller de soi.

Mais l'absence de définition claire de cette notion par la Cour de cassation ne constitue-t-elle pas une atteinte à la sécurité juridique dès lors que cette question de l'intérêt général s'analyse comme une condition *sine qua non* de l'exercice du contrôle de proportionnalité ?

La Cour de cassation a reconnu cette notion en droit pénal français en 2008 dans l'arrêt *Executive Life* de 2008, dans lequel elle a censuré la condamnation de journalistes à la suite de l'interview d'un homme ayant dénoncé des malversations bancaires, en énonçant que « *l'article incriminé, traitant d'un sujet d'intérêt général, ne dépassait pas les limites de la liberté d'expression au sens de l'article 10 de la Convention* » (Crim. 11 mars 2008, n° 06-84.712, D. 2008. 2256, note J. Lapousterle; *ibid.* 2009. 1779, obs. J.-Y. Dupeux et T. Massis; AJ pénal 2008. 237).

Comme l'énonce M. Thomas Besse dans son article « Liberté d'expression et intérêt général: du droit spécial au droit commun »:

« *Plus d'une dizaine d'années après l'arrêt fondateur Executive Life, Il est possible de considérer que le débat d'intérêt général est bien devenu un fait justificatif à part entière, en ce qu'il vient compléter le critère de bonne foi dans les infractions d'expression, voire à constituer le pivot du principe de proportionnalité* » (Dr. pénal 2021, n° 1, p. 7-10).

Et cette extension de ce critère d'intérêt général semble se poursuivre aujourd'hui au-delà des seules infractions d'expression pour dépasser le cadre de la loi de 1881 et jouer le rôle d'un fait justificatif ou d'un fait « *neutralisateur* » des infractions de droit commun.

La question qui se pose alors est celle du contrôle de la Cour de cassation sur cette notion d'intérêt général.

Doit-il être de même nature que celui exercé par la CEDH?

Doit-elle elle-même contrôler que les faits qui sont poursuivis – et dont il est prétendu qu'ils sont justifiés par la liberté d'expression de leur auteur – relèvent bien de cet intérêt général qui permet la mise en œuvre du contrôle de proportionnalité ou doit-elle abandonner le contrôle de ce lien au pouvoir souverain des juges du fond?

En clair, cela revient à se demander si le mobile de l'auteur de l'infraction pénale doit aujourd'hui être considéré comme pertinent et pouvant jouer le rôle d'un fait justificatif et si la Cour de cassation doit contrôler l'adéquation de ce mobile à l'intérêt général?

La première chambre civile, dans un arrêt rendu en matière de presse, a tenté de donner une définition, qui se rapproche d'ailleurs de celle élaborée par la Cour européenne, de la question d'intérêt général:

« *Ont trait à l'intérêt général les questions qui touchent le public dans une mesure telle qu'il peut légitimement s'y intéresser, qui éveillent son attention ou le préoccupent sensiblement, notamment parce qu'elles concernent le bien-être des citoyens ou la vie de la collectivité* » (Civ. 1re, 1er mars 2017, n° 15-22.946, D. 2017. 508; *ibid.* 1859, chron. S. Canas, C. Barel, V. Le Gall, I. Kloda, S. Vitse, J. Mouty-Tardieu, R. Le Cotty, C. Roth et S. Gargoullaud; *ibid.* 2018. 208, obs. E. Dreyer; Just. & cass. 2018. 163, rapp. S. Canas; *ibid.* 182, avis J.-P. Sudre; Légipresse 2017. 185 et les obs.; *ibid.* 210, Étude C. Mas; RTD civ. 2017. 352, obs. J. Hauser).

C'est donc peu dire que le sujet est vaste.

Dans l'arrêt rendu le 29 mars 2023 dans l'affaire dite « des décrocheurs de tableaux du président de la République », la Cour de cassation a semblé abandonner le contrôle du caractère direct du lien avec l'intérêt général aux juges du fond puisqu'elle a posé en principe que :

« *Lorsque le prévenu invoque une atteinte disproportionnée à sa liberté d'expression,* ***il appartient au juge, après s'être assuré, dans l'affaire qui lui est soumise, du lien direct entre le comportement incriminé et la liberté d'expression sur un sujet d'intérêt général,*** *de vérifier le caractère proportionné de la condamnation* ».

En l'espèce la cour d'appel avait relevé :

« *Que le mouvement auquel appartiennent les prévenus avait « pour objet d'informer, de sensibiliser le public et le gouvernement sur l'urgence à agir en matière climatique et de dénoncer ce que ses militants qualifient d'inaction, éléments dont il s'évince que les agissements incriminés se sont inscrits dans une action politique et militante, entreprise dans le but d'alerter sur un sujet d'intérêt général, dont l'objet est le dérèglement climatique* ».

Or la Cour de cassation a approuvé cette décision en énonçant qu'« *en premier lieu, la cour d'appel a,* ***à juste titre****, considéré que les changements climatiques constituent un sujet d'intérêt général.*

En deuxième lieu, elle a suffisamment caractérisé le lien entre les faits poursuivis et le sujet sus-énoncé ».

L'expression « *à juste titre* » marque l'existence d'un contrôle sur la notion d'intérêt général. Tandis que le caractère direct du lien entre les faits commis et cet intérêt général semble être abandonné au pouvoir souverain.

Mais dans l'arrêt concernant l'exhibition sexuelle des Femen, la Cour de cassation n'a pas fait référence à cette notion de sujet d'intérêt général, mais a seulement relevé que « *le comportement de la prévenue s'inscrit dans une démarche de* ***protestation politique*** » pour écarter l'application de l'incrimination (Crim. 26 févr. 2020, nº 19-81.827, D. 2020. 438 ; *ibid.* 2367, obs. G. Roujou de Boubée, C. Ginestet, M.-H. Gozzi, S. Mirabail et E. Tricoire ; *ibid.* 2021. 863, obs. RÉGINE ; AJ pénal 2020. 247, étude J.-B. Thierry ; Légipresse 2020. 148 et les obs. ; *ibid.* 233, étude L. François ; *ibid.* 2021. 112, étude E. Tordjman et O. Lévy ; RSC 2020. 307, obs. Y. Mayaud ; *ibid.* 909, obs. X. Pin).

Cette notion d'intérêt général est-elle alors nécessairement incluse dans le caractère politique de la démarche de l'auteur de l'infraction ?

Doit-on considérer que le sujet d'intérêt général est également celui invoqué par des militants d'une association identitaire aujourd'hui dissoute, qui s'étaient introduits de force dans les locaux de la CAF et avaient déployé une banderole sur le toit floquée du slogan : « *de l'argent pour les Français, pas pour les étrangers* » ?

Sommes-nous ici encore en présence d'une « expression ayant trait à une *contestation politique* » sur un débat d'intérêt général ?

On sait en effet que la Cour européenne ne réserve pas la protection de la liberté d'expression aux informations ou idées accueillies avec faveur ou considérées comme inoffensives, mais aussi à celles, selon l'expression consacrée, « *qui heurtent, choquent ou inquiètent l'État ou une fraction quelconque de la population* ».

Dans son arrêt du 27 septembre 2022, sur lequel un pourvoi est pendant, la cour d'appel de Paris exerçant le contrôle de proportionnalité est entrée en voie de condamnation pour violation de domicile en relevant notamment que : « *l'infraction commise par les militants du groupement G.I. n'était nullement indispensable pour soumettre au débat public les idées véhiculées par le groupement* » (Paris 27 sept. 2022, nº 20/04026).

Mais aucun contrôle n'a été exercé sur les peines prononcées.

Comme l'indique Alice Dejean de la Bâtie dans un article sur le sujet :

« *Le militantisme de l'auteur d'une infraction force le droit pénal à quitter ses atours d'apparente neutralité pour se confronter à la délicate réalité selon laquelle il existe, même aux yeux du législateur, de "bons" et de "mauvais" mobiles, de "gentils" et de "méchants" militants* » (AJ pénal 2020. 21).

La prise en compte du mobile militant ne revient-elle pas à fragiliser et en définitive à politiser le droit pénal ?

Ne risquons-nous pas de nous acheminer vers une certaine imprévisibilité ?

II. Un risque d'imprévisibilité

À quel degré de contrôle doit se livrer la Cour de cassation ?

Doit-elle elle-même procéder au contrôle de proportionnalité entre l'incrimination pénale et la sanction prononcée et l'ingérence dans la liberté fondamentale à laquelle elles se heurtent ou bien doit-elle simplement se poser, selon l'expression consacrée, en « *contrôleur du contrôle* » pour fixer les critères juridiques permettant aux juges du fond de se livrer eux-mêmes et souverainement à ce contrôle de proportionnalité ?

Comme l'a rappelé M. le Conseiller Turbeaux, l'arrêt rendu le 29 mars 2023, statuant sur le pourvoi du procureur général contre un arrêt de relaxe, confirme qu'il revient aux juges du fond d'apprécier les faits et de se livrer eux-mêmes au contrôle de proportionnalité requis.

Le risque paraît alors grand de verser dans la casuistique. Et on aperçoit déjà ce risque avec les affaires des décrocheurs de tableaux, qui ont donné lieu à un très grand nombre de poursuites.

Selon les juridictions appelées à statuer, et dès lors que celles-ci auront bien exercé le contrôle de proportionnalité auquel elles sont tenues de procéder, leurs décisions seront souveraines, quitte à ce qu'à Toulouse, les décrocheurs soient relaxés tandis qu'à Rennes ou à Douai, ils seront condamnés, pour des faits identiques commis dans des circonstances similaires.

Se pose également la question du contrôle du « *lien direct* » avec le sujet d'intérêt général.

Dans son avis sur les arrêts du 18 mai 2022, M. l'avocat général Bougy s'interrogeait sur l'hypothèse où « *le message politique ne peut être déduit de l'action incriminée, mais suppose, pour être compris, de se référer aux publications et aux commentaires qui l'ont accompagné* ».

Les militants écologistes s'étaient en effet contentés de décrocher le portrait du président de la République sans manifester à ce stade aucune revendication ou faire passer de message, ce qu'ils n'avaient fait que dans un second temps en envoyant un courriel au maire et en s'exprimant sur la radio locale.

Pouvait-on alors encore considérer qu'il existait un lien direct avec un débat d'intérêt général si le message n'est pas concomitant à l'action ?

Mais on sait également que la Cour de cassation, notamment dans l'arrêt *Femen*, a imposé aux juges du fond de prendre en considération « *la nature et le contexte* » de l'agissement en cause.

En matière de légitime défense, on exige bien, pour retenir le fait justificatif, que la riposte de la victime soit <u>concomitante</u> à l'attaque subie.

Ne faudrait-il pas dès lors exiger la caractérisation systématique non plus seulement de la question d'intérêt général, mais encore du « *lien direct* » – et je rajouterai peut-être « ***et immédiatement perceptible*** » avec un débat d'intérêt général pour faire admettre que la liberté d'expression puisse jouer le rôle d'un fait justificatif ?

<u>Quel est alors l'office du juge de cassation :</u>

La solution résiderait peut-être dans l'emploi, par la Cour de cassation, de la motivation enrichie, qu'elle développe de plus en plus en toutes matières, pour définir encore mieux les critères devant présider au contrôle de proportionnalité, et notamment celui du sujet ou du débat d'intérêt général, afin d'éviter l'arbitraire.

On pourrait également songer à ce qu'elle use de la faculté qui lui est offerte de casser sans renvoi et de régler l'affaire au fond, lorsque les juges du fond ont méconnu leur office en refusant de procéder au contrôle de proportionnalité auxquels ils sont tenus, mais ce règlement au fond postulerait alors qu'elle exerce elle-même, à partir des faits constatés par la cour d'appel, le contrôle de proportionnalité dont elle semble pourtant abandonner l'exercice au pouvoir souverain des juges du fond.

Il reviendra également aux praticiens, et particulièrement aux avocats aux Conseils, d'inviter la haute juridiction, par le libellé de leurs moyens de cassation, à mieux définir encore les critères devant être pris en compte pour mettre en balance l'exercice d'une liberté fondamentale avec la nécessaire poursuite des infractions pénales.

On pourrait par exemple songer à inciter la Cour de cassation à élargir encore le champ d'application du contrôle de la proportionnalité de la réponse pénale à d'autres libertés fondamentales garanties par la Convention européenne des droits de l'homme.

On pense notamment au droit au respect de la vie privée, avec la prise d'empreinte et de prélèvements génétiques, questions d'ailleurs évoquées dans l'arrêt récent du 29 mars 2023.

La question de l'invocation du moyen d'inconventionnalité pour la première fois devant la Cour de cassation reste elle aussi incertaine.

Dans le mémento du contrôle de conventionnalité à destination de la Cour de cassation, il est mentionné que le moyen tiré de l'application de la Convention, ne se référant à aucune considération de fait qui ne résulterait pas des énonciations des juges du fond, est de pur droit et comme tel, peut, sauf disposition contraire, être invoqué pour la première fois devant la Cour de cassation.

En pareil cas, le moyen pourra alors être relevé d'office.

La Cour de cassation devra alors procéder elle-même au contrôle de proportionnalité *in concreto*, qui pourtant par essence ne relève pas de son office.

Enfin, ce contrôle doit-il être élargi à toutes les libertés garanties par la Convention ?

Il existe actuellement indéniablement une « *prime à la liberté d'expression* » par rapport aux libertés fondamentales dont l'exercice est garanti par la CEDH.

La chambre criminelle de la Cour de cassation admettrait-elle que l'exercice de la liberté de religion puisse justifier la commission d'une infraction pénale de droit commun ? Rien n'est moins sûr.

Mais l'on se doit d'être prudent : que le juge puisse par le biais du contrôle de proportionnalité, écarter ou non l'incrimination pénale à chaque fois qu'il estime que les idées véhiculées le « méritent » ne reviendrait-il pas – pour reprendre les mots du professeur Bouloc – à rendre inutile le droit pénal ?

Les données de connexion : réflexions autour des arrêts du 12 juillet 2022

Laurent Goldman

Avocat au Conseil d'État et à la Cour de cassation

Dans ses arrêts du 12 juillet 2022 [1] la Cour de cassation a fait preuve d'une véritable œuvre de bâtisseur – œuvre qu'on aurait pu souhaiter du législateur.

L'édifice est néanmoins fragile.

Et la nouvelle mouture de l'article L. 34-1 du code des postes et des communications électroniques [2] ne l'a pas vraiment consolidé.

Cette fragilité ne tient pas seulement à des considérations d'ordre juridique, sur lesquels nous allons venir.

Elle tient à ce que l'édifice repose entièrement sur la permanence de la menace – terroriste – qui pèse sur la sécurité nationale française.

Que cette menace disparaisse – ce que chacun ne peut que souhaiter – et c'est le réservoir de données de connexion dans lequel il est aujourd'hui puisé au titre de la lutte contre la criminalité grave qui disparaît avec elle.

Cela dit, et c'est ce qui nous intéresse plus particulièrement, quand bien même la menace perdurerait, il faut admettre que l'édifice ne serait pas nécessairement sauvé.

Il faudrait pour cela, au regard des exigences de la Cour de justice de l'Union européenne, d'une part, que les données de connexion soient régulièrement conservées au titre de la sécurité nationale et, d'autre part, qu'elles puissent être utilisées à d'autres fins, en particulier la lutte contre la criminalité grave.

On peut donc se pencher sur ces deux aspects, qui sont les deux faces de la même pièce.

(1) Crim. 12 juill. 2022, nº 21-83.710, D. 2022. 1540, note M. Lassalle ; *ibid.* 2002, obs. W. Maxwell et C. Zolynski ; *ibid.* 2023. 1488, obs. J.-B. Perrier ; AJ pénal 2022. 415, note M. Bendavid et C. Quendolo ; Dalloz IP/IT 2022. 408, obs. J. Eynard ; Légipresse 2022. 459 et les obs. ; *ibid.* 2023. 241, étude N. Mallet-Poujol ; RTD eur. 2023. 277, obs. A. Jeauneau ; Crim. 12 juill. 2022, nº 21-83.820, D. 2023. 1488, obs. J.-B. Perrier ; AJ pénal 2022. 415, note M. Bendavid et C. Quendolo.

(2) Tel qu'issu de la loi nº 2021-998 du 30 juill. 2021.

I. Les conditions d'une conservation généralisée des données de trafic et de localisation en cas de menace sur la sécurité nationale

Chacun connaît les conditions posées par la Cour de Luxembourg. Elle admet la conservation généralisée et indifférenciée des données de trafic et de localisation :

- seulement en cas de menace grave pour la sécurité nationale ;
- lorsque c'est le cas, l'injonction de conservation doit être limitée dans le temps, mais est renouvelable ;
- il faut également que soient prévues des limitations et garanties permettant de protéger les données contre les risques d'abus ;
- enfin, la décision d'injonction doit pouvoir faire l'objet d'un contrôle effectif.

Confrontons donc ces conditions au droit interne.

Même s'ils servent de socle au débat, il ne paraît pas utile de revenir sur ce qui résulte des arrêts du 12 juillet 2022.

La Cour de cassation, qui n'a pas la marge de manœuvre du législateur, s'est conformée aux exigences de la Cour de justice en cantonnant la conservation généralisée des données de trafic et de localisation à la seule hypothèse de la menace pesant sur la sécurité nationale.

On pourrait sans doute discuter les détails du contrôle prétorien qu'elle a mis en œuvre, mais cela n'apporterait que peu au débat puisque les dispositions qu'elle a écartées ne sont plus de droit positif.

On peut donc s'intéresser directement à la nouvelle rédaction de l'article L. 34-1 du code des postes, issue de la loi du 30 juillet 2021 [3].

La loi nouvelle a logiquement mis un terme à la conservation généralisée et indifférenciée des données de trafic et de localisation, sauf « *pour des motifs tenant à la sauvegarde de la sécurité nationale* ».

En ce cas, l'injonction de conservation émane du Premier ministre, par la voie d'un décret.

Cette injonction est d'une durée maximale d'un an, mais est renouvelable.

Sur ces deux points le nouveau texte répond aux conditions posées par la Cour de justice :

- condition relative à l'existence d'une menace contre la sécurité nationale ;
- condition relative à la limitation dans le temps.

(3) À fin mars 2024, une seule application du nouveau texte a été faite par la Cour de cassation, dans un arrêt non publié : Crim. 16 janv. 2024, n° 23-80.268.

Restent deux conditions.

D'abord, on l'a rappelé, la Cour de justice exige que la conservation soit soumise « *à des limitations et encadrée par des garanties strictes permettant de protéger efficacement les données contre les risques d'abus* » [4].

Insistant, la Cour ajoute « *cette conservation ne saurait présenter un caractère systématique* ».

Alors il est vrai que ni l'arrêt *Quadrature du Net*, ni ceux qui ont suivi, n'ont apporté de précisions sur cette condition.

Il n'en reste pas moins que la Cour de justice rappelle régulièrement cette exigence de garanties et la nécessité d'un contrôle sur ce point.

Le nouvel article L. 34-1 du code des postes et des communications électroniques, pas plus d'ailleurs que les arrêts du 12 juillet 2022, n'en dit rien.

On pourrait certes songer à se retrancher derrière le nouvel article 60-1-2 du code de procédure pénale, créé par la loi du 2 mars 2022. Mais ce texte limite seulement la possibilité d'accéder aux données. Il ne concerne pas leur conservation.

Or sur ce point, la Cour de justice a jugé, en particulier dans les arrêts *Commissioner of An Garda Síochána* [5] et *SpaceNet* [6] que conservation et accès aux données constituaient des ingérences distinctes, de sorte que le respect des garanties en matière d'accès ne permettait pas de remédier à leur non-respect en matière de conservation.

Il n'est donc pas certain que la législation nouvelle soit pleinement conforme aux exigences du droit communautaire.

Dernière condition, celle tenant à l'existence d'un recours effectif contre la décision d'injonction.

Le texte lui-même ne prévoit pas de recours spécifique, mais à l'évidence le décret portant injonction de conservation peut faire l'objet d'un recours devant le Conseil d'État. Ce dernier aura donc la charge de contrôler la réalité de la menace pesant sur la sécurité nationale.

Il n'est cependant pas certain que ce contrôle soit entièrement satisfaisant.

Non pas, bien sûr, sur un plan qualitatif.

C'est plutôt son efficience pour la procédure pénale qui pourrait poser difficulté.

Le recours, on le sait, doit être formé dans les deux mois de la publication du

(4) CJUE, gr. ch., 6 oct. 2020, aff. nos C-511/18, C-512/18 et C-520/18, § 138, *La Quadrature du net (Assoc.)*, AJDA 2020. 1880 ; D. 2021. 406, et les obs., note M. Lassalle ; *ibid*. 2020. 2262, obs. J. Larrieu, C. Le Stanc et P. Tréfigny ; *ibid*. 2022. 2002, obs. W. Maxwell et C. Zolynski ; AJ pénal 2020. 531 ; Dalloz IP/IT 2021. 46, obs. E. Daoud, I. Bello et O. Pecriaux ; Légipresse 2020. 671, étude W. Maxwell ; *ibid*. 2021. 240, étude N. Mallet-Poujol ; RTD eur. 2021. 175, obs. B. Bertrand ; *ibid*. 181, obs. B. Bertrand ; *ibid*. 973, obs. F. Benoît-Rohmer.

(5) CJUE, gr. ch., 5 avr. 2022, aff. n° C-140/20, *Commissionner of An Garda Síochána*, AJDA 2022. 718 ; D. 2022. 705 ; *ibid*. 1487, obs. J.-B. Perrier ; *ibid*. 2002, obs. W. Maxwell et C. Zolynski ; Légipresse 2022. 209 et les obs. ; *ibid*. 2023. 241, étude N. Mallet-Poujol ; RTD eur. 2023. 418, obs. F. Benoît-Rohmer.

(6) CJUE, gr. ch., 20 sept. 2022, aff. nos C-793/19 et C-794/19, *Bundesrepublik Deutschland c/ SpaceNet AG et Telekom Deutschland GmbH*, AJDA 2022. 1757 ; D. 2022. 1662 ; Dalloz IP/IT 2022. 474, obs. E. Rançon ; *ibid*. 2023. 244, obs. E. Daoud et G. Sebbah ; Légipresse 2022. 525 et les obs. ; *ibid*. 2023. 241, étude N. Mallet-Poujol ; RTD eur. 2023. 418, obs. F. Benoît-Rohmer.

décret. Celui qui, pénalement poursuivi, voudrait contester la conservation de ses données se retrouvera donc la plupart du temps forclos, ce qui n'est guère satisfaisant au regard de l'exigence d'un contrôle effectif.

Il y a donc fort à parier que, le plus souvent, ce sera par la voie de l'exception d'illégalité soulevée devant une juridiction pénale que sera contestée la régularité de l'injonction de conservation.

On ne peut ici entrer dans le détail, mais les difficultés risquent d'être nombreuses. Parmi d'autres :

- *quid* de la possibilité pour la juridiction pénale de se prononcer sur un acte administratif qui n'est pas le fondement des poursuites ?
- si elle le peut, la Cour de cassation demeurera le plus souvent juge de l'existence d'une menace sur la sécurité nationale et devra sans doute affiner les modalités de son contrôle ;
- si c'est la voie de la question préjudicielle qui est choisie, qu'en sera-t-il de l'impact en termes de délais ? Et comment gérer un flux, qui pourrait être important, de questions identiques ?
- et au stade de l'instruction, la question du moment auquel l'exception peut être soulevée pourrait aussi être délicate.

Et il devra être répondu à ces questions, et sans doute à d'autres, de manière à ne pas entraver l'effectivité du contrôle exigé par la Cour de justice.

En théorie donc, le contrôle existe bien, mais sa mise en œuvre, délicate, reste à dessiner.

***

Il semble donc, s'agissant de la conservation des données, que le droit français s'est nettement rapproché des exigences du droit de l'Union, même si tout n'est pas résolu.

Reste la question, peut-être la plus délicate, de l'accès aux données ; l'accès à une autre fin, celle de la lutte contre la criminalité grave, que celle pour laquelle elles ont été conservées.

II. Accès dans le cadre de la lutte contre la criminalité grave aux données conservées au titre d'une menace sur la sécurité nationale

Ici, la solution retenue par les arrêts du 12 juillet 2022 conserve tout son intérêt, puisque le législateur l'a transposée dans le nouveau III *bis* de l'article L. 34-1 du code des postes et des communications électroniques.

Dans ses arrêts, la chambre criminelle de la Cour de cassation a jugé que par le biais de la conservation rapide – mécanisme jusqu'ici ignoré du droit français – il pouvait être accédé dans le cadre de la lutte contre la criminalité grave aux données conservées aux fins de sauvegarde de la sécurité nationale.

Elle s'est fondée, comme le Conseil d'État avant elle, sur certains motifs de l'arrêt *Quadrature du Net*, dont il faut reconnaître qu'ils sont quelque peu ambigus.

On ne peut cependant ignorer d'autres motifs, assez limpides, des arrêts postérieurs, *Commissioner of An Garda Síochána* et *SpaceNet*, qui ont apporté d'importantes précisions sur l'accès aux données conservées de manière généralisée et indifférenciée.

La Cour de justice y énonce clairement que lorsque des données ont été conservées de manière généralisée et indifférenciée à des fins de sauvegarde de la sécurité nationale, les services d'enquête « *ne sauraient accéder auxdites données dans le cadre de poursuites pénales, sous peine de priver de tout effet utile l'interdiction de procéder à une telle conservation aux fins de la lutte contre la criminalité grave* » [7].

La chambre criminelle n'a certes pas ignoré cette innovation de l'arrêt *Commissioner of An Garda Síochána*.

Mais elle l'a cantonnée, en retenant que la Cour de justice aurait seulement « *écarté, à nouveau, la conservation généralisée et indifférenciée* » des données de trafic et de localisation aux fins de lutte contre la criminalité grave [8].

Une remarque sémantique d'abord. Mais d'importance.

Dans les paragraphes visés, la CJUE n'a pas écarté à nouveau la conservation généralisée et indifférenciée, elle a écarté l'accès aux données ainsi conservées.

La différence n'est pas minime. Elle pourrait à elle seule remettre en cause la lecture faite par la Cour de cassation de l'arrêt *Commissioner of An Garda Síochána*.

Et on ne voit par ailleurs guère dans cet arrêt qu'une distinction puisse être opérée entre un accès direct aux données et un accès par le biais d'une conservation rapide.

Au contraire, l'un comme l'autre semblent exclus.

La Cour de justice retient en effet qu'un accès à des données conservées de manière généralisée serait tributaire de l'existence ou non, dans un État membre, d'une menace pour la sécurité nationale, ce qui créerait une différence de traitement injustifiée entre États membres [9].

Ce que dit ici la Cour de Luxembourg, semble-t-il, c'est que les moyens de lutte contre la criminalité grave doivent être les mêmes dans chaque État membre.

Ceux touchés par une menace pour leur sécurité nationale peuvent certes utiliser des outils supplémentaires – la conservation généralisée et indifférenciée des données de trafic et de localisation –, mais ils ne peuvent s'en servir que dans ce seul but, afin notamment de préserver un traitement égal entre États membres.

(7) *Commissioner of An Garda Síochána*, § 100.

(8) Crim. 12 juill. 2022, n° 21-83.710, préc., § 17.

(9) *Commissioner of An Garda Síochána*, § 97.

Dans le sens de cette interprétation, on peut se référer à des conclusions de l'avocat général Campos Sanchez-Bordana, dans le cadre d'un renvoi préjudiciel de la Cour administrative suprême de Lituanie [10].

Il évoque « *une sorte de principe d'équivalence [...] entre, d'une part, les objectifs d'intérêt général justifiant l'obtention de données à caractère personnel et, d'autre part, ceux qui légitiment leur utilisation ultérieure* ».

Pour cet avocat général « *retenir une autre interprétation reviendrait à dénaturer le système de garanties de la directive* ».

N'y a-t-il pour autant aucune perspective ?

Ce n'est pas certain.

D'abord, dans les arrêts *Commissioner of An Garda Síochána* et *SpaceNet*, la Cour de justice a pris soin de préciser qu'il ne fallait pas avoir une conception trop étroite de la conservation ciblée des données de trafic et de localisation.

La Cour a délivré de nombreuses précisions sur la manière d'utiliser cette conservation ciblée.

Est-ce suffisant ? La question est plutôt à poser à des spécialistes des techniques d'interception des données.

Mais il y a en tout cas une voie à explorer, y compris en jurisprudence, puisque c'est elle qui pourrait définir les modalités d'une conservation ciblée extensive.

Ensuite, toute évolution n'est pas à exclure du côté de la Cour de justice.

Une nouvelle affaire *Quadrature du Net* a donné lieu à un renvoi préjudiciel du Conseil d'État (aff. C-470/21).

En schématisant à l'extrême, ce contentieux est relatif à l'accès, par l'ex-Hadopi, aux données d'identité civile correspondant aux adresses IP qu'elle collecte.

Se pose dans ce cadre la question de la conservation généralisée des adresses IP, dont la Cour de justice a jusqu'à présent jugé qu'elle ne pouvait avoir lieu pour un objectif moindre que la lutte contre la criminalité grave.

L'avocat général Szpunar, dans des conclusions du 28 septembre 2023 [11], estime qu'en l'état de cette jurisprudence, il existe un risque « *d'impunité systémique* » [12] pour les infractions commises exclusivement en ligne, pour lesquelles l'adresse IP peut constituer le seul moyen permettant l'identification de l'auteur de l'infraction.

C'est ce qui le conduit à proposer une évolution de la jurisprudence qui a retenu l'attention de la Cour de justice puisqu'elle a renvoyé l'affaire en assemblée plénière.

---

(10) CJUE 7 sept. 2023, aff. C-162/22, § 66 s.

(11) Ces conclusions du 28 septembre 2023 font suite à de premières conclusions du 27 octobre 2022.

(12) Concl., § 80.

Ce qu'il propose, en substance, c'est de retenir que l'article 15 de la directive de 2002 devrait être interprété comme ne s'opposant pas à une conservation généralisée et indifférenciée des adresses IP dans le cadre d'infractions pénales en ligne, même non graves, pour lesquelles l'adresse IP constitue le *seul moyen* d'identification de la personne à laquelle cette adresse était attribuée.

Pour les mêmes raisons, il propose qu'un accès aux données ainsi conservées soit autorisé.

Cette proposition ne concerne pas directement la problématique de l'accès, à des fins de lutte contre la criminalité grave, aux données conservées au titre de la sécurité nationale.

Néanmoins, si la Cour de justice suit son avocat général, il ne serait pas interdit d'imaginer un mécanisme qui permettrait la conservation généralisée des données de trafic et de localisation, et l'accès à ces données, aux fins de lutte contre la criminalité grave, dans des hypothèses où ces données seraient le *seul moyen* d'identifier des auteurs d'infractions graves.

Bien entendu, le pas à franchir serait grand et il poserait de nombreuses difficultés juridiques et techniques.

En tout cas, l'arrêt à intervenir sera à scruter.

Et à n'en pas douter la voie du dialogue préjudiciel demeure ouverte... à qui voudra l'emprunter.

723034 – (I) – CVG – 70g – INT – JB
Achevé d'imprimer en septembre 2024 par CPI Bussière
18200 Saint-Amand-Montrond
Dépôt légal : octobre 2024 - N° d'impression : 2079004

Imprimé en France